coface DEUTSCHLAND
Kreditmanagement – mit Sicherheit

HANDBUCH
Länderrisiken
2009

Europa und GUS, Amerika,
Asien Pazifik, Nordafrika,
Naher und Mittlerer Osten,
Afrika südlich der Sahara

D1722478

F.A.Z.-INSTITUT

Herausgeber:	Coface Deutschland AG Isaac-Fulda-Allee 1 55124 Mainz Telefon: 00 49 - 61 31 - 32 35 41 Telefax: 00 49 - 61 31 - 32 37 05 41 E-Mail: info@coface.de Internet: www.coface.de
In Zusammenarbeit mit:	F.A.Z.-Institut für Management-, Markt- und Medieninformationen GmbH Mainzer Landstraße 199 60326 Frankfurt am Main
Redaktion:	Dr. Dirk Bröckelmann (Coface Deutschland) Sylvia Röhrig, Gunther Schilling (F.A.Z.-Institut)
Originaltitel:	Guide Coface Risque Pays 2009, Coface S.A., Paris, Januar 2009 (Copyright). Text und Daten wurden auf den Stand März 2009 gebracht. Politische Entwicklungen wurden teilweise bis Mitte April 2009 berücksichtigt.
Übersetzung:	InTra eG, Stuttgart Terber & Partner, Münster
Gestaltung und Satz:	Christine Lambert (F.A.Z.-Institut)
Korrektur:	Vera Pfeiffer (F.A.Z.-Institut)
Druck und Verarbeitung:	Boschen Offsetdruck GmbH, Frankfurt am Main
ISBN:	978-3-89981-722-5
© 2009	Coface Deutschland AG. Alle Rechte vorbehalten, auch die der fotomechanischen Wiedergabe und der Speicherung in elektronischen Medien.
Haftungsausschluss:	Alle Angaben wurden sorgfältig recherchiert und zusammengestellt. Für die Richtigkeit und Vollständigkeit des Inhalts sowie für zwischenzeitliche Änderungen übernehmen die Autoren und die Herausgeber keine Gewähr. Zu veränderten Einschätzungen aufgrund aktueller Entwicklungen siehe www.coface.de oder www.laenderrisiken.de.

Inhaltsverzeichnis

Information: Basis für Vertrauen 6
2009: Licht am Ende des Tunnels? 8
Rückkehr der Märkte 10

Das System der weltweiten @rating-Bewertung 11
Die Definition der Länderbewertungen 12
Die Definition der Branchenbewertungen 13
Der Index der Zahlungsausfälle
für Länder und Regionen 14
Die Definition der Bewertungen
des Geschäftsumfelds 15
Das Rating Geschäftsumfeld 17
Das neue Financial Rating von Unternehmen 22
Geopolitischer Überblick:
Wachstumshoffnungen auf dem Prüfstand 23
Länderrisiken 2009 im Überblick 29
Branchenrisiken 2009 im Überblick 32

EUROPA UND GUS **51**

Prognose 2009: Westeuropa in der Rezession,
Osteuropa in der Krise, schwaches Wachstum
in der GUS 52

Albanien 61
Armenien 62
Aserbaidschan 63
Belgien 64
Bosnien-Herzegowina 68
Bulgarien 70
Dänemark 73
Deutschland 76
Estland 80
Finnland 84
Frankreich 87
Georgien 91
Griechenland 92
Großbritannien 95
Irland 99
Island 102
Italien 104
Kasachstan 108

Kirgistan 112
Kroatien 113
Lettland 117
Litauen 121
Luxemburg 125
Malta 127
Mazedonien 128
Moldau 129
Montenegro 130
Niederlande 131
Norwegen 134
Österreich 137
Polen 140
Portugal 145
Rumänien 148
Russland 154
Schweden 158
Schweiz 161
Serbien 165
Slowakische Republik 169
Slowenien 173
Spanien 177
Tadschikistan 182
Tschechische Republik 183
Türkei 188
Turkmenistan 192
Ukraine 193
Ungarn 197
Usbekistan 202
Weißrussland 206
Zypern 208

AMERIKA **209**

Prognose 2009: Nordamerika unter
Subprime-Schock, Lateinamerika im
Schlepptau der Nachfrageschwäche 210

Argentinien 218
Bolivien 222
Brasilien 226
Chile 232

Costa Rica	236	**NORDAFRIKA**	
Dominikanische Republik	237	**NAHER UND MITTLERER OSTEN**	**371**
Ecuador	239		
El Salvador	243	Prognose 2009: Nordafrika, Naher und Mittlerer	
Guatemala	245	Osten werden von der Finanzkrise eingeholt	372
Haiti	249		
Honduras	250	Ägypten	380
Jamaika	251	Algerien	384
Kanada	252	Bahrain	388
Kolumbien	255	Irak	392
Kuba	259	Iran	394
Mexiko	263	Israel	397
Nicaragua	267	Jemen	401
Panama	268	Jordanien	404
Paraguay	269	Kuwait	408
Peru	272	Libanon	412
Uruguay	276	Libyen	416
Venezuela	280	Marokko	420
Vereinigte Staaten von Amerika (USA)	284	Oman	424
		Palästinensische Autonomiegebiete	427
		Qatar	428
ASIEN-PAZIFIK	**289**	Saudi-Arabien	432
		Syrien	436
Prognose 2009: Exportnationen mit empfind-		Tunesien	440
lichen Einbußen und begrenzten Reserven	290	Vereinigte Arabische Emirate	444
Afghanistan	299		
Australien	300	**AFRIKA SÜDLICH DER SAHARA**	**447**
Bangladesch	303		
China	307	Prognose 2009: Afrika wird von der	
Hongkong	311	internationalen Finanzkrise indirekt betroffen	448
Indien	315		
Indonesien	319	Angola	455
Japan	323	Äthiopien	458
Kambodscha	327	Benin	459
Laos	328	Botswana	460
Malaysia	329	Burkina Faso	463
Mongolei	333	Burundi	465
Myanmar	334	Demokratische Republik Kongo	466
Nepal	335	Dschibuti	468
Neuseeland	336	Elfenbeinküste	470
Pakistan	339	Eritrea	474
Papua-Neuguinea	343	Gabun	476
Philippinen	344	Ghana	480
Singapur	348	Guinea	484
Sri Lanka	352	Kamerun	486
Südkorea	355	Kapverdische Inseln	490
Taiwan	359	Kenia	492
Thailand	363	Kongo	496
Vietnam	367	Liberia	497

Madagaskar	499	Südafrika		535
Malawi	501	Sudan		539
Mali	503	Tansania		541
Mauretanien	504	Togo		545
Mauritius	507	Tschad		546
Mosambik	511	Uganda		548
Namibia	515	Zentralafrikanische Republik		552
Niger	516			
Nigeria	518			
Ruanda	522			
Sambia	524	**ANHANG**		**553**
São Tomé und Príncipe	527			
Senegal	528	Abkürzungsverzeichnis		554
Sierra Leone	532	Währungsbezeichnungen		557
Simbabwe	533	Glossar		558

DANKSAGUNG

Das vorliegende Werk – nun die vierte deutschsprachige Ausgabe des „Guide Risque Pays" von Coface als „Handbuch Länderrisiken" – kam wieder dank der außerordentlich guten Zusammenarbeit vieler Beteiligter zustande.

Die redaktionellen Inhalte verdankt dieser Leitfaden vor allem der Abteilung für Länderrisiken und Wirtschaftsstudien der Coface S.A. (Paris) unter Leitung ihres Chefökonomen Yves Zlotowski. Zum Kreis der Analysten gehören Marie Albert, Christine Altuzarra, Jean-Baptiste Bazot, Constance Boublil, Jean-Louis Daudier, Dominique Fruchter, Catherine Monteil, Olivier Oechslin, Pierre Paganelli, Marie-France Raynaud und Christophe Sheidhauer. Darüber hinaus trugen Nathalie Ballage und Jean-François Rondest sowie Coface-Niederlassungen und französische Wirtschaftsvertretungen in aller Welt zu den Inhalten bei, während Sylvia Röhrig und Gunther Schilling vom Geschäftsbereich Länder- und Ratingdienste im F.A.Z.-Institut (Frankfurt am Main) mit ihren Beiträgen in der deutschsprachigen Ausgabe nicht zuletzt die Zusammenschau der vielen Fakten wesentlich erweiterten.

Erneut übernahmen Klaus Ahting, Susanne Hold und Karin von Lienen von der InTra eG (Stuttgart) sowie das Übersetzungsbüro Terber & Partner (Münster) die Übersetzung der französischen Originaltexte.

Wie in den letzten Jahren koordinierte Dr. Dirk Bröckelmann, zuständig für die Länder- und Brancheninformationen im Rahmen der Öffentlichkeitsarbeit der Coface Deutschland AG in Mainz, die Bearbeitung der deutschen Ausgabe. Für den reibungslosen Informationsfluss aus Paris sorgte Caroline Forestier von der dortigen Kommunikationsabteilung. Erich Hieronimus, Pressesprecher von Coface Deutschland, schuf wiederum die Voraussetzungen zur Umsetzung des Projekts in Mainz.

Schließlich sorgten das Redaktionsteam des F.A.Z.-Instituts, insbesondere auch Sylvia Röhrig, Gunther Schilling, Christine Lambert (Gestaltung und Satz) und Vera Pfeiffer (Korrektur), sowie die Mitarbeiter und Mitarbeiterinnen von Boschen Offsetdruck (Frankfurt am Main) erneut dafür, dass aus zahlreichen Daten und Dateien ein ansehnliches Buch wurde.

Ihnen allen möchten wir an dieser Stelle unseren Dank aussprechen.

Information:
Basis für Vertrauen

**Vorwort von Benoît Claire,
Vorstandsvorsitzender Coface Deutschland**

Schon in „normalen" Zeiten ist professionelles Risikomanagement für Unternehmen eine Pflicht. Leider sehen das nicht alle Marktteilnehmer so und betrachten in Wachstumsphasen mit guten konjunkturellen Rahmendaten die Risikoseite als Kür. Das führt dann nicht selten zu einem bösen Erwachen, wenn das intendierte Geschäft zu einem Forderungsverlust führt und im schlimmsten Fall in eine Insolvenz mündet. Auch in den relativ guten Jahren vor der aktuellen Krise hatten wir in Deutschland zwischen 30.000 und 40.000 Insolvenzen.

Jetzt, in einer Situation, wie sie auch große Pessimisten vor gut einem Jahr noch nicht erwartet haben, schnellen die Zahlen nach oben: Zahlungsverzögerungen, Zahlungsausfälle, Insolvenzen, Folgeinsolvenzen. Und da diese Entwicklung leider global ist, dreht sich die Problemspirale umso schneller. Probleme für einen deutschen Exporteur in einem Zielland haben in der Regel Rückwirkungen auf den deutschen Standort. Dies ist die logische Folge des globalen Wirtschaftsgefüges. Es eröffnet nicht nur Wachstums- und Erfolgschancen, es beschleunigt auch Probleme und internationalisiert Krisen.

Für uns als Dienstleister im Forderungsmanagement ist eine solche Phase im Prinzip nichts Unbekanntes. Das Kreditversicherungsgeschäft verläuft stark zyklisch, Krisen sind uns nicht fremd. Neu ist nun allerdings das Ausmaß der Krise. Alle Länder sind betroffen und nahezu alle Branchen. Wir haben eine vernetzte Finanzmarkt- und Bankenkrise, eine zeitgleiche Finanzierungs- und Absatzkrise für viele Unternehmen und vor allem eine Vertrauenskrise. Was im gelähmten Interbankenmarkt kulminiert, findet sich in Facetten auch auf anderen wirtschaftlichen Ebenen: zwischen Bank und Kreditnehmer, zwischen Lieferant und Kunde, zwischen Investor und Unternehmen, ja innerhalb von internationalen Konzernen. Diese Vertrauenskrise ist aber nicht nur ein psychologisches Problem. Sie hat auch eine rationale Komponente: die Vorsicht.

Eigentlich ist es immer ratsam, sehr sorgfältig zu prüfen, mit wem man Geschäfte eingeht. Die Überprüfung der Bonität und Solidität von Geschäftspartnern sollte immer der erste Baustein im Risikomanagement sein. Risikomanagement ist nichts anderes als die rationale Ausprägung der unternehmerischen Vorsicht, der kaufmännischen Vernunft. Nun, in der aktuellen Krisenentwicklung, spitzt sich alles zu. Aus der rationalen Vorsorge wird in vielen Fällen die emotionale Furcht. Wurde vor kurzem noch zu sehr die Chancenseite in den

Vordergrund gerückt und die Risikokomponente ignoriert, scheint das Pendel nun komplett zurückzuschlagen. Die – auch in der Krise – vorhandenen Chancen werden vor lauter Risiken nicht mehr gesehen.

Wir erleben das derzeit zum Beispiel als Kreditversicherer. Die Nachfrage war noch nie so hoch. Allerdings haben wir aber auch noch nie eine so dramatische Erhöhung der Risiken erlebt. Für uns gilt genau das, was wir unseren Kunden – und allen Unternehmen – empfehlen: Risiken kalkulieren, Chancen nutzen. Die professionelle Analyse von Risiken muss im Mittelpunkt stehen. Nicht nur jetzt, sondern immer.

Dazu sind verlässliche Informationen unverzichtbar. Sie sind die Grundlage rationaler Entscheidungen. Wir wollen über die bekannten Angebote zur Absicherung oder Finanzierung von Forderungen hinaus auch wertvolle Informationen für Unternehmen liefern. Sie können, wenn es um konkrete Bonitätsinformationen zu Unternehmen geht, einfach, schnell und preisgünstig bei uns bezogen werden. Wir bieten aber auch kostenlose Informationsbausteine. Unsere Länder- und Brancheninformationen sind im Internet (www.laenderrisiken.de) einsehbar. Und unser vierteljährlicher Newsletter „Märkte aktuell" kann zusätzlich zur ebenfalls kostenlosen Kundenzeitung „aktuell" bezogen werden.

Zu einem vielbeachteten Informationsbaustein ist auch dieses „Handbuch Länderrisiken" geworden, das jährlich zum „Kongress Länderrisiken" neu aufgelegt wird. Es bietet kompakt einen Überblick über die Situation in 155 Ländern. Über die allgemeinen ökonomischen Eckdaten hinaus fokussieren wir in unseren Analysen auf den Aspekt der Zahlungssicherheit. Länder- und Branchenratings, Zahlungsindizes und nützliche Informationen über die in den Ländern üblichen Zahlungsmodalitäten ermöglichen dem Leser einen sehr konkreten Zugang zu den Ländern, für die er sich interessiert. Das Rating Geschäftsumfeld bietet eine eigenständige Bewertung der jeweiligen Rahmenbedingungen für Investitionen und Geschäftsbeziehungen in den einzelnen Ländern. Überblicksartikel über bestimmte Regionen behandeln aktuelle Themen und erhellen das ökonomische und geopolitische Umfeld.

Ich wünsche allen Lesern nicht nur eine interessante Lektüre. Ich hoffe, dass die Informationen auch hilfreich sind bei Ihren unternehmerischen Entscheidungen. Am Anfang der Wertschöpfungskette, die Coface Deutschland Unternehmen liefern kann, steht die Information. Darauf bauen alle weiteren Business-Lines auf: Kreditversicherung, Factoring und Debitorenmanagement. Informationen sind aber nicht nur die Grundlage für unser Geschäft. Sie sind ganz allgemein die Basis für das Vertrauen, das notwendig ist, um die Wirtschaft wieder in Gang zu bringen.   •

2009: Licht am Ende des Tunnels?

Vorwort von François David, Präsident der Coface

Ende 2008 herrschte abgrundtiefer Pessimismus: Kursverfall an den Börsen, Bankenkrise diesseits und jenseits des Atlantiks, die Volkswirtschaften versanken in einer Rezession. Zahlreiche Marktteilnehmer sind der Auffassung, dass wir eine außergewöhnlich schwere Krise erleben. Für die kommenden Jahre werden die Bilder der Weltwirtschaftskrise von 1929 und der Japankrise der 90er Jahre heraufbeschworen. Vielleicht sollten wir uns jedoch darum bemühen, die Kirche im Dorf zu lassen. Wir sollten die aktuelle Krise nicht unterschätzen, sie aber auch nicht grundlos dramatisieren.

Zunächst soll der Begriff Krise beleuchtet werden. Für Coface besteht eine Kreditkrise in einem beträchtlichen Anstieg der Zahlungsausfälle bei Unternehmen, begleitet von einem Konjunktureinbruch. Die aktuelle Kreditkrise ist definitiv als ernst zu bezeichnen. Besonders auffällig ist, dass die drei großen Zentren der industrialisierten Welt zeitgleich in eine Rezession eintreten: Japan, Westeuropa und die USA. Zum plötzlichen Nachfragerückgang kommt die durch die Bankenkrise ausgelöste Kreditklemme. Sinkende Nachfrage und Kreditverknappung werden sich gegenseitig so lange weiter verstärken, bis es gelingt, durch neues Vertrauen den Teufelskreis zu durchbrechen.

Man könnte darüber lamentieren, dass das Intervall zwischen dieser Krise und der letzten besonders kurz war. In unserem Schaubild auf der nächsten Seite ist der zeitliche Zusammenhang zwischen den von Coface registrierten Häufungen von Zahlungsausfällen und dem Wachstum der Weltwirtschaft seit den 70er Jahren dargestellt. Es ist deutlich zu sehen, dass zwischen dem Platzen der Internetblase (2001/2002) und der Subprime-Krise (2008/2009) nur fünf wirtschaftlich gute Jahre lagen, während es in den vorangegangenen Konjunkturzyklen jeweils sieben gute Jahre waren.

Genaugenommen, nahm die fünfte Kreditkrise der vergangenen 40 Jahre im Januar 2008 in den USA ihren Anfang. Die USA bilden zusammen mit Großbritannien und Spanien das Epizentrum der Kreditkrise, denn alle drei Volkswirtschaften zeichnen sich durch das Platzen einer Immobilienblase und eine Überschuldung der Privathaushalte aus. Doch die schwierige Lage greift auch auf Länder über, in denen es keine vergleichbaren Entwicklungen gegeben hat. In Italien beispielsweise wurde das ohnehin schwache Wirtschaftswachstum der letzten Jahre von der Vertrauenskrise so stark erschüttert, dass sich das Zahlungsverhalten der Unternehmen seit April 2008 merklich verschlechtert hat. Betroffen sind auch die unmittelbar an das Epizentrum angrenzenden Länder: Mexiko wird durch seine große Abhängigkeit von den USA und Portugal durch seine Abhängigkeit von Spanien mit in den Abwärtsstrudel hineingezogen.

Und nun breitet sich die Krise zunehmend in den Schwellenländern aus. Viele der in den vergangenen Jahren der Euphorie entstandenen Ungleichgewichte (die problemlos finanziert wurden, da Kredite nicht teuer und leicht zu bekommen waren) sind angesichts des gegenwärtigen Liquiditätsmangels und der starken Risikoaversion nicht mehr tragbar. Daher leiden z.B. auch Unternehmen in Mittel- und Osteuropa unter einem Konjunkturabschwung, starken Schwankungen der Wechselkurse und der Kreditklemme.

Während die Krise immer mehr Länder erreicht, werden von verschiedensten Beobachtern äußerst pessimistische Szenarien heraufbeschworen. Es ist wohl nicht allzu wahrscheinlich, dass wir eine neue Weltwirtschaftskrise wie die von 1929 erleben werden. Das Risiko eines Preisverfalls wie während der Japankrise darf hingegen nicht aus den Augen verloren werden: Platzen von Immobilien- und Börsenblase, Krise des Bankensektors – es lassen sich zahlreiche Parallelen zwischen der gegenwärtigen Lage der japanischen Wirtschaft und ihrer Situation Ende der 80er Jahre erkennen.

Japan ist damals in eine lange Phase der Entschuldung eingetreten und musste einen hohen Preis zahlen: Über einen Zeitraum von zehn Jahren war die Konjunktur von anhaltender Kreditverknappung, Nullwachstum und einem konstanten Preisrückgang gekennzeichnet. Europa und den USA dürfte es gelingen, einem ähnlichen Schicksal zu entgehen: In diesen Ländern haben sich die Regierungen sofort auf die Rettung des Bankensektors konzentriert, während in Japan viel zu spät damit begonnen wurde, die Kapitalausstattung der Finanzinstitute zu verbessern.

Coface hat bereits zahlreiche Krisen miterlebt und kann den notwendigen Abstand wahren, um das Ausmaß einer Krise einigermaßen abzuschätzen. Schwierige Zeiten wie diese sind häufig, neben überzogenem Pessimismus, von der Suche nach Sündenböcken geprägt. Von Marktteilnehmern, die etwas zu spät festgestellt haben, dass es Kreditversicherungen gibt, haben wir verschiedentlich den Vorwurf gehört, wir würden die Krise verstärken, wenn wir die von uns übernommene Deckung beträchtlich einschränkten. Daher möchte ich hier noch einmal deutlich machen, worin der Sinn einer Kreditversicherung besteht: Sie soll Lieferanten helfen, sich der Risiken bewusst zu sein, wenn sie ihren Kunden Kredit gewähren. Kredite zwischen Unternehmen sind ein wesentlicher Stützpfeiler der Marktwirtschaft, der häufig nicht wahrgenommen wird. Von 5 EUR eines kurzfristigen Darlehens, die einem Unternehmen bewilligt werden, kommen 1 EUR von einer Bank und der Rest von einem anderen Unternehmen. In Krisenzeiten sind Unternehmensinsolvenzen unvermeidbar. Doch in seiner Funktion als „Schutzmechanismus" kann der Kreditversicherer zumindest dafür sorgen, dass ein Lieferant, der sich durch eine gesunde Finanzlage aus-

zeichnet, nicht durch einen insolventen Kunden selbst in Schieflage gerät. Der Kreditversicherer wirkt wie ein Warnsystem. Dennoch nimmt die Hälfte der Unternehmen, die ihren Kunden Kredit gewähren, keine externe Hilfe (Kreditversicherer, Bonitätsauskunfteien oder Factoringgesellschaften) in Anspruch. Dabei wäre es jedoch gerade durch eine Zusammenarbeit mit solchen Unternehmen möglich, Risiken realistisch einzuschätzen. Im Falle eines Kreditversicherers beschränkt sich die Leistung nicht auf das Einholen von Auskünften, sondern der Versicherte erhält zusätzlich Empfehlungen zu dem für ihn sinnvollen Niveau der Kreditvergabe und wird bei Zahlungsausfall zu bis zu 90% entschädigt.

Darüber hinaus ist es völlig falsch anzunehmen, dass ein Kreditversicherer in Krisenzeiten plötzlich seine Geschäfte aussetzt und auf bessere Zeiten wartet. Selbst mitten in einer Kreditkrise haben es zahlreiche Unternehmen mit einer soliden Finanzlage verdient, versichert zu werden. 2008 konnte Coface das von seiner Kreditversicherung abgedeckte Volumen kontinuierlich steigern. Es ist daher absurd, Coface eine extreme oder blinde Verschärfung der Krise vorzuwerfen.

Diese besonnene Haltung entspricht auch den Zielen des vorliegenden Handbuchs, das jedes Jahr erscheint und so wichtig ist wie ein unverzichtbares Meeting: Das Handbuch enthält unsere Prognose für die Entwicklung der Länderrisiken in aller Welt. So können die Marktteilnehmer mit Risiken bewusst umgehen – und das ist gerade in einer Kreditkrise wie dieser besonders wichtig. Die Unternehmen sollen nicht nur gewarnt werden, sondern insbesondere die Möglichkeit erhalten, sich in Kenntnis aller wichtigen Faktoren weiter auf das Abenteuer Welthandel einzulassen. •

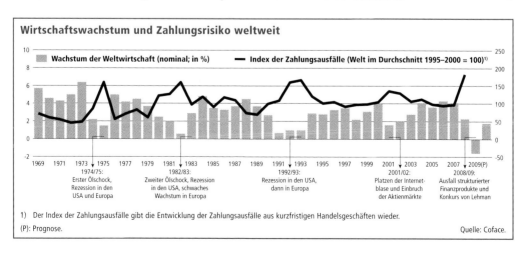

Wirtschaftswachstum und Zahlungsrisiko weltweit

☐ Wachstum der Weltwirtschaft (nominal; in %) — Index der Zahlungsausfälle (Welt im Durchschnitt 1995–2000 = 100)[1]

1974/75: Erster Ölschock, Rezession in den USA und Europa

1982/83: Zweiter Ölschock, Rezession in den USA, schwaches Wachstum in Europa

1992/93: Rezession in den USA, dann in Europa

2001/02: Platzen der Internetblase und Einbruch der Aktienmärkte

2008/09: Ausfall strukturierter Finanzprodukte und Konkurs von Lehman

1) Der Index der Zahlungsausfälle gibt die Entwicklung der Zahlungsausfälle aus kurzfristigen Handelsgeschäften wieder.

(P): Prognose.

Quelle: Coface.

Rückkehr der Märkte

**Vorwort von Volker Sach,
Geschäftsführer des F.A.Z.-Instituts**

Die derzeitige Nachrichtenlage weckt vielerorts Zweifel am Fortbestand der marktwirtschaftlichen Ordnung und der weltwirtschaftlichen Arbeitsteilung: Unternehmen und Banken, die vor kurzem noch als Erfolgsmodell privaten Wirtschaftens gelten konnten, bemühen sich nun um staatliche Hilfen. Sogenannte systemrelevante Banken stehen im schlimmsten Fall vor der Übernahme durch den Staat, der ihnen mit Milliardenbeträgen das Überleben sichern muss.

Verantwortlich dafür ist zum einen der Zusammenbruch der Märkte für zahlreiche strukturierte Finanzprodukte, deren Preisverfall oder fehlende Handelbarkeit die Bankbilanzen belastet. Zum anderen schrumpfen weltweit die Märkte für Industriegüter und zwingen die Hersteller zur Verringerung ihrer Produktion. Hier wirken sich die eingeschränkte Verfügbarkeit von Finanzierungen und der negative Vermögenseffekt bei den Verbrauchern in den konsumgetriebenen Volkswirtschaften nachfragemindernd aus. In beiden Fällen sollen nun staatliche Mittel in Form von Konjunktur- und Rettungspaketen den Ausfall des privaten Kapitals kompensieren.

So wie die Zentralbanken als „lender of last resort" die Liquiditätsversorgung des Bankensystems in zeitlich begrenzten Notfällen gewährleisten, sieht sich der Staat als „spender of last resort" aufgerufen, die Nachfrageausfälle im privaten Sektor zu kompensieren und darüber hinaus stabilisierend in die Entwicklung von Branchen und Unternehmen einzugreifen. Dies bleibt aber im günstigsten Fall über den Konjunkturzyklus hinweg wirkungslos, im schlechtesten Fall werden Strukturen gestützt, die bereits dem nächsten Abschwung nicht mehr standhalten. Schließlich führt die Erhöhung der Staatsausgaben zu höheren Schulden, die den Kapitalmarkt und die Steuerrechnung der Privatwirtschaft nachhaltig belasten. Selbst der deutsche Finanzminister Steinbrück sieht eine neue spekulative Blase aus überbewerteten Staatsanleihen, deren Platzen ähnlich gravierende Folgen wie die zurückliegende Korrektur der Subprime-Papiere haben könnte.

Was den Märkten fehlt, ist Geld und Vertrauen. Dabei mangelt es weltweit nicht an Liquidität, die von den Zentralbanken bereitgestellt wird. Gesucht werden Finanzinstitute, die, befreit von der Last illiquider Bilanzposten, das vorhandene Kapital zurück in den Wirtschaftskreislauf pumpen, statt Sicherheitspolster anzuhäufen. Wenn sich die Märkte darauf verlassen dürfen, dass Kunden ihre Käufe finanzieren können und Verkäufer die Zeit der Wertschöpfung finanziell überstehen, dann sollte auch die weltweite Nachfrage wieder anspringen. Dazu bedarf es tatsächlich institutioneller Aufbauarbeit, die von Seiten des Staates durch ein sinnvolles Regelwerk unterstützt werden kann. Auch sollten keine neuen Hemmnisse im Namen der Wirtschaft aufgebaut werden – weder durch Subventionen noch durch Handelsbeschränkungen zum Schutz bestimmter Unternehmen und Branchen.

Es gilt, den Blick nach vorn zu richten: auf die Länder, die in der Krise ihre Hausaufgaben machen und gestärkt auf den sich neu formierenden Weltmarkt treten; auf die Branchen, die sich durch Anpassung und Innovation für die Zeit nach der Krise rüsten; auf die Unternehmen, die sich während des Booms wetterfest gemacht haben und sich auf die nächste Stufe der Expansion vorbereiten. Denn dies ist sicher: Eine wachsende Bevölkerung in einer immer enger vernetzten Welt wird auf den wirtschaftlichen Wachstumspfad zurückkehren. Seien Sie bereit! Hilfreiche Informationen finden Sie im vorliegenden Handbuch Länderrisiken 2009. Wir wünschen Ihnen eine spannende Lektüre und viel Erfolg für Ihre globale Geschäftstätigkeit. •

Das System der weltweiten @rating-Bewertung

Die meisten Forderungen im B2B-Handel werden mit kurzfristigen Instrumenten und auf Zahlungsziel beglichen. Daher ist es unerlässlich, das Risiko schnell einzuschätzen, das mit derartigen Transaktionen einhergeht. Im Jahr 2000 führte Coface die erste versicherbare Unternehmensbewertung mit weltweiter Abdeckung ein. Diese @rating genannte Bewertung bringt die Fähigkeit eines Unternehmens zum Ausdruck, seinen geschäftlichen Verpflichtungen gegenüber seinen Kunden oder Lieferanten nachzukommen.

LÄNDERRATING

Die Länderbewertung ist eine der Kernkompetenzen von Coface. Während die meisten Ratinganalysen sich bei der Einschätzung der Länderrisiken auf die allgemeine Liquidität und Bonität der Länder stützen, zeichnet sich die Risikoeinschätzung von Coface dadurch aus, dass sie auf eigenen Erfahrungen beruht. Das Länderrating misst dabei die Höhe des durchschnittlichen Risikos, das bei den Unternehmen des jeweiligen Landes im Rahmen kurzfristiger Geschäftsbeziehungen besteht. Neben makroökonomischen und geopolitischen Aussichten ist somit das Zahlungsverhalten der Unternehmen wesentlicher Bestandteil bei der Beurteilung der einzelnen Länder. Ein Teil der darüber hinaus einfließenden Rahmenbedingungen, wie die Transparenz von Unternehmensbilanzen und der Gläubigerschutz in dem jeweiligen Land, wird im **Rating Geschäftsumfeld** gesondert ausgewiesen. Zu den Bewertungsstufen beider Ratings siehe die Definitionen im Folgenden.

BRANCHENRATING

Die Branchenbewertung ergänzt die Länderbewertung und misst das durchschnittliche Risiko für einen Forderungsausfall der Unternehmen innerhalb eines bestimmten Wirtschaftssektors. Das Rating gibt für die jeweilige Branche an, wie die konjunkturellen Aussichten und die durchschnittliche Finanzlage der Unternehmen deren Zahlungsverhalten bei kurzfristigen Handelsgeschäften beeinflussen. Zu den einzelnen Stufen siehe die Definition im Folgenden.

UNTERNEHMENSRATING

Basis der Länder- und Branchenratings sind die Unternehmensbewertungen von Coface. Der **@rating-Service** gibt das für ein Unternehmen empfohlene Kreditlimit in einer sehr einfachen Form an: @ = 20.000 EUR, @@ = 50.000 EUR, @@@ = 100.000 EUR, bei höheren Summen kann ein individuelles Krediturteil (IKU) angefragt werden. Coface verbindet mit dem Rating die grundsätzliche Bereitschaft, auf das angefragte Unternehmen im Rahmen eines Kreditversicherungsvertrags auch Deckungsschutz für Forderungen in Höhe des Kreditlimits zu übernehmen. Die Bewertung basiert auf den Bonitätsinformationen von Coface zu über 55 Millionen Unternehmen, ausgehend von den Zahlungserfahrungen der Coface-Kunden weltweit bei kurzfristigen Handelsgeschäften.

Ergänzend zum @rating Service ermittelt der **@rating-Score** nach mathematisch-statistischen Verfahren die Wahrscheinlichkeit, dass ein Unternehmen innerhalb eines Jahres insolvent wird. Der Score ist mit einer Skala von 0 (zahlungsunfähig) bis 10 (sehr gute Bonität) die am weitesten ins Detail gehende Analyse der Grundfrage nach der Bonität von Geschäftspartnern. In die Bewertung fließen neben den konkreten Zahlungserfahrungen auch Informationen aus der Kreditprüfung und der Bilanzanalyse sowie von dritter Seite wie Auskunfteien ein. @rating-Service und @rating-Score werden als einmaliger Check und als Monitoring angeboten. Letzteres gewährleistet die kontinuierliche Beobachtung der Risiken. 2009 wird Coface weltweit als neuer Anbieter von Unternehmensratings antreten und mit einem deutlich preiswerteren **Financial Rating** (siehe Seite 22) auch den großen Agenturen partiell Konkurrenz machen.

Die Definition der Länderbewertungen

Im Länderrating werden regelmäßig die im Folgenden vorgestellten 155 Länder analysiert und bewertet. Es umfasst drei Bausteine:

- die wirtschaftliche, finanzielle und politische Entwicklung eines Landes, wobei zu den Indikatoren die Konjunkturentwicklung, die Zahlungsfähigkeit des Staates, die Devisenreserven, die Höhe der Auslandsverschuldung, die Verfassung des Bankensystems sowie die politische Entwicklung, also geopolitische und regierungspolitische Aspekte, gehören;
- die Zahlungserfahrungen mit den Unternehmen dieses Landes bei kurzfristigen Verbindlichkeiten (siehe auch „Index der Zahlungsausfälle");
- das dort vorzufindende Geschäftsumfeld (siehe dazu im Einzelnen die folgende Definition der Bewertungen des Geschäftsumfelds).

Diese drei Module gemeinsam ergeben das Gesamtrating des jeweiligen Landes, wobei die Bewertungen von Coface einer ähnlichen siebenstufigen Skala wie die der Ratingagenturen folgen. A1 bis A4 entsprechen Investmentgrades und symbolisieren relativ geringes Risiko und insgesamt stabiles Zahlungsverhalten. B, C und D stehen für mittleres bis hohes Risiko unterhalb der Investmentgrades.

A1
Die politische und wirtschaftliche Situation ist sehr gut. Das exzellente Geschäftsumfeld wirkt sich positiv auf das Zahlungsverhalten von Unternehmen aus. Sehr geringe Ausfallwahrscheinlichkeit von Zahlungen.

A2
Die politische und wirtschaftliche Situation ist weiterhin gut. Das grundsätzlich stabile und effiziente Geschäftsumfeld lässt allerdings Raum für Verbesserungen. Die Wahrscheinlichkeit für Zahlungsausfälle bei Unternehmen bleibt indessen generell gering.

A3
Schwankungen bei den im Allgemeinen guten, jedoch etwas unbeständigen politischen und wirtschaftlichen Umständen können das Zahlungsverhalten der Unternehmen beeinträchtigen. Ein im Grunde sicheres Geschäftsumfeld kann Unternehmen dennoch gelegentlich Schwierigkeiten bereiten. Die Wahrscheinlichkeit eines Zahlungsausfalls ist noch immer gering.

A4
Etwas schwächere politische und wirtschaftliche Aussichten und ein relativ unzuverlässiges Geschäftsumfeld können das Zahlungsverhalten der Unternehmen beeinträchtigen. Dennoch liegt die Wahrscheinlichkeit eines Zahlungsausfalls weiterhin im akzeptablen Bereich.

B
Politische und wirtschaftliche Unsicherheiten und ein gelegentlich schwieriges Geschäftsumfeld können das Zahlungsverhalten der Unternehmen beeinträchtigen. Die Wahrscheinlichkeit von Zahlungsausfällen nimmt spürbar zu.

C
Die sehr unbeständigen politischen und wirtschaftlichen Aussichten und ein Geschäftsumfeld mit vielen besorgniserregenden Schwächen können sich deutlich im Zahlungsverhalten der Unternehmen niederschlagen. Die Wahrscheinlichkeit von Zahlungsausfällen ist hoch.

D
Das hohe Risikoprofil der wirtschaftlichen und politischen Umstände und ein häufig sehr schwieriges Geschäftsumfeld können das Zahlungsverhalten der Unternehmen vehement verschlechtern. Die Wahrscheinlichkeit von Zahlungsausfällen ist ausgesprochen hoch.

Die Definition der Branchenbewertungen

Die Branchenbewertung misst das durchschnittliche Risiko eines Zahlungsausfalls für Unternehmen einer bestimmten Branche bei kurzfristigen Handelsgeschäften. Das Risiko wird in der Regel nicht für Branchen einzelner Länder, sondern weltweit und für bestimmte Regionen erfasst. Für das Branchenrating zieht Coface drei wesentliche Parameter zur Bewertung heran:

- die jeweilige Branchenkonjunktur, aus der sich ableiten lässt, wie die Absatzaussichten sowie die Höhe von Preisen und Produktionskosten die Liquidität der Unternehmen beeinflussen;
- die Finanzlage der Unternehmen der jeweiligen Branche, von der abhängt, wie gut die Unternehmen die Folgen von Konjunkturschwankungen ausgleichen können;
- das Zahlungsverhalten der Unternehmen bei kurzfristigen Verbindlichkeiten auf Grundlage der Daten, die Coface vorliegen.

Insgesamt gibt es zehn Bewertungen von A+ für das niedrigste Risiko bis D für das höchste Risiko. Folgende Definitionen legt Coface dabei zugrunde:

A+, A, A–

Bei positiven konjunkturellen Rahmenbedingungen für die Branche und einer allgemein soliden Unternehmensfinanzlage sind die Zahlungserfahrungen zufriedenstellend, und für Zahlungsausfälle besteht im Schnitt eine geringe Wahrscheinlichkeit.

B+, B, B–

In einem im Wesentlichen günstigen Wirtschaftsumfeld, das gegen eine kurzfristige Eintrübung mit negativen Auswirkungen auf die Unternehmensfinanzlage allerdings nicht gefeit ist, sind das Zahlungsverhalten allgemein korrekt und die Ausfallwahrscheinlichkeit vertretbar.

C+, C, C–

In einem sehr unsicheren Branchenumfeld in Verbindung mit einer überaus anfälligen Unternehmensfinanzlage sind das Zahlungsverhalten schlecht und die Ausfallwahrscheinlichkeit alarmierend.

D

Bei sehr ungünstigen ökonomischen Rahmenbedingungen ist eine verschlechterte Unternehmensfinanzlage für ein allgemein verheerendes Zahlungsverhalten mit einer hohen Ausfallwahrscheinlichkeit verantwortlich.
•

Der Index der Zahlungsausfälle für Länder und Regionen

Im Länderrating ist das Zahlungsverhalten der Unternehmen wesentlicher Bestandteil bei der Beurteilung der einzelnen Länder. Den Index der Zahlungsausfälle (Payment Incidents Index) erstellt Coface auf der Grundlage der Zahlungserfahrungen ihrer weltweiten Kunden mit deren Abnehmern. Sie verfügt über Informationen zu über 55 Millionen Unternehmen in aller Welt. Die Kurve beschreibt das durchschnittliche Zahlungsverhalten von Unternehmen in einem bestimmten Land (oder einer bestimmten Region), verglichen mit dem zeitgleichen weltweiten Zahlungsverhalten. Basis 100 entspricht dem Weltdurchschnitt von Dezember 1995.

Zugrunde liegen Zahlungsziele im kurzfristigen Bereich von bis zu sechs Monaten. In dieser Spanne werden in der Kreditversicherung in der Regel die kurzfristigen Risiken definiert. Darüber hinausgehende Fristen, etwa im mehrjährigen Investitionsgütergeschäft, sind nicht berücksichtigt. Von der Quote an Meldungen der Überschreitung des Zahlungsziels bei kurzfristigen, versicherten Forderungen wird ein gleitender Durchschnitt über zwölf Monate genommen.

Die grafische Darstellung des Indexes der Zahlungsausfälle zeichnet so ein Bild der Zahlungsmoral in einem Land zu einem konkreten Zeitpunkt im Verhältnis zum Weltdurchschnitt und dokumentiert die Veränderungen während der erfassten Zeitschiene.

Allerdings ist darauf hinzuweisen, dass in einigen Ländern die von Coface beobachteten Zahlungsausfälle geringer ausfallen, als es das tatsächliche Risiko erwarten lässt, das mit einer Geschäftätigkeit in dem jeweiligen Land verbunden ist. Dies ist zum Beispiel derzeit in Argentinien der Fall, das im Rating lediglich eine Bewertung mit C erhält, dessen Index der Zahlungsausfälle jedoch deutlich unter dem Weltniveau liegt (und demnach eine weitaus positivere Situation vermuten lässt).

Zum einen ist dies darauf zurückzuführen, dass die Versicherung von Forderungen in solchen Ländern noch nicht sehr verbreitet ist und die Datenbasis für den Index schwächer ausfällt, vor allem aber darauf, und dies trifft auch konkret für Argentinien zu, dass hohe Ausfälle in der jüngeren Vergangenheit schärfere Bedingungen bei der Kreditversicherung nach sich zogen, die wiederum die Möglichkeit von Ausfällen drastisch reduzieren.

Bei der Risikoeinschätzung im Länderrating kommt in solchen Fällen den anderen Bausteinen, dem Geschäftsumfeld sowie den wirtschaftlichen, finanziellen und politischen Aussichten, stärkeres Gewicht zu als den Zahlungsbeobachtungen. Letztere sollten daher stets in Verbindung mit der Gesamtsituation der Unternehmen in einem Land, wie es sich im Rating niederschlägt, betrachtet werden. Auch die jeweilige Branchensituation sollte hinzugezogen werden.

Die verschiedenen Bewertungen stehen im Internet auf **www.coface.de** und den anderen nationalen Webseiten von Coface zur Verfügung und werden regelmäßig aktualisiert. Die Abfrage der Länder- und Branchenratings ist gebührenfrei und besonders bequem auf **www.laenderrisiken.de** möglich. Dort bietet Coface im Zusammenhang mit den Länder- und Branchenbeurteilungen (über den Button „Das Länder- und Branchenrating") nicht nur für einzelne Länder, sondern auch für bestimmte Branchen einen entsprechenden Zahlungsausfallindex zur Einsicht an. •

Index der Zahlungsausfälle
(Gleitender Zwölfmonatsdurchschnitt; Basis: Welt 1995 = 100)

Quelle: Coface.

Die Definition der Bewertungen des Geschäftsumfelds

Mit dem Anfang 2008 eingeführten „Rating Geschäftsumfeld" wird die Qualität konkreter Rahmenbedingungen für Unternehmen eines Landes bewertet. Überprüft wird dabei, ob Zahlen aus dem Rechnungswesen der Unternehmen verfügbar und verlässlich sind, ob das Rechtssystem einen angemessenen Gläubigerschutz bietet und eine schnelle Durchsetzung von Zahlungsansprüchen ermöglicht und ob die Institutionen des Landes günstige Rahmenbedingungen für die Unternehmen schaffen.

Im Detail setzt sich das Rating aus folgenden Bausteinen zusammen:

■ Den Kern bilden die Erfahrungen von Coface im Hinblick auf die Qualität der zur Verfügung stehenden Informationen über die Unternehmen wie auch die juristische Absicherung der Gläubiger. Grundlage bilden Umfrageergebnisse der Coface-Niederlassungen weltweit zu den folgenden Punkten:

  • **Qualität und Verfügbarkeit von Finanzinformationen** (rechtlicher Rahmen zur Veröffentlichung von Bilanzen, konkrete Verfügbarkeit, Zugangsmöglichkeiten und Glaubwürdigkeit der Bilanzen etc.)

  • **Rechtsschutz für Gläubiger sowie die Effizienz des Forderungseinzugs** (Tabellen zu beschleunigten und gewöhnlichen Gerichtsverfahren, Gerichtskosten, Insolvenzverfahren etc.)

■ Über diese qualitativen Erfahrungen vor Ort hinaus finden verschiedene Indikatoren internationaler Organisationen zur **Qualität der institutionellen Rahmenbedingungen** bei der Berechnung der jeweiligen Ratingnote Berücksichtigung. Hierzu gehören vor allem die Effektivität der öffentlichen Dienste (Regierung, Bildung, Gesundheitswesen, Infrastruktureinrichtungen), die Beschaffenheit des Rechtsrahmens, die Anwendung der Gesetze und das Ausmaß der Korruption. Coface greift dabei auf externe Daten zurück, wobei die Kennzahlen im Allgemeinen mit Hilfe von Unternehmensbefragungen ermittelt werden. Berücksichtigung finden insbesondere:

• die Kennzahlen des Weltbank-Instituts (World Bank Institute – WBI) über die Leistungsfähigkeit einer Regierung, was die Eigenschaften des öffentlichen Dienstes und die Effizienz der Verwaltungsdienste mit einbezieht;

• der Human Development Index (HDI, auch „Index der menschlichen Entwicklung") der Vereinten Nationen, der die Länder hinsichtlich des Entwicklungsstands ihrer Bevölkerung klassifiziert; er setzt sich aus drei Teilindikatoren zusammen, die die Lebenserwartung (Gesundheitsfürsorge, Ernährung und Hygiene), den Bildungsgrad (Alphabetisierungs- und Einschulungsrate) und den Lebensstandard (reale Kaufkraft der Einwohner) quantifizieren;

• der Index zur Beschaffenheit der Infrastruktur (Energie, Verkehr, Telekommunikation) aus dem „Global Competitiveness Report" des Weltwirtschaftsforums;

• die Kennzahlen des Weltbank-Instituts zur Qualität der Regularien, die gegebenenfalls auf Verfahrensweisen hinweisen, die eine Marktwirtschaft eher behindern (Preiskontrolle, lückenhafte Überwachung des Bankwesens etc.), oder auf Verordnungen, die auf den Außenhandel und das Wirtschaftsklima maßgeblich Einfluss nehmen;

• der „Rule of Law"-Indikator des Weltbank-Instituts, der das Vertrauen der Wirtschaftsakteure in das Rechtssystem vor Ort und die Effizienz und Transparenz des Rechtswesens widerspiegelt;

• die Korruptionskennzahl des Weltbank-Instituts, die das tatsächliche Ausmaß der Korruption misst, wobei Korruption hier als Veruntreuung von öffentlichen Mitteln zu privaten Zwecken zu verstehen ist.

Kein Parameter ist hingegen die konjunkturelle Entwicklung im jeweiligen Land (in Abgrenzung zum ifo Geschäftsklimaindex ist hier deshalb auch vom Geschäftsumfeld und nicht vom Geschäftsklima die Rede).

Letztendlich gibt das Rating Geschäftsumfeld eine Teilaussage des Länderratings wieder und fließt somit neben makroökonomischen und politischen Daten sowie den Zahlungserfahrungen von Coface in die Gesamtbeurteilung eines Landes mit ein (siehe Grafik auf Seite 18). Ähnlich wie beim Länderrating werden sieben Bewertungsstufen vergeben, wobei A1 das geringste und D das höchste Risiko darstellen.

A1
Das Geschäftsumfeld ist hervorragend. Die Unternehmen erstellen regelmäßig verlässliche Bilanzen. Zahlungsansprüche lassen sich schnell durchsetzen. Das Land verfügt über effektiv arbeitende Institutionen, und die Geschäftstätigkeit läuft unter diesen Gegebenheiten reibungslos.

A2
Das Geschäftsumfeld ist gut. Die Unternehmensbilanzen sind in der Regel vorhanden und verlässlich. Die Durchsetzung von Zahlungsansprüchen funktioniert. Die Institutionen des Landes sind im Großen und Ganzen leistungsfähig, und die Unternehmen können sich unter den relativ stabilen Bedingungen entwickeln.

A3
Das Geschäftsumfeld ist relativ gut. Die Unternehmensbilanzen sind relativ verlässlich, sofern sie zur Verfügung stehen, was nicht immer der Fall ist. Der Gläubigerschutz und die Institutionen weisen einige Mängel auf. Die Unternehmen agieren unter verhältnismäßig sicheren Bedingungen. Aufgrund der bestehenden Mängel kann es jedoch in Einzelfällen zu schwierigen Situationen im Geschäftsleben kommen.

A4
Das Geschäftsumfeld ist befriedigend. Unternehmensbilanzen sind nicht immer in ausreichender Form vorhanden und falls doch, sind sie nicht immer verlässlich. Der Gläubigerschutz ist in manchen Bereichen nicht ausreichend entwickelt, und die Institutionen weisen Mängel auf. Somit arbeiten die Unternehmen unter akzeptablen, manchmal jedoch instabilen Rahmenbedingungen. Dadurch kann es zu Schwierigkeiten im Geschäftsverkehr kommen.

B
Die Qualität des Geschäftsumfelds ist nur mittelmäßig. Verfügbarkeit und Verlässlichkeit von Unternehmensbilanzen variieren von Fall zu Fall sehr stark. Die Durchsetzung von Zahlungsansprüchen ist manchmal schwierig. Die Institutionen des Landes weisen gewisse Schwächen auf und sind nicht sehr leistungsfähig. Aus den labilen Rahmenbedingungen resultieren für die Geschäftsbeziehungen der Unternehmen gewisse Risiken.

C
Das Geschäftsumfeld ist problematisch. Häufig stehen keine Unternehmensbilanzen zur Verfügung, oder sie sind nicht verlässlich. Zahlungsansprüche lassen sich nur mit Mühe durchsetzen. Die Institutionen des Landes weisen zahlreiche Schwächen auf, so dass die Unternehmen unter schwierigen Rahmenbedingungen agieren müssen. Dadurch ist das Geschäftsleben mit hohen Risiken behaftet.

D
Das Geschäftsumfeld ist äußerst problematisch. Unternehmensbilanzen gibt es kaum und falls doch, enthalten sie nur in den seltensten Fällen verlässliche Angaben. Das Rechtssystem macht die Durchsetzung von Zahlungsansprüchen extrem schwierig. Die Institutionen weisen enorme Schwächen auf, so dass die Unternehmen sich bei ihrer Geschäftstätigkeit in einem hochriskanten Umfeld bewegen. •

Das Rating Geschäftsumfeld

DAS AKTUELLE VERHÄLTNIS DES RATINGS GESCHÄFTSUMFELD ZUM LÄNDERRATING

Bei der Hälfte der Länder (77 Länder bzw. 50% der 154 bewerteten Länder) stimmt das Rating Geschäftsumfeld mit dem Länderrating überein.

Bei 30 Ländern (Anteil: 19%) fällt die Bewertung für das Geschäftsumfeld schlechter als das Länderrating aus. Es handelt sich oft um Länder Afrikas, des Nahen oder des Mittleren Ostens, die aufgrund ihres Rohstoffreichtums und hoher Rohstoffpreise eine solide Finanzlage und eine starke wirtschaftliche Dynamik vorweisen können. Dennoch lässt das Geschäftsumfeld vielfach zu wünschen übrig; die Gesetze werden nicht umgesetzt, was die Beitreibung von Forderungen erschwert, es fehlt die Transparenz bei den Unternehmensbilanzen, und Korruption ist weitverbreitet. Mitunter kommt es auch vor, dass eine gute Wirtschaftslage, die auf dem Export natürlicher Ressourcen beruht, gerade wichtige Reformen zur Stärkung der Institutionen lähmt. Eine positive wirtschaftliche Entwicklung trägt somit nicht immer zu einer Verbesserung des Geschäftsumfelds bei.

So gibt es beispielsweise im Fall von Indien (das Rating Geschäftsumfeld liegt eine Stufe unter der Gesamtbewertung des Landes) und vor allen Dingen in China (die Bewertung des Geschäftsumfelds liegt zwei Stufen unter der des Landes) eine enorme Kluft zwischen der blühenden Wirtschaftslage und einem nach wie vor unausgereiften institutionellen und rechtlichen Rahmen. Andere Länder wie zum Beispiel Luxemburg, die im Länderrating mit A1 bewertet werden, schneiden

beim Rating Geschäftsumfeld nur mit A2 ab, da es bei der Beschaffung von Informationen über die finanzielle Lage der Unternehmen Schwierigkeiten gibt.

In 47 der notierten Länder (Anteil: 31%) ist das Geschäftsumfeld besser als die Gesamtsituation des Landes. Es handelt sich um Länder, wo das Geschäftsumfeld relativ zufriedenstellend ist, die gesamtwirtschaftliche Entwicklung aber Schwächen aufweist, z.B. in Verbindung mit hohen Leistungsbilanzdefiziten wie in Ungarn, der Türkei, in Kroatien und in der Slowakei, oder das politische Risiko ausgeprägt ist, so z.B. im Libanon, in Israel und in Bosnien-Herzegowina.

Im Zuge der jüngsten Herabstufung der führenden Industrieländer (Deutschland, Frankreich, Großbritannien, Italien, Japan, Kanada, USA sowie zahlreicher weiterer Länder vor allem in Europa) fällt auch deren Länderrating schlechter als das Rating des Geschäftsumfelds aus. Hier spiegelt sich die verschlechterte Finanzlage der von der weltweiten Wirtschafts- und Finanzkrise betroffenen Unternehmen wider.

DAS RATING GESCHÄFTSUMFELD AM BEISPIEL DER BRIC-LÄNDER

Was das Geschäftsumfeld angeht, so liegen **Brasiliens** Stärken im einfachen Zugang zu Unternehmensinformationen, einem guten Gläubigerschutz, einer hohen Qualifikation der Arbeitskräfte und einem akzeptablen Rechtsrahmen für Unternehmen. Die Mängel in der Infrastruktur stellen nach wie vor die größte Schwäche

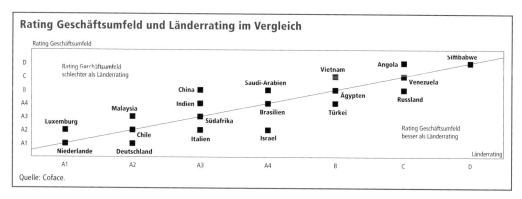

Rating Geschäftsumfeld und Länderrating im Vergleich

Quelle: Coface.

Bestandteile des Länderratings

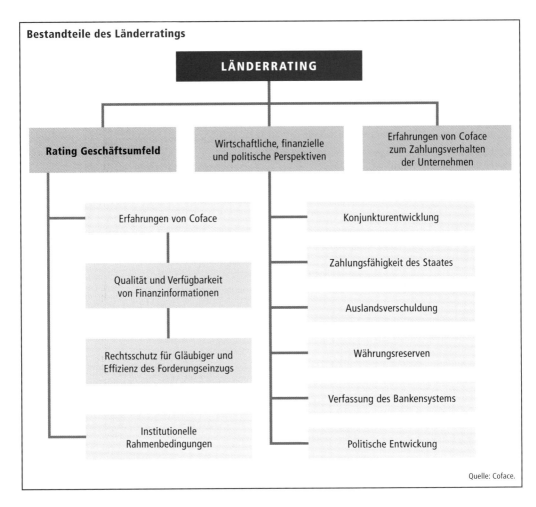

Quelle: Coface.

des Landes dar. Das Rating des Geschäftsumfelds mit A4 deckt sich mit der Gesamtbewertung des Landes.

In **Indien** sind zwar die Finanzdaten größerer Unternehmen zugänglich, jedoch nicht die von kleineren. Der Erhalt von konsolidierten Konzernabschlüssen gestaltet sich ebenfalls schwierig. Obwohl die Vorschriften nicht immer den Gläubigern zugutekommen, ist das Rechts-

wesen zufriedenstellend. Verfahren sind langwierig. Nach wie vor das größte Problem stellen für Unternehmen die Defizite in der Infrastruktur dar. Das Geschäftsumfeld ist gegenüber der Gesamtentwicklung des Landes im Rückstand und liegt im Rating mit A4 eine Stufe niedriger.

In **China** sind die Infrastruktureinrichtungen hingegen zufriedenstellend und die Arbeitskräfte relativ gut ausgebildet. Doch ist es mit der Transparenz der Unternehmen schlecht bestellt. Finanzinformationen sind nur schwer zu bekommen, und wenn, dann enthalten die Bilanzen kaum verlässliche Daten. Das Rechtswesen bietet vor allem dem ausländischen Kreditor nur wenig Schutz. Folglich erreicht das Geschäftsumfeld nur ein Rating von B. Dies ist zwei Stufen unter der Gesamtbewertung des Landes mit seiner sonst so dynamischen Entwicklung in den letzten Jahren.

Rating Geschäftsumfeld am Beispiel der BRIC-Länder

	Rating Geschäftsumfeld	Länderrating
Brasilien	A4	A4
Indien	A4	A3
China	B	A3
Russland	B	C

Während also **China** und **Indien** im Länderrating beide bei A3 eingestuft sind, schneidet **Indien** mit seinem Geschäftsumfeld besser ab – dies vor allem deshalb, weil der Subkontinent beim Gläubigerschutz und bei der Verfügbarkeit von finanziellen Informationen bessere Rahmenbedingungen aufweist.

In **Russland** ist der hohe Bildungsgrad der Bevölkerung ebenfalls ein wichtiger Vorteil. Die Behörden arbeiten recht effizient, doch die rechtlichen Rahmenbedingungen bieten nur wenig Sicherheit für Gläubiger. Die unzureichende Durchsetzung von Rechtsvorschriften beeinträchtigt das Geschäftsumfeld ebenso wie die fehlende Transparenz bei Finanzen und Beteiligungsverhältnissen in den Unternehmen. Das Rating Geschäftsumfeld (B) liegt inzwischen über dem Gesamtrating des Landes, das neben der gelegentlich problematischen Zahlungsmoral der Unternehmen aktuell die Verschlechterung der wirtschaftlichen und finanziellen Rahmendaten stärker berücksichtigt. •

Länderrating und Rating Geschäftsumfeld (Bewertung von 155 Ländern[1] im Überblick)

Westeuropa	Rating Geschäftsumfeld	Länderrating
Finnland	A1	A1
Niederlande	A1	A1
Österreich	A1	A1
Schweden	A1	A1
Schweiz	A1	A1
Luxemburg	A2	A1
Belgien	A1	A2
Dänemark	A1	A2
Deutschland	A1	A2
Frankreich	A1	A2
Norwegen	A1	A2
Malta	A2	A2
Zypern	A2	A2
Großbritannien	A1	A3
Irland	A1	A3
Spanien	A1	A3
Griechenland	A2	A3
Italien	A2	A3
Portugal	A2	A3
Island	A1	A4

Mittel-, Osteuropa und Türkei	Rating Geschäftsumfeld	Länderrating
Slowenien	A2	A2
Tschechische Republik	A2	A2
Slowakische Republik	A2	A3
Polen	A3	A3
Estland	A2	A4
Ungarn	A2	A4
Litauen	A3	A4
Kroatien	A3	A4
Lettland	A3	B
Bulgarien	A4	B
Rumänien	A4	B
Türkei	A4	B
Mazedonien	C	C
Montenegro	C	C
Serbien	C	C
Albanien	C	D
Bosnien-Herzegowina	C	D

GUS	Rating Geschäftsumfeld	Länderrating
Kasachstan	B	B
Armenien	B	C
Russland	B	C
Aserbaidschan	C	C
Georgien	C	C
Moldau	C	D
Ukraine	C	D
Kirgistan	D	D
Tadschikistan	D	D
Turkmenistan	D	D
Usbekistan	D	D
Weißrussland	D	D

Amerika	Rating Geschäftsumfeld	Länderrating
Kanada	A1	A2
USA	A1	A2
Chile	A2	A2
Costa Rica	A3	A4
Mexiko	A4	A4
Brasilien	A4	A4
Panama	A4	A4
Kolumbien	B	A4
Uruguay	A4	B
Dominikanische Republik	B	B
El Salvador	B	B
Peru	B	B
Guatemala	C	B
Argentinien	B	C
Jamaika	B	C
Ecuador	C	C
Honduras	C	C
Paraguay	C	C
Venezuela	C	C
Bolivien	C	D
Nicaragua	C	D
Haiti	D	D
Kuba	D	D

Asien-Pazifik	Rating Geschäftsumfeld	Länderrating
Australien	A1	A2
Japan	A1	A2
Neuseeland	A1	A2
Singapur	A1	A2
Hongkong	A2	A2
Südkorea	A2	A2
Taiwan	A2	A2
Malaysia	A3	A2
Thailand	A3	A3
Indien	A4	A3
China	B	A3
Philippinen	B	B
Indonesien	C	B
Vietnam	C	B
Papua-Neuguinea	D	B
Sri Lanka	B	C
Bangladesch	D	C
Mongolei	C	D
Pakistan	C	D
Afghanistan	D	D
Kambodscha	D	D
Laos	D	D
Myanmar	D	D
Nepal	D	D

Nordafrika, Naher u. Mittlerer Osten	Rating Geschäftsumfeld	Länderrating
Kuwait	A3	A2
Qatar	A3	A2
Verein. Arabische Emirate	A3	A2
Bahrain	A3	A3
Oman	A4	A3
Israel	A2	A4
Marokko	A4	A4
Tunesien	A4	A4
Algerien	B	A4
Saudi-Arabien	B	A4
Jordanien	A4	B
Ägypten	B	B
Libanon	B	C
Syrien	C	C
Jemen	D	C
Libyen	D	C
Iran	C	D
Irak	D	D

Afrika südlich der Sahara	Rating Geschäftsumfeld	Länderrating
Botswana	A3	A3
Mauritius	A3	A3
Südafrika	A3	A3
Namibia	A4	A3
Kapverdische Inseln	B	B
Senegal	B	B
Benin	C	B
Gabun	C	B
Mosambik	D	B
Tansania	D	B
Burkina Faso	C	C
Ghana	C	C
Kamerun	C	C
Kenia	C	C
Madagaskar	C	C
Mali	C	C
Mauretanien	C	C
Sambia	C	C
Uganda	C	C
Angola	D	C
Äthiopien	D	C
Dschibuti	D	C
Kongo	D	C
Niger	D	C
São Tomé und Príncipe	D	C
Togo	D	C
Elfenbeinküste	C	D
Burundi	D	D
Demokrat. Republik Kongo	D	D
Eritrea	D	D
Guinea	D	D
Liberia	D	D
Malawi	D	D
Nigeria	D	D
Ruanda	D	D
Sierra Leone	D	D
Simbabwe	D	D
Sudan	D	D
Tschad	D	D
Zentralafrikanische Republik	D	D

1) Palästinensische Autonomiegebiete ohne Bewertung.

Quelle: Coface.

Das neue Financial Rating von Unternehmen

Coface wird 2009 weltweit als neuer Anbieter von Unternehmensratings antreten und mit einem deutlich preiswerteren Financial Rating auch den großen Agenturen partiell Konkurrenz machen. Basis dafür ist die Kompetenz des weltweit agierenden Forderungsspezialisten in der Beurteilung von Kreditrisiken. Kontinuierlich beobachtet Coface die Finanzlage von über 55 Millionen Unternehmen in aller Welt.

Diese Informationen sind die Entscheidungsgrundlage insbesondere für die Übernahme von Ausfallrisiken in der Kreditversicherung und für den Ankauf von Forderungen durch Factoring. Dazu erstellt das Unternehmen bereits jetzt jährlich fast 18.000 interne Ratings, die als komprimierte Bonitätsaussagen auch schon im @rating-Service angeboten werden. Die komplexen internen Ratings dienen als Basis für das neue Rating.

Zudem sind bereits etliche Mitarbeiter zu Ratinganalysten aus- und weitergebildet worden. Ihre Aufgabe wird es sein, bei den Unternehmen die weiteren erforderlichen Informationen zu erheben und auszuwerten. Zusammen mit den vorliegenden Daten und in Kooperation mit den Spezialisten in der Kreditprüfung kann so mit überschaubarem Aufwand ein aussagefähiges Rating erstellt werden. Die Tatsache, dass Coface bereits über einen umfassenden aktuellen und aufbereiteten Datenbestand verfügt, erlaubt es, deutlich günstiger anzubieten als der Wettbewerb. Der Einstiegspreis wird voraussichtlich bei einem Drittel des Standardpreises der drei großen Agenturen liegen. Derzeit werden das Verfahren und die Akzeptanz unter anderem am deutschen Markt intensiv getestet.

Coface beschränkt sich ausschließlich auf die Bewertung von Unternehmen. „Auf diese Weise wird gewährleistet, dass wir uns nur in Bereichen bewegen, in denen wir kompetent sind, nachdem die Anwendung von Ratings auf komplexe Finanzinstrumente mit zur Ausbreitung der Finanzkrise beigetragen hat", sagt der Vorstandsvorsitzende von Coface Deutschland, Benoît Claire.

Das jeweilige Rating wird in Buchstabenform (A, BBB usw.) angegeben. Diese Bewertungen sind an das System der bekannten Ratingagenturen angelehnt und beschreiben entsprechende Wahrscheinlichkeiten von Zahlungsausfällen. Zusätzlich zu der Ratingnote wird ein Analysebericht erstellt. Der Bericht kann entweder von dem bewerteten Unternehmen selbst oder von seinen strategischen Partnern angefordert werden, wobei stets darauf geachtet wird, dass das Unternehmen dem Bewertungssystem und der Weitergabe dieser Bewertung zustimmt.

Das Angebot richtet sich sowohl an die großen Unternehmen, die bereits mit den drei aktuellen Marktführern S&P, Moody's und Fitch zusammenarbeiten, als auch an mittelständische Betriebe oder Unternehmen in Schwellenländern, für die der Nachweis ihrer Liquidität von ebenso großer Bedeutung ist wie für die großen Konzerne. ●

Geopolitischer Überblick: Wachstums-hoffnungen auf dem Prüfstand

Gunther Schilling, F.A.Z.-Institut

Die Transformation der meisten sozialistischen Länder von zentral verwalteten in weltmarktintegrierte Volkswirtschaften hat Milliarden Menschen in den vergangenen 20 Jahren eine Chance auf wirtschaftlichen Erfolg eröffnet und den Anteil der Armen an der Weltbevölkerung deutlich reduziert. Am augenfälligsten zeigt sich die wohlstandsfördernde Wirkung der wirtschaftlichen Integration an den mittel- und südosteuropäischen Neumitgliedern der Europäischen Union. Aber auch Russland und die übrigen Nachfolgestaaten der Sowjetunion sowie China, Vietnam und Indien haben in den vergangenen Jahrzehnten eine beachtliche Industrialisierung und Modernisierung erfahren. Gleichzeitig entwickelten sich in diesen Ländern private Unternehmen und Banken, freie Waren- und Finanzmärkte sowie staatliche Institutionen und Rechtssysteme, die sich an den Erfordernissen der Weltmarktintegration orientierten.

Angetrieben wurde dieser Transformationsprozess vor allem von der Hoffnung auf wachsenden Wohlstand der Bevölkerung und größere politische Handlungsfähigkeit. In dem Maße, in dem diese Hoffnung durch die Zunahme von Beschäftigung und Einkommen, den Aufstieg junger Unternehmen und die internationale Beachtung der aufstrebenden Staaten bestätigt wurde, gewann das dem Wohlstand zugrundeliegende westliche Wirtschafts- und Gesellschaftsmodell an Akzeptanz. Vor allem China profitierte von der Auslagerung der Fertigung aus den Industriestaaten. Eine zusätzliche Beschleunigung erfuhr dieser Prozess in den vergangenen Jahren durch die starke Erhöhung der Nachfrage nach Rohstoffen und den damit einhergehenden Anstieg der Preise. In den rohstoffexportierenden Ländern erhöhten sich die Exporterlöse und ließen die Devisenreserven stark steigen. Damit wuchs neben der Binnennachfrage auch die wirtschaftliche Macht der vom Rohstoffexport profitierenden Unternehmen und Regierungen. Neben der Wachstumshoffnung schien sich auch die Hoffnung auf eine breitere Verteilung des weltweiten (Devisen-)Vermögens zu erfüllen.

Ein „Goldenes Zeitalter" synchronen Wachstums und politischer Dividenden ist daraus jedoch nicht entstanden. Der „Krieg gegen den Terrorismus" stellte die westliche Welt auf eine harte Probe. In einigen aufstrebenden Transformationsländern hat sich die Akzeptanz marktwirtschaftlicher und demokratischer Regeln zugunsten zentralstaatlicher Einflussnahme wieder verringert. Als noch gefährlicher hat sich die Anhäufung und Übertragung von Risiken aus Hypotheken- und Konsumentenkrediten in den USA und Europa erwiesen. Mit der jüngsten Finanzkrise droht die globale Arbeitsteilung zwischen Industriestandorten, Technologiezentren und Absatzmärkten aus Mangel an Finanzmitteln zu implodieren. Zwar können nach der Krise leistungsfähigere Märkte und Unternehmen entstehen, doch drohen auch diesen angesichts volatiler Finanzmärkte neue Krisen. Die Eindämmung der zunehmenden Volatilität der globalen Märkte stellt die Staatengemeinschaft vor eine ordnungspolitische Herausforderung.

POLITISCHER NEUANFANG IN SCHWIERIGEN ZEITEN

Mit der Wahl Barak Obamas zum neuen Präsidenten haben sich die US-Amerikaner für eine Abkehr von der Politik George Bushs entschieden, die insbesondere vom Krieg gegen den (islamistischen) Terrorismus und einer expansiven Wirtschaftspolitik gekennzeichnet war. Am Ende zweier Amtsperioden ist die Hoffnung vieler Bürger auf kreditfinanzierten Wohlstand und außenpolitische Dominanz einem nüchternen Wunsch nach Konsolidierung und sozialer Stabilität gewichen. Der neue Präsident steht vor der schwierigen Aufgabe, das Finanzsystem des Landes zu retten, die Konjunktur wiederzubeleben und gleichzeitig die Verschuldung des Staates auf ein tragfähiges Maß zu begrenzen.

Die Führungsrolle der USA in der internationalen Politik wird 2009 auf eine harte Probe gestellt. Von den schwelenden Konflikten im Nahen Osten und den Engagements im Irak und in Afghanistan bis hin zur Neuausrichtung der Beziehungen zu den europäischen Partnern und Russland reichen einige der wichtigsten Punkte auf der Agenda. Noch nicht abzusehen sind zudem die Auswirkungen der globalen Wirtschaftskrise auf die politische Stabilität vor allem in Osteuropa und Asien.

Die neue US-Außenministerin, Hillary Clinton, will mit einer Strategie der „Smart Power" die gewohnte Härte in der Sache mit einem weicheren und klügeren Stil verbinden. Dabei dürften multilaterale Lösungsansätze unter stärkerer Einbindung der internationalen Organisationen an Bedeutung gewinnen. Erste Signale gegenüber den Staaten des Nahen und Mittleren Ostens sowie gegenüber Russland deuten auf eine neue Initiative zur Lösung der Konflikte hin.

Auch die Europäische Union, deren institutionelle Weiterentwicklung ins Stocken geraten ist, steht als internationaler Akteur in der Pflicht. Sowohl der Konflikt im Nahen Osten und die Flüchtlingswellen sowie Piratenangriffe aus Nordafrika als auch die fortwährenden Spannungen zwischen Russland und der Ukraine sowie im Balkan und im Kaukasus erfordern eine einheitliche Position und Verhandlungsführung der EU.

Die Beziehungen zwischen Europa und den USA entwickeln sich seit dem Amtsantritt Barack Obamas positiv. Insbesondere hinsichtlich der Haltung gegenüber Russland und dem Iran zeigt sich ein wachsendes Maß an Übereinstimmung. Hilfreich sind dabei die Rückkehr Frankreichs in die militärische Struktur der NATO sowie die Aufnahme Albaniens und Kroatiens in das Verteidigungsbündnis. Weiterhin sind die USA bemüht, ihre NATO-Partner für die Befriedung Afghanistans stärker in die Pflicht zu nehmen.

Russland hat sich nach dem Wechsel im Präsidentenamt von Wladimir Putin zu Dimitri Medwedew im März 2008 in die außenpolitische Offensive gewagt. Mit dem Einmarsch in das der NATO zustrebende Georgien wurde die amerikanische Einflussnahme im Kaukasus zurückgedrängt. Die erneute Eskalation im Gasstreit mit der Ukraine traf im zurückliegenden Winter vor allem die mittel- und südosteuropäischen Staaten, deren Versorgung mehrere Tage unterbrochen war. Für die EU wird die Neuaufnahme der Verhandlungen über ein neues Partnerschaftsabkommen dringlich.

In Staaten wie China, Vietnam und Südkorea, die einem rein wachstumsorientierten Entwicklungsmodell folgen, stellt die Wirtschaftskrise auch die innenpolitische Stabilität auf die Probe. Dagegen verfügt beispielsweise Indien über eine lange demokratische Tradition und Erfahrungen mit Phasen geringerer Wirtschaftsdynamik. Auch Japan hat bereits in den 90er Jahren unter dem Einbruch des Immobilien- und Finanzmarktes gelitten. Die ASEAN-Staaten erlebten ab 1997 eine abwertungsbedingte Finanzkrise, deren Aufarbeitung die wirtschaftliche und politische Stabilität erhöhte.

Bemerkenswert solide entwickeln sich die nun vorwiegend von linksorientierten Regierungen geführten Staaten Lateinamerikas. Zwar leiden auch die Rohstoffexporteure und die auf die USA ausgerichteten Volkswirtschaften stark unter der Krise, doch ist die innenpolitische Situation davon meist nicht belastet. Nach den Krisen des vergangenen Jahrhunderts, die insbesondere Argentinien, Brasilien und Mexiko regelmäßig durchliefen, haben sich in der Region Standards finanzieller Solidität durchgesetzt.

Die afrikanischen Staaten haben ebenso wie die Länder Nordafrikas sowie des Nahen und Mittleren Ostens von den hohen Rohstoffpreisen profitiert. Zwar sinken nun die Exporterlöse, doch das wirtschaftliche Fundament ist gestärkt und stabilisiert die Region bis auf wenige verbliebene Krisenherde.

SCHULDNERLÄNDER VOR SCHMERZHAFTER ANPASSUNG

Die USA und andere Staaten mit stark kreditfinanzierter Nachfrage wie Großbritannien, Irland, Spanien, Ungarn und Island stehen mit dem Einbruch des internationalen Kapitalmarktes, der in den vergangenen Jahren einen Großteil der Ausfallrisiken in Form strukturierter Finanz-

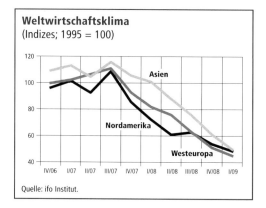

Weltwirtschaftsklima
(Indizes; 1995 = 100)

Asien

Nordamerika

Westeuropa

IV/06 I/07 II/07 III/07 IV/07 I/08 II/08 III/08 IV/08 I/09

Quelle: ifo Institut.

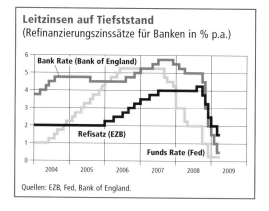

Leitzinsen auf Tiefststand
(Refinanzierungszinssätze für Banken in % p.a.)

Quellen: EZB, Fed, Bank of England.

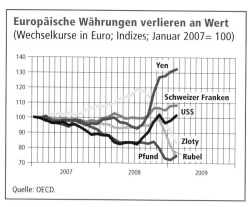

Europäische Währungen verlieren an Wert
(Wechselkurse in Euro; Indizes; Januar 2007= 100)

Quelle: OECD.

produkte übernommen hatte, vor finanziellen Schwierigkeiten. Die Anpassung an die geringere Kreditvergabe vollzieht sich vor allem durch einen erzwungenen Konsumverzicht, der die Nachfrage nach Wohnhäusern und Kraftfahrzeugen hat einbrechen lassen.

Mit der Immobilien- und Finanzwirtschaft sowie der Automobilindustrie haben wichtige Bereiche der US-Wirtschaft teils dramatische Verluste erlitten, und einige der vor kurzem noch weltweit führenden Unternehmen stehen vor dem Aus. Mit dem Rückgang der Wirtschaftsleistung steigt die Zahl der Arbeitslosen, und die Verschuldung des Staates nimmt weiter zu. Nachdem die Geldpolitik ihr Instrumentarium bereits weitgehend ausgeschöpft hat – der Leitzins liegt inzwischen nahe 0% p. a. –, verliert auch die Fiskalpolitik an Handlungsspielraum.

Der neue US-Präsident hat im Januar 2009 die bisherigen Konjunkturhilfen noch einmal kräftig ausgeweitet und ein Maßnahmenpaket aus Steuererleichterungen und Investitionen für 2009 und 2010 vorgelegt, das von den Kammern des Kongresses schließlich mit einem Volumen von 787 Mrd US$ verabschiedet wurde. Davon entfallen zwei Drittel auf direkte Investitionen in Infrastruktur, Bildung, Gesundheit und Sozialprogramme sowie ein Drittel auf Steuererleichterungen. Die staatliche Verschuldung der USA erreichte im Januar 2009 nach Schätzungen des Finanzministeriums 10,6 Bill US$ bzw. 74,5% des BIP.

WECHSELKURSENTWICKLUNG ERSCHWERT KORREKTUR DER UNGLEICHGEWICHTE

Trotzdem sind die USA weiterhin ein attraktiver Schuldner, die Staatsanleihen rentieren ungeachtet der finanziellen Schwierigkeiten von Konsumenten und Unternehmen auf niedrigem Niveau. Der US-Dollar notiert seit September 2008 zum Euro sogar fester als im Jahresverlauf 2008. Dies war zunächst auf den Transfer von Auslandsvermögen der US-Bürger zurückzuführen, die US-Dollar zur Deckung ihrer inländischen Verbindlichkeiten benötigten. Je deutlicher die restliche Welt unter dem Nachfragerückgang in den USA litt, desto mehr gewann jedoch die relative Sicherheit der Anlage in US-Dollar auch für ausländische Anleger an Gewicht. Noch immer gelten die USA als sicherer Hafen, da die Zahlungsfähigkeit des Staates nicht in Frage gestellt wird. Allerdings zeigt der jüngste Vorschlag Chinas, eine neue supranationale, an Rohstoffe gebundene Reservewährung zu schaffen, dass das Unbehagen über die Dominanz des US-Dollar wächst.

Auch der japanische Yen und der Schweizer Franken gewannen in den vergangenen Monaten an Wert, dagegen werteten die meisten anderen europäischen Währungen ab. So legte der japanische Yen gegenüber dem Euro von Juli 2008 bis Februar 2009 um über 40% zu, der US-Dollar um über 20%, und der Schweizer Franken wertete um gut 8% gegenüber dem Euro auf. Allerdings intervenierte die Nationalbank inzwischen am Devisenmarkt und verringerte den Aufwertungssatz auf 6,5%. Dies könnte Interventionen anderer Zentralbanken nach sich ziehen, die ebenfalls Wettbewerbsnachteile ihrer Exporteure vermeiden wollen.

Anders sieht es in den Ländern Mittel- und Osteuropas aus: Hier versuchen die Zentralbanken, die geschwächten Währungen zu stützen. Länder mit hohen Auslandsschulden müssen im Falle einer Abwertung steigende Beträge in Inlandswährung für den Schuldendienst aufwenden. Der polnische Zloty verlor von Juli 2008 bis Februar 2009 rund 30% gegenüber dem Euro, der russische Rubel etwa 20%. In den meisten anderen Staaten der Region sieht es nicht besser aus. Auch das unter der Krise besonders leidende Großbritannien musste eine Abwertung des Pfund um gut 10% verkraften. In den meisten Abwertungsländern verbietet sich der Einsatz geldpolitischer Instrumente zur Stützung der Währungen, da dies die Banken und die Konjunktur belasten würde.

Für die Verringerung der Handelsungleichgewichte ist die Aufwertung des US-Dollar gegenüber den europäischen Währungen eine schlechte Basis, da die preisliche Wettbewerbsfähigkeit der USA darunter leidet. Allerdings hat sich die Leistungsbilanz der USA durch den stärkeren Rückgang der Importe zuletzt deutlich verbessert. Auch hilft die starke Währung bei der Stabilisierung der Kapitalbilanz, die einen deutlichen Rückgang der Finanztransaktionen erlebte.

KONVERGENZGEWINNE GEHEN VERLOREN

Innerhalb der EU erlahmt sowohl die institutionelle als auch die ökonomische Annäherung zwischen den Gründungsstaaten und den Neumitgliedern. Deutschland und Frankreich gewinnen gegenüber den stärker von der Krise belasteten Ländern in Mitteleuropa, aber auch gegenüber Großbritannien an Gewicht. Dabei erwies sich der Euro für die Länder der Währungsgemeinschaft als Stabilitätsanker, da die Anlage in Staatsanleihen in einer weltweit führenden Reservewährung attraktiv ist. Einer Studie der EZB zufolge sind bislang 7,1% der weltweiten Finanzgeschäfte in Britischen Pfund nominiert, der Euro kommt auf einen Anteil von 27,0%, auf den US-Dollar entfallen 38,7%.

Die Refinanzierung des Staates wird angesichts der hohen Summen, mit denen die Regierungen Banken und Bürgern über die Krise hinweghelfen wollen, noch an Bedeutung gewinnen. Auch der Handlungsspielraum der Geldpolitik ist im Euro-Raum – gemessen am Leitzinsniveau – noch etwas größer als in Großbritannien und den USA. Daraus könnte im Verlauf der Rezession ein entscheidender wirtschaftspolitischer Vorteil erwachsen, wenn die Konjunkturwende psychologisch unterstützt werden kann.

Allerdings sind auch innerhalb des Euro-Raums deutliche Unterschiede hinsichtlich der Wirtschafts- und Finanzlage zwischen den südlichen Mitgliedsländern und den westeuropäischen Kernstaaten der Zone,

Deutschland und Frankreich, zu beobachten. Italien, Spanien, Portugal und Griechenland leiden unter Wettbewerbsnachteilen, die nicht durch Wechselkursanpassungen, sondern nur durch Produktivitätssteigerungen gemildert werden können. Die Staatsanleihen der südlichen Euroländer weisen angesichts der etwas geringeren Bonität derzeit einen deutlichen Risikoaufschlag gegenüber beispielsweise deutschen Bundesanleihen auf.

Stärker macht sich die Verschlechterung der Wirtschaftslage in den östlichen Mitgliedsländern der EU bemerkbar, die noch nicht zum Euro-Raum gehören. Die Währungen Polens, Tschechiens und Ungarns sowie der baltischen Staaten haben seit Herbst 2008 deutlich gegenüber dem Euro an Wert verloren. Die Slowakei war davon nicht betroffen, sie trat zu Jahresbeginn 2009 dem Euro-Raum bei. Auch in den osteuropäischen Staaten gerieten die Währungen unter Druck. Allen voran der russische Rubel verlor kräftig an Wert.

Die wirtschaftliche Notlage einiger mitteleuropäischer Neumitglieder könnte die wirtschaftliche und politische Stabilität der Gemeinschaft gefährden. Die Europäische Kommission hat Ungarn, Lettland und Rumänien zusammen mit anderen internationalen Institutionen wie dem IWF und der Weltbank bereits Kredite gewährt. Die unter hohen Risikoaufschlägen leidenden Euroländer Griechenland und Irland würden die anderen Mitglieder des Währungsraums im Zweifel wohl ebenfalls nicht im Stich lassen.

KONJUNKTURPROGRAMME
GEGEN DIE KRISE

Die meisten von der Krise betroffenen Länder in Europa, aber auch in Amerika und Asien, haben zur Rekapitalisierung der Banken und zur Bewältigung des Nachfragerückgangs Rettungspakete aufgelegt. Darin sind in der Regel Eigenkapitalhilfen für die Banken und der Aufkauf notleidender Forderungen vorgesehen. Zur Stützung der Konjunktur wurden Maßnahmenpakete geschnürt, die zumeist öffentliche Infrastrukturinvestitionen und Steuererleichterungen bzw. Direktzahlungen an die Verbraucher enthalten.

In den USA beträgt das Volumen über zwei Jahre 4,8% des BIP. So tief wie in den USA müssen die Regierungen Europas und Asiens nicht in die Privatwirtschaft eingreifen. Lediglich China hat ein ähnlich großes Volumen

Konjunkturpakete in ausgewählten Ländern (in % des BIP)

	2008	2009	2010	Gesamt
USA	1,1	2,0	1,8	4,8
China	0,4	2,0	2,0	4,4
Deutschland	0,0	1,5	2,0	3,4
Kanada	0,0	1,5	1,3	2,7
Japan	0,4	1,4	0,4	2,2
Großbritannien	0,2	1,4	−0,1	1,5
Frankreich	0,0	0,7	0,7	1,3
Indien	0,0	0,5	...	0,5
Italien	0,0	0,2	0,1	0,3
Durchschnitt[1]	0,5	1,6	1,3	3,4

1) Gewichtet mit BIP zu Kaufkraftparitäten.
Quelle: IWF.

von 4,4% des BIP vorgesehen, um die reale Wachstumsrate bei 8% zu stabilisieren. Der Umfang der Konjunkturpakete in den großen Volkswirtschaften beläuft sich für die Jahre 2009 und 2010 auf gut 3% des BIP. Darin ist jedoch noch nicht das jüngste Konjunkturpaket Japans vom April 2009 enthalten, das Ausgaben von 15,4 Bill Yen (117 Mrd EUR) vorsieht. Hinzu kommen Kreditgarantien und außerbudgetäre Ausgaben. Damit erreicht auch der Konjunkturimpuls Japans rund 5% des BIP.

Eine stärkere Rolle haben die 20 führenden Volkswirtschaften auf ihrem Gipfel in London Anfang April dem Internationalen Währungsfonds (IWF) zugedacht. Des-

sen Mittelausstattung wird deutlich erhöht und soll von der Krise betroffenen Ländern auch ohne die bislang übliche Konditionalität zur Verfügung stehen. Auch die Weltbank und andere Entwicklungsbanken erhalten zusätzliches Kapital. Hinzu kommen Exportbürgschaften, die vor allem den Außenhandel der Entwicklungs- und Schwellenländer stützen sollen.

RÜCKGANG DES WELTHANDELS FÖRDERT PROTEKTIONISMUS

Seit der Verschärfung der Finanzkrise im Herbst 2008 ist der Welthandel kräftig gesunken. Die USA importierten zuletzt im Januar 2009 rund 27% weniger als im gleichen Vorjahreszeitraum. In den beiden Monaten zuvor hatte der Rückgang bei 16% (November 2008) bzw. 15% (Dezember 2008) gelegen. Entsprechend sank auch der Export der wichtigsten Lieferländer. So ging die deutsche Ausfuhr im Januar 2009 um 20% zurück, Japans Ausfuhr schrumpfte um 34%. Etwas weniger stark – um 13% bzw. 17% – ging die Einfuhr dieser Länder zurück.

Der Nachfrageeinbruch in den USA, Europa und Japan hat wiederum die Wirtschaftsentwicklung weiterer exportorientierter Länder stark beeinträchtigt. Chinas Wirtschaft wuchs im ersten Quartal 2009 lediglich noch um 6,1%, die Exporte gingen um über 20% zurück. Noch stärker verringerten sich die Importe. Dadurch wurden zusätzlich die asiatischen Handelspartner Chinas in Mitleidenschaft gezogen. Die asiatischen Volkswirtschaften wurden damit durch die Finanzkrise

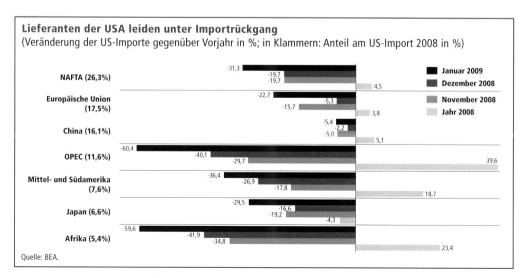

Lieferanten der USA leiden unter Importrückgang
(Veränderung der US-Importe gegenüber Vorjahr in %; in Klammern: Anteil am US-Import 2008 in %)

Januar 2009 / Dezember 2008 / November 2008 / Jahr 2008

NAFTA (26,3%): −31,3 / −19,7 / −19,7 / 4,5
Europäische Union (17,5%): −22,7 / −5,3 / −15,7 / 3,8
China (16,1%): −5,4 / −2,2 / −5,0 / 5,1
OPEC (11,6%): −60,4 / −40,1 / −29,7 / 39,6
Mittel- und Südamerika (7,6%): −36,4 / −26,9 / −17,8 / 18,7
Japan (6,6%): −29,5 / −16,6 / −19,2 / −4,3
Afrika (5,4%): −59,6 / −41,9 / −34,8 / 23,4

Quelle: BEA.

sowohl direkt im Export in die USA und nach Europa als auch indirekt im Export in die auf die gleichen Absatzmärkte ausgerichteten Nachbarländer beeinträchtigt. Hinzu kamen die global eingeschränkten Finanzierungsmöglichkeiten für Handel und Investitionen.

Einige Staaten haben auf die sinkende Auslastung heimischer Hersteller mit der Erhöhung von Zollsätzen reagiert. So will beispielsweise Russland die Stahlindustrie und den Fahrzeugbau vor Importen schützen. Auch Indien und die Staaten des Mercosur spielen mit dem Gedanken an höhere Zölle. Indonesien plant die Beschränkung der Importwege als nichttarifäres Handelshindernis. Zusätzlich führt der innenpolitische Druck zur Dämpfung der Krisenfolgen zu protektionistischen Forderungen vor allem in den USA, jedoch auch in einigen europäischen Ländern. Insbesondere die zusätzlichen Investitionen im Rahmen der Konjunkturpakete sollen vor allem einheimischen Unternehmen zugutekommen. Unternehmen, die Staatshilfe erhalten, sollen keine ausländischen Arbeitskräfte anwerben.

Zwar bemühen sich die Regierungen derzeit noch, entsprechende Regelungen zu vermeiden. Insbesondere die G20-Staaten vereinbarten bereits im vergangenen Jahr einen Verzicht auf protektionistische Maßnahmen. Doch die Gefahr einer protektionistischen Kettenreaktion von den USA über Europa bis nach Asien ist deutlich gewachsen. Der IWF zählte seit Beginn der Krise 66 den Außenhandel beschränkende Maßnahmen, darunter in 17 der G20-Staaten, sowie eine starke Zunahme von Antidumpingmaßnahmen. Insbesondere die exportabhängigen Volkswirtschaften Deutschlands, Japans und Chinas würden unter einer Verschärfung der Handelsbedingungen leiden. Es mehren sich jedoch auch Stimmen, die gerade in der derzeitigen Krise die Chance für einen Erfolg der Doha-Runde oder zumindest regionaler und bilateraler Handelsabkommen sehen, da die möglichen Handelsgewinne einen Teil der starken konjunkturbedingten Verluste kompensieren könnten.

PREISRÜCKGANG GEFÄHRDET KONJUNKTURERHOLUNG

Nach dem Höhenflug der Rohstoffpreise im vergangenen Jahr, der weltweit zu einem kräftigen Anstieg der Inflationsraten führte, droht mit der heftigen Korrektur der Preise nun ein vorübergehendes Absinken des Preisniveaus. So sank die Inflationsrate der Verbraucherpreise in den entwickelten Ländern der OECD von 4,9%

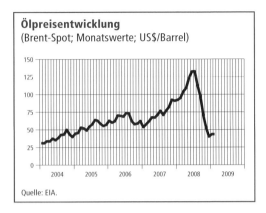

Ölpreisentwicklung
(Brent-Spot; Monatswerte; US$/Barrel)

Quelle: EIA.

im Juli 2008 auf 1,3% im Januar 2009. In den USA – ebenso in Japan – sanken die Preise im 1. Quartal 2009 sogar. Allerdings war die Kerninflationsrate (ohne Energie und Nahrungsmittel) in den USA mit 1,8% noch deutlich höher als die Inflationsrate der gesamten Verbraucherpreise.

Für die USA und Japan werden für 2009 deutlich sinkende Verbraucherpreise erwartet, da die Konsumnachfrage stark rückläufig sein dürfte und die Energiepreise – gemessen am Rohölpreis – um rund 40% geringer ausfallen werden als im Vorjahr. Fallende Preise verzögern in der Regel jedoch die Konjunkturbelebung, und sie erhöhen die reale Verschuldung. In Europa wird dieser Effekt durch die stabile Konsumnachfrage in den größeren Volkswirtschaften nicht zu insgesamt sinkenden Preisen führen. Im Durchschnitt der Euro-Zone blieb die Preissteigerung im 1. Quartal 2009 mit knapp 1% moderat. In den aufstrebenden Märkten kommt es schließlich zumeist nur zu einer wünschenswerten Verringerung der Inflation.

In den Ländern, die von den hohen Energie- und Rohstoffpreisen der vergangenen Jahre profitierten, hinterlässt der Rückgang der Weltmarktpreise eine deutliche Lücke in den Exporterlösen und der damit alimentierten Nachfrage. Diese kam insbesondere auch den Exporteuren von Konsum- und Industriegütern zugute, die nun ebenfalls unter geringeren Umsätzen leiden. In den Ländern mit stagnierenden oder rückläufigen Verbraucherpreisen dürfte zudem eine Kaufzurückhaltung auch in Hinblick auf zukünftig günstigere Preise Platz greifen. In der Summe der Nachfrageeffekte erweist sich die erratische Preisentwicklung der vergangenen Jahre als besonders negativ für die weltweite Konjunktur und – mit Blick auf die Leistungsbilanzen – auch für die Stabilität einiger Volkswirtschaften.   •

Länderrisiken 2009 im Überblick

Sylvia Röhrig, F.A.Z.-Institut

Der weltweit agierende Kreditversicherer Coface erwartet ein schwieriges erstes Halbjahr 2009, denn die Zahlungsausfälle werden sich auf hohem Niveau halten. So wurde im Januar das Rating von insgesamt 22 Ländern herabgestuft bzw. unter negative Beobachtung gestellt. Im März folgten weitere 47 negative Ratingänderungen, die vor allem Industrieländer in Europa, Nordamerika und Asien betrafen. Erst zum Jahresende dürfte sich die Lage allmählich bessern.

Nach dem starken Rückgang der Wachstumsraten im 4. Quartal 2008 rechnet Coface für 2009 mit einem Rückgang der weltweiten Wirtschaftsleistung um 1,6%. Besonders stark – um 3,1% – geht das reale BIP in den Industrieländern zurück. Für die aufstrebenden Länder erwartet Coface ein Wirtschaftswachstum von 1,8%. Der Welthandel wird voraussichtlich um 2,8% zurückgehen, nachdem er 2008 noch um 4,1% gewachsen war.

Die Zahlungsausfälle sind 2008 besonders stark in den **Industrieländern** gestiegen, in denen sich in den vergangenen Jahren eine Immobilienblase aufgebaut hatte: in den **USA**, in **Spanien, Irland** und **Großbritannien.** Mit dem Platzen der Immobilienblase sind diese Länder in eine schwere Finanzkrise geraten, und das Wirtschaftswachstum ist massiv eingebrochen. Die Nachbarländer der Krisenzentren **(Kanada, Mexiko, Portugal)** können sich wegen der engen wirtschaftlichen Verflechtung dem Abwärtsstrudel nicht entziehen. Coface stufte das Länderrating in diesen Industrieländern sukzessive im Verlauf von 2008 herab.

Ein weiterer Kreis von Industrieländern verlor im März 2009 seine Bestnoten: in **Japan, Frankreich** und **Deutschland** sind die Zahlungsausfälle kräftig gestiegen, auch wenn die Zuwachsraten noch unter dem weltweiten Durchschnitt liegen. Diese Länder, in denen weder eine Immobilienblase noch eine übermäßige Verschuldung der Haushalte zu verzeichnen war, wurden über die Vertrauenskrise angesteckt und über die Kreditklemme sowie den Nachfrageeinbruch in die Rezession gezogen.

Große Gefahren lauern in **Mittel- und Osteuropa.** Zwar haben sich mit Ausnahme einiger Sonderfälle, wie **Ungarns** und der **baltischen Staaten,** die Unternehmen bislang widerstandsfähig gezeigt. Viele Länder sind 2008 noch stark gewachsen. Doch die Leistungsbilanzdefizite und die Verschuldung der Unternehmen im Ausland haben sich weiter erhöht. Coface erwartet 2009 eine harte Landung in fast allen mittel- und osteuropäischen Ländern; lediglich **Polen**, die **Slowakei, Slowenien** und **Serbien** könnten 2009 noch geringe Wachstumsraten aufweisen.

Die Lage in den **Emerging Markets** ist insgesamt durchwachsen. Positiv zu vermerken ist, dass viele Schwellenländer ihre öffentlichen Finanzen in den vergangenen Jahren saniert haben und über bedeutende Devisenreserven verfügen. Mit dem Rückgang der Rohstoffpreise und der weltwirtschaftlichen Nachfrage sinken jedoch nun die Exporterlöse. In einzelnen Ländern haben sich Unternehmen und Haushalte stark in Devisen verschuldet. Die Kreditkrise führt zu einem massiven Kapitalabfluss, was die Wechselkurse unter Druck setzt und die Rückzahlung der Devisenkredite gefährdet.

Eine Reihe von Ländern in **Mittel- und Osteuropa (Ungarn, Ukraine, Rumänien Serbien, Lettland** und **Weißrussland)** hat aufgrund gravierender Liquiditätsprobleme Finanzhilfen des Internationalen Währungsfonds und der Europäischen Union in Anspruch genommen. Auch die **Türkei** verhandelt mit dem IWF über ein Beistandsabkommen mit einem Kreditrahmen von bis zu 45 Mrd US$.

Unter den **GUS-Ländern** wird vor allem die Entwicklung in der **Ukraine** und in **Russland** mit Sorge verfolgt; beide Länder standen seit Januar 2009 unter Beobachtung für eine Abwertung, die im März 2009 erfolgte. Die **Ukraine** leidet unter dem Abfluss von Auslandskapital und dem Einbruch der weltweiten Stahlnachfrage. Das Land steckt bereits in einer tiefen Rezession (geschätztes BIP-Wachstum 2009: –6%).

Veränderte Coface-Länderbewertungen		
	September 2008	März 2009
Industrieländer		
Finnland	A1	A1↘
Luxemburg	A1	A1↘
Niederlande	A1	A1↘
Österreich	A1	A1↘
Schweden	A1	A1↘
Schweiz	A1	A1↘
Australien	A1	A2
Belgien	A1	A2
Deutschland	A1	A2
Norwegen	A1	A2
Dänemark	A1↘	A2
Frankreich	A1↘	A2
Japan	A1↘	A2
Kanada	A1↘	A2
Neuseeland	A1↘	A2
USA	A2	A2↘
Großbritannien	A2	A3
Griechenland	A2	A3
Irland	A2	A3
Italien	A2↘	A3
Portugal	A2↘	A3
Spanien	A2	A3↘
Island	A3	A4
Mittel- und Osteuropa/GUS		
Slowenien	A1	A2
Tschechische Republik	A2	A2↘
Polen	A3↗	A3↘
Ungarn	A3	A4
Estland	A3	A4
Litauen	A3↘	A4
Kroatien	A4	A4↘
Lettland	A4	B
Bulgarien	A4↘	B
Rumänien	A4↘	B
Türkei	B	B↘
Russland	B	C
Ukraine	C	D
Albanien	D↗	D

Zur Definition der Länderbewertung und der Bedeutung der Ratingnoten A1 bis A4, B, C, und D siehe Seite 12.

↗↘: Unter Beobachtung für eine Auf- bzw. Abwertung.

Quelle: Coface.

Auch **Russlands** Wirtschaft dürfte 2009 deutlich schrumpfen (–3,0%). Die Wirtschaft ist vom Einbruch der Erdölpreise betroffen. Und viele Firmen sind kräftig in Devisen verschuldet. Zuvor hatten die stark gestiegenen Rohstofferlöse Lohnerhöhungen ermöglicht und den privaten Verbrauch angekurbelt. **Russland** wird seit 2001 lediglich mit B bewertet. Die relativ schlechte Bewertung wurde auch zu Boomzeiten nicht verbessert. Grund hierfür waren die anhaltenden Probleme mit der Governance, der Durchsetzung von Zahlungsansprüchen, der teils undurchsichtigen Bilanzierungspraxis sowie den ungewissen Aktionärsrechten. Im März 2009 wurde das Länderrating **Russlands** auf C reduziert. Das Geschäftsumfeld in **Russland** wird weiterhin mit B bewertet.

In **Asien** und den **pazifischen Ländern** wurden im Januar 2009 die Länderbewertungen für **Hongkong, Taiwan, Australien** und **Neuseeland** herabgestuft, die für **Japan, Singapur, China, Vietnam** und **Pakistan** unter Beobachtung für eine Abwertung gestellt. Im März 2009 wurden **Hongkong, Malaysia, Papua-Neuguinea, Südkorea, Taiwan** und **Thailand** unter Beobachtung für eine Abwertung gestellt, **Japan,** die **Mongolei, Pakistan, Sri Lanka** und **Singapur** erhielten schlechtere Bewertungen. Fast alle asiatischen Schwellenländer leiden derzeit unter dem hohen Öffnungsgrad ihrer Wirtschaft. Besonders betroffen sind jedoch die zwei wichtigsten asiatischen Handelspartner **Chinas, Hongkong** und **Taiwan.**

Für **China** erwartet Coface eine spürbare Abschwächung des Wirtschaftswachstums auf 6,5% in diesem Jahr. Der abrupte Rückgang der Wachstumsdynamik versetzt die Unternehmen in einen Schockzustand. Angesichts der starken Investitionstätigkeit wurden in den vergangenen Jahren Überkapazitäten aufgebaut. Diese drücken bereits seit längerem die Gewinnmargen, aber mit dem niedrigeren Wachstum wird die Lage für viele Unternehmen untragbar. Auch das Geschäftsumfeld (Bewertung B) straft **China** ab. Gemäß Coface sind verbreitete Managementprobleme und Rechtsstreitigkeiten zwischen Unternehmen in **China** öfter die Ursache von Zahlungsausfällen als z.B. in **Indien.**

Zu den am stärksten betroffenen Branchen in **China** zählen Textilien und Bekleidung, Spielzeug, Automobil und Bau sowie die daran hängenden Zuliefererbranchen. Pharma, Landwirtschaft, Umwelt, Energie und Infrastruktur schlagen sich dagegen noch deutlich besser. Der Anstieg der Unternehmensinsolvenzen und der

Veränderte Coface-Länderbewertungen

	September 2008	März 2009
Asiatische Schwellenländer		
Singapur	A1	A2
Taiwan	A1↘	A2↘
Hongkong	A1↘	A2↘
Südkorea	A2	A2↘
Malaysia	A2	A2↘
China	A3	A3↘
Thailand	A3	A3↘
Papua-Neuguinea	B	B↘
Sri Lanka	B	C
Mongolei	C	D
Pakistan	C	D
Lateinamerika		
Chile	A2	A2↘
Mexiko	A3↘	A4↘
Kolumbien	A4	A4↘
Panama	A4	A4↘
Ecuador	C	C↘
Naher Osten		
VAE	A2	A2↘
Afrika südlich der Sahara		
Botswana	A2	A3

Zur Definition der Länderbewertung und der Bedeutung der Ratingnoten
A1 bis A4, B, C, und D siehe Seite 12.
↗↘: Unter Beobachtung für eine Auf- bzw. Abwertung.
Quelle: Coface.

Zahlungsausfälle hatte in **China** schon vor dem Abschwung begonnen. Die Aufwertung des Renminbi gegenüber dem US-Dollar führte zu einem Verlust preislicher Wettbewerbsfähigkeit. Die Spielzeugindustrie geriet zudem durch die Skandale hinsichtlich schlechter Qualität unter Druck.

Indien zeigt sich dagegen noch relativ krisenfest, allerdings bleibt das Land von den Auswirkungen der Weltfinanzkrise nicht gänzlich verschont und muss mit einer Abschwächung des BIP-Wachstums von 9% im Jahr 2007 auf 5% im Jahr 2009 rechnen. Das Land profitiert von der relativen Geschlossenheit seiner Wirtschaft und kann im Unterschied zu **China** auf eine bessere Bewertung des Geschäftsumfelds (A4) verweisen. Die Gerichtsbarkeit funktioniert relativ gut. Die rechtlichen Rahmenbedingungen sind dagegen sehr komplex und erschweren die unternehmerische Entfaltung. Die

Mischung von innenpolitischer Instabilität und globaler Finanzkrise hat in **Pakistan** zu einem Abfluss von Kapital geführt. Um eine Zahlungskrise zu verhindern, gewährte der IWF dem Land im November 2008 ein Stand-by-Kredit in Höhe von 7,6 Mrd US$.

In **Lateinamerika** kamen **Chile, Kolumbien, Panama** und **Ecuador** unter Beobachtung für eine Abstufung. Die Verschlechterung der wirtschaftlichen Lage in **Chile** führt zu einem relativ starken Anstieg der Zahlungsausfälle. Mit der Bewertung A2 bewegt sich **Chile** jedoch in einer niedrigen Risikokategorie. Ganz anders ist die Lage in **Ecuador.** Das Land kommt seit Dezember 2008 seinen internationalen Zahlungsverpflichtungen nicht mehr nach. Eine Herabstufung von C auf D ist möglich. **Mexiko** wurde auf A4 herabgestuft und im März 2009 unter Beobachtung für eine weitere Abwertung gestellt. Das NAFTA-Land wird besonders hart von der Rezession in den USA getroffen. **Brasilien** zeigt sich dagegen dank des großen Binnenmarktes relativ stark in der Krise. Die Verschuldung der privaten Haushalte ist deutlich geringer als z.B. in den Emerging Markets Osteuropas. Die Industriestruktur ist (im Unterschied zu **Russland)** mit einer entwickelten Rohstoff- und Güterproduktion ausgewogen. Das Land weist mit A4 eine gute Bewertung des Geschäftsumfelds auf.

In **Nordafrika, im Nahen** und **Mittleren Osten** zeigen sich **Marokko** und **Tunesien** noch unbeeindruckt von der Krise. **Algerien** verfügt ähnlich wie die meisten Golfstaaten über große finanzielle Reserven. Eine Ausnahme bilden die **Vereinigten Arabischen Emirate.** Dort ist die Immobilienblase geplatzt. Mit der harten Landung der Konjunktur haben viele Unternehmen Schwierigkeiten, ihre in Devisen aufgenommenen Schulden zu refinanzieren. Somit stehen auch die VAE unter Beobachtung für eine Abwertung.

Südafrika steht unter negativer Beobachtung seit Juni 2008. Das hohe Defizit der Leistungsbilanz kann kaum noch durch langfristige Kapitalströme finanziert werden. Hinzu kommen eine Energiekrise, soziale Spannungen und eine unsichere politische Zukunft. Die Unternehmen werden allerdings als solide eingeschätzt. **Botswana** wurde von A2 auf A3 herabgestuft. Coface rechnet damit, dass sich das Wachstum in der gesamten Region des **subsaharischen Afrika** zwar verlangsamt, insgesamt jedoch noch hoch bleibt. Der Kontinent ist stärker abgeschnitten von den Weltfinanzströmen und somit auch weniger anfällig. Und nicht alle Länder sind Rohstoffproduzenten. •

Branchenrisiken 2009 im Überblick

Christine Altuzarra und Dominique Fruchter
Abteilung für Länderrisiken und Wirtschaftsstudien, Coface, Paris

DAS BRANCHENRATING VON COFACE

Als Ergänzung zum Länderrating bietet Coface ein Branchenrating an. Bewertet wird, wie abhängig Unternehmen und die Branche von ökonomischen Entwicklungen und Rahmenbedingungen sind. Auch die Finanzkraft der Unternehmen einer Branche und ihre Fähigkeit, Konjunkturschwankungen auszugleichen, werden bewertet. Vor allem aber bringt Coface eigene Erfahrungen zum kurzfristigen Zahlungsverhalten der Unternehmen in das Rating ein. Ein Überblick über die zehn Ratingstufen von A+ bis D wird oben unter „Die Definition der Branchenbewertungen" gegeben.

Verschlechterung des Risikoprofils

Angesichts des Nachfragerückgangs in den Industrieländern, die in eine Rezession eingetreten sind, der Konjunkturverlangsamung in den Schwellenländern und der Kreditverknappung aufgrund der Bankenkrise sind die Risiken im vergangenen Jahr in allen Branchen gestiegen. Auch 2009 dürften viele Wirtschaftszweige unter den weltweiten Turbulenzen zu leiden haben.

In den Industrieländern stagnieren die Konsumausgaben. Die Kreditverknappung, der anhaltend negative Vermögenseffekt (Immobilien und Finanzaktiva) und die stagnierende oder gar abnehmende Kaufkraft haben das Vertrauen der Verbraucher stark erschüttert. Diese werden sich voraussichtlich in Zurückhaltung üben, was vor allem die Bereiche Wohnungsbau, Automobil, Textil und Bekleidung, Unterhaltungselektronik, Handel, Hotels/Gaststätten und Luftverkehr zu spüren bekommen dürften.

Auch die Unternehmen dürften sich wegen der Schwierigkeiten bei der Finanzierung von Entwicklungsvorhaben mit Anschaffungen und Investitionen zurückhalten. Gleichzeitig bleibt der Wettbewerb sehr hart. Die Branchen Gewerbebau, Maschinenbau, IT, Telekommunikationshardware, Papier und Luftverkehr werden voraussichtlich am stärksten unter dem Rückgang der Investitionen in Produktionsmittel und der nachlassenden Konjunktur leiden.

In den Schwellenländern setzt sich der Abschwung fort. Dies gilt vor allem für die Branchen mit Auftragsfertigung, die vom privaten Konsum in den USA, Europa und Japan abhängig sind. Besonders betroffen sind dabei die Branchen Spielzeug, Möbel, Lebensmittel, Textil und Bekleidung, Automobil, Bau, Handel, Luftverkehr, Elektronik, IT, Maschinenbau sowie Eisen und Stahl, die am stärksten unter dem schlechten Konjunkturverlauf in den Industrie- und Schwellenländern leiden.

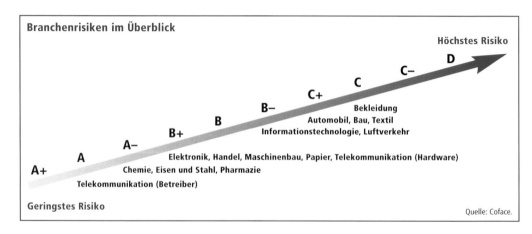

Branchenrisiken im Überblick

Höchstes Risiko

D

C−

C

C+

B−

B

B+

A−

A

A+

Bekleidung
Automobil, Bau, Textil
Informationstechnologie, Luftverkehr
Elektronik, Handel, Maschinenbau, Papier, Telekommunikation (Hardware)
Chemie, Eisen und Stahl, Pharmazie
Telekommunikation (Betreiber)

Geringstes Risiko

Quelle: Coface.

Entwicklung der Branchenrisiken weltweit

	2005	2006	2007	2008	Aussichten für 2009
Telekommunikation (Netzbetreiber)	A	A	A	A	A
Eisen und Stahl	A	A	A	A	A–
Pharmazie	A	A	A–	A–	A–
Chemie	B+	A–	A–	A–	A–↘
Elektronik	A	A	A	A–	B+
Handel	A–	A–	A–	A–	B+
Maschinenbau	A–	A–	A–	A–	B+
Papier	A–	A–↗	A–	A–	B+
Telekommunikation (Hardware)	A–	A–	B+	B+	B+↘
Informationstechnologie	B–	B	B–	B–	B–
Luftverkehr	C–	C+	B–	B–	B–↘
Automobil	B↘	B–	B–	B–	C+
Bau	A	A–	B	B–	C+
Textil	C	C	C+	C+	C+
Bekleidung	C–	C–	C	C	C

↗ ↘ Unter Beobachtung für eine Auf- bzw. Abwertung   Quelle: Coface

Die Aufwertung des US-Dollar könnte, so sie andauert, zur Bildung einer Blase führen, die die Ausfuhren der US-amerikanischen Industrieunternehmen belastet. Die japanischen Unternehmen wiederum bekommen die Aufwertung des Yen zu spüren. Dagegen profitieren Unternehmen im Euro-Raum, in Großbritannien, Kanada, Neuseeland, Australien oder in Schwellenländern, die nicht vom US$-Raum abhängig sind, von günstigeren Wechselkursen. Einen Teil des dadurch im Preiswettbewerb gewonnenen Vorteils verlieren die betreffenden Unternehmen jedoch wieder aufgrund der durch die Aufwertung steigenden Inlandspreise für Rohstoffe (darunter vor allem Erdöl), die überwiegend in US-Dollar abgerechnet werden.

Sinkende Rohstoffpreise bremsen den Abschwung

Die Risiken werden zum Teil durch den wahrscheinlich anhaltenden Rückgang der Rohstoffpreise entschärft. Der Rückgang der Rohstoffpreise ist für die meisten Branchen eher eine gute Nachricht. Dies gilt vor allem für die Branchen, in denen der Anteil der Kosten für Rohstoffe (Erdöl/Erdgas, Erze, Agrarprodukte, Holz) und die daraus hergestellten Grundstoffe (Stahl, Zellstoff, chemische Grundstoffe u.a.) hoch ist. Dazu gehören der Bereich Luft- und Straßenfracht, das Baugewerbe, die

Automobilindustrie, die Branchen Papier, Chemie, Eisen und Stahl, Nahrungsmittel und Viehhaltung sowie Hotel und Gaststätten.

Konjunkturprogramme zur Belebung der Wirtschaft

Zurzeit ist noch nicht abzusehen, wie groß die von der Wirtschafts- und Finanzkrise ausgehenden Risiken tatsächlich sind, die in allen Weltregionen zu Turbulenzen führt. Die von den verschiedenen Regierungen aufgelegten Konjunkturprogramme und geldpolitischen Maßnahmen sowie größeres Vertrauen zwischen den Banken könnten den Abschwung mildern. Wenn die Kreditinstitute einander wieder vertrauen, dürfte dies zu einer deutlichen Verbesserung der Kreditkonditionen für Verbraucher, Unternehmen und Gebietskörperschaften beitragen.

Risiken und Gefahren überwiegen insgesamt jedoch

Unabhängig von der Branche geraten die Margen der Unternehmen unter Druck. Die schwächsten Marktteilnehmer, darunter insbesondere die im Rahmen eines Leveraged Buy-outs gekauften Unternehmen, werden voraussichtlich in große Schwierigkeiten geraten. Bei vielen Unternehmen wird die Konsolidierung an der Kreditverknappung scheitern.

Vor diesem Hintergrund musste Coface zahlreiche Branchen in den Industrie- und Schwellenländern, insbesondere in den asiatischen Schwellenländern, abwerten oder unter Beobachtung für eine Abwertung stellen. Die regionalen Unterschiede bleiben dabei dennoch unverändert bestehen: In den Schwellenländern erhalten die Branchen in der Regel eine besseres Rating als in den USA, Japan und Westeuropa. Dies darf jedoch nicht den Blick dafür verstellen, dass in den Schwellenländern solide und international aufgestellte Unternehmen neben einer Vielzahl kleinerer, wenig produktiver Firmen mit geringen Gewinnmargen stehen. Letztere dürften den derzeitigen Turbulenzen wenig entgegenzusetzen haben.

Von einer weltweiten Abwertung sind die Branchen Automobil (von B– auf C+), Hoch- und Tiefbau (von B– auf C+), Elektronik (von A– auf B+), Maschinenbau (von A– auf B+), Handel (von A– auf B+), Papier (von A– auf B+) sowie Eisen und Stahl (von A auf A–) betroffen. Unter negative Beobachtung gestellt wurden Luftverkehr (B–), Telekommunikationshardware (B+) und Chemie (A–).

Demnach ist die Zahl der Branchen, die aus der Wirtschaftskrise mehr oder weniger unbeschadet hervorgehen dürften, deutlich gesunken. Lediglich zwei Branchen können sich aufgrund ihrer komfortablen Gewinnmargen dem aktuellen Abwärtstrend entziehen, nämlich die pharmazeutische Industrie (A–) und im Telekommunikationsbereich die Festnetz- und Mobilfunkanbieter (A). Doch auch diese beiden Branchen sehen sich mit strukturellen Risiken wie der Verringerung der Gesundheitsausgaben konfrontiert, sowie mit konjunkturellen Risiken, vor allem mit der Zurückhaltung der Haushalte und der Verschlechterung der Kreditkonditionen, wodurch Übernahmen und Investitionen gehemmt werden.

AUTOMOBIL (BEWERTUNG C+)

Die dramatische Verknappung von Krediten für den Autokauf wird 2009 den Absatzrückgang in Nordamerika, Westeuropa und Japan beschleunigen. Im Zusammenspiel mit dem spürbaren Rückgang der Verkaufszahlen in den Schwellenländern und den großen Investitionen zur Anpassung der Fahrzeuge an die neuen

Automobil		
	2008	**2009**
Weltweit	B–	**C+**
Nordamerika	C–	**D**
Japan	A	**A–**
Westeuropa	B	**C+**
Europäische Schwellenländer	B+	**B**
Asiatische Schwellenländer	B+	**B**
Lateinamerika	B+	**B**
Nordafrika, Naher und Mittlerer Osten	B+	**B+**
GUS	B	**B⬎**

⬎: Unter Beobachtung für eine Abwertung. Quelle: Coface.

Umweltschutzauflagen belastet diese Entwicklung die Gewinnspannen der großen Automobilkonzerne und bringt auch Zulieferer und Vertragshändler in Schwierigkeiten.

Nordamerika (17,9% der weltweiten Produktion): Angesichts der zunehmenden Zahlungsausfälle dürften die Autobanken strengere Konditionen für die Kreditvergabe festlegen, wodurch sich die schwierige Lage der Branche weiter verschärfen wird. Daher ist damit zu rechnen, dass sich der 2008 verzeichnete Absatzeinbruch 2009 noch stärker fortsetzen und die „Big Three" in Existenznot bringen wird. Die Absatzkrise trifft die drei US-Hersteller – wenn auch in unterschiedlichem Maße – zu einem besonders kritischen Zeitpunkt ihrer Firmengeschichte. Denn neben den sinkenden Verkaufszahlen leiden sie bereits unter einer verfehlten Modellpolitik, der nicht abgeschlossenen Umstrukturierung, Modernisierung und internationalen Expansion der Unternehmen, Liquiditätsengpässen sowie einer allgemein sehr heiklen Finanzlage. Die Kreditklemme, eine nicht ausreichende Liquidität und der Rückgang der Produktion bringen alle Unternehmen der automobilen Wertschöpfungskette (Hersteller, Zulieferer und Vertragshändler) in große Schwierigkeiten und dürften zu dramatischen Umwälzungen in der Branche sowie zu zahlreichen Insolvenzen führen.

Europa (25,4% der weltweiten Produktion): Die geringe Bereitschaft der Finanzinstitute zur Gewährung von Autokrediten und ein allgemeiner Vertrauensverlust haben 2008 sowohl in West- als auch in Osteuropa zu einem Absatzeinbruch geführt. 2009 könnte sich die Kreditverknappung auf 30% bis 40% der in Europa getätigten Kraftfahrzeugverkäufe auswirken. Dadurch werden sich die Absatzzahlen 2009 weiter rückläufig entwickeln, insbesondere in Spanien, Großbritannien, Rumänien und Ungarn. In diesem Umfeld müssen alle Automobilproduzenten – selbst die Hersteller von Oberklassefahrzeugen (Porsche, Mercedes, BMW) – kleinere Gewinnspannen hinnehmen. Für die Zulieferer und Vertragshändler und speziell die stark verschuldeten kleinen und mittelständischen Unternehmen mit hohem Investitions- und Betriebskapitalbedarf wird diese Situation äußerst bedrohlich.

Japan (15,3% der weltweiten Produktion): 2009 dürfte sich der Absatz sowohl auf den Exportmärkten als auch in Japan selbst rückläufig entwickeln. Dabei wird der Exportrückgang durch die sinkenden Absatzzahlen in den USA und Europa (die 42% bzw. 12% der japanischen Automobilproduktion aufnehmen) und durch den Kursanstieg des Yen, sollte er sich fortsetzen, verstärkt. Dies wird aller Voraussicht nach zu einem Rückgang des operativen Ergebnisses der großen japanischen Automobilhersteller führen. In dieser Situation dürften in Japan im Jahr 2009 weniger Pkw produziert werden, worunter besonders die kleinen und mittelständischen Zulieferer zu leiden haben, die nur für einen Hersteller arbeiten und kaum außerhalb Japans tätig sind.

Die **BRIC-Länder** und die **Türkei** können sich den Turbulenzen nicht entziehen.

Brasilien (4,5% der weltweiten Produktion): Durch die Zinsanhebung und die darauf voraussichtlich folgende Kreditverknappung dürfte sich der Konsum der privaten Haushalte schwächer entwickeln (2009: +8% gegenüber +24% im Vorjahr). Die sinkende Nachfrage aus den USA, Argentinien und Mexiko beeinträchtigt die Exporte trotz der Abwertung des Real seit dem Sommer 2008.

Russland (3% der weltweiten Produktion): Die Verringerung des Kreditvolumens, das zuvor jedes Jahr um etwa 30% bis 40% zugelegt hatte, und das sinkende Vertrauen der Haushalte dürften dafür sorgen, dass die Absatzzahlen nicht mehr so gewaltig wachsen wie in der Vergangenheit. Daher haben die meisten der in Russland präsenten Automobilhersteller ihre Absatzprognosen nach unten korrigiert.

Indien (4% der weltweiten Produktion): Trotz zahlreicher Rabatte und Verkaufsförderungsmaßnahmen ist damit zu rechnen, dass die Verkaufszahlen 2009 weiter zurückgehen. Ursache für diese Entwicklung sind die hohen Kraftstoffpreise und die erschwerten Zugangsbe-

dingungen zu Krediten, die dazu führen dürften, dass sich die Haushalte mit Anschaffungen zurückhalten. In dieser Situation geraten die Gewinnspannen der Automobilhersteller unter Druck. Bereits 2008 sank die Produktion um 10%, und für 2009 sind die Aussichten ebenfalls schlecht, worunter auch die indischen Automobilzulieferer leiden.

China (13% der weltweiten Produktion): Das Absatzwachstum ist 2008 um mehr als 10 Prozentpunkte gesunken. Ursache für diese rückläufige Entwicklung waren verschiedene Unwetterkatastrophen, das schwere Erdbeben und die Olympischen Spiele. Sollten die chinesischen Haushalte ihre abwartende Haltung 2009 beibehalten, könnten sich die Lager weiter füllen. Bereits am Ende des letzten Sommers verzeichneten die Kfz-Händler den höchsten Fahrzeugbestand seit vier Jahren. Hinzu kommen der nach wie vor harte Preiswettbewerb und das Antikartellgesetz vom August 2008, das diese Entwicklung noch verstärken könnte. Dadurch geraten sowohl die Gewinnspannen der chinesischen als auch die der ausländischen Hersteller unter Druck. Der Rückgang der Nachfrage aus Nordamerika und Europa sowie der anhaltende Kursanstieg des Renminbi werden die Branchenkonjunktur sowie die Entwicklung der chinesischen Zulieferer und der Exporte bremsen. Dennoch dürften die Ausfuhren in die afrikanischen und asiatischen Schwellenländer sowie den Nahen Osten immer noch ein relativ hohes Niveau erreichen.

Türkei (1,7% der weltweiten Produktion): Die türkische Automobilindustrie leidet unter dem Konjunktureinbruch in Europa und insbesondere in Russland (85% der türkischen Automobilexporte gehen nach Russland). Der Absatz im Inland (68% der in der Türkei verkauften Kraftfahrzeuge sind Importfahrzeuge) ging bereits 2008 zurück, und 2009 dürfte auch die Produktion sinken.

BAU (BEWERTUNG C+)

In den Industrieländern befindet sich der Wohnungsbau bereits in großen Schwierigkeiten. Durch die nachlassende Weltkonjunktur geraten nun auch der Gewerbebau sowie die Bauwirtschaft der Schwellenländer ins Straucheln.

Die Krise in der Wohnungsbauwirtschaft der entwickelten Regionen wurde dadurch ausgelöst, dass zum einen der Zugang zu Wohneigentum immer schwieriger wurde und zum anderen der mit Liquidität unterlegte Bedarf gesättigt war. Die Preise stiegen deutlich schneller als die Einkommen, und trotz der Kreativität der Kreditinstitute nahm die finanzielle Belastung durch den Schuldendienst infolge der Zinsanhebung erheblich zu. Investoren und Vermieter wiederum mussten zusehen, wie die Preise schneller stiegen als ihre Mieteinnahmen und ihre Anlagerendite dahinschmelzen ließen. Eine Beruhigung der Situation dürfte erst eintreten, wenn die Preise stark genug gesunken sind und die Anzahl der zum Verkauf stehenden Wohnimmobilien wieder ein normales Niveau erreicht hat.

Die Ausweitung der Finanzkrise auf die Realwirtschaft führt gegenwärtig zu einem Abschwung im Gewerbebau und rückläufigen öffentlichen Bauinvestitionen. Die Unternehmen fahren ihre Investitionen zurück, während der Staat unter dem Eindruck sinkender Steuereinnahmen Maßnahmen zur Modernisierung der Infrastruktur aufschiebt.

In den **USA** schrumpft die Baubranche bereits seit 2007. Von Januar bis September 2008 betrug der Rückgang 38%. Am stärksten betroffen waren die US-Bundesstaaten, in denen zuvor am meisten gebaut wurde (Kalifornien, Florida, Arizona und Nevada) oder in denen sich ein wichtiger Wirtschaftszweig in der Krise befindet (Michigan, Ohio). Zwar ist die Zahl der noch nicht verkauften Neubauten deutlich gesunken, doch kann die Branchenkonjunktur erst wieder anziehen, wenn der Abwärtstrend auf dem Markt für Gebrauchtimmobilien (85% der Immobiliengeschäfte) beendet ist. Der anhaltende Preisrückgang sorgt dafür, dass bei einem Viertel der Darlehensnehmer die Restschuld den tatsächlichen Wert der Immobilie übersteigt, was den

Bau		
	2008	2009
Weltweit	B–	C+
Nordamerika	C+	C
Japan	B–	B–
Westeuropa	B–	C+
Europäische Schwellenländer	A–	B+
Asiatische Schwellenländer	A–	B+
Lateinamerika	B+	B+
Nordafrika, Naher und Mittlerer Osten	A	A–
GUS	A–	B+
Quelle: Coface.		

starken Anstieg der Zahl der Zwangsversteigerungen erklärt. Diese Entwicklung dürfte sich über das gesamte Jahr 2009 fortsetzen. Im privaten Gewerbebau (Lager, Ladenflächen, Büros) setzte im September 2008 eine rückläufige Konjunktur- und Preisentwicklung ein, weil die Unternehmen immer größere Schwierigkeiten hatten, ihre Investitionen zu finanzieren, und die Wirtschaft stagnierte. Auch bei den öffentlichen Bauinvestitionen (Brücken, Straßen, Sanierungsmaßnahmen, Schulen) ist – ebenfalls seit kurzem – ein Rückgang zu beobachten, der auf die sinkenden Steuereinnahmen zurückzuführen ist. Der allgemeine Branchenabschwung wird sich 2009 voraussichtlich fortsetzen, könnte jedoch durch das von der neuen US-Regierung geplante Konjunkturprogramm gebremst werden.

In **Westeuropa** befinden sich der Wohnungs- und der Gewerbebau ebenfalls im Abschwung. Dieser äußert sich unter anderem in einem Rückgang der Immobilienverkäufe, so dass die Preise bereits gesunken sind oder demnächst sinken werden. Besonders ausgeprägt ist dieser Trend in **Großbritannien, Irland** und **Spanien,** denn in diesen Ländern waren die Preise für Wohnimmobilien in den letzten Jahren um beinahe 200% gestiegen. Mit Ausnahme von **Deutschland** und der **Schweiz,** wo sich keine Immobilienblase entwickelt hatte, sind alle anderen Länder Westeuropas ebenfalls in unterschiedlichem Ausmaß vom Abschwung betroffen.

In den übrigen **Industrieländern** verläuft die Branchenentwicklung ähnlich. Die **kanadische Bauwirtschaft** kann sich gut behaupten, da sich der **kanadische Immobilienmarkt** in den vergangenen Jahren nicht so stürmisch entwickelt hat. In **Japan** dagegen konzentriert sich der Abschwung auf die Hauptstadt und insbesondere den Markt für Büroimmobilien.

In den **Schwellenländern** wie **Russland, China, Indien,** den **Golfstaaten** oder den Ländern **Mittel- und Osteuropas,** die bis vor kurzem einen Bauboom erlebten, hat sich die Branchenkonjunktur sehr stark abgekühlt und teilweise sogar rückläufig entwickelt. Da jedoch der Bedarf nicht gedeckt ist und der Staat die Bauwirtschaft finanziell unterstützt, dürfte sich die Branche relativ schnell erholen.

Die Bauwirtschaft verzeichnet zurzeit sinkende Gewinnspannen. Zu den betroffenen Firmen gehören Bauunternehmen, Handwerker, Makler, Hersteller von Baumaschinen und Baustoffen, der Baustoffhandel sowie Einrichtungshäuser. Die großen Unternehmen dürften dank der Diversifizierung ihrer Geschäftstätigkeit und ihrer Präsenz in verschiedenen lokalen Märkten und Marktsegmenten (Schwellenländer bzw. Gewerbebau, Tiefbau, Betrieb von Schnellstraßen und Flughäfen, Energieerzeugung) relativ gut in der Lage sein, den Konjunkturabschwung zu bewältigen. Dagegen stehen die kleineren Unternehmen, deren Zahl in den vergangenen Jahren stark gestiegen ist, vor ungleich größeren Schwierigkeiten.

CHEMISCHE INDUSTRIE (BEWERTUNG A–)

Aufgrund der Vielfalt der von der chemischen Industrie hergestellten Erzeugnisse bekommt sie die weltweite Konjunkturabkühlung von vielen Seiten zu spüren. Das stagnierende oder rückläufige Wirtschaftswachstum in den Industrieländern – insbesondere in den für die chemische Industrie so wichtigen Abnehmerbranchen Bau, Automobil, Papier/Druck, Textil/Bekleidung, Verpackung und Maschinenbau – drückt auf die Produktionsmengen. In den meisten Regionen nehmen die Lagerbestände zu. Die Produktion und die Preise befinden sich derzeit in einer Abwärtsbewegung, und die Aussichten für die nächsten Monate weisen in dieselbe Richtung. Die weltweite Produktion der chemischen Industrie wird 2009 voraussichtlich um einen weiteren Prozentpunkt sinken (Europa: –1%, USA: –2%).

Gleichzeitig führt jedoch die sowohl branchenbezogen als auch geographisch sehr ausgeprägte Diversifizierung der Zielmärkte dazu, dass die chemische Industrie von der nach wie vor zufriedenstellenden Situation bestimmter Branchen und Regionen profitiert. Dies gilt für die Pharma- und die Lebensmittelhersteller sowie den Bereich der Wasseraufbereitung, in geringerem Maße jedoch auch für die Hersteller von Dünge- und Pflanzenschutzmitteln, den Bergbau und die Erdölindustrie. Dabei tragen die Schwellenländer trotz ihres verlangsamten Wirtschaftswachstums dazu bei, dass sich die Branchenkonjunktur relativ gut hält, denn viele Chemieunternehmen sind sowohl mit Fertigungsstandorten als auch mit Vertriebsniederlassungen in diesen Regionen präsent.

Die enormen Preisschwankungen für Erdöl und Erdgas, die nicht nur als Rohstoff, sondern auch als Energieträger benötigt werden, stellen eine besondere Herausforderung für die Branche dar. So erreichte der Erdölpreis im Laufe des dritten Quartals 2008 mit 145 US$ pro Barrel seinen höchsten Stand, bevor er Ende Dezember 2008 auf unter 40 US$ fiel. Bei Erzen, einem weiteren wichtigen Rohstoff für die chemische Industrie, war eine ähnlich erratische Preisentwicklung zu beobachten.

Die petrochemische Industrie, die Hersteller von Gummi- und Kunststoffpolymererzeugnissen und ganz allgemein die Hersteller von chemischen Grundstoffen und Zwischenprodukten konnten dank der starken Nachfrage die gestiegenen Rohstoffpreise in den letzten beiden Jahren größtenteils an ihre Kunden weitergeben. Momentan verhält es sich jedoch genau umgekehrt: Aufgrund der rückläufigen Nachfrageentwicklung sind die Absatzpreise für Rohbenzin und die daraus gewonnenen Produkte wie Benzol, Ethylen und PVC noch stärker gefallen als der Preis für das Erdöl, aus dem diese Erzeugnisse hergestellt werden. Da die Preise für chemische Erzeugnisse derzeit sinken und die Kunden einen weiteren Preisrückgang erwarten, verschieben sie ihre Bestellungen und bauen zunächst ihre Lager ab, wodurch sich der Druck auf die Preise noch verstärkt. Dabei wirken zwei Faktoren gegeneinander: sinkende Kosten bei gleichzeitigem Rückgang der Absatzpreise und -volumina.

Die Hersteller von Spezial- und Feinchemikalien, zu denen z.B. technische Gase, Pigmente, technische Kunststoffe, Aromaöle, Aromen, Erzeugnisse für Elektronik, Papierherstellung, Wasseraufbereitung oder Erdölgewinnung sowie Wirkstoffe für Pharmazeutika oder Pflanzenschutzmittel gehören, befinden sich in einer ähnlichen Situation, auch wenn hier die Rohstoff- und Energiekosten eine geringere Rolle spielen.

Chemische Industrie		
	2008	**2009**
Weltweit	A–	**A–↘**
Nordamerika	A–↘	A–↘
Japan	A	A
Westeuropa	A–	**A–↘**
Europäische Schwellenländer	B+	B+
Asiatische Schwellenländer	A	**A↘**
Lateinamerika	B+	B+
Nordafrika, Naher und Mittlerer Osten	A+	A+
GUS	B+	B+

↘: Unter Beobachtung für eine Abwertung.   Quelle: Coface.

Die Hersteller von Haushaltschemikalien (Klebebändern, Klebstoffen, Farben/Lacken, Tinten, Reinigungsmitteln, Kosmetika, Parfums und Hygieneartikeln) bekommen die Zurückhaltung der Konsumenten direkt zu spüren.

Obwohl Absatzmengen und -preise unter der schlechten Wirtschaftslage leiden werden, ist die Situation in der chemischen Industrie insgesamt nach wie vor gut. Zwar werden die Gewinne nicht mehr das herausragende Niveau der vergangenen vier Jahre erreichen, bleiben aber immer noch zufriedenstellend. Trotz dieses positiven Ausblicks könnten einzelne Marktteilnehmer, die hochverschuldet oder weitgehend von krisengeschüttelten Branchen abhängig sind, stärker in Mitleidenschaft gezogen werden als andere. Der Wertverlust des Euro gegenüber US-Dollar und Yen sowie der deutliche Rückgang der Transportkosten begünstigen die Leistungsbilanz der europäischen Chemieindustrie, die sehr stark in den Welthandel eingebunden ist.

EISEN UND STAHL (BEWERTUNG A–)

Die starke Abkühlung der Weltkonjunktur (mit einer Stagnation oder Rezession in den Industrieländern und einem langsameren Wirtschaftswachstum in den übrigen Regionen) hat die sechsjährige Wachstumsphase der Eisen- und Stahlindustrie im Spätsommer 2008 jäh beendet.

Bis Juli 2008 entwickelten sich Produktion, Nachfrage und Preise weiterhin positiv, obwohl das Wirtschaftswachstum weltweit immer mehr an Dynamik einbüßte. Seit diesem Zeitpunkt sind sowohl die Nachfrage als auch die Preise eingebrochen (bei einigen Produkten um bis zu 50%). Der Auftragseingang aus mehreren wichtigen Kundenbranchen – z.B. der Automobilindustrie, dem Gewerbebau und der Elektrohaushaltsgeräteindustrie – geht zurück. Der Handel verfügt über hohe Lagerbestände. Außerdem hoffen die Handelsunternehmen auf weiter sinkende Preise und verschieben daher ihre Bestellungen, wodurch der Druck auf die Preise weiter steigt. Die Eisen- und Stahlhersteller haben ihre Produktion unter Vorgriff auf bereits geplante technische Stilllegungen zurückgefahren, um eine Überproduktion zu vermeiden und den Preisdruck aus dem Markt zu nehmen.

Die Hersteller in den entwickelten Regionen wie den **USA** oder **Westeuropa,** wo die Automobilindustrie

und die Bauwirtschaft einen starken Auftragsrückgang verzeichnen, sind zwar am stärksten von dieser Entwicklung betroffen, doch auch die Unternehmen in den Schwellenländern können sich der allgemeinen Konjunkturabkühlung nicht entziehen. So entwickelte sich die Nachfrage in **China, Südkorea, Indien, Russland** und **Polen** stark rückläufig, so dass die Hersteller gezwungen waren, ihre Preise zu senken und die Produktion zurückzufahren. Nur wenige Märkte – wie z.B. **Brasilien, Japan** oder **Afrika** – können sich derzeit aufgrund einer günstigeren lokalen Konjunktur und einer weitgehenden Abschottung gegenüber dem Weltmarkt gegen den Abschwung stemmen, wobei unsicher ist, wie lange ihnen dies noch gelingen wird.

Momentan hat die Eisen- und Stahlindustrie die Situation im Griff. So sind sämtliche Hersteller dabei, ihre Produktion der gesunkenen Nachfrage anzupassen, denn die verheerenden Auswirkungen der in früheren Konjunkturzyklen verzeichneten Überproduktion sind ihnen nur allzu gut in Erinnerung. In den Industrieländern steigen die Stahleinfuhren aus den Schwellenländern geringfügig an. Bestimmte Produkte wie Röhren, Zugmaschinen und Erzeugnisse für die Eisenbahn werden auch jetzt noch nachgefragt. Daher sinken die Preise hier nur moderat. Hinzu kommt, dass geringere Kosten für Rohstoffe (insbesondere Altmetalle) und Energie den Rückgang der Absatzpreise teilweise ausgleichen können. Allerdings sanken die Beschaffungskosten später und nicht so stark wie die Absatzpreise. Diese Diskrepanz sowie die Verringerung der Verkaufsmengen führen dazu, dass die Margen und Gewinne der Hersteller unter Druck geraten, dabei jedoch nach wie vor ein zufriedenstellendes Niveau erreichen. Außerdem hatten die Unternehmen der Eisen- und

Eisen und Stahl		
	2008	**2009**
Weltweit	A	**A–**
Nordamerika	A	**A–**
Japan	A	A
Westeuropa	A	**A–**
Europäische Schwellenländer	B+	B+
Asiatische Schwellenländer	B+	**B**
Lateinamerika	A	A
Nordafrika, Naher und Mittlerer Osten	A	A
GUS	A	**A–**
Quelle: Coface.		

Stahlindustrie in den letzten Jahren ausreichend Zeit, um ihre Finanzlage zu konsolidieren.

Das abrupte Ende des Konjunkturzyklus ändert jedoch nichts an den großen Umwälzungen im Zusammenhang mit der Neustrukturierung der Branche. So ist damit zu rechnen, dass der Konzentrationsprozess angesichts des relativ zersplitterten Marktes anhält: ArcelorMittal – der weltgrößte Stahlproduzent – kommt nur auf einen Weltmarktanteil von 10% und die 15 größten Hersteller auf nicht mehr als ein Drittel. Der Anteil der **asiatischen Schwellenländer** (56%) und insbesondere **Chinas** wird weiter steigen. Die Unternehmen der Eisen- und Stahlbranche dürften versuchen, durch die Übernahme von Konkurrenten zu expandieren, um sowohl ihre Position bei der Beschaffung von Erzen und Altmetall als auch gegenüber ihren Kunden zu stärken. Außerdem versuchen die Hersteller, in allen Teilen der Welt Standorte zu errichten. Dabei liegt die Attraktivität der Schwellenländer in ihrem Entwicklungspotential, während die besondere Stärke der Industrieländer die Beherrschung von Spitzentechnologien ist. In dieser Situation ist damit zu rechnen, dass die russischen, chinesischen, brasilianischen und indischen Marktteilnehmer besonders erfolgreich sein werden, da sie durch ihre Aktionärsstruktur und den Schutz ihrer Regierungen besonders gut aufgestellt sind.

ELEKTRONIK (BEWERTUNG B+)

Durch die weltweite Konjunkturflaute hat sich das Wachstum der Elektronikindustrie im vierten Quartal 2008 deutlich verlangsamt. Zu den Erzeugnissen der Elektronikunternehmen zählen Produkte für Industrie und Energieversorger (25%), Büromaschinen (25%), Unterhaltungselektronik (20%), Telekommunikationselektronik (15%) sowie Kraftfahrzeugelektronik (15%). Experten erwarten, dass sich der Rückgang mindestens im ersten Halbjahr 2009 fortsetzt. Allerdings dürfte der Abschwung schwächer ausfallen als 2001, da die Unternehmen nicht mit Überkapazitäten und hohen Lagerbeständen zu kämpfen haben. Außerdem profitieren sie von neuen Märkten und einer optimierten Produktionskette durch Einsatz von Subunternehmern und Standortverlagerungen.

Zu den am stärksten vom Abschwung betroffenen Elektronikunternehmen zählen die Hersteller von Unterhaltungselektronik (LCD-Fernseher, DVD-Player, Navigationssysteme), während die Produzenten von Notebooks

Elektronik	2008	2009
Weltweit	A–	**B+**
Nordamerika	A–	**B+**
Japan	B+	B+
Westeuropa	B	B
Asiatische Schwellenländer	A–	**B+**

Quelle: Coface.

und Mobiltelefonen noch glimpflich davonkommen. Demgegenüber zeigen sich die Hersteller von elektronischen Erzeugnissen für die Medizin oder die Industrie (Steuerungen/Regelungen, Messinstrumente) mehr oder weniger unbeeindruckt von der schlechten Wirtschaftslage. Einerseits trifft die Konjunkturverlangsamung die Subunternehmer (Original Design Manufacturer und Electronic-Manufacturing-Service-Anbieter), von denen die meisten in **Taiwan,** der **Volksrepublik China, Südkorea, Malaysia** oder **Singapur** ansässig sind. Andererseits macht der Abschwung auch vor deren Auftraggebern (Original Equipment Manufacturer) nicht halt, die immerhin noch 65% der Produktion selbst übernehmen. Bereits jetzt müssen die großen japanischen Elektronikkonzerne aufgrund der schwachen Konjunktur im In- und Ausland und des Kursanstiegs des Yen Gewinnrückgänge hinnehmen.

Wegen der endverbrauchernahen Position der Elektronikindustrie und der Tatsache, dass mehr als die Hälfte der Halbleiterproduktion in der Unterhaltungselektronik eingesetzt wird, machte sich der Konjunkturabschwung bereits im dritten Quartal 2008 in der Branche bemerkbar. Die rückläufige Nachfrage nach elektronischen Bauteilen führt zu sinkenden Produktionszahlen und Preisen. Dieser Abwärtstrend wird dadurch verstärkt, dass die Kunden mit weiter sinkenden Preisen rechnen, was sich ungünstig auf die Lagerbestände auswirkt.

Zwar sind alle Produkte (Speicherchips, Mikroprozessoren, logische, analoge und optische Komponenten) und Unternehmen der Branche (Entwickler, Waferlieferanten, Kunststoffgießereien, Testfirmen, Verpackungsunternehmen) von der Krise betroffen, doch leiden die Speicherchiphersteller, die 25% aller elektronischen Bauteile (insbesondere DRAM- und Flash-Speicher) fertigen und bereits seit mehreren Jahren gegen den Preisverfall zu kämpfen haben, am stärksten unter dem Nachfragerückgang. Dies zeigt sich nicht zuletzt darin, dass viele Speicherchiphersteller hohe Verluste einfahren, so dass in einem Fall bereits ein Staatsfonds von Abu Dhabi zum Zuge kam und sich bei einem Unternehmen finanziell engagieren konnte. Die Lage der Branche wird so lange kritisch bleiben, bis die vorhandenen Lagerbestände weitgehend abgebaut sind. Dies dürfte im Laufe der ersten Monate 2009 der Fall sein. Außerdem ist damit zu rechnen, dass der Branchenumsatz nach dem schwachen Wachstum des vergangenen Jahres in diesem Jahr sinkt. Dabei ist im ersten Halbjahr mit einem starken Umsatzrückgang und im zweiten Halbjahr mit einer Belebung der Branchenkonjunktur zu rechnen.

HANDEL (BEWERTUNG B+)

Die starke Zurückhaltung der privaten Haushalte belastet die Handelsunternehmen so sehr, dass einige von ihnen in Schwierigkeiten geraten werden. Dabei fällt der Rückgang des privaten Konsums in den Industrieländern deutlicher aus als in den Schwellenländern, in denen sich der Handel behaupten kann. Ferner sind Einrichtungshäuser, der Kraftfahrzeughandel, Bekleidungshäuser, Elektronikfachmärkte, Parfümerien sowie der Fachhandel für Bücher, Ton- und Datenträger stärker vom Branchenabschwung betroffen als der Lebensmittelhandel oder Telefongesellschaften, da die Konsumenten auf Lebensmittel nicht verzichten können und durch langfristige Verträge an ihre Telefongesellschaft gebunden sind. Doch selbst die vor der schlechteren Branchenkonjunktur weitgehend geschützten Unternehmen müssen damit rechnen, dass die Kunden ein sehr vorsichtiges Ausgabeverhalten an den Tag legen oder auf besonders günstige Produkte ausweichen werden. Aufgrund der schlechten Wirtschaftsaussichten und des zu erwartenden Anstiegs der Arbeitslosigkeit ist damit zu rechnen, dass diese Tendenz bis weit in das Jahr 2009 anhält, selbst wenn sinkende Preise für Energie und landwirtschaftliche Produkte die Unternehmen ein wenig entlasten dürften.

Insbesondere in den **USA** befindet sich der Handel in einer äußerst schwierigen Situation, denn die Zahl der Insolvenzverfahren hat sich seit Anfang 2008 deutlich erhöht. Die Kreditklemme und die Verschlechterung der Vermögens- und Liquiditätslage bei den Verbrauchern dürften zu weiteren Insolvenzen im Einzelhandel führen. Am stärksten betroffen sind dabei Kaufhäuser der mittleren und höheren Preislagen sowie Einzelhandelsketten, die auf Damenoberbekleidung, Haushaltsgeräte,

Elektronik, Möbel oder Bürobedarf spezialisiert sind. Dagegen dürften sich die als preiswert geltenden Ketten wie Wal-Mart und TJX/Marshall's, die sogenannten „Dollar Stores", Cash-&-Carry-Märkte, Kinderfachgeschäfte, Drugstores sowie Supermärkte, deren Sortimentsschwerpunkt bei Lebensmitteln liegt, dem Branchenabschwung entziehen können. Unabhängig vom Marktsegment lässt sich sagen, dass vor allem die Handelsunternehmen die Krise überstehen werden, denen es am schnellsten gelingt, ihre Lagerbestände sowie die Anzahl ihrer Mitarbeiter und Filialen an die neue Marktsituation anzupassen.

In **Japan** haben sich die Konsumausgaben der privaten Haushalte, die seit über einem Jahr gestiegen waren, im Herbst wieder leicht rückläufig entwickelt. Der Rückgang betrifft dabei in erster Linie solche Warenhausketten, deren bereits seit längerem bestehende Schwierigkeiten Anlass zu Übernahmen und Fusionen geben. Außerdem bekommen Supermärkte und bestimmte Modehäuser die abnehmende Kauflaune der Verbraucher zu spüren. Nachbarschaftsläden wie Seven Eleven, Lawson oder Family Mart können sich hingegen weiterhin gut behaupten. Insgesamt dürfte der Umsatz im Einzelhandel 2009 stagnieren.

In **Westeuropa** profitieren die Discounter vom Kostenbewusstsein der Verbraucher und können ihren Marktanteil in der Lebensmittelbranche ausbauen. Dieser beträgt in **Frankreich** zurzeit nur 13% gegenüber 30% in **Deutschland.** Im deutschen Einzelhandel war die Situation bereits vor der Wirtschaftskrise schwierig. So musste die Warenhauskette Hertie Insolvenz anmelden, und die Ertragslage der anderen Kaufhäuser ist ebenfalls schlecht. Im Textileinzelhandel wiederum herrscht durch den Markteintritt internationaler Ketten ein har-

Handel		
	2008	2009
Weltweit	A−	**B+**
Nordamerika	B+	**B**
Japan	A−	A−
Westeuropa	A−	**B+**
Europäische Schwellenländer	B+	B+
Asiatische Schwellenländer	A	**A−**
Lateinamerika	A	**A−**
Nordafrika, Naher und Mittlerer Osten	A	A
GUS	A	A
Quelle: Coface.		

ter Wettbewerb, dem bereits die deutschen Bekleidungshäuser Wehmeyer und Sinnleffers zum Opfer
gefallen sind. In **Frankreich** geben die Konsumenten
sogar für Lebensmittel weniger Geld aus. Außerdem
müssen sich die Handelsunternehmen nach einer
Gesetzesänderung auf liberalisierte Regelungen für die
Ansiedlung von Geschäften bis 1.000 m² sowie für die
Lieferantenbeziehungen einstellen. In **Großbritannien** befinden sich die Bereiche Textil, Elektronik und
Haushaltsgeräte in einer besonders schwierigen Lage,
doch auch die Supermärkte einschließlich des Markt-
führers Tesco haben rückläufige Umsatz- und Ertrags-
zahlen zu verzeichnen. Die europäischen Branchenrie-
sen setzen genauso wie Wal-Mart ihren Expansionskurs
in den Schwellenländern fort. Dazu gehören neben
Brasilien, wo die großen Handelsunternehmen bereits
stark vertreten sind, auch Länder wie **China, Indien**
oder **Russland,** in denen maximal ein Drittel des Ein-
zelhandelsumsatzes vom organisierten Einzelhandel
generiert wird. Trotz der Schikanen durch die Behörden,
einer protektionistischen Gesetzgebung zugunsten ein-
heimischer Unternehmen und fest verankerter Gewohn-
heiten ergeben sich daraus enorme Chancen für die
Schwergewichte der Branche.

INFORMATIONSTECHNOLOGIE
(BEWERTUNG B–)

Die IT-Investitionen der Unternehmen und insbesondere
die der Haushalte dürften sich unter dem Eindruck der
Wirtschaftskrise rückläufig entwickeln. Allerdings wird
dieser Rückgang wahrscheinlich weniger dramatische
Auswirkungen haben als 2001, denn die Unternehmen
haben sich diesmal mit ihren IT-Investitionen bislang
zurückgehalten, so dass nicht nur in den Schwellenländern, sondern auch in einigen europäischen Ländern
Nachholbedarf besteht. Deshalb kann die IT-Branche
für 2009 selbst dann noch ein Wachstum von 2% erwarten, wenn die Wirtschaftskrise sich weltweit ausbreitet.

Der Hardwarebereich ist am stärksten von der Konjunkturflaute betroffen. Dies gilt insbesondere für die Hersteller von Personalcomputern und Servern. Zwar stieg
der Umsatz bis zum dritten Quartal 2008 um satte 15%
an, doch sind die Verkaufszahlen seitdem geradezu eingebrochen. Allgemeine Branchentrends werden durch
die Krise jedoch nicht gebremst. So entscheiden sich
immer mehr Kunden für ein Notebook statt für einen
Desktop-Computer. In **Asien, Lateinamerika, Mit-
tel- und Osteuropa,** dem **Nahen Osten** und **Afrika**

Informationstechnologie		
	2008	**2009**
Weltweit	B–	B–
Nordamerika	B–	B–
Japan	B–	B–
Westeuropa	B–	B–
Europäische Schwellenländer	B+	B+
Asiatische Schwellenländer	B+	**B**
Lateinamerika	B+	B+
Nordafrika, Naher und Mittlerer Osten	B	B

Quelle: Coface.

legt der Umsatz deutlich zu und macht mittlerweile
über die Hälfte des weltweiten Branchenumsatzes aus.
Dadurch können die Unternehmen das schwache
Wachstum in den Industrieländern kompensieren. Der
Boom bei Netbooks mit einem Einstiegspreis von 300
EUR stützt den Markt und kommt vor allem den taiwanischen Herstellern Asustek und Acer zugute, die die
Mininotebooks als Erste auf den Markt brachten. Da
diese Geräte nicht nur in den ursprünglich anvisierten
Zielgruppen (Länder mit geringer Kaufkraft und Schulen), sondern weit darüber hinaus erfolgreich sind, inte-
ressieren sich inzwischen auch HP, Dell und Lenovo für
das neue Produkt. Allerdings ist die Gewinnspanne bei
Mininotebooks gering, da sich die Geräte aufgrund
ihrer begrenzten Leistungsfähigkeit in erster Linie für
den Versand von E-Mails und zu Internetrecherchen eig-
nen. Die Strategie der großen europäischen Telekommu-
nikationsunternehmen, dem Kunden zusätzlich zum
Internetanschluss – ähnlich wie bei Mobiltelefonen –
einen vom Provider subventionierten PC zur Verfügung
zu stellen, könnte ebenfalls dazu beitragen, die Auswirkungen des Konjunkturabschwungs zu mildern. Das
rückläufige Volumen der Auslieferungen und die nach
wie vor sinkenden Durchschnittspreise für Hardware
dürften dazu führen, dass die Hersteller ihr Heil verstärkt in Standortverlagerungen und dem Einsatz von
Subunternehmern suchen. Davon werden vor allem die
asiatischen Schwellenländer, Osteuropa (z.B.
Polen) oder **Lateinamerika** (z.B. **Mexiko**) profitieren. Bereits jetzt werden 90% der weltweit verkauften
Notebooks in **Taiwan** hergestellt.

Die IT-Dienstleister und insbesondere die Softwarein-
dustrie dürften weniger stark unter der Krise leiden.
Allerdings ist damit zu rechnen, dass die schwierige
Lage der Banken und der Wirtschaft im Allgemeinen das
Wachstum von IT-Dienstleistern und Softwarehäusern

bremst. Die Wirtschafts- und Finanzkrise wird die **indischen** IT-Dienstleister besonders hart treffen, da sie drei Viertel ihrer Dienstleistungen im Ausland, und zwar überwiegend in den **USA** und **Großbritannien,** erbringen und viele Banken und Versicherungen zu ihren Kunden zählen. Der Kursverlust der Rupie kann den Nachfragerückgang aus der krisengeschüttelten Finanzbranche dabei nur teilweise ausgleichen. Paradoxerweise könnten Softwarefirmen, die Unternehmenssoftware entwickeln, von den steigenden Anforderungen an die Kontrolle von Transaktionen profitieren. Die Hersteller von Computerspielen werden sich dem allgemeinen Abschwung voraussichtlich entziehen können und dürften damit zu den wenigen konsumentenorientierten Unternehmen gehören, die sich erfolgreich gegen die Krise stemmen.

LUFTVERKEHR (BEWERTUNG B–)

Nach Angaben der IATA haben die Fluggesellschaften 2008 wegen des hohen Ölpreises Verluste von über 5 Mrd US$ eingeflogen. Bei einem durchschnittlichen Ölpreis von 60 US$ pro Barrel dürfte das Minus 2009 etwa 2,5 Mrd US$ betragen. Das operative Ergebnis der Unternehmen ist beinahe auf null gesunken, da sich die Auslastung trotz einer Verringerung der Flugkapazitäten rückläufig entwickelt. Außerdem dürfte die Kreditklemme auch 2009 zu Insolvenzen führen.

Durch die Abkühlung der Weltkonjunktur sind die Luftfrachtvolumina seit Juni 2008 in allen Regionen gesunken (erwarteter Rückgang von 1,8%). Im Personenflugverkehr – insbesondere im Premiumsegment – sind die Fluggastzahlen 2008 um 2% gesunken, und zwar zuerst in **Nordamerika** und danach in **Asien** und der **Pazifikregion** sowie in **Europa.** In dieser Entwicklung spiegeln sich sowohl die negativen Erwartungen der Haushalte und Unternehmen in Bezug auf die Wirtschaftsaussichten als auch ein verändertes Ausgabeverhalten wider. Bis Oktober 2008 haben weltweit 30 Fluggesellschaften Konkurs angemeldet, 30 weitere befanden sich zu diesem Zeitpunkt in einer kritischen Finanzlage. Auch 2009 stehen die Unternehmen weiter unter Druck. Obwohl der Kerosinpreis seit Juli 2008 rückläufig ist, nimmt sein Anteil an den Betriebskosten stetig zu (40% 2009 gegenüber 36% 2008 und 14% im Jahr 2000). Außerdem sinkt das verfügbare Einkommen der privaten Haushalte, und viele Firmen streichen ihre Budgets für Geschäftsreisen zusammen. Als weitere negative Einflussfaktoren sind die Zurückhaltung der Banken bei der Kreditvergabe und die verhaltene Entwicklung des internationalen Handels zu nennen. Wie sich die Ertragskraft der einzelnen Fluggesellschaften entwickelt, hängt in dieser Situation davon ab, wie schnell es ihnen gelingt, ihre Kapazitäten und Investitionspläne der Marktentwicklung anzupassen. Viele Fluggesellschaften werden die geplante Anschaffung neuer Maschinen verschieben, ältere Flugzeuge mit hohem Kerosinverbrauch am Boden lassen, Strecken streichen, die Aufnahme neuer Flugverbindungen verschieben und ihre Flugpläne regelmäßig an die jeweilige Auslastung anpassen. Trotz des Drucks der Kunden werden voraussichtlich nicht alle Fluggesellschaften auf die Kerosinzuschläge verzichten, die wegen des rasanten Anstiegs des Ölpreises im Frühjahr 2008 eingeführt wurden.

Die 2008 eingeflogenen Verluste gehen fast zu 80% auf das Konto der US-Fluggesellschaften, denen der explosionsartige Anstieg des Kerosinpreises in den ersten neun Monaten des Jahres sehr zu schaffen machte. Obwohl sie 2009 wieder mit einem leichten Gewinn von 300 Mio US$ rechnen können, hat doch die enorme Verschlechterung der Branchensituation in den **USA** und der Anstieg der Flugzeugleasingkosten die US-Gesellschaften geschwächt. Allerdings trifft die Wirtschaftskrise auch die europäischen Fluggesellschaften, die deshalb ihre Kapazitäten um etwa 2,5% reduzieren und 2009 Verluste einfliegen dürften (ca. 1 Mrd US$). Dies wird insbesondere dann der Fall sein, wenn der Kerosinpreis stark sinkt, so dass die Kosten für die Instrumente zur Absicherung des Kerosinpreises steigen.

In **Asien** und der **Pazifikregion** werden die Fluggesellschaften voraussichtlich ihre Kapazitäten um 0,5% reduzieren und 2009 einen Verlust von 1 Mio US$ hin-

Luftverkehr		
	2008	**2009**
Weltweit	B–	**B–↘**
Nordamerika	C	**C↘**
Japan	B–	**B–↘**
Westeuropa	B	**B↘**
Europäische Schwellenländer	B–	B–
Asiatische Schwellenländer	B	**B↘**
Lateinamerika	B–	B–
Nordafrika, Naher und Mittlerer Osten	B+	B+
GUS	B–	B–
↘: Unter Beobachtung für eine Abwertung		Quelle: Coface.

nehmen müssen. Die Unternehmen im **Nahen Osten** dürften weiterhin kleine Gewinne (200 Mio US$) erzielen, während die Airlines in **Lateinamerika** und **Afrika** mit geringen Verlusten rechnen müssen.

Die sogenanten Low-Cost-Carrier, die noch im ersten Halbjahr 2008 unter Druck standen, dürften von der allgemeinen Wirtschaftslage profitieren: Denn zum einen wählen Haushalte und Unternehmen verstärkt die günstigsten Angebote, und zum anderen verschafft der sinkende Preis für Flugbenzin den Unternehmen etwas Luft. Da die Billigflieger über moderne Flugzeuge verfügen und ihre Kosten gut im Griff haben, sollten sie die aktuellen Turbulenzen ohne größere Schäden überstehen. Dies zeigt sich nicht zuletzt darin, dass die Low-Cost-Carrier ihr Streckennetz in einem Jahr um 13% erweitert haben, während die klassischen Fluggesellschaften die Zahl ihrer Flugverbindungen nur um 1% erhöhen konnten.

Auch die Fluggesellschaften in den **BRIC-Ländern** kommen nicht ungeschoren davon: Die indischen Airlines haben mit hohen Betriebskosten und einem unerwartet starken Einbruch der Nachfrage zu kämpfen. Mit Verlusten von möglicherweise bis zu 1,5 Mrd US$ sind sie daher besonders gefährdet. Die rückläufige Entwicklung im Luftverkehr hat mit dem Erdbeben im Mai 2008 auch **China** erreicht und könnte sich bis weit in das erste Halbjahr 2009 hinziehen, so dass die Fluggesellschaften den Staat um Hilfe bitten werden. In **Russland** haben neun regionale Fluggesellschaften ihren Betrieb wegen der aufgelaufenen Schulden eingestellt. In **Brasilien** dagegen dürften die Unternehmen von der Abschaffung der Flugbenzinsteuer für internationale Flüge profitieren.

Die Wirtschaftskrise dürfte den Konzentrationsprozess beschleunigen, der 2008 eingesetzt hat, und möglicherweise zur Verstaatlichung besonders gefährdeter Unternehmen führen. Der Zusammenschluss der US-Fluggesellschaften Delta und Northwest Airlines ist ein erster Hinweis darauf, dass sich die Branchenstruktur auf beiden Seiten des Atlantiks grundlegend ändern könnte. Da die Marktteilnehmer zurzeit jedoch dabei sind, Kapazitäten abzubauen, wird die Übernahme von angeschlagenen Fluggesellschaften, die vor allem wegen der neu eingebrachten Flughafenslots interessant ist, an Attraktivität einbüßen.

MASCHINENBAU (BEWERTUNG B+)

Alle international ausgerichteten Maschinenbauunternehmen aus **Nordamerika,** der **Europäischen Union** und **Japan** müssen 2009 mit einem geringeren Geschäftsvolumen rechnen. Wie stark der Abschwung ausfällt, hängt dabei von der Entwicklung der verschiedenen Wechselkurse und dem Rückgang der Nachfrage aus den Schwellenländern ab.

Da der Maschinenbau in jedem Produktionsprozess eine herausragende Rolle spielt, ist die Branche in den reifen Märkten in besonderem Maße vom Rückgang der Investitionen des verarbeitenden Gewerbes und der Landwirtschaft betroffen. Zwar dürften die **Schwellenländer** (insbesondere **China, Russland, Indien, Brasilien** und die **Golfstaaten)** durch ihre Nachfrage die Entwicklung der Maschinenbauunternehmen stützen, doch da die Abkühlung der Weltkonjunktur sich auch in den Schwellenländern bemerkbar macht, reicht dies nicht aus, um den Nachfragerückgang aus **Nordamerika, Europa** und **Japan** auszugleichen. Besonders schwierig wird es für die Unternehmen, deren Kunden in den am stärksten von der Krise betroffenen Branchen (Bau, Automobil, Textil, Möbel, Druck usw.) zu suchen sind. Die Hersteller von Maschinen und Anlagen für die Landwirtschaft bekommen den Rückgang der Agrarinvestitionen zu spüren, der mit den sinkenden Lebensmittelpreisen einhergeht, profitieren jedoch von der anhaltenden Mechanisierung der Landwirtschaft in **Brasilien, Russland** und **Thailand.** Die Hersteller von Baufahrzeugen und -maschinen leiden unter dem anhaltenden Rückgang der Wohnungs- und Gewerbebauinvestitionen in den Industrieländern. Allerdings wird diese Entwicklung zum Teil durch die Investitionen in den Schwellenländern (auf die etwa die Hälfte der weltweiten Bauinvestitionen entfallen) sowie die in einigen Ländern auf den Weg gebrachten Konjunkturprogramme kompensiert. Dabei können sich manche

Maschinenbau	2008	2009
Weltweit	A–	**B+**
Nordamerika	A–	**B+**
Japan	A	**A–**
Westeuropa	A–	**B+**
Europäische Schwellenländer	B+	**B**
Asiatische Schwellenländer	A	**A–**
Quelle: Coface.		

Zweige der Maschinenbaubranche besser als andere der Krise widersetzen: So sind die Auftragsbücher der Unternehmen, die für die Luft- und Raumfahrtindustrie, die Energieversorger, die chemische und die pharmazeutische Industrie oder die Telekommunikationsbranche tätig sind, nach wie vor gut gefüllt. Außerdem sollten die sinkenden Preise für Stahl und Nichteisenmetalle die Unternehmen auf der Kostenseite entlasten. Insgesamt müssen alle Maschinenbauunternehmen mit schlechteren Konditionen für die Finanzierung ihrer eigenen Investitionen rechnen, wodurch die Ertrags- und Vermögenslage der Firmen beeinträchtigt wird.

In den **USA** wird der Umsatz mit Maschinen und Anlagen für die Bauindustrie im laufenden Jahr der rückläufigen Baukonjunktur folgen und weiter sinken. Sollte der in **Europa, China** und **Indien** zu beobachtende Abschwung im Baugewerbe anhalten, dürfte dies die amerikanischen Unternehmen weiter schwächen. Im Inland lassen die ausufernden Haushaltsdefizite der einzelnen US-Bundesstaaten die Umsetzung der geplanten Infrastrukturvorhaben unsicher erscheinen. Wenn sich jedoch die Kräfte durchsetzen, die seit Ende 2008 von der US-Regierung und dem Kongress die Freigabe der für die Modernisierung der Infrastruktur und die Sicherung von Arbeitsplätzen vorgesehenen Gelder (Bau von Straßen, Brücken, Flughäfen, Eisenbahnlinien usw.) fordern, könnte dies dem US-Maschinenbau etwas Luft verschaffen. Die nur wenig exportorientierten Werkzeugmaschinenbauer wird das für 2009 erwartete Minus bei den Produktionsinvestitionen der US-Unternehmen (Rückgang um mehr als 5%) mit voller Härte treffen. Da die Binnennachfrage nicht zuletzt durch Importprodukte befriedigt wird, ist der Rückgang der Unternehmensinvestitionen auch für die ausländischen Lieferanten (in **Deutschland, Italien, Japan** und **China**) schmerzhaft. Die US-Hersteller von Maschinen und Anlagen für Landwirtschaft und Bergbau (mit einem Weltmarktanteil von 40% in diesem Marktsegment) sollten die rückläufige Binnennachfrage durch Aufträge aus den Schwellenländern kompensieren können.

Auch in **Europa** wird der Maschinenbau einen Rückgang der Unternehmensinvestitionen verkraften müssen. Die europäischen Hersteller verkaufen 66% ihrer Erzeugnisse innerhalb Europas. Mit einem Anteil von 40% bzw. 16% an der Gesamtproduktion des europäischen Maschinenbaus nehmen **Deutschland** und **Italien** eine beherrschende Stellung ein. Den stark exportorientierten Unternehmen wird der Abschwung der US-

Konjunktur zu schaffen machen, auch wenn sie durch den Rückgang des Werts des Euro in der US$-Zone wieder wettbewerbsfähiger werden. Trotz dieses Vorteils dürften sich jedoch auch die Ausfuhren in die Schwellenländer rückläufig entwickeln. Dies gilt insbesondere für die Hersteller von Textilmaschinen, denn die Textilhersteller in den betreffenden Ländern werden voraussichtlich weniger Aufträge von ausländischen Bekleidungsketten erhalten. Auch die Hersteller von Papierdruckmaschinen können sich dem Abschwung nicht entziehen.

Der **japanische** Maschinenbau, der sehr stark auf elektronische Erzeugnisse spezialisiert ist, muss mit einem weiteren Rückgang der Nachfrage aus den **USA** (22% der japanischen Produktion), **Europa** (17%) und **Asien** (56%) rechnen. Insbesondere von den asiatischen Auftragsfertigern, die selbst mit dem allgemeinen Nachfragerückgang zu kämpfen haben, werden weniger Aufträge eingehen. Außerdem wird sich die Wettbewerbsfähigkeit der japanischen Maschinenbauer verschlechtern, wenn sich der Kursanstieg des Yen 2009 fortsetzt.

PAPIER (BEWERTUNG B+)

Die Rezession, die in einigen entwickelten Volkswirtschaften bereits eingesetzt hat, wird sich über den Rückgang des Konsums und der Industrieproduktion negativ auf die Produktionsmengen und Absatzpreise der Papierindustrie auswirken. Da die Nachfrage bereits vor dem Wachstumseinbruch nur geringfügig gestiegen war (Konkurrenz durch Internet und alternative Verpackungen) und die Preiserhöhungen kaum zur Deckung der gestiegenen Kosten ausreichen, kommt der Abschwung in einem besonders ungünstigen Moment. Wie stark die Verkaufspreise einbrechen, dürfte davon

Papier		
	2008	2009
Weltweit	A−	**B+**
Nordamerika	A−	A−
Japan	A	A
Westeuropa	B	**B−**
Europäische Schwellenländer	A−	A−
Asiatische Schwellenländer	A	A
Lateinamerika	A−	A−
Quelle: Coface.		

abhängen, inwiefern die Unternehmen in der Lage sind, ihre Produktionskapazitäten an die Nachfrage anzupassen. Auf der Kostenseite dagegen dürften die Preise für Energie und Zellstoff trotz eines leichten Rückgangs auf hohem Niveau verharren. Darüber hinaus wird die Wettbewerbsfähigkeit der Unternehmen auf dem Weltmarkt durch die Entwicklung der Wechselkurse und der Transportkosten beeinflusst. Insgesamt sind die Papierhersteller der einzelnen Weltregionen mehr oder weniger gut gerüstet, um die kommenden Herausforderungen zu bewältigen.

Die Euro-Preise für Zellstoff, die seit 2005 ohne Unterbrechung angestiegen waren, stabilisierten sich im Sommer 2008, bevor sie ab November nachgaben. Wahrscheinlich werden sich die Preise bis Mitte 2009 weiter rückläufig entwickeln. Wegen des Wertverlusts der US-Währung waren die US$-Preise bereits früher gesunken. Allerdings dürfte der Rückgang insgesamt moderat ausfallen, denn die sinkende Nachfrage aus **Nordamerika, Westeuropa, Japan, Taiwan** und **Südkorea** wird aller Voraussicht nach durch die weiterhin steigende Nachfrage aus **China** kompensiert, wo ein großer Teil der weltweit verfügbaren Zellstoffproduktion verbraucht wird. Dabei dürfte die vorübergehende oder endgültige Stilllegung von Produktionsstandorten dazu beitragen, das Gleichgewicht zwischen Angebot und Nachfrage zu wahren. Holzfasern werden nach wie vor teuer bleiben, da durch den Zusammenbruch des US-Immobilienmarktes weniger Holzabfälle zur Verfügung stehen und Holz inzwischen verstärkt zur Energieerzeugung eingesetzt wird. Hinzu kommt, dass die russischen Holzexporte höheren Ausfuhrzöllen unterliegen (80% ab Januar 2009).

Die Kehrtwende in der Entwicklung der Euro-Preise ist sicher auch darauf zurückzuführen, dass die verschiedenen Marktteilnehmer es vorziehen, ihre hohen Lagerbestände abzubauen, bis die Einkaufspreise sinken. Ein wichtigerer Grund dürfte jedoch die nachlassende Nachfrage nach Papier- und Kartonprodukten sein, die in **Europa** und **Nordamerika** bereits zu einer Verringerung der Produktionsmengen geführt hat.

In den **USA** sorgt die geringe Nachfrage – insbesondere nach Druck- und Schreibpapieren – dafür, dass die Hersteller ihre Produktion zurückfahren. Setzt sich der Kursanstieg des US-Dollar fort, so dürfte er im Zusammenspiel mit niedrigeren Transportkosten steigende Einfuhren bei gleichzeitig sinkenden Ausfuhren zur Folge haben. Insgesamt geraten die Preise zwar unter Druck, doch aufgrund des in den letzten Jahren zu beobachtenden Konzentrationsprozesses – mittlerweile entfallen in jedem Marktsegment 30% der Produktion auf den größten Anbieter – dürfte es jetzt einfacher sein, die Produktion der Nachfrage anzupassen und so die Ertragskraft auf zufriedenstellendem Niveau zu halten. Die **kanadischen** Papierhersteller, deren Lage sich in den letzten Jahren stark verschlechtert hatte, profitieren vom Wertverlust des Kanadischen Dollar, der ihre Papierexporte wettbewerbsfähiger macht.

Auch in **Europa** entwickelt sich die Papierproduktion seit August 2008 rückläufig, wobei sich die Hersteller von Verpackungs- und Hygienepapieren – wie in **Nordamerika** – verhältnismäßig besser behaupten. Die seit einigen Monaten steigenden Preise stagnieren inzwischen und könnten auch sinken. Da die Hersteller mit ihren Umstrukturierungsmaßnahmen im Verzug sind und je nach Produktgruppe Überkapazitäten zwischen 10% und 20% bestehen, sind die Möglichkeiten der Preisgestaltung begrenzt. Allerdings dürften die Verbilligung des Euro, sollte sie sich fortsetzen, und niedrigere Transportkosten für einen Anstieg der Ausfuhren sorgen, die sich in den vergangenen Jahren wenig dynamisch entwickelt hatten. Insgesamt ist die Ertragskraft der Unternehmen nach wie vor nicht zufriedenstellend. Daher ist mit einer weiteren Konzentrationsbewegung zu rechnen, in deren Verlauf kleine, selbständige Hersteller verschwinden und sich die großen Konzerne neu ausrichten werden.

In den **Schwellenländern** dürften Nachfrage und Produktion moderat wachsen. Länder wie z.B. **Brasilien, Chile** oder **Indonesien**, die aufgrund großer, preiswerter Rohstoffvorkommen strukturell in der Lage sind, Überschüsse zu produzieren, bieten gute Aussichten auf Gewinne und sind daher für ausländische Investoren besonders interessant. Außerdem dürfte der Wertrückgang des Brasilianischen Real und des Chilenischen Peso, die seit 2005 stark zugelegt hatten, dazu führen, dass die brasilianischen und chilenischen Unternehmen auf dem Weltmarkt wettbewerbsfähiger werden.

PHARMAZIE (BEWERTUNG A–)

Traditionell gilt die Pharmabranche als immun gegen Konjunkturzyklen. So bleiben die Gewinne der großen Pharmakonzerne zufriedenstellend, und der kontinuierliche Liquiditätszufluss macht die Unternehmen unabhängiger von Krediten. Dennoch dürften auch sie die gegenwärtigen Turbulenzen zu spüren bekommen. Denn die in verschiedenen Ländern vorgesehenen Konjunkturpakete lassen das Defizit der öffentlichen Haushalte steigen, und die Staaten könnten sich infolgedessen genötigt sehen, die Gesundheitsausgaben qualitativ und quantitativ zu reduzieren. Dadurch würde sich die Ertragskraft der Unternehmen abschwächen.

In **Europa** (31% des Weltmarkts), wo bereits verschiedene Gesetze in diese Richtung weisen, ist dieses Szenario wahrscheinlich. Vor allem gilt es jedoch für die **USA** (46% des Weltmarkts), wo die neue demokratische Administration direkte Preisverhandlungen zwischen den Pharmakonzernen und den öffentlichen Krankenversicherungen Medicare und Medicaid vorschreiben dürfte. Zusätzlich besteht die Gefahr, dass die US-Bundesstaaten, die sich an der Finanzierung der öffentlichen Krankenversicherung beteiligen, aufgrund der Kreditverknappung und der Ausweitung ihrer Haushaltsdefizite gezwungen sein könnten, ihre Gesundheitsausgaben drastisch zurückzufahren. Darüber hinaus dürfte der Anstieg der Arbeitslosigkeit dazu führen, dass immer mehr Menschen das Medicaid-Programm in Anspruch nehmen werden. Vor diesem Hintergrund ist der Marktzuwachs für pharmazeutische Produkte bereits 2008 weltweit zurückgegangen, und auch 2009 dürfte das Wachstum relativ gering ausfallen (+4,5%).

Die Kreditklemme wird den kleineren Biotechnologieunternehmen zu schaffen machen, von denen einige voraussichtlich Insolvenz anmelden müssen. Diese Entwicklung dürfte jedoch Beteiligungen und Übernahmen erleichtern. Allerdings ist damit zu rechnen, dass die Preise bei Übernahmen und Fusionen hoch bleiben werden, da die großen Pharmakonzerne auch in diesem

Bereich in einem sehr harten Wettbewerb zueinander stehen. Hintergrund: Die Zulassung neuer Wirkstoffe stellt einen strategischen Vorteil für sechs der weltweit führenden Unternehmen dar. Diese stehen vor dem Problem, dass nicht genügend neue Medikamente entwickelt werden. In dieser Situation dürfte eine Firmenübernahme die Ergebnisse des Übernehmers deutlich belasten.

In sechs der sieben Industrieländer, die 75% des Weltmarkts für pharmazeutische Produkte ausmachen **(USA, Japan, Großbritannien, Frankreich, Deutschland, Italien** und **Spanien),** wird der Markt 2009 um nicht mehr als 1% (434 Mrd US$) wachsen. Nur in **Japan** ist mit einem kräftigen Wachstum von 4% auf 84 Mrd US$ zu rechnen, da hier nur alle zwei Jahre über die Medikamentenpreise verhandelt wird (2009 stehen keine Verhandlungen an) und die Öffnung für Generika noch nicht sehr weit fortgeschritten ist.

Der Versuch der Krankenkassen, die Gesundheitsausgaben zurückzufahren, wird sich negativ auf den Umsatz der Pharmariesen auswirken. Hinzu kommt, dass die Patente auf wichtige Medikamente, die sogenannten Blockbuster, auslaufen, was 2009 zu Mindereinnahmen von 16 Mrd US$ führen dürfte (2008 waren es über 20 Mrd US$). Außerdem wurden die Bedingungen für die Zulassung neuer Medikamente verschärft, und immer häufiger werden Sammelklagen gegen die Konzerne angestrengt. Darüber hinaus müssen sich die Pharmaunternehmen verstärkt gegen die Anfechtung ihrer Urheberrechte zur Wehr setzen – insbesondere in den Schwellenländern. Unternehmen, die sich auf Nischen- oder Spezialprodukte spezialisiert haben (z.B. Impfstoffe oder biotechnologische Medikamente), sind am besten für die kommenden Herausforderungen gerüstet.

Der Markt für Generika profitiert natürlich vom staatlich verordneten Sparkurs im Gesundheitswesen. Dennoch fällt das Wachstum aufgrund der sinkenden Preise und Margen in den **USA** und **Großbritannien** auch hier geringer aus (+5% auf 68 Mrd US$).

In den sieben am schnellsten wachsenden Schwellenmärkten (Pharmerging: **China, Brasilien, Indien, Mexiko, Südkorea, Türkei** und **Russland)** können die Pharmaunternehmen weiterhin ein kräftiges Plus erwarten (+14% auf 105 Mrd US$). Sie profitieren nach wie vor von der Einführung privater Gesundheitssysteme und davon, dass inzwischen auch Bevölkerungs-

Pharmazie		
	2008	2009
Weltweit	A–	A–
Nordamerika	A–	A–
Japan	B+	B+
Westeuropa	A–	A–
Europäische Schwellenländer	B[1]	B[1]
Asiatische Schwellenländer	A	A
Lateinamerika	A–[1]	A–[1]
Nordafrika, Naher und Mittlerer Osten	B[1]	B[1]
GUS	B[1]	B[1]
1) Nur Distribution.		Quelle: Coface.

teile vom Gesundheitssystem erfasst werden, die zuvor keinen Zugang zu medizinischer Versorgung hatten. Den Generikaherstellern und Biotechnologieunternehmen in den Schwellenländern kommt die Preisregulierung in den reifen Märkten zugute. Dies gilt insbesondere für **Indien,** denn das Land verfügt über einige Pharmaunternehmen, die sowohl im Inland als auch auf dem Weltmarkt sehr erfolgreich sind. In **China** dürfte es 2009 zu einem Konzentrationsprozess kommen. Über 20% der zahlreichen Pharmaunternehmen im Reich der Mitte haben schon 2008 Verluste geschrieben, so dass nun viele zur Aufgabe gezwungen sein dürften. Außerdem ist damit zu rechnen, dass kleine private Unternehmen immer größere Schwierigkeiten haben werden, die Maßnahmen zur Umsetzung der von den Zulassungsbehörden vorgeschriebenen Kontrollen zu finanzieren. Die weltweit führenden Konzerne werden in manchen Schwellenländern weiterhin durch Bestimmungen und Vorschriften zum Schutz der heimischen Industrie benachteiligt.

TELEKOMMUNIKATION – HARDWARE (BEWERTUNG B+)

Die Wirtschaftskrise führt zu sinkenden Verkaufszahlen bei Telefoniehardware, die 20% des Telekommunikationsmarktes ausmacht, während 80% des Marktvolumens auf die Leistungen der Betreibergesellschaften entfallen. Im Unterschied zur Konjunkturflaute 2001 dürfte der Mobilfunkbereich jedoch stärker betroffen sein als der Festnetzbereich, da die Hersteller von Mobiltelefonen die Zurückhaltung der Verbraucher direkt zu spüren bekommen.

Der Absatz von Mobiltelefonen ist im zweiten Halbjahr 2008 stark zurückgegangen, so dass im gesamten Jahr nur ein Wachstum von 6% erreicht wurde, nachdem der Markt 2006 und 2007 noch um 20% bzw. 13% zugelegt hatte. Dabei betrifft der Absatzrückgang besonders die Industrieländer (vor allem in **Europa),** während der Markt in den **Schwellenländern** noch wächst, wenn auch langsamer als zuvor. Die Mobiltelefonkunden in den reifen Märkten halten sich beim Austausch ihrer alten Geräte (60% des Absatzes weltweit) zurück, während in den Schwellen- und Entwicklungsländern immer mehr Menschen zu gebrauchten Mobiltelefonen greifen. Lediglich preiswerte Handys (in den Schwellenländern) und anspruchsvolle Smartphones werden weiterhin stark nachgefragt. Allerdings liegt der Anteil der Smartphones wegen ihres hohen Preises nur bei 15%.

Telekommunikation – Hardware		
	2008	2009
Weltweit	B+	B+↘
Nordamerika	B+	B+↘
Japan	B+	B+↘
Westeuropa	B+	B+↘
Asiatische Schwellenländer	B+	B+

↘: Unter Beobachtung für eine Abwertung.   Quelle: Coface.

Da die Krise 2009 möglicherweise auch die Schwellenländer erreichen wird, in denen 65% aller Mobiltelefone verkauft werden, dürfte sich der Absatz im laufenden Jahr weltweit rückläufig entwickeln. Die Abnahmeverträge mit den Mobilfunkgesellschaften können diesen Schrumpfungsprozess zwar abmildern, jedoch nicht verhindern. Nur in wenigen Regionen wie z.B. **Afrika** oder dem **Nahen Osten** darf mit einer positiven Entwicklung gerechnet werden. Während führende Unternehmen (z.B. Nokia oder Samsung) oder Nischenanbieter (z.B. Apple oder RIM) in der Lage sein sollten, die Absatzkrise zu überstehen, könnten Hersteller, die nur über eine kleine Modellpalette verfügen oder nur in wenigen Weltregionen präsent sind, in größere Schwierigkeiten geraten.

Der Absatz von Hardware für die Festnetztelefonie dürfte im vierten Quartal 2008 ebenfalls gesunken sein, und es ist damit zu rechnen, dass dieser Rückgang sich in den ersten Monaten des laufenden Jahres fortsetzt. Dabei ist das Minus in den Industrieländern stärker ausgeprägt als in den Schwellenländern, und bei Firmenkunden lässt sich ein deutlicherer Rückgang verzeichnen als bei Telefongesellschaften. Der von chinesischen Herstellern wie Huawei und ZTE angeheizte Preiswettbewerb ist nach wie vor intensiv. Dabei bauen die chinesischen Unternehmen ihre Präsenz auf den neuen Märkten mit großem Wachstumspotential immer weiter aus. Demgegenüber bleibt die Lage der bekannten europäischen und nordamerikanischen Hersteller, die sich in den letzten Jahren kaum erholen konnten, schwierig, obwohl die betreffenden Unternehmen verstärkt als Dienstleister in den Bereichen Netzwerkverwaltung und -pflege auftreten und u.a. die Produktion systematisch auf Subunternehmer übertragen.

TELEKOMMUNIKATION – NETZBETREIBER UND DIENSTANBIETER (BEWERTUNG A)

Die Wirtschaftskrise beschleunigt den Rückgang der Erträge und trifft die Unternehmen in einem ungünstigen Moment, denn die Konzerne müssen demnächst große Investitionen tätigen und suchen nach neuen Geschäftsmodellen. Die Kommunikationsausgaben gelten inzwischen vielfach als nicht weiter reduzierbar. Da die Haushalte 2009 jedoch versuchen dürften, ihre Ausgaben zu senken, besteht die Gefahr, dass sich die seit drei Jahren zu beobachtenden Trends beschleunigen: Erstens verzichten immer mehr Konsumenten auf einen Festnetzanschluss und besitzen nur ein Mobiltelefon. Und zweitens bevorzugen immer mehr Kunden einen Internetzugang über das Mobilfunknetz und melden ihren DSL-Anschluss ab, der die wichtigste Ertragsquelle der Festnetztelefonieanbieter darstellt. Da sich diese Entwicklungen bereits seit einiger Zeit abzeichnen, sind die meisten der großen etablierten Telefongesellschaften auch ins Mobilfunkgeschäft eingestiegen. Doch auch dieses Marktsegment ist nicht gegen die Konjunkturabkühlung gefeit, die sich 2009 fortsetzen wird.

Insgesamt dürften sich die Gewinne der Branche daher rückläufig entwickeln, wobei die Folgen der Krise in einigen Bereichen durch steigende Kundenzahlen abgemildert werden. Die Kreditklemme dürfte die Netzbetreiber und Dienstanbieter in ihren Investitionen hemmen, da die Unternehmen zwar inzwischen bessere Bilanzen vorweisen können, jedoch nicht über ausreichend Liquidität verfügen, um die Entwicklung neuer Technologien voranzutreiben. Die operativen Gewinne werden in der jetzigen Situation jedoch auf einem zufriedenstellenden Niveau bleiben.

Telekommunikation – Betreiber		
	2008	2009
Weltweit	A	A
Nordamerika	A–	A–↘
Japan	A+	A+↘
Westeuropa	A	A
Europäische Schwellenländer	A	A
Asiatische Schwellenländer	A	A
Lateinamerika	A	A
Nordafrika, Naher und Mittlerer Osten	A+	A+
GUS	A	A
↘: Unter Beobachtung für eine Abwertung.		Quelle: Coface.

Die Erträge aus mobilen Internetzugängen können den Rückgang im Telefoniegeschäft nicht kompensieren. Der Wettbewerb zwischen den Mobilfunkanbietern und den Anbietern virtueller Dienste sowie die gesetzlichen Bestimmungen zur Marktderegulierung drücken weiterhin das Preisniveau. Hinzu kommt ein verändertes Kundenverhalten, denn die Anwender nutzen verstärkt SMS-Kurznachrichten und mobile Internetzugänge, was bereits 2008 zu einem Rückgang der Erträge aus dem Telefoniegeschäft (–8,8% in Westeuropa) geführt hat. Selbst wenn die Erträge aus dem Geschäft mit mobilen Internetzugängen sowie den zugehörigen Dienstleistungen (Musik, Spiele, TV, Glücksspiel, Communities) steigen sollten, dürfte dies nicht ausreichen, um den Rückgang im Telefoniegeschäft zu kompensieren. Hinzu kommt, dass das Wachstum bei mobilen Internetzugängen von den Funktionen der 3G-Handys und dem Ausbau der Hochgeschwindigkeitsnetze abhängt, die vergleichbare Übertragungsraten bieten wie die Glasfasernetze beim festen Internetanschluss.

Ein ermutigendes Zeichen ist jedoch, dass die Nachfrage nach Smartphones stark ansteigt, wie die erfolgreiche Markteinführung des iPhone gezeigt hat. So besitzen 23% der europäischen Mobilfunkkunden inzwischen ein Smartphone, und der weltweite Umsatz mit diesen Geräten dürfte 2009 um 31% zulegen. Allerdings ist damit zu rechnen, dass die Werbemöglichkeiten, die diese Medien für Internetschwergewichte wie Google, MSN und Yahoo oder Softwareriesen wie Microsoft attraktiv gemacht und so die Entwicklung massiv vorangetrieben haben, 2009 kaum noch genutzt werden. Viele Unternehmen werden ihre Werbebudgets zusammenstreichen und sich darauf konzentrieren, ihre Werbung über die klassischen Medien wie Fernsehen und Presse zu verbreiten, so dass die sehr komplexe, speziell auf Smartphone-Kunden zugeschnittene Werbung an Bedeutung verliert.

Der Konjunkturabschwung verschärft den Wettbewerb zwischen den Unternehmen aus den Industrieländern und ihren Konkurrenten aus den Schwellenländern und dürfte die schwächsten Marktteilnehmer in Schwierigkeiten bringen. In den **USA** profitieren die Telefongesellschaften weiterhin von den Investitionen der letzten Jahre. Die strengere Haltung der neuen US-Regierung im Hinblick auf die Kartellgesetzgebung könnte es den Unternehmen aber erschweren, durch die Übernahme von Konkurrenten zu expandieren (AT&T hat Centennial übernommen, und es ist zu erwarten, dass Verizon Alltel Corp. aufkauft). Gleichzeitig sind die Telefongesellschaften durch den lebhaften Wettbewerb der Kabelanbieter (Comcast, Time Warner und Cablevision) dazu gezwungen, ihre Preise zu senken, wenn sie ihren Marktanteil behaupten wollen. Die Kabelanbieter wiederum dürften durch die rückläufigen Geschäftszahlen im Bezahlfernsehen in Mitleidenschaft gezogen werden. In den beiden am stärksten gesättigten Märkten der Welt, nämlich **Japan** und **Südkorea,** haben die Unternehmen mit sinkenden Gewinnspannen zu kämpfen und konkurrieren miteinander um die erfolgreichsten Innovationen. Die Tatsache, dass sie in den Schwellenländern kaum präsent sind, könnte sich in dieser Wirtschaftskrise als Nachteil erweisen. Dies gilt nicht für die europäischen Netzbetreiber und Dienstanbieter, die den Rückgang im Festnetzbereich und den scharfen Preiswettbewerb im Mobilfunk- und Internetgeschäft durch ihre starke Position in den Schwellenländern – trotz der auch hier harten Konkurrenzsituation – ausgleichen können. In ihren Heimatmärkten werden die **Europäer** vermutlich dazu gezwungen sein, ihre Investitionen aufzuschieben, und es ist auch keineswegs ausgeschlossen, dass die Telefon- und Mobilfunkgesellschaften ihre Preise wieder anheben – auch auf die Gefahr hin, dadurch Kunden zu verprellen.

TEXTIL UND BEKLEIDUNG
(BEWERTUNG C+ BZW. C)

In den Industrieländern leiden die Hersteller und der nachgelagerte Textilhandel unter dem Rückgang der Kaufkraft und dem Anstieg der Arbeitslosigkeit. Die schwächsten Marktteilnehmer, darunter insbesondere im Rahmen eines Leveraged Buy-outs gekaufte Unternehmen, müssen damit rechnen, dass die Fremdkapitalbeschaffung schwieriger wird. Die Auftraggeber haben nach wie vor mit schwankenden Wechselkursen zu kämpfen und werden ihre Kosten zu verringern versuchen, was den asiatischen Herstellern dauerhaft schaden, aber den Produzenten in nähergelegenen Regionen sehr nützen könnte. Die Hersteller von technischen Textilien (z.B. für den Hoch- und Tiefbau und die Automobilindustrie) müssen mit einer rückläufigen Entwicklung in diesen Branchen in den Industrieländern rechnen.

In den **USA** war im zweiten Halbjahr 2008 ein spürbarer Rückgang bei den Ausgaben für Bekleidung und Heimtextilien zu verzeichnen, ein Trend, der auch 2009 anhalten dürfte. Da die Gefahr besteht, dass sich die Banken nicht auf eine Verlängerung der Kreditlinien einlassen, werden viele Modeketten dazu übergehen,

Textil	2008	2009
Weltweit	C+	C+
Nordamerika	C	C
Japan	B	B
Westeuropa	C	C
Europäische Schwellenländer	B	B
Asiatische Schwellenländer	A	**A–**
Lateinamerika	B–	B–
Nordafrika, Naher und Mittlerer Osten	B	B
GUS	B	B

Quelle: Coface.

Bekleidung	2008	2009
Weltweit	C	C
Nordamerika	C–	C–
Japan	C–	C–
Westeuropa	C	C
Europäische Schwellenländer	B	B
Asiatische Schwellenländer	A–	**B+**
Lateinamerika	C+	C+
Nordafrika, Naher und Mittlerer Osten	B	B
GUS	–	–

Quelle: Coface.

die Filialen mit der geringsten Rentabilität zu schließen und verstärkt auf Nachlässe und Sonderaktionen setzen. Dadurch wird sich jedoch ihre Ertragslage verschlechtern. Der Absatzrückgang bringt die US-Unternehmen, die praktisch ausschließlich in ihrem Heimatmarkt aktiv sind, in große Schwierigkeiten. Deshalb ist zu erwarten, dass 2009 immer mehr Unternehmen Gläubigerschutz gemäß Chapter 7 und 11 beantragen werden. Nur die großen Verbrauchermarktketten wie Wal-Mart, die vor allem günstige Artikel anbieten, können mit dem Wohlwollen der Verbraucher rechnen. Wegen der sinkenden Ausgaben der privaten Haushalte dürften sich die Einfuhren rückläufig entwickeln, was die Folgen der am 1. Januar 2009 in Kraft getretenen Aufhebung der Quoten für Textilien aus **China** begrenzen sollte. In diesem Zusammenhang ist auch die Einführung von Überwachungsmechanismen möglich. Die Hersteller in **Mittelamerika** und der **Karibik,** von denen der US-amerikanische Textilhandel traditionell seine Ware bezieht, werden weiterhin unter der Konkurrenz aus Fernost leiden.

Auch die Lage der **westeuropäischen Unternehmen** hat sich 2008 verschlechtert. 2009 wird die Nachfrage nach Textilien in **Spanien, Großbritannien** und **Italien** stark und in **Frankreich** und **Deutschland** moderat sinken. Die unabhängigen Modehäuser, die zahlreiche Marken vertreiben und in den meisten europäischen Ländern nach wie vor dominieren, dürften dadurch in Schwierigkeiten geraten, zumal die meisten dieser Geschäfte auf Artikel der mittleren bis gehobenen Preislage spezialisiert sind, bei denen mit einem besonders ausgeprägten Nachfragerückgang zu rechnen ist. Dagegen sind Modeketten wie H&M und Inditex, die weite Teile der Wertschöpfungskette abdecken und über Standorte in den Schwellenländern verfügen, besser für den Abschwung gerüstet, da sie günstige Artikel vertreiben. Der Kursanstieg des US-Dollar verschafft den europäischen Herstellern etwas Luft gegenüber ihren Konkurrenten im US$-Raum, nimmt ihnen jedoch auf der Beschaffungsseite einen Teil des Währungsvorteils, soweit sie in US-Dollar abgerechnete Rohstoffe beziehen. Die Textilausfuhren, die weitgehend in die EU gehen, werden sich aufgrund des Nachfragerückgangs aus den EU-Mitgliedsstaaten weniger dynamisch entwickeln. Die Einfuhren von Stoffen und Textilien aus **China,** die überwiegend in den unteren Preissegmenten angesiedelt sind, legten seit der Abschaffung der Quoten am 1. Januar 2008 zu. 2009 dürfte sich dieses Wachstum jedoch abschwächen. Auf Grund der rückläufigen Nachfrage in **Europa** werden die traditionell für europäische Unternehmen arbeitenden Hersteller in der **Türkei, Marokko** und **Tunesien** weniger Bestellungen erhalten. Dank des Fast-Fashion-Geschäftsmodells, das sich inzwischen auf breiter Front durchgesetzt hat, dürften die europäischen Hersteller sie jedoch wegen der räumlichen Nähe, der kurzfristigen Auftragsbearbeitung und ihrer Spezialisierung auf Artikel mit höherem Mehrwert nach wie vor bevorzugt beauftragen.

In **China** wird die Binnennachfrage hoch bleiben, doch ist zu erwarten, dass sich die Ausfuhren rückläufig entwickeln. Viele chinesische Lieferanten müssen wegen der geringeren Nachfrage aus den Industrieländern, der ungünstigen Wechselkursentwicklung des Renminbi gegenüber US-Dollar und Euro, der Investitionen in den Umweltschutz und steigender Löhne und Gehälter mit sinkenden Gewinnen rechnen. Selbst wenn diese ungünstigen Bedingungen durch die Erstattung der Mehrwertsteuer für Ausfuhren etwas kompensiert werden, dürften sie etliche chinesische Unternehmen dazu bewegen, ihre Produktion verstärkt in die benachbarten Niedriglohnländer zu verlagern. Letztere – z.B. **Vietnam, Bangladesch** und **Indien,** wo die Rupie gegenüber US-Dollar und Euro seit Anfang 2008 an Wert verloren hat – haben aus denselben Gründen bereits einen Teil der Aufträge aus den westlichen Ländern akquiriert. In **Russland** wird die Nachfrage nach Textilien voraussichtlich stark nachlassen. •

Europa und GUS

Prognose 2009· Westeuropa in der Rezession, Osteuropa in der Krise,
schwaches Wachstum in der GUS   52

Albanien	61	Mazedonien	128
Armenien	62	Moldau	129
Aserbaidschan	63	Montenegro	130
Belgien	64	Niederlande	131
Bosnien-Herzegowina	68	Norwegen	134
Bulgarien	70	Österreich	137
Dänemark	73	Polen	140
Deutschland	76	Portugal	145
Estland	80	Rumänien	148
Finnland	84	Russland	154
Frankreich	87	Schweden	158
Georgien	91	Schweiz	161
Griechenland	92	Serbien	165
Großbritannien	95	Slowakische Republik	169
Irland	99	Slowenien	173
Island	102	Spanien	177
Italien	104	Tadschikistan	182
Kasachstan	108	Tschechische Republik	183
Kirgistan	112	Türkei	188
Kroatien	113	Turkmenistan	192
Lettland	117	Ukraine	193
Litauen	121	Ungarn	197
Luxemburg	125	Usbekistan	202
Malta	127	Weißrussland	206
		Zypern	208

Prognose 2009: Westeuropa in der Rezession, Osteuropa in der Krise, schwaches Wachstum in der GUS

Jean-Louis Daudier, Dominique Fruchter, Christine Altuzarra und Olivier Oechslin
Abteilung für Länderrisiken und Wirtschaftsstudien, Coface, Paris

WESTEUROPA

Rezession

In Westeuropa wie in der gesamten Euro-Zone ist 2009 mit einem Rückgang der Wirtschaftsleistung um gut 2% zu rechnen, wobei das verarbeitende Gewerbe deutlich stärker vom Abschwung betroffen sein dürfte als der Dienstleistungssektor. Fast alle Wachstumskräfte sind inzwischen erlahmt: Der Konsum der privaten Haushalte stagniert, die Unternehmen fahren ihre Investitionen zurück, die Konjunktur im Wohnungs- und Gewerbebau verlangsamt sich, und die Exporte brechen ein. Das fehlende Vertrauen der privaten Marktteilnehmer, die strengeren Konditionen für die Vergabe von Bankdarlehen und die allgemeine Tendenz, Verbindlichkeiten abzubauen, dürften zur Verschiebung von Kaufentscheidungen führen, so dass keinesfalls vor Jahresende mit einer wirtschaftlichen Erholung zu rechnen ist. Lediglich die öffentliche Hand wird ihre Investitionsausgaben steigern.

Expansive Wirtschaftspolitik trägt nur wenig zur Konjunkturbelebung bei

Die expansive Wirtschaftspolitik wird die Rezession lediglich mildern können. So wurden die Leitzinssenkungen der Notenbanken von den Kreditinstituten nur teilweise weitergegeben, da diese zurzeit in erster Linie das Ziel verfolgen, ihre Bilanzen zu sanieren. Zu diesem Zweck nehmen die Kreditinstitute bei Bedarf auch staatliche Hilfen in Anspruch. In diesem schwierigen gesamtwirtschaftlichen Umfeld haben sich die Staaten dafür entschieden, die Sanierung ihrer Haushalte vorübergehend auszusetzen bzw. – soweit sie bereits Haushaltsüberschüsse erzielt hatten – diese zur Ankurbelung der Konjunktur einzusetzen. Die nationalen und europaweiten Rettungspläne, die weitere Bürgschaften für die

krisengeschüttelten Banken umfassen, könnten schon bald ein Volumen von 1,5% des BIP der Region erreichen. Einem weiteren Anstieg der Staatshilfen sind wegen der schlechten Haushaltslage in vielen Ländern jedoch Grenzen gesetzt. Die europäischen Konjunkturpakete konzentrieren sich auf die Förderung von Unternehmensinvestitionen durch die Verbesserung des Zugangs zu Finanzierungen sowie auf die Modernisierung der staatlichen Infrastruktur. Demgegenüber zielen nur wenige Maßnahmen auf eine Stützung des privaten Konsums ab. **Spanien, Großbritannien** und **Deutschland,** wo die Staatshaushalte den größten Handlungsspielraum bieten, geben am meisten Geld für die Ankurbelung des Binnenkonsums aus.

Rückgang der Nachfrage nach Wohneigentum und langlebigen Konsumgütern

Die Ausgaben der privaten Haushalte werden voraussichtlich stagnieren oder zurückgehen. Dies betrifft in erster Linie Gebrauchsgüter, die normalerweise kreditfinanziert werden, wie z.B. Autos, oder Wohneigentum. Die Ursache hierfür besteht in der Zurückhaltung der

Westeuropa: Wirtschaftswachstum in ausgewählten Ländern
(Reales BIP gegenüber Vorjahr in %)

■ 2008 (S) ■ 2009 (P)

Belgien · Österreich · Frankreich · Spanien · Schweden · Deutschland · Italien · Großbritannien · Irland

(S): Schätzung. (P): Prognose.　　　　Quelle: Coface.

Banken bei der Vergabe von Krediten und deren Verteuerung. Hinzu kommen der Anstieg der Arbeitslosigkeit sowie die rückläufige Wertentwicklung der Immobilien- und Finanzvermögen. Dieses Phänomen ist in **Spanien, Großbritannien** und **Island** besonders ausgeprägt, denn in diesen Ländern hatten sich in Verbindung mit einer hohen Verschuldung der privaten Haushalte Immobilienblasen entwickelt, die inzwischen geplatzt sind. Auch die sinkende Inflationsrate (die sich allerdings bei den Lebensmittelpreisen nicht so stark bemerkbar macht wie bei den Energiekosten), die Herabsetzung der Leitzinsen sowie die in einzelnen Ländern in Aussicht gestellten Steuererleichterungen können den allgemeinen Wirtschaftsabschwung nur abschwächen.

Exporte leiden unter sinkender Nachfrage auf dem Weltmarkt

Obwohl die verschiedenen Währungen der Region 2008 gegenüber dem US-Dollar schrittweise an Wert verloren haben, stagnieren die Exporte, denn die Nachfrage aus den USA und aus Japan sinkt, und das Wachstum in den Schwellenländern hat spürbar nachgelassen. Außerdem dürften viele exportorientierte Unternehmen sich gegen eine Senkung ihrer Preise auf US$- oder Yen-Basis entscheiden, um bessere Margen zu erzielen. Die Produkte, bei denen die Unternehmen nach wie vor deutlich steigende Absatzzahlen verzeichnen (z.B. Medikamente oder Software), sind weitgehend unabhängig von der Wechselkursentwicklung. Da die Einfuhren aufgrund der schwachen Nachfrage aus Europa sinken, dürfte der Außenhandel immer noch einen leicht positiven Beitrag zum europäischen Wachstum leisten.

Öffentliche Investitionen sind einziger Konjunkturmotor

Angesichts der allgemein schwachen Nachfrage ist damit zu rechnen, dass viele Unternehmen ihre Investitionen in Betriebsausstattung und Immobilien zurückfahren werden. Lediglich die staatlichen Investitionen (der Zentralregierungen oder Gebietskörperschaften) in die Infrastruktur oder den sozialen Wohnungsbau dürften dank der verschiedenen Konjunkturprogramme an Dynamik gewinnen.

Unterschiede zwischen den einzelnen Ländern

In diesem Gesamtpanorama bestehen jedoch Unterschiede zwischen den verschiedenen europäischen Ländern, die eine Klassifizierung in mehrere Gruppen ermöglichen. Eine tiefe Rezession (Schrumpfung der Wirtschaftsleistung um über 2,5%) steht Ländern bevor, auf die folgende Merkmale zutreffen: Platzen einer Immobilienblase, hochverschuldete Haushalte und Unternehmen oder ein geschwächtes Finanzsystem. In manchen Fällen kommen gar mehrere dieser Merkmale zusammen. Dies gilt für **Island,** wo der Zusammenbruch des Bankensystems mit einem Einbruch von Konsum und Investitionen einhergeht. Es gilt auch für **Spanien,** wo das Platzen der Immobilienblase zu einem Rückgang von Investitionen und Konsumausgaben geführt hat, sowie für **Großbritannien,** wo das Platzen der Immobilienblase mit der Krise des Finanzsystems zusammenfällt, worunter wiederum die Binnennachfrage leidet.

In **Deutschland** dürfte die Wirtschaft ebenso stark schrumpfen, doch ist der Konjunktureinbruch hier ausschließlich auf den starken Rückgang der Exporte zurückzuführen, die zuvor der Hauptkonjunkturmotor des Landes waren. In **Finnland** wird die Konjunktur durch den Rückgang der Einnahmen aus dem Export von Holzerzeugnissen und Telefonausrüstungen und insbesondere durch die sinkenden Ausfuhren nach **Russland** belastet.

Auch **Irland** und **Italien** müssen sich auf einen deutlichen Abschwung einstellen. In diesen beiden Ländern setzt sich eine Entwicklung fort, die bereits 2008 ihren Anfang genommen hatte, als ein gleichzeitiges Erlahmen aller Wachstumskräfte zu beobachten war.

In anderen europäischen Ländern **(Belgien, Dänemark, Griechenland, Luxemburg und Österreich)** dürfte sich das Wachstum zwischen −1,0% und −2,5% bewegen, wobei der Rückgang insbesondere auf die Entwicklung der Ausfuhren und der Investitionen zurückzuführen ist. In **Frankreich** ist mit stagnierendem Konsum und rückläufigen Investitionen und Exporten zu rechnen, wobei die punktuell und gezielt vorgenommenen staatlichen Maßnahmen einen stärkeren Einbruch verhindern sollten.

In der **Schweiz** wird die Rezession auch durch die Turbulenzen in der Finanzbranche verursacht, die in der eidgenössischen Volkswirtschaft eine wichtige Rolle spielt. Die **norwegische Wirtschaft** dürfte dank der Einnahmen aus dem Erdöl- und Erdgasgeschäft nur um 1,0% schrumpfen.

Sinkende Ertragskraft der Unternehmen

Trotz der gesunkenen Rohstoff- und Energiekosten (insbesondere für Erze und landwirtschaftliche Erzeugnisse), einer moderaten Lohn- und Gehaltsentwicklung, verschiedener Steuererleichterungen und eines die europäischen Ausfuhren begünstigenden Wechselkurses müssen die europäischen Unternehmen damit rechnen, dass sich die seit 2006 rückläufige Gewinnentwicklung fortsetzt. Die meisten Firmen haben mit einer äußerst verhaltenen Nachfrage zu kämpfen und sind deshalb dazu gezwungen, ihre Produktion zurückzufahren. Da sich das Angebot jedoch nicht sofort und nicht vollständig an die gesunkene Nachfrage anpassen lässt (Überkapazitäten, geringe Konzentration, Wettbewerb), geraten vielfach die Preise unter Druck. Hinzu kommt, dass die Finanzierungskosten der Unternehmen aufgrund der strengeren Bedingungen der Banken bei der Kreditvergabe spürbar gestiegen sind, was sich wiederum negativ auf die Ertragslage auswirkt.

Sinkende Zahlungsmoral

Insgesamt lässt sich ein Zusammenhang zwischen der Zahlungsmoral und der Ertragskraft – d.h. der Konjunktur – beobachten. Allerdings tritt er nicht in allen Ländern so deutlich zutage.

Während sich generell feststellen lässt, dass die Unternehmen in den guten Jahren von 2004 bis 2007 Gelegenheit hatten, ihre Bilanzen zu sanieren, die meisten Firmen in dieser Phase vorsichtig mit ihren Investitionen waren und sie deshalb für die Krise relativ gut gerüstet sind, ließ die Zahlungsmoral in bestimmten Ländern **(Italien)** bereits in der vergangenen Wachs-

tumsperiode zu wünschen übrig. In einigen Ländern hatten die Unternehmen mit einer unzureichenden Ertragskraft zu kämpfen **(Spanien, Italien** und **Frankreich).** Der bereits 2008 zu beobachtende Anstieg der Zahlungsausfälle wird 2009 aller Voraussicht nach noch stärker ausfallen.

In Ländern wie **Deutschland** dürfte der Abschwung die Unternehmen nicht so stark in Mitleidenschaft ziehen, da sie nicht so hoch verschuldet sind und ihr Finanzierungsbedarf geringer ist. Die **spanischen** und **britischen** Unternehmen dagegen, die aufgrund ihrer hohen Verbindlichkeiten besonders anfällig sind, müssen sich angesichts der schwierigen Finanzierungsbedingungen auf harte Zeiten einstellen.

Branchen sind für die Krise unterschiedlich gut gerüstet

Bei einer Betrachtung der einzelnen Branchen treten noch größere Unterschiede zutage. Am stärksten bekommen folgende Branchen die Finanz- und Wirtschaftskrise zu spüren:

- Das **Baugewerbe** (vor allem die auf Wohnimmobilien spezialisierten Unternehmen), die Immobiliendienstleister, die Hersteller von Baustoffen, der Baustoffhandel, die Möbelindustrie, Einrichtungshäuser, die Hersteller von Elektrohaushaltsgeräten und die entsprechenden Fachhändler werden von der Konjunkturabkühlung im Wohnungsbau in Mitleidenschaft gezogen.

- In der **Automobilindustrie** leiden von den Herstellern über die Zulieferer bis zu den Händlern alle

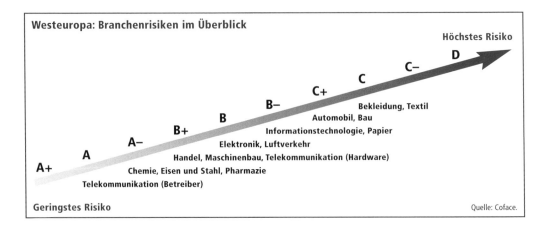

Westeuropa: Branchenrisiken im Überblick

Höchstes Risiko

D

C−

C

C+

B−   Bekleidung, Textil

B   Automobil, Bau

B+   Informationstechnologie, Papier

A−   Elektronik, Luftverkehr

A   Handel, Maschinenbau, Telekommunikation (Hardware)

A+   Chemie, Eisen und Stahl, Pharmazie

Telekommunikation (Betreiber)

Geringstes Risiko

Quelle: Coface.

Unternehmen unter dem Einbruch bei den Zulassungszahlen, der sowohl in Europa als auch auf anderen Märkten zu verzeichnen ist.

■ Die **Transportwirtschaft** (gleich ob Seetransport, Binnenschifffahrt oder Landverkehr) und der Handel haben mit der allgemeinen Konjunkturabkühlung zu kämpfen.

■ Die **Fluggesellschaften** und die Unternehmen des **Hotel- und Gaststättengewerbes,** insbesondere solche, die von Geschäftsreisenden und ausländischen Touristen leben, dürften unter der Zurückhaltung ihrer Kunden leiden.

■ Die **Zulieferer der Luft- und Raumfahrtindustrie** müssen sich auf eine sinkende Nachfrage seitens der Fluggesellschaften einstellen, und insbesondere die Unternehmen, die auch die Automobilindustrie beliefern, dürften vor großen Schwierigkeiten stehen.

■ In der **Holz- und Papierbranche** wird sich der Abschwung im Baugewerbe, in der Möbel- und Verpackungsindustrie, in der Druckindustrie und bei der Werbung bemerkbar machen.

■ Die Hersteller von gängigen Konsumgütern und die entsprechenden **Handelsunternehmen** (vor allem in der **Bekleidungsbranche)** müssen sich auf große Zurückhaltung bei den Konsumenten einstellen.

■ Lediglich die **Lebensmittelindustrie** sollte sich gut behaupten können, zumal sich die Produktionskosten wegen der sinkenden Preise für landwirtschaftliche Erzeugnisse rückläufig entwickeln dürften.

Entwicklung der Coface-Länderbewertung

Spanien und **Island** mussten die stärkste Abwertung hinnehmen: Nachdem das Rating Spaniens (A1) bereits im September 2007 unter Beobachtung für eine Abwertung gestellt worden war, wurde das Land im Juni 2008 auf A2 und im März 2009 auf A3 herabgestuft, wobei dieser Bewertung noch eine negative Prognose bescheinigt werden musste. Das Rating Islands (A1) stand schon seit März 2006 unter negativer Beobachtung. Im Oktober 2008 wurde das Land von A1 direkt auf A3 und im März 2009 weiter auf A4 herabgestuft.

Die Bewertungen von **Großbritannien** und **Irland** (beide A1) standen bereits seit Juni 2007 bzw. Januar 2008 unter Beobachtung, bevor sie im Oktober 2008 auf A2 und im März 2009 auf A3 herabgestuft wurden. Eine Abwertung auf A3 erfuhren auch die bislang mit A2 notierten Länder **Portugal, Italien** und **Griechenland** im März 2009.

Die bislang mit A1 bewerteten Länder **Dänemark, Frankreich, Deutschland, Norwegen** und **Belgien** wurden im März 2009 auf A2 herabgestuft.

MITTEL- UND OSTEUROPA UND TÜRKEI

Krise trifft die Region besonders stark

Aufgrund ihrer Abhängigkeit von Kapitalzuflüssen und Krediten aus dem Ausland und ihrer sehr hohen Leistungsbilanzdefizite leiden die aufstrebenden **Länder Mittel- und Osteuropas** sowie die **Türkei** besonders stark unter den verscharften Kreditkonditionen sowie der steigenden Risikoaversion. Der Nachfragerückgang aus Westeuropa bremst die Exporte, und auch der Handel dürfte von dem für 2009 erwarteten Konjunkturabschwung besonders betroffen sein. Der starke Anstieg der Verschuldung der privaten Haushalte sowie die auf Fremdwährungen lautenden Kredite machen insbesondere die **baltischen Länder** sowie **Rumänien, Bulgarien,** die **Türkei** und **Ungarn** anfällig für Wechselkursschwankungen oder einen plötzlichen Konjunktureinbruch. Die Börsenindizes der Region gaben 2008 ohne Ausnahme stark nach. Auch die Währungen einiger mitteleuropäischer Länder, wie z.B. der ungarische Forint, der polnische Zloty und der rumänische Leu sowie die türkische Lira werteten kräftig ab.

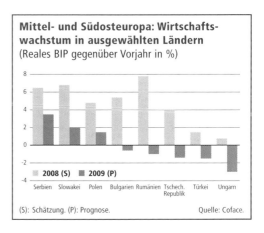

Mittel- und Südosteuropa: Wirtschaftswachstum in ausgewählten Ländern
(Reales BIP gegenüber Vorjahr in %)

■ 2008 (S) ■ 2009 (P)

Serbien, Slowakei, Polen, Bulgarien, Rumänien, Tschech. Republik, Türkei, Ungarn

(S): Schätzung. (P): Prognose.   Quelle: Coface.

Nachdem die Wirtschaft der gesamten Region 2007 um 5,6% und 2008 immerhin noch um 3,3% gewachsen war, ist für 2009 mit einem Rückgang um 0,9% zu rechnen.

Anfällig für die Folgen der Kreditklemme

Die Anfälligkeit **Mittel- und Osteuropas** ist auf die Kreditblasen zurückzuführen, die sich – ähnlich wie in einigen asiatischen Ländern unmittelbar vor der Asienkrise Ende der 90er Jahre – gebildet haben. Bis Mitte 2008 war das Kreditvolumen in **Rumänien, Bulgarien** und **Lettland,** bezogen auf das Gesamtjahr, noch um 60% und in **Litauen** und der **Türkei** um knapp 40% angestiegen. Angesichts der enormen Kreditnachfrage im Inland griffen viele Banken auf Finanzquellen im Ausland zurück, da die Sparvermögen der inländischen Sparer nicht ausreichten, um die Kreditnachfrage zu bedienen. Die jetzige Situation bringt jedoch insbesondere die Kreditinstitute in der Region in eine schwierige Lage. Denn vielfach handelt es sich um Tochtergesellschaften ausländischer Institute, welche aufgrund ihrer eigenen Probleme dazu gezwungen sind, die bereits gewährten Kreditlinien zu kürzen.

Hinzu kommt, dass die Kredite zum großen Teil auf Fremdwährungen (hauptsächlich Euro) lauten, und zwar sowohl im Privat- als auch im Firmenkundenbereich. Die Talfahrt der Wechselkurse Ende 2008 führte dazu, dass das Risiko von Zahlungsausfällen bei Unternehmen und Haushalten spürbar zugenommen hat. An dieser Situation dürfte sich 2009 nichts ändern.

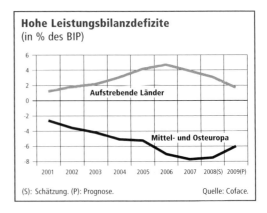

Hohe Leistungsbilanzdefizite
(in % des BIP)

(S): Schätzung. (P): Prognose.   Quelle: Coface.

Anhaltend hohe Leistungsbilanzdefizite

Trotz der rückläufigen Ausfuhren nach Westeuropa – dem wichtigsten Markt für die europäischen Schwellenländer – dürften die ebenfalls sinkenden Einfuhren für eine Rückführung der Leistungsbilanzdefizite sorgen. Dennoch bleiben die Defizite in **Rumänien** (10,6% des BIP), **Bulgarien** (18,8% des BIP) und der **Türkei** (3,3% des BIP) auf hohem Niveau.

Es ist daher nicht auszuschließen, dass manche Länder Schwierigkeiten haben werden, ihren Finanzbedarf zu decken, zumal zu den hohen Leistungsbilanzdefiziten noch die Tilgung der keineswegs niedrigen Schulden kommt.

Zwar konnte die Verschuldung der öffentlichen Haushalte in den vergangenen Jahren vielfach zurückgeführt werden, doch dafür sind die Verbindlichkeiten von Unternehmen und Banken stark gestiegen. Besonders gravierend ist die Auslandsverschuldung in **Lettland, Estland, Ungarn, Bulgarien, Kroatien** und sogar in **Slowenien.**

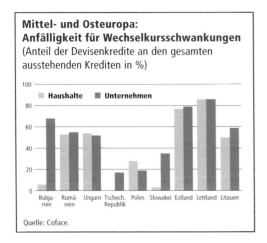

**Mittel- und Osteuropa:
Anfälligkeit für Wechselkursschwankungen**
(Anteil der Devisenkredite an den gesamten ausstehenden Krediten in %)

Quelle: Coface.

Steigende Schuldenlast
(Auslandsverschuldung in % der Exporterlöse)

(S): Schätzung. (P): Prognose.   Quelle: Coface.

Länderrating der wichtigsten Volkswirtschaften Mittel- und Osteuropas

	Januar 2003	Januar 2004	Januar 2005	Januar 2006	Januar 2007	Januar 2008	März 2009
Tschechische Republik	A3	A2	A2	A2	A2	A2	A2↘
Polen	A4↘	A4	A3	A3	A3	A3↗	A3↘
Slowakische Republik	A4	A3	A3	A3	A3	A3	A3
Ungarn	A2	A2	A2	A2↘	A3	A3	A4
Rumänien	B	B	B	A4	A4	A4↘	B
Bulgarien	B	B	B↗	B↗	A4	A4↘	B
Türkei	B	B	B↗	B↗	B	B	B↘
Serbien	D	D	C	C	C	C	C

↗↘: Unter Beobachtung für eine Auf- bzw. Abwertung.   Quelle: Coface.

Europa und GUS

Insgesamt sind die osteuropäischen Unternehmen 2009 mit einer großen Anzahl an Risiken konfrontiert: So besteht die Gefahr, dass die Wechselkurse weiter zurückgehen und dadurch Devisen fehlen, dass die Risikoaversion auf den internationalen Kredit- und Kapitalmärkten anhält und dass die Konjunktur im In- und Ausland weiter beträchtlich nachlässt.

Entwicklung der Coface-Länderbewertung

Dank der Reformen im Zusammenhang mit der Erfüllung der Konvergenzkriterien und der Integration in die Europäische Union weisen die aufstrebenden Länder Mittel- und Osteuropas im Vergleich zu anderen aufstrebenden Märkten insgesamt noch ein gutes Risikoprofil auf. Die Bewertung der vier großen mitteleuropäischen Länder bewegt sich zwischen A2 und A4. Auch das Geschäftsumfeld wird hier relativ günstig bewertet.

In der Coface-Länderbewertung, die das kurzfristige Ausfallrisiko bei Unternehmen widerspiegelt, musste Mittel- und Osteuropa allerdings seit Ende 2007 zahlreiche Zurückstufungen hinnehmen, da sich in der Region zu starke Ungleichgewichte gebildet haben. Während diese vor dem Ausbruch der Kreditkrise 2008 noch als vertretbar galten, hat sich nun die Beurteilung geändert, denn der Abbau der Ungleichgewichte geht zum Teil mit dramatischen Konjunktureinbrüchen und/oder Währungskrisen einher.

Vor diesem Hintergrund wurde die Bewertung **Ungarns** nach der bereits erfolgten Herabstufung auf A3 im Jahr 2007 im Januar 2009 unter Beobachtung für eine weitere Abwertung gestellt, die dann im März 2009 erfolgte. **Estland** und **Lettland** wurden aufgrund der drastischen Verschlechterung ihrer wirt-

schaftlichen Situation schon Mitte 2008 auf A3 bzw. A4 herabgestuft. Eine weitere Herabstufung auf A4 bzw. B erfolgte im März 2009. Anfang 2009 wurden die Ratings von fünf weiteren Volkswirtschaften der Region unter Beobachtung für eine Abwertung gestellt, nämlich die von **Slowenien, Litauen, Bulgarien, Rumänien** und **Kroatien.** Mit Ausnahme von Kroatien wurden alle vier Länder im März 2009 herabgestuft. Bulgarien und Rumänien sind hiermit wieder in die Kategorie B zurückgefallen. Die **Türkei** konnte ihre Ratingnote B halten, wurde aber wegen der schwachen Zahlungsmoral der türkischen Unternehmen auf die negative Watchlist gesetzt.

Nachdem die positive Beobachtung, die seit Juni 2007 für **Polens** Rating (A3) galt, im Januar 2009 wieder aufgehoben wurde, steht die Bewertung seit März unter Beobachtung für eine Abwertung. Auch wenn das Land sich in der Krise behaupten sollte, ist nicht zu erwarten, dass sich die Zahlungsmoral der polnischen Unternehmen 2009 bessert.

GEMEINSCHAFT UNABHÄNGIGER STAATEN (GUS)

Deutliche Auswirkungen der Finanzkrise in den GUS-Staaten

Die Volkswirtschaften der GUS-Staaten leiden zum einen unter der Kreditverknappung und zum anderen unter den sinkenden Rohstoffpreisen. 2009 dürfte die Leistung um 1,9% schrumpfen, nachdem die Wirtschaft 2008 noch um 5,5% zugelegt hatte. Zwar befinden sich die Staaten in einer komfortablen Finanzlage, doch die privaten Unternehmen und Banken haben sich in den

GUS: Wirtschaftswachstum im Vergleich
(Reales BIP gegenüber Vorjahr in %)

Aufstrebende Länder

GUS

(S): Schätzung. (P): Prognose. Quelle: Coface.

vergangenen Jahren im Ausland hoch verschuldet, wodurch sie in der jetzigen Situation besonders anfällig werden. Besonders heikel stellt sich die Lage der **Ukraine** dar, die den IWF um Unterstützung bitten musste. Hinzu kommt ein im Vergleich zu anderen Weltregionen deutlich ungünstigeres Geschäftsumfeld, das ebenfalls zum Misstrauen der ausländischen Investoren beiträgt.

Russland, die größte Volkswirtschaft der GUS, auf die allein drei Viertel des BIP der Region entfallen, leidet ebenfalls unter der Finanzkrise. Die starke Abwertung des Rubel, der Einbruch des Aktienmarktes im Herbst 2008 sowie der Zusammenbruch des Interbankenmarktes haben die in ausländischen Währungen verschuldeten Unternehmen in Schwierigkeiten gebracht, obwohl die Regierung über die Staatsbanken Maßnahmen zur Stützung des Privatsektors vorgenommen hat. Angesichts der allgemein steigenden Risikoaversion dürften die russischen Firmen auch 2009 Probleme bei der Beschaffung von Finanzmitteln haben.

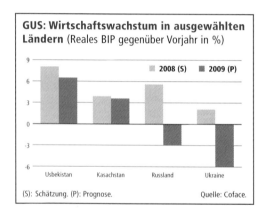

GUS: Wirtschaftswachstum in ausgewählten Ländern (Reales BIP gegenüber Vorjahr in %)

■ 2008 (S) ■ 2009 (P)

Usbekistan Kasachstan Russland Ukraine

(S): Schätzung. (P): Prognose. Quelle: Coface.

Die Konjunktur hat sich Ende 2008 deutlich verlangsamt und wird 2009 voraussichtlich in eine Rezession münden. Es ist damit zu rechnen, dass der Konsum der privaten Haushalte – seit 2000 die Hauptantriebskraft der Wirtschaft – stark nachlässt, da die Kreditvergabe eingeschränkt ist und da wegen des Ölpreisrückgangs die Einnahmen aus dem Erdölgeschäft sinken, das zuvor zum starken Anstieg der Haushaltseinkommen beigetragen hatte. Hinzu kommt, dass der sinkende Ölpreis die Erdölproduktion weiter bremsen dürfte. Diese hatte bereits 2008 aufgrund fehlender Investitionen in die Energiewirtschaft stagniert.

In der **Ukraine,** die die Auswirkungen der Finanzkrise mit voller Wucht zu spüren bekommt, ist die Lage noch besorgniserregender. Angesichts der Verknappung der Finanzmittel aus dem Ausland, einer inländischen Bankenkrise und des Absturzes der weltweiten Nachfrage nach Stahl wird das Land 2009 in eine Rezession eintreten. Der IWF musste dem Land bereits 2008 einen Notkredit über 16,4 Mrd US$ gewähren. Die Verschlechterung der Wirtschaftsaussichten und die Finanzierungsschwierigkeiten haben die ukrainische Währung einbrechen lassen, so dass diese im Herbst 2008 gegenüber dem US-Dollar beinahe 30% ihres Wertes verloren hat.

Die Folgen der Kreditverknappung machen sich seit Ende 2007 auch in **Kasachstan** bemerkbar, wenn auch weniger dramatisch als in der Ukraine, da das Land eine deutlich geringere Auslandsverschuldung aufweist. Die kasachischen Banken hatten sich vor der Krise im Ausland hoch verschuldet, um die stark steigende Kreditnachfrage aus der Privatwirtschaft befriedigen zu können. Die Kreditverknappung hat das Wachstum nun auf nur noch 3,9% gedrückt, während die Wirtschaft des Landes in den vergangenen Jahren um beinahe 10% pro Jahr gewachsen war. 2009 dürfte das Wachstum auf niedrigem Niveau verharren, da die Steigerung der Erdöl- und Erdgasproduktion die sinkenden Weltmarktpreise und die Auswirkungen der Kreditverknappung teilweise kompensieren kann.

Usbekistan kann sich den Auswirkungen der Finanz- und Wirtschaftskrise voraussichtlich weitgehend entziehen, da das Land nicht sehr offen für ausländische Investoren ist und darüber hinaus von dem nach wie vor hohen Goldpreis und den steigenden Preisen für das nach Russland exportierte Erdgas profitiert.

Hohe politische Risiken und schwerwiegende Mängel im Geschäftsumfeld

Die hohen politischen Risiken und vor allem die schwerwiegenden Mängel im Geschäftsumfeld vergrößern das Misstrauen der ausländischen Investoren gegenüber den privaten Unternehmen der Region. Das Geschäftsumfeld weist im Vergleich zu dem anderer Weltregionen nach wie vor erhebliche Schwächen auf. Bei der Bewertung des Geschäftsumfelds durch Coface erreichte daher keiner der GUS-Staaten ein besseres Rating als B. Angesichts der allgemein steigenden Risikoaversion dürften sich ausländische Investoren dadurch eher abschrecken lassen. Es ist zwar möglich, die Unternehmensbilanzen – sofern vorhanden – einzusehen, doch sind sie häufig ebenso wenig transparent wie die Verteilung des Aktienbesitzes. Die Durchsetzung von Zahlungsansprüchen ist schwierig.

In der **Ukraine** belasten zudem die heftigen innenpolitischen Auseinandersetzungen, an die sich der militärische Konflikt zwischen **Russland** und **Georgien** im August 2008 anschloss, das Geschäftsumfeld. Die vorgezogenen Parlamentswahlen, die möglicherweise 2009 stattfinden werden, könnten mit den Präsidentschaftswahlen zusammenfallen. Die Position der aktuellen Regierung bleibt schwach. Zudem besteht die Gefahr, dass der Wahlkampf mitten in der Finanzkrise die gesamte Energie der Verantwortlichen in Anspruch nimmt, so dass die vom IWF geforderten heiklen Reformen scheitern könnten.

In **Georgien** ist das Geschäftsumfeld insgesamt günstiger als in den meisten anderen Ländern der Region. Allerdings ist es kaum möglich, die Bilanzen der Unternehmen einzusehen, wodurch Lieferantenkredite zwischen Unternehmen deutlich erschwert werden. Außerdem belasten trotz des Waffenstillstands zwischen **Georgien** und **Russland** nach dem Konflikt vom Sommer 2008 die anhaltend starken Spannungen die kurzfristigen Zukunftsaussichten des Landes beträchtlich.

Keine Zahlungsbilanzkrisen in den GUS-Staaten – außer in der Ukraine

Abgesehen von der **Ukraine,** dürfte es den GUS-Staaten wegen ihrer guten Finanzlage und des hohen Niveaus ihrer Devisenreserven gelingen, einer Zahlungsbilanzkrise zu entgehen. Insbesondere in **Russland** verfügt die Regierung dank hoher Devisenreserven und einer geringen Staatsverschuldung über ausreichend Spielraum, um durch staatliche Maßnahmen massive Zahlungsausfälle zu verhindern. Auch in **Kasachstan** sollte eine Krise des Bankensystems zu verhindern sein, denn die Regierung, die über umfangreiche Finanzmittel verfügt, hat einen Teil der Einnahmen aus dem Erdölgeschäft für die Stützung der Banken verwendet.

Entwicklung der Coface-Länderbewertung

Das Durchschnittsrating der GUS-Staaten, das insbesondere wegen der Governance-Probleme bereits vorher deutlich schlechter ausfiel als für die übrigen aufstrebenden Märkte Mittel- und Osteuropas, hat sich unter dem Eindruck der Finanzkrise und ihrer Folgen für die Privatwirtschaft erneut verschlechtert. So wurde das Rating B von **Russland** im Januar 2009 unter Beobachtung für eine Abwertung gestellt und im März 2009 auf C herabgestuft, denn die russischen Unternehmen reagieren besonders sensibel auf den Rückgang der Rohstoffpreise und die Kreditverknappung. Dies wiederum wirkt sich negativ auf die Investitionen und den Konsum der privaten Haushalte aus.

Noch beunruhigender stellt sich die Lage der **Ukraine** dar, deren Bewertung C im Januar 2009 ebenfalls mit einer negativen Prognose versehen und im März auf D reduziert wurde. Da das Land nicht über komfortable Devisenreserven verfügt, dürfte die Liquiditätskrise in einer Rezession und einem Verfall der Währung münden. Dies wiederum wird die ukrainischen Unternehmen in Bedrängnis bringen. •

Länderrating der wichtigsten Volkswirtschaften der GUS

	Januar 2003	Januar 2004	Januar 2005	Januar 2006	Januar 2007	Januar 2008	März 2009
Russland	B	B	B	B	B	B	C
Kasachstan	C	B	B	B	B	B	B
Ukraine	D	C	C	C	C	C	D
Usbekistan	D	D	D	D	D	D	D

↗↘: Unter Beobachtung für eine Auf- bzw. Abwertung. Quelle: Coface.

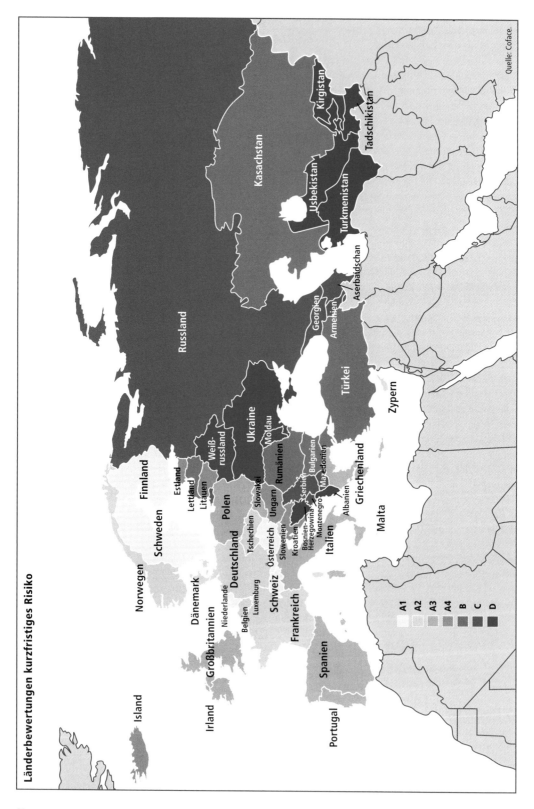

Länderbewertungen kurzfristiges Risiko

Quelle: Coface.

A1
A2
A3
A4
B
C
D

Albanien

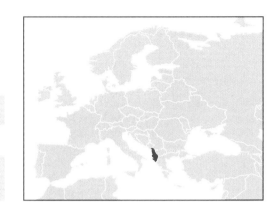

Bevölkerung (Mio Einwohner):	**3,2**
BIP (Mio US$):	**10.569**

Coface-Bewertungen

Kurzfristiges Risiko:	**D**
Geschäftsumfeld:	**C**
Mittelfristiges Risiko:	**hoch**

RISIKOEINSCHÄTZUNG

Das robuste Wachstum setzte sich 2008 fort, gestützt durch eine kreditgetriebene Binnennachfrage, die Überweisungen der im Ausland lebenden Albaner und die öffentlichen Investitionen, die vor allem in den Straßenbau flossen. Dabei hielt sich die Inflation in Grenzen. Durch die Auswirkungen der internationalen Finanzkrise ist für 2009 allerdings mit einem leichten Abschwung der Konjunktur zu rechnen. Die nachlassende Binnennachfrage dürfte die Leistungsbilanz jedoch kaum entlasten; wegen sinkender Exporte wird hier nach wie vor ein erhebliches Defizit bestehen.

In den vergangenen Jahren machte die Wirtschaft Albaniens erhebliche Fortschritte. Zu nennen sind Produktivitätssteigerungen sowie eine Verbesserung des Lebensstandards und der sozialen Verhältnisse. Außerdem ist der Staatshaushalt solider als in der Vergangenheit. Wenig vorangekommen sind die Reformen zur Verbesserung der Rahmenbedingungen für Unternehmen (Neugestaltung von Verwaltung und Justiz, Bekämpfung von Korruption und organisiertem Verbrechen, Modernisierung des Energiesektors). Trotz Diversifizierungsmaßnahmen sind die Ausfuhren immer noch einseitig auf Textilien ausgerichtet, mit hoher Abhängigkeit vom italienischen Markt. Mit der Zunahme von Bankkrediten in Devisen hat sich zudem das Wechselkursrisiko für Kreditnehmer erhöht.

Die Demokratie bleibt konsolidierungsbedürftig. Ministerpräsident Sali Berisha sitzt fest im Sattel der Macht, muss sich aber bei den Parlamentswahlen im Sommer 2009 in seinem Amt bestätigen lassen. Hierdurch dürften demokratische Reformen zunächst in den Hintergrund treten. Vom einwandfreien Ablauf dieser Wahl wird u.a. auch abhängen, wie der Prozess der Integration in die EU vorankommt. •

Wichtige Kennzahlen

	2004	2005	2006	2007	2008 (S)	2009 (P)
Reales Wirtschaftswachstum (%)	5,9	5,5	5,0	6,0	6,0	4,0
Inflation (%)	2,3	2,4	2,4	2,9	3,5	3,0
Staatshaushalt (Saldo in % des BIP)	−5,2	−3,7	−3,2	−3,3	−5,5	−5,2
Ausfuhren (Mio US$)	603	656	793	1.076	1.351	1.363
Einfuhren (Mio US$)	2.195	2.478	2.916	3.999	4.753	4.690
Handelsbilanz (Saldo in Mio US$)	−1.592	−1.821	−2.123	−2.923	−3.402	−3.327
Leistungsbilanz (Saldo in % des BIP)	−4,8	−6,8	−7,3	−10,7	−12,9	−13,5
Auslandsverschuldung (in % des BIP)	20,8	21,0	19,8	18,3	19,7	23,3
Schuldendienst (in % der Ausfuhren)	2,5	2,5	3,7	3,5	4,5	4,5
Währungsreserven (in Monatsimporten)	5,0	4,3	4,6	4,2	3,9	4,2

(S): Schätzung. (P): Prognose.

Quelle: Coface.

Armenien

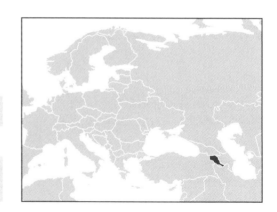

Bevölkerung (Mio Einwohner):	**3,0**
BIP (Mio US$):	**9.177**

Coface-Bewertungen	
Kurzfristiges Risiko:	**C**
Geschäftsumfeld:	**B**
Mittelfristiges Risiko:	**hoch**

RISIKOEINSCHÄTZUNG

Nach mehreren Jahren zweistelligen Wachstums dürfte sich die Expansion der armenischen Wirtschaft 2009 abschwächen. Zu den wichtigsten Konjunkturmotoren werden die Bauaktivitäten in der Hauptstadt Eriwan, der Bergbau sowie die Metall- und Energieerzeugung gehören. Die Binnennachfrage hängt jedoch von den Überweisungen der im Ausland lebenden Armenier ab, die wegen der internationalen Wirtschaftskrise zurückgehen dürften. Außerdem werden die Exporte durch die stark rückläufigen Preise für Metalle gebremst. Das hohe Wachstum hat in Verbindung mit den gestiegenen Weltmarktpreisen und dem starken Bedarf an Investitionsgütern zu einer spürbaren Ausweitung der Leistungsbilanzdefizite geführt. Der massive Finanzierungsbedarf der Wirtschaft wurde 2008 zum ersten Mal seit 2004 nicht vollständig durch Direktinvestitionen abgedeckt. Die überwiegend aus Russland stammenden Direktinvestitionen fließen vor allem in den Energiesektor (Kraftwerke und Gasversorgung), in die Telekommunikation sowie in die Metallindustrie. Eine umsichtige Haushaltspolitik sorgt für solide Verschuldungskennzahlen, doch sie hemmt auch die Investitionen in Infrastruktur und Bildung.

Trotz besorgniserregender Korruption ist Armenien die Umstellung auf die Marktwirtschaft gelungen. Die Rahmenbedingungen für Unternehmen sind günstiger als im Durchschnitt der Region. Innenpolitisch normalisiert sich die Lage nach den großen Demonstrationen im März 2008 im Anschluss an die Wahl von Sergej Sarkisian zum Präsidenten. Außenpolitisch hat die Wahrscheinlichkeit eines neuen bewaffneten Konflikts mit Aserbaidschan abgenommen. Armenien ist bemüht, die Abhängigkeit von Russland abzubauen. Das Land wird seinen Gasbedarf zur Hälfte mit Importen aus dem Iran decken und könnte in Kürze seine Grenzen zur Türkei öffnen. •

Wichtige Kennzahlen

	2004	2005	2006	2007	2008 (S)	2009 (P)
Reales Wirtschaftswachstum (%)	10,5	14,0	13,3	13,7	10,0	7,0
Inflation (%)	2,0	−0,2	5,2	6,6	9,1	5,0
Staatshaushalt (Saldo in % des BIP)	−1,8	−3,0	−1,9	−1,9	−1,8	−2,2
Ausfuhren (Mio US$)	738	1.005	1.025	1.200	1.384	1.550
Einfuhren (Mio US$)	1.196	1.593	1.921	2.807	3.686	3.954
Handelsbilanz (Saldo in Mio US$)	−458	−588	−896	−1.607	−2.302	−2.404
Leistungsbilanz (Saldo in % des BIP)	−4,5	−1,0	−1,8	−6,2	−7,2	−6,5
Auslandsverschuldung (in % des BIP)	39,1	33,0	22,4	18,9	17,2	13,9
Schuldendienst (in % der Ausfuhren)	6,5	6,0	6,9	10,6	9,1	9,5
Währungsreserven (in Monatsimporten)	4,3	3,8	5,1	5,6	5,4	5,9

(S): Schätzung. (P): Prognose.

Quelle: Coface.

Aserbaidschan

Bevölkerung (Mio Einwohner):	**8,6**
BIP (Mio US$):	**31.248**

Coface-Bewertungen

Kurzfristiges Risiko:	**C**
Geschäftsumfeld:	**C**
Mittelfristiges Risiko:	**moderat erhöht**

RISIKOEINSCHÄTZUNG

Voraussichtlich zum ersten Mal seit 2002 wird das Wirtschaftswachstum 2009 die Marke von 10% unterschreiten. Grund hierfür sind die weltweit rückläufigen Preise für Erdgas und Erdöl, deren Export rund 80% des BIP und 90% der Gesamtausfuhr abdecken. Außerdem sind die Produktionszuwächse deutlich geringer als zuvor.

Dank der Einnahmen aus den Erdölexporten kann Aserbaidschan sehr hohe Überschüsse in der Leistungsbilanz und im Haushalt vorweisen. Dadurch verfügt das Land über einen großen Handlungsspielraum. Besorgniserregend ist jedoch die Inflation, die 2008 durch den massiven Anstieg öffentlicher Ausgaben für Löhne und Gehälter, Infrastrukturmaßnahmen und Rüstung zugenommen hat. Durch sinkende Preise für Erdölprodukte und Nahrungsmittel dürfte der Inflationsdruck langsam nachgeben.

Nachdem Ilham Aliev, der Sohn des früheren Präsidenten, im Oktober 2008 wiedergewählt wurde, dürfte die Stabilität des autoritären Regimes gesichert sein. Die rechtlichen Rahmenbedingungen verhindern jedoch das Entstehen einer wettbewerbsfähigen Privatwirtschaft. Eine Ausnahme bilden die Beratungsdienstleistungen in Verbindung mit der Förderung von Erdgas und Erdöl. Die Erdöleinnahmen haben die Dynamik im Dienstleistungsgewerbe (Telekommunikation, Verkehr und Bau) begünstigt. Die Aufwertung der Währung hat das verarbeitende private Gewerbe jedoch stark belastet, das unter mangelnder Wettbewerbsfähigkeit leidet.

Das geopolitische Umfeld wird durch die Spannungen zwischen Russland und Georgien und die fehlende Einigung im Konflikt über Nagorny Karabach nach wie vor belastet. Das Konfliktpotential dürfte Investoren vom Bau neuer Gasleitungen zusätzlich zu der BTC-Pipeline (Baku–Tbilissi–Ceyhan) abschrecken. •

Wichtige Kennzahlen

	2004	2005	2006	2007	2008 (S)	2009 (P)
Reales Wirtschaftswachstum (%)	10,2	26,2	30,5	23,4	13,1	7,1
Inflation (Jahresendwert; %)	6,7	9,6	8,4	16,6	19,6	13,3
Staatshaushalt (Saldo in % des BIP)	−2,6	−2,3	−0,2	2,4	29,1	30,6
Ausfuhren (Mio US$)	3.743	7.649	13.015	21.230	33.398	22.322
Einfuhren (Mio US$)	3.582	4.350	5.269	6.010	7.840	7.805
Handelsbilanz (Saldo in Mio US$)	161	3.299	7.746	15.220	25.558	14.517
Leistungsbilanz (Saldo in % des BIP)	−30,5	1,4	17,7	28,6	57,3	21,2
Auslandsverschuldung (in % des BIP)	40,8	34,7	28,2	22,3	19,2	17,5
Schuldendienst (in % der Ausfuhren)	5,5	2,9	2,1	1,8	1,0	1,0
Währungsreserven (in Monatsimporten)	1,8	1,6	2,8	3,5	5,8	5,6

(S): Schätzung. (P): Prognose.   Quelle: Coface.

Belgien

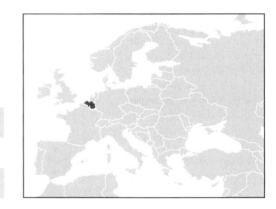

Bevölkerung (Mio Einwohner):	**10,6**
BIP (Mio US$):	**448.560**
Coface-Bewertungen	
Kurzfristiges Risiko:	**A2**
Geschäftsumfeld:	**A1**

STÄRKEN

▲ Die aus der geographischen Lage hervorgehende sprachliche und kulturelle Vielfalt sowie die in Belgien ansässigen Institutionen der EU schaffen günstige Bedingungen für die Ansiedlung ausländischer Unternehmen sowie für den Handel.

▲ Belgien liegt im Zentrum einer wichtigen Wirtschaftszone. Daher kreuzen sich hier zahlreiche Straßen-, Schienen- und Wasserwege.

▲ Belgien ist das europäische Land, in dem sich am schnellsten ein Unternehmen gründen lässt.

▲ Die belgischen Privathaushalte verfügen im Vergleich der Industrieländer über eines der höchsten Nettovermögen.

SCHWÄCHEN

▼ Die zunehmende Regionalisierung und die Beschneidung der zentralstaatlichen Zuständigkeiten erschweren den Abbau regionaler Unterschiede.

▼ Viele Branchen weisen Defizite bei der Wettbewerbsfähigkeit auf.

▼ Die schwache internationale Präsenz der Dienstleistungsunternehmen schafft kein günstiges Klima für Innovationen und die Entwicklung wertschöpfungsstarker Branchen.

▼ Unzulänglichkeiten bei der Berufsausbildung stellen eine Hürde für die Neueinstellung von Jugendlichen dar, so dass die strukturelle Arbeitslosigkeit auf hohem Niveau bleibt.

▼ Die anhaltende Misere der öffentlichen Finanzen erschwert die Umsetzung von Maßnahmen, die der Überalterung der Gesellschaft entgegenwirken könnten.

RISIKOEINSCHÄTZUNG

Das Wachstum der belgischen Volkswirtschaft hat sich 2008 abgeschwächt. Angesichts der nur noch langsam steigenden Einkommen, einer nachlassenden Dynamik auf dem Arbeitsmarkt und des starken Auftriebs der Verbraucherpreise neigen die Privathaushalte dazu, einen größeren Teil ihres Einkommens zu sparen. Die Unternehmen wiederum haben ihre Investitionen zurückgefahren, die sie bislang mit Eigenkapital finanziert hatten. Die sinkende Auslandsnachfrage hat zu einem Exportrückgang geführt; die Leistungsbilanz weist zum ersten Mal seit vielen Jahren ein Defizit auf.

Starker Rückgang der Investitionen

Angesichts sinkender verfügbarer Einkommen (Volatilität der finanziellen Vermögenswerte) und strengerer Konditionen für die Kreditvergabe ist für 2009 mit einem weiter nachlassenden Binnenkonsum zu rechnen. Die ungünstige Konjunkturentwicklung und die

Index der Zahlungsausfälle
(Gleitender Zwölfmonatsdurchschnitt;
Basis: Welt 1995 = 100)

Quelle: Coface.

härteren Darlehenskonditionen werden die Unternehmen zu drastischen Einschnitten bei den Investitionen zwingen. Darüber hinaus sehen sich die Betriebe durch den deutlichen Anstieg der Produktionskosten, die über dem Durchschnittswert der Euro-Zone liegen, zusätzlich belastet. Die rückläufige Nachfrage seitens der traditionellen Handelspartner (aus dem EU-Raum, die 75% der belgischen Ausfuhren abnehmen) dürfte zu sinkenden Exporten führen. Doch auch die Einfuhren gehen zurück, so dass das Handelsbilanzdefizit nicht allzu stark steigen dürfte. Die Maßnahmen der Regierung zur Stützung der Banken und der Konjunktur werden die öffentlichen Haushalte belasten.

Automatische Lohnanpassungen bringen Unternehmen in Schwierigkeiten

Die belgischen Banken wurden durch die Finanzkrise schwer in Mitleidenschaft gezogen. Die Unternehmen dürften auf die allgemeine Kreditverknappung empfindlich reagieren, selbst wenn sie im Allgemeinen über eine gute Bonität verfügen. Infolgedessen ist damit zu rechnen, dass die Zahl der Unternehmensinsolvenzen 2009 steigt. Insbesondere mittelständische Unternehmen im Einzelhandel, in der Baubranche, im Transportwesen sowie im Hotel- und Gaststättengewerbe werden den rückläufigen Konsum der Privathaushalte zu spüren bekommen. Die führenden Exportbranchen (Chemie, Maschinenbau und Transportausrüstungen) leiden zum einen unter der sinkenden Nachfrage in Europa und zum anderen unter der automatischen Anpassung der Löhne und Gehälter, die ihre Wettbewerbsfähigkeit belastet. In einem Jahr der wirtschaftlichen Turbulenzen stellt dieser Automatismus einen zusätzlichen Hemmschuh dar.

BRANCHENANALYSE

Bau

Die Baubranche – bisher der Wachstumsmotor der belgischen Wirtschaft – hat den Gipfel des Konjunkturzyklus längst überschritten. Die weiche Landung, die sich bereits im Jahr 2008 andeutete, dürfte sich 2009 fortsetzen. Obwohl im vergangenen Jahr die Preise für einige Rohstoffe deutlich gestiegen sind, erfreuen sich die Bauunternehmen im Allgemeinen einer guten Finanzlage. Die momentan wieder sinkenden Preise dürften den Unternehmen etwas Luft verschaffen, denn ihre Auftragsbücher sind zurzeit weniger gut gefüllt. Die Tiefbauunternehmen werden von verschiedenen großen Infrastrukturprojekten profitieren, die in Flandern und Brüssel, aber auch in Wallonien (Straßennetz) geplant sind. Im Büro- und Gewerbebau wird sich die sinkende Investitionsbereitschaft der Unternehmen bemerkbar machen, während sich die Verteuerung von Krediten für Privatkunden negativ auf den Wohnungsbau auswirken dürfte. Der Bereich der Altbausanierung sollte jedoch von dieser Entwicklung profitieren, da eine Verlagerung der Nachfrage aus dem Bereich des Neubaus zu erwarten ist.

Textil

Das Jahr 2008 war von zahlreichen Umstrukturierungen, Werksschließungen und Insolvenzen geprägt. Die

Wichtige Kennzahlen

	2004	2005	2006	2007	2008 (S)	2009 (P)
Reales Wirtschaftswachstum (%)	3,0	2,0	3,0	2,6	1,2	−1,9
Konsumausgaben (Veränderung in %)	1,4	1,3	2,1	2,4	0,9	−1,0
Investitionen (Veränderung in %)	7,1	6,7	4,8	6,1	3,8	−3,7
Inflation (%)	1,9	2,5	2,3	1,8	4,5	1,4
Arbeitslosenquote (%)	8,1	8,4	8,3	7,5	6,8	8,0
Kurzfristiger Zinssatz (% p.a.)	2,1	2,2	3,1	4,2	4,6	1,9
Staatshaushalt (Saldo in % des BIP)	−0,1	0,0	0,3	−0,3	−0,9	−3,0
Staatsverschuldung (in % des BIP)	94,2	92,2	88,2	84,6	86,5	89,0
Ausfuhren (Veränderung in %)	6,5	3,6	2,6	3,9	2,4	−3,1
Einfuhren (Veränderung in %)	6,5	3,6	2,7	4,4	4,1	−2,0
Leistungsbilanz (Saldo in % des BIP)	3,5	2,4	2,7	1,7	−0,7	−1,0

(S): Schätzung. (P): Prognose.

Quelle: Coface.

Nachfrage der Privathaushalte nach Heimtextilien und Bekleidungsartikeln wird 2009 aller Voraussicht nach zurückgehen. Dies bedeutet einen empfindlichen Schlag für die Branche, die bereits mit strukturellen Überkapazitäten zu kämpfen hat. Die Ausfuhren, die im vergangenen Jahr massiv unter dem starken Euro litten, werden nun auch durch die Abwertung des Britischen Pfund belastet, denn Großbritannien ist einer der wichtigsten Absatzmärkte der Branche (vor allem für die Teppichhersteller). Selbst wenn sich die Wechselkurse bald wieder günstiger für die belgische Textil- und Bekleidungsindustrie entwickeln sollten, brächte dies keine Entspannung, da Auslandsbestellungen in der Textilbranche normalerweise mehrere Monate im Voraus erteilt werden. Viele Unternehmen werden ihre Spezialisierung auf die Bereiche zu Beginn und am Ende der Wertschöpfungskette vorantreiben, um sich gegen die Konkurrenz aus Asien zu behaupten.

Chemische Industrie

Die Chemiebranche – der zweitgrößte Zweig der belgischen Industrie – verzeichnete 2008 eine rückläufige Entwicklung. Vor allem in der Grundstoffindustrie machte sich die Steigerung der Produktionskosten bemerkbar. Die Hersteller von Polymeren sehen sich mit einer harten Konkurrenz aus den Nicht-EU-Ländern konfrontiert. Die Branche weist strukturelle Mängel in Bezug auf die Wettbewerbsfähigkeit auf, die eine Folge der hohen Arbeitskosten sind. Die belgische Chemieindustrie ist stark exportorientiert und wird deshalb voraussichtlich unter der weltweit nachlassenden Nachfrage leiden. Allerdings dürfte der Handel mit den Vereinigten Staaten (10% des Absatzes) und der gesamten US$-Zone vom schwächeren Euro profitieren. Trotz der Kreditverknappung dürfte das Investitionsvolumen nur geringfügig sinken, da v.a. in der Provinz Antwerpen, einem Zentrum der chemischen Industrie des Landes, bereits mehrere Investitionsvorhaben auf den Weg gebracht wurden.

Handel

Durch die hohe Inflationsrate ist das verfügbare Einkommen der Privathaushalte 2008 gesunken. Trotzdem konnten die Hersteller von Luxusgütern und die Harddiscounter ein komfortables Umsatzplus erzielen, was darauf hindeutet, dass die Konsumenten verstärkt Produkte am oberen und unteren Ende der Preisskala wählen. Die sortimentübergreifenden Ketten konnten ihren Marktanteil gegenüber dem Facheinzelhandel aus-

bauen, da die größere Auswahl und die attraktiven Preise der Verbrauchermärkte den Erwartungen der Konsumenten eher entsprechen. Infolgedessen gelang es den Verbrauchermarktketten, ihre Gewinnmargen zu halten. Im Gegensatz dazu leidet der Facheinzelhandel (Heimwerkerbedarf, Bekleidung, Rundfunk/Fernsehen und Elektronik) unter einem scharfen Wettbewerb, der die Preise drückt. Die 2009 nachlassende Konsumbereitschaft dürfte vor allem die schwächsten Unternehmen treffen. Dabei führt die automatische Anpassung der Löhne und Gehälter zu einer enormen Kostensteigerung auf Seiten der Unternehmen.

ZAHLUNGSMITTEL UND FORDERUNGSEINZUG

Zahlungsmittel

Der Wechsel wird in Belgien häufig als Zahlungsmittel eingesetzt. Im Falle des Zahlungsverzugs kann ein Gerichtsbeamter innerhalb von zwei Tagen nach Ablauf der Wechselfrist beauftragt werden, Wechselprotest einzulegen. Dadurch erlangt der Wechselinhaber die Möglichkeit, gegen die Indossanten des betreffenden Wechsels vorzugehen.

Die Belgische Nationalbank führt darüber hinaus ein Wechselprotestregister, das bei den Geschäftsstellen des Handelsgerichts oder auch in den einschlägigen Wirtschafts- und Finanzzeitungen wie z.B. im *Journal des Protêts* oder im *Echo de la Bourse* eingesehen werden kann. Das Wechselprotestregister stellt ein wirksames Druckmittel gegen säumige Schuldner dar, da diese auf diese Weise bei Bankinstituten und Lieferanten ihre Kreditwürdigkeit einbüßen können.

Auch der Scheck ist ein gängiges Zahlungsmittel. Er wird jedoch weniger häufig verwendet als der Wechsel. Die Ausstellung eines nicht gedeckten Schecks stellt in Belgien einen Straftatbestand dar. Bei Beträgen von mehr als ca. 5.000 EUR wird die Verfolgung durch die Staatsanwaltschaft prioritär behandelt, so dass in einem solchen Falle die Drohung mit Klage oft erfolgreich ist.

Ein nicht gedeckter Scheck entspricht ebenso wie der Wechselprotest einem Schuldanerkenntnis, mit dem gegebenenfalls die Einleitung von Vollzugsmaßnahmen erreicht werden kann.

Die Banküberweisung ist noch immer die schnellste Zahlungsweise. Die wichtigsten belgischen Banken sind an das SWIFT-System angeschlossen. Dennoch stellt die Überweisung keine umfassende Zahlungsgarantie dar, denn die Erteilung des Überweisungsauftrags ist vom guten Willen des Käufers abhängig. Dieses Zahlungsmittel sollte daher nur verwendet werden, wenn zuvor detaillierte und zuverlässige Informationen über den Geschäftspartner eingeholt wurden.

Forderungseinzug

Der gütliche Forderungseinzug beginnt mit einer dem Schuldner per Einschreiben zugestellten Mahnung oder der Übergabe einer gerichtlichen Mahnung durch einen Zustellbeamten, in der er aufgefordert wird, innerhalb einer Frist von 15 Tagen den Forderungsbetrag zuzüglich der Verzugszinsen bzw. einer in den Allgemeinen Geschäftsbedingungen festgesetzten Vertragsstrafe zu begleichen.

Falls es zu diesem Punkt keine vertragliche Vereinbarung gibt, beginnt die Berechnung der Verzugszinsen automatisch ab dem ersten Tag nach Fälligkeit der unbeglichenen Rechnung. Ihre Festsetzung erfolgt halbjährlich durch das Finanzministerium und in Abhängigkeit vom Refinanzierungssatz der Europäischen Zentralbank, zu dem 7 Prozentpunkte hinzugerechnet werden. Diese Regelung gilt seit dem Gesetz über die Bekämpfung von Zahlungsverzug im Handelsverkehr, das am 7. August 2002 in Kraft getreten ist.

Das Mahnbescheidsverfahren ist für ausstehende Forderungen vorgesehen, die weniger als 1.860 EUR betragen und in Form eines schriftlichen Dokuments des Schuldners belegt sind, so dass ein Widerspruch unwahrscheinlich ist. Es fällt in den ausschließlichen Zuständigkeitsbereich des Friedensrichters. Aufgrund der einzuhaltenden Formvorschriften (so ist die Unterschrift eines Anwalts vorgeschrieben) wird dieses Verfahren nur selten angestrengt. Außerdem muss diesem Verfahren eine Zahlungsaufforderung vorausgehen, die von einem Gerichtsvollzieher oder per Einschreiben mit Rückschein zuzustellen ist und in der auf die gesetzlichen Bestimmungen verwiesen wird, die das Verfahren regeln.

Demzufolge strengt ein Gläubiger in der Regel ein herkömmliches Rechtsverfahren an, wenn der Schuldner nicht zu einer gütlichen Einigung bereit ist oder nicht auf die ihm zugestellte Mahnung reagiert. In diesem Fall wird die Rechtssache vor dem zuständigen Amtsgericht verhandelt bzw. vor dem zuständigen Handelsgericht, falls sich der Rechtsstreit aus einem Handelsgeschäft ergeben hat.

Legt der Schuldner keinen Widerspruch ein, so ergeht entweder sofort *(sur les bancs)* oder innerhalb von einem Monat nach Abschluss der Verhandlung das Urteil. Im Falle eines Widerspruchs kann sich das Verfahren über einen längeren Zeitraum von bis zu zwei Jahren (insbesondere im Falle einer Berufung) hinziehen. Allerdings sieht das Prozessrecht vor, dass die Parteien den Richter um einen verbindlichen Zeitrahmen für die Einreichung der Schlussanträge und der Beweisurkunden ersuchen können.

Das Gericht hat seit dem 1. Januar 2008 die Möglichkeit, der obsiegenden Partei unter Berufung auf das Gesetz über die „Mehrfachberechnung von Rechtsanwaltshonoraren" eine Verfahrensentschädigung zuzusprechen, deren Höhe von der Höhe der ausstehenden Forderung abhängig ist und progressiv steigt.

Seit am 1. Januar 1998 die Gesetze zum Konkursverfahrensrecht vom 8. August 1997 (modifiziert durch das Gesetz vom 4. September 2002) und zum richterlichen Vergleich im Vergleichsverfahren vom 17. Juli 1997 in Kraft getreten sind, werden die Rechtswirkungen des Eigentumsvorbehalts anerkannt. Dies ist jedoch an bestimmte Bedingungen geknüpft. So muss z.B. eine Forderungsklage vor dem Abschluss der Verhandlung zur Prüfung der offenen Forderung erhoben werden.

Eine weitere interessante Absicherung des Gläubigers ist das im Hypothekengesetz (Artikel 20-5) vom 16. Dezember 1851 vorgesehene Rückforderungsrecht des Verkäufers von Wertpapieren.

Dieses Recht bezieht sich auf alle langlebigen Güter, die unmittelbar bei der Ausübung einer gewerblichen, kaufmännischen oder handwerklichen Tätigkeit verwendet werden und zumeist durch ihren Ausweis als solches oder ihre Zweckbestimmung Teil des betriebsnotwendigen Anlagevermögens geworden sind. Es kann über einen Zeitraum von fünf Jahren ungeachtet eines Konkursverfahrens des Schuldners geltend gemacht werden. Bedingung hierfür ist die Hinterlegung einer beglaubigten Kopie der entsprechenden Rechnung bei der Geschäftsstelle des Handelsgerichts in dem Bezirk, in dem der Schuldner ansässig ist. Sie hat innerhalb von zwei Wochen nach Lieferung der Waren zu erfolgen. •

Bosnien-Herzegowina

Bevölkerung (Mio Einwohner):	**3,8**
BIP (Mio US$):	**15.144**

Coface-Bewertungen	
Kurzfristiges Risiko:	**D**
Geschäftsumfeld:	**C**
Mittelfristiges Risiko:	**sehr hoch**

RISIKOEINSCHÄTZUNG

Eingetrübte Wachstumsaussichten

Ein fester Wechselkurs und die Durchführung von Reformen in wichtigen Bereichen wie z.B. im Finanzsystem haben Bosnien-Herzegowina in den letzten Jahren ein kräftiges Wachstum ohne eine allzu hohe Inflation beschert. Gestützt wurde die Konjunktur 2008 durch den privaten Konsum, dem steigende Reallöhne und eine rege Kreditvergabe zugutekamen.

Im Jahr 2009 dürfte das Baugewerbe von Investitionen in die Infrastruktur profitieren. Der Konsum dürfte nur moderat nachgeben. Allerdings ist eine deutliche Abschwächung der Konjunktur angesichts schrumpfender Exportmärkte und wieder anziehender Zinsen sowie eines eingeschränkten Zugangs zu Finanzierungen absehbar. Überweisungen von Migranten, von denen das Land in hohem Maße abhängig ist, dürften wegen des Wirtschaftsabschwungs im Westen zurückgehen.

Wachsende Schieflagen in Haushalt und Leistungsbilanz

Die prozyklische Haushaltspolitik der Regierung, die starke Binnennachfrage sowie die steigenden Preise für Energie und Nahrungsmittel gingen mit einer besorg-niserregenden Zunahme des Defizits in der Leistungsbilanz einher. Die Finanzierung dieses Fehlbetrags könnte sich unter den gegenwärtigen Verhältnissen als schwierig erweisen. Auch wenn sich das Importwachstum etwas verlangsamt, dürften die Einfuhren nach wie vor deutlich über den Ausfuhren liegen. Die Exporte wurden zwar durch Produktivitätssteigerungen gestärkt, doch sie sind immer noch wenig diversifiziert (fast 50% entfallen auf Basismetalle, Erze und Holz) und von der Preisentwicklung an den Weltmärkten abhängig.

Für ein ausgewogenes und nachhaltiges Wachstum sind Fortschritte bei den Strukturreformen erforderlich (Umstrukturierung von Unternehmen, Privatisierungen, Verbesserung der Rahmenbedingungen für Unternehmen, niedrigere Besteuerung der Arbeit und Reformen des öffentlichen Haushalts).

Politisches und institutionelles Umfeld bleibt instabil

Trotz der Unterzeichnung eines Stabilisierungs- und Assoziationsabkommens mit der Europäischen Union im Juni 2008 besteht weiterhin ein hohes politisches Risiko. Das Land leidet nach wie vor unter seiner institutionellen und ethnischen Zersplitterung. Die notwendigen Strukturänderungen, insbesondere im Bereich der Verfassung, könnten erneut ins Stocken geraten. •

Wichtige Kennzahlen

	2004	2005	2006	2007	2008 (S)	2009 (P)
Reales Wirtschaftswachstum (%)	6,3	4,3	6,2	5,5	5,3	3,0
Inflation (%)	0,3	3,6	6,1	1,6	8,0	5,0
Staatshaushalt (Saldo in % des BIP)	−3,6	−2,2	−0,4	−3,3	−4,9	−5,4
Ausfuhren (Mio US$)	2.087	2.555	3.381	4.243	5.400	5.900
Einfuhren (Mio US$)	6.656	7.454	7.680	9.947	12.400	12.700
Handelsbilanz (Saldo in Mio US$)	−4.570	−4.899	−4.298	−5.704	−7.000	−6.800
Leistungsbilanz (Saldo in % des BIP)	−16,4	−17,8	−8,5	−13,2	−17,2	−17,2
Auslandsverschuldung (in % des BIP)	52,1	49,9	50,4	52,5	53,9	64,5
Schuldendienst (in % der Ausfuhren)	8,2	4,5	6,2	4,6	5,5	5,4
Währungsreserven (in Monatsimporten)	4,0	3,7	4,8	5,0	3,2	4,0

(S): Schätzung. (P): Prognose.

Quelle: Coface.

Europa und GUS

Bulgarien

Bevölkerung (Mio Einwohner):	**7,3**
BIP (Mio US$):	**39.549**
Anteil am regionalen BIP (%):	**2**

Coface-Bewertungen	
Kurzfristiges Risiko:	**B**
Geschäftsumfeld:	**A4**
Mittelfristiges Risiko:	**ziemlich gering**

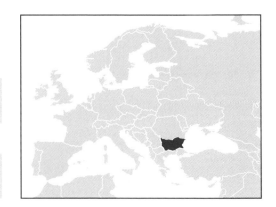

STÄRKEN

- ▲ Die Wachstumsaussichten werden durch den Beitritt zur Europäischen Union verstärkt.
- ▲ Eine umsichtige Haushaltspolitik und ein aktives Schuldenmanagement haben das Staatsrisiko deutlich verringert.
- ▲ Das Bankwesen wurde saniert.
- ▲ Das Land besitzt qualifizierte Arbeitskräfte.
- ▲ Bulgarien profitierte von einem anhaltenden Strom ausländischer Direktinvestitionen.

SCHWÄCHEN

- ▼ Das Defizit in der Leistungsbilanz hat einen nur schwer haltbaren Höchststand erreicht.
- ▼ Die Auslandsverbindlichkeiten der Privatwirtschaft haben erheblich zugelegt.
- ▼ Durch Kredite in Fremdwährungen erhöht sich das Wechselkursrisiko für Unternehmen.
- ▼ Die Fortschritte bei der Verbesserung des Geschäftsklimas sind unzureichend.

RISIKOEINSCHÄTZUNG

Markanter Konjunktureinbruch

Im Jahr 2008 war ein nach wie vor lebhaftes Wachstum zu verzeichnen, das durch die Binnennachfrage, insbesondere die Investitionen, gestützt wurde. Für 2009 ist jedoch eine spürbare Abschwächung der Konjunktur zu befürchten. Die Gründe hierfür liegen zum einen in der sinkenden Auslandsnachfrage, die die Exporte belasten wird, und zum anderen in Schwierigkeiten beim Zugang zu ausländischen Finanzierungen, vor allem durch Banken. Gleichzeitig dürfte aber die Inflation wieder abnehmen, da die Preise für Basisprodukte erheblich gefallen sind und ein geringerer Lohndruck besteht.

Das hohe Defizit in der Leistungsbilanz dürfte sich etwas verringern. Allerdings könnte das Wachstum noch drastischer zurückgehen, wenn der Zustrom von Kapital deutlich stärker als erwartet abnähme, zumal das Wechselkurssystem sehr rigide ist (Currency-Board).

Doch auch wenn Bulgarien in sehr starkem Maße von ausländischen Finanzierungen abhängig ist und eine äußerst hohe Auslandsverschuldung aufweist, so verfügt das Land doch auch über solide öffentliche Finanzen (der Haushalt verzeichnet Überschüsse, die Staatsverschuldung ist auf 14% des BIP gesunken) und komfortable Devisenreserven. Das dürfte bei der Bewältigung der Krise helfen.

Risiko einer schlechteren Zahlungsmoral der Unternehmen

Die Unternehmen haben mit einer Verknappung der Kredite, einem rückläufigen Konsum und schrumpfenden Exportmärkten zu kämpfen. Wegen des hohen Anteils von Bankkrediten, die in Fremdwährungen vergeben werden (annähernd 70% des Gesamtvolumens), besteht für die Unternehmen ein hohes Wechselkursrisiko. Einzelne Branchen wie der Wohnungsbau, die Landwirtschaft, die Verkehrswirtschaft, die Textil- und die Schwerindustrie sind angeschlagen. In solider Verfassung präsentieren sich dagegen die Telekommunikationsbranche und die Pharmaindustrie.

Enttäuschende Bilanz bei Reformen

Die Beziehungen innerhalb der Regierungskoalition aus der Sozialistischen Partei und der Zentrumspartei NMP gestalten sich weiter schwierig. Nachdem die Europäische Union im Juli 2008 beschlossen hat, den Zugang Bulgariens zu den Fonds der Gemeinschaft einzuschränken, weil es an Fortschritten bei der Reform des Justizwesens sowie bei der Bekämpfung von Korruption und organisiertem Verbrechen mangelt, hat die Regierung an Popularität verloren. Die Mitte-rechts-Partei GERB, die aus den ersten Europawahlen Bulgariens im Mai 2007 als Sieger hervorgegangen ist, gilt bei den Parlamentswahlen, die Mitte 2009 stattfinden dürften, als Favorit. Sollte die GERB an die Macht kommen, dürfte dadurch der wirtschaftspolitische Kurs im Wesentlichen nicht in Frage gestellt werden.

VORAUSSETZUNGEN FÜR DEN MARKTZUGANG

Marktsituation

Bulgarien hat 7,3 Millionen Einwohner und weist den niedrigsten Lebensstandard in der Europäischen Union auf. Doch seit mehreren Jahren legt das BIP je Einwohner beständig zu (3.753 EUR im Jahr 2007). Das durchschnittliche Monatsgehalt, das Ende Juni 2008 bei 260 EUR brutto lag, und eine stark ausgeprägte Ungleichheit bei den Einkommensverhältnissen rufen jedoch Frustrationen hervor, die sich durch den Beitritt zur EU (am 1. Januar 2007) und die damit verbundenen Vergleichsmöglichkeiten noch verstärken. Die hohen Lohnzuwächse, die seit Anfang 2008 zu beobachten waren, haben wegen der wieder gestiegenen Inflation nicht zu einer deutlichen Stärkung der Kaufkraft geführt: Die Inflation stieg 2008 im Jahresdurchschnitt auf 12,5%. Durch die internationale Finanzkrise dürfte das jährliche Wachstum, das in den letzten Jahren 6% bis 7% betrug, mehrere Prozentpunkte einbüßen. Bevorstehende Zuweisungen aus den europäischen Strukturfonds sind allerdings dazu geeignet, die Konjunktur zu stützen.

Möglichkeiten des Marktzugangs

Bulgarien hat eine Marktwirtschaft. Das Bank- und das Versicherungswesen werden inzwischen mehrheitlich von ausländischem Kapital kontrolliert. Im Übrigen sind die Industrieunternehmen sowie die Unternehmen im Bereich der Energieverteilung und in der Verkehrswirtschaft bis auf wenige Ausnahmen (Fernwärme, ÖPNV und Rüstungstechnik) vollständig privatisiert. Seit dem Beitritt zur Europäischen Union sind Zölle auf Produkte aus der Gemeinschaft entfallen. Für den Erwerb von Grundstücken und landwirtschaftlichen Flächen durch ausländische Privatpersonen gilt noch eine Übergangsfrist.

Haltung gegenüber ausländischen Investoren

Die Haltung gegenüber ausländischen Investoren ist absolut offen. Ausländische Direktinvestitionen haben seit 1999 stark zugenommen und beliefen sich Ende 2008 auf 32,64 Mrd EUR. Mit 6,16 Mrd EUR lag der

Wichtige Kennzahlen

	2004	2005	2006	2007	2008 (S)	2009 (P)
Reales Wirtschaftswachstum (%)	6,6	6,2	6,3	6,2	5,5	−0,5
Inflation (%)	6,1	5,0	7,3	8,4	12,5	7,1
Staatshaushalt (Saldo in % des BIP)	1,6	1,9	3,0	0,1	3,3	1,9
Ausfuhren (Mrd US$)	9,9	11,8	15,1	18,5	23,5	23,4
Einfuhren (Mrd US$)	13,6	17,7	22,1	28,7	36,9	34,0
Handelsbilanz (Saldo in Mrd US$)	−3,7	−5,5	−7,0	−10,1	−13,4	−10,6
Leistungsbilanz (Saldo in Mrd US$)	−1,7	−3,3	−5,7	−8,6	−12,4	−9,1
Leistungsbilanz (Saldo in % des BIP)	−6,8	−12,3	−17,9	−21,7	−24,9	−18,8
Auslandsverschuldung (in % des BIP)	70,0	67,3	85,8	107,4	102,4	95,6
Schuldendienst (in % der Ausfuhren)	19,8	40,2	25,9	32,1	26,8	32,7
Währungsreserven (in Monatsimporten)	5,8	4,4	4,6	5,5	4,9	5,9

(S): Schätzung. (P): Prognose.

Quelle: Coface.

Exporte: 64% des BIP
▷▷

Importe: 83% des BIP
◁◁

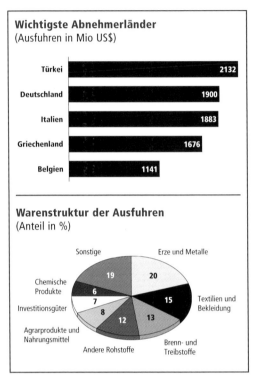

Wichtigste Abnehmerländer
(Ausfuhren in Mio US$)

- Türkei: 2132
- Deutschland: 1900
- Italien: 1883
- Griechenland: 1676
- Belgien: 1141

Warenstruktur der Ausfuhren
(Anteil in %)

Sonstige 19 · Erze und Metalle 20 · Chemische Produkte 6 · Investitionsgüter 7 · 8 · Agrarprodukte und Nahrungsmittel 12 · Andere Rohstoffe 13 · Brenn- und Treibstoffe · Textilien und Bekleidung 15

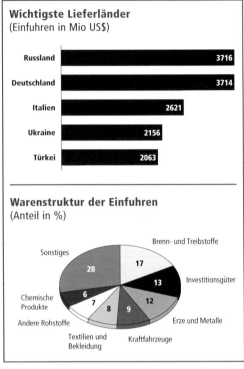

Wichtigste Lieferländer
(Einfuhren in Mio US$)

- Russland: 3716
- Deutschland: 3714
- Italien: 2621
- Ukraine: 2156
- Türkei: 2063

Warenstruktur der Einfuhren
(Anteil in %)

Brenn- und Treibstoffe 17 · Sonstiges 28 · Investitionsgüter 13 · Chemische Produkte 6 · 7 · 8 · 9 · Erze und Metalle 12 · Andere Rohstoffe · Textilien und Bekleidung · Kraftfahrzeuge

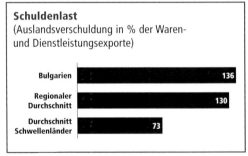

Schuldenlast
(Auslandsverschuldung in % der Waren- und Dienstleistungsexporte)

- Bulgarien: 136
- Regionaler Durchschnitt: 130
- Durchschnitt Schwellenländer: 73

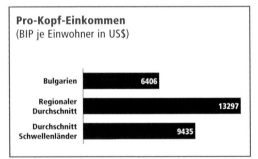

Pro-Kopf-Einkommen
(BIP je Einwohner in US$)

- Bulgarien: 6406
- Regionaler Durchschnitt: 13297
- Durchschnitt Schwellenländer: 9435

Zustrom ausländischer Direktinvestitionen 2008 allerdings unter dem Rekordniveau des Vorjahres (8,49 Mrd EUR). Die Schwerpunkte der Investitionen lagen im Wesentlichen bei Immobilien, im Baugewerbe und in der Hotellerie/Gastronomie. Durch eine Steuerpolitik, die mit einem festen Steuersatz von 10% auf Gewinne von Unternehmen und Einkommen von Privatpersonen besondere Anreize bietet, will die Regierung Bulgarien als Land aufstellen, in dem ausländische Investitionen gerne willkommen sind. Auf lokaler Ebene haben Investoren allerdings mit einigen Schwierigkeiten und einer schwerfälligen Verwaltung zu kämpfen. •

Dänemark

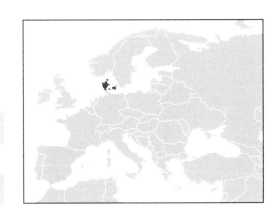

Bevölkerung (Mio Einwohner):	**5,5**
BIP (Mio US$):	**308.093**

Coface-Bewertungen
Kurzfristiges Risiko:	**A2**
Geschäftsumfeld:	**A1**

RISIKOEINSCHÄTZUNG

Dänemark war 2008 das erste europäische Land, das in eine Rezession eingetreten ist. Der Anstieg von Inflationsrate und Zinsen, der negative Vermögenseffekt (Rückgang der Immobilienpreise und sinkende Finanzvermögenswerte) sowie ungünstigere Kreditkonditionen ließen das Vertrauen der Verbraucher schwinden, die in der Folge ihren Konsum einschränkten. Dies führte zu einem Konjunktureinbruch. Die Unternehmen, die ebenfalls die Verschärfung der Kreditbedingugnen zu spüren bekamen, fuhren ihre Investitionen deutlich herunter. Die Ausfuhren konnten nur aufgrund der hohen Umsätze im Dienstleistungssektor (Seehandel) sowie in der Erdöl- und Erdgasindustrie zulegen.

2009 dürfte sich der Abschwung fortsetzen. Es ist zu erwarten, dass die Immobilienpreise angesichts knapper Kredite weiter nach unten korrigiert werden, wodurch der Wohnungs- sowie der Industrie- und Gewerbebau unter Druck geraten dürften. Die Privathaushalte werden ihre Konsumausgaben voraussichtlich weiter einschränken, obwohl sie von Steuererleichterungen und den 2008 ausgehandelten Lohn- und Gehaltssteigerungen profitieren. Angesichts der hohen Verschuldungsquote der Privathaushalte (die auf das Dreifache des verfügbaren Einkommens angewachsen ist) kann von Zinssenkungen eine belebende Wirkung erwartet werden, denn 40% der Hypothekardarlehen sind variabel verzinst. Dies gilt jedoch nur, wenn die dänische Staatsbank ihre Geldpolitik zur Konjunkturankurbelung mit vergleichbaren Maßnahmen fortsetzt.

Die Wettbewerbsfähigkeit der Unternehmen dürfte sich aufgrund der Lohn- und Gehaltssteigerungen weiter verschlechtern. Unter dem Eindruck der rückläufigen

Wichtige Kennzahlen

	2004	2005	2006	2007	2008 (S)	2009 (P)
Reales Wirtschaftswachstum (%)	1,9	3,0	3,5	1,7	–0,6	–2,5
Konsumausgaben (Veränderung in %)	4,7	5,2	3,8	2,3	0,7	–1,1
Investitionen (Veränderung in %)	1,3	8,4	13,0	5,9	–1,7	–3,5
Inflation (%)	1,2	1,8	1,9	1,7	3,4	1,2
Arbeitslosenquote (%)	5,5	4,8	3,9	3,7	3,6	4,5
Kurzfristiger Zinssatz (% p.a.)	2,1	2,2	3,2	4,5	4,8	2,1
Staatshaushalt (Saldo in % des BIP)	1,7	3,9	4,6	4,4	2,4	–0,5
Staatsverschuldung (in % des BIP)	42,6	35,9	30,1	26,0	23,2	25,4
Ausfuhren (Veränderung in %)	2,7	8,0	10,1	1,9	3,5	–3,5
Einfuhren (Veränderung in %)	6,4	10,9	14,4	3,8	5,8	–1,6
Leistungsbilanz (Saldo in % des BIP)	2,3	4,3	2,7	1,1	1,7	1,4

(S): Schätzung. (P): Prognose.

Quelle: Coface.

Index der Zahlungsausfälle
(Gleitender Zwölfmonatsdurchschnitt;
Basis: Welt 1995 = 100)

Quelle: Coface.

Auslandsnachfrage, insbesondere der sinkenden Nachfrage aus den übrigen europäischen Ländern (für die 70% der dänischen Exporte bestimmt sind), des schwierigen Zugangs zu Krediten und der starken Kursschwankungen auf den Finanzmärkten ist zu erwarten, dass die Unternehmen ihre Investitionsausgaben weiter drosseln. Trotz eines geringeren Importvolumens dürfte der drastische Rückgang der Exporte den Leistungsbilanzüberschuss zusammenschmelzen lassen.

Bau, Handel und Finanzwirtschaft in schwieriger Lage

Die Anzahl der Unternehmensinsolvenzen ist 2008 rasant gestiegen (um über 54%). Diese Entwicklung war insbesondere in den Teilen des verarbeitenden Gewerbes zu beobachten, die vom Konsum der Privathaushalte abhängig sind (die Bau- und Immobilienbranche sowie die damit verbundenen Industriezweige, der Großhandel und die Freizeitbranche). Doch auch die Finanzwirtschaft ist von diesem Trend betroffen. Ein besonderes Augenmerk sollte im laufenden Jahr auf die Konjunktur im verarbeitenden Gewerbe gelegt werden, die bislang von der Auslandsnachfrage gestützt wurde.

ZAHLUNGSMITTEL UND FORDERUNGSEINZUG

Zahlungsmittel

Sowohl Wechsel als auch Schecks werden in Dänemark eher selten eingesetzt. Beide stellen in erster Linie eine Anerkennung der Forderung dar und gelten daher als Schuldanerkenntnis.

Wird jedoch ein Wechsel angenommen und die entsprechende Zahlung nicht geleistet, so erhält – wie auch bei einem ungedeckten Scheck – der Gläubiger unmittelbar einen vollstreckbaren Titel, aus dem ihm das Recht auf ein gerichtliches Urteil erwächst. Ein Vollstreckungsbeamter *(Fogedret)* wird in diesem Fall beauftragt, einen Zwangsvollzug durchzuführen, der mit der gerichtlichen Ladung des Schuldners beginnt. Dieser ist dann zur Auskunft über seine wirtschaftlichen Verhältnisse verpflichtet, um die Modalitäten der Rückzahlung der Schuld festzulegen.

In der Regel werden Zahlungen per Banküberweisung geleistet. Die großen dänischen Banken sind an das SWIFT-System angeschlossen, so dass eine schnelle und effektive Bearbeitung auch internationaler Transaktionen gewährleistet ist.

Forderungseinzug

Der außergerichtliche Forderungseinzug beginnt mit einem vom Gläubiger oder dessen Anwalt erstellten Mahnschreiben, das auf einfachem Postwege zugestellt werden kann. In diesem Schreiben wird der Schuldner aufgefordert, innerhalb von zehn Tagen den Forderungsbetrag zuzüglich der vertraglich vereinbarten Verzugszinsen zu begleichen.

Bei Handelsverträgen, die nach dem 1. August 2002 geschlossen wurden, gilt – wenn nichts anderes vereinbart wurde – für die Berechnung der Verzugszinsen der von der Danmarks National Bank festgelegte Referenzzins, d.h. der Darlehenszinssatz *„udlånsrente"*, dessen Festlegung am 1. Januar bzw. 1. Juli des Jahres erfolgt. Zu diesem Zinssatz werden dann 7 Prozentpunkte hinzugerechnet.

Dabei gilt es, folgende Besonderheiten zu berücksichtigen: Wenn eine ordnungsgemäße Vollstreckungsklausel in der Zahlungsvereinbarung hinterlegt wurde, werden die getroffenen Zahlungsvereinbarungen und die anerkannten Zahlungsverpflichtungen bei Nichteinhaltung der Zahlungsfrist zu diesem Zeitpunkt unmittelbar vollstreckbar.

Seit dem 1. Januar 2005 kommt bei fälligen Forderungen von weniger als 50.000 Dänischen Kronen (DKK), die als unbestritten gelten, ein vereinfachtes Inkassoverfahren zur Anwendung. Hierbei füllt der Gläubiger ein entsprechendes Formular aus und sendet es direkt an den Zustellungsrichter. Dieser sorgt dann für eine

Zustellung an den Schuldner. Erfolgt binnen 14 Tagen keine Reaktion, ergeht ein vollstreckbarer Beschluss.

Wenn es zu keiner gütlichen Einigung kommt, beauftragt der Gläubiger in den meisten Fällen einen Anwalt mit der Wahrnehmung seiner Interessen. Es besteht jedoch keine Anwaltspflicht, d.h., die Parteien können vor Gericht für sich selbst sprechen.

Im dänischen Rechtswesen existieren keine Notare, Geschworenen bzw. Gerichtsbeamte, sondern nur Anwälte.

Bleibt eine Reaktion des Schuldners aus und liegen keine ernsthaften Streitpunkte vor, so kann der Gläubiger nach einem Verfahren von ungefähr drei Monaten Dauer ein Urteil erwirken, das den Schuldner verpflichtet, innerhalb einer Frist von 14 Tagen zusätzlich zu der geschuldeten Summe und zu den Verzugszinsen die Gerichtskosten und gegebenenfalls einen Teil der Anwaltskosten der gegnerischen Partei zu begleichen.

Die jüngste Justizreform, die zum 1. Januar 2007 in Kraft trat, zielt auf eine Verkürzung der Verfahrensdauer ab und soll eine einheitlich hohe Qualität der Leistungen des Justizapparats gewährleisten.

Die neuen Regelungen sehen vor, dass alle Angelegenheiten unabhängig von Streitwert, Komplexitätsgrad oder Strittigkeit dem Gericht erster Instanz (Byret) vorgelegt werden. Diesem Gericht gehören drei Richter oder ein Richter und mehrere Fachleute an. Das Verfahren erfolgt sowohl mündlich als auch schriftlich.

Berufungssachen oder Rechtssachen mit einem Streitwert von mehr als 10.000 Dänischen Kronen (DKK) werden von einem der beiden Landgerichte, dem Vestre Landsret mit Sitz in Viborg oder dem Østre Landsret mit Sitz in Kopenhagen entschieden. In Ausnahmefällen, bei denen es beispielsweise um Grundsatzfragen geht, kann eine Rechtssache auch direkt vor eines der beiden Landgerichte gebracht werden.

Bei Verfahren vor einem der beiden Landgerichte werden die verschiedenen vorbereitenden Sitzungen, bei denen Beweis und Anträge vorgelegt werden, stets schriftlich durchgeführt, bevor der Richter am Tag der Hauptverhandlung erst die Zeugen und schließlich die jeweiligen Schlussanträge anhört.

Die Gerichtskosten richten sich nach der Höhe der Forderung und gehen üblicherweise zu Lasten der Partei, die den Prozess verloren hat.

In Dänemark gibt es Handelsgerichte nur im Großraum Kopenhagen, wo sich der Sitz des Handels- und Seegerichts (Sø- og Handelsretten) befindet. Dieses setzt sich zum Teil aus Berufsrichtern und zum Teil aus Laienrichtern zusammen und ist für Streitsachen im Bereich des Seerechts und des Handelsrechts, des Wettbewerbsrechts sowie für Kollektivverfahren zuständig.   •

Deutschland

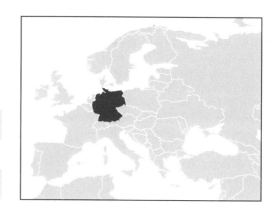

Bevölkerung (Mio Einwohner):	**82,3**
BIP (Mio US$):	**3.297.233**
Coface-Bewertungen	
Kurzfristiges Risiko:	**A2**
Geschäftsumfeld:	**A1**

STÄRKEN

▲ Die Konsolidierung des Staatshaushalts und der Sozialkassen im Zeitraum 2005 bis 2008 sorgen für einen größeren Handlungsspielraum. Dieser ist insbesondere in Krisenzeiten von Nutzen.

▲ Die Anstrengungen im Bereich der öffentlichen und der privaten Forschung sind spürbar am Steigen.

▲ Der Mittelstand spielt in der deutschen Wirtschaft eine wichtige Rolle für Beschäftigung, Innovationskraft und Wettbewerbsfähigkeit.

▲ Die gesetzliche betriebliche Mitbestimmung bei Kapitalgesellschaften mit über 500 Beschäftigten begünstigt einvernehmliche strategische Entscheidungen bei Umstrukturierungsmaßnahmen.

▲ Die Spezialisierung auf Regionen und Branchen sowie die hohe Wettbewerbsfähigkeit haben zu einem stattlichen Handelsüberschuss geführt, der nach dem Ende der Krise weiter anwachsen dürfte.

▲ Der Beitritt der Länder Mittel- und Osteuropas zur Europäischen Union und deren geographische Nähe zu Deutschland bieten den deutschen Unternehmen neue Möglichkeiten für Absatz und Fertigung.

SCHWÄCHEN

▼ Der hohe Anteil des Exportgeschäfts an der deutschen Wirtschaftsleistung führt zu einer extremen Abhängigkeit von der Weltkonjunktur.

▼ Neben dem anhaltenden wirtschaftlichen Rückstand der ostdeutschen Bundesländer bestehen auch deutliche Diskrepanzen zwischen dem Norden, in dem noch die traditionellen Industriezweige dominieren, und dem Süden, der in den Zukunftsbranchen sehr stark ist.

▼ Da sich viele mittelständische Unternehmen in Familienbesitz befinden, sind diese auf Bankkredite angewiesen und müssen die Anforderungen von Basel II erfüllen.

▼ Trotz einiger Zusammenschlüsse von Banken und der zusätzlichen Forcierung dieser Entwicklung durch die Krise ist die Bankenlandschaft nach wie vor stark fragmentiert, worunter die Rentabilität der Kreditinstitute leidet.

▼ Die unterentwickelte staatliche Infrastruktur für die Kinderbetreuung ist eine der Ursachen für die niedrige Geburtenrate und für die Überalterung der Bevölkerung, die wiederum den Konsum belastet.

▼ Aufgrund der ungenügenden Schulbildung vieler Jugendlicher sinkt die Bereitschaft der Unternehmen, genügend Ausbildungsplätze zur Verfügung zu stellen. Hinzu kommt ein Mangel an Ingenieuren.

RISIKOEINSCHÄTZUNG

Durch den drastischen Einbruch des Exportgeschäfts befindet sich die deutsche Wirtschaft seit dem Frühjahr 2008 in der Rezession. Diese wird noch bis zum Herbst 2009 andauern. Erst danach dürfte es zu einer langsamen Erholung der Wirtschaft kommen. Angesichts der Zurückhaltung der Verbraucher dürfte der Binnenkonsum kaum zu einer konjunkturellen Erholung beitragen.

Mit dem dramatischen Rückgang des Welthandels ist der Einbruch des Exportgeschäfts, das mit einem Anteil von 41% am BIP bis Anfang 2008 noch der Wachstumsmotor der deutschen Wirtschaft war, nunmehr zur Hauptursache für die Rezession geworden. Die rückläufige Entwicklung der Exporte, die zu gleichen Anteilen Investitionsgüter (Fahrzeuge einschließlich Automobilen) und Konsumgüter umfassen, spiegelt das Ende des Investitionsbooms in den Schwellen- und Rohstoffe exportierenden Ländern und den dramatischen Rückgang der Verbrauchernachfrage in den großen europäischen und amerikanischen Partnerländern wider.

Angesichts stark rückläufiger Exportzahlen, sinkender Margen und der allgemeinen Kreditverknappung wird die deutsche Industrie ihre Investitionen deutlich zurückfahren. Da keine nennenswerten Überkapazitäten vorhanden sind und die Kreditanstalt für Wiederaufbau öffentliche Darlehen in Höhe von 18 Mrd EUR bereitstellt, dürften sich die Auswirkungen dieser Entwicklung in Grenzen halten. Die Investitionen im Wohnungsbau werden trotz der steuerlichen Absetzbarkeit von Handwerkerrechnungen bis 1.200 EUR pro Jahr und Haushalt weiterhin stagnieren. Im Unterschied dazu kann damit gerechnet werden, dass sich die öffentlichen Investitionen (geplante Investitionen des Bundes in die Infrastruktur und Investitionskredite für die Kommunen) positiv auswirken.

Die privaten Konsumausgaben dürften ebenfalls zu einer Stützung der Konjunktur beitragen. Die Privathaushalte sind vergleichsweise gering verschuldet und haben keine Immobilienkrise zu verkraften. Die Verschlechterung der Lage auf dem Arbeitsmarkt wird mit einem leichten Anstieg der Arbeitslosigkeit voraussichtlich im Rahmen bleiben. Zudem werden die Privathaushalte von den zeitverzögert einsetzenden Auswirkungen der im letzten Jahr erzielten Lohn- und Gehaltssteigerungen sowie von der sinkenden Inflation profitieren.

Index der Zahlungsausfälle
(Gleitender Zwölfmonatsdurchschnitt; Basis: Welt 1995 = 100)

Quelle: Coface.

Verschlechterung der Zahlungsmoral

In diesem ungünstigen Umfeld dürfte sich die 2008 noch als zufriedenstellend einzustufende Zahlungsmoral der Unternehmen im Jahr 2009 verschlechtern. Davon könnten sämtliche stark exportabhängigen Branchen betroffen sein, wie die Automobil- und Flugzeugzulieferer, die Textil- und Bekleidungsindustrie, die See- und Binnenschifffahrt und in geringerem Maße die Metall- und die Chemieindustrie sowie die Hersteller von Industriegütern. Da sich die Verschuldung der Unternehmen in Grenzen hält bzw. diese während der letzten Jahre ein komfortables Eigenkapitalpolster aufbauen konnten, dürfte die Entwicklung nicht allzu negativ verlaufen. Auch wirkt sich der Rückgang der Energie- und Rohstoffpreise für die Unternehmen positiv aus.

Wichtige Kennzahlen

	2004	2005	2006	2007	2008 (S)	2009 (P)
Reales Wirtschaftswachstum (%)	0,6	1,1	3,0	2,5	1,3	−3,0
Konsumausgaben (Veränderung in %)	−0,3	0,1	1,1	−0,3	0,0	0,0
Investitionen (Veränderung in %)	4,4	6,0	8,2	6,7	5,4	−9,0
Inflation (%)	1,8	1,9	1,7	2,3	2,8	0,5
Arbeitslosenquote (%)	9,7	10,7	10,8	8,4	7,8	8,7
Kurzfristiger Zinssatz (% p.a.)	2,1	2,2	3,1	4,2	4,6	1,9
Staatshaushalt (Saldo in % des BIP)	−3,7	−3,4	−1,6	0,1	−0,2	−3,0
Staatsverschuldung (in % des BIP)	65,0	68,0	68,0	64,0	64,0	70,0
Ausfuhren (Veränderung in %)	10,0	7,1	12,9	7,6	2,7	−13,0
Einfuhren (Veränderung in %)	7,2	6,7	11,5	5,2	4,0	−9,0
Leistungsbilanz (Saldo in % des BIP)	4,5	4,7	5,0	7,5	7,0	2,5

(S): Schätzung. (P): Prognose.

Quelle: Coface.

BRANCHENANALYSE

Bau

Die großen Bauunternehmen profitierten in den vergangenen Jahren von einer starken Auslandsnachfrage (Gewerbebau und öffentliche Bauinvestitionen) und erzielten hohe Gewinne. Die kleinen Betriebe leiden unter der zunehmenden Konzentration im Wohnungsbau (bis zu 75%) sowie unter der lahmenden Binnenkonjunktur. Wie bereits im Jahr 2007 bewegte sich auch im Jahr 2008 die Zahl der Wohnungsbaugenehmigungen auf historisch niedrigem Stand, was eine Stagnation der Branchenkonjunktur 2009 erwarten lässt. Die öffentlichen Hilfen im Rahmen des Konjunkturpakets tragen dazu bei, dass sich die Bauinvestitionen auf die Bereiche Altbau- und energetische Sanierung konzentrieren, auf die schon in den vergangenen Jahren 70% des Gesamtvolumens entfielen. Obwohl im privaten Büro- und Gewerbebau und im öffentlichen Bereich noch eine positive Entwicklung zu verzeichnen ist, dürften die Bauinvestitionen 2009 wohl nur um 1% steigen.

Elektro- und Elektronikbranche

Nachdem die Hersteller elektrischer Anlagen ihren Umsatz 2008 noch um 6% steigern konnten, dürften sie im laufenden Jahr kaum die 2%-Marke überschreiten. Trotz nach wie vor gut gefüllter Auftragsbücher und ausgelasteter Kapazitäten besteht die Gefahr, dass die Aufträge knapp werden. Die Flaute im Baugewerbe wird sich voraussichtlich auch im Elektrogroßhandel bemerkbar machen. Der Bereich der Unterhaltungselektronik dürfte dagegen trotz der jedes Jahr um 20% sinkenden Preise wegen der anhaltend hohen Nachfrage nach LCD-Fernsehern und den Neuheiten bei Multimediaplayern weiterhin wachsen, wenn auch langsamer als in den vergangenen Jahren. Die Preise für elektronische Bauteile sind aufgrund der bestehenden Überkapazitäten komplett eingebrochen. Angesichts der weltweit sinkenden Nachfrage werden die Produktionskapazitäten bei weitem nicht ausgelastet sein, was die Marktteilnehmer zu Zusammenschlüssen veranlassen dürfte, um ihr Überleben zu sichern. Die Festnetz- und Mobilfunkanbieter haben nach wie vor mit einer rückläufigen Preisentwicklung zu kämpfen. Die Durchschnittspreise für Mobiltelefone sinken ebenso wie deren Verkaufszahlen. Nur bei den Breitbandinternetverbindungen über Kabel oder DSL ist eine stabile Entwicklung zu verzeichnen.

Solarenergie

Deutschland ist bei Solaranlagen Weltmarktführer und steht bei der Herstellung von Solarzellen nach Japan weltweit an zweiter Stelle. Allerdings ist die Branche sehr abhängig von staatlichen Hilfen. Während die Subventionszahlungen in Deutschland durch das Erneuerbare-Energien-Gesetz (EEG) vom Juni 2008 etwas zurückgefahren und in Spanien – nach Deutschland weltweit die Nummer 2 bei Solarenergie – sogar drastisch gekürzt wurden, behalten Länder wie Italien, Griechenland oder die Vereinigten Staaten ihre Subventionspolitik bei. Deshalb ist damit zu rechnen, dass der Markt auch in Zukunft schnell wachsen wird. Die vor allem aufgrund der Steigerung der zur Verfügung stehenden Siliziummengen sinkenden Rohstoffpreise, die schnellere Veralterung der Bauteile sowie die Steigerung der Produktionszahlen führen zu einer Verringerung der Produktionskosten. Obwohl für das zweite Halbjahr 2009 ein Überangebot sowie eine deutliche Absenkung der Preise erwartet werden, dürften die Margen der Unternehmen komfortabel bleiben.

Möbel

2008 verzeichnete die Branche ein leichtes Wachstum, da die Verbraucher in der Krise mehr Geld in ihren Wohnkomfort investieren. Das Exportgeschäft hat seine dynamische Entwicklung beibehalten. Nachdem sich die Inlandsnachfrage im ersten Halbjahr 2008 rückläufig entwickelt hatte, registrierte die Branche in der zweiten Jahreshälfte wieder steigende Verkaufszahlen. Für 2009 wird sowohl beim Export als auch bei der Inlandsnachfrage ein moderates Wachstum erwartet.

Nahrungsmittel

2008 wurde die Konjunktur in der Lebensmittelbranche vor allem durch die hohen Rohstoff- und Energiekosten gebremst. Darüber hinaus verhinderte der durch die Discounter Aldi und Lidl auf die Branche ausgeübte Preisdruck die zeitnahe Weitergabe der gestiegenen Kosten an die Verbraucher. Der Streik der Milchproduzenten und die von den Viehzüchtern betriebene Angebotsverknappung, die sich entsprechend negativ auf die Gewinnmargen der weiterverarbeitenden Betriebe auswirkte, veranschaulichen die Situation der Branche. Die mit dem Verkauf der Plus-Filialen an Edeka und Rewe weiter forcierte Konzentrationsbewegung im Einzelhandel veranlasst viele Unternehmen zur Erschließung neuer Märkte, insbesondere in Mittel- und Osteuropa

Europa und GUS

sowie in Russland. Auch diese Entwicklung dürfte zu weiteren Unternehmenszusammenschlüssen beitragen.

ZAHLUNGSMITTEL UND FORDERUNGSEINZUG

Zahlungsmittel

Die herkömmlichen Zahlungsmittel, der Wechsel und der Scheck, sind in Deutschland eher unüblich. Hierzulande ist man der Ansicht, dass der Wechsel auf eine prekäre Finanzlage hinweist oder ein Zeichen für das Misstrauen des Lieferanten darstellt. Ein Scheck wird nicht als Zahlung, sondern als „Zahlungsversuch" angesehen. Dem Aussteller bleibt die Möglichkeit vorbehalten, den Scheck aus einem beliebigen Grund sperren zu lassen, denn der Begriff der Deckung ist im deutschen Recht nicht verankert. Und Fälle von nicht gedeckten Schecks kommen recht häufig vor. Grundsätzlich sind also weder der Wechsel noch der Scheck als angemessene Zahlungsmittel zu betrachten, auch wenn im Falle des Zahlungsverzugs ein beschleunigtes Verfahren zur Eintreibung der Forderung in Anspruch genommen werden kann. Die Banküberweisung ist dagegen noch immer das am häufigsten verwendete Zahlungsmittel. Alle großen deutschen Banken sind an das SWIFT-System angeschlossen; eine rasche und effektive Bearbeitung der Transaktionen ist gewährleistet.

Forderungseinzug

Der Forderungseinzug beginnt gewöhnlich mit einer Mahnung, die den Schuldner an seine Vertragspflichten erinnert und die in den meisten Fällen per Einschreiben zugestellt wird. Seit dem 1. Mai 2000 gilt in Deutschland das Gesetz „zur Beschleunigung fälliger Zahlungen". Hiernach befindet sich der Kunde nach Ablauf einer Frist von 30 Tagen nach Zugang der Rechnung bzw. einer gleichwertigen Zahlungsaufforderung in Verzug, sofern im Kaufvertrag keine Zahlungsfrist vereinbart wurde. Darüber hinaus können nach Ablauf dieser Frist Verzugszinsen geltend gemacht werden.

Seit dem 1. Januar 2002 entspricht der hierbei heranzuziehende Zinsreferenzsatz dem halbjährlich und in Abhängigkeit vom Refinanzierungssatz der Europäischen Zentralbank festgelegten Basiszinssatz der Deutschen Bundesbank. Zu diesem werden für Kaufleute bzw. Handelsunternehmen 8 Prozentpunkte und für Verbraucher (Nichtkaufleute) 5 Prozentpunkte hinzugerechnet.

Wenn keine Zahlung bzw. gütliche Einigung erfolgt, kann der Gläubiger vor Gericht gehen. Sofern gegen seine fällige Forderung kein Widerspruch eingelegt wird, kann der Gläubiger einen Mahnbescheid erwirken. Hierbei handelt es sich um ein vereinfachtes und kostengünstiges Verfahren, das es ihm ermöglicht, durch das Ausfüllen eines Vordrucks binnen recht kurzer Zeit einen vollstreckbaren Titel zu erlangen. Ein Beleg der Mahnung ist beizufügen. In den meisten Bundesländern folgt dieses Verfahren automatisierten Standardrichtlinien.

Gläubiger aus dem Ausland reichen einen solchen Antrag beim Amtsgericht Schöneberg in Berlin ein, das nach Kenntnisnahme des Antrags die Ausstellung eines Mahnbescheids veranlassen kann. Danach verfügt der Schuldner über eine Frist von zwei Wochen, innerhalb derer er entweder die Zahlung leisten oder Widerspruch einlegen kann.

Seit Januar 2002 beschränkt sich die Verjährungsfrist im gemeinen Recht auf drei Jahre, wobei die Frist mit dem Ende des Jahres beginnt, in dem die Forderung entstanden ist. Demnach läuft die Verjährungsfrist immer am 31. Dezember eines Jahres ab.

Kommt es zu einer Gerichtsverhandlung, so wird diese in der Regel mündlich geführt, und die Entscheidung des Richters gründet auf den Ausführungen der anwesenden Parteien. Falls gegen die Forderung Widerspruch eingelegt wird, so befragt der Richter die Parteien bzw. deren Anwälte und ordnet die Erbringung der von ihm als notwendig erachteten Beweismittel an, die er allein bewertet. Darüber hinaus sind die Parteien gehalten, ihre Forderungen binnen der veranschlagten Fristen schriftlich darzulegen. Sobald das Gericht ausreichend Klarheit im Verfahren gewonnen hat, ergeht ein öffentlich begründetes Urteil.

Die am 1. Januar 2002 in Kraft getretene Reform der Zivilprozessordnung verfolgt das Ziel, jedem deutschen Staatsbürger einen schnellen und effektiven Rechtsschutz mit größerer Transparenz zu gewahren. Durch die wichtigsten Richtlinien dieser Reform soll eine Einigung zwischen den Parteien vor der Einlegung rechtlicher Schritte gefördert werden. Ferner werden die Befugnisse der Amtsgerichte gestärkt, wobei davon ausgegangen wird, dass die meisten Rechtsstreitigkeiten endgültig und in erster Instanz entweder durch einen Vergleich im laufenden Verfahren oder durch ein Urteil beigelegt werden. •

Estland

Bevölkerung (Mio Einwohner):	**1,3**
BIP (Mio US$):	**21.279**
Anteil am regionalen BIP (%):	**1**

Coface-Bewertungen

Kurzfristiges Risiko:	**A4**
Geschäftsumfeld:	**A2**
Mittelfristiges Risiko:	**ziemlich gering**

STÄRKEN

▲ Umfangreiche Reformen und die volkswirtschaftliche Stabilität haben eine sehr schnelle Anhebung des Lebensstandards ermöglicht.

▲ Estland genießt wegen seines Geschäftsklimas einen guten Ruf.

▲ Die Industrie des Landes wurde zügig modernisiert. Besonders gute Entwicklungen verzeichnet die Elektronikbranche.

▲ Die öffentlichen Finanzen verzeichneten bis zum Jahr 2007 Überschüsse, und die Staatsverschuldung ist zu vernachlässigen.

SCHWÄCHEN

▼ Estlands Wachstum ist nach wie vor von ausländischem Kapital abhängig. Dadurch hält sich ein beträchtliches Defizit in der Leistungsbilanz.

▼ Die private Auslandsverschuldung ist insbesondere auf Seiten der Banken stark gestiegen.

▼ Private Haushalte und Unternehmen sind einem sehr hohen Wechselkursrisiko ausgesetzt.

▼ Die Inflation gefährdet einen raschen Beitritt zur Euro-Zone.

RISIKOEINSCHÄTZUNG

Kräftiger Nachfragerückgang

Seit 2008 befindet sich Estland in einer Rezession. Grund dafür ist die schwächere Binnennachfrage. Die fallenden Immobilienpreise und der sprunghafte Anstieg der Inflation haben das Vertrauen der privaten Haushalte erschüttert und die Konsumausgaben reduziert. Aufgrund kleinerer Gewinnmargen durch gestiegene Lohnkosten und erschwerter Bedingungen für die Aufnahme von Krediten sowie rückläufiger Absatzzahlen haben die Unternehmer ihre Investitionsprojekte verschoben.

Vor diesem Hintergrund bereitet es den Unternehmen zunehmend Schwierigkeiten, ihre Zulieferer zu bezahlen. Betroffen sind in erster Linie die Bauindustrie, die Hersteller von Konsumgütern sowie die Automobilzulieferer und, allgemeiner gesagt, die Branchen, die sehr auf Kredite oder auf eine hohe Zahl an Arbeitskräften angewiesen sind. 2009 wird die Binnennachfrage vermutlich weiter sinken. Zugleich dürfte die schwache Auslandsnachfrage das Exportwachstum bremsen. Der Beginn einer wirtschaftliche Erholung ist im günstigsten Fall ab Ende 2009 zu erwarten.

Die Wirtschaftsflaute und die sinkenden Energiepreise werden zu einem deutlichen Inflationsrückgang führen. Dennoch ist davon auszugehen, dass bezüglich der Inflationsrate Estland das entsprechende Maastricht-Kriterium vor 2011 nicht erfüllen wird. Die voraussichtlich geringeren Steuereinnahmen dürften dagegen die finanzielle Solidität Estlands nicht gefährden. Die öffentlichen Finanzen wiesen nämlich bis 2007 Überschüsse auf, und die Staatsverschuldung ist mit 4% im Verhältnis zum BIP sehr niedrig.

Privatwirtschaft stark in Devisen verschuldet

Das Defizit in der Leistungsbilanz hat ein besorgniserregendes Niveau erreicht. Da die ausländischen Direktinvestitionen zur Finanzierung des Defizits nicht ausreichen, steigt die Auslandsverschuldung. Die Kredite wurden bislang vor allem über die in Estland ansässigen Tochtergesellschaften skandinavischer Bankengruppen gewährt. In der gegenwärtigen Krise nehmen die Banken nun eine restriktive Haltung ein. Zwar nimmt der Auslandsfinanzierungsbedarf mit den sinkenden Einfuhren ab, die Deckung des Bedarfs gestaltet sich dennoch zunehmend schwierig. Hierdurch gerät das feste Wechselkurssystem unter Druck. Doch die Stabilität des Wechselkurses ist für die Unternehmen und Privathaushalte von größter Bedeutung, denn drei Viertel ihrer Bankkredite lauten auf Fremdwährungen.

Innenpolitische Spannungen mit begrenzten Auswirkungen auf die Wirtschaftspolitik

Die aus drei Parteien bestehende Regierungskoalition, die nach den Wahlen im März 2007 gebildet wurde, steht unter Spannung. Dennoch würde ein möglicher Regierungswechsel die Kontinuität der Wirtschaftspolitik nicht beeinträchtigen. Die Beziehungen zu Russland – diese sind seit den im April 2007 ausgelösten Unruhen wegen der Verlagerung eines Ehrenmals für sowjetische Soldaten durch estnische Behörden belastet – haben sich infolge des Russland-Georgien-Konflikts im

August 2008 nicht verbessert. Die Auswirkungen dieser außenpolitischen Spannungen beschränken sich jedoch auf den Tourismus und den Transithandel über Häfen und Schienen.

VORAUSSETZUNGEN FÜR DEN MARKTZUGANG

Marktsituation

Bezogen auf die Kaufkraft, lag das BIP je Einwohner Ende 2007 bei 70,6% des entsprechenden Durchschnitts der Europäischen Union. Damit belegte Estland in Mittel- und Osteuropa hinter Slowenien und der Tschechischen Republik – aber noch vor Ungarn und der Slowakischen Republik – Platz 3. Mitte 2008 belief sich der Durchschnittslohn auf 906 EUR brutto und verzeichnete damit einen Zuwachs von 12,2% gegenüber dem Vorjahr.

Möglichkeiten des Marktzugangs

Bei der Einführung der Marktwirtschaft hat sich Estland für einen liberalen Handelsverkehr entschieden. Am 1. Juli 2002 wurde der gemeinsame Außenzolltarif der EU für nicht aus der EU stammende Produkte eingeführt. Seit dem Beitritt zur Europäischen Union am 1. Mai 2004 ist der Warenverkehr mit EU-Ländern zollfrei. Bei einigen Produkten bestehen Verbrauchsteuern, die jedoch für in- und ausländische Erzeugnisse gleichermaßen zu entrichten sind. Eine Barriere nicht zolltariflicher Art stellt das System automatischer Lizenzen dar,

Wichtige Kennzahlen

	2004	2005	2006	2007	2008 (S)	2009 (P)
Reales Wirtschaftswachstum (%)	7,5	9,2	10,4	6,3	−2,0	−2,5
Inflation (%)	3,0	4,1	4,4	6,6	10,5	5,8
Staatshaushalt (Saldo in % des BIP)	1,7	1,5	2,9	2,7	−1,0	−2,3
Ausfuhren (Mio US$)	5.887	7.792	9.755	11.078	13.157	13.421
Einfuhren (Mio US$)	7.877	9.704	12.777	14.756	16.229	15.539
Handelsbilanz (Saldo in Mio US$)	−1.990	−1.911	−3.022	−3.678	−3.072	−2.117
Leistungsbilanz (Saldo in Mio US$)	−1.413	−1.382	−2.759	−3.772	−2.967	−1.464
Leistungsbilanz (Saldo in % des BIP)	−11,8	−10,0	−16,8	−18,1	−11,9	−6,3
Auslandsverschuldung (in % des BIP)	83,5	82,0	102,6	120,9	117,1	123,3
Schuldendienst (in % der Ausfuhren)	14,9	12,7	12,5	13,4	17,4	19,0
Währungsreserven (in Monatsimporten)	2,0	1,8	1,9	1,9	1,9	2,3

(S): Schätzung. (P): Prognose.

Quelle: Coface.

Exporte: 80% des BIP
▷▷▷▷▷▷▷▷▷▷▷▷▷▷▷▷▷▷▷▷▷▷▷▷▷▷▷▷▷▷▷▷▷▷▷▷▷▶▶▶▶▶

Importe: 90% des BIP
◀◀◁◁◁◁

Wichtigste Abnehmerländer
(Ausfuhren in Mio US$)

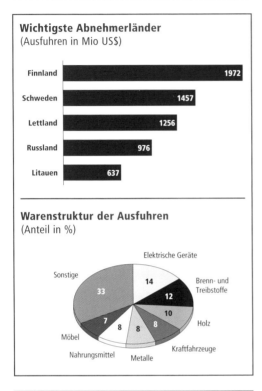

Finnland	1972
Schweden	1457
Lettland	1256
Russland	976
Litauen	637

Warenstruktur der Ausfuhren
(Anteil in %)

Elektrische Geräte 14, Brenn- und Treibstoffe 12, Holz 10, Kraftfahrzeuge 8, Metalle 8, Nahrungsmittel 8, Möbel 7, Sonstige 33

Wichtigste Lieferländer
(Einfuhren in Mio US$)

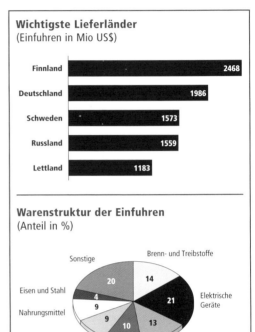

Finnland	2468
Deutschland	1986
Schweden	1573
Russland	1559
Lettland	1183

Warenstruktur der Einfuhren
(Anteil in %)

Brenn- und Treibstoffe 14, Elektrische Geräte 21, Kraftfahrzeuge 13, Maschinen 10, Chemische Produkte und Plastik 9, Nahrungsmittel 9, Eisen und Stahl 4, Sonstige 20

Schuldenlast
(Auslandsverschuldung in % der Waren- und Dienstleistungsexporte)

Estland	142
Regionaler Durchschnitt	130
Durchschnitt Schwellenländer	73

Pro-Kopf-Einkommen
(BIP je Einwohner in US$)

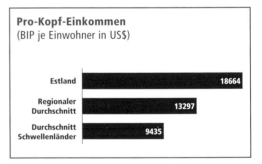

Estland	18664
Regionaler Durchschnitt	13297
Durchschnitt Schwellenländer	9435

das Estland in einigen Bereichen eingerichtet hat (für Alkohol, Schmiermittel und Medikamente). Hierfür gelten allerdings die gleichen Vorschriften wie bei inländischen Herstellern, und Zugangsbeschränkungen existieren nicht. Mit seinem Beitritt zur EU hat Estland seine Haltung gegenüber der Einfuhr von Rind- und Schweinefleisch aus Frankreich deutlich gelockert. Durch die Normen entstehen keine nennenswerten Beschränkungen zum möglichen Schutz der heimischen Industrie. Während bei Erstgeschäften durchaus Vorkasse verlangt werden kann, sind Zahlungsziele von 30 oder 60 Tagen am weitesten verbreitet. Zu empfehlen ist der

Abschluss einer Kreditversicherung. Das estnische Bankwesen scheint weitgehend vor der internationalen Finanzkrise gefeit zu sein. Auf die vier größten Banken, die sich im Besitz schwedischer und dänischer Kreditinstitute befinden, entfallen mehr als 97% des Bankvermögens in Estland.

Haltung gegenüber ausländischen Investoren

Seit 1991 gilt in Estland für ausländische Investitionen ein Gesetz, das einfache und nicht diskriminierende Registrierungsverfahren für Unternehmen gewährleistet. Eine ausländische Gesellschaft kann zu 100% am Kapital eines inländischen Unternehmens beteiligt sein. Die Rückführung von Gewinnen nach Steuern, Dividenden und Erlösen aus der Veräußerung oder Liquidierung einer Investition ist keinerlei Beschränkungen unterworfen.

Estland hat mit Deutschland einen Vertrag zur Förderung und zum gegenseitigen Schutz von Investitionen sowie ein Doppelbesteuerungsabkommen abgeschlossen, die beide rechtsgültig sind. Sowohl die Einkommensteuer als auch die Körperschaftsteuer unterliegen einem einheitlichen Steuersatz (2007 bei 21%). Die gegenwärtigen wirtschaftlichen Schwierigkeiten veranlassten die Behörden, vorerst von geplanten Steuersenkungen abzusehen (angestrebt wurde ein Steuersatz von 18% bis zum Ende der Legislaturperiode im Jahr 2011)

Seit dem 1. Januar 2000 sind Gewinne, die von Unternehmen reinvestiert werden, steuerfrei. Arbeitskräfte stellen für Estland einen besonderen Pluspunkt dar, denn sie sind sehr gut ausgebildet. Allerdings steigen die Löhne sehr rasch, so dass Estland kein Billiglohnland mehr ist. Die Sozialabgaben, die vollständig vom Arbeitgeber zu tragen sind, belaufen sich insgesamt auf 33% des Entgelts. Hiervon entfallen 13% auf die gesetzlich vorgeschriebene Krankenversicherung und 20% auf die Rentenversicherung. Seit dem 1. Januar 2002 ist außerdem ein Beitrag zur Arbeitslosenversicherung in Höhe von 0,5% vom Arbeitgeber und von 1% vom Arbeitnehmer zu entrichten. Am 1. April 2002 wurde ein Pensionsfonds als zweite Säule der Altersversorgung eingeführt.

Devisenverkehr

Die Estnische Krone (EEK) wurde im Juni 1992 mit einer unveränderten Parität von 8 EEK für 1 DM eingeführt. Sie ist frei konvertierbar, und de facto gilt dementsprechend ein Umtauschverhältnis von 1 EUR = 15,64664 EEK. Die Devisenkontrolle wurde abgeschafft, und bei estnischen Banken können Konten in Landes- oder in Fremdwährungen eröffnet werden. Im Juni 2004 ist Estland dem WKM II beigetreten. Dies ist die letzte Stufe vor der Einführung des Euro. Durch die im Zuge eines Mangels an Arbeitskräften steigende Inflation wird sich der Beitritt zur Euro-Zone jedoch auf den 1. Januar 2012 oder sogar einen noch späteren Zeitpunkt verschieben. •

Finnland

Bevölkerung (Mio Einwohner):	**5,8**
BIP (Mio US$):	**246.020**

Coface-Bewertungen	
Kurzfristiges Risiko:	**A1**
Geschäftsumfeld:	**A1**

RISIKOEINSCHÄTZUNG

2008 war die finnische Konjunktur von einem deutlichen Rückgang der Investitionen und Ausfuhren geprägt. In der zweiten Jahreshälfte wurde die rückläufige Nachfrage aus den übrigen europäischen Ländern, vor allem aus Deutschland, Schweden und Großbritannien, insbesondere in der holzverarbeitenden Industrie spürbar. In der Folge schraubten die Unternehmen den Kauf von Investitionsgütern zurück, und die Konjunktur im Wohnungsbau erlahmte. Die Lohn- und Gehaltssteigerungen beflügelten jedoch den Konsum der Privathaushalte und konnten die Verteuerung von Energie und Lebensmitteln in der ersten Jahreshälfte ausgleichen.

Risiken halten sich wegen gesunden Staatshaushalts in Grenzen

Die Wirtschaft Finnlands wird voraussichtlich 2009 schrumpfen. Die rückläufigen Wohnungspreise und der Wertverlust der Finanzvermögen dürften sich negativ auf das Vertrauen der Verbraucher auswirken. Die Privathaushalte weisen weiterhin eine hohe Verschuldungsquote auf (110% des verfügbaren Einkommens, davon 90% variabel verzinst), sie bewegen sich damit jedoch unter dem durchschnittlichen Vergleichswert der skandinavischen Länder.

Es ist zu erwarten, dass die Privathaushalte ihre Ausgaben einschränken werden. Dieser Trend dürfte jedoch von der sinkenden Inflationsrate, den steigenden Gehältern sowie den Steuererleichterungen abgefedert werden. Im Zuge der Kreditverknappung dürfte im Woh-

Wichtige Kennzahlen

	2004	2005	2006	2007	2008 (S)	2009 (P)
Reales Wirtschaftswachstum (%)	3,5	2,9	5,0	4,5	1,5	−2,5
Konsumausgaben (Veränderung in %)	3,2	3,8	4,3	3,2	2,8	−0,2
Investitionen (Veränderung in %)	4,9	2,5	4,1	8,3	1,5	−7,0
Inflation (%)	0,7	0,4	1,6	2,5	4,1	1,4
Arbeitslosenquote (%)	8,9	8,4	7,7	6,9	6,5	7,9
Kurzfristiger Zinssatz (% p.a.)	2,1	2,2	3,1	4,2	4,6	1,9
Staatshaushalt (Saldo in % des BIP)	1,9	2,9	4,1	5,3	4,5	1,5
Staatsverschuldung (in % des BIP)	44,3	41,3	39,3	35,4	32,3	38,9
Ausfuhren (Veränderung in %)	7,5	7,0	11,8	8,2	3,4	−5,0
Einfuhren (Veränderung in %)	7,4	15,1	8,3	6,6	1,6	−4,0
Leistungsbilanz (Saldo in % des BIP)	7,6	5,0	4,9	5,3	3,5	2,5

(S): Schätzung. (P): Prognose.

Quelle: Coface.

nungsbau und bei den Investitionen der Unternehmen ein weiterer Rückgang zu beobachten sein. Der rückläufige Auftragseingang aus den wichtigsten Partnerländern (57% des Absatzes gehen in die Europäische Union) sowie die sinkende Nachfrage aus Russland (10% des Absatzes) dürften dazu führen, dass sich der Abschwung in der Exportwirtschaft fortsetzt. Der beträchtliche Haushaltsüberschuss, den das Land gegenwärtig aufweist, wird voraussichtlich im Zuge der Umsetzung des mittlerweile vom Staat auf den Weg gebrachten Konjunkturpakets zusammenschrumpfen. Trotz der sinkenden Einfuhren wird der Leistungsbilanzüberschuss nicht mehr so üppig ausfallen wie in den letzten Jahren, dürfte jedoch immer noch auf zufriedenstellendem Niveau bleiben.

Exportwirtschaft unter Druck

Bei der Zahl der Unternehmensinsolvenzen war 2008 ein Anstieg um über 30% zu verzeichnen. Auch 2009 dürften sich die Arbeitskosten, die durch den Mangel an qualifizierten Arbeitskräften in die Höhe getrieben werden, ungünstig auf die Margen der Unternehmen auswirken. Das Baugewerbe und die damit verbundenen Branchen müssen sich wegen der sinkenden Zahl der Bauvorhaben auf ein schlechtes Jahr einstellen. Durch den Auftragsrückgang in der Verpackungs-, der Möbel- und der Bauindustrie dürfte wiederum die stark exportorientierte Holzbranche unter Druck geraten. Selbst die Hersteller von Telekommunikationshardware, die insgesamt gut aufgestellt sind, müssen sich auf schwierigere Zeiten einstellen, denn der weltweite Nachfragerückgang wird sich auch auf ihren Absatz auswirken.

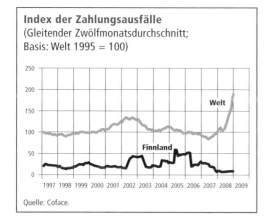

Index der Zahlungsausfälle
(Gleitender Zwölfmonatsdurchschnitt;
Basis: Welt 1995 = 100)

Quelle: Coface.

ZAHLUNGSMITTEL UND FORDERUNGSEINZUG

Zahlungsmittel

Der Wechsel ist in Finnland ein eher ungebräuchliches Zahlungsmittel. Wie in Deutschland wird er als Zeichen für mangelndes Vertrauen des Lieferanten gewertet. In erster Linie handelt es sich beim Wechsel um eine schriftliche Niederlegung der Forderung, insofern gilt er eher als Schuldanerkenntnis.

Auch der Scheck ist im nationalen und internationalen Zahlungsverkehr eher unüblich. Er stellt lediglich eine Bestätigung der Forderung dar. Gleichwohl muss er zum Zeitpunkt seiner Ausstellung gedeckt sein, ansonsten kann der Aussteller strafrechtlich belangt werden. Allerdings sind die Fristen zur Einlösung von Schecks recht lang (20 Tage in Finnland bzw. in anderen europäischen Ländern sowie den Mittelmeeranrainerstaaten und bis zu 70 Tage in anderen Ländern außerhalb Europas).

Die SWIFT-Überweisung hingegen ist ein im finnischen Zahlungsverkehr auch bei internationalen Geschäften weitverbreitetes Zahlungsmittel, da die Finnen an diese effiziente Zahlungsweise gewöhnt sind.

Zur schnelleren Abwicklung der Überweisung ist anzuraten, den Sitz der Hausbank genau zu vermerken. Allerdings sei darauf hingewiesen, dass die Erteilung des Überweisungsauftrags stets vom guten Willen des Kunden abhängt.

Forderungseinzug

Der gütliche Forderungseinzug beginnt nach einem Telefonanruf mit einer dem Schuldner auf dem üblichen Postweg oder per Einschreiben zugestellten Mahnung, in der er aufgefordert wird, den Rechnungsbetrag zuzüglich der vertraglich vereinbarten Verzugszinsen zu begleichen.

Falls es hierzu keine Vertragsvereinbarung gibt, fallen ab Fälligkeit der unbeglichenen Rechnung Verzugszinsen an. Der hierbei anwendbare Satz wird halbjährlich und in Abhängigkeit vom Refinanzierungssatz der Europäischen Zentralbank durch die Finnische Zentralbank *(Suomen Pankki)* festgelegt. Dazu werden 7 Prozentpunkte addiert. Diese Regelung gilt seit der letzten

Änderung des Zinsgesetzes, die am 1. Juli 2002 in Kraft getreten ist.

Bereits im Zinsgesetz *(Korkolaki)* vom 20. August 1982 war vorgesehen, dass jegliche Zahlung innerhalb der vertraglich vereinbarten Fristen zu erfolgen hat und dass bei Zahlungsrückständen Zinsen zu Lasten des Schuldners anfallen.

Es sei darauf hingewiesen, dass zum 1. Januar 2004 die in der Vergangenheit geltende zehnjährige Verjährungsfrist im Schuldrecht auf drei Jahre verkürzt wurde und diese neue Frist auch bei laufenden Verträgen rückwirkend gültig ist.

Bei sicheren und unstrittigen Forderungen kann auf das beschleunigte Mahnbescheidsverfahren *(suppea haastehakemus)* zurückgegriffen werden. Hierbei handelt es sich um ein schriftliches Verfahren, das sich lediglich auf die Forderungsbelege stützt, wobei deren Form nicht von Belang ist (Rechnung, Wechsel, Schuldanerkenntnis). Für dieses Verfahren besteht keine Anwaltspflicht. Trotzdem wird häufig ein Anwalt eingeschaltet.

Seit der Reform der Zivilprozessordnung vom 1. Dezember 1993 hat der Kläger bei jedem Antrag auf Vorladung sämtliche Forderungsbelege und -nachweise einzureichen. Danach fordert das Gericht den Schuldner zu einer schriftlichen Stellungnahme auf.

Im Rahmen einer ersten Anhörung untersucht der Richter den Fall unter Zugrundelegung der schriftlichen Stellungnahmen der beiden Parteien und der vorliegenden Beweisurkunden. Danach hört er die Standpunkte der beiden Parteien an und entscheidet über die Stichhaltigkeit der Beweise. Möglicherweise lässt sich bereits im Rahmen dieser ersten Anhörung der Rechtsstreit unter Anleitung des Richters beilegen und so die Geschäftsbeziehungen wieder normalisieren.

Falls zu diesem Zeitpunkt keine Beilegung erzielt werden kann, wird die Rechtssache an das Amtsgericht *(Käräjäoikeus)* weitergeleitet, das im Plenum entscheidet und je nach Komplexität des Sachverhalts aus einem bis zu drei Richtern besteht. In diesem Verfahren werden die Beweismittel geprüft, die Zeugen vernommen und die Schlussanträge der Parteien gestellt. Danach ergeht üblicherweise recht schnell ein Urteil, in der Regel in den nächsten 14 Tagen. Die abgewiesene Partei hat ihre gesamten bzw. einen Teil der Verfahrenskosten der obsiegenden Partei zu tragen.

Ein Vollstreckungsbefehl kann innerhalb eines Zeitraums von durchschnittlich zwölf Monaten erwirkt werden.

Für Handelsstreitigkeiten sind die Zivilgerichte zuständig, obwohl es ein Gericht für Markt und Wettbewerb *(Markkinaoikeus)* mit Sitz in Helsinki gibt, das am 1. März 2002 als Zusammenschluss aus Wettbewerbsgericht und ehemaligem Marktgericht geschaffen wurde.

Der Zuständigkeitsbereich dieses Gerichts erstreckt sich auf Fälle von Betrug, unlauterem Wettbewerb und Kartellbildung. Es spricht Verbote hinsichtlich der Anwendung derartiger Praktiken aus und kann bei Zuwiderhandlung Geldstrafen verhängen.   •

Frankreich

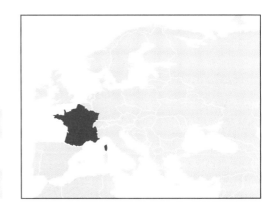

Bevölkerung (Mio Einwohner):	**61,7**
BIP (Mio US$):	**2.562.288**

Coface-Bewertungen
Kurzfristiges Risiko:	**A2**
Geschäftsumfeld:	**A1**

STÄRKEN

▲ Die günstige demographische Entwicklung fördert den Konsum der Haushalte.

▲ Dank einer diversifizierten Energieversorgung ist die französische Wirtschaft von den Entwicklungen einzelner Energieträger vergleichsweise unabhängig.

▲ Frankreich verfügt über viele international aufgestellte und wettbewerbsfähige Konzerne (Energie, Verkehr, Pharma, Kosmetik, Luxusgüter, Handel usw.).

▲ Die gute Ausbildung der Arbeitskräfte und die hohe Stundenproduktivität gleichen die geringe Jahresarbeitszeit zum Teil aus.

▲ Die gute Infrastruktur trägt zur touristischen Attraktivität des Landes bei.

SCHWÄCHEN

▼ Die Staatsverschuldung und das Haushaltsdefizit sind sehr hoch.

▼ Die Konzentration der Entscheidungsbefugnisse in der Hauptstadt und die vielen verschiedenen lokalen Verwaltungsebenen machen eine Nivellierung der regionalen Ungleichheiten schwierig.

▼ Mängel in der Schul- und Ausbildung erschweren jungen und weniger qualifizierten Menschen den Einstieg in das Berufsleben.

▼ Die Investitionen in Forschung und Entwicklung reichen nach wie vor nicht aus.

▼ Die zum Teil ungünstige Spezialisierung der französischen Unternehmen und deren schwache Präsenz in den Schwellenländern belasten den Außenhandel.

RISIKOEINSCHÄTZUNG

2008 hat sich die Konjunktur deutlich abgeschwächt. Angesichts des gesunkenen verfügbaren Einkommens, erschwerter Bedingungen für die Kreditaufnahme und der ungünstigeren Entwicklung auf dem Arbeitsmarkt gaben die Verbraucher deutlich weniger Geld für Fertigerzeugnisse und ihre Wohnungseinrichtung aus. Gleichzeitig drosselten die Unternehmen zur Verringerung ihrer Lagerbestände die Produktion und fuhren ihre Investitionen zurück. Die Ausfuhren stagnierten nahezu, denn die Exportwirtschaft leidet unter der Konjunkturabschwächung in den wichtigsten europäischen Partnerländern (65% der französischen Exporte gehen in EU-Länder). Obwohl auch die Einfuhren kaum noch stiegen, ist die Leistungsbilanz noch tiefer ins Minus gerutscht.

Investitionsrückgang erwartet

Die stagnierenden Konsumausgaben der Haushalte, der Investitionsrückgang bei den Unternehmen und die rückläufigen Ausfuhren dürften Frankreich in die Rezession abrutschen lassen. Es ist zu erwarten, dass der drastische Anstieg der Arbeitslosigkeit, der Wertverlust der Finanzvermögen und die Kreditverknappung das Vertrauen der Verbraucher schwinden lässt, so dass diese ihre Ausgaben einschränken und aus Vorsicht ihre Sparquote hochschrauben dürften.

Der rückläufige Auftragseingang, der sich bereits Ende 2008 deutlich bemerkbar machte, lässt vermuten, dass die Unternehmen ihre Produktion und ihre Investitionen weiter zurückfahren werden. Die abwartende Haltung der Käufer – unabhängig davon, ob es sich um Privathaushalte oder Investoren handelt – wird die Konjunk-

Wichtige Kennzahlen

	2004	2005	2006	2007	2008 (S)	2009 (P)
Reales Wirtschaftswachstum (%)	2,5	1,7	2,0	2,1	0,7	−2,0
Konsumausgaben (Veränderung in %)	2,5	2,2	2,5	2,4	0,9	0,2
Investitionen (Veränderung in %)	3,6	4,0	4,1	7,3	0,2	−5,3
Inflation (%)	2,1	1,7	1,9	1,5	2,8	0,5
Arbeitslosenquote (%)	8,9	9,0	8,4	8,0	7,5	9,1
Kurzfristiger Zinssatz (% p.a.)	2,1	2,2	3,1	4,2	4,,6	1,9
Staatshaushalt (Saldo in % des BIP)	−3,6	−2,9	−2,6	−2,7	−4,4	−5,6
Staatsverschuldung (in % des BIP)	64,9	66,7	64,2	63,9	65,2	73,9
Ausfuhren (Veränderung in %)	4,0	2,8	6,3	3,2	1,5	−4,8
Einfuhren (Veränderung in %)	7,1	5,0	7,0	5,9	1,8	−3,2
Leistungsbilanz (Saldo in % des BIP)	0,5	−0,9	−1,2	−1,2	−1,9	−1,4

(S): Schätzung. (P): Prognose.

Quelle: Coface.

tur im Wohnungsbau weiter drosseln. Darüber hinaus hat die ohnehin sinkende Zahl der Käufer mit restriktiveren Finanzierungskonditionen zu kämpfen.

Trotz rückläufiger Einfuhren wird der Einbruch der europäischen Konjunktur, insbesondere im Hauptabnehmerland Deutschland (14% der Ausfuhren), voraussichtlich zu einem noch stärkeren Exporteinbruch führen. Es ist zu erwarten, dass das Konjunkturpaket des Staates (Kreditbürgschaften für Banken, Unterstützung für notleidende Unternehmen und Branchen, Investitionen der öffentlichen Hand) in der zweiten Jahreshälfte Wirkung zeigt; allerdings wird es den Abwärtstrend lediglich teilweise abfedern können. Die Staatsfinanzen dürften 2009 noch weiter in Schieflage geraten.

Index der Zahlungsausfälle
(Gleitender Zwölfmonatsdurchschnitt; Basis: Welt 1995 = 100)

Quelle: Coface.

Anstieg der Zahlungsausfälle

Da sich die Eigenkapitalquote der Unternehmen 2008 auf 53,4% verringert hat, werden die Unternehmen besonders unter Kreditverknappung zu leiden haben, und die Liquiditätsreserven dürften allerorten weiterhin unter Druck stehen. Besonders davon betroffen sind die Branchen Transport (insbesondere Speditionen), Automobil (Hersteller und Zulieferer), Immobilien, der private Wohnungsbau und die angegliederten Auftragnehmer, die Druckindustrie sowie das metall-, das gummi- und das kunststoffverarbeitende Gewerbe. In der Lebensmittelbranche dürften die Schweine- und Geflügelzüchter, aber auch die Seefischerei unter der allgemeinen Wirtschaftslage leiden. In der IT-Branche können lediglich die Hersteller von Videospielen mit einer positiven Entwicklung rechnen. Die Zahl der Unternehmensinsolvenzen wird voraussichtlich weiter zunehmen – eine Tendenz, die sich aus dem Coface-Index für Zahlungsausfälle bereits seit Sommer 2008 ablesen lässt.

BRANCHENANALYSE

Automobil

Die Automobilhersteller leiden bereits seit Herbst 2008 stark unter dem rückläufigen Konsum der Privathaushalte und den härteren Bedingungen für Autokredite. Die Zulassungszahlen sind im zweiten Halbjahr deutlich zurückgegangen. Aufgrund der hohen Bestände haben die Hersteller ihre Produktion drastisch zurückgefahren, wodurch Zulieferer und Vertragshändler zunehmend unter Druck geraten.

2009 wird sich der Abschwung voraussichtlich fortsetzen. Die Margen dürften weiter zusammenschmelzen und die Betriebsergebnisse noch stärker einbrechen, da sich gerade bei den rentablen Oberklassewagen eine negative Absatzentwicklung zugunsten der umweltfreundlicheren, günstigeren Modelle abzeichnet.

Die vom Staat eingeführte „Abwrackprämie" sowie die zusätzlichen Rabattangebote der Hersteller werden den Abwärtstrend auf dem Automobilmarkt aller Wahrscheinlichkeit nach nur zum Teil aufhalten können. Vielmehr ist zu erwarten, dass weitere Kapazitäten abgebaut werden und sich der Konsolidierungsprozess – insbesondere in der Zuliefererbranche – fortsetzt.

Bau

Ende 2008 sind die Verkaufszahlen im Neubau parallel zum Rückgang des Verbrauchervertrauens und der zunehmenden Kreditverknappung eingebrochen. Angesichts des abwartenden Käuferverhaltens haben sich die Immobilienpreise nach unten entwickelt (um ca. 5%). Die Erhöhung der Lagerbestände (15 Monate im November 2008) hat im gleichen Zeitraum zu einem drastischen Rückgang der Baugenehmigungen und Baubeginne geführt, wodurch sich für 2009 ein negativer Trend im Baugewerbe und bei den Immobilienverkäufen abzeichnet. Daher ist für die Entwicklung der Immobilienpreise erneut ein Minus in Höhe von 6% bis 10% zu erwarten. Bereits im vergangenen Jahr war die Zahl der Immobiliengeschäfte um nahezu 25% eingebrochen. Ein Ende der Talfahrt ist jedoch nicht in Sicht, so dass zahlreiche Immobilienmakler in die Insolvenz getrieben werden dürften. Lediglich eine weniger restriktive Kreditvergabe könnte die Lage der Branche im laufenden Jahr deutlich verbessern.

Maschinenbau

Das Wachstum der französischen Maschinenbauunternehmen stützt sich auf die dynamischen Exporte. Allerdings zeigte der Auftragseingang Ende 2008 einen Abwärtstrend. Der Maschinen- und Anlagenbau sowie die metallverarbeitende Industrie dürften die Turbulenzen in der Automobilbranche (Werkzeugmaschinen) sowie den Konjunktureinbruch im Baugewerbe (Lastenbeförderung, Systeme der Luft- und Kühltechnik) in der Europäischen Union (61% des Absatzes) und in den

USA (11%) mit voller Härte zu spüren bekommen. Dabei dürfte der Abwärtstrend durch das nachlassende Wachstum in Asien (über 8% der Ausfuhren) sowie die rückläufigen Investitionen in den übrigen Branchen des verarbeitenden Gewerbes (Textil, Möbel, Druck) noch verstärkt werden. Lediglich bei Maschinen für die Landwirtschaft ist ein weiter anhaltendes Wachstum zu erwarten, da sich in einigen Schwellenländern die Mechanisierung der Landwirtschaft fortsetzt.

Eisen und Stahl

Auch diese Branche dürfte unter dem Abschwung leiden, dem ihre wichtigsten Kundenbranchen wie die Automobilindustrie, das Baugewerbe und die Hersteller von Elektrohaushaltsgeräten ausgesetzt sind. Um sich vor zu hohen Lagerbeständen und dem entsprechenden Preiseinbruch zu schützen, haben die Unternehmen ihre Produktion an die Nachfrage angepasst. Obwohl sich der seit Juli 2008 sinkende Preis für Eisenerz günstig für die Eisen- und Stahlhersteller auswirkt, müssen sie sich auf schrumpfende Margen und deutlich niedrigere Ergebnisse einstellen, die jedoch immer noch ein zufriedenstellendes Niveau erreichen sollten.

ZAHLUNGSMITTEL UND FORDERUNGSEINZUG

Zahlungsmittel

Mittlerweile ist nicht mehr der Scheck, sondern die Kreditkarte das am häufigsten verwendete Zahlungsmittel in Frankreich. Die Zahlung mit Schecks ist jedoch ebenfalls noch immer weit verbreitet. Im Jahr 2007 machten Zahlungen per Kreditkarte 39,7% des Gesamtumsatzes der Zahlungsvorgänge im Bankverkehr aus, 23,6% entfielen auf den Scheck.

Wenn ein Scheck nicht innerhalb einer Frist von 30 Tagen nach der ersten Einreichung gedeckt ist, kann der Scheckinhaber gegen Vorlage eines Zahlungsverweigerungsbelegs der Bank, den diese nach der zweiten nicht erfolgreichen Vorlage ausstellt, sofort und kostenlos einen vollstreckbaren Titel erlangen, sofern der Schuldner nicht innerhalb einer Frist von 14 Tagen nach Zustellung des Zahlungsbefehls durch einen Gerichtsvollzieher die Zahlung nachweist (Artikel L 131-73 des französischen Geld- und Finanzgesetzbuchs „Code monétaire et financier").

Der Wechsel wird insbesondere im Vergleich zum Scheck immer seltener eingesetzt. Jedoch ist der Gesamtwert der Wechsel nahezu konstant geblieben. Wechsel stellen vor allem bei Unternehmen ein beliebtes Zahlungsmittel dar, da sie durch Diskontierung oder gar Forderungsabzug zur kurzfristigen Finanzierung eingesetzt werden können und zur rechtlichen Durchsetzung der Wechselverbindlichkeit berechtigen. Der Wechsel empfiehlt sich ebenfalls für Ratenzahlungen.

Auch die Überweisung wird weniger häufig als Zahlungsmittel eingesetzt als der Scheck. Doch hat sich der Anteil der Überweisungen am gesamten Interbankengeschäft 2007 mit 16,9% stabilisiert. Somit entfällt der größte Teil des bargeldlosen Zahlungsverkehrs in Frankreich auf den Scheck (34,4%) und die Überweisung (38,9%).

Das von den französischen Banken verwendete SWIFT-System bietet sich als rasches und sicheres Zahlungsmittel an, unter der Bedingung, dass zwischen den Geschäftspartnern ein Vertrauensverhältnis besteht.

Forderungseinzug

Seit dem Gesetz über Neuregelungen für die Wirtschaft vom 15. Mai 2001 fallen ab dem ersten Tag nach der auf der Rechnung oder im Vertrag vermerkten Fälligkeit automatisch Verzugszinsen an.

Der heranzuziehende Zinssatz und die Anwendungsmodalitäten sind in den Allgemeinen Geschäftsbedingungen anzugeben. In Ermangelung einer solchen Vereinbarung wird der jeweils letzte Refinanzierungssatz der Europäischen Zentralbank zugrunde gelegt, zu dem 7 Prozentpunkte hinzugerechnet werden.

Bevor Rechtsmittel eingelegt werden, ist der Schuldner grundsätzlich in Verzug zu setzen und zur Zahlung der Hauptschuld sowie der vertraglich vereinbarten bzw. gesetzlich festgelegten Verzugszinsen aufzufordern. Hierbei ist zur berücksichtigen, dass seit dem 19. Juni 2008 die Verjährungsfrist im gemeinen Recht sowohl bei zivilen als auch bei handelsrechtlichen Angelegenheiten auf fünf Jahre reduziert ist. Die Frist beginnt mit „dem Tag, an dem dem Rechtsinhaber die Tatsachen bekannt sind oder hätten bekannt sein können".

Handelt es sich um eine vertraglich begründete und unstrittige Geldforderung, so kann über einen Mahnbescheid durch Ausfüllen eines Vordrucks auf unkomplizierte Weise, und ohne dass sich der Gläubiger zum zuständigen Amts- oder Handelsgericht am Sitz des Schuldners begeben muss, eine richterliche Verfügung erwirkt werden. Der Mahnbescheid wird durch einen Gerichtsvollzieher zugestellt. Der Schuldner kann innerhalb eines Monats Widerspruch einlegen.

Bei der einstweiligen Anordnung einer Vorschusszahlung handelt es sich um ein beschleunigtes Verfahren, auf das der Gläubiger im Falle einer weitgehend unstrittigen Forderung unverzüglich zurückgreifen kann. In diesem Fall kann der Richter dem Antragsteller eine Vorschusszahlung bewilligen, die bis zu 100% der Forderungshöhe betragen kann. Es besteht bei diesem Verfahren allerdings Anwaltspflicht. Wird gegen die Forderung Widerspruch eingelegt, prüft der für die einstweilige Anordnung zuständige Richter in einem beschleunigten Verfahren die Rechtmäßigkeit des Widerspruchs. Er kann sich gegebenenfalls als Richter für unzuständig erklären und den Antragsteller zu einer Klage in der Hauptsache auffordern.

Die Verhandlung in der Hauptsache zur Feststellung der Rechtmäßigkeit der Forderung ist aufgrund des Verfahrensgrundsatzes des rechtlichen Gehörs und der zahlreichen Verfahrensschritte (Vorlage der Beweisurkunden, Einreichung der Schlussforderungen der Parteien, Untersuchung der Beweismittel, Abweisung zur weiteren Ermittlung des Sachverhalts und schließlich der Anhörung des Plädoyers) langwierig und dauert mindestens ein Jahr. Je nach Höhe der Forderung und Bonität des Schuldners kann mit dieser gerichtlichen Klage ein Antrag auf Maßnahmen des einstweiligen Rechtsschutzes für verfügbare Vermögenswerte einhergehen, womit die Interessen des Antragstellers bis zur Urteilsvollstreckung geschützt werden sollen. •

Georgien

Bevölkerung (Mio Einwohner): **4,4**
BIP (Mio US$): **10.176**

Coface-Bewertungen
Kurzfristiges Risiko: **C**
Geschäftsumfeld: **C**
Mittelfristiges Risiko: **hoch**

RISIKOEINSCHÄTZUNG

Der Militärkonflikt mit Russland im Sommer 2008 hat das dynamische Wachstum gestoppt. Georgien ist zudem stark von ausländischem Kapital abhängig: 2008 entsprach das Defizit der Leistungsbilanz 21% des BIP, und die Devisenreserven sind mit zwei Importmonaten sehr niedrig. Um die negativen Folgen des Konflikts abzuschwächen, hat Georgien im Rahmen einer Stand-by-Vereinbarung mit dem IWF im September 2008 eine bis März 2010 befristete Unterstützung erhalten. Zudem wurden bei der Geberkonferenz im Oktober 2008 Hilfsgelder in Höhe von 4,55 Mrd US$ bewilligt. Dennoch dürfte die Wirtschaft 2009 durch die Auswirkungen des Konflikts geschwächt bleiben. Vor dem schwierigen nationalen und internationalen Hintergrund dürfte Georgien Mühe haben, ausländische Investoren anzuziehen, insbesondere im Bereich der Privatisierungen. Die Deviseneinnahmen aus der Touris-musbranche, die durch die politische Situation angeschlagen ist, und aus dem Export von Eisen, Zement und Wein sind völlig unzureichend, um Güter und Ausrüstung für den Wiederaufbau zu finanzieren. Aus diesem Grund ist Georgien stark auf internationale Hilfe angewiesen.

Georgien war es seit 2007 gelungen, seine Ausfuhren in Richtung Türkei und Europa zu verstärken. Doch es wird schwieriger, aus der geographischen Lage zwischen dem Westen und Zentralasien Profit zu ziehen. Die Spannungen zwischen Georgien und Russland trüben trotz Waffenruhe die Aussichten. Die Anerkennung der beiden separatistischen Regionen durch Moskau, während die EU erneut ihre Absicht bekräftigt hat, sie nicht anzuerkennen, und die Schwächung des georgischen Präsidenten, der nach Meinung der Opposition den Krieg falsch eingeschätzt hat, deuten darauf hin, dass eine Destabilisierung erneut möglich ist. •

Wichtige Kennzahlen

	2004	2005	2006	2007	2008 (S)	2009 (P)
Reales Wirtschaftswachstum (%)	5,9	9,6	9,4	12,4	3,5	4,0
Inflation (%)	7,5	6,2	8,8	11,0	8,0	8,0
Staatshaushalt (Saldo in % des BIP)	−0,2	−2,4	−3,0	−4,7	−6,3	−3,8
Ausfuhren (Mio US$)	1.272	1.472	1.667	2.104	2.485	2.750
Einfuhren (Mio US$)	1.991	2.686	3.686	4.981	5.976	6.270
Handelsbilanz (Saldo in Mio US$)	−719	−1.214	−2.019	−2.877	−3.491	−3.520
Leistungsbilanz (Saldo in % des BIP)	−8,4	−9,8	−15,9	−20,0	−20,8	−18,7
Auslandsverschuldung (in % des BIP)	36,2	27,1	30,0	30,7	34,6	41,1
Schuldendienst (in % der Ausfuhren)	8,3	6,6	6,2	5,4	11,0	11,7
Währungsreserven (in Monatsimporten)	1,7	1,6	1,9	2,3	2,1	2,6

(S): Schätzung. (P): Prognose.   Quelle: Coface.

Griechenland

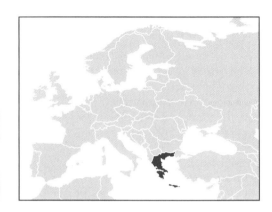

| Bevölkerung (Mio Einwohner): | **11,2** |
| BIP (Mio US$): | **360.031** |

Coface-Bewertungen	
Kurzfristiges Risiko:	**A3**
Geschäftsumfeld:	**A2**

RISIKOEINSCHÄTZUNG

Griechenland erlebte 2008 einen Konjunktureinbruch, der mit einem deutlichen Rückgang der Binnennachfrage einherging. Die Privathaushalte drosselten vor dem Hintergrund einer steigenden Inflationsrate ihre Konsumausgaben, und die Investitionen gingen auch wegen des Abschwungs im Wohnungsbau stark zurück. Die Ausfuhren (Tourismus und Handelsschifffahrt) wurden vom Rückgang der Auslandsnachfrage und dem schrumpfenden Welthandel in Mitleidenschaft gezogen. Durch den Rückgang der Importe konnte das sehr ausgeprägte Defizit der Leistungsbilanz leicht abgebaut werden. Die hohe Staatsverschuldung wurde wie bereits in den vorangegangenen Jahren mit Hilfe von Privatisierungseinnahmen weiter verringert.

Wenig Handlungsspielraum für den Staat

Für 2009 ist eine weitere Abschwächung der Konjunktur zu erwarten, der die grundlegenden Strukturschwächen des Landes noch deutlicher aufdecken dürfte. Die griechischen Banken, die mit einem hohen Währungsrisiko in bestimmten Ländern Südosteuropas zu kämpfen haben, werden ihre Darlehenskonditionen für Privathaushalte voraussichtlich verschärfen. Das Vertrauen der Verbraucher dürfte weiter unter den gesellschaftlichen Spannungen und dem Wiederanstieg der Arbeitslosigkeit leiden. In der Folge ist mit einem weiteren Rückgang der Konsumausgaben zu rechnen. Der erschwerte Zugang zu Krediten dürfte sich sowohl auf die Wohnungsbauinvestitionen als auch auf die Investitionsausgaben der Unternehmen nachteilig auswirken. Dass die Unternehmen ihre Ausgaben nicht noch stär-

Wichtige Kennzahlen

	2004	2005	2006	2007	2008 (S)	2009 (P)
Reales Wirtschaftswachstum (%)	4,7	3,7	4,3	4,0	2,0	−1,0
Konsumausgaben (Veränderung in %)	4,4	3,7	3,8	3,2	2,2	0,3
Investitionen (Veränderung in %)	5,8	0,2	12,9	4,4	−12,0	−9,6
Inflation (%)	2,9	3,5	3,2	3,0	4,2	2,5
Arbeitslosenquote (%)	10,5	9,8	8,9	8,1	7,8	8,6
Kurzfristiger Zinssatz (% p.a.)	2,1	2,2	3,0	4,5	4,6	1,9
Staatshaushalt (Saldo in % des BIP)	−7,9	−5,5	−2,5	−3,5	−3,5	−3,7
Staatsverschuldung (in % des BIP)	98,4	98,0	95,3	94,5	94,0	96,2
Ausfuhren (Veränderung in %)	11,7	2,8	5,4	5,9	3,1	−1,1
Einfuhren (Veränderung in %)	9,3	−1,3	9,8	7,0	−3,2	−1,6
Leistungsbilanz (Saldo in % des BIP)	−7,6	−9,0	−11,1	−14,1	−13,3	−11,0

(S): Schätzung. (P): Prognose.

Quelle: Coface.

ker zurückfahren, ist auf die Durchführung von großen Infrastrukturprojekten zurückzuführen, die teilweise aus europäischen Strukturhilfefonds finanziert werden. In Anbetracht der schrumpfenden Unternehmensgewinne dürfte es jedoch schwieriger werden, öffentlich-private Partnerschaften (ÖPP) zu bilden.

Die rückläufige Nachfrage aus Europa und die steigenden Produktionskosten werden voraussichtlich zu einer Verringerung des Exportvolumens führen. Nach dem im Herbst 2008 verabschiedeten Rettungsplan für das Bankensystem dürfte der griechische Staat kaum noch über weiteren Handlungsspielraum verfügen, da die Staatsverschuldung und das Haushaltsdefizit bereits über den zulässigen Richtwerten liegen.

Etliche Branchen unter Druck

Der Konjunkturrückgang im Inland und im europäischen Ausland, gepaart mit restriktiveren Darlehenskonditionen, dürfte die Margen der Unternehmen 2009 zusammenschmelzen lassen. Vor diesem Hintergrund bekommen die besonders anfälligen Unternehmen verstärkt den Druck der hohen Lohnkosten zu spüren. Für etliche Branchen gilt eine unsichere Prognose: Dies betrifft insbesondere Unternehmen in Tourismus, Landwirtschaft und Handel, bei denen es sich häufig um Familienbetriebe handelt, aber auch die Automobilwirtschaft (Zulieferer und Vertragshändler), die metallverarbeitende Industrie, den Wohnungsbau (Bauunternehmen, Marmorverarbeitung etc.), die Hersteller von Büromaterial und IT-Zubehör, das Maschinenbaugewerbe sowie Textil-, Bekleidungs- und Lederindustrie.

ZAHLUNGSMITTEL UND FORDERUNGSEINZUG

Zahlungsmittel

Der Wechsel ist ein häufig verwendetes Zahlungsmittel sowohl im nationalen als auch im internationalen Geschäftsverkehr. Seit dem 1. Januar 2002 besteht für Wechsel und Solawechsel keine Versteuerungspflicht mehr. Wird der Wechsel nicht beglichen, so erfolgt innerhalb von zwei Werktagen nach Fälligkeit der Forderung Wechselprotest durch einen Notar.

Auch der Scheck wird in internationalen Geschäftsbeziehungen häufig als Zahlungsmittel verwendet, obgleich ihn griechische Unternehmen eher als Kreditmittel bei Ratenzahlungen nutzen. Daher ist der nachdatierte, von mehreren Gläubigern indossierte Scheck weit verbreitet. Der Aussteller eines ungedeckten Schecks kann strafrechtlich belangt werden, sofern Klage eingereicht wird.

Ein weiteres typisches Zahlungsmittel in Griechenland ist der *Promissory Letter (hyposhetiki epistoli),* der in internationalen Geschäftsbeziehungen häufig eingesetzt wird. Hierbei handelt es sich um eine schriftliche Anerkennung der Zahlungsverpflichtung, die dem Gläubiger durch die Bank des Kunden zugestellt wird und mit der sich der Kunde zur Zahlung innerhalb der vertraglich vereinbarten Frist verpflichtet.

Dieses Zahlungsmittel erweist sich als sehr effizient, da es ein tatsächliches Schuldanerkenntnis von Seiten des Käufers darstellt. Allerdings wird der *Promissory Letter* nicht als Handelswechsel betrachtet und unterliegt daher nicht den Bestimmungen des Wechselrechts.

Auch die schnelle und sichere Überweisung per SWIFT-System, das im griechischen Bankwesen etabliert ist, stellt ein weitverbreitetes Zahlungsmittel dar.

Forderungseinzug

Der Forderungseinzug beginnt mit einer dem Schuldner per Einschreiben zugestellten Mahnung, in der er auf seine Zahlungsverpflichtungen und die vertraglich vereinbarten bzw. gesetzlich festgelegten Verzugszinsen hingewiesen wird.

Seit Inkrafttreten der Präsidialverordnung vom 5. Juni 2003 können ab dem ersten Tag nach dem in der Rech-

Index der Zahlungsausfälle
(Gleitender Zwölfmonatsdurchschnitt;
Basis: Welt 1995 = 100)

Griechenland

Welt

1997 1998 1999 2000 2001 2002 2003 2004 2005 2006 2007 2008 2009

Quelle: Coface.

nung genannten oder vertraglich vereinbarten Zahlungstermin Verzugszinsen geltend gemacht werden. Wenn von den Geschäftspartnern nichts Anderweitiges vorgesehen ist, so erfolgt deren Berechnung nach dem Refinanzierungssatz der Europäischen Zentralbank, zu dem 7 Prozentpunkte hinzukommen.

Der Gläubiger kann über einen ortsansässigen Anwalt bei Gericht einen Mahnbescheid *(diataghi pliomis)* beantragen. Hierbei handelt es sich um ein beschleunigtes Verfahren, das nach Einreichung des Antrags ungefähr einen Monat in Anspruch nimmt.

Zur Anstrengung dieses Verfahrens muss sich der Gläubiger im Besitz eines Schriftstücks befinden, das seine Forderung gegenüber dem Kunden belegt, etwa ein akzeptierter unbezahlter Wechsel, ein unbezahlter *Promissory Letter* oder Solawechsel, ein Schuldanerkenntnis in Form einer privatschriftlichen Urkunde, das Original einer Rechnung, in der die verkauften Güter detailliert aufgeführt sind und der Käufer durch seine Unterschrift den Wareneingang bestätigt, oder das Original eines abgezeichneten Lieferscheins.

Richterliche Anordnungen ermöglichen eine sofortige Vollstreckung, wobei dem Beklagten eine Einspruchsfrist von 15 Tagen zur Verfügung steht.

Allgemein hat ein Einspruch keine aufschiebende Wirkung. Will der Schuldner die Aussetzung der Vollstreckung erwirken, hat er anschließend bei Gericht einen entsprechenden Antrag zu stellen.

Seit dem 1. Oktober 2003 gilt eine Neuregelung der richterlichen Zuständigkeit. Bei Forderungen bis zu einer Höhe von 12.000 EUR ist das Friedensgericht *(Eirinodikeio)* zuständig. Bei Forderungen bis zu einer Höhe von 80.000 EUR entscheidet das Amtsgericht mit einem Richter *(Monomeles Protodikeio)* bzw. drei Richtern *(Polymeles Protodikeio)*, wenn dieser zweite Betrag überschritten wird.

Bei dem letztgenannten Kollegialgericht schreibt die Zivilprozessordnung seit September 2002 einen vorherigen gütlichen Einigungsversuch zwischen den Parteien vor, bei dem der Anwalt des Antragstellers die Federführung innehat. Anderenfalls ist die richterliche Ladung nicht statthaft.

In Ermangelung einer offenkundigen schriftlichen Anerkennung der Forderung seitens des Schuldners oder in strittigen Fällen stellt das herkömmliche Verfahren das letzte Rechtsmittel dar.

Aufgrund der Überlastung der Gerichte und je nach Schwierigkeit der Rechtssache kann ein solches Verfahren ein bis zwei Jahre in Anspruch nehmen, da für den korrekten Verfahrensablauf die von beiden Parteien festgelegten Beweismittel sowie sämtliche Dokumente, die mit dem Geschäftsabschluss zusammenhängen, beigebracht und Zeugen vernommen werden müssen. •

Großbritannien

Bevölkerung (Mio Einwohner):	**61,0**
BIP (Mio US$):	**2.727.806**

Coface-Bewertungen
Kurzfristiges Risiko:	**A3**
Geschäftsumfeld:	**A1**

STÄRKEN

▲ Dank der nur mäßig hohen Staatsverschuldung vor der Krise verfügt die Regierung über ausreichend Handlungsspielraum, um die Konjunktur durch staatliche Investitionen anzukurbeln.

▲ Auch die Finanzkrise dürfte die wirtschaftliche Bedeutung der Londoner City – mit ihren vielen Finanzinstituten der größte Finanzplatz Europas – nicht ernsthaft gefährden.

▲ Der deutliche Wertverlust des Britischen Pfund dürfte die Exportwirtschaft ankurbeln, sobald die Krise überwunden ist.

▲ Das Land verfügt über international gut aufgestellte Unternehmen in Branchen mit hoher Wertschöpfung, z.B. in der Biotechnologie, der Elektronik sowie der Luft- und Raumfahrtindustrie.

▲ Großbritannien ist in der Lage, drei Viertel seines Energiebedarfs aus eigenen Erdöl- und Erdgasvorkommen zu decken.

▲ Die Unternehmen verfügen über eine relativ hohe Eigenkapitalquote.

▲ Trotz der einwanderungsbedingten Zunahme der Erwerbsbevölkerung und der Wirtschaftskrise verhindern ein flexibler Arbeitsmarkt und eine leistungsfähige Arbeitsvermittlung einen allzu starken Anstieg der Erwerbslosigkeit.

SCHWÄCHEN

▼ Die Wirtschaft ist in hohem Maß von der Finanzdienstleistungsbranche und dem Baugewerbe abhängig (20% bzw. 7% der Beschäftigten).

▼ Die Konjunktur in der Londoner City unterliegt den Schwankungen der internationalen Finanzmärkte.

▼ Die Handelsbilanz weist ein hohes Defizit aus, das u.a. auf die wenig entwickelten Handelsbeziehungen zu den Schwellenländern zurückzuführen ist und durch den Überschuss in der Dienstleistungsbilanz und bei den Kapitaleinkünften nicht ausgeglichen werden kann.

▼ Da Großbritannien lediglich 60% seines Lebensmittelbedarfs selbst produziert, sind angesichts des Kursverfalls der britischen Währung Kostensteigerungen bei den Lebensmittelimporten aus den übrigen EU-Ländern zu erwarten.

▼ Die Produktivität leidet unter Mängeln bei den öffentlichen Dienstleistungen und der staatlichen Infrastruktur (Bildung, Forschung und Verkehr).

▼ Die große Schuldenlast der Unternehmen und Privathaushalte wird teilweise getilgt werden müssen.

▼ Selbst unter dem Eindruck der Wirtschaftskrise ist die Dynamik im Großraum London deutlich höher als in den Regionen Nordengland, Wales und Schottland.

RISIKOEINSCHÄTZUNG

Der negative Einfluss der Finanz- und Immobilienkrise auf die Ausgaben von Privathaushalten und Unternehmen dürfte 2009 zu einer Rezession führen.

Binnennachfrage schrumpft

Die Preise für Wohnimmobilien befinden sich auf einer rasanten Talfahrt und könnten um bis zu 30% sinken. In Verbindung mit der Verschärfung der Darlehenskonditionen dürfte dies die Privathaushalte unter Druck setzen, die mit durchschnittlich 170% ihres verfügbaren Einkommens verschuldet sind. Ebenso negative Auswir-

Wichtige Kennzahlen

	2004	2005	2006	2007	2008 (S)	2009 (P)
Reales Wirtschaftswachstum (%)	3,3	1,9	2,8	3,0	0,7	−3,3
Konsumausgaben (Veränderung in %)	3,4	1,4	2,1	3,0	1,5	−2,5
Investitionen (Veränderung in %)	4,9	1,3	−4,0	9,8	−3,0	−9,0
Inflation (%)	1,3	2,0	2,3	2,3	3,6	0,5
Arbeitslosenquote (%)	4,7	4,8	5,5	5,3	5,6	7,5
Kurzfristiger Zinssatz (% p.a.)	4,6	4,7	4,8	6,0	5,7	1,9
Staatshaushalt (Saldo in % des BIP)	−3,3	−3,3	−2,7	−2,7	−5,2	−10,0
Staatsverschuldung (in % des BIP)	40,4	42,1	43,0	43,0	50,0	63,0
Ausfuhren (Veränderung in %)	4,9	8,2	10,3	−4,5	1,0	−4,0
Einfuhren (Veränderung in %)	6,6	7,1	9,8	−1,9	0,0	−3,0
Leistungsbilanz (Saldo in % des BIP)	−1,6	−2,5	−3,2	−3,8	−2,0	−2,5

(S): Schätzung. (P): Prognose.

Quelle: Coface.

kungen sind von der nachlassenden Dynamik auf dem Arbeitsmarkt und dem entsprechenden Anstieg der Arbeitslosigkeit (Finanzdienstleistungen und Bau) zu erwarten. Selbst mit den beschlossenen staatlichen Konjunkturhilfen (Steuersenkungen für Geringverdiener, höhere Sozialleistungen für Familien, Senkung der Mehrwertsteuer um 2,5%), die zu einer weiteren Verringerung des Preisniveaus beitragen dürften, wird sich der Abwärtstrend voraussichtlich nicht umkehren lassen. Das Jahr 2009 wird vermutlich von der Entschuldung und einer steigenden Sparquote geprägt sein.

Die Wohnungsbauinvestitionen und die Investitionen der Unternehmen dürften weiter zurückgehen. Das krisengeschüttelte Bankensystem wird die starke Senkung der Leitzinsen und die Liquiditätserhöhung durch die Bank of England vermutlich nicht dazu nutzen, um seinen Kunden möglichst schnell günstigere Kreditangebote zu unterbreiten. Es ist allerdings zu erwarten, dass die den Banken gewährten Staatsgarantien auf Investitionsdarlehen für kleine und mittlere Unternehmen sowie ein zweijähriger Zinsaufschub für Immobiliendarlehen bei plötzlichen Lohnausfällen Wirkung zeigen und den Konjunktureinbruch abfedern.

Unternehmen unter Druck

Vor dem Hintergrund einer sich stetig verschlechternden Wirtschaftslage geraten die Unternehmen auch finanziell unter Druck. Dies gilt insbesondere für Baugewerbe, Immobiliendienstleister, Verkehr, Maschinenverleih, Handel (Einrichtungshäuser, Automobilhändler, Vertrieb von Unterhaltungselektronik und Bekleidung) sowie den Inländertourismus, da diese Branchen besonders unter der Zurückhaltung der Verbraucher zu leiden haben. Angesichts des harten Wettbewerbs im Einzelhandel sind in dieser Branche die größten Risiken zu erwarten.

Der Großraum London dürfte angesichts der beträchtlichen Bedeutung von Finanz- und Baubranche für seine Wirtschaftsleistung am stärksten betroffen sein. Trotz aller Widrigkeiten sind jedoch auch einige positive Entwicklungen zu verzeichnen: Die Kursverluste beim Britischen Pfund wirken sich voraussichtlich günstig auf die Exportwirtschaft aus, und die Konjunktur im Hoch- und Tiefbau profitiert von der staatlichen Unterstützung für kurzfristige Finanzierungen, den weiteren Bauprojekten im Vorfeld der Olympischen Spiele 2012 sowie einer Beschleunigung der staatlichen Programme für Infrastruktur und sozialen Wohnungsbau.

Index der Zahlungsausfälle
(Gleitender Zwölfmonatsdurchschnitt;
Basis: Welt 1995 = 100)

Welt

Großbritannien

1997 1998 1999 2000 2001 2002 2003 2004 2005 2006 2007 2008 2009

Quelle: Coface.

BRANCHENANALYSE

Einzelhandel: anfälligste Branche

2008 war es für die Unternehmen aufgrund des anhaltend starken Konkurrenzdrucks schwer, die steigenden Kosten für Energie und landwirtschaftliche Rohstoffe an die Verbraucher weiterzugeben. Bei einer Verschlechterung der konjunkturellen Lage ist mit weiteren Unternehmensinsolvenzen zu rechnen, insbesondere bei kleinen oder mittleren regionalen Marktteilnehmern. Investitionen in den Ausbau des Internetvertriebs dürften sich allerdings als lohnend erweisen.

Holz und Möbel: betroffen von der Wohnungsbaukrise

In den vergangenen zwei Jahren hat die Holz- und Möbelindustrie ein regelrechtes Comeback gefeiert, insbesondere dank des Preisanstiegs bei Weichhölzern. Die Wohnungsbaukrise dürfte die Branche jedoch erneut in eine schwierige Lage bringen. Da sich die Lagerbestände nur schwer verkaufen lassen, ist ein Preisverfall zu erwarten. Die britischen Möbelhersteller werden ihre Produktion voraussichtlich deutlich herunterfahren, da der Möbelhandel aufgrund der rückläufigen Absatzzahlen auf dem Binnenmarkt seine Zulieferer verstärkt in Osteuropa sucht.

Landwirtschaft: Ende der Preisschwankungen?

2008 waren zunächst ein Anstieg und dann ein Einbruch der Getreidepreise zu verzeichnen. Für 2009 hofft die Branche nach den beträchtlichen Preisschwankungen auf eine Stabilisierung, von der sich nicht nur die Vieh- und Geflügelzüchter, sondern auch die weiterverarbeitenden Betriebe eine bessere Verhandlungsposition gegenüber dem Handel versprechen.

Automobil: Reparatur und Nachrüstung

Das Jahr 2008 begann mit der Ankündigung, Ford werde Jaguar und Land Rover an Tata verkaufen, und endete mit einem Absatzeinbruch im Inland sowie Produktionskürzungen, Entlassungen und Kurzarbeit. Die großen Rabatte, die auf Automobile gewährt werden, scheinen den Konsum der Verbraucher nicht deutlich beflügeln zu können. Für 2009 ist zu erwarten, dass die konjunkturelle Lage schwierig bleibt. Dies gilt auch für die First-Tier-Lieferanten, die in den letzten Jahren bereits große Umstrukturierungen durchmachen muss-

ten. Lediglich Unternehmen, die sich auf Ersatzteile und die Wartung von Fahrzeugen spezialisiert haben, dürfen mit einem Aufschwung rechnen, da viele Kunden den Kauf neuer Autos weiter aufschieben werden.

IT-Handel: geringe Margen

Obwohl der Umsatz weiter gestiegen ist, stehen die Margen der IT-Unternehmen wegen des starken Wettbewerbs und der Kostensteigerungen weiter unter Druck. Am besten stehen die Großhändler da, denen es gelingt, bevorzugter Lieferant eines Kunden zu werden, doch auch ein großes Absatzvolumen oder das Angebot von Nischenprodukten sind in dieser Branche erfolgverprechend. Es ist zu erwarten, dass viele Firmenkunden ihre Investitionen aufschieben werden, da sie zum einen auf Effizienzsteigerungen und zum anderen auf Kostensenkungen hoffen.

Bau: privater Wohnungsbau in Rezession

2008 ist die Baubranche in eine Rezession eingetreten. Die Durchschnittspreise für Wohnungen waren zum Jahresende bereits um 15% gesunken, und diese Entwicklung dürfte sich fortsetzen. Die Bauunternehmen sind gezwungen, bereits begonnene Bauvorhaben ruhen zu lassen oder fertiggestellte Wohnungen mit hohen Rabatten zu verkaufen. Da die Banken sich selbst in einer schwierigen Lage befinden und somit wenig geneigt sind, die Zinsen zu senken oder das Darlehensvolumen zu vergrößern, ist davon auszugehen, dass sich der Konjunkturrückgang in der Bauwirtschaft 2009 weiter fortsetzt. Daher muss im privaten Wohnungsbau mit weiteren Unternehmensinsolvenzen gerechnet werden. Die übrigen Bereiche der Bauwirtschaft können hingegen mit einer positiven Geschäftsentwicklung rechnen, da im Vorfeld der Olympischen Spiele 2012 zahlreiche Bauvorhaben umgesetzt werden und der Staat weitere Gelder für Infrastruktur, Schulen und Krankenhäuser freigibt.

ZAHLUNGSMITTEL UND FORDERUNGSEINZUG

Zahlungsmittel

Geläufiges Zahlungsmittel ist der Scheck. Er bietet jedoch keine Sicherheit, da seine Nichteinlösung strafrechtlich irrelevant ist. Beim Ausstellen eines Schecks muss die notwendige Deckung nicht gewährleistet werden. Der Scheckaussteller kann die Zahlung des Schecks jederzeit verweigern. Trägt der Scheck den Vermerk RDPR *(Refer to Drawer Please Represent)*, besteht die Möglichkeit, ihn erneut zur Einlösung vorzulegen.

Im Geschäftsverkehr wenig verbreitet ist der Wechsel – nur in Sonderfällen wird er verwendet. Wird der Wechsel bei Fälligkeit nicht eingelöst, muss Protest erfolgen, wenn es sich um einen Auslandswechsel handelt.

Durch das Kontokorrentsystem *(Open Account)* lassen sich bei mehreren aufeinanderfolgenden Geschäften Kosten einsparen. Es lohnt sich jedoch nur, wenn zwischen den Geschäftspartnern Vertrauen besteht. Insbesondere die elektronische SWIFT-Überweisung ist ein im nationalen und internationalen Geschäftsverkehr der großen britischen Banken übliches Zahlungsmittel, das so eine rasche und sichere Bearbeitung ermöglicht.

Es existieren noch zwei weitere stark automatisierte Banküberweisungssysteme, die von den großen Unternehmen im Vereinigten Königreich genutzt werden: BACS *(Bankers' Automated Clearing Services)* und CHAPS *(Clearing House Automated Payment Systems)*.

Forderungseinzug

Der Forderungseinzug erfolgt entweder über ein Inkassounternehmen oder einen Anwalt. Er beginnt mit der Versendung einer Mahnung *(Reminder)*, für gewöhnlich eines sogenannten *Seven Day Letters,* der den Schuldner an seine Vertragspflichten erinnert und neben dem Forderungsbetrag die Verzugszinsen aufführt. Seit dem 1. November 1998 sind auch kleine Unternehmen durch das Gesetz *„The Late Payment of Commercial Debts (Interest) Act 1998"* berechtigt, bei Zahlungsrückständen von größeren Unternehmen und staatlichen Betrieben Verzugszinsen zu fordern. Das Gesetz wurde in Stufen verabschiedet, die letzte ist seit dem 7. August 2002 gültig. Jede Handelsgesellschaft kann seither bei Zahlungsausfall Zinsen in Rechnung stellen.

Soweit von den Parteien nichts anderes vereinbart wird, gilt für Verzugszinsen der am Tag vor dem Bezugshalbjahr geltende Basiszins *(Dealing Rate)* der Bank of England zuzüglich 8 Prozentpunkten. Bei der gerichtlichen Einziehung einer Forderung wird bei dem zuständigen Gericht ein Antrag auf Klage *(Claim Form)* gestellt. Eine ausführliche Klageschrift *(Particulars of Claim)* und ent-

sprechende Belege sind beizufügen. Zu beachten ist, dass ein *Summary Judgement* – ein im Rahmen des normalen Verfahrens schneller ergehendes Urteil – zugunsten des Klägers erfolgen kann, wenn nachgewiesen wird, dass der Schuldner keine Möglichkeit hat die Forderung anzufechten, oder wenn es keinen vernünftigen Grund gibt, warum die Angelegenheit nach einem anderen Verfahren durchgeführt werden soll.

Die am 26. April 1999 mit der Einführung der *Civil Procedure Rules* in Kraft getretene Reform der Zivilprozessordnung (die sogenannte *Lord-Woolf-Reform)* wurde von Juristen als großer Fortschritt bei der Bearbeitung von strittigen Forderungen angesehen. Mit dieser neuen Prozessordnung kommt es allmählich zu einer Verkürzung der Verfahrensdauer, da für die Parteien ein starker Anreiz besteht, eine Lösung auf dem Verhandlungsweg zu finden. Dies geschieht entweder direkt oder unter Einschaltung eines Mediators nach dem Alternativverfahren für die Beilegung von Streitigkeiten *(Alternative Dispute Resolution – ADR)*.

Weitere Neuerungen zur Beschleunigung von Verfahren sind drei verschiedene gerichtliche Instanzen *(Small Claims Track, Fast Track und Multi Track)*, deren Zuständigkeit sich nach der Höhe des Streitwerts richtet, die Lockerung des Systems für die Vorlage von Akten und die Suche nach Beweismitteln *(New Disclosure)* sowie die Festlegung eines Verhandlungszeitplans durch das Gericht schon bei Beginn des Verfahrens.

Für die Vollstreckung von Urteilen stehen die üblichen Maßnahmen zur Verfügung (Einschaltung eines Gerichtsvollziehers zur Durchsetzung des vollstreckbaren Titels, Pfändung von Sachen des Schuldnerunternehmens und anschließende Versteigerung). Bei Forderungen von mehr als 750 GBP kann auch eine Zahlungsaufforderung *(Statutory Demand)* offiziell durch den Gläubiger zugestellt werden, an die sich nach Ablauf einer Frist von 21 Tagen, in der weder eine Zahlung erfolgte noch ein Vergleich gesucht oder eine Sicherheit gestellt wurde, ein Antrag auf gerichtliche Liquidation anschließt *(Winding-up Petition)*.

Die Zahlungsaufforderung *(Statutory Demand)* kann zum Einzug unstrittiger Forderungen in gewissem Umfang auch unmittelbar, d.h., ohne zunächst ein Urteil zu erwirken, eingesetzt werden, um eine baldige Reaktion oder Zahlung des Schuldners herbeizuführen. •

Irland

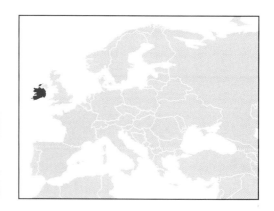

Bevölkerung (Mio Einwohner):	**4,4**
BIP (Mio US$):	**254.970**

Coface-Bewertungen
Kurzfristiges Risiko:	**A3**
Geschäftsumfeld:	**A1**

RISIKOEINSCHÄTZUNG

Das enorme Ausmaß der Immobilienkrise und deren negative Folgen für die übrige Wirtschaft haben in Verbindung mit den Auswirkungen der Finanzkrise und der rückläufigen Auslandsnachfrage dazu geführt, dass sich Irland seit Anfang 2008 in der Rezession befindet. Diese dürfte den größten Teil des laufenden Jahres über andauern.

Auswirkungen der Immobilienkrise

Der Investitionsrückgang im Wohnungsbau (mit einem Anteil von 11% am BIP), der bereits 2007 eingesetzt hatte und sich 2009 weiter fortsetzen wird, kostet die Wirtschaft ca. 400 Basispunkte an Wachstum. Die Investitionsausgaben der Unternehmen für Gebäude sowie für Maschinen und Anlagen weisen eine ähnlich

negative Tendenz auf. Diese Entwicklung gilt für irische Firmen genauso wie für die ausländischen Unternehmen, die in den vergangenen Jahren einen wesentlichen Beitrag zum wirtschaftlichen Aufschwung des Landes geleistet haben. Die für 2009 geplante Senkung der öffentlichen Ausgaben, die zumindest für eine gewisse – wenn auch nur sehr geringe – Begrenzung des hohen Haushaltsdefizits sorgen soll, wird sich nachteilig auf die öffentliche Bautätigkeit auswirken.

Der geringe Anstieg der Löhne und Gehälter, der auf die negative Arbeitsmarktentwicklung zurückzuführen ist, lässt den privaten Konsum einbrechen. Darüber hinaus wird der private Verbrauch durch die sinkenden Finanz- und Immobilienvermögen sowie die Steuererhöhungen belastet, die den konjunkturbedingten Rückgang des Steueraufkommens zum Teil kompensieren sollen. Der Anstieg der Arbeitslosigkeit kann nur durch eine mas-

Wichtige Kennzahlen

	2004	2005	2006	2007	2008 (S)	2009 (P)
Reales Wirtschaftswachstum (%)	4,7	6,4	5,7	6,0	−2,0	−6,0
Konsumausgaben (Veränderung in %)	3,7	7,3	7,0	6,1	−0,6	−6,0
Investitionen (Veränderung in %)	7,5	19,9	−6,7	14,0	−14,0	−22,0
Inflation (%)	2,3	2,2	2,7	2,9	3,5	−1,4
Arbeitslosenquote (%)	4,5	4,3	4,4	4,6	6,4	11,0
Kurzfristiger Zinssatz (% p.a.)	2,1	2,2	3,1	4,3	4,6	1,9
Staatshaushalt (Saldo in % des BIP)	1,3	1,7	2,9	0,2	−6,8	−10,0
Staatsverschuldung (in % des BIP)	29,6	27,4	25,0	25,0	46,7	54,0
Ausfuhren (Veränderung in %)	7,3	5,2	5,7	6,8	−3,0	−7,0
Einfuhren (Veränderung in %)	8,5	8,2	6,4	4,1	−2,6	−4,5
Leistungsbilanz (Saldo in % des BIP)	−0,6	−3,5	−3,6	−5,4	−6,0	−4,0

(S): Schätzung. (P): Prognose.

Quelle: Coface.

Index der Zahlungsausfälle
(Gleitender Zwölfmonatsdurchschnitt;
Basis: Welt 1995 = 100)

Quelle: Coface.

sive Eindämmung der Einwanderung begrenzt werden. Immerhin dürfte der Rückgang der Energie- und Lebensmittelpreise die negativen Auswirkungen der Krise etwas abfedern.

Auch die Exporte werden kaum noch einen positiven Beitrag zur Wirtschaftsentwicklung leisten können. Der Rückgang wird 2009 voraussichtlich stärker als bei den Einfuhren ausfallen; bestenfalls werden die Dienstleistungsexporte (mit einem Anteil von 45% an den gesamten Ausfuhren) konstant bleiben. Der Absatz von landwirtschaftlichen Produkten und Fertigerzeugnissen – Pharmazeutika ausgenommen – wird durch die schwache Nachfrage aus den USA (1/5 des Absatzes) und Großbritannien (ebenfalls 1/5 des Absatzes) gebremst. Die deutliche Abwertung des Britischen Pfund stellt in dieser Hinsicht eine zusätzliche Belastung dar.

Anstieg der Insolvenzen

Den an starkes Wachstum gewöhnten Unternehmen macht die Rezession schwer zu schaffen. Der gravierende Anstieg der Unternehmensinsolvenzen im Jahr 2008 (+80%) belegt dies überdeutlich. Die Auswirkungen der Krise sind im Wohnungsbau (v.a. kleine Unternehmen oder Zulieferer), in der Einrichtungsbranche sowie im Transportgewerbe sicherlich am deutlichsten zu spüren. Doch auch der Fachhandel für Möbel, Automobile und Unterhaltungselektronik befindet sich in Schwierigkeiten. Die exportorientierten Branchen, die mehrheitlich von ausländischen Großkonzernen dominiert werden – z.B. die Elektronik- und die Informatikbranche –, werden ebenfalls unter der weltweiten Nachfrageschwäche zu leiden haben. Die Touristiker wiederum müssen mit dem Rückgang der Touristenzahlen aus Nordamerika rechnen. Trotz der in Irland bestehenden Einlagensicherung zögern die irischen Banken angesichts ihrer eigenen Schwäche, notleidenden Unternehmen unter die Arme zu greifen.

ZAHLUNGSMITTEL UND FORDERUNGSEINZUG

Zahlungsmittel

Der Wechsel wird zwischen irischen Geschäftspartnern kaum verwendet, im internationalen Geschäftsverkehr wird er gelegentlich eingesetzt.

Der Scheck wird definiert als „ein auf eine Bank gezogener Wechsel, der bei erster Vorlage zahlbar ist". Er wird häufiger eingesetzt als der Wechsel. Da die Ausstellung eines ungedeckten Schecks keinen Straftatbestand erfüllt, bietet er jedoch keine absolute Zahlungssicherheit.

Die schnelle und effiziente Überweisung per SWIFT-System, an das die irischen Banken angeschlossen sind, stellt hingegen ein häufig verwendetes Zahlungsmittel dar. Auch die Zahlungsanweisung über die Internetsite der Bank des Kunden findet zunehmend Verbreitung.

Forderungseinzug

Gewöhnlich beginnt der Forderungseinzug durch eine dem Schuldner per Einschreiben zugestellte Mahnung, den sogenannten „Seven Day Letter". In dieser wird er aufgefordert, den Forderungsbetrag zuzüglich der gegebenenfalls vertraglich vereinbarten Verzugszinsen zu begleichen.

Falls es zu diesem Punkt keine präzise Vertragsklausel gibt, so gilt als Referenzsatz für nach dem 7. August 2002 geschlossene Handelsverträge der vor dem 1. Januar bzw. 1. Juli des betreffenden Jahres in Kraft befindliche Refinanzierungssatz der Europäischen Zentralbank zuzüglich 7 Prozentpunkten, der jeweils auf einen Verzugstag umgerechnet wird (Regulation Nr. 388 of 2002).

Bei Forderungen, die höher sind als 1.270 EUR, kann dem Schuldner auch mit einem gerichtlichen Konkursverfahren gedroht werden, wenn er die offene Forderung nicht innerhalb einer Frist von drei Wochen nach Versendung der Zahlungsaufforderung, der sogenannten „21 day Notice", beglichen oder einen Vergleich geschlossen hat. In diesem Falle gilt er als zahlungsunfähig (*Companies Act 1963*, geändert im Jahr 1990, Abschnitt 214).

Das irische Recht und das Justizwesen gehen zu einem großen Teil auf das britische *„Common Law"* zurück, wenngleich sich im Laufe der Jahrzehnte eine eigene nationale Gesetzgebung entwickelt hat.

Bei einem herkömmlichen Gerichtsverfahren kann der Gläubiger bei Gericht ein *„Summary Judgement"* beantragen, wodurch er schneller einen vollstreckbaren Titel erlangen kann. Voraussetzung ist allerdings, dass er über einen Nachweis seiner Forderung (Vertrag, Schuldanerkenntnis, unbezahlter Wechsel etc.) verfügt und der Schuldner keine Möglichkeit hat, die Klage tatsächlich anzufechten.

Reagiert der Beklagte nicht in der vorgeschriebenen Frist auf die Vorladung *(Plenary Summons* oder *Summary Summons* vor dem *High Court, Civil Bill* vor dem Circuit Court oder auch *Civil Summons* vor dem *District Court)*, kann der Gläubiger ohne Gerichtsprozess unmittelbar ein Urteil in Abwesenheit des Beklagten erlangen, das sich auf die Ausstellung eines Affidavits stützt und demnach *„Affidavit of Debt"* genannt wird.

Bei diesem *Affidavit of Debt* handelt es sich um eine eidesstattliche Erklärung des Klägers, der schwört, dass seine Angaben über den Betrag und die Herkunft der ausstehenden Forderung wahrheitsgetreu sind. Die Unterschrift des Klägers muss von einem Notar oder einem irischen Konsulat beglaubigt werden.

Welches Gericht jeweils zuständig ist, richtet sich nach dem Streitwert: In Frage kommen der *District Court,* der *Circuit Court* oder der *High Court* in Dublin. Dieses Gericht ist bei Streitwerten von mehr als 38.092,14 EUR unbeschränkt zuständig und kann zivil- und strafrechtliche Verfahren durchführen sowie in erster Instanz über die Verfassungsmäßigkeit von Gesetzen befinden, die vom Parlament *(Oireachtais)* verabschiedet wurden. Seit dem 12. Januar 2004 existiert in Irland ein Handelsgericht. Als spezielle Abteilung des High Court ist es für Fälle des Handelsrechts mit einem Streitwert höher als 1 Mio EUR zuständig, die Gegenstand einer sogenannten *Commercial List* sind. Ferner erstreckt sich der Zuständigkeitsbereich dieser Institution auf Rechtsfälle, die das geistige Eigentum betreffen. Durch die Schaffung dieses Gerichts soll eine genaue und rasche Bearbeitung der Fälle gewährleistet werden.

Falls der Beklagte zur Vorladung erscheint und die Zahlung unter Berufung auf seine Rechte verweigert, wird das ordentliche Verfahren *(Plenary Proceedings)* eingeleitet, das starker formalisiert ist. Hierbei werden die Untersuchung der von den Parteien vorgelegten Dokumente (wobei auf das sogenannte Discovery-Verfahren zur Beibringung von Beweisen zurückgegriffen werden kann), die Plädoyers der Anwälte und die mündlichen Zeugenaussagen bei der Hauptverhandlung gleichwertig behandelt.

Bei Streitsachen, die in den Zuständigkeitsbereich des *District Court* fallen (Streitwert unter 6.348,69 EUR), gilt ein vereinfachtes schriftliches Verfahren, bei dem die Anhörung der jeweiligen Zeugen der Parteien im Mittelpunkt steht. •

Island

Bevölkerung (Einwohner):	**304.367**
BIP (Mio US$):	**19.510**

Coface-Bewertungen	
Kurzfristiges Risiko:	**A4**
Geschäftsumfeld:	**A1**

RISIKOEINSCHÄTZUNG

Zusammenbruch des Finanzsystems

Mit einer Auslandsverschuldung in Höhe von 550% des BIP (und einem Anteil der Banken von 85%) befand sich Island in einer heiklen Lage, als sich die Finanzkrise im September 2008 verschärfte. Angesichts des Misstrauens der Märkte verfügte die Regierung zu diesem Zeitpunkt über keinerlei Mittel und Wege, um den Zusammenbruch des Bankensystems, dessen Vermögenswerte sich auf das Zehnfache des BIP beliefen, zu verhindern. Dieser Zusammenbruch mündete in eine tiefe Rezession, aus der die Wirtschaft erst im Laufe des Jahres 2010 wieder herausfinden wird.

Die Kosten für die Sanierung der Banken, deren Kontrolle inzwischen der Staat übernommen hat, sind so hoch, dass das Land sie ohne umfassende internationale Finanzspritzen nicht stemmen kann.

Schrumpfung der Inlandsnachfrage

Die durch den Kurssturz der Isländischen Krone verursachte Explosion der Importpreise, eine hohe Verschuldung, der durch die Inflation stark verteuerte Schuldendienst sowie der Wertverlust des Finanz- und Immobilienvermögens werden höchstwahrscheinlich zu einem drastischen Rückgang des privaten Konsums führen. Damit der Krise auch die Arbeitslosigkeit zurückgekehrt ist und somit wieder mehr Arbeitskräfte zur Verfügung stehen, dürften die Tarifabschlüsse in Zukunft weniger hoch ausfallen.

Wichtige Kennzahlen

	2004	2005	2006	2007	2008 (S)	2009 (P)
Reales Wirtschaftswachstum (%)	7,7	7,1	4,2	4,9	0,0	−12,0
Konsumausgaben (Veränderung in %)	6,8	13,0	4,4	4,3	−5,0	−19,0
Investitionen (Veränderung in %)	34,0	60,0	20,0	−13,7	−21,0	−35,0
Inflation (%)	3,2	4,0	6,8	5,1	13,0	12,0
Arbeitslosenquote (%)	3,1	2,1	1,3	1,0	1,8	8,0
Kurzfristiger Zinssatz (% p.a.)	8,6	10,2	12,0	14,3	16,0	17,0
Staatshaushalt (Saldo in % des BIP)	0,2	5,2	7,0	5,5	−0,5	−14,0
Staatsverschuldung (in % des BIP)	35,0	26,0	29,0	29,0	109,0	109,0
Ausfuhren (Veränderung in %)	8,3	7,0	−5,0	18,0	4,0	0,5
Einfuhren (Veränderung in %)	14,3	29,0	10,0	−1,4	−12,0	−17,0
Leistungsbilanz (Saldo in % des BIP)	−9,9	−16,0	−25,0	−15,0	−18,0	3,0

(S): Schätzung. (P): Prognose.

Quelle: Coface.

Außerdem sind die Preise für Wohnimmobilien viel zu hoch, und zahlreiche Objekte finden keinen Käufer. Deshalb dürfte die Konjunktur im Wohnungsbau genauso einbrechen wie im Büro-, Hotel- und Gewerbebau. Die Fortsetzung der Bautätigkeit an den Aluminiumwerken genügt nicht, um die Fertigstellung der Wasserkraftwerke zu kompensieren. Einzig und allein bei den öffentlichen Ausgaben ist eine Zunahme zu erwarten. Das Haushaltsdefizit und die Staatsverschuldung werden durch die Maßnahmen zur Stützung der Wirtschaft enorm wachsen.

Die negativen Auswirkungen der schwächelnden Inlandsnachfrage werden durch den positiven Beitrag der Exportwirtschaft höchstens abgeschwächt. Der Absatz medizinischer und pharmazeutischer Produkte wird durch die Krise dagegen nur wenig beeinträchtigt. Trotz der weltweit rückläufigen Nachfrage und sinkender Preise dürften bei Fischereiprodukten ebenso gute Exportzahlen erzielt werden wie im Vorjahr. Die Ausfuhr von Aluminiumerzeugnissen wird dank der Produktivitätssteigerung der metallverarbeitenden Betriebe sogar ansteigen. Im Gegensatz dazu dürfte die schrumpfende Binnennachfrage zu einem Einbruch bei den Importen führen.

Durch die wirtschaftliche Depression, die mit einer allgemeinen Kreditverknappung, der Verteuerung von Importen sowie mit Devisenkontrollen (mehrwöchige Wartezeit bei der Beantragung von Devisen) einhergeht, wird sich die Lage der Unternehmen verschlechtern. Da die isländischen Unternehmen im Durchschnitt sehr hoch verschuldet sind und 70% ihrer Verbindlichkeiten auf Fremdwährungen lauten, sind vor allem die Firmen gefährdet, die über keinerlei Deviseneinnahmen verfügen. Hiervon betroffen sind insbesondere das Baugewerbe, der Bereich der Unternehmensdienstleistungen sowie der Handel im Südwesten des Landes, insbesondere in der Region um die Hauptstadt. Im Gegensatz dazu profitieren die Unternehmen im Nordosten von den neu errichteten Aluminiumwerken. Die Fischereibranche dürfte der Krise standhalten können, zumal die Kraftstoffpreise gesunken sind. Die Touristikbranche könnte wegen der sinkenden Preise für Dienstleistungen von steigenden Besucherzahlen aus dem Ausland profitieren.

•

Italien

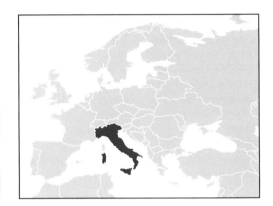

Bevölkerung (Mio Einwohner):	**59,4**
BIP (Mio US$):	**2.107.481**
Coface-Bewertungen	
Kurzfristiges Risiko:	**A3**
Geschäftsumfeld:	**A2**

STÄRKEN

▲ Der gute Ruf einiger Branchen (Luxus, Wohnen, Bekleidung, Lebensmittel) gleicht die hohen Gestehungskosten teilweise aus.

▲ Die in etwa 200 Verbandsbezirken organisierten, flexibel und innovativ agierenden kleinen und mittleren Unternehmen erzielen große branchenspezifische Synergieeffekte.

▲ Der Tourismus verfügt in Italien über großes Potential, so dass das Land mit neuen europäischen Reisezielen Schritt zu halten vermag.

▲ Die Arbeitsmarktreform hat vor der Krise zur Steigerung der Beschäftigung und Verringerung der Arbeitslosigkeit beigetragen, obwohl die Beschäftigtenquote bei Frauen und älteren Arbeitnehmern immer noch sehr gering ist.

SCHWÄCHEN

▼ Der unzureichende Anteil von Artikeln mit hoher Wertschöpfung und technologisch anspruchsvollen Erzeugnissen am Export wirkt sich negativ auf das Auslandsgeschäft aus.

▼ Die fehlenden Mittel für die Forschung, die mangelhafte Beherrschung von Hochtechnologieverfahren durch die Unternehmen und die geringe Zahl an Hochschulabsolventen sind die Ursache für unzureichende Produktivitätsfortschritte.

▼ Steuerhinterziehung und Schattenwirtschaft tragen zu einer dramatischen Staatsverschuldung bei, die den Handlungsspielraum des Staates stark einengt.

▼ Verwaltungs- und Gerichtsverfahren sind trotz der kürzlich durchgesetzten Verbesserungen im Bereich des Konkursrechts langwierig.

▼ Trotz massiver Subventionen ist es Süditalien bisher nicht gelungen, seinen Rückstand aufzuholen.

RISIKOEINSCHÄTZUNG

Die seit 2007 anhaltende Konjunkturflaute in Italien hat sich weiter verstärkt; die Wirtschaftsleistung dürfte im Laufe des Jahres 2009 um 3% zurückgehen. Erst am Jahresende ist mit einer leichten Erholung zu rechnen.

Weiteres schwieriges Jahr steht bevor

Trotz der ansehnlichen Lohn- und Gehaltssteigerungen im Jahr 2008, des Rückgangs der Energiepreise sowie der leicht gefallenen Lebensmittelpreise dürfte der Konsum der Privathaushalte bestenfalls stagnieren. Der private Verbrauch wird durch den Anstieg der Arbeitslosigkeit belastet. Die Zahl der neu geschaffenen Arbeitsplätze stagnierte, bei gleichzeitig steigender Zahl der Erwerbsfähigen. Abgesehen von der Ausgabe einer Sozialkarte für einkommensschwache Haushalte, die zu Preisnachlässen beim Einkauf berechtigt, sowie der Ausweitung staatlicher Zuschüsse auf Angestellte mit befristeten Arbeitsverträgen, können die Verbraucher keine maßgebliche Unterstützung vom Staat erwarten. Dieser hat sich gegenüber der EU verpflichtet, bis 2010 einen ausgeglichenen Staatshaushalt vorzulegen.

In Anbetracht der vergleichsweise niedrigen Verschuldung der Privathaushalte ist ihre Finanzlage jedoch weiterhin als akzeptabel einzustufen. Außerdem ist ein nochmaliger Einbruch des Immobilienmarkts wie im Jahr 2004 nicht zu befürchten. Der etwas günstigere US$-Kurs sowie die moderate Steigerung der Arbeitskosten, die mit den erzielten Produktivitätsfortschritten im Einklang steht, dürfte eine weitere Verschlechterung der Wettbewerbsfähigkeit der Exportwirtschaft verhindern. Eine leichte Erholung des Auslandsgeschäfts wird aber voraussichtlich erst gegen Jahresende eintreten. Ein Grund dafür ist die schwache Nachfrage in den Industrieländern, die den wichtigsten Absatzmarkt für italienische Exporte darstellen.

Eine Steigerung der Investitionen dürfte es nur im öffentlichen Bereich geben, wo die europäischen Subventionen für Infrastrukturvorhaben, Forschung und Umweltschutz nun schneller eingesetzt werden. Angesichts der schwachen Nachfrage, der erschwerten Kreditbedingungen und der sinkenden Rentabilität werden die Unternehmen ihre Ausgaben weiter zurückfahren.

Zahlungsmoral weiterhin unter dem Durchschnitt

In diesem ökonomischen Umfeld hat sich die Zahlungsmoral der Unternehmen, die bereits unter dem weltweiten Durchschnitt lag, erneut verschlechtert. Der sich aus dem gesunkenen US$-Kurs (so er denn nicht wieder steigt) und den niedrigeren Energie- und Rohstoffpreisen ergebende Vorteil wird durch die rückläufige Nachfrageentwicklung wieder zunichtegemacht. Der Umsatz mit Baustoffen (Keramik, Stein, Fliesen) und Gegenständen für die Wohnungsausstattung (Fenster und Türen, Sanitäreinrichtung, elektrische Haushaltsgeräte) entwickelt sich wegen des Formtiefs, in dem sich der Wohnungsbau in vielen Ländern befindet, rückläufig. Der Absatz von Zwischenprodukten, zu denen z.B. Kunststoff, Gummi, chemische Erzeugnisse, Papier oder

Index der Zahlungsausfälle
(Gleitender Zwölfmonatsdurchschnitt; Basis: Welt 1995 = 100)

Quelle: Coface.

Metalle gehören, leidet stark unter der allgemeinen Wirtschaftskrise. In der Automobilindustrie und der Bekleidungsbranche macht sich der stagnierende Konsum negativ bemerkbar. Eine weitere Verschlechterung der Lage dürfte allerdings zu vermeiden sein, da die Unternehmen es gewohnt sind, sich in einem Umfeld mit geringem Wirtschaftswachstum zu bewegen, und da sie nicht allzu hoch verschuldet sind.

BRANCHENANALYSE

Lebensmittel: wachsender Druck auf Lieferanten

Trotz des Preisauftriebs bei den Rohstoffen im ersten Halbjahr erwies sich das Jahr 2008 sowohl im Exportgeschäft als auch auf dem Binnenmarkt als relativ erfolg-

Wichtige Kennzahlen

	2004	2005	2006	2007	2008 (S)	2009 (P)
Reales Wirtschaftswachstum (%)	1,2	0,1	1,9	1,4	–0,6	–3,0
Konsumausgaben (Veränderung in %)	0,7	0,6	1,5	1,5	–0,4	–1,0
Investitionen (Veränderung in %)	2,3	–0,8	2,3	–0,5	–3,0	–10,0
Inflation (%)	2,3	2,1	2,2	2,0	3,4	1,2
Arbeitslosenquote (%)	8,1	7,7	6,8	6,1	6,7	8,0
Kurzfristiger Zinssatz (% p.a.)	2,1	2,2	3,3	4,3	4,6	1,9
Staatshaushalt (Saldo in % des BIP)	–3,5	–4,2	–4,4	–1,5	–2,9	–4,0
Staatsverschuldung (in % des BIP)	104,0	106,0	107,0	107,0	108,0	109,0
Ausfuhren (Veränderung in %)	3,3	–0,5	5,3	4,5	–1,3	–7,0
Einfuhren (Veränderung in %)	2,7	0,5	4,3	4,0	–2,3	–4,0
Leistungsbilanz (Saldo in % des BIP)	–0,5	–1,2	–2,1	–2,5	–2,7	–2,5

(S): Schätzung. (P): Prognose.

Quelle: Coface.

reich. Da jedoch mehrere Abnehmerländer von der Rezession betroffen sind und bei der Inlandsnachfrage ein weiterer Einbruch droht, könnte das 2009 schlechtere Ergebnisse bringen. Darüber hinaus drohen die Probleme des Handels sich negativ auf die Ertragskraft und die Zahlungsziele der Lieferanten auszuwirken, die sich ohnehin in einer schwierigen Lage befinden.

Automobil: geringerer Rückgang bei den italienischen Marken

Der seit Ende 2008 in Italien und anderen europäischen Ländern zu beobachtende Rückgang der Verkaufszahlen dürfte sich auch 2009 fortsetzen. Zwar ist der Einbruch bei den italienischen Automobilherstellern nicht so ausgeprägt wie bei anderen Marken, aber auch sie verzeichnen rückläufige Verkaufszahlen. Die Unsicherheit über die weitere wirtschaftliche Entwicklung sowie die immer strengeren Kreditkonditionen trüben die Kauflaune der Verbraucher.

Bau: Flaute wie überall

Der bereits Anfang 2008 verzeichnete Rückgang der Bauinvestitionen hat zu einer Konjunkturabkühlung geführt, die auch 2009 noch anhalten wird. Durch die Krise waren viele Familien und Unternehmen gezwungen, ihre Bauvorhaben aufzuschieben, und viele Bauwillige sehen sich durch die härteren Darlehenskonditionen behindert. Die Konjunkturabschwächung gilt für den Wohnungsbau genauso wie für den Büro- und Gewerbebau. Im Bereich des Tiefbaus sind die Angaben der Regierung hinsichtlich der zeitlichen Planung und der bereitgestellten Summen für große Bauprojekte widersprüchlich.

Handel: ein weiteres schwieriges Jahr

Die fehlende Kauflaune der Verbraucher zeigt Auswirkungen: Außer bei den Discountern, deren Lage sich noch einigermaßen gut darstellt, stagniert die Branchenkonjunktur. Der von vielen Familien wahrgenommene Kaufkraftverlust und der für 2009 prognostizierte Rückgang des privaten Verbrauchs bringen die großen Ketten in eine schwierige Lage. Über großangelegte Werbe- und Kommunikationskampagnen versuchen sie, der Entwicklung entgegenzuwirken.

Mode: Krise auch im Bereich der Luxusartikel

Der Export schwächelt: Während die Ausfuhren in die Nicht-EU-Länder noch ein halbwegs akzeptables Niveau erreichen, sind die Exporte in die Europäische Union regelrecht eingebrochen, und auch die Verkaufszahlen in Italien selbst lösen keine Begeisterungsstürme aus. Angesichts der zurzeit herrschenden Unsicherheit sind die Aussichten für 2009 für alle Bereiche (Textil, Bekleidung, Pelzwaren und Schuhe) durchweg schlecht. Dies gilt auch für das Marktsegment der Luxusartikel, das sich 2008 noch einigermaßen behaupten konnte.

Maschinenbau: Wachstum in einzelnen Sparten

2008 lagen Licht und Schatten eng beieinander, denn der Export in Nicht-EU-Länder lief gut. 2009 wird die Krise aber voraussichtlich sämtliche Produktkategorien erfassen: So dürften die Hersteller elektrischer Haushaltsgeräte unter der schwachen Nachfrage zu leiden haben, während die Konjunkturabkühlung in den Schwellenländern und die fehlenden Finanzierungsmöglichkeiten in den Industrieländern zu einem Rückgang der Investitionsbereitschaft führen werden. Dies wiederum hat negative Auswirkungen auf die Herstellung von Maschinen und Anlagen für die Industrie. Nur von einigen Teilbranchen gehen positive Signale aus, und zwar von den Unternehmen im Bereich Robotik und den Landmaschinenherstellern.

ZAHLUNGSMITTEL UND FORDERUNGSEINZUG

Zahlungsmittel

Wechsel *(Cambiali)* sind in Italien in Form des gezogenen Wechsels bzw. des Solawechsels gebräuchlich. Diese Titel müssen vom Bezogenen akzeptiert und vor Ort mit 12 Promille ihres Wertes versteuert werden. Wurden sie zuvor im Ausland versteuert, fällt eine Steuer von 6 Promille ihres Wertes an. Im Falle ausstehender Forderungen stellt der Wechsel einen zwangsweise vollstreckbaren Titel dar und ermöglicht eine unmittelbare Zwangsbeitreibung *(Ezecuzione forzata)* beim Schuldner.

Beim akzeptierten Wechsel handelt es sich um ein recht sicheres Zahlungsmittel, das aber in Anbetracht der hohen Wechselsteuer sowie der gemeinhin langen Einzugsfristen eher selten verwendet wird. Ferner wirkt sich ein Wechselprotest für den Bezogenen aufgrund seiner Eintragung bei den Geschäftsstellen der Handelskammern negativ aus.

Auch der Scheck wird seit der Lockerung der Beschränkungen in Bezug auf die Scheckhöhe im April 1990 häufiger als Zahlungsmittel verwendet. Auf Schecks, die auf einen Betrag von über 12.500 EUR lauten oder für die Verwendung im Ausland bestimmt sind, muss neben dem Tag und dem Ort der Ausstellung auch der Vermerk *„non trasferibile"* (nicht übertragbar) angegeben sein, d.h., dass nur der Begünstigte den Scheck einlösen kann.

Außerdem wurden verschiedene Bestimmungen erlassen, die auf die Verbesserung von Sicherheit und Effizienz im Scheckverkehr abzielen und zum 1. September 2006 in Kraft getreten sind. Diese Bestimmungen sehen vor, dass bei der Verwendung nicht genehmigter oder ungedeckter Bank- oder Postschecks eine Geldstrafe verhängt und der betreffende Nutzer im CAI *(Centrale d'Allarme Interbancaria)* eingetragen wird, wodurch er für mindestens sechs Monate vom Zahlungssystem ausgeschlossen ist.

Der Bankbeleg *(Ricevuta bancaria)* ist kein Zahlungsmittel, sondern lediglich ein Nachweis des Bankzahlungsortes. Er wird vom Gläubiger ausgestellt und bei seiner Bank eingereicht, die ihn dann der Bank des Schuldners zur Zahlung vorlegt.

Bankbelege werden auch in elektronischer Form erstellt und tragen in diesem Fall den Namen *RI.BA elettronica* (elektronischer Bankbeleg). Sofern der Bankbeleg vom Käufer unterzeichnet ist, kann er vor Gericht jedoch als Schuldanerkenntnis gelten. Gleichwohl hat er nicht den Stellenwert eines vollstreckbaren Titels.

Die Banküberweisung per SWIFT-System wird häufig verwendet (90% aller Zahlungen aus Italien erfolgen per Banküberweisung) und ermöglicht eine erhebliche Verkürzung der Zahlungsfristen. Es handelt sich hierbei um ein kostengünstiges und sicheres Zahlungsmittel, sofern zwischen den Vertragsparteien ein Vertrauensverhältnis besteht.

Forderungseinzug

Es ist stets anzuraten, eine gütliche Regelung anzustreben. Hierbei erweisen sich schriftliche und telefonische Mahnungen oftmals als recht wirkungsvoll. Auch Besuche beim Kunden können den Dialog zwischen den Vertragsparteien häufig wieder in Gang bringen und eine außergerichtliche Einigung begünstigen.

Zum Forderungsbetrag werden die vertraglich vereinbarten Verzugszinsen hinzugerechnet, sofern es eine solche schriftliche Vereinbarung gibt und diese vom Käufer akzeptiert wurde. In Ermangelung einer vertraglichen Vereinbarung gilt für Handelsverträge, die nach dem 8. August 2002 geschlossen wurden (Rechtsverordnung vom 9. Oktober 2002) der halbjährlich und in Abhängigkeit vom Refinanzierungssatz der Europäischen Zentralbank durch das Wirtschafts- und Finanzministerium festgelegte Zinssatz, zu dem 7 Prozentpunkte hinzugerechnet werden. Falls es nicht zu einer gütlichen Einigung mit dem Kunden kommt, variiert die Verfahrensart je nach Art des Schriftstücks, das zur Erhebung der Forderung berechtigt.

Bei Wechseln (Wechsel, Solawechsel) oder unbezahlten Schecks kann der Gläubiger eine Zwangsvollstreckung von Amts wegen vornehmen lassen, die über einen seitens des Gerichtsvollziehers ausgestellten Zahlungsbefehl *(Atto di Precetto)* eingeleitet wird, auf den die Pfändung der Güter des Schuldners folgt, sofern er innerhalb der festgelegten Frist keine Zahlung geleistet hat. Die darauffolgende Versteigerung dient der Entschädigung des bzw. der Gläubiger.

Beim Mahnverfahren *(Decreto ingiuntivo)* handelt es sich um ein beschleunigtes Verfahren, das angestrengt werden kann, wenn der Kläger, abgesehen von Rechnungskopien, über einen schriftlichen Nachweis seiner Forderung verfügt. In dem vom Gericht ausgestellten Zahlungsbefehl werden auch die gemäß der Gerichtskostentabelle zu Lasten des Schuldners anfallenden Gerichtskosten aufgeführt. Letzterer hat eine Frist von 40 Tagen, um Widerspruch einzulegen.

Falls keine beweiskräftigen Dokumente vorliegen oder dem *Decreto ingiuntivo* widersprochen wird, kann der Gläubiger zur Geltendmachung seines Rechts auf Zahlung den Weg der herkömmlichen Klage beschreiten. Diese gilt jedoch trotz der im Mai 1995 in Kraft getretenen Reform der Zivilprozessordnung als langwierig, da ein solches Verfahren bis zu zwei Jahre in Anspruch nehmen kann. Allerdings kann der Antragsteller während des laufenden Verfahrens einen vorläufigen Zahlungsbefehl erwirken, der dann als vollstreckbarer Titel gilt. Seit März 2006 gilt eine Änderung des Zivilverfahrens, mit welcher der Rechtsweg beschleunigt werden soll. Den Parteien werden hierbei zwingend verbindliche Fristen für die Vorlage ihrer Beweismittel und die Darlegung ihrer Einlassungen auferlegt. •

Kasachstan

Bevölkerung (Mio Einwohner):	**15,5**
BIP (Mio US$):	**103.840**
Anteil am regionalen BIP (%):	**6**

Coface-Bewertungen
Kurzfristiges Risiko:	**B**
Geschäftsumfeld:	**B**
Mittelfristiges Risiko:	**moderat erhöht**

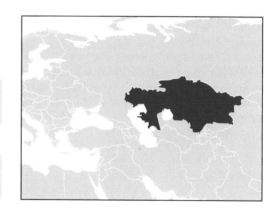

STÄRKEN

- ▲ Kasachstan verfügt über die achtgrößten Öl- und die zweitgrößten Uranvorräte in der Welt. Das Land ist außerdem reich an anderen natürlichen Ressourcen wie Gas oder Eisen.
- ▲ Erhebliche Investitionen in die Förderung und den Transport von Öl sollen eine Verdreifachung der Rohölexporte ermöglichen.
- ▲ Der Ölfonds macht den Haushalt gegenüber Ölpreisschwankungen relativ resistent. Die öffentliche Verschuldung ist moderat.
- ▲ Eine ausgewogene Politik gegenüber ethnischen Minderheiten führt zu einem gemäßigteren politischen Risiko als in anderen zentralasiatischen Ländern.

SCHWÄCHEN

- ▼ Nach einer erheblichen Kapitalflucht könnten für den Kapitalverkehr strengere Kontrollen eingeführt werden.
- ▼ Da der Staat zum Teil selbst anstelle der Banken eintreten muss, könnte sich das Staatsrisiko in den kommenden Jahren erhöhen.
- ▼ Das Bankwesen wird durch eine hohe Auslandsverschuldung belastet.
- ▼ Die Ungewissheit hinsichtlich der Nachfolge von Präsident Nasarbajew könnte einen Instabilitätsfaktor darstellen und Auslandsinvestitionen abschrecken.
- ▼ Mangelnde Transparenz stellt eine erhebliche Schwäche dar.

RISIKOEINSCHÄTZUNG

Bankenkrise führt zu spürbarer Konjunkturabschwächung

Nachdem die Wirtschaft jahrelang in der Größenordnung von 10% gewachsen ist, war 2008 eine deutliche Abschwächung zu beobachten, die auf restriktivere Kreditbedingungen als Folge der Subprime-Krise zurückzuführen ist. Vor der Krise hatten sich die kasachischen Banken zur Finanzierung der stark steigenden Kreditnachfrage im privaten Sektor im Ausland erheblich verschuldet. Ein wesentlicher Teil der Kredite ist in Immobilien sowie in den Konsum geflossen. Die Finanz- und die Bauwirtschaft wurden durch das Platzen der Immobilienblase sowie die strenger werdenden Kreditbedingungen in Mitleidenschaft gezogen.

Im Jahr 2009 dürfte sich das Wachstum weiter abschwächen, da die steigende Öl- und Gasförderung den weltweiten Preisverfall sowie die Folgen der Kreditklemme nur zum Teil wettmachen kann.

Expandierender Erdölsektor federt Krise ab

Eine Systemkrise im Bankwesen dürfte sich allerdings vermeiden lassen, denn die überaus solvente Regierung hat einen Teil ihrer Einnahmen aus dem Erdöl in die Banken gesteckt. Allerdings wird Kasachstan mit seinen hohen Förderkosten durch den stark rückläufigen Rohölpreis belastet. Auf längere Sicht dürfte die Konjunktur jedoch durch die Verdreifachung der Ölproduktion nach der Förderung im Ölfeld von Kaschagan beflügelt werden. In Anbetracht dieser Aussichten dürfte sich das Land bei Bedarf Fremdkapital im Ausland beschaffen können.

Europa und GUS

Haushaltsdisziplin lässt nach

Die Schuldenlast des Staats konnte in den letzten Jahren aufgrund von Schuldenerlassen und vorzeitigen Tilgungen stark abgebaut werden. Doch die seit 2006 zu beobachtende lasche Haushaltspolitik bereitet dem IWF, mit dem gerade eine Vereinbarung ausgehandelt wurde (November 2008), Sorge. Der IWF empfiehlt der Regierung eindringlich, die öffentlichen Ausgaben zu senken.

Hohes Risiko einer Währungskrise

Seit der Unabhängigkeit im Jahr 1991 zeichnet sich Kasachstan durch politische Stabilität aus. Doch hinter den Kulissen verschärfen sich die Kämpfe zwischen den Stämmen im Hinblick auf die Nachfolge von Präsident Nursultan Nasarbajew (67 Jahre). Nach außen betreibt das Land eine Politik des Gleichgewichts zwischen dem Westen, China und Russland. Dennoch besteht nach wie vor eine starke Abhängigkeit von Russland, weil kasachische Exporte Russland passieren. Als Vorbereitung auf die Erschließung des Ölfelds von Kaschagan werden die Transportkapazitäten für kasachisches Rohöl durch Russland verdoppelt. Außerdem befindet sich eine Gaspipeline nach Peking im Bau, und Gespräche über eine eventuelle Anbindung des kasachischen Netzes an die Pipeline Baku–Tbilissi–Ceyhan sind im Gange.

VORAUSSETZUNGEN FÜR DEN MARKTZUGANG

Marktsituation

Auch wenn die Anerkennung als Marktwirtschaft immer noch aussteht, ist der kasachische Markt offen. Der 1996 gestellte Antrag auf Beitritt zur WTO befindet sich noch ganz im Anfangsstadium, zumindest was die Verhandlung mit der EU betrifft. Die Regierung novellierte das Steuergesetz und verminderte damit die Steuerbelastung von Unternehmen ebenso wie die von Privatpersonen. Gleichzeitig sollen zusätzliche Einnahmequellen hauptsächlich im Energiesektor und im Bergbau erschlossen werden. Das neue Steuergesetzbuch trat am 1. Januar 2009 in Kraft. In den neuen Zollvorschriften wurden die unausgereiften Verfahrensvorgaben der ursprünglichen Bestimmungen beseitigt. Allerdings sind im Verhältnis zu den früheren Tarifwerten kaum Veränderungen festzustellen. Bei der Verzollung herrscht in der Abwicklung nach wie vor Willkür. Darüber hinaus sind für bestimmte Produkte besondere Zeugnisse erforderlich. Zeugnisse aus Nicht-GUS-Ländern sind dabei in Kasachstan nicht gültig, was die Verfahren für Importeure erschwert. Die Regierung hat sich zwar um eine Abschaffung illegaler Verfahren bemüht, doch es bleibt nach wie vor noch viel zu tun.

Haltung gegenüber ausländischen Investoren

Kasachstan ist internationalen Investitionen gegenüber sehr offen eingestellt. Das Land ist heute sehr darauf bedacht, dass öffentliche und private Investoren vor Ort

Wichtige Kennzahlen

	2004	2005	2006	2007	2008 (S)	2009 (P)
Reales Wirtschaftswachstum (%)	9,6	9,7	10,6	8,5	3,9	3,6
Inflation (%)	6,7	7,5	8,4	18,8	11,4	9,1
Staatshaushalt (Saldo in % des BIP)	−0,2	0,6	0,8	−1,7	−2,3	−2,9
Ausfuhren (Mrd US$)	20,6	28,3	38,8	48,3	65,9	55,0
Einfuhren (Mrd US$)	13,8	18,0	24,1	33,2	37,0	32,0
Handelsbilanz (Saldo in Mrd US$)	6,8	10,3	14,7	15,1	28,9	22,2
Leistungsbilanz (Saldo in Mrd US$)	0,4	−1,1	−1,8	−7,2	4,1	−3,8
Leistungsbilanz (Saldo in % des BIP)	0,8	−1,8	−2,2	−7,2	4,1	−3,8
Auslandsverschuldung (in % des BIP)	75,9	76,0	91,5	92,6	76,2	71,5
Schuldendienst (in % der Ausfuhren)	36,5	41,0	32,9	37,1	33,3	42,5
Währungsreserven (in Monatsimporten)	4,8	2,6	5,0	3,3	2,8	2,8

(S): Schätzung. (P): Prognose.   Quelle: Coface.

Exporte: 51% des BIP
▷▷▶▶

Importe: 40% des BIP
◁◁◁

Wichtigste Abnehmerländer
(Ausfuhren in Mio US$)

Wichtigste Lieferländer
(Einfuhren in Mio US$)

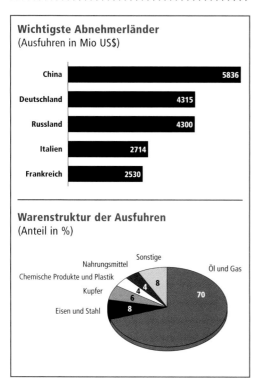

Warenstruktur der Ausfuhren
(Anteil in %)

Warenstruktur der Einfuhren
(Anteil in %)

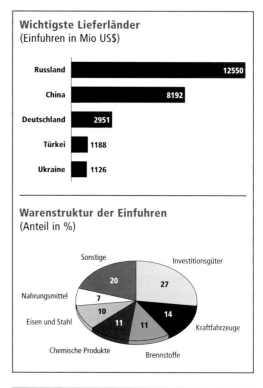

Schuldenlast
(Auslandsverschuldung in % der Waren-
und Dienstleistungsexporte)

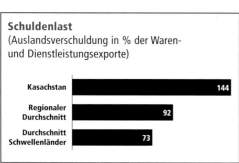

Pro-Kopf-Einkommen
(BIP je Einwohner in US$)

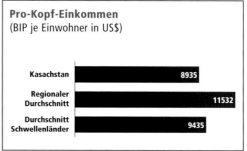

eine zunehmende Rolle bei der wirtschaftlichen Ent-wicklung spielen können. Dies gilt vor allem für die Öl- und Gaswirtschaft. In Zukunft will die Regierung Explorations- und Förderverträge voneinander trennen. Die Steuerbelastung dürfte erheblich steigen. Davon ausge-nommen sind lediglich diejenigen, denen im Rahmen von PSA Steuerbefreiungen gewährt wurden. Seit Mai 2008 wird eine Steuer von 15 US$/Barrel beim Export von Rohöl erhoben.

Parallel dazu hat sich die Lage im Bankwesen und in der Bauwirtschaft trotz der Maßnahmen des Staates,

der hierfür erhebliche Mittel bereitgestellt hat, weiter verschlechtert. In den kommenden Monaten dürfte sich die Umstrukturierung des Bankensektors fortsetzen. Dessen weitere Öffnung für ausländische Investitionen hängt von der Finanzierungsfähigkeit der betreffenden Institute ab.

Außerhalb des Öl- und Gassektors liegen die Herausfor-derungen für die kasachische Regierung in der Indus-trialisierung des Landes (nach wie vor ein langfristiges Ziel) sowie in der Entwicklung von Infrastruktur und öffentlichen Versorgungseinrichtungen. Diese könnten

Europa und GUS

auf Basis von Public Private Partnerships aufgebaut werden. Allerdings sind nach einem im letzten Juli veröffentlichten Gesetz Bieter einer PPP-Ausschreibung verpflichtet, eine inländische Tochtergesellschaft zu gründen, die mit Kapital in Höhe von 20% der Investition ausgestattet ist. In jedem Falle werden ausländische Investitionen in Kasachstan hauptsächlich von multinationalen Unternehmen durchgeführt, die zumeist im Abbau von Rohstoffen tätig sind.

Bei KMUs herrschen noch große Vorbehalte gegen Investitionen in einem Land, in dem sie nicht gut mit den Rahmenbedingungen fertig werden und wo ihnen der Zugang schwierig erscheint. Die wesentlichen Risikofaktoren liegen in der mittelfristigen Stabilität der politischen Macht, schwerfälligen bürokratischen Abläufen, Korruption sowie fehlender Vertragstreue und Rechtssicherheit.

Verschiedene Arten der Finanzierung

Unter den verschiedenen Zahlungsmitteln, die Exporteuren zur Verfügung stehen, empfiehlt sich die Nutzung des unwiderruflichen und bestätigten Akkreditivs. Die Bestätigung muss durch eine anerkannte westliche Bank erfolgen. Die Bestellung von Bürgschaften und Garantien ist ziemlich langwierig.

Zur Finanzierung von Infrastrukturvorhaben stehen umfangreiche multilaterale Finanzierungen (durch die EBRD, die Asiatische Entwicklungsbank, die Weltbank, die Europäische Union, die China Ex-Im Bank oder arabische Fonds) zur Verfügung. Lokale Banken spielen bei der Finanzierung von Projekten kaum eine Rolle. Bei der Finanzierung von Großprojekten sind die kasachischen Behörden vorsichtig geworden und geben praktisch keine Staatsbürgschaften mehr. •

Kirgistan

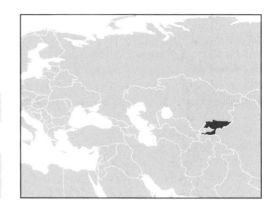

Bevölkerung (Mio Einwohner):	**5,2**
BIP (Mio US$):	**3.505**

Coface-Bewertungen

Kurzfristiges Risiko:	**D**
Geschäftsumfeld:	**D**
Mittelfristiges Risiko:	**sehr hoch**

RISIKOEINSCHÄTZUNG

2008 hat sich das Wachstum, das von der Dynamik im Bau- und Dienstleistungsgewerbe profitierte, auf einem zufriedenstellenden Niveau gehalten. Kirgistan ist aufgrund der relativ hohen Abgeschiedenheit von internationalen Handels- und Finanzströmen nur geringfügig von der globalen Finanzkrise berührt. Der Abschwung in Russland dürfte sich allerdings negativ auf die Transferzahlungen auswirken. Zudem ist das Defizit der Leistungsbilanz sehr hoch und gibt Anlass zur Sorge.

Der Wirtschaft kommt das im Durchschnitt hohe Bildungsniveau kaum zugute, da sie wenig diversifiziert ist und das Land über eine schlecht ausgebaute Infrastruktur verfügt. Der Großteil der Bevölkerung lebt von der Landwirtschaft (33% des BIP), die keine Mehrerträge abwirft. Dadurch ist die städtische Bevölkerung anfällig für die weltweit steigenden Nahrungsmittelpreise. Die Talsperren werden hauptsächlich zur Erzeugung von Strom verwendet und nicht zur Bewässerung, was die Erträge in den ländlichen Regionen mindert. Das Goldbergwerk Kumtor trägt etwa 10% zum BIP bei. Die Beziehungen zwischen Kirgistan und dem kanadischen Unternehmen, das die Mine betreibt, sind angespannt.

Die innenpolitische Lage ist seit der Tulpenrevolution instabil. Zwar wurden mit dem Verfassungsreferendum 2007 dem Präsidenten mehr Machtbefugnisse zugestanden, und aus den Parlamentswahlen 2008 gingen ausschließlich Mitglieder der Präsidentenpartei als Sieger hervor. Aber die Konflikte zwischen den ethnischen Gruppen führen zu Spannungen. Wegen der usbekischen Minderheit sind die Beziehungen zum Nachbarland Usbekistan kompliziert. Da Kirgistan keinen zuverlässigen Partner in der Region hat, setzt Präsident Kurmanbek Bakiew auf eine ausgewogene Politik der Beziehungen zu Russland, den USA und China. •

Wichtige Kennzahlen

	2004	2005	2006	2007	2008 (S)	2009 (P)
Reales Wirtschaftswachstum (%)	7,0	−0,2	3,1	8,2	6,0	5,3
Inflation (%)	4,1	4,9	5,6	10,2	22,5	10,0
Staatshaushalt (Saldo in % des BIP)	−4,4	−3,7	−2,1	−2,2	−2,0	−2,0
Ausfuhren (Mio US$)	733	794	906	1.337	1.676	1.749
Einfuhren (Mio US$)	904	1.106	1.792	2.636	3.476	3.999
Handelsbilanz (Saldo in Mio US$)	−171	−312	−886	−1.299	−1.800	−2.250
Leistungsbilanz (Saldo in % des BIP)	−3,4	3,2	−6,6	−17,9	−15,2	−11,2
Auslandsverschuldung (in % des BIP)	88,2	78,0	70,2	57,7	50,5	44,3
Schuldendienst (in % der Ausfuhren)	6,4	7,4	5,6	5,9	5,3	5,3
Währungsreserven (in Monatsimporten)	5,3	5,0	4,3	3,8	3,5	4,1

(S): Schätzung. (P): Prognose.   Quelle: Coface.

Kroatien

Bevölkerung (Mio Einwohner):	**4,5**
BIP (Mio US$):	**51.277**
Anteil am regionalen BIP (%):	**3**

Coface-Bewertungen
Kurzfristiges Risiko:	**A4**
Geschäftsumfeld:	**A3**
Mittelfristiges Risiko:	**moderat erhöht**

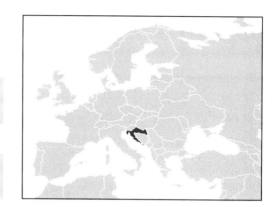

STÄRKEN

- ▲ Die Wachstumsaussichten werden durch den Prozess der Integration in die Europäische Union verstärkt.
- ▲ Kroatien ist auf dem Weg zur wirtschaftlichen Konvergenz mit Europa bereits gut vorangekommen.
- ▲ In den letzten Jahren wurde kräftig investiert, die Infrastruktureinrichtungen haben sich verbessert.
- ▲ Die Einnahmen aus dem Tourismus decken annähernd zwei Drittel des Handelsbilanzdefizits ab.
- ▲ Das öffentliche Defizit wurde auf unter 3% des BIP gesenkt, die Schuldenlast des Staates hat sich stabilisiert.

SCHWÄCHEN

- ▼ Durch das hohe Defizit in der Leistungsbilanz ist das Land auf ausländisches Kapital angewiesen.
- ▼ Die Auslandsverschuldung der Privatwirtschaft hat trotz steigender Direktinvestitionen kräftig zugelegt.
- ▼ Die rasche Zunahme von Krediten und das Wechselkursrisiko für private Haushalte schwächen das Bankwesen.
- ▼ Der öffentliche Sektor hat in der Wirtschaft immer noch erhebliche Bedeutung.
- ▼ Rasche Fortschritte bei den Verhandlungen mit der Europäischen Union sind nach wie vor von der Fortführung von Reformen abhängig.

RISIKOEINSCHÄTZUNG

Rückläufiges Wachstum seit 2008

Durch den schwachen Konsum war 2008 ein rückläufiges Wachstum zu verzeichnen. Belastend ausgewirkt haben sich dabei die sinkenden Sozialtransferleistungen, eine geringere Expansion der Kredite und Einschnitte bei den Konsumausgaben des Staates. Das Baugewerbe und große öffentliche Ausrüstungsprojekte haben sich jedoch nach wie vor als Stützen der Investitionstätigkeit erwiesen.

2009 dürfte sich der Abschwung fortsetzen, da die Binnennachfrage nachlässt, die Exporte sinken und der Tourismus die Folgen der Rezession in der Euro-Zone zu spüren bekommt. Mit der sinkenden Nachfrage und den rückläufigen Energiepreisen dürfte 2009 allerdings die Inflation abnehmen. Coface beobachtet im Allgemeinen verhältnismäßig wenige Zahlungsausfälle in Kroatien. Zu den Branchen, die sich bisher am vorteilhaftesten entwickelt haben, gehören das Dienstleistungsgewerbe, der Handel und der Tourismus. Anfällig sind dagegen die Automobilindustrie, die Verkehrswirtschaft sowie die Werften.

Steigendes Defizit in der Leistungsbilanz

Die Zunahme des Leistungsbilanzdefizits 2008 war auf steigende Rohstoffpreise, die hohe Nachfrage nach importierten Ausrüstungsgütern und den hohen Importanteil bei der Produktion von Exportgütern zurückzuführen. Auch wenn mit sinkenden Aufwendungen für Öl und einer Abschwächung der Binnennachfrage zu rechnen ist, wird 2009 weiterhin ein hohes Defizit in der Leistungsbilanz bestehen bleiben. Damit einher geht

Wichtige Kennzahlen

	2004	2005	2006	2007	2008 (S)	2009 (P)
Reales Wirtschaftswachstum (%)	4,3	4,3	4,8	5,7	3,1	2,0
Inflation (%)	2,1	3,3	3,2	2,9	6,2	3,3
Staatshaushalt (Saldo in % des BIP)	−4,9	−4,1	−3,0	−2,6	−2,9	−2,4
Ausfuhren (Mio US$)	8.215	8.960	10.644	12.623	15.050	14.211
Einfuhren (Mio US$)	16.560	18.301	21.131	25.556	31.843	29.149
Handelsbilanz (Saldo in Mio US$)	−8.346	−9.342	−10.487	−12.933	−16.793	−14.938
Leistungsbilanz (Saldo in Mio US$)	−1.875	−2.555	−3.287	−4.437	−6.022	−4.656
Leistungsbilanz (Saldo in % des BIP)	−5,3	−6,6	−7,7	−8,7	−9,9	−8,2
Auslandsverschuldung (in % des BIP)	87,7	78,1	89,8	94,5	102,7	107,7
Schuldendienst (in % der Ausfuhren)	21,7	24,4	33,4	33,4	28	31,6
Währungsreserven (in Monatsimporten)	4,8	4,4	5,1	5,0	3,9	4,5

(S): Schätzung. (P): Prognose.   Quelle: Coface.

eine deutliche Zunahme der Auslandsverschuldung von privaten Unternehmen, die vor dem Hintergrund der internationalen Finanzkrise erhebliche Unsicherheiten hervorruft. Durch den nachlassenden Zustrom an Kapital könnte sich für die Zentralbank die Stabilisierung des Wechselkurses als schwierig erweisen. Dies gefährdet die Rückzahlung der Konsumentenkredite, die zu einem hohen Anteil in Euro aufgenommen wurden.

Weitere Verhandlungen über den Beitritt zur Europäischen Union

Von den 21 Kapiteln des gemeinschaftlichen Besitzstandes, über die bisher Verhandlungen aufgenommen wurden, sind erst vier vorläufig geschlossen. Die Europäische Union besteht nachdrücklich darauf, dass die Maßnahmen zur Reform von Justiz und Verwaltung sowie die Bekämpfung des organisierten Verbrechens weiter fortgesetzt werden. Der Beitritt zur EU könnte frühestens 2012 erfolgen, zumal politisch heikle landwirtschaftliche oder territoriale Fragen den Prozess verzögern könnten. Zwar hat die konservative Partei (HDZ) ihre dominierende Stellung bei den Parlamentswahlen im November 2007 bestätigt, doch sie ist bei diesen Fragen auf die Unterstützung einer kleinen Bauernpartei angewiesen, die der Regierungskoalition angehört.

VORAUSSETZUNGEN FÜR DEN MARKTZUGANG

Marktsituation

Von den insgesamt 4,5 Millionen Einwohnern Kroatiens sind 1,8 Millionen erwerbstätig. Im Februar 2009 lag die Arbeitslosigkeit nach offiziellen Angaben bei 14,8% (CROSTAT). Der Nettolohn (nach Abzug der Einkommensteuer) betrug im Januar 2009 5.307 HRK (umgerechnet etwa 714 EUR). Die Inflation erhöhte sich aufgrund steigender Energie- und Nahrungsmittelkosten im Jahresdurchschnitt 2008 auf über 6%.

Bei Einfuhren sind im Normalfall keine vorherigen Genehmigungen erforderlich. Ausnahmen bestehen lediglich für Erzeugnisse, die durch internationale Abkommen geregelt sind (Waffen, Gold, Kunstwerke usw.) oder bei denen besondere Vorschriften zum Schutz der öffentlichen Gesundheit gelten (Nahrungsmittel, Medikamente usw.). Am 4. Oktober 2005 wurden die Verhandlungen über den Beitritt zur Europäischen Union aufgenommen. Die kroatischen Gesetze orientieren sich inzwischen zwar zu einem guten Teil am gemeinschaftlichen Besitzstand, doch ihre Durchführung steht noch komplett aus. Die Verhandlungen über den Beitritt zur EU könnten im 1. Halbjahr 2010 abgeschlossen werden, so dass Kroatien 2012 Mitglied der EU werden könnte. Im Rahmen der Abkommen mit der WTO sowie des Stabilisierungs- und Assoziationsabkommens wurden die Zölle abgebaut. Auf Industrieerzeugnisse fallen überwiegend keine Zölle an.

Exporte: 48% des BIP

Importe: 57% des BIP

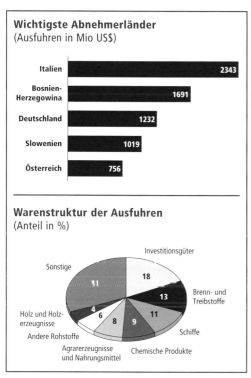

Wichtigste Abnehmerländer
(Ausfuhren in Mio US$)

Italien	2343
Bosnien-Herzegowina	1691
Deutschland	1232
Slowenien	1019
Österreich	756

Warenstruktur der Ausfuhren
(Anteil in %)

Investitionsgüter 18
Sonstige 31
Brenn- und Treibstoffe 13
Holz und Holzerzeugnisse 4
6
8 9 11
Andere Rohstoffe
Agrarerzeugnisse und Nahrungsmittel
Chemische Produkte
Schiffe

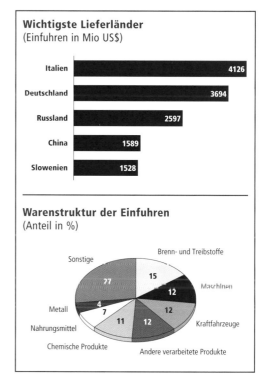

Wichtigste Lieferländer
(Einfuhren in Mio US$)

Italien	4126
Deutschland	3694
Russland	2597
China	1589
Slowenien	1528

Warenstruktur der Einfuhren
(Anteil in %)

Sonstige 27
Brenn- und Treibstoffe 15
Maschinen 12
Metall 4
Nahrungsmittel 7
11 12
Kraftfahrzeuge 12
Chemische Produkte
Andere verarbeitete Produkte

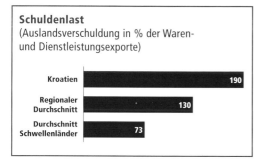

Schuldenlast
(Auslandsverschuldung in % der Waren- und Dienstleistungsexporte)

Kroatien	190
Regionaler Durchschnitt	130
Durchschnitt Schwellenländer	73

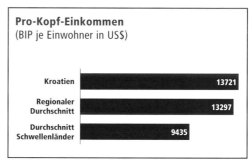

Pro-Kopf-Einkommen
(BIP je Einwohner in US$)

Kroatien	13721
Regionaler Durchschnitt	13297
Durchschnitt Schwellenländer	9435

Erhoben werden höchsten 5%, im Schnitt kommen aber etwa 2,9% zur Anwendung. Bei Nahrungsmitteln hat sich Kroatien gegenüber der WTO zu Zöllen zwischen 2% und 45% verpflichtet. Die kroatische Landwirtschaft ist insgesamt nur wenig wettbewerbsfähig, und die nationalen Beihilfen widersprechen den Mechanismen der GAP.

In Kroatien sind alle Zahlungsmittel vorhanden. Bei privaten Einkäufen ist der Einsatz von Kreditkarten stark verbreitet, mehr noch als Schecks, die nicht so geläufig sind. Bei Barzahlungen wird häufig ein Rabatt von 10%

gewährt. Alle Rechnungen von öffentlichen Versorgern können per Postanweisung oder E-Banking beglichen werden. Im Geschäftsverkehr werden Banküberweisungen und durch eine Auslandsbank bestätigte Zahlungen gegen Dokumente sowie auf namhafte heimische Banken ausgestellte Schecks am häufigsten verwendet.

Haltung gegenüber ausländischen Investoren

In- und ausländische Investoren werden gleich behandelt. Beide haben gleichermaßen mit einer langsamen und schwerfälligen Verwaltung zu kämpfen, bei der allerdings allmähliche Besserungen festzustellen sind (Bericht „Doing Business" 2009 der Weltbank). Zurzeit wird an einer Aktualisierung des Katasters gearbeitet, das bereits über das Internet zugänglich ist. Für das Grundbuch soll eine solche Lösung in Kürze folgen. Nach wie vor stark überlastet sind die Handelsgerichte (mit einem Rückstand von 1 Million Fällen), doch die Reformen machen Fortschritte (Arbeitsrecht, Insolvenzen, Wettbewerbsbedingungen). In der Zeit von 1993 bis 2008 beliefen sich ausländische Direktinvestitionen auf 20,6 Mrd EUR, davon allein 2,9 Mrd EUR im Jahr 2008. Die drei führenden Investoren in dem 15-jährigen Betrachtungszeitraum sind Österreich (28,2%), die Niederlande (15,9%) und Deutschland (11,5%).

Devisenverkehr

Die Inlandswährung Kuna (HRK) ist im Ausland nicht konvertierbar: Ausländische Unternehmen müssen für ihre Geschäfte sowohl ein Devisen- als auch ein Kuna-Konto führen. Die Zentralbank (HNB) hat für die Kuna einen flexiblen (leicht überbewerteten) Wechselkurs festgelegt, den sie durch Interventionen auf dem Devisenmarkt kontrolliert. 1 EUR = 7,44 HRK (März 2009). ●

Lettland

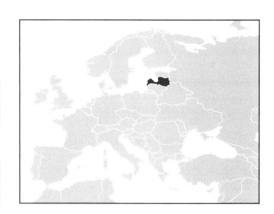

Bevölkerung (Mio Einwohner):	**2,3**
BIP (Mio US$):	**27.154**
Anteil am regionalen BIP (%):	**1,4**

Coface-Bewertungen
Kurzfristiges Risiko:	**B**
Geschäftsumfeld:	**A3**
Mittelfristiges Risiko:	**ziemlich gering**

STÄRKEN

- ▲ Unter den neuen Mitgliedsstaaten der Europäischen Union ist das Pro-Kopf-Einkommen in Lettland mit am schnellsten gestiegen.
- ▲ Die Entwicklung von Handels- und Finanzdienstleistungen (insbesondere Verkehr und Telekommunikation) hat von der geographischen Lage des Landes als Drehscheibe im Ost-West-Handel profitiert.
- ▲ Auch wenn seit 2008 wieder ein Haushaltsdefizit besteht, gehört die Staatsverschuldung weiter zu den niedrigsten in der EU (10% des BIP).

SCHWÄCHEN

- ▼ Die dynamische Binnennachfrage und die geringe Wertschöpfung bei einem Teil der Exporte (Holzerzeugnisse, Metalle) sowie die nachlassende preisliche Wettbewerbsfähigkeit haben zu einem erheblichen Anstieg des Handelsbilanzdefizits geführt.
- ▼ Durch den Umfang dieses Defizits ist das Land übermäßig stark auf ausländische Finanzierungen angewiesen und anfällig für eine Währungskrise oder eine drastische Talfahrt der Konjunktur.
- ▼ Die starke Zunahme von Immobilienkrediten und Krediten in Devisen stellt eine weitere Schwäche dar.
- ▼ Aufgrund der zu hohen Inflation verzögert sich die Integration des Landes in die Euro-Zone.

RISIKOEINSCHÄTZUNG

Ausgeprägte Rezession

Nach dem Platzen der Immobilienblase und dem Rückgang der Kredite ist die Wirtschaft 2008 in die Rezession eingetreten. Durch die Auswirkungen der internationalen Finanzkrise hat sich der Schock noch verstärkt. Dabei dürfte das BIP 2009 noch stärker schrumpfen. Der Konsum wird voraussichtlich infolge der wieder steigenden Arbeitslosigkeit, der sinkenden Reallöhne und der Schuldenlast, die sich bei den privaten Haushalten angesammelt hat, stark abnehmen.

Der Einbruch beim Auftragseingang der Unternehmen und eine noch deutlichere Abschwächung der Kreditvergabe werden die Investitionstätigkeit weiter beeinträchtigen. In diesem Zusammenhang werden insbesondere bau- und konsumorientierte Sektoren sowie exportorientierte Bereiche belastet. Sie haben ohnehin schon unter den steigenden Lohnkosten gelitten und müssen nun mit dem weltweiten Abschwung fertig werden. Die Rezession wird zu einem starken Abbau des Defizits in der Leistungsbilanz führen, auch wenn die Exporte aufgrund der schwachen Auslandsnachfrage stagnieren. Durch die nachlassende Binnennachfrage sowie rückläufige Energiepreise wird die Inflation zwar abnehmen, doch für einen Beitritt zur Euro-Zone vor 2012 bis 2013 ist das Inflationsniveau immer noch zu hoch.

Wichtige Kennzahlen

	2004	2005	2006	2007	2008 (S)	2009 (P)
Reales Wirtschaftswachstum (%)	8,7	10,6	12,2	10,3	−1,5	−7,0
Inflation (%)	6,2	6,7	6,5	10,1	15,7	5,5
Staatshaushalt (Saldo in % des BIP)	−1,0	−0,4	−0,2	0,1	−1,9	−2,6
Ausfuhren (Mio US$)	4.221	5.361	6.140	8.227	9.578	9.230
Einfuhren (Mio US$)	7.002	8.379	11.271	15.125	15.533	12.724
Handelsbilanz (Saldo in Mio US$)	−2.781	−3.018	−5.131	−6.898	−5.955	−3.494
Leistungsbilanz (Saldo in Mio US$)	−1.761	−1.991	−4.522	−6.485	−4.717	−2.150
Leistungsbilanz (Saldo in % des BIP)	−12,8	−12,4	−22,7	−23,9	−14,2	−7,5
Auslandsverschuldung (in % des BIP)	97,7	94,7	119,1	143,5	137,7	158,4
Schuldendienst (in % der Ausfuhren)	17,8	31,6	26,9	28,3	28,8	35,4
Währungsreserven (in Monatsimporten)	2,6	2,5	3,5	3,3	2,4	3,5

(S): Schätzung. (P): Prognose.   Quelle: Coface.

Hohes Wechselkursrisiko für die Privatwirtschaft

Das hohe Defizit in der Leistungsbilanz ist für eine starke Auslandsverschuldung, hauptsächlich bei den Banken, verantwortlich. Darüber hinaus haben Kredite von privaten Haushalten und Unternehmen in Fremdwährungen ein übermäßiges Volumen erreicht (86% des Kreditportfolios der Banken), was diese einem hohen Wechselkursrisiko aussetzt. Die Landeswährung steht seit Oktober/November 2008 stark unter Druck. Dadurch war die Zentralbank gezwungen, zur Aufrechterhaltung der Anbindung an den Euro auf dem Devisenmarkt zu intervenieren. Eine große Privatbank (Parex) hat die Folgen der Liquiditätskrise schon zu spüren bekommen. Aus diesem Grund musste die Regierung mit dem IWF, der EU und anderen internationalen Institutionen über eine Finanzhilfe (von insgesamt 7,5 Mrd EUR) verhandeln, für die ein umfangreiches Sanierungsprogramm Voraussetzung ist.

Politische Spannungen

Aufgrund von Korruptionsaffären und Spannungen in den eigenen Reihen dürfte es die Koalitionsregierung schwer haben, sich bis zum Ende ihrer Amtszeit (2010) an der Macht zu halten. Außenpolitisch bleiben die Beziehungen zu Russland nach wie vor angespannt. Das liegt daran, dass Riga den russischen Einmarsch in Georgien verurteilte und Unstimmigkeiten über den Status der russischen Minderheit in Lettland herrschen.

VORAUSSETZUNGEN FÜR DEN MARKTZUGANG

Marktsituation

Mit seinen 2,3 Millionen Einwohnern ist Lettland nach dem Beitritt von Rumänien und Bulgarien 2007 nicht mehr das ärmste Land in der erweiterten EU. Das BIP je Einwohner beträgt 55,8% des europäischen Durchschnitts und liegt damit sogar noch vor dem Polens. Das Land hat rasche Fortschritte gemacht und in den vergangenen Jahren bis 2007 ein zweistelliges Wachstum verzeichnet. Damit verbunden waren jedoch auch steigende Inflationsraten und Leistungsbilanzdefizite. 2008 dürfte das Wachstum um 1,5% eingebrochen sein. Für 2009 wird mit einem Rückgang des BIP in Höhe von 7% gerechnet. Hierdurch dürfte das hohe Defizit in der Leistungsbilanz spürbar abgebaut werden.

Möglichkeiten des Marktzugangs

Der lettische Markt ist frei und sehr wettbewerbsorientiert. Besondere protektionistische Maßnahmen bestehen nicht.

Lettland ist seit Februar 1999 Mitglied der WTO. Seit dem 1. Mai 2004 ist das Land Mitglied der Europäischen Union und wendet von daher den Gemeinsamen Außenzolltarif an. Etwaige Importverbote finden somit auf alle Mitgliedsstaaten Anwendung. Des Weiteren zu beachten ist ein mitunter noch unzureichender Urheberrechtsschutz.

Exporte: 44% des BIP
▷▷

Importe: 64% des BIP
◁◁◁

Wichtigste Abnehmerländer
(Ausfuhren in Mio US$)

Litauen	1256
Estland	1142
Russland	1075
Deutschland	692
Schweden	615

Wichtigste Lieferländer
(Einfuhren in Mio US$)

Deutschland	2312
Litauen	2125
Russland	1337
Estland	1234
Polen	1067

Warenstruktur der Ausfuhren
(Anteil in %)

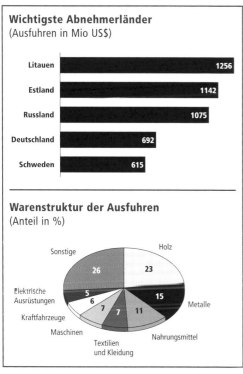

Sonstige 26; Holz 23; Metalle 15; Nahrungsmittel 11; Textilien und Kleidung 7; Maschinen 7; Kraftfahrzeuge 6; Elektrische Ausrüstungen 5

Warenstruktur der Einfuhren
(Anteil in %)

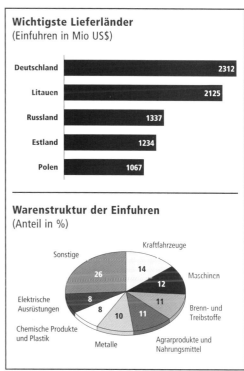

Sonstige 26; Kraftfahrzeuge 14; Maschinen 12; Brenn- und Treibstoffe 11; Agrarprodukte und Nahrungsmittel 11; Metalle 10; Chemische Produkte und Plastik 8; Elektrische Ausrüstungen 8

Schuldenlast
(Auslandsverschuldung in % der Waren-
und Dienstleistungsexporte)

Lettland	307
Regionaler Durchschnitt	130
Durchschnitt Schwellenländer	73

Pro-Kopf-Einkommen
(BIP je Einwohner in US$)

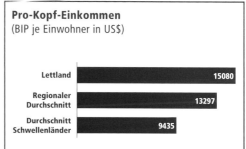

Lettland	15080
Regionaler Durchschnitt	13297
Durchschnitt Schwellenländer	9435

Haltung gegenüber ausländischen Investoren

Das Land ist ausländischen Investoren gegenüber offen. Seit 2004 werden in Lettland fur Unternehmen mit die niedrigsten Steuern in der erweiterten EU erhoben: 15% (2003 belief sich der Steuersatz auf 19%, 2002 auf 22% und 2001 auf 25%). Das 2002 eingeführte Arbeitsrecht orientiert sich an europäischen Richtlinien. Der allgemeine Beitragssatz zur Sozialversicherung beläuft sich auf 33,09%, davon trägt der Arbeitgeber 24,09% und der Arbeitnehmer 9%. Seit 1998 gilt ein Doppelbesteuerungsabkommen mit Deutschland.

Devisenverkehr

Seit der Anbindung des Lats an den Euro am 1. Januar 2005 und dem Beitritt zum WKM II am 29. April 2005 hat sich der festgesetzte Leitkurs von 0,7028 LVL = 1 EUR nicht verändert. Der Lats darf eigentlich innerhalb einer Bandbreite von ±15% schwanken, doch die Zentralbank Lettlands hat die Schwankungsbreite gegenüber dem Euro auf ±1% des Umrechnungskurses beschränkt. Somit darf sich die Währung zwischen 0,695776 und 0,709832 LVL für 1 EUR bewegen.

Die Anbindung des Lats an den Euro gibt nach wie vor Anlass zu Diskussionen. Am 1. November 2007 wurde jedoch Ilmars Rimsevic erneut für sechs Jahre an die Spitze der Bank von Lettland gewählt. Damit bestätigt sich die negative Haltung der Behörden gegenüber jeglicher Abwertung. So ist die lettische Währung 2007 unter Beschuss geraten, was mehrere Male Interventionen der Zentralbank erforderlich machte. Diese hat dabei mehr als 330 Mio EUR zur Stützung des Kurses verkauft und später ihre Devisenreserven wieder aufge-

stockt. Seit der Finanzkrise hat die Zentralbank 931 Mio EUR verkauft, um diesen Kurs zu halten. Vor kurzem hat sie Gespräche mit dem IWF aufgenommen, weil sie zur Stärkung einen Stand-by-Kredit erhalten will.

Der ursprünglich für den 1. Januar 2008 geplante Beitritt zur EWU wurde wegen der allzu hohen Inflation verschoben. Jetzt wird der Beitritt für 2012 ins Auge gefasst. •

Litauen

Bevölkerung (Mio Einwohner):	**3,4**
BIP (Mio US$):	**38.328**
Anteil am regionalen BIP (%):	**2**

Coface-Bewertungen

Kurzfristiges Risiko:	**A4**
Geschäftsumfeld:	**A3**
Mittelfristiges Risiko:	**ziemlich gering**

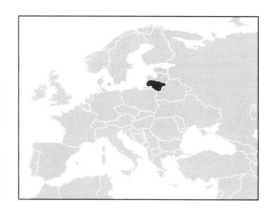

STÄRKEN

- ▲ Das Land hat seine Wirtschaft rasch modernisiert und die mit der Integration in die Europäische Union verbundenen Herausforderungen bewältigt.
- ▲ Das Pro-Kopf Einkommen hat stark zugelegt und die Arbeitslosigkeit deutlich abgenommen.
- ▲ Die Arbeitskräfte sind qualifiziert, die institutionellen Rahmenbedingungen werden ständig besser, und die geographische Lage wirkt sich zugunsten des Landes aus.
- ▲ Die Staatsverschuldung ist gering.

SCHWÄCHEN

- ▼ Hohes Defizit in der Leistungsbilanz führt zu einer starken Abhängigkeit von ausländischem Kapital.
- ▼ Ausländische Direktinvestitionen decken nur einen geringen Teil des Defizits in der Leistungsbilanz ab. Die Auslandsverschuldung hat in erheblichem Maße zugelegt.
- ▼ Kreditnehmer sind einem hohen Wechselkursrisiko ausgesetzt.
- ▼ Der Mangel an Arbeitskräften, der sich durch die Emigration noch verschärft, hat zu steigenden Arbeitskosten geführt. Das belastet die Wettbewerbsfähigkeit.

RISIKOEINSCHÄTZUNG

Stagnation der Wirtschaft 2009, hohe Inflationsrate geht zurück

Infolge der Kehrtwende am Immobilienmarkt und des abnehmenden privaten Konsums hat sich das Wachstum 2008 deutlich verlangsamt. Angesichts der restriktiver werdenden Kreditbedingungen, des schwindenden Vertrauens der Wirtschaftsteilnehmer und der rückläufigen Auslandsnachfrage dürfte 2009 in Litauen Stagnation herrschen. Die Inflation, die 2008 stark zugelegt hat, nimmt inzwischen wegen des Rückgangs von Binnennachfrage und Rohstoffpreisen wieder ab. Allerdings sind die Preissteigerungen trotz der rückläufigen Entwicklung immer noch relativ hoch. Das wird sehr wahrscheinlich eine Einführung des Euro in Litauen vor 2012 verhindern. Schon 2007 war das Land diesbezüglich an seiner übermäßig hohen Inflation gescheitert. Gegenwärtig stellt Coface noch keine nennenswerte Verschlechterung des Zahlungsverhaltens von litauischen Unternehmen fest. Im Baugewerbe, in konsumgebundenen Sektoren und ganz allgemein in allen Branchen, die auf Bankkredite angewiesen sind, besteht jedoch die Gefahr, dass die Auswirkungen der Krise allmählich spürbar werden.

Sehr geringes Länderrisiko

Aufgrund einer Senkung der direkten Steuern und Abgaben, steigender Sozialausgaben und des flauen Wachstums dürfte das Haushaltsdefizit weiter zunehmen. Allerdings dürfte die neue Regierung Korrekturmaßnahmen ergreifen, um das Abdriften zu verhindern. Angesichts der geringen öffentlichen Schuldenlast

Wichtige Kennzahlen

	2004	2005	2006	2007	2008 (S)	2009 (P)
Reales Wirtschaftswachstum (%)	7,4	7,8	7,8	8,9	4,0	0,2
Inflation (%)	1,2	2,7	3,6	5,8	11,2	6,8
Staatshaushalt (Saldo in % des BIP)	−1,5	−0,5	−0,4	−1,2	−2,7	−3,0
Ausfuhren (Mio US$)	9.306	11.774	14.151	17.180	22.660	18.800
Einfuhren (Mio US$)	11.689	14.690	18.360	22.803	29.460	22.490
Handelsbilanz (Saldo in Mio US$)	−2.383	−2.916	−4.209	−5.623	−6.800	−3.690
Leistungsbilanz (Saldo in Mio US$)	−1.725	−1.831	−3.218	−5.260	−6.917	−3.708
Leistungsbilanz (Saldo in % des BIP)	−7,7	−7,0	−10,7	−13,5	−14,4	−8,2
Auslandsverschuldung (in % des BIP)	46,4	48,4	63,0	77,4	77,5	79,9
Schuldendienst (in % der Ausfuhren)	13,9	15,4	19,8	25,9	25,5	28,2
Währungsreserven (in Monatsimporten)	3,0	2,5	3,0	3,2	2,1	2,9

(S): Schätzung. (P): Prognose.　　Quelle: Coface.

(17% des BIP) hält sich das Länderrisiko nach wie vor in Grenzen.

Hohes Währungsrisiko für private Unternehmen

Die schwache Binnennachfrage dürfte die Einfuhren belasten. Doch auf diese Weise können die Auswirkungen schrumpfender Exportmärkte ausgeglichen und das Defizit in der Leistungsbilanz auf ein vertretbareres Niveau abgebaut werden. Allerdings wird dieses Defizit weiter ganz erheblich bleiben. Nach wie vor ist das Land auf internationale Bankkredite angewiesen. Unter den aktuellen Verhältnissen stellt dies eine erhebliche Schwäche dar, weil insbesondere ausländische Banken, die in Litauen sehr stark vertreten sind, ihre Außenstände vermindern könnten. Ähnlich wie in anderen baltischen Staaten war die Verschlechterung der Leistungsbilanz mit einer starken Zunahme der privaten Auslandsverschuldung verbunden. Dies ist insbesondere bei Banken der Fall. Die Zentralbank dürfte sich schon aufgrund des hohen Kursrisikos für Kreditnehmer darum bemühen, das geltende feste Wechselkurssystem aufrechtzuerhalten, auch wenn dadurch das Wachstum stärker gebremst wird (mehr als die Hälfte aller Kredite werden in Fremdwährungen vergeben).

Sehr moderates politisches Risiko

Aus den Parlamentswahlen im Oktober 2008 ist eine Koalition hervorgegangen, die genauso schwach wie ihre Vorgängerin ist. Die wesentlichen Züge der Wirtschaftspolitik dürften hierdurch aber nicht in Frage gestellt werden. Außenpolitisch herrschen, seitdem die Öllieferungen an die Raffinerie Mazeikiu im Juli 2006 eingestellt wurden, angespannte Beziehungen zu Russland. Die Anerkennung der Unabhängigkeit der beiden Separatistenregionen Georgiens, d.h. Abchasiens und Südossetiens, durch Russland hat diesbezüglich auch keine Besserung bewirkt.

VORAUSSETZUNGEN FÜR DEN MARKTZUGANG

Marktsituation

Litauen hat mehrere Jahre lang ein lebhaftes Wirtschaftswachstum vorweisen können. Noch im ersten Quartal 2008 gehörte das Land mit einem Wachstum von 6,9%, einer um 12% steigenden Inlandsnachfrage sowie um 11% zulegenden Investitionen in Sachanlagen zu den dynamischsten Ländern der EU-27. Trotz der gegenwärtigen wirtschaftlichen Lage dürfte das litauische BIP 2008 um etwa 4% gestiegen sein. Für 2009 sind die Aussichten getrübt, für 2010 bis 2011 ist wieder mit einem stärkeren Wachstum zu rechnen.

Möglichkeiten des Marktzugangs

Seit dem Beitritt zur Europäischen Union am 1. Mai 2004 nimmt Litauen am gemeinsamen europäischen Markt teil. Durch den inzwischen offenen und wettbewerbsorientierten Markt ist Litauen in der EU-27 rasch in den Kreis der konkurrenzfähigsten und dynamischsten Länder aufgerückt.

Europa und GUS

Exporte: 60% des BIP
▷▷▷

Importe: 70% des BIP
◁◁◁

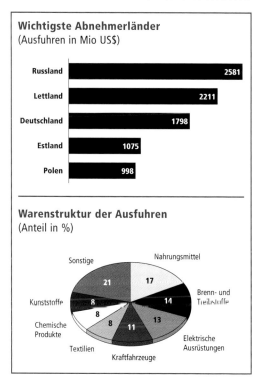

Wichtigste Abnehmerländer
(Ausfuhren in Mio US$)

Russland	2581
Lettland	2211
Deutschland	1798
Estland	1075
Polen	998

Warenstruktur der Ausfuhren
(Anteil in %)

Sonstige 21 · Nahrungsmittel 17 · Brenn- und Treibstoffe 14 · Kunststoffe 8 · Chemische Produkte 8 · Textilien 8 · Kraftfahrzeuge 11 · Elektrische Ausrüstungen 13

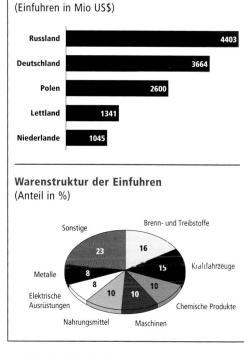

Wichtigste Lieferländer
(Einfuhren in Mio US$)

Russland	4403
Deutschland	3664
Polen	2600
Lettland	1341
Niederlande	1045

Warenstruktur der Einfuhren
(Anteil in %)

Sonstige 23 · Brenn- und Treibstoffe 16 · Kraftfahrzeuge 15 · Metalle 8 · Elektrische Ausrüstungen 8 · Nahrungsmittel 10 · Maschinen 10 · Chemische Produkte 10

Schuldenlast
(Auslandsverschuldung in % der Waren-
und Dienstleistungsexporte)

Litauen	128
Regionaler Durchschnitt	130
Durchschnitt Schwellenländer	73

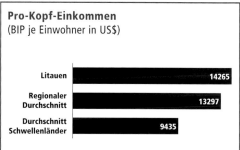

Pro-Kopf-Einkommen
(BIP je Einwohner in US$)

Litauen	14265
Regionaler Durchschnitt	13297
Durchschnitt Schwellenländer	9435

EU-Richtlinien und -Verordnungen sind in innerstaatliches Recht umgesetzt und werden effektiv angewendet (diesbezüglich liegt Litauen unter den 27 Mitgliedern im Spitzenbereich). Nur auf bestimmte Produkte (alkoholische Getränke, Öl etc.) werden noch Zölle oder Verbrauchsteuern erhoben. Für die Einfuhr verschiedener Erzeugnisse ist eine Lizenz erforderlich, die sich inzwischen jedoch ohne Schwierigkeiten beschaffen lässt (z.B. für alkoholische Getränke).

Im Zahlungsverkehr werden Vorauszahlungen und Akkreditive seltener. Allgemein verbreitet sind dagegen Banküberweisungen und kurzfristige Kredite. Im Übrigen werden kaum Zahlungsprobleme gemeldet.

Haltung gegenüber ausländischen Investoren

Die gute wirtschaftliche Verfassung, in der sich Litauen bisher präsentiert hat, und die besseren Rahmenbedingungen für Unternehmen haben das Interesse bei ausländischen Investoren verstärkt. Dies zeigt sich an den ausländischen Direktinvestitionen, die in den letzten zehn Jahren stetig zugelegt haben und Ende 2007 einen Wert von 1,53 Mrd EUR erreichten (das entspricht 5,5%

des BIP). Damit beläuft sich das Gesamtvolumen an ausländischen Direktinvestitionen auf insgesamt 10 Mrd EUR, was einen Anstieg von 19,7% im Vergleich zu 2006 bedeutet. Litauen bietet ausländischen Investoren in der Tat eine ganze Reihe von nicht zu unterschätzenden Vorteilen. Dazu gehören niedrige Steuern (die Körperschaftsteuer liegt bei 15%), das Recht, aus der betrieblichen Tätigkeit erwirtschaftete Gewinne, Erträge und Dividenden ohne irgendeine Beschränkung zurückführen zu können, die hohe Qualifikation der Arbeitskräfte, die noch verhältnismäßig niedrigen Löhne (die allerdings rasch steigen) und die fehlende Diskriminierung ausländischer Investoren.

Devisenverkehr

Seit dem 1. Februar 2002 gilt für die litauische Währung Litas und den Euro ein fester Umrechnungskurs (1 EUR = 3,4528 LTL). Zahlreiche litauische Unternehmen verfügen bereits über Euro-Konten. Litauen ist im Juni 2004 dem WKM II beigetreten. Der ursprünglich für Anfang 2007 geplante Beitritt Litauens zur Euro-Zone könnte insbesondere aufgrund der Schwierigkeiten des Landes bei der Eindämmung der starken Inflation frühestens 2012 bis 2013 stattfinden. Der Teuerungsrate leisten nicht nur externe Faktoren (Ausgaben für Energie und Nahrungsmittel), sondern auch interne Faktoren (steigende Löhne und Gehälter) Vorschub. •

Luxemburg

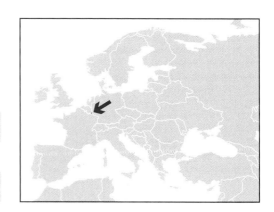

Bevölkerung (Einwohner):	**486.006**
BIP (Mio US$):	**47.942**

Coface-Bewertungen
Kurzfristiges Risiko:	**A1**
Geschäftsumfeld:	**A2**

RISIKOEINSCHÄTZUNG

Nach mehreren wachstumsstarken Jahren hat sich die Konjunktur in Luxemburg im zweiten Halbjahr 2008 stark abgeschwächt. Der markante Einbruch des Wachstums erklärt sich durch den hohen Anteil der Finanzbranche am BIP (ca. 40%) und die Tatsache, dass sich die Schieflage der Banken und Finanzdienstleister auch auf das verarbeitende Gewerbe und die B2B-Dienstleister negativ auswirkt. 2009 ist mit einer Rezession zu rechnen.

Wachstumseinbruch durch Schwierigkeiten in der Finanzbranche

Die Schwierigkeiten im Finanzsektor zum einen sowie die rückläufigen Preise und die nachlassende Nachfrage nach Eisen- und Stahlerzeugnissen zum anderen führen zu einem Einbruch der Exporte (Güter und Dienstleistungen). Der Finanzsektor leidet darunter, dass die durch die Investmentfonds erwirtschafteten Provisionserträge geringer ausfallen, weil das Reinvermögen der Fonds aufgrund der negativen Marktentwicklung und der Zurückhaltung der ausländischen Anleger gesunken ist. Sämtliche Sparten des Finanzsektors, Investmentbanken, Privatbanken und Investmentfondsgesellschaften, sind von der Finanzkrise betroffen.

Die Investitionen der Privathaushalte und der Unternehmen – sei es in der Bauwirtschaft oder im Maschinen- und Anlagenbau – gehen spürbar zurück. Einzig und allein bei den öffentlichen Investitionen ist nach wie vor eine gewisse Dynamik zu verzeichnen.

Der Konsum der Privathaushalte dürfte aufgrund neuer steuerlicher Anreize konstant bleiben. Allerdings treiben

Wichtige Kennzahlen

	2004	2005	2006	2007	2008 (S)	2009 (P)
Reales Wirtschaftswachstum (%)	4,5	5,0	6,5	5,2	1,0	−2,0
Konsumausgaben (Veränderung in %)	2,5	2,0	3,0	2,0	1,8	0,5
Investitionen (Veränderung in %)	18,6	−1,1	3,1	22,0	−10,0	−8,0
Inflation (%)	3,2	3,8	2,7	2,7	4,1	0,6
Arbeitslosenquote (%)	5,1	4,5	4,8	4,1	4,5	6,5
Kurzfristiger Zinssatz (% p.a.)	2,1	2,2	3,1	4,3	4,6	1,9
Staatshaushalt (Saldo in % des BIP)	−1,1	−0,1	1,3	2,0	0,0	−4,0
Staatsverschuldung (in % des BIP)	6,4	6,1	6,6	7,0	14,4	15,0
Ausfuhren (Veränderung in %)	11,3	6,3	14,7	4,4	1,3	−4,0
Einfuhren (Veränderung in %)	11,5	6,1	13,5	3,5	1,4	−1,5
Leistungsbilanz (Saldo in % des BIP)	11,8	10,9	10,3	9,8	8,0	5,3

(S): Schätzung. (P): Prognose.

Quelle: Coface.

Index der Zahlungsausfälle
(Gleitender Zwölfmonatsdurchschnitt;
Basis: Welt 1995 = 100)

Welt

Luxemburg

Quelle: Coface.

die Steuergeschenke in Verbindung mit den sinkenden
Steuereinnahmen, die zu 30% aus der Finanzwirtschaft
stammen, die öffentlichen Finanzen in die roten Zahlen.

Unternehmen relativ gut für den Abschwung gerüstet

Da die Unternehmen in den vergangenen Jahren ihre
Bilanzen sanieren konnten, dürften sie relativ gut für
den Abschwung gerüstet sein. Grundsätzlich bestehen
in Luxemburg Schwierigkeiten bei der Beschaffung von
Unternehmensdaten. Dies spiegelt sich im Coface-
Rating Geschäftsumfeld wider. Ein Blick auf die Lage
der einzelnen Branchen zeigt, dass der Wohnungsbau
und die für Finanzunternehmen tätigen Dienstleister am
stärksten durch die Krise gefährdet sind.   •

Malta

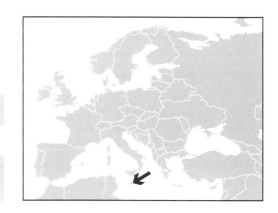

Bevölkerung (Einwohner):	**403.532**
BIP (Mio US$):	**7.419**

Coface-Bewertungen

Kurzfristiges Risiko:	**A2**
Geschäftsumfeld:	**A2**
Mittelfristiges Risiko:	**sehr gering**

RISIKOEINSCHÄTZUNG

Im Zuge des Beitritts Maltas zur EU im Jahr 2004 und zur Euro-Zone im Januar 2008 wurde die Wirtschaft des Landes liberalisiert. Nachdem das Wachstum in den vergangenen drei Jahren stetig zulegte, verliert es nun angesichts des schlechten internationalen Umfelds deutlich an Dynamik. Die Banken dürften die Finanzkrise relativ gut bewältigen. Sie verfügen über erhebliche liquide Mittel und sind nur in geringem Umfang auf Finanzmittel aus dem Ausland angewiesen. Ihr Schwerpunkt liegt in der Immobilienfinanzierung.

Die gestiegenen Lebenshaltungskosten, die sinkenden öffentlichen Investitionen sowie der zurückgefahrene Wohnungsbau und geringere Investitionen im verarbeitenden Gewerbe führten 2008 zu einer nachlassenden Binnennachfrage. Während die Tourismusbranche nur mäßige Ergebnisse vorweisen konnte, wurde das Aus-

landsgeschäft im Wesentlichen durch Dienstleistungen in den Bereichen Internetspiele sowie Informations- und Kommunikationstechnologie angekurbelt.

Der weltweite Abschwung dürfte das Wachstum 2009 spürbar dämpfen. Als einzige Stützen bleiben die öffentliche Investitionstätigkeit und die Investitionen in Verbindung mit dem Bau eines großen Bürokomplexes für Informations- und Kommunikationstechnik. Der private Konsum wird trotz Inflationsrückgangs durch die Lage am Arbeitsmarkt geschwächt. Das relativ hohe Defizit in der Leistungsbilanz dürfte bestehen bleiben, weil die Tourismusbranche mit der schwachen Nachfrage aus Großbritannien zu kämpfen hat und die Warenexporte (Halbleiter und Produkte der aufstrebenden Pharmaindustrie) stagnieren. Sanierungsmaßnahmen sind unabdingbar, um die Nachhaltigkeit der öffentlichen Finanzen zu verbessern und die Schuldenlast des Staates (60% des BIP) zu verringern. •

Wichtige Kennzahlen

	2004	2005	2006	2007	2008 (S)	2009 (P)
Reales Wirtschaftswachstum (%)	1,1	3,5	3,1	3,7	2,4	2,0
Inflation (%)	2,7	2,5	2,6	0,7	4,4	3,0
Staatshaushalt (Saldo in % des BIP)	−4,7	−2,8	−2,3	−1,8	−3,8	−2,7
Ausfuhren (Mio US$)	2.728	2.583	2.948	3.238	3.545	3.305
Einfuhren (Mio US$)	3.602	3.687	4.154	4.541	5.246	5.010
Handelsbilanz (Saldo in Mio US$)	−874	−1.105	−1.206	−1.303	−1.701	−1.705
Leistungsbilanz (Saldo in % des BIP)	−6,0	−8,8	−8,1	−5,7	−6,7	−7,2
Auslandsverschuldung (in % des BIP)	31,2	35,5	42,7	44,5	46,0	53,1
Schuldendienst (in % der Ausfuhren)	2,9	3,9	3,3	2,8	2,5	2,5
Währungsreserven (in Monatsimporten)	5,8	4,9	4,5	4,8	NV	NV

NV: Nicht verfügbar. (S): Schätzung. (P): Prognose. Quelle: Coface.

Mazedonien

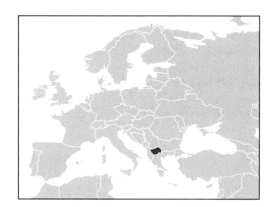

| Bevölkerung (Mio Einwohner): | **2,1** |
| BIP (Mio US$): | **7.590** |

Coface-Bewertungen

Kurzfristiges Risiko:	**C**
Geschäftsumfeld:	**C**
Mittelfristiges Risiko:	**moderat erhöht**

RISIKOEINSCHÄTZUNG

Die Konjunktur in Mazedonien wurde 2008 durch die Binnennachfrage gestützt, und das hohe Wachstum hielt an. Durch den außerordentlich starken Anstieg der Importe (Öl, Ausrüstungs- und Konsumgüter) bei gleichzeitig weniger stark steigenden Exporten (Metalle mit Exportanteil von 40% und Nahrungsmittel) hat das Leistungsbilanzdefizti einen Rekordstand erreicht. Angesichts sehr volatiler Transferzahlungen von im Ausland arbeitenden Mazedoniern und steigender Direktinvestitionen stagnierten die Devisenreserven.

2009 dürften der weltweite Abschwung und geringere Kapitalzuflüsse aus dem Ausland das Wachstum bremsen, obwohl sich das Geschäftsumfeld und die Aussichten auf einen Beitritt zur EU verbessert haben. Das hohe Defizit der Leistungsbilanz dürfte das Währungssystem (Anbindung des Dinar an den Euro) auf die Probe stellen. Angesichts der bedeutenden Aufnahme von Fremdwährungskrediten durch den privaten Sektor nimmt die Auslandsverschuldung zu. Das staatliche Konjunkturprogramm zur Modernisierung der Infrastruktur wird das Haushaltsdefizit 2009 weiter in die Höhe treiben. Die Staatsverschuldung konnte in den vergangenen Jahren dank vorzeitiger Rückzahlung an die Gläubiger des Pariser und des Londoner Clubs drastisch gesenkt werden. Die politische Situation ist auch nach der Wiederwahl der konservativen Partei VMRO-DPMNE im Juni 2008 und der Bildung eines Bündnisses mit der größten albanischen Partei Mazedoniens (DUI) instabil. Die Koalition verfügt zwar über genügend Stimmen im Parlament, um die in ethnischer Hinsicht sensiblen Reformen umzusetzen, die Spannungen zwischen den beiden Parteien bleiben aber bestehen. Die Präsidentschaftswahlen wurden in einer Stichwahl am 5. April 2009 zugunsten von Georgi Ivanov, Kandidat der Regierungspartei, entschieden. •

Wichtige Kennzahlen

	2004	2005	2006	2007	2008 (S)	2009 (P)
Reales Wirtschaftswachstum (%)	4,1	4,1	4,0	5,0	5,5	4,0
Inflation (%)	−0,4	0,5	3,2	2,3	8,5	3,0
Staatshaushalt (Saldo in % des BIP)	0,0	0,2	−0,5	0,6	−1,5	−3,0
Ausfuhren (Mio US$)	1.675	2.041	2.396	3.349	4.394	4.226
Einfuhren (Mio US$)	2.814	3.104	3.681	4.979	6.994	6.731
Handelsbilanz (Saldo in Mio US$)	−1.139	−1.063	−1.285	−1.630	−2.600	−2.505
Leistungsbilanz (Saldo in % des BIP)	−8,4	−2,7	−0,9	−7,8	−14,0	−13,3
Auslandsverschuldung (in % des BIP)	52,5	51,1	51,9	51,8	50,2	58,1
Schuldendienst (in % der Ausfuhren)	14,6	12,7	15,6	22,9	21,1	25,0
Währungsreserven (in Monatsimporten)	3,2	3,9	4,8	4,2	2,8	2,7

(S): Schätzung. (P): Prognose.

Quelle: Coface.

Moldau

Bevölkerung (Mio Einwohner):	**3,8**
BIP (Mio US$):	**4.396**

Coface-Bewertungen
Kurzfristiges Risiko:	**D**
Geschäftsumfeld:	**C**
Mittelfristiges Risiko:	**sehr hoch**

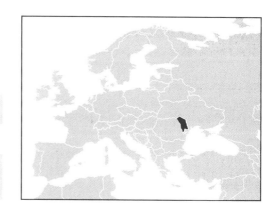

RISIKOEINSCHÄTZUNG

Während das Wachstum im ersten Halbjahr 2008 noch durch die Überweisungen von im Ausland lebenden Moldauern und von dem wiederkehrenden Interesse ausländischer Investoren beflügelt wurde, zeichnete sich im zweiten Halbjahr eine Abschwächung ab. 2009 dürfte sich das Wachstum weiter verlangsamen. Moldau ist stark abhängig von Kohle- und Gasimporten aus der Ukraine und aus Russland, und die Preise haben sich an internationales Niveau angeglichen. Die zentralen Säulen der wenig diversifizierten Wirtschaft sind die Landwirtschaft und die Textilindustrie. Letztere kämpft mit starker Konkurrenz und rückläufiger Nachfrage aus dem Ausland. Der Binnenmarkt ist unterentwickelt und kann die Produktion des Landes nicht in Gang halten. Der mit dem hohen Leistungsbilanzdefizit verbundene Auslandsfinanzierungsbedarf wurde bis zum vergangenen Herbst von ausländischem Kapital gedeckt. Die Bedarfsdeckung dürfte in Zukunft angesichts der globalen Finanzkrise schwieriger werden, auch wenn die Staatsverschuldung auf einem tragbaren Niveau liegt.

Die Privatisierung staatlicher Unternehmen kommt schleppend voran. Die Investitionen hängen stark von Ausländern ab. Während es einen Anreiz darstellt, dass keine Körperschaftsteuer erhoben wird, bilden Finanzierungsengpässe ein Investitionshemmnis. Und die Banken sind einem hohen Wechselkursrisiko ausgesetzt. Die Europäische Union ist bestrebt, den Handelsverkehr mit Moldau durch den Abbau von Zöllen zu vereinfachen, fordert aber im Gegenzug eine verschärfte Korruptionsbekämpfung und politische Reformen. Am 5. April 2009 fanden Parlamentswahlen in Moldau statt, bei denen die Kommunistische Partei (PCRM) knapp die Hälfte der Stimmen erhielt. Nach gewaltsamen Protesten der Opposition wegen angeblicher Wahlfälschung wurde eine Neuauszählung der Stimmen angeordnet, die PCRM dürfte jedoch stärkste Partei bleiben. •

Wichtige Kennzahlen

	2004	2005	2006	2007	2008 (S)	2009 (P)
Reales Wirtschaftswachstum (%)	7,4	7,5	4,8	3,0	5,8	3,0
Inflation (%)	12,4	11,9	12,7	12,3	14,0	10,0
Staatshaushalt (Saldo in % des BIP)	0,8	1,3	0,2	−0,3	−0,5	−0,5
Ausfuhren (Mio US$)	994	1.105	1.053	1.361	2.030	2.180
Einfuhren (Mio US$)	1.748	2.296	2.644	3.677	4.830	5.190
Handelsbilanz (Saldo in Mio US$)	−754	−1.192	−1.591	−2.316	−2.800	−3.010
Leistungsbilanz (Saldo in % des BIP)	−1,8	−8,3	−11,5	−15,8	−14,0	−9,6
Auslandsverschuldung (in % des BIP)	65,5	58,0	59,2	53,2	46,4	49,7
Schuldendienst (in % der Ausfuhren)	13,0	9,7	9,8	4,5	5,8	7,4
Währungsreserven (in Monatsimporten)	2,5	2,5	2,8	3,5	3,5	4,2

(S): Schätzung. (P): Prognose.

Quelle: Coface.

Montenegro

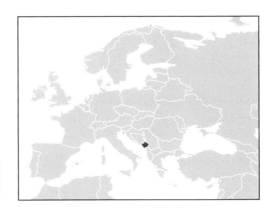

Bevölkerung (Einwohner):	**678.177**
BIP (Mio US$):	**3.557**

Coface-Bewertungen

Kurzfristiges Risiko:	**C**
Geschäftsumfeld:	**C**
Mittelfristiges Risiko:	**hoch**

RISIKOEINSCHÄTZUNG

2008 hat sich das Wachstum durch Investitionen im Wohnungsbau- und Dienstleistungssektor auf hohem Niveau gehalten. Steigende Gehälter und höhere Preise für Energie haben die Inflation angeheizt, die sich dennoch durch die Nutzung des Euro in Grenzen hält. Die internationale Krise dürfte Montenegros Wirtschaft 2009 nicht verschonen. Das Land hat mit den Folgen der gesunkenen Preise für Aluminium (60% der Ausfuhren und 14% des BIP) und der nachlassenden Kapitalzuflüsse und Tourismuseinnahmen zu kämpfen. Langfristig möchte sich Montenegro auf den Luxustourismus spezialisieren. Trotz der Inangriffnahme umfangreicher Projekte unter der Schirmherrschaft der Europäischen Entwicklungsbank (Umwandlung des Marinestützpunkts Tivats in einen Urlaubsort), sind das Straßennetz, die Zahl der Flughäfen sowie die Wasseraufbereitung nach wie vor unzureichend.

2008 ist das Leistungsbilanzdefizit wegen des Höhenflugs der Importe auf Rekordniveau gestiegen. Trotz lahmender Konjunktur wird sich diese Schieflage kaum verbessern. Angesichts der gegenwärtigen Krise droht ein Rückgang der Direktinvestitionen, die überwiegend in die Immobilienbranche geflossen sind und in den letzten Jahren einen beträchtlichen Teil des Defizits finanziert haben. Eine Zuspitzung der Situation wird allerdings durch die Haushaltsdisziplin im öffentlichen Sektor verhindert.

Milo Djukanovic kehrte im Februar 2008 als Premierminister in die Politik zurück und stärkte damit die EU-freundliche Demokratische Partei der Sozialisten, die angesichts einer zersplitterten Opposition die Wahlen Ende März 2009 mit absoluter Mehrheit gewann. Montenegro hat im Dezember 2008 einen Antrag auf EU-Beitritt gestellt. Das Land ist allerdings noch weit von der Erfüllung der Beitrittsbedingungen entfernt. •

Wichtige Kennzahlen

	2004	2005	2006	2007	2008 (S)	2009 (P)
Reales Wirtschaftswachstum (%)	4,2	4,0	8,6	7,0	7,0	3,0
Inflation (%)	3,3	3,4	2,1	4,3	9,0	4,0
Staatshaushalt (Saldo in % des BIP)	−2,7	−1,8	2,4	8,1	5,0	3,0
Ausfuhren (Mio US$)	562	574	814	903	907	880
Einfuhren (Mio US$)	1.080	1.214	1.880	2.739	3.501	3.227
Handelsbilanz (Saldo in Mio US$)	−518	−640	−1.066	−1.836	−2.593	−2.347
Leistungsbilanz (Saldo in % des BIP)	−7,6	−8,9	−24,7	−34,4	−38,3	−31,8
Auslandsverschuldung (in % des BIP)	42,6	45,9	44,9	52,8	60,0	61,0
Schuldendienst (in % der Ausfuhren)	NV	8,2	7,9	6,5	7,5	9,2
Währungsreserven (in Monatsimporten)	0,8	1,7	2,3	2,8	2,4	2,9

NV: Nicht verfügbar. (S): Schätzung. (P): Prognose.

Quelle: Coface.

Niederlande

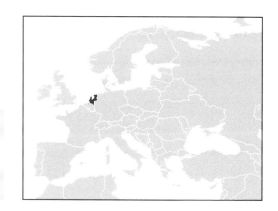

Bevölkerung (Mio Einwohner):	**16,4**
BIP (Mio US$):	**754.203**

Coface-Bewertungen
Kurzfristiges Risiko:	**A1**
Geschäftsumfeld:	**A1**

RISIKOEINSCHÄTZUNG

2008 entwickelte sich die Binnennachfrage in den Niederlanden noch dynamisch, obwohl die Inflationsraten in der ersten Jahreshälfte leicht stiegen und das Vertrauen der Privathaushalte und Unternehmen in der zweiten Jahreshälfte abnahm. Der Aufwärtstrend auf dem Arbeitsmarkt und der – wenn auch nur moderate – Anstieg der Reallöhne wirkten sich anfangs noch günstig auf das Konsumverhalten der Privathaushalte aus. Auch die Unternehmen investierten stärker. Dank eines großen Anteils an Reexporten (50% der Gesamtausfuhren) und der hohen Weltmarktpreise für Erdgas (die Niederlande sind Nettoexporteur von Erdgas und raffiniertem Erdöl), entwickelten sich die Ausfuhren weiter zufriedenstellend, wenngleich der Anstieg auch etwas schwächer war als in den Vorjahren. Der Haushaltsüberschuss konnte mit Hilfe der Einnahmen aus dem Erdgasgeschäft weiter gesteigert werden.

Rezession droht trotz Konjunkturpaketen

Für 2009 ist aufgrund der starken Abhängigkeit der Niederlande von der Auslandsnachfrage ein Konjunktureinbruch zu erwarten. Durch den rückläufigen Auftragseingang aus den EU-Ländern (75% der Ausfuhren) werden die Exporte voraussichtlich drastisch zurückgehen. Die Unternehmen, die ohnehin den Druck der steigenden Arbeitskosten zu spüren bekommen, müssen mit einer geringeren Kapazitätsauslastung rechnen und dürften somit ihre Investitionsausgaben drosseln. Es ist zu erwarten, dass ein Wiederanstieg der Arbeitslosigkeit

Wichtige Kennzahlen

	2004	2005	2006	2007	2008 (S)	2009 (P)
Reales Wirtschaftswachstum (%)	2,2	1,5	3,0	3,5	1,9	−3,5
Konsumausgaben (Veränderung in %)	1,0	0,7	2,7[1]	2,1	1,7	−0,8
Investitionen (Veränderung in %)	−1,6	3,0	7,2	4,9	6,3	−11,0
Inflation (%)	1,2	1,7	1,4	1,6	2,3	0,6
Arbeitslosenquote (%)	4,6	4,7	3,9	3,3	3,9	5,5
Kurzfristiger Zinssatz (% p.a.)	2,1	2,2	3,1	4,2	4,6	1,9
Staatshaushalt (Saldo in % des BIP)	−1,8	−0,5	0,6	0,4	1,0	−3,0
Staatsverschuldung (in % des BIP)	52,4	52,3	47,9	45,5	45,0	47,0
Ausfuhren (Veränderung in %)	7,9	5,9	7,0	6,5	4,1	−11,0
Einfuhren (Veränderung in %)	5,7	5,5	8,1	5,7	5,2	−8,7
Leistungsbilanz (Saldo in % des BIP)	7,5	7,3	9,3	7,6	7,2	6,5

1) Da nach der Reform der Krankenversicherung vom 1. Januar 2006 die Gesundheitsaufwendungen in der volkswirtschaftlichen Gesamtrechung nicht mehr dem privaten Konsum, sondern den öffentlichen Ausgaben zugeordnet werden, reduziert sich der private Konsum automatisch um etwa 3%.

(S): Schätzung. (P): Prognose.

Quelle: Coface.

Index der Zahlungsausfälle
(Gleitender Zwölfmonatsdurchschnitt;
Basis: Welt 1995 = 100)

Quelle: Coface.

das Vertrauen der Verbraucher noch stärker erschüttert. Auch die hohen Realzinssätze für Verbraucherkredite dürften dazu beitragen, dass die Privathaushalte ihren Konsum zurückzuschrauben. Dank der 2008 ausgehandelten Lohn- und Gehaltssteigerungen sowie der beschlossenen Steuererleichterungen werden sie jedoch ihre Sparquote erhöhen können. Dem Baugewerbe steht eine sanfte Landung mit weiterhin deutlich steigenden Preisen bevor.

Der seit 2006 erwirtschaftete Haushaltsüberschuss dürfte durch die Maßnahmen zur Stützung der Banken und die Konjunkturpakete bei gleichzeitig sinkenden Einnahmen aus dem Erdgasgeschäft zusammenschmelzen, und 2009 wird voraussichtlich wieder ein Defizit zu verzeichnen sein. Außerdem ist zu erwarten, dass die Staatsverschuldung wieder steigt.

Wieder mehr Unternehmensinsolvenzen

Die schwierige Lage der Banken dürfte 2009 – anders als im Vorjahr – einen Anstieg der Unternehmensinsolvenzen zur Folge haben. Aufgrund der Kreditverknappung und des Nachfragerückgangs auf dem Weltmarkt ist zu erwarten, dass die schwächeren Marktteilnehmer im verarbeitenden Gewerbe (Elektronik, IT, metallverarbeitende Industrie etc.) in eine immer schwierigere Lage geraten. Unternehmen, die in personalintensiven Branchen tätig sind oder Spitzenkräfte benötigen, dürften wiederum den Mangel an qualifizierten Arbeitskräften und die steigenden Gehaltskosten stärker zu spüren bekommen. Am stärksten gefährdet sind kleine und mittlere Unternehmen, die für den Binnenmarkt produzieren. Diese geraten durch die rückläufigen Konsumausgaben der Privathaushalte stark unter Druck.

ZAHLUNGSMITTEL UND FORDERUNGSEINZUG

Zahlungsmittel

Der Wechsel wird in den Niederlanden selten als Zahlungsmittel eingesetzt, da er den örtlichen Gepflogenheiten nicht entspricht. Wie in Deutschland wird er als Zeichen des Misstrauens des Lieferanten angesehen und gilt insofern als unvereinbar mit der für stabile Geschäftsbeziehungen notwendigen Vertrauensgrundlage.

Auch der Scheck wird kaum verwendet, da er kein sicheres Zahlungsmittel darstellt. Die Annahme eines Schecks erfolgt unter dem Vorbehalt, dass dieser gedeckt ist. Die Ausstellung eines nicht gedeckten Schecks erfüllt keinen Straftatbestand, und die damit verbundenen Kosten können sich als sehr hoch erweisen. Sowohl beim Wechsel als auch beim Scheck handelt es sich in erster Linie um ein Schuldanerkenntnis.

Die Banküberweisung (Bankgiro) hingegen stellt das am weitesten verbreitete Zahlungsmittel dar. Alle großen niederländischen Banken sind mittlerweile an das elektronische SWIFT-System angeschlossen, das eine rasche, flexible und kostengünstige Abwicklung des internationalen Zahlungsverkehrs ermöglicht.

Auch die Verwendung von Zentralkonten ist oftmals anzuraten. Hierbei handelt es sich um ein zentrales System, das eine Einzahlung vor Ort ermöglicht und die Rückführung der Kontobestände vereinfacht.

Forderungseinzug

Der Forderungseinzug beginnt mit der Zustellung einer Mahnung an den Schuldner, in der er aufgefordert wird, den Rechnungsbetrag zuzüglich Verzugszinsen zu begleichen. Gegebenenfalls ergeht eine Zahlungsaufforderung durch einen Gerichtsvollzieher bzw. einen Anwalt.

Wenn keine anderweitigen vertraglichen Vereinbarungen bestehen, so gilt für die Berechnung der Verzugszinsen seit dem 1. Dezember 2002 der Refinanzierungssatz der Europäischen Zentralbank zuzüglich 7 Prozentpunkten. Dabei kommt in dem betreffenden Halbjahr der vor dem ersten Tag dieses Halbjahrs geltende Zins zur Anwendung.

Wenn keine Zahlung erfolgt und auch keine gütliche Einigung erzielt werden kann, wendet sich der Gläubiger an einen ortsansässigen Anwalt, der dann ein Rechtsverfahren beantragt. Niederländische Anwälte haben ebenfalls die Funktion von gerichtlichen Sachverwaltern (Staatsanwälten), die sie allerdings nur an dem Gericht des Bezirks ausüben können, in dem sie eingetragen sind. In ihrer Funktion als Anwalt hingegen können sie landesweit tätig werden. Zum 1. September 2008 wurde die Funktion des gerichtlichen Sachwalters abgeschafft, so dass der Rechtsanwalt jetzt intervenieren und die erforderlichen Unterlagen vor jedem niederländischen Gericht selbst vorlegen kann. Mit dieser Änderung sollen das Verfahren beschleunigt und die Kosten gesenkt werden.

In dieser Phase der Intervention kann sich ein Antrag auf Konkurseröffnung als sehr wirksames Druckmittel gegenüber dem Schuldner erweisen. Dieser Antrag ist relativ einfach zu stellen, sofern man beim Zivilgericht (in den Niederlanden gibt es keine Handelsgerichte) einen Nachweis über die unstrittige offene Forderung oder eine Zweitschuld in Form von wirtschaftlichen, steuerlichen oder Unterhaltsverpflichtungen erbringen kann.

Häufig wird bei einer unstrittigen Forderung auch das vereinfachte Eilverfahren zur einstweiligen Anordnung (kort geding) beantragt. Dies gilt insbesondere für zivilrechtliche Forderungen. Oftmals geben sich die Parteien mit der auf diesem Wege erzielten richterlichen Verfügung zufrieden und beantragen kein weiteres Verfahren mehr. Dieser richterliche Entscheid führt zu einer vorläufigen Vollstreckung, selbst wenn der Schuldner Berufung einlegt.

Das klassische kontradiktorische Gerichtsverfahren wird in erster Linie schriftlich geführt. Bei Forderungen unter 5.000 EUR handelt es sich um ein vereinfachtes Verfahren, das vor dem Kantonsgericht (kantongerecht) stattfindet. Bei Forderungen über diesem Betrag ist das Amtsgericht (rechtbank) zuständig.

Der Kläger und der Beklagte bringen ihre Argumente in Form eines einfachen Austauschs der Schlussforderungen vor. Wenn die Parteien nicht ausdrücklich auf Schlussplädoyers bestehen (was selten vorkommt), stützt sich der Richter bei seiner Urteilsfindung auf die vorliegenden Beweisurkunden und die Anhörung der Parteien (insbesondere zur Erreichung eines Vergleichs). Bei komplizierten Rechtsfällen, die einer besonderen Analyse bedürfen, greift ein deutlich formaleres Verfahren, bei dem der Richter die Schlussforderungen der Parteien, die „réplique" und „duplique" genannt werden, genau untersucht.

An dieser Stelle sei auf die bedeutende Rolle des Vermerks der Allgemeinen Geschäftsbedingungen auf Bestellscheinen und Rechnungen hingewiesen. Da diese dem Vertrag zugrunde liegen, werden sie vom Richter genauestens untersucht, damit er sich ein Bild über die Einhaltung der Vertragspflichten durch die Parteien machen kann.

In den Niederlanden wird häufig auf Schiedsverfahren zurückgegriffen. Die meisten der Schiedsinstitutionen haben einen klar abgegrenzten Zuständigkeitsbereich, und bei den Richtern handelt es sich oftmals um spezialisierte Anwälte. Die Urteile ergehen eher auf der Grundlage von Recht und Billigkeit als auf der des Gesetzes. •

Norwegen

Bevölkerung (Mio Einwohner):	**4,7**
BIP (Mio US$):	**381.951**

Coface-Bewertungen
Kurzfristiges Risiko:	**A2**
Geschäftsumfeld:	**A1**

RISIKOEINSCHÄTZUNG

Das Wachstum der norwegischen Wirtschaft ist 2008 deutlich zurückgegangen, und der Abschwung dürfte sich 2009 fortsetzen. Auch in Norwegen ist mit einer Rezession zu rechnen, allerdings dürfte diese im Vergleich zu anderen Ländern Europas relativ milde ausfallen, da die Offshoreförderung von Erdöl und Erdgas die Konjunktur stützt. Obwohl sich auch in diesem Sektor eine Verlangsamung des Wachstums abzeichnet, dürfte die Erdölförderung weiterhin direkt und indirekt ein Viertel zum BIP beitragen.

Mineralölindustrie stützt Konjunktur

Die Konsumausgaben der Privathaushalte haben sich bereits 2008 weniger dynamisch entwickelt und dürften 2009 zurückgehen. Der Wertverlust des Finanz- und Immobilienvermögens, die geringere Dynamik auf dem Arbeitsmarkt und der – wenn auch nur leichte – Anstieg der Arbeitslosigkeit, gepaart mit ungünstigeren Kreditkonditionen, werden die Verbraucher voraussichtlich dazu bewegen, mehr zu sparen und gleichzeitig weniger Gebrauchsgüter, z.B. Autos, zu kaufen. Aus den gleichen Gründen sind für 2009 deutlich sinkende Wohnungsbauinvestitionen zu erwarten.

Auch die Unternehmen dürften ihre Investitionen drosseln; hier bilden lediglich die im Bereich der Offshoreerdölförderung tätigen Unternehmen eine Ausnahme. Allein bei den Staatsausgaben ist ein starker Anstieg zu erwarten, der nicht zuletzt auf das Anfang 2009 verabschiedete Konjunkturpaket zurückzuführen ist, das die Kommunen bei Investitionen in den Ausbau von Gebäuden und in die Infrastruktur unterstützen soll. Obwohl sich auch die Einnahmen aus der Erdölindustrie voraus-

Wichtige Kennzahlen

	2004	2005	2006	2007	2008 (S)	2009 (P)
Reales Wirtschaftswachstum (%)[1]	4,0	4,1	4,6	6,2	2,2	−1,0
Konsumausgaben (Veränderung in %)	4,9	3,8	4,6	6,4	1,5	−1,1
Investitionen (Veränderung in %)[1]	6,1	9,7	7,8	12,0	6,0	−9,0
Inflation (%)	0,5	1,5	2,3	0,8	3,8	2,0
Arbeitslosenquote (%)	4,5	4,6	3,4	2,5	2,6	4,0
Kurzfristiger Zinssatz (% p.a.)	2,0	2,3	2,8	5,0	6,1	3,0
Staatshaushalt (Saldo in % des BIP)	11,4	16,0	19,0	17,0	22,0	12,0
Staatsverschuldung (in % des BIP)	52,0	47,0	57,0	54,0	44,0	50,0
Ausfuhren (Veränderung in %)[1]	3,0	5,7	9,0	9,0	4,0	−4,0
Einfuhren (Veränderung in %)	11,0	8,3	8,5	8,7	4,4	−3,0
Leistungsbilanz (Saldo in % des BIP)	13,8	16,7	16,0	15,4	17,0	12,0

1) Festland. (S): Schätzung. (P): Prognose.

Quelle: Coface.

sichtlich rückläufig entwickeln werden, dürfte Norwegen weiterhin einen beträchtlichen Haushaltsüberschuss erwirtschaften. Dieser ist nicht zuletzt dem staatlichen Pensionsfonds zu verdanken, in dem die Währungsüberschüsse aus dem Erdölexport verwaltet werden.

Der Kursverlust der Norwegischen Krone dürfte ebenso wie der langsamere Anstieg der Arbeitskosten, der auf ein steigendes Angebot an Arbeitskräften zurückzuführen ist, zu einer Verbesserung der Wettbewerbsfähigkeit der norwegischen Unternehmen beitragen. Bei den traditionellen Exportgütern ist dennoch mit einem Absatzeinbruch zu rechnen, da die Nachfrage aus Europa lahmt. Dass Norwegen weiterhin mit einem großzügigen Leistungsbilanzüberschuss rechnen kann, verdankt das Land den Einnahmen aus der Erdölindustrie, die 50% der Exporte ausmachen.

Finanzlage der Unternehmen verschlechtert sich

Vor dem Hintergrund der ungünstigen Konjunkturentwicklung ist zu erwarten, dass sich auch die Finanzlage der Unternehmen verschlechtert. 2008 war die Anzahl der Unternehmensinsolvenzen bereits um 40% gestiegen, nachdem sie sich zuvor über Jahre hinweg rückläufig entwickelt hatte. Die nachlassende Dynamik in der Erdölindustrie dürfte dazu führen, dass die Unternehmen auf dem norwegischen Festland zusätzlich unter Druck geraten. Voraussichtlich werden das Baugewerbe, die Immobiliendienstleister, die Papier- und Druckbranche, die Bereiche Warenverkehr und Transportmittel sowie der Fachhandel am stärksten davon betroffen sein.

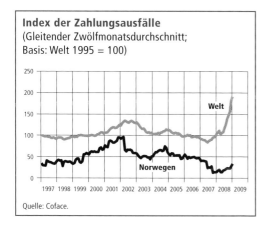

Index der Zahlungsausfälle
(Gleitender Zwölfmonatsdurchschnitt;
Basis: Welt 1995 = 100)

Welt

Norwegen

1997 1998 1999 2000 2001 2002 2003 2004 2005 2006 2007 2008 2009

Quelle: Coface.

ZAHLUNGSMITTEL UND FORDERUNGSEINZUG

Zahlungsmittel

Weder der Wechsel noch der Scheck sind in Norwegen gebräuchliche Zahlungsmittel, da zur Gewährleistung ihrer Gültigkeit bestimmte Formvorschriften einzuhalten sind. Daher ist von ihrer Verwendung abzuraten, zumal vor allem der Scheck nicht von allen Gläubigern als Zahlungsmittel akzeptiert wird. Im Prinzip dienen sowohl der Wechsel als auch der Scheck in erster Linie dazu, die Forderung schriftlich festzuhalten.

Der Solawechsel *(gjeldsbrev)* hingegen wird im norwegischen Geschäftsverkehr häufig verwendet und bietet einen wirklichen Vorteil, wenn ihm ein Vermerk beigefügt ist, in dem der Bezogene die Forderung ausdrücklich anerkennt. Dies ermöglicht dem Gläubiger, sich im Falle eines späteren Zahlungsverzugs unmittelbar an einen Vollzugsrichter *(Namsrett)* zu wenden.

Die Banküberweisung ist das mit Abstand am häufigsten verwendete Zahlungsmittel. Mittlerweile sind nahezu alle norwegischen Großbanken an das elektronische SWIFT-Netz angeschlossen, das eine kostengünstige, flexible und rasche Abwicklung des internationalen Zahlungsverkehrs ermöglicht.

Die Verwendung von Zentralkonten ist ebenfalls oftmals anzuraten. Hierbei handelt es sich um ein zentrales System, das eine Einzahlung vor Ort ermöglicht und die Rückführung der Kontobestände vereinfacht. Ferner ist auch die Zahlung über die Internetsite der Kundenbank zunehmend verbreitet.

Forderungseinzug

Der Forderungseinzug beginnt mit der Zustellung einer Mahnung an den Schuldner, in der er aufgefordert wird, innerhalb von 14 Tagen den Rechnungsbetrag zuzüglich der vertraglich vereinbarten Verzugszinsen zu begleichen.

Falls im Vertrag hierzu keine präzise Vereinbarung getroffen wurde, beginnt die Berechnung der Verzugszinsen 30 Tage nach Versendung einer Mahnung durch den Gläubiger und erfolgt seit dem 1. Januar 2004 in Abhängigkeit von dem von der Norwegischen Zentralbank *(Norges Bank)* festgelegten Leitzins, der seit

1. Januar bzw. 1. Juli des betreffenden Jahres in Kraft ist und zu dem 7 Prozentpunkte hinzugerechnet werden.

Falls keine Zahlung erfolgt und auch keine Einigung erzielt wird, kann sich der Gläubiger an eine Schiedsinstitution *(Forliksrådet)* wenden. Hierbei handelt es sich um eine in jeder Stadt vertretene Verwaltungsinstitution, die sich aus drei gleichberechtigten Laienrichtern mit einer Amtsdauer von vier Jahren zusammensetzt, um schneller und kostengünstiger eine Entscheidung zu erlangen. Hierzu hat der Gläubiger die entsprechenden Nachweise für seine Forderung, die gemäß dem Gesetz in Norwegischen Kronen (NOK) ausgestellt sein müssen, einzureichen.

Der Beklagte wird sodann aufgefordert, kurzfristig zu reagieren, bevor die Parteien entweder selbst zu einer Anhörung erscheinen oder sich durch einen von ihnen benannten Bevollmächtigten *(stevnevitne)* vertreten lassen. Zu diesem Zeitpunkt des Verfahrens besteht noch keine Anwaltspflicht. Die am Ende dieser Anhörung getroffene Entscheidung hat die Rechtskraft eines Gerichtsurteils.

Falls keine Einigung erzielt werden kann, wird der Rechtsstreit an ein Amtsgericht weitergeleitet, das dann die Untersuchung aufnimmt. Sollte sich allerdings herausstellen, dass die Forderung gerechtfertigt ist, kann auch die Schiedsorganisation eine rechtskräftige Entscheidung treffen.

Dies gilt auch, wenn der Beklagte nicht innerhalb der vorgeschriebenen Frist reagiert bzw. nicht zur Anhörung erscheint. In diesem Falle ergeht ein ebenfalls rechtskräftiger Beschluss in Abwesenheit des Beklagten.

Eine Vielzahl von Streitigkeiten, davon die meisten im Zusammenhang mit zivil- und handelsrechtlichen Forderungen, wird über das Schiedsorgan abgewickelt.

Bei komplizierten oder strittigen Fällen wird das Verfahren vor einem Amtsgericht *(Byrett)* ausgetragen. Hierbei werden die Verhandlungen zum Teil mündlich, zum Teil schriftlich geführt. Bei der Hauptverhandlung werden das vorhandene Beweismaterial untersucht und die jeweiligen Zeugen der Parteien vernommen. Sodann ergeht ein Urteil.

In Norwegen gibt es kein Handelsgericht. Doch in den meisten großen Städten und insbesondere in Oslo ist das Familiengericht *(Skifterett)* auch für Vermögensübertragungen, Erbschaftsangelegenheiten und Sammelklagen, die Unternehmen betreffen, zuständig. Häufig wird bei internationalen Handelsstreitigkeiten auf das Schiedsverfahren *(voldgift)* zurückgegriffen. •

Österreich

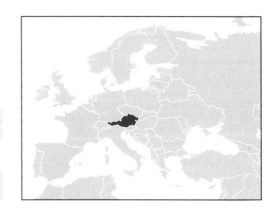

Bevölkerung (Mio Einwohner):	**8,3**
BIP (Mio US$):	**377.028**

Coface-Bewertungen
Kurzfristiges Risiko:	**A1**
Geschäftsumfeld:	**A1**

RISIKOEINSCHÄTZUNG

Nach dem markanten Konjunktureinbruch im zweiten Halbjahr 2008 dürfte sich die Wirtschaftslage im ersten Halbjahr 2009 weiter verschlechtern, bevor es in der Folge zu einer langsamen Erholung kommt. Der Grund für diese ungünstige Entwicklung ist außerhalb der Landesgrenzen zu suchen, denn das Exportgeschäft (mit einem Anteil von 60% am BIP) leidet stark unter der allgemeinen Wirtschaftskrise. Die Inlandsnachfrage ist dagegen noch relativ stabil geblieben.

Von außen induzierte Konjunkturflaute

Die allgemeine wirtschaftliche Stagnation in Westeuropa sorgt für eine stark rückläufige Entwicklung des Exportgeschäfts und beeinträchtigt damit die Hauptantriebsfeder des österreichischen Wirtschaftswachstums.

Einen zusätzlichen Hemmschuh stellt der Konjunktureinbruch in Osteuropa dar, einer Region, in der Österreich traditionell gut aufgestellt ist und für die nahezu ein Viertel der österreichischen Ausfuhren bestimmt sind. Die Tourismusbranche ist von dieser Entwicklung genauso betroffen wie das verarbeitende Gewerbe und die Finanzdienstleister.

Der Konsum der Privathaushalte vermag das Abgleiten der Wirtschaft in die Rezession nicht mehr aufzuhalten. Wegen der geringen Lohnsteigerungen und der Verschlechterung der Lage auf dem Arbeitsmarkt ist bei der Verbrauchernachfrage nur noch wenig Dynamik zu verzeichnen. Die positiven Auswirkungen des Inflationsrückgangs sowie einer moderaten Haushaltspolitik werden von dem Anstieg der Arbeitslosenzahlen wieder wettgemacht. In Anbetracht der Kreditrestriktionen und der schwachen Auslandsnachfrage wird die Investiti-

Wichtige Kennzahlen

	2004	2005	2006	2007	2008 (S)	2009 (P)
Reales Wirtschaftswachstum (%)	2,5	3,0	3,3	3,1	1,7	−2,0
Konsumausgaben (Veränderung in %)	2,0	2,6	2,5	1,0	0,6	0,3
Investitionen (Veränderung in %)	−2,3	1,0	1,5	5,9	2,0	−7,0
Inflation (%)	2,0	2,1	1,7	2,2	3,3	0,6
Arbeitslosenquote (%)	4,8	5,2	4,7	4,4	3,6	5,0
Kurzfristiger Zinssatz (% p.a.)	2,1	2,2	3,1	4,3	4,6	1,9
Staatshaushalt (Saldo in % des BIP)	−1,2	−1,6	−1,7	−0,4	−0,6	−2,8
Staatsverschuldung (in % des BIP)	63,8	63,4	62,0	59,0	62,0	66,0
Ausfuhren (Veränderung in %)	8,2	6,2	7,5	8,8	3,1	−4,5
Einfuhren (Veränderung in %)	9,5	6,3	5,1	7,3	2,2	−2,5
Leistungsbilanz (Saldo in % des BIP)	0,5	1,9	2,5	3,2	2,6	1,0

(S): Schätzung. (P): Prognose.

Quelle: Coface.

Index der Zahlungsausfälle
(Gleitender Zwölfmonatsdurchschnitt;
Basis: Welt 1995 = 100)

Quelle: Coface.

onsbereitschaft der Unternehmen voraussichtlich zurückgehen. Bei den öffentlichen Ausgaben ist allerdings – insbesondere bei den Infrastrukturausgaben – eine deutliche Steigerung zu erwarten. Die Investitionen im Wohnungsbau, in dem sich zuvor keine Blase gebildet hatte, dürften sich vor allem in Anbetracht der geplanten Maßnahmen zur Stützung der Konjunktur auf dem derzeitigen Niveau halten.

Solide Unternehmen

Trotz der Verschlechterung des allgemeinen wirtschaftlichen Umfelds dürfte die Lage der österreichischen Unternehmen zufriedenstellend bleiben. Durch die hervorragenden Ergebnisse der vergangenen drei Jahre konnten diese ihre Bilanzen konsolidieren und für ausreichend Liquidität sorgen. Hinzu kommt, dass sich in Österreich zuvor keine Immobilienblase entwickelt hatte und dass der Kursrückgang des Euro – so er denn anhält – die Wettbewerbsfähigkeit der österreichischen Unternehmen stärken wird.

Der Coface-Index für Zahlungsausfälle ist nach wie vor gut, und die Zahl der Unternehmensinsolvenzen hält sich im Rahmen. Einige Branchen weisen allerdings ein erhöhtes Risikoprofil auf. Dazu gehören das Baugewerbe, die Holzbranche, die Automobilzulieferer, der Möbel- und Haushaltsgerätehandel sowie die Transportwirtschaft. Die Kfz-Zulieferer leiden besonders unter dem anhaltenden Rückgang der Pkw-Verkaufszahlen in Europa.

ZAHLUNGSMITTEL UND FORDERUNGSEINZUG

Zahlungsmittel

Weder der Wechsel noch der Scheck werden im österreichischen Geschäftsverkehr häufig als Zahlungsmittel eingesetzt. Daher ist von ihrer Verwendung abzuraten, auch weil es sich um eine nur wenig effiziente Zahlungsweise handelt. So müssen zur gültigen Ausstellung eines Wechsels zwingende Formvorschriften eingehalten werden. Dieser Umstand hält die Geschäftswelt im Allgemeinen davon ab, auf dieses Zahlungsmittel zurückzugreifen.

Ein Scheck muss zum Zeitpunkt seiner Ausstellung nicht notwendigerweise gedeckt sein. Es genügt, wenn er es bei Einlösung ist. Falls dies nicht der Fall sein sollte, wird er einfach von der Bank zurückgeschickt. Außerdem kann der Aussteller den Scheck problemlos sperren lassen, ohne dass er im Falle einer missbräuchlichen Handhabung dieser Praxis strafrechtlich belangt werden kann.

Wechsel und Schecks werden in geringem Umfang als Finanzierungsmittel oder Zahlungsgarantie eingesetzt.

Die SWIFT-Überweisung hingegen stellt eine gebräuchliche Zahlungsweise im nationalen und internationalen Geschäftsverkehr dar. Hierbei handelt es sich um ein sicheres, schnelles und im Allgemeinen kostengünstiges Zahlungsmittel.

Forderungseinzug

Der Forderungseinzug beginnt üblicherweise mit einer dem Schuldner per Einschreiben zugestellten Mahnung, in der er an seine Zahlungsverpflichtung erinnert wird. Zum Forderungsbetrag werden die vertraglich vereinbarten oder in den allgemeinen Verkaufsbedingungen vorgesehenen Verzugszinsen hinzugerechnet.

Falls zu diesem Punkt nichts vereinbart wurde, gilt hierfür seit dem 1. August 2002 der von der Österreichischen Nationalbank halbjährlich und in Abhängigkeit vom Refinanzierungssatz der Europäischen Zentralbank festgelegte Basiszinssatz, zu dem 8 Prozentpunkte hinzugerechnet werden.

Handelt es sich um eine sichere und unstrittige Forderung, die in bar zu leisten ist, kann der Gläubiger durch

Ausfüllen eines vorgedruckten Formulars ein Mahnverfahren beantragen.

Seit Inkrafttreten der Änderung der Zivilprozessordnung (ZPO) am 1. Januar 2003 wird ein solches beschleunigtes Verfahren für offene Forderungen bis zu 30.000 EUR (früher bis zu 10.000 EUR) durch das zuständige Bezirksgericht betrieben.

Hierbei erteilt der Richter einen Zahlungsbefehl über den Forderungsbetrag und die anfallenden Gerichtskosten, der bald darauf rechtskräftig wird, sofern der Schuldner nicht innerhalb von zwei Wochen nach Zustellung des Zahlungsbefehls Einspruch erhebt.

Im Falle eines unbezahlten Wechsels kann ein sogenanntes Wechselmandatsverfahren beantragt werden. Hierbei erlässt das Gericht einen unmittelbaren Vollstreckungsbefehl und fordert den Schuldner dazu auf, die Zahlung in jedem Falle innerhalb von zwei Wochen zu leisten. Legt der Schuldner Widerspruch gegen die Forderung ein, kommt es zu einem herkömmlichen Gerichtsverfahren.

Ist das Gericht der Auffassung, dass der Antrag auf Eröffnung eines Wechselmandatsverfahrens nicht ausreichend begründet ist, so wird der Antrag nicht abgewiesen, sondern von Amts wegen ein herkömmliches Gerichtsverfahren eingeleitet. Dadurch werden alle anderen Rechtsbehelfe zugunsten des Antragstellers ausgeschlossen.

Falls der Kunde keine Zahlungsbereitschaft an den Tag legt oder Widerspruch gegen die Forderung erhebt, stellt die herkömmliche Klage das letzte Rechtsmittel dar. In Abhängigkeit vom Streitwert bzw. von der Art des Rechtsstreits wird diese entweder beim Bezirksgericht oder beim Landesgericht eingereicht. Der Schuldner hat vier Wochen Zeit, seine Argumente geltend zu machen.

An dieser Stelle sei angemerkt, dass nur im Bezirk Wien ein eigenständiges Handelsgericht existiert, das allein für Handelsstreitigkeiten wie unlauteren Wettbewerb, Kollektivverfahren etc. zuständig ist.

Im ersten Verfahrensabschnitt legen die Parteien ihre Anträge in Schriftsätzen nieder und stellen diese einander zu, wobei das Gericht die ihm vorgelegten Sachverhalte würdigt und nicht selbst Untersuchungen einleitet. Am Tag der Hauptverhandlung schließlich würdigt der Richter alle ihm vorgelegten Beweise und hört die Prozessparteien selbst sowie deren Zeugen an.

Der Zeitraum bis zur Erlangung eines vollstreckbaren Titels in einem erstinstanzlichen Verfahren liegt üblicherweise zwischen zehn und zwölf Monaten. Die Zivilprozessordnung sieht vor, dass die unterlegene Partei dem Prozessgegner die ihm entstandenen Prozesskosten erstattet.					•

Polen

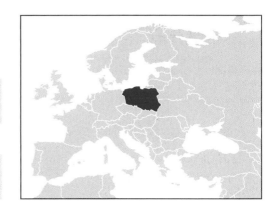

Bevölkerung (Mio Einwohner):	**38,1**
BIP (Mio US$):	**420.321**
Anteil am regionalen BIP (%):	**22**

Coface-Bewertungen	
Kurzfristiges Risiko:	**A3**
Geschäftsumfeld:	**A3**
Mittelfristiges Risiko:	**gering**

STÄRKEN

- ▲ Das Wachstumspotential ist durch die Integration in die Europäische Union sowie die Modernisierung der Wirtschaft gestärkt worden.
- ▲ Die Inflation gehört zu den niedrigsten in der Region.
- ▲ Im Verhältnis zu anderen Ländern in der Region ist in Polen das Leistungsbilanzdefizit nach wie vor moderat. Mehr als die Hälfte dieses Defizits wird durch ausländische Direktinvestitionen abgedeckt.
- ▲ Die Schuldenlast des Staates ist stabil (44% des BIP), und die Kennzahlen zur Auslandsverschuldung halten sich in einem angemessenen Rahmen.

SCHWÄCHEN

- ▼ Die Investitionsquote ist nach wie vor unzureichend.
- ▼ Die Erwerbsquote ist gering, und die Lohnkosten sind stark gestiegen.
- ▼ Die Maßnahmen zur Verbesserung der ordnungspolitischen Rahmenbedingungen und der Verwaltung sowie zur Modernisierung der Infrastruktur müssen fortgesetzt werden.
- ▼ Eine umfangreiche Reform der öffentlichen Ausgaben steht noch aus.

RISIKOEINSCHÄTZUNG

Abschwächung des Wachstums durch erschwerten Zugang zu Finanzierungen

Da sich die Binnennachfrage im ersten Teil des Jahres gut behauptet hat, konnte 2008 noch ein robustes Wachstum verzeichnet werden. Allerdings haben das schwindende Vertrauen der privaten Haushalte, steigende Kreditkosten und die rückläufige Nachfrage aus Europa Ende 2008 zu einer spürbaren Verlangsamung geführt.

Unter dem Einfluss abnehmender privater Investitionen und der schwachen Auslandsnachfrage dürfte sich der Abschwung 2009 verstärken. Die sinkende Nachfrage nach Importwaren und ein erschwerter Zugang zu ausländischen Finanzierungen dürften einen leichten Abbau des Fehlbetrags in der Leistungsbilanz zur Folge haben. Die Regierung hat im Übrigen bereits ihre Absicht bekundet, das Haushaltsdefizit trotz der schlechten Konjunktur nicht ausufern zu lassen. Ihr Plan zur Stabilisierung der Wirtschaft, der praktisch keine neuen Ausgaben beinhaltet, sieht Maßnahmen zur Wiederbelebung des Interbankenmarktes vor und soll Polen den Zugang zu Mitteln der Europäischen Union erleichtern.

Ende November 2008 hat die polnische Zentralbank ihre Zinsen erstmals gesenkt. Weitere Zinssenkungen folgten im Januar und Februar 2009. Bei der Lockerung der Geldpolitik muss die Zentralbank vorsichtig vorgehen. Denn auf der einen Seite muss das Maastrichter Inflationskriterium bis 2011 eingehalten werden (in der Hoffnung auf den Beitritt zur Euro-Zone im Jahr 2012). Auf der anderen Seite darf der Zloty, der seit Ende Juli

2008 deutlich an Wert verloren hat, nicht weiter geschwächt werden. Angesichts der durch die Finanzkrise erhöhten Wechselkursvolatilität hat die polnische Zentralbank im November eine Kreditlinie über 10 Mrd EUR von der EZB als Unterstützung erhalten.

Zahlungsverhalten der Unternehmen verschlechtert sich

Das Zahlungsverhalten der Unternehmen ist 2008 noch zufriedenstellend geblieben, auch wenn zum Ende des Jahres eine moderate Verschlechterung zu beobachten war. Bei den Unternehmen besteht die Gefahr, dass sie 2009 die konjunkturelle Talfahrt deutlicher zu spüren bekommen. Die Pharma- und die Basiskonsumgüterbranche scheinen relativ solide aufgestellt zu sein. Die meisten anderen Branchen sind jedoch bereits von der Krise betroffen. Dies gilt insbesondere für die Stahl-, die Automobil- und die Baubranche, die einen besonders raschen Schwund der Margen erleben. Die Textilindustrie leidet immer noch unter ihrer Strukturschwäche. Ganz allgemein haben Unternehmen, die in den letzten Jahren viel investiert haben, zurzeit Schwierigkeiten, ihre Finanzierungskosten zu decken. Allerdings sind polnische Unternehmen nicht so stark in Fremdwährungen verschuldet wie die zahlreicher anderer Länder in Mitteleuropa.

Index der Zahlungsausfälle
(Gleitender Zwölfmonatsdurchschnitt;
Basis: Welt 1995 = 100)

Quelle: Coface.

Politische Verhältnisse stabiler

Nach den vorgezogenen Parlamentswahlen im Oktober 2007 ist eine Koalitionsregierung an die Macht gekommen, die aus der liberal-konservativen Bürgerplattform (PO) und der gemäßigten Polnischen Bauernpartei (PSL) besteht. Beide Parteien haben zusammen 240 der insgesamt 460 Sitze. Der Koalition unter Premierminister Tusk ist es gelungen, die innenpolitischen Spannungen abzubauen und die Beziehungen zu den übrigen Ländern der Europäischen Union zu verbessern. Allerdings können die geplanten Reformen durch Präsident Kaczynski verhindert werden, da die Koalition nicht über die erforderliche Dreifünftelmehrheit verfügt, um ein Veto des Präsidenten zu überstimmen.

Wichtige Kennzahlen

	2004	2005	2006	2007	2008 (S)	2009 (P)
Reales Wirtschaftswachstum (%)	5,3	3,6	6,2	6,7	4,8	1,5
Inflation (%)	3,5	2,1	1,0	2,5	4,2	3,0
Staatshaushalt (Saldo in % des BIP)	−5,7	−4,3	−3,8	−2,0	−2,5	−3,6
Ausfuhren (Mrd US$)	81,9	96,4	117,5	145,3	188,0	157,2
Einfuhren (Mrd US$)	87,5	99,2	124,5	162,4	212,8	174,7
Handelsbilanz (Saldo in Mrd US$)	−5,6	−2,8	−7,0	−17,1	−24,8	−17,5
Leistungsbilanz (Saldo in Mrd US$)	−10,1	−3,7	−9,4	−20,1	−29,6	−20,1
Leistungsbilanz (Saldo in % des BIP)	−4,0	−1,2	−2,8	−4,8	−5,6	−4,3
Auslandsverschuldung (in % des BIP)	51,4	43,7	49,7	55,2	53,1	55,9
Schuldendienst (in % der Ausfuhren)	18,5	16,9	11,0	9,4	9,2	13,3
Währungsreserven (in Monatsimporten)	3,7	3,8	3,4	3,6	2,6	3,2

(S): Schätzung. (P): Prognose.

Quelle: Coface.

VORAUSSETZUNGEN FÜR DEN MARKTZUGANG

Marktsituation

Am 1. Januar 2008 wurde der Mindestlohn auf 1.126 PLN brutto festgesetzt (umgerechnet 325 EUR). Demgegenüber lag der Durchschnittslohn Ende August 2008 bei 3.165 PLN (umgerechnet 900 EUR).

Haltung gegenüber ausländischen Investoren

Die polnische Regierung hat in den vergangenen Jahren aufgrund komparativer Vorteile des Standortes zahlreiche ausländische Investitionen in das Land gelockt. Im Zeitraum 2002 bis 2007 verdoppelten sich die ausländischen Direktinvestitionen nach Angaben der Zentralbank (NBP) von 46 Mrd EUR auf 107 Mrd EUR.

Nach dem Rekordzufluss 2006 (15,1 Mrd EUR) nahm die Investitionsdynamik 2007 (12,8 Mrd EUR) wieder leicht ab, insgesamt blieben die Zuflüsse jedoch hoch. Nach den jüngsten Angaben der Zentralbank teilten sich die ausländischen Direktinvestitionen 2006 auf die einzelnen Branchen wie folgt auf: Dienstleistungen einschließlich Immobiliendienstleistungen mit 2,5 Mrd EUR, gefolgt von der Industrieproduktion (2,48 Mrd EUR), dem Finanzsektor (2 Mrd EUR), dem Verkehr und der Logistik (1,2 Mrd EUR) und sonstigen Bereichen (3 Mrd EUR). Zu beachten ist die Zunahme von Finanzdienstleistungen. Hierbei präsentierten sich die Unternehmen in diesem Bereich in Polen in den Jahren 2005 bis 2007 in ausgezeichneter Verfassung. Demgegenüber haben die Aktivitäten von ausländischen Investoren bei Dienstleistungen und beim Ankauf von Immobilien 2007 im Vergleich zu 2006 abgenommen.

Am Gesamtvolumen haben ausländische Direktinvestitionen in Zusammenhang mit Privatisierungen nur einen geringen Anteil. Dies liegt daran, dass nach dem Regierungsantritt der PiS (konservative rechte Partei) im Jahr 2005 Privatisierungen praktisch zum Erliegen gekommen sind, und dass die aktuelle liberale Regierung (PO) Schwierigkeiten hat, den Privatisierungsprozess angesichts des rückläufigen Engagements von Investoren an der Börse von Warschau (GPW) im Zuge der weltweiten Finanzkrise wieder in Gang zu bringen.

Des Weiteren sind ausländische Investitionen inzwischen besser abgesichert, und die Rückführung von Dividenden bereitet keine Probleme mehr. Sehr zu wünschen übrig lassen aber immer noch der Verwaltungsapparat und die langwierigen komplexen administrativen Verfahren, auch wenn sich die jeweiligen Regierungen zu einer Vereinfachung verpflichtet hatten.

Devisenverkehr

Der Kurs des Zloty wird frei vom Markt bestimmt, und die polnische Nationalbank setzt jeden Tag eine zentrale Parität fest. Seit dem 1. Oktober 2002 ist der Zloty uneingeschränkt konvertierbar. Für die Einführung des Euro hat sich Ministerpräsident Donald Tusk, der Führer der liberalen Partei PO, am 10. September 2008 das Jahr 2011 als Zieltermin für eine positive Entscheidung gesetzt. Der Beitritt Polens zur Euro-Zone soll dann effektiv 2012 erfolgen. Neben der Einhaltung der Konvergenzkriterien hat Polen interne Schwierigkeiten juristischer Art zu überwinden. Tatsächlich müssen vor der Einführung des Euro verschiedene Artikel der Verfassung geändert werden.

Lech Kaczynski, der Präsident Polens, der der nationalkonservativen Partei „Recht und Gerechtigkeit" (PiS) nahesteht, hält die Jahre 2011 oder 2012 für die Einführung des Euro für unrealistisch und fordert einen Volksentscheid darüber. Ohne Zustimmung der parlamentarischen Opposition (PiS) wird es dem Parlament, dessen Legislaturperiode 2011 ausläuft, aufgrund einer fehlenden qualifizierten Mehrheit unmöglich sein, eine Änderung der Verfassung durchzusetzen. Wenn diese Forderung der Opposition bestehen bleibt, ist der Weg über den Volksentscheid unter Umständen die einzige Möglichkeit, die Verfassung zu ändern und den Euro einzuführen. Zu beachten ist, dass sich Polen im Vertrag über den Beitritt zur EU auch zu einem Beitritt zur Euro-Zone verpflichtet hat, jedoch ohne hierfür einen Termin festzulegen.

ZAHLUNGSMITTEL UND FORDERUNGSEINZUG

Zahlungsmittel

Weder der Wechsel noch der Scheck stellen in Polen gebräuchliche Zahlungsweisen dar, da eine gültige Erstellung dieser Zahlungsmittel von der Einhaltung bestimmter Formvorschriften abhängig ist. Bei einem Zahlungsrückstand und erfolgtem Protest kann beim

Wechsel wie auch beim Scheck auf das beschleunigte Mahnbescheidsverfahren zurückgegriffen werden.

In der Vergangenheit war es in Polen sowohl zwischen Privatpersonen als auch im Geschäftsverkehr üblich, mit Bargeld zu bezahlen. Seit am 21. August 2004 das Gesetz über „die Freiheit der wirtschaftlichen Betätigung" *(Ustawa o swobodzie dzialalnosci gospodarczej)* vom 2. Juli 2004 in Kraft getreten ist, sind Unternehmen jedoch verpflichtet, Zahlungen in Höhe von mehr als 15.000 EUR über ein Bankkonto abzuwickeln. Dies gilt auch, wenn die Zahlungen in mehreren Raten erfolgen. Diese Bestimmung dient als Maßnahme zur Bekämpfung der Geldwäsche.

Ein in anderen Ländern eher unbekanntes Zahlungsmittel ist der sogenannte Blankowechsel *(weksel in blanco)*. Hierbei handelt es sich um einen Solawechsel, der zum Zeitpunkt seiner Ausstellung nicht vollständig ausgefüllt wird, denn nur das Wort „Wechsel" und die Unterschrift des Ausstellers werden vermerkt. Die Unterschrift gilt als unwiderrufliches Zahlungsversprechen, das zu dem Zeitpunkt einzulösen ist, an dem der Solawechsel gemäß der vorher zwischen Aussteller und Begünstigtem geschlossenen Vereinbarung mit den Angaben zu Betrag, Zahlungsort und Zahlungstermin versehen wird. Dieses Zahlungsmittel ist in Polen weitverbreitet. Es bietet sowohl bei einem Handelsvertrag wie auch im Falle einer Ratenzahlung eine Zahlungsgarantie.

Die Banküberweisung stellt mittlerweile das üblichste Zahlungsmittel in Polen dar. Nach Phasen der Privatisierung und der Konzentration sind die polnischen Banken nunmehr an das SWIFT-System angeschlossen. Dieses bietet sowohl im nationalen als auch im internationalen Geschäftsverkehr einen kostengünstigen, flexiblen und raschen Zahlungsablauf.

Forderungseinzug

Soweit möglich, ist von einem Verfahren vor Ort aufgrund der einzuhaltenden Formvorschriften, der hohen Verfahrenskosten und der langen Bearbeitungszeiten durch die Gerichte abzuraten. Für die Erlangung eines vollstreckbaren Titels muss von einem Zeitraum von fast zwei Jahren ausgegangen werden. Gründe hierfür sind zum einen der Mangel an in marktwirtschaftlichen Rechtsfällen gut ausgebildeten Richtern und zum anderen eine nicht ausreichende Materialausstattung.

In einer dem Schuldner gemäß dem Gesetz zusammen mit den Forderungsnachweisen zugestellten Mahnung wird dieser auf seine Zahlungsverpflichtungen und die Erhebung von Verzugszinsen aufmerksam gemacht. Seit dem 1. Januar 2004 können Verzugszinsen ab dem 31. Tag nach Lieferdatum oder Leistungserbringung erhoben werden, selbst wenn die Parteien eine längere Zahlungsfrist vereinbart haben.

Bis zum vertraglich vereinbarten Zahlungszeitpunkt wird dabei der am 31. Tag geltende gesetzliche Zinssatz herangezogen. Sofern die Vertragsparteien keinen höheren Zinssatz festgelegt haben, wird im Falle des Zahlungsverzugs der für steuerliche Säumniszuschläge geltende Prozentsatz angewendet, der oftmals höher als der gesetzliche Zinssatz ist.

Hierbei ist zur berücksichtigen, dass bei Forderungen und Verzugszinsen, die aus einem Kaufvertrag über Waren entstanden sind, die Verjährungsfrist lediglich zwei Jahre beträgt. Dies verlangt vom Gläubiger größere Wachsamkeit.

Es ist ratsam, eine gütliche Einigung anzustreben. Dies geschieht durch einen notariell erstellten Zahlungsplan, der eine Vollstreckungsklausel aufweist. Auf diese Weise kann die Vollstreckung bei Zahlungsunfähigkeit des Schuldners unmittelbar eingeleitet werden, nachdem der vollstreckbare Charakter dieses Dokuments zuvor gerichtlich anerkannt wurde.

Sofern der Gläubiger über einen klaren Nachweis seiner Forderung (unbezahlten Wechsel, Scheck, Solawechsel oder ein anderes Schuldanerkenntnis) verfügt, kann er auf das beschleunigte und kostengünstige Verfahren des Mahnbescheids *(nakaz zaplaty)* zurückgreifen. Sollte der Richter diesen Antrag jedoch als nicht begründet betrachten, kann er den Antragsteller zu einer Klage in der Hauptsache auffordern. Die Entscheidung über Relevanz bzw. Begründung des Antrags liegt im Ermessen und in der Hand des Richters.

Das herkömmliche Gerichtsverfahren wird zum Teil schriftlich geführt. Hierbei sind die Schlussforderungen der Parteien stets zusammen mit sämtlichen Forderungsnachweisen im Original bzw. in beglaubigter Kopie einzureichen. Der mündliche Verfahrensteil besteht aus der Anhörung der Parteien bzw. ihrer Anwälte und der jeweiligen Zeugen am Tag der Hauptverhandlung.

Exporte: 41% des BIP
▷▷▷▷▷▷▷▷▷▷▷▷▷▷▷▷▷▷▷▷▷▷▷▷▷▷▷▷▷▷▷▷▷▶▶▶

Importe: 41% des BIP
◀◀◀◀◀◀◀◀◀◀◀◀◀◀◀◀◀◀◀◀◀◀◀◀◀◀◀◀◀◀◀◀◀◀◀◀◀◀

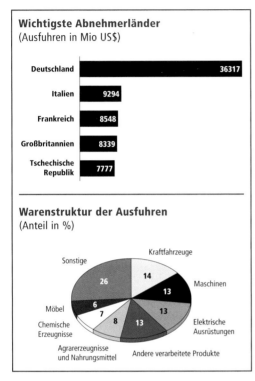

Wichtigste Abnehmerländer
(Ausfuhren in Mio US$)

Deutschland	36317
Italien	9294
Frankreich	8548
Großbritannien	8339
Tschechische Republik	7777

Warenstruktur der Ausfuhren
(Anteil in %)

Sonstige 26, Kraftfahrzeuge 14, Maschinen 13, Elektrische Ausrüstungen 13, Andere verarbeitete Produkte 13, Agrarerzeugnisse und Nahrungsmittel 8, Chemische Erzeugnisse 7, Möbel 6

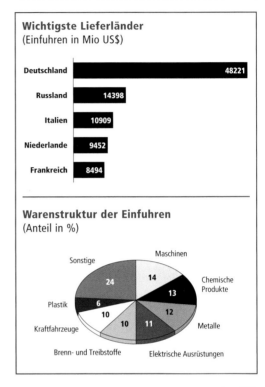

Wichtigste Lieferländer
(Einfuhren in Mio US$)

Deutschland	48221
Russland	14398
Italien	10909
Niederlande	9452
Frankreich	8494

Warenstruktur der Einfuhren
(Anteil in %)

Sonstige 24, Maschinen 14, Chemische Produkte 13, Metalle 12, Elektrische Ausrüstungen 11, Brenn- und Treibstoffe 10, Kraftfahrzeuge 10, Plastik 6

Schuldenlast
(Auslandsverschuldung in % der Waren- und Dienstleistungsexporte)

Polen	121
Regionaler Durchschnitt	130
Durchschnitt Schwellenländer	73

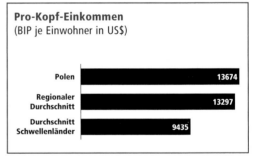

Pro-Kopf-Einkommen
(BIP je Einwohner in US$)

Polen	13674
Regionaler Durchschnitt	13297
Durchschnitt Schwellenländer	9435

Es liegt im Ermessen des Richters, jederzeit im Verfahren einen Schlichtungsversuch zwischen den Parteien anzustreben. Normalerweise trägt jede Partei die ihr in dem betreffenden Verfahrensabschnitt entstandenen Gerichtskosten. Allerdings kommt es regelmäßig vor, dass das Gericht der unterlegenen Partei am Ende des Verfahrens die wesentlichen Gerichtskosten auferlegt.

In Abhängigkeit vom Streitwert werden Handelsrechtssachen von den Handelsgerichten (*sad gospodarczy*) entschieden. Diese sind entweder den Bezirksgerichten (*s'd rejonowy*), den regionalen Gerichten (*s'd okrêgowy*) oder den Wojewodschaftsgerichten zugeordnet. •

Portugal

Bevölkerung (Mio Einwohner):	**10,6**
BIP (Mio US$):	**220.241**

Coface-Bewertungen

Kurzfristiges Risiko:	**A3**
Geschäftsumfeld:	**A2**

RISIKOEINSCHÄTZUNG

Der drastische Rückgang des privaten Verbrauchs und der Exporte hat 2008 in Portugal zu einem Konjunkturabschwung geführt. Die leichte Erholung des Immobilienmarkts wurde durch die Kreditverknappung wieder gebremst. Die Unternehmen haben ihre Investitionen in Produktionsmittel zurückgefahren. Lediglich die staatlichen Infrastrukturprojekte stützten noch die Auftragslage der Unternehmen.

Die Exportwirtschaft ist durch die sinkende Nachfrage aus den wichtigsten Partnerländern, unter denen Spanien mit 30% des Absatzes einen Spitzenplatz einnimmt, in große Schwierigkeiten geraten.

Öffentliche Investitionen sind einzige Wachstumsstütze

Im Wahljahr 2009 dürfte die portugiesische Regierung darauf bedacht sein, öffentliche Großprojekte wie den Ausbau des Flughafens von Lissabon sowie den Bau von Straßen und Eisenbahnstrecken voranzutreiben. Angesichts sinkender Steuereinnahmen, eines steigenden Haushaltsdefizits und einer wachsenden Staatsverschuldung ist der Handlungsspielraum der Regierung jedoch begrenzt.

Alle anderen Wachstumskräfte sind erlahmt. Trotz einer rückläufigen Inflationsrate und sinkender Zinsen wird der Konsum der Privathaushalte (die mit 129% ihres verfügbaren Einkommens extrem hoch verschuldet sind) schrumpfen, da sich die Lage auf dem Arbeitsmarkt zusehends verschlechtert und das verfügbare

Wichtige Kennzahlen

	2004	2005	2006	2007	2008 (S)	2009 (P)
Reales Wirtschaftswachstum (%)	1,2	0,4	1,3	1,9	0,4	−2,3
Konsumausgaben (Veränderung in %)	2,4	2,0	1,1	1,6	1,4	−1,5
Investitionen (Veränderung in %)	−0,9	−2,7	−1,6	3,1	−0,5	−5,5
Inflation (%)	2,5	2,1	3,1	2,4	2,7	1,0
Arbeitslosenquote (%)	6,7	7,6	7,6	8,0	7,8	8,8
Kurzfristiger Zinssatz (% p.a.)	2,1	2,2	3,1	4,2	4,6	1,9
Staatshaushalt (Saldo in % des BIP)	−3,1	−6,0	−3,9	−2,6	−2,4	−4,5
Staatsverschuldung (in % des BIP)	63,9	64,0	64,8	63,6	64,5	69,1
Ausfuhren (Veränderung in %)	4,0	2,0	9,2	7,5	1,4	−3,1
Einfuhren (Veränderung in %)	6,8	1,8	4,3	5,6	2,1	−2,8
Leistungsbilanz (Saldo in % des BIP)	−7,7	−9,7	−9,4	−9,9	−11,5	−8,5

(S): Schätzung. (P): Prognose.

Quelle: Coface.

Index der Zahlungsausfälle
(Gleitender Zwölfmonatsdurchschnitt;
Basis: Welt 1995 = 100)

Quelle: Coface.

Einkommen schrumpft. Die Unternehmen wiederum dürften aufgrund der strengeren Konditionen für die Kreditvergabe und der sinkenden Ertragskraft ihre Investitionen zurückfahren. Da die Importe wegen der nachlassenden Inlandsnachfrage sinken, sollte es trotz der ebenfalls rückläufigen Entwicklung im Export möglich sein, das hohe Leistungsbilanzdefizit zurückzuführen.

Industrie unter Druck

Die Zahl der Unternehmensinsolvenzen ist 2008 um über 50% gestiegen. Hauptsächlich betroffen waren das verarbeitende Gewerbe, der Großhandel und die Baubranche. Diese Tendenz spiegelt sich auch im Coface-Index für Zahlungsausfälle wider, der sich seit April 2008 verschlechtert hat. Die den Konsum der Privathaushalte bedienenden Branchen, darunter insbesondere der Handel, leiden unter der rückläufigen Nachfrage. Die Subunternehmer der Automobilzulieferer, das Baugewerbe sowie die Textil- und die Lederindustrie bekommen die sinkende Nachfrage aus den anderen EU-Ländern (für die mehr als 72% ihrer Produkte bestimmt sind) zu spüren. Außerdem sind die Firmen nach wie vor einem sehr harten Wettbewerb aus den Niedriglohnländern, den europäischen Schwellenländern sowie den an der Euro-Mediterranen-Partnerschaft (Euro-Med) beteiligten Ländern ausgesetzt.

ZAHLUNGSMITTEL UND FORDERUNGSEINZUG

Zahlungsmittel

Der Wechsel wird im portugiesischen Geschäftsverkehr häufig als Zahlungsmittel verwendet. Er ist nur gültig, wenn die Wechselsteuer entrichtet wurde, deren Satz jedes Jahr bei der Verabschiedung des Staatshaushalts überprüft wird. Zurzeit beträgt er 0,5% des Wechselbetrags, wobei die Wechselsteuer mindestens 1 EUR beträgt. Der Wechsel wird gemeinhin als ein vom Kaufvertrag unabhängiges Dokument betrachtet.

Obwohl der Gläubiger bei einem Zahlungsverzug des Schuldners nicht zwangsläufig Wechselprotest einlegen muss, um gegen den Schuldner vorzugehen, kann dies doch dazu dienen, der Forderung Nachdruck zu verleihen, und den Schuldner dazu bewegen, selbst mit Verzug seinen Zahlungsverpflichtungen nachzukommen.

Auch der Scheck gehört zu den gängigen Zahlungsmitteln. Er ist stets bei Vorlage zahlbar und unterliegt ebenfalls einem geringen Steuersatz, der von den Banken getragen wird. Wenn ein Scheck zur Gewährleistung von Ratenzahlungen ausgestellt wurde, stellt eine gegebenenfalls nicht vorhandene Deckung keinen Straftatbestand mehr dar.

Bei Zahlungsrückständen jedoch bieten der Scheck, der Wechsel und der Solawechsel wirksame Druckmittel, denn es handelt sich um vollstreckbare Titel, so dass der Gläubiger von Amts wegen ein Vollstreckungsverfahren einleiten lassen kann. Damit bekommt er das Recht, bei Gericht einen Vollstreckungsbefehl zu beantragen, die offene Forderung eintragen zu lassen und, falls die Zahlung zu diesem Zeitpunkt noch immer aussteht, das Vermögen des Schuldners durch die Gerichtsverwaltung mit dinglichem Arrest belegen zu lassen.

Auch die flexible und effiziente Banküberweisung durch das elektronische SWIFT-System, an das die großen portugiesischen Banken angeschlossen sind, kommt als Zahlungsmittel häufig zum Einsatz.

Forderungseinzug

Der außergerichtliche Forderungseinzug beginnt mit einer dem Schuldner per Einschreiben zugestellten Mahnung. In dieser wird er aufgefordert, innerhalb von einer Woche den Rechnungsbetrag zuzüglich der von den Parteien vertraglich vereinbarten Verzugszinsen zu begleichen.

Sofern keine besonderen Vertragsbestimmungen vorliegen, wird der Refinanzierungszinssatz der Europäischen Zentralbank zuzüglich 7 Prozentpunkten angewendet. Seit dem 1. Oktober 2004 wird der nach Beschluss der obersten Finanzverwaltung festgelegte Zinssatz jedes Jahr im Laufe der ersten beiden Januar- bzw. Juliwochen von der portugiesischen Tageszeitung Diário da República veröffentlicht und gilt dann für die kommenden sechs Monate.

Das für nicht strittige Forderungen im Handelsverkehr anwendbare beschleunigte Verfahren des Mahnbescheids *(injunção)* findet seit dem 19. März 2003 unabhängig von der Forderungshöhe bei der Gerichtsgeschäftsstelle des Ortes statt, an dem die Forderung vollstreckbar ist oder an dem der Schuldner ansässig ist. Seit September 2005 kann der Mahnbescheid auch als Datei vorgelegt werden.

Falls Widerspruch gegen die Forderung erhoben wird, kann der Gläubiger auf das deklarative Verfahren *(acção declarativa)* zurückgreifen. Dieses formalistische und kostspielige Verfahren ist sehr zeitaufwendig, denn es dauert mindestens zwei Jahre, bis ein Urteil gefällt wird, in dem die Rechtmäßigkeit des Forderungsanspruchs festgestellt wird. In der Folge wird das Vollstreckungsverfahren *(acção executiva)* beantragt, um die materielle Vollstreckung des erzielten Urteils zu veranlassen.

Seit der Reform der Zivilprozessordnung im Januar 1996 wird jedes privatschriftliche Originaldokument (in der Praxis jedes dem Gläubiger zugestellte Schriftstück unabhängig von seiner Form), in dem der Käufer seine Schuld klar anerkennt, als vollstreckbarer Titel angesehen. Mit dieser Bestimmung soll der Schuldner zur Einhaltung seiner Vertragsverpflichtungen angehalten werden. Gleichzeitig soll der Gläubiger einen Schutz gegen die noch immer langwierigen Gerichtsverfahren erhalten.

Im Oktober 2006 wurden die Rechtsmittel in Zivilverfahren geändert. Hiernach kann ein Richter nun das Verfahren auf die Besonderheiten des jeweiligen Falls abstimmen und den Weg durch die Instanzen beschleunigen.

Da es außer in Lissabon und Vila Nova de Gaia (Porto) keine Handelsgerichte gibt, die über Klagen auf Aufhebung von Gesellschafterbeschlüssen, Auflösungen von Unternehmen, Sammelverfahren, gewerbliche Schutzrechte entscheiden, sind hierfür allgemein die erstinstanzlichen Gerichte *(tribunal de comarca)* zuständig.

Die *Varas Cíveis* sind aus drei Richtern bestehende Zivilgerichte. Sie bearbeiten größere zivil- und handelsrechtliche Verfahren mit einem Streitwert von mehr als 30.000 EUR. •

Rumänien

Bevölkerung (Mio Einwohner):	**21,5**
BIP (Mio US$):	**165.980**
Anteil am regionalen BIP (%):	**8**

Coface-Bewertungen	
Kurzfristiges Risiko:	**B**
Geschäftsumfeld:	**A4**
Mittelfristiges Risiko:	**ziemlich gering**

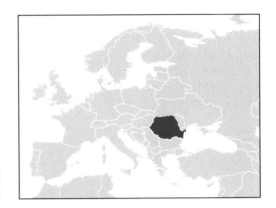

STÄRKEN

▲ Rumänien verfügt über einen verhältnismäßig großen Binnenmarkt. Die Arbeitskosten sind nach wie vor wettbewerbsfähig.

▲ Durch die Integration des Landes in die Europäische Union bessern sich die Aussichten für die Wirtschaft.

▲ Durch ausländische Direktinvestitionen hat das Land bisher seine Defizite gegenüber dem Ausland ohne größere Schwierigkeiten finanzieren und ein Devisenpolster aufbauen können.

▲ Aufgrund der geringen öffentlichen Verschuldung (13% des BIP) hält sich das Länderrisiko in Grenzen.

SCHWÄCHEN

▼ Durch die prozyklische Wirtschaftspolitik der Regierung wurden das Defizit in der Leistungsbilanz vergrößert und die Inflation angeheizt.

▼ Das Land ist in hohem Maße von ausländischem Kapital abhängig.

▼ Infolge der Zunahme von Krediten in Fremdwährungen hat sich das Wechselkursrisiko für die Privatwirtschaft erhöht.

▼ Die politischen Verhältnisse erschweren den Fortschritt der Reformen (Verwaltung, Gesundheit, Justiz und Bildung).

RISIKOEINSCHÄTZUNG

Abrupte Talfahrt der Konjunktur

Die starke Binnennachfrage hat 2008 zu einer Überhitzung der Wirtschaft geführt. Sie wurde insbesondere durch eine starke Expansion günstiger Fremdwährungskredite aus dem Ausland angetrieben. Die Konsumausgaben sowie die Nachfrage nach Importwaren sind kräftig gestiegen, mit der Folge eines weiteren Anstiegs der Leistungsbilanz auf eine besorgniserregende Höhe. Verstärkt wurde die konjunkturelle Überhitzung durch eine Lockerung der Haushaltspolitik.

Durch die restriktiveren Kreditbedingungen und den drastischen Rückgang der Nachfrage aus Europa kommt es 2009 zu einer abrupten Talfahrt der Konjunktur. Wegen der Abhängigkeit von ausländischem Kapital ist Rumänien nach wie vor sehr anfällig für eine Abwertung der Währung, auch wenn das Land ein Polster aus Devisenreserven aufgebaut hat.

Anfällige Unternehmen

Die Unternehmen haben bereits mit steigenden Lohnkosten, einer Anhebung der Zinsen, schärferen Entscheidungskriterien lokaler Banken und einer Abwertung des Leu zu kämpfen (die Unternehmen sind einem hohen Wechselkursrisiko ausgesetzt, denn mehr als die Hälfte aller offenen Bankkredite wurde in Fremdwährungen vergeben). Sie werden möglicherweise nun auch durch die Verknappung von Finanzierungen und die weltweite Abschwächung der Wirtschaft in Mitleidenschaft gezogen. Besonders betroffen sind Unternehmen, die Kredite in hohem Maße in Anspruch nehmen. Die Konsumgüterbranche, der Einzelhandel, der Woh-

Europa und GUS

nungsbau und die chemische Industrie sind bereits geschwächt. Auch die bisher überaus dynamische Automobilindustrie bekommt allmählich die Auswirkungen einer schrumpfenden Auslandsnachfrage zu spüren. Die Textilindustrie leidet nach wie vor unter ihren strukturbedingten Schwächen.

Unsichere politische Verhältnisse

Meinungsverschiedenheiten an der Spitze des Staates, die Minderheitsposition der Regierung und die jüngsten Parlamentswahlen haben im Land zu einem gewissen Stillstand geführt. Bei der Parlamentswahl Ende November 2008 – der ersten seit dem Beitritt zur Europäischen Union im Jahr 2007 – war die Wahlbeteiligung sehr gering. Angesichts der knappen Ergebnisse waren Präsident Traian Basescu von der Liberaldemokratischen Partei (PDL) und die sozialdemokratische Opposition gezwungen, eine „große Koalition" zu bilden.

Die schwierigste Aufgabe für die neue Regierung unter Führung von Premierminister Emil Boc (PDL) besteht darin, die Konsequenzen aus der internationalen Wirtschaftskrise zu bewältigen und die Reformen wieder in Gang zu bringen. Aufgrund der Spannungen, die nicht nur zwischen den Parteien, sondern auch in den eigenen Reihen bestehen, wird diese Allianz jedoch wohl eher schwach sein. Erhebliche Differenzen bestehen insbesondere bei der Bekämpfung der Korruption auf Druck der Europäischen Union, bei der bisher viele Schwierigkeiten aufgetreten sind.

VORAUSSETZUNGEN FÜR DEN MARKTZUGANG

Marktsituation

Rumänien ist der Europäischen Union am 1. Januar 2007 beigetreten. Damit verbunden war eine ganze Reihe von Sonderregelungen. Zum einen ermöglicht es ein „Kooperations- und Überprüfungsmechanismus" der Europäischen Kommission, Fortschritte zu verfolgen, die bei der Reform des Justizwesens (insbesondere Erarbeitung einer neuen Strafprozessordnung und Arbeitsweise der gerichtlichen Instanzen) und bei der Bekämpfung der Korruption erreicht werden. In den drei Berichten, die von der Europäischen Kommission bislang im Juni 2007, im Februar 2008 und im Juli 2008 vorgelegt wurden, hat sie zwar durchaus Fortschritte feststellen können, doch die Anstrengungen im Kampf gegen die Korruption werden von ihr immer noch für unzureichend befunden. Sie verlangt eine Intensivierung der Reformen in Rumänien.

In ihrem letzten Bericht erkennt die Europäische Kommission an, dass Rumänien wieder auf den Reformweg zurückgefunden hat, um sein Rechtssystem zu konsolidieren und entsprechende institutionelle Rahmenbedingungen zur Korruptionsbekämpfung zu schaffen. Sie begrüßt die Fortschritte bei der Einrichtung der nationalen Agentur für Integrität (ANI). In dem Bericht gewürdigt werden auch die Informationskampagnen, durch die Korruption auf lokaler Ebene verhindert werden soll.

Wichtige Kennzahlen

	2004	2005	2006	2007	2008 (S)	2009 (P)
Reales Wirtschaftswachstum (%)	8,5	4,2	7,9	6,0	7,8	−1,0
Inflation (%)	11,9	9,0	6,6	4,8	7,9	5,3
Staatshaushalt (Saldo in % des BIP)	−1,2	−1,2	−2,2	−2,5	−5,2	−7,5
Ausfuhren (Mrd US$)	23,5	27,7	32,3	40,3	50,6	47,1
Einfuhren (Mrd US$)	30,2	37,3	47,2	64,5	77,3	65,8
Handelsbilanz (Saldo in Mrd US$)	−6,7	−9,6	−14,8	−24,2	−26,7	−18,7
Leistungsbilanz (Saldo in Mrd US$)	−6,4	−8,6	−12,8	−23,0	−26,2	−17,6
Leistungsbilanz (Saldo in % des BIP)	−8,5	−8,7	−10,4	−13,9	−13,2	−10,6
Auslandsverschuldung (in % des BIP)	38,8	36,9	44,0	52,3	50,7	54,9
Schuldendienst (in % der Ausfuhren)	12,9	15,2	16,3	15,0	15,7	21,5
Währungsreserven (in Monatsimporten)	4,7	5,0	5,6	5,3	4,3	4,6

(S): Schätzung. (P): Prognose.

Quelle: Coface.

Die Europäische Kommission bedauert jedoch, dass es bei den Korruptionsaffären in den oberen Kreisen zu keiner endgültigen Verurteilung gekommen ist und dass diese Art von Affären politisch ausgeschlachtet wurde. Sie fordert, dass die administrativen Mittel in der Justiz des Landes verstärkt werden. Sie verlangt, dass sich der oberste Justizrat eindeutig für die Bekämpfung von Korruption in den oberen Kreisen einsetzt und dass die Reform von Strafgesetzbuch und Strafprozessordnung zu Ende geführt wird. Gewünscht wird außerdem, dass unabhängige gerichtliche Untersuchungen ganz normal gegen ehemalige Minister und Abgeordnete geführt werden können.

Der gegenwärtige Kooperations- und Überprüfungsmechanismus wird bis Ende 2009 beibehalten. Wenn die Europäische Kommission die Fortschritte für unzureichend hält, kann sie die im Beitrittsvertrag vorgesehene Sanktion verhängen. Dies bedeutet, dass Entscheidungen rumänischer Gerichtsinstanzen von den anderen Mitgliedsstaaten nicht mehr automatisch anerkannt werden. Schließlich wurden aus Gründen der Lebensmittelsicherheit Maßnahmen zur Einschränkung des freien Warenverkehrs auf dem Binnenmarkt ergriffen (insbesondere bei Lebensmittel tierischen Ursprungs).

Im Übrigen wurden Rumänien Übergangsfristen für die Angleichung an die gemeinschaftlichen Umweltrichtlinien bei der Wiederverwertung von Abfällen, bei der Trinkwasserqualität oder auch bei der Abwasserklärung eingeräumt. Zum Zeitpunkt des Beitritts waren die Unterschiede nämlich derart groß, dass eine vollständige Übernahme des gemeinschaftlichen Besitzstandes unmöglich verlangt werden konnte. Zum Teil laufen die Übergangsfristen (insbesondere im Umweltbereich) bis 2015.

Nachdem Brüssel Anfang 2008 die letzten operationellen Programme für bestimmte Wirtschaftszweige Rumäniens genehmigt hat (sieben Programme neben der ländlichen Entwicklung und Fischerei), konnten Projekte, die die Voraussetzungen für eine Kofinanzierung aus den Mitteln der Struktur- und Kohäsionsfonds 2007 bis 2013 erfüllen, auf den Weg gebracht werden. Insgesamt (einschließlich ländlicher Entwicklung) kann die Europäische Kommission Rumänien im Zeitraum 2007 bis 2013 annähernd 30 Mrd EUR an EU-Geldern zukommen lassen. Davon können annähernd 9 Mrd EUR für die Entwicklung von Verkehrsinfrastruktur und den Umweltbereich aufgewendet werden. Dort bestehen erhebliche Rückstände.

Möglichkeiten des Marktzugangs

Am 1. Januar 2007 hat Rumänien den gesamten Gemeinsamen Außenzolltarif der Europäischen Union einschließlich Präferenzregelungen (gemeinschaftliches System allgemeiner Präferenzen, Freihandelsabkommen) im Verhältnis zu Drittländern übernommen. Systematische Zollkontrollen mit Vorlage des Einheitspapiers erfolgen nur noch im Warenverkehr mit Drittstaaten, die nicht der Europäischen Union angehören.

Haltung gegenüber ausländischen Investoren

Die Aussicht auf den EU-Beitritt und die ersten beiden Jahre nach der Integration in die Gemeinschaft haben ausländische Direktinvestitionen in ihrer Dynamik beflügelt. Nachdem sie bereits zwischen 2004 und 2006 (von 4 auf zunächst 5 und dann auf 9 Mrd EUR) stark zugelegt hatten, sind sie 2007 und 2008 nochmals gestiegen, ohne dass größere Privatisierungen eine Rolle gespielt hätten. Sie beliefen sich auf 6 Mrd EUR für 2007 und schätzungsweise etwa 10 Mrd EUR für 2008. Auch der Warenverkehr hat sich unter dem Einfluss der bevorstehenden EU-Mitgliedschaft intensiviert. Vom rumänischen Außenhandel entfallen inzwischen 70% auf Mitgliedsländer der EU.

Rumänien ist gegenüber ausländischen Investitionen grundsätzlich offen. Am 1. Januar 2005 wurde ein einheitlicher Steuersatz von 16% eingeführt, der sowohl für die Körperschaftsteuer (früher 25%) als auch für die Einkommensteuer gilt. Durch eine Notverordnung der Regierung (OUG 85/2008) zur Außerkraftsetzung des Gesetzes 332/2001 wurden 2008 die gesetzlichen Rahmenbedingungen für in- und ausländische Investitionen in Rumänien neu geregelt.

Anreize werden für Investitionen gewährt, die in Übereinstimmung mit der Regierungspolitik ebenso wie mit dem Gemeinschaftsrecht für staatliche Beihilfen zu der Verwirklichung folgender Ziele beitragen:

- regionale Entwicklung und Kohäsion;
- Umweltschutz und Beseitigung von Altlasten;
- Verbesserung der Energieeffizienz und/oder Erzeugung sowie Nutzung von erneuerbaren Energien;
- Dynamisierung von Forschung und Innovation;
- Schaffung von Arbeitsplätzen sowie Aus-/Weiterbildung von Arbeitskräften.

Diese neuen Vorschriften gelten unabhängig von der Höhe der betreffenden Investition. Erleichterungen bestehen in folgenden Bereichen: agrarindustrielle Verarbeitung, Fertigung, elektrische und thermische Energie, Energieeffizienz, Verbesserung der Umweltqualität, Wasserversorgung, Gesundheitswesen, Abfallmanagement, Informationstechnologie und Kommunikation, Forschung und Innovation, Aus- und Weiterbildungsdienste.

Beihilfen erfolgen in Form von nicht zurückzuzahlenden Zuschüssen zum Kauf von Sachanlagen, finanziellen Leistungen aus dem Staatshaushalt bei der Schaffung von neuen Arbeitsplätzen und Zinsvergünstigungen bei Krediten.

Vorgesehen ist darüber hinaus, dass die Rumänische Agentur für ausländische Investitionen (ARIS) durch die Rumänische Investitionsagentur (ARI) abgelöst wird. Der Entwurf für den Erlass über die Gründung und die Aufgaben der ARI soll in Kürze von der Regierung verabschiedet werden. Die Agentur soll als Kontaktstelle fungieren und eine Vermittlerrolle zwischen Investoren einerseits sowie zentralen und lokalen Behörden andererseits wahrnehmen. Projektträger sollen von ihr Hilfe und technische Unterstützung erhalten.

Allgemein gestaltet sich die Kommunikation mit der Verwaltung oder öffentlichen Institutionen nach wie vor schwierig. Auch wenn sich das Geschäftsumfeld insgesamt sicherlich bessert, mangelt es den häufig langwierigen Verfahren in Verwaltung und Justiz nach wie vor an Konsistenz. Die Abstimmung mit der Privatwirtschaft ist allzu häufig rein formeller Art. Die grundlegende Reform des rumänischen Verwaltungsapparats steht immer noch aus: Die Defizite in der Ausbildung der Mitarbeiter und eine ungenügende Koordination zwischen den verschiedenen Ministerien sowie den zentralen und lokalen Behören werden dabei am häufigsten als Schwachpunkte genannt.

Korruption ist in Rumänien immer noch verbreitet. Im Jahresbericht 2008 von Transparency International rangiert Rumänien unter 180 Ländern an 70. Stelle. Grundlage für diese Einordnung ist ein Index zur Wahrnehmung der Korruption (der auf einer Umfrage bei Experten und Unternehmern beruht). In dieser Einordnung liegt Rumänien hinter Kolumbien auf demselben Platz wie Ghana. Unter den EU-Ländern hat Rumänien vor Bulgarien (auf Platz 72) die zweitschlechteste Wertung.

Devisenverkehr

Rumänien bedient sich der Wechselkuspolitik zur Eindämmung der Inflation. Das „Managed Floating" der Währung (Leu; ISO-Währungscode: RON) beinhaltet Interventionen der Zentralbank. Die Wechselkurse RON/EUR und RON/US$ haben zwischen 2004 und dem Sommer 2007 unter dem massiven Zustrom von Geldern im Zuge der Liberalisierung des Kapitalverkehrs (September 2006) stark angezogen. Allerdings wurden zwei Anpassungen an der Währung vorgenommen: einmal im August–September 2007 als Folge knapper werdender internationaler flüssiger Mittel und einmal im September–Oktober 2008, nachdem sich die Finanzkrise im September 2008 verschärft hat.

Im Anschluss an eine Abwertung um 8% nominal im September 2007 hat der RON bis Ende 2007 weiter an Boden verloren, bevor er sich in den ersten drei Quartalen 2008 innerhalb einer Bandbreite von 3,5 bis 3,7 RON für 1 EUR stabilisierte. Am 6. Oktober wurde 1 EUR zu 3,94 RON gehandelt, das war der niedrigste Kurs der rumänischen Währung seit November 2004. Seitdem hat der RON wieder auf 3,7 RON für 1 EUR angezogen. Im Oktober 2008 hat die Zentralbank mehrere Male auf dem Devisenmarkt interveniert.

Rumänische Importeure haben bei ihren Banken Zugang zu Devisen. Wirtschaftsunternehmen und natürlichen Personen steht es frei, bei rumänischen und ausländischen Banken Devisenkonten zu eröffnen. Sie können auch Kredite in Devisen erhalten. Alle rumänischen oder ausländischen Unternehmen, die in Rumänien registriert und tätig sind, können ihre Devisen in vollem Umfang behalten und frei darüber verfügen. Auch Gebietsfremde können nun Konten in Leu eröffnen und über Guthaben in Leu verfügen.

ZAHLUNGSMITTEL UND FORDERUNGSEINZUG

Zahlungsmittel

Der Wechsel und vor allem der Solawechsel werden in Rumänien häufig als Zahlungsmittel sowohl im inländischen als auch im ausländischen Geschäftsverkehr eingesetzt.

Im Falle einer unbezahlten Forderung gilt ein ordnungsgemäß protestierter Solawechsel nach Anerkennung seiner Gültigkeit durch ein Gericht als vollstreckbarer Titel, mit dem der Gläubiger direkt die Zwangsvollstreckung *(execuþie silitã)* in das Vermögen des Schuldners beantragen kann.

Auch der Scheck wird häufig verwendet. Vor allem im inländischen Geschäftsverkehr kommt er zum Einsatz. Im Falle einer nicht beglichenen Forderung stellt er ein starkes Druckmittel dar, denn ein unbezahlter Scheck ermöglicht nicht nur die Inanspruchnahme einer Zwangsvollstreckung, sondern erfüllt auch einen Straftatbestand. Hierbei kann der Schuldner zu einer entsprechenden Geldstrafe und gegebenenfalls sogar zu einer Gefängnisstrafe von einer Dauer von sechs Monaten bis zu einem Jahr verurteilt werden. Aus diesem Grund sind oftmals nur Geschäftsführer durch die jeweiligen Gesellschaftsverträge zur Ausstellung von Schecks berechtigt.

Die rumänische Zentralbank führt darüber hinaus ein Zahlungsausfallregister *(Centrala Incidentelor de Plãþi)*, das aus zwei Abteilungen besteht und seine Daten aus dem bankenübergreifenden Kommunikationsnetz bezieht: In einer Abteilung werden alle Zahlungsausfälle im Zusammenhang mit Warenwechseln und Schecks, in der anderen alle größeren Zahlungsausfälle in Verbindung mit natürlichen und juristischen Personen registriert.

Die Banküberweisung stellt das am weitesten verbreitete Zahlungsmittel dar. Nach Phasen der Privatisierung und der Konzentration sind die wichtigsten rumänischen Banken nunmehr an das elektronische SWIFT-System angeschlossen. Dieses gewährleistet eine kostengünstige, flexible und rasche Abwicklung des Zahlungsvorgangs für den nationalen und internationalen Geschäftsverkehr.

Forderungseinzug

Von einem Verfahren vor Ort ist wenn möglich aufgrund der einzuhaltenden Formvorschriften, der hohen Verfahrenskosten und der langen Bearbeitungszeiten durch die Gerichte abzuraten. Für die Erlangung eines vollstreckbaren Titels muss von einem Zeitraum von fast drei Jahren ausgegangen werden. Gründe hierfür sind der Mangel an in marktwirtschaftlichen Rechtsfällen gut ausgebildeten Richtern zum einen und eine nicht ausreichende Materialausstattung zum anderen. Durch das Gesetz vom 19. Juli 2005 wurden mehrere Gesetze über den Aufbau der Justizbehörden und den Status von Richtern und Staatsanwälten geändert, um die Leistungsfähigkeit und Transparenz des rumänischen Rechtssystems zu verbessern.

In einer dem Schuldner zusammen mit den Forderungsnachweisen zugestellten Mahnung wird dieser auf seine Zahlungsverpflichtungen und die Erhebung von Verzugszinsen aufmerksam gemacht. Sofern die Vertragsparteien nichts Anderweitiges vereinbart haben und rumänisches Recht auf den Vertrag anwendbar ist, werden seit Januar 2000 bei internationalen Geschäftsbeziehungen Verzugszinsen in Höhe von 6% pro Jahr erhoben.

Gemäß der rumänischen Zivilprozessordnung muss jedem Gerichtsverfahren, das sich auf eine Forderung stützt, die in bar zu leisten ist, ein Schlichtungsversuch durch die Parteien vorausgegangen sein. Dieser hat innerhalb einer Frist von 30 Tagen nach Vorladung des Gläubigers zu erfolgen. Daher ist es stets ratsam, eine gütliche Einigung anzustreben. Diese kann durch die Aufstellung eines Plans über Ratenzahlungen für rückständige Verbindlichkeiten erreicht werden, der durch den Anwalt des Klägers oder vorzugsweise notariell verfasst werden sollte. Auf diese Weise kann eine raschere Zwangsvollstreckung gegen den Schuldner eingeleitet werden, sollte dieser der Vereinbarung nicht nachkommen.

Seit Mitte August 2001 kann der Gläubiger, sofern er über einen klaren Nachweis einer fälligen und unstrittigen Forderung wie z.B. Schuldanerkenntnis, Solawechsel, unbezahlten Scheck verfügt, auf das beschleunigte Verfahren des Mahnbescheids *(somatie de plata)* zurückgreifen. Hierbei obliegt es dem Richter, sofern er die Forderung als gerechtfertigt betrachtet, eine entsprechende Verfügung zu erlassen, in der er den Schuldner zur Begleichung des Forderungsbetrags und der Gerichtskosten innerhalb einer Frist von zehn bis 30 Tagen nach Zustellung der Verfügung verurteilt.

Sollte der Mahnbescheidsantrag des Gläubigers abgewiesen werden, so ist die richterliche Entscheidung unwiderruflich. In diesem Falle kann nur noch ein Verfahren in der Hauptsache angestrengt werden. Falls der Schuldner innerhalb von zehn Tagen Widerspruch *(cererea in anulare)* einlegt, kommt es ebenfalls zu einem herkömmlichen Verfahren mit Prüfung der Hauptsache.

Bei sicheren, liquiden, fälligen und unbestrittenen Forderungen aus Lieferungen und Leistungen steht dem

Europa und GUS

Exporte: 34% des BIP
▷▷▷

Importe: 44% des BIP
◁◁

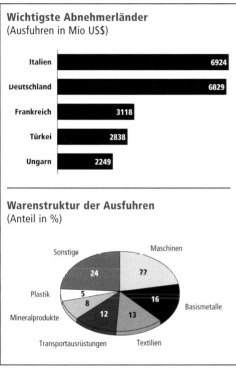

Wichtigste Abnehmerländer
(Ausfuhren in Mio US$)

Italien	6924
Deutschland	6829
Frankreich	3118
Türkei	2838
Ungarn	2249

Warenstruktur der Ausfuhren
(Anteil in %)

Sonstige 24 · Maschinen 22 · Basismetalle 16 · Textilien 13 · Transportausrüstungen 12 · Mineralprodukte 8 · Plastik 5

Wichtigste Lieferländer
(Einfuhren in Mio US$)

Deutschland	10938
Italien	8134
Ungarn	4416
Russland	4041
Frankreich	3978

Warenstruktur der Einfuhren
(Anteil in %)

Sonstige 23 · Maschinen 25 · Transportausrüstungen 14 · Mineralprodukte 12 · Basismetalle 11 · Chemische Produkte 8 · Textilien 7

Schuldenlast
(Auslandsverschuldung in % der Waren- und Dienstleistungsexporte)

Rumänien	126
Regionaler Durchschnitt	130
Durchschnitt Schwellenländer	73

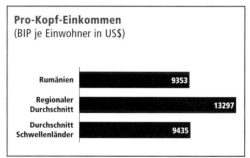

Pro-Kopf-Einkommen
(BIP je Einwohner in US$)

Rumänien	9353
Regionaler Durchschnitt	13297
Durchschnitt Schwellenländer	9435

Gläubiger seit November 2007 eine Instanz zur Verfügung, über die er innerhalb von 90 Tagen ein vollstreckbares Urteil erwirken kann, ohne dass er verpflichtet ist, sich zuvor um eine Schlichtung zu bemühen.

Das herkömmliche Gerichtserfahren wird zum Teil schriftlich geführt. Hierbei sind die Schlussforderungen der Parteien bzw. ihrer Anwälte stets zusammen mit sämtlichen Forderungsnachweisen im Original bzw. in beglaubigter Kopie einzureichen. Der mündliche Verfahrensteil besteht aus der Anhörung der Parteien und ihrer jeweiligen Zeugen am Tag der Hauptverhandlung. Die Gerichtskosten werden jährlich durch Regierungsverordnung festgelegt und enthalten eine Stempelsteuer, deren Höhe sich jeweils nach der Forderung richtet.

In Abhängigkeit vom Streitwert sind für Handelsstreitigkeiten entweder die örtlichen Gerichte *(judecatoria)* oder die regionalen Gerichte *(tribunalul)*, die als Handelskammer konstituiert sind, zuständig. •

Russland

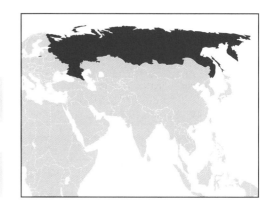

Bevölkerung (Mio Einwohner):	**141,6**
BIP (Mio US$):	**1.291.011**
Anteil am regionalen BIP (%):	**21,6**

Coface-Bewertungen
Kurzfristiges Risiko:	**C**
Geschäftsumfeld:	**B**
Mittelfristiges Risiko:	**ziemlich gering**

STÄRKEN

- ▲ Russland verfügt über umfangreiche natürliche Ressourcen (Erdöl, Erdgas, Metalle und Diamanten).
- ▲ Die öffentliche Entschuldung und die Devisenreserven (Russland liegt hierbei weltweit an dritter Stelle) verschaffen den Behörden Handlungsspielräume.
- ▲ Die Olympischen Winterspiele 2014 in Sotchi bieten die Gelegenheit, die Infrastruktur auszubauen und die Attraktivität für den Tourismus zu erhöhen.
- ▲ Russland behauptet sich erneut als regionale Macht und Einflussgröße im Energiesektor und zeichnet sich durch eine beachtliche politische Stabilität aus.

SCHWÄCHEN

- ▼ Das Bankwesen wurde kaum reformiert.
- ▼ Der Industrie mangelt es an Wettbewerbsfähigkeit, vor allem die Qualität der Produkte lässt zu wünschen übrig.
- ▼ Der Staat übernimmt bei immer mehr Unternehmen direkt oder indirekt die Kontrolle. Das könnte ihrer Entwicklung schaden und Ineffizienzen im Management hervorrufen.
- ▼ Verabschiedete Reformen werden im Allgemeinen nicht umgesetzt oder häufig zweckentfremdet, um den Interessen von Wirtschaftskreisen zu dienen.

RISIKOEINSCHÄTZUNG

Spürbare Auswirkungen der Kreditkrise

Durch die Finanzkrise wurde die russische Wirtschaft im Herbst 2008 schwer angeschlagen: Der Rubel und die Börsenindizes befanden sich im freien Fall, der Interbankenmarkt kam zum Erliegen. Zur Unterstützung von Unternehmen, die einen erheblichen Schuldendienst in Fremdwährungen zu leisten haben, hat die Regierung über öffentliche Banken interveniert.

Der Abbau der privaten Schulden wird 2009 ein Risiko bleiben, das man im Auge behalten muss. Seit 2001 haben Unternehmen und Banken erhebliche Verbindlichkeiten bei ausländischen Gläubigern angehäuft (Konsortialbankkredite oder Euro-Schuldverschreibungen). Angesichts der Risikoscheu, die auch 2009 noch vorherrschen dürfte, wird die Refinanzierung dieser Schulden problematisch sein.

Der Staat verfügt dank der immer noch hohen Devisenreserven und der niedrigen öffentlichen Verschuldung über Mittel, mit denen sich größere Ausfälle vermeiden lassen. Allerdings trifft man im Bankensektor neben den soliden öffentlichen Großbanken auf eine große Zahl von Kreditinstituten mit unzureichender Kapitalausstattung. Von daher ist der Sektor aufgrund der fehlenden Reformen für eine Vertrauenskrise sehr anfällig. Es ist nicht sicher, dass die Krise zu den notwendigen Umstrukturierungen führen wird. Die Vergabe von Bankkrediten, die sich in den vergangenen Jahren sehr dynamisch entwickelt hat, dürfte deswegen zum Erliegen kommen.

Schwache Konjunktur

Die Wirtschaft ist Ende 2008 in eine Phase der deutlichen Abschwächung eingetreten, die sich 2009 zu einer Rezession ausweiten dürfte. Der Konsum der privaten Haushalte, seit 2000 der wichtigste Motor der Konjunktur, wird infolge knapper werdender Kredite und rückläufiger Ölpreise, die bisher zu einer wahren Explosion der Haushaltseinkommen geführt haben, deutlich abnehmen. Ende 2008 waren schon die ersten Fälle zu beobachten, in denen Löhne und Gehälter nicht mehr gezahlt werden konnten. Darüber hinaus werden sich sinkende Ölpreise negativ auf die Erdölförderung auswirken. Nicht mehr verschleiern lässt sich deswegen auch, dass die Ölförderung 2008 stagnierte. Die Gründe hierfür sind fehlende Investitionen im Energiesektor. In dieser Phase der Abschwächung werden der Einzelhandel, die Automobil- und die Metallindustrie (Metallpreise sind ebenfalls deutlich gefallen) in Mitleidenschaft gezogen. Schon Ende 2008 haben Unternehmen dieser Bereiche einen Abbau von Arbeitsplätzen und eine Einschränkung der Produktion angekündigt.

Zahlungsverhalten der Unternehmen deutlich schlechter

Noch bevor sich die Finanzkrise spürbar auf die Wirtschaft ausgewirkt hat, konnte Coface bereits eine Verschlechterung des Zahlungsverhaltens von russischen Unternehmen beobachten. Zu erklären ist diese Entwicklung durch anhaltende Probleme im Bereich der Unternehmensführung: So ist das Geschäftsumfeld nach wie vor von instabilen Beteiligungsverhältnissen, einer schwachen Gerichtsbarkeit und mangelhaftem Gläubigerschutz sowie intransparenten Bilanzen geprägt. Angesichts dieses schwierigen Umfeldes dürften der Konjunkturabschwung und die Schwierigkeiten bestimmter Branchen 2009 ein erneutes Ansteigen der Zahlungsausfälle zur Folge haben.

VORAUSSETZUNGEN FÜR DEN MARKTZUGANG

In den vergangenen Jahren hat sich das Geschäftsklima mit der Durchführung von Reformen, mit denen die russischen Rahmenbedingungen an internationale Regeln und Gepflogenheiten bzw. an die Standards der Marktwirtschaft angepasst wurden, gebessert. In verschiedenen Bereichen (Ansiedlung von Unternehmen, Steuern, Devisenkontrolle, Zoll und gewerbliche Schutzrechte) haben die russischen Behörden erhebliche Anstrengungen zur Modernisierung der Gesetzgebung und Rechtsvorschriften unternommen. Allerdings bestehen nach wie vor noch juristische Lücken und Inkonsistenzen. Hinzu kommt die stark verbreitete Korruption in der Verwaltung, die das russische Geschäftsklima belastet, auch wenn dies keine russlandspezifische Besonderheit ist.

Möglichkeiten des Marktzugangs

- Zoll: strenge Zollverfahren
  Russland führt seit 2001 eine Zollreform durch. Hierbei wurden die Zollsätze gesenkt (von 16% auf durchschnittlich 11%) und nach Warengruppen ver-

Wichtige Kennzahlen						
	2004	**2005**	**2006**	**2007**	**2008 (S)**	**2009 (P)**
Reales Wirtschaftswachstum (%)	7,2	6,4	7,3	8,1	5,6	−3,0
Inflation (%)	11,0	12,7	9,7	9,0	14,0	10,0
Staatshaushalt (Saldo in % des BIP)	4,3	7,5	7,4	5,4	4,0	−5,0
Ausfuhren (Mrd US$)	183,2	243,8	303,6	354,4	479,5	308,0
Einfuhren (Mrd US$)	97,4	125,0	164,0	223,5	312,1	269,5
Handelsbilanz (Saldo in Mrd US$)	85,8	118,400	139,3	130,9	167,4	38,5
Leistungsbilanz (Saldo in Mrd US$)	56,8	83,5	94,4	74,5	67,4	−63,6
Leistungsbilanz (Saldo in % des BIP)	9,6	10,9	9,5	5,8	3,9	−5,0
Auslandsverschuldung (in % des BIP)	34,4	30,6	28,6	34,2	27,8	33,5
Schuldendienst (in % der Ausfuhren)	21,9	22,5	18,2	11,9	10,2	14,7
Währungsreserven (in Monatsimporten)	9,2	10,8	13,3	14,9	9,8	5,7

(S): Schätzung. (P): Prognose.

Quelle: Coface.

einheitlicht. Außerdem ist am 1. Januar 2004 ein neues Zollgesetzbuch in Kraft getreten, das den Handel erleichtern soll. Offiziell entsprechen alle Zollverfahren inzwischen internationalen Standards, insbesondere europäischen Vorgaben. Doch in der Praxis bestehen immer noch zahlreiche Hindernisse. Die vereinfachten Verfahren kommen nicht zum Einsatz (was insbesondere an fehlenden Durchführungsverordnungen liegt), und die Anwendung der Vorschriften richtet sich häufig nach der Auslegung am Ort der Verzollung.

■ Zertifizierung: Behinderung des Marktzugangs
Russland verfügt über sein eigenes Normen- und Zertifizierungssystem. Ausländische und insbesondere europäische Normen werden hier fast nie anerkannt. Die Beschaffung eines Zeugnisses oder Zertifikats kann langwierig und kostspielig sein. Außerdem ist nicht immer klar, wie sich solche Zeugnisse oder Zertifikate besorgen lassen. Zeugnisse und Zertifikate sind für eine Sendung, ein Jahr oder drei Jahre gültig und müssen somit regelmäßig erneuert werden.

Haltung gegenüber ausländischen Investoren

Russland ist entschlossen, ein Umfeld zu schaffen, das der Entwicklung von privaten Investitionen im Allgemeinen förderlich ist. Dabei will das Land ausländische Investoren nicht in besonderer Weise ansprechen, sondern behandelt sie rechtlich genauso wie Investoren aus dem Inland. Nach russischem Recht sind in- und ausländische Investoren gleichgestellt.

■ Steuern: Besserungen noch unzureichend
Die Steuerreform in den Jahren 2000 bis 2001 hat zu einer geringeren Besteuerung geführt. Gewinne von Unternehmen werden mit maximal 24% besteuert. Für Einkünfte von natürlichen Personen gilt ein einheitlicher Steuersatz von 13%. An Mehrwertsteuer werden je nach Produktgruppe 18%, 10% oder 0% erhoben. Ausländische Investoren haben es mit dreierlei Arten von Schwierigkeiten zu tun:
  • Steuerprüfungen werden häufig angesetzt und enden fast immer mit Steuernachforderungen.
  • Trotz der im Steuerrecht klar beschriebenen Verfahren ist eine Erstattung der Mehrwertsteuer nur schwer zu erreichen.
  • Ganz allgemein gelten komplexe Steuer- und Rechnungslegungsvorschriften, die je nach

Finanzamt unterschiedlich angewendet werden können.

■ Für viele Tätigkeiten ist eine Lizenz erforderlich
Bei der Verwaltungsreform, durch die die Rolle des Staates in der Wirtschaft beschnitten werden soll, wurden in gesetzgeberischer Hinsicht Fortschritte gemacht: Verfahren für die Eintragung von Unternehmen und zur Erteilung von Lizenzen wurden vereinfacht. Allerdings steckt die Reform noch in den Kinderschuhen. Für eine ganze Reihe von Wirtschaftszweigen müssen in Russland nämlich Lizenzen beantragt werden. Zum Teil sind diese Lizenzen auf Bundesebene vorgeschrieben, zum Teil bestehen diesbezügliche Forderungen aber auch nur in bestimmten Regionen, insbesondere im Großraum Moskau. Insgesamt sind im Bundesgesetz Nr. 128 „über die Beschaffung und die Erteilung von Lizenzen für verschiedene Arten von Tätigkeiten" 105 auf Bundesebene lizenzpflichtige Aktivitäten aufgeführt.

■ Gewerblicher Rechtsschutz ist immer noch unzureichend
Da man sich in Russland bewusst geworden ist, dass gewerblicher Rechtsschutz sinnvoll ist, wurde der vierte Teil des Bürgerlichen Gesetzbuchs verabschiedet, der diesbezügliche Fragen regelt. Der Text, mit dem die Gesetzesvorschriften zum gewerblichen Rechtsschutz zu einer konsistenten und einheitlichen Gesamtheit zusammengeführt werden, ist am 1. Januar 2008 in Kraft getreten. Allerdings werden gewerbliche Schutzrechte in Russland immer noch häufig verletzt. Dies gilt insbesondere für Urheberrechte.

■ Sonderwirtschaftszonen wurden eingerichtet
Die 2005 geschaffenen Sonderwirtschaftszonen könnten für ausländische Investoren attraktiv sein, denn hier gelten Zollbefreiungen und Steuervorteile.

■ Klarstellungen von Modalitäten für ausländische Investitionen in strategischen Bereichen
Das Gesetz Nr. 57 FZ vom 29. April 2008 über „ausländische Investitionen in Bereichen von strategischer Bedeutung für die Verteidigung des Landes und die Sicherheit des Staates" legt eben diese Bereiche für die Russische Föderation fest, in denen ausländische Investitionen Kontrollen unterworfen sind.

Europa und GUS

Exporte: 34% des BIP
▷▷▷

Importe: 21% des BIP
◁◁◁

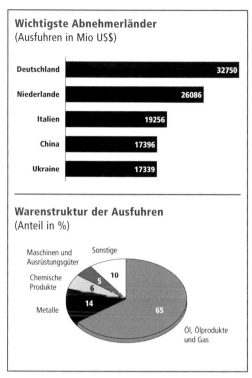

Wichtigste Abnehmerländer
(Ausfuhren in Mio US$)

Deutschland	32750
Niederlande	26086
Italien	19256
China	17396
Ukraine	17339

Warenstruktur der Ausfuhren
(Anteil in %)

Maschinen und Ausrüstungsgüter · Sonstige 10 · Chemische Produkte 5 · 6 · Metalle 14 · 65 · Öl, Ölprodukte und Gas

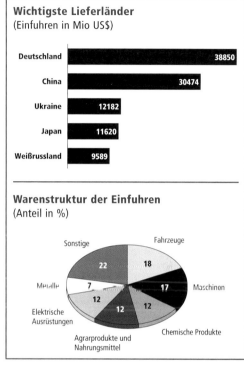

Wichtigste Lieferländer
(Einfuhren in Mio US$)

Deutschland	38850
China	30474
Ukraine	12182
Japan	11620
Weißrussland	9589

Warenstruktur der Einfuhren
(Anteil in %)

Sonstige 22 · Fahrzeuge 18 · Metalle 7 · 12 · 17 Maschinen · Elektrische Ausrüstungen · 12 · 12 · 12 Chemische Produkte · Agrarprodukte und Nahrungsmittel

Schuldenlast
(Auslandsverschuldung in % der Waren- und Dienstleistungsexporte)

Russland	90
Regionaler Durchschnitt	92
Durchschnitt Schwellenländer	73

Pro-Kopf-Einkommen
(BIP je Einwohner in US$)

Russland	13218
Regionaler Durchschnitt	11532
Durchschnitt Schwellenländer	9435

Devisenverkehr

Im Hinblick auf die Devisenkontrolle sah ein im Juni 2004 in Kraft getretenes Gesetz für 2007 eine schrittweise Liberalisierung des Devisenverkehrs vor. Die völlige Liberalisierung wurde auf den 1. Juli 2006 vorgezogen. Seit dieser Zeit gibt es keine Sonderkonten oder Verpflichtungen zu Reserven für russisches oder ausländisches Kapital mehr. •

Schweden

Bevölkerung (Mio Einwohner):	**9,1**
BIP (Mio US$):	**444.443**

Coface-Bewertungen
Kurzfristiges Risiko:	**A1**
Geschäftsumfeld:	**A1**

RISIKOEINSCHÄTZUNG

Plötzlicher Konjunkturabschwung

Nach einem überaus guten Start kam es 2008 zu einem plötzlichen Konjunktureinbruch, der im zweiten Halbjahr in eine Rezession mündete. Die Abschwung dürfte sich in den ersten Monaten des Jahres 2009 weiter vertiefen, bevor sich die Wirtschaft langsam wieder erholt.

Schwache Nachfrage im In- und Ausland

Der Konsum der Privathaushalte, der noch Anfang 2008 durch die dynamische Entwicklung auf dem Arbeitsmarkt und die stetige Anhebung der Löhne und Gehälter gestützt wurde, ging in der Folge unter dem Druck der enorm gestiegenen Energie- und Lebensmittelpreise zurück. 2009 dürfte der private Verbrauch nahezu stagnieren. Dabei können die sinkende Inflationsrate und die neuerliche Absenkung der Einkommensteuer, die durch den Überschuss im Staatshaushalt möglich wurde, die negativen Auswirkungen der steigenden Arbeitslosigkeit, der härteren Kreditbedingungen sowie der Wertverluste der Immobilien- und Finanzvermögen nicht kompensieren.

Der Export dürfte sich angesichts der ungünstigen Konjunkturentwicklung in Europa Anfang 2009 zunächst noch rückläufig entwickeln, bevor es zu einer Stabilisierung kommt. Die schwache Nachfrage wird voraussichtlich dazu führen, dass die Dynamik der Unternehmensinvestitionen nachlässt. Die Privathaushalte wiederum werden weniger Geld in Immobilien investieren. Einzig und allein die öffentlichen Infrastrukturausgaben dürften weiter wachsen.

Wichtige Kennzahlen

	2004	2005	2006	2007	2008 (S)	2009 (P)
Reales Wirtschaftswachstum (%)	3,8	3,3	4,2	2,9	0,0	−2,9
Konsumausgaben (Veränderung in %)	2,4	2,7	2,5	3,0	0,0	−2,0
Investitionen (Veränderung in %)	6,5	12,9	5,2	11,0	3,0	−8,0
Inflation (%)	1,0	0,8	1,5	1,8	3,5	−0,5
Arbeitslosenquote (%)	7,7	7,4	7,1	6,1	6,2	8,0
Kurzfristiger Zinssatz (% p.a.)	2,3	1,9	2,6	3,6	4,7	1,8
Staatshaushalt (Saldo in % des BIP)	0,6	2,2	2,2	3,5	2,9	−3,0
Staatsverschuldung (in % des BIP)	52,4	52,2	47,0	41,0	35,0	45,0
Ausfuhren (Veränderung in %)	11,1	7,0	8,9	6,2	2,0	−7,0
Einfuhren (Veränderung in %)	7,0	6,3	8,0	9,9	4,2	−5,0
Leistungsbilanz (Saldo in % des BIP)	6,5	5,8	7,0	8,4	8,0	7,0

(S): Schätzung. (P): Prognose.　　　　　　　　　　　　　　　　Quelle: Coface.

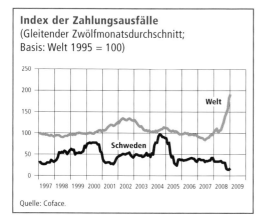

Index der Zahlungsausfälle
(Gleitender Zwölfmonatsdurchschnitt;
Basis: Welt 1995 = 100)

Quelle: Coface.

Lage der Unternehmen dennoch zufriedenstellend

Die Unternehmensgewinne sinken wegen der schlechteren Auftragslage. Diese Entwicklung wird auch durch die rückläufigen Energie- und Rohstoffpreise nicht kompensiert. Die schwedischen Banken werden ihre Konditionen für die Vergabe von Krediten – insbesondere von Krediten zur Liquiditätssicherung – vermutlich verschärfen, da sie sich zum Teil sehr stark in den baltischen Staaten engagiert haben, die unter einem dramatischen Konjunktureinbruch leiden. Dennoch ist die Finanzlage der Unternehmen im Großen und Ganzen zufriedenstellend. Der Anstieg der Unternehmensinsolvenzen hielt sich 2008 mit 6% in Grenzen, so dass sich der Coface-Index für Zahlungsausfälle nach wie vor auf einem sehr niedrigem Niveau bewegt. Die Unternehmen haben die mehr als vier Jahre dauernde starke Wachstumsphase zur Verbesserung ihrer Bilanzstruktur genutzt. Darüber hinaus profitieren die Firmen im laufenden Jahr von einer Absenkung der Körperschaftsteuer und der Sozialabgaben.

Besonders gefährdet sind jedoch die Automobilbranche sowie die Papier- und Verpackungsindustrie.

ZAHLUNGSMITTEL UND FORDERUNGSEINZUG

Zahlungsmittel

Der Wechsel und der Solawechsel werden im schwedischen Geschäftsverkehr nur selten als Zahlungsmittel eingesetzt, denn ihre Gültigkeit ist von der Einhaltung zahlreicher Formvorschriften abhängig. Daher ist von ihrer Verwendung abzuraten.

Der Scheck unterliegt nicht den gleichen umfangreichen Formvorschriften. Das Strafmaß für die Ausstellung eines ungedeckten Schecks wurde im Laufe der letzten Jahre erheblich verkürzt. Die Verwendung von Schecks geht zugunsten der Bank- und Kreditkarte zunehmend zurück.

Hingegen stellt die Überweisung über das elektronische SWIFT-System, an das die schwedischen Banken angeschlossen sind, im nationalen wie internationalen Geschäftsverkehr ein sicheres, effizientes und recht kostengünstiges Zahlungsmittel dar.

Zur schnelleren Abwicklung der Überweisung wird empfohlen, den Sitz der Hausbank genau zu vermerken. Ferner sei daran erinnert, dass die Zahlungsanweisung stets vom guten Willen des Kunden abhängt.

Forderungseinzug

Der Forderungseinzug beginnt mit einer dem Schuldner per Einschreiben zugestellten Mahnung, in der er an seine Zahlungsverpflichtung innerhalb von zehn Tagen erinnert wird und in der neben dem Rechnungsbetrag die vertraglich vereinbarten Verzugszinsen aufgeführt sind.

Soweit nichts Bestimmtes festgelegt ist, wird seit dem 1. Juli 2002 der von der schwedischen Zentralbank *(Sveriges Riksbank)* halbjährlich festgelegte Repozins *(reporänтan)* zuzüglich 8 Prozentpunkten für Verzugszinsen herangezogen. Gemäß dem schwedischen Zinsgesetz *(Räntelag)* von 1975 mit seiner letzten Änderung vom Juli 2002, gilt dieser Zins nach Ablauf einer Frist von 30 Tagen nach Rechnungsdatum bzw. Versendung einer Mahnung.

Wenn es sich um eine rechtsgültig in Schwedischen Kronen (SEK) ausgestellte unstrittige Barforderung handelt, kann der Gläubiger seit dem 1. Januar 1992 bei der staatlichen Vollstreckungsbehörde im Rahmen eines beschleunigten Verfahrens einen Zahlungsbefehl *(Betalningsföreläggande)* beantragen und auf diese Weise recht schnell (in einem Zeitraum von ungefähr vier Monaten) einen vollstreckbaren Titel erlangen.

Diese Behörde *(Kronofogde-myndigheten)* erlässt einen Mahnbescheid, der dem Schuldner zugestellt und in dem er aufgefordert wird, die offene Zahlung zu leisten oder zu seinem Zahlungsverzug Stellung zu nehmen. Falls der Schuldner nicht innerhalb einer Frist von zwei Wochen darauf reagiert, ergeht ein Vollstreckungsbeschluss, der nach Ablauf einer weiteren Frist von vier Wochen auf Antrag des Gläubigers durch die Vollstreckungsbehörde vollzogen werden kann, sollte der Schuldner dann noch immer nicht reagiert haben.

Es handelt sich um ein einfaches und kostengünstiges außergerichtliches Verfahren, das bei der Einziehung unstrittiger Forderungen Effizienz und schnelle Bearbeitung gewährleistet und zur Entlastung der Gerichte beiträgt. Bei diesem Verfahren besteht keine Anwaltspflicht, auch wenn die Präsenz eines Anwalts in bestimmten Fällen anzuraten ist.

Falls die Zahlung ausbleibt oder die Forderung bestritten wird (in diesem Fall ist die Zuständigkeit der staatlichen Vollstreckungsbehörde nicht mehr gegeben), besteht das einzige Rechtsmittel in einem herkömmlichen Verfahren vor einem erstinstanzlichen Gericht *(Tingsrätt),* da in Schweden auch Handelsstreitsachen vor Zivilgerichten verhandelt werden.

Hierbei bemüht sich der Richter im Rahmen einer Vorverhandlung um eine Schlichtung des Rechtsstreits, nachdem die vorliegenden Dokumente und Beweise untersucht und die Parteien angehört wurden. Nur die Parteien entscheiden, welche Beweise sie vorbringen und welche Tatsachen sie geltend machen wollen.

Falls zu diesem Zeitpunkt noch keine Einigung erreicht wird, werden die zum Teil schriftlich, zum Teil mündlich geführten Verhandlungen fortgesetzt. Bei der Hauptverhandlung nehmen die Plädoyers der Parteien bzw. ihrer Anwälte und die Anhörung der Zeugen eine tragende Rolle ein.

Normalerweise ergeht das schriftliche Urteil innerhalb der nächsten zwei Wochen, ohne die Einzelheiten auszuführen. Da in Schweden der Grundsatz der unmittelbaren Urteilsfindung gilt, stützt sich das Gericht bei seiner Entscheidung ausschließlich auf die ihm im Laufe des Verfahrens vorgelegten Dokumente.

Von Rechts wegen trägt im Allgemeinen die unterlegene Partei ab einer bestimmten Forderungshöhe (bei Aufträgen ab 20.150 SEK) sämtliche Verfahrenkosten sowie die Anwaltshonorare der obsiegenden Partei. Üblicherweise liegt die Frist zur Erlangung eines vollstreckbaren Titels vor einem erstinstanzlichen Gericht bei zwölf Monaten. Hierbei ist anzumerken, dass in Schweden recht häufig Berufungsverfahren stattfinden. •

Schweiz

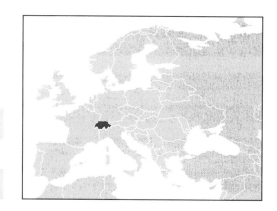

Bevölkerung (Mio Einwohner):	**7,4**
BIP (Mio US$):	**379.758**

Coface-Bewertungen
Kurzfristiges Risiko:	**A1**
Geschäftsumfeld:	**A1**

STÄRKEN

- ▲ Günstige geographische Lage, politische und gesell-schaftliche Stabilität und niedrige Besteuerung machen die Schweiz für Investoren attraktiv.
- ▲ Das Land verfügt über einige weltweit führende Industrie- und Finanzkonzerne, die für einen Leis-tungsbilanzüberschuss sorgen.
- ▲ Die starke Präsenz regional und kantonal tätiger Banken begünstigt die Gründung und Entwicklung kleiner und mittelständischer Unternehmen.
- ▲ Das hohe Niveau der Forschungs- und Entwick-lungstätigkeit steigert die Wettbewerbsfähigkeit der Unternehmen.
- ▲ Die geringe Besteuerung juristischer Personen för-dert Unternehmensgründungen.

SCHWÄCHEN

- ▼ Trotz bilateraler Verträge ist die Nichtmitgliedschaft in der Europäischen Union ein Hemmnis für den Handel mit Waren und Dienstleistungen (Zollvor-schriften, Transportbeschränkungen, Normen).
- ▼ Die mangelnde Abstimmung zwischen der Eidgenos-senschaft und den Kantonen bei Finanz- und Ver-waltungsangelegenheiten steht den geplanten Reformen im Weg.
- ▼ Strenge staatliche Vorschriften und privatwirtschaft-liche Regelungen erschweren den Markteintritt aus-ländischer Wettbewerber und belasten die Produkti-vität der Unternehmen.
- ▼ Nur wenn es gelingt, die steigenden Ausgaben für Sozialleistungen durch grundlegende Strukturrefor-men zu begrenzen, ist auch künftig ein ausgegliche-ner Staatshaushalt möglich.

RISIKOEINSCHÄTZUNG

Während sich die Konjunktur 2008 weltweit abkühlte, verzeichnete die Schweiz anfangs noch ein relativ robustes Wachstum. Der private Konsum profitierte von der anhaltend guten Lage auf dem Arbeitsmarkt, den Lohn- und Gehaltssteigerungen und dem Zuzug zahlrei-cher hochqualifizierter Arbeitskräfte aus dem Ausland. Die sinkende Nachfrage in Deutschland, Italien und Frankreich und die Kurssteigerung des Schweizer Fran-ken gegenüber dem Euro führten jedoch seit dem letz-ten Sommer zu einer nachlassenden Dynamik im Exportgeschäft. Die Unternehmen haben auf die schlechtere Auftragslage reagiert und ihre Investitionen entsprechend zurückgefahren.

Offene Volkswirtschaft abhängig von der Nachfrage aus Europa

Die Prognosen in Bezug auf die Entwicklung von Expor-ten, Investitionen und privatem Verbrauch haben sich für 2009 verdüstert. Hauptursache des Negativtrends sind die Schwierigkeiten der Finanzbranche (12% vom BIP), die das Wachstum seit 2008 belasten. Trotz der erwarteten Lohn- und Gehaltssteigerungen und der niedrigen Inflationsrate dürften die ungünstige Kon-junkturentwicklung und die Flaute auf dem Arbeits-markt das Vertrauen der Verbraucher erschüttern. Infol-gedessen ist mit rückläufigen Konsumausgaben zu rechnen.

Der Abschwung im Exportgeschäft wird sich besonders negativ auf die eidgenössische Volkswirtschaft auswir-ken, da das Land von der weltweiten Nachfrage extrem abhängig ist. Die Folgen des Abschwungs in den euro-päischen Nachbarländern (für die 60% der Exporte

Wichtige Kennzahlen

	2004	2005	2006	2007	2008 (S)	2009 (P)
Reales Wirtschaftswachstum (%)	2,5	2,4	3,4	3,3	1,8	−1,8
Konsumausgaben (Veränderung in %)	1,5	1,8	1,6	2,1	1,7	−0,8
Investitionen (Veränderung in %)	4,5	3,7	4,7	5,4	−0,9	−2,7
Inflation (%)	0,8	1,2	1,1	0,7	2,4	1,3
Arbeitslosenquote (%)	3,9	3,8	4	3,6	2,6	4,1
Kurzfristiger Zinssatz (% p.a.)	0,7	0,9	1,5	2,5	2,6	0,2
Staatshaushalt (Saldo in % des BIP)	−1,2	−0,5	1	1,3	1,1	−1,7
Staatsverschuldung (in % des BIP)	53,0	50,6	47,6	43,9	44,0	44,8
Ausfuhren (Veränderung in %)	7,8	7,1	10	9,4	4,3	−3,2
Einfuhren (Veränderung in %)	7,3	6,7	6,9	5,9	2,5	−1,5
Leistungsbilanz (Saldo in % des BIP)	15,1	13,7	14,5	13,4	8,3	9,4

(S): Schätzung. (P): Prognose.

Quelle: Coface.

bestimmt sind) werden durch die ungünstigen Auswirkungen des gegenüber Euro und Britischem Pfund gestiegenen Schweizer Franken verschärft. Dies gilt insbesondere dann, wenn die Wechselkurse auf diesem hohen Niveau verharren sollten. Nach vier Jahren mit satten Zuwächsen dürften die Investitionen der Unternehmen in Produktionsmittel nun deutlich zurückgefahren werden. Eine weitere Sanierung der öffentlichen Finanzen wird voraussichtlich nicht möglich sein, denn die konjunkturbedingt rückläufigen Steuereinnahmen, die geplanten Steueranreize sowie die Steigerung der Staatsausgaben, die durch weitere Stützungsmaßnahmen für das Bankensystem noch höher ausfallen könnten, werden den seit 2005 regelmäßig erzielten Haushaltsüberschuss aufzehren.

Zahl der Insolvenzen steigt 2009 erstmals wieder

Trotz rückläufiger Gewinne bei den Banken und Finanzdienstleistern hat sich die Kreditvergabe an Unternehmen 2008 auf einem guten Niveau gehalten. Für 2009 können restriktivere Kreditkonditionen – sowie die entsprechenden Folgen für nicht ausreichend finanzierte Unternehmen – jedoch nicht ausgeschlossen werden.

Das verarbeitende Gewerbe (der Maschinenbau, die Hersteller von Präzisionsinstrumenten – insbesondere Uhren – sowie metallverarbeitende Firmen) und die Dienstleistungsbranche (Tourismus, internationaler Handel und Finanzdienstleistungen) werden den Rückgang der weltweiten Nachfrage zu spüren bekommen. Die Automobilzulieferer und die Bekleidungsbranche sowie alle ausschließlich auf den Binnenmarkt ausgerichteten Wirtschaftszweige (Einzelhandel, Freizeit, Möbel, Bekleidung, elektrische Haushaltsgeräte) sind ebenfalls gefährdet. Dagegen dürften die chemische und die pharmazeutische Industrie, die Lebensmittelbranche sowie die Energieerzeuger gegen den Konjunkturabschwung besser gewappnet sein. Insgesamt ist damit zu rechnen, dass die seit 2005 von Jahr zu Jahr gesunkene Zahl der Unternehmensinsolvenzen im laufenden Jahr erstmals wieder ansteigt.

Index der Zahlungsausfälle
(Gleitender Zwölfmonatsdurchschnitt; Basis: Welt 1995 = 100)

Quelle: Coface.

BRANCHENANALYSE

Uhrenindustrie

95% der in der Schweiz hergestellten Uhren sind für den Export bestimmt. Der Absatz der auf hochpreisige Luxuserzeugnisse spezialisierten Uhrenhersteller dürfte sich wegen des Konjunktureinbruchs in den USA (17% des Absatzes), in Europa (34% des Absatzes) und in Asien (44% des Absatzes) rückläufig entwickeln. Eine wichtige Ursache für den Rückgang sind dabei die sinkenden Vergütungen und Bonuszahlungen in der Finanzbranche. In Asien hat die Schweizer Uhrenindustrie von 2007 bis Mai 2008 ihren Absatz stark steigern können. Wenn die Krise anhält, dürften die etwa 620 Unternehmen der Branche vom Kursrückgang des Schweizer Franken gegenüber den Währungen der USA, Japans und Chinas profitieren.

Pharmazie

Mit einem weltweiten Umsatz von 51 Mrd EUR entfällt ein Viertel der eidgenössischen Exporte auf die pharmazeutische Industrie. Zwei der Schweizer Hersteller gehören dabei zu den Weltmarktführern. Trotz der erwarteten Umsatzrückgänge dürfte sich die Branche weiterhin gut behaupten. Zum Teil werden die Einbußen dadurch verursacht, dass Patente auf umsatzstarke Medikamente ablaufen, was einen Wegfall von Lizenzeinnahmen mit sich bringt.

Maschinenbau

75% der Produktion der schweizerischen Maschinenbauindustrie gehen in den Export. Die sowohl im Inland als auch bei den wichtigsten Handelspartnern (insbesondere Deutschland) sinkenden Investitionen der Unternehmen in Produktionsmittel sowie die Aufwertung des Schweizer Franken gegenüber dem Euro und dem Britischen Pfund werden 2009 zu einer rückläufigen Entwicklung im Exportgeschäft führen. Ein besonderes Risiko ergibt sich aus der Spezialisierung der Branche auf Ausrüstungsgüter für Industriezweige wie die Papier- und Druckindustrie oder die Textilbranche, die besonders unter dem allgemeinen Konjunkturabschwung leiden.

Tourismus

Die Hälfte der Tourismuseinnahmen stammt von ausländischen Besuchern – insbesondere aus Europa und Amerika. Das zurückhaltende Ausgabeverhalten vieler Amerikaner und Europäer dürfte daher in den Alpenregionen zu sinkenden Besucherzahlen sowie zu entsprechenden Umsatzrückgängen bei Hotels und Restaurants führen. Die Hotels und Restaurants in Städten wie Genf, Basel oder Zürich dagegen werden darunter leiden, dass viele Unternehmen derzeit ihre Reisebudgets zusammenstreichen. Sollte der Schweizer Franken weiterhin auf seinem aktuellen hohen Niveau verharren, dürfte dies Touristen aus der Euro-Zone sowie aus Großbritannien zusätzlich abschrecken.

Baugewerbe

Die Nachfrage auf dem Wohnungsmarkt wird sich 2009 leicht rückläufig entwickeln. Dabei dürfte das sinkende Vertrauen der Verbraucher dazu führen, dass viele Familien den ggf. geplanten Kauf von Wohneigentum zurückstellen. Die Stagnation auf dem Arbeitsmarkt wiederum könnte sich negativ auf die Zuwanderung qualifizierter und demzufolge gut verdienender Arbeitskräfte auswirken. Im Gewerbebau dürfte sich die rückläufige Investitionsneigung der Unternehmen bemerkbar machen. Die bereits unter Druck geratenen Margen vieler Bauunternehmen werden wegen der schlechteren Darlehenskonditionen weiter sinken.

ZAHLUNGSMITTEL UND FORDERUNGSEINZUG

Zahlungsmittel

Im Schweizer Geschäftsverkehr werden weder der Wechsel noch der Scheck sehr häufig als Zahlungsmittel eingesetzt, da hohe Ausstellungskosten anfallen (der Wechselsteuersatz beträgt 0,75% bei Ausstellung des Wechsels in der Schweiz und 1,5% bei Ausstellung im Ausland). Auch sind zur Gewährleistung der Gültigkeit dieser Zahlungsmittel umfangreiche Formvorschriften einzuhalten.

Als Zahlungsmittel im In- und Ausland wird üblicherweise die zeitsparende, effiziente und kostengünstige Banküberweisung über das elektronische SWIFT-System eingesetzt, an das alle großen Schweizer Banken angeschlossen sind.

Forderungseinzug

In der Schweiz bestehen einige rechtliche und verwaltungstechnische Besonderheiten:

In jedem Kanton gibt es eine Verwaltungsbehörde, die für eine Reihe von Rechtsakten zuständig ist. Die Verwaltungsschritte dieses „Betreibungs- und Konkursamtes" wurden vereinheitlicht und in einem Bundesgesetz festgehalten. Jedermann kann Einsicht in die Geschäftsbücher dieser Behörde nehmen und Auszüge daraus verlangen.

Allerdings bestehen in jedem Kanton eigene Verfahrensregeln, d.h., es existieren 26 Zivilprozessordnungen, die je nach ihnen zugrundeliegender Rechtskultur zum Teil sehr große Unterschiede aufweisen. Es besteht Anwaltspflicht. Der Anwalt muss über profunde Kenntnisse der Prozessordnung des Kantons verfügen, in dem das Verfahren stattfindet, und die Sprache beherrschen, in der die Verhandlungen geführt werden (Deutsch, Französisch, Italienisch). Diese Situation behindert einen raschen und effizienten Verfahrensablauf.

Der Bundesrat hat mittlerweile dem Schweizer Parlament einen Entwurf zur Vereinheitlichung der verschiedenen Zivilprozessordnungen vorgelegt, der von einer Expertenkommission ausgearbeitet wurde. Die Vereinheitlichung auf nationaler Ebene ist für das Jahr 2010 geplant. Der Entwurf sieht außerdem vor, dass ein Einigungsversuch zwischen den Parteien angestrebt wird bzw. sich diese einer Mediation unterziehen, bevor das zuständige Gericht angerufen wird.

Der außergerichtliche Forderungseinzug setzt mit einer Mahnung an den Schuldner ein, die vorzugsweise per Einschreiben zugestellt wird, da ab diesem Zeitpunkt die Berechnung der Verzugszinsen beginnt. In der Mahnung wird der Schuldner aufgefordert, innerhalb von 14 Tagen den Rechnungsbetrag zuzüglich der vertraglich vereinbarten Verzugszinsen zu begleichen.

Falls die Vertragsparteien nichts Anderweitiges vereinbart haben, wird hierbei der am Zahlungsort anwendbare Bankdiskontsatz zugrunde gelegt. Unterbleibt die Zahlung, kann der Gläubiger beim „Betreibungs- und Konkursamt" ein Betreibungsbegehren beantragen. Daraufhin stellt diese Institution dem Schuldner einen Zahlungsbefehl zu, dem er innerhalb von 20 Tagen Folge zu leisten hat.

Da dieses Mittel für den Gläubiger sehr einfach zugänglich ist, kann der Schuldner innerhalb einer Frist von zehn Tagen nach Zustellung ohne Begründung Widerspruch einlegen. In diesem Fall muss der Gläubiger auf den gerichtlichen Forderungseinzug ausweichen.

Wenn der Gläubiger über ein ausdrückliches Schuldanerkenntnis seines Kunden verfügt (sämtliche Originaldokumente, in denen der Kunde seine Geldschuld in Form eines Wechsels, Schecks etc. bestätigt), kann er, ohne vor Gericht erscheinen zu müssen, eine vorübergehende Belegung des Schuldnervermögens mit dinglichem Arrest beantragen. Hierbei handelt es sich um ein rasches und kostengünstiges Verfahren, in dem der Richter auf der Grundlage des vorliegenden Beweismaterials urteilt.

Ein solches Urteil bevollmächtigt den Schuldner, innerhalb von 20 Tagen den Spruchrichter anzurufen, um ein gewöhnliches Gerichtsverfahren zur Schuldbeitreibung einleiten zu lassen. Hierbei handelt es sich um ein formelles Verfahren, das zunächst schriftlich und dann mündlich geführt wird (Zeugenanhörung). Je nach Kanton ist danach innerhalb einer Frist von ein bis drei Jahren ein vollstreckbarer Titel zu erlangen. Die Gerichtskosten variieren sehr stark in Abhängigkeit von der Gerichtskostentabelle eines jeden Kantons.

Im Anschluss an das Gerichtsverfahren erlässt das Betreibungs- und Konkursamt auf der Grundlage des endgültigen Urteils einen Beschluss zur Pfändung des Schuldnervermögens bzw. einen Antrag auf Herbeiführung einer Konkursanmeldung, wenn es sich um einen Geschäftstreibenden handelt. (Das Gesetz entscheidet von Fall zu Fall.)

Die genannten Verfahren finden vor einem erstinstanzlichen Gericht bzw. dem Bezirksgericht statt. Handelsgerichte existieren nur in den vier deutschsprachigen Kantonen Aargau, Bern, St. Gallen und Zürich und bestehen aus Berufs- und Laienrichtern.

Nach erfolgter Berufung vor Kantonsgerichten werden bei Streitwerten von mehr als 30.000 CHF Rechtsmittel in letzter Instanz vor dem Schweizerischen Bundesgericht in Lausanne geltend gemacht. Darüber hinaus können das Schweizerische Bundesstrafgericht in Bellinzona, das im April 2004 seinen Dienst aufgenommen hat, sowie das Bundesverwaltungsgericht, das seit Januar 2007 in St. Gallen ansässig ist, angerufen werden. •

Serbien

Bevölkerung (Mio Einwohner):	**7,4**
BIP (Mio US$):	**41.581**
Anteil am regionalen BIP (%):	**2**

Coface-Bewertungen
Kurzfristiges Risiko:	**C**
Geschäftsumfeld:	**C**
Mittelfristiges Risiko:	**sehr hoch**

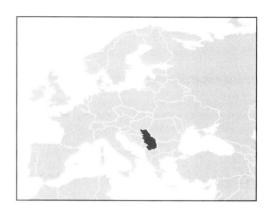

STÄRKEN

▲ Die politische Normalisierung und die seit 2000 durchgeführten Reformen haben Serbien die Unterstützung durch die internationale Finanzgemeinschaft beschert und eine Gesundung seiner Wirtschafts- und Finanzlage herbeigeführt.

▲ Durch Schuldenerleichterungen hat sich die Last der öffentlichen Verschuldung stark verringert. Das Bankensystem wurde umstrukturiert und privatisiert. Günstige Rahmenbedingungen für Investitionen wurden geschaffen.

▲ Die Devisenreserven haben Ende 2007 ein komfortables Niveau erreicht.

▲ Das Land verfügt über qualifizierte und kostengünstige Arbeitskräfte.

SCHWÄCHEN

▼ Durch das hohe Defizit in der Leistungsbilanz steigt der Bedarf an ausländischer Finanzierung auf ein Niveau, das sich nur schwer halten lässt.

▼ Die private Auslandsverschuldung nimmt rasch zu.

▼ Zahlreiche Reformvorhaben müssen noch durchbeziehungsweise fortgeführt werden. Hierzu gehören die Umstrukturierung öffentlicher Unternehmen, die verschärfte Bekämpfung der Korruption sowie eine Reform der Institutionen in Justiz und Verwaltung.

▼ Die Beziehungen zur EU werden auch in Zukunft davon abhängen, dass Serbien weiter mit dem IStGHJ (Internationaler Strafgerichtshof für das ehemalige Jugoslawien) kooperiert.

RISIKOEINSCHÄTZUNG

Deutlich nachlassendes Wachstum

Nach einer dynamischen Wachstumsphase mit starker Kreditexpansion und steigenden Löhnen dürfte sich die Konjunktur in Serbien deutlich abschwachen, da ausländische Finanzierungen knapper werden und die Weltwirtschaft auf Talfahrt geht. Darüber hinaus wird die Binnennachfrage durch wieder ansteigende Zinsen und die immer noch hohe Inflation belastet. Coface beobachtet insgesamt wenige Zahlungsausfälle in Serbien. Die agrochemische Industrie, die Informationstechnologiebranche und die Elektronikindustrie dürften besser für den Abschwung gerüstet sein als die Bauwirtschaft und die ohnehin schon angeschlagene Schwer- und Textilindustrie.

Auch in struktureller Hinsicht steht das Wachstum auf tönernen Füßen. Die Zunahme des Leistungsbilanzdefizits hat anscheinend nicht zur Finanzierung eines Booms privater Investitionen gedient, durch die das Inlandsangebot verbessert und Exporte gestärkt werden könnten. Das verarbeitende Gewerbe wird immer noch durch allzu langsame und unregelmäßige Privatisierungen und ein schwieriges Geschäftsumfeld belastet, auch wenn bereits Maßnahmen zur Schaffung günstiger Rahmenbedingungen für Investitionen ergriffen wurden.

Lockerung der Haushaltspolitik
und hohes Risiko einer Währungskrise

Die Schuldenlast des Staats konnte in den letzten Jahren aufgrund von Schuldenerlassen und vorzeitigen Tilgungen abgebaut werden. Doch die seit 2006 zu beob-

Wichtige Kennzahlen

	2004	2005	2006	2007	2008 (S)	2009 (P)
Reales Wirtschaftswachstum (%)	8,2	6,0	5,6	7,1	6,5	3,5
Inflation (%)	9,8	17,3	12,7	6,5	10,8	7,3
Staatshaushalt (Saldo in % des BIP)	0,0	0,9	−1,7	−1,9	−2,0	−2,0
Ausfuhren (Mio US$)	4.082	4.970	6.442	8.858	11.515	12.437
Einfuhren (Mio US$)	10.551	10.260	12.713	17.689	23.349	22.882
Handelsbilanz (Saldo in Mio US$)	−6.469	−5.290	−6.271	−8.831	−11.834	−10.445
Leistungsbilanz (Saldo in Mio US$)	−3.281	−2.194	−2.986	−5.286	−9.339	−7.255
Leistungsbilanz (Saldo in % des BIP)	−13,8	−8,7	−10,1	−13,3	−17,6	−13,2
Auslandsverschuldung (in % des BIP)	59,3	61,0	66,2	66,1	59,8	63,2
Schuldendienst (in % der Ausfuhren)	7,0	8,9	14,0	19,2	24,6	33,8
Währungsreserven (in Monatsimporten)	4,0	5,3	8,4	7,3	4,9	4,8

(S): Schätzung. (P): Prognose.　　　　　　　　　　　　　　　　　　　　　　　　　　　　　　　Quelle: Coface.

achtende expansive Haushaltspolitik bereitet dem IWF erneut Sorge. In einer im November 2008 mit ihm ausgehandelten Vereinbarung empfiehlt er der serbischen Regierung eindringlich, die öffentlichen Ausgaben zu senken.

Der Dinar ist im Oktober 2008 heftig unter Druck geraten. Dadurch war die Zentralbank gezwungen, mehrere Male auf dem Devisenmarkt zu intervenieren und ihren Leitzins anzuheben. Die serbische Währung ist nach wie vor schwach. Aufgrund des erheblichen Bedarfs an ausländischer Finanzierung ist das Land in übermäßigem Umfang von ausländischem Kapital abhängig geworden. Dieser wachsende Bedarf wird nicht mehr durch eine synchrone Zunahme ausländischer Direktinvestitionen gedeckt.

Angesichts der weltweiten Finanzkrise sind inzwischen auch internationale Bankfinanzierungen knapp geworden. Abwertungen bzw. eine mögliche Währungskrise sind mit hohen Risiken verbunden, da inländische Kredite in hohem Maße in Euro vergeben wurden. Auch die Unternehmen haben sich stark im Ausland verschuldet. Das serbische Bankensystem, grundsätzlich angemessen mit Kapital ausgestattet, ist durch das rasche Kreditwachstum in Fremdwährungen anfällig geworden.

Politik setzt auf Annäherung an die EU

Durch den Sieg der proeuropäischen Koalition bei den Parlamentswahlen im Mai 2008 ist eine Annäherung an die Europäische Union möglich geworden, die ihren Ausdruck in einem Stabilisierungs- und Assoziationsab-

kommen gefunden hat. Die Bevölkerung und die Regierung wollen anscheinend die wirtschaftliche Öffnung und die Normalisierung der internationalen Beziehungen nicht mehr einer unnachgiebigen Haltung in der Frage des Kosovo opfern, zumal der Kosovo im Februar 2008 seine Unabhängigkeit erklärt hat.

VORAUSSETZUNGEN FÜR DEN MARKTZUGANG

Marktsituation

Nach rund 20 Jahren großer politischer Schwierigkeiten ist Serbien nun dabei, den Umbruch im Land zu Ende zu führen. Hiervon zeugt der Ausgang der jüngsten Wahlen, bei denen ein gemäßigter proeuropäischer Präsident gewählt und eine demokratische Regierung mit kompetenten Vertretern gebildet wurde. Bei den jüngsten Parlamentswahlen konnte sich außerdem eine demokratische Mehrheit in der Nationalversammlung durchsetzen. Diese positive Entwicklung hat zu einer Annäherung an die Europäische Union, einer besseren Kooperation der serbischen Regierung mit dem IStGHJ und zur Ratifizierung des Stabilisierungs- und Assoziationsabkommens durch Serbien geführt.

Durch multi- und bilaterale Finanzierungen insbesondere für den Wiederaufbau der Infrastruktur des Landes werden die Bereiche Hoch- und Tiefbau, Verkehr, Energie, Wasser und Umwelt besonders attraktiv. Umstrukturierungen und Privatisierungen von großen Staatsunternehmen werden weiter fortgesetzt. Hierdurch dürf-

Exporte: 27% des BIP
▷▷

Importe: 47% des BIP
◀◀

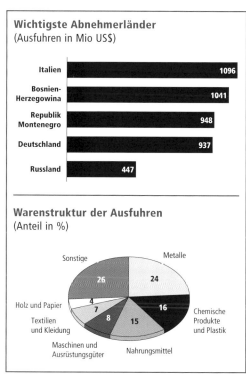

Wichtigste Abnehmerländer
(Ausfuhren in Mio US$)

Italien	1096
Bosnien-Herzegowina	1041
Republik Montenegro	948
Deutschland	937
Russland	447

Warenstruktur der Ausfuhren
(Anteil in %)

Sonstige 26 · Metalle 24 · Holz und Papier 4 · Chemische Produkte und Plastik 16 · Textilien und Kleidung 7 · Maschinen und Ausrüstungsgüter 8 · Nahrungsmittel 15

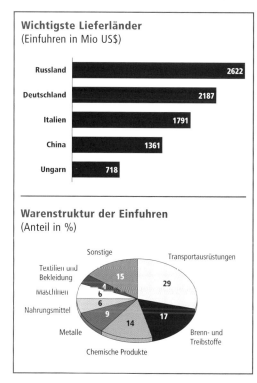

Wichtigste Lieferländer
(Einfuhren in Mio US$)

Russland	2622
Deutschland	2187
Italien	1791
China	1361
Ungarn	718

Warenstruktur der Einfuhren
(Anteil in %)

Sonstige 15 · Transportausrüstungen 29 · Textilien und Bekleidung 4 · Maschinen 6 · Nahrungsmittel 6 · Metalle 9 · Chemische Produkte 14 · Brenn- und Treibstoffe 17

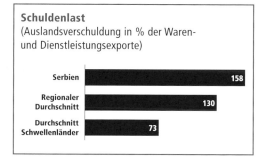

Schuldenlast
(Auslandsverschuldung in % der Waren- und Dienstleistungsexporte)

Serbien	158
Regionaler Durchschnitt	130
Durchschnitt Schwellenländer	73

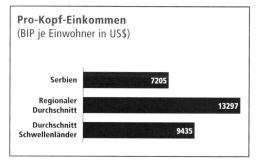

Pro-Kopf-Einkommen
(BIP je Einwohner in US$)

Serbien	7205
Regionaler Durchschnitt	13297
Durchschnitt Schwellenländer	9435

ten sich Absatzmärkte für Industriegüter ergeben. Diese Umstrukturierungen sind jedoch mit schmerzlichen sozialen Einschnitten verbunden und schaffen leider – anders als Greenfield-Investitionen – keine neuen Arbeitsplätze, die Serbien dringend bräuchte.

Möglichkeiten des Marktzugangs

Im Zuge der Maßnahmen, die die serbische Regierung zur Lockerung des Außenhandels ergriffen hat, wurde die Anzahl der bei der Einfuhr erhobenen Zollsätze von 36 auf sechs gesenkt. Diese sind jetzt auf 30% (bei 8%

der Produkte) gedeckelt. Auf 73% der Produkte fallen nach wie vor Zollsätze zwischen 1% und 10% und auf 50% der Produkte Zollsätze zwischen 1% und 5% an.

Erwähnenswert ist außerdem die Zusage des Ministers für Wirtschaft und regionale Entwicklung, vom 1. Januar 2009 an die Übergangsvereinbarung zwischen der EU und Serbien einseitig anzuwenden. Das bedeutet eine Senkung der Zölle bei der Einfuhr von Autos von 20% auf 10%, die möglicherweise große Auswirkungen auf die Handelsbilanz haben wird.

Im Übrigen gehen die Verhandlungen über den Beitritt von Serbien zur WTO weiter. Zwar bestehen für das Geschäftsumfeld wichtige Rahmenvorschriften, doch werden manche Gesetze (insbesondere das Wettbewerbsgesetz und das Gesetz über gewerbliche Schutzrechte) häufig unzureichend angewendet oder sogar widersprüchlich ausgelegt. Insgesamt sind in diesen Bereichen jedoch echte Fortschritte gemacht worden, und ausländische Investoren sind immer stärker vertreten.

Haltung gegenüber ausländischen Investoren

Serbien ist gegenüber ausländischen Investoren, um die sich das Land bemüht, immer sehr offen eingestellt. Ausländische Direktinvestitionen erreichten in dem politisch „schwierigen" ersten Halbjahr 2008 noch 2,9 Mrd US$. Seit 2000 summierte sich der Kapitalzufluss auf 16,7 Mrd US$.

Die Vorteile, die aus- und inländischen Investoren von den serbischen Behörden eingeräumt werden, stellen in der Tat erhebliche Anreize dar. Zu nennen sind hierbei die niedrigen betrieblichen Abgaben, Steuererleichterungen und -befreiungen, finanzielle Beihilfen des Staates bei der Schaffung von Arbeitsplätzen in der Industrie, im Dienstleistungsgewerbe sowie in der Forschung und Entwicklung, günstige Lohnkosten und eine gute Ausbildung, die Serbien zu einem der attraktivsten Ländern in der Region machen und Unternehmen die Möglichkeit zu hohen Gewinnmargen eröffnen.

In der Praxis können ausländische Unternehmen jedoch Schwierigkeiten mit dem Zugang zum lokalen Markt aufgrund von Praktiken erleben, die mit ethischem Verhalten im Geschäftsverkehr nur wenig vereinbar sind. Serbien hat außerdem das CEFTA-Abkommen unterzeichnet, mit dem in Südosteuropa ein zollfreier Markt mit 30 Millionen Einwohnern entsteht. Des Weiteren ist Serbien das einzige Land außerhalb der GUS, das ein Freihandelsabkommen mit Russland abgeschlossen hat. Allein durch dieses Abkommen eröffnet sich den vor Ort niedergelassenen Unternehmen ein potentieller Markt mit 150 Millionen Verbrauchern.

Devisenverkehr

Serbien führt immer noch den Dinar (RSD) als Währung. Der Dinar ist konvertierbar, und der Devisenverkehr ist für alle natürlichen und juristischen Personen bei Auslandszahlungen liberalisiert. Bislang schwankte der Wechselkurs des Dinar zwischen 76 und 82 RSD für 1 EUR. In unseren Berechnungen wurde daher ein Durchschnittskurs von 80 RSD für 1 EUR zugrunde gelegt. Bis Mitte April 2009 wertete der Dinar allerdings auf 94 RSD für 1 EUR ab. ●

Slowakische Republik

Bevölkerung (Mio Einwohner):	**5,4**
BIP (Mio US$):	**74.932**
Anteil am regionalen BIP (%):	**4**

Coface-Bewertungen

Kurzfristiges Risiko:	**A3**
Geschäftsumfeld:	**A2**
Mittelfristiges Risiko:	**gering**

STÄRKEN

- ▲ Durch die Zugehörigkeit zur Europäischen Union wurden Reformen beschleunigt. Mit dem Beitritt zur Euro-Zone 2009 ist das Währungsrisiko entfallen.
- ▲ Abgesehen von den konjunkturellen Unwägbarkeiten, erntet das Land die Früchte der ausländischen Direktinvestitionen.
- ▲ Der Auslandsschuldendienst ist gering.
- ▲ Die Staatsverschuldung hält sich in Grenzen.

SCHWÄCHEN

- ▼ Mit ihrer begrenzten Größe ist die überaus offene Wirtschaft sehr stark von der Auslandsnachfrage abhängig (insbesondere Autos, Maschinen und Elektronikerzeugnisse).
- ▼ Ein hoher Umrechnungskurs der Slowakischen Krone beim Beitritt zur EWU könnte der Wettbewerbsfähigkeit schaden.
- ▼ Es bestehen hohe Verbindlichkeiten gegenüber dem Ausland mit kurzer Laufzeit, zum großen Teil in Form von Bankeinlagen.
- ▼ Durch die Regierungsbeteiligung von populistischen Parteien ist kaum mit weiteren Fortschritten bei den Reformen zu rechnen.

RISIKOEINSCHÄTZUNG

Internationale Konjunkturkrise beschleunigt Abschwung

Nach dem Rekordjahr 2007 (+10,4%) war auch 2008 noch ein dynamisches Wachstum von knapp 7% zu verzeichnen. Die wichtigsten Antriebsfaktoren waren der private Verbrauch, der durch steigende Löhne und die zunehmende Beschäftigung gestützt wurde, sowie die Investitionstätigkeit, die von den niedrigen Realzinsen und dem Zustrom ausländischer Direktinvestitionen profitierte. Zum Jahresende machten sich jedoch die ersten Auswirkungen der Finanzmarktturbulenzen und des weltweiten Konjunkturabschwungs bemerkbar. Dabei verminderte sich der Beitrag des Außenhandels zum Wachstum, und die Binnennachfrage schwächte sich geringfügig ab. Angesichts restriktiverer Kreditbedingungen und einer rückläufigen Nachfrage aus Europa dürfte sich die Konjunktur 2009 deutlich verlangsamen, auch wenn die Regierung bereits Maßnahmen zur Stärkung der Wirtschaft ergriffen hat.

Das von Coface beobachtete Zahlungsverhalten ist bislang noch zufriedenstellend. Allerdings werden die Bauwirtschaft, der Transportsektor und exportorientierte Branchen, allen voran die Automobilindustrie, von der schlechter werdenden Konjunktur in Mitleidenschaft gezogen. Während die Inflation im Sommer 2008 aufgrund der lebhaften Binnennachfrage sowie der Anhebung bestimmter Steuern und öffentlicher Tarife weiter gestiegen ist, nimmt sie in jüngster Zeit unter dem Einfluss des rückläufigen Wachstums und sinkender Energiepreise wieder ab. Infolge der sinkenden Nachfrage nach Importwaren, der geringeren Ausgaben für Energie und niedrigerer Gewinnrückführungen ins Ausland

Wichtige Kennzahlen

	2004	2005	2006	2007	2008 (S)	2009 (P)
Reales Wirtschaftswachstum (%)	5,2	6,6	8,5	10,4	6,8	2,0
Inflation (%)	7,5	2,7	4,5	2,8	4,6	3,8
Staatshaushalt (Saldo in % des BIP)	−2,3	−2,8	−3,5	−1,9	−2,3	−2,6
Ausfuhren (Mrd US$)	27,6	31,9	41,6	57,5	76,5	73,5
Einfuhren (Mrd US$)	29,2	34,3	44,2	58,4	77,2	73,6
Handelsbilanz (Saldo in Mrd US$)	−1,5	−2,4	−2,5	−0,9	−0,7	−0,1
Leistungsbilanz (Saldo in Mrd US$)	−3,3	−4,1	−3,9	−4,0	−5,7	−3,4
Leistungsbilanz (Saldo in % des BIP)	−7,8	−8,5	−7,0	−5,3	−6,0	−3,7
Auslandsverschuldung (in % des BIP)	56,3	56,5	57,6	59,1	59,6	53,5
Schuldendienst (in % der Ausfuhren)	10,7	11,2	4,9	4,2	3,7	4,1
Währungsreserven (in Monatsimporten)	4,8	4,3	2,9	3,1	2,1	NV

NV: Nicht verfügbar. (S): Schätzung. (P): Prognose.

Quelle: Coface.

dürfte sich das Defizit in der Leistungsbilanz abbauen lassen, das 2008 im Zuge der schlechteren Dienstleistungsbilanz und rückläufiger Einkommen gestiegen war.

Einführung des Euro Anfang 2009

Im Januar 2009 ist die Slowakei der Euro-Zone beigetreten. Mit der Aufnahme in den Kreis der Euroländer wird die umsichtige Führung der öffentlichen Finanzen honoriert, durch die eine Stabilisierung der Staatsschulden in der Größenordnung von rund 30% des BIP gelungen ist. Nach der Einführung des Euro besteht praktisch kein Währungsrisiko mehr. Durch den Zustrom von Direktinvestitionen ist es nicht zu einer Explosion der Auslandsschulden gekommen, und die Vergabe von Bankkrediten in Fremdwährungen haben hier nicht das Ausmaß erreicht, das in anderen Ländern der Region zu beobachten ist.

Staatsinterventionismus dürfte sich in Grenzen halten

Die linke Smer-Partei, die die derzeitige Regierungskoalition führt, ist weiter beliebt und wird bei einem Zusammenbruch der Koalition wahrscheinlich wieder an die Macht gelangen. Die nächsten Parlamentswahlen sind planmäßig für 2010 vorgesehen. Die Regierung hat gewisse liberale Reformen, die von der vorhergehenden Mehrheit verabschiedet worden waren, geändert. Diese Änderungen halten sich jedoch in Grenzen, da die Parteien der Koalition und die Wirtschaft eng verflochten sind. Außerdem ist man bestrebt, die Attraktivität des Landes für ausländische Investoren zu erhalten.

VORAUSSETZUNGEN FÜR DEN MARKTZUGANG

Marktsituation

Mit einem Rückgang der Arbeitslosigkeit von 16,2% im Jahr 2005 auf 13,3% im Jahr 2006 (und 10,1% im Jahr 2007) hat sich die Lage am Arbeitsmarkt zwar gebessert, doch nach wie vor bestehen erhebliche Unterschiede zwischen den verschiedenen Regionen.

Auch wenn die Löhne seit einigen Jahren erheblich aufgeholt haben, lag das durchschnittliche Monatsentgelt

Index der Zahlungsausfälle
(Gleitender Zwölfmonatsdurchschnitt; Basis: Welt 1995 = 100)

Slowakische Republik

Welt

Quelle: Coface.

Europa und GUS

Exporte: 86% des BIP

▷▷▷▷▷▷▷▷▷▷▷▷▷▷▷▷▷▷▷▷▷▷▷▷▷▷▷▷▷▷▷▷▷▷▷▷▷▷▷

Importe: 90% des BIP

◁◁◁◁◁◁◁◁◁◁◁◁◁◁◁◁◁◁◁◁◁◁◁◁◁◁◁◁◁◁◁◁◁◁◁◁◁◁◁

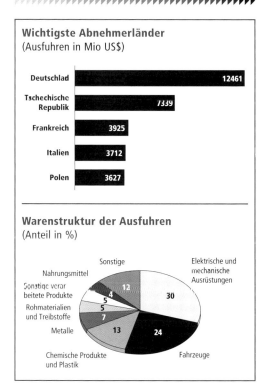

Wichtigste Abnehmerländer
(Ausfuhren in Mio US$)

Deutschlad — 12461
Tschechische Republik — 7339
Frankreich — 3925
Italien — 3712
Polen — 3627

Warenstruktur der Ausfuhren
(Anteil in %)

Sonstige 12 / Nahrungsmittel 4 / Sonstige verarbeitete Produkte 5 / Rohmaterialien und Treibstoffe 5 / Metalle 7, 13 / Chemische Produkte und Plastik 24 / Fahrzeuge 30 / Elektrische und mechanische Ausrüstungen

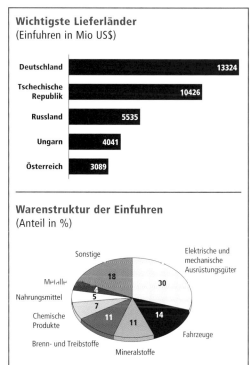

Wichtigste Lieferländer
(Einfuhren in Mio US$)

Deutschland — 13324
Tschechische Republik — 10426
Russland — 5535
Ungarn — 4041
Österreich — 3089

Warenstruktur der Einfuhren
(Anteil in %)

Sonstige 18 / Metalle 4 / Nahrungsmittel 5 / Chemische Produkte 7, 11 / Brenn- und Treibstoffe 11 / Mineralstoffe / Fahrzeuge 14 / 30 Elektrische und mechanische Ausrüstungsgüter

Schuldenlast
(Auslandsverschuldung in % der Waren-
und Dienstleistungsexporte)

Slowakische Republik — 58
Regionaler Durchschnitt — 130
Durchschnitt Schwellenländer — 73

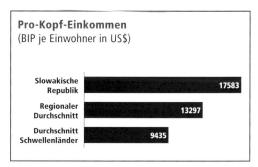

Pro-Kopf-Einkommen
(BIP je Einwohner in US$)

Slowakische Republik — 17583
Regionaler Durchschnitt — 13297
Durchschnitt Schwellenländer — 9435

im zweiten Quartal 2008 lediglich bei 665 EUR. Am 1. Januar 2009 wurde das Mindesteinkommen auf 295 EUR angehoben.

Die sozialistische Regierung hat die Privatisierungsprogramme für die Dauer ihrer vierjährigen Amtszeit ausgesetzt. So sind die Eisenbahn, der Bahnfrachtverkehr und die Fernheizung (wenn diese noch von Gebietskörperschaften verwaltet wird) nach wie vor Eigentum des slowakischen Staates bzw. slowakischer Gebietskörperschaften. Betrachtet man die Geschäftspotentiale, so bieten sich bei Ausrüstungsgütern und im Bereich der

industriellen Kooperation die vielversprechendsten Perspektiven, auch wenn Konsumgüter einen gewissen Aufschwung verzeichnen. Diese Kooperation kann in Form von Lohn- und Lizenzfertigungsverträgen, aber vor allem auch durch die Ansiedlung von Joint Ventures erfolgen.

Möglichkeiten des Marktzugangs

Als Mitglied der Europäischen Union erhebt die Slowakische Republik keine Zölle. Das gilt nicht für Länder außerhalb der EU, bei denen die harmonisierten europäischen Zollvorschriften Anwendung finden. Als Zahlungsmittel am häufigsten verbreitet sind die SWIFT-Überweisung und das Akkreditiv. Klagen und Rechtsstreitigkeiten kommen verhältnismäßig selten vor.

Haltung gegenüber ausländischen Investoren

Die slowakische Gesetzgebung ist absolut liberal. Ausländische Investoren können 100% der Geschäftsanteile an einheimischen Unternehmen besitzen. Eine Beteiligung von 34% am Kapital stellt eine Sperrminorität dar. Der Steuersatz (Einkommensteuer für natürliche Personen, Körperschaftsteuer und Mehrwertsteuer) beträgt 19%. In- und ausländische Investoren werden grundsätzlich gleich behandelt.

Die slowakische Agentur für die Entwicklung von Investitionen und Handel *(Sario)* geht heute bei der Werbung für Industriestandorte in der Slowakischen Republik entschlossener als in der Vergangenheit vor. Einschränkungen für eine ausländische Beteiligung in sogenannten strategischen Wirtschaftszweigen (Energie etc.)

wurden von der Regierung Fico wieder in Kraft gesetzt. Sie hat das Programm zur Übernahme von öffentlichen Beteiligungen an teilweise privatisierten Unternehmen, insbesondere in der Stromwirtschaft, auf Eis gelegt. Da die Regierung nicht bereit ist, die öffentliche Verschuldung zu erhöhen, bestehen jedoch gute Aussichten bei Konzessionen und Public Private Partnerships, auch wenn in diesem Bereich noch Defizite in den Gesetzesvorschriften bestehen.

Devisenverkehr

Seit der Abschaffung sämtlicher Devisenkontrollen und der Einführung des neuen Bankgesetzes geht der Trend in Richtung vereinfachte Geschäfte mit dem Ausland. Nachdem am 28. November 2005 für die Slowakische Republik die Phase II für den Beitritt zur EWU begonnen hatte, wurde ihr die Aufnahme in die Euro-Zone zum 1. Januar 2009 gestattet. Das stellte eine vorrangige Zielsetzung der Regierung Fico dar. Der Leitkurs lag bei 30,126 SKK für 1 EUR.   •

Slowenien

Bevölkerung (Mio Einwohner):	**2,0**
BIP (Mio US$):	**45.451**
Anteil am regionalen BIP (%):	**2**

Coface-Bewertungen

Kurzfristiges Risiko:	**A2**
Geschäftsumfeld:	**A2**
Mittelfristiges Risiko:	**sehr gering**

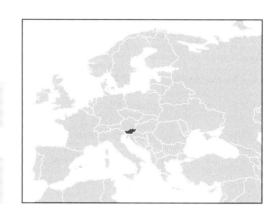

STÄRKEN

- ▲ Das Land ist unter den mitteleuropäischen Ländern am weitesten entwickelt.
- ▲ Die slowenische Industrie ist diversifiziert (Automobile, Elektrogeräte, Pharmazeutika, Metallverarbeitung, Papierwaren) und im Wesentlichen exportorientiert. Zwischen slowenischen und westeuropäischen Unternehmen bestehen langjährige solide Beziehungen.
- ▲ Mit der Aufnahme in die Euro-Zone im Januar 2007 wurde die umsichtige Haushaltspolitik gewürdigt. Seitdem ist das Land besser gegen internationale Finanzmarkturbulenzen geschützt.

SCHWÄCHEN

- ▼ Mit ihrer geringen Größe ist die überaus offene Wirtschaft in hohem Maße von der Konjunktur in der Euro-Zone abhängig.
- ▼ Aufgrund geringer Direktinvestitionen und eines nur wenig entwickelten Aktienmarkts beschaffen sich Unternehmen Kapital vorwiegend durch Bankkredite. Zur Kreditfinanzierung haben sich die inländischen Banken ihrerseits stark im Ausland verschuldet. Das schafft Abhängigkeit von den internationalen Finanzmärkten.
- ▼ Die Überalterung der Bevölkerung bedeutet für die Staatsfinanzen ein potentielles Risiko.
- ▼ In Slowenien ist nur eine geringe Reformbereitschaft zu erkennen.

RISIKOEINSCHÄTZUNG

Erhebliche Abkühlung der Konjunktur 2009

Das Wachstum hat sich 2008 noch verhältnismäßig gut behaupten können. Hierzu hat hauptsächlich die Investitionstätigkeit beigetragen (Bau von Autobahnen, Ausrüstung von Unternehmen). Demgegenüber wurde der Konsum trotz steigender Löhne durch die Inflation – die höchste in der Euro-Zone – belastet. Die Exporte wurden infolge des sich verschlechternden internationalen Umfelds stärker in Mitleidenschaft gezogen als die Importe, bei denen sich die höheren Energieausgaben noch bemerkbar machten. Das Defizit in der Leistungsbilanz erhöhte sich abermals, zumal auch die Zinszahlungen für Schulden im Ausland zugenommen haben.

Angesichts des verhaltenen Konsums, abnehmender Investitionen im Baugewerbe und der schwachen Auslandsnachfrage wird sich die Konjunktur 2009 spürbar abschwächen. Auch die Inflation dürfte abnehmen. Außerdem werden sinkende Energiepreise, die Abschwächung der Binnennachfrage sowie ein Anstieg der Mittel aus den europäischen Fonds zu einem leichten Abbau des Leistungsbilanzdefizits führen. Mit der Anpassung der Löhne an westeuropäisches Niveau besteht jedoch die Gefahr, dass die Wettbewerbsfähigkeit geschmälert wird. Abnehmende Steuereinnahmen, der Anstieg der Lohnsumme im öffentlichen Sektor sowie die Senkung bestimmter Steuern werden zudem eine Erhöhung des öffentlichen Defizits zur Folge haben. Allerdings verfügt die Regierung aufgrund der Budgetmaßnahmen aus den vergangenen beiden Jahren über einen gewissen Handlungsspielraum. Zudem ist die Staatsverschuldung nach wie vor relativ gering (24% des BIP).

Wichtige Kennzahlen

	2004	2005	2006	2007	2008 (S)	2009 (P)
Reales Wirtschaftswachstum (%)	4,3	4,3	5,9	6,8	4,2	2,0
Inflation (%)	3,6	2,5	2,5	3,6	5,9	2,8
Staatshaushalt (Saldo in % des BIP)	−2,2	−1,4	−1,2	0,5	0,0	−1,5
Ausfuhren (Mrd US$)	16,1	18,1	21,4	27,1	33,9	35,5
Einfuhren (Mrd US$)	17,3	19,4	22,8	29,4	37,8	39,1
Handelsbilanz (Saldo in Mrd US$)	−1,3	−1,3	−1,4	−2,3	−3,9	−3,6
Leistungsbilanz (Saldo in Mrd US$)	−0,9	−0,7	−1,0	−2,0	−3,7	−2,6
Leistungsbilanz (Saldo in % des BIP)	−2,7	−1,9	−2,5	−4,2	−6,6	−5,0
Auslandsverschuldung (in % des BIP)	62,1	67,6	81,4	108,3	97,4	118,0
Schuldendienst (in % der Ausfuhren)	13,1	14,8	17,3	18,0	22,0	24,3
Währungsreserven (in Monatsimporten)	5,0	4,1	3,0	NV	NV	NV

NV: Nicht verfügbar. (S): Schätzung. (P): Prognose.   Quelle: Coface.

Schwierigeres Umfeld für Unternehmen

Vor diesem weniger günstigen wirtschaftlichen Hintergrund scheint sich der Coface-Index der Zahlungsausfälle zu verschlechtern, auch wenn er weiter unter dem weltweiten Durchschnitt liegt. Die Pharma- und die Tiefbraubranche haben sich bisher als durchaus widerstandsfähig gezeigt. Demgegenüber sind Sektoren wie die Automobilindustrie, der Wohnungsbau, der Güterkraftverkehr und die Haushaltsgerätebranche stärker angeschlagen.

Stabile politische Verhältnisse, aber wenig Lust auf Reformen

Mit dem Sieg der Sozialdemokraten bei den Parlamentswahlen hat sich im September 2008 ein politischer Wechsel im Land vollzogen. Die Mitte-links-Koalitionsregierung dürfte sich vorrangig auf den Umgang mit den Folgen der internationalen Finanzkrise konzentrieren. Damit werden Fortschritte bei Privatisierungen und Reformen (Renten, Arbeitsrecht) eher unwahrscheinlich.

VORAUSSETZUNGEN FÜR DEN MARKTZUGANG

Möglichkeiten des Marktzugangs

Seit dem Beitritt zur EU im Mai 2004 gelten in Slowenien sämtliche Vorschriften des gemeinsamen europäischen Marktes. Doch auch wenn keine zolltariflichen Barrieren mehr bestehen, gibt es mitunter immer noch einige Hindernisse nichttariflicher Art, die den Zugang zu einem notwendigerweise kleinen Inlandsmarkt erschweren. Vor der Vermarktung werden regelmäßig technische Kontrollen von den zuständigen Stellen im Namen des Verbraucherschutzes durchgeführt. Dies gilt insbesondere, aber nicht nur für den Nahrungsmittelbereich. Die Vorschriften für eine Kennzeichnung in slowenischer Sprache und die Begleitdokumente entsprechen den europäischen Standards. Bedienungsanleitungen für Produkte müssen ins Slowenische übersetzt werden. Bei öffentlichen Aufträgen ist in verschiedenen Bereichen (vor allem Hochbau) eine Bildung von Kartellen am Markt zu beobachten, die den Zugang für ausländische Unternehmer einschränken und auf stillschweigenden Absprachen zwischen einheimischen Unternehmen und Auftraggebern beruhen.

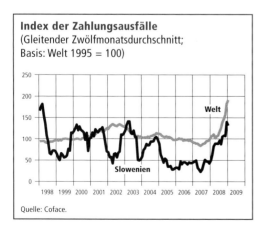

Index der Zahlungsausfälle
(Gleitender Zwölfmonatsdurchschnitt; Basis: Welt 1995 = 100)

Welt

Slowenien

Quelle: Coface.

Exporte: 69% des BIP

Importe: 70% des BIP

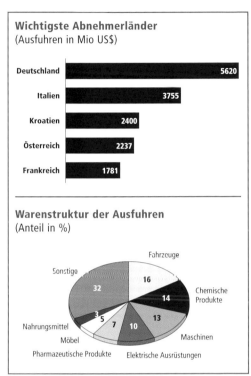

Wichtigste Abnehmerländer
(Ausfuhren in Mio US$)

Deutschland	5620
Italien	3755
Kroatien	2400
Österreich	2237
Frankreich	1781

Warenstruktur der Ausfuhren
(Anteil in %)

- Fahrzeuge 16
- Chemische Produkte 14
- Maschinen 13
- Elektrische Ausrüstungen 10
- Pharmazeutische Produkte 7
- Möbel 5
- Nahrungsmittel 3
- Sonstige 32

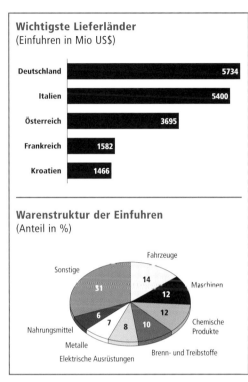

Wichtigste Lieferländer
(Einfuhren in Mio US$)

Deutschland	5734
Italien	5400
Österreich	3695
Frankreich	1582
Kroatien	1466

Warenstruktur der Einfuhren
(Anteil in %)

- Fahrzeuge 14
- Maschinen 12
- Chemische Produkte 12
- Brenn- und Treibstoffe 10
- Elektrische Ausrüstungen 8
- Metalle 7
- Nahrungsmittel 6
- Sonstige 31

Schuldenlast
(Auslandsverschuldung in % der Waren- und Dienstleistungsexporte)

Slowenien	118
Regionaler Durchschnitt	130
Durchschnitt Schwellenländer	73

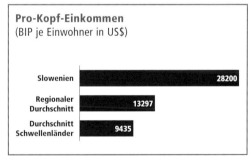

Pro-Kopf-Einkommen
(BIP je Einwohner in US$)

Slowenien	28200
Regionaler Durchschnitt	13297
Durchschnitt Schwellenländer	9435

Slowenien zeichnet sich durch eine außerordentliche Dynamik und ein Netz aus exportorientierten leistungsfähigen KMUs aus. Slowenische Verbraucher sind anspruchsvoll. Ihre Kaufkraft ist mit der deutscher Konsumenten vergleichbar.

Slowenische Unternehmen konzentrieren ihre Anstrengungen zur Markterschließung und ihre Investitionen zurzeit auf den Balkan und weiter östlich gelegene Länder. Dort sieht der slowenische Außenhandel für sich in diesen Zeiten des Konjunkturabschwungs in der Euro-Zone vielversprechende Erfolgschancen. Auch die Beziehungen zu Russland und zur Ukraine bergen erhebliche Entwicklungspotentiale.

Haltung gegenüber ausländischen Investoren

Slowenien hat in den letzten Jahren relativ wenig von ausländischen Investitionen profitiert. Eine Ausnahme bildet lediglich Ljubljana, wo die ungarische Trigranit-Gruppe ein Geschäftszentrum baut, das gleichzeitig als Bahnhof für Züge und Busse fungieren wird. Nach Angaben der Bank von Slowenien belief sich der Bestand ausländischer Direktinvestitionen Ende 2007 auf 9.543 Mio EUR. In den Jahren 2005 und 2006 sind 473 Mio EUR bzw. 512 Mio EUR nach Slowenien geflossen. 2007 schwoll der Zustrom vor allem durch die Kreditvergabe ausländischer Muttergesellschaften auf 1.050 Mio EUR an. Mit der Reform der slowenischen Förderorganisation JAPTI haben die Bemühungen, ausländische Direktinvestitionen für das Land zu gewinnen, neuen Schwung erhalten.

Greenfield-Investitionen werden zunehmend in Erwägung gezogen. Trotz der Immobilienkosten und des eher kleinen slowenischen Binnenmarkts gewinnt diese Investitionsform weiter an Bedeutung, weil das Land inzwischen als regionale Plattform für die Erschließung von Mitteleuropa oder des Balkans gilt und besondere Vorteile bietet. Am 1. Januar 2008 ist Slowenien dem Schengener Abkommen beigetreten und kann daher von Deutschland und Österreich aus ohne Grenzkontrollen erreicht werden. Die Zahl der Logistikplattformen nimmt zu, da der Hafen von Koper einen wichtigen Umschlagplatz für Ost- und Südosteuropa darstellt.

Seit der Schaffung einer einzigen Anlaufstelle am 1. Januar 2008 hat sich die Gründung von Unternehmen vereinfacht. Bei einer geplanten Ansiedlung ist allerdings die immer noch hohe Besteuerung von Unternehmen zu berücksichtigen, auch wenn Besserungen in diesem Bereich im Gange sind. Eine ehrgeizige Steuerreform ist 2007 in Kraft getreten, und die schrittweise Senkung der lohngebundenen Abgabe wird weiter fortgesetzt.

Seit der Privatisierung der Eisen- und Stahlindustrie haben keine weiteren echten Privatisierungen in Slowe-nien stattgefunden. Allerdings wurden zahlreiche Minderheitsbeteiligungen verkauft und Börsengänge in Ljubljana durchgeführt.

Als typisches Beispiel für die zögerliche Haltung der Regierung gegenüber Privatisierungen ist der Fall der NLB, der führenden slowenischen Bank, zu nennen, deren Übernahme durch den belgischen Minderheitsaktionär KBC untersagt wurde. In zahlreichen wettbewerbsorientierten Branchen haben sich die beiden öffentlichen Investmentfonds KAD und SOD von ihren Minderheitsbeteiligungen getrennt. Konzerne wie Gorenje (Haushaltsgeräte), Krka (Pharmazeutika), Petrol (Vertrieb von Öl und Gas) oder Intereuropa (Logistik/Verkehr) haben sich bereits für ausländische Minderheitsaktionäre geöffnet. Doch bei den strategischen Ausrichtungen dieser Unternehmen spielt die Staatsmacht immer noch eine Rolle. Bei der Privatisierung anderer Unternehmen wie Mercator, Merkur oder Istrabenz sind inländische Interessenten zum Zuge gekommen.

Devisenverkehr

Am 1. Januar 2007 ist Slowenien planmäßig und reibungslos der Euro-Zone beigetreten. In Zukunft sind die einzigen wirtschaftspolitischen Instrumente des Landes die Haushalts- und die Lohnpolitik, da sich die Zentralbank von Slowenien dem europäischen Zentralbankensystem angeschlossen hat. Der Beitritt zur Euro-Zone ist ähnlich wie in zahlreichen anderen europäischen Beitrittsländern mit einem Anstieg der Teuerungsrate vonstatten gegangen; der Konjunkturabschwung dürfte den Inflationsauftrieb aber 2009 wieder senken. •

Spanien

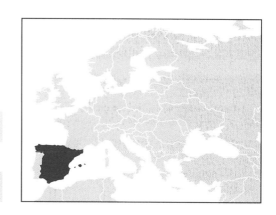

Bevölkerung (Mio Einwohner):	**44,9**
BIP (Mio US$):	**1.429.226**

Coface-Bewertungen

Kurzfristiges Risiko:	**A3**
Geschäftsumfeld:	**A1**

STÄRKEN

▲ Die staatlichen Investitionen in die Infrastruktur werden fortgeführt und erlauben es dem Land, den Rückstand bei Verkehrs- und Kommunikationsnetzen aufzuholen.

▲ Die Entwicklung erneuerbarer Energien wie der Solar- und der Windenergie (22% der Stromproduktion) verringert die Abhängigkeit von Energielieferungen aus dem Ausland.

▲ Die engen Beziehungen zu einem großen Teil der lateinamerikanischen Staaten und die gemeinsame Sprache stärken die internationale Präsenz von Banken, Hotelketten sowie Hoch- und Tiefbauunternehmen.

▲ Angesichts der begrenzten Bedeutung von Privatbanken und einer strengen Überwachung durch die Zentralbank ist das spanische Bankensystem ausgesprochen solide.

▲ Die steigende Frauenerwerbsquote und die Einwanderung lassen die Zahl der Erwerbstätigen steigen und bieten erhebliches Wachstumspotential.

▲ Die Übertragung von Kompetenzen an die Autonomen Regionen nimmt diese stärker in die Verantwortung und verringert die Distanz zwischen Entscheidungsträgern und Bürgern.

▲ Spanien ist ein sehr beliebtes Reiseziel.

SCHWÄCHEN

▼ Die hohe Verschuldung der privaten Haushalte und Unternehmen stellt in der jetzigen Wirtschaftskrise eine große Belastung dar.

▼ In absehbarer Zeit wird keine Branche das Baugewerbe als wichtigsten Wachstumsmotor der spanischen Wirtschaft ersetzen können.

▼ Die Überregulierung und schleppende Verwaltungsverfahren, insbesondere im Justizwesen, erschweren die Handelsbeziehungen.

▼ Die Mängel im Bildungssystem, die ungenügende Ausbildung der zahlreichen Zeitarbeiter sowie eine unzureichende Forschungs- und Entwicklungstätigkeit der privaten Unternehmen führen dazu, dass die Produktivität nur langsam steigt.

▼ Die zu geringen Produktivitätsfortschritte, die die Produktionskostensteigerungen nicht kompensieren können, und die Fokussierung auf Produkte mit relativ geringer Wertschöpfung belasten die Wettbewerbsfähigkeit und erklären, weshalb die spanischen Unternehmen in den Schwellenländern kaum präsent sind.

▼ Die Zukunft zahlreicher Branchen hängt von den Entscheidungen ausländischer Großkonzerne ab, die verstärkt auf wettbewerbsfähigere Standorte setzen.

▼ Die Wasserversorgung ist aufgrund des übermäßig hohen Verbrauchs in der Landwirtschaft und der unausgewogenen regionalen Verteilung nach wie vor problematisch.

RISIKOEINSCHÄTZUNG

Die spanische Wirtschaft wurde vom Platzen der Immobilienblase, anschließend von der Finanzkrise und danach vom Absturz der Binnennachfrage getroffen, wodurch sich das Wirtschaftswachstum ab dem zweiten Halbjahr 2007 verlangsamte und im dritten Quartal 2008 in eine Rezession mündete. Der Abschwung dürfte sich über das gesamte laufende Jahr fortsetzen.

Kein Ersatz für die ausgefallenen Wachstumsmotoren Bau und Konsum

Der Konsum der Haushalte hat 2008 stark nachgelassen und sich im letzten Quartal sogar rückläufig entwickelt. Auch diese Entwicklung dürfte 2009 anhalten. Die Verschlechterung der Situation auf dem Arbeitsmarkt wird sich voraussichtlich verschärfen und betrifft inzwischen nicht mehr nur das Baugewerbe. Im Zusammenspiel mit dem – wenn auch nur leichten – Anstieg der Erwerbsbevölkerung führt dies zu einem starken Anstieg der Arbeitslosigkeit. Angesichts der rückläufigen Immobilienwertentwicklung, der Kreditverknappung und der Verschuldung in weitgehend variabel verzinslichen Darlehen dürften die Haushalte verstärkt sparen. Die sinkende Inflation und die niedrigen Zinsen werden den privaten Verbrauch nur begrenzt anregen.

Wegen der zunehmend sinkenden Ausgaben für Wohnimmobilien, die bislang 10% des BIP ausmachten, dürften auch die Investitionen zurückgehen. Zu den verschiedenen Maßnahmen zur Stützung der Immobilienbranche gehören u.a. eine Tilgungsaussetzung für zwei Jahre zugunsten schlechter gestellter Haushalte und die Förderung von Sozialwohnungen. Doch auch diese Schritte können den Abschwung im Baugewerbe lediglich abschwächen. Der Einbruch betrifft nicht nur den Wohnungsbau, sondern auch den privaten Gewerbebau und die Investitionsgüterbranche, insbesondere die Automobilindustrie.

In dieser Situation gehen die einzigen – schwachen – Wachstumsimpulse von der öffentlichen Hand aus. Die Importe schrumpfen aufgrund der geringen Inlandsnachfrage 2009 voraussichtlich stärker als die Exporte, die unter der geringe Nachfrage aus den anderen europäischen Ländern leiden. Dies dürfte zu einer Korrektur des sehr hohen Leistungsbilanzdefizits führen.

Unternehmen in großer Bedrängnis

Die spanischen Unternehmen sind größtenteils hochverschuldet und verfügen nur über eine geringe Eigenkapitalausstattung. Daraus ergibt sich eine große Abhängigkeit vom Kapitalmarkt und von den Banken, die in schwierigen Zeiten wie diesen dazu neigen, ihr Geld zusammenzuhalten.

Besonders kritisch ist die Lage bei den Automobilzulieferern, dem Kfz-Handel, der unter dem in ganz Europa zu verzeichnenden Absatzeinbruch bei Privat- und Nutzfahrzeugen leidet, dem Baugewerbe und den damit verbundenen Dienstleistern sowie im gesamten Bereich der Wohnungseinrichtung (elektrische Haushaltsgeräte, Unterhaltungselektronik). Auch das Druckgewerbe, das Verlagswesen sowie Handel und Trans-

Wichtige Kennzahlen

	2004	2005	2006	2007	2008 (S)	2009 (P)
Reales Wirtschaftswachstum (%)	3,3	3,6	3,9	3,7	1,2	−2,8
Konsumausgaben (Veränderung in %)	4,2	4,2	3,7	3,4	0,4	−2,9
Investitionen (Veränderung in %)	4,4	9,0	10,4	10,0	0,1	−13,0
Inflation (%)	3,1	3,4	3,5	2,8	4,1	0,0
Arbeitslosenquote (%)	10,5	9,2	8,5	8,3	11,3	18,0
Kurzfristiger Zinssatz (% p.a.)	2,1	2,2	3,3	4,3	4,6	1,9
Staatshaushalt (Saldo in % des BIP)	−0,2	1,0	1,8	2,2	−3,4	−8,0
Staatsverschuldung (in % des BIP)	46,2	43,0	40,0	36,0	39,8	51,0
Ausfuhren (Veränderung in %)	4,2	2,6	5,1	4,9	0,8	−10,0
Einfuhren (Veränderung in %)	9,5	7,7	8,3	6,2	−2,5	−14,0
Leistungsbilanz (Saldo in % des BIP)	−5,9	−7,4	−8,8	−10,1	−9,6	−6,0

(S): Schätzung. (P): Prognose.   Quelle: Coface.

Index der Zahlungsausfälle
(Gleitender Zwölfmonatsdurchschnitt;
Basis: Welt 1995 = 100)

Quelle: Coface.

portunternehmen könnten in Schwierigkeiten geraten. In dieser Situation ist es wenig überraschend, dass die Zahl der Insolvenzen enorm angestiegen ist, so dass der Coface-Index für Zahlungsausfälle ein sehr hohes Niveau erreicht.

BRANCHENANALYSE

Bau

Nachdem der Wohnungsbau sich im freien Fall befindet, hat die Finanzkrise nun auch den Gewerbe- und Tiefbau voll erfasst, der insbesondere darunter leidet, dass die Banken ihre Konditionen für die Vergabe von Krediten an Gebietskörperschaften verschärft haben. Außerdem vollzieht sich im Baugewerbe, der Immobilienwirtschaft und den damit verbundenen Branchen (dazu gehören z.B. die Zementindustrie, die Hersteller von Sanitärkeramik, Ziegeleien, die Holz- und die Möbelindustrie, die Glasindustrie und Elektrogerätehersteller) ein tiefgreifender Strukturwandel, der sich mindestens bis 2010 hinziehen dürfte.

Am stärksten gefährdet sind die in den vergangenen Jahren zahlreich entstandenen kleinen und mittelständischen Unternehmen, insbesondere dann, wenn sie hochverschuldet sind. Die großen Baukonzerne haben sich ebenfalls verschuldet, um andere Geschäftsfelder oder Märkte zu erschließen. Daher befinden sie sich ebenfalls in einer heiklen Lage, und es dürfte ihnen schwer fallen, die Laufzeit ihrer Kredite zu verlängern oder sich am Kapitalmarkt zu finanzieren, da ihre Aktien stark an Wert verloren haben. Auch die Veräußerung von Unternehmensanteilen dürfte in der jetzigen Krise schwierig sein. Bereits 2008 sind mehrere große

Bauunternehmen in die Insolvenz gegangen (z.B. Martinsa-Fadesa, Seop Obras y proyectos SL oder Tremon), weil sie nicht die Möglichkeit hatten, ihre Kreditlinien zu verlängern oder Mittel auf dem Kapitalmarkt aufzunehmen. Diese Insolvenzen lösten einen Dominoeffekt aus, so dass auch etliche Subunternehmer Konkurs anmelden mussten. 46% der im dritten Quartal 2008 eingeleiteten Insolvenzverfahren betrafen Baufirmen oder dem Baugewerbe nahestehende Unternehmen.

Handel

Trotz der Übernahmen in den vergangenen beiden Jahren z.B. von Caprabo durch Eroski (2007) und Galerías Primero durch Sabeco (Auchan) im Jahr 2008 ist die Konzentration im spanischen Einzelhandel im europäischen Vergleich ausgesprochen niedrig. So entfallen auf die zehn größten Handelsunternehmen nur 74% des Marktvolumens. Das am weitesten verbreitete und erfolgreichste Einzelhandelsformat ist der Supermarkt – vertreten z.B. durch die erfolgreiche Kette Mercadona. Da sich die Konsumausgaben (auch für Lebensmittel) seit Mitte 2007 rückläufig entwickeln und sich dieser Trend inzwischen verstärkt hat, setzen die Handelsunternehmen verstärkt auf Eigenmarken, auch wenn dies zu sinkenden Margen führt. Die Discounter – vor allem Dia und Lidl – werden ihren Marktanteil 2009 voraussichtlich ausbauen können. Der zunehmende Wettbewerbsdruck und die lahmende Konjunktur werden die Unternehmen dazu zwingen, ihre Kosten weiter zu senken und in diesem Zusammenhang ggf. Konkurrenten zu übernehmen.

Haushaltsgeräte und Unterhaltungselektronik

2008 ging der Umsatz um 25% zurück, wobei die Verluste für die einzelnen Vertriebswege unterschiedlich hoch ausfallen. Diese Entwicklung ist dem Einbruch der Immobilieninvestitionen und dem Rückgang der Konsumausgaben geschuldet. Die ersten Opfer der Krise waren Prometheus (Idea, Master) und Singer (Ivarte). Die Einkaufsverbände sind durch den Vormarsch der Ketten (Media Markt, Markteintritt von Sonae durch die Übernahme der Boulanger-Filialen von Auchan) am meisten gefährdet. Die Situation der Branche dürfte 2009 angespannt bleiben und könnte sich durch den möglichen Markteintritt der US-Kette Best Buy noch verschärfen.

Informationstechnologie

Nach dem starken Wachstum der vergangenen Jahre stagniert die Branche seit 2008. Die Ursache hierfür ist im Rückgang der Absatzzahlen bei Unterhaltungselektronik (LCD- und Plasmafernseher, Notebooks, Navigationssysteme) zu suchen, von der zuvor die stärksten Wachstumsimpulse ausgingen. Der Wettbewerb bleibt hart und ist von einem anhaltenden Preiskrieg und einer immer schnelleren Veralterung der Produkte gekennzeichnet. Besonders scharf ist der Wettbewerb im Großhandel, der sich wegen der allgemeinen Kreditverknappung in ernsthaften Schwierigkeiten befindet. Auf kurze Sicht dürfte die Branche darauf angewiesen sein, dass die öffentliche Verwaltung ihre Investitionen in neue IT-Systeme nicht zurückfährt.

Papier

Trotz des konjunkturbedingt sinkenden Papierverbrauchs in Spanien konnte die spanische Papierindustrie – ihres Zeichens die sechstgrößte in Europa – ihren Ausstoß steigern. Allerdings sanken die Erträge der Hersteller, weil die Preise aufgrund der bestehenden Überkapazitäten unter Druck geraten und die Kosten gleichzeitig gestiegen sind. Wenn die großen Konzerne die geplanten Werksschließungen tatsächlich umsetzen, der US-Dollar so stark bleibt wie bisher und die Produktionskosten weiter sinken, dürfte sich die Lage der Papierhersteller, die die Hälfte ihrer Produktion exportieren, wieder verbessern.

Automobil

2008 mussten die internationalen Automobilhersteller ihre Produktion in Spanien wegen der europaweit rückläufigen Nachfrage stark drosseln. Der im Anschluss an den Prever-Plan aufgelegte Vive-Plan hat nicht die erhofften Erfolge gebracht. Angesichts der Branchenkonjunktur mussten zahlreiche Subunternehmer ihre Produktion zurückfahren – ein Trend, der sich im laufenden Jahr fortsetzen dürfte. Am stärksten leidet der Autohandel unter dieser ungünstigen Entwicklung. Angesichts des dramatischen Einbruchs der Absatzzahlen wird die spanische Regierung der Automobilindustrie – höchstwahrscheinlich im Rahmen eines europäischen Hilfsplans – unter die Arme greifen.

Textil

Dieser Branche sind 9.000 Unternehmen zuzurechnen. 80% der Firmen haben weniger als zehn Beschäftigte, und 57% befinden sich in den Autonomen Regionen Valencia und Katalonien. Eigentlich dachte man, dass die Schwierigkeiten der Branche der Vergangenheit angehörten, doch 2008 sahen sich die Firmen mit dem Wegfall von Einfuhrquoten und Standortverlagerungen konfrontiert und hatten im eigenen Markt mit einer lahmenden Nachfrage zu kämpfen. Daraus ergab sich ein starker Abschwung der Branchenkonjunktur, dem Unternehmen wie Grupo Saez Merino (mit den Marken Lois, Cimarron, Caroche und Caster), Colortex oder Fibracolor, an dem Inditex mit 40% beteiligt war, zum Opfer fielen. Die Ausfuhren in die übrigen europäischen Länder, insbesondere nach Frankreich, haben sich stark rückläufig entwickelt, während die meisten Textilimporte nach wie vor aus China stammen. Das Überleben der spanischen Textilindustrie hängt davon ab, ob es den Unternehmen gelingt, ihre Kosten zu senken, ihre Produktionsprozesse zu optimieren und sich verstärkt auf Vertrieb, Markenbildung und das Entwerfen von Mode zu konzentrieren. Vor diesem Hintergrund dürfte 2009 trotz aller Werbekampagnen und Nachlässe ein schwieriges Jahr für die spanischen Textilunternehmen werden.

ZAHLUNGSMITTEL UND FORDERUNGSEINZUG

Zahlungsmittel

Im spanischen Geschäftsverkehr ist der Wechsel ein weitverbreitetes Zahlungsmittel. Im Falle einer ausstehenden Forderung stellt er ein recht wirksames Druckmittel dar, denn seit dem kürzlich verabschiedeten Gesetz zur Regelung von Zivilverfahren besteht die Möglichkeit, auf das neu geregelte Wechselverfahren *(juicio cambiario)* zurückzugreifen. Hierbei kann der erstinstanzliche Richter *(juzgado de primera instancia)* nach Prüfung der vorliegenden Dokumente den Schuldner zur Zahlung innerhalb von zehn Tagen auffordern und dessen Vermögen mit dinglichem Arrest belegen.

Legt der Schuldner gegen die Forderung Widerspruch ein, setzt der Richter einen Termin für eine Anhörung fest, um den Standpunkt der beiden Parteien zu hören. Nach Ablauf einer weiteren Frist von zehn Tagen ergeht ein Urteil.

Ein Bankaval auf einen Wechsel ist zulässig, aber recht schwierig zu erhalten. Dadurch kann das Zahlungsausfallrisiko begrenzt werden, denn er ermöglicht zusätzlich den Rückgriff auf den Wechselbürgen.

Der Scheck ist in Spanien weniger verbreitet als der Wechsel, doch er bietet den gleichen Rechtsvorteil, d.h., wenn er nicht gedeckt ist, kann auf das Wechselverfahren zurückgegriffen werden.

Das Gleiche gilt für den Solawechsel *(pagaré)*, der wie der gezogene Wechsel einen vollstreckbaren Titel darstellt. Wenn er nicht beglichen wird, erfolgt allerdings kein Eintrag im RAI *(Registro de Aceptaciones Impagadas)*. Das RAI ist das größte offizielle Verzeichnis in Spanien, das aus dem *Centro de Cooperación Interbancaria (CCI)* als einer von den Banken gegründeten Gemeinschaftseinrichtung hervorgegangen ist und in dem ausstehende Forderungen von Handelsgesellschaften vermerkt sind. Banken und andere Institutionen können in das RAI Einsicht nehmen, um Einblick in das Zahlungsverhalten eines Unternehmens zu gewinnen und säumigen Zahlern die Aufnahme neuer Kredite zu verwehren.

Im Februar 2005 wurden einige Verantwortliche des RAI vom *Tribunal de Defensa de la Competencia* wegen Wettbewerbsbehinderung verurteilt, da sie dritten Personen den Zugang zu Daten verwehrt hatten.

Die elektronische Überweisung per SWIFT-Verbindung ist im spanischen Bankwesen sehr verbreitet. Es handelt sich um ein rasches, im Allgemeinen sicheres und kostengünstiges Zahlungsmittel, wobei die Zahlungsanweisung vom guten Willen des Käufers abhängig ist.

Im Falle eines nicht erteilten Überweisungsauftrags kann ein Verfahren gemeinen Rechts oder sogar ein beschleunigtes Verfahren angestrengt werden, das sich auf die Nichtzahlung der Rechnung stützt.

Forderungseinzug

Der Forderungseinzug beginnt mit einer dem Schuldner per Einschreiben zugestellten Mahnung. In dieser wird er aufgefordert, innerhalb einer Frist von zehn Tagen den Rechnungsbetrag zuzüglich der von den Vertragsparteien vereinbarten Verzugszinsen zu begleichen.

Wenn vertraglich nichts Anderweitiges vereinbart wurde, gilt seit dem 31. Dezember 2004 für die Berech-

nung der Verzugszinsen der Refinanzierungssatz der Europäischen Zentralbank, der vor dem ersten Kalendertag des betreffenden Halbjahres in Kraft ist und zu dem 7 Prozentpunkte hinzugerechnet werden. Dieser Satz wird halbjährlich vom Wirtschafts- und Finanzministerium im Staatsanzeiger *(Boletín Oficial del Estado)* veröffentlicht.

Sofern keine gütliche Einigung mit dem Schuldner erzielt wird, beruft sich der Gläubiger bei der Geltendmachung seines Rechts auf Zahlung auf das Gesetz zur Regelung von Zivilverfahren *(ley de enjuiciamento civil)*, das am 8. Januar 2001 in Kraft getreten ist.

Mit diesem Gesetz soll die Verfahrensdauer erheblich verkürzt werden, wobei künftig die Verhandlungen weitestgehend mündlich zu führen sind. Damit soll das in der Vergangenheit bestehende System abgelöst werden, das sich vor allem auf schriftliche Dokumente stützte. Trotzdem ist die Beglaubigung einer großen Anzahl von Dokumenten nach wie vor üblich.

Abgesehen vom Wechselverfahren kann der Gläubiger zur Geltendmachung seines Rechts auf Zahlung das Verfahren des *„juicio declarativo"* anstrengen, das sich aus dem *„juicio ordinario"* für Forderungen über 3.000 EUR und aus dem vereinfachten Verfahren *„juicio verbal"* für Forderungen unter diesem Betrag zusammensetzt. Mit diesem System werden eine Verringerung und eine Vereinfachung der einzelnen Verfahrensschritte, die in der Vergangenheit bestanden, angestrebt und damit die schnellere Erlangung eines vollstreckbaren Titels.

Ferner gilt für offene und fällige Geldforderungen unter 30.000 EUR in Zukunft ein flexibleres Mahn- oder Anweisungsverfahren *(juicio monitorio)*. Bei diesem beschleunigten Verfahren kann der Eröffnungsantrag *(petición inicial)* auch ohne Beisein eines Rechtsanwalts oder Sachwalters hinterlegt werden. Das Verfahren wird mit Hilfe eines Formulars beim erstinstanzlichen Gericht *(juzgado de primera instancia)* am Wohnort des Schuldners beantragt. Das Gericht kann den Schuldner nach Prüfung der vorliegenden Dokumente zur Zahlung innerhalb von 20 Tagen auffordern.

Wenn der Schuldner durch eine von einem Rechtsanwalt und einem Sachwalter unterzeichnete Urkunde begründeten Widerspruch gegen die Zahlung einlegen kann, wird im üblichen Verfahrenswege ein Gerichtsverfahren eröffnet.   •

Europa und GUS

Tadschikistan

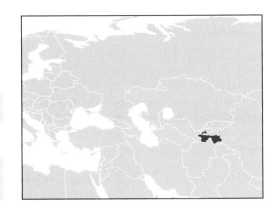

Bevölkerung (Mio Einwohner):	**6,7**
BIP (Mio US$):	**3.712**

Coface-Bewertungen

Kurzfristiges Risiko:	**D**
Geschäftsumfeld:	**D**
Mittelfristiges Risiko:	**sehr hoch**

RISIKOEINSCHÄTZUNG

Tadschikistan ist mit einem jährlichen Pro-Kopf-Einkommen in Höhe von 1.800 US$ das ärmste Land in der GUS. Das BIP liegt heute noch weit unter dem Niveau von 1992, dem Jahr der Unabhängigkeit. Zudem hat sich das Wachstum seit 2008 spürbar abgeschwächt.

Schwierige Witterungsverhältnisse (Dürre, extreme Kälte) haben zu gravierenden Engpässen in der Lebensmittelversorgung geführt. Die Inflation liegt bei 21%. Trotz weltweit rückläufiger Preise für Erdöl, Erdgas und Nahrungsmittel, die das Land importiert, dürfte sich das Defizit in der Handelsbilanz 2009 erneut vergrößern, da die Preise von Aluminium und Baumwolle (83% der Ausfuhren) stark gesunken sind. Überweisungen von im Ausland arbeitenden Emigranten stellen die Hauptdevisenquelle des Landes dar. Tadschikistan weist erhebliche Defizite in der Infrastruktur auf. Das Land leidet unter Trockenheit und Strommangel, trotz der von Russland gebauten Staudämme in den Gebirgsregionen. Aufgrund der wiederholten Trockenheit ist die Baumwollproduktion, bei der sehr viel Wasser verbraucht wird, zurückgegangen (–30% im Verhältnis zu 1992).

Auch im Geschäftsumfeld bestehen erhebliche Schwächen. Die vom IWF verlangten Privatisierungen werden regelmäßig verschoben. Der Staat ist zentralistisch geprägt. Bei den Rechtsvorschriften, insbesondere für Grund und Boden, sind zahlreiche Defizite festzustellen. Neben der Gebirgslage haben auch die Stammesfehden Anteil an der Isolierung der Grenzregionen (z.B. Pamir), in denen bis zu 90% des Opiums aus Afghanistan umgeschlagen werden sollen. Da es keine organisierte parlamentarische Opposition gibt, könnten soziale Konflikte ausbrechen, zumal bestimmte Regionen mit erheblichen Problemen in der Nahrungsmittelversorgung zu kämpfen haben. •

Wichtige Kennzahlen

	2004	2005	2006	2007	2008 (S)	2009 (P)
Reales Wirtschaftswachstum (%)	10,6	7,5	7,0	7,8	5,5	4,5
Inflation (%)	5,7	7,1	12,7	13,2	21,0	14,0
Staatshaushalt (Saldo in % des BIP)	0,7	0,5	0,8	1,0	−0,3	−0,6
Ausfuhren (Mio US$)	1.097	1.108	1.512	1.557	1.674	1.634
Einfuhren (Mio US$)	1.232	1.431	1.955	3.115	3.798	4.131
Handelsbilanz (Saldo in Mio US$)	−135	−323	−443	−1.558	−2.124	−2.497
Leistungsbilanz (Saldo in % des BIP)	−2,7	−0,8	−0,8	−13,3	−13,0	−15,2
Auslandsverschuldung (in % des BIP)	39,7	38,4	30,6	40,3	50,5	55,7
Schuldendienst (in % der Ausfuhren)	33,9	17,4	13,1	16,2	16,4	17,8
Währungsreserven (in Monatsimporten)	1,8	2,1	2,0	2,1	2,3	0,4

(S): Schätzung. (P): Prognose.   Quelle: Coface.

Tschechische Republik

Bevölkerung (Mio Einwohner):	**10,3**
BIP (Mio US$):	**168.142**
Anteil am regionalen BIP (%):	**9**

Coface-Bewertungen
Kurzfristiges Risiko:	**A2**
Geschäftsumfeld:	**A2**
Mittelfristiges Risiko:	**sehr gering**

Europa und GUS

STÄRKEN

▲ Die Wachstumsaussichten haben sich durch den Beitritt zur Europäischen Union verbessert.

▲ Durch die Zunahme der Produktivität, die Verbesserung der Haushaltsergebnisse und eine durchaus komfortable Finanzlage gegenüber dem Ausland aufgrund eines anhaltenden Zustroms von ausländischen Direktinvestitionen befindet sich die Wirtschaft angesichts der internationalen Finanzkrise in einer recht günstigen Position.

▲ Die Auslands- und die Staatsverschuldung halten sich weiterhin in Grenzen.

▲ Kredite in Fremdwährungen weisen einen nur geringen Umfang auf. Dadurch ist das Wechselkursrisiko für Unternehmen überschaubar.

SCHWÄCHEN

▼ Die Wirtschaft ist stark vom Außenhandel abhängig. Sie reagiert somit sehr sensibel auf die konjunkturelle Entwicklung in der Euro-Zone.

▼ Durch die Gewinnrückführungen ausländischer Investoren wird die Leistungsbilanz belastet.

▼ Die Wachstumsaussichten werden durch fehlende Arbeitskräfte und mangelhafte Kompetenzen getrübt.

▼ Zusätzliche Reformen des Gesundheits- und Rentensystems sind notwendig, um die Nachhaltigkeit der öffentlichen Finanzen zu stärken.

▼ Die Schwäche der Regierungskoalition behindert die Durchführung von Reformen.

RISIKOEINSCHÄTZUNG

Wachstumseinbruch durch schwache Binnennachfrage und sinkende Ausfuhren

Die Konjunktur hat sich 2008 verlangsamt. Die Inflation, die durch eine Anhebung der Mehrwertsteuer sowie steigende öffentliche Tarife und Preise für Basisgüter angeheizt wurde, hat den Konsum gebremst. Unter dem Einfluss der sinkenden Binnen- und Auslandsnachfrage hat sich die Investitionstätigkeit verlangsamt.

2009 gerät auch Tschechien in eine Rezession, da die Arbeitslosigkeit wieder zunimmt, der Zugang zu Krediten erschwert wird und die wichtigsten Handelspartner in der Euro-Zone in der Rezession stecken. Die Ausfuhren werden stark in Mitleidenschaft gezogen, und der Zufluss an ausländischen Direktinvestitionen wird spürbar zurückgehen. Durch diese Entwicklungen werden die positiven Effekte, die durch den Bau neuer Automobilwerke und steigender EU-Finanzierungen entstehen, zunichte gemacht. Die Inflation dürfte aufgrund der verhaltenen Binnennachfrage und der sinkenden Rohstoffpreise zurückgehen. Die Zentralbank hat bereits im August 2008 begonnen, die Zinsen zu senken.

Aufgrund der schwachen Einfuhren wird der Überschuss in der Handelsbilanz erhalten bleiben. Das Defizit in der Leistungsbilanz, das insbesondere durch Zahlungen von Erträgen an ausländische Investoren verursacht wird, dürfte weiterhin ein moderates Niveau aufweisen. Trotz der ergriffenen fiskalischen Maßnahmen wird die Regierung wegen der schlechten Konjunktur den von ihr angestrebten Abbau des Haushaltsdefizits nicht erreichen. Dies gilt umso mehr, wenn noch Maßnahmen zur Belebung der Wirtschaft beschlossen wer-

Wichtige Kennzahlen

	2004	2005	2006	2007	2008 (S)	2009 (P)
Reales Wirtschaftswachstum (%)	4,5	6,3	6,8	6,0	4,0	−1,4
Inflation (%)	2,8	1,8	2,5	2,9	6,3	2,5
Staatshaushalt (Saldo in % des BIP)	−3,0	−3,6	−2,7	−1,0	−1,2	−2,5
Ausfuhren (Mrd US$)	67,2	78,0	95,1	122,7	149,6	142,3
Einfuhren (Mrd US$)	67,8	75,5	92,3	116,8	143,2	135,0
Handelsbilanz (Saldo in Mrd US$)	−0,5	2,5	2,8	5,9	6,4	7,3
Leistungsbilanz (Saldo in Mrd US$)	−5,8	−1,6	−3,8	−3,2	−6,7	−5,8
Leistungsbilanz (Saldo in % des BIP)	−5,3	−1,3	−2,7	−1,9	−3,1	−3,0
Auslandsverschuldung (in % des BIP)	41,3	37,3	40,2	42,9	41,1	41,4
Schuldendienst (in % der Ausfuhren)	6,7	6,4	5,5	4,7	5,1	5,6
Währungsreserven (in Monatsimporten)	3,9	3,7	3,2	2,8	2,4	2,5

(S): Schätzung. (P): Prognose.   Quelle: Coface.

den. Die Staatsverschuldung dürfte sich jedoch weiter in vertretbaren Grenzen halten (30% des BIP).

Schwierige Konjunktur für Unternehmen

Der Coface-Index der Zahlungsausfälle ist deutlich gestiegen und liegt nun knapp unter dem weltweiten Durchschnitt. Im Jahr 2008 haben die Unternehmen vor allem unter der starken Aufwertung der Tschechischen Krone (bis Juli 2008) gelitten, die zu einer Schrumpfung ihrer Margen geführt hat. Unsicherheiten herrschen nun darüber, welche Folgen das sich verlangsamende Wachstum und die schrumpfende Nachfrage aus Europa haben werden. Im Güterverkehr, der ohnehin schon zu den am stärksten angeschlagenen Sektoren gehört, im Wohnungsbau und in bestimmten Bereichen des verarbeitenden Gewerbes, insbesondere in der Automobilindustrie, werden diese Folgen wohl spürbar

werden. Die Pharmabranche erfreut sich dagegen einer beachtlichen Solidität.

Politische Verhältnisse sind Reformen kaum förderlich

Die Niederlage der Partei von Ministerpräsident Mirek Topolánek zugunsten der sozialdemokratischen Opposition bei den Regional- und Senatswahlen im Oktober 2008 sowie ideologische Differenzen und die Minderheitsposition der Regierung schwächten die Mitterechts-Koalition. Im März 2009 wurde Topolánek durch ein Misstrauensvotum gestürzt. Am 9. Mai 2009 übernimmt Jan Fischer, Direktor des staatlichen Statistikamtes, mit einem Kabinett parteiloser Fachleute die Regierungsgeschäfte. Die EU-Ratspräsidentschaft des Landes im 1. Halbjahr 2009 wurde durch die politischen Krise bislang kaum beeinträchtigt. Für Oktober 2009 sind vorgezogene Neuwahlen angesetzt.

VORAUSSETZUNGEN FÜR DEN MARKTZUGANG

Marktsituation

Seit dem Beitritt der Tschechischen Republik zur Europäischen Union am 1. Mai 2004 bestehen keine Barrieren zolltariflicher und nichttariflicher Art für Produkte aus der Union mehr. Das Land hat umfangreiche Anstrengungen unternommen, um den gemeinschaftlichen Besitzstand zu integrieren und ausländische Investoren anzuziehen.

Index der Zahlungsausfälle
(Gleitender Zwölfmonatsdurchschnitt; Basis: Welt 1995 = 100)

Quelle: Coface.

Seit dem 1. Januar 2008 gilt ein einheitlicher Steuersatz für natürliche Personen (12,5% im Jahr 2009) und Unternehmen (schrittweise erfolgender Übergang auf 21% im Jahr 2008 und 19% im Jahr 2010).

Die gemeinschaftlichen Normen finden sich in der Gesetzgebung wieder: Anpassung der gesetzlichen und rechtlichen Rahmenbedingungen für Unternehmen, insbesondere bei der Vergabe öffentlicher Aufträge (Umsetzung der europäischen Richtlinie 2004/18/EG), Wettbewerbsvorschriften und arbeitsrechtliche Vorgaben (insbesondere Verabschiedung des neuen Arbeitsgesetzbuchs, das Arbeitsverhältnisse einfacher und flexibler gestalten sowie Verträge für Beschäftigungsverhältnisse ohne Arbeitnehmerstatus anpassen soll).

Haltung gegenüber ausländischen Investoren

Ausländische Direktinvestitionen spielen in der tschechischen Wirtschaft eine wesentliche Rolle, denn ausländisches Kapital macht schätzungsweise 60% des BIP aus. Möglich geworden ist dies durch eine gezielte Anreizpolitik unter Federführung der tschechischen Agentur *CzechInvest* zur Förderung von Investitionen.

Seit 2007 hat die Tschechische Republik ihre Anreizpolitik für Investitionen geändert. Sie legt ihren Schwerpunkt nun auf Branchen mit hoher Wertschöpfung. Diese Wende ist jedoch in den von *CzechInvest* betreuten Programmen noch nicht in vollem Umfang zu erkennen. Für Investitionen im verarbeitenden Gewerbe bestehen zurzeit zwei Formen von steuerlichen Vergünstigungen: die völlige Befreiung von der Körperschaftsteuer über einen Zeitraum von fünf Jahren bei neuen Investitionen und die Teilbefreiung von der Körperschaftsteuer, wenn eine Investition im Rahmen eines Modernisierungs- oder Erweiterungsprojekts eines bereits bestehenden tschechischen Unternehmens erfolgt. Diese Steuerbefreiung endet, sobald das Unternehmen die zulässige Obergrenze für die öffentliche Beihilfe erreicht. Das Unternehmen muss in einem Zeitraum von drei Jahren mindestes 100 Mio Tschechische Kronen (CZK) investieren. In Regionen mit hoher Arbeitslosigkeit verringert sich dieses Volumen auf 60 Mio CZK beziehungsweise 50 Mio CZK. Mindestens zur Hälfte muss die Investition durch Eigenmittel gedeckt sein, und auf Ausrüstung müssen mindestens 60% der Gesamtinvestition entfallen. Darüber hinaus müssen die Investition und die geschaffenen Arbeitsplätze mindestens fünf Jahre lang bestehen bleiben. Dieses Programm sieht außerdem die Möglichkeit vor, vom Staat

und von Gebietskörperschaften Grundstücke und Infrastruktureinrichtungen zu Vorzugspreisen zu erwerben.

Beihilfen zur Schaffung von Arbeitsplätzen existieren schließlich in Regionen mit hoher Arbeitslosigkeit, die sowohl von neuen als auch von bereits bestehenden Unternehmen genutzt werden können. Voraussetzung dafür ist eine Investition von mindestens 10 Mio CZK innerhalb von zwei Jahren, die zur Hälfte aus Eigenkapital finanziert wird. Am Ende dieses Zeitraums müssen mindestens zehn Stellen geschaffen worden sein, und das Unternehmen muss seine Tätigkeiten mindestens drei Jahre lang fortführen. In allen Fällen müssen die mit öffentlichen Beihilfen geschaffenen Arbeitsplätze mindestens fünf Jahre lang ab der Beantragung der Fördermittel erhalten bleiben.

Hinzu kommen im Rahmen der europäischen Fonds (26,7 Mrd EUR für den Zeitraum 2007 bis 2013) die operationellen Programme „Unternehmen und Innovationen" sowie „Ausbildung für Wettbewerbsfähigkeit", die sich an der Unterstützung von Investitionen und der Ansiedlung von ausländischen Unternehmen in der Tschechischen Republik beteiligen.

Devisenverkehr

Die Tschechische Krone ist uneingeschränkt konvertierbar. Sie befindet sich langfristig weiter im Aufwind: Während man im Jahr 2000 noch 35,61 CZK für 1 EUR bezahlen musste, waren es im September 2008 nur noch 24,497 CZK. Im Geschäftsverkehr erfolgen Zahlungen im Allgemeinen durch Banküberweisungen in Euro oder Tschechischen Kronen. Zwischen regelmäßigen Geschäftspartnern stellen SEPA-Überweisungen zumeist kein Problem dar. Bei Erstgeschäften oder Großaufträgen sind Akkreditive allerdings besser geeignet (nach Möglichkeit in Partnerschaft mit tschechischen Großbanken oder deutschen Tochtergesellschaften).

ZAHLUNGSMITTEL UND FORDERUNGSEINZUG

Zahlungsmittel

Weder der Wechsel noch der Scheck sind in der Tschechischen Republik gebräuchliche Zahlungsweisen, da eine gültige Erstellung dieser Zahlungsmittel von der Einhaltung bestimmter Formvorschriften abhängig ist.

Europa und GUS

Gleichwohl ermöglichen der Wechsel *(smenka cizi)*, der Solawechsel *(smenka vlastni)* und der Scheck im Falle einer ausstehenden Forderung und erfolgten Protests ein beschleunigtes Mahnbescheidsverfahren. Wenn der Richter diesem Antrag stattgibt, so verfügt der Schuldner lediglich über einen Zeitraum von drei Tagen, um gegen die richterliche Verfügung Einspruch zu erheben.

Die Banküberweisung stellt das mit Abstand am weitesten verbreitete Zahlungsmittel dar, nachdem die wichtigsten tschechischen Banken nach Phasen der Privatisierung und Konzentration nunmehr an das SWIFT-System angeschlossen sind. Hierbei handelt es sich um ein kostengünstiges, flexibles und rasches Verfahren für Zahlungen im internationalen Geschäftsverkehr.

In Anlehnung an die europäischen Bestimmungen ist am 1. Januar 2003 ein Gesetz über „Zahlungssysteme" in Kraft getreten. Es regelt die Verwendungsmodalitäten von in anderen Währungen ausgestellten Banküberweisungen innerhalb des erweiterten Euro-Raums und die Nutzung von elektronischen Zahlungsmitteln im Inland, die in den Kontrollbereich der Tschechischen Nationalbank *(Ceská Národni Banka)* fällt.

Forderungseinzug

Von einem Verfahren vor Ort ist aufgrund der einzuhaltenden Formvorschriften, der hohen Verfahrenskosten und der langen Bearbeitungszeiten durch die Gerichte abzuraten. Für die Erlangung eines vollstreckbaren Titels muss von einem Zeitraum von fast drei Jahren ausgegangen werden. Gründe hierfür sind der Mangel an in marktwirtschaftlichen Rechtsfällen gut ausgebildeten Richtern sowie eine unzureichende Materialausstattung.

In einer dem Schuldner zusammen mit den Forderungsnachweisen zugestellten Mahnung wird dieser an seine Zahlungsverpflichtungen und die Erhebung von Verzugszinsen erinnert, die ab dem ersten Tag nach dem vertraglich vereinbarten Zahlungstermin anfallen.

Soweit keine anderweitigen Vereinbarungen der Vertragsparteien bestehen, gilt hierfür seit dem 28. April 2005 der von der Tschechischen Nationalbank festgelegte „Reposatz", der am ersten Tag des Referenzhalbjahrs gültig ist und zu dem 7 Prozentpunkte hinzugerechnet werden.

Falls der Schuldner nicht über ausreichende Mittel verfügt, um eine sofortige Zahlung zu leisten, sollte eine gütliche Einigung angestrebt werden. Dies geschieht durch einen notariell erstellten Zahlungsplan, der eine Vollstreckungsklausel aufweist. Auf diese Weise kann die Vollstreckung bei Zahlungsunfähigkeit des Schuldners unmittelbar eingeleitet werden, nachdem der vollstreckbare Charakter dieses Dokuments zuvor gerichtlich anerkannt wurde.

Sofern der Gläubiger über einen klaren Nachweis seiner Forderung (unbezahlter Wechsel, Scheck oder ein anderes Schuldanerkenntnis) verfügt, kann er auf das beschleunigte Verfahren des Mahnbescheids *(platební rozkaz)* zurückgreifen. Aufgrund der Überlastung der Gerichte kann dieses Verfahren allerdings eine Dauer von drei Monaten bis zu einem Jahr in Anspruch nehmen, erfordert aber keine Gerichtsverhandlung, sofern die Forderung ausreichend begründet ist. Die vom Kläger zu tragende Vorauszahlung für die Gerichtskosten beträgt 4% der Forderungssumme.

Wenn der Schuldner innerhalb von 14 Tagen nach Zustellung der richterlichen Verfügung Widerspruch einlegt, kommt es zu einem herkömmlichen Verfahren. Hierbei werden die Parteien zu einem späteren Zeitpunkt zu einer oder mehreren Anhörungen geladen, bei denen sie ihre Beweise vorbringen. Am Ende der Verhandlung wird durch das Gericht entweder der Antrag des Gläubigers abgelehnt oder der Schuldner zur Begleichung des Forderungsbetrags und der Gerichtskosten verurteilt.

Das herkömmliche Gerichtsverfahren wird zum Teil schriftlich geführt. Hierbei sind die Schlussforderungen der Parteien stets zusammen mit sämtlichen Forderungsnachweisen im Original bzw. in beglaubigter Kopie einzureichen. Der mündliche Verfahrensteil besteht aus der Anhörung der Parteien und ihrer jeweiligen Zeugen am Tag der Hauptverhandlung.

Kommt es zwischen den Parteien während des Verfahrens zu einer vom Gericht als rechtskräftig erklärten Schlichtungsvereinbarung, so gilt diese als vollstreckbarer Titel, falls sie zu einem späteren Zeitpunkt nicht eingehalten wird.

Für alle Rechtssachen, die beispielsweise das Gesellschaftsrecht, das Wechsel- und Scheckrecht, das Wettbewerbsrecht oder das Insolvenzrecht betreffen, sind die Landgerichte *(krajský soud)* und das Landgericht

Europa und GUS

Exporte: 76% des BIP
▷▷▷▷▷▷▷▷▷▷▷▷▷▷▷▷▷▷▷▷▷▷▷▷▷▷▷▷▷▷▷▷▷▷▷▷▷▷▷▶▶▶▶▶▶▶

Importe: 73% des BIP
◀◀

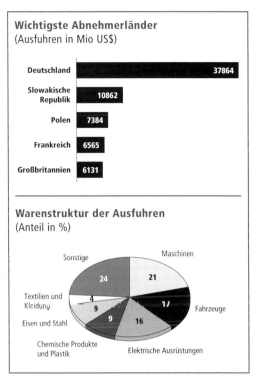

Wichtigste Abnehmerländer
(Ausfuhren in Mio US$)

Deutschland	37864
Slowakische Republik	10862
Polen	7384
Frankreich	6565
Großbritannien	6131

Warenstruktur der Ausfuhren
(Anteil in %)

Sonstige 24
Maschinen 21
Textilien und Kleidung 4
Fahrzeuge 17
Eisen und Stahl 9
9
Elektrische Ausrüstungen 16
Chemische Produkte und Plastik

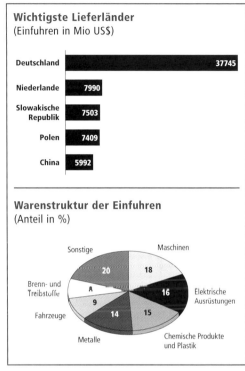

Wichtigste Lieferländer
(Einfuhren in Mio US$)

Deutschland	37745
Niederlande	7990
Slowakische Republik	7503
Polen	7409
China	5992

Warenstruktur der Einfuhren
(Anteil in %)

Sonstige 20
Maschinen 18
Brenn- und Treibstoffe 8
Elektrische Ausrüstungen 16
9
Fahrzeuge 14
Chemische Produkte und Plastik 15
Metalle

Schuldenlast
(Auslandsverschuldung in % der Waren- und Dienstleistungsexporte)

Tschechische Republik	50
Regionaler Durchschnitt	130
Durchschnitt Schwellenländer	73

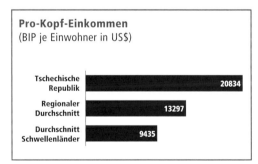

Pro-Kopf-Einkommen
(BIP je Einwohner in US$)

Tschechische Republik	20834
Regionaler Durchschnitt	13297
Durchschnitt Schwellenländer	9435

Prag, das jedoch als Stadtgericht *(mestský soud)* bezeichnet wird, zuständig.

Außerdem wurde zur Verkürzung der Vollstreckungsfristen und Wartezeiten zum Mai 2001 eine neue Gerichtsvollzieherabteilung eingerichtet. Die neuen Gerichtsvollzieher *(soudní exekutor)* wurden mit umfassenden Vollmachten ausgestattet und sind berechtigt, vor der

eigentlichen Vollstreckung des Titels das Vermögen des Schuldners zu ermitteln, wodurch die Durchsetzung von Forderungen Schritt für Schritt beschleunigt wird.

Der Arbeit dieser Berufsgruppe liegt eine Gebührentabelle zugrunde. Die Höhe der Gebühren richtet sich nach der Höhe der zu vollstreckenden Forderung.   ●

Türkei

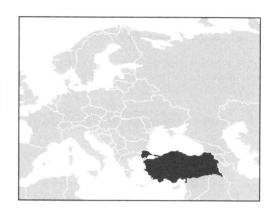

Bevölkerung (Mio Einwohner):	**73,9**
BIP (Mio US$):	**657.091**
Anteil am regionalen BIP (%):	**33**

Coface-Bewertungen
Kurzfristiges Risiko:	**B**
Geschäftsumfeld:	**A4**
Mittelfristiges Risiko:	**moderat erhöht**

STÄRKEN

▲ Durch Wachstum und eine seit der Finanzkrise im Jahr 2001 betriebene strenge Haushaltspolitik konnte die Staatsverschuldung auf ein beherrschbares Niveau abgebaut werden.

▲ Reformen und Umstrukturierungen haben die Solidität im Bankensektor gestärkt.

▲ Mit einer dynamischen Privatwirtschaft, Produktivitätszuwächsen und der Erzeugung von Produkten mit höherer Wertschöpfung hat die Wirtschaft in den vergangenen Jahren eine solide Struktur entwickelt.

▲ Durch die Aussicht auf eine wirtschaftliche Konvergenz mit Europa, die dynamische demographische Entwicklung und die Stellung des Landes als Drehscheibe zwischen Ost und West steigt die Attraktivität des türkischen Marktes.

SCHWÄCHEN

▼ Wegen des umfangreichen Bedarfs an ausländischer Finanzierung – dem höchsten unter allen Schwellenländern – ist die Türkei sehr stark von den Kapitalmärkten abhängig.

▼ Infolge der starken Zunahme von Schulden in Fremdwährungen hat sich das Wechselkursrisiko für die Privatwirtschaft erhöht.

▼ Das Spannungsverhältnis zwischen der Regierung und den „kemalistischen Kräften" stellt weiterhin einen Destabilisierungsfaktor dar.

RISIKOEINSCHÄTZUNG

Rezession nach langer Boomphase

Aufgrund knapp werdender Kredite, einer hohen Inflation, einer restriktiven Geldpolitik und der Verschlechterung des internationalen Umfeldes seit dem Herbst 2008 hat sich die Konjunktur spürbar abgeschwächt. 2009 dürfte die Wirtschaft nach einer langen Phase hoher Wachstumsraten erstmals wieder schrumpfen. Das Vertrauen von Unternehmen und privaten Haushalten hat sich eingetrübt. Die Kreditbedingungen haben sich verschärft, und die Auslandsnachfrage ist eingebrochen. Der Inflationsdruck dürfte abnehmen. Allerdings wird sich der Rückgang der Inflation infolge der Anhebung von öffentlichen Tarifen und der Abwertung der Türkischen Lira in Grenzen halten.

Das Defizit in der Leistungsbilanz hat sich 2008 trotz des Wirtschaftsabschwungs ausgeweitet. Zurückzuführen ist dies auf den gestiegenen Ölpreis, die strukturbedingt hohen Einfuhren von Zwischengütern und die zunehmenden Zahlungen von Dividenden ins Ausland. Die rückläufige Binnennachfrage und der sinkende Ölpreis lassen erwarten, dass sich das Leistungsbilanzdefizit 2009 zurückbilden wird.

Starke Abhängigkeit von ausländischem Kapital

Zur Finanzierung ihres Leistungsbilanzdefizits und der Tilgung ihrer Auslandsschulden ist die Türkei nach wie vor auf ausländisches Kapital angewiesen. Angesichts der weltweiten Finanzkrise wird der Zugang zu Finanzierungen jedoch schwieriger und kostenaufwendiger. Um das Vertrauen der Investoren zu stärken, hat die

Regierung Verhandlungen mit dem IWF über ein neues Beistandsabkommen aufgenommen. Der IWF verlangt als Gegenleistung, dass die türkische Regierung sich bereit erklärt, ihre öffentlichen Ausgaben zu senken. Das Beistandsabkommen ist noch nicht zum Abschluss gekommen, da die türkische Regierung die Staatsausgaben angesichts der Nachfrageschwäche nicht einschränken möchte. Das Risiko, dass der Zustrom von Kapital versiegt, bleibt bestehen. Das gilt insbesondere für Kredite ausländischer Banken. Eine schwere Währungskrise würde in erster Linie die Unternehmen treffen, die stark in Devisen verschuldet sind und ausschließlich über Einnahmen in Landeswährung verfügen. Der Staat, der seine Verschuldung abgebaut hat, und der Bankensektor, in dem sich tiefgreifende Umstrukturierungen vollzogen haben, sind in der Lage, einen derartigen Schock zu verwinden.

Index der Zahlungsausfälle
(Gleitender Zwölfmonatsdurchschnitt;
Basis: Welt 1995 = 100)

Quelle: Coface.

Verschlechterung der Zahlungsfähigkeit von Unternehmen

Das Zahlungsverhalten der Unternehmen verschlechtert sich seit Herbst 2008. Infolge des weltweiten Konjunkturabschwungs, der beginnenden Rezession in der Türkei und der Abwertung der türkischen Währung besteht die Gefahr, dass diese Entwicklung in den kommenden Monaten weiter um sich greift.

Die Automobilindustrie, der Hoch- und Tiefbau sowie damit verbundene Branchen (Kunststoff, Zement, Elektroausrüstung), der Handel im Allgemeinen, der Schiffsbau und die Bekleidungsindustrie haben ohnehin schon mit der Konkurrenz aus Niedriglohnländern zu kämp-

fen. Auch in Zukunft wird für diese Branchen ein überdurchschnittliches Risiko bestehen bleiben.

Politische Spannungen

Der Oberste Gerichtshof hat sich im Juli 2008 gegen ein Verbot der regierenden Partei (AKP) entschieden. Gegen die AKP war der Vorwurf erhoben worden, das Prinzip der Trennung von Kirche und Staat nicht zu respektieren. Durch die Entscheidung des Gerichtshofs konnte nicht nur eine schwere Verfassungskrise abgewendet werden, sondern auch die politischen Unsicherheiten haben sich infolgedessen vermindert. Allerdings sind die ursächlichen Faktoren für die Spannungen nicht verschwunden. Die Regierung hat vor den Kommunalwahlen Ende März 2009 eine abwartende Haltung eingenommen. Zwischen der AKP und den „kemalistischen Kräften" herrscht nach wie vor ein ausge-

Wichtige Kennzahlen

	2004	2005	2006	2007	2008 (S)	2009 (P)
Reales Wirtschaftswachstum (%)	9,4	8,4	6,9	4,6	1,5	−1,5
Inflation (%)	10,6	10,1	10,5	8,7	10,4	7,8
Staatshaushalt (Saldo in % des BIP)	−5,4	−1,3	−0,6	−1,6	−1,8	−3,0
Ausfuhren (Mrd US$)	68,5	78,4	93,6	115,4	138,1	113,3
Einfuhren (Mrd US$)	91,3	111,4	134,6	162,0	189,8	143,2
Handelsbilanz (Saldo in Mrd US$)	−22,7	−33,0	−40,9	−46,7	−51,7	−29,9
Leistungsbilanz (Saldo in Mrd US$)	−14,4	−22,1	−31,9	−37,7	−39,8	−20,1
Leistungsbilanz (Saldo in % des BIP)	−3,7	−4,6	−6,0	−5,7	−5,4	−3,3
Auslandsverschuldung (in % des BIP)	41,0	35,0	38,8	37,6	39,2	46,4
Schuldendienst (in % der Ausfuhren)	32,3	34,5	37,1	36,8	36,8	41,9
Währungsreserven (in Monatsimporten)	3,9	4,6	4,6	4,6	3,9	5,0

(S): Schätzung. (P): Prognose.

Quelle: Coface.

Exporte: 28% des BIP

Importe: 36% des BIP

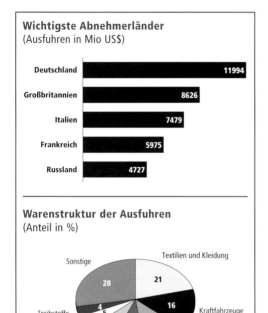

Wichtigste Abnehmerländer
(Ausfuhren in Mio US$)

Deutschland	11994
Großbritannien	8626
Italien	7479
Frankreich	5975
Russland	4727

Warenstruktur der Ausfuhren
(Anteil in %)

Sonstige 28
Textilien und Kleidung 21
Kraftfahrzeuge 16
Nahrungsmittel 11
Mechanische Ausrüstungen 8
Elektrische Ausrüstungen 7
Eisen und Stahl 5
Treibstoffe 4

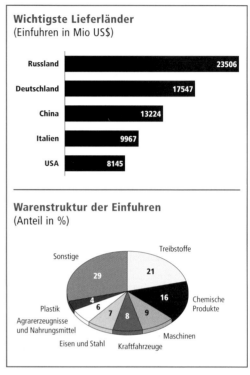

Wichtigste Lieferländer
(Einfuhren in Mio US$)

Russland	23506
Deutschland	17547
China	13224
Italien	9967
USA	8145

Warenstruktur der Einfuhren
(Anteil in %)

Sonstige 29
Treibstoffe 21
Chemische Produkte 16
Maschinen 9
Kraftfahrzeuge 8
Eisen und Stahl 7
Plastik 6
Agrarerzeugnisse und Nahrungsmittel 4

Schuldenlast
(Auslandsverschuldung in % der Waren- und Dienstleistungsexporte)

Türkei	157
Regionaler Durchschnitt	130
Durchschnitt Schwellenländer	73

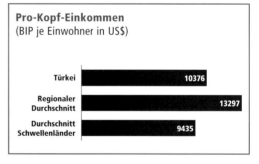

Pro-Kopf-Einkommen
(BIP je Einwohner in US$)

Türkei	10376
Regionaler Durchschnitt	13297
Durchschnitt Schwellenländer	9435

prägtes Spannungsverhältnis. Die Durchführung von politischen Reformen und des Programms für den Beitritt zur EU wird dadurch nicht erleichtert. Auch die immer wieder vorkommenden Übergriffe kurdischer Partisanen tragen zur Instabilität bei.

VORAUSSETZUNGEN FÜR DEN MARKTZUGANG

Marktsituation

Der türkische Markt ist für Produkte aus dem Ausland offen. Mit Ausnahme nicht verarbeiteter landwirtschaftlicher Produkte und der Dienstleistungsbranche deckt das Zollabkommen mit der Europäischen Union sämtliche Wirtschaftszweige ab. Auf Seiten türkischer Unternehmen besteht ein großes Interesse, Partnerschaftsabkommen und Technologietransfervereinbarungen abzu-

Europa und GUS

schließen oder Joint Ventures mit ausländischen Investoren einzugehen.

Alle gängigen Zahlungsmittel werden akzeptiert und können angenommen werden. Beim ersten Geschäftsabschluss oder in wirtschaftlich schwierigen Zeiten ist jedoch das Dokumentenakkreditiv sehr anzuraten. Es kann von einer ausländischen Bank eröffnet werden, allerdings arbeiten die türkischen Unternehmen im Allgemeinen lieber mit ihrer Hausbank. Das Akzeptakkreditiv ist am weitesten verbreitet. Da bei diesem Zahlungsmittel allerdings erhebliche Kosten anfallen, bevorzugen türkische Importunternehmen zumeist Zahlungen gegen Dokumente bzw. gegen Ware. Diese beiden letztgenannten Zahlungsmittel empfehlen sich, wenn der Kunde hinreichend bekannt ist. Mehrere international bekannte Dienstleister für Risikomanagement unterhalten in der Türkei Büros.

Haltung gegenüber ausländischen Investoren

Am 5. Juni 2003 hat die Große Nationalversammlung ein Gesetz zur Regelung von ausländischen Direktinvestitionen in der Türkei verabschiedet. Es beschränkt die Auflagen und behördlichen Genehmigungen und schützt die Rechte der ausländischen Investoren. Gemäß Artikel 1 dieses Gesetzes sollen ausländische Direktinvestitionen gefördert, die Rechte ausländischer Investoren geschützt, die Definition der Begriffe Investition und Investor an die internationalen Standards angeglichen und das System der vorherigen Bewilligung bzw. Genehmigung durch ein neues Informationssystem ersetzt werden. Die Auflagen für ausländische Investoren, ein Mindestkapital von 50.000 US$ einzubringen und im Vorfeld bei dem Generaldirektorat für ausländische Investitionen im Schatzwesen eine Genehmigung zu beantragen, wurden abgeschafft und durch eine einfache Auflage zur „Information" der zuständigen Behörde ersetzt. Jedoch unterliegt die Eröffnung von Verbindungsbüros auch weiterhin der vorherigen Genehmigung durch das Generaldirektorat für ausländische Investitionen.

Die türkische Regierung hat eine Agentur zur Unterstützung und Förderung von Investitionen (TISPA) ins Leben gerufen. Hierdurch sollen die Attraktivität des Landes erhöht und die Beseitigung von Schwierigkeiten, die sich ausländischen Investoren unter Umständen stellen, erleichtert werden. Direkt nach der Finanzkrise im Jahr 2001 waren ausländische Direktinvestitionen in der Türkei konsequenterweise rückläufig, doch von 2003 an haben diese wieder kräftig zugelegt. 2006 betrug ihr Volumen 20 Mrd US$ und 2007 22 Mrd US$. Seit Januar 2008 ist allerdings ein erheblicher Rückgang von ausländischen Direktinvestitionen in der Türkei festzustellen. Im Jahr 2008 beliefen sie sich lediglich auf 17,7 Mrd US$, was gegenüber dem Vorjahr ein Minus von 20% bedeutet.   •

Turkmenistan

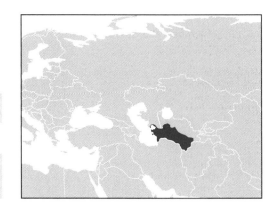

Bevölkerung (Mio Einwohner):	**5,0**
BIP (Mio US$):	**12.933**

Coface-Bewertungen

Kurzfristiges Risiko:	**D**
Geschäftsumfeld:	**D**
Mittelfristiges Risiko:	**sehr hoch**

RISIKOEINSCHÄTZUNG

Nachdem die Wirtschaft bereits zwei Jahre lang in der Größenordnung von 10% zugelegt hat, dürfte das Wachstum 2009 einen neuen Rekord aufstellen. Gestützt wird es durch den erheblichen Anstieg der Preise für exportiertes Erdgas (+30%), das Turkmenistan über das russische Leitungsnetz nach Europa liefert. Das Land profitiert davon, dass Moskau den Bau von Pipelines durch den Kaukasus nach China oder Europa unterbinden möchte. Allerdings werden Investitionen durch diese höheren Preise kaum gefördert. Die Produktion stagniert, auch wenn sich in Turkmenistan schätzungsweise 2,5% der weltweiten Gasvorräte befinden. Die geringe Verschuldung spiegelt unzureichende Aufwendungen für die Infrastruktur wider, die in der Vergangenheit zugunsten von Prestigebauten in der Hauptstadt vernachlässigt wurde. Im Westen des Landes kommt es tagtäglich zu Ausfällen der Stromversor-

gung, da das wichtigste Kraftwerk nur unzureichend instand gehalten wird. Trotz Fortschritten seit dem Regierungswechsel im Dezember 2006 lässt die politische Führung immer noch stark zu wünschen übrig. Zahlreiche Maßnahmen zur Verbesserung der Transparenz stehen aus, insbesondere im Bereich der öffentlichen Finanzen. Die Preise werden zum Großteil staatlich festgelegt. Das Eigentum an Produktionsmitteln liegt in den Händen des Staates. Dennoch wurden Reformen auf den Weg gebracht. So gelten seit 2008 einheitliche Devisenkurse, und 2009 dürfte Privateigentum anerkannt werden, um ausländische Investitionen in der Öl- und Gasindustrie anzulocken. Auch die Wiedereröffnung von Theatern und Kinos sowie der Zugang zum Internet tragen dazu bei, dass die Isolierung des Landes abnimmt. Gurbanguly Berdymuchammedow, seit 2007 amtierender Präsident, gibt sich aufgeklärter als sein Vorgänger und will den Unterricht in Fremdsprachen und wissenschaftlichen Fächern fördern. •

Wichtige Kennzahlen

	2004	2005	2006	2007	2008 (S)	2009 (P)
Reales Wirtschaftswachstum (%)	8,0	9,0	9,0	11,6	9,7	13,5
Inflation (%)	9,0	10,4	7,2	8,6	15,8	11,6
Staatshaushalt (Saldo in % des BIP)	0,4	0,8	5,1	4,1	6,2	3,5
Ausfuhren (Mrd US$)	3,9	4,9	7,2	9,1	12,5	16,6
Einfuhren (Mrd US$)	3,1	2,9	2,6	3,8	5,0	6,4
Handelsbilanz (Saldo in Mrd US$)	0,7	2,0	4,6	5,3	7,6	10,2
Leistungsbilanz (Saldo in % des BIP)	0,6	5,1	15,7	15,4	21,8	26,9
Auslandsverschuldung (in % des BIP)	9,0	5,4	3,3	2,0	1,3	0,9
Schuldendienst (in % der Ausfuhren)	9,0	6,1	3,4	2,2	1,3	1,0
Währungsreserven (in Monatsimporten)	7,5	11,8	21,2	23,8	27,1	26,7

(S): Schätzung. (P): Prognose.   Quelle: Coface.

Ukraine

Bevölkerung (Mio Einwohner):	**46,4**
BIP (Mio US$):	**140.484**
Anteil am regionalen BIP (%):	**8**

Coface-Bewertungen
Kurzfristiges Risiko:	**D**
Geschäftsumfeld:	**C**
Mittelfristiges Risiko:	**hoch**

STÄRKEN

- ▲ Die wesentlichen Ergebnisse der „orangen Revolution" sind die Fortschritte in der demokratischen Entwicklung.
- ▲ Das Land nimmt eine strategische Position zwischen Russland und der Europäischen Union ein. Es profitiert von den Einnahmen aus den Transittransporten von russischem Gas nach Westeuropa.
- ▲ Die Ukraine verfügt über ein erhebliches Potential in der Landwirtschaft sowie qualifizierte kostengünstige Arbeitskräfte.
- ▲ Durch die geringe öffentliche Verschuldung hält sich das Länderrisiko in Grenzen.

SCHWÄCHEN

- ▼ Die Umstrukturierung des produzierenden Gewerbes kommt nur langsam voran. Die Wirtschaft des Landes ist sehr energieintensiv. Die Ausfuhren sind nach wie vor nicht ausreichend diversifiziert und konzentrieren sich auf Metalle.
- ▼ Die Wirtschaft bleibt anfällig für Preisschwankungen bei Stahl und importiertem Gas.
- ▼ Durch den zunehmenden Bedarf an Finanzierungen aus dem Ausland ist die Abhängigkeit von ausländischem Kapital in einem gefährlichen Ausmaß gestiegen.
- ▼ Die Privatwirtschaft ist stark in Fremdwährungen verschuldet.
- ▼ Die Ukraine leidet unter chronischer politischer Instabilität. Der Mangel an Konsens über Reformen belastet das Geschäftsklima.

RISIKOEINSCHÄTZUNG

Düstere Aussichten für die Wirtschaft

Angesichts versiegender ausländischer Finanzierungen, einer Bankenkrise und der weltweit rückläufigen Stahlnachfrage gerät die Ukraine 2009 in eine tiefe Rezession. Allein auf die Metallindustrie entfallen etwa ein Viertel der Industrieproduktion und etwas mehr als 40% der Ausfuhren. Hinzu kommt eine deutliche Verschlechterung der Bedingungen für den Handel (neben einem deutlichen Rückgang der Metallpreise erfolgt die mit Russland ausgehandelte Anhebung des Preises für Importgas).

Zur Finanzierung von Krediten haben sich die Banken übermäßig im Ausland verschuldet. Im Oktober 2008 haben sie gravierende Schwierigkeiten bei der Refinanzierung erlebt. Das sechstgrößte Kreditinstitut des Landes musste gestützt werden, nachdem es zu einer massiven Abhebung von Einlagen gekommen war. Die Zentralbank sah sich schließlich zu Maßnahmen gezwungen, mit denen Kredite und Guthaben praktisch eingefroren wurden. Gleichzeitig wurde der IWF dringend um Hilfe ersucht. Anfang November hat der IWF ein Darlehen über 16,4 Mrd US$ bewilligt, das an eine Reihe von Maßnahmen geknüpft ist. Hierzu gehören die Flexibilität des Devisenkurses, eine der Vorbeugung dienende Rekapitalisierung des Bankensystems sowie die Durchführung einer gezielten Politik zur Inflationsbekämpfung und einer umsichtigen Haushaltspolitik.

Wegen der eingetrübten Aussichten für die Wirtschaft und der Finanzschwierigkeiten ist die ukrainische Landeswährung stark unter Druck geraten. Von Mitte Oktober bis Ende November hat sie im Verhältnis zum US-

Wichtige Kennzahlen

	2004	2005	2006	2007	2008 (S)	2009 (P)
Reales Wirtschaftswachstum (%)	12,1	2,7	7,3	7,6	2,1	–6,0
Inflation (%)	9,0	13,5	9,1	12,8	25,2	29,7
Staatshaushalt (Saldo in % des BIP)	–4,4	–2,3	–1,4	–2,0	–3,0[1]	–4,5[1]
Ausfuhren (Mrd US$)	33,4	35,0	38,9	49,8	67,3	44,1
Einfuhren (Mrd US$)	29,7	36,2	44,1	60,4	83,6	51,0
Handelsbilanz (Saldo in Mrd US$)	3,7	–1,1	–5,2	–10,6	–16,3	–6,9
Leistungsbilanz (Saldo in Mrd US$)	6,9	2,5	–1,6	–5,9	–12,0	0,0
Leistungsbilanz (Saldo in % des BIP)	10,6	2,9	–1,5	–4,2	–6,8	0,0
Auslandsverschuldung (in % des BIP)	47,2	46,0	50,6	59,9	56,4	80,3
Schuldendienst (in % der Ausfuhren)	9,3	12,2	14,2	15,6	15,9	21,6
Währungsreserven (in Monatsimporten)	3,0	5,0	4,7	5,0	3,7	4,4

1) Einschließlich der Kosten der Rekapitalisierung der Banken. (S): Schätzung. (P): Prognose.   Quelle: Coface.

Dollar annähernd 30% an Wert verloren. In der Leistungsbilanz dürfte sich die Lage 2009 allerdings bessern. Durch den rückläufigen Konsum der privaten Haushalte und abnehmende Investitionen dürften die Einfuhren kräftig zurückgehen und dem Land hiermit zu einer ausgeglichenen Leistungsbilanz verhelfen.

Gefahr eines deutlich schlechteren Zahlungsverhaltens der Unternehmen

Mit dem Zahlungsverhalten macht Coface zurzeit zufriedenstellende Erfahrungen. Allerdings besteht die Gefahr einer Verschlechterung im Baugewerbe, das die Wende am Immobilienmarkt, insbesondere in Kiew, zu spüren bekommt, sowie in der Automobil- und der Elektronikindustrie, die in hohem Maße von Konsumkrediten abhängig sind. Darüber hinaus belastet der höhere Preis für eingeführtes Erdgas die Gewinnspannen und die Wettbewerbsfähigkeit von ukrainischen Unternehmen. Die Abwertung der Währung wirkt sich negativ auf Unternehmen mit hoher Verschuldung in Devisen aus. Im Zuge der rückläufigen Stahlnachfrage wird die Metallindustrie geschwächt. Demgegenüber können sich die Landwirtschaft und die Agrochemie nach wie vor durchaus gut behaupten.

Instabile politische Verhältnisse

Mit dem Zusammenbruch der prowestlich eingestellten Koalition Mitte September 2008 hat sich die Lage erneut verschlechtert. Die Koalition war durch interne Rivalitäten zermürbt worden, die bei der russisch-georgischen Krise im August 2008 ihren Höhepunkt erreich-

ten. Im Dezember 2008 gab der Ministerpräsident zwar eine Neuauflage der „orangen" Koalition bekannt, doch der Konflikt zwischen den beiden Regierungsspitzen hat sich anschließend erneut verschärft. Diese Situation untergräbt die Glaubwürdigkeit der Regierung und schränkt ihre Fähigkeit ein, die Folgen der Wirtschaftskrise zu bekämpfen. Neben den Spannungen mit Russland im Zuge der Ereignisse in Georgien ist auch der Gasstreit zwischen den beiden Ländern wiederaufgeflammt.

VORAUSSETZUNGEN FÜR DEN MARKTZUGANG

Marktsituation

Am 1. Januar 2008 lag das ukrainische BIP bei 103 Mrd EUR. Im ersten Halbjahr 2008 wurde ein dynamisches Wirtschaftswachstum (+6,3%) erreicht, das vor allem durch den Konsum der privaten Haushalte infolge höherer Realeinkommen und lebhafter Konsumkredite beflügelt wurde.

Seit September 2008 macht die weltweite Finanzkrise dem Land jedoch erheblich zu schaffen, zumal sich während der zurückliegenden Wachstumsphase zahlreiche Risiken angesammelt haben (politische Lähmung, Dollarisierung, Verschlechterung der Leistungsbilanz).

Anfang November 2008 wurden zahlreiche Entlassungen vorgenommen, und die Industrieproduktion ist eingebrochen. Durch den drastischen Konjunktureinbruch

Exporte: 47% des BIP
▷▷▷

Importe: 50% des BIP
◁◁

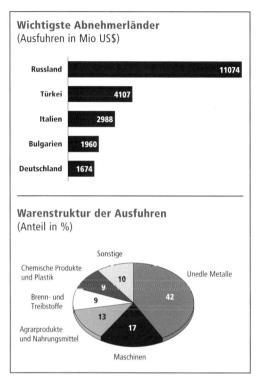

Wichtigste Abnehmerländer
(Ausfuhren in Mio US$)

Land	Mio US$
Russland	11074
Türkei	4107
Italien	2988
Bulgarien	1960
Deutschland	1674

Warenstruktur der Ausfuhren
(Anteil in %)

- Sonstige: 10
- Chemische Produkte und Plastik: 9
- Brenn- und Treibstoffe: 9
- Agrarprodukte und Nahrungsmittel: 13
- Maschinen: 17
- Unedle Metalle: 42

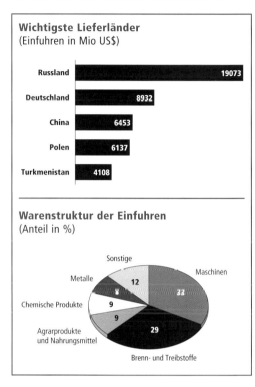

Wichtigste Lieferländer
(Einfuhren in Mio US$)

Land	Mio US$
Russland	19073
Deutschland	8932
China	6453
Polen	6137
Turkmenistan	4108

Warenstruktur der Einfuhren
(Anteil in %)

- Sonstige: 12
- Metalle: 8
- Chemische Produkte: 9
- Agrarprodukte und Nahrungsmittel: 9
- Brenn- und Treibstoffe: 29
- Maschinen: 33

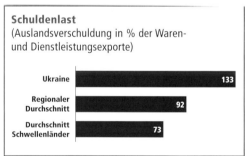

Schuldenlast
(Auslandsverschuldung in % der Waren- und Dienstleistungsexporte)

	%
Ukraine	133
Regionaler Durchschnitt	92
Durchschnitt Schwellenländer	73

Pro-Kopf-Einkommen
(BIP je Einwohner in US$)

	US$
Ukraine	4331
Regionaler Durchschnitt	11532
Durchschnitt Schwellenländer	9435

im zweiten Halbjahr hat sich das reale Wachstum 2008 nach offiziellen Angaben auf 2,1% abgeschwächt.

Die Inflation ist 2008 auf über 25% gestiegen (von 12,8% im Vorjahr). Die Ursache für den markanten Anstieg ist vor allem in den sprunghaft gestiegenen Nahrungsmittelpreisen, aber auch in der Abwertung der Landeswährung zu suchen, denn seit den ersten Auswirkungen der Krise in der Ukraine hat die Hrywna (UAH), die lange Zeit an den US-Dollar angebunden war, gegenüber der amerikanischen Währung kräftig an Wert verloren. Im Zeitraum August bis Ende Dezember

2008 wertete sie von 4,7 UAH/US$ auf 7,9 UAH/US$ ab; im ersten Quartal hat sich die Währung im Bereich von 8,0 UAH/US$ stabilisiert. Doch in Anbetracht der starken Dollarisierung der Wirtschaft und vor allem der starken Verschuldung von Privatpersonen in Devisenkrediten befindet sich das ukrainische Bankensystem in einer schwierigen Lage.

Möglichkeiten des Marktzugangs

Nachdem eine Arbeitsgruppe 15 Jahre lang über die Mitgliedschaft der Ukraine in der WTO verhandelt hat, ist das Land am 16. Mai 2008 schließlich der Welthandelsorganisation beigetreten. Dazu ist das Land zahlreiche Verpflichtungen in den Bereichen Steuern, Handelsrecht, Zollwesen, gewerbliche Schutzrechte und Harmonisierung von Standardisierungs- und Normensystemen eingegangen. Die Umsetzung der Zusagen, die die Ukraine gegenüber der WTO abgegeben hat, lässt allerdings noch auf sich warten.

Mit dem Beitritt zur WTO sollte sich das Geschäftsklima allmählich bessern. Für ausländische Unternehmen dürften zahlreiche Handelshemmnisse abgebaut werden. Außerdem dürfte den Aktivitäten so- genannter Raidergruppen (Unternehmensräuber) Einhalt geboten werden, die unter Beihilfe der ukrainischen Justiz Produktionsanlagen ausländischer Unternehmen ausplündern. Mit dem Beitritt der Ukraine zur WTO haben sich auch neue Perspektiven für den Abschluss eines Freihandelsabkommens mit der EU aufgetan. Die Vorbereitungen zu diesem Abkommen, das 2010 Wirklichkeit werden könnte, sind zurzeit im Gange.

Haltung gegenüber ausländischen Investoren

Bis 2005 waren nur sehr wenige ausländische Direktinvestitionen in die Ukraine geflossen. Doch seitdem hat sich der Zustrom deutlich erhöht. Dank der „orangen Revolution" und der günstigen geographischen Lage der Ukraine vor den Toren Europas haben Investoren die Attraktivität des Landes erkannt. Am 1. Januar 2008 belief sich das Volumen ausländischer Direktinvestitionen auf 29 Mrd US$.

Die Ukraine besitzt nach wie vor ein großes Geschäftspotential, das ausländischen Investoren zugutekommen dürfte. Allerdings erklären zahlreiche Verzögerungen bei Reformen, die seit 2005 regelmäßig vertagten Privatisierungsprogramme und die mangelnde Öffnung des Landes das bislang geringe Aufkommen an ausländischen Investitionen pro Kopf. Tatsächlich laufen Schwierigkeiten rechtlicher (das Problem der Raidergruppen), politischer (im Parlament vertretene Privatinteressen, Abschottungen von Branchen) und administrativer (Erteilung von Genehmigungen) Art der angestrebten Erhöhung der Attraktivität des Landes zuwider.

Mehrere bedeutende wirtschaftliche Ereignisse könnten sich in Zukunft positiv auf den Zustrom ausländischer Direktinvestitionen in der Ukraine auswirken: eine mögliche Beendigung des generellen Erwerbsverbots von landwirtschaftlichen Flächen durch natürliche und juristische Personen sowie die Entwicklung von Aktivitäten im Nahrungsmittelbereich, die Ausrichtung der Fußballeuropameisterschaft 2012 und die Erneuerung der Verkehrsinfrastruktur. Anfang November 2008 wurden allerdings aufgrund der Wirtschaftskrise zahlreiche Investitionsprojekte in der Ukraine verschoben. ●

Ungarn

Bevölkerung (Mio Einwohner):	**10,1**
BIP (Mio US$):	**138.182**
Anteil am regionalen BIP (%):	**7**

Coface-Bewertungen

Kurzfristiges Risiko:	**A4**
Geschäftsumfeld:	**A2**
Mittelfristiges Risiko:	**ziemlich gering**

STÄRKEN

▲ Ungarn gehört nach wie vor zu den Ländern Mitteleuropas, in denen die Reformen am weitesten fortgeschritten sind.

▲ Das Land verfügt über eine gute Infrastruktur, qualifizierte Arbeitskräfte, anerkannte Rechtsvorschriften und ein solides Bankwesen.

▲ Die Zugehörigkeit zur Europäischen Union wirkt als stabilisierender Faktor und verbessert die mittelfristigen Wachstumsaussichten.

SCHWÄCHEN

▼ Die Sparquote ist gering, und das Land ist auf ausländisches Kapital angewiesen.

▼ Die Auslands- und die Staatsverschuldung (66% des BIP) liegen auf einem hohen Niveau.

▼ Ungarn besitzt nur geringe Devisenreserven.

▼ Infolge der Zunahme von Krediten in Fremdwährungen hat sich das Wechselkursrisiko für Privatpersonen und Unternehmen erhöht.

▼ Durch den Sparkurs werden soziale Spannungen möglicherweise wieder angeheizt.

RISIKOEINSCHÄTZUNG

Von der Finanzkrise voll getroffen

Ungarn war im Herbst 2008 eines der ersten Opfer der internationalen Finanzkrise. Die öffentlichen Finanzen stehen hier trotz einer beginnenden Konsolidierung noch auf schwachen Füßen, in der Leistungsbilanz herrscht ein strukturbedingtes Defizit, und die Auslandsverschuldung ist hoch.

Die Verknappung internationaler Bankkredite und die Kapitalflucht haben das Land besonders getroffen, denn es weist einen erheblichen Finanzierungsbedarf auf, der zurzeit nur in geringem Maße durch ausländische Direktinvestitionen gedeckt wird. Die Zentralbank sah sich gezwungen, ihre Zinsen stark anzuheben, um den Forint gegen Spekulationsattacken zu schützen. Gleichzeitig bestand für den Bankensektor das Risiko versiegender Interbankenkredite.

Hinzu kommt ein zusätzlicher Schwachpunkt: Private Haushalte und Unternehmen haben in hohem Maße Kredite in Fremdwährungen aufgenommen (mehr als 60% des gesamten Kreditvolumens), wodurch sich ihr Wechselkursrisiko erhöht hat. Zur Bewältigung dieser Schwierigkeiten haben der IWF, die Weltbank und die Europäische Union Ungarn Ende Oktober 2008 außerordentliche Finanzhilfen gewährt. Um den Liquiditätsengpass, der bei den Banken entstanden war, zu beseitigen, gewährten der IWF ein Rettungspaket in Höhe von rund 25 Mrd US$ und die Europäischen Zentralbank eine Kreditlinie in Höhe von 6,7 Mrd US$. Hierdurch konnten die Talfahrt des Wechselkurses gestoppt und eine Zahlungskrise abgewendet werden. Allerdings dürfte die Währung nach wie vor schwach bleiben, und die Aus-

Wichtige Kennzahlen

	2004	2005	2006	2007	2008 (S)	2009 (P)
Reales Wirtschaftswachstum (%)	4,8	4,0	4,0	1,1	0,8	–3,0
Inflation (%)	6,8	3,7	4,3	8,0	6,2	3,5
Staatshaushalt (Saldo in % des BIP)	–6,4	–7,8	–9,3	–5,0	–3,3	–2,8
Ausfuhren (Mrd US$)	55,7	62,2	74,3	94,2	104,4	99,1
Einfuhren (Mrd US$)	58,7	64,1	75,5	92,3	102,7	96,7
Handelsbilanz (Saldo in Mrd US$)	–3,0	–1,8	–1,1	2,0	1,7	2,5
Leistungsbilanz (Saldo in Mrd US$)	–8,6	–7,5	–6,8	–6,7	–8,6	–5,1
Leistungsbilanz (Saldo in % des BIP)	–8,4	–6,8	–6,0	–4,9	–5,6	–4,0
Auslandsverschuldung (in % des BIP)	73,5	70,8	95,6	107,7	107,2	112,8
Schuldendienst (in % der Ausfuhren)	14,8	12,3	12,4	11,3	14,5	16,3
Währungsreserven (in Monatsimporten)	2,5	2,6	2,6	2,3	2,9	2,9

(S): Schätzung. (P): Prognose.

Quelle: Coface.

wirkungen der Wirtschaftskrise werden ihre Spuren hinterlassen, denn neue Sparmaßnahmen sowie die Kreditrestriktionen und die sinkende Nachfrage aus der Euro-Zone dürften nach zwei Jahren schwachen Wachstums die Wirtschaft 2009 in eine Rezession abgleiten lassen. Der Anpassungsprozess führt voraussichtlich zu einem Abbau des Leistungsbilanzdefizits, wodurch sich die angespannte Finanzlage gegenüber dem Ausland etwas lockern dürfte.

Zahlungsverhalten der Unternehmen spürbar schlechter

Infolge des Konjunkturabschwungs kommt es zu einer massiven Beeinträchtigung der Zahlungsfähigkeit von Unternehmen. Der Coface-Index der Zahlungsausfälle liegt wieder über dem weltweiten Durchschnitt. Wurden durch die Verschlechterung des wirtschaftlichen

Index der Zahlungsausfälle
(Gleitender Zwölfmonatsdurchschnitt;
Basis: Welt 1995 = 100)

Quelle: Coface.

Umfelds bereits Unternehmen belastet, die vorwiegend auf dem Binnenmarkt agieren, geraten nun auch bestimmte exportorientierte Branchen in den Sog der weltweiten Flaute. Gegenwärtig am stärksten betroffen sind der Hoch- und Tiefbau sowie die damit verbundenen Branchen, der Groß- und Einzelhandel sowie die Automobilindustrie. Demgegenüber präsentieren sich der Energiesektor und die Telekommunikationsbranche noch als durchaus solide.

Schwere Zeiten für die Regierung

Ministerpräsident Ferenc Gyurcsány, der seinen Kredit bei der Bevölkerung seit den wütenden Demonstrationen im Herbst 2006 teilweise verspielt hatte, konnte vorübergehend seine Position noch einmal stärken, indem er sich rechtzeitig und erfolgreich um internationale Hilfe bemühte. Doch durch einen erneuten Sparkurs und die Vertiefung der Wirtschaftskrise ist Gyurcsány mitsamt seiner sozialistischen Regierung, die sich seit dem Zusammenbruch der Koalition im April 2008 in der Minderheit befindet, wieder unter Druck gekommen. Um einen Sturz des sozialistischen Kabinetts und die damit einhergehenden Neuwahlen zu verhindern, kündigte Gyurcsány am 21. März 2009 seinen Rücktritt vom Amt des Ministerpräsidenten an. Durch ein konstruktives Misstrauensvotum wurde am 14. April 2009 der parteilose bisherige Wirtschaftsminister Gordon Bajnai von Sozialisten und Liberalen zum neuen Ministerpräsidenten gewählt. Die planmäßigen Parlamentswahlen sind für 2010 vorgesehen.

VORAUSSETZUNGEN FÜR DEN MARKTZUGANG

Marktsituation

Nach dem Beitritt zur Europäischen Union am 1. Mai 2004 und einigen Schwierigkeiten bei der Anpassung an europäische Rechtsvorschriften bestehen heute keine Hindernisse mehr, die den Warenverkehr mit Ungarn erschweren. Zu beachten ist allerdings, dass bei der Einfuhr von Kosmetika eine Registrierung erforderlich ist. Das ist für Exporteure mit finanziellem Aufwand und oft langen Wartezeiten verbunden. Im Übrigen können bei der Zulassung von Gebrauchtwagen, die in einem anderen Mitgliedsstaat gekauft wurden, je nach Alter und Schadstoffausstoß des Fahrzeugs verhältnismäßig hohe Abgaben anfallen. Bei öffentlichen Aufträgen schließlich gilt europäisches Recht. Doch die Umsetzung dieser Vorschriften ist mitunter nur wenig transparent.

Haltung gegenüber ausländischen Investoren

Ungarn hat die Bedeutung ausländischer Direktinvestitionen für die Modernisierung des Landes und die Finanzierung seiner Leistungsbilanzdefizite erkannt. Sehr rasch wurden deswegen rechtliche und wirtschaftliche Rahmenbedingungen geschaffen, die für ausländische Investoren günstig sind. Auf diese Weise wurden die Privatisierungen in den 90er Jahren unterstützt und ein erheblicher Zustrom von Kapital in die ungarische Wirtschaft erreicht. Ungarn ist das Land in der Region, das die höchsten ausländischen Direktinvestitionen je Einwohner vorweisen kann.

Seit Ende der 80er Jahre bis zum vierten Quartal 2007 summierten sich diese ausländischen Direktinvestitionen auf rund 67 Mrd EUR. Da der Privatisierungsprozess inzwischen praktisch abgeschlossen ist (von den 1.700 Staatsbetrieben sind 1.600 bereits privatisiert), betreibt die ungarische Regierung seit 2005 eine gezielte Politik zur Anziehung von ausländischen Direktinvestitionen. Ziel ist es, den Standort für Investitionen mit hoher Wertschöpfung sowie als regionale Produktions- und Exportbasis zu entwickeln. Hierfür werden insbesondere Technologieinvestitionen, regionale Dienstleistungszentren, Projekte in der Automobilbranche und Logistikplattformen durch entsprechende Beihilfen gefördert.

Abhängig vom Umfang kommen sogenannte „strategische" Investitionen oder Investitionen von „nationaler Bedeutung" ebenfalls in den Genuss von Beihilfen. Voraussetzung dafür ist ein Investitionsvolumen von mehr als 10 Mio EUR. Unterhalb dieser Schwelle können Investitionen nur über die Strukturfonds der EU gefördert werden.

Als weiterer Vorteil neben diesen Beihilfen gilt in Ungarn das günstige Verhältnis von Löhnen und Produktivität; diesbezüglich weist Ungarn den besten Quotienten der Region auf. Der Durchschnittsbruttolohn liegt bei etwa 717 EUR/Monat.

Die Körperschaftsteuer wurde 2008 von 16% auf 18% erhöht. Der Steuerplan, den der ungarische Ministerpräsident im Oktober 2008 vorgelegt hat, sieht eine Senkung der Arbeitgeberbeiträge zur Sozialversicherung um 10 Punkte innerhalb von drei Jahren vor. Auf diese Weise könnte die hohe Wettbewerbsfähigkeit des Landes erhalten bleiben.

Für Investitionen in Ungarn gibt es keine Beschränkungen. Dabei spielt es keine Rolle, woher das investierte Kapital stammt und in welchem Umfang Ausländer beteiligt sind. Die einzigen Ausnahmen gelten für den Erwerb von landwirtschaftlichen Flächen und Wäldern bzw. von Zweitwohnsitzen. Hierfür ist eine Übergangsfrist bis Mai 2011 bzw. Mai 2009 vorgesehen.

Devisenverkehr

Im vergangenen März wurden das feste Wechselkurssystem auf Beschluss des geldpolitischen Ausschusses eingestellt und die Interventionsbandbreite für den Forint abgeschafft. Auf diesem begrenzten Markt wirkt sich die Anhebung der Zinsen als geldpolitische Maßnahme zur Inflationsbekämpfung gleichzeitig direkt auf den Wert des Forint aus: Anfang Juli 2008 erreichte der Forint mit 1 EUR = 229,55 HUF seinen höchsten Stand seit fünf Jahren. Seither ist der Forint stark gefallen und notierte Anfang März 2009 bei 1 EUR = 316 HUF. Vor dem Hintergrund der internationalen Finanzkrise steht der Forint heftig unter Druck.

Die Zentralbank, die die Inflation Schritt für Schritt auf die von ihr mittelfristig angestrebte Marke von 3% reduzieren will, war gezwungen, ihren Leitzins mehrfach anzuheben. Von 8,00% p.a. im April 2008 stieg er bis Ende 2008 auf 11,50% p.a. Angesichts rückläufiger Inflationsraten – im Januar 2009 lag die Preissteigerung bei 3,1% gegenüber 7,1% im Januar 2008 – nahm sie die Zinsen wieder auf 9,50% p.a. zurück.

ZAHLUNGSMITTEL UND FORDERUNGSEINZUG

Zahlungsmittel

Weder der Wechsel noch der Scheck stellen in Ungarn gebräuchliche Zahlungsweisen dar, da eine gültige Erstellung dieser Zahlungsmittel von der Einhaltung bestimmter Formvorschriften abhängig ist. Gleichwohl ist es sowohl beim Wechsel als auch beim Scheck möglich, bei einem Zahlungsrückstand und korrekt durchgeführtem Protest das beschleunigte Mahnbescheidsverfahren anzustrengen.

Der Blankosolawechsel *(üres átruházás)* ist in Ungarn weitaus weniger gebräuchlich als in Polen. Hierbei handelt es sich um ein Zahlungsmittel, bei dem zum Zeitpunkt der Ausstellung lediglich das Wort „Solawechsel" und die Unterschrift des Ausstellers aufgeführt sind. Die fehlenden Angaben werden erst bei Einlösung eingetragen.

Die SWIFT-Überweisung stellt das mit Abstand am weitesten verbreitete Zahlungsmittel dar, nachdem die wichtigsten ungarischen Banken nach der Privatisierungsphase, auf die eine Phase der Konzentration folgte, nunmehr an das SWIFT-System angeschlossen sind. Hierbei handelt es sich um ein kostengünstiges und flexibles Zahlungsmittel im nationalen und internationalen Geschäftsverkehr.

Forderungseinzug

Soweit möglich, ist von einem Verfahren vor Ort aufgrund der einzuhaltenden Formvorschriften, der hohen Verfahrenskosten und der langen Bearbeitungszeiten durch die Gerichte abzuraten. Für die Erlangung eines vollstreckbaren Titels muss von einem Zeitraum von fast zwei Jahren ausgegangen werden. Gründe hierfür sind zum einen der Mangel an in marktwirtschaftlichen Rechtsfällen gut ausgebildeten Richtern und zum anderen eine nicht ausreichende Materialausstattung.

In einer dem Schuldner zusammen mit den Forderungsnachweisen zugestellten Mahnung wird dieser auf seine Zahlungsverpflichtungen und die Erhebung von Verzugszinsen aufmerksam gemacht.

Seit dem 1. Mai 2004 fallen Verzugszinsen ab dem ersten Tag nach der im Vertrag vermerkten Fälligkeit der Forderung an. Wenn von den Vertragsparteien nichts Anderweitiges vorgesehen ist, gilt hierfür der Basiszins der ungarischen Nationalbank *(Magyar Nemzeti Bank)*, der am letzten Tag vor Beginn des Referenzsemesters gültig ist und zu dem 7 Prozentpunkte hinzugerechnet werden.

Es ist stets ratsam, eine gütliche Einigung anzustreben. Dies geschieht durch einen notariell erstellten Zahlungsplan, der eine Vollstreckungsklausel aufweist. Auf diese Weise kann die Vollstreckung bei Zahlungsunfähigkeit des Schuldners unmittelbar eingeleitet werden, nachdem der vollstreckbare Charakter dieses Dokumentes zuvor gerichtlich anerkannt wurde.

Sofern der Gläubiger über einen Nachweis seiner fälligen Forderung (Schuldanerkenntnis, Wechsel, unbezahlter Scheck etc.) verfügt, kann er mittels Ausfüllen eines Vordrucks auf das beschleunigte und kostengünstige Verfahren des Mahnbescheids *(fizetézi meghagyás)* zurückgreifen. Hierbei kann der Richter, sofern er die Forderung als begründet betrachtet, ohne Anhörung des Beklagten eine Verfügung erlassen, in der dieser dazu verurteilt wird, innerhalb von 14 Tagen nach Zustellung der Verfügung den Forderungsbetrag und die Gerichtskosten zu begleichen. Im Falle eines nicht beglichenen Wechsels beträgt diese Frist lediglich drei Tage. Die Hinzuziehung eines Anwalts ist bei dieser Vorgehensweise nicht unbedingt erforderlich, wird aber empfohlen. Die vom Kläger zu tragende Vorauszahlung für die Gerichtskosten beträgt 3% der Forderungssumme.

Legt der Schuldner Widerspruch ein, so kommt das Streitverfahren zum Tragen, und es erfolgt eine Verweisung zur Entscheidung in der Sache. Die Parteien werden später zu einer oder mehreren Verhandlungen vorgeladen, bei denen sie angehört werden und ihre Forderungen vortragen können.

Das herkömmliche Gerichtsverfahren wird zum Teil schriftlich geführt. Hierbei sind die Schlussforderungen der Parteien bzw. ihrer Anwälte stets zusammen mit sämtlichen Forderungsnachweisen im Original bzw. in beglaubigter Kopie einzureichen. Der mündliche Verfahrensteil besteht aus der Anhörung der Parteien und ihrer jeweiligen Zeugen am Tag der Hauptverhandlung.

Europa und GUS

Exporte: 78% des BIP
▷▷▷

Importe: 77% des BIP
◀◀◀◀◀◀◀◀◀◀◀◀◀◀◀◀◀◀◀◀◀◀◀◀◀◀◀◀◀◀◀◀◀◀◀◀◀◀◀

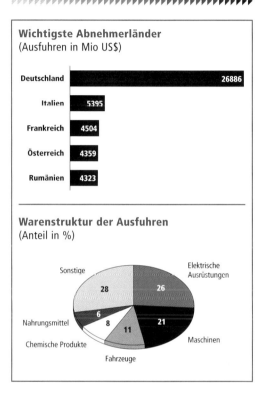

Wichtigste Abnehmerländer
(Ausfuhren in Mio US$)

Deutschland	26886
Italien	5395
Frankreich	4504
Österreich	4359
Rumänien	4323

Warenstruktur der Ausfuhren
(Anteil in %)

Sonstige 28 — Elektrische Ausrüstungen 26 — Nahrungsmittel 6 — Chemische Produkte 8 — Fahrzeuge 11 — Maschinen 21

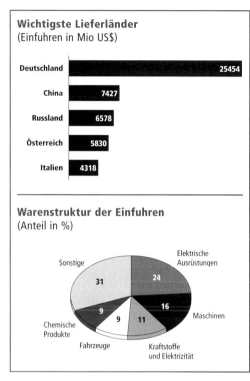

Wichtigste Lieferländer
(Einfuhren in Mio US$)

Deutschland	25454
China	7427
Russland	6578
Österreich	5830
Italien	4318

Warenstruktur der Einfuhren
(Anteil in %)

Sonstige 31 — Elektrische Ausrüstungen 24 — Chemische Produkte 9 — Fahrzeuge 9 — Kraftstoffe und Elektrizität 11 — Maschinen 16

Schuldenlast
(Auslandsverschuldung in % der Waren- und Dienstleistungsexporte)

Ungarn	110
Regionaler Durchschnitt	130
Durchschnitt Schwellenländer	73

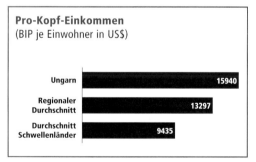

Pro-Kopf-Einkommen
(BIP je Einwohner in US$)

Ungarn	15940
Regionaler Durchschnitt	13297
Durchschnitt Schwellenländer	9435

Es liegt im Ermessen des Richters, jederzeit im Verfahren einen Einigungsversuch zwischen den Parteien anzustreben.

In der Praxis kommt es recht oft zu einer direkten Klage auf Herbeiführung der Konkursanmeldung des Schuldners, um eine schnellere Reaktion bzw. Zahlung zu bewirken.

Seit Juni 2007 ist dieses Verfahren durch eine Änderung am ungarischen Konkursrecht fest verankert. Hiernach hat ein Gläubiger die Möglichkeit, Klage auf Liquidation gegen einen Schuldner zu erheben, wenn dieser 15 Tage nach der Inverzugsetzung weder reagiert noch gezahlt hat.

In Abhängigkeit vom Streitwert sind für Handelsstreitsachen entweder die örtlichen Gerichte *(Helyi Bírósàg)*, die als Handelskammer konstituiert sind, oder die regionalen Gerichte *(Megyei Bírósàg)* zuständig. •

Usbekistan

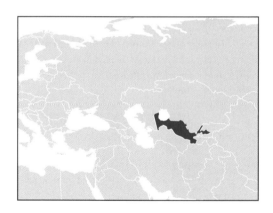

Bevölkerung (Mio Einwohner):	**26,9**
BIP (Mio US$):	**22.308**
Anteil am regionalen BIP (%):	**1**

Coface-Bewertungen

Kurzfristiges Risiko:	**D**
Geschäftsumfeld:	**D**
Mittelfristiges Risiko:	**hoch**

STÄRKEN

- ▲ Das Land verfügt über umfangreiche Rohstoffe (Gold, Baumwolle und Erdgas).
- ▲ Es bestehen hohe Handelsüberschüsse und Devisenreserven. Die Auslandsverschuldung konnte auf einen niedrigen Stand abgebaut werden.
- ▲ Durch die Reform von Steuern und Staatskasse haben sich die öffentlichen Finanzen gebessert.
- ▲ Usbekistan liegt mitten in Zentralasien und zeichnet sich durch den bevölkerungsreichsten Markt in der Region aus. Von daher ist dieser Markt für ausländische Investoren attraktiv.

SCHWÄCHEN

- ▼ Die nur in geringem Umfang diversifizierte Wirtschaft ist von der Entwicklung der Rohstoffpreise abhängig.
- ▼ Das Geschäftsumfeld ist der Entwicklung der Privatwirtschaft wenig förderlich.
- ▼ Die klientelorientierte Politik kann angesichts der sozialen Unzufriedenheit Spannungen hervorrufen.
- ▼ Die Unzufriedenheit könnte einen Aufstieg des islamischen Fundamentalismus begünstigen.

RISIKOEINSCHÄTZUNG

Dynamische Rohstoffausfuhren

Die reale Wirtschaftsleistung verzeichnete 2008 ein Plus von 8%. Gestützt wurde sie dabei durch die Ausfuhren von Gold und Baumwolle, die hohe Preissteigerungen verzeichneten. Aufgrund der inzwischen sinkenden Rohstoffpreise dürften sich die Zuwächse in der Wirtschaft 2009 verlangsamen. Dennoch wird sich das Wachstum weiterhin auf einem zufriedenstellenden Niveau halten, da der Preis von exportiertem Erdgas (aufgrund der Vereinbarung mit Russland) deutlich zulegen dürfte. Diese dynamische Entwicklung fördert Investitionen und einen stärkeren Konsum im Inland. Demgegenüber führen rückläufige Preise für importierte Nahrungsmittel und Energie einerseits zwar zu einer Eindämmung der Inflation. Doch der Zustrom von Devisen infolge von Exporten und Überweisungen von im Ausland lebenden Usbeken lassen andererseits die Geldmenge anschwellen und sorgen für einen zweistelligen Preisauftrieb.

Wenig attraktives Geschäftsumfeld

Erhebliche Mängel im Geschäftsumfeld behindern die Entwicklung der Privatwirtschaft. Der Staat als Eigentümer von Großunternehmen sowie von Grund und Boden bemüht sich kaum darum, die Modernisierung von Produktionsanlagen zu fördern. Eine von Protektionismus geprägte Politik, mit der Importe durch die Nachfrage nach einheimischen Waren vermindert werden sollen, schreckt von Investitionen ab. Massive Überschüsse in der Leistungsbilanz kommen dem Land wenig zugute, weil der Finanzsektor noch unterentwickelt ist. Die Liberalisierung der sich in Staatseigentum befindenden Banken stellt sich in der Praxis als schwierig dar. Trotz der Fortschritte in der Automobilbranche und in der chemischen Industrie ist die Wirtschaft von daher dauerhaft auf Rohstoffexporte angewiesen.

Erhebliche politische Unsicherheiten

Auch wenn der seit der Unabhängigkeit des Landes im Jahr 1991 regierende Präsident Islam Karimow im Dezember 2007 wiedergewählt wurde, herrschen nach wie vor erhebliche politische Unsicherheiten. Es könnte zu einer Radikalisierung der Opposition als Reaktion darauf kommen, dass die Regierung keinen Handlungsspielraum lässt. Die akute Armut, die Zentralisierung der Macht und das Fehlen eines designierten Nachfolgers könnten Instabilität hervorrufen.

Usbekistan unterhält im Übrigen häufig schwierige Beziehungen zu seinen Nachbarländern, auf die es zur Sicherung seiner Wasserversorgung angewiesen ist. Schließlich besteht auch nach wie vor die Abhängigkeit von Russland beim Export von usbekischem Gas.

VORAUSSETZUNGEN FÜR DEN MARKTZUGANG

Marktsituation

Usbekistan hat am 15. Oktober 2003 Artikel 8 des IWF unterzeichnet. Gleichzeitig erklärte das Land offiziell die freie Konvertierbarkeit seiner Währung. Damit einher ging eine langsame, aber kontinuierliche Entwicklung der Vorschriften für den Handelsverkehr, auch wenn noch keine völlige Liberalisierung der Märkte erreicht ist. Das Land wird nämlich überwiegend von den Behörden nach einem Entwicklungsmodell „gesteuert", das sich ausschließlich um Usbekistan selbst dreht. Hierbei werden der Schutz des Binnenmarktes und eine Politik der Substitution von Importwaren miteinander verbunden. Der Handelsverkehr wird stetig weiter ausgebaut, insbesondere mit russischen, türkischen, kasachischen und sogar iranischen Partnern. Unter den wichtigsten Partnern exportieren nur Südkorea und Deutschland mehr nach Usbekistan, als sie aus dem Land importieren.

Als Gewähr für die regelmäßige termingerechte Bezahlung von ausländischen Verbindlichkeiten beschränken sich staatliche Bürgschaften auf die Finanzierung sogenannter „prioritärer" Projekte, die ausschließlich vom Ministerkabinett festgelegt werden. Multilaterale Finanzierungslösungen sind bei internationalen Geldgebern möglich. Mit den Darlehen werden Projekte unterstützt, die einer Öffnung der Märkte und der Entwicklung der Privatwirtschaft dienen.

Gesetzgeberische und behördliche Reformen sind mühsam. Ihre effektive Umsetzung ist häufig ungewiss und vom guten Willen der Behörden abhängig. Einfuhren von Konsum- und Ausrüstungsgütern sind aufgrund protektionistischer Maßnahmen (Barrieren zolltariflicher und nichttariflicher Art) auf dem Binnenmarkt noch sehr begrenzt. Usbekische Behörden lassen bei der Liberalisierung der Wirtschaft sehr große Vorsicht walten. Außerdem haben sie ein strenges Auge auf die

Wichtige Kennzahlen

	2004	2005	2006	2007	2008 (S)	2009 (P)
Reales Wirtschaftswachstum (%)	7,7	7,0	7,3	9,5	8,0	6,5
Inflation (%)	15,5	18,8	11,4	11,9	12,1	10,0
Staatshaushalt (Saldo in % des BIP)	0,6	1,2	5,2	3,9	2,2	2,2
Ausfuhren (Mio US$)	4.263	4.749	5.617	8.029	10.100	11.600
Einfuhren (Mio US$)	3.061	3.310	3.590	4.480	5.680	6.950
Handelsbilanz (Saldo in Mio US$)	1.202	1.439	2.027	3.549	4.420	4.650
Leistungsbilanz (Saldo in Mio US$)	1.214	1.947	3.199	5.297	6.461	6.914
Leistungsbilanz (Saldo in % des BIP)	10,1	13,6	18,8	23,8	24,6	20,8
Auslandsverschuldung (in % des BIP)	36,0	28,9	22,7	17,4	14,7	11,7
Schuldendienst (in % der Ausfuhren)	15,7	12,4	9,7	6,8	4,9	3,7
Währungsreserven (in Monatsimporten)	6,4	8,2	12,5	16,9	18,9	18,6

(S): Schätzung. (P): Prognose.

Quelle: Coface.

Exporte: 38% des BIP
▷▷▷

Importe: 26% des BIP
◁◁◁

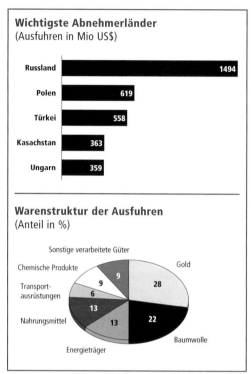

Wichtigste Abnehmerländer
(Ausfuhren in Mio US$)

Russland	1494
Polen	619
Türkei	558
Kasachstan	363
Ungarn	359

Warenstruktur der Ausfuhren
(Anteil in %)

Sonstige verarbeitete Güter 9
Chemische Produkte 9
Gold 28
Transportausrüstungen 6
Nahrungsmittel 13
Energieträger 13
Baumwolle 22

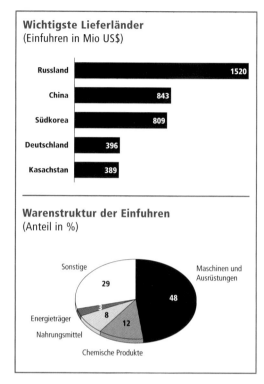

Wichtigste Lieferländer
(Einfuhren in Mio US$)

Russland	1520
China	843
Südkorea	809
Deutschland	396
Kasachstan	389

Warenstruktur der Einfuhren
(Anteil in %)

Sonstige 29
Maschinen und Ausrüstungen 48
Energieträger 3
Nahrungsmittel 8
Chemische Produkte 12

Schuldenlast
(Auslandsverschuldung in % der Waren-
und Dienstleistungsexporte)

Usbekistan	29
Regionaler Durchschnitt	92
Durchschnitt Schwellenländer	73

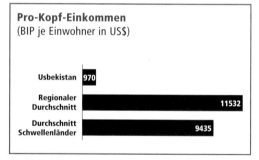

Pro-Kopf-Einkommen
(BIP je Einwohner in US$)

Usbekistan	970
Regionaler Durchschnitt	11532
Durchschnitt Schwellenländer	9435

Auslandsverschuldung. Aus diesen Gründen, aber auch wegen seiner geographischen Lage ist das Land für ausländische Unternehmen nur schwer zugänglich. Dies gilt vor allem für kleine und mittlere Unternehmen und Industrien, die hohe Kosten für die Markterschließung zu bewältigen haben. Die usbekische Handelskammer setzt sich aktiv ein, um die Beziehungen zwischen einheimischen und ausländischen Unternehmen zu erleichtern. Sie hat sich zum Ziel gesetzt, die staatlichen Interventionen zu begrenzen.

Haltung gegenüber ausländischen Investoren

Investoren sind laut Gesetz vor Diskriminierung, Verstaatlichung und Enteignung geschützt. Die Rückführung von Gewinnen oder Kapital steht ihnen frei (Einschränkungen bestehen hierbei durch Probleme bei der Verfügbarkeit von ausländischen Währungen). Schwerfällige Verwaltungsverfahren stellen nach wie vor eines der größten Hemmnisse dar. Allerdings werden die diesbezüglichen Vorschriften derzeit angepasst. Bis dahin ist das bevorzugte Zahlungsmittel immer noch das unwiderrufliche und bestätigte Akkreditiv.

Um die wirtschaftlichen Entwicklung anzukurbeln, ist Usbekistan dazu übergegangen, Unternehmen zu privatisieren und ausländische Direktinvestitionen anzulocken. Im Juli 2007 wurde das jüngste Privatisierungsprogramm für den Zeitraum 2007 bis 2011, das verschiedene Unternehmen aus strategischen Sektoren umfasst, durch ein Dekret des Präsidenten veröffentlicht. Doch überwiegend sind diese Unternehmen entweder insolvent oder existieren nur auf dem Papier. Bei den für eine Übernahme in Frage kommenden Unternehmen wird dem Investor in der Regel vorgeschrieben, dass er die Produktionsanlagen wieder in Gang zu bringen hat. In strategischen Sektoren, zu denen die Bereiche Baumwolle und Baumwollerzeugnisse, Gold und Energie sowie die Luftfahrt gehören, beträgt die maximale Beteiligung eines privaten Investors 49%. Die Mehrheit behält stets der usbekische Staat.

Devisenverkehr

Seit dem 15. Oktober 2003 ist die usbekische Währung frei konvertierbar. Der Wechselkurs ist seit 2006 mit einer Bandbreite von +/–2% an den US-Dollar angebunden und scheint sich hierdurch stabilisiert zu haben. Zahlungen in ausländischen Währungen werden nicht mehr durch die mangelnde Konvertierbarkeit der Landeswährung, sondern vielmehr dadurch erschwert, dass bei den Banken keine Devisen zur Verfügung stehen. Dieses Problem der Verfügbarkeit von Devisen kann zusammen mit einer gewissen Schwerfälligkeit im Entscheidungsprozess von großen öffentlichen Unternehmen oder im Staatsapparat unvertretbare Zahlungsziele zur Folge haben, die mehr als sechs Monate betragen können. Damit verbunden ist das Risiko, dass sich die Preise von internationalen Aufträgen ändern. Aus diesem Grunde ist eine Kurssicherung zu empfehlen.   •

Weißrussland

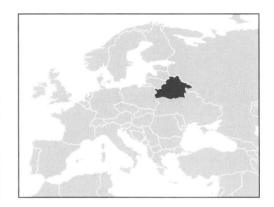

Bevölkerung (Mio Einwohner):	**9,7**
BIP (Mio US$):	**44.771**

Coface-Bewertungen	
Kurzfristiges Risiko:	**D**
Geschäftsumfeld:	**D**
Mittelfristiges Risiko:	**sehr hoch**

RISIKOEINSCHÄTZUNG

Wirtschaft durch die Krise geschwächt

Nachdem schon 2008 eine erste Abschwächung zu erkennen war, dürfte das Wachstum 2009 noch sehr viel stärker abnehmen. Die gute Entwicklung in Weißrussland beruhte zum Teil auf dem subventionierten Preis für russische Gaseinfuhren. Die Anpassung der Tarife an das Weltpreisniveau, die bis 2011 Schritt für Schritt erfolgen soll, belastet die heimische Industrie und führt zu einem Anstieg der Inflation. Zum Preisauftrieb trägt auch die Notenemission der Zentralbank bei. Ebenfalls zu schaffen macht Weißrussland die wirtschaftliche Talfahrt in Russland.

Das Defizit in der Leistungsbilanz, das seit 2005 immer größer wird, ist angesichts der derzeitigen Finanzlage besorgniserregend. Die Auslandsverschuldung legt mit schnellen Schritten zu. Die Devisenreserven entsprechen lediglich einem Importmonat. Das macht Hilfe von außen unabdingbar (IWF, Russland usw.).

Fehlende Reformen

Durch den drastischen Rückgang des in den Westen reexportierten Erdöls, die Verschlechterung der „Terms of Trade" im Handelsverkehr, rückläufige Marktanteile in Russland und steigende Lohnstückkosten führt an Strukturreformen kein Weg vorbei. Eine unzureichende Produktivität und eine hohe Energieineffizienz stellen die Schwachstellen der Industrie dar. Obwohl das Bildungsniveau hoch ist, schreckt das Geschäftsumfeld, das für die Entfaltung der Privatwirtschaft nur wenig förderlich ist, Investitionen ab. Von 2009 an dürfte die Regierung allerdings die Privatisierung von 600 Unternehmen ins Auge fassen.

Zerrissen zwischen Ost und West

Weißrussland ist bestrebt, seine Abhängigkeit von Moskau zu verringern. Finanzielle Unterstützung kommt von dort nämlich nicht ohne Gegenleistung. So hat Russland dafür gesorgt, dass die Kapitalmehrheit des lokalen Gastransportunternehmens an Gazprom abgetreten wird. Dadurch verringern sich die Einnahmen, die Weißrussland aus der Durchleitung von Gas nach Europa erwirtschaftet.

Eine Annäherung an den Westen wird jedoch durch die autoritäre Regierungsführung von Präsident Lukaschenko erschwert. Konkrete Formen annehmen wird eine solche Annäherung im Übrigen erst dann, wenn es Weißrussland gelingt, die notwendigen Maßnahmen zur Liberalisierung durchzuführen. Denn nur so lässt sich mehr Kapital in das Land holen, das zur Modernisierung der weißrussischen Wirtschaft dringend gebraucht wird. •

Wichtige Kennzahlen

	2004	2005	2006	2007	2008 (S)	2009 (P)
Reales Wirtschaftswachstum (%)	11,5	9,4	9,9	8,1	7,0	4,5
Inflation (%)	18,1	10,3	7,0	8,4	17,3	19,0
Staatshaushalt (Saldo in % des BIP)	0,0	−0,7	0,5	0,5	0,5	0,3
Ausfuhren (Mio US$)	13.942	16.109	19.835	24.380	32.336	36.955
Einfuhren (Mio US$)	16.214	16.746	22.104	28.365	37.245	43.233
Handelsbilanz (Saldo in Mio US$)	−2.272	−638	−2.269	−3.984	−4.909	−6.278
Leistungsbilanz (Saldo in % des BIP)	−5,2	1,4	−3,9	−6,6	−7,7	−8,8
Auslandsverschuldung (in % des BIP)	21,5	17,2	18,6	25,6	31,4	37,1
Schuldendienst (in % der Ausfuhren)	3,7	3,3	2,5	3,3	4,9	6,9
Währungsreserven (in Monatsimporten)	0,5	0,8	0,5	1,5	1,1	1,1

(S): Schätzung. (P): Prognose.   Quelle: Coface.

Europa und GUS

Zypern

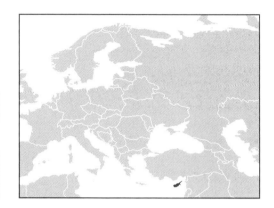

Bevölkerung (Einwohner):	**765.500**
BIP (Mio US$):	**21.277**

Coface-Bewertungen

Kurzfristiges Risiko:	**A2**
Geschäftsumfeld:	**A2**
Mittelfristiges Risiko:	**sehr gering**

RISIKOEINSCHÄTZUNG

Das Wachstum hat sich 2008 noch gut behaupten können. Der private Verbrauch profitierte von steigenden Löhnen, niedrigen Zinsen und einem wachsenden Vertrauen in Verbindung mit dem Beitritt zur Euro-Zone im Januar 2008. Doch die in den vergangenen Jahren boomenden Investitionen haben deutlich an Dynamik verloren. Und der Außenhandel bekommt den internationalen Konjunkturabschwung zu spüren.

Die Verbrauchernachfrage leidet zunehmend unter der steigenden Verschuldung der privaten Haushalte und den Unsicherheiten in Zusammenhang mit der internationalen Finanzkrise. Investitionen im Immobilienbereich dürften angesichts der sinkenden Nachfrage nach Wohnungen von Gebietsfremden stark einbrechen. Die Einfuhren sind aufgrund der schwachen Binnennachfrage und der gesunkenen Preise für Erdöl rückläufig.

Aber auch die Ausfuhren von Gütern und Dienstleistungen (schwache Entwicklung im Tourismus und im Finanzsektor wegen Talfahrt in Großbritannien und in Russland) gehen zurück. Das hohe Leistungsbilanzdefizit kann nur langam abgebaut werden. Grund hierfür ist auch der Verlust an Wettbewerbsfähigkeit infolge des raschen Anstiegs der Arbeitskosten. Die Regierung plant, die Sozialausgaben zu erhöhen, was die Rückkehr zu einem Haushaltsdefizit zur Folge haben wird. Doch die Staatsverschuldung dürfte unter der 2007 erreichten Marke von 60% bleiben. Demetris Christofias wurde im Februar 2008 mit seinem Versprechen, einen Dialog mit Vertretern der türkischen Gemeinschaft zu führen, zum Präsidenten gewählt. Seitdem herrscht ein Klima, das einer Regelung der Zypern-Frage förderlich ist. Verhandlungen wurden im September 2008 aufgenommen. Doch zahlreiche schwierige Themen (Entschädigungsfragen, Rückzug der im Norden stationierten türkischen Garnison) sind noch ungeklärt. •

Wichtige Kennzahlen

	2004	2005	2006	2007	2008 (S)	2009 (P)
Reales Wirtschaftswachstum (%)	4,2	3,9	4,0	4,4	3,5	2,0
Inflation (%)	2,3	2,6	2,5	2,4	5,1	3,9
Staatshaushalt (Saldo in % des BIP)	−4,1	−2,4	−1,2	3,5	0,5	−1,3
Ausfuhren (Mio US$)	1.174	1.545	1.417	1.495	1.530	1.094
Einfuhren (Mio US$)	5.222	5.792	6.440	7.840	8.689	7.444
Handelsbilanz (Saldo in Mio US$)	−4.049	−4.247	−5.023	−6.345	−7.159	−6.350
Leistungsbilanz (Saldo in % des BIP)	−5,2	−5,7	−5,9	−10,1	−10,6	−7,9
Auslandsverschuldung (in % des BIP)	81,9	88,1	120,5	126,6	117,1	129,1
Schuldendienst (in % der Ausfuhren)	12,1	13,7	15,5	14,7	14,4	16,4
Währungsreserven (in Monatsimporten)	4,9	4,7	5,6	4,6	NV	NV

NV: Nicht verfügbar. (S): Schätzung. (P): Prognose.   Quelle: Coface.

Amerika

Prognose 2009: Nordamerika unter Subprime-Schock,
Lateinamerika im Schlepptau der Nachfrageschwäche   210

Argentinien   218
Bolivien   222
Brasilien   226
Chile   232
Costa Rica   236
Dominikanische Republik   237
Ecuador   239
El Salvador   243
Guatemala   245
Haiti   249
Honduras   250
Jamaika   251
Kanada   252
Kolumbien   255
Kuba   259
Mexiko   263
Nicaragua   267
Panama   268
Paraguay   269
Peru   272
Uruguay   276
Venezuela   280
Vereinigte Staaten von Amerika (USA)   284

Prognose 2009: Nordamerika unter Subprime-Schock, Lateinamerika im Schlepptau der Nachfrageschwäche

Pierre Paganelli und Christine Altuzarra
Abteilung für Länderrisiken und Wirtschaftsstudien, Coface, Paris

NORDAMERIKA

2009 – ein richtungweisendes Jahr

Die Wachstumsrate der US-Wirtschaft von 1,1% im Jahr 2008 ist auf den ersten Blick ganz passabel, doch der Schein trügt. Trotz einer gezielten Geld- und Haushaltspolitik, die im ersten Halbjahr noch Auftrieb gegeben hat, war der Einbruch der Konjunktur in der zweiten Jahreshälfte verheerend. Bis September 2008 wurde das Wachstum nämlich durch den steigenden Konsum der Privathaushalte angesichts steuerlicher Anreize im Frühjahr und durch die dank des günstigen Wechselkurses des US-Dollar sehr gute Entwicklung im Exportbereich beflügelt. Mit der nachlassenden Wirkung der Regierungsmaßnahmen und der gleichzeitig eintretenden drastischen Verteuerung der Währung wurden beide Wachstumsmotoren im zweiten Halbjahr gebremst. Investitionen in den Wohnungsbau sanken weiter in Rekordgeschwindigkeit, was sich im Jahresverlauf auf den gewerblichen Bau ausdehnte. Seit der Insolvenz von Lehman Brothers schnellt die Arbeitslosigkeit, die bereits alarmierende Anzeichen für eine Ver-schlechterung zeigte, geradezu in die Höhe. Sollte sich das stark rückläufige Wachstum des vierten Quartals 2008 fortsetzen, sieht es für das Jahr 2009 düster aus. Solange die Arbeitslosigkeit nicht sinkt, die Finanzinstitute ihre Bilanzen nicht bereinigen und die zwangsvollstreckten Immobilien weiter die Zahl der zum Verkauf stehenden Wohnimmobilien in die Höhe treiben, kann sich die Konjunktur nicht erholen. Auch wenn die Maßnahmen der neuen Administration (steuerliche Anreize und insbesondere öffentliche Ausgaben für die Infrastruktur), die das Programm vom Herbst 2007 ergänzen, erst verspätet umgesetzt wurden, dürften sie dennoch die Heftigkeit der Rezession vermindern.

Verschlechterung des Zahlungsverhaltens

Die Zahl der Unternehmen, die Insolvenz gemäß Chapter 11 und Chapter 7 (in einer Größenordnung von jeweils +43% bzw. +35% für 2008) einreichen, wird sich im Jahr 2009 weiter erhöhen und spiegelt das verschlechterte Zahlungsverhalten wider, das Coface seit Januar 2008 beobachtet. Die Bewertung der **USA** wurde daher im März 2008 von A1 auf A2 herabgesetzt

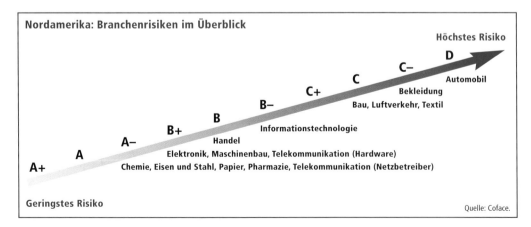

Nordamerika: Branchenrisiken im Überblick

Höchstes Risiko

D

C–

C
Automobil

C+
Bekleidung

B–
Bau, Luftverkehr, Textil

B
Informationstechnologie

B+
Handel

A–
Elektronik, Maschinenbau, Telekommunikation (Hardware)

A
Chemie, Eisen und Stahl, Papier, Pharmazie, Telekommunikation (Netzbetreiber)

A+

Geringstes Risiko

Quelle: Coface.

und im März 2009 mit negativem Ausblick versehen. **Kanadas** A1-Bewertung wurde unter Beobachtung für eine Abwertung gestellt und im März 2009 auf A2 reduziert. Die Bewertung von **Mexiko** wurde im März 2008 von A3 auf A4 heruntergestuft und im März 2009 unter Beobachtung für eine weitere Abwertung gestellt.

Zahlreiche Branchenbewertungen herabgesetzt oder unter Beobachtung

Zwei Branchen stehen 2009 weiterhin im Zentrum der Turbulenzen: Angesichts stark zurückgehender Baugenehmigungen, Bauprojekte und Verkäufe sowie einer wachsenden Zahl an Insolvenzen von regionalen Bauträgern wurde die **Baubranche** im Mai 2008 zunächst von B– auf C+ und im November dann auf C herabgestuft. Auch die **Automobilindustrie** wurde zweimal abgewertet, von C auf C– und dann auf D. Grund dafür waren die stark rückläufigen Zulassungen, die nicht nur große Schwierigkeiten für Hersteller, sondern auch für Zulieferer und für Konzessionsnehmer nach sich zogen.

Die unter Beobachtung stehende Bewertung A– des **Handels** wurde auf B+ herabgestuft, dann auf B, da sich der nachlassende Konsum, mit Ausnahme von Discountern, auf die gesamte Branche ausgewirkt hat. Der **Luftverkehr** wurde im Mai 2008 von C+ auf C herabgesetzt und steht jetzt unter Beobachtung für eine weitere Abwertung. Dies liegt an der negativen Auswirkung des verteuerten Kerosins auf den Gewinn der Gesellschaften – auch wenn die Ölpreise seit Juli gesunken sind – und am stark rückläufigen Passagier- und Frachtverkehr. Auch der **Maschinenbau** (von A– auf B+), die **Eisen- und Stahlindustrie** (von A auf A–) und die **Elektronikbranche** (von A auf A–, zuletzt auf B+) wurden abgewertet. Im Bereich der **Telekommunikation** stehen Hardware (B+) und Netzbetreiber (A–) unter Beobachtung für eine Abwertung.

LATEINAMERIKA

Folgen der globalen Wirtschafts- und Finanzkrise deutlich zu spüren

In Lateinamerika wird das Wachstum im Jahr 2009 stark gedrosselt und auf –0,3% sinken, 2008 lag es noch bei 4,3%. Mit diesem Durchschnitt bleibt Lateinamerika im Jahr 2009 unter der für die aufstrebenden Länder insgesamt erwarteten Wachstumsrate von 1,8%. In dem erheblich eingetrübten internationalen Umfeld, das von

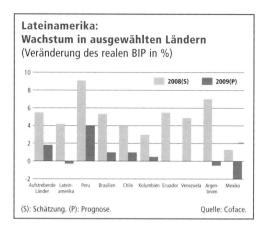

Lateinamerika: Wachstum in ausgewählten Ländern (Veränderung des realen BIP in %)

2008(S)   2009(P)

Aufstrebende Länder, Lateinamerika, Peru, Brasilien, Chile, Kolumbien, Ecuador, Venezuela, Argentinien, Mexiko

(S): Schätzung. (P): Prognose.   Quelle: Coface.

der Rezession in den USA und der globalen Wirtschafts- und Finanzkrise geprägt ist, kommen verschiedene Übertragungswege zur Geltung:

■ Verfall der Rohstoffpreise

Seit Mitte 2008 zeichnete sich ein Preissturz bei Rohstoffen ab. Aufgrund des starken Nachfragerückgangs in den Industrieländern und in geringerem Maße in den Schwellenländern sowie einem Angebotsüberschuss in einigen Bereichen werden die Preise niedrig bleiben. Besonders besorgniserregend sieht es bei Erzen und Metallen aus. Die hohe Nachfrage nach Eisen- und Fahlerz wie auch nach Stahl wurde von Chinas enormem Hunger nach Rohstoffen angekurbelt. Der Abschwung des dortigen Immobilienmarkts ist mit erheblichen Auswirkungen auf den Preis von Erzen und Metallen verbunden. Die Preise sind zugleich anfällig für die Entwicklung auf dem schwer angeschlagenen Automobilmarkt, und zwar insbesondere der Industrieländer, aber auch die Schwellenländer sind betroffen.

Die lateinamerikanischen Exporteure von Erzen und Metallen **(Brasilien, Chile, Peru)** sind am verletzlichsten. Mit den auftretenden oder sich verstärkenden Defiziten in der Leistungsbilanz wird auch der Auslandsfinanzierungsbedarf wachsen, und das in einer Zeit, in der sich die Akteure auf den Finanzmärkten misstrauen.

Der Nahrungsmittelmarkt wird stärker als sonst vom Angebot bestimmt, denn die Nachfrage ist nicht beeinträchtigt. Die sehr ertragreichen Ernten im Jahr 2008 sorgen aber für sinkende Preise, vor allem von Weizen, jedoch auch von Soja (Preisrückgang um über 50% 2008). Dadurch wird **Argentinien** erheblich geschwächt, da Lebensmittel nahezu ein Drittel seiner

Amerika

Ausfuhrerlöse und einen wesentlichen Teil seiner Haushaltseinnahmen ausmachen. **Brasilien** und **Paraguay** werden ebenfalls in Mitleidenschaft gezogen.

Angesichts der großzügigen Umverteilungspolitik, die von den Regierungen in **Venezuela** und **Ecuador** noch zur Zeit der hohen Ölpreise eingeführt wurde, reagieren diese Länder empfindlich auf die dramatisch sinkenden Ölpreise. Auch **Mexiko** und **Kolumbien** sind davon betroffen, wenn auch in geringerem Umfang.

■ **Kreditrestriktionen**

Der Ansteckungseffekt durch die Kreditklemme (Credit-Crunch) trifft Lateinamerika unerwartet und ist in Anbetracht der Finanzlage besorgniserregend. Unternehmen und Privathaushalte werden – sei es direkt oder indirekt – die Restriktionen bei den Privatkrediten zu spüren bekommen. Insbesondere die spanischen und nordamerikanischen Bankfilialen, in hoher Zahl in der Region angesiedelt, sind diesem Risiko ausgesetzt, da ihnen von ihren Mutterunternehmen eine restriktivere Politik vorgeschrieben wird. Das könnte vor allem in **Mexiko, Brasilien** und **Argentinien** eine Rolle spielen. Die lokalen Banken ahmen diese restriktive Haltung nach. In den Ländern (vor allem **Brasilien** und **Mexiko),** in denen einige, insbesondere große, Privatunternehmen ausländische Kredite in Anspruch genommen haben, könnten die Firmen Schwierigkeiten bekommen, ihre Schulden zu refinanzieren oder Mittel für neue Projekte zu beschaffen. Außerdem wachsen vor dem Hintergrund der Inflation auch ihre Fremdwährungsschulden.

■ **Handelsverkehr und Rücküberweisungen**

Die Rezession in den USA wird sinkende Ausfuhren von verarbeiteten Erzeugnissen aus Lateinamerika in die USA nach sich ziehen. Zudem werden die Rücküberweisungen von in den USA arbeitenden Lateinamerikanern betroffen sein. Konsequenterweise wird es zu einem spürbaren Abschwung der Konjunktur und schwächelndem Konsum der ärmsten Privathaushalte in den Ländern kommen, die davon am stärksten abhängig sind, das sind **Mexiko,** die **mittelamerikanischen Länder,** die **Karibik,** in geringerem Ausmaß auch **Ecuador** und **Peru.**

■ **Aktienmärkte**

Die Börsen in Lateinamerika wurden 2008 sehr deutlich auf Talfahrt geschickt, dennoch dürften sich die Auswirkungen auf die Konjunktur aufgrund der relativ geringen Beteiligung der Märkte an der Finanzierung der Wirtschaft in Grenzen halten. Nichtsdestotrotz führte das Platzen der Börsenblase Ende 2008 in **Brasilien** zu Kapitalabflüssen und damit zu einem fallenden Wechselkurs. Insofern ist diese Änderung teilweise sogar vorteilhaft, da die vorhergehende Aufwertung der Landeswährung aufgrund des Kapitalzustroms aus dem Ausland den brasilianischen Exporteuren schadete. 2009 dürften sich die Börsen in Lateinamerika weniger volatil entwickeln, da sie mit den deutlich niedrigeren Wechselkursen attraktiver werden.

■ **Liquiditätsengpässe**

Die Risikoprämien auf Staatsobligationen schossen seit Mitte 2008 in allen Schwellenländern, und damit auch in Lateinamerika, in die Höhe und wurden für **Argentinien, Ecuador** und **Venezuela** sogar drastisch angehoben. Dabei handelt es sich um Länder, die angesichts ihrer unbeständigen Wirtschaftspolitik und sozialpolitischen Lage bereits vor der Finanzkrise von den Marktteilnehmern als riskant eingestuft wurden.

Das Risiko einer Liquiditätskrise könnte weitere Länder in Lateinamerika betreffen, die bereits durch ein hohes Defizit in der Leistungsbilanz und einen sehr niedrigen Liquiditätskoeffizienten (Devisenreserven von weniger als drei Monatsimporten) geschwächt sind.

Zudem verhindern zahlreiche Umstände, dass die Region ein Wachstum erreicht, wie man es aus Asien kennt: Dazu gehören eine deutlich ungleichmäßigere Einkommensverteilung als in anderen aufstrebenden Ländern, ein schlechtes Bildungssystem, eine zu große Schattenwirtschaft, eine hohe Staatsverschuldung, die den Spielraum für Modernisierungsinvestitionen einschränkt, institutionelle Mängel sowie Probleme in Bezug auf das Geschäftsumfeld. Diese strukturellen Schwächen schlagen sich vor allen Dingen in einem unzureichenden Anteil der Investitionen im BIP nieder (in der Region durchschnittlich etwa 21%), der schon als solcher und auch im Vergleich zu dem aller anderen aufstrebenden Länder (etwa 28%) zu niedrig ist.

Widerstandsfähigkeit Lateinamerikas höher als in früheren Krisen

Im Vergleich zu vorangegangenen Krisen, in denen die Region selbst der Brandherd war, schultert Lateinamerika die aktuelle Lage mit einem größeren finanziellem

Polster. In mehreren lateinamerikanischen Ländern wurden genau wie in den Industrieländern Konjunkturpakete umgesetzt, wobei die verstärkte Mobilisierung der Regierungen ein absolutes Novum in den Schwellenländern darstellt. Dank der Sanierung der öffentlichen Finanzen, die in den vergangenen Jahren in mehreren lateinamerikanischen Ländern vorangetrieben wurde, verfügen die Regierungen über einen gewissen Handlungsspielraum, um mit öffentlichen Mitteln die Wirtschaft zu stimulieren.

Größtes Vorbild hinsichtlich öffentlicher Finanzen in der Region ist **Chile.** Sein Staatsfonds ist dank der Einnahmen aus dem Verkauf von Kupfer mit 21 Mrd US$ gefüllt. Die Regierung war somit ohne Probleme in der Lage, ein Konjunkturpaket in Höhe von 2 Mrd US$ auf den Weg zu bringen. Es umfasst Kreditlinien für kleine und mittlere Unternehmen und die Unterstützung für Unternehmen der Branchen Wohnungsbau und Lachszucht. Die größte Volkswirtschaft der Region, **Brasilien,** pumpt Dutzende von Milliarden US-Dollar in die Bau- und Automobilbranche, räumt Kreditlinien von 10 Mrd US$ für die meistverschuldeten Unternehmen und Steuersenkungen in Höhe von 4 Mrd US$ ein. Das mit voller Wucht von der Rezession in den USA getroffene **Mexiko** hat ebenfalls eine kontrazyklische Haushaltspolitik durchgesetzt, um die Konjunktur anzukurbeln und die kleinen und mittleren Unternehmen zu unterstützen. **Peru,** das zu den am stärksten expandierenden Wirtschaften gehört, hat ein Konjunkturpaket in Höhe von 3,2 Mrd US$ verabschiedet. Es wirkt sich auf die Sozialausgaben, Infrastrukturprojekte und Unternehmenskredite aus. **Argentinien** hat Ende 2008 zu drastischen und kontrovers diskutierten Maßnahmen gegriffen. Die privaten Rentenfonds und das Unternehmen Aerolineas Argentinas wurden verstaatlicht. Mehrere Milliarden US-Dollar wurden in den Tiefbau investiert, mit einem weiteren Programm wurde der Tourismusbranche unter die Arme gegriffen, und es wurden subventionierte Darlehen für den Autokauf genehmigt. Schlussendlich wurde für eine Steueramnestie gestimmt und ein Anreiz geschaffen, im Ausland deponiertes Geld wieder zurückzuholen.

In der Geldpolitik ist in der Region eine deutliche Umorientierung zu beobachten. Immer häufiger greifen die Zentralbanken massiv ein, um einem zu erheblichen Einbruch der Wechselkurse entgegenzuwirken. Zudem wurden die Mindestreservesätze spürbar gesenkt, was insbesondere für **Brasilien** gilt. Zur Unterstützung wurden Gelder in den Bankensektor gepumpt (in **Bra-**

silien 50 Mrd US$). Das zunehmende Eingreifen von internationaler Seite war ebenfalls beachtlich, die Fed hat mit **Brasilien** und **Mexiko** ein Devisenswapabkommen über je 30 Mrd US$ unterzeichnet.

Obwohl die Geldpolitik zahlreicher Länder in der Region sich Inflationsziele gesetzt hat, werden die Zentralbanken sehr aufmerksam die Entwicklung der Wechselkurse beobachten. Auch wenn die meisten Länder in der Region mittlerweile widerstandsfähiger sind als früher, leidet Lateinamerika nach wie vor unter den Fehlern der Vergangenheit. Beim ersten Anzeichen von Schwäche werden die nationalen Währungen zugunsten des US-Dollar aufgegeben. Zugleich haben mehrere Zentralbanken trotz lahmender Volkswirtschaften ihren Leitzins halten können. Aufgrund der rückläufigen Rohstoffpreise am Weltmarkt und des sinkenden Wachstums dürften die inflationären Spannungen dennoch abgebaut werden und die Regierungen der verschiedenen Länder eine Politik der Zinssenkung betreiben, um das Wachstum voranzutreiben, und sei es zu Lasten des Wechselkurses. Es bleibt jedoch fraglich, ob dies ausreicht, um die Kreditvergabe zu stimulieren.

Darüber hinaus können die Devisenswapabkommen oder eventuelle Kreditlinien der internationalen Finanzinstitute (wie IWF) nicht als Garant gegen Liquiditätskrisen und ausbleibende Transferzahlungen verstanden werden. In Ländern, die sich durch eine inkohärente Wirtschaftspolitik und/oder sozialpolitische Instabilität auszeichnen, können die Probleme auftreten oder weiterbestehen.

Das Wiederauftreten von Defiziten in der Leistungsbilanz wirkt sich noch nicht auf die Finanzlage gegenüber dem Ausland aus. Nachdem Lateinamerika von 2003 bis 2007 fünf Jahre in Folge Leistungsbilanzüberschüsse

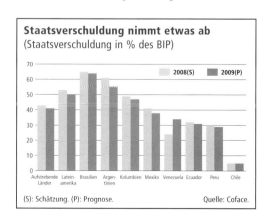

Staatsverschuldung nimmt etwas ab
(Staatsverschuldung in % des BIP)

2008(S)   2009(P)

(S): Schätzung. (P): Prognose.   Quelle: Coface.

Amerika

erwirtschaftet hat, weist die Region seit 2008 wieder eine geringfügig defizitäre Leistungsbilanz auf (ca. 1,5% des BIP). Das Defizit geht zum großen Teil auf das Konto der globalen Wirtschafts- und Finanzkrise und ihrer negativen Auswirkung auf den Geschäftsverkehr, die Rohstoffpreise und die Zahlungen von in die USA oder nach Westeuropa ausgewanderten Staatsbürgern.

Demnach dürften die Währungsreserven 2009 zwar zurückgehen, mit durchschnittlich sechs Monatsimporten gegenüber einem Durchschnitt von 9,5 Monatsimporten in den aufstrebenden Ländern aber durchaus zufriedenstellend bleiben. Dahinter verbergen sich disparate Situationen, doch in der Regel sorgen diese Reserven im Fall von massiven Kapitalabzügen für ein beträchtliches Sicherheitspolster. Sollten die rückläufigen Rohstoffpreise nur vorübergehend und auf das Jahr 2009 beschränkt sein, so haben die meisten Länder in Lateinamerika für die Zukunft genügend Reserven, um dies zu schultern. Sollte der Aufschwung auf sich warten lassen, vor allem bei einer anhaltenden Konjunkturschwäche in China, könnte dies für Länder, die in erster Linie Rohstoffe exportieren, problematisch werden.

Die Auslandsverschuldung nimmt in Lateinamerika weiter ab. Im Jahr 2009 dürfte die Auslandsverschuldung bei 24% des BIP liegen. In den Schwellenländern liegt sie dagegen im Durchschnitt bei 27%. Die Verschuldung dürfte im Vergleich zu den Exporteinnahmen ebenfalls sinken, wenn sie auch mit etwa 105% noch deutlich über dem aggregierten Durchschnittswert aller Schwellenländern (75%) liegt. Unter dem Strich ist die Lage der meisten Länder in der Region derzeit solider als zu früheren Krisenzeiten. Zudem gingen die Krisen früher meist von der Wirtschaft in Lateinamerika selbst aus.

Schuldenlast steigt wieder an
(Auslandsverschuldung in % der Exporterlöse)

(S): Schätzung. (P): Prognose.   Quelle: Coface.

Gefestigte Demokratien

Das demokratische System in Lateinamerika festigt sich seit einigen Jahren, und die Fortschritte, die insbesondere durch die ordnungsgemäße Durchführung freier Wahlen und die abnehmende politische Bedeutung des Militärs erzielt wurden, können als beachtlich bezeichnet werden. Probleme bestehen dennoch fort. Hauptgründe sind institutionelle Schwächen und vor allem die Armut, die trotz aller Fortschritte nach wie vor ausgesprochen hoch ist (ein Drittel der Bevölkerung im Jahr 2008 im Vergleich zu 44% im Jahr 2002), sowie die Ungleichverteilung des Vermögens, die ausgeprägter ist als in vergleichbaren Schwellenländern.

Diese sozialen Aspekte haben dazu beigetragen, dass bei den zahlreichen Präsidentschaftswahlen in den Jahren 2006 und 2007 in verschiedenen Ländern (außer **Kolumbien** und **Mexiko**) Mitte-links- oder Links-Kandidaten die Wahlen gewinnen konnten. In einigen Fällen hat dies zu einer pragmatischen und gemäßigten Herangehensweise geführt **(Brasilien, Chile, Peru, Uruguay)**, wenn die gewählten Präsidenten mit Regierungskoalitionen zusammenarbeiten müssen (seit Mitte 2008 auch in **Paraguay)**. In anderen Ländern kam es hingegen zu einer radikaleren Ausrichtung der Politik **(Bolivien, Ecuador, Venezuela). Argentinien** bewegt sich offenbar zwischen diesen beiden Polen. Gleichzeitig wurden nach den Wahlergebnissen in einigen Ländern der Andenregion **(Bolivien, Ecuador** und **Peru)** Forderungen der Ureinwohner nach stärkerer Anerkennung ihrer Identität, nach Mitbestimmung bei der Nutzung der natürlichen Ressourcen sowie nach einer Umverteilung von Eigentum laut.

2009 und 2010 stehen wieder neue Wahlen an, die in einigen Ländern zu einem politischen Wechsel führen

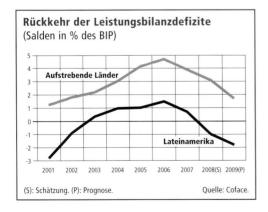

Rückkehr der Leistungsbilanzdefizite
(Salden in % des BIP)

(S): Schätzung. (P): Prognose.   Quelle: Coface.

könnten, bei dem Mitte-rechts-Parteien wieder als Sieger hervorgehen. Die Parlamentswahlen nach der Hälfte der Amtszeit finden in **Mexiko** im Juli 2009 sowie in **Argentinien** im Oktober 2009 statt. In **Chile** und **Uruguay** werden Ende 2009 das Parlament und der Präsident neu gewählt. Im Jahr 2010 sind zwei Präsidentschaftswahlen vorgesehen, im Mai in **Kolumbien** und im Oktober in **Brasilien,** sowie die Parlamentswahl im November in **Venezuela.**

Geschäftsumfeld verbesserungsfähig

Die Schwäche des Geschäftsumfelds zeigt sich in der diesbezüglich mittelmäßigen Bewertung fast aller lateinamerikanischen Länder; allein **Chile** (Bewertung A2) und in geringerem Maße auch **Costa Rica** (Bewertung A3) heben sich positiv ab. Die Stärken **Brasiliens** (Bewertung A4) sind ein einfacher Zugang zu Wirtschaftsdaten, eine akzeptable Regulierung des Wirtschaftslebens und zufriedenstellende rechtliche Möglichkeiten zur Beitreibung von Forderungen. Die größten Schwachpunkte bleiben jedoch die schwerfällige Bürokratie und die mangelhafte Infrastruktur. In **Mexiko** (Bewertung A4) ist das Geschäftsumfeld verbesserungswürdig, politische und soziale Hindernisse stehen dem Vorankommen von Reformen in der Infrastruktur (Energiewirtschaft, Telekommunikation), dem Bildungswesen, dem Arbeitsrecht sowie dem Rechtssystem im Wege. Außerdem sind die Verfahren zum Forderungseinzug nicht ganz zufriedenstellend, und die zunehmend unsicheren Verhältnisse beginnen das Geschäftsklima zu belasten.

Argentinien (Bewertung B) ist von einem unsicheren Geschäftsumfeld geprägt. Die rechtlichen und gesetzlichen Rahmenbedingungen reichen nicht aus. Die Wirtschaftsdaten sind dagegen ebenso wenig zu beanstanden wie der Gläubigerschutz und die Verfahren zur Durchsetzung von Zahlungsansprüchen. Die letzten Punkte gelten auch für **Peru** (Bewertung B), das allerdings aufgrund der ineffizient arbeitenden Behörden, der Korruption und der mangelhaften Infrastruktur ein problematisches Geschäftsumfeld aufweist. In **Venezuela** (Bewertung C) ist das Geschäftsumfeld von unberechenbaren Entwicklungen, staatlichen Interventionen und einer ausufernden Korruption geprägt, die das Vertrauen in die Wirtschaft beeinträchtigt. Darüber hinaus sind die Verfahren zur Durchsetzung von Zahlungsansprüchen nur ungenügend entwickelt.

Finanzlage und Zahlungsmoral bröckeln

Die Unternehmen leiden in der globalen Wirtschafts- und Finanzkrise unter dem abflachenden Wachstum, dem Wegbrechen der ausländischen Absatzmärkte und dem Krediteinbruch. Ihre Finanzlage verschlechtert sich nun in fast allen Branchen: Zum einen in traditionell anfälligen Branchen wie der Textilindustrie und der Landwirtschaft, zum anderen zieht die Krise diesmal weitere Kreise und betrifft die Bauwirtschaft, die Rohstoffförderung, den Maschinenbau, die Nahrungsmittelindustrie und den Einzelhandel. Gerade die kleinen und mittleren Unternehmen sind anfällig, aber auch lateinamerikanischen multinationalen Großunternehmen machen die Kreditrestriktionen zu schaffen. Folglich verschlechtert sich die Zahlungsmoral.

In **Chile** haben die Zahlungsausfälle deutlich zugenommen. Betroffen sind die mit ständigen Schwierigkeiten kämpfende Textil- und Bekleidungsindustrie, aber auch die krisengebeutelte Baubranche, der Maschinenbau, die Nahrungsmittelindustrie und der Einzelhandel. In **Mexiko** verschlechtert sich das Zahlungsverhalten ebenfalls. Die Schwierigkeiten in der Textil-, der Bekleidungs- und der Schuhindustrie sind bekannt und auf zu geringe Wettbewerbsfähigkeit zurückzuführen, wäh-

Amerika

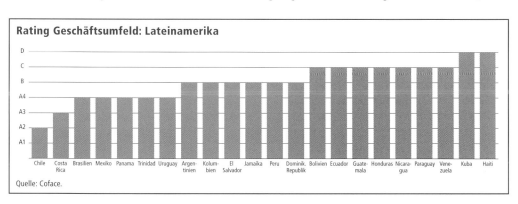

Rating Geschäftsumfeld: Lateinamerika

D — C — B — A4 — A3 — A2 — A1

Chile · Costa Rica · Brasilien · Mexiko · Panama · Trinidad · Uruguay · Argentinien · Kolumbien · El Salvador · Jamaika · Peru · Dominik. Republik · Bolivien · Ecuador · Guatemala · Honduras · Nicaragua · Paraguay · Venezuela · Kuba · Haiti

Quelle: Coface.

rend sie in der Landwirtschaft, im Baugewerbe, in der Automobilindustrie und dem Einzelhandel eher konjunkturell bedingt sind (insbesondere bei Unternehmen aus diesen Branchen, die sich durch Verbraucherkredite finanzieren). Zudem stehen die großen Privatunternehmen einer Verknappung der internationalen flüssigen Mittel gegenüber.

Bei laufenden Geschäftsbeziehungen oder in Devisen aufgenommenen Schulden leiden die Unternehmen in **Brasilien** unter den Kreditrestriktionen und/oder der Entwicklung des Wechselkurses, was sich auf ihr Zahlungsverhalten auswirkt. Einige Branchen bleiben chronischen Schwierigkeiten ausgesetzt, wie die Bekleidungs- und die Schuhindustrie, die die Konkurrenz aus dem Ausland zu spüren bekommen. Andere Branchen, (Agrarindustrie, Automobilbranche und Einzelhandel für IT-Produkte und Haushaltsgeräte) leiden unter der Konjunkturlage. In **Kolumbien** sinkt die Zahlungsmoral leicht. Der erschwerte Zugang zu Krediten und die damit verbundenen erhöhten Kosten schwächen die Rentabilität der Unternehmen, die Zahlungsfähigkeit dürfte jedoch im Telekommunikations- und Dienstleistungsbereich keinen Schaden nehmen. In Einzelhandel, Verkehr, Papier- und Kartonverarbeitung sowie in der bekanntermaßen anfälligen Textil-, Bekleidungs- und Schuhindustrie sind Schwierigkeiten aufgetreten.

In **Argentinien** verschlechtert sich die Finanzlage privater Unternehmen. Dies gilt insbesondere für die Automobilindustrie, das Baugewerbe und den Einzelhandel. Noch anfälliger sind die Land- und die Milchwirtschaft aufgrund der Preiskontrolle und der Ausfuhrschwierigkeiten, die Ölraffinerien wegen fehlender Investitionen und die öffentlichen Versorgungseinrichtungen (Wasser, Strom, Gas, Verkehr) infolge von reglementierten Tarifen. Die Schwierigkeiten in Textil-, Bekleidungs- und Lederindustrie sind bekannt. Insgesamt dürfte sich das Zahlungsverhalten von privaten Unternehmen nachteilig entwickeln. In **Venezuela** schadet die restriktive Einfuhrpolitik bestimmten Branchen (Automobil, Alkohol, Tabak, Wartungsleistungen, technische Unterstützung). Infolge der schleppenden Arbeit der zuständigen Devisenverwaltung (CADIVI) kommt es wieder zu Zahlungsverzögerungen. Sollte der Ölpreis weiterhin niedrig bleiben, könnte sich die Lage noch verschärfen.

Entwicklung des Coface-Länderratings

Das durchschnittliche Risiko in der Region nimmt leicht zu, und zwischen den einzelnen Ländern bestehen nach wie vor große Unterschiede. Die Bewertung A2 für **Chile** steht seit Januar 2009 unter Beobachtung für eine Abwertung, da von einer leichten Verschlechterung der makroökonomischen Situation aufgrund der globalen Lage sowie des Zahlungsverhaltens der Unternehmen ausgegangen werden muss. Nachdem **Mexikos** Bewertung mit A3 bereits 2008 unter negative Beobachtung gestellt wurde, wurde sie im Januar 2009 auf A4 herabgesetzt und im März 2009 mit negativem Ausblick versehen. Verantwortlich dafür waren die Erschütterung von Konjunktur und Leistungsbilanz durch die wirtschaftliche Rezession in den USA wie auch zunehmende Schwierigkeiten von Privatunternehmen und die daraus folgende Verschlechterung der Zahlungsmoral.

Seit Beginn der gegenwärtigen Krise ist **Ecuador** der erste große Staat, der Mitte Dezember 2008 durch den Verfall der Ölpreise und den damit verbundenen Einbruch des Wachstums sowie durch die Verschlechterung des Haushalts und der Leistungsbilanz mit seinen Zahlungsverpflichtungen gegenüber dem Ausland in Verzug geriet. Daher wurde die Bewertung mit C im Januar 2009 unter negative Beobachtung gestellt. Die anderen lateinamerikanischen Länder konnten trotz des erheblich eingetrübten internationalen Umfelds ihre Bewertung halten. **Brasilien** behält seine Bewertung A4 aus dem Vorjahr und beweist seine zunehmende Standhaftigkeit gegen internationale Turbulenzen – dem Wachstumsrückgang, den wiederkehrenden externen Risiken und Vorboten für ein verschlechtertes Zahlungsverhalten brasilianischer Privatunternehmen zum Trotz. Auch **Kolumbien** behält sein A4-Rating, wenn auch mit negativem Ausblick, da das Wachstum stagniert, Leistungsbilanz und Haushalt defizitär sind und die Zahlungsmoral leicht abnimmt.

Peru wird wieder mit B bewertet, dennoch bewahrt seine befriedigende wirtschaftliche und finanzielle Lage das Land nicht vor den Auswirkungen äußerer Störeinflüsse und einem nach wie vor problematischen Geschäftsumfeld. Aufgrund der harten Landung der Wirtschaft, der Verschlechterung des Zahlungsverhaltens und der Finanzlage von Privatunternehmen muss sich **Argentinien** erneut mit der Einstufung bei C zufrieden geben. **Venezuela** erhält wieder die Bewertung C wegen des Wirtschaftseinbruchs und der knapperen öffentlichen Finanzen, die von dem Ölpreissturz rühren, wegen der Hyperinflation und einer vermutlichen Abwertung sowie wegen wiederkehrender Zahlungsverzögerungen.

•

Länderbewertungen kurzfristiges Risiko

Kanada

Vereinigte Staaten
von Amerika

Amerika

Mexiko
Kuba
Haiti
Dominikanische Republik
Honduras Jamaika
Guatemala Nicaragua
El Salvador Venezuela
Costa Rica Guayana
Panama Surinam
Kolumbien
Ecuador
Brasilien
A1
A2 Peru
A3 Bolivien
A4 Paraguay
B
C
D Chile Uruguay
Argentinien

Quelle: Coface.

Argentinien

Bevölkerung (Mio Einwohner):	**39,5**
BIP (Mio US$):	**262.331**
Anteil am regionalen BIP (%):	**7**

Coface-Bewertungen

Kurzfristiges Risiko:	**C**
Geschäftsumfeld:	**B**
Mittelfristiges Risiko:	**sehr hoch**

STÄRKEN

- ▲ Argentinien verfügt über umfangreiche Energievorkommen, Bodenschätze und landwirtschaftliche Ressourcen.
- ▲ Das Bildungsniveau und der Human-Development-Index liegen deutlich über dem Durchschnitt von Lateinamerika.
- ▲ Das Land besitzt gut ausgebildete und anpassungsfähige Arbeitskräfte.
- ▲ Die heimische Produktion und die Ausfuhren wurden durch die wettbewerbsorientierte Wechselkurspolitik der Regierung begünstigt.

SCHWÄCHEN

- ▼ Die Wirtschaft bleibt teilweise von Rohstoffen abhängig und leidet unter unzureichenden Investitionen, vor allem in den Bereichen Energie und Infrastruktur.
- ▼ Nach der für Argentinien günstigen Umschuldung seiner Staatsanleihen im Juni 2005 und der vorzeitigen Rückzahlung von IWF-Mitteln im Januar 2006 hat das Land seine Beziehungen noch nicht zu allen ausländischen Gläubigern normalisiert.
- ▼ Für eine nachhaltige Besserung der öffentlichen Finanzen ist eine disziplinierte Haushaltspolitik erforderlich.
- ▼ Für die gute Entwicklung der Wirtschaft sind ein günstigeres Geschäftsumfeld und stabilere rechtliche Rahmenbedingungen notwendig.
- ▼ Es bestehen nach wie vor starke Ungleichheiten und soziale Spannungen.

RISIKOEINSCHÄTZUNG

Harte Landung der Wirtschaft

Durch die Verschärfung der weltweiten Wirtschafts- und Finanzkrise in Verbindung mit der expansiven Wirtschaftspolitik, die seit dem Amtsantritt von Präsidentin Cristina Kirchner in Argentinien betrieben wird, dürfte es zu einer harten Landung kommen. Darüber hinaus hat die Vorgehensweise der Präsidentin im Landwirtschaftskonflikt 2008 die schwerste politisch-soziale Krise seit 2002 ausgelöst und ihrer Popularität geschadet. Parlamentswahlen nach der Hälfte der Amtszeit sind für Oktober 2009 geplant.

Weiterhin besteht ein sehr starker Inflationsdruck, der sich durch die Preiskontrollen und den Verweis auf eine offizielle Inflationsstatistik mit geringer Glaubwürdigkeit nicht verschleiern lässt. Die trotz der Ende 2008 eingeleiteten Politik zur Konjunkturbelebung schrumpfende Wirtschaftätigkeit und weltweit rückläufigen Preise für land- wirtschaftliche Erzeugnisse könnten zu einem Defizit der öffentlichen Finanzen führen. Dabei wird sich eine Deckung des Finanzbedarfs auf Seiten des argentinischen Staates schwierig gestalten. Angesichts der stark eingetrübten internationalen Wirtschaftslage dürfte der Rückgang bei der Ausfuhr landwirtschaftlicher Produkte dazu beitragen, dass eine längere Phase satter Leistungsbilanzüberschüsse zu Ende geht.

Erhöhtes Risiko für eine Liquiditätskrise

Das Risiko einer Liquiditätskrise nimmt zwar zu, dürfte sich kurzfristig aber noch beherrschen lassen. Der Bedarf an Finanzmitteln aus dem Ausland ist vertretbar (zum großen Teil abgedeckt durch ausländische Direkt-investitionen), die Devisenreserven sind komfortabel. Die Kapitalflucht hat sich jedoch wieder verstärkt, und es bestehen Zweifel an der Nachhaltigkeit des argentinischen Wirtschaftsmodells. Dies gilt insbesondere seit der Ende Oktober 2008 bekanntgegebenen Verstaatlichung der Rentensysteme. Im Übrigen steht eine Normalisierung der Beziehungen Argentiniens zu seinen öffentlichen und privaten Gläubigern immer noch aus. Dies gilt als Voraussetzung, um den Zugang zu den internationalen Finanzmärkten zu erhalten. Die privaten Gläubiger waren bei der Umschuldung 2005 außer Acht gelassen worden.

Verschlechterung der finanziellen Verfassung der Privatunternehmen und ihres Zahlungsverhaltens

Vor diesem Hintergrund verschlechtert sich die finanzielle Verfassung von Privatunternehmen, insbesondere in der Automobilindustrie, im Baugewerbe und im Handel. Am anfälligsten sind die Land- und die Milchwirtschaft aufgrund der Preiskontrollen und der Probleme beim Export sowie die Erdölraffinerien wegen unzureichender Investitionen und die öffentlichen Versorgungseinrichtungen (Wasser, Strom Gas, Verkehr) infolge reglementierter Tarife. Die Schwierigkeiten in der Textil-, Bekleidungs- und Lederindustrie bestehen schon seit langer Zeit. Etwas besser aufgestellt sind dagegen die Nahrungsmittel- und die Kommunikationsbranche sowie bestimmte Dienstleistungen. Insgesamt dürfte Coface beim Zahlungsverhalten der privaten Unternehmen eine Verschlechterung registrieren.

Index der Zahlungsausfälle
(Gleitender Zwölfmonatsdurchschnitt; Basis: Welt 1995 = 100)

Anmerkung: Die von Coface beobachteten Zahlungsausfälle fallen zurzeit geringer aus, als es das tatsächliche Risiko erwarten lässt, das mit einer Geschäftstätigkeit in Argentinien verbunden ist (siehe S. 14).
Quelle: Coface.

VORAUSSETZUNGEN FÜR DEN MARKTZUGANG

Marktsituation

Seit der Wirtschaftskrise 2001 bis 2002 hat sich die Lage in Argentinien wieder gebessert. Dabei haben eine günstige Wechselkursentwicklung und eine expansive Wirtschaftspolitik ein kräftiges Wachstum herbeigeführt. Das Wachstum hat sich deutlich abgeschwächt und eine leichte Rezession ist 2009 wahrscheinlich. Die Devisenpolitik ist durch ein flexibles Wechselkurssystem gekennzeichnet, bei dem die Zentralbank interveniert, um eine Verteuerung des Peso zu verhindern.

Wichtige Kennzahlen						
	2004	2005	2006	2007	2008 (S)	2009 (P)
Reales Wirtschaftswachstum (%)	9,0	9,2	8,5	8,7	7,0	−0,5
Inflation (%)	4,4	9,6	14,0	18,0	25,0	20,0
Staatshaushalt (Saldo in % des BIP)	2,6	1,8	1,8	1,2	0,7	0,0
Ausfuhren (Mrd US$)	34,6	40,4	46,5	55,8	73,9	59,0
Einfuhren (Mrd US$)	21,3	27,3	32,6	42,6	59,1	54,5
Handelsbilanz (Saldo in Mrd US$)	13,3	13,1	13,9	13,2	14,8	4,5
Leistungsbilanz (Saldo in Mrd US$)	3,4	5,2	7,7	7,0	7,6	−1,6
Leistungsbilanz (Saldo in % des BIP)	2,2	2,8	3,5	2,7	2,5	−0,6
Auslandsverschuldung (in % des BIP)	111,8	72,9	61,1	57,3	51,1	55,3
Schuldendienst (in % der Ausfuhren)	45,9	25,3	17,4	14,3	11,8	14,7
Währungsreserven (in Monatsimporten)	5,7	7,1	7,2	8,5	6,7	5,8

(S): Schätzung. (P): Prognose.

Quelle: Coface.

Amerika

Exporte: 25% des BIP

▷▷▷

Importe: 19% des BIP

◁◁◁

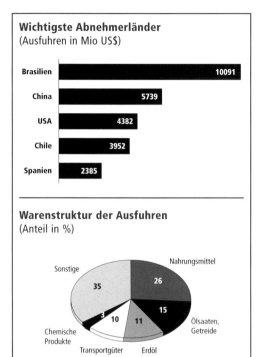

Wichtigste Abnehmerländer
(Ausfuhren in Mio US$)

Brasilien	10091
China	5739
USA	4382
Chile	3952
Spanien	2385

Warenstruktur der Ausfuhren
(Anteil in %)

Sonstige 35, Nahrungsmittel 26, Ölsaaten, Getreide 15, Erdöl 11, Transportgüter 10, Chemische Produkte 3

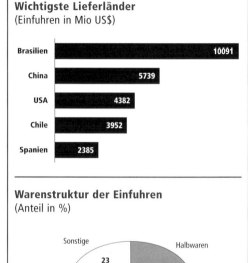

Wichtigste Lieferländer
(Einfuhren in Mio US$)

Brasilien	10091
China	5739
USA	4382
Chile	3952
Spanien	2385

Warenstruktur der Einfuhren
(Anteil in %)

Sonstige 23, Halbwaren 35, Investitionsgüter 24, Konsumgüter 12, Brenn- und Treibstoffe 6

Schuldenlast
(Auslandsverschuldung in % der Waren-
und Dienstleistungsexporte)

Argentinien	174
Regionaler Durchschnitt	104
Durchschnitt Schwellenländer	73

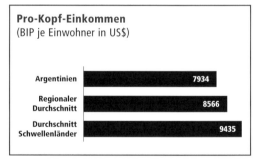

Pro-Kopf-Einkommen
(BIP je Einwohner in US$)

Argentinien	7934
Regionaler Durchschnitt	8566
Durchschnitt Schwellenländer	9435

Für Außenhandelsgeschäfte gelten keine Beschränkungen. Die Devisenkontrollvorschriften wurden zwar gelockert, sie sind aber immer noch gültig.

■ Exporteure müssen Devisen aus ihren Geschäften im Ausland innerhalb von 60 bis 360 Tagen abstoßen (bei Investitionsgütern nicht mehr) und den entsprechenden Gegenwert auf einer örtlichen Bank einzahlen. Exporteure von Dienstleistungen müssen ihre Devisen innerhalb von 135 Tagen umsetzen.

■ Importeure können alle Güter im Voraus, bei Lieferung oder zeitlich versetzt bezahlen. Sie müssen nachweisen, dass ihre Güter innerhalb von 365 Tagen nach der Vorauszahlung beziehungsweise innerhalb von 90 Tagen nach einer Zahlung effektiv in argentinisches Staatsgebiet eingeführt wurden. Im Falle von Verzögerungen muss der Importeur die Zentralbank frühzeitig informieren.

Der Kapitalverkehr ist reglementiert:

- Ausfuhr von Kapital: Ausländische Unternehmen, die sich in Argentinien angesiedelt haben, können Dividenden, Zinsen, Lizenzgebühren und Vergütungen für Dienstleistungen unbegrenzt transferieren, sofern diese auf ordnungsgemäßen, buchhalterischen Auswertungen beruhen. Sofern Investitionen abgestoßen oder liquidiert werden, können die Unternehmen außerdem ihr Kapital zurückführen. Ihre Investitionen im Ausland sind zwar auf 2 Mio US$ pro Monat gedeckt (Mitteilung A 4128), doch insbesondere bei Direktinvestitionen in Produktionsbereichen oder bei Portfolioinvestitionen sind unter bestimmten Bedingungen Sonderregelungen vorgesehen.

- Einfuhr von Kapital: Um die Volatilität bei Kapital, das nach Argentinien fließt, zu verringern, schreibt das Dekret 616/2005 vom Juni 2005 vor, dass 30% der Gelder ein Jahr lang fest zinslos angelegt werden müssen. Bei Direktinvestitionen (einschließlich des Kaufs von Immobilien) kommt diese Bedingung nicht zum Tragen, sofern die Investoren vorab Informationen über ihr Vorhaben vorgelegt und sich an die geltenden Verfahrensvorschriften gehalten haben.

Möglichkeiten des Marktzugangs

Argentinien ist Mitglied des Mercosur, dessen Gründungsvertrag den Grundsatz des freien Warenverkehrs innerhalb der Mercosur-Zone festlegt. Die Zollunion ist allerdings noch nicht in vollem Umfang verwirklicht. Der Warenverkehr innerhalb der Mercosur-Zone ist bei 90% der Produktliste zollfrei. Es gelten aber Sonderregelungen für verschiedene Bereiche (Automobil, IT und Telekommunikation, sensible Produkte) sowie Ausnahmeregelungen (Sonderzollzone Manaus und Feuerland), die regelmäßig verlängert werden.

Der gemeinsame Außenzolltarif sieht Zölle zwischen 0% und 35% vor (der Durchschnitt liegt bei 13%).

Auf Einfuhren werden Zölle und gegebenenfalls spezielle indirekte Steuern (für bestimmte sensible Produkte, Schuhe, Textilien und Spielzeug), die statistische Abgabe von 0,5% sowie die Mehrwertsteuer mit dem normalen Steuersatz von 21%, der je nach Produkten oder Dienstleistungen unterschiedlich sein kann, erhoben. Weitere inländische Abgaben fallen auch bei Ausfuhren an, die seit 2002 mit Abgaben in Höhe von 5% bis 35% belegt sind, wobei für Erdölprodukte und Gas die höchsten Sätze gelten.

Haltung gegenüber ausländischen Investoren

Mit dem Dekret 1853/93, das den allgemeinen Rahmen für ausländische Investitionen vorgibt, wird der Grundsatz der Gleichbehandlung von in- und ausländischen Investoren sowie der freien Rückführung von Kapital und Gewinnen festgeschrieben. Ausländische Investoren können ihre Vorhaben in nahezu allen Bereichen der Wirtschaft ohne vorherige Genehmigung unter den gleichen Bedingungen wie inländische Investoren durchführen.

Bestimmte Investitionen, vor allem Konzessionen für öffentliche Versorgungsleistungen, sind von der argentinischen Finanzkrise 2001 und von dem immer noch geltenden Gesetz über den wirtschaftlichen Ausnahmezustand stark getroffen worden. Die meisten Unternehmen jedoch, insbesondere diejenigen, die sich im Land langfristig angesiedelt haben, profitierten auch von der vergangenen Wachstumsphase. Argentinien bietet insbesondere bei Nahrungsmitteln und deren Verarbeitung sowie in den Bereichen Energie, Bergbau und Verkehrsinfrastruktur echte Potentiale. •

Amerika

Bolivien

Bevölkerung (Mio Einwohner):	**9,5**
BIP (Mio US$):	**13.120**
Anteil am regionalen BIP (%):	**0,4**

Coface-Bewertungen
Kurzfristiges Risiko:	**D**
Geschäftsumfeld:	**C**
Mittelfristiges Risiko:	**sehr hoch**

STÄRKEN

▲ Bolivien verfügt über umfangreiche Öl- und Gasvorkommen sowie Bodenschätze. Nach Venezuela besitzt das Land die größten Gasreserven in ganz Lateinamerika. Gut aufgestellt ist auch die bolivianische Landwirtschaft.

▲ Bolivien ist Mitglied der Andengemeinschaft (CAN). Durch seine Zugehörigkeit zum Mercosur werden Ausfuhren nach Brasilien und Argentinien begünstigt. Außerdem wird eine Normalisierung der Beziehungen zu Chile angestrebt.

▲ Dem Land kam ein Erlass seiner Auslandsschulden durch seine öffentlichen Gläubiger zugute. Außerdem haben multilaterale Finanzinstitutionen Schuldenerleichterungen gewährt (im Rahmen der HIPC- und MDRI-Initiativen).

SCHWÄCHEN

▼ Bolivien leidet unter seiner geographischen Binnenlage sowie Spannungen zwischen den verschiedenen ethnischen Gruppen und Regionen. Seine sozialen Kennzahlen gehören zu den schwächsten in Lateinamerika.

▼ Exportiert wird eine begrenzte Zahl von Basisprodukten (Erdgas, Öl, Zink, Silber und Soja), der Anbau von Koka stellt ein Problem dar.

▼ Die starke Anbindung an den US-Dollar im Bankensektor bedeutet immer noch eine Schwachstelle.

▼ Das politische, soziale und wirtschaftliche Klima hat sich drastisch verschlechtert.

▼ Die Durchführung des radikalen Programms von Präsident Evo Morales ist nicht geeignet, die Spannungen und Risiken einer Abspaltung in den östlichen Ebenen Santa Cruz, Tarija, Beni und Pando, die große Gasvorkommen und landwirtschaftliche Ressourcen besitzen, abzubauen.

RISIKOEINSCHÄTZUNG

Wachstum durch Nachfrageschwäche bei wichtigsten Handelspartnern belastet

Nachdem die Konjunktur 2008 angezogen hatte, wird 2009 eine rückläufige Entwicklung zu beobachten sein. Als wesentliche Stütze gilt weiterhin der Konsum der privaten Haushalte, dem steigende öffentliche Ausgaben und die, wenn auch abnehmenden Überweisungen von Emigranten zugutekommen. Nach dem starken Inflationsschub 2008 als Folge von Störungen durch Überschwemmungen und der hohen Preise für Nahrungsmittel dürfte sich die Teuerungsrate leicht abschwächen, auch wenn sie wegen der expansiven Haushaltspolitik auf einem hohen Niveau bleiben wird.

Nach der Verstaatlichung der Gaswirtschaft Ende 2006 und des größten Telekommunikationsunternehmens im Mai 2008 plant die Regierung Ähnliches im Bergbau, im Energie- und im Verkehrsbereich, auch wenn für das Land ohne ausländische Unterstützung Schwierigkeiten bei der Führung dieser Betriebe entstehen dürften.

Die Ausfuhren und in geringerem Umfang auch die Einfuhren dürften aufgrund des Abschwungs abnehmen, der die Wirtschaften der wichtigsten Handelspartner – Brasilien, Argentinien und die USA – belastet. Des Weiteren dürften die Preise für die größten Exportgüter Erdgas, Zink und Silber zurückgehen. Auf diese Weise wird sich der Überschuss in der Leistungsbilanz vermindern. Bolivien befindet sich weiterhin in einer sensiblen finanziellen Lage, auch wenn ein Teil seiner Auslandsschulden erlassen wurde. Aufgrund der von den Behörden eingeschlagenen Richtung sind die Beziehungen zu den Gläubigern und zu den internationalen Finanzinstitutionen gespannt. Die Präferenzregelung, die den Zugang bolivianischer Produkte zum US-amerikanischen Markt im Rahmen des Andean Trade Promotion and Drug Eradication Act (ATPDEA) erleichterte, wurde Ende 2008 wegen „mangelnder Kooperation bei der Drogenbekämpfung" ausgesetzt. Ob die neue Regierung in Washington diesbezüglich eine weniger harte Gangart einschlägt, ist nicht sicher.

Anhaltende politische Spannungen

Innenpolitisch ist die Lage weiterhin undurchschaubar und kritisch. Von Mai bis Juni 2008 haben von der Regierung für illegal erklärte Anhörungen den reichen Regionen im Osten Boliviens unter Führung der liberalen Opposition den Weg zur Eigenständigkeit freigemacht. Als Reaktion hierauf stellte Präsident Evo Morales bei einem Volksentscheid, aus dem er als Sieger hervorging, im August 2008 sein Amt zur Abstimmung. Ein überarbeiteter Entwurf für eine neue Verfassung, der insbesondere die Möglichkeit einer zweiten Amtszeit für den Präsidenten und die Autonomie der Indios vorsieht, wurde Ende Januar 2009 durch einen Volksentscheid angenommen. Damit steht den Wahlen zum Ende des Jahres nichts mehr im Wege. Aufgrund der in der Opposition herrschenden Uneinigkeit wird der *Movimiento al Socialismo* von Präsident Evo Morales wahrscheinlich als Wahlsieger hervorgehen.

VORAUSSETZUNGEN FÜR DEN MARKTZUGANG

Marktsituation

Bolivien ist ein kleines, von mächtigen Nachbarn eingeschlossenes Land, das von der Öffnung seiner Grenzen sowie der wirtschaftlichen Zusammenarbeit mit anderen Ländern der Region in den 90er Jahren stark profitiert hat. Seit dem 1. April 2008 kommen in Bolivien fünf Zolltarife (0%, 5%, 10%, 15% und 20%) zur Anwendung, mit denen eine strukturelle Annäherung an die in den Ländern der Andengemeinschaft (CAN) und des Mercosur geltenden Tarife herbeigeführt wird. Aus einem CAN-Mitgliedsland (Peru, Ecuador und Kolumbien) stammende Waren sind zollfrei, da mit diesen Ländern ein Freihandelsabkommen besteht. In gleicher Weise werden Handels- und Integrationsvereinbarungen mit den Mitgliedsländern des Mercosur (Argentinien, Brasilien, Paraguay und Uruguay), mit Mexiko, Chile und Kuba beachtet. Darüber hinaus fallen inländische Abgaben wie insbesondere die ICE *(Impuesto al Consumo Específico)* auf bestimmte Konsumgüter (Zigaretten, Getränke, Autos usw.) und die Mehrwertsteuer von 14,84% des Nettopreises (13% des Bruttopreises) an.

Ausländische Direktinvestitionen sind seit dem Jahr 2000 deutlich zurückgegangen. Dies ist nicht nur eine Folge der allmählichen Beendigung des Investitionsprogramms für Unternehmen, sondern vor allem auch der wiederaufflammenden sozialen Konflikte und der seit Dezember 2005 betriebenen Wirtschaftspolitik, die sich

Wichtige Kennzahlen						
	2004	2005	2006	2007	2008 (S)	2009 (P)
Reales Wirtschaftswachstum (%)	3,9	4,1	4,7	4,6	5,5	1,0
Inflation (%)	4,4	5,4	4,5	8,7	14,3	10,5
Staatshaushalt (Saldo in % des BIP)	−5,6	−2,3	4,6	1,7	4,1	−1,0
Ausfuhren (Mrd US$)	2,1	2,8	3,9	4,5	6,4	5,8
Einfuhren (Mrd US$)	1,8	2,3	2,7	3,2	4,8	4,7
Handelsbilanz (Saldo in Mrd US$)	0,3	0,5	1,2	1,3	1,6	1,1
Leistungsbilanz (Saldo in Mrd US$)	0,3	0,6	1,3	1,8	1,7	1,1
Leistungsbilanz (Saldo in % des BIP)	3,8	6,5	11,6	13,7	10,3	6,0
Auslandsverschuldung (in % des BIP)	70,6	73,3	47,1	35,5	29,7	27,0
Schuldendienst (in % der Ausfuhren)	14,9	13,4	9,9	8,1	6,0	6,8
Währungsreserven (in Monatsimporten)	5,0	5,9	9,5	15,1	11,2	11,7

(S): Schätzung. (P): Prognose.

Quelle: Coface.

Exporte: 42% des BIP
▷▷

Importe: 33% des BIP
◁◁

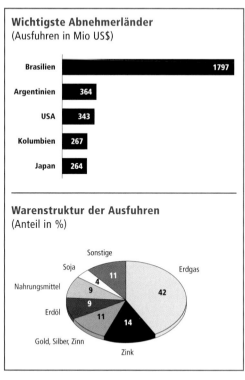

Wichtigste Abnehmerländer
(Ausfuhren in Mio US$)

Brasilien 1797
Argentinien 364
USA 343
Kolumbien 267
Japan 264

Warenstruktur der Ausfuhren
(Anteil in %)

Sonstige 11
Soja 4
Erdgas 42
Nahrungsmittel 9
Erdöl 9
Gold, Silber, Zinn 11
Zink 14

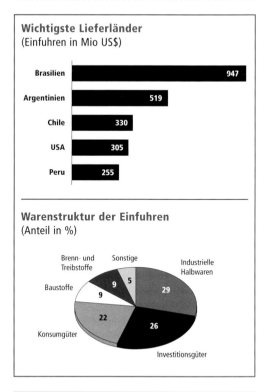

Wichtigste Lieferländer
(Einfuhren in Mio US$)

Brasilien 947
Argentinien 519
Chile 330
USA 305
Peru 255

Warenstruktur der Einfuhren
(Anteil in %)

Brenn- und Treibstoffe 9
Sonstige 5
Industrielle Halbwaren 29
Baustoffe 9
Konsumgüter 22
Investitionsgüter 26

Schuldenlast
(Auslandsverschuldung in % der Waren- und Dienstleistungsexporte)

Bolivien 58
Regionaler Durchschnitt 104
Durchschnitt Schwellenländer 73

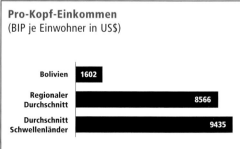

Pro-Kopf-Einkommen
(BIP je Einwohner in US$)

Bolivien 1602
Regionaler Durchschnitt 8566
Durchschnitt Schwellenländer 9435

Verstaatlichungen zum Ziel setzt. In Bolivien gibt es eine große Zahl von Arbeitskräften, die zwar nicht besonders gut ausgebildet, aber billig sind. Für Führungspositionen können relativ hohe Gehälter gezahlt werden. Die Beschäftigung von Ausländern ist grundsätzlich auf 15% des gesamten Personals von Unternehmen beschränkt.

Möglichkeiten des Marktzugangs

Lebensmitteln, pflanzlichen und tierischen Erzeugnissen müssen Gesundheitszeugnisse nach den von der

CAN aufgestellten und von Bolivien anerkannten Normen beiliegen. Die nationale Stelle Senasag kümmert sich um die Einhaltung aller Gesundheitsnormen bei der Einfuhr. Importe werden vom bolivianischen Zoll Stichprobenkontrollen unterzogen. Doch der legale Handel macht sich zunehmend Sorgen über wachsende Parallelmärkte.

Das Akkreditiv ist bei Bar- oder Terminzahlungen das am häufigsten verwendete Zahlungsmittel. Genutzt werden außerdem Besitzwechsel (Rimessen), wenn auch in einem geringeren Umfang. Bei eingespielten

Geschäftsbeziehungen schließlich erfolgt die Zahlung allgemein durch einfache Banküberweisung. Zahlungsausfälle bei einheimischen Unternehmen sind sehr häufig. Vor diesem Hintergrund ist das unwiderrufliche und bestätigte Dokumentenakkreditiv allgemein zu empfehlen, sobald Zweifel an der Zahlungsfähigkeit des Käufers bestehen.

Haltung gegenüber ausländischen Investoren

Nach der Wahl von Präsident Evo Morales Ende 2005 wurde am 1. Mai 2006 das Dekret zur Verstaatlichung der Gas- und Ölwirtschaft erlassen. Im Anschluss wurde erneut eine Agrarreform in die Wege geleitet, die eine Umverteilung der Flächen zum Ziel hat. Diese Situation schreckt ausländische Investoren ab. Der nationale Entwicklungsplan 2006 bis 2010 will die rund 20 Jahre lang verfolgte neoliberale Politik rückgängig machen und den Staat wieder in den Mittelpunkt der Wirtschaft rücken. Dies gilt vor allem für strategische Rohstoffbereiche (Öl und Gas, Bergbau, Wasser und Abwasser,

Strom usw.). Da die neue Verfassung am 25. Januar 2009 per Volksentscheid angenommen wurde, muss jeder Investor in einem dieser strategischen Bereiche innerhalb von einem Jahr einen Vertrag mit einem öffentlichen Unternehmen abschließen. Bolivien ist 2007 aus dem Internationalen Zentrum für die Beilegung von Investitionsstreitigkeiten (CIRDI) der Weltbank ausgetreten, bei dem es seit 1995 Mitglied war. Das Land erklärte seine Absicht, bilaterale Abkommen zur Förderung und zum Schutz von Investitionen kündigen zu wollen. Diesbezüglich wurden bislang aber noch keine konkreten Schritte unternommen.

Devisenverkehr

In Bolivien ist der US-Dollar als Währung weit verbreitet; Ende 2006 waren mehr als 70% aller Bankguthaben in US-Dollar ausgewiesen. Das Land zeichnet sich durch einen freien Devisenverkehr aus (An- und Verkauf sowie Überweisung von Devisen).

Amerika

Brasilien

Bevölkerung (Mio Einwohner):	**191,6**
BIP (Mio US$):	**1.314.170**
Anteil am regionalen BIP (%):	**39**

Coface-Bewertungen

Kurzfristiges Risiko:	**A4**
Geschäftsumfeld:	**A4**
Mittelfristiges Risiko:	**ziemlich gering**

STÄRKEN

▲ Brasilien verfügt über umfangreiche Rohstoffe verschiedenster Art und eine diversifizierte Wirtschaft.

▲ Verarbeitete Erzeugnisse haben einen zunehmenden Anteil an der Produktion und an den Ausfuhren.

▲ Die stabilitätsorientierte Wirtschaftspolitik wird fortgesetzt.

▲ Die Widerstandsfähigkeit gegenüber Schwankungen an den internationalen Finanzmärkten hat sich erhöht.

▲ Die Potentiale des Binnenmarktes und die niedrigen Arbeitskosten erhöhen die Attraktivität des Landes für ausländische Investoren.

SCHWÄCHEN

▼ Damit nachhaltiges Wachstum erreicht wird, ist eine Reihe von Strukturreformen notwendig (Bildungswesen, Sozialversicherung, Arbeitsmarkt, Steuern, gesetzliche Regelungen). Diese werden jedoch durch die Politik behindert.

▼ Unzureichende Investitionen führen zu Mängeln in der Infrastruktur (Energie, Eisenbahn, Straßen und Häfen); öffentlich-private Finanzierungsmodelle (PPP) lassen sich nur schwer umsetzen.

▼ Brasilien hängt immer noch von Schwankungen bei bestimmten Rohstoffpreisen ab.

▼ Die Staatsverschuldung bleibt hoch und von der Zinsentwicklung im Inland abhängig, die Laufzeiten der Schulden sind immer noch zu kurz.

RISIKOEINSCHÄTZUNG

Rückläufiges Wachstum aufgrund der internationalen Krise

Nachdem Brasilien 2008 das von der Regierung angestrebte starke Wirtschaftswachstum aufrechterhalten konnte, wird es 2009 zu einem deutlichen Rückgang der Wachstumsrate kommen. Die Gründe hierfür sind die negativen Auswirkungen der weltweiten Wirtschafts- und Finanzkrise, die trotz der Stützungsmaßnahmen von seiten der Regierung ihre Spuren hinterlassen. Parallel dazu führen die inflationären Spannungen, die in der Hauptsache auf die hohe Auslastung der Produktionskapazitäten zurückzuführen sind, nun zusammen mit einer Abschwächung der Währung dazu, dass trotz sinkender Zinsen eine restriktive Geldpolitik aufrecht erhalten wird.

Wieder aufkeimende externe Risiken

Die infolge eines drastisch verschlechterten internationalen Umfeldes geringeren Exportergebnisse, aber auch die lebhaften Importe dürften eine Vergrößerung des Defizits in der Leistungsbilanz zur Folge haben. Das Risiko einer Liquiditätskrise wird sich verstärken, weil der ohnehin schon hohe Bedarf an ausländischen Finanzmitteln noch deutlich zunehmen wird. Er dürfte zwar annähernd zur Hälfte durch ausländische Direktinvestitionen gedeckt werden. Doch darüber hinaus werden brasilianische Unternehmen größere Schwierigkeiten bei der Beschaffung von Kapital im Ausland haben. Des Weiteren ist das Vertrauen der Finanzmärkte geschwunden. Das zeigt sich an einer ausgeprägten Zunahme der Risikoprämien (Spreads) und sehr starken Schwankungen bei den Börsenindizes. Ende 2008 wurde ein Währungsswap in Höhe von 30 Mrd US$ mit der Fed vereinbart. Damit dürfte sich die Instabilität des Wechselkurses in Grenzen halten lassen. Außerdem sollten sich die Devisenreserven auf einem Niveau halten, das ein solides Sicherheitspolster darstellt. Im Übrigen ist der Bankensektor gut mit Kapital ausgestattet. Gestärkt wurde er durch eine Liquiditätsspritze in Höhe von 50 Mrd US$ und die Verschmelzung von Itaú und Unibanco. Ferner scheint er nur in geringerem Umfang in toxischen Derivaten engagiert zu sein.

Die private Auslandsverschuldung dürfte deutlich zulegen. Durch den Abbau der öffentlichen Auslandsverschuldung vermindert sich jedoch die Anfälligkeit des Landes. Allerdings ist der gesamte Schuldendienst zur Bedienung der Auslandsverbindlichkeiten im Verhältnis zu den Ausfuhren immer noch erheblich. Die Struktur der öffentlichen Verschuldung im Inland bessert sich weiter, die Staatsverschuldung ist jedoch nach wie vor zu hoch (2008 brutto 65% des BIP). Dadurch werden insbesondere Investitionen und die Modernisierung der Infrastruktur gebremst.

Langsame Reformen angesichts der Ende 2010 anstehenden Präsidentschaftswahlen

Die heterogen zusammengesetzte Parlamentskoalition und die mangelnde Entschlossenheit der Regierung, die sich mit dem Näherrücken der für Oktober 2010 geplanten Präsidentschaftswahlen noch verstärkt, behindern Strukturreformen, die für eine nachhaltige Entwicklung notwendig sind. Laut Verfassung darf sich Präsident Lula da Silva nicht um eine dritte Amtszeit bewerben.

Index der Zahlungsausfälle
(Gleitender Zwölfmonatsdurchschnitt; Basis: Welt 1995 = 100)

Quelle: Coface.

Anzeichen für eine Verschlechterung des Zahlungsverhaltens

Vor diesem Hintergrund werden die Unternehmen (insbesondere KMUs) durch Einschränkungen bei der Kreditvergabe und/oder durch die Entwicklung der Währung bei ihren laufenden Geschäftsbeziehungen oder aufgrund von Schulden in Devisen belastet. Ihr Zahlungsverhalten dürfte sich deswegen verschlechtern. Gewisse Branchen haben nach wie vor mit chronischen Schwierigkeiten zu kämpfen. Dazu gehören die Bekleidungs- und die Schuhindustrie, denen die Konkurrenz aus dem Ausland zu schaffen macht. Andere Branchen leiden unter der Konjunktur, wie z.B. die Agrarindustrie, der Bergbau, die Eisen- und Stahlindustrie, die Bauwirtschaft, die Automobilbranche (Automobilhersteller, -ausrüster und -vertragshändler) oder der Großhandel (insbesondere Haushaltsgeräte und Computertechnik).

Wichtige Kennzahlen

	2004	2005	2006	2007	2008 (S)	2009 (P)
Reales Wirtschaftswachstum (%)	5,7	2,9	4,0	5,7	5,3	1,0
Inflation (%)	6,6	6,9	4,2	3,6	5,7	4,5
Staatshaushalt (Saldo in % des BIP)	−2,4	−3,0	−3,0	−2,3	−2,0	−2,2
Ausfuhren (Mrd US$)	96,5	118,3	137,8	160,7	196,9	223,4
Einfuhren (Mrd US$)	62,8	73,6	91,4	120,6	174,9	208,5
Handelsbilanz (Saldo in Mrd US$)	33,6	44,7	46,5	40,0	22,0	14,9
Leistungsbilanz (Saldo in Mrd US$)	11,7	14,0	13,6	1,7	−30,0	−41,6
Leistungsbilanz (Saldo in % des BIP)	1,8	1,6	1,3	0,1	−1,8	−2,5
Auslandsverschuldung (in % des BIP)	33,5	21,8	20,2	21,7	20,1	22,9
Schuldendienst (in % der Ausfuhren)	48,2	39,5	30,7	28,2	19,6	15,7
Währungsreserven (in Monatsimporten)	6,1	5,1	6,7	10,9	9,1	7,9

(S): Schätzung. (P): Prognose.

Quelle: Coface.

VORAUSSETZUNGEN FÜR DEN MARKTZUGANG

Möglichkeiten des Marktzugangs

Im Schnitt werden etwa 10%, höchstens aber 35% Zoll erhoben. Das Land ist an den Gemeinsamen Außenzolltarif des Mercosur mit zahlreichen Ausnahmeregelungen gebunden. Im Übrigen gibt es in Brasilien nichttarifäre Handelshemmnisse, die Importe behindern können (Einfuhrlizenzen, System zur Kontrolle des Zollwerts, Vorschriften für die vorherige Registrierung von Produkten usw.).

Die wichtigsten Zahlungsmittel sind die Akontozahlung, die Vorauszahlung, die Barzahlung gegen Dokumente, der Handelswechsel mit Akzept und das unwiderrufliche, durch eine brasilianische oder ausländische Bank bestätigte Akkreditiv.

Die Beschäftigung von Ausländern ist in Brasilien beschränkt. Es gibt zwei Arten von Visa, die zur Arbeit in Brasilien erforderlich sind und nur unter strengen Bedingungen erteilt werden: das unbefristete Visum (eines der Kriterien für die Erteilung eines solchen Visums ist eine Investition in Höhe von 50.000 US$ durch natürliche Personen) und das befristete Visum. Das Mindestgehalt liegt derzeit bei 415 BRL pro Monat (umgerechnet etwa 160 EUR). Durch Sozialbeiträge und bestimmte verbindlich vorgeschriebene Sozialleistungen entstehen für den Arbeitgeber Lohnnebenkosten in Höhe von 50% des Bruttoentgelts. Durch Renten- und Steuerreformen, die insbesondere zugunsten von Exportsektoren erfolgen sollen, könnten sich diese Belastungen verringern.

Haltung gegenüber ausländischen Investoren

Auslandsinvestitionen müssen der Zentralbank unter Angabe von Höhe, Ursprung und Gegenstand der Investition gemeldet werden. Unternehmen oder natürliche Personen, die nicht in Brasilien ansässig sind und Vermögen in Brasilien besitzen oder erwerben möchten, müssen sich im CNPJ (Register für juristische Personen) beziehungsweise CPF (Register für natürliche Personen) erfassen lassen. In bestimmten Wirtschaftsbereichen sind ausländische Investitionen untersagt. Bei Beteiligungen am Kapital von Finanzinstitutionen ist eine Genehmigung des Staates erforderlich. Der Investor kann eine 100%ige Tochtergesellschaft gründen, ohne dass hierbei irgendwelche behördlichen Beschränkun-

gen gelten. Diese gilt dann als ganz und gar brasilianisches Unternehmen und ist somit den normalen Rechtsvorschriften unterworfen. Ein Ausländer kann jedoch nur dann zum Geschäftsführer einer Tochtergesellschaft in Brasilien ernannt werden, wenn er ein unbefristetes Visum besitzt. Ausländische Investoren müssen zwingend verbindlich einen gesetzlichen Vertreter auf brasilianischem Hoheitsgebiet haben. Überweisungen von Geldern ins Ausland (Rückführung von Kapital und/oder Reinvestitionen, Rückführung von Gewinnen oder Dividenden) sind zulässig, sobald das Kapital registriert ist. Sie müssen unabhängig von der vorherigen Genehmigung der Zentralbank durch Finanzinstitutionen erfolgen, die auf dem Devisenmarkt tätig sind. Überweisungen von Gewinnen und Dividenden werden nicht besteuert.

Devisenverkehr

Der seit 1999 bestehende flexible Devisenverkehr wird aufrechterhalten. Die Zentralbank hat als oberstes Ziel die Bekämpfung der Inflation. Sie kann sich bei Bedarf einschalten, um die Liquidität des Marktes zu gewährleisten. Bei den jüngsten weltweiten Finanzturbulenzen hat sie ausnahmsweise mehrfach interveniert, um den Markt mit Liquidität in Devisen zu versorgen.

ZAHLUNGSMITTEL UND FORDERUNGSEINZUG

Zahlungsmittel

Im Geschäftsverkehr kommen in Brasilien vor allem der Wechsel *(letra de câmbio)* und in geringerem Umfang auch der Solawechsel *(nota promissória)* zum Einsatz. Bei der vorschriftsmäßigen Ausstellung beider Zahlungsmittel sind jedoch bestimmte Formvorgaben zu beachten. Häufig genutzt wird auch der Scheck (der in der Praxis häufig vordatiert wird und so als Kreditzahlungsmittel Verwendung findet), dessen Ausstellung an ähnliche Formvorschriften gebunden ist. Auch wenn diese Kreditzahlungsinstrumente im internationalen Geschäftsverkehr nicht zu empfehlen sind, bedeuten sie im Falle eines Zahlungsausfalls ein wirksames Druckmittel, weil sie einen außergerichtlich vollstreckbaren Titel darstellen und dem Gläubiger einen bevorzugten Zugang zum Vollstreckungsverfahren eröffnen.

Eine brasilianische Besonderheit ist das sogenannte *duplicata mercantil* – dies ist ein Doppel der ursprünglichen Handelsrechnung, die innerhalb von maximal 30 Tagen zahlbar ist und dem Kunden vom Lieferanten vorgelegt wird. Wenn der Kunde dieses Rechnungsdoppel unterzeichnet hat, kann es wie ein Kredittitel in vollstreckbarer Form genutzt werden. Beim *duplicata mercantil,* das im inländischen Geschäftsverkehr geläufig ist, sind zur Rechtsgültigkeit bestimmte Formvorschriften zu beachten.

Ein ebenfalls wichtiges Zahlungsmittel im In- und Ausland ist die Banküberweisung (mitunter garantiert durch ein Standby-Akkreditiv), weil sie eine größere Flexibilität bei der Verarbeitung bietet. Die Banküberweisung wird insbesondere über das elektronische Netz SWIFT ausgeführt, an das die großen brasilianischen Banken angebunden sind.

Darüber hinaus bestehen verschiedene automatisierte Systeme für Überweisungen von großen Beträgen zwischen den Banken wie z.B. seit April 2002 das von der brasilianischen Zentralbank verwaltete *„Sistema de Transferência de Reservas" (STR),* das die Überweisung von Geldern zwischen Banken in Echtzeit ermöglicht, oder das Netz *„Rede do Sistema Financeiro Nacional" (RSFN),* das verschiedenen Finanzakteuren des Landes offensteht. Diese beiden Systeme sind untereinander in Echtzeit verbunden.

Forderungseinzug

Die Beitreibung von Forderungen auf gütlichem Weg beginnt mit telefonischen Zahlungserinnerungen, gefolgt von einem Einschreiben, mit dem der Schuldner in Verzug gesetzt und aufgefordert wird, die offene Forderung zuzüglich vertraglich festgelegter Verzugszinsen innerhalb von acht Tagen zu begleichen. Sofern keine solche Regelung besteht, wird nach dem bürgerlichen Gesetzbuch der jeweils geltende Steuerzinssatz, der bei Zahlungen an die Finanzbehörden zugrunde gelegt wird, herangezogen, das heißt 1% Zinsen je Monat Zahlungsverzug. Da gerichtliche Verfahren langwierig und kostspielig sind, empfiehlt es sich nach Möglichkeit immer, direkt mit dem Kunden zu verhandeln und eine gütliche Einigung herbeizuführen.

Im Justizwesen werden zwei Arten der Gerichtsbarkeit unterschieden: die jeweils eigenen Gerichte jedes brasilianischen Bundesstaates (insgesamt gibt es 26 Bundesstaaten plus der *„Distrito Federal Brasilia")* sowie die Gerichtsbarkeit auf nationaler Ebene. Gegen die Entscheidungen insbesondere des *„Tribunal de Justiça"*

in jedem Bundesstaat, kann auf Bundesebene Einspruch eingelegt werden. Die Gerichtskosten sind von Bundesstaat zu Bundesstaat unterschiedlich.

In erster Instanz sind die Gerichte der brasilianischen Bundesstaaten in allgemeinrechtlichen (bürgerlich-, handels-, straf- und familienrechtlichen) Angelegenheiten zuständig. Die zweite Art von Gerichtsbarkeit betrifft die Bundesgerichte, von denen es fünf *(Tribunais Regionais Federais – TRF)* gibt. Sie sind jeweils für eine bestimmte geographische Region, die sich aus mehreren Bundesstaaten zusammensetzt, zuständig und haben ihren Sitz in Brasilia *(região 1),* Rio de Janeiro *(região 2),* São Paulo *(região 3),* Porto Alegre *(região 4)* und Recife *(região 5).* Rechtsmittel gegen Entscheidungen der TRF werden (bei nicht verfassungsrelevanten Angelegenheiten) vor dem *Superior Tribunal de Justiça (STJ)* in Brasilia als der letzten Instanz eingelegt.

Seit Juli 1995 gibt es in Brasilien ein besonderes Verfahren *(ação monitoria),* wenn sich der Gläubiger im Besitz eines Vertrages oder schriftlichen Nachweises als Beleg für die geltend gemachte Forderung befindet. Dieser stellt allerdings keinen vollstreckbaren Titel dar. Nach der Prüfung der vorgelegten Schriftstücke und der Rechtmäßigkeit der Forderung stellt der Richter innerhalb von zwei Wochen eine Zahlungsanordnung zu Lasten des Schuldners aus, der zur Begleichung seiner Rückstände aufgefordert wird: Der Schuldner bezahlt seine Verbindlichkeiten dann, oder er äußert sich nicht, und die Klage wird in ein Vollstreckungsverfahren umgewandelt, oder er bringt seine Einrede vor, und die Klage geht in ein normales Verfahren über.

Im Übrigen sind bestimmte Dokumente nach brasilianischer Rechtsprechung vollstreckbar. Um diese Vollstreckbarkeit in Anspruch nehmen zu können, muss die Schuld des Vertragspartners sicher, liquide und fällig *(certo, liquido e exigível)* sein.

In diesem Zusammenhang sind zu unterscheiden:
- vollstreckbare gerichtliche Titel: Urteile von lokalen Gerichten, die das Bestehen einer vertraglichen Schuld feststellen, vom Gericht zugelassene Schlichtungen, Schiedsurteile oder ausländische Urteile mit Vollstreckungsvermerk;
- vollstreckbare außergerichtliche Titel: Wechsel, Solawechsel, *„duplicata mercantil",* Scheck, offizielles vom Schuldner unterzeichnetes Schriftstück, privatschriftliches vom Schuldner und zwei Zeugen unter-

Exporte: 15% des BIP
▷▷▷▷▷▷▷▷▷▷▷▷▷▷▷▷▷▷▷▷▷▷▷▷▷▷▷▷▷▷▷▷▷▷▷▷▷▷▷

Importe: 12% des BIP
◀◀◀◀◀◀◀◀◀◀◀◀◀◀◀◀◀◀◀◀◀◀◀◀◀◀◀◀◀◀◀◀◀◀◀◀◀◀◀

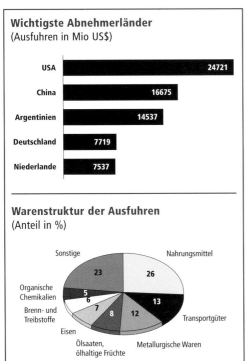

Wichtigste Abnehmerländer
(Ausfuhren in Mio US$)

USA 24721
China 16675
Argentinien 14537
Deutschland 7719
Niederlande 7537

Warenstruktur der Ausfuhren
(Anteil in %)

Sonstige 23
Nahrungsmittel 26
Organische Chemikalien 5
Brenn- und Treibstoffe 6
Eisen 7
Ölsaaten, ölhaltige Früchte 8
Transportgüter 13
Metallurgische Waren 12

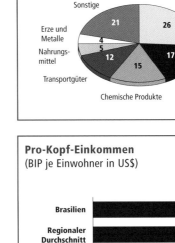

Wichtigste Lieferländer
(Einfuhren in Mio US$)

USA 24628
China 11377
Argentinien 9998
Deutschland 9371
Nigeria 4757

Warenstruktur der Einfuhren
(Anteil in %)

Sonstige 21
Investitionsgüter 26
Erze und Metalle 4
Nahrungsmittel 5
Transportgüter 12
Chemische Produkte 15
Erdöl und verwandte Produkte 17

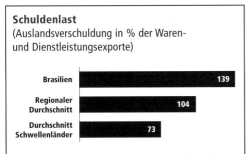

Schuldenlast
(Auslandsverschuldung in % der Waren- und Dienstleistungsexporte)

Brasilien 139
Regionaler Durchschnitt 104
Durchschnitt Schwellenländer 73

Pro-Kopf-Einkommen
(BIP je Einwohner in US$)

Brasilien 8745
Regionaler Durchschnitt 8566
Durchschnitt Schwellenländer 9435

zeichnetes Schriftstück, Vertrag mit einer Sicherheit, usw.

Das normale, der Form nach inquisitorische und häufig formalistische Verfahren setzt sich aus drei wichtigen Stufen zusammen: Zunächst findet die Voruntersuchung der Angelegenheit statt, dann folgen die genaue Prüfung der von jedem Gegner vorgelegten Beweise und eventueller Gutachten und schließlich die Hauptverhandlung, bei der die jeweiligen Zeugen der Parteien unter Eid vernommen und über den Richter außerdem von jedem Anwalt befragt werden. Danach ergeht dann

das Urteil. Bis zur Erwirkung eines vollstreckbaren Titels muss man in erster Instanz allerdings zwei bis drei Jahre einkalkulieren.

Zwei neue Gesetze haben die Zwangsvollstreckung zugunsten des Gläubigers beschleunigt und die Beitreibung von Forderungen optimiert. Nach dem Gesetz vom 22. Dezember 2005 – für vollstreckbare gerichtliche Titel – hat der Schuldner eine Frist von 15 Tagen nach der Anzeige, um die Verbindlichkeiten zu begleichen. Andernfalls werden eine Strafe von 10% erhoben und ihm gehörende Sachen, die der Gläubiger selbst dem Richter angibt, beschlagnahmt.

Nach dem Gesetz vom 6. Dezember 2006 – für vollstreckbare außergerichtliche Titel – muss der Schuldner seine rückständigen Verpflichtungen innerhalb von drei Tagen nach der Anzeige begleichen. Andernfalls werden ihm gehörende Sachen beschlagnahmt, die der Gläubiger selbst auswählt und dem Richter nennt. Außerdem kann der Gläubiger vom Gericht die Einholung von Informationen über Bankkonten des Schuldners bei der Zentralbank verlangen und anschließend beim Richter eine Kontenpfändung in Höhe des geschuldeten Betrags beantragen.　　　　　　　　　　•

Amerika

Chile

Bevölkerung (Mio Einwohner):	**16,6**
BIP (Mio US$):	**163.915**
Anteil am regionalen BIP (%):	**4**

Coface-Bewertungen
Kurzfristiges Risiko:	**A2**
Geschäftsumfeld:	**A2**
Mittelfristiges Risiko:	**gering**

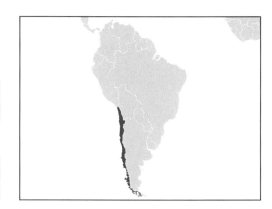

STÄRKEN

▲ Chile verfügt über große Vorkommen an Bodenschätzen (weltweit größter Produzent von Kupfer), bedeutende landwirtschaftliche Ressourcen, umfangreiche Fischbestände (hauptsächlich Lachs) und Holzvorkommen und genießt Wettbewerbsvorteile in diesen Produktionsbereichen.

▲ Das Land profitiert von seiner seit rund 20 Jahren andauernden wirtschaftlichen Expansion. Außerdem herrscht allgemeiner Konsens über die betriebene umsichtige Wirtschaftspolitik.

▲ Die zunehmende Anzahl von Freihandelsabkommen ermöglicht chilenischen Exporteuren eine Diversifizierung ihrer Absatzmärkte.

▲ Die politische Stabilität, die Qualität von Institutionen und Infrastruktur sowie das solide Finanzsystem begünstigen die Ansiedlung ausländischer Investoren und die Entwicklung des Landes zu einer regionalen Handelsplattform.

SCHWÄCHEN

▼ Die Wirtschaft ist nach wie vor sehr stark von Kupferausfuhren (auf die mehr als die Hälfte der gesamten Exporte entfällt) und von Sektoren mit geringer Wertschöpfung abhängig.

▼ Bei der Deckung seines Energiebedarfs ist Chile bis zur Inbetriebnahme einer Flüssiggasanlage in den Jahren 2009/2010 immer noch auf das Ausland, insbesondere auf argentinisches Gas, angewiesen, dessen Lieferung problematisch ist.

▼ Einfuhren und Rückführungen von Dividenden der stark vertretenen ausländischen Investoren belasten die Leistungsbilanz.

▼ Immer noch bestehen in Chile die größten Einkommensunterschiede weltweit. Dies ist vor allem auf ungleiche Verhältnisse im Bildungswesen zurückzuführen und hat soziale Spannungen zur Folge.

RISIKOEINSCHÄTZUNG

Starke Abhängigkeit vom internationalen Umfeld

Mit der sich deutlich abschwächenden Weltwirtschaft wird auch Chile 2009 einen starken Wachstumsrückgang erleben. Der Konsum der privaten Haushalte wird insbesondere aufgrund restriktiverer Kreditbedingungen nur minimal zunehmen. Die Investitionstätigkeit wird nur durch die Modernisierung der Infrastruktur gestützt. Inflationäre Spannungen dürften leicht nachlassen, was insbesondere an den weltweit rückläufigen Preisen für Rohstoffe liegt. Seit einigen Jahren wird in Chile eine strenge Haushaltspolitik betrieben, durch die erhebliche Überschüsse erzielt wurden. Auf diese Weise ist es Chile gelungen, den wechselhaften Verlauf der Rohstoffpreise auszugleichen. Zwei Stabilisierungs- und Investitionsfonds wurden 2007 ins Leben gerufen, um die erzielten Überschüsse besser zu verwalten. Die Verschuldung des Staates wurde auf weniger als 5% des BIP abgebaut und die des öffentlichen Sektors auf etwa 20% vermindert.

Im Übrigen wird der Außenhandel trotz stark gesunkener Preise nach wie vor durch den Absatz von Kupfer beherrscht. Doch auch bei anderen Produkten (Holz, Zellstoff, Lachs) ist der Export im Rahmen zahlreicher Freihandelsabkommen in Schwung gekommen. Zur Deckung seines Energiebedarfs ist Chile nach wie vor stark von Einfuhren abhängig. Dies hat Folgen für den Handelsbilanzüberschuss, der seit 2008 sinkt. Mit den zunehmenden Gewinnrückführungen ausländischer Unternehmen wird das Defizit in der Leistungsbilanz zwar deutlich größer werden, der Bedarf an ausländischen Finanzmitteln dürfte jedoch überwiegend durch ausländische Direktinvestitionen gedeckt werden. Durch die hohe Verschuldung der Privatunternehmen in Fremdwährungen und den geringen Umfang an Devisenreserven steigt das Risiko einer Liquiditätskrise. Dem entgegen wirken ausländische Investitionen, die vor allem dem leistungsfähigen Bankensystem des Landes vertrauen.

Keine Änderung der Wirtschaftspolitik durch Regierungswechsel

Die seit 1990 regierende Mitte-links-Koalition, von der die Präsidentin Michelle Bachelet unterstützt wird, besitzt seit Anfang 2008 keine Mehrheit im Parlament mehr. Im Oktober 2008 hat sie bei den Kommunalwahlen wichtige Städte verloren. Nach der Abstimmung über eine umfangreiche Rentenreform im Jahr 2008 besteht die Gefahr, dass mit dem Näherrücken der für Ende 2009 geplanten Präsidentschaftswahlen die Reformierung des Bildungs- und Gesundheitswesens ins Stocken gerät. Aus diesen Wahlen könnte die „Mitte-rechts"-gerichtete *Alianza por Chile* als Sieger hervorgehen. Die Ausrichtung der Politik wird hierdurch nicht grundlegend in Frage gestellt werden.

Index der Zahlungsausfälle
(Gleitender Zwölfmonatsdurchschnitt; Basis: Welt 1995 = 100)

Quelle: Coface.

Anzeichen für eine Verschlechterung des Zahlungsverhaltens der Unternehmen

Verhältnismäßig gut behaupten können sich nach wie vor der Bergbau und die Papierindustrie sowie Finanzdienstleistungen. Auch wenn das Zahlungsverhalten der Unternehmen insgesamt durchaus zufriedenstellend war, sind deutlich mehr Zahlungsausfälle in Branchen, in denen dauerhafte Schwierigkeiten bestehen, wie in der Textil- und Bekleidungsindustrie, aber auch in der krisengeschüttelten Bauwirtschaft, im Maschinen- und Anlagenbau, in der Nahrungsmittelindustrie und im Handel, zu beobachten. Zahlungsausfälle in den Branchen, die bisher besonders gut aufgestellt waren, lassen sich von daher nicht ausschließen.

Wichtige Kennzahlen

	2004	2005	2006	2007	2008 (S)	2009 (P)
Reales Wirtschaftswachstum (%)	6,2	5,7	4,3	5,1	4,0	1,0
Inflation (%)	1,1	3,1	3,4	4,4	8,7	6,0
Staatshaushalt (Saldo in % des BIP)	2,1	4,6	7,7	8,8	6,5	−0,4
Ausfuhren (Mrd US$)	32,5	41,3	58,5	67,6	75,3	68,3
Einfuhren (Mrd US$)	22,9	30,5	35,9	44,0	59,2	58,0
Handelsbilanz (Saldo in Mrd US$)	9,6	10,8	22,6	23,7	16,1	10,3
Leistungsbilanz (Saldo in Mrd US$)	2,1	1,5	6,8	7,2	−4,6	−8,5
Leistungsbilanz (Saldo in % des BIP)	2,2	1,2	4,7	4,4	−2,5	−5,0
Auslandsverschuldung (in % des BIP)	45,4	38,9	33,8	34,1	31,0	35,3
Schuldendienst (in % der Ausfuhren)	22,2	15,5	17,7	12,0	13,0	8,4
Währungsreserven (in Monatsimporten)	4,9	4,0	3,4	2,7	3,0	3,2

(S): Schätzung. (P): Prognose.

Quelle: Coface.

Amerika

Exporte: 45% des BIP
▷▷▷▷▷▷▷▷▷▷▷▷▷▷▷▷▷▷▷▷▷▷▷▷▷▷▷▷▷▷▷▷▷▷▷▷▷▷

Importe: 31% des BIP
◁◁◁◁◁◁◁◁◁◁◁◁◁◁◁◁◁◁◁◁◁◁◁◁◁◁◁◁◁◁◁◁◁◁◁◁◁◁

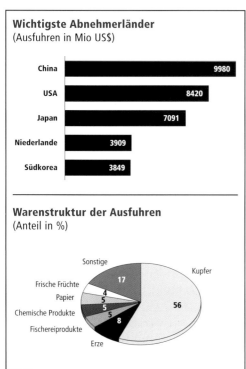

Wichtigste Abnehmerländer
(Ausfuhren in Mio US$)

China 9980
USA 8420
Japan 7091
Niederlande 3909
Südkorea 3849

Warenstruktur der Ausfuhren
(Anteil in %)

Sonstige 17
Frische Früchte 4
Papier 5
Chemische Produkte 5
Fischereiprodukte 8
Erze
Kupfer 56

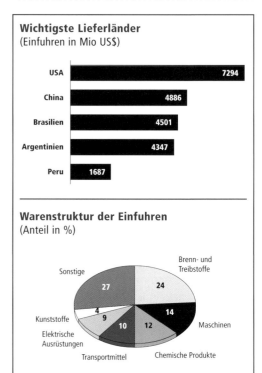

Wichtigste Lieferländer
(Einfuhren in Mio US$)

USA 7294
China 4886
Brasilien 4501
Argentinien 4347
Peru 1687

Warenstruktur der Einfuhren
(Anteil in %)

Sonstige 27
Brenn- und Treibstoffe 24
Kunststoffe 4
Elektrische Ausrüstungen 9
Transportmittel 10
Chemische Produkte 12
Maschinen 14

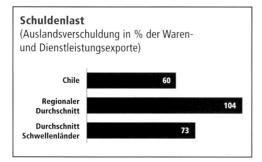

Schuldenlast
(Auslandsverschuldung in % der Waren-
und Dienstleistungsexporte)

Chile 60
Regionaler Durchschnitt 104
Durchschnitt Schwellenländer 73

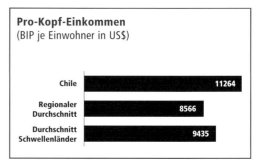

Pro-Kopf-Einkommen
(BIP je Einwohner in US$)

Chile 11264
Regionaler Durchschnitt 8566
Durchschnitt Schwellenländer 9435

VORAUSSETZUNGEN FÜR DEN MARKTZUGANG

Marktsituation

Der chilenische Markt ist sicher und stabil: Die politische und wirtschaftliche Entwicklung, das einwandfreie Funktionieren der Infrastruktur sowie seltene Änderungen an Gesetzen und Vorschriften sorgen für günstige Rahmenbedingungen, insbesondere für KMUs. Der Zollschutz ist begrenzt: Chile verfolgt eine Politik der einseitigen Senkung von Einfuhrabgaben, die durch bilate-

rale oder regionale Abkommen ergänzt wird. Der allgemeine Zoll für alle Produkte liegt seit dem 1. Januar 2003 bei maximal 6%. Nach der Ratifizierung des Assoziationsabkommens mit der EU durch das Parlament – der Handelsteil ist seit dem 1. Februar 2003 in Kraft – wurden die Zölle für 99,8% der Industrieprodukte abgeschafft.

Möglichkeiten des Marktzugangs

Handelsschranken nichttarifärer Art gibt es nur wenige. Allerdings hat eine Reihe von Maßnahmen für Lebensmittel manchmal eine ähnliche Barrierewirkung (insbesondere Zulassungs- und Probenahmeverfahren). Im Vergleich zu der Situation in anderen Ländern der Region bietet Chile im Übrigen einen insgesamt zufriedenstellenden Schutz von Rechten an geistigem Eigentum.

Das derzeit gültige Gesetz über gewerbliches Eigentum (Nr. 19.996) wurde im März 2005 veröffentlicht. Es ergänzt das Gesetz aus dem Jahr 1991 und passt die innerstaatlichen Rechtsvorschriften Chiles an die TRIPS-Abkommen (Trade Related Aspects of Intellectual Property Rights) der WTO an. Mit den am 1. Dezember 2005 erlassenen Durchführungsverordnungen ist ein großer Fortschritt im Schutz von Rechten an gewerblichem und geistigem Eigentum gemacht worden. Lediglich in der Pharmabranche besteht diesbezüglich noch Entwicklungsbedarf. Durch ein neues Dekret, das in Kürze in Kraft tritt, sollten in diesem Bereich erhebliche Verbesserungen herbeigeführt werden.

Haltung gegenüber ausländischen Investoren

Investoren aus dem In- und Ausland werden gleich behandelt. Der Zusammenschluss mit einem örtlichen Partner ist möglich aber nicht Vorschrift. Auf ausländische Investitionen findet das Dekret 600 bei Geschäften von mehr als 5 Mio US$ Anwendung. Unterhalb dieser Schwelle ist die Einfuhr von Kapital bei Beträgen von mehr als 10.000 US$ zwar bei der Zentralbank zu melden, die Vorschriften hierfür wurden aber gelockert: So ist seit 2000 bei in Chile eingeführtem Kapital die Pflicht zu einer einjährigen Betriebsstätte entfallen, und die obligatorischen Mindestreserven *(Encaje)* wurden

ausgesetzt. Die Privatisierungspolitik und die Vergabe von Konzessionen für öffentliche Dienste bieten ausländischen Investoren nach wie vor Möglichkeiten zur Ansiedlung, auch wenn die profitabelsten Konzessionsvorhaben bereits vergeben wurden. Die Körperschaftsteuer liegt bei 17%. Im Rahmen der regionalen Entwicklungshilfe bestehen für bestimmte Regionen außerdem Investitionsanreize (Befreiung von der Mehrwertsteuer etc.).

Für die Beschäftigung gelten wenig belastende soziale Vorschriften: Trotz der seit 2002 eingeführten Arbeitslosenversicherung und einer Reform des Arbeitsrechts mit höheren Kündigungsabfindungen sind die Arbeitgeberbeiträge zur Sozialversicherung, die auf den Schutz bei Arbeitsunfällen begrenzt ist, sehr niedrig. Seit 2002 bemüht sich die Regierung darum, die Bedingungen für Niederlassungen auf dem chilenischen Markt attraktiver zu gestalten. In diesem Sinne soll das 2002 verabschiedete einschlägige Gesetz Chile zu einem bedeutenden Investitionsstandort mit überregionaler Reichweite werden lassen: Sofern bestimmte strenge Auflagen erfüllt werden, sind ausländische Unternehmen, die von Chile aus in Nachbarländer investieren, von Steuern auf Gewinne im Ausland befreit.

Devisenverkehr

Die Zentralbank hat Ende September 1999 die Politik der kontrollierten Fluktuation des Peso innerhalb bestimmter Margen beendet. Seitdem wird der Wechselkurs allein vom Markt bestimmt. Die Finanzbehörden greifen nur in Ausnahmefällen ein. Alle gebräuchlichen Formen von Zahlungsmitteln kommen zum Einsatz. •

Costa Rica

Bevölkerung (Mio Einwohner):	**4,5**
BIP (Mio US$):	**25.225**

Coface-Bewertungen
Kurzfristiges Risiko:	**A4**
Geschäftsumfeld:	**A3**
Mittelfristiges Risiko:	**ziemlich gering**

RISIKOEINSCHÄTZUNG

Mäßiges Wachstum und anhaltende Inflation

Das Wachstum wird sich 2009 deutlich abschwächen. Dabei werden der private Konsum insbesondere infolge versiegender Kredite nur in geringem Umfang zunehmen und die Wirtschaftstätigkeit in den Freihandelszonen aufgrund der Rezession in den USA (in die 40% der Ausfuhren gehen) spürbar abnehmen. Trotz einer wirksamen Geldpolitik bestehen nach wie vor starke inflationäre Spannungen.

Notwendige Sanierung von öffentlichen Finanzen und Leistungsbilanz

Die sich wieder ausweitenden Haushaltsdefizite sind auf eine unzureichende Steuerveranlagung und unverändert hohe öffentliche Ausgaben zurückzuführen.

Durch eine Steuerreform würde zwar ein Beitrag zum Abbau der öffentlichen Schulden geleistet (42% des BIP im Jahr 2008, davon die Hälfte in Devisen), doch sie wird wahrscheinlich auf die Zeit nach den Präsidentschaftswahlen im Februar 2010 vertagt.

Die negativen Auswirkungen der Rezession in den USA machen sich bei der Ausfuhr von Technologiegütern, beim Tourismus und bei den Überweisungen von Emigranten bemerkbar und belasten die Leistungsbilanz. Seit Anfang 2009 ist das Freihandelsabkommen mit den USA und Mittelamerika – die DR-CAFTA – in Kraft. Strukturell leidet die Leistungsbilanz unter den hohen Öleinfuhren und den Gewinnrückführungen multinationaler Unternehmen. Dies hat erhebliche Defizite zur Folge. Durch den umfangreichen Finanzierungsbedarf und die hohe Inflation nimmt die Anfälligkeit der Währung zu. Der Finanzierungsbedarf wird nur zur Hälfte durch ausländische Direktinvestitionen gedeckt. •

Wichtige Kennzahlen

	2004	2005	2006	2007	2008 (S)	2009 (P)
Reales Wirtschaftswachstum (%)	4,3	5,9	8,7	6,8	2,9	0,5
Inflation (%)	12,3	13,8	11,5	9,4	13,4	10,1
Staatshaushalt (Saldo in % des BIP)	−3,6	−3,1	−0,5	0,2	−1,0	−4,0
Ausfuhren (Mrd US$)	6,4	7,1	8,1	9,3	9,7	10,2
Einfuhren (Mrd US$)	7,8	9,2	10,8	12,3	15,0	14,0
Handelsbilanz (Saldo in Mrd US$)	−1,4	−2,1	−2,8	−3,0	−5,4	−3,8
Leistungsbilanz (Saldo in % des BIP)	−4,3	−4,6	−4,7	−6,0	−11,6	−6,6
Auslandsverschuldung (in % des BIP)	32,8	42,5	40,4	36,8	33,8	35,2
Schuldendienst (in % der Ausfuhren)	8,6	6,4	5,5	6,0	6,4	7,0
Währungsreserven (in Monatsimporten)	2,4	2,5	2,9	2,8	2,3	2,2

(S): Schätzung. (P): Prognose.   Quelle: Coface.

Dominikanische Republik

Bevölkerung (Mio Einwohner):	**9,8**
BIP (Mio US$):	**36.686**

Coface-Bewertungen

Kurzfristiges Risiko:	**B**
Geschäftsumfeld:	**B**
Mittelfristiges Risiko:	**moderat erhöht**

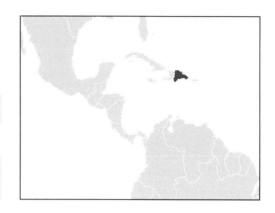

Amerika

RISIKOEINSCHÄTZUNG

Zwillingsdefizite als Unsicherheitsfaktoren

Das Wachstum wird sich 2009 sehr deutlich abschwächen. Die Gründe hierfür liegen in der Rezession in den USA, dem wichtigsten Handelspartner der Dominikanischen Republik (zwei Drittel der Ausfuhren), und in der rückläufigen Binnennachfrage im Zuge der Krediteinschränkungen und sinkenden Überweisungen von Emigranten.

Die anhaltend hohen Preise und der Wiederaufbau nach den Hurrikans erschweren die Fortführung der stabilitätsorientierten Geld- und Fiskalpolitik. Nachdem Anfang 2008 eine Vereinbarung mit dem IWF ausgelaufen ist, scheint die ohnehin auf schwachen Füßen stehende Sanierung der öffentlichen Finanzen in Frage zu stehen, denn die öffentlichen Schulden müssen noch

stärker abgebaut werden (40% des BIP geplant für 2008 und 2009).

Darüber hinaus leidet das Land unter den weltweit rückläufigen Nickelpreisen, den sinkenden Einnahmen aus dem Tourismus und den abnehmenden Überweisungen von Emigranten. Außerdem ist die Dominikanische Republik nach wie vor auf Öleinfuhren angewiesen. Das belastet die Leistungsbilanz trotz der niedrigeren Ölpreise. Gleichzeitig bekommen die Exporte der Bekleidungsindustrie aus den Freihandelszonen weiterhin die Konkurrenz aus Asien zu spüren. Nachdem 2007 das Freihandelsabkommen mit Mittelamerika und den USA in Kraft getreten ist, waren zusätzliche ausländische Direktinvestitionen zu verzeichnen. Doch ihr Zustrom dürfte 2009 abnehmen und nur ein Drittel des ausländischen Finanzierungsbedarfs abdecken. Infolge des internationalen „finanziellen Hurrikans" lassen sich die benötigten restlichen Mittel nur sehr viel schwieri-

Wichtige Kennzahlen

	2004	2005	2006	2007	2008 (S)	2009 (P)
Reales Wirtschaftswachstum (%)	1,2	9,5	10,7	8,5	4,5	−1,0
Inflation (%)	51,4	4,2	7,6	6,1	10,5	6,0
Staatshaushalt (Saldo in % des BIP)	−5,4	−2,7	−3,1	−1,2	−3,0	−3,5
Ausfuhren (Mrd US$)	5,9	6,1	6,6	7,2	7,2	7,1
Einfuhren (Mrd US$)	7,9	9,9	12,0	13,8	16,0	14,7
Handelsbilanz (Saldo in Mrd US$)	−2,0	−3,7	−5,4	−6,6	−8,9	−7,6
Leistungsbilanz (Saldo in % des BIP)	5,1	−1,3	−3,1	−5,4	−9,0	−6,0
Auslandsverschuldung (in % des BIP)	34,0	24,5	29,7	29,4	28,8	28,5
Schuldendienst (in % der Ausfuhren)	10,9	11,4	14,3	13,8	13,8	14,3
Währungsreserven (in Monatsimporten)	1,0	1,9	1,9	2,2	1,9	1,9

(S): Schätzung. (P): Prognose.

Quelle: Coface.

ger und kostspieliger beschaffen. Allerdings haben sich die Kennzahlen zur Auslandsverschuldung infolge der Zahlungsterminverschiebungen, die der Pariser Club und der Londoner Club 2005 gewährt haben, gebessert, und das Finanzsystem wurde seit der Krise von 2003 saniert.

Unzureichende wirtschaftliche und soziale Fortschritte

Präsident Leonel Fernández (von der „Mitte-links"-gerichteten PLD) ist aus den Wahlen im Mai 2008 zum dritten Mal als Sieger hervorgegangen. Doch der Mehrheit der Bevölkerung kommen die Früchte der Expansion nicht zugute. Das hat soziale Spannungen und ein Klima der Unsicherheit zur Folge. Eine schwerfällige Bürokratie und die Korruption wirken sich immer noch negativ auf die Effizienz im öffentlichen Sektor aus, auch wenn Anstrengungen zur Verbesserung der Stromversorgung und insbesondere zum Abbau von Betrug unternommen worden sind. ●

Ecuador

Bevölkerung (Mio Einwohner):	**13,4**
BIP (Mio US$):	**44.184**
Anteil am regionalen BIP (%):	**1,1**

Coface-Bewertungen
Kurzfristiges Risiko:	**C**
Geschäftsumfeld:	**C**
Mittelfristiges Risiko:	**hoch**

Amerika

STÄRKEN

- ▲ Ecuador verfügt über erhebliche Vorkommen an Bodenschätzen, Gas und vor allem Öl. Nach der Fertigstellung der Pipeline durch die Anden wird das Land seine Ölproduktion und -ausfuhren erhöhen können.
- ▲ Das Land ist weltweit der größte Exporteur von Bananen und Garnelen. Außerdem verfügt es über ergiebige Fischbestände (vor allem Thunfisch).
- ▲ Die Erhöhung der Löhne und ein besserer Zugang zu Krediten haben den Konsum der privaten Haushalte gestärkt.

SCHWÄCHEN

- ▼ Die unzureichend diversifizierte Wirtschaft ist für Preisschwankungen bei Rohstoffen anfällig, vor allem bei Öl (darauf entfallen mehr als die Hälfte der Exporteinnahmen, ein Fünftel des BIP und ein Drittel der Steuereinnahmen von Ecuador).
- ▼ Die unzureichende Qualifikation der Arbeitskräfte und die mangelhafte Infrastruktur sowie die Schwächen bei Institutionen und Justiz schrecken in- und ausländische Investoren ab.
- ▼ Ecuador leidet chronisch unter seinen geringen Devisenreserven, auch wenn dieses Problem durch die Anbindung an den US-Dollar gemildert wird.
- ▼ Der Zusammenhalt dieses Vielvölkerstaates wird durch geographische Kontraste, starke Ungleichheiten und soziale Spannungen belastet.

RISIKOEINSCHÄTZUNG

Erstes großes Land mit internationalem Zahlungsausfall seit Beginn der Finanzkrise

Schwer angeschlagen durch die internationale Wirtschafts- und Finanzkrise, hat Ecuador Mitte Dezember 2008 die Zahlung von Zinsen auf Auslandsverbindlichkeiten verweigert. Diese Entscheidung beruht auf politischen Erwägungen, denen zufolge bestimmte Teile der Auslandsschulden aufgrund von Unregelmäßigkeiten von Vorgängerregierungen für „unrechtmäßig" erklärt wurden. Allerdings wird sich Ecuador durch diese Maßnahme den Zugang zu den internationalen Finanzmärkten verschließen. Ecuadors Verhalten könnte die Risikoaversion internationaler Investoren gegenüber anderen Kreditnehmern in Lateinamerika erhöhen.

Wachstum unter Druck

Das Wachstum hat sich 2008 unerwartet gut entwickelt. Dies war insbesondere auf öffentliche Ausgaben zurückführen, die von steigenden Erdöleinnahmen beflügelt wurden. Angesichts der weltweit eingetrübten Rahmenbedingungen wird die Wirtschaftstätigkeit 2009 jedoch zurückgehen. Die Gründe hierfür sind eine nur geringe Zunahme des privaten Konsums, sinkende Überweisungen von Emigranten, rückläufige Bankkredite sowie ein Verfall der Ölpreise und zurückgehende Investitionen von Unternehmen.

Wichtige Kennzahlen

	2004	2005	2006	2007	2008 (S)	2009 (P)
Reales Wirtschaftswachstum (%)	8,0	6,0	3,9	2,0	5,5	0,0
Inflation (%)	2,7	2,1	3,3	2,3	8,3	4,5
Staatshaushalt (Saldo in % des BIP)	2,1	0,7	3,2	2,2	2,5	−3,0
Ausfuhren (Mrd US$)	8,0	10,5	13,2	14,4	19,4	14,9
Einfuhren (Mrd US$)	7,7	9,7	11,4	12,8	16,6	15,1
Handelsbilanz (Saldo in Mrd US$)	0,3	0,8	1,8	1,6	2,8	−0,2
Leistungsbilanz (Saldo in Mrd US$)	−0,5	0,3	1,6	1,1	2,0	−1,1
Leistungsbilanz (Saldo in % des BIP)	−1,7	1,0	3,9	2,5	4,2	−2,2
Auslandsverschuldung (in % des BIP)	52,1	47,2	41,8	40,7	37,7	37,4
Schuldendienst (in % der Ausfuhren)	17,7	18,8	13,0	14,4	9,7	12,0
Währungsreserven (in Monatsimporten)	1,1	1,5	1,1	2,1	2,2	2,5

(S): Schätzung. (P): Prognose.

Quelle: Coface.

Verfall der Ölpreise lässt Staatshaushalt und Leistungsbilanz in die roten Zahlen gleiten

Sinkende Einnahmen aus dem Erdöl machen es sehr schwierig, steigende Sozialausgaben und Investitionen in die öffentliche Infrastruktur sowie den Schuldendienst für ausländische Verbindlichkeiten miteinander in Einklang zu bringen. Nachdem mehrere Jahre lang ein Haushaltsüberschuss bestanden hat, ist für 2009 mit einem diesbezüglichen Defizit zu rechnen. Im Übrigen wird sich durch die drastisch gefallenen Preise bei der Ausfuhr von Erdöl und die sinkenden Überweisungen von Emigranten der hohe Überschuss in der Leistungsbilanz, der noch 2008 zu beobachten war, 2009 in ein Defizit verwandeln.

Der *Andean Trade Promotion and Drug Eradication Act* (ATPDEA) wurde erneut bis Juni 2009 verlängert. Diese Präferenzregelung sichert Ecuador den Zugang zum US-amerikanischen Markt. Die USA, in die mehr als die Hälfte aller Ausfuhren geht, sind der wichtigste Handelspartner Ecuadors. Dass jedoch kein echtes Freihandelsabkommen besteht, bedeutet für ausländische Investitionen ein Hindernis. Im Oktober 2007 wurde die Aufteilung der Gewinne zwischen den internationalen Ölgesellschaften und dem Staat zu Lasten der privaten Unternehmen revidiert. Ende 2007 ist Ecuador wieder der OPEC beigetreten. Außerdem hat die Regierung 2008 das Eigentum des brasilianischen Bauunternehmens Odebrecht aufgrund eines Vertragsstreits beschlagnahmt.

Neue Verfassung und mehr Macht für den Präsidenten

Nach der Verabschiedung einer neuen Verfassung im September 2008 ist davon auszugehen, dass die Alianza País, die Partei von Präsident Rafael Correa (antiliberale Linke), bei den vorgezogenen allgemeinen Wahlen im April 2009 gewinnen wird. Diese Verfassung sieht eine Ausweitung der Macht für den Präsidenten und die Einschaltung des Staates in „strategischen" Branchen (Energie, Bergbau, Telekommunikation und Banken) vor.

VORAUSSETZUNGEN FÜR DEN MARKTZUGANG

Marktsituation

Ecuador ist Gründungsmitglied der WTO, der das Land seit 1996 angehört, und hält sich im Prinzip an die WTO-Vorschriften. Auch wenn der Warenverkehr mit den Partnern der Andengemeinschaft (Peru, Kolumbien und Bolivien) seit 1994 von Zöllen befreit ist, wird der innergemeinschaftliche Handel durch temporäre Hindernisse zolltariflicher und sonstiger Art beeinträchtigt.

Von Ecuador wird die ursprünglich in der Entscheidung 381 der Junta del Acuerdo de Cartagena festgelegte Zollnomenklatur in der als NANDINA bezeichneten Version (Gemeinsame Nomenklatur der Mitgliedsstaaten des Cartagena-Abkommens) verwendet. Diese wurde im Januar 2007 durch Entscheidung 653 der Andenge-

Exporte: 34% des BIP

Importe: 33% des BIP

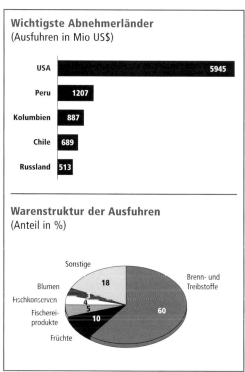

Wichtigste Abnehmerländer
(Ausfuhren in Mio US$)

USA — 5945
Peru — 1207
Kolumbien — 887
Chile — 689
Russland — 513

Warenstruktur der Ausfuhren
(Anteil in %)

Sonstige 18
Brenn- und Treibstoffe 60
Blumen 3
Fischkonserven 4
Fischerei-produkte 5
Früchte 10

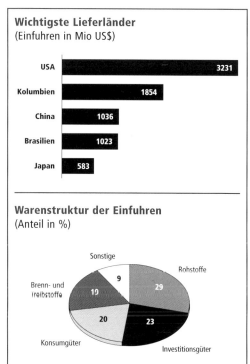

Wichtigste Lieferländer
(Einfuhren in Mio US$)

USA — 3231
Kolumbien — 1854
China — 1036
Brasilien — 1023
Japan — 583

Warenstruktur der Einfuhren
(Anteil in %)

Sonstige 9
Rohstoffe 29
Brenn- und Treibstoffe 19
Investitionsgüter 23
Konsumgüter 20

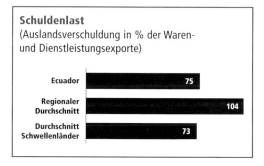

Schuldenlast
(Auslandsverschuldung in % der Waren- und Dienstleistungsexporte)

Ecuador — 75
Regionaler Durchschnitt — 104
Durchschnitt Schwellenländer — 73

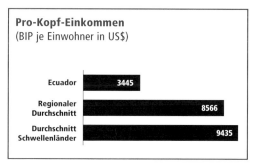

Pro-Kopf-Einkommen
(BIP je Einwohner in US$)

Ecuador — 3445
Regionaler Durchschnitt — 8566
Durchschnitt Schwellenländer — 9435

meinschaft ersetzt und im Amtsblatt veröffentlicht (Ausführungsdekret 592 vom 30. August 2007). Diese Nomenklatur erleichtert die Identifikation und Einordnung von Waren

Die Höhe des nationalen Zolltarifs hängt dabei jeweils von technischen Kriterien wie dem Grad der Verarbeitung ab. So gelten für landwirtschaftliche Erzeugnisse Zölle bis zu einer Höhe von 20% und für halbfertige Waren Zölle bis zu 10%. Auf Rohstoffe, Produktionsfaktoren und Ausrüstungsgüter werden schließlich Zölle erhoben, die für bestimmte Ausrüstungsgüter seit neu-

estem bis zu 30% erreichen können. Bei Fahrzeugen gelten 35% für Pkw, 10% für Lkw und 3% für CKD-Fahrzeuge, die „completely knocked down", d.h. als „Bausatz" im teilzerlegten Zustand, geliefert werden. Die Länder der Andengemeinschaft (Kolumbien, Ecuador, Peru und Bolivien) hatten im Februar 1995 einen Gemeinsamen Außenzolltarif (AEC: Arancel Externo Común) eingeführt, der aber seit September 2007 außer Kraft gesetzt ist.

Seit Dezember 2003 kommt SICE (System für den elektronischen Datenaustausch) zum Einsatz. Damit können nun alle für Einfuhren notwendigen Dokumente und das Einheitspapier elektronisch übermittelt werden. Die Einfuhrverfahren sind jedoch nach wie vor langwierig. Das System aus Kontrollen, Verboten, Genehmigungen oder Registrierungen ist immer noch ziemlich komplex. Da sich die Gesetzesvorschriften häufig ändern, entstehen große rechtliche Unsicherheiten. Ecuador hat über den Rat für Außenhandel und Investitionen (COMEXI) die Resolutionen 182 und 183 aus dem Jahr 2003 über Produkte, deren Einfuhr verboten ist, bzw. über die Genehmigungen, die im Vorfeld zu beantragen sind, verabschiedet.

Haltung gegenüber ausländischen Investoren

Im Prinzip werden in- und ausländische Investoren praktisch gleichbehandelt. Eine Ausnahme besteht lediglich in sogenannten „strategischen" Sektoren (insbesondere Immobilienbesitz entlang den Grenzen). Nach der neuen Verfassung fallen auch Wasser, Strom, nicht erneuerbare natürliche Ressourcen und die Telekommunikation unter die strategischen Bereiche. Der Staat kann private Unternehmer mit der Bewirtschaftung dieser Branchen beauftragen, er behält jedoch eine Mehrheitsbeteiligung. In der Praxis kann dieser Liberalismus jedoch durch das äußerst komplexe System aus behördlichen und rechtlichen Vorschriften eingeschränkt werden, was zu großer Verunsicherung führt. Durch die überaus starke politische, wirtschaftliche und finanzielle Machtkonzentration werden die Gesetzesvorschriften oft nicht wirklich umgesetzt.

Die Regierung hat gegenüber ausländischen Investoren eine eher unfreundliche Haltung entwickelt. Dies zeigt sich an einer zunehmenden Rechtsunsicherheit und an der Nichteinhaltung von Verträgen durch Verfahren, die kaum den allgemein anerkannten Gepflogenheiten entsprechen.

Devisenverkehr

Aus der allgemein verbreiteten Verwendung des US-Dollar seit 2000 ergibt sich eine gewisse Währungsstabilität.

●

El Salvador

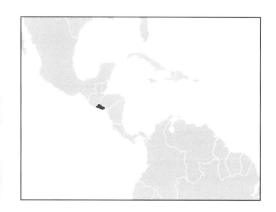

Bevölkerung (Mio Einwohner):	**6,9**
BIP (Mio US$):	**20.215**

Coface-Bewertungen
Kurzfristiges Risiko:	**B**
Geschäftsumfeld:	**B**
Mittelfristiges Risiko:	**moderat erhöht**

Amerika

RISIKOEINSCHÄTZUNG

Negative Auswirkungen der US-Rezession

In El Salvador wird das Wirtschaftswachstum 2009 erneut nachlassen. Zurückzuführen ist dies zum einen auf die Rezession in den USA, von denen das Land (mit annähernd 60% der Exporte) stark abhängig bleibt, und zum anderen auf die sinkenden Überweisungen der 2,5 Millionen Emigranten. Die Inflation geht aufgrund der Wachstumsabschwächung und der geringen Kapitalzuflüssen in US-Dollar, die bislang die Inflationsbekämpfung erschwerten, deutlich zurück.

Umsichtiges Management der öffentlichen Finanzen, unausgewogener Außenhandel

Mit einer disziplinierten Haushaltspolitik in Abstimmung mit dem IWF lassen sich das Haushaltsdefizit und die öffentlichen Schulden (40% des BIP 2008) stabilisieren. Das Defizit in der Handelsbilanz wird sich aufgrund zunehmender Einfuhren vergrößern. Dies liegt am erhöhten Bezug von Erdöl und Gütern für Investitionen durch das Freihandelsabkommen zwischen Mittelamerika und den USA. Angesichts der rückläufigen Überweisungen von Emigranten und geringerer Einnahmen aus dem Tourismus lässt sich das hohe Leistungsbilanzdefizit nicht eindämmen. Ausländische Direktinvestitionen dürften den erheblichen Bedarf an ausländischer Finanzierung zudem lediglich zu 40% decken. Für den Rest müssen Kredite zu wegen der internationalen Finanzkrise ungünstigen Bedingungen aufgenommen werden, wodurch sich das Risiko einer Liquiditätskrise ebenfalls erhöht. Die Kennzahlen zur Auslandsverschuldung dürften jedoch stabil bleiben. Der Bankensektor hat sich im Übrigen nach der Übernahme der wichtigsten lokalen Institute durch die Bancolombiano, die Citibank, die HSBC und die Scotiabank gestärkt.

Wichtige Kennzahlen

	2004	2005	2006	2007	2008 (S)	2009 (P)
Reales Wirtschaftswachstum (%)	1,5	2,8	4,2	4,7	3,0	1,1
Inflation (%)	4,5	4,7	4,0	4,6	7,3	2,5
Staatshaushalt (Saldo in % des BIP)	–3,0	–3,0	–2,9	–1,9	–2,3	–2,2
Ausfuhren (Mrd US$)	3,3	3,4	3,6	4,0	4,6	4,5
Einfuhren (Mrd US$)	6,0	6,4	7,3	8,1	9,1	9,2
Handelsbilanz (Saldo in Mrd US$)	–2,7	–3,0	–3,7	–4,1	–4,5	–4,7
Leistungsbilanz (Saldo in % des BIP)	–4,0	–4,7	–4,8	–5,5	–6,1	–5,5
Auslandsverschuldung (in % des BIP)	56,1	53,1	51,6	50,2	50,5	50,7
Schuldendienst (in % der Ausfuhren)	20,1	21,5	22,8	19,9	18,1	18,3
Währungsreserven (in Monatsimporten)	3,6	3,3	3,2	3,2	3,1	3,3

(S): Schätzung. (P): Prognose.

Quelle: Coface.

Zukünftige Regierung ohne echten Handlungsspielraum

Mauricio Funes von der „Mitte-links"-gerichteten FMLN ging aus den Präsidentschaftswahlen im März 2009 als Sieger hervor. Wenn die neue Regierung im Juni 2009 die Amtsgeschäfte übernimmt, verfügt sie im Parlament voraussichtlich nicht über eine verlässliche Mehrheit. Durch die Notwendigkeit zu Allianzen werden Fortschritte bei den Reformen, besonders des Rentensystems und des Ausbildungswesens, keineswegs erleichtert. Dabei würden diese Reformen dazu beitragen, die Armut zu bekämpfen, von der mehr als ein Drittel der Bevölkerung betroffen ist. Das würde auch die Gefahr verringern, die vor allem von den Maras (gewalttätigen Jugendbanden) ausgeht. •

Guatemala

Bevölkerung (Mio Einwohner):	**13,3**
BIP (Mio US$):	**36.150**
Anteil am regionalen BIP (%):	**1**

Coface-Bewertungen
Kurzfristiges Risiko:	**B**
Geschäftsumfeld:	**C**
Mittelfristiges Risiko:	**moderat erhöht**

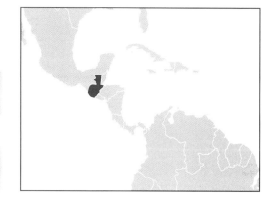

Amerika

STÄRKEN

- ▲ Aus der Umsetzung des Freihandelsabkommens zwischen Mittelamerika und den USA (DR-CAFTA) seit Juli 2006 ergeben sich für Guatemala zusätzliche Chancen. Außerdem dürfte das Land mehr ausländische Direktinvestitionen anziehen.
- ▲ Die staatlichen Stellen betreiben eine umsichtige Wirtschaftspolitik in Abstimmung mit dem IWF.
- ▲ Die öffentliche Verschuldung liegt auf einem haltbaren Niveau (etwas mehr als 20% des BIP), und die Kennzahlen zur Auslandsverschuldung sind moderat.
- ▲ Das Land besitzt ein großes touristisches Potential.

SCHWÄCHEN

- ▼ Das Land leidet unter häufigen Naturkatastrophen.
- ▼ Die Ausfuhren, die annähernd zur Hälfte in die USA gehen, konzentrieren sich allzu stark auf einige wenige traditionelle landwirtschaftliche Erzeugnisse (Kaffee, Bananen und Zucker) und hängen von den Preisschwankungen bei diesen Produkten ab.
- ▼ In ethnischer, sozialer und geographischer Hinsicht ist das Land tief gespalten, denn mehr als die Hälfte der Bevölkerung lebt in Armut, und Ungleichheiten sind stark ausgeprägt.
- ▼ Die Indios (60% der gesamten Bevölkerung) stehen trotz der im Rahmen der Friedensverträge 1996 gemachten Zusagen nach 30 Jahren Bürgerkrieg immer noch im sozialen Abseits.
- ▼ Die Infrastruktur ist mangelhaft und die Unsicherheit groß. Dies liegt zum Teil an der wachsenden Bedeutung von Guatemala als Drehscheibe für den Drogenhandel.

RISIKOEINSCHÄTZUNG

Negative Auswirkungen der Rezession in Nordamerika

Aufgrund der konjunkturellen Talfahrt in den USA als dem wichtigsten Handels- und Finanzpartner des Landes wird das Wachstum 2009 zurückgehen. Der Konsum der privaten Haushalte wird durch die abnehmenden Überweisungen von in den USA lebenden Emigranten sowie die knapperen Kredite, die zu einem Rückgang privater Investitionen führen, in Mitleidenschaft gezogen. Die nachlassende Binnennachfrage und die rückläufigen Preise für Rohstoffe und bestimmte Nahrungsmittel werden zu einem Abbau der inflationären Spannungen führen.

Umsichtiges Management der öffentlichen Finanzen

Die Mitte-links-Regierung legt ihren Schwerpunkt auf öffentliche Ausgaben im sozialen Bereich. Sie verfolgt jedoch eine Haushaltspolitik, deren wesentliches Ziel eine Erhöhung der Einnahmen (die bislang lediglich 12% des BIP ausmachen) sowie die Verringerung des Anteils der Schattenwirtschaft (schätzungsweise die Hälfte des BIP) und der Steuerflucht bleiben. Zu diesem Zweck sollen 2009 eine Solidaritätsabgabe eingeführt und eine Steuerreform in die Wege geleitet werden.

Unausgewogener Außenhandel

Trotz des Freihandelsabkommens DR-CAFTA und ähnlicher Vereinbarungen mit Chile und Panama dürften die Ausfuhren wegen der sich abschwächenden Nachfrage aus Nordamerika stagnieren. Auch wenn die Einfuhren

Wichtige Kennzahlen

	2004	2005	2006	2007	2008 (S)	2009 (P)
Reales Wirtschaftswachstum (%)	2,6	3,3	5,3	5,7	3,9	1,4
Inflation (%)	9,2	8,6	6,6	6,8	11,5	6,0
Staatshaushalt (Saldo in % des BIP)	−1,2	−0,9	−1,4	−1,2	−1,5	−2,8
Ausfuhren (Mrd US$)	3,9	4,4	5,0	6,9	8,0	8,1
Einfuhren (Mrd US$)	7,5	8,6	9,9	12,6	15,4	14,5
Handelsbilanz (Saldo in Mrd US$)	−3,6	−4,2	−4,9	−5,7	−7,4	−6,4
Leistungsbilanz (Saldo in Mrd US$)	−1,2	−1,2	−1,5	−1,7	−3,3	−2,4
Leistungsbilanz (Saldo in % des BIP)	−4,9	−4,5	−5	−4,8	−7,8	−5,0
Auslandsverschuldung (in % des BIP)	37,6	23,7	24,7	23,5	22,4	22,2
Schuldendienst (in % der Ausfuhren)	8,1	5,7	6,1	6,1	5,9	6,4
Währungsreserven (in Monatsimporten)	4,4	4,2	3,9	3,3	2,5	2,6

(S): Schätzung. (P): Prognose.

Quelle: Coface.

von raffiniertem Erdöl, Konsum- und Ausrüstungsgütern zurückgehen, wird der Außenhandel unausgewogen bleiben. Allerdings dürfte es zu einem leichten Abbau der hohen Defizite in der Handels- und Leistungsbilanz kommen. Ausländische Direktinvestitionen und offizielle Hilfen dürften etwa drei Viertel des ausländischen Finanzierungsbedarfs decken. Aufgrund der heftigen Turbulenzen an den internationalen Finanzmärkten dürfte die Beschaffung des restlichen Kapitals nicht einfach werden. Nachdem es Ende 2006 zu mehreren Bankenpleiten gekommen war, wurden das Bankensystem reformiert und die Aufsicht im Bankewesen verstärkt.

Enger politischer Handlungsspielraum

Genau wie sein Vorgänger verfügt der seit Januar 2008 amtierende Präsident Álvaro Colom Caballeros nur über einen engen Handlungsspielraum, denn seine Partei, die Unidad Nacional de la Esperanza, besitzt keine Mehrheit im Parlament. Das erschwert Fortschritte bei unverzichtbaren Reformen, insbesondere in der Landwirtschaft und im Justizwesen. Im ersten Amtsjahr des neuen Präsidenten ist es allerdings gelungen, einen Konsens mit anderen Parteien über ein Bündel von gesetzgeberischen Maßnahmen herbeizuführen, mit denen Fragen der Sicherheit geregelt werden sollen.

VORAUSSETZUNGEN FÜR DEN MARKTZUGANG

Möglichkeiten des Marktzugangs

Die Handelspolitik Guatemalas beruht auf einer effektiven Öffnung des Landes, die an den durchschnittlichen Zöllen zu erkennen ist (die Zölle sind in den letzten 20 Jahren von 27% auf 5,5% gesunken). Guatemala räumt allen seinen Handelspartnern eine Behandlung nach der Meistbegünstigtenklausel ein. Die Zölle sind in den Vorschriften für das Importsystem Mittelamerikas festgelegt, die auf dem Harmonisierten System zur Bezeichnung und Codierung der Waren (HS) beruhen. Die höchsten Zölle fallen bei einigen seltenen, sensiblen Erzeugnissen an. Die Beantragung einer Einfuhrlizenz ist nicht notwendig. Importeure müssen außerdem die Mehrwertsteuer in Höhe von 12% auf den cif-Wert der Waren zahlen. Nahrungsmittel müssen in das Hygieneregister des Landwirtschaftsministeriums eingetragen werden. Eine Kontrolle vor der Verladung ist zwar nicht vorgeschrieben, doch auf jeder Verpackung muss ein Etikett mit den verschiedenen Merkmalen des Produkts vorhanden sein. Die Kennzeichnung kann im Aus- oder im Inland erfolgen. Bei Alkoholika ist auf einem Aufkleber auf die gesundheitlichen Gefahren beim Konsum von Alkohol hinzuweisen. Von den Importeuren werden als größte Schwierigkeiten die Überlastung der Infrastruktureinrichtungen in den Häfen und die mangelnde Transparenz bei den Verzollungsverfahren genannt. Das am häufigsten verwendete Zahlungsmittel ist das Akkreditiv. Bei Überweisungen entstehen keine besonderen Verzögerungen.

Exporte: 16% des BIP
▷▷

Importe: 31% des BIP
◀◀

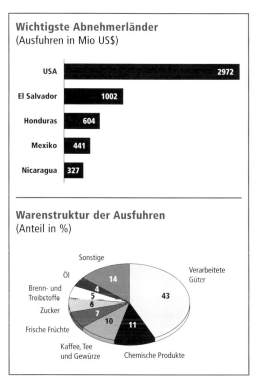

Wichtigste Abnehmerländer
(Ausfuhren in Mio US$)

USA	2972
El Salvador	1002
Honduras	604
Mexiko	441
Nicaragua	327

Warenstruktur der Ausfuhren
(Anteil in %)

- Sonstige 14
- Öl 4
- Brenn- und Treibstoffe 5
- Zucker 6
- Frische Früchte 7
- Kaffee, Tee und Gewürze 10
- Chemische Produkte 11
- Verarbeitete Güter 43

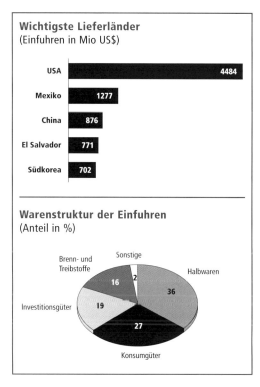

Wichtigste Lieferländer
(Einfuhren in Mio US$)

USA	4484
Mexiko	1277
China	876
El Salvador	771
Südkorea	702

Warenstruktur der Einfuhren
(Anteil in %)

- Brenn- und Treibstoffe 16
- Sonstige 2
- Halbwaren 36
- Investitionsgüter 19
- Konsumgüter 27

Schuldenlast
(Auslandsverschuldung in % der Waren- und Dienstleistungsexporte)

Guatemala	67
Regionaler Durchschnitt	104
Durchschnitt Schwellenländer	73

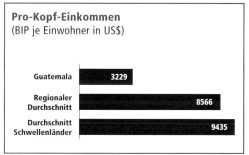

Pro-Kopf-Einkommen
(BIP je Einwohner in US$)

Guatemala	3229
Regionaler Durchschnitt	8566
Durchschnitt Schwellenländer	9435

Haltung gegenüber ausländischen Investoren

Die allgemeinen rechtlichen Rahmenvorschriften beruhen auf der Verfassung aus dem Jahr 1985, die das Recht auf Privateigentum und die Ausübung einer gewerblichen Tätigkeit garantiert. Beim Eigentumsrecht besteht eine einzige Ausnahme: an Flüssen, Meeren und Grenzen gelegene Flächen. Die Verfassung verbietet Enteignungen. Davon ausgenommen sind allerdings Fälle von nationalem Interesse, bei denen eine vorherige Entschädigung zu leisten ist. Der Grundsatz der Nichtdiskriminierung und die Gleichbehandlung mit Inländern sind in den Texten verankert. Es gibt für ausländische Investoren weder eine Genehmigung noch vorherige Registrierung, und die Verfahren sind insgesamt die gleichen wie bei inländischen Investoren. Investitionsbeschränkungen bestehen nur in einigen wenigen Sektoren, die als strategisch gelten (z.B. Straßengüterverkehr). Das 1998 verabschiedete Gesetz über ausländische Investitionen fördert und erleichtert die Ansiedlung neuer Unternehmen. Fertigungsbetriebe *(Maquilas)* machen einen erheblichen Anteil an den Ausfuhren aus (etwa 40%). Ausländische Investoren, die sich im Inland ansiedeln und ihre Erzeugnisse

exportieren, kommen nach dem Dekret 65-89 über Freizonen und dem Dekret 28-89 über Fertigungstätigkeiten in den Genuss von Steuervorteilen: Befreiung von
Zöllen und Mehrwertsteuer auf Rohstoffe und Ausrüstungsgüter, die für die Herstellung von für den Export
bestimmten Erzeugnissen notwendig sind, Befreiung
von der Körperschaftsteuer für einen Zeitraum von zehn
Jahren. Guatemala hat das Übereinkommen der Vereinten Nationen über die Anerkennung und Anwendung
von Schiedsverfahren unterzeichnet und ratifiziert und
ist 1996 dem Zentrum zur Beilegung von Investitionsstreitigkeiten (ICSID) beigetreten. Seit dem Inkrafttreten des Freihandelsabkommens mit den USA am 1. Juli
2006 und der Aufnahme von Verhandlungen über ein
Assoziationsabkommen mit der Europäischen Union im
Oktober 2007 hat sich die Attraktivität des Landes
erhöht. Die wichtigsten Branchen für ausländische

Unternehmer sind Callcenter und das Outsourcing von
Dienstleistungen, der Tourismus, die Nahrungsmittelin-
dustrie, die Textilkonfektion, die Forstwirtschaft und die
Stromerzeugung.

Devisenverkehr

Überweisungen von Kapital, Dividenden oder Devisen
sind frei. Die Devisenkontrolle wurde im Jahr 2001
abgeschafft. Durch das Gesetz über den „freien Devi-
senhandel" wurde der US$-Verkehr in der Wirtschaft
legalisiert. Hiermit wurden die Eröffnung von Konten
und alle Arten von Zahlungen in dieser Währung gestattet. Die Rückführung von investiertem Kapital und im
Land erwirtschafteten Gewinnen ist keinerlei Beschränkungen unterworfen. •

Haiti

Bevölkerung (Mio Einwohner):	**9,6**
BIP (Mio US$):	**6.137**

Coface-Bewertungen

Kurzfristiges Risiko:	**D**
Geschäftsumfeld:	**D**
Mittelfristiges Risiko:	**sehr hoch**

Amerika

RISIKOEINSCHÄTZUNG

Benachteiligtes Land, das unter Naturkatastrophen und US-Rezession leidet

Die Wirtschaftstätigkeit wird 2009 zurückgehen. Dies liegt zum einen an den verheerenden Auswirkungen der Hurrikane Ende 2008 und zum anderen an den negativen Folgen, die die Rezession in den USA mit sich bringt. Die USA sind der wichtigste Handelspartner von Haiti, und Überweisungen von in den USA lebenden Emigranten machen 20% seines BIP aus. Die Naturkatastrophen haben die Preise für Nahrungsmittel stark erhöht. So wird die Politik zur Stabilisierung des Haushalts und der Währung, die die staatlichen Stellen im Rahmen des mit dem IWF Ende 2006 vereinbarten Dreijahresprogramms betreiben, noch schwieriger werden. Nachdem Ministerpräsident Jacques-Édouard Alexis im

April 2008 infolge der Unruhen durch die Anhebung der Nahrungsmittelpreise aus dem Amt gedrängt wurde, hat die Ernennung eines Nachfolgers, Michèle Pierre-Louis, annähernd sechs Monate gedauert. Präsident René Préval, der internationale Unterstützung erfährt, ist im Parlament auf eine Koalition angewiesen.

Die ohnehin nur bescheidenen Ausfuhren leiden unter der rückläufigen Konjunktur in den USA. Das Defizit in der Handelsbilanz bleibt hoch trotz sinkender Ölpreise und der Vorzugskonditionen, die Venezuela Haiti im Rahmen des Programms Petrocaribe gewährt. Ungeachtet der umfangreichen Überweisungen von Emigranten wird das Leistungsbilanzdefizit ebenfalls weiterhin hoch bleiben und durch internationale Hilfe finanziert. Haiti, das ärmste Land Lateinamerikas, hat einen Erlass seiner Auslandschulden im Rahmen der HIPC-Initiative noch nicht unter Dach und Fach gebracht. •

Wichtige Kennzahlen

	2004	2005	2006	2007	2008 (S)	2009 (P)
Reales Wirtschaftswachstum (%)	−2,6	1,8	2,3	3,2	1,3	−0,5
Inflation (%)	21,7	14,8	13,1	8,5	15,5	10,0
Staatshaushalt (Saldo in % des BIP)	−3,7	−4,1	−4,4	−5,4	−5,9	−6,4
Ausfuhren (Mio US$)	373	459	494	522	476	461
Einfuhren (Mio US$)	1.183	1.309	1.548	1.618	1.904	1.732
Handelsbilanz (Saldo in Mio US$)	−810	−850	−1.054	−1.096	−1.428	−1.271
Leistungsbilanz (Saldo in Mio US$)	−159	−214	−399	−460	−704	−663
Leistungsbilanz (Saldo in % des BIP)	−4,5	−5,0	−8,3	−7,6	−10,5	−9,5
Auslandsverschuldung (in % des BIP)	40,0	32,8	32,6	28,3	26,9	27,3
Schuldendienst (in % der Ausfuhren)	3,6	6,7	3,5	5,3	3,6	3,5
Währungsreserven (in Monatsimporten)	1,6	1,5	1,9	2,7	2,5	2,5

(S): Schätzung. (P): Prognose.

Quelle: Coface

Honduras

Bevölkerung (Mio Einwohner):	**7,1**
BIP (Mio US$):	**12.279**

Coface-Bewertungen

Kurzfristiges Risiko:	**C**
Geschäftsumfeld:	**C**
Mittelfristiges Risiko:	**hoch**

RISIKOEINSCHÄTZUNG

Starke Abhängigkeit von den USA

Aufgrund der Rezession in den USA, dem wichtigsten Handelspartner des Landes, ist mit einer deutlichen Konjunkturabkühlung zu rechnen. Die Inflation, 2008 noch durch steigende Energietarife und die Abwertung der Landeswährung geschürt, bildet sich etwas zurück.

Die wichtigsten Ausfuhrgüter (Kaffee und Bananen) sind immer noch starken Preisschwankungen am Weltmarkt ausgesetzt. Die Textilindustrie leidet unter der Konkurrenz aus dem Ausland. Die Einfuhren werden nach wie vor durch die hohen Erdölkosten belastet, auch wenn Venezuela Honduras im Rahmen von Petrocaribe Vorzugskonditionen gewährt. Die Überweisungen von in den USA lebenden Emigranten dürften zwar zurückgehen, doch nach wie vor die Möglichkeit bieten, das erhebliche Defizit in der Leistungsbilanz einzudämmen. Der überwiegende Teil muss durch bi- oder multilaterale Hilfe finanziert werden. Der Rest entfällt auf ausländische Direktinvestitionen, die durch das Freihandelsabkommen zwischen Mittelamerika und den USA sowie die Aussichten auf eine ähnliche Vereinbarung mit der Europäischen Union zugenommen haben.

Zahlreiche Herausforderungen

Im Mittelpunkt der Wirtschaftspolitik stehen nach wie vor die Ziele, die im April 2008 im Rahmen eines Bestätigungsabkommens mit dem IWF vereinbart wurden. Aufgrund des Festhaltens an öffentlichen Ausgaben sowie der im November 2009 anstehenden Präsidentschafts- und Parlamentswahlen nimmt das Haushaltsdefizit allerdings weiter zu. Honduras wurde 2006 im Rahmen der HIPC-Initiative ein Teil seiner Auslandsschulden erlassen. •

Wichtige Kennzahlen

	2004	2005	2006	2007	2008 (S)	2009 (P)
Reales Wirtschaftswachstum (%)	4,7	5,1	6,3	6,3	4,0	1,3
Inflation (%)	9,2	7,7	5,6	6,9	11,5	9,2
Staatshaushalt (Saldo in % des BIP)	−3,4	−2,7	−1,3	−2,8	−3,9	−4,5
Ausfuhren (Mrd US$)	4,5	5,0	5,2	5,6	6,2	6,0
Einfuhren (Mrd US$)	5,0	6,0	7,3	8,6	10,2	9,0
Handelsbilanz (Saldo in Mrd US$)	−0,5	−1,0	−2,1	−3,0	−4,0	−3,0
Leistungsbilanz (Saldo in % des BIP)	−4,8	−5,8	−4,8	−10	−14,4	−8,1
Auslandsverschuldung (in % des BIP)	84,9	51,0	38,2	26,7	26,2	27,4
Schuldendienst (in % der Ausfuhren)	7,5	8,6	5,4	5,6	4,8	4,7
Währungsreserven (in Monatsimporten)	3,8	4,0	3,8	3,3	2,5	2,5

(S): Schätzung. (P): Prognose.

Quelle: Coface.

Jamaika

Bevölkerung (Mio Einwohner):	**2,7**
BIP (Mio US$):	**10.739**

Coface-Bewertungen
Kurzfristiges Risiko:	**C**
Geschäftsumfeld:	**B**
Mittelfristiges Risiko:	**hoch**

RISIKOEINSCHÄTZUNG

Hohe Verschuldung und Rezession

Ministerpräsident Bruce Golding von der Jamaica Labour Party konzentriert sich auf den Abbau der imposanten Staatsverschuldung. Sie beläuft sich auf mehr als 120% des BIP und besteht zu 40% gegenüber dem Ausland. Annähernd die Hälfte der öffentlichen Ausgaben fließt in den Schuldendienst. Angesichts der deutlichen Verschlechterung des internationalen Umfeldes, die zu den strukturbedingten Schwächen des Landes noch hinzukommt, besitzt die Regierung nur einen minimalen Handlungsspielraum, um die Armut zu bekämpfen.

Nachdem Jamaika in den vergangenen Jahren nur geringe Wachstumsraten erreichte, entwickeln sich die Landwirtschaft, der Bergbau und der Tourismus auf-grund der Rezession in den USA nun rückläufig. Die USA spielen für Jamaika eine maßgebliche Rolle bei den Ausfuhren, beim Tourismus sowie bei den Überweisungen von Emigranten. Die Inflation, die durch die Verteuerung von Erdöl und Nahrungsmitteln 2008 weiter angefacht wurde und die Wettbewerbsfähigkeit der Wirtschaft belastete ist aufgrund sinkender Welmarktpreise und einer restriktiven Geldpolitik rückläufig.

Das Defizit in der Leistungsbilanz bleibt nach wie vor sehr hoch. Der Bedarf an ausländischer Finanzierung wird nur noch zu einem Fünftel durch ausländische Direktinvestitionen gedeckt. Für den Rest müssen kurzfristige Finanzierungen in Anspruch genommen werden, die sich angesichts der internationalen Finanzkrise nur noch mit größeren Schwierigkeiten beschaffen lassen und teurer werden. Aus diesem Grunde bleibt der jamaikanische Dollar für eine Kapitalflucht besonders anfällig. •

Wichtige Kennzahlen

	2004	2005	2006	2007	2008 (S)	2009 (P)
Reales Wirtschaftswachstum (%)	0,4	2,0	2,5	1,4	−0,5	−2,5
Inflation (%)	13,2	11,4	8,6	9,5	22,0	7,5
Staatshaushalt (Saldo in % des BIP)[1]	−8,6	−7,3	−4,8	−5,1	−5,8	−8,0
Ausfuhren (Mrd US$)	1,6	1,8	2,1	2,3	2,7	2,5
Einfuhren (Mrd US$)	3,7	4,5	5,1	5,8	7,6	7,2
Handelsbilanz (Saldo in Mrd US$)	−2,1	−2,7	−3,0	−3,5	−4,9	−4,7
Leistungsbilanz (Saldo in % des BIP)	−7,2	−12,9	−13,1	−16,6	−23,2	−19,0
Auslandsverschuldung (in % des BIP)	71,5	64,4	74,1	74,1	71,3	72,9
Schuldendienst (in % der Ausfuhren)	17,6	18,5	14,3	18,8	19,6	19,6
Währungsreserven (in Monatsimporten)	3,8	3,9	3,7	2,7	2,0	2,0

1) Haushaltsjahr April des angegebenen Jahres bis März des Folgejahres. (S): Schätzung. (P): Prognose.   Quelle: Coface.

Kanada

Bevölkerung (Mio Einwohner):	**33,0**
BIP (Mio US$):	**1.326.376**

Coface-Bewertungen

Kurzfristiges Risiko:	**A2**
Geschäftsumfeld:	**A1**

RISIKOEINSCHÄTZUNG

Die kanadische Wirtschaft hat sich im zweiten Halbjahr 2008 leicht rückläufig entwickelt. Dieser Trend hat sich Anfang 2009 verstärkt. Für das Gesamtjahr ist mit einer Rezession zu rechnen. Die Ursachen für den Abschwung sind im markanten Einbruch der Ausfuhren – das kanadische Wachstum ist zu einem Viertel von der Entwicklung in den USA abhängig – und der Investitionen zu suchen. Der Konsum legte zwar 2008 noch eine gewisse Widerstandsfähigkeit an den Tag, doch dürfte er 2009 ebenfalls rezessive Tendenzen aufweisen.

Die Ausfuhren werden ihre Talfahrt fortsetzen. Trotz der Abwertung des Kanadischen Dollar im Verhältnis zum US-Dollar werden sie zurückgehen, da die Nachfrage nach verarbeiteten Erzeugnissen von seiten der USA sinkt. Beim Absatz von Rohstoffen wird der Rückgang stärker wert- als mengenmäßig sein, was auf drastisch gesunkene Rohstoffpreise zurückzuführen ist.

Auch bei den Investitionen ist insgesamt eine Abwärtstendenz festzustellen. Unternehmen bekommen in diesem Zusammenhang die verhaltene Nachfrage und die ungünstigeren Finanzierungsbedingungen zu spüren. In den westlichen Provinzen, insbesondere Alberta, die voll vom Platzen der Rohstoffblase getroffen werden, wird der Rückgang sehr viel deutlicher ausfallen. Mehrere Projekte zur Exploration und zum Abbau von Ölsanden werden infolge des Einbruchs beim Ölpreis sicherlich wieder in Frage gestellt werden. Investitionen der privaten Haushalte in Wohnimmobilien dürften geringfügig abnehmen, ohne dass der Rückgang in diesem Bereich ein ähnliches Ausmaß wie in den USA erreicht. Zum einen sind in der Vergangenheit in Kanada keine vergleichbaren Exzesse aufgetreten, zum

Wichtige Kennzahlen

	2004	2005	2006	2007	2008 (S)	2009 (P)
Reales Wirtschaftswachstum (%)	3,2	3,0	2,8	2,7	0,6	−2,0
Konsumausgaben (Veränderung in %)	3,3	3,9	4,2	4,5	3,3	−0,9
Investitionen (Veränderung in %)	6,1	7,1	9,9	7,1	2,9	−9,0
Inflation (%)	1,8	2,2	2,0	2,2	2,5	0,0
Arbeitslosenquote (%)	7,2	6,8	6,3	6,0	6,1	8,0
Kurzfristiger Zinssatz (% p.a.)	2,3	2,9	4,2	4,6	3,5	2,0
Staatshaushalt (Saldo in % des BIP)	0,5	1,6	0,9	1,4	0,5	−1,4
Staatsverschuldung (in % des BIP)	72,1	70,8	65,0	64,0	61,0	64,0
Ausfuhren (Veränderung in %)	5,0	2,1	0,7	1,0	−4,8	−10,0
Einfuhren (Veränderung in %)	8,1	7,1	5,0	5,5	1,0	−9,0
Leistungsbilanz (Saldo in % des BIP)	2,2	2,3	1,6	0,9	1,0	−2,5

(S): Schätzung. (P): Prognose.

Quelle: Coface.

anderen ist das Finanzierungssystem stärker reguliert. Erheblich geringere Investitionen könnten allerdings im Wohnungsbau der großen städtischen Regionen im Westen zu verzeichnen sein.

Von allen Wachstumskomponenten zeigt sich der Konsum der privaten Haushalte noch am stärksten. Die Verschuldung der Haushalte ist begrenzt. Der positive Effekt der in den vergangenen Jahren gestiegenen Reallöhne dürfte jedoch schwinden, und die Arbeitslosigkeit, die 2008 einen historischen Tiefstand erreichte, nimmt inzwischen wieder zu. Angesichts der soliden öffentlichen Finanzen verfügt die Regierung über Spielraum zur Erhöhung der Ausgaben und Stützung der Konjunktur.

Auch wenn sich die Rentabilität der Unternehmen aufgrund des Konjunkturabschwungs in moderatem Umfang verschlechtert, ist ihre Finanzlage insgesamt nach wie vor zufriedenstellend. Die Unternehmen haben nämlich mehrere gute Jahre zur Konsolidierung ihrer Bilanzen genutzt. Tatsächlich hat die Anzahl der Insolvenzen 2009 abgenommen, und der Coface-Index der Zahlungsausfälle hat im Vergleich zum Weltindex ein moderates Niveau bewahren können. Allerdings sind in der Druckerzeugnisbranche, im Handel mit Freizeitartikeln und in der Fertigung von Bauteilen für den privaten Wohnungsbau vereinzelte Schwierigkeiten aufgetreten. Unternehmen, die vom Boom bei Rohstoffen in Bergbau und Landwirtschaft in Alberta und anderen westlichen Provinzen profitiert haben, müssen besonders im Auge behalten werden. In Vancouver könnten verschiedene Unternehmen durch den rückläufigen Handel mit Asien in Mitleidenschaft gezogen werden. Der Fachhandel wird in Anbetracht des sich abschwächenden Konsums weiterhin der Überwachung bedür-

fen. Unternehmen im verarbeitenden Gewerbe in Ontario und in geringerem Umfang auch in Quebec, die sehr stark im Handel mit den USA engagiert sind (insbesondere Baugewerbe und Automobilindustrie), werden schließlich nach wie vor anfällig bleiben, auch wenn die sinkenden Rohstoffpreise und die Abwertung der Landeswährung sie entlastet.

ZAHLUNGSMITTEL UND FORDERUNGSEINZUG

Aufgrund der engen historisch gewachsenen Verbindung mit der „alten Welt" existieren in Kanada zwei Rechtssysteme. Zum einen handelt es sich um das Rechtssystem, das in neun der zehn Provinzen des Bundesstaates gilt und dessen Rechtsnormen und Justizwesen auf das britische „Common Law" zurückgehen. Zum anderen gibt es das Rechtssystem der Provinz Québec, deren Rechtstradition sich auf die schriftlich niedergelegten Rechtsgrundsätze des Code Napoléon stützt. Der aus dem Jahr 1866 stammende „Code Civil du Bas-Canada" wurde umfassend überarbeitet; seine Neufassung wurde am 1. Januar 1994 unter dem Namen „Code Civil du Québec" rechtskräftig.

Kanada erhielt durch den British North America Act vom 29. März 1867 als erste Kolonie im Rahmen einer föderativen Ordnung exekutive und legislative Befugnisse. Die Konföderation Kanada wurde als Dominion of Canada am 1. Juli 1867 gegründet.

Zahlungsmittel

Wechsel, Solawechsel und Scheck unterliegen im ganzen Land dem gleichen Gesetz, das allerdings in neun Provinzen eher nach dem „Common Law" und in Québec eher nach dem Code Civil ausgelegt wird. Diese Zahlungsmittel sollten jedoch nur gewählt werden, wenn eine solide und vertrauensvolle Geschäftsbeziehung mit dem Kunden besteht.

Ebenfalls gebräuchlich ist das Zentralkontensystem, das aus einem zentralisierten System zur Einziehung vor Ort und einem vereinfachten Verfahren zur Kapitalrückführung besteht.

Das im internationalen Zahlungsverkehr am weitesten verbreitete Zahlungsmittel ist die Banküberweisung. Die großen kanadischen Banken sind an das SWIFT-System angeschlossen, das eine rasche und effiziente Bear-

Index der Zahlungsausfälle
(Gleitender Zwölfmonatsdurchschnitt;
Basis: Welt 1995 = 100)

Kanada

Welt

250
200
150
100
50
0

1997 1998 1999 2000 2001 2002 2003 2004 2005 2006 2007 2008 2009

Quelle: Coface.

beitung gewährleistet. Es sei allerdings daran erinnert, dass die Erteilung des Überweisungsauftrags stets vom guten Willen des Kunden abhängt.

In Kanada wurde im Februar 1999 ein elektronisches System eingeführt, das Überweisungen in Echtzeit ermöglicht *(Système de Transfert de Paiements de Grande Valeur* oder kurz STPGV) und die elektronische Überweisung von Kanadischen Dollar erleichtert. Bei Auslandsgeschäften kann der kanadische Geschäftspartner seine Vorgänge über das STPGV abwickeln.

Auch das Akkreditiv (L/C) ist ein Zahlungsmittel, das häufig zum Einsatz kommt.

Forderungseinzug

Gemäß Verfassungsgesetz von 1867 mit seiner letzten Änderung von 1982 teilen sich die Bundesregierung und die Regierungen der kanadischen Provinzen die Justizgewalt. Die Provinzen sind zuständig für das Justizwesen innerhalb ihres Gebietes, insbesondere die Ordnung der Provinzgerichte und die Zivilprozessordnung. Auch wenn sich die Bezeichnungen der einzelnen Gerichte je nach Provinz unterscheiden, so gilt doch mit Ausnahme von Québec im ganzen Land die gleiche Rechtspraxis.

Auf Provinzebene sind für die meisten Rechtsstreitigkeiten mit eher geringfügigem Streitwert unabhängig von der Art der Rechtssache die Provinzgerichte zuständig. Die *Cours Supérieures* urteilen bei Rechtsstreitigkeiten im Zivil- und Handelsrecht mit einem Streitwert von über 70.000 CAD. Verfahren im Strafrecht, die vor einer Jury stattfinden, fallen in den Zuständigkeitsbereich einer *Cour Supérieure du Québec.* Die Cours Supérieures bestehen aus einer erstinstanzlichen und einer Berufungsabteilung.

Auf bundesstaatlicher Ebene entscheidet der Oberste Gerichtshof von Kanada *(Cour Suprême du Canada)* mit Sitz in Ottawa nach entsprechender Zulassung über Berufungen gegen Urteile der Berufungsgerichte der Provinzen und des Bundesgerichtshofes von Kanada (Berufungsabteilung), der für besondere Bereiche wie Seerecht, Einwanderungsrecht, Zollrecht, geistiges Eigentum und Rechtsstreitigkeiten zwischen den Provinzen etc. zuständig ist. Die Einlegung von Rechtsmitteln vor dem *Privy Council* in London in letzter Instanz ist seit 1949 nicht mehr möglich.

Der außergerichtliche Forderungseinzug beginnt mit einer dem Schuldner per Einschreiben zugestellten Mahnung, dem sogenannten *„Seven Day Letter".* In dieser wird er an seine Zahlungsverpflichtungen erinnert, wobei Verzugszinsen in der vertraglich vereinbarten Höhe anfallen. Das klassische Gerichtsverfahren besteht aus drei Phasen, die sich in den einzelnen Provinzen lediglich hinsichtlich der Bezeichnungen der einzelnen Verfahrensschritte unterscheiden.

Zunächst erhebt der Kläger vor Gericht mittels Vorladung *(bref d'assignation)* Klage. Darauf folgt die vorläufige Vernehmung *(interrogatoire préalable),* in deren Rahmen der Antrag gegen den Beklagten präzisiert und die Beweise, die dem Gericht von den Parteien vorgelegt werden, registriert werden können. Schließlich wird der Prozess eröffnet, in dessen Verlauf der Richter zur Klärung des Sachverhalts die Parteien und ihre jeweiligen Zeugen anhört, die auch jeweils von der Gegenseite vernommen werden (Haupt- und Gegenvernehmung). Sodann ergeht ein Urteil.

Meistens, sofern der Richter nicht anders entscheidet, muss jede Partei ungeachtet des Ausgangs des Verfahrens für ihre Anwaltskosten selbst aufkommen. Ferner kann die obsiegende Partei von der anderen Partei die Übernahme der Gerichtskosten verlangen und ihr zu diesem Zweck eine entsprechende Kostenaufstellung zukommen lassen, die von der Geschäftsstelle des Gerichts ordnungsgemäß zu bestätigen ist.

Durch die am 1. Januar 2003 in Québec in Kraft getretene Reform der Zivilprozessordung sollten eine Beschleunigung der Gerichtsverfahren und eine Verbesserung der Verfahrensabläufe erreicht worden sein. Hierzu wurde die Rolle der Gerichte gestärkt.

Die Reform zielt darauf ab, eine sogenannte *„requête introductive d'instance"* (prozesseinleitende Klage) als einzig möglichen Verfahrensweg einzurichten, eine verbindliche Frist von 180 Tagen, innerhalb derer der Streitfall zur „Untersuchung und Anhörung" registriert sein muss, festzulegen, ein Urteil über den Klageanspruch innerhalb von sechs Monaten, nachdem die Sache zur Beratung gestellt wurde, zu erlassen oder den Parteien Anreize zu bieten, den Rechtsstreit im Laufe des Verfahrens beizulegen, indem der Richter den Vorsitz über eine *„conférence de règlement à l'amiable"* (Verhandlung zur gütlichen Einigung) übernimmt. •

Kolumbien

Bevölkerung (Mio Einwohner):	**46,1**
BIP (Mio US$):	**171.979**
Anteil am regionalen BIP (%):	**5**

Coface-Bewertungen
Kurzfristiges Risiko:	**A4**
Geschäftsumfeld:	**B**
Mittelfristiges Risiko:	**moderat erhöht**

STÄRKEN

▲ Kolumbien verfügt über umfangreiche landwirtschaftliche Ressourcen und Bodenschätze.

▲ Das Land hat seine Exporte im Rahmen des Andean Trade Promotion and Drug Eradication Act (ATPDEA) diversifiziert und ist zur führenden produzierenden Macht in der Andengemeinschaft geworden.

▲ Die Regierung setzt die Konsolidierung der öffentlichen Finanzen fort, um die Inflation allmählich abzubauen und den Finanzsektor zu stärken.

▲ Das Land hat von den USA umfangreiche militärische Unterstützung erhalten, um den Drogenanbau und -handel einzudämmen und die Guerilla zu bekämpfen. Unter der Regierung des demokratischen US-Präsidenten Barack Obama dürfte diese Hilfe in zivile Entwicklungsprogramme umgeleitet werden.

SCHWÄCHEN

▼ Aufgrund des auf den Drogenhandel zurückzuführenden Klimas der Gewalt stellt die Sicherheitslage trotz einer Schwächung der größten Guerilla Lateinamerikas (FARC) nach wie vor ein großes Problem dar.

▼ Die Armut der Hälfte der Bevölkerung, die starken Einkommensungleichheiten sowie die Kluft zwischen städtischen und ländlichen Regionen sind dem Zusammenhalt des Landes abträglich.

▼ Steuerreformen, insbesondere die Flexibilisierung der öffentlichen Ausgaben und die Ausweitung der Bemessungsgrundlage für die Mehrwertsteuer, sind nach wie vor notwendig, um die Lage der öffentlichen Finanzen zu verbessern.

▼ Das Bankwesen wird durch das hohe Länderrisiko geschwächt.

RISIKOEINSCHÄTZUNG

Mäßiges Wachstum und begrenzte Inflation

Vor dem Hintergrund der sich weltweit verschärfenden Wirtschafts- und Finanzkrise wird sich das Wachstum 2009 deutlich abschwächen. Dabei wird es nur noch in geringem Umfang vom Konsum und von privaten Investitionen, Konzessionen für Infrastruktureinrichtungen sowie weiteren Privatisierungen bei öffentlichen Versorgungs- und Energieunternehmen gestützt. Die Inflation, die sich insbesondere aus der Abwertung der Währung ergibt, dürfte sich durch die restriktiver werdende Geldpolitik in Grenzen halten lassen.

Leistungsbilanz- und Haushaltsdefizite erhöhen Anfälligkeit für äußere Störeinflüsse

Die Ausfuhren werden aus zwei Gründen deutlich abnehmen: Zum einen sinkt die Exportmenge wegen der Rezession in den USA (dem wichtigsten Handelspartner, auf den ein Drittel des Absatzes entfällt), der Stagnation in der Europäischen Union und der Verlangsamung des Wachstums in Venezuela (12% der Ausfuhren) und Asien. Zum anderen verringern sinkende Preise für die wichtigsten Exportgüter (Öl, Kaffee und Kohle) auf den Weltmärkten den Exportwert. Aufgrund der nachlassenden Binnennachfrage werden auch die Einfuhren abnehmen. Insgesamt wird sich das Defizit in der Leistungsbilanz weiter vergrößern, zumal sich die Überweisungen von Emigranten verringern und die Kosten für den Schuldendienst für ausländische Ver-

Wichtige Kennzahlen

	2004	2005	2006	2007	2008 (S)	2009 (P)
Reales Wirtschaftswachstum (%)	4,9	4,7	6,8	7,7	3,0	0,5
Inflation (%)	5,9	5,0	4,3	5,5	7,0	5,0
Staatshaushalt (Saldo in % des BIP)	−5,0	−4,8	−4,1	−3,2	−3,5	−4,4
Ausfuhren (Mrd US$)	17,2	21,7	25,2	30,6	38,0	33,6
Einfuhren (Mrd US$)	15,9	20,1	24,9	31,2	36,2	33,3
Handelsbilanz (Saldo in Mrd US$)	1,3	1,6	0,3	−0,6	1,8	0,3
Leistungsbilanz (Saldo in Mrd US$)	−0,9	−1,9	−3,0	−5,9	−5,7	−7,6
Leistungsbilanz (Saldo in % des BIP)	−0,9	−1,3	−1,8	−2,8	−2,4	−3,7
Auslandsverschuldung (in % des BIP)	40,2	26,6	24,7	21,7	19,6	24,9
Schuldendienst (in % der Ausfuhren)	25,7	25,9	17,7	14,6	13,3	13,7
Währungsreserven (in Monatsimporten)	6,5	5,6	4,9	5,3	5,0	4,5

(S): Schätzung. (P): Prognose.

Quelle: Coface.

bindlichkeiten steigen werden. Der zunehmende Finanzierungsbedarf dürfte zur Hälfte durch ausländische Direktinvestitionen gedeckt werden. Jedoch müssen für die Beschaffung der restlichen Mittel restriktivere Bedingungen und höhere Kosten in Kauf genommen werden, da Kredite international knapper werden. Im Übrigen werden die Steuerreformen weiter auf den heftigen Widerstand der Koalition des konservativen Präsidenten Álvaro Uribe im Parlament stoßen. Sie sind aber nach wie vor notwendig, um das Haushaltsdefizit und die immer noch hohe Staatsverschuldung (2008 die Hälfte des BIP) abzubauen.

Notwendige Besserung der politischen und sozialen Verhältnisse

Der US-Kongress, in dem die Demokraten die Mehrheit stellen, hat die Ratifizierung des Freihandelsabkommens mit Kolumbien verschoben, bis dort die Menschenrechte und die Rechte von Arbeitnehmern verwirklicht sind. Dieses Abkommen soll den ATPDEA (Andean Trade Promotion and Drug Eradication Act) ersetzen, dessen Gültigkeit verlängert wurde. Das Geschäftsumfeld scheint sich zwar zu bessern, doch die politischen und sozialen Verhältnisse sind nach wie vor problematisch, auch wenn die FARC nach militärischen Operationen und der Geiselbefreiung 2008 geschwächt wurde. Ein verfassungsmäßiger Volksentscheid könnte 2009 veranstaltet werden, damit sich Präsident Uribe im Mai 2010 um eine dritte Amtszeit bewerben kann.

Leichte Verschlechterung des Zahlungsverhaltens

Trotz einer leichten Verschlechterung ist das Zahlungsverhalten immer noch durchaus zufriedenstellend. Der erschwerte Zugang zu Krediten und höhere Kreditkosten werden die Rentabilität der Unternehmen zwar belasten, doch ihre Zahlungsfähigkeit dürfte in der Bauwirtschaft, in der Telekommunikationsbranche und im Dienstleistungsgewerbe nach wie vor in Ordnung bleiben. Schwierigkeiten treten im Handel, in der Verkehrswirtschaft, in der Papier- und Pappebranche sowie in den traditionell anfälligen Branchen wie der Textil-, der Bekleidungs- und der Schuhindustrie auf.

Index der Zahlungsausfälle
(Gleitender Zwölfmonatsdurchschnitt; Basis: Welt 1995 = 100)

Quelle: Coface.

Exporte: 22% des BIP

Importe: 25% des BIP

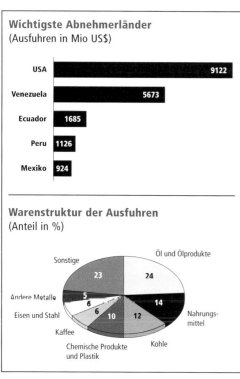

Wichtigste Abnehmerländer
(Ausfuhren in Mio US$)

USA	9122
Venezuela	5673
Ecuador	1685
Peru	1126
Mexiko	924

Warenstruktur der Ausfuhren
(Anteil in %)

Sonstige 23 · Öl und Ölprodukte 24 · Nahrungsmittel 14 · Kohle 12 · Chemische Produkte und Plastik 10 · Kaffee 6 · Eisen und Stahl 6 · Andere Metalle 5

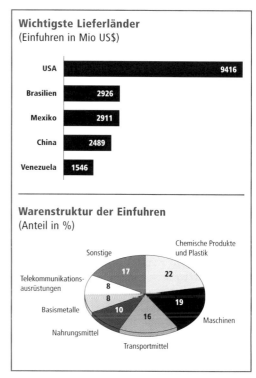

Wichtigste Lieferländer
(Einfuhren in Mio US$)

USA	9416
Brasilien	2926
Mexiko	2911
China	2489
Venezuela	1546

Warenstruktur der Einfuhren
(Anteil in %)

Sonstige 17 · Chemische Produkte und Plastik 22 · Maschinen 19 · Transportmittel 16 · Nahrungsmittel 10 · Basismetalle 8 · Telekommunikationsausrüstungen 8

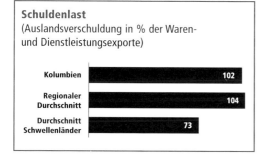

Schuldenlast
(Auslandsverschuldung in % der Waren-
und Dienstleistungsexporte)

Kolumbien	102
Regionaler Durchschnitt	104
Durchschnitt Schwellenländer	73

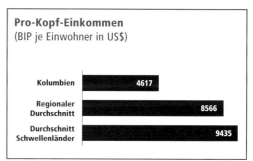

Pro-Kopf-Einkommen
(BIP je Einwohner in US$)

Kolumbien	4617
Regionaler Durchschnitt	8566
Durchschnitt Schwellenländer	9435

VORAUSSETZUNGEN FÜR DEN MARKTZUGANG

Marktsituation

Kennzeichnend für die zweite Amtszeit von Präsident Uribe sind wieder angekurbelte Investitionen und ein lebhafterer Konsum, die zu einem hohen BIP-Wachstum sowie einem Defizit in der Leistungsbilanz geführt haben, das sich bis 2008 unter dem Einfluss von stärker als die Ausfuhren zunehmenden Einfuhren vergrößert hat. Zu beachten ist allerdings, dass diese Einfuhren zu einem großen Teil aus Ausrüstungsgütern bestanden und infolgedessen zur Modernisierung der Produktionsanlagen im Land beitrugen. 2009 erweitert sich das Leistungsbilanzdefizit, weil die Ausfuhren voraussichtlich schneller zurückgehen werden als die Einfuhren.

Bei den öffentlichen Finanzen hat die Zentralregierung das chronisch hohe Defizit auch durch ihre Sparpolitik nicht abbauen können. Deswegen ist es Kolumbien nicht gelungen, den Investment-Grade für sein Länderrating wiederzuerlangen, den das Land bei der Finanzkrise 1999 eingebüßt hatte.

Möglichkeiten des Marktzugangs

Die wenigen Handelshemmnisse sind in erster Linie auf die instabilen Rechtsverhältnisse, die sich in häufigen Gesetzesänderungen äußern, sowie die Vielzahl von Einrichtungen und Beteiligten zurückzuführen. Besonders deutlich ist dies im Bereich der Steuern. Bei der letzten Steuerreform im Dezember 2006 wurden verschiedene Erleichterungen für Investoren eingeführt. Hierzu gehören insbesondere die Senkung des Körperschaftsteuertarifs *(Impuesto de Renta)* von 35% auf 33% ab dem Steuerjahr 2008 und die Abschaffung der Überweisungsteuer bei Zahlungen ins Ausland (Dividenden, Vergütungen, Provisionen usw.), deren allgemeiner Tarif sich auf 7% belief und zusätzlich zu der einbehaltenen Körperschaftsteuer erhoben wurde. Um für die Unternehmen angesichts dieser Veränderungen der rechtlichen Rahmenbedingungen Transparenz zu schaffen, hat der Kongress der Republik ein Stabilitätsgesetz für den gesetzlichen Rahmen bei in- und ausländischen Investitionen verabschiedet. Demnach kann ein Investor mit dem kolumbianischen Staat einen Vertrag schließen, der bzgl. einer bestimmten Vorschrift Rechtssicherheit gewährleistet. Sollte diese Vorschrift später geändert werden, kann der Investor eine Entschädigung erhalten.

Das 2007 gesetzlich eingeführte neue System der Freizonen gibt Unternehmen die Möglichkeit, aufgrund ihrer wirtschaftlichen und sozialen Bedeutung in den Genuss der Steuervorteile von dauerhaften Freizonen zu kommen (Befreiung von Zöllen und von der Mehrwertsteuer bei der Einfuhr von Ausrüstungsgütern und Rohstoffen, Senkung der Körperschaftsteuer von 33% auf 15% usw.), ohne dass sie notwendigerweise innerhalb einer Freizone angesiedelt sind. Mehrere ausländische Unternehmen profitieren zurzeit von dieser Präferenzregelung.

Haltung gegenüber ausländischen Investoren

Allgemein gilt für ausländische Investitionen in Kolumbien das Prinzip der Nichtdiskriminierung gegenüber einheimischen Investitionen. So stehen ausländischen Investitionen alle Branchen der Wirtschaft offen. Ausgenommen hiervon sind lediglich der Bereich der Verteidigung sowie die Aufbereitung von giftigen, gefährlichen oder radioaktiven Abfällen, die nicht im Land selbst angefallen sind. Im Finanzsektor, bei Kohlenwasserstoffen und im Bergbau sind vorherige Genehmigungen erforderlich. •

Kuba

Bevölkerung (Mio Einwohner):	**11,3**
BIP (Mio US$):	**51.332**
Anteil am regionalen BIP (%):	**1,2**

Coface-Bewertungen
Kurzfristiges Risiko:	**D**
Geschäftsumfeld:	**D**
Mittelfristiges Risiko:	**sehr hoch**

Amerika

STÄRKEN

▲ Kuba hat umfangreiche Vorkommen an Bodenschätzen, hauptsächlich Nickel und Kobalt, und verfügt über große landwirtschaftliche Ressourcen (Zucker und Tabak) sowie Bestände an Fisch und Meerestieren (Langusten). Außerdem könnten bei der Off shoreexploration, die insbesondere von Petrobras und Repsol betrieben wird, erhebliche Erdölreserven entdeckt werden.

▲ Der Tourismus ist entwickelt und bringt dem Land erhebliche Devisen ein.

▲ Die Bevölkerung weist einen verhältnismäßig hohen Bildungsstand auf. Deswegen kann Kuba Dienstleistungen exportieren. Die sozialen Indikatoren sind im Vergleich zu anderen Ländern der Region zufriedenstellend.

SCHWÄCHEN

▼ Das Land leidet unter häufigen Naturkatastrophen und ist für externe Störeinflüsse anfällig, da es insbesondere auf Rohstoffausfuhren mit schwankenden Preisen, auf den Tourismus sowie auf Ölimporte angewiesen ist.

▼ Aufgrund von erheblichen Zahlungsrückständen ist der Zugang zu externen Finanzquellen begrenzt. Deswegen muss die Auslandsverschuldung (in der Tabelle ohne russische Verbindlichkeiten) weiter abgebaut werden.

▼ Durch die Abkopplung der Wirtschaft vom US-Dollar, die mit der Schaffung von zwei Währungen Ende 2004 eingeleitet wurde, haben sich die Verzerrungen innerhalb der zentralistischen Wirtschaft verstärkt.

▼ Die weitere Entwicklung der Präsidentschaft von Raúl Castro und des von den USA verhängten Embargos stellen erhebliche Unsicherheitsfaktoren dar. Allerdings könnte die neue US-Regierung eine Entspannung der bilateralen Beziehungen anstreben.

RISIKOEINSCHÄTZUNG

Politische und wirtschaftliche Übergangsphase

Im Februar 2008 wurde Raúl Castro auf Initiative seines Bruders Fidel von der neuen Nationalversammlung offiziell zum Präsidenten ernannt. Für ihn steht politische Kontinuität im Mittelpunkt, auch wenn er in Wirtschaftsfragen mehr Pragmatismus erkennen lässt. Allerdings bleibt der Staat Dreh- und Angelpunkt des Systems. In Anbetracht der Ausrichtungen des neuen US-Präsidenten, Barack Obama, dürfte eine allmähliche Lockerung der amerikanischen Sanktionen möglich sein.

Nachdem sich das Wachstum 2008 aufgrund verheerender Hurrikane unplanmäßig abgeschwächt hat, dürfte die Wirtschaftstätigkeit 2009 relativ stabil bleiben. Die Folgen der Wirtschaftskrise in den Industrieländern wird vor allem im Tourismus spürbar werden. Kuba wird von der Rezession in den USA voraussichtlich in geringerem Maße tangiert als die sonstigen Länder Lateinamerikas. Auswirkungen auf die Inflation haben die Entscheidungen, die von der Regierung bei Preisen, bei Löhnen und beim Wechselkurs gefällt werden. In der Wirtschaftspolitik dürften allmählich Anpassungen vorgenommen werden, um die Effizienz der Wirtschaft zu verbessern und den Lebensstandard zu erhöhen.

Wichtige Kennzahlen

	2004	2005	2006	2007	2008 (S)	2009 (P)
Reales Wirtschaftswachstum (%)	4,4	9,0	12,1	7,3	4,3	3,8
Inflation (%)	0,4	3,3	6,2	3,1	4,2	6,4
Staatshaushalt (Saldo in % des BIP)	−4,2	−4,4	−3,2	−3,2	−6,7	−3,6
Ausfuhren (Mrd US$)	2,2	2,0	2,9	3,7	3,5	3,8
Einfuhren (Mrd US$)	5,6	7,5	9,3	10,1	11,9	11,3
Handelsbilanz (Saldo in Mrd US$)	−3,4	−5,5	−6,3	−6,4	−8,4	−7,5
Leistungsbilanz (Saldo in Mrd US$)	−0,3	−0,3	−0,2	0,4	−0,5	0,0
Leistungsbilanz (Saldo in % des BIP)	−1,0	−0,9	−0,5	0,9	−0,9	−0,1
Auslandsverschuldung (in % des BIP)[1]	43,0	40,1	37,8	36,0	34,0	32,0
Schuldendienst (in % der Ausfuhren)	29,5	24,7	21,7	20,7	19,2	19,7
Währungsreserven (in Monatsimporten)	3,9	4,0	4,6	4,8	4,5	4,9

1) Ohne die Verbindlichkeiten gegenüber Russland. (S): Schätzung. (P): Prognose.

Quelle: Coface.

Ausgleich des unausgewogenen Außenhandels durch dynamische Dienstleistungen

Im Warenverkehr, der den Preisschwankungen bei Rohstoffen ausgesetzt ist, bestehen nach wie vor strukturbedingte Defizite. Die Ausfuhren werden 2009 durch rückläufige Nickelpreise auf den Weltmärkten belastet. Bei den Einfuhren vermindern sich die positiven Effekte des drastisch gesunkenen Ölpreises, da schon zuvor eine Vereinbarung mit Venezuela bestand, die bevorzugte Finanzierungsbedingungen vorsieht.

Das Handelsbilanzdefizit dürfte allerdings bei weitem durch die Einnahmen aus dem Dienstleistungssektor (Tourismus, medizinische Unterstützung, Lizenzen für pharmazeutische Erzeugnisse) und durch Überweisungen von Emigranten ausgeglichen werden, so dass sich eine nahezu ausgewogene Leistungsbilanz ergeben dürfte. Der moderate Finanzierungsbedarf dürfte zum großen Teil von ausländischen Direktinvestitionen, insbesondere aus China, Venezuela und Brasilien, im Bergbau und in der Energiebranche gedeckt werden. Für den Rest werden trotz der internationalen Finanzkrise zusätzlich zu den von China und Venezuela gewährten Finanzierungen neue Mittel von Brasilien, Spanien und Russland angeboten.

VORAUSSETZUNGEN FÜR DEN MARKTZUGANG

Möglichkeiten des Marktzugangs

Kuba ist eines der Gründungsmitglieder der WTO und unterhält Handelsbeziehungen mit aller Welt, auch den USA. Das von den USA gegen Kuba verhängte einseitige Embargo wurde nämlich Ende 2000 zum Teil aufgehoben, so dass der Verkauf von Nahrungsmitteln und Medikamenten gestattet ist. Durch ein Abkommen, das 1998 zwischen den USA und der Europäischen Union geschlossen wurde, werden Unternehmen aus der EU vor den extraterritorialen Auswirkungen von Embargogesetzen geschützt. Natürlich dürfen sie nicht von amerikanischem Gebiet aus operieren. Einfuhren nach Kuba sind genau reglementiert.

Der kubanische Staat übt eine strenge Kontrolle aus (Erteilung von Lizenzen, Einfuhrausschüsse für Produkte und Produktionswege etc.) und legt für die Branchen Prioritäten fest. Bei den Zahlungen bestehen erhebliche Schwierigkeiten, die sich jedoch abhängig von den Gläubigern sehr unterschiedlich darstellen. Im Zuge des Helms-Burton-Gesetzes haben die USA dafür gesorgt, dass Kuba der Zugang zu Krediten der Weltbank oder des IWF verwehrt ist. Zur Beschaffung von Finanzmitteln im Ausland hat Kuba deswegen zum Teil kurzfristige Privatkredite (Laufzeit von zwölf bis 24 Monaten) mit hohen Zinsen und dinglichen Sicherheiten in Anspruch genommen oder neue Partner für Kredite mit längeren Laufzeiten gesucht.

Exporte: 20% des BIP ▷▷▷

Importe: 18% des BIP ◁◁◁

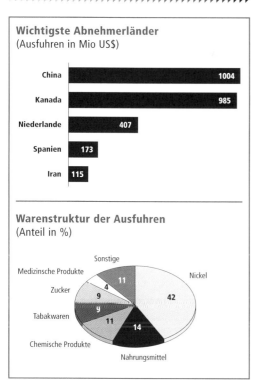

Wichtigste Abnehmerländer
(Ausfuhren in Mio US$)

- China — 1004
- Kanada — 985
- Niederlande — 407
- Spanien — 173
- Iran — 115

Warenstruktur der Ausfuhren
(Anteil in %)

- Nickel 42
- Nahrungsmittel 14
- Chemische Produkte 11
- Tabakwaren 9
- Zucker 9
- Medizinsche Produkte 4
- Sonstige 11

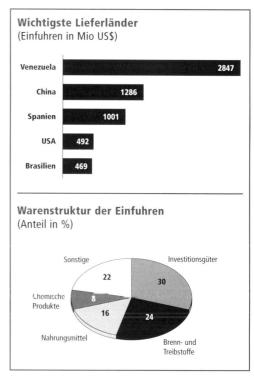

Wichtigste Lieferländer
(Einfuhren in Mio US$)

- Venezuela — 2847
- China — 1286
- Spanien — 1001
- USA — 492
- Brasilien — 469

Warenstruktur der Einfuhren
(Anteil in %)

- Investitionsgüter 30
- Brenn- und Treibstoffe 24
- Nahrungsmittel 16
- Chemische Produkte 8
- Sonstige 22

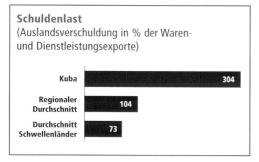

Schuldenlast
(Auslandsverschuldung in % der Waren- und Dienstleistungsexporte)

- Kuba — 304
- Regionaler Durchschnitt — 104
- Durchschnitt Schwellenländer — 73

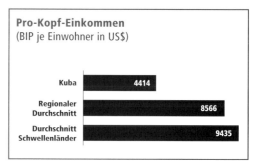

Pro-Kopf-Einkommen
(BIP je Einwohner in US$)

- Kuba — 4414
- Regionaler Durchschnitt — 8566
- Durchschnitt Schwellenländer — 9435

Im Außenhandel kommt als Zahlungsmittel vor allem das unwiderrufliche unbestätigte, jedoch in Kuba diskontierbare Akkreditiv mit Sätzen zwischen 14% und 18% zum Einsatz. Seit Juli 2003 zwingt ein Devisenkontrollgesetz kubanische Unternehmen, bei der Zentralbank eine Genehmigung zur Begleichung ihrer Auslandsgeschäfte zu beantragen. Diese Maßnahme wurde im Januar 2005 mit der Einführung eines alleinigen Devisenkontos bei der Zentralbank in Kuba verschärft. Sämtliche Einfuhranträge bedürfen einer vorherigen Billigung durch den Genehmigungsausschuss unter Vorsitz der kubanischen Zentralbank.

Haltung gegenüber ausländischen Investoren

Kuba begrüßt ausländische Direktinvestitionen erst seit etwa 15 Jahren. Dazu hat es bilaterale Förder- und Schutzvereinbarungen mit 53 Ländern abgeschlossen. Ausländische Direktinvestitionen sind in den Tourismus, in die Basisindustrie, die Energiewirtschaft, den Bergbau, den Telekommunikationssektor und die Nahrungsmittelindustrie geflossen. Das Bildungs- und Gesundheitswesen sowie Dienstleistungen im Allgemeinen bleiben Ausländern dagegen verschlossen.

Bei ausländischen Investitionen kommt ein strenges Verfahren mit genauen Kriterien zur Anwendung: Hierzu gehören der Transfer von Technologien, die Einbringung von Kapital und die Entwicklung von Exporten. Ausländische Direktinvestitionen sind in Kuba relativ gering und dürften seit der Öffnung des kubanischen Marktes bei maximal 5,5 Mrd US$ liegen. In steuerlicher Hinsicht werden ausländische Investoren nicht benachteiligt, und das ist einer der Anreize für Investitionen in Kuba. Die vom kubanischen Staat nach einem komplexen Verfahren zur Verfügung gestellten Arbeitskräfte sind allgemein gut ausgebildet. Sie erhalten vom kubanischen Staat aber nur einen Bruchteil der Summe, die den Unternehmen für ihre Leistungen in Rechnung gestellt wird. Seit dem 1. Januar 2008 sind zusätzliche Vergütungen zulässig.

Devisenverkehr

In Kuba bestehen zwei Währungs- und somit zwei Wirtschaftssysteme nebeneinander: Zum einen gibt es den Kubanischen Peso oder die Inlandswährung (CUP) und zum anderen den konvertierbaren Peso (CUC). Der Markt in Kubanischen Peso wird vom Staat subventioniert und ist im Wesentlichen der kubanischen Bevölkerung vorbehalten (spezielle Handelswege vor allem für Grundnahrungsmittel und elementare Güter). Ausländern stehen in dieser Währung nur wenige Produkte oder Dienstleistungen zur Verfügung. Sie benutzen daher vor allem den Ende 2004 geschaffenen konvertierbaren Peso. In Kuba herrschen Devisenkontrollvorschriften. Für die Bevölkerung gilt der folgende feste offizielle Umtauschkurs: 1 CUC = 1,08 US$ und 1 CUC = 24 CUP. Von kubanischen Banken wird beim Umtausch von US-Dollar (in Papierform) in konvertierbare Peso (CUC) ein Zuschlag von 10% erhoben. Gegenüber dem Euro ist der Wert des konvertierbaren Peso, für den ein festes Umrechnungsverhältnis im Verhältnis zum US-Dollar gilt, von daher Schwankungen unterworfen und richtet sich nach dem Wechselkurs zwischen Euro und US-Dollar. Für Unternehmen und in der volkswirtschaftlichen Gesamtrechnung wird allerdings ein anderer Wechselkurs zugrunde gelegt (1 CUP = 1 CUC).

Überweisungen und Rückführungen von Dividenden können ohne Schwierigkeiten durchgeführt werden. Voraussetzung ist jedoch eine vollständige Trennung der Finanzströme zwischen Kuba und den USA, wo ein strenges Embargo gilt. •

Mexiko

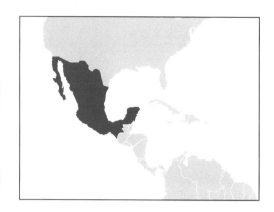

Bevölkerung (Mio Einwohner):	**105,3**
BIP (Mio US$):	**893.364**
Anteil am regionalen BIP (%):	**25**

Coface-Bewertungen

Kurzfristiges Risiko:	**A4**
Geschäftsumfeld:	**A4**
Mittelfristiges Risiko:	**ziemlich gering**

STÄRKEN

▲ Mexiko ist zu einer Produktionsmacht geworden und profitiert dabei insbesondere von seiner Zugehörigkeit zur Nordamerikanischen Freihandelszone (NAFTA).

▲ Das Land profitiert von seiner soliden makroökonomischen Basis.

▲ Im Zaum gehaltene öffentliche Defizite sowie die mäßige Auslandsverschuldung schaffen ein für internationale Investoren beruhigendes Umfeld.

▲ Die Situation im Bankensektor ist durchaus zufriedenstellend.

▲ Die erwerbstätige Bevölkerung ist jung und wächst.

SCHWÄCHEN

▼ Mexikos Exporte konzentrieren sich stark auf die USA und leiden unter mangelnder Wettbewerbsfähigkeit gegenüber Konkurrenten beispielsweise aus China.

▼ Trotz der im September 2007 durchgeführten Steuerreform hängen die öffentlichen Finanzen nach wie vor von den Einnahmen aus dem Erdölgeschäft ab.

▼ Politische und soziale Hindernisse verzögern das Vorankommen der erforderlichen Strukturreformen (Energie, Telekommunikation, Bildung, Arbeitsrecht und Justiz).

▼ Unzureichende Investitionen und ungenügend qualifizierte Arbeitskräfte erschweren die weitere Entwicklung hin zur Produktion höherwertiger Erzeugnisse.

▼ Es herrschen ausgeprägte soziale Ungleichheiten und große Armut. Das Geschäftsumfeld ist verbesserungsbedürftig.

RISIKOEINSCHÄTZUNG

Unheilvoller Schock durch die Rezession in den USA

Mexiko wird vor allem durch die wirtschaftliche Rezession in den USA, aber auch durch die internationale Finanzkrise schwer getroffen. Seine Wirtschaftstätigkeit dürfte 2009 trotz der Haushaltsmaßnahmen, die die Regierung zur Stärkung der Konjunktur ergriffen hat, zurückgehen. Die inflationären Spannungen, die vor allem auf die Abwertung des Peso und ungünstige Aussichten zurückzuführen sind, dürften sich von den staatlichen Stellen nur schwer in Grenzen halten lassen.

Deutliche Verschlechterung der Leistungsbilanz, aber moderate Staats- und Auslandsverschuldung

Die Staatsverschuldung ist nach wie vor moderat, und die Verbindlichkeiten gegenüber dem Ausland sind zum Teil rückläufig. Doch eine Besserung der öffentlichen Finanzen, die immer noch von den Einnahmen aus dem Erdölgeschäft abhängen, erfordert nicht nur eine verstärkte Steuerreform, sondern auch eine Umstrukturierung der staatlichen Erdölgesellschaft PEMEX. Von daher kommt sie nur sehr langsam voran. Angesichts einer regelmäßig abnehmenden Ölförderung – zusammen mit dem Verfall des Ölpreises –, schwächelnder Exporte in die USA und sinkender Überweisungen von im Ausland arbeitenden Emigranten wird das Leistungsbilanzdefizit weiter zunehmen. Um den erheblichen und deutlich steigenden Finanzierungsbedarf zu decken und den starken Rückgang ausländischer Direktinvestitionen auszugleichen, wird Mexiko nicht nur internationale Finanzinstitutionen, sondern auch die Finanz-

Wichtige Kennzahlen

	2004	2005	2006	2007	2008 (S)	2009 (P)
Reales Wirtschaftswachstum (%)	4,0	3,1	4,9	3,2	1,3	−2,0
Inflation (%)	4,7	4,0	3,6	4,0	5,1	5,0
Staatshaushalt (Saldo in % des BIP)	−1,9	−1,5	−0,9	−1,3	−2,1	−4,0
Ausfuhren (Mrd US$)	188,0	214,2	249,9	271,9	295,4	285,1
Einfuhren (Mrd US$)	196,8	221,8	256,1	281,9	309,4	311,7
Handelsbilanz (Saldo in Mrd US$)	−8,8	−7,6	−6,1	−10,1	−14,0	−26,6
Leistungsbilanz (Saldo in Mrd US$)	−6,6	−5,2	−2,2	−5,5	−12,5	−26,5
Leistungsbilanz (Saldo in % des BIP)	−1,0	−0,7	−0,3	−0,6	−1,3	−3,0
Auslandsverschuldung (in % des BIP)	24,3	22,6	20,1	20,4	18,8	20,3
Schuldendienst (in % der Ausfuhren)	18,7	12,0	10,8	9,3	11,2	12,5
Währungsreserven (in Monatsimporten)	3,3	3,4	3,1	3,2	2,7	2,3

(S): Schätzung. (P): Prognose.

Quelle: Coface.

märkte in Anspruch nehmen müssen. Das wird mit hohen Kosten verbunden sein. Allerdings dürfte sich durch die stabile und moderate kurzfristige Verschuldung und die Flexibilität des Wechselkurses das Risiko einer zunehmenden Liquiditätskrise mildern lassen. Im Übrigen ist der Bankensektor aufgrund seiner verhältnismäßig begrenzten Größe von den Folgen der Subprime-Krise in den USA verschont geblieben.

Nur langsam vorankommende Reformen und Unsicherheit vor den Parlamentswahlen im Juli 2009

Nachdem 2008 eine begrenzte Reform der PEMEX verabschiedet wurde, stößt die Modernisierung der Wirtschaft nach wie vor auf heftige soziale und politische Widerstände. Die konservative Partei PAN von Präsident Felipe Calderón verliert bei den Parlamentswahlen nach Ablauf der halben Amtszeit im Juli 2009 möglicherweise ihre Mehrheit. Darüber hinaus stellt das Klima der Unsicherheit und der Gewalt, das sich aus der organisierten Kriminalität rund um den Drogenhandel ergibt, für die Autorität des Präsidenten eine große Herausforderung dar. Sein Erfolg wird zum Teil von einer Besserung in diesem Bereich abhängen.

Wachsende Schwierigkeiten von Privatunternehmen und Verschlechterung des Zahlungsverhaltens

Vor diesem Hintergrund lässt das Geschäftsumfeld weiter zu wünschen übrig, und die Unternehmen leiden unter der restriktiveren Handhabung von Krediten. Des Weiteren haben private Großunternehmen mit einem Austrocknen der Liquidität auf internationaler Ebene zu kämpfen. Die Schwierigkeiten in der Textil-, der Bekleidungs- und der Schuhindustrie bestehen schon seit langem und sind auf eine unzureichende Wettbewerbsfähigkeit gegenüber Konkurrenten aus Asien zurückzuführen. Die Schwierigkeiten in der Nahrungsmittelbranche, im Baugewerbe, in der Automobilindustrie und im Handel (insbesondere Unternehmen, deren Geschäfte von Konsumkrediten abhängig sind) stehen mit der aktuellen Krise in Zusammenhang. Letztendlich ist eine Verschlechterung des Zahlungsverhaltens zu beobachten.

Index der Zahlungsausfälle
(Gleitender Zwölfmonatsdurchschnitt; Basis: Welt 1995 = 100)

Quelle: Coface.

Exporte: 32% des BIP

Importe: 33% des BIP

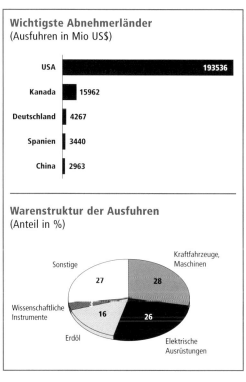

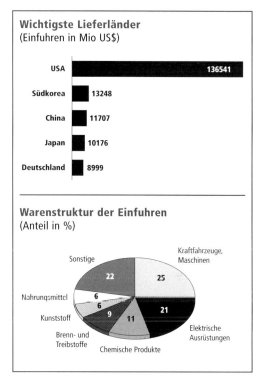

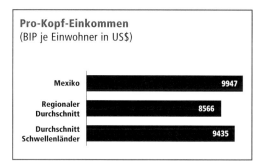

VORAUSSETZUNGEN FÜR DEN MARKTZUGANG

Möglichkeiten des Marktzugangs

Seit dem Inkrafttreten des Vertrages über die Nordamerikanische Freihandelszone (NAFTA) bietet Mexiko Vorteile für eine strategische Entwicklung auf dem amerikanischen Kontinent: Hierzu gehören der allmähliche Abbau von zolltariflichen Handelsbarrieren, der gewerbliche Rechtsschutz und die Mobilität von Investitionen. Mexiko ist mit 44 Ländern durch Freihandelsabkommen verbunden. Als einziges Land der Welt hat es sich parallel auf Freihandelsabkommen mit den USA, mit der Europäischen Union und mit Japan (unterzeichnet im September 2004) eingelassen. Im Rahmen des seit dem 1. Juli 2000 mit ihr geltenden Freihandelsabkommens hat die EU Marktanteile zurückgewonnen und die unter dem Einfluss der NAFTA und der Konkurrenz durch asiatische Produkte rückläufig gewordenen Investitionen aus Europa wieder erhöht. Für industrielle Erzeugnisse kam am 1. Januar 2007 eine Entflechtung der Zolltarife zum Abschluss. Die vom mexikanischen

Staat akkreditierten Prüfstellen kontrollieren insbesondere, ob die offiziellen mexikanischen Normen (NOM) eingehalten werden, und stellen Konformitätsbescheinigungen aus. Auch wenn die Einschaltung dieser Stellen gängige Praxis ist, sind ihre Leistungen nach wie vor verhältnismäßig teuer.

Die am häufigsten verwendete Rechnungswährung ist der US-Dollar. Die Zahlungsziele sind in Anbetracht der immer noch hohen Zinsen und der knappen Kredite mit 30 bis 45 Tagen relativ kurz. Für Exporteure ist das Akkreditiv nach wie vor das sicherste Zahlungsmittel. Allerdings ist es für den mexikanischen Käufer mit hohen Kosten verbunden.

Haltung gegenüber ausländischen Investoren

Die Wirtschaft steht ausländischen Investitionen heute weitgehend offen. Verbote gibt es jedoch weiterhin in bestimmten strategischen Branchen, die mexikanischen Unternehmen vorbehalten sind. In diesen Bereichen können sich Ausländer nur in neutraler Form (ohne Entscheidungsmacht – maximale Beteiligung am Kapital in Höhe von 10%, 25% oder 49%) beteiligen. Bei den offenen Wirtschaftsbereichen ist ab einer bestimmten Schwelle (von derzeit 2,392 Mrd MXN, umgerechnet etwa 149,5 Mio EUR) eine systematische Genehmigung der nationalen Kommission für ausländische Investitionen erforderlich. In allen anderen Fällen, in denen das Engagement unter 2,392 Mrd MXN bleibt, können sich ausländische Investoren bis zu 100% am Kapital von mexikanischen Unternehmen beteiligen, ohne dass dazu eine vorherige Stellungnahme der nationalen Kommission für ausländische Investitionen erforderlich ist. Seit 1999 sind ausländische Investitionen in Handels- und Geschäftsbanken ohne Kapitalbeschränkung zulässig. Die Versicherungsbranche ist Ausländern dagegen nach wie vor verschlossen, denn hier kommt ausschließlich die neutrale Beteiligung von 49% am Kapital in Frage. Allerdings sind nach einer Genehmigung der nationalen Kommission für ausländische Investitionen Ausnahmeregelungen möglich. •

Nicaragua

Bevölkerung (Mio Einwohner):	**5,6**
BIP (Mio US$):	**5.676**

Coface-Bewertungen

Kurzfristiges Risiko:	**D**
Geschäftsumfeld:	**C**
Mittelfristiges Risiko:	**sehr hoch**

Amerika

RISIKOEINSCHÄTZUNG

Konjundktureller Abschwung aufgrund der Rezession in den USA

Durch die enge Verbindung mit den USA, führt die US-amerikanische Rezession zu einer Abschwächung des Wirtschaftswachstums Nicaraguas. Nach wie vor leidet das Land zudem häufig unter Naturkatastrophen. Im Übrigen wird die Inflation trotz der Stabilisierungspolitik der Zentralbank auf einem hohen Niveau bleiben.

Die (linke) Sandinistische Front von Präsident Daniel Ortega hat im Parlament keine Mehrheit. Aus den Kommunalwahlen Ende 2008 ist die Opposition gestärkt hervorgegangen. Der Präsident ist trotz seiner radikalen Äußerungen deswegen zu einer pragmatischeren Haltung gezwungen, zumal die Vereinbarung mit dem IWF bis Oktober 2010 die Richtschnur für die Wirtschaftspolitik vorgibt. Den Schwerpunkt dieses Programms bilden die Konsolidierung der öffentlichen Finanzen und die Reform der Stromwirtschaft.

Die starke Abhängigkeit von Erdölimporten führt trotz der Vorzugskonditionen, die Venezuela dem Land im Rahmen der Initiative Petrocaribe gewährt, zu einem strukturellen Handelsbilanzdefizit. Angesichts rückläufiger Überweisungen von Emigranten liegt das Defizit in der Leistungsbilanz nach wie vor auf einem hohen Niveau, das auch die offiziellen Hilfen nicht ausgleichen können. Der Bedarf an ausländischer Finanzierung muss zum überwiegenden Teil durch Kredite zu Vorzugsbedingungen und zu 45% durch ausländische Direktinvestitionen gedeckt werden. Die Auslandsverschuldung und der zugehörige Schuldendienst wurden infolge eines Schuldenerlasses im Rahmen der HIPC- und der MDRI-Initiative abgebaut. Nicaragua ist nach Haiti aber immer noch das ärmste Land Lateinamerikas. •

Wichtige Kennzahlen

	2004	2005	2006	2007	2008 (S)	2009 (P)
Reales Wirtschaftswachstum (%)	5,1	3,1	3,9	3,8	3,0	1,5
Inflation (%)	9,3	9,6	9,3	11,1	20,0	11,5
Staatshaushalt (Saldo in % des BIP)	−6,5	−5,1	−4,1	−3,1	−5,0	−5,5
Ausfuhren (Mrd US$)	1,4	1,7	2,0	2,3	3,1	3,0
Einfuhren (Mrd US$)	2,5	3,0	3,4	4,1	5,3	5,5
Handelsbilanz (Saldo in Mrd US$)	−1,1	−1,3	−1,4	−1,8	−2,2	−2,5
Leistungsbilanz (Saldo in % des BIP)	−13,3	−14,9	−13,6	−18,3	−21,0	−17,7
Auslandsverschuldung (in % des BIP)	120,7	110,2	86,0	49,6	47,1	48,3
Schuldendienst (in % der Ausfuhren)	4,0	3,6	3,3	2,8	2,3	2,4
Währungsreserven (in Monatsimporten)	2,7	2,7	3,0	2,9	2,6	2,9

(S): Schätzung. (P): Prognose.   Quelle: Coface.

Panama

Bevölkerung (Mio Einwohner):	**3,3**
BIP (Mio US$):	**19.740**

Coface-Bewertungen
Kurzfristiges Risiko:	**A4**
Geschäftsumfeld:	**A4**
Mittelfristiges Risiko:	**ziemlich gering**

RISIKOEINSCHÄTZUNG

Kanalausbau unterstützt Konjunktur

Die bis 2015 geplanten Arbeiten zum Ausbau des Panamakanals werden die negativen Auswirkungen der Rezession in den USA und das rückläufige Aufkommen von internationalen Schiffsfrachten nur zum Teil ausgleichen. Die Inflation wird weiterhin relativ hoch bleiben, da die starke Verbreitung des US-Dollar die Eindämmung der Teuerung erschwert. Trotz der steigenden Ausgaben für die Erweiterung des Kanals hat sich die Lage der öffentlichen Finanzen deutlich gebessert. So begrenzt ein neues Gesetz das Defizit auf 1% des BIP, und die öffentliche Verschuldung könnte 2009 auf etwa 40% des BIP verringert werden.

Das Defizit in der Leistungsbilanz wird durch den Kauf von Gütern im Zuge der Kanalerweiterung weiterhin hoch bleiben. Die Ratifizierung des Freihandelsabkommens mit den USA, dem wichtigsten Handelspartner des Landes, hat der amerikanische Kongress auf 2009 verschoben. Der Finanzierungsbedarf dürfte in voller Höhe durch ausländische Direktinvestitionen gedeckt werden, die durch das günstige Geschäftsumfeld sowie den geplanten Bau einer Gaspipeline und einer Ölraffinerie angezogen werden. Darüber hinaus wird das Bankwesen, das durch die Beteiligung ausländischer Banken gestärkt wurde, von der weltweiten Finanzkrise kaum betroffen.

Im Mai 2009 finden Präsidentschaftswahlen statt, bei denen der amtierende Präsident Martín Torrijos aus Verfassungsgründen nicht mehr antreten darf. Fortschritte bei der Eindämmung der Korruption, bei Reformen im Justizwesen und bei der Bekämpfung der Armut, von der ein Drittel der Bevölkerung betroffen ist, werden hierdurch erschwert. •

Wichtige Kennzahlen

	2004	2005	2006	2007	2008 (S)	2009 (P)
Reales Wirtschaftswachstum (%)	7,5	6,9	8,7	11,5	9,0	−0,5
Inflation (%)	0,2	3,2	1,8	4,2	8,8	3,5
Staatshaushalt (Saldo in % des BIP)	−4,9	−2,6	0,5	3,5	−0,4	−2,5
Ausfuhren (Mrd US$)[1]	0,9	1,0	1,0	1,1	1,2	1,2
Einfuhren (Mrd US$)[1]	3,3	3,8	4,4	5,3	6,5	6,5
Handelsbilanz (Saldo in Mrd US$)	−2,4	−2,8	−3,3	−4,2	−5,3	−5,3
Leistungsbilanz (Saldo in % des BIP)	−7,5	−5,0	−4,9	−7,0	−10,0	−8,0
Auslandsverschuldung (in % des BIP)	66,0	62,7	58,3	51,9	45,5	47,2
Schuldendienst (in % der Ausfuhren)	27,3	17,1	27,2	15,6	17,1	14,6
Währungsreserven (in Monatsimporten)	1,2	2,0	2,1	2,2	2,1	2,2

1) Ohne Freihandelszone Colón. (S): Schätzung. (P): Prognose.

Quelle: Coface.

Paraguay

Bevölkerung (Mio Einwohner):	**6,1**
BIP (Mio US$):	**12.004**
Anteil am regionalen BIP (%):	**0,3**

Coface-Bewertungen

Kurzfristiges Risiko:	**C**
Geschäftsumfeld:	**C**
Mittelfristiges Risiko:	**moderat erhöht**

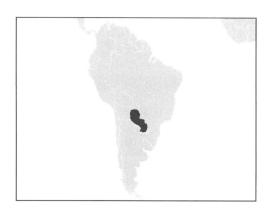

STÄRKEN

- ▲ Paraguay verfügt über erhebliche Ressourcen zur Stromgewinnung aus Wasserkraft und ein großes Potential in der Landwirtschaft (insbesondere Soja, Baumwolle und Fleisch).
- ▲ Das Land wird von internationalen Finanzorganisationen unterstützt.
- ▲ Sowohl die Staats- als auch die Auslandsverschuldung konnten bis 2008 gesenkt werden.
- ▲ Die Demokratie ist seit einigen Jahren gefestigt und wurde nach dem politischen Wechsel 2008 nochmals gestärkt.

SCHWÄCHEN

- ▼ Paraguay leidet unter seiner geographischen Binnenlage, die das Land zu einer Drehscheibe für den Drogenhandel macht, sowie unter der weitverbreiteten Schattenwirtschaft.
- ▼ Die Wirtschaft ist nach wie vor stark anfällig für äußere Störeinflüsse: Dazu gehören ungünstige Witterungsverhältnisse, schwankende Preise für landwirtschaftliche Erzeugnisse und Erdöl an den Weltmärkten sowie die konjunkturelle Entwicklung in Argentinien und Brasilien.
- ▼ Die Umstrukturierung des stark aufgeblähten und wenig leistungsfähigen öffentlichen Sektors kommt nur langsam voran, und das Bankwesen ist nach wie vor anfällig.
- ▼ Das Geschäftsumfeld leidet unter den schwachen Institutionen, der verbreiteten Korruption und der Schwerfälligkeit von Strukturreformen.
- ▼ Soziale Ungleichheiten, Armut und Unsicherheit sind nach wie vor stark ausgeprägt.

RISIKOEINSCHÄTZUNG

Festigung der Demokratie, aber noch weitere Herausforderungen

Mit dem Amtsantritt des neuen Präsidenten, des ehemaligen Bischofs Fernando Lugo, der an der Spitze einer Mitte-links-Koalition (Alianza Patriótica para el Cambio) steht, wurde im August 2008 die mehr als 60 Jahre währende Vormachtstellung der Partei Colorado beendet. Auch wenn sich Lugo durch eine stärker sozial und nationalistisch geprägte Richtung auszeichnet, dürfte sich an der umsichtigen Wirtschaftspolitik unter Federführung des Finanzministers, des liberalen Ökonomen Dionisio Borda, nichts Grundlegendes ändern. Allerdings hält sich der Handlungsspielraum des Präsidenten aufgrund der heterogenen Zusammensetzung seiner Parlamentskoalition in Grenzen. Er steht vor vielfältigen Herausforderungen und muss insbesondere in der Landwirtschaft Reformen durchführen, durch die es zu sozialen Spannungen kommen kann.

Negative Auswirkungen des weltweiten Wirtschaftsabschwungs auf die Konjunktur ...

Das Wachstum wird sich in Paraguay 2009 deutlich abschwächen. Dies ist auf den weltweiten Wirtschaftsabschwung, insbesondere in Brasilien und Argentinien als den beiden wichtigsten Handelspartnern des Landes, sowie auf sinkende Rohstoffpreise zurückzuführen, die den so wichtigen landwirtschaftlichen Sektor belasten. Darüber hinaus wird der Konsum der privaten Haushalte infolge dieses Klimas, der steigenden Arbeitslosigkeit, der Einschränkungen bei Krediten und der rückläufigen Überweisungen von Emigranten (aus den USA, aus Spanien und Argentinien) in Mitleiden-

Wichtige Kennzahlen

	2004	2005	2006	2007	2008 (S)	2009 (P)
Reales Wirtschaftswachstum (%)	4,1	2,9	4,3	6,8	5,8	−0,8
Inflation (%)	4,3	6,8	9,6	8,1	10,0	6,5
Staatshaushalt (Saldo in % des BIP)	1,8	0,9	0,8	1,6	0,5	−0,7
Ausfuhren (Mrd US$)	2,9	3,3	4,8	5,5	6,7	5,7
Einfuhren (Mrd US$)	3,1	3,8	5,8	6,0	7,7	6,6
Handelsbilanz (Saldo in Mrd US$)	−0,2	−0,5	−1,0	−0,5	−1,0	−0,9
Leistungsbilanz (Saldo in Mrd US$)	0,1	0,0	−0,2	0,1	−0,2	−0,2
Leistungsbilanz (Saldo in % des BIP)	2,0	0,1	−2,0	1,0	−1,2	−1,4
Auslandsverschuldung (in % des BIP)	49,4	41,6	33,8	28,7	26,6	29,4
Schuldendienst (in % der Ausfuhren)	12,2	11,3	8,7	7,6	6,3	7,3
Währungsreserven (in Monatsimporten)	4,2	3,8	3,4	4,6	3,6	3,6

(S): Schätzung. (P): Prognose.   Quelle: Coface.

schaft gezogen werden. Inflationäre Spannungen dürften sich aufgrund der stark gesunkenen Ölpreise zum Teil allerdings beruhigen.

... und die Zahlungsbilanz

Aufgrund der sinkenden Nachfrage aus dem Ausland – insbesondere aus Brasilien, aus den USA und aus China – und der rückläufigen Preise an den Weltmärkten dürften die Ausfuhren von landwirtschaftlichen Erzeugnissen abnehmen. Dadurch, dass geringere Kosten bei der Einfuhr von Erdöl anfallen, wird sich das Defizit in der Handelsbilanz jedoch stabilisieren. Allerdings werden abnehmende Überweisungen von Emigranten und der geringere Absatz von Strom aus Wasserkraft aus den binationalen Stauanlagen in Itaipú und Yacireta zu einem anhaltend hohen Leistungsbilanzdefizits beitragen. Der Finanzierungsbedarf dürfte nur zu einem geringen Teil durch ausländische Direktinvestitionen abgedeckt werden. Angesichts dieser ungünstigen Rahmenbedingungen werden die Devisenreserven abnehmen. Die Kennzahlen zur Staats- und Auslandsverschuldung werden sich geringfügig erhöhen.

VORAUSSETZUNGEN FÜR DEN MARKTZUGANG

Möglichkeiten des Marktzugangs

Paraguay ist Mitglied des Mercosur. Diese regionale Organisation besteht aus vier Gründungsmitgliedern (Brasilien, Argentinien, Uruguay und Panama), die jeweils ein sehr unterschiedliches wirtschaftliches Gewicht besitzen. Das Protokoll über den Beitritt Venezuelas wurde zwar schon im Dezember 2005 unterzeichnet, doch es ist von einigen Ländern (Brasilien und Paraguay) immer noch nicht ratifiziert. Der Mercosur hat Freihandelsabkommen mit seinen regionalen Nachbarn (darunter Chile, Bolivien und Peru) und mit Israel (von Uruguay bereits ratifiziert, von Argentinien noch nicht) abgeschlossen.

Der Gründungsvertrag des Mercosur beruht auf dem Grundsatz des freien Warenverkehrs innerhalb der Mercosur-Zone. Die Zollunion ist allerdings noch nicht in vollem Umfang verwirklicht. Der Warenverkehr innerhalb der Mercosur-Zone ist für 90% der Produktliste zollfrei. Für verschiedene Bereiche gelten noch Sonderregelungen (wie z.B. Automobil, IT und Telekommunikation, sensible Produkte) und Ausnahmeregelungen, die regelmäßig verlängert werden. Sonstige Barrieren nicht zolltariflicher Art (technische Normen sowie Vorschriften für den Gesundheits- und Pflanzenschutz) stellen nach wie vor interne Handelshemmnisse dar.

Der Gemeinsame Außenzolltarif sieht Zölle zwischen 0% und 35% vor (bei den meisten Produkten liegt die Spanne zwischen 0% und 20%). Der Durchschnitt beläuft sich auf ca. 13%. Der normale Mehrwertsteuersatz beträgt 10%, der ermäßigte Satz 5%.

Haltung gegenüber ausländischen Investoren

Der Umgang mit ausländischen Investitionen ist relativ liberal. In bestimmten Bereichen gibt es Beschränkun-

Exporte: 49% des BIP
▷▷▷▷▷▷▷▷▷▷▷▷▷▷▷▷▷▷▷▷▷▷▷▷▷▷▷▷▷▷▷▷▷▷▷▷▷▷▶▶▶▶

Importe: 66% des BIP
◀◀◀

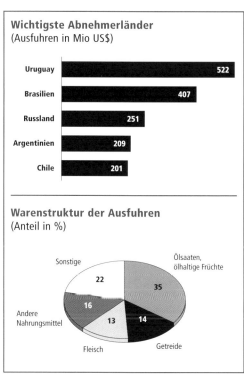

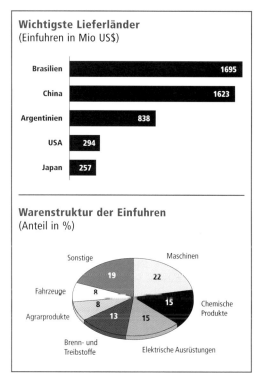

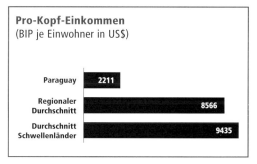

gen für ausländische und private Investitionen. Zu diesen, den Staatsmonopolen vorbehaltenen Bereichen gehören das Festnetztelefon, die Trinkwasserversorgung und die Abwasseraufbereitung, die Stromversorgung, die Produktion von Zement und die Einfuhr von Rohöl.

Nach paraguayischem Recht können zur Beilegung von Streitigkeiten zwischen ausländischen Investoren und dem Staat internationale Schiedsverfahren in Anspruch genommen werden. In Paraguay herrschen instabile

rechtliche Rahmenbedingungen. Ausländische Direktinvestitionen leiden unter der fehlenden Rechtssicherheit und der mangelhaften Governance. Unter den Reformen, die sich der neue Präsident vorgenommen hat, gehört die Agrarreform zusammen mit der Reform des Energiesektors zu den wichtigsten Zielsetzungen.

Devisenverkehr

Eine Devisenkontrolle gibt es nicht. Am häufigsten wird der US-Dollar als Währung verwendet. •

Peru

Bevölkerung (Mio Einwohner):	**28,8**
BIP (Mio US$):	**109.088**
Anteil am regionalen BIP (%):	**3**

Coface-Bewertungen

Kurzfristiges Risiko:	**B**
Geschäftsumfeld:	**B**
Mittelfristiges Risiko:	**moderat erhöht**

STÄRKEN

▲ Peru hat umfangreiche Vorkommen an Bodenschätzen (Kupfer, Gold, Zink) sowie bedeutende Energievorkommen, landwirtschaftliche Ressourcen und Fischbestände. Auch sein Kulturerbe ist außerordentlich.

▲ Die öffentlichen Finanzen werden umsichtig verwaltet.

▲ Die finanzielle Position Perus gegenüber dem Ausland ist zufriedenstellend. Die Verschuldungskennzahlen haben sich gebessert, und die Devisenreserven liegen auf einem komfortablen Niveau.

▲ Das Land pflegt trotz eines alten Seestreits mit Chile freundschaftliche Beziehungen zu seinen Nachbarn.

SCHWÄCHEN

▼ Das Land ist anfällig für Witterungsbedingungen und Schwankungen der Rohstoffpreise auf dem Weltmarkt, da die Wirtschaft unzureichend diversifiziert ist.

▼ Die Wirtschaft wird nach wie vor von einem Zwiespalt geprägt, der auch eine ethnische Kluft bestätigt. Dabei besteht ein starker Kontrast zwischen dem modernen Sektor in den Küstenebenen und in den Bergbauregionen sowie der Subsistenzwirtschaft im Landesinneren.

▼ Ein Ausbau der Infrastruktur (Straßen, Elektrifizierung, Wasserversorgung und -aufbereitung) ist erforderlich, um geographische und soziale Ungleichheiten zu vermindern.

▼ Die Armut, von der die Hälfte der Bevölkerung betroffen ist, führt zu politischer und sozialer Instabilität, die sich an der Verbreitung des indigenistischen Populismus in den Andenregionen ablesen lässt.

RISIKOEINSCHÄTZUNG

Trotz der Weltwirtschaftskrise kann sich das Wachstum noch behaupten

Das weiterhin nachhaltige Wachstum wird sich 2009 aufgrund der rückläufigen Nachfrage aus aller Welt infolge der internationalen Wirtschafts- und Finanzkrise deutlich verlangsamen. Gleichzeitig werden der Konsum der privaten Haushalte und die Investitionstätigkeit durch Kreditrestriktionen beeinträchtigt. Im Übrigen wird die Inflation oberhalb der von den staatlichen Stellen festgelegten Zielmarke bleiben, da die Preise von Basisprodukten weiter unter Aufwärtsdruck stehen und eine leichte Abwertung der Währung eintritt.

Leistungsbilanzdefizit, aber zufriedenstellende Position gegenüber dem Ausland

Die negativen Auswirkungen der Rezession in den USA als dem wichtigsten Handelpartner im Rahmen des Ende 2007 abgeschlossenen Freihandelsabkommens und der sinkenden Rohstoffpreise auf die Exporte werden nur zum Teil durch die Geschäfte mit Asien wettgemacht (auf die insgesamt ein Viertel der Exporte entfällt). Handelsabkommen sind mit China und Kanada geplant, Verhandlungen mit Mexiko und der EU sind im Gange. Die sinkenden Überweisungen von Emigranten und rückläufige Einnahmen aus dem Tourismus sowie umfangreiche Gewinnrückführungen ausländischer Unternehmen werden das Defizit in der Leistungsbilanz vergrößern. Der Finanzierungsbedarf dürfte allerdings in vollem Umfang durch ausländische Direktinvestitionen gedeckt werden. Außerdem hat die vorzeitige Rückzahlung von Mitteln des Pariser Clubs zu einem Abbau der Auslandsverschuldung und des zugehörigen Schuldendienstes beigetragen. Die Kennzahlen Perus entsprechen hierbei in etwa denen der Länder in der Region mit den geringsten Risiken. Das Risiko versiegender Liquidität wird darüber hinaus durch einen bestehenden Staatsfonds und das komfortable Niveau der Devisenreserven deutlich gemildert.

Öffentliche Finanzen und Bankensektor sind saniert, aber soziopolitische Spannungen halten an

Die Regierung von Präsident Alan García, die in Abstimmung mit dem IWF ein Reformprogramm betreibt, dürfte ihre umsichtige Haushaltspolitik weiter fortsetzen. Hierdurch sind die sinkt die öffentliche Schuldenlast, auch wenn die Verbindlichkeiten immer noch einen hohen Anteil in Devisen aufweisen.

Trotz der verbreiteten Dollarisierung der Wirtschaft ist das Bankensystem nur in geringem Umfang in toxischen Wertpapieren der Industrieländer engagiert und ausreichend mit Kapital ausgestattet. Die Entwicklung des Landes wird allerdings nach wie vor durch Infrastrukturmängel und eine ungleiche Verteilung der Einkommen gebremst. Das wiederum bietet den Nährboden für soziale und politische Spannungen. Außerdem lässt die Qualität der Institutionen sehr zu wünschen übrig, und das Geschäftsumfeld ist problematisch.

Index der Zahlungsausfälle
(Gleitender Zwölfmonatsdurchschnitt; Basis: Welt 1995 = 100)

Quelle: Coface.

Noch durchaus zufriedenstellendes Zahlungsverhalten

Mit dem Zahlungsverhalten der Unternehmen macht Coface nach wie vor durchaus zufriedenstellende Erfahrungen. Die dynamischsten Sektoren sind der Bergbau und die Gaswirtschaft sowie die Fischerei. Anders sieht die Lage in der Textil- und der Bekleidungsindustrie aus, die unter der Konkurrenz aus dem Ausland leidet.

VORAUSSETZUNGEN FÜR DEN MARKTZUGANG

Marktsituation

Das Gasvorkommen in Camisea, aus dem Lima und ein Werk zur Kondensataufbereitung in Pisco versorgt wer-

Wichtige Kennzahlen						
	2004	**2005**	**2006**	**2007**	**2008 (S)**	**2009 (P)**
Reales Wirtschaftswachstum (%)	5,2	6,7	7,6	8,9	9,1	4,0
Inflation (%)	3,7	1,6	2,0	1,8	5,7	5,0
Staatshaushalt (Saldo in % des BIP)	−1,0	−0,3	2,1	3,1	2,2	−1,9
Ausfuhren (Mrd US$)	12,8	17,3	23,8	28,0	33,2	31,0
Einfuhren (Mrd US$)	9,8	12,1	14,9	19,6	29,0	27,0
Handelsbilanz (Saldo in Mrd US$)	3,0	5,3	8,9	8,4	4,2	4,0
Leistungsbilanz (Saldo in Mrd US$)	0,0	1,1	2,8	1,5	−3,2	−3,5
Leistungsbilanz (Saldo in % des BIP)	0,0	1,4	3,0	1,4	−2,5	−2,6
Auslandsverschuldung (in % des BIP)	44,8	36,0	30,5	29,9	24,2	25,0
Schuldendienst (in % der Ausfuhren)	21,6	30,1	12,8	15,5	13,4	7,3
Währungsreserven (in Monatsimporten)	8,8	7,8	7,7	9,5	8,1	8,1

(S): Schätzung. (P): Prognose.

Quelle: Coface.

Exporte: 29% des BIP
▷▷

Importe: 20% des BIP
◁◁

Wichtigste Abnehmerländer
(Ausfuhren in Mio US$)

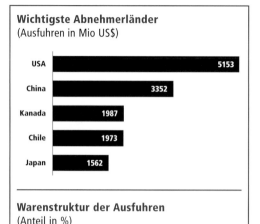

USA	5153
China	3352
Kanada	1987
Chile	1973
Japan	1562

Wichtigste Lieferländer
(Einfuhren in Mio US$)

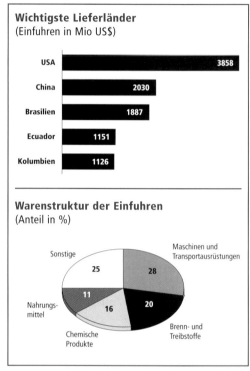

USA	3858
China	2030
Brasilien	1887
Ecuador	1151
Kolumbien	1126

Warenstruktur der Ausfuhren
(Anteil in %)

Sonstige 26 · Kupfer 23 · Nahrungsmittel 5 · Zink 8 · Brenn- und Treibstoffe 9 · Gold 13 · Andere Mineralien 16

Warenstruktur der Einfuhren
(Anteil in %)

Sonstige 25 · Maschinen und Transportausrüstungen 28 · Nahrungsmittel 11 · Chemische Produkte 16 · Brenn- und Treibstoffe 20

Schuldenlast
(Auslandsverschuldung in % der Waren- und Dienstleistungsexporte)

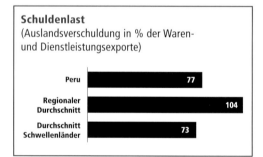

Peru	77
Regionaler Durchschnitt	104
Durchschnitt Schwellenländer	73

Pro-Kopf-Einkommen
(BIP je Einwohner in US$)

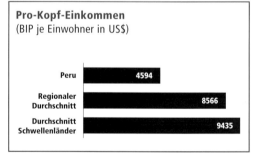

Peru	4594
Regionaler Durchschnitt	8566
Durchschnitt Schwellenländer	9435

den, bietet die Möglichkeit, 2010/2011 einen Gasverflüssigungsbetrieb südlich von Lima und einen Cluster petrochemischer Industrien im Süden des Landes aufzubauen. Hierzu läuft zurzeit die Machbarkeitsprüfung. Peru gehört bei der bergmännischen Gewinnung von Kupfer, Zink, Silber, Gold und Molybdän zu den fünf größten Produzenten in der Welt.

Infolge umfangreicher Programme im sozialen Wohnungsbau und peruanischer Investitionen im Ausland entwickelt sich die Hoch- und Tiefbauwirtschaft überaus dynamisch. Ihr werden mittelfristig Programme zur

Vergabe von Konzessionen und zum Bau von Straßen zugutekommen. Die Textil- und die Bekleidungsindustrie sowie die Landwirtschaft und die Nahrungsmittelindustrie profitieren von dem allgemeinen Präferenzsystem (ATPDEA), das die USA vier Andenstaaten gewähren. Durch die Unterzeichnung eines Freihandelsabkommens mit den USA, das am 1. Februar 2009 in Kraft trat, könnten diese Bereiche nachhaltig gestützt werden. Gefördert wird schließlich die Verarbeitung von Fischereiprodukten; Fischmehl ist nach wie vor das wichtigste Exportprodukt in diesem Bereich.

Das bis 2015 geltende allgemeine Präferenzsystem (APS+) mit der Europäischen Union wird bislang noch wenig genutzt. Dieses System ermöglicht 7.200 Produkten den zollfreien Zugang zum europäischen Markt. Mittelfristig muss dieses System durch das Assoziationsabkommen zwischen der EU und den Ländern der Andengemeinschaft ersetzt werden, das unter anderem auch Regelungen für den Handel vorsieht. Diesbezügliche Verhandlungen sind im Gange.

Möglichkeiten des Marktzugangs

Die Gesetzgebung bietet ausländischen Investoren Sicherheiten wie z.B. gleiche Rechte wie inländische Investoren, die Möglichkeit zum Abschluss von Rechtssicherheit gewährleistenden Vereinbarungen, die freie Überweisung von Gewinnen, Dividenden und Kapital, das Recht auf freien Handel und Entfaltung von Produktion sowie freie Ein- und Ausfuhren. Ausländische Investitionen bedürfen keiner Genehmigung. Falls insbesondere bei Investoren, die Rechtssicherheit gewährleistende Vereinbarungen in Anspruch nehmen wollen, eine Registrierung bei der peruanischen Stelle zur Förderung von Investitionen (Proinversión) erforderlich ist, gibt es dafür keine Frist. Peru ist dem Gründungabkommen für die Multilaterale Investitionsgarantieagentur (MIGA) sowie dem Gründungsübereinkommen des Internationalen Zentrums zur Beilegung von Investitionsstreitigkeiten (ICSID) beigetreten. Das Land hat außerdem das Übereinkommen von New York über die Anerkennung und Vollstreckung von Schiedssprüchen ratifiziert. In steuerlicher Hinsicht steht das Land, das bereits vier Doppelbesteuerungsabkommen (mit Schweden, Kanada, Brasilien und Chile) abgeschlossen hat, derzeit in Verhandlungen mit mehreren anderen Ländern über ähnliche Verträge. Mit Deutschland besteht kein Doppelbesteuerungsabkommen. Arbeits- und Aufenthaltsgenehmigungen sind im Rahmen einer Investition ohne Schwierigkeiten zu bekommen.

Devisenverkehr

Peru betreibt eine flexible, aber kontrollierte Devisenpolitik in einer weitgehend dollarisierten Wirtschaft. •

Amerika

Uruguay

Bevölkerung (Mio Einwohner):	**3,3**
BIP (Mio US$):	**23.087**
Anteil am regionalen BIP (%):	**0,6**

Coface-Bewertungen
Kurzfristiges Risiko:	**B**
Geschäftsumfeld:	**A4**
Mittelfristiges Risiko:	**moderat erhöht**

STÄRKEN

▲ Uruguay verfügt über umfangreiche Ressourcen in der Land- und Forstwirtschaft sowie in der Viehzucht. Das Land profitiert von seiner Zugehörigkeit zum Mercosur trotz der Handelsungleichgewichte gegenüber Argentinien und Brasilien.

▲ Die volkswirtschaftliche Lage des Landes hat sich deutlich gebessert, die Anfälligkeit für äußere Störeinflüsse wurde dadurch vermindert.

▲ Die Regierung versucht, Reformen (2008 neu eingeführtes Gesundheitssystem, Insolvenzrecht) mit sozialem Fortschritt in Einklang zu bringen.

▲ In Uruguay herrscht eine stabile Demokratie, und die sozialen Indikatoren sind zufriedenstellend. Das Geschäftsumfeld hat sich verbessert.

SCHWÄCHEN

▼ Die Wirtschaft ist aufgrund des kleinen Binnenmarktes, der starken Öffnung des Landes und der verbreiteten Dollarisierung sehr verwundbar.

▼ Die vorwiegend landwirtschaftlichen Exporte sind unzureichend diversifiziert und den Preisschwankungen am Weltmarkt ausgesetzt.

▼ Staats- und Auslandsverschuldung bleiben auf hohem Niveau, auch wenn sich die Schuldenstruktur gebessert hat.

▼ Das Banksystem bleibt insbesondere durch die erhebliche Bedeutung des US-Dollar anfällig.

▼ Reformen, mit denen die Wettbewerbsfähigkeit der Wirtschaft gestärkt werden soll, stehen noch in verschiedenen Bereichen aus: Bildung, Verwaltung, öffentlicher Sektor und soziale Beziehungen.

RISIKOEINSCHÄTZUNG

Drastischer Wachstumseinbruch, immer noch hohe Inflation

Nach einer außerordentlich starken Zunahme der Wirtschaftsleistung im Jahr 2008 wird es 2009 zu einer drastischen Verringerung des Wachstumstempos kommen. Dies liegt nicht nur an dem internationalen Konjunkturabschwung, sondern auch an den Unsicherheiten, die das Wahljahr mit sich bringt. Gestützt wird die Konjunktur allerdings durch den Bau einer neuen Zellulose- und Zellstofffabrik. Die rückläufige Binnennachfrage und die stark gesunkenen Rohstoffpreise leisten einen Beitrag zur Eindämmung der Inflation, die aufgrund der Wechselkursabwertung und Lohnerhöhungen jedoch weiterhin relativ hoch ausfällt.

Deutliche Verschlechterung der Leistungsbilanz

Bei den Ausfuhren werden niedrigere Preise für landwirtschaftliche Erzeugnisse an den Weltmärkten, die nachlassende Nachfrage aus den USA, aus Brasilien und aus Argentinien als den wichtigsten Handelspartnern des Landes sowie der sinkende Absatz von Zellulose und Zellstoff Spuren hinterlassen. Aufgrund des Verfalls der Ölpreise werden auch die Einfuhren abnehmen, allerdings in geringerem Umfang. Dabei bleibt das Land jedoch weiterhin auf den Bezug von Gas und Öl (auf die nahezu ein Viertel der Gesamtimporte entfällt) sowie von Ausrüstungsgütern für die Zellulosefabriken angewiesen. Die deutliche Verschlechterung der Handelsbilanz dürfte durch die Dienstleistungsbilanz nur in begrenztem Umfang wettgemacht werden. Insgesamt ist damit zu rechnen, dass sich das Leistungsbilanzdefizit erheblich vergrößert. Ausländische Direktinvestitionen dürften weniger als die Hälfte des Finanzierungsbedarfs abdecken. Der Rest wird aufgrund der international knapper werdenden Kredite nur zu schwierigen Bedingungen zu beschaffen sein.

Fortsetzung einer umsichtigen Wirtschaftspolitik

Die Mitte-links-Regierung von Präsident Tabaré Vázquez setzt ihre umsichtige Wirtschaftspolitik weiter fort. Dabei wird insbesondere ein Abbau der Staats- (rund 60% des BIP, hauptsächlich in US-Dollar) und der Auslandsverschuldung angestrebt, um die Wirtschaft vor den einschneidenden Folgen der internationalen Krise so gut wie möglich zu bewahren. Der Bankensektor, in dem sich die Lage gebessert hat, ist nicht direkt in den toxischen Derivaten der Industrieländer engagiert. Von daher besteht hier ein geringes Risiko, dass die Krise übergreift.

Unsicherheiten eines Wahljahres

Politisch stehen die für Oktober 2009 geplanten Präsidentschafts- und Parlamentswahlen im Vordergrund, bei denen der derzeitige Präsident nicht wieder antreten kann. Die Wahlen behindern weitere Fortschritte bei den Reformen, die sich ohnehin schon durch die Unstimmigkeiten zwischen dem pragmatischen und dem radikalen Flügel der Regierungskoalition verzögerten. Dass eine Partei bei den Wahlen Ende 2009 die Mehrheit im Parlament gewinnt, ist eher unwahrscheinlich. Die Regierungsfähigkeit wird dadurch erschwert.

VORAUSSETZUNGEN FÜR DEN MARKTZUGANG

Möglichkeiten des Marktzugangs

Uruguay ist Mitglied des Mercosur. Diese regionale Organisation besteht aus vier Gründungsmitgliedern (Brasilien, Argentinien, Uruguay und Panama), die jeweils ein sehr unterschiedliches wirtschaftliches Gewicht besitzen. Das Protokoll über den Beitritt Venezuelas wurde zwar schon im Dezember 2005 unterzeichnet, doch es ist von einigen Ländern (Brasilien und Paraguay) immer noch nicht ratifiziert. Der Mercosur hat Freihandelsabkommen mit seinen regionalen Nachbarn (darunter Chile, Bolivien und Peru) und mit Israel (von Uruguay bereits ratifiziert, von Argentinien noch nicht) abgeschlossen.

Der Gründungsvertrag des Mercosur beruht auf dem Grundsatz des freien Warenverkehrs innerhalb der Mercosur-Zone. Die Zollunion ist allerdings noch nicht in vollem Umfang verwirklicht. Der Warenverkehr innerhalb der Mercosur-Zone ist für 90% der Produktliste zollfrei. Für verschiedene Bereiche gelten noch Sonderregelungen (wie z.B. Automobil, IT und Telekommunikation, sensible Produkte) und Ausnahmeregelungen, die regelmäßig verlängert werden. Sonstige Barrieren nicht zolltariflicher Art (technische Normen sowie Vorschriften für den Gesundheits- und Pflanzenschutz) stellen nach wie vor interne Handelshemmnisse dar.

Der Gemeinsame Außenzolltarif sieht Zölle zwischen 0% und 35% vor (bei dem meisten Produkte liegt die

Wichtige Kennzahlen

	2004	2005	2006	2007	2008 (S)	2009 (P)
Reales Wirtschaftswachstum (%)	11,8	6,6	7,0	7,4	10,5	1,5
Inflation (%)	9,1	4,7	6,4	8,1	7,6	7,0
Staatshaushalt (Saldo in % des BIP)	−2,2	−0,8	−0,6	−0,5	−1,2	−2,5
Ausfuhren (Mrd US$)	3,1	3,8	4,4	5,1	7,6	5,8
Einfuhren (Mrd US$)	3,0	3,8	4,9	5,6	8,5	7,6
Handelsbilanz (Saldo in Mrd US$)	0,2	0,0	−0,5	−0,5	−0,9	−1,8
Leistungsbilanz (Saldo in Mrd US$)	0,0	0,0	−0,4	−0,2	−0,9	−1,3
Leistungsbilanz (Saldo in % des BIP)	0,0	0,3	−2,3	−0,8	−2,8	−4,7
Auslandsverschuldung (in % des BIP)	105,9	82,1	67,2	62,8	47,7	57,9
Schuldendienst (in % der Ausfuhren)	41,4	51,7	44,3	26,3	17,9	18,0
Währungsreserven (in Monatsimporten)	6,4	6,4	5,3	6,1	4,5	4,2

(S): Schätzung. (P): Prognose.   Quelle: Coface.

Exporte: 30% des BIP
▷▷▷

Importe: 30% des BIP
◁◁◁

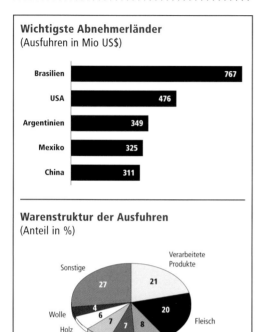

Wichtigste Abnehmerländer
(Ausfuhren in Mio US$)

Warenstruktur der Ausfuhren
(Anteil in %)

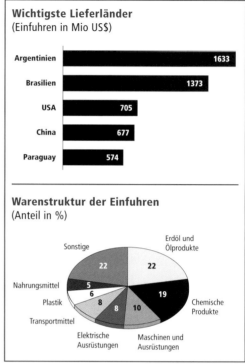

Wichtigste Lieferländer
(Einfuhren in Mio US$)

Warenstruktur der Einfuhren
(Anteil in %)

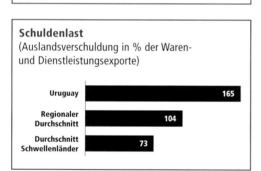

Schuldenlast
(Auslandsverschuldung in % der Waren-
und Dienstleistungsexporte)

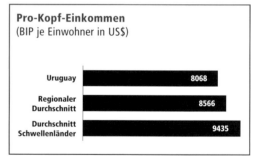

Pro-Kopf-Einkommen
(BIP je Einwohner in US$)

Spanne zwischen 0% und 20%). Der Durchschnitt beläuft sich schätzungsweise auf 13%.

Seit der im Juli 2007 in Kraft getretenen Steuerreform wurden der Basissatz bei der Mehrwertsteuer von 23% auf 22% und der Mindestsatz von 14% auf 10% gesenkt. Demgegenüber wurden mehrere Steuerbefreiungen abgeschafft. Ausgeweitet wurde die Besteuerung von Tabak, Obst und Gemüse sowie von Finanzdienstleistungen mit 22%. Leistungen im Gesundheitswesen und im ÖPNV werden mit 10% besteuert.

Haltung gegenüber ausländischen Investoren

Ausländische Direktinvestitionen sind frei und keiner Meldepflicht unterworfen. Investitionen sind in fast allen Branchen erlaubt. Ausgenommen sind einzelne Bereiche wie z.B. die Erdölraffinerien, das Festnetztelefon oder die Stromversorgung. Das Gesetz über ausländische Investitionen aus dem Jahr 1998 bietet zahlreiche Vorteile wie z.B. bestimmte Steuer- und Zollbefreiungen.

Das Land verfügt seit 1987 außerdem über eine Frei-zone, in der besondere steuerliche Anreize gelten. Im Mittelpunkt stehen hierbei vor allem Logistikdienstleis-tungen und Fertigungstätigkeiten.

Nachdem 2007 der Konzern Botnia ein Projekt in der Zellstoffindustrie verwirklicht hat, kündigte ein portu-giesisches Unternehmen weitere Investitionen in der Holzverarbeitung (Zellulose- und Papierfabrik) sowie in ein Hafenterminal an (4 Mrd US$).

Devisenverkehr

Devisen können unbeschränkt ein- und ausgeführt wer-den. De facto ist der US-Dollar die Bezugswährung. Die meisten Kredite und Einlagen lauten auf US-Dollar. Seit Juli 2002 gibt es ein freies Floating für den Peso. Für die Bezahlung von Einfuhren bestehen keine Devisenvor-schriften. Die Überweisung von Kapital und Gewinnen bedarf keiner Genehmigung.

Kredite werden überwiegend in Peso (92%; 1. Halbjahr 2008) vergeben, der Rest in US-Dollar. Bei Einlagen belief sich der Devisenanteil 2001 auf 91% und 2008 auf 76%. Die Politik der Abkoppelung vom US-Dollar, die von der Regierung betrieben wird, scheint somit wirksam zu sein. •

Amerika

Venezuela

Bevölkerung (Mio Einwohner):	**27,5**
BIP (Mio US$):	**228.071**
Anteil am regionalen BIP (%):	**7**

Coface-Bewertungen

Kurzfristiges Risiko:	**C**
Geschäftsumfeld:	**C**
Mittelfristiges Risiko:	**hoch**

STÄRKEN

- ▲ Venezuela verfügt über umfangreiche Ressourcen (Öl, Gas und Bodenschätze). Vor allem bei schwerem Rohöl bestehen große Vorkommen in der Region um den Fluss Orinoko.
- ▲ Mit den Erträgen aus der Erdölförderung kann das Land seinen regionalen politischen Einfluss weiter ausbauen (Karibik, Mercosur).
- ▲ Der Hauptmarkt für venezolanische Erdölprodukte sind ungeachtet politischer Differenzen nach wie vor die USA, die stark von Energieimporten abhängig sind und geographisch in der Nähe liegen.
- ▲ Die finanzielle Position Venezuelas gegenüber dem Ausland ist relativ stark.

SCHWÄCHEN

- ▼ Die Wirtschaft ist extrem stark auf die Öl- und Gasbranche ausrichtet. 90% der Ausfuhren, mehr als die Hälfte aller Haushaltseinnahmen und annähernd ein Drittel des BIP stammen aus diesem Sektor.
- ▼ Die verschwenderische Nutzung der Einnahmen aus dem Ölgeschäft gefährdet die Aussichten für die Wirtschaft.
- ▼ Die Produktionskapazitäten der staatlichen Ölgesellschaft PDVSA sind aufgrund unzureichender Investitionen beschränkt. Ein Teil ihrer Erlöse fließt nämlich in soziale Programme statt in den Ausbau der Förderkapazitäten.
- ▼ Die staatliche Einflussnahme und die weitverbreitete Korruption führen zu Vertrauensverlusten der Wirtschaft und schrecken private Investoren ab. Das behindert die Diversifizierung der Wirtschaft.

RISIKOEINSCHÄTZUNG

Wachstumseinbruch und Verschlechterung der öffentlichen Finanzen durch Ölpreisverfall

Aufgrund des Verfalls der Ölpreise am Weltmarkt und der rückläufigen Ölförderung dürfte es 2009 zu einem Einbruch der Konjunktur kommen. Darüber hinaus ist die Nachhaltigkeit des Wachstums gefährdet, weil Einnahmen aus dem Ölgeschäft nicht in Produktionsanlagen investiert, sondern zugunsten der ärmsten Bevölkerungsschichten umverteilt werden. Durch Verpflichtungen, die außerhalb des Haushalts über den nationalen Entwicklungsfonds (FONDEN) und die staatliche Ölgesellschaft (PDVSA) eingegangen wurden, steht das Land vor Anpassungen, die sich nur unter Schwierigkeiten durchführen lassen. Damit werden die Haushaltsdefizite weiter anwachsen.

Hyperinflation und wahrscheinliche Abwertung

Die expansionistische Geld- und Haushaltspolitik treibt zusammen mit den ungenügenden Produktionskapazitäten die Inflation in die Höhe. Das können auch Preiskontrollen nicht verhindern. Infolge der enormen Inflationsdifferenzen zwischen Venezuela und seinen wichtigsten Handelspartnern sowie der drastisch gesunkenen Ölpreise scheint eine Abwertung der Währung 2009 sehr wahrscheinlich. Die staatlichen Stellen haben lange Zeit versucht, diese Korrektur zu vermeiden, um die Inflation nicht noch weiter anzufachen. Vor diesem Hintergrund wird sich die Kapitalflucht trotz der Devisenkontrolle von Seiten der Comisión de Administración de Divisas (CADIVI) fortsetzen.

Leistungsbilanzüberschuss aufgezehrt, aber Position gegenüber dem Ausland noch zufriedenstellend

Der Überschuss in der Handelsbilanz wird stark zurückgehen. Zurückzuführen ist dies auf den Verfall der Ölpreise, die stagnierende Ölförderung, den Konjunkturabschwung in den wichtigsten Partnerländern und die Abhängigkeit von importierten Basiskonsumgütern. Zusammen mit der schlechter werdenden Einkommensbilanz wird dies zu einer Aufzehrung des Leistungsbilanzüberschusses führen. Darüber hinaus werden zum Teil Mittel aus den Devisenreserven zugunsten von FONDEN und PDVSA entnommen. Die Finanzlage gegenüber dem Ausland wird angesichts moderater Verschuldungskennzahlen verhältnismäßig günstig bleiben.

Schwächung der Regierung durch den Preisverfall beim Öl?

Der von Präsident Hugo Chavez propagierte „Sozialismus des 21. Jahrhunderts" hat immer mehr staatliche Eingriffe in die Wirtschaft, zunehmende Verstaatlichungen und steigende Hindernisse für private Investoren zur Folge. Das Geschäftsumfeld ist undurchsichtig. Bei den lokalen Wahlen im November 2008 ist die Regierung zwar als Sieger hervorgegangen, doch die Opposition konnte in den größten Städten an Boden gewinnen. Allerdings leidet die Opposition unter ihrer Uneinigkeit. Im Februar 2009 stimmten die Wähler zudem in einem Referendum für die Abschaffung der in der Verfassung vorgesehenen Beschränkung auf zwei Amtszei-

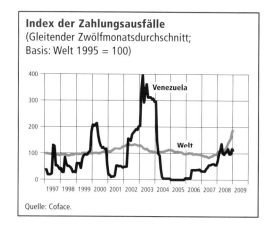

Index der Zahlungsausfälle
(Gleitender Zwölfmonatsdurchschnitt;
Basis: Welt 1995 = 100)

Quelle: Coface.

ten für einen Präsidenten. Dadurch ist der Weg frei für eine erneute Kandidatur von Hugo Chavez bei den Präsidentschaftswahlen im November 2012.

Immer wieder Zahlungsverzögerungen

Vor diesem Hintergrund leiden bestimmte Branchen unter einer restriktiveren Einfuhrpolitik (Automobil, Alkoholika, Tabak, Instandhaltungsleistungen, technische Unterstützung), und immer wieder sind Zahlungsverzögerungen zu beobachten. Diese resultieren aus der schwerfälligen Abwicklung der Devisentransaktionen durch die Comisión de Administración de Divisas (CADIVI). Wenn die Ölpreise weiterhin so niedrig bleiben, dürfte sich die Lage noch verschlechtern.

Amerika

Wichtige Kennzahlen

	2004	2005	2006	2007	2008 (S)	2009 (P)
Reales Wirtschaftswachstum (%)	18,3	10,3	10,3	8,4	4,9	0,0
Inflation (%)	21,7	16,0	13,7	18,7	31,0	32,0
Staatshaushalt (Saldo in % des BIP)	2,5	4,1	−1,5	−2,5	0,0	−4,0
Ausfuhren (Mrd US$)	38,7	55,5	65,2	69,2	99,9	55,2
Einfuhren (Mrd US$)	17,3	23,7	32,5	45,5	47,6	39,4
Handelsbilanz (Saldo in Mrd US$)	21,4	31,8	32,7	23,7	52,3	15,8
Leistungsbilanz (Saldo in Mrd US$)	13,8	25,5	27,2	20,0	46,0	0,0
Leistungsbilanz (Saldo in % des BIP)	12,3	17,5	14,7	8,8	14,7	0,0
Auslandsverschuldung (in % des BIP)	38,8	31,9	24,4	23,2	16,3	15,5
Schuldendienst (in % der Ausfuhren)	9,0	8,1	5,9	6,5	7,6	5,4
Währungsreserven (in Monatsimporten)	7,6	8,2	7,9	5,1	5,3	4,5

(S): Schätzung. (P): Prognose.

Quelle: Coface.

Exporte: 37% des BIP
▷▷▷▷▷▷▷▷▷▷▷▷▷▷▷▷▷▷▷▷▷▷▷▷▷▷▷▷▷▷▷▷▷▷▷▷▷

Importe: 21% des BIP
◁◁◁

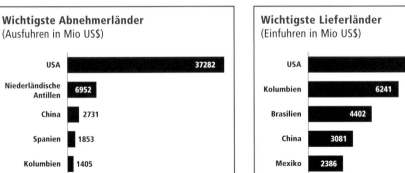

Wichtigste Abnehmerländer
(Ausfuhren in Mio US$)

USA	37282
Niederländische Antillen	6952
China	2731
Spanien	1853
Kolumbien	1405

Wichtigste Lieferländer
(Einfuhren in Mio US$)

USA	12243
Kolumbien	6241
Brasilien	4402
China	3081
Mexiko	2386

Warenstruktur der Ausfuhren
(Anteil in %)

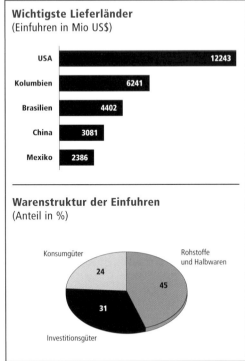

Sonstige
Eisen und Stahl
8
90
Brenn- und Treibstoffe

Warenstruktur der Einfuhren
(Anteil in %)

Konsumgüter
Rohstoffe und Halbwaren
24
45
31
Investitionsgüter

Schuldenlast
(Auslandsverschuldung in % der Waren- und Dienstleistungsexporte)

Venezuela	62
Regionaler Durchschnitt	104
Durchschnitt Schwellenländer	73

Pro-Kopf-Einkommen
(BIP je Einwohner in US$)

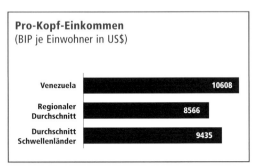

Venezuela	10608
Regionaler Durchschnitt	8566
Durchschnitt Schwellenländer	9435

VORAUSSETZUNGEN FÜR DEN MARKTZUGANG

Marktsituation

Venezuela unterscheidet in seiner Zollnomenklatur sogenannte „prioritäre" Güter von sonstigen Waren. Damit „prioritäre Güter" eingeführt werden können, müssen Zeugnisse beschafft werden, die bescheinigen, dass sie im Inland gar nicht oder nicht in ausreichender Menge hergestellt werden. Die Zollnomenklatur steckt in Venezuela noch in den Kinderschuhen. Deswegen tauchen zahlreiche Zollcodes weder in der Liste der „prioritären Güter" noch in der Liste der sonstigen Waren auf. Die Vorschriften sind nicht nur besonders kleinlich, sondern sie ändern sich auch extrem häufig. Das hat zur Folge, dass sich die Unternehmen hierauf ständig neu einstellen und auf eigene Kosten die vorgeschriebenen Anpassungen vornehmen müssen.

Möglichkeiten des Marktzugangs

Neben der Devisenkontrolle bestehen nach wie vor auch zolltarifliche Maßnahmen: Verschiedene Preise für den öffentlichen Verkauf sind geregelt, insbesondere für Nahrungsmittel und Baustoffe. Zum Teil liegen diese Preise noch auf dem Niveau von 2003, obwohl sich die Inflation zwischen 2003 und Ende 2007 auf mehr als 150% belief.

Im Übrigen ist ein Trend hin zur Verringerung der Anzahl von Importlizenzen, der Einführung von erheblichen hygienischen Barrieren, der verbindlichen Kennzeichnung von Produkten mit dem Ursprungsvermerk sowie schließlich zu einer besonderen Behandlung für bestimmte südamerikanische Produkte im Rahmen der ALADI (lateinamerikanisches Integrationsabkommens) bei der Devisenkontrolle festzustellen.

Bei öffentlichen Aufträgen kommen willkürliche Vorgehensweisen bei der Auswahl von Importeuren (insbesondere bei Grundnahrungsmitteln) häufig vor. Für inländische Unternehmen gelten Vorzugsbestimmungen, wenn sie eine nationale Wertschöpfung von mehr als 20% gewährleisten. Durch den gewährten Vorteil lässt sich ein theoretischer Betrag für das Inlandsangebot berechnen, der 20% günstiger ist als vergleichbare ausländische Angebote.

Haltung gegenüber ausländischen Investoren

Die Verfassung sieht gleiche Rechte und Pflichten für in- und ausländische Investoren vor. Doch nachdem der Staat und die öffentlichen Unternehmen (PDVSA) in der Wirtschaft wieder an Einfluss gewonnen haben, werden private ausländische Unternehmen im Verhältnis zu einheimischen Akteuren benachteiligt. Die Regierung verlangt bei jedem neuen Projekt oder Vertrag von ausländischen Investoren die Berücksichtigung des Technologietransfers und die Unterstützung von Ausbildung und Industrialisierung.

Devisenverkehr

Seit Februar 2003 werden sowohl Devisen als auch Preise staatlich kontrolliert. Außerdem kann es bis zu mehreren Monaten dauern, bis man Devisen bei der Devisenkontrollstelle CADIVI bekommt. Dies gilt insbesondere bei der Rückführung von Kapital oder Dividenden sowie der Bezahlung von technischen Dienstleistungen.   •

Amerika

Vereinigte Staaten von Amerika (USA)

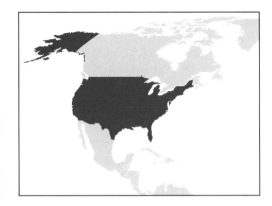

Bevölkerung (Mio Einwohner):	**301,0**
BIP (Mio US$):	**13.811.200**

Coface-Bewertungen	
Kurzfristiges Risiko:	**A2**
Geschäftsumfeld:	**A1**

STÄRKEN

- ▲ Die Größe des Marktes zieht Investoren und Unternehmen an.
- ▲ Die Geldpolitik der US-Notenbank trägt neben der Inflation auch der Konjunktur Rechnung.
- ▲ Die hohe regionale Mobilität der Arbeitskräfte, ihre berufliche Anpassungsfähigkeit sowie das flexible Arbeitsrecht ermöglichen Unternehmen, flexibel auf die Anforderungen des Marktes zu reagieren.
- ▲ In die Qualität der Hochschul- und Universitätsausbildung sowie in technologiebasierte Bereiche wird viel investiert. Dementsprechend hoch sind das Niveau von Forschung und Entwicklung und somit die Innovationsfähigkeit.

SCHWÄCHEN

- ▼ Die Wirtschaft hängt stark von den Preisen für Immobilien und Finanzanlagen ab.
- ▼ Aufgrund der rückläufigen Entwicklung in der traditionellen verarbeitenden Industrie bleibt das Defizit in der Leistungsbilanz hoch.
- ▼ Aufgrund ihres enormen Energiebedarfs muss die amerikanische Wirtschaft hohe Investitionen vornehmen, um Verpflichtungen zum Umweltschutz zu erfüllen.
- ▼ Durch die immer älter werdende Bevölkerung werden die unzureichenden Finanzierungssysteme für Gesundheit und Altersversorgung offenkundig.
- ▼ Die Wettbewerbsfähigkeit der Unternehmen wird durch den Zustand der Infrastruktur beeinträchtigt.

RISIKOEINSCHÄTZUNG

Durch das Konjunkturprogramm aus dem Frühjahr 2008, das insbesondere den Haushalten zugutekam, die anpassungsfähige Politik der US-Notenbank und dynamische Exporte ließ sich der Wachstumsrückgang 2008 noch in Grenzen halten. Investitionen in Wohnimmobilien haben weiter abgenommen. Das beschleunigte die Abwärtsspirale bei den Immobilienpreisen. Gleichzeitig wuchs der Angebotsbestand bei Immobilien. In der zweiten Jahreshälfte hat das Vertrauen der privaten Haushalte einen historischen Tiefstand erreicht: Wertverluste bei Immobilien- und Kapitalvermögen, eine drastische Verschlechterung am Arbeitsmarkt mit einem drastischen Anstieg der Arbeitslosigkeit, das Austrocknen von Krediten für die Anschaffung von Immobilien, Autos und Konsumgütern waren hierfür die Gründe. Trotz des von Juli an einsetzenden Rückgangs der Inflationsraten haben sie deswegen ihre Ausgaben eingeschränkt. Auch die Unternehmen, die es mit größeren Schwierigkeiten bei der Beschaffung von Fremdkapital und einem Auftragsrückgang aus dem In- und Ausland zu tun haben, verringerten ihre Investitionen und passten ihre Produktion an.

Heftigkeit der Abwärtsentwicklung durch Stützungsprogramme eingedämmt

Die Rezession dürfte sich 2009 weiter fortsetzen. Ihr Umfang könnte jedoch durch die Haushaltsmaßnahmen gemildert werden, die von der neuen Administration ins Auge gefasst werden. Steuerliche Anreize, öffentliche Infrastrukturausgaben und eine expansionistische Geldpolitik zur Unterstützung von Haushalten und Unternehmen könnten effektiv die negativen Auswirkungen eindämmen, die auch in den nächsten Monaten herrschen werden. Starke Schwankungen an den Aktienmärkten halten an, Kredite werden knapper, die Auslandsnachfrage sinkt, die Produktion geht zurück, und die Arbeitslosigkeit steigt. Von daher dürften die hochverschuldeten Haushalte (133% ihres verfügbaren Einkommens) ihren Konsum, der immerhin 70% des BIP ausmacht, zurückfahren und aus Vorsicht sparen. Mit der sich abschwächenden Konjunktur in den beiden Nachbarländern Kanada und Mexiko (33% der Exporte), in der Euro-Zone (15,4%) und in den Schwellenländern (49%) werden die Exporte sinken. Diese Talfahrt wird sich noch verstärken, wenn der US-Dollar im Verhältnis zu den Währungen der wichtigsten Handelspartner weiter aufwertet. Parallel dazu werden die Importe infolge des rückläufigen Konsums im Inland und der sinkenden Energiepreise zurückgehen. Das wird einen Abbau des Defizits in der Leistungsbilanz ermöglichen. Durch die verschiedenen Konjunkturprogramme wird sich das öffentliche Defizit weiter vergrößern.

Rückläufige Unternehmensgewinne

Die Anzahl von Unternehmen, die von den Schutzregelungen nach Chapter 11 bzw. Chapter 7 Gebrauch gemacht haben, hat sich 2008 um annähernd 50% bzw. mehr als 40% erhöht. Darin spiegelt sich die Verschlechterung des Zahlungsverhaltens wider, die Coface seit Januar 2008 beobachtet und vor allem Unternehmen in Branchen betrifft, die vom Binnenkonsum abhängen. Ihre ohnehin schon angespannte Finanzlage wird durch die Einschränkungen beim Kreditangebot weiter verschärft. Dies wird den Wohnungsbau, die Automobilindustrie sowie den Handel im mitt-

Index der Zahlungsausfälle
(Gleitender Zwölfmonatsdurchschnitt; Basis: Welt 1995 = 100)

Quelle: Coface.

leren und oberen Preissegment weiterhin belasten. Auch private Dienstleistungen und die Freizeitbranche (Gastronomie, Hotellerie, Reisen, Flugverkehr), die Textil- und die Bekleidungsbranche sowie die Radio-, Fernseh- und Videotechnikbranche bekommen die Ausgabeneinschnitte der Haushalte zu spüren.

BRANCHENANALYSE

Bau

In den ersten zehn Monaten 2008 ist die Zahl der Baugenehmigungen und neu begonnenen Bauprojekte bei Wohnimmobilien im Verhältnis zum gleichen Zeitraum 2007 um 30% zurückgegangen. Regionale Bauunternehmer (Kimball Hill, Tousa, Legend Homes) haben Insolvenz angemeldet, landesweit agierende Bauunter-

Wichtige Kennzahlen

	2004	2005	2006	2007	2008 (S)	2009 (P)
Reales Wirtschaftswachstum (%)	3,6	2,9	2,8	2,0	1,1	−2,9
Konsumausgaben (Veränderung in %)	3,6	3,0	3,0	2,8	0,2	−2,0
Investitionen[1] (Veränderung in %)	5,8	7,2	7,5	4,9	1,6	−10,9
Inflation (%)	2,7	3,4	3,2	2,9	3,8	−0,6
Arbeitslosenquote (%)	5,5	5,5	4,6	4,6	5,7	9,5
Kurzfristiger Zinssatz (% p.a.)	1,6	3,5	5,2	5,3	2,2	1,0
Staatshaushalt (Saldo in % BIP)	−3,6	−2,6	−1,9	−1,2	−3,2	−10,7
Staatsverschuldung (in % des BIP)	62,3	62,6	64,8	66,0	68,1	82,1
Ausfuhren (Veränderung in %)	9,7	6,9	8,4	8,4	7,9	−9,7
Einfuhren (Veränderung in %)	11,3	5,9	5,9	2,2	−2,4	−7,6
Leistungsbilanz (Saldo in % des BIP)	−5,9	−6,4	−5,4	−5,3	−4,9	−3,1

1) Ohne Wohnungsbau. (S): Schätzung. (P): Prognose.

Quelle: Coface.

nehmen verzeichneten Umsatzeinbrüche von 30% bis 60%. Trotz dieser rückläufigen Bautätigkeit wird der Bestand an Häusern durch die zunehmenden Zwangsversteigerungen weiterhin hoch bleiben. Wenn kein ehrgeiziger Unterstützungsplan verabschiedet wird, dürften der Verkauf und die Durchschnittspreise von Wohnimmobilien weiter sinken. Die Flaute hat inzwischen auch den Bau von Gewerbeimmobilien erreicht, der 2009 um 12% zurückgehen dürfte.

Automobil

Nach dem Einbruch von Automobilabsatz und -produktion 2008 dürfte sich 2009 das Schicksal der Big Three entscheiden. Die rückläufige Nachfrage, die insbesondere durch knappe Automobilkredite herbeigeführt wird, hat dramatische Folgen für ihren Liquiditätsbedarf. Die eventuelle Beantragung von Gläubigerschutz im Rahmen von Chapter 11 hätte einen Dominoeffekt zur Folge und würde nicht nur die anfälligsten Zulieferer, sondern auch andere Automobilhersteller in den USA, in Asien und Europa in Schwierigkeiten bringen, die ihre Teile bei den gleichen Zulieferern beziehen. Mehr als 900 Vertragshändler sind 2008 verschwunden, und diese Entwicklung dürfte sich 2009 noch stark beschleunigen.

Handel

Die Abschwächung des Konsums hat 2008 in der gesamten Branche Spuren hinterlassen. Davon ausgenommen waren lediglich Billiganbieter wie Wal-Mart, in denen die Haushalte die niedrigsten Preise finden. Betroffen waren selbst die großen Fachgeschäfte, die im oberen Segment angesiedelt sind. In der Branche haben sich zahlreiche Unternehmen unter den Schutz von Chapter 11 (Circuit City Stores, Linens´N Things, Boscov´s) oder Chapter 7 (Mervyns) gestellt. Dieser Trend dürfte sich 2009 mit der Schließung von Geschäften und einer größeren Zahl von Insolvenzen (+64%) noch verstärken. Die negativen Konsequenzen werden sich bei Fachhändlern in den Bereichen Bekleidung, Spielwaren, Elektrohaushaltsgeräte, Unterhaltungselektronik, Möbel und Bürobedarf auswirken. Weniger leiden dürfte dagegen der Lebensmitteleinzelhandel in Supermärkten.

Eisen und Stahl

Die meisten Eisen- und Stahlunternehmen haben aufgrund der lebhaften Nachfrage aus Schwellenländern und der hohen Stahlpreise im ersten Halbjahr 2008 noch Gewinne erwirtschaftet. Die Trendwende hat sich dann im zweiten Halbjahr parallel zum Abschwung insbesondere in der Automobilbranche und im Wohnungsbau eingestellt und wird auch 2009 anhalten. Durch Infrastrukturprojekte, die im Rahmen eines Förderprogramms zur Unterstützung der Wirtschaft aufgelegt werden könnten, dürften sich die Folgen des Konjunktureinbruchs eindämmen lassen. Das Rohrsegment wird durch den Energiesektor begünstigt. Umstrukturierungen und Konzentrationen dürften sich ebenso wie Übernahmen von Rohstoffanbietern fortsetzen.

Papier

Die Konsolidierungsbewegung hat sich in der Branche 2008 weiter fortgesetzt. Das hat verschiedene Unternehmen geschwächt, die sich stark verschuldet haben. Die Nachfrage nach Zellstoff und Papier für Zeitschriften hat sich behaupten können. Bei Schreibwaren, Kartonnagen für Verpackungen, Recyclingpapier, unkaschiertem holzfreiem Papier sowie Druck- und Schreibpapier hat sich die Nachfrage dagegen rückläufig entwickelt. Die Konkurrenz wird 2009 durch zunehmende Einfuhren infolge der Verteuerung des US-Dollar begünstigt. Gleichzeitig werden sich die Ausfuhren abschwächen. Von daher werden die Unternehmen weiterhin ihre Produktion an die Nachfrage anpassen, ihre Kosten senken und ihre Produktivität verbessern, um zufriedenstellende Margen aufrechtzuerhalten.

ZAHLUNGSMITTEL UND FORDERUNGSEINZUG

Zahlungsmittel

Exportunternehmen sollten in ihren Geschäftsbeziehungen zu amerikanischen Kunden genauestens auf die Vertragsbestimmungen und die jeweiligen Obliegenheiten der Parteien achten. Hierbei sind die für den jeweiligen Fall am besten geeigneten Zahlungsbedingungen sorgfältig zu erwägen, wobei dies insbesondere die Einräumung von Zahlungszielen betrifft.

Sowohl der Wechsel als auch der Scheck stellen in dieser Hinsicht in den Vereinigten Staaten einfache Zahlungsmittel dar. Daher ist es nicht möglich, die Einziehung einer Forderung auf der Grundlage des Wechselrechtes zu betreiben, wie dies in anderen Ländern möglich ist, die die Genfer Konventionen von 1930 und

1931 unterzeichneten, mit der für Wechsel und Schecks eine einheitliche Gesetzgebung eingeführt wurde.

Vor allem der Scheck wird häufig als Zahlungsmittel eingesetzt. Er stellt allerdings keine wirkliche Zahlungsgarantie dar, denn der Begriff der Deckung ist im amerikanischen Recht nicht verankert, und der Aussteller kann den Scheck ohne weiteres sperren lassen. Hierzu muss er lediglich innerhalb von 14 Tagen nach Ausstellung des Schecks schriftlich Widerspruch einlegen. Ferner hat im Falle eines Zahlungsrückstands stets der Begünstigte den Nachweis für seine Forderung zu erbringen.

Ein bestätigter Scheck *(Certified Check)* bietet dem Lieferanten dagegen eine höhere Sicherheit, da die Bank des Ausstellers bestätigt, dass das Konto des Ausstellers eine ausreichende Deckung aufweist, und sich gleichzeitig zur Einlösung des Schecks verpflichtet.

Der Bankscheck *(Cashier Check)* ist schwieriger zu erhalten und weitaus seltener, bietet aber volle Sicherheit, da ein solcher von der Bank auf sich selbst gezogener Scheck eine direkte Zahlungsverpflichtung seitens der Bank darstellt.

Der gezogene Wechsel und der Solawechsel werden kaum als Zahlungsmittel verwendet, und auch sie stellen keinen ausreichenden Nachweis für eine Forderung dar. Das Kontokorrentsystem *(Open Account)* ist nur dann anzuraten, wenn zwischen den Vertragsparteien seit längerer Zeit eine vertrauensvolle Geschäftsbeziehung besteht.

Die Banküberweisung, insbesondere per SWIFT-System, an das alle großen amerikanischen Banken angeschlossen sind, wird häufig verwendet. Sie stellt ein rasches und kostengünstiges internationales Zahlungsmittel dar und empfiehlt sich insbesondere bei einem bereits bestehenden Vertrauensverhältnis zwischen den Vertragsparteien, denn der Verkäufer ist auf den guten Willen des Kunden, einen Überweisungsauftrag zu erteilen, angewiesen.

Darüber hinaus bestehen zwei weitere hochgradig automatisierte Interbankenverrechnungssysteme, die von amerikanischen Großunternehmen bei bedeutenden Summen genutzt werden: CHIPS *(Clearing House Interbank Payments System,* ein privates System, das von Kreditinstituten verwaltet wird) und *Fedwire Funds*

Service (ein System, das von der US-Notenbank verwaltet wird).

Forderungseinzug

Da Gerichtsverfahren in den Vereinigten Staaten kompliziert und insbesondere die damit verbundenen Anwaltskosten sehr hoch sind, ist stets eine außergerichtliche Einigung mit dem Kunden oder die Einschaltung eines Inkassounternehmens anzuraten.

Im alternativen Verfahren zur Beilegung von Rechtsstreitigkeiten *(Alternative Dispute Resolution – ADR)* können die Parteien eine Schiedsstelle oder auch einen Vermittler einschalten. Hierbei handelt es sich um ein weniger formalistisches System, das mit einem deutlich geringeren Aufwand an Kosten und Zeit verbunden ist als ein herkömmliches Gerichtsverfahren.

Im amerikanischen Rechtswesen existieren zwei Arten der Gerichtsbarkeit – die Bundesgerichte *(District Courts* mit mindestens einem *District Court* in jedem Staat) und die Gerichte des jeweiligen Staates *(Circuit Courts* oder *County Courts).* Die vom *Supreme Court* erlassenen *Federal Rules of Civil Procedure,* die regelmäßig geändert werden, regeln die verschiedenen Stufen im Zivilverfahren auf Bundesebene. Darüber hinaus gilt in jedem einzelnen Bundesstaat eine eigene Zivilprozessordnung.

Die Mehrheit der Gerichtsverfahren findet vor den Gerichten des jeweiligen Bundesstaates statt. Diese Gerichte sind für die Anwendung sowohl der Bundesgesetze als auch der Gesetze der einzelnen Bundesstaaten zuständig und entscheiden Rechtsstreitigkeiten zwischen Personen, die im jeweiligen Staatsgebiet wohnhaft sind oder sich dort aufhalten.

Bei Rechtsstreitigkeiten, in denen die Bundesstaaten selbst als Partei auftreten oder die den Anwendungsbereich der US-Verfassung oder der US-Verträge betreffen, entfällt ihre Zuständigkeit. Auch Rechtssachen mit einem Streitwert in Höhe von mehr als 75.000 US$, bei denen sich amerikanische Bürger aus unterschiedlichen Bundesstaaten gegenüberstehen, entziehen sich ihrem Kompetenzbereich. Das Gleiche gilt, wenn amerikanische Bürger und Ausländer als Prozessgegner auftreten oder eine Institution eines ausländischen Staates klagt oder beklagt ist. Auch wenn beide Parteien eine ausländische Staatsangehörigkeit haben, kann ihre Zuständigkeit nicht mehr gegeben sein. In all diesen Fällen entscheiden die Bundesgerichte.

Eine Besonderheit des amerikanischen Verfahrens liegt in der *Discovery-Phase,* in der jede Partei noch vor der Hauptverhandlung des Prozesses von ihrem Gegner die Offenlegung aller verfahrensrelevanten Beweise und Zeugenaussagen verlangen kann, wobei der Richter den Parteien und ihren Anwälten sehr viel Freiheit lässt, Beweismaterial ad hoc vorzulegen, und ihnen auch bei der Prozessführung im Allgemeinen einen großen Spielraum einräumt (Anklageverfahren).

Seit dem 1. Dezember 2006 ist eine Änderung der *Civil Procedures Rules* in Kraft, mit der Dokumente in elektronischer Form *(E-Discovery)* anerkannt werden, so u.a. E-Mails, die Kommunikation in Echtzeit über Computer, Datenbanken zur Buchführung und Websites.

Die *Discovery-Phase* kann eine Dauer von mehreren Monaten oder sogar Jahren in Anspruch nehmen und mit erheblichen Kosten verbunden sein, da von den Parteien verlangt wird, ihre Argumentation konstant durch stichhaltige Beweise zu untermauern. Hierzu werden beispielsweise Verhöre, Anträge zur Vorlage von Beweisdokumenten, Zeugenaussagen und Detektivberichte herangezogen. In der letzten Phase wird das Beweismaterial dem Gericht zur Zulassung zum Verfahren vorgelegt.

Eine weitere Besonderheit des Verfahrens besteht darin, dass die Parteien verlangen können, die Rechtssache (Zivil- oder Strafrecht) einer Jury zu unterbreiten. Diese besteht aus zwölf Geschworenen, die oftmals kaum mit dem Justizwesen vertraut sind (im Volksmund wird die Jury als *„twelve good men and true"*, also als zwölf ehrbare Menschen, bezeichnet) und ausschließlich die Fakten und die im Laufe des Verfahrens vorgebrachten Beweise beurteilen.

Die Jury entscheidet bei Zivilverfahren, ob der Antrag berechtigt ist, und legt die gegen den jeweils Betreffenden zu verhängenden Sanktionen fest. Bei Strafverfahren entscheidet die Jury zwar über die Schuld des Angeklagten, die Strafe verhängt jedoch der Richter.

Im Zuge ihrer historischen Entwicklung haben die amerikanischen Gerichte dem Gläubiger das Recht zugesprochen, bei komplizierten Insolvenzverfahren die verschiedenen Fachleute, die das insolvente Unternehmen beraten haben, zur Verantwortung zu ziehen, soweit diesen nachgewiesen werden kann, dass sie bei der Wahrnehmung ihrer Aufgaben fahrlässig gehandelt haben. •

Asien-Pazifik

Prognose 2009: Exportnationen mit empfindlichen
Einbußen und begrenzten Reserven   290

Afghanistan   299
Australien   300
Bangladesch   303
China   307
Hongkong   311
Indien   315
Indonesien   319
Japan   323
Kambodscha   327
Laos   328
Malaysia   329
Mongolei   333
Myanmar   334
Nepal   335
Neuseeland   336
Pakistan   339
Papua-Neuguinea   343
Philippinen   344
Singapur   348
Sri Lanka   352
Südkorea   355
Taiwan   359
Thailand   363
Vietnam   367

Prognose 2009:
Exportnationen mit empfindlichen Einbußen und begrenzten Reserven

Christine Altuzarra, Constance Boublil, Dominique Fruchter und Catherine Monteil
Abteilung für Länderrisiken und Wirtschaftsstudien, Coface, Paris

JAPAN

Gewinne der Unternehmen unter Druck

Anfang 2008 hätte man noch glauben können, **Japan** sei von der weltweiten Finanzkrise nicht betroffen: Die großen Kreditinstitute waren während des „verlorenen Jahrzehnts" seit 1993 mit ihrer eigenen Entschuldung beschäftigt und hatten sich daher aus dem Handel mit riskanten Finanzprodukten herausgehalten. Die wichtigsten Unternehmen konnten solide Kennzahlen vorweisen und verfügten insbesondere über eine komfortable Eigenkapitalausstattung. Das Exportwachstum ging vornehmlich von den Branchen aus, in denen japanische Unternehmen führend sind, und wurde zudem durch den schwachen Yen gestützt. Hinzu kam, dass die privaten Haushalte ihre Konsumausgaben konstant hielten, wenn auch wegen der stagnierenden Gehaltsentwicklung auf niedrigem Niveau.

Nach und nach zeigte sich jedoch, dass **Japan** doch nicht so glimpflich davonkommen würde. So hinterließen zunächst der Einbruch der nordamerikanischen Wirtschaft, dann verschiedene Schockwellen aus Europa und schließlich das nachlassende Wachstum in den asiatischen Schwellenländern ihre Spuren. 2008 gingen zuerst die Ausfuhren stark zurück, dann brach der Auftragseingang ein, und im Herbst wurden letztlich auch die großen Finanzinstitute von der weltweiten Wirtschaftskrise erfasst. Angesichts der zunehmenden Anzahl der Unternehmensinsolvenzen waren sie mit einem stetig steigenden Kreditrisiko konfrontiert; gleichzeitig sahen sie durch ihre Beteiligungen an großen Unternehmen ihre Portfolios mit der Talfahrt der Börsenkurse zusammenschmelzen. Für zahlreiche Unternehmen dürften Kredite jetzt teurer werden und schwerer zu erhalten sein – nicht zuletzt, weil die Regionalbanken ihre Darlehenskonditionen für kleine

und mittelständische Unternehmen seit Jahresbeginn 2008 verschärft haben. Für diese Banken stellen riskante Finanzprodukte eine besonders große Gefahr dar.

2009 dürfte das Exportvolumen sinken, wodurch die Margen und Gewinne der Unternehmen voraussichtlich schrumpfen werden. Die Unternehmen werden ihre Investitionen in Maschinen und Anlagen zurückfahren und einen Dominoeffekt auslösen, indem sie weniger Bestellungen bei einheimischen Subunternehmern aufgeben. Bei diesen Subunternehmen handelt es sich häufig um kleine und mittelständische Unternehmen im verarbeitenden Gewerbe, deren Ertragslage ohnehin angespannt ist. Vor diesem Hintergrund ist mit einem weiteren Anstieg der Firmeninsolvenzen und der Arbeitslosigkeit zu rechnen, wodurch das Verbrauchervertrauen auf eine harte Probe gestellt wird. Das verfügbare Einkommen unterliegt der Volatilität der Aktien- und Kapitalmärkte und wird zudem durch Lohn- und Gehaltseinbußen in Mitleidenschaft gezogen.

Lediglich die Ausgaben der öffentlichen Hand könnten die Konjunktur stützen: So ist geplant, die Investitionen durch staatliche Infrastrukturprojekte zu steigern, den Konsum der finanzschwachen Haushalte mit staatlicher Unterstützung anzukurbeln und die Position der Banken durch Kapitalspritzen zu verbessern. Die Erfolgsaussichten sind jedoch gering: Denn die Umsetzung von Infrastrukturprojekten erfordert eine gewisse Vorlaufzeit, die Banken werden voraussichtlich versuchen, ihre Bilanzen zu bereinigen, und die Haushalte werden sich bemühen, zur besseren Absicherung mehr Geld zu sparen. Darüber hinaus ist der Handlungsspielraum des Staates begrenzt, da sich der japanische Staatshaushalt in einer sehr labilen Lage befindet. **Japans** Ratingnote wurde im März 2009 von A1 auf A2 herabgesetzt, nachdem die Bewertung bereits seit März 2008 unter Beobachtung für eine Abwertung stand.

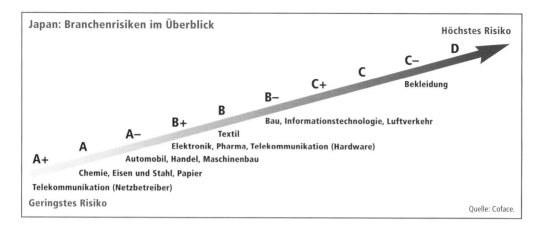

Japan: Branchenrisiken im Überblick

Höchstes Risiko

D

C–

Bekleidung

C

C+

B–

B

Bau, Informationstechnologie, Luftverkehr

B+

Textil

A–

Elektronik, Pharma, Telekommunikation (Hardware)

A

Automobil, Handel, Maschinenbau

A+

Chemie, Eisen und Stahl, Papier

Telekommunikation (Netzbetreiber)

Geringstes Risiko

Quelle: Coface.

Japan: Branchenrisiken im Überblick

2009 stehen die Margen der exportorientierten Unternehmen unter Druck. Die Konjunkturentwicklung im verarbeitenden Gewerbe dürfte weitgehend davon abhängig sein, wie erfolgreich die Konjunkturbelebungsprogramme sind, die von den Regierungen in den Hauptabnehmerländern der japanischen Exportwirtschaft beschlossen wurden. Doch auch der Wechselkurs des Yen spielt eine entscheidende Rolle, denn die japanische Währung könnte an Wert verlieren, wenn die Attraktivität von „Carry Trade"-Geschäften wieder zunimmt. Die Unternehmen, die ausschließlich auf dem Binnenmarkt vertreten sind, dürften vom Rückgang des privaten Konsums und den strengeren Konditionen für die Kreditvergabe in Mitleidenschaft gezogen werden. Drei Branchen mit einem bislang niedrigen Risikoprofil wurden Ende 2008 herabgestuft oder unter Beobachtung für eine Abwertung gestellt: Die Telefongesellschaften (Netzbetreiber und Dienstanbieter) erhalten zwar noch die Bewertung A+, doch mit negativer Prognose, die Automobil- und die Maschinenbaubranche werden von A auf A– heruntergesetzt. Darüber hinaus stehen die Bewertungen der Hersteller von Telekommunikationshardware (B+) und des Luftverkehrs (B–) unter Beobachtung für eine Abwertung.

ASIATISCHE SCHWELLENLÄNDER

Finanzkrise trifft Asien

Die Wirtschaftskrise hat sich bereits auf die asiatischen Schwellenländer ausgewirkt, wie sich aus dem seit 2007 rückläufigen Wirtschaftswachstum ablesen lässt (2007: +9,5%; 2008: +6,6%). 2009 dürfte sich diese Tendenz noch verstärken und insbesondere drei Bereiche erfassen:

1. Exporte. Die rückläufigen Ausfuhren in die Industriestaaten wirken sich negativ auf diejenigen asiatischen Schwellenländer aus, die besonders stark exportorientiert sind. Insbesondere **Singapur** und **Hongkong,** (die Warenausfuhren erreichten zuletzt 165% bzw. 156% des BIP) sind von dieser Entwicklung betroffen. **Malaysia, Taiwan** und **Vietnam** wurden ebenfalls von der Exportkrise erfasst, denn die Ausfuhren sind auch in diesen Ländern ein entscheidender Wirtschaftsfaktor.

Der Handel zwischen den asiatischen Schwellenländern ist durch die Konjunkturentwicklung in den Industrieländern ebenfalls ins Stocken geraten. In den letzten Jahren wurde zumeist davon ausgegangen, dass das Wachstum des innerasiatischen Handels (2007: 37% des gesamten Handelsvolumens; 1985: 26%) den sinkenden Anteil der Exporte in die USA (2007: 18%; 1985: 23%) wettmachen könne. Bei genauerer Betrachtung stellt sich jedoch heraus, dass die Hälfte der innerhalb des asiatischen Raums im- und exportierten Waren für den Reexport in die Industrieländer bestimmt ist. Berücksichtigt man den Anteil der Reexporte an den innerasiatisch gehandelten Waren, so zeigt sich, dass 61% der asiatischen Exporte in die Industrieländer gehen. Somit dürfte der Handel zwischen den asiatischen Schwellenländern weiter unter der Rezession in Europa, den USA und Japan leiden. Auch für den Export von Zwischenprodukten zur Endmontage nach China ist ein weiterer Rückgang zu erwarten, der den Konjunkturabschwung in den asiatischen Schwellenländern beschleunigen dürfte.

Asien-Pazifik

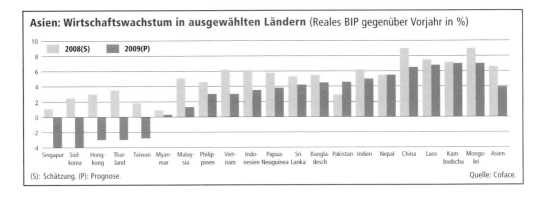

Asien: Wirtschaftswachstum in ausgewählten Ländern (Reales BIP gegenüber Vorjahr in %)

2008(S)   2009(P)

Singapur, Süd-korea, Hong-kong, Thai-land, Taiwan, Myan-mar, Malay-sia, Philip-pinen, Viet-nam, Indo-nesien, Papua-Neuguinea, Sri Lanka, Bangla-desch, Pakistan, Indien, Nepal, China, Laos, Kam-bodscha, Mongo-lei, Asien

(S): Schätzung. (P): Prognose.   Quelle: Coface.

2. Platzen der Aktien- und Immobilienmarkt-blasen. Die rasante Talfahrt der Aktienkurse hat das Vertrauen der Verbraucher und Investoren erschüttert und somit zusätzlich zur Konjunkturabkühlung beigetragen. In einigen asiatischen Ländern waren sogar stärkere Kursverluste zu verzeichnen als in den Industriestaaten.

Der plötzliche Absturz lässt sich insbesondere in **Vietnam** und **China** dadurch erklären, dass sich in den letzten Jahren Blasen gebildet hatten. Das Kurs-Gewinn-Verhältnis – also das Verhältnis des Aktienwertes zum Vorjahresgewinn – hatte beispielsweise an der Börse Schanghai die Marke von 65 für Aktien der Klasse A erreicht. Nach den Kurskorrekturen im Laufe des Jahres 2008 lag das Verhältnis wieder bei einem deutlich realistischeren Wert von etwa 20. Im Falle eines derartigen Börseneinbruchs ziehen sich die Anleger aus den vermeintlich riskanteren Geschäften in den Schwellenländern zurück, wie sich schon häufig in Zeiten von Wirtschafts- und Finanzkrisen gezeigt hat („flight to quality"-Effekt), und bemühen sich, Reserven in US-Dollar aufzubauen, da der Zusammenbruch verschiedener Kreditinstitute in den USA und Europa den Liquiditätsfluss beeinträchtigt.

Allerdings hat ein solcher Absturz der Börsenkurse nicht immer schwerwiegende Folgen. Das hängt davon ab, ob die dieser Entwicklung vorangegangenen Kurssteigerungen durch beträchtliche ausländische Portfolioinvestitionen ausgelöst wurden oder ob ihnen eine hohe Sparquote im Inland zugrunde lag.

Im ersten Fall (z.B. in **Indien, Südkorea, Indonesien** und auf den **Philippinen)** folgt auf das Platzen der Börsenblase ein massiver Kapitalabfluss mit deutlichen Folgen für die Devisenkurse. Der koreanische Won, die indonesische Rupiah, die indische Rupie und der philip-pinische Peso haben 2008 stark an Wert verloren. Diese Entwicklung könnte sich noch weiter fortsetzen, da sich die Leistungsbilanzen dieser Länder im vergangenen Jahr deutlich verschlechtert haben.

Im zweiten Fall (z.B. in **China)** war der steigende Börsenindex im Wesentlichen auf die hohe Sparquote zurückzuführen. Daher hat der massive Absturz der Börsenkurse keine Auswirkungen auf die Devisenkurse oder die Währungsreserven. Besonderes Augenmerk muss jedoch darauf gelegt werden, ob ein negativer Vermögenseffekt eintritt, der den Konsum bestimmter Privathaushalte bremst. Insgesamt dürften die Folgen für das Wachstum nicht allzu schwerwiegend sein, da die Investitionen an der Börse im Allgemeinen erst in den letzten Jahren getätigt wurden und nur einen geringen Teil des Haushaltsvermögens betreffen.

Für 2009 ist an den asiatischen Börsen eine stabilere Entwicklung zu erwarten, da die beträchtlich gesunkenen Kurse diese Aktienmärkte für Anlieger attraktiv machen könnten.

Ende 2008 begann die Talfahrt der Immobilienpreise in den beiden größten Volkswirtschaften der asiatischen Schwellenländer **(Indien und China).** Diese Entwicklung dürfte einen beträchtlichen Einfluss auf die Konjunktur haben, da zahlreiche Branchen von einem Abwärtstrend der Immobilienbranche in Mitleidenschaft gezogen werden (Bauwesen, Stahl, Zement, Stromerzeuger etc.). Neben einem Rückgang der Investitionen in diesen Branchen werden sich auch die Konsumausgaben der Privathaushalte nicht mehr so stark entwickeln. Wenn der Absturz der Immobilienpreise einen negativen Vermögenseffekt verursacht, ist von rückläufigen Konsumausgaben auszugehen.

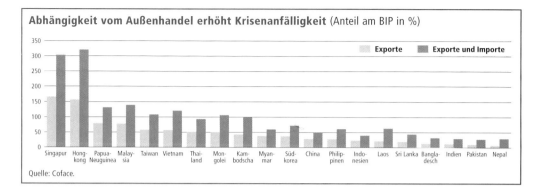

Abhängigkeit vom Außenhandel erhöht Krisenanfälligkeit (Anteil am BIP in %)

Quelle: Coface.

3. Kreditklemme. Die Verschärfung der Konditionen für die Kreditaufnahme wird besonders die Länder treffen, in denen die Privatunternehmen in den letzten Jahren in großem Umfang Auslandskredite aufgenommen haben. In **Korea** und **Indien** beispielsweise dürfte es den Unternehmen schwerfallen, Finanzierungsmöglichkeiten für ihre bestehenden Kredite zu finden oder Geldquellen für neue Projekte zu erschließen. Darüber hinaus ist zu bedenken, dass Kredite, die in Fremdwährungen aufgenommen wurden, angesichts des aktuellen Wertverlusts der Rupie und des Won die Schuldenlast der betreffenden Unternehmen erhöhen.

Handlungsspielraum für expansive Haushalts- und Geldpolitik zur Krisenabwehr

Angesichts der Konjunkturabschwächung haben die Regierungen einiger asiatischer Staaten geldpolitische Instrumente zur Stützung des Wirtschaftswachstums ergriffen. Dies ist nicht zuletzt aufgrund des sinkenden Inflationsdrucks möglich, der auf niedrigere Rohstoffpreise zurückzuführen ist. Insbesondere in **China,** aber auch in **Indien, Korea, Taiwan, Hongkong** und **Singapur** wurden die Zinssätze und Mindestreservesätze zum Teil deutlich gesenkt.

Durch die Sanierung ihrer Staatshaushalte sind bestimmte asiatische Schwellenländer darüber hinaus in der Lage, Steueranreize zu bieten. **China** hat ein umfassendes Konjunkturprogramm mit einem Volumen von 586 Mrd US$ angekündigt, um das Katastrophenszenario eines plötzlichen Konjunktureinbruchs abzuwenden, der unweigerlich einen Anstieg der Zahlungsausfälle bei Unternehmen und gesellschaftliche Unruhen nach sich ziehen würde. Auch in **Malaysia, Singapur, Korea, Hongkong** und **Taiwan** sind zusätzliche Ausgaben zur Belebung der Wirtschaft vorgesehen.

Einige asiatische Länder, allen voran **Indien,** haben allerdings immer noch eine beträchtliche Staatsverschuldung zu verzeichnen, so dass der Regierung nur ein begrenzter Spielraum zur Haushaltsbelebung bleibt.

Die expansive Wirtschaftspolitik der asiatischen Schwellenländer dürfte 2009 fortgeführt werden und es ermöglichen, den Konjunkturabschwung aufzufangen.

Asien-Pazifik

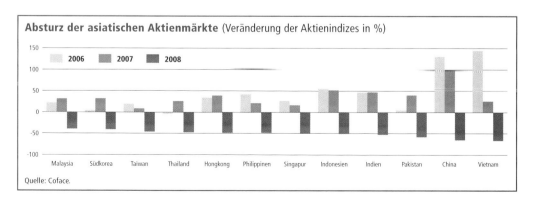

Absturz der asiatischen Aktienmärkte (Veränderung der Aktienindizes in %)

Quelle: Coface.

Asiatische Währungen verloren zumeist an Wert
(Januar bis November 2008; Veränderung in %)

Quelle: Coface.

Aktuelle Finanzlage in Asien solider als 1997 (Asienkrise)

Die Gefahr einer zu hohen Auslandsverschuldung ist gering. Die asiatischen aufstrebenden Länder sollten in der Lage sein, ihren Verschuldungsgrad weiter zu senken. Dieser liegt bei 20% des BIP und hiermit unter dem entsprechenden Durchschnittswert aller aufstrebenden Länder (27% des BIP). Auch das Verhältnis der Schuldendienstrate zu den Deviseneinnahmen ist in den asiatischen Schwellenländern mit etwa 4% geringer als der Durchschnittswert aller Schwellenländer (8,8%). Somit ist die Auslandsverschuldung im asiatischen Raum insgesamt überschaubar.

Darüber hinaus haben die Devisenreserven ein Rekordniveau erreicht – 2008 wurde eine Einfuhrdeckung von 11,7 Monaten erreicht, während der Durchschnittswert aller Schwellenländer nur bei 9,4 Monaten liegt. Hinter diesem positiven Gesamtbild verbergen sich jedoch große Unterschiede in der Liquidität der einzelnen Länder. So verfügen **Indonesien, Vietnam,** die **Philippi-**

nen und insbesondere **Pakistan** und **Bangladesch** nur über geringe Währungsreserven, so dass hier durchaus ein Währungsrisiko besteht. Angesichts der politisch instabilen Lage und der schlechteren Leistungsbilanz sind die pakistanischen Devisenreserven zusammengeschmolzen, wodurch die Landeswährung stark unter Druck geraten ist. Mit Hilfe des Notplans des IWF sollte es dem Land gelingen, eine Liquiditätskrise zu vermeiden, doch verlangt der Plan die Durchführung von Steuer- und Währungsreformen, um das Haushaltsdefizit und die Inflation in den Griff zu bekommen. Es dürfte jedoch schwierig werden, diese Reformen durchzusetzen.

In **Indien** und **Südkorea** hingegen besteht nur eine geringe Gefahr, mit den Devisenreserven in einen Liquiditätsengpass zu geraten, obwohl die Währungen beider Länder im Laufe des vergangenen Jahres beträchtlich an Wert verloren haben. Das hohe Niveau ihrer Währungsreserven bietet ihnen selbst bei einem plötzlichen Kapitalabzug ausreichend Sicherheit.

In der Frage, wie weit Reserven zur Überwindung aktueller Schwierigkeiten eingesetzt werden können, gibt es neue Entwicklungen. Beispiele dafür sind die singapurische Holding Temasek, die für ihre Regierung in Asien investiert, oder der unabhängige chinesische Staatsfonds (China Investment Corp.). **China** investiert dank seiner hohen Währungsreserven massiv im Ausland. So sind die Direktinvestitionen Chinas im Ausland zwischen 2003 und 2008 von 200 Mio US$ auf 49 Mrd US$ angestiegen. Mit ihrem Budget von 200 Mrd US$ aus den chinesischen Währungsreserven dürfte die China Investment Corp. die Direktinvestitionen im Ausland noch weiter in die Höhe treiben. Es ist jedoch davon auszugehen, dass einige der größeren Investitionsvorhaben für 2009 zunächst verschoben werden.

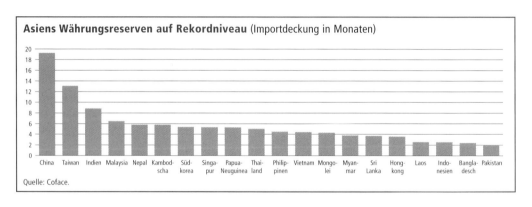

Asiens Währungsreserven auf Rekordniveau (Importdeckung in Monaten)

Quelle: Coface.

Einzelne Länder mit hohen Leistungsbilanzüberschüssen

Die asiatischen Schwellenländer können insgesamt einen beträchtlichen Leistungsbilanzüberschuss in Höhe von 4,7% aufweisen (der Durchschnittswert für alle Schwellenländer liegt lediglich bei 2,5%). Doch auch in dieser Hinsicht ist die Lage der einzelnen Länder sehr unterschiedlich. Trotz der sinkenden Ausfuhren verzeichnen die Leistungsbilanzen von **China** und **Malaysia** ein deutliches Plus. In den Mitgliedsstaaten der **ASEAN** und in **Südkorea** führt der gegenwärtige Exportrückgang hingegen zu einer Verschlechterung der Lage in den Leistungsbilanzen. Die Leistungsbilanzüberschüsse in **Thailand** und den **Philippinen** schrumpfen zusammen. **Südkorea** hatte 2008 sogar ein Leistungsbilanzdefizit zu verzeichnen, und 2009 dürfte die Leistungsbilanz von **Indonesien** ebenfalls defizitär sein.

Die Leistungsbilanzdefizite in **Südasien** bleiben bestehen. Während **Indien** nur leicht im Minus liegt (für 2009 werden −1,5% erwartet), ist das Defizit in **Sri Lanka** (Prognose für 2009: −4,5%) und insbesondere in **Pakistan** (Prognose für 2009: −5,4%) deutlich ausgeprägt. Die Abwanderung von Arbeitskräften ins Ausland, speziell in die Golfregion, bleibt auf hohem Niveau. Die Ausfuhren gehen hingegen langsam zurück. Darüberhinaus können sich die einzelnen Länder unterschiedlich gut gegenüber der chinesischen Konkurrenz in der Textil- und Bekleidungsbranche behaupten. **Indien** und **Sri Lanka** ist es gelungen, bestimmte Marktnischen zu besetzen, so dass ihre Situation im Wettbewerb durchaus zufriedenstellend ist. In **Pakistan** und besonders in **Bangladesch** sieht es hingegen schon sehr viel schlechter aus, da diese Länder mit einem unzulänglichen Geschäftsumfeld und politischen Unsicherheiten zu kämpfen haben.

Insgesamt stabiles politisches Umfeld, aber einzelne Konfliktherde

Die große politische Stabilität in den asiatischen Schwellenländern, die mit einer verlässlichen Wirtschaftspolitik in den einzelnen Ländern einhergeht, trägt wesentlich zum Wirtschaftswachstum bei und ist eine der wichtigsten Voraussetzungen für die hohen Investitionsraten der vergangenen Jahre. Die Beziehungen zwischen der **Volksrepublik China** und **Taiwan** befinden sich nach dem Wahlsieg der Nationalpartei Kuomintang (Parlamentswahlen) und ihres Kandidaten

Ma Ying-Jeou (Präsidentschaftswahlen) in Taiwan auf einem guten Weg.

2008 sind jedoch in der Region auch einzelne innen- und außenpolitische Konflikte aufgebrochen, die die politische Entwicklung überschatten. Die Spannungen zwischen **Südkorea** und **Nordkorea** haben sich seit dem Amtsantritt des konservativen Präsidenten Lee Myung-Bak verschärft, und die Unterzeichnung eines Friedensvertrages scheint im Augenblick in weite Ferne gerückt.

In **Thailand** hat sich die politische Lage verschärft: Zunächst hatte die Volksallianz für Demokratie (PAD) seit dem Sommer 2008 in Bangkok demonstriert, bis die regierende Volkspartei (PPP) im Dezember 2008 vom thailändischen Verfassungsgericht aufgelöst wurde und Ministerpräsident Somchai Wongasawat zurücktrat. Das Parlament wählte am 15. Dezember 2008 Oppositionsführer Abhisit Vejjajiva zum neuen Ministerpräsidenten. Seither protestieren die Anhänger der aufgelösten Volkspartei gegen die neue Regierung und fordern Neuwahlen. Nach der Stürmung des ASEAN-Gipfels in Pattaya durch die Regierungsgegner im April 2009 wurde über Teile des Landes der Notstand ausgerufen.

In **China** könnten sich die gesellschaftlichen Spannungen angesichts des Konjunkturrückgangs und der steigenden Arbeitslosenzahlen weiter verschärfen; auch die zunehmenden Ungleichheiten sorgen für soziale Konflikte. **Bangladesch** ist es gelungen, durch die Verschiebung der Wahlen auf Ende 2008 die politische Lage innerhalb des Landes zu beruhigen. Allerdings muss es der Übergangsregierung nun gelingen, die demokratischen Institutionen wieder einzusetzen, ohne dass es erneut zu massiven Gewaltausbrüchen kommt. In **Sri Lanka** dauert der Bürgerkrieg im Norden der Insel an. In absehbarer Zeit ist nicht mit dem Abschluss eines Friedensvertrages zu rechnen.

Länder unterschiedlich bezüglich Governance

Bei der Governance sind die Unterschiede innerhalb Asiens gewaltig, wie aus dem von Coface vergebenen Rating Geschäftsumfeld ersichtlich ist. **Japan** und **Singapur** werden mit A1 bewertet, dicht gefolgt von **Taiwan**, **Hongkong** und **Südkorea** (A2), die leichte Abzüge bei der Durchsetzung von Zahlungsansprüchen, der Verfügbarkeit von Finanzdaten und den institutionellen Rahmenbedingungen hinnehmen müssen. Ein durchaus akzeptables Geschäftsumfeld bieten auch

Asien-Pazifik

Malaysia und **Thailand,** die hierfür die Bewertung A3 erhalten. **Indien** wird mit A4 bewertet, da das Justizsystem einen zufriedenstellenden Ausgleich dafür schafft, dass der Handel komplizierten Regelungen unterliegt, aus denen den Unternehmen einige Nachteile entstehen können.

In **China** und auf den **Philippinen** (Bewertung B) wird das Geschäftsumfeld durch eine ausgeprägte Korruption beeinträchtigt. Hinzu kommt eine völlig unzureichende Transparenz bei den Finanzdaten, die die Risikobewertung wesentlich erschwert. In **Sri Lanka** (B) ist das Geschäftsumfeld relativ zufriedenstellend, obwohl die Infrastruktur stark zu wünschen übrig lässt. Weniger günstig hingegen ist die Lage in **Indonesien, Pakistan, Vietnam** und in der **Mongolei.** Diese Länder werden mit C bewertet, weil dort wesentliche Mängel in Bezug auf die Transparenz der Bilanzen und die Durchsetzung von Zahlungsansprüchen sowie ein hohes Maß an Korruption herrschen.

Am schlechtesten schneiden **Bangladesch, Papua-Neuguinea, Myanmar, Kambodscha** und **Laos** (D) ab, denn die schwerwiegenden Missstände bei der Governance in diesen Ländern führen zu einem Geschäftsumfeld, das Anleger abschreckt. Abschließend ist anzumerken, dass das Investitionsklima in weiten Teilen Asiens immer noch von einer engen Verflechtung von Wirtschaft und Politik gekennzeichnet ist.

Zahlungsverhalten der Unternehmen noch zufriedenstellend, jedoch mit negativen Tendenzen

Vor dem Hintergrund des Konjunkturabschwungs besteht ein erhöhtes Risiko von Zahlungsausfällen. In den am stärksten vom Weltmarkt abhängigen Volkswirtschaften Asiens, nämlich in **Hongkong, Singapur** und **Taiwan,** stellt Coface bereits jetzt eine schlechtere Zahlungsmoral fest.

In **China** nimmt die Anzahl der Zahlungsausfälle in bestimmten Bereichen zu. Die exportorientierten Branchen, die Produkte im unteren Preissegment herstellen und ohnehin nur geringe Margen haben, z.B. die Textil-, die Schuh- und die Spielzeugbranche, hatten in den ersten neun Monaten des Jahres 2008 unter der schnellen Wertsteigerung des Yuan, unter Lohn- und Gehaltssteigerungen sowie Qualitätsproblemen ihrer Produkte zu leiden. Daneben sind verschiedene Branchen betroffen, deren Produkte häufig auf Kredit gekauft werden, z.B.

die Automobilindustrie und die Immobilienwirtschaft. Zudem geraten durch das Platzen der Immobilienblase auch die vom Bauwesen abhängigen Branchen (Zement, Stahl, Stromerzeugung) ins Trudeln. Die von Coface verzeichnete Zahlungsmoral wird schlechter – ein Trend, der sich 2009 angesichts des Konjunkturabschwungs noch verstärken könnte.

In **Malaysia** und **Korea** sinkt die Zahlungsmoral in bestimmten, auf den Binnenmarkt ausgerichteten Branchen aufgrund des zunehmenden Wettbewerbs. In **Korea** werden insbesondere das Bauwesen und die Elektronikbranche, Reedereien und Automobilhersteller schlechter bewertet als im vergangenen Jahr. Im Gegensatz dazu gelingt es den Unternehmen in **Indien, Indonesien,** auf den **Philippinen** und in **Thailand,** sich gegen die Wirtschaftskrise zu stemmen und ihre solide Finanzlage beizubehalten. Somit bleibt auch das Zahlungsverhalten gut, obwohl immer noch Mängel in der Unternehmensführung festgestellt werden.

Entwicklung der Coface-Länderbewertung

Obwohl das Risiko in den asiatischen Schwellenländern zunimmt, zeichnen sie sich weiterhin durch ein Risikoprofil aus, das weit unter dem Durchschnitt aller Schwellenländer liegt. Allerdings wurde die Bewertung von **Hongkong** im Januar 2009 auf A2 herabgestuft und kurz darauf im März unter Beobachtung für eine weitere Herabstufung gestellt. Auch **Singapur,** seit Januar 2009 unter Beobachtung für eine Abwertung, wurde im März 2009 von A1 auf A2 herabgestuft. In beiden Ländern führt der markante Wachstumseinbruch zu einer spürbar schlechteren Zahlungsmoral.

Zunehmende Zahlungsausfälle und schlechtere Bilanzen der Unternehmen, insbesondere in der Elektronikindustrie, haben dazu geführt, dass **Taiwan** von A1 auf A2 heruntergestuft wurde; das Land wurde im März 2009 erneut auf die negative Watchlist gesetzt. **Chinas** Bewertung mit A3 wurde jüngst nicht verändert: im Januar 2009 war es unter negative Beobachtung gestellt worden, da sich das Wirtschaftswachstum verlangsamt hatte und in bestimmten besonders gefährdeten Branchen ein Anstieg der Zahlungsausfälle zu verzeichnen war.

Südkorea wird weiterhin mit A2 bewertet, aber seit März 2009 steht das Land unter Beobachtung für eine Abwertung angesichts der anhaltenden Schwierigkeiten im Baugewerbe, bei den Reedereien und in der

Länderrating der wichtigsten Volkswirtschaften Asiens

	Januar 2003	Januar 2004	Januar 2005	Januar 2006	Januar 2007	Januar 2008	März 2009
Japan	A2	A2↗	A1	A1	A1	A1	A2
Singapur	A2	A1	A1	A1	A1	A1	A2
Hongkong	A2	A2↗	A1	A1	A1	A1	A2↘
Taiwan	A2	A1	A1	A1	A1↘	A1↘	A2↘
Südkorea	A2	A2	A2	A2	A2	A2	A2↘
Malaysia	A2	A2	A2	A2	A2	A2	A2↘
Indien	A4	A4	A3	A3	A3	A3	A3
China	A3	A3	A3	A3	A3	A3	A3↘
Thailand	A3	A3	A2	A2	A2↘	A3	A3↘
Indonesien	C	C↗	B	B	B	B	B
Philippinen	A4	A4	A4↘	B↗	B	B	B
Vietnam	B	B	B	B	B	B	B↘
Sri Lanka	B	B	B	B↘	B↘	B	C
Bangladesch	B	B	B	B	B	C	C
Pakistan	D	D↗	C	C	C	C	D

↗↘: Unter Beobachtung für eine Auf- bzw. Abwertung. Quelle: Coface.

Elektronikindustrie. Auch **Malaysia** und **Thailand** stehen seit März 2009 auf der negativen Watchlist. Für **Indien** gilt unverändert die Ratingnote A3, denn die indischen Unternehmen können weiterhin solide Finanzen aufweisen. **Indonesien** und die **Philippinen** können aufgrund des leichten Konjunkturrückgangs und bestehender Mängel in der Governance ihr Rating nicht verbessern und werden weiterhin mit B bewertet. Aufgrund eines fortgesetzt hohen Währungsrisikos, sich verschlechternder Finanzkennzahlen und eines besonders ausgeprägten Konjunkturrückgangs steht die Bewertung **Vietnams** mit B bereits seit Juni 2008 unter Beobachtung für eine Abwertung.

Auch andere Länder im asiatisch-pazifischen Raum sind von der Wirtschaftskrise betroffen: So wurden im Januar 2009 die Bewertungen für **Australien** und **Neuseeland** von A1 auf A2 heruntergesetzt. Das Zahlungsverhalten der Unternehmen könnte sich noch weiter verschlechtern, denn auch diese Volkswirtschaften sind von dem weltweiten Nachfragerückgang sowie den sinkenden Preisen für Rohstoffe und landwirtschaftliche Produkte betroffen.

Sri Lanka wurde im März 2009 von B auf C, die **Mongolei** und **Pakistan** von C auf D herabgestuft. **Papua-Neuguinea** (B) steht unter Beobachtung für eine Abwertung. •

Asien-Pazifik

Länderbewertungen kurzfristiges Risiko

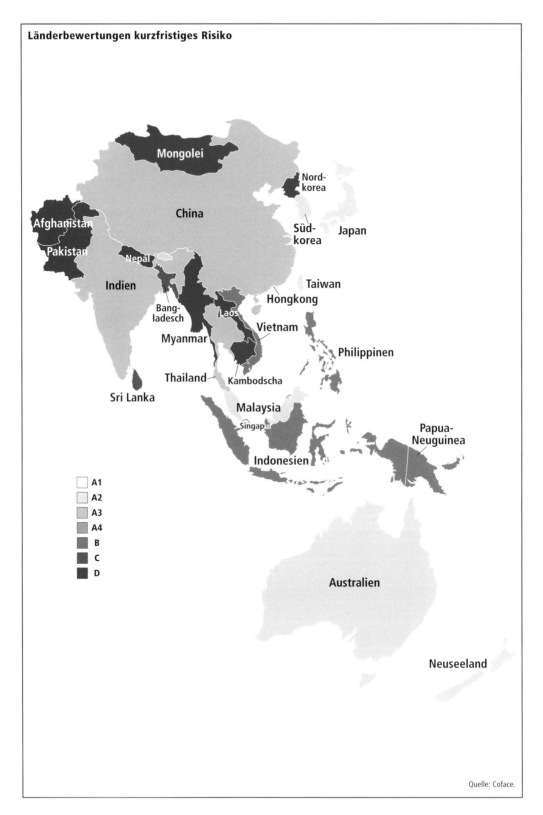

Quelle: Coface.

Länderrisiken 2009

Afghanistan

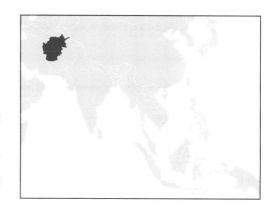

Bevölkerung (Mio Einwohner):	**32,7**
BIP (Mio US$):	**11.627**

Coface-Bewertungen
Kurzfristiges Risiko:	**D**
Geschäftsumfeld:	**D**
Mittelfristiges Risiko:	**sehr hoch**

RISIKOEINSCHÄTZUNG

Die Konjunktur in Afghanistan kühlte sich 2008/2009 ab, denn dürftige Niederschläge führten zu geringeren Ernteerträgen, und steigende Rohstoffpreise trieben die Inflationsrate in die Höhe. Dennoch blieb das Wirtschaftswachstum beachtlich, da ausländische Geldgeber umfangreiche Investitionen vornahmen und sich der private Konsum, der von hohen Einkünften aus der illegalen Mohnernte profitiert, positiv entwickelte. 2009/2010 könnte die rückläufige Inflationsrate zu einer weiteren Belebung der Wirtschaft führen.

Sorgen bereiten die unsichere politische Lage, die unzulängliche Infrastruktur insbesondere bei der Energieversorgung und die weitverbreitete Drogenwirtschaft. Durch rasante Produktionzuwächse ist Opium mittlerweile zur wichtigsten Kulturpflanze Afghanistans avanciert. Mit einem Umsatzvolumen von 1 Mrd US$ (11%

des BIP) lieferte das Land 2008 rund 93% der weltweit gehandelten Opiummenge (Anteil 1995: 52%). In dieser Größenordnung gefährdet der Drogenhandel die wirtschaftlichen Grundlagen des Landes. Darüber hinaus lässt er die bereits weitverbreitete Korruption weiter aufblühen und stärkt die Position lokaler Machthaber. Finanziell hängt das Land am Tropf der internationalen Hilfe; Transferzahlungen und ein Teilerlass der Schulden (HIPC-Initiative) haben jüngst zu einer Verbesserung der Kennzahlen beigetragen. Auf politischer Ebene bleibt die mangelnde Durchsetzungsfähigkeit der Zentralregierung in einigen Provinzen problematisch. Die NATO-Streitkräfte tun sich schwer, die von den Taliban kontrollierten Gebiete im Süden Afghanistans zurückzugewinnen. Große Unsicherheit herrscht über die Nachfolge des amtierenden Präsidenten Hamid Karzai. Dieser könnte zwar bei den für dieses Jahr angesetzten Präsidentschaftswahlen erneut kandidieren, verfügt aber über zu wenig Rückhalt in der Bevölkerung. •

Asien-Pazifik

Wichtige Kennzahlen[1]

	2004/05	2005/06	2006/07	2007/08	2008/09 (S)	2009/10 (P)
Reales Wirtschaftswachstum (%)	8,0	16,1	8,2	11,5	7,5	8,3
Inflation (%)	14,9	12,3	5,1	13,0	24,0	9,5
Staatshaushalt (Saldo in % des BIP)	−1,2	−3,6	−4,2	−4,0	−3,6	−3,5
Ausfuhren (Mio US$)	1.643	1.795	1.801	1.861	2.010	2.185
Einfuhren (Mio US$)	3.873	6.130	6.743	7.755	8.775	8.650
Handelsbilanz (Saldo in Mio US$)	−2.230	−4.335	−4.942	−5.893	−6.765	−6.465
Leistungsbilanz (Saldo in % des BIP)[2]	−44,9	−75,3	−77,1	−72,6	−69,0	−56,2
Auslandsverschuldung (in % des BIP)	162,2	184,2	170,9	21,6	20,0	10,0
Schuldendienst (in % der Ausfuhren)	3,9	5,7	1,6	1,5	1,2	1,0
Währungsreserven (in Monatsimporten)	4,1	7,7	9,3	9,4	9,2	8,0

1) Fiskaljahre von April bis Ende März. 2) Ohne Schenkungen. (S): Schätzung. (P): Prognose.   Quelle: Coface.

Australien

Bevölkerung (Mio Einwohner):	**21,0**
BIP (Mio US$):	**821.761**

Coface-Bewertungen
Kurzfristiges Risiko:	**A2**
Geschäftsumfeld:	**A1**

RISIKOEINSCHÄTZUNG

Das Wirtschaftswachstum Australiens ist im Jahr 2008 abgeflaut. Die Privathaushalte hatten zunächst unter der steigenden Inflation und später unter dem Wertverlust ihrer Finanzvermögen zu leiden und schränkten daher ihre Konsumausgaben ein. Durch die hohen Zinssätze im ersten Halbjahr 2008 wurde weniger in den Wohnungsbau investiert; allerdings gingen die Preise für Wohnimmobilien nur leicht zurück. Die rege Investitionstätigkeit im Jahr 2007 und im ersten Halbjahr 2008 ist hauptsächlich der Bergbaubranche zu verdanken, die von den Preissteigerungen für Rohstoffe profitierte.

Abhängig von der Rohstoffnachfrage aus Asien

2009 dürfte sich die weltweite Finanzkrise auch auf die Wirtschaftsentwicklung Australiens auswirken. Die von der Regierung beschlossenen direkten Finanzhilfen für Privathaushalte und die Absenkung des Leitzinses werden vermutlich kaum ausreichen, um den Konsum anzukurbeln. Da auch auf dem Arbeitsmarkt ein Abwärtstrend zu erwarten ist, dürften sich die Verbraucher in Kaufzurückhaltung üben und vermehrt Rücklagen bilden oder Schulden abbauen. Trotz des chronischen Wohnraummangels und steuerlicher Anreize für Erstkäufer werden die Investitionen in den Wohnungsbau voraussichtlich stagnieren. Die Preisentwicklung bei Wohnimmobilien dürfte jedoch nur leicht gebremst werden.

Aufgrund der verschärften Zugangsbedingungen zu Krediten werden die Unternehmen weniger in Ausrüstungsgüter und Gebäude investieren können. Dies gilt insbesondere für den Bergbau, der inzwischen unter sinkenden Rohstoffpreisen zu leiden hat.

Wichtige Kennzahlen

	2004	2005	2006	2007	2008 (S)	2009 (P)
Reales Wirtschaftswachstum (%)	3,7	2,9	2,5	4,2	2,3	−0,5
Konsumausgaben (Veränderung in %)	5,7	2,9	3,1	4,5	2,4	−1,0
Investitionen (Veränderung in %)	7,6	7,8	4,7	9,4	6,7	−1,5
Inflation (%)	2,4	2,7	3,5	2,3	4,6	1,8
Arbeitslosenquote (%)	5,4	5,1	4,8	4,4	4,3	7,4
Kurzfristiger Zinssatz (% p.a.)	5,2	5,4	5,8	6,4	6,4	2,7
Staatshaushalt (Saldo in % des BIP)	1,0	1,2	2,0	0,7	−1,9	−3,1
Staatsverschuldung (in % des BIP)	17,3	16,8	16,1	15,8	17,3	21,3
Ausfuhren (Veränderung in %)	4,3	2,4	3,3	3,2	4,9	−6,7
Einfuhren (Veränderung in %)	14,9	8,5	7,5	10,8	11,9	−3,6
Leistungsbilanz (Saldo in % des BIP)	−6,1	−5,7	−5,4	−6,3	−5,1	−5,1

(S): Schätzung. (P): Prognose.

Quelle: Coface.

Die sinkende Nachfrage (insbesondere nach Eisenerz und Kohle) aus den Hauptabnehmerländern China, Japan und Südkorea dürfte trotz des günstigen Wechselkurses zu einem Exporteinbruch führen; ein erneuter Kursanstieg des Australischen Dollar könnte diesen Effekt noch verstärken. Obwohl auch bei den Einfuhren ein drastischer Rückgang zu erwarten ist, wird das Leistungsbilanzdefizit voraussichtlich auf hohem Niveau bleiben. Da der Staat seine Infrastrukturausgaben erhöht, um die Konjunktur zu stützen, wird der Staatshaushalt 2009 zum zweiten Mal seit 2002 ein Defizit aufweisen.

Sinkende Unternehmensgewinne

In diesem ungünstigen Umfeld müssen die Unternehmen mit schrumpfenden Gewinnen rechnen. Dadurch dürfte die Zahl der Unternehmensinsolvenzen, die schon 2008 um 21% nach oben geschnellt ist, noch weiter ansteigen. Der Rückgang der Auslandsnachfrage wird sich voraussichtlich nachteilig auf die Ertragslage der exportierenden Unternehmen auswirken.

Es ist zu erwarten, dass die nachlassende Investitionsbereitschaft die Entwicklung zahlreicher Branchen beeinträchtigt, nicht zuletzt die Hersteller von Landmaschinen, Büroeinrichtung und Kommunikationshardware sowie die IT-Branche. Die Dienstleister und insbesondere die auf den Tourismus und Freizeitaktivitäten ausgerichteten Unternehmen werden die Zurückhaltung der Verbraucher im In- und Ausland zu spüren bekommen. Die Konjunkturentwicklung in der Bau- und Elektronikbranche, der Papier- und Automobilindustrie sowie im Groß- und Einzelhandel ist besonders im Auge zu behalten.

Index der Zahlungsausfälle
(Gleitender Zwölfmonatsdurchschnitt;
Basis: Welt 1995–2000 = 100)

Quelle: Coface.

ZAHLUNGSMITTEL UND FORDERUNGSEINZUG

Die in Australien gültigen Rechtsgrundsätze und das Justizwesen beruhen aufgrund der engen historischen Verbindung zu Großbritannien seit Mitte des 19. Jahrhunderts zu einem großen Teil auf dem „Common Law" und dem britischen Gerichtswesen.

Am 1. Januar 1901 schlossen sich die sechs britischen Kolonien als Dominion zu einem unabhängigen Bundesstaat innerhalb des Commonwealth zusammen.

Zahlungsmittel

Weder der Wechsel noch der Scheck stellen in Australien gebräuchliche Zahlungsweisen dar. Beide Zahlungsmittel dienen in erster Linie dazu, die Forderung schriftlich niederzulegen. Der Scheck, der als ein „auf ein Bankinstitut gezogener Wechsel, der bei erster Vorlage zahlbar ist" definiert ist, wird dagegen im nationalen und auch internationalen Geschäftsverkehr häufiger eingesetzt.

Die schnelle, effiziente und kostengünstige Banküberweisung per SWIFT-System, an das alle großen australischen Banken angeschlossen sind, ist das am weitesten verbreitete Zahlungsmittel im internationalen Zahlungsverkehr.

Darüber hinaus steht mit dem Continuous-Linked-Settlement(CLS)-System ein hochgradig automatisiertes Interbankenverrechnungssystem zur Verfügung, das bei Zahlungen im internationalen Warenverkehr genutzt werden kann. An dieses System ist der Australische Dollar nun ebenso wie die wichtigsten Fremdwährungen angeschlossen. Auch die Zahlungsanweisung über die Internetsite der Kundenbank findet zunehmend Verbreitung.

Forderungseinzug

Der Forderungseinzug beginnt mit einer dem Schuldner per Einschreiben zugestellten Mahnung, dem sogenannten „Seven Day Letter". In dieser wird er an seine Zahlungsverpflichtung erinnert, wobei Verzugszinsen in der vertraglich vereinbarten Höhe anfallen. Falls es hierzu keine besondere Vertragsklausel gibt, so gilt der gesetzliche Zinssatz des jeweiligen Bundesstaates.

Wenn die Zahlung durch den Schuldner weiterhin aussteht und es sich um eine fällige und unstrittige Forderung von mehr als 2.000 AUD handelt (oder nachdem ein Urteil ergangen ist), kann dem Schuldner eine Zahlungsaufforderung zugestellt werden, die ihm eine Zahlungsfrist von 21 Tagen einräumt. Kommt der Schuldner dieser Aufforderung nicht nach, so kann der Gläubiger die Herbeiführung der Konkursanmeldung des Schuldners beantragen, da er in diesem Falle als zahlungsunfähig gilt *(statutory demand under section 459E of the Corporations Act 2001)*.

Im Rahmen des ordentlichen Verfahrens kann der Gläubiger nach Einreichung der Klageschrift *(Statement of Claim)* bei Gericht ein beschleunigtes Verfahren beantragen, um rascher einen vollstreckbaren Titel zu erlangen. Hierbei wird dem Schuldner eine sogenannte *„Application for Summary Judgement"* zugestellt, sofern dieser keinerlei Einwände gegen die Forderung geltend machen kann. Diesem Antrag sind ein Affidavit (eidesstattliche Erklärung des Antragstellers über die Rechtmäßigkeit der Forderung) sowie Nachweise über die nicht beglichene Rechnung beizufügen.

Handelt es sich um eine komplizierte oder strittige Forderung, so stellt das ordentliche Verfahren *(Standard Civil Proceedings)* das einzig mögliche Rechtsmittel dar. Da jeder Bundesstaat über eine eigene Rechtsorganisation verfügt, kann dieses Verfahren langwierig (ungefähr zwei Jahre) und mit hohen Kosten verbunden sein. Im ersten Teil des Verfahrens werden die Verhandlungen schriftlich geführt. Hierbei werden sämtliche Beweisdokumente geprüft, auf die sich die beiden Parteien bei der Geltendmachung ihrer Ansprüche stützen. Daraufhin erfolgt eine genaue Untersuchung der Beweise durch die jeweiligen Anwälte nach dem sogenannten *Discovery*-Verfahren. Hiernach können beide Parteien von der gegnerischen Seite die Beibringung sämtlicher verfahrensrelevanten Belege und Zeugenaussagen verlangen.

Im Anschluss wird die Rechtssache durch das Gericht untersucht, das am Tag der Hauptverhandlung sämtliche Zeugen hört, die ebenfalls von den Anwälten beider prozessführender Parteien befragt werden. Sodann ergeht ein Urteil.

Für geringfügige Rechtsstreitigkeiten sind die *Local Courts* bzw. die *Magistrates Courts* zuständig. Die Streitwerte liegen zwischen der im Bundesstaat South Australia geltenden Untergrenze von 40.000 AUD und der in den Bundesstaaten Victoria und Northern Territory geltenden Obergrenze von 100.000 AUD. Alle Fälle, deren Streitwert die jeweilige Obergrenze für geringfügige Streitigkeiten übersteigt, werden je nach Bundesstaat vor dem *County Court* bzw. dem *District Court* verhandelt. Hier gelten ebenfalls Obergrenzen, zum Beispiel 750.000 AUD in New South Wales, 500.000 AUD in Western Australia oder 250.000 AUD in Queensland. Übersteigt der Streitwert auch diese Obergrenzen, ist der *Supreme Court* des jeweiligen Bundesstaates zuständig.

Seit Januar 2007 können vor dem *County Court* des Bundesstaates Victoria Fälle mit unbegrenztem Streitwert verhandelt werden.

Rechtsmittel gegen Entscheidungen der *Supreme Courts,* die vormals als Berufungsinstanz mit mehreren Richtern zusammentraten, werden im Allgemeinen beim *High Court of Australia* mit Sitz in Canberra eingelegt, der nach vorheriger Zulassung Fälle von offenkundigem juristischem Interesse untersucht. Die Einlegung von Rechtsmitteln vor dem *Privy Council* in London in letzter Instanz ist seit dem 3. März 1986 nicht mehr möglich *(Australia Act 1986)*.

An dieser Stelle sei angemerkt, dass es in Australien keine eigenständigen Handelsgerichte gibt. In einigen Bundesstaaten, wie beispielsweise in New South Wales, existiert beim *District Court* bzw. *Supreme Court* eine Handelsgerichtskammer, die für Streitsachen im Handelsrecht zuständig ist und eine schnellere Verfahrensabwicklung gewährleistet. Parallel zu den Gerichten der einzelnen Bundesstaaten existieren seit dem 1. Februar 1977 Bundesgerichte mit Sitz in der jeweiligen Hauptstadt des Bundesstaates, die mit umfangreichen Kompetenzen ausgestattet sind. Sie beschäftigen sich mit Streitsachen im Zivil- und Handelsrecht (Gesellschaftsrecht, Kollektivverfahren), Steuer- und Seerecht sowie mit den Bereichen Einwanderung, geistiges Eigentum und Verbraucherschutz.

Die Kompetenzbereiche der Gerichte der einzelnen Bundesstaaten sind nicht eindeutig von denjenigen der Bundesgerichte abgegrenzt, was je nach Rechtsgebiet gelegentlich zu Konflikten führen kann.

Rechtsstreitigkeiten können im Rahmen der alternativen Streitschlichtung *(Alternative Dispute Resolution – ADR)* auch durch ein Schieds- oder Schlichtungsverfahren beigelegt werden. Dies ist weniger zeitaufwendig und bringt geringere Kosten mit sich. •

Bangladesch

Bevölkerung (Mio Einwohner):	**158,6**
BIP (Mio US$):	**67.694**
Anteil am regionalen BIP (%):	**1**

Coface-Bewertungen

Kurzfristiges Risiko:	**C**
Geschäftsumfeld:	**D**
Mittelfristiges Risiko:	**hoch**

Asien-Pazifik

STÄRKEN

- ▲ Seit Anfang der 90er Jahre trägt die Bekleidungsindustrie wesentlich zur Entwicklung des Landes bei. Dank ihrer billigen und fleißigen Arbeitskräfte verfügt die Branche über klare Wettbewerbsvorteile.
- ▲ Durch Überweisungen von im Ausland arbeitenden Emigranten, die hauptsächlich in den Golfstaaten tätig sind, sowie internationale Hilfe kann das Defizit der Handelsbilanz ausgeglichen werden.
- ▲ Die Verschuldung des Landes liegt auf einem moderaten Niveau.

SCHWÄCHEN

- ▼ Die Wirtschaft des Landes ist sensibel für die Entwicklung des weltweiten Wettbewerbs in der Textilbranche.
- ▼ Trotz der Verringerung der Armut (40% der Bevölkerung leben unterhalb der Armutsgrenze, 1995 waren es noch 50%) liegt das Pro-Kopf-Einkommen nur bei 566 US$.
- ▼ Das Geschäftsumfeld ist nach wie vor unzulänglich.
- ▼ Das Land leidet stark unter Naturkatastrophen. So haben die Überschwemmungen und der Zyklon im Jahr 2007 große Teile der Ernte vernichtet und unzählige Dörfer zerstört.
- ▼ Mängel in der Infrastruktur, insbesondere in der Stromversorgung, bremsen das Wachstum.
- ▼ Das Bankensystem ist nach wie vor instabil. Die geplante Privatisierung der vier großen Handelsbanken wurde aufgrund der weltweiten Wirtschafts- und Finanzkrise verschoben.

RISIKOEINSCHÄTZUNG

Rückgang des Wirtschaftswachstums

Die Wirtschaft Bangladeschs verzeichnete 2008 einen Rückgang des Wachstums, der auf die nachlassende Dynamik der Exporte insbesondere in die USA und nach Europa (über 50% des Auslandsabsatzes) zurückzuführen ist. Die steigenden Rohstoffpreise (insbesondere für Reis) und die im Juli 2008 von der Übergangsregierung beschlossene Verringerung der Ölpreissubventionen heizten die Inflation an. In der Folge schränkten die Privathaushalte ihre Konsumausgaben ein.

2009 dürfte sich die Konjunktur weiter abkühlen. Der Einbruch der Auslandsnachfrage und die zunehmende Konkurrenz aus Ländern mit einer exportorientierten Textilindustrie, wie z.B. Vietnam und Kambodscha, werden voraussichtlich dazu führen, dass die Entwicklung der Ausfuhren (insbesondere in der Textilbranche, die mit 75% zum Auslandsabsatz beiträgt) sich weiter abschwächt. Zudem ist es möglich, dass die in die USA ausgewanderte Arbeitskräfte ihre Überweisungen einstellen. Die USA sind nach Saudi-Arabien die zweitgrößte Quelle für private Transferzahlungen. Wenn das Volumen dieser privaten Überweisungen schrumpft, dürfte dies im kommenden Jahr die Konsumausgaben schmälern, und mit dem zu erwartenden Absatzrückgang im In- und Ausland wird voraussichtlich auch die Investitionstätigkeit nachlassen.

Finanzlage instabil

Da die Regierung trotz der Konjunkturabkühlung voraussichtlich an ihrer expansiven Haushaltspolitik festhält, dürfte der Staatshaushalt 2009 ein noch grö-

Wichtige Kennzahlen[1]

	2004/05	2005/06	2006/07	2007/08	2008/09 (S)	2009/10 (P)
Reales Wirtschaftswachstum (%)	6,0	6,6	6,5	6,2	5,5	4,5
Inflation (%)	9,2	7 ,0	6,8	9,1	9,4	7,3
Staatshaushalt (Saldo in % des BIP)	–3,5	4,0	–3,4	–3,6	–4,8	–5,3
Ausfuhren (Mrd US$)	8,2	9,3	11,6	12,5	14,0	14,3
Einfuhren (Mrd US$)	11,2	12,5	14,4	16,7	20,2	20,8
Handelsbilanz (Saldo in Mrd US$)	–3,0	–3,2	–2,9	–4,2	–6,2	–6,5
Leistungsbilanz (Saldo in Mrd US$)	–0,3	–0,2	1,2	1,2	0,5	0,1
Leistungsbilanz (Saldo in % des BIP)	–0,5	–0,3	1,8	1,7	0,7	0,1
Auslandsverschuldung (in % des BIP)	34,6	31,1	31,5	29,1	26,4	24,3
Schuldendienst (in % der Ausfuhren)	5,2	5,4	3,7	4,9	4,6	4,6
Währungsreserven (in Monatsimporten)	2,2	2,1	2,9	2,9	2,6	2,4

1) Fiskaljahre von Juli bis Ende Juni. (S): Schätzung. (P): Prognose.   Quelle: Coface.

ßeres Defizit verzeichnen als in den Vorjahren. Der Leistungsbilanzüberschuss wird in Anbetracht der nachlassenden Dynamik der Exporte vermutlich weiter zusammenschrumpfen. In dieser Lage ist zu erwarten, dass die bereits äußerst geringen Devisenreserven und damit die Einfuhrdeckung noch etwas weiter abgebaut werden, wodurch sich das Land im kommenden Jahr besonders anfällig für eine Liquiditätskrise zeigt.

Unsichere politische Lage hält an

Nach den Wahlen ist in der Wirtschaftspolitik des Landes mehr Kontinuität zu erwarten. Die neue Regierung wird voraussichtlich weiterhin enge Beziehungen zu multilateralen Geldgebern (u.a. zur Weltbank) halten, die ein auf 15 Jahre angelegtes Hilfsprogramm mit einem Volumen von 3 Mrd US$ planen, um Bangladesch zu einer größeren Widerstandsfähigkeit gegen Naturkatastrophen zu verhelfen.

Aus den Parlamentswahlen im Dezember 2008 ging die „Große Allianz" unter Führung der Awami-Liga als deutliche Siegerin hervor. Sie verfügt nun über eine breite Parlamentsmehrheit. Es ist allerdings nicht auszuschließen, dass die Spannungen mit der Bangladesh Nationalist Party (BNP) erneut aufflammen. Aufgrund der anhaltend hohen Armut bleibt auch die Gefahr weiterer sozialer Unruhen bestehen, wie die Demonstrationen nach dem starken Anstieg des Reispreises 2008 gezeigt haben. Die politischen Spannungen und die angespannte gesellschaftliche Lage schaffen ein ungünstiges Klima für Investitionen, deren Attraktivität ohnehin bereits unter Mängeln bei der Governance

und insbesondere unter der anhaltend hohen Korruption leidet.

VORAUSSETZUNGEN FÜR DEN MARKTZUGANG

Marktsituation

Trotz des schwierigen Geschäftsumfelds sind Möglichkeiten zur Niederlassung von Unternehmen gegeben. Die größten Probleme werden durch die Korruption, den behäbigen Verwaltungsapparat, die geringe politische Stabilität und die unzureichend entwickelte Infrastruktur verursacht. Gleichzeitig bildet der Nachholbedarf bei der Entwicklung der Stromversorgung, der Verkehrs- und Telekommunikationsinfrastruktur jedoch auch ein Geschäftspotential.

Die Dynamik privater Unternehmen in einem liberalen Wirtschaftsumfeld sorgt nicht nur für die Diversifizierung der wirtschaftlichen Basis von Bangladesch, sondern auch für die Entwicklung neuer Wirtschaftszweige, z.B. der Pharmazie- und der Lebensmittelindustrie, der IT-Branche sowie des Schiffbaus.

Möglichkeiten des Marktzugangs

Die Bedingungen für die Einfuhr von Waren nach Bangladesch sind in der *Import Policy Order (IPO)* geregelt, deren letzte Ausgabe sich auf den Zeitraum 2007–2009 bezieht. Dieses Dokument legt insbesondere allgemeine Einfuhrvorschriften, die Bedingungen für die Eröffnung

Exporte: 19% des BIP

Importe: 25% des BIP

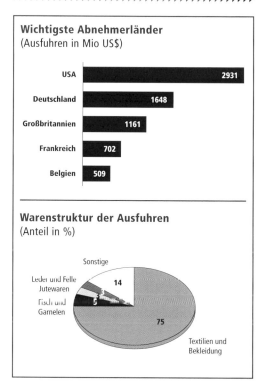

Wichtigste Abnehmerländer
(Ausfuhren in Mio US$)

USA	2931
Deutschland	1648
Großbritannien	1161
Frankreich	702
Belgien	509

Warenstruktur der Ausfuhren
(Anteil in %)

- Sonstige
- Leder und Felle
- Jutewaren
- Fisch und Garnelen 5
- 14
- 75 Textilien und Bekleidung

Wichtigste Lieferländer
(Einfuhren in Mio US$)

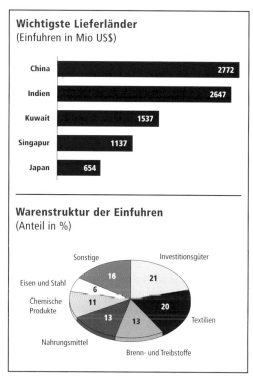

China	2772
Indien	2647
Kuwait	1537
Singapur	1137
Japan	654

Warenstruktur der Einfuhren
(Anteil in %)

- Sonstige 16
- Investitionsgüter 21
- Eisen und Stahl 6
- Chemische Produkte 11
- 20 Textilien
- 13
- 13
- Nahrungsmittel
- Brenn- und Treibstoffe

Schuldenlast
(Auslandsverschuldung in % der Waren- und Dienstleistungsexporte)

Bangladesch	95
Regionaler Durchschnitt	45
Durchschnitt Schwellenländer	73

Pro-Kopf-Einkommen
(BIP je Einwohner in US$)

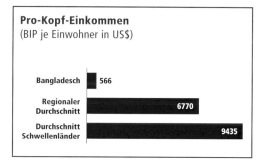

Bangladesch	566
Regionaler Durchschnitt	6770
Durchschnitt Schwellenländer	9435

Asien-Pazifik

von Akkreditiven, Sonderregelungen für Produkte, die für den menschlichen Verzehr bestimmt sind, sowie spezifische Einfuhrverfahren fest (zeitweilige Einfuhr, Freizonen, Einfuhren von ausfuhrorientierten Unternehmen etc.). Im Vergleich zur IPO 2003–2006 wurde die Liste der Erzeugnisse, deren Import eingeschränkt oder verboten ist, von 131 auf 20 Produkte reduziert (die mit dem HS-Code für den internationalen Handel bezeichnet sind). Somit wurden die Formalitäten bei der Einfuhr weitgehend vereinfacht.

Haltung gegenüber ausländischen Investoren

Verschiedene Gesetze und Vorschriften regeln in- und ausländische Investitionen in Bangladesch. So schützt der Foreign Private Investment Act (1980) ausländische Investoren vor Verstaatlichungen und Enteignungen und garantiert die grundsätzliche Rückführung von Kapital und Dividenden. Eine Diskriminierung ausländischer Investoren ist aus den Rechtstexten nicht zu entnehmen. Die Praxis sieht jedoch bisweilen völlig anders aus: Einheimische Unternehmen können als Interessenverband auftreten und ihren Einfluss wirkungsvoll gegen die Interessen der als Konkurrenten wahrgenommenen ausländischen Investoren zur Geltung bringen.

Ein besonderes Wirtschaftsinstrument sind die Freizonen, in denen günstige Regelungen gelten, um Anreize für exportorientierte in- und ausländische Investitionen zu bieten. Investitionen in den Freizonen sind in den ersten zehn Jahren vollständig von der Steuer befreit. In den folgenden fünf Jahren gilt für sie eine verminderte Besteuerung. Darüber hinaus müssen für Industriegüter und Rohstoffe keine Einfuhrzölle entrichtet werden, und Sonderabschreibungen auf Anlagevermögen sind möglich.

Investitionen können sich zu 100% in den Händen von ausländischen Unternehmen befinden und Dividenden in voller Höhe zurückgeführt werden. Im Jahr 2008 befanden sich 80% der bestehenden Investitionen in den Freizonen im Eigentum von Ausländern. Seit fünf Jahren ist bei den Freizonen ein deutliches Wachstum zu verzeichnen (Zuwachs von 12% pro Jahr bei den Investitionen, 150 Mio US$ im Jahr 2007).

Geistiges Eigentum

Bangladesch ist Mitglied der WIPO (World Intellectual Property Organization – Weltorganistaion für geistiges Eigentum) und Unterzeichner des TRIPS-Abkommens (Übereinkommen über handelsbezogene Aspekte der Rechte am geistigen Eigentum) der WTO. Als eines der Least Developed Countries (LDC) hat Bangladesch bis 2016 Zeit, um Gesetze zum Schutz von Arzneimittelpatenten einzuführen. In der Praxis ist die Umsetzung von Gesetzen und Verordnungen aber schwierig, da die Verfahren in der Justiz langwierig, nur wenig effizient und lediglich in seltenen Fällen zielführend sind.

Bangladesch scheint zwar nicht zu den Ländern zu gehören, die selbst Produkte nachahmen, doch der Absatz von Fälschungen auf dem Binnenmarkt ist durchaus verbreitet. Besonders häufig kommen nachgeahmte Erzeugnisse in den Bereichen Audio/Video, Software, Automobilersatzteile, Elektrogeräte, Pflegeprodukte und Kosmetika sowie Konsumgüter vor. Nach Ansicht der Europäischen Union und der USA verschlechtert sich die Lage beim Schutz von geistigem Eigentum, da keine ausreichenden Mittel zur Bekämpfung der Produktpiraterie bereitgestellt werden. •

China

Bevölkerung (Mio Einwohner):	**1.320**
BIP (Mio US$):	**3.280.053**
Anteil am regionalen BIP (%):	**48**

Coface-Bewertungen
Kurzfristiges Risiko:	**A3**
Geschäftsumfeld:	**B**
Mittelfristiges Risiko:	**hoch**

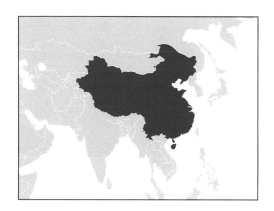

STÄRKEN

▲ Der Leistungsbilanz kommen die Wettbewerbsfähigkeit und die Diversifizierung der Industrie zugute.
▲ Aufgrund ausländischer Investitionen können Schritt für Schritt höherwertige Erzeugnisse hergestellt werden.
▲ Das langfristige Wachstum wird durch den Ausbau der Infrastruktur gestützt, der sich im Zuge der 2008 in Peking veranstalteten Olympischen Spiele beschleunigt hat.
▲ Die Unternehmen weisen eine überaus hohe Sparquote auf und finanzieren dadurch den überwiegenden Teil der Investitionen.
▲ China gewinnt auf dem internationalen Parkett immer mehr Einfluss.

SCHWÄCHEN

▼ Durch die zunehmenden Ungleichheiten verstärken sich die sozialen Spannungen.
▼ In vielen Branchen der Industrie und des Handels kommt es zu Überkapazitäten.
▼ Chinesische Banken sind aufgrund des hohen Kreditvolumens und der Unsicherheiten angesichts der Höhe von notleidenden Krediten nach wie vor anfällig. Daran könnten auch die strengeren Aufsichtsvorschriften sowie das Engagement ausländischer Investoren nichts ändern.
▼ Umweltprobleme hemmen nachhaltiges Wachstum.
▼ Die Taiwan-Frage bleibt ein Risikofaktor.

RISIKOEINSCHÄTZUNG

Abschwächung der Konjunktur

Nachdem das Wachstum in China 2007 mit 13% einen bisherigen Höchststand verzeichnet hatte, war 2008 eine Abschwächung infolge geringerer Zuwächse der Ausfuhren und der Binnennachfrage zu beobachten. Bei den Exporten fiel das Wachstum geringer aus, da vor allem der Absatz in den Industrieländern, auf den immer noch 46% der Ausfuhren entfallen, nachgelassen hat. Darüber hinaus hat der Konsum angesichts des zunehmenden Inflationsdrucks und der steigenden Arbeitslosigkeit abgenommen. Der Rückgang der Investitionszunahme erklärt sich durch schrumpfende Gewinnspannen der Unternehmen, unter denen besonders die Exportbranchen mit Überkapazitäten leiden.

Dieser Trend dürfte sich 2009 fortsetzen. Der Außenhandel dürfte zurückgehen. Allerdings wird nach wie vor ein erheblicher Überschuss in der Leistungsbilanz bestehen bleiben. Der private Konsum wird sich trotz sinkender Inflationsraten weiter verhalten entwickeln. Das Platzen der Immobilien- und der Börsenblase macht dem Konsum zu schaffen. Der Börsenindex hat über 55% verloren, und das Kurs-Gewinn-Verhältnis ist von mehr als 60 auf 20 gesunken. Die Investitionen dürften sich entsprechend weiter abschwächen, da die Gewinnspannen sinken und Schwierigkeiten beim Zugang zu Krediten bestehen.

Asien-Pazifik

Wichtige Kennzahlen

	2004	2005	2006	2007	2008 (S)	2009 (P)
Reales Wirtschaftswachstum (%)	10,1	10,4	11,6	13,0	9,0	6,5
Inflation (%)	3,9	1,8	1,5	4,8	5,9	1,3
Staatshaushalt (Saldo in % des BIP)	−1,3	−1,2	−0,8	0,7	−1,0	−1,0
Ausfuhren (Mrd US$)	593,4	762,5	969,7	1.220,0	1.428,6	1.357,0
Einfuhren (Mrd US$)	534,4	628,3	751,9	904,6	1.133,1	1.011,0
Handelsbilanz (Saldo in Mrd US$)	59,0	134,2	217,7	315,4	295,5	346,0
Leistungsbilanz (Saldo in Mrd US$)	68,7	160,8	249,9	371,8	340,0	390,0
Leistungsbilanz (Saldo in % des BIP)	3,6	7,2	9,4	11,3	9,1	8,7
Auslandsverschuldung (in % des BIP)	12,8	12,5	12,2	11,4	9,9	9,1
Schuldendienst (in % der Ausfuhren)	3,1	2,9	2,3	2,1	1,7	1,4
Währungsreserven (in Monatsimporten)	11,8	13,4	14,4	16,8	17,9	19,3

(S): Schätzung. (P): Prognose.   Quelle: Coface.

Erheblicher Handlungsspielraum für konjunkturbelebende Maßnahmen

Zur Bewältigung dieses Abschwungs betreibt die chinesische Regierung eine expansive Geldpolitik. Seit Ende 2008 vollziehen sich außerdem Veränderungen in der Währungspolitik, denn zur Stützung der in Schwierigkeiten steckenden Exportbranchen ist wieder eine Politik der Stabilität bzw. geringer Abwertungen des Renminbi Yuan gegenüber dem US-Dollar in den Vordergrund getreten.

Dank der niedrigen Staatsverschuldung (15% des BIP) und der hohen Sparquote hat die Regierung ein Konjunkturpaket zur Belebung der Wirtschaft in Höhe von 586 Mrd US$ beschlossen. Diese Mittel sollen in große Infrastrukturprojekte (Investitionen in den Verkehr und die Stromversorgung, Wiederaufbau der vom Erdbeben verwüsteten Regionen usw.) und sozialpolitische Maßnahmen (Bildung, Unterstützung der Landbevölkerung, Wohnungsbeihilfen usw.) fließen. Durch das Konjunkturpaket soll das Szenario eines drastischen Wachstumseinbruchs verhindert werden, der zu einem deutlichen Anstieg der Zahlungsausfälle und wachsenden sozialen Spannungen führen könnte.

Ausfallrisiken 2009 im Auge behalten

Trotz der fiskalischen Anreize besteht in bestimmten Branchen nach wie vor ein erhebliches Risiko für Zahlungsausfälle. Dabei haben Branchen, die auf den Export von Produkten mit geringer Wertschöpfung und niedrigen Gewinnspannen ausgerichtet sind – wie z.B.

Textil-, Schuh- und Spielwarenindustrie –, in den ersten neun Monaten von 2008 unter der rascheren Verteuerung des Renminbi Yuan, steigenden Löhnen und Qualitätsproblemen bei ihren Erzeugnissen zu leiden gehabt.

Mit Schwierigkeiten zu kämpfen haben auch Branchen, in denen die Güter auf Kredit gekauft werden wie z.B. die Automobilindustrie und die Immobilienwirtschaft. Im Zuge der geplatzten Immobilienblase sind die Immobilienverkäufe und -preise in den 70 größten Städten Chinas zurückgegangen. Dadurch belastet werden die Branchen, die im Bau von Bedeutung sind, wie z.B. die Zement-, Stahl- und Stromproduktion. Das von Coface verzeichnete Zahlungsverhalten verschlechtert sich, und dieser Trend könnte sich 2009 infolge des Wirtschaftsabschwungs noch verstärken. Schließlich müssen die sozialen und politischen Spannungen, die mit der wachsenden Disparität zwischen städtischen und ländlichen Regionen sowie der im Zuge der konjunkturellen Abschwächung steigenden Arbeitslosigkeit in Zusammenhang stehen, im Auge behalten werden.

VORAUSSETZUNGEN FÜR DEN MARKTZUGANG

Möglichkeiten des Marktzugangs

Anlässlich seines offiziellen Beitritts zur WTO Ende 2001 hat China die Öffnung seines Marktes deutlich vorangetrieben. Die meisten Handelshemmnisse nichttarifärer Art wurden dabei abgeschafft. Allein in den vergangenen Jahren ist der durchschnittliche Zolltarif

Exporte: 40% des BIP

Importe: 32% des BIP

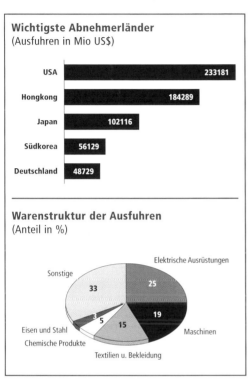

Wichtigste Abnehmerländer
(Ausfuhren in Mio US$)

USA	233181
Hongkong	184289
Japan	102116
Südkorea	56129
Deutschland	48729

Warenstruktur der Ausfuhren
(Anteil in %)

- Elektrische Ausrüstungen 25
- Maschinen 19
- Textilien u. Bekleidung 15
- Chemische Produkte 5
- Eisen und Stahl 3
- Sonstige 33

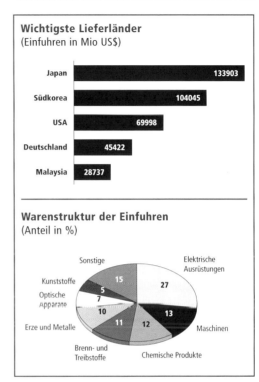

Wichtigste Lieferländer
(Einfuhren in Mio US$)

Japan	133903
Südkorea	104045
USA	69998
Deutschland	45422
Malaysia	28737

Warenstruktur der Einfuhren
(Anteil in %)

- Elektrische Ausrüstungen 27
- Maschinen 13
- Chemische Produkte 12
- Brenn- und Treibstoffe 11
- Erze und Metalle 10
- Optische Apparate 7
- Kunststoffe 5
- Sonstige 15

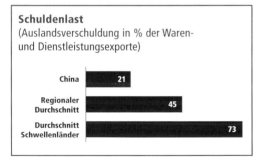

Schuldenlast
(Auslandsverschuldung in % der Waren- und Dienstleistungsexporte)

China	21
Regionaler Durchschnitt	45
Durchschnitt Schwellenländer	73

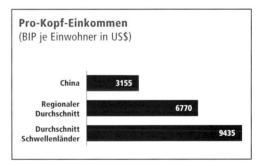

Pro-Kopf-Einkommen
(BIP je Einwohner in US$)

China	3155
Regionaler Durchschnitt	6770
Durchschnitt Schwellenländer	9435

Asien-Pazifik

von 14% auf 9,9% zurückgegangen. Im Jahr 2004 standen Im- und Exporttätigkeiten allen Unternehmen chinesischen Rechts offen, auch solchen mit ausländischen Kapitalbeteiligungen, und die letzten Beschränkungen im Handel wurden aufgehoben.

Allerdings stehen dem Zugang zum Markt nach wie vor Hindernisse aller Art im Wege. Immer noch gelten für bestimmte Importwaren (Nahrungsmittel, Kosmetika usw.) strenge und häufig diskriminierende hygienische und technische Normen. Darüber hinaus kompliziert und verteuert ein Sicherheitszertifikationssystem (CCC)

die Einfuhr von Fahrzeugen und elektrischen oder elektronischen Geräten.

Haltung gegenüber ausländischen Investoren

Die Öffnung Chinas für ausländische Direktinvestitionen ist schon seit Anfang der 90er Jahre sehr erfolgreich. Noch immer fließen umfangreiche Mittel (92,4 Mrd US$ im Jahr 2008) nach China, das, bezogen auf das ausländische Investitionsvolumen, weltweit den dritten Platz belegt. In qualitativer Hinsicht hat der Beitritt zur WTO die Öffnung neuer Bereiche möglich gemacht. Zwar bleiben ausländische Direktinvestitionen in den Grunddienstleistungsbereichen der Post, in der Luftraumüberwachung und in den Medien verboten, doch in den Bereichen Telekommunikation, Bauwesen und Bewirtschaftung städtischer Gas- und Wasserversorgungsnetze, Tourismus und Finanzen sind sie inzwischen zugelassen.

Jedes ausländische Direktinvestitionsprojekt bedarf der Genehmigung durch die Behörden. Die hierfür jeweils zuständige Ebene (kommunal, provinzial oder zentral) richtet sich nach der Höhe der Investition. Die bevorzugte Form der ausländischen Direktinvestition ist weiterhin das ausländisch finanzierte Unternehmen (FIE).

Seit 2008 werden Unternehmensgewinne einheitlich mit 25% besteuert, so dass keine Steuervorteile für ausländische Unternehmen mehr bestehen. Allerdings gilt für diese Steuerreform ein Übergangszeitraum von fünf Jahren für FIEs, die nach dem alten System von Vorzugsregelungen profitierten.

Darüber hinaus sind vermehrte Übernahmen von Unternehmen zu beobachten (die sich 2006 auf mehr als 43,2 Mrd US$ beliefen). Grund und Boden ist in China Eigentum des Staates. Hierfür werden lediglich Nutzungsrechte für einen bestimmten Zeitraum (50 Jahre bei einer Industrieansiedlung) erteilt. Grundsätzlich müssen ausländisch finanzierte Unternehmen vorrangig lokale Arbeitskräfte einstellen. Nur in Ausnahmefällen dürfen sie auf ausländische Beschäftigte zurückgreifen. Seit Anfang 2008 scheinen sich die chinesischen Behörden dabei strenger als in der Vergangenheit an diese Vorschrift halten zu wollen. Die gesetzliche Arbeitszeit ist auf 40 Wochenstunden festgelegt. Die Dauer des bezahlten Urlaubs schwankt zwischen fünf und 15 Arbeitstagen pro Jahr. China verfügt noch nicht über ein einheitliches Sozialschutzsystem.

Devisenverkehr

Die Konvertierbarkeit des Renminbi Yuan (CNY, in China auch RMBY) bleibt auf übliche Handelsgeschäfte beschränkt. Der Devisenverkehr wurde im Juli 2005 gelockert und die Währung im Verhältnis zum US-Dollar aufgewertet. Seit Anfang 2008 hat sich der Yuan gegenüber dem US-Dollar um annähernd 6,4% (und um 17,5% seit der Reform im Juli 2005) verteuert. Am 10. April 2008 wurde dabei zum ersten Mal die symbolische Marke von 7 CNY für 1 US$ überschritten. Angesichts der Entwicklung des Wechselkursverhältnisses von Euro und US-Dollar legte die chinesische Währung gegenüber dem Euro seit Januar 2008 noch stärker zu und verteuerte sich um 17,5% (und 12,1% seit der Reform). Insgesamt verzeichnete der effektive reale Wechselkurs als das aussagekräftigste Maß für die Aufwertung der chinesischen Währung, der nach der Reform 2005 lange Zeit nahezu stabil geblieben war, in letzter Zeit ein deutliches Plus (+19,6% seit Juli 2005 und +10,3% seit Januar 2008). Infolge der konjunkturellen Verschlechterung steht die Regierung unter starkem Druck, die Margen für Exporteure zu lockern. Deswegen hat China der nominalen Aufwertung seiner Währung im Verhältnis zum US-Dollar ab dem 1. Juli 2008 ein Ende gesetzt. Seitdem schwankt die Parität nur noch in geringerem Umfang (6,83 bis 6,85 CNY für 1 US$).   •

Hongkong

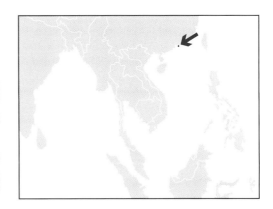

Bevölkerung (Mio Einwohner):	**7,0**
BIP (Mio US$):	**206.706**
Anteil am regionalen BIP (%):	**2,5**

Coface-Bewertungen	
Kurzfristiges Risiko:	**A2**
Geschäftsumfeld:	**A2**
Mittelfristiges Risiko:	**sehr gering**

STÄRKEN

- ▲ Die Spezialisierung Hongkongs auf Dienstleistungen, die 92% seines BIP ausmachen, bedeutet für die Sonderverwaltungsregion nach wie vor ein besonderes Plus.
- ▲ Das Bankensystem ist robust und sehr transparent.
- ▲ Die gute Governance und die effizienten Aufsichtsvorschriften, ein Erbe des angelsächsischen Rechts, stellen wesentliche Wettbewerbsvorteile gegenüber anderen asiatischen Staaten dar.
- ▲ Die Möglichkeit des Forderungseinzugs, die das leistungsfähige Justizwesen bietet, zeichnet Hongkong in besonderer Weise aus.
- ▲ Hongkong besitzt eine ausgezeichnete Infrastruktur: Sein Containerhafen ist weltweit der drittgrößte. Sein Flughafen stellt eine wichtige Drehscheibe in Asien dar und wickelt international das zweitgrößte Frachtaufkommen ab.
- ▲ Das Prinzip „Ein Land, zwei Systeme" dürfte auch in Zukunft erhalten bleiben, da die Wirtschaft Chinas und Hongkongs einander ergänzen.

SCHWÄCHEN

- ▼ Die Wirtschaft ist immer stärker mit Kontinentalchina verflochten und wird dadurch anfällig für eine Abschwächung der chinesischen Konjunktur.
- ▼ Die Industrie ist gänzlich nach Kontinentalchina ausgelagert.
- ▼ Kontinentalchina stellt für Hongkong im Dienstleistungsbereich zunehmend eine Konkurrenz dar.
- ▼ Fast die Hälfte der Haushaltseinnahmen steht mit der Immobilienbranche in Zusammenhang. Das ruft Unsicherheiten hervor.

- ▼ Auch wenn die Ungleichheiten in Hongkong zunehmen, ist die Einführung eines Mindestlohns oder eines Umverteilungssystems eher unwahrscheinlich.
- ▼ Über Unternehmen, die nicht börsennotiert und zur Veröffentlichung ihrer Bilanzen verpflichtet sind, liegen möglicherweise nur sehr spärliche Informationen vor.

RISIKOEINSCHÄTZUNG

Spürbare Abschwächung des Wachstums

Nach den hohen Wachstumsraten im Zeitraum 2004 bis 2007 ist seit dem 2. Quartal 2008 eine deutliche Abschwächung der wirtschaftlichen Dynamik zu verzeichnen. Grund hierfür ist vor allem der Einbruch der Auslandsnachfrage, nicht nur aus den USA und aus Europa, sondern auch aus China. Immerhin machen die Warenexporte Hongkongs 156% des BIP aus. Geringere Werte waren außer beim Absatz von Maschinen und Elektronik im Ausland auch im Tourismus (Reisende aus Industrieländern und anderen Regionen Asiens) zu verzeichnen. Zudem ist die Binnennachfrage vor dem Hintergrund der um sich greifenden Risikoaversion und des schwindenden Vertrauens seitens der Wirtschaft zurückgegangen.

Auch die weniger guten Aussichten auf dem Arbeitsmarkt und die negativen Vermögenseffekte infolge des sinkenden Hang-Seng-Indexes an der Börse von Hongkong sowie rückläufiger Immobilienpreise machten dem Konsum zu schaffen. Aufgrund des abnehmenden Kreditangebots haben die Investitionen der Unternehmen in geringerem Umfang zugelegt. Dies gilt vor allem für den Einzelhandel und die Elektronikindustrie.

Asien-Pazifik

Wichtige Kennzahlen

	2004	2005	2006	2007	2008 (S)	2009 (P)
Reales Wirtschaftswachstum (%)	8,5	7,1	7,0	6,4	3,0	−3,0
Inflation (%)	−0,4	0,9	2,0	2,0	4,3	3,4
Staatshaushalt (Saldo in % des BIP)	1,7	1,0	4,0	7,6	0,1	2,6
Ausfuhren (Mrd US$)	260,3	289,5	317,6	345,9	362,0	343,9
Einfuhren (Mrd US$)	269,6	297,2	331,7	365,6	387,9	373,9
Handelsbilanz (Saldo in Mrd US$)	−9,3	−7,7	−14,1	−19,7	−25,8	−30,0
Leistungsbilanz (Saldo in Mrd US$)	15,8	20,1	22,8	25,7	30,8	19,8
Leistungsbilanz (Saldo in % des BIP)	9,5	11,3	12,0	12,3	14,2	8,2
Auslandsverschuldung (in % des BIP)	41,1	41,0	38,4	36,3	36,7	34,7
Schuldendienst (in % der Ausfuhren)	2,1	2,2	2,3	2,1	2,0	2,1
Währungsreserven (in Monatsimporten)	4,2	3,7	3,5	3,6	3,6	3,6

(S): Schätzung. (P): Prognose.

Quelle: Coface.

Vor diesem Hintergrund beobachtet Coface ein sich verschlechterndes Zahlungsverhalten. Darüber hinaus liegen bei nicht börsennotierten Unternehmen, die nicht zur Veröffentlichung ihrer Bilanzen verpflichtet sind, oft nur sehr spärliche Informationen vor. Dieser Mangel wird jedoch durch die Möglichkeiten zum Forderungseinzug wettgemacht, die ein leistungsfähiges Justizwesen bietet.

Der Abschwung verstärkt sich 2009 voraussichtlich, und die Wirtschaft Hongkongs dürfte in eine Rezession eintreten. Allerdings könte es durch eine expansive Geld- und Haushaltspolitik gelingen, das Wachstum im zweiten Halbjahr wieder leicht anspringen zu lassen.

Anhaltend hohe Inflation

Die Inflation hat sich 2008 beschleunigt, da Hongkong beinahe seinen gesamten Bedarf an Energie und Nahrungsmitteln importieren muss. Außerdem besitzt Hongkong nur einen begrenzten geldpolitischen Handlungsspielraum, denn der Hongkong-Dollar ist an den US-Dollar angebunden. Wegen der sinkenden Rohstoffpreise dürfte sich die Inflation 2009 allerdings etwas abschwächen.

Immer noch solide Finanzlage

Rückläufige Exporte tragen bei weniger stark sinkenden Importen (durch die zunehmende Einfuhr von Nahrungsmitteln hauptsächlich aus China und verstärkt durch die raschere Verteuerung des Renminbi Yuan) zu einem größer werdenden Defizit in der Handelsbilanz bei. Der Überschuss in der Leistungsbilanz dürfte 2009 somit wieder abnehmen. Durch den raschen Zuwachs bei Exporten von Dienstleistungen wird er allerdings weiterhin auf einem hohen Niveau liegen. Darüber hinaus dürfte die Anbindung des Hongkong-Dollar an den US-Dollar auch 2009 bestehen bleiben.

Stabile politische Verhältnisse

Donald Tsang, der im März 2007 für eine dritte Amtszeit wiedergewählt wurde, ist nach wie vor populär. Allerdings werden die Beziehungen zu Peking durch den Druck der demokratischen Parteien belastet, die auf die Einführung des allgemeinen direkten Wahlrechts drängen. Für Peking kommt eine solche Reform jedoch nicht

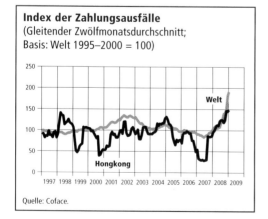

Index der Zahlungsausfälle
(Gleitender Zwölfmonatsdurchschnitt;
Basis: Welt 1995–2000 = 100)

Welt

Hongkong

Quelle: Coface.

Exporte: 205% des BIP

Importe: 194% des BIP

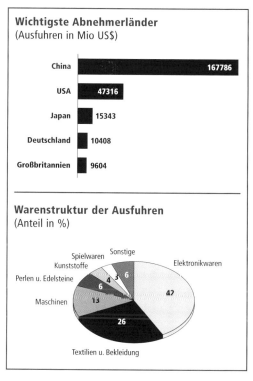

Wichtigste Abnehmerländer
(Ausfuhren in Mio US$)

China 167786
USA 47316
Japan 15343
Deutschland 10408
Großbritannien 9604

Warenstruktur der Ausfuhren
(Anteil in %)

Sonstige
Spielwaren
Kunststoffe
Elektronikwaren
Perlen u. Edelsteine
4 3 6
6
Maschinen 13 47
26
Textilien u. Bekleidung

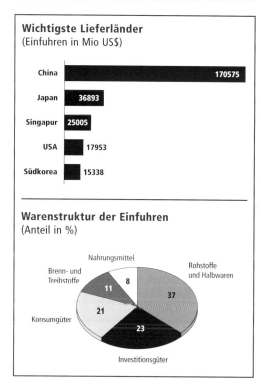

Wichtigste Lieferländer
(Einfuhren in Mio US$)

China 170575
Japan 36893
Singapur 25005
USA 17953
Südkorea 15338

Warenstruktur der Einfuhren
(Anteil in %)

Nahrungsmittel
Rohstoffe
Brenn- und und Halbwaren
Treibstoffe
11 8
37
Konsumgüter 21
23
Investitionsgüter

Schuldenlast
(Auslandsverschuldung in % der Waren- und Dienstleistungsexporte)

Hongkong 15
Regionaler Durchschnitt 45
Durchschnitt Schwellenländer 73

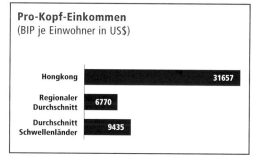

Pro-Kopf-Einkommen
(BIP je Einwohner in US$)

Hongkong 31657
Regionaler Durchschnitt 6770
Durchschnitt Schwellenländer 9435

Asien-Pazifik

vor 2017 für das Oberhaupt der Exekutive bzw. 2020 für das Parlament (Legco) in Betracht.

VORAUSSETZUNGEN FÜR DEN MARKTZUGANG

Möglichkeiten des Marktzugangs

Seinen guten Ruf verdankt Hongkong effizienten und transparenten gesetzlichen und rechtlichen Rahmenbedingungen für den Freihandel. Hongkong ist fraglos der

offenste Markt Asiens und sogar einer der offensten Märkte in der Welt. Dies gilt auch für die Vergabe von öffentlichen Aufträgen. Darüber hinaus ist Hongkong nach wie vor ein Freihafen. Es gibt keine Zölle, und nur auf wenige Produkte werden indirekte Steuern erhoben: Tabak, Spirituosen, Kraftstoffe und Automobile. Die Verbrauchsteuern auf Wein wurden Anfang 2008 abgeschafft. Nichttarifäre Handelshemmnisse sind extrem selten. Lediglich für bestimmte Nahrungsmittel ist ein Gesundheitszeugnis erforderlich. Ansonsten verlangt Hongkong für fast alle Importe nur eine Einfuhranmeldung. Unter bestimmten Bedingungen besteht dabei die Möglichkeit, Anmeldungen einmal monatlich und nicht bei jeder einzelnen Sendung vorzunehmen. In Hongkong gelten die gleichen oder ähnliche Normen wie auf internationaler Ebene. Als zweitwichtigstes asiatisches Finanzzentrum hinter Tokio ist der Bankenplatz Hongkong stark international ausgerichtet. Für den Handel gelten vernünftige Rahmenvorgaben, und alle üblichen Zahlungsmittel sind erlaubt.

Haltung gegenüber ausländischen Investoren

Die liberalen Grundsätze aus der Zeit der Briten werden von der Regierung der Verwaltungsregion in den Bereichen Justiz, Wirtschaft und Finanzen ohne Einmischung von Seiten Kontinentalchinas hochgehalten. Ganz im Sinne seiner liberalen Tradition erlegt Hongkong ausländischen Investoren keinerlei Tätigkeitsbeschränkungen auf. Vorherige Anmelde- oder Genehmigungsverfahren bestehen in Hongkong nicht. Im Gegenzug werden für ausländische Investitionen aber auch keine Anreize oder Hilfen angeboten. In der Vergangenheit kamen fehlende Wettbewerbsvorschriften dem Schutz lokaler Interessen zugute, insbesondere im Handel und im Dienstleistungsgewerbe. In Kürze wird im Parlament ein Gesetz vorgelegt, mit dem in Hongkong in diesem Bereich ähnliche Regelungen wie in anderen großen Wirtschaftssystemen von Industrieländern eingeführt werden sollen. In allen anderen Bereichen herrschen einfache gesetzliche Rahmenvorgaben, die Eintragungsformalitäten für Firmen sind rasch erledigt.

Auch die Steuergesetze sind einfach und die Steuersätze verhältnismäßig niedrig: Bei der Einkommensteuer beträgt der Grenzsteuersatz 15%, bei der Körperschaftsteuer 16,5%. Nachdem die Erteilung eines Visums für die Aufnahme einer dauerhaften Beschäftigung in Hongkong eine Zeitlang relativ streng gehandhabt wurde, gelten seit dem 15. Mai 2006 lockerere Vorschriften.

Devisenverkehr

Eine Devisenkontrolle existiert in Hongkong nicht, der Hongkong-Dollar (HKD) ist somit vollständig konvertierbar. Für den Wechselkurs im Verhältnis zum US-Dollar ist eine Bandbreite zwischen 7,75 und 7,85 HKD für 1 US$ festgelegt. Dieser Kurs wird von einem Currency-Board-System garantiert, das eine automatische Verbindung zwischen Devisenreserven und monetärer Basis herstellt. In Hongkong besteht die Möglichkeit, Konten in lokaler Währung und in ausländischen Devisen zu führen. •

Indien

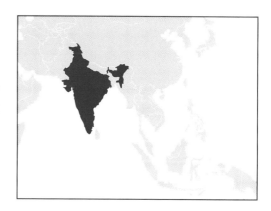

Bevölkerung (Mio Einwohner):	**1.123,3**
BIP (Mio US$):	**1.170.968**
Anteil am regionalen BIP (%):	**14**

Coface-Bewertungen

Kurzfristiges Risiko:	**A3**
Geschäftsumfeld:	**A4**
Mittelfristiges Risiko:	**ziemlich gering**

STÄRKEN

▲ Verschiedene Wachstumsmotoren sorgen für eine nachhaltige Entwicklung der indischen Wirtschaft, darunter die Investitionen, die Ausfuhren und die dynamische Entwicklung der Konsumausgaben einer neuen Mittelschicht.

▲ Das Wirtschaftswachstum beruht auf einem soliden Fundament: Die Sparquote und die Investitionsquote liegen bei über 35% und steigen weiter an.

▲ Die privatwirtschaftlichen indischen Unternehmen zählen sowohl in der Industrie (Pharma-, Automobil-, Textilindustrie) als auch im Dienstleistungsgewerbe (IT, Outsourcing) zum wirtschaftlichen Rückgrat des Landes und können eine zufriedenstellende Ertragslage vorweisen. Die indische Wirtschaft ist daher im internationalen Wettbewerb gut aufgestellt.

▲ Die Auslandsverschuldung ist moderat, und die Devisenreserven haben ein komfortables Niveau erreicht.

SCHWÄCHEN

▼ Die Mängel in der Infrastruktur, insbesondere bei der Stromversorgung und im Verkehrswesen, stehen einer weiteren Beschleunigung des Wachstums im Weg.

▼ Ein unzulängliches Bildungssystem und der Mangel an qualifizierten Arbeitskräften lassen die Löhne und Gehälter der qualifizierten Arbeitskräfte ansteigen, wodurch Indien einen Wettbewerbsvorteil zu verlieren droht.

▼ Die schnell steigende Verschuldung der privatwirtschaftlichen Unternehmen muss im Auge behalten werden.

▼ Die Lage der Staatsfinanzen bleibt eine der größten Schwachstellen des Landes. Ein großer Teil der Staatseinnahmen fließt in den Schuldendienst und steht somit nicht zur Finanzierung von Entwicklungsmaßnahmen zur Verfügung.

▼ Ernsthafte Verhandlungen zur Beilegung des Kaschmir-Konflikts haben bisher nicht stattgefunden, so dass sich aus den historisch schwierigen Beziehungen zu Pakistan erhebliche Unsicherheiten ergeben. Aktuell könnten die Attentate, die im November 2008 in Bombay verübt wurden, sogar zu einer erneuten Verschärfung der Spannungen zwischen Indien und Pakistan führen.

RISIKOEINSCHÄTZUNG

Rückgang des Wirtschaftswachstums

Für die Konjunkturabkühlung, die Indien 2008 zu verzeichnen hatte, ist die nachlassende Dynamik der Binnennachfrage verantwortlich. Die Privathaushalte hatten unter dem Anstieg der Inflationsrate und die Unternehmen unter den erschwerten Zugangsbedingungen zu Krediten zu leiden. Auf der Angebotsseite wurden in der Industrie (insbesondere der Automobilbranche) und im Dienstleistungsgewerbe weniger gute Ergebnisse erzielt. In einigen Städten brachen die Immobilienpreise um bis zu 30% ein, womit sich das Baugewerbe besonders anfällig zeigte. Während die Regierung vor diesem Hintergrund eine expansive Geldpolitik einleitete, besaß sie wegen des hohen Defizits im Staatshaushalt 2008 keinen ausreichenden Spielraum, um der Konjunktur durch fiskalische Maßnahmen neue Impulse zu geben.

Asien-Pazifik

Wichtige Kennzahlen[1)]

	2004/05	2005/06	2006/07	2007/08	2008/09 (S)	2009/10 (P)
Reales Wirtschaftswachstum (%)	7,5	9,4	9,6	9,0	6,2	5,0
Inflation (%)	6,5	4,4	5,4	4,7	9,6	4,0
Staatshaushalt (Saldo in % des BIP)	−7,5	−6,7	−5,6	5,3	−4,6	−4,6
Ausfuhren (Mrd US$)	85,2	105,2	128,1	158,5	168,6	171,9
Einfuhren (Mrd US$)	107,0	141,4	172,1	223,7	247,5	237,8
Handelsbilanz (Saldo in Mrd US$)	−21,8	−36,2	−44,1	−65,2	−78,9	−65,9
Leistungsbilanz (Saldo in Mrd US$)	−2,5	−9,9	−9,7	−17,4	−32,5	−19,0
Leistungsbilanz (Saldo in % des BIP)	−0,4	−1,2	−1,1	−1,5	−2,7	−1,5
Auslandsverschuldung (in % des BIP)	19,9	18,5	19,8	20,3	17,7	17,4
Schuldendienst (in % der Ausfuhren)	8,2	8,1	5,2	5,2	5,1	5,6
Währungsreserven (in Monatsimporten)	10,5	8,6	9,2	11,3	8,5	8,9

1) Fiskaljahre von April bis März. (S): Schätzung. (P): Prognose.   Quelle: Coface.

2009 dürften die Verbraucher ihre Konsumausgaben aufgrund der schlechteren Lage auf dem Arbeitsmarkt weiter einschränken. Außerdem ist zu erwarten, dass die Talfahrt der Börsenkurse und der Immobilienpreise einen negativen Vermögenseffekt verursacht. Die Investitionstätigkeit wird voraussichtlich durch erschwerte Finanzierungsbedingungen in Mitleidenschaft gezogen werden. Zudem dürfte die Nachfrage aus den Industriestaaten und den asiatischen Schwellenländern nachlassen.

Nachdem Coface in den vergangenen Jahren eine Verbesserung der Zahlungsmoral feststellen konnte, hat sich der Index der Zahlungsausfälle seit Mitte 2008 deutlich erhöht. Darüber hinaus bleibt weiterhin zu bemängeln, dass die Unternehmensergebnisse von mittelständischen Unternehmen wenig transparent und Konzernbilanzen kaum zu beschaffen sind.

Index der Zahlungsausfälle
(Gleitender Zwölfmonatsdurchschnitt;
Basis: Welt 1995 = 100)

Quelle: Coface.

Verschlechterung der Finanzlage

Der Staatshaushalt bleibt die größte Schwachstelle des Landes. Trotz eines deutlichen Rückgangs bleibt die Staatsverschuldung auf hohem Niveau, und der umfangreiche Schuldendienst verschlingt weiterhin Geld, das für staatliche Investitionen benötigt wird.

Der steigende Ölpreis und geringere Transferzahlungen emigrierter Arbeitskräfte haben zudem im vergangenen Jahr die Leistungsbilanz weiter belastet. Allerdings könnte das Leistungsbilanzdefizit 2009 aufgrund der nachgebenden Rohstoffpreise zurückgeführt werden. Der externe Finanzierungsbedarf dürfte nach wie vor weitgehend durch ausländische Direktinvestitionen gedeckt werden, die trotz der weltweiten Finanzkrise auf gleichem Niveau geblieben sind. Portfolioinvestitionen werden im laufenden Jahr vermutlich weiterhin großen Schwankungen ausgesetzt sein, wodurch die Rupie, die 2008 bereits über 20% an Wert verloren hat, weiter geschwächt werden könnte. Es ist zu erwarten, dass die Devisenreserven weiterhin ein komfortables Niveau verzeichnen, so dass das Land auch einen plötzlichen Kapitalabzug weitgehend unbeschadet überstehen sollte.

Stabile politische Lage im Vorfeld der landesweiten Wahlen 2009

Auf politischer Ebene dürften die Parlamentswahlen ivon Mitte April bis Mitte Mai 2009 erneut ein Parteienbündnis zur Bildung einer Koalitionsregierung an die Macht bringen, nämlich entweder die United Progres-

Exporte: 23% des BIP

Importe: 26% des BIP

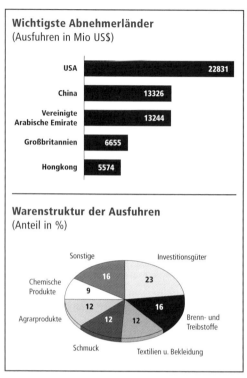

Wichtigste Abnehmerländer
(Ausfuhren in Mio US$)

USA	22831
China	13326
Vereinigte Arabische Emirate	13244
Großbritannien	6655
Hongkong	5574

Warenstruktur der Ausfuhren
(Anteil in %)

Sonstige 16, Investitionsgüter 23, Chemische Produkte 9, 12, 16, Agrarprodukte 12, 12, Brenn- und Treibstoffe, Schmuck, Textilien u. Bekleidung

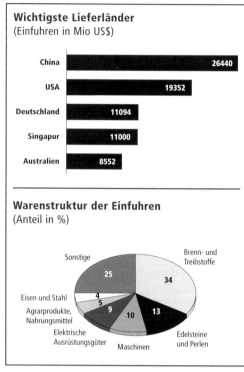

Wichtigste Lieferländer
(Einfuhren in Mio US$)

China	26440
USA	19352
Deutschland	11094
Singapur	11000
Australien	8552

Warenstruktur der Einfuhren
(Anteil in %)

Sonstige 25, Brenn- und Treibstoffe 34, Eisen und Stahl 4, 5, Agrarprodukte, Nahrungsmittel 9, 10, 13, Elektrische Ausrüstungsgüter, Maschinen, Edelsteine und Perlen

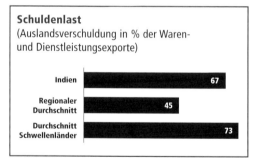

Schuldenlast
(Auslandsverschuldung in % der Waren- und Dienstleistungsexporte)

Indien	67
Regionaler Durchschnitt	45
Durchschnitt Schwellenländer	73

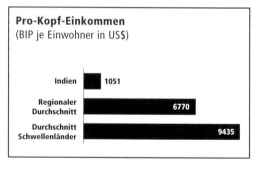

Pro-Kopf-Einkommen
(BIP je Einwohner in US$)

Indien	1051
Regionaler Durchschnitt	6770
Durchschnitt Schwellenländer	9435

sive Alliance unter Führung der Kongresspartei oder die National Democratic Alliance unter Führung der BJP. Für die Kongresspartei spricht, dass sie aus dem Misstrauensvotum im Juli 2008 gestärkt hervorging. Allerdings konnte die BJP in den letzten Monaten verschiedene Wahlen in den indischen Bundesstaaten für sich entscheiden. Keines der beiden Parteienbündnisse stellt die Notwendigkeit struktureller Reformen in Frage, doch mit der Fortführung einer Allianz unterschiedlichster Interessen wird es kaum möglich sein, Entscheidungsprozesse zu beschleunigen.

VORAUSSETZUNGEN FÜR DEN MARKTZUGANG

Möglichkeiten des Marktzugangs

Die Zölle sind in Indien nach wie vor hoch und variieren sehr stark von Produkt zu Produkt. Bei Fahrzeugen können die erhobenen Zölle bis zu 100% erreichen, bei Konsumgütern 35%, bei chemischen Produkten 31% und bei elektrischen und elektronischen Ausrüstungsgütern 30%. Importierte landwirtschaftliche Produkte und Lebensmittel unterliegen mit durchschnittlich 37%

allgemein bereits sehr hohen Grundzollsätzen, es können jedoch auch Spitzenzölle von bis zu 100% und sogar zwischen 150% und 300% auf Weine und Spirituosen anfallen. In einigen indischen Bundesstaaten werden darüber hinaus zusätzliche Steuern erhoben. Demgegenüber werden gewisse Erzeugnisse, die für die wirtschaftliche Entwicklung des Landes als notwendig gelten, mit Zöllen von nur ca. 5% belegt, wie beispielsweise Ausrüstungsgüter und Zwischenfabrikate für die Textilindustrie und die IT-Branche. Im Zuge der Verhandlungen mit der WTO wird Indien langfristig seine Zölle verringern müssen.

Darüber hinaus bestehen nach wie vor komplexe nichttarifäre Handelshemmnisse. So ist bei eingeführten Nahrungsmitteln jede Sendung grundsätzlich einer systematischen Prüfung zu unterziehen. Außerdem muss bei verpackten Waren schon vor dem Import auf dem Etikett verbindlich der maximal zulässige Einzelhandelspreis (einschließlich inländischer Steuern und Transportkosten) angegeben sein. Die Vorschriften des Bureau of Indian Standards für technische Zertifizierungen werden zum Nachteil zahlreicher Importeure angewendet. Dies betrifft insbesondere die Pflicht, eine Tochtergesellschaft oder ein Verbindungsbüro zu gründen sowie bestimmte Abgaben zu zahlen.

Haltung gegenüber ausländischen Investoren

Auch wenn Indien seit seiner Unabhängigkeit eine Strategie der Entwicklung aus eigener Kraft bevorzugt, hat sich das Land 1991 für ausländische Direktinvestitionen geöffnet. Mit Ausnahme von Branchen, die auf einer „Negativliste" stehen, werden ausländische Direktinvestitionen im Allgemeinen automatisch genehmigt. Beschränkungen bestehen nach wie vor insbesondere für Kleingewerbe. Diesen Betrieben ist die Fertigung bestimmter Produkte vorbehalten, deren Zahl Anfang 2008 bereits auf 35 zusammengestrichen wurde (2007

waren es noch 114 Güter). Ausländische Unternehmen dürfen in indische Betriebe, die den besonderen Vorschriften für Kleingewerbe unterliegen, investieren; allerdings darf ihre Kapitalbeteiligung 24% nicht übersteigen (die Sperrminorität liegt bei 26% des Gesellschaftskapitals). In vielen Bereichen gelten Obergrenzen für ausländische Beteiligungen. Der Einzelhandel für verschiedene Markenprodukte bleibt ausländischen Investoren völlig verschlossen. Außerdem kann ein ausländisches Unternehmen, das in Indien bereits im Rahmen eines Joint Ventures präsent ist, ohne schriftliche Zustimmung seines Partners keine neue Tochtergesellschaft gründen, wenn es in derselben Branche mit einem anderen Partner weiterarbeiten will.

Seit 2005 gilt diese Vorschrift nicht mehr für Projekte in benachbarten Industriebereichen; für Investitionsvorhaben innerhalb einer Branche besteht sie jedoch fort. Der indische Partner muss jetzt außerdem nachweisen, welcher Schaden ihm durch die Gründung eines neuen Unternehmens durch den ausländischen Partner entsteht. Auf die Erträge von ausländischen Gesellschaften werden Steuern in Höhe von 42,23% erhoben (für indische Gesellschaften sind es nur 33,99%). Möglicherweise werden die aktuellen Vorschriften für ausländische Investitionen in der Finanz- und Versicherungsbranche in den kommenden Monaten aufgeweicht. Die Regierung hat angedeutet, dass sie in den nächsten Monaten die laufenden Reformen in dieser Branche abschließen will. In diesem Zuge soll die Obergrenze für ausländische Beteiligungen in der Versicherungsbranche von 26% auf 49% angehoben werden, ausländische Investoren sollen in nichtstaatlichen indischen Banken ein uneingeschränktes Stimmrecht erhalten, und das indische Finanzsystem soll die Bildung privater Pensionsfonds ermöglichen. Allerdings könnte sich der Zeitplan für die vorgesehenen Reformen durch die gegenwärtige weltweite Wirtschaftskrise verschieben. •

Indonesien

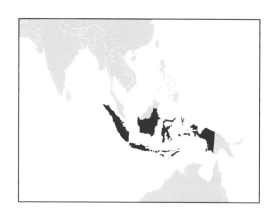

Bevölkerung (Mio Einwohner):	**224,9**
BIP (Mio US$):	**432.817**
Anteil am regionalen BIP (%):	**6**

Coface-Bewertungen
Kurzfristiges Risiko:	**B**
Geschäftsumfeld:	**C**
Mittelfristiges Risiko:	**moderat erhöht**

STÄRKEN

▲ Der Bankensektor hat an Stärke gewonnen und kann mittlerweile eine gute Kapitalausstattung, einen rückläufigen Anteil zweifelhafter Forderungen sowie Fortschritte auf dem Gebiet der Governance und Bankenaufsicht vorweisen.

▲ Indonesien verfügt über vielfältige natürliche Ressourcen in den Bereichen Landwirtschaft, Energie und Bergbau, darunter Palmöl, Gold, Tropenhölzer, Nickel und Öl (Indonesien ist Mitglied der OPEC).

▲ Da die Arbeitskosten unter denen der Nachbarländer liegen, ist Indonesien nach wie vor sehr wettbewerbsfähig.

▲ Die politische Situation hat sich stabilisiert.

▲ Seit der Einführung des neuen Investitionsgesetzes im März 2007 sind die Vorschriften für ausländische Direktinvestitionen einfacher und das Schiedsverfahren für Streitigkeiten zwischen In- und Ausländern transparenter geworden.

▲ Indonesien ist und bleibt ein beliebtes Reiseziel für Touristen aus den Industrieländern und dem asiatischen Raum.

SCHWÄCHEN

▼ Die Investitionstätigkeit bleibt gering, insbesondere da die Banken nur wenige Vermittlungsleistungen anbieten.

▼ Erhebliche Rückstände in der Infrastruktur hemmen die Entwicklung des Landes.

▼ Ein starrer Arbeitsmarkt und eine schwerfällige Bürokratie hindern die Unternehmen daran, flexibel zu reagieren.

▼ Das Geschäftsklima wird weiterhin durch Korruption und fehlende Transparenz erheblich belastet.

▼ Die hohe Zahl der Arbeitslosen und die weitverbreitete Armut verstärken die ethnischen Spannungen insbesondere im Verhältnis zu der chinesischen Minderheit, die 70% der indonesischen Wirtschaft kontrolliert.

▼ Obwohl in der ehemals separatistischen Provinz Aceh wieder Frieden eingekehrt ist, sind die islamistisch-fundamentalistischen Bewegungen in den Regionen Aceh und Irian Jaya sowie auf Sulawesi nach wie vor aktiv.

RISIKOEINSCHÄTZUNG

Schrumpfendes Wachstum

Dank einer kräftigen Binnennachfrage konnte die Wirtschaft auch 2008 satte Zuwächse verzeichnen, die Wachstumsrate erreichte 6,1%. Für 2009 ist allerdings aufgrund der stark rückläufigen Nachfrage aus den Industrieländern und dem asiatischen Raum eine Abschwächung der Konjunktur zu erwarten. Auch die drastisch sinkende Investitionstätigkeit dürfte dazu beitragen. Zum einen droht der Zustrom ausländischer Investitionen angesichts der weltweit zunehmenden Risikoaversion zu versiegen. Zum anderen werden die inländischen Unternehmen, die ihre Investitionen hauptsächlich mit ausländischen Darlehen und der Ausgabe von Schuldverschreibungen finanzieren, ihre Projekte aufgrund der zunehmenden Kreditverknappung wahrscheinlich aufschieben. Höhere Arbeitslosenzahlen und der starke Preisanstieg dürften in diesem Jahr zudem zu einer Schwächung des Konsums führen. Vor diesem Hintergrund wird sich der Coface-Index für Zah-

Asien-Pazifik

Wichtige Kennzahlen

	2004	2005	2006	2007	2008 (S)	2009 (P)
Reales Wirtschaftswachstum (%)	4,9	5,7	5,5	6,3	6,1	3,5
Inflation (%)	6,1	10,5	13,1	6,3	10,4	7,0
Staatshaushalt (Saldo in % des BIP)	−1,1	−0,2	−1,0	−1,2	−1,9	−1,7
Ausfuhren (Mrd US$)	70,8	87,0	103,5	118,0	143,2	147,9
Einfuhren (Mrd US$)	50,6	69,5	73,9	85,3	116,2	118,5
Handelsbilanz (Saldo in Mrd US$)	20,2	17,5	29,7	32,7	26,9	29,3
Leistungsbilanz (Saldo in Mrd US$)	1,6	0,3	10,8	10,4	0,5	−0,4
Leistungsbilanz (Saldo in % des BIP)	0,6	0,1	3,0	2,4	0,1	−0,1
Auslandsverschuldung (in % des BIP)	53,4	45,5	35,3	31,5	27,6	23,9
Schuldendienst (in % der Ausfuhren)	26,2	19,2	17,4	16,8	11,6	12,8
Währungsreserven (in Monatsimporten)	5,0	3,7	4,4	5,1	3,6	2,6

(S): Schätzung. (P): Prognose.

Quelle: Coface.

lungsausfälle 2009 voraussichtlich verschlechtern, insbesondere weil die Transparenz in den Unternehmen nach wie vor zu wünschen übrig lässt. Die Verlässlichkeit von Unternehmensbilanzen, sofern sie überhaupt zur Verfügung stehen, ist zweifelhaft. Außerdem ist Korruption immer noch weit verbreitet, und das Justizwesen stellt sich gleichbleibend schwerfällig und kostenträchtig dar.

Rückgang der Inflation zu erwarten

Trotz eines erheblich subventionierten Ölpreises ist die Inflation 2008 dramatisch angestiegen. Insbesondere die im Mai durchgeführte Erhöhung der Kraftstoffpreise um 29% zur Eingrenzung des Haushaltsdefizits ließ die Preise nach oben schießen. Vor dem Hintergrund der hohen Teuerungsrate hat sich an der restriktiven Geldpolitik nichts geändert. Da die Ölpreise (Indonesien ist

Nettoerdölimporteur) voraussichtlich wieder fallen und die Subventionen angesichts der in Bälde anstehenden Wahlen wohl beibehalten werden, ist 2009 mit einer sinkenden Inflationsrate zu rechnen.

Länderrisiko steigt wieder an

Der steigende Ölpreis und die damit verbundenen Subventionen haben das Haushaltsdefizit im vergangenen Jahr weiter erhöht. 2009 könnten die mittlerweile wieder sinkenden Preise aber eine leichte Reduzierung des Fehlbetrags ermöglichen. Nach dem Zusammenschmelzen des Leistungsbilanzüberschusses im Jahr 2008 dürfte der Saldo 2009 in ein Defizit münden. Die im Rahmen der globalen Wirtschafts- und Finanzkrise nachlassende Dynamik im Exportgeschäft und die rückläufigen privaten Transferzahlungen tragen dazu bei.

Da der Finanzierungsbedarf Indonesiens lediglich zu einem Drittel durch ausländische Direktinvestitionen gedeckt werden kann, wird sich das Land aller Voraussicht nach weiter verschulden müssen. Hinzu kommt, dass die Portfolioinvestitionen 2008 starken Schwankungen ausgesetzt waren, wie auch am drastisch gefallenen Börsenindex abzulesen ist. Dieser Trend dürfte sich 2009 fortsetzen. Der Kapitalabfluss hat zu einer Schwächung der Rupiah und damit zu einer Erhöhung des Währungsrisikos geführt. In dieser Lage muss damit gerechnet werden, dass die Devisenreserven im Laufe des Jahres auf ein äußerst niedriges Niveau schrumpfen werden, womit die Gefahr einer Liquiditätskrise steigt.

Index der Zahlungsausfälle
(Gleitender Zwölfmonatsdurchschnitt;
Basis: Welt 1995 = 100)

Quelle: Coface.

Exporte: 31% des BIP
▷▷

Importe: 26% des BIP
◁◁

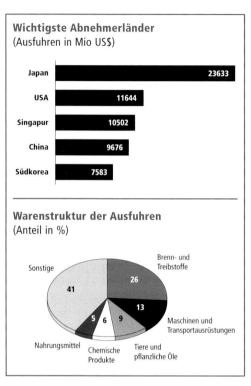

Wichtigste Abnehmerländer
(Ausfuhren in Mio US$)

Japan	23633
USA	11644
Singapur	10502
China	9676
Südkorea	7583

Warenstruktur der Ausfuhren
(Anteil in %)

Sonstige 41
Brenn- und Treibstoffe 26
Maschinen und Transportausrüstungen 13
Tiere und pflanzliche Öle 9
Chemische Produkte 6
Nahrungsmittel 5

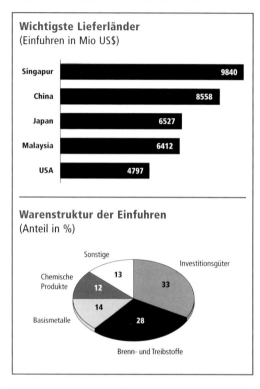

Wichtigste Lieferländer
(Einfuhren in Mio US$)

Singapur	9840
China	8558
Japan	6527
Malaysia	6412
USA	4797

Warenstruktur der Einfuhren
(Anteil in %)

Investitionsgüter 33
Brenn- und Treibstoffe 28
Basismetalle 14
Sonstige 13
Chemische Produkte 12

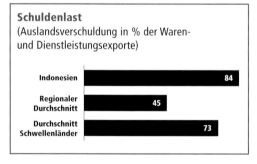

Schuldenlast
(Auslandsverschuldung in % der Waren- und Dienstleistungsexporte)

Indonesien	84
Regionaler Durchschnitt	45
Durchschnitt Schwellenländer	73

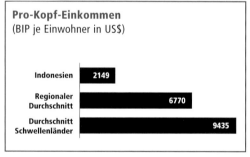

Pro-Kopf-Einkommen
(BIP je Einwohner in US$)

Indonesien	2149
Regionaler Durchschnitt	6770
Durchschnitt Schwellenländer	9435

Asien-Pazifik

Politische Lage relativ stabil

Im Vorfeld der für Juli 2009 angesetzten Präsidenten-wahlen genießt der amtierende Präsident Susilo Bam-bang Yudhoyono eine relativ hohe Popularität, obwohl er bei der Bekämpfung von Armut und Korruption sowie bei der Verbesserung der schwerfälligen Bürokratie des Landes keine großen Erfolge vorweisen kann. Bei den Parlamentswahlen im April 2009 erzielte die Demokra-tische Partei Yudhoyonos mit gut 20% des höchsten Stimmenanteil.

VORAUSSETZUNGEN FÜR DEN MARKTZUGANG

Möglichkeiten des Marktzugangs

Indonesien praktiziert eine liberale Handelspolitik und ist seit dem Marrakesch-Abkommen zu einem schritt-weisen Abbau der Zolltarife übergegangen. Parallel dazu verzichtet das Land nach und nach auf nichttari-färe Handelshemmnisse (mit Ausnahme verschiedener vorrangiger Produkte wie Reis oder Zucker), doch für einige Güter, insbesondere Konsumgüter, werden Lizen-

zen oder Registrierungen verlangt, bevor sie auf den Markt gebracht werden dürfen. Die sich aus dem WTO-Abkommen ergebenden Liberalisierungsbemühungen werden durch Maßnahmen ergänzt, die die Handelsbeziehungen mit den ASEAN-Partnern weiter liberalisieren sollen.

Haltung gegenüber ausländischen Investoren

Ein neues Investitionsgesetz, das eine stärkere Öffnung des Landes für ausländische Investitionen beinhaltet, wurde im März 2007 verabschiedet. Die Investitionsaufsicht BKPM wurde dadurch gestärkt, dass sie nun direkt dem Präsidenten unterstellt ist. Die Regierung ist bestrebt, den Zustrom von Investitionen aus dem Ausland wiederzubeleben. Sie betrachtet sie als unerlässliche Quelle für technologische Zugewinne und für die Arbeitsplatzbeschaffung. Indonesien hat Schutz- und Garantieabkommen für Investitionen mit 56 Ländern abgeschlossen, durch die das Land große Verpflichtungen auf sich genommen hat. Wegen der wirtschaftlichen Situation kann das Land keine besonders günstigen steuerlichen Anreize bieten, ausgenommen für jene

Unternehmen, die sich in einer begrenzten Anzahl von Freizonen ansiedeln, etwa auf der Insel Batam (gegenüber von Singapur). Für den Einkauf von Rohstoffen und die Erstausrüstung ausländischer Industriebetriebe bestehen temporäre Steueränderungen. Der ausländische Investor kann seinen Gewinn zurückführen, nachdem er die örtlichen Steuern gezahlt hat.

Trotz der von den aufeinanderfolgenden Regierungen angekündigten Maßnahmen zur Vereinfachung der Ansiedlung in Indonesien soll das Investitionsgenehmigungsverfahren der BKPM noch mühsam und pedantisch sein. Die Projekte des Banken-, Finanz- und Versicherungssektors unterliegen der Genehmigung des Finanzministeriums, die Projekte des Bergbau- und Ölsektors der des Energieministeriums. Die „Negativliste", durch die ausländische Investoren von einer eng begrenzten Anzahl von Sektoren und Geschäftstätigkeiten ferngehalten werden bzw. durch die der Zugang zu anderen von den Behörden als heikel eingestuften Sektoren und Geschäftstätigkeiten reglementiert wird, wurde im Juli 2007 überarbeitet. •

Japan

Bevölkerung (Mio Einwohner):	**127,8**
BIP (Mio US$):	**4.376.705**

Coface-Bewertungen
Kurzfristiges Risiko:	**A2**
Geschäftsumfeld:	**A1**

STÄRKEN

▲ Der Leistungsbilanzüberschuss ist auf die große Wettbewerbsfähigkeit der Exporteure in der Elektronik- und Automobilindustrie zurückzuführen.

▲ Umstrukturierungen haben die Rentabilität von Großbanken und Unternehmen verbessert.

▲ Die japanischen Unternehmen zählen Forschungs- und Entwicklungsausgaben zu den strategischen Faktoren ihrer Industriepolitik.

SCHWÄCHEN

▼ Die rasche Überalterung der Bevölkerung erfordert eine Sanierung der öffentlichen Finanzen.

▼ Soziale Ungleichheiten, gegenläufige Entwicklungen in den verschiedenen Regionen und Mängel im Verwaltungssystem verstärken das Misstrauen der privaten Haushalte.

▼ Der Anteil von Arbeitnehmern ohne geordnete Beschäftigungsverhältnisse behindert die Entwicklung von Löhnen und Gehältern.

▼ Die Produktivität der kleinen und mittleren Unternehmen ist zu gering.

▼ Japan ist in hohem Maß von Rohstoff- und Lebensmittelimporten abhängig.

RISIKOEINSCHÄTZUNG

Die japanische Wirtschaft befindet sich seit 2008 in einer Rezession. Die extreme Verteuerung des Yen und der drastische Konjunktureinbruch in den USA (wichtigster Handelspartner mit 25% des Absatzes), Europa (15%) und den asiatischen Schwellenländern (48%) –

darunter die Volksrepublik China mit 15% des Absatzes – haben das Exportvolumen massiv schrumpfen lassen. Der starke Preisauftrieb bei Energie und Lebensmitteln hat dazu geführt, dass die Privathaushalte ihren Konsum eingeschränkt und die Unternehmen ihre Investitionen in Betriebsmittel zurückgefahren haben. Bei den Wohnungsbauinvestitionen war im zweiten Jahr in Folge eine rückläufige Entwicklung festzustellen.

Investitionen und Exporte weiter im Sinkflug

Die rückläufige Auslandsnachfrage belastet nach wie vor das Exportgeschäft. Unter diesen Umständen ist davon auszugehen, dass die Industrie ihre Produktion drosseln und die Investitionstätigkeit der Unternehmen weiter nachlassen wird. Die verschärften Darlehenskonditionen, die vor allem kleine und mittlere Unternehmen treffen, tragen ebenfalls zum Rückgang der Investitionen bei. Der Konsum der Privathaushalte, mit einem Anteil von 56% am BIP, kann die zwei traditionellen Wachstumsmotoren der japanischen Wirtschaft nicht ersetzen, insbesondere da die sinkende Kaufkraft und die steigende Arbeitslosenquote auch hier für einen Rückgang sorgen dürften. Zudem ist davon auszugehen, dass die Verbraucher die momentanen Steuererleichterungen und direkten Staatshilfen vermehrt zur Bildung von Rücklagen verwenden werden. In Anbetracht sinkender Herstellerpreise dürfte damit das Gespenst der Deflation wieder aufleben. Die Rettungsmaßnahmen für die Wirtschaft belasten den Haushalt und werden voraussichtlich für einen Anstieg der Staatsverschuldung sorgen, so dass der Regierung wenig Handlungsspielraum bleibt, um die Konjunktur anzukurbeln. Durch die voraussichtlich im Frühjahr stattfindenden Parlamentswahlen steht die Regierung zusätzlich unter Druck.

Wichtige Kennzahlen

	2004	2005	2006	2007	2008 (S)	2009 (P)
Reales Wirtschaftswachstum (%)	2,7	1,9	2,2	2,1	−0,7	−5,7
Konsumausgaben (Veränderung in %)	1,5	1,5	0,9	1,7	0,7	−0,9
Investitionen (Veränderung in %)	5,6	6,6	4,3	2,0	−3,7	−14,0
Inflation (%)	−1,1	−1,3	0,2	0,0	1,6	−0,5
Arbeitslosenquote (%)	4,7	4,4	4,1	3,9	4,1	4,8
Kurzfristiger Zinssatz (% p.a.)	0,0	0,0	0,2	0,6	0,6	0,3
Staatshaushalt (Saldo in % des BIP)	−6,2	−6,7	−1,4	−2,4	−3,3	−5,4
Staatsverschuldung (in % des BIP)	161,8	171,2	172,3	170,3	170,9	183,5
Ausfuhren (Veränderung in %)	14,0	6,9	9,6	8,6	2,5	−9,2
Einfuhren (Veränderung in %)	8,1	5,8	4,2	1,7	0,2	−2,1
Leistungsbilanz (Saldo in % des BIP)	3,7	3,6	3,9	4,8	3,4	2,5

(S): Schätzung. (P): Prognose.   Quelle: Coface.

Sinkende Unternehmensgewinne

Bei den Darlehenskonditionen ist eine weitere Verschärfung bereits abzusehen. Während die großen Finanzinstitute – zugleich Mehrheitseigner zahlreicher Unternehmen – nach wie vor unter den schwankenden Aktienkursen leiden dürften, die ihre Bilanzen trüben, sehen sich die Regionalbanken mit amerikanischen Risikoanleihen belastet. Eine besondere Gefährdung stellt die Kreditverknappung für kleine und mittlere Unternehmen im verarbeitenden Gewerbe dar, die zudem häufig von einem einzelnen Abnehmer abhängig sind. Auch staatliche Garantien und Hilfsmaßnahmen werden hier keine Abhilfe schaffen können. Hinzu kommt, dass auch der traditionelle Finanzierungsweg über die großen Handelshäuser sich künftig schwieriger gestalten wird, da diese in den nächsten Monaten wohl nur begrenzt Kapital aufbringen können. Der Rückgang

der Auslandsnachfrage wird vornehmlich der Automobilindustrie, dem Maschinenbau und der Elektronikbranche zu schaffen machen. Die binnenmarktorientierten Branchen, darunter die Bauindustrie, werden voraussichtlich den rückläufigen Konsum der Privathaushalte zu spüren bekommen. Die Zahl der Unternehmensinsolvenzen ist bereits 2008 in der Bau-, Immobilien- und Transportwirtschaft sowie in der Industrie und im Handel angestiegen. Dieser Trend dürfte sich angesichts der aktuellen Entwicklung auch 2009 fortsetzen.

BRANCHENANALYSE

Automobil

Bei den Exporten (54% der einheimischen Produktion) ist angesichts sinkender Auftragszahlen aus dem Ausland und der Belastung durch den hohen Kurs des Yen ein Rückgang zu erwarten. Die Neuzulassungen im Inland sind 2008 bereits auf einen Stand von 2,8 Mio Fahrzeuge gefallen und werden im Jahr 2009 voraussichtlich noch weiter (auf 2,7 Mio Fahrzeuge) nachgeben. Trotz sinkender Rohstoffpreise dürften die Gewinnmargen der Autobauer insbesondere aufgrund einer aggressiven Verkaufspolitik weiter unter Druck geraten.

Eisen und Stahl

Die Produktion der großen japanischen Stahlwerke ist vornehmlich für den Binnenmarkt und den Export in den asiatischen Raum bestimmt. Die schrumpfende Nachfrage der Automobilhersteller wird sich voraus-

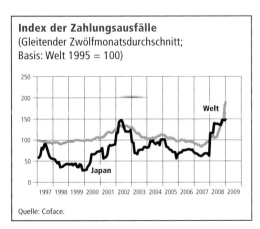

Index der Zahlungsausfälle
(Gleitender Zwölfmonatsdurchschnitt;
Basis: Welt 1995 = 100)

Quelle: Coface.

sichtlich entsprechend negativ auf die Branchenkonjunktur auswirken, und auch die leichte Aufwärtsbewegung in der Bauindustrie dürfte kaum genug Schwung entfalten, um eine Trendwende zu bewirken. Die Hersteller von Spezialstählen müssen mit sinkenden Auftragszahlen aus den übrigen asiatischen Ländern rechnen. Hinzu kommt, dass der teure Yen die positiven Auswirkungen der niedrigeren Rohstoffpreise teilweise wieder zunichte macht.

Bau

Die Wohnungsbaukonjunktur hat sich 2008 weiter abgeschwächt. Der durch die Verschärfung der Sicherheitsnormen verursachte Stau bei der Erteilung von Baugenehmigungen löst sich nur allmählich auf. Es ist zu erwarten, dass die Branche 2009 wieder leicht an Schwung gewinnt. Dies gilt allerdings nicht für den privatwirtschaftlichen Büro- und Gewerbebau, der durch die zurückhaltende Investitionstätigkeit der Unternehmen in Mitleidenschaft gezogen wird. Der Tiefbau hingegen wird vermutlich von den staatlichen Maßnahmen zur Stützung der Konjunktur profitieren können. Insgesamt bleibt die Branche jedoch äußerst anfällig.

Haushaltsgeräte und Unterhaltungselektronik

Die Vollendung der digitalen Satellitenübertragungsnetze dürfte die Nachfrage nach Digitalfernsehern beflügeln. Es ist jedoch zu erwarten, dass sich der Konkurrenzkampf zwischen den großen Akteuren der Unterhaltungselektronikbranche angesichts des rückläufigen Einkommens der Privathaushalte weiter verschärft. Der daraus resultierende Preisdruck wird auf Kosten der schwächsten Unternehmen gehen, so dass 2009 mit einer weiteren Konzentration gerechnet werden muss.

Handel

Die geringeren Konsumausgaben der Privathaushalte dürften 2009 insbesondere die Verbrauchermärkte (Supermärkte und Kaufhäuser) treffen, deren Absatzzahlen sich ohnehin bereits im Sinkflug befinden. Selbst Geschäfte für Luxusartikel haben 2008 begonnen, verkaufsfördernde Maßnahmen einzuleiten. Einzig und allein Läden, die mit Billigprodukten handeln, werden auch weiterhin einen Umsatzanstieg verzeichnen können.

ZAHLUNGSMITTEL UND FORDERUNGSEINZUG

Zahlungsmittel

Japan hat die internationalen Wechselrechtsabkommen vom Juni 1930 sowie das Scheckrechtsabkommen vom März 1931 ratifiziert. Daher bestehen im japanischen Wechsel- und Scheckrecht zahlreiche Parallelen zum europäischen Recht. Für Wechsel (*kawase tegata*) und die deutlich häufiger verwendeten Solawechsel (*yakusoku tegata*) sieht das japanische Recht im Falle eines Zahlungsverzugs unter bestimmten Bedingungen ein beschleunigtes gerichtliches Einzugsverfahren vor. Auch für Schecks (*kogitte*) existiert ein solches Verfahren. Diese werden jedoch wesentlich seltener im Zahlungsverkehr eingesetzt.

Säumige Schuldner müssen mit harten Sanktionen rechnen: Kommt ein Schuldner zweimal innerhalb einer Frist von sechs Monaten seinen Zahlungsverpflichtungen im Zusammenhang mit einem Wechsel, einem Solawechsel oder einem in Japan zahlbaren Scheck nicht nach, werden ihm von den Finanzinstituten, die Mitglied einer Verrechnungskammer sind, zwei Jahre lang die zur Ausübung einer Geschäftstätigkeit notwendigen Bankdienstleistungen (Girokonto, Kredite) verweigert, was schließlich die endgültige Zahlungsunfähigkeit des betreffenden Schuldners nach sich zieht. Außerdem führt eine zweimalige Zahlungsverweigerung seitens des Schuldners üblicherweise zur sofortigen Fälligkeit der ihm gewährten Bankkredite.

Die Überweisung (*furikomi*) hat in den letzten Jahrzehnten in sämtlichen Wirtschaftsbereichen erheblich an Bedeutung gewonnen, was der zunehmenden Verbreitung elektronischer Verfahren im japanischen Bankwesen zu verdanken ist. Manchmal wird sie durch ein Stand-by-Akkreditiv abgesichert.

Darüber hinaus bestehen verschiedene, hochgradig automatisierte Interbankenverrechnungssysteme, die für in- oder ausländische Zahlungen genutzt werden können. Hierzu gehören das Foreign Exchange Yen Clearing System (FXYCS; das vom Bankenverband von Tokio verwaltet wird) und das BOJ-NET Funds Transfer System (das von der japanischen Zentralbank verwaltet wird).

Auch die Zahlungsanweisung über die Internetseite der Kundenbank findet zunehmend Verbreitung.

Forderungseinzug

Grundsätzlich muss beim Einzug ausstehender Forderungen eine Anwaltskanzlei (*bengoshi*) eingeschaltet werden. Dadurch soll einer missbräuchlichen Praxis vorgebeugt werden, die bei einigen Inkassounternehmen in der Vergangenheit festzustellen war.

Durch das Gesetz vom 16. Oktober 1998, das am 1. Februar 1999 in Kraft trat, wurde die Berufsgruppe der sogenannten „Servicer" geschaffen. Dadurch sollen eine Absicherung und die Einziehung notleidender Kredite (Non-performing Loans, NPL) bei Finanzinstitutionen begünstigt werden. Nach Erlangung einer entsprechenden Lizenz, die vom Justizministerium vergeben wird, können diese Firmen auf dem Gebiet des Forderungseinzugs tätig werden. Allerdings ist dies nur bei bestimmten Forderungen möglich, die beispielsweise im Zusammenhang mit Bankkrediten, Darlehen spezieller Einrichtungen, Leasingverträgen oder Kreditkartenvereinbarungen stehen.

Eine außergerichtliche Einigung ist stets anzuraten. Soweit möglich, sollte der Schuldner zu diesem Zweck ein notariell beurkundetes Schuldanerkenntnis unterzeichnen, in dem er sich durch eine entsprechende Klausel mit einer Zwangsvollstreckung einverstanden erklärt. Sollte er sich zu einem späteren Zeitpunkt nicht an die Vereinbarung halten, kann eine Vollstreckung vorgenommen werden, ohne dass eine gerichtliche Entscheidung erforderlich ist.

Üblicherweise sendet der Gläubiger dem Schuldner ein Einschreiben mit Rückschein (*naiyo shomei*) zu, dessen in japanischen Schrift- und Silbenzeichen abgefasster Inhalt vom Postamt bestätigt wird. Dieses Schreiben bewirkt, dass die gesetzliche Verjährungsfrist (die für Forderungen aus Handelsgeschäften fünf Jahre beträgt) für sechs Monate ausgesetzt wird. Sofern der Schuldner nicht reagiert, kann der Gläubiger innerhalb dieser Frist vor Gericht Klage erheben, um den Vorteil der Unterbrechung der Verjährungsfrist zu nutzen.

Das vereinfachte Verfahren, bei dem eine Verurteilung zur Zahlung (*tokusoku tetsuzuki*) erwirkt werden soll, kommt bei unbestrittenen Forderungen zur Anwendung. Hierbei lässt sich innerhalb von etwa sechs Monaten beim Richter ein Beschluss erwirken, in dem der Schuldner zur Zahlung aufgefordert wird (*shiharai meirei*).

Die Verfahrenskosten, deren Höhe vom Forderungsbetrag abhängig ist, sind vom Antragsteller zu tragen und in Form von Stempelsteuermarken zu entrichten. Sollte der Schuldner innerhalb einer Frist von sechs Wochen nach Benachrichtigung gegen die Forderung Widerspruch einlegen, so wird das Verfahren in ein ordentliches Verfahren umgewandelt.

Bei Forderungen bis zu 1,4 Mio JPY ist ein Eilgericht (*kan-i saibansho*) für das Verfahren nach gemeinem Recht zuständig. Übersteigt die Forderungssumme diesen Betrag, so sind die Bezirksgerichte (*chiho saibansho*) zuständig.

Dieses Verfahren, bei dem die Verhandlungen teils schriftlich (mit Einreichung der Anträge und Austausch von Beweismitteln aller Art), teils mündlich (mit Vernehmung der Parteien bzw. der Zeugen) geführt werden, kann aufgrund mehrerer aufeinanderfolgender Verhandlungen eine Dauer von bis zu drei Jahren haben und erhebliche Gerichtskosten mit sich bringen. Der Wert der zu erwerbenden Stempelsteuermarke zur Begleichung der Prozessgebühren ist ebenfalls von der Höhe des Forderungsbetrags abhängig.

Durch die Neuregelung der Zivilprozessordnung vom 1. Januar 1998 zur Verkürzung von Gerichtsverfahren und die am 1. April 2004 in Kraft getretenen weiteren Änderungen wird insbesondere die Einreichung von Beweismaterial bei Gericht und bei der gegnerischen Partei während der Untersuchung der Rechtssache beschleunigt.

Ein grundlegendes Merkmal des japanischen Rechtswesens ist die große Bedeutung der Vermittlung. Im Rahmen eines gerichtlichen Vermittlungsverfahrens (*chotei*) bemüht sich ein in der Regel aus einem Richter und zwei Beisitzern bestehendes Vermittlergremium um die gütliche Beilegung von zivil- und handelsrechtlichen Streitfällen.

Führt ein solches Verfahren, das mit einem deutlich geringeren Aufwand an Zeit und Kosten verbunden ist als ein herkömmliches Gerichtsverfahren, zu einer Entscheidung, so wird diese nach Anerkennung durch das Gericht unmittelbar rechtskräftig.

Die Beilegung von Rechtsstreitigkeiten auf dem Wege der Schiedsgerichtsbarkeit (*chusai*) ist in Japan recht verbreitet und ohne die Einhaltung weitreichender Formauflagen möglich. •

Kambodscha

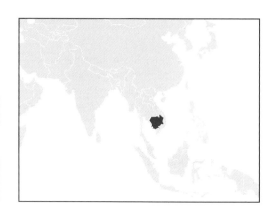

Bevölkerung (Mio Einwohner):   **14,4**
BIP (Mio US$):   **8.628**

Coface-Bewertungen
Kurzfristiges Risiko: **D**
Geschäftsumfeld: **D**
Mittelfristiges Risiko: **hoch**

RISIKOEINSCHÄTZUNG

Wachstum verliert leicht an Dynamik

Das Wirtschaftswachstum Kambodschas wurde 2008 durch rückläufige Exportzuwächse gebremst. Vor allem die Textilausfuhren in die mit 60% Exportanteil dominierenden USA entwickelten sich schwächer. Die Tourismusbranche wurde von dem Konjunkturabschwung in den Industrieländern und in Asien in Mitleidenschaft gezogen. Hinzu kam die schrumpfende Inlandsnachfrage. Aufgrund der verschärften Darlehenskonditionen und des drohenden Einbruchs der Immobilienpreise hielten sich die größtenteils ausländischen Geldgeber mit ihren Investitionen in die Bauwirtschaft zurück. Steigende Rohstoffpreise trieben die Inflationsrate in die Höhe und ließen den privaten Konsum an Schwung verlieren. 2009 werden die Exporte wegen der schwachen Nachfrage und starker Konkurrenz stagnieren.

Dank offizieller Transferzahlungen ist das Haushaltsdefizit noch überschaubar, die für 2009 geplanten steuerlichen Anreize werden die öffentlichen Finanzen jedoch zusätzlich belasten. Die Leistungsbilanz hat sich im vergangenen Jahr wegen steigender Rohstoffpreise und schrumpfender Ausfuhren der Textilindustrie weiter verschlechtert. Eine günstigere Preisentwicklung könnte 2009 aber wieder zu einer Verbesserung der Terms of Trade beitragen. Der zunehmende Finanzbedarf wird voraussichtlich durch ausländische Direktinvestitionen und Hilfsgelder gedeckt. Die Geldgeber zeigen sich jedoch zunehmend unzufrieden, da weder bei der Verbesserung des Geschäftsumfelds noch in der Korruptionsbekämpfung deutliche Fortschritte zu erkennen sind. Die von Premierminister Hun Sen geführte Cambodian People's Party (CPP) konnte bei den Parlamentswahlen im Juli 2008 zwei Drittel der Sitze erringen. Die innenpolitische Lage ist stabil. Lediglich die Beziehungen zu Thailand sind etwas angespannt. •

Asien-Pazifik

Wichtige Kennzahlen

	2004	2005	2006	2007	2008 (S)	2009 (P)
Reales Wirtschaftswachstum (%)	10,3	13,3	10,8	10,2	7,0	6,0
Inflation (%)	3,9	5,8	4,7	5,9	20,1	9,0
Staatshaushalt (Saldo in % des BIP)	−4,6	−3,4	−2,0	−3,1	−2,0	−3,1
Ausfuhren (Mio US$)	2.589	2.910	3.400	4.100	4.500	4.500
Einfuhren (Mio US$)	3.269	3.928	4.600	5.400	6.200	6.000
Handelsbilanz (Saldo in Mio US$)	−680	−1.018	−1.200	−1.300	−1.700	−1.500
Leistungsbilanz (Saldo in % des BIP)	−2,2	−4,2	−1,1	−3,6	−12,3	−8,0
Auslandsverschuldung (in % des BIP)	38,0	34,0	31,0	29,0	28,0	28,0
Schuldendienst (in % der Ausfuhren)	0,9	0,8	1,0	1,2	1,1	1,0
Währungsreserven (in Monatsimporten)	2,8	2,6	2,6	3,3	4,3	5,8

(S): Schätzung. (P): Prognose.   Quelle: Coface.

Laos

Bevölkerung (Mio Einwohner):	**5,9**
BIP (Mio US$):	**4.008**

Coface-Bewertungen

Kurzfristiges Risiko:	**D**
Geschäftsumfeld:	**D**
Mittelfristiges Risiko:	**sehr hoch**

RISIKOEINSCHÄTZUNG

Robustes Wachstum

Gestützt von den steigenden Rohstoffpreisen (Kupfer und Gold) konnte sich das Wachstum des Landes auch 2008 lebhaft entwickeln. Investitionen in die Infrastruktur haben der Baubranche zu ausgezeichneten Ergebnissen verholfen. Allerdings sind die Finanzdienstleistungen und das verarbeitende Gewerbe nicht ausreichend entwickelt. Steigende Lebensmittel- und Rohölpreise sowie die enorme Zunahme der Kredite (+51%) heizten die Inflation im vergangenen Jahr an. Trotz einer leichten Konjunkturabschwächung aufgrund sinkender Preise für Kupfer dürfte das Wirtschaftswachstum auch 2009 auf einem hohen Niveau bleiben. Die Wasserkraft – mit dem Bau des Staudamms Nam Theun 2 – und die Tourismusbranche werden voraussichtlich eine überaus dynamische Entwicklung verzeichnen.

Konsolidierung der Finanzlage

Die Einführung einer Mehrwertsteuer in Höhe von 10% für eine begrenzte Zahl von Waren und Dienstleistungen am 1. Januar 2009 dürfte eine Rückführung des Haushaltsdefizits ermöglichen. Das Souveränitätsrisiko bleibt wegen der beträchtlichen Auslandsverschuldung und des ungünstigen Verhältnisses des Schuldendienstes zu den Haushaltseinnahmen hoch. Das Leistungsbilanzdefizit verharrte 2008 auf Vorjahresniveau, für 2009 ist ein noch größeres Minus zu erwarten. Rückläufige Kupferexporte und fallende Rohstoffpreise stehen einer anhaltend dynamischen Entwicklung beim Import von Baumaterialien und Maschinen für Bergbau und Wasserkraftwerke gegenüber. Der hohe Finanzbedarf dürfte vollständig durch den Zustrom ausländischer Direktinvestitionen gedeckt werden. Die Devisenreserven sind nach wie vor unzureichend, wodurch der Wechselkurs weiter destabilisiert wird. •

Wichtige Kennzahlen

	2004	2005	2006	2007	2008 (S)	2009 (P)
Reales Wirtschaftswachstum (%)	6,4	7,1	8,1	7,9	7,5	6,8
Inflation (%)	10,5	7,2	6,8	4,5	8,4	5,4
Staatshaushalt (Saldo in % des BIP)	−3,3	−4,5	−3,8	−2,7	−1,7	−1,4
Ausfuhren (Mio US$)	536	684	1.143	1.203	1.516	1.699
Einfuhren (Mio US$)	1.056	1.270	1.589	2.114	2.660	3.197
Handelsbilanz (Saldo in Mio US$)	−520	−586	−446	−911	−1.144	−1.498
Leistungsbilanz (Saldo in % des BIP)	−16,9	−17,7	−10,5	−17,4	−17,8	−19,2
Auslandsverschuldung (in % des BIP)	83,2	77,1	66,0	59,5	49,2	44,7
Schuldendienst (in % der Ausfuhren)	7,0	7,4	3,5	5,1	6,4	6,0
Währungsreserven (in Monatsimporten)	3,0	2,8	3,6	4,3	4,5	3,7

(S): Schätzung. (P): Prognose.

Quelle: Coface.

Malaysia

Bevölkerung (Mio Einwohner):	**26,6**
BIP (Mio US$):	**180.714**
Anteil am regionalen BIP (%):	**2**

Coface-Bewertungen

Kurzfristiges Risiko:	**A2**
Geschäftsumfeld:	**A3**
Mittelfristiges Risiko:	**gering**

STÄRKEN

▲ Das Land exportiert nicht nur verarbeitete Erzeugnisse, sondern auch Rohstoffe wie Zinn, Kautschuk, Erd- und Palmöl.

▲ Die Dienstleistungsbranche wächst stetig und trägt zu zwei Dritteln zum Wachstum bei.

▲ Malaysia besitzt ein leistungsfähiges Bildungssystem und eine gute Infrastruktur, die langfristig das Wachstum stützen.

▲ Die Förderung von Ausbildung und technischer Entwicklung erhöht die Wettbewerbsfähigkeit der Wirtschaft.

▲ Die aktuellen Reformen begünstigen die Entwicklung des Finanzmarktes und erleichtern ausländische Direktinvestitionen. Auch Steuerreformen (Steuerbefreiung für Dividenden sowie Senkung der Körperschaft- und der Grunderwerbsteuer für Wohnungen) befördern die Investitionstätigkeit.

SCHWÄCHEN

▼ Die Wirtschaft ist wegen ihrer Offenheit anfällig für einen Abschwung der Weltkonjunktur.

▼ Die starke Abhängigkeit der Staatsfinanzen von der Entwicklung der Gas- und Ölbranche (35% der Haushaltseinnahmen) stellt im Falle rückläufiger Preise oder sinkender Fördermengen ein Risiko dar.

▼ Trotz einer positiven Diskriminierungspolitik bestehen nach wie vor Ungleichheiten zwischen den verschiedenen Regionen. Am meisten benachteiligt ist die Gruppe der ethnischen Malaien, die die Mehrheit der Bevölkerung stellen.

▼ Die Anzahl und das Volumen der an die Privatwirtschaft vergebenen Bankkredite entwickelt sich zwar allmählich rückläufig, doch werden in Malaysia immer noch mehr Kredite vergeben als in den meisten anderen asiatischen Ländern.

▼ Die Wirtschaft verliert allmählich ihre preisliche Wettbewerbsfähigkeit, denn die Arbeitskosten sind in Malaysia inzwischen doppelt so hoch wie in China.

RISIKOEINSCHÄTZUNG

Schrumpfendes Wachstum

Der 2008 zu verzeichnende Konjunkturrückgang dürfte sich 2009 noch verstärken. Der Nettobeitrag der Exporte zum Wachstum wird aufgrund der schwachen Nachfrage nach Fertigerzeugnissen, die sich insbesondere bei Elektronik bemerkbar macht, sinken. Außerdem gerät der größte Nettoerdölexporteur Asiens und nach Indonesien weltweit an zweiter Stelle stehende Palmölexporteur durch die sinkenden Rohstoffpreise zunehmend unter Druck. Hinzu kommt die für 2009 prognostizierte Flaute auf dem Binnenmarkt. Der Konsum der Privathaushalte, der bereits 2008 unter der steigenden Inflation litt, dürfte 2009 weiter an Schwung verlieren. Grund hierfür ist die Tatsache, dass sich das Einkommen der Landbevölkerung wegen der sinkenden Rohstoffpreise und der sich verschlechternden Arbeitsmarktsituation im verarbeitenden Gewerbe (das 20% der Arbeitsplätze stellt) und anderen Bereichen rückläufig entwickelt. Auch das Investitionsvolumen dürfte angesichts der immer ungünstigeren Darlehenskonditionen zurückgehen. Vor diesem Hintergrund könnte sich die von Coface bislang als zufriedenstellend eingestufte Zahlungsmoral der Unternehmen verschlechtern. Darüber hinaus ist die ungenügende Trans-

Asien-Pazifik

Wichtige Kennzahlen

	2004	2005	2006	2007	2008 (S)	2009 (P)
Reales Wirtschaftswachstum (%)	6,8	5,3	5,8	6,3	5,1	1,3
Inflation (%)	1,5	3,0	3,6	2,0	5,8	2,4
Staatshaushalt (Saldo in % des BIP)	−4,1	−3,6	−3,3	−3,2	−5,0	−5,7
Ausfuhren (Mrd US$)	126,6	141,8	160,8	176,4	195,0	180,5
Einfuhren (Mrd US$)	99,1	108,7	124,1	139,1	155,5	150,4
Handelsbilanz (Saldo in Mrd US$)	27,5	33,2	36,7	37,3	39,5	30,1
Leistungsbilanz (Saldo in Mrd US$)	14,8	20,0	25,5	28,9	27,7	17,3
Leistungsbilanz (Saldo in % des BIP)	11,9	14,5	16,3	15,5	12,9	8,1
Auslandsverschuldung (in % des BIP)	41,9	37,7	33,6	28,7	25,2	23,5
Schuldendienst (in % der Ausfuhren)	6,2	5,6	4,0	4,7	4,0	4,6
Währungsreserven (in Monatsimporten)	6,0	5,7	6,0	6,5	5,8	6,5

(S): Schätzung. (P): Prognose.   Quelle: Coface.

parenz der Finanzdaten zu bemängeln. Der Forderungseinzug ist und bleibt allerdings effizient.

Finanzlage nach wie vor relativ solide

Die Finanzlage hat sich im Laufe des Jahres 2008 verschlechtert. Die Subventionierung der Energie- und Lebensmittelpreise hat das Haushaltsdefizit ansteigen lassen. Nachdem die Regierung beabsichtigt, ein Konjunkturpaket in Höhe von 2,1 Mrd US$ zu schnüren und die Steuerreform, die die Staatseinnahmen erhöhen sollte, zu verschieben, ist abzusehen, dass sich das Defizit 2009 erneut erhöhen wird.

Der Leistungsbilanzüberschuss dürfte angesichts sinkender Exporte und rückläufiger Touristenzahlen 2009 weiter zusammenschmelzen. Allerdings sollte der Überschuss immer noch so komfortabel ausfallen, dass die Finanzlage des Landes weiterhin als robust eingestuft werden kann.

Der Abfluss volatilen Kapitals und der Einbruch des Börsenindexes haben den Ringgit 2008 geschwächt und zu einer Kursabwertung von mehr als 10% geführt. Insgesamt ist Malaysia aber im Vergleich zu den anderen asiatischen Schwellenländern bisher glimpflich davongekommen. Zudem ist das Land dank seiner hohen Devisenreserven gegenüber dem massiven Abfluss von Kapital gut gewappnet.

Politik: Opposition wird stärker

Die Regierungskoalition Barisan Nasional unter Führung des amtierenden Premierministers Abdullah Badawi hat bei den Parlamentswahlen im März 2008 ihre Zweidrittelmehrheit eingebüßt. Bei den Regionalwahlen gingen zudem fünf der 13 Bundesstaaten an die Opposition. Interne Streitigkeiten veranlassten Premierminister Badawi im Oktober 2008, seinen Amtssessel zu räumen und dem Vizepremierminister Najib Razak zu überlassen, der kurz zuvor zum Vorsitzenden der größten Partei der Regierungskoalition, der United Malays National Organisation (UMNO) gewählt worden war.

Angesichts des konjunkturellen Abschwungs und sozialer Spannungen könnten die Oppositionsparteien unter ihrem Führer Anwar Ibrahim 2009 noch an Popularität gewinnen, wobei die Barisan Nasional und der neue Premierminister Najib Razak weiterhin das Heft in der Hand behalten dürften. In dieser Situation könnte jedoch der Reformprozess an Schwung verlieren.

VORAUSSETZUNGEN FÜR DEN MARKTZUGANG

Möglichkeiten des Marktzugangs

Malaysia, Mitglied der WTO und der Freihandelszone AFTA, praktiziert eine liberale Handelspolitik. Der durchschnittliche Zolltarif auf sämtliche Produkte beträgt weniger als 8%, wobei über 99% der Tariflinien zwischen 0% und 5% liegen. In Anwendung der AFTA-

Exporte: 117% des BIP
▷▷▶▶▶▶

Importe: 100% des BIP
◀◀◀◀◀◀◀◀◀◀◀◀◀◀◀◀◀◀◀◀◀◀◀◀◀◀◀◀◀◀◀◀◀◀◀◀◀◀◀◁◁◁◁◁◁◁

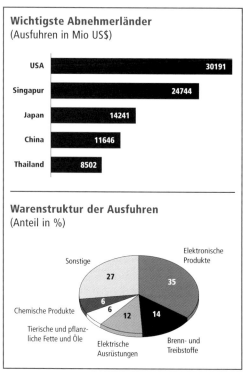

Wichtigste Abnehmerländer
(Ausfuhren in Mio US$)

USA	30191
Singapur	24744
Japan	14241
China	11646
Thailand	8502

Warenstruktur der Ausfuhren
(Anteil in %)

Elektronische Produkte 35
Sonstige 27
Chemische Produkte 6
Tierische und pflanzliche Fette und Öle 6
Elektrische Ausrüstungen 12
Brenn- und Treibstoffe 14

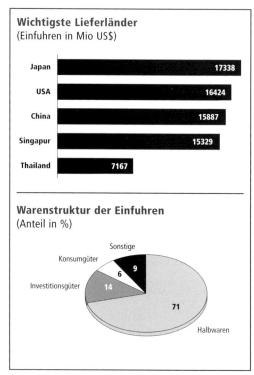

Wichtigste Lieferländer
(Einfuhren in Mio US$)

Japan	17338
USA	16424
China	15887
Singapur	15329
Thailand	7167

Warenstruktur der Einfuhren
(Anteil in %)

Sonstige 9
Konsumgüter 6
Investitionsgüter 14
Halbwaren 71

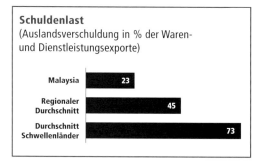

Schuldenlast
(Auslandsverschuldung in % der Waren- und Dienstleistungsexporte)

Malaysia	23
Regionaler Durchschnitt	45
Durchschnitt Schwellenländer	73

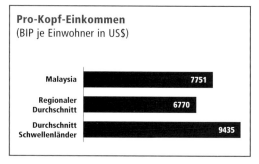

Pro-Kopf-Einkommen
(BIP je Einwohner in US$)

Malaysia	7751
Regionaler Durchschnitt	6770
Durchschnitt Schwellenländer	9435

Asien-Pazifik

Regeln mussten die Tarife bei 99% der Tariflinien für Importe aus den fünf anderen ASEAN-Gründerländern (Brunei, Philippinen, Singapur, Indonesien, Thailand) auf unter 0,5% gesenkt werden. Es bestehen weiterhin einige Spitzenzölle im Automobilbereich, in der Stahlbranche und bei alkoholischen Getränken. Die malaysischen Behörden reglementieren den Im- und Export einiger Güter (17% der Tariflinien) mittels automatisch oder nichtautomatisch vergebener Lizenzen. Diese Regel wirkt sich in der Praxis kaum einschränkend aus, außer in der Automobilbranche, die nicht nur hohen Zolltarifen, sondern auch Verbrauchsabgaben, einem

Quotensystem und Lizenzen unterliegt, mit denen die lokale Produktion geschützt werden soll.

Haltung gegenüber ausländischen Investoren

Die malaysische Regierung hat Steueranreize eingeführt, um die Niederlassung ausländischer Unternehmen zu begünstigen (Gesetze über „Pioneer-Status", „Investment Tax Allowance", „Regional Distribution Center" und „Operational Headquarter"), und Ausländer können zu 100% an produzierenden und Hightech-firmen sowie an Dienstleistungsunternehmen, die mit

der Industrie verbunden sind, beteiligt sein. Darüber hinaus existieren in Malaysia ein Offshorefinanzplatz in Labuan (Ostmalaysia) sowie 14 Steuer- und Zollfreizonen.

Das „positive Diskriminierungsprogramm" bevorzugt in der einheimischen Wirtschaft die Volksgruppe der Bumiputra, die ungefähr 60% der Bevölkerung stellt und zu der vor allem die Malaien gehören. Diese Politik begrenzt die Möglichkeiten für ausländische Investitionen in nicht mit der Industrie verbundene Dienstleistungsunternehmen sowie bei allen Geschäften mit dem Staat. So kann es für private Unternehmen, die nicht oder nicht in ausreichendem Maße von Bumiputra kontrolliert werden, schwierig sein, Verträge mit öffentlichen Einrichtungen zu schließen.

Devisenverkehr

Am 21. Juli 2005 wurde die Bindung des Ringgit (MYR) an den US-Dollar, die seit September 1998 gegolten hatte, zugunsten eines kontrollierten Floatings abgeschafft. Devisengeschäfte unterliegen der Genehmigung der Zentralbank, bereiten jedoch keine Schwierigkeiten. Die Kreditaufnahme in Landeswährung zum Kauf von Devisen – ein Mechanismus, der zu den spekulativen Geldbewegungen von 1997 beigetragen hatte – ist nach wie vor äußerst streng begrenzt. Aus denselben Gründen steht die Internationalisierung der Währung (Besitz von Ringgit-Guthaben außerhalb von Malaysia) nicht auf der Tagesordnung. Dies behindert jedoch das Geschäftsleben in keiner Weise.   •

Mongolei

Bevölkerung (Mio Einwohner):	**2,6**
BIP (Mio US$):	**3.984**

Coface-Bewertungen

Kurzfristiges Risiko:	**D**
Geschäftsumfeld:	**C**
Mittelfristiges Risiko:	**hoch**

RISIKOEINSCHÄTZUNG

Geringe Wachstumseinbußen

Das Wachstum der mongolischen Wirtschaft wurde auch 2008 durch die steigenden Preise für Gold und Kupfer beflügelt, deren Export 54% der gesamten Warenausfuhr ausmacht. Eine expansivere Geld- und Fiskalpolitik sowie die steigenden Rohstoffpreise heizten die Inflation an. Dies hatte angesichts der großen Armut (36% der Bevölkerung leben unterhalb der Armutsgrenze) und einer Arbeitslosenquote von 14% gravierende Auswirkungen auf die gesellschaftliche Entwicklung. Der Preisverfall beim Kupfer dürfte das Wachstum 2009 leicht bremsen. Vor dem Hintergrund sinkender Rohstoffpreise wird es der Regierung mit einer strikteren Geld- und Fiskalpolitik wahrscheinlich gelingen, die Inflationsrate wieder zu verringern.

Verschlechterung der Finanzlage

Die Einführung sozialer Hilfsprogramme, die Erhöhung der Beamtenbezüge und eine Verdopplung der Investitionsausgaben haben den bestehenden Haushaltsüberschuss deutlich geschmälert. Diese Entwicklung wird sich voraussichtlich auch 2009 fortsetzen. Der Anstieg des Leistungsbilanzdefizits 2008, der durch die vermehrte Einfuhr von Ausrüstungsgütern für die Bergbaubranche und die Erhöhung der Kraftstoff- und Lebensmittelpreise verursacht wurde, dürfte 2009 aufgrund der nachgebenden Kupferpreise weitergehen. Der Finanzbedarf sollte vollständig durch ausländische Direktinvestitionen und internationale Finanzhilfen gedeckt werden können. Somit kann die Mongolei auf eine sinkende Auslandsverschuldung – die insbesondere aus vergünstigten Krediten besteht – sowie auf ausreichende Devisenreserven verweisen. •

Asien-Pazifik

Wichtige Kennzahlen

	2004	2005	2006	2007	2008 (S)	2009 (P)
Reales Wirtschaftswachstum (%)	10,6	7,3	8,6	9,9	9,0	7,0
Inflation (%)	7,9	12,5	5,1	9,0	26,0	18,8
Staatshaushalt (Saldo in % des BIP)	−1,8	2,6	8,1	2,2	1,5	0,6
Staatsverschuldung (in % des BIP)	81,4	60,3	46,7	40,0	34,1	31,8
Ausfuhren (Mio US$)	872	1.069	1.545	1.952	2.163	2.237
Einfuhren (Mio US$)	1.021	1.224	1.516	2.170	3.002	3.362
Handelsbilanz (Saldo in Mio US$)	−149	−155	29	−218	−839	−1.125
Leistungsbilanz (Saldo in % des BIP)	−5,3	−2,7	2,7	−1,3	−11,8	−14,6
Auslandsverschuldung (in % des BIP)	76,9	58,1	45,8	42,6	39,1	39,0
Schuldendienst (in % der Ausfuhren)	11,4	3,2	3,2	4,2	3,2	4,0
Währungsreserven (in Monatsimporten)	1,7	2,4	4,3	4,5	4,3	4,3

(S): Schätzung. (P): Prognose.

Quelle: Coface.

Myanmar

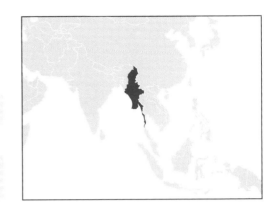

Bevölkerung (Mio Einwohner):	**48,8**
BIP (Mio US$):	**13.529**

Coface-Bewertungen
Kurzfristiges Risiko:	**D**
Geschäftsumfeld:	**D**
Mittelfristiges Risiko:	**sehr hoch**

RISIKOEINSCHÄTZUNG

Zyklon Nargis und sinkende Rohstoffpreise sorgen für drastischen Konjunktureinbruch

Entgegen offiziellen Angaben des Militärregimes ist das Wirtschaftswachstum des Landes 2008 dramatisch ein gebrochen. Die Erdgas- und Erdölausfuhren nach Thailand, Indien und China gingen zurück. Die Vernichtung der Ernten durch den Zyklon Nargis führte zu einer drastischen Angebotsverknappung bei landwirtschaftlichen Erzeugnissen. Auch die ohnehin kaum entwickelte Industrie wurde durch die Schäden an der Infrastruktur im Süden des Landes schwer in Mitleidenschaft gezogen. Außerdem leidet das verarbeitende Gewerbe nach wie vor unter zu geringen Investitionen, unzureichenden Einfuhren und der mangelnden Energieversorgung; die unkalkulierbare Wirtschaftspolitik der Militärjunta beeinträchtigt die Entwicklung zusätzlich.

Durch die rückläufigen Rohstoffpreise könnte es 2009 zu weiter sinkenden Exporterträgen und damit zu einer weiteren Abkühlung der Konjunktur kommen. Trotz des mit internationaler Hilfe finanzierten Wiederaufbaus ist weder in der Landwirtschaft noch in der Industrie ein nennenswertes Wachstum zu erwarten. Die Erhöhung der Lebensmittelpreise heizte 2008 die Inflation an. Auch für 2009 ist eine hohe Teuerungsrate zu erwarten, da die landwirtschaftliche Produktion durch den Zyklon stark angeschlagen ist. Hinzu kommt, dass das Defizit im Staatshaushalt weiterhin vollständig durch Geldschöpfung finanziert wird.

Politische Unsicherheit nach wie vor hoch

Die politische Lage in Myanmar bleibt angespannt. Der Staatsrat für Frieden und Entwicklung zeigt sich politischen Reformen gegenüber äußerst zurückhaltend. Ausländische Investoren werden abgeschreckt. •

Wichtige Kennzahlen[1]

	2004/05	2005/06	2006/07	2007/08	2008/09 (S)	2009/10 (P)
Reales Wirtschaftswachstum (%)	13,6	13,6	12,7	3,4	0,9	0,3
Inflation (%)	3,8	10,7	25,7	33,9	34,5	30,0
Staatshaushalt (Saldo in % des BIP)	−4,7	−3,3	−4,2	−3,8	−2,5	−2,5
Ausfuhren (Mio US$)	2.927	4.600	5.300	6.200	6.100	5.800
Einfuhren (Mio US$)	1.989	1.700	2.300	3.000	3.600	3.100
Handelsbilanz (Saldo in Mio US$)	938	2.900	3.000	3.200	2.500	2.700
Leistungsbilanz (Saldo in % des BIP)	2,4	3,7	9,5	6,8	3,6	1,6
Auslandsverschuldung (in % des BIP)	63,0	57,8	56,5	56,4	57,2	55,7
Schuldendienst (in % der Ausfuhren)	9,2	9,9	9,3	6,3	5,8	5,7
Währungsreserven (in Monatsimporten)	2,6	2,9	3,7	4,5	4,0	3,8

1) Fiskaljahre von April bis März. (S): Schätzung. (P): Prognose.   Quelle: Coface.

Nepal

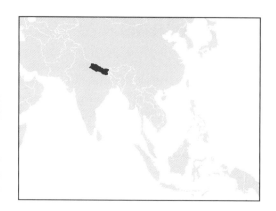

Bevölkerung (Mio Einwohner):	**28,1**
BIP (Mio US$):	**10.207**

Coface-Bewertungen

Kurzfristiges Risiko:	**D**
Geschäftsumfeld:	**D**
Mittelfristiges Risiko:	**sehr hoch**

RISIKOEINSCHÄTZUNG

Anhaltend hohes Wachstum

Nach zehn Jahren Bürgerkrieg hat das Wachstum seit dem Fiskaljahr 2007/2008 wieder Fahrt aufgenommen. Dies lag vor allem an der sich allmählich wieder normalisierenden politischen Lage. Die Landwirtschaft, auf die 33% des BIP entfallen, verzeichnete dank günstiger Witterungsverhältnisse gute Ergebnisse (vor allem bei der Reisernte). Außerdem hat der Dienstleistungssektor (Groß- und Einzelhandel, Tourismus, Verkehrswirtschaft, Kommunikation und Finanzdienstleistungen) rasche Fortschritte gemacht. Die Produktion im verarbeitenden Gewerbe hat dagegen aufgrund zahlreicher Streiks und Mängel in der Energieversorgung (regelmäßige Stromausfälle) stagniert. Im Fiskaljahr 2009/2010, das am 15. Juli 2009 beginnt, dürfte sich das Wachstum gut behaupten können.

Politische Normalisierung, aber anhaltende Unsicherheit über die Wirtschaftspolitik

Aus den Parlamentswahlen am 10. April 2008 ist die maoistische Partei CPN-M als Sieger hervorgegangen. Da sie jedoch über keine absolute Mehrheit verfügt, wurde im August 2008 eine Koalitionsregierung gebildet. Zum Ministerpräsidenten wurde der Vorsitzende der CPN-M, Prachanda, gewählt, der auch an der Spitze der nepalesischen Volksarmee steht. Bei der konstituierenden Sitzung der Volksversammlung wurde die Monarchie, die 240 Jahre lang in Nepal bestanden hatte, abgeschafft und die Demokratische Bundesrepublik Nepal ausgerufen. Die neue Regierung steht 2009 vor zahlreichen Herausforderungen: Dazu gehören die Vollendung des Friedensprozesses, die Verabschiedung einer neuen Verfassung und die Vereinigung der nepalesischen Volksarmee mit der nationalen Armee, die sich bisher dem Dialog verweigert hat. •

Asien-Pazifik

Wichtige Kennzahlen[1]

	2004/05	2005/06	2006/07	2007/08	2008/09 (S)	2009/10 (P)
Reales Wirtschaftswachstum (%)	3,1	3,7	3,2	4,7	5,5	5,5
Inflation (%)	4,5	8,0	6,4	8,0	8,5	6,7
Staatshaushalt (Saldo in % des BIP)	0,2	3,3	1,7	0,0	1,5	0,6
Ausfuhren (Mio US$)	832	850	892	951	1.023	1.096
Einfuhren (Mio US$)	2.022	2.372	2.653	3.028	3.448	3.743
Handelsbilanz (Saldo in Mio US$)	−1.190	−1.522	−1.761	−2.077	−2.425	−2.647
Leistungsbilanz (Saldo in % des BIP)	−0,2	2,2	0,6	0,6	1,1	0,5
Auslandsverschuldung (in % des BIP)	41,9	39,1	32,6	29,1	28,7	27,8
Schuldendienst (in % der Ausfuhren)	6,3	6,3	6,3	6,3	6,3	6,3
Währungsreserven (in Monatsimporten)	7,2	7,2	7,1	6,3	6,1	5,8

1) Fiskaljahre beginnen am 15. Juli. (S): Schätzung. (P): Prognose.

Quelle: Coface.

Neuseeland

Bevölkerung (Mio Einwohner):	**4,2**
BIP (Mio US$):	**129.372**

Coface-Bewertungen
Kurzfristiges Risiko:	**A2**
Geschäftsumfeld:	**A1**

RISIKOEINSCHÄTZUNG

Die neuseeländische Wirtschaft hat seit dem Frühjahr 2008 rasch an Tempo verloren. Zurückzuführen ist dies auf die mäßige Exportentwicklung und die weniger dynamische Binnennachfrage vor dem Hintergrund steigender Energie- und Rohstoffpreise sowie einer deutlich restriktiveren Geldpolitik. Angesichts der weltweiten Finanzkrise und ihres Übergreifens auf die Realwirtschaft dürfte die Konjunktur im ersten Halbjahr 2009 weiter zurückgehen, bevor eine Stabilisierung eintritt.

Die Zentralbank hat ihren Leitzins gesenkt, und die Inflation schwächt sich ab. Steuersenkungen und höhere Sozialleistungen wurden verabschiedet, da sich die öffentlichen Finanzen in ausgezeichneter Verfassung befinden. Trotzdem wird sich der Konsum der privaten Haushalte weiterhin verhalten entwickeln. Diese Zurückhaltung der Haushalte erklärt sich durch sinkende Immobilienpreise, eine steigende Arbeitslosigkeit und eine hohe Verschuldung. Im Übrigen fehlt eine zusätzliche Stütze, da die Zahl der Einwanderer abnimmt.

Neben der sich fortsetzenden Schwäche im Wohnungsbau hinterlassen die flaue Bautätigkeit in sonstigen Bereichen und die niedrigen Ausgaben der Unternehmen für Ausrüstungsgüter ihre Spuren. Lediglich bei öffentlichen Investitionen wird infolge eines Programms zur Förderung der Infrastruktur eine gewisse Dynamik erhalten bleiben.

Die Ausfuhren wurden bereits 2008 zu einem großen Teil von der deutlichen Verteuerung des Neuseeländischen Dollar und den Folgen, die die Trockenheit für die

Wichtige Kennzahlen

	2004	2005	2006	2007	2008 (S)	2009 (P)
Reales Wirtschaftswachstum (%)	4,2	2,2	1,7	3,2	0,4	−1,5
Konsumausgaben (Veränderung in %)	6,4	4,9	2,1	4,1	0,0	−1,0
Investitionen (Veränderung in %)	15,9	12,5	−2,6	4,7	4,7	−4,0
Inflation (%)	2,3	3,0	2,6	2,4	3,7	2,5
Arbeitslosenquote (%)	3,9	3,7	3,7	3,5	4,5	7,0
Kurzfristiger Zinssatz (% p.a.)	6,1	7,1	7,6	8,3	8,3	5,5
Staatshaushalt (Saldo in % des BIP)	3,6	4,1	7,3	3,7	1,3	−2,3
Staatsverschuldung (in % des BIP)	29,0	27,0	23,0	21,0	17,0	19,0
Ausfuhren (Veränderung in %)	5,9	−0,5	1,9	3,3	0,4	−0,4
Einfuhren (Veränderung in %)	16,6	6,2	−2,5	8,7	5,0	−2,0
Leistungsbilanz (Saldo in % des BIP)	−6,5	−9,0	−8,7	−8,2	−9,1	−6,8

(S): Schätzung. (P): Prognose.

Quelle: Coface.

Verschlechterung der Finanzlage

Aufgrund rückläufiger Exporte und steigender Rohstoffpreise hat sich das Defizit in der Leistungsbilanz 2008 vergrößert. Angesichts gesunkener Preise und abnehmender Einfuhren als Folge der zurückgehenden Binnennachfrage könnte sich das Defizit 2009 jedoch verkleinern. Sri Lanka weist weiterhin einen erheblichen Finanzierungsbedarf auf, der zu 15% durch ausländische Direktinvestitionen gedeckt wird. Im Falle eventueller Einschnitte bei ausländischer Hilfe könnte sich die Deckung des Finanzierungsbedarfs noch schwieriger gestalten.

Des Weiteren haben die starken Schwankungen beim Zustrom von Portfolioinvestitionen die Rupie geschwächt. Im Oktober 2008 haben die staatlichen Stellen deswegen beschlossen, die Anbindung der Rupie an den US-Dollar aufzugeben. Auch 2009 könnte die Rupie von einer starken Volatilität gekennzeichnet sein. Zudem macht der geringe Umfang der Devisenreserven Sri Lanka sehr anfällig, falls es zu einem drastischen Abzug von Kapital kommt. Deswegen muss das Währungsrisiko im Auge behalten werden.

Schließlich haben die Kosten des Konflikts mit den tamilischen Separatisten eine weitere Zunahme der öffentlichen Schulden zur Folge. Das Ausmaß der öffentlichen Schulden (zu einem großen Teil inländische Verbindlichkeiten) ist untragbar und das Haushaltsdefizit immer noch enorm. Die hohen Zinsen, die für diese Verbindlichkeiten aufgebracht werden müssen, verhindern, dass die notwendigen Mittel in die Modernisierung der Infrastruktur investiert werden können.

VORAUSSETZUNGEN FÜR DEN MARKTZUGANG

Möglichkeiten des Marktzugangs

Sri Lanka hat seine Wirtschaft zu 70% für ausländische Investitionen geöffnet. Dies macht das Land zwar anfällig für die Auswirkungen der internationalen Konjunktur, aber ausländische Investitionen sind ein wesentliches Element der wirtschaftlichen Entwicklung. Daher gewährt Sri Lanka Vergünstigungen, um insbesondere Infrastruktur und Produktionssysteme zu modernisieren. Durch die auf dem angelsächsischen Modell gründenden Gesetze und Handelspraktiken ist die Insel relativ liberal und für Investoren attraktiv.

Die strategische Lage als Eingangstor zum indischen Subkontinent ist ideal, insbesondere seit der Ratifizierung eines Freihandelsabkommens mit Indien im Jahr 2000. Mit einem Freihandelsabkommen mit Pakistan im Jahr 2005 hat der Inselstaat seine regionale Integration weiter vorangetrieben. Sri Lanka ist außerdem Mitglied der Südasiatischen Wirtschaftsgemeinschaft SAARC (der Bangladesch, Bhutan, Indien, die Malediven, Nepal, Pakistan und Sri Lanka angehören), deren Freihandelsabkommen SAFTA im Juli 2006 in Kraft getreten ist. Das Land kommt schließlich in den Genuss des Zollpräferenzsystems APS+, so dass fast alle Produkte zollfrei in die Europäische Union exportiert werden dürfen. Sri Lanka bietet zahlreiche Möglichkeiten für Investitionen im Dienstleistungsgewerbe (Telekommunikation, Hotels und Restaurants usw.), in der Industrie (Textil, Nahrungsmittel, Kautschuk usw.) und im Infrastrukturbereich (Häfen und Energieversorgung).

Asien-Pazifik

Wichtige Kennzahlen

	2004	2005	2006	2007	2008 (S)	2009 (P)
Reales Wirtschaftswachstum (%)	5,4	6,2	7,7	6,8	5,3	4,2
Inflation (%)	9,0	11,0	10,0	15,8	21,9	13,0
Staatshaushalt (Saldo in % des BIP)	−8,2	−8,7	−8,0	−7,7	−7,0	−7,1
Ausfuhren (Mrd US$)	5,8	6,3	6,9	7,7	8,2	8,1
Einfuhren (Mrd US$)	7,2	8,0	9,2	10,2	12,5	11,6
Handelsbilanz (Saldo in Mrd US$)	−1,4	−1,7	−2,3	−2,5	−4,3	−3,5
Leistungsbilanz (Saldo in % des BIP)	−2,9	−3,3	−5,7	−5,0	−6,6	−4,5
Auslandsverschuldung (in % des BIP)	53,6	46,3	40,3	37,8	31,1	28,8
Schuldendienst (in % der Ausfuhren)	8,5	4,5	8,8	6,5	6,5	7,5
Währungsreserven (in Monatsimporten)	2,3	2,8	2,4	2,6	2,5	2,7

(S): Schätzung. (P): Prognose.

Quelle: Coface.

Exporte: 32% des BIP

▷▷▶▶

Importe: 43% des BIP

◀◀

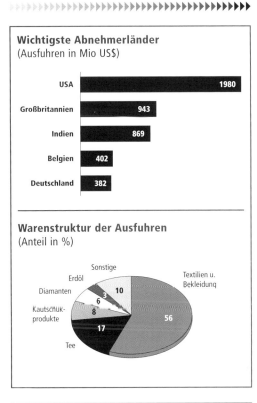

Wichtigste Abnehmerländer
(Ausfuhren in Mio US$)

USA	1980
Großbritannien	943
Indien	869
Belgien	402
Deutschland	382

Warenstruktur der Ausfuhren
(Anteil in %)

Sonstige 10 · Erdöl 3 · Diamanten 6 · Kautschuk-produkte 8 · Tee 17 · Textilien u. Bekleidung 56

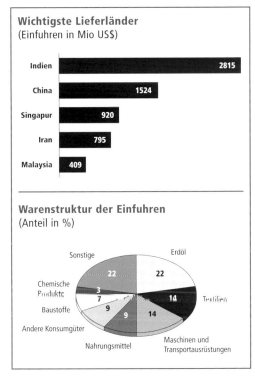

Wichtigste Lieferländer
(Einfuhren in Mio US$)

Indien	2815
China	1524
Singapur	920
Iran	795
Malaysia	409

Warenstruktur der Einfuhren
(Anteil in %)

Sonstige 22 · Erdöl 22 · Chemische Produkte 3 · Textilien 14 · Baustoffe 7 · Andere Konsumgüter 9 · Nahrungsmittel 9 · Maschinen und Transportausrüstungen 14

Schuldenlast
(Auslandsverschuldung in % der Waren-
und Dienstleistungsexporte)

Sri Lanka	93
Regionaler Durchschnitt	45
Durchschnitt Schwellenländer	73

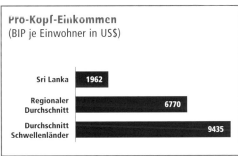

Pro-Kopf-Einkommen
(BIP je Einwohner in US$)

Sri Lanka	1962
Regionaler Durchschnitt	6770
Durchschnitt Schwellenländer	9435

Haltung gegenüber ausländischen Investoren

Sri Lanka ist offen für ausländische Investitionen. Es gilt das Prinzip der Nichtdiskriminierung zwischen Aus- und Inländern (allerdings wird beim Kauf von Immobilien durch Ausländer eine Abgabe von 100% erhoben). Verpflichtungen für lokale Partnerschaften bestehen im Allgemeinen nicht, einige wenige Bereiche sind inländischen Investoren vorbehalten. Als Gründungsmitglied der Multilateralen Investitionsgarantieagentur (MIGA) bietet Sri Lanka Schutz vor Enteignung und vor Risiken nicht geschäftlicher und politischer Art. Auch entspre-

chende bilaterale Abkommen wurden mit zahlreichen Ländern geschlossen. Das BOI (Board of Investment) ist mit der Förderung und Beaufsichtigung der Investitionen beauftragt. Es bietet Hilfe bei allen verwaltungstechnischen Fragen zur Niederlassung und zahlreiche Steueranreize an. Das bestehende System diskriminiert jedoch kleine und mittlere (Industrie-)Unternehmen sowie Privatpersonen, da in den meisten Fällen allzu hohe Mindestinvestitionen verlangt werden. Dies gilt umso mehr, als die Behörden nun eher Großinvestitionen als Projekte von begrenztem Umfang fördern wollen. •

Südkorea

Bevölkerung (Mio Einwohner):	**48,5**
BIP (Mio US$):	**969.795**
Anteil am regionalen BIP (%):	**11**

Coface-Bewertungen

Kurzfristiges Risiko:	**A2**
Geschäftsumfeld:	**A2**
Mittelfristiges Risiko:	**gering**

STÄRKEN

▲ Die industrielle Basis ist diversifiziert und in neuen Technologien sowie im Automobilbau wettbewerbsfähig.

▲ Die koreanische Elektronikindustrie ist in Sachen Qualität führend.

▲ Südkorea gehört international zu den mit Hightechprodukten am besten ausgerüsteten Binnenmärkten. Bei der Zahl der Highspeedzugänge zum Internet liegt das Land weltweit auf dem vierten Platz.

▲ Das Bildungswesen ist leistungsfähig und sorgt für eine hohe Qualifikation der erwerbstätigen Bevölkerung.

▲ Bei der Zahl der Patentanmeldungen liegt Südkorea weltweit an dritter Stelle (WIPO). Zurückzuführen ist dies insbesondere auf die hohen öffentlichen Ausgaben für Forschung und Entwicklung.

▲ Der geographische Radius koreanischer Investitionen hat sich erweitert; bevorzugt werden inzwischen China, Vietnam und Indien.

SCHWÄCHEN

▼ In die Dienstleistungsbranche, die Schwachstelle der koreanischen Wirtschaft, fließen netto immer noch ausländische Direktinvestitionen.

▼ Die Eisen- und Stahlindustrie sowie die Textilbranche leiden unter der Konkurrenz aus China.

▼ Südkorea ist der viertgrößte Importeur von Erdöl und sehr von Rohstoffen abhängig.

▼ Private Haushalte und Kleinunternehmen sind nach wie vor allzu hoch verschuldet.

▼ Die Überalterung der Bevölkerung birgt Risiken für die Staatsfinanzen.

▼ Die Unternehmensführung der Chaebols, den von Familienclans kontrollierten Konglomeraten, bei denen das Prinzip der Erbfolge gilt, stellt nach wie vor eine große Herausforderung dar.

▼ Die Unberechenbarkeit des Regimes in Nordkorea belastet das geopolitische Umfeld des Landes.

RISIKOEINSCHÄTZUNG

Abschwächung des Wachstums

Trotz einer expansionistischen Geld- und Haushaltspolitik hat sich das Wachstum 2008 abgeschwächt. Diese Entwicklung ist vor allem durch die rückläufige Binnennachfrage zu erklären. Dem Konsum zu schaffen machten die steigende Inflation, die Verschlechterung am Arbeitsmarkt, die sinkenden Börsenkurse und Immobilienpreise sowie die geringer werdenden Kredite. Investitionen von KMUs wurden durch die Rationierung von Krediten in Mitleidenschaft gezogen. Demgegenüber präsentieren sich die Chaebols nach wie vor in solider Verfassung, denn sie verfügen über ausreichende Mittel für Investitionen. Des Weiteren haben die Ausfuhren in die Industrieländer und nach Asien abgenommen, auf die 35% bzw. 47% der Exporte entfallen.

Der konjunkturelle Abschwung könnte sich 2009 noch verstärken. Die Binnennachfrage dürfte weiterhin von Zurückhaltung geprägt sein. Negative Vermögenseffekte infolge des Verfalls am Immobilienmarkt und der Talfahrt an der Börse sowie Einschränkungen bei Krediten könnten zu einem weiteren Rückgang des Konsums führen, zumal die Haushalte ohnehin schon zu 140% des verfügbaren Einkommens verschuldet sind. Darüber hinaus werden die Unternehmen, die ebenfalls hoch in

Asien-Pazifik

Wichtige Kennzahlen

	2004	2005	2006	2007	2008 (S)	2009 (P)
Reales Wirtschaftswachstum (%)	4,7	4,2	5,1	5,0	2,5	−4,0
Inflation (%)	3,6	2,8	2,2	2,5	5,0	3,9
Staatshaushalt (Saldo in % des BIP)	2,2	1,9	1,8	3,8	1,6	1,8
Ausfuhren (Mrd US$)	257,7	289,0	331,8	379,0	458,4	417,7
Einfuhren (Mrd US$)	220,1	256,3	303,9	349,6	459,9	407,1
Handelsbilanz (Saldo in Mrd US$)	37,6	32,7	27,9	29,4	−1,5	10,6
Leistungsbilanz (Saldo in Mrd US$)	28,3	14,9	5,3	5,9	−19,9	−2,6
Leistungsbilanz (Saldo in % des BIP)	4,1	1,9	0,6	0,6	−2,1	−0,3
Auslandsverschuldung (in % des BIP)	25,3	23,7	29,3	39,4	47,9	49,4
Schuldendienst (in % der Ausfuhren)	10,7	7,9	7,4	7,5	8,4	9,6
Währungsreserven (in Monatsimporten)	8,5	7,7	7,3	6,9	5,2	5,4

(S): Schätzung. (P): Prognose. — Quelle: Coface.

Devisen verschuldet sind, unter den restriktiveren Kreditbedingungen zu leiden haben. Am stärksten betroffen sind dabei die Bauwirtschaft, die Automobilindustrie und die Reedereien. Die Abschwächung bei den Exporten schließlich dürfte sich insbesondere in der Elektronikindustrie fortsetzen. Von daher könnte Coface 2009 eine weitere Verschlechterung des Zahlungsverhaltens registrieren.

Deutliche Verschlechterung der Finanzlage

Das 2008 aufgetretene Defizit in der Leistungsbilanz dürfte sich 2009 dank sinkender Rohstoffpreise vermindern. Dennoch bleibt ein hoher Finanzierungsbedarf bestehen, der nur zu einem begrenzten Teil durch ausländische Direktinvestitionen gedeckt wird. Der Börsenindex ist 2008 um 40% eingebrochen. Der Zustrom von Portfolioinvestitionen könnte 2009 weiterhin stark

Index der Zahlungsausfälle
(Gleitender Zwölfmonatsdurchschnitt;
Basis: Welt 1995 = 100)

Südkorea — Welt

1997 1998 1999 2000 2001 2002 2003 2004 2005 2006 2007 2008 2009

Quelle: Coface.

schwanken, was den Won weiter schwächen wird. Unter den Währungen der asiatischen Schwellenländer hat sich die südkoreanische am schlechtesten entwickelt. Aus diesem Grunde erhöht sich das Währungsrisiko. In diesem Zusammenhang haben die Devisenreserven 2008 zwar abgenommen, doch sie dürften sich 2009 immer noch auf einem vernünftigen Niveau bewegen. Damit ist das Land gegen einen drastischen Abzug von Kapital gut gewappnet.

Da die Banken in hohem Umfang Kredite in Fremdwährungen aufgenommen haben, ist das Bankensystem anfällig. Das Risiko, dass die Banken ihren Auslandsverpflichtungen nicht nachkommen, relativiert sich allerdings dadurch, dass sich kurzfristige Verbindlichkeiten im Verhältnis zu den Devisenreserven nach wie vor in Grenzen halten. Außerdem stützen die Behörden das Finanzsystem durch Zinssenkungen, einen Stabilisierungsplan, der eine staatliche Bürgschaft bis zu 100 Mrd US$ über einen Zeitraum von drei Jahren für Auslandsschulden von südkoreanischen Banken vorsieht, und eine Kapitalspritze von 30 Mrd US$ für das Bankensystem.

Reformbedarf für ein besseres Geschäftsumfeld

Die Haltung gegenüber Pjöngjang ist seit dem Amtsantritt von Präsident Lee Myung-Bak von der konservativen Großen Nationalpartei im Dezember 2007 von Entschlossenheit geprägt. Im Inland dürfte die Regierung, die nach den Parlamentswahlen im April 2008 gebildet wurde, Reformen zur Bekämpfung der Korruption sowie

Exporte: 43% des BIP
▷▷

Importe: 42% des BIP
◁◁

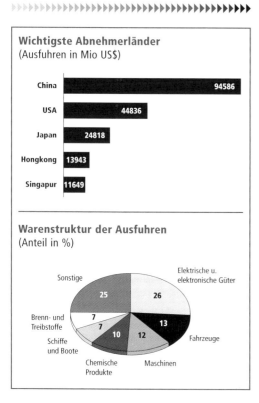

Wichtigste Abnehmerländer
(Ausfuhren in Mio US$)

China	94586
USA	44836
Japan	24818
Hongkong	13943
Singapur	11649

Warenstruktur der Ausfuhren
(Anteil in %)

Sonstige 25 · Elektrische u. elektronische Güter 26 · Brenn- und Treibstoffe 7 · 7 · 13 · Schiffe und Boote 10 · Chemische Produkte 12 · Maschinen · Fahrzeuge

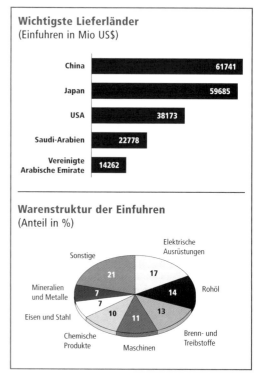

Wichtigste Lieferländer
(Einfuhren in Mio US$)

China	61741
Japan	59685
USA	38173
Saudi-Arabien	22778
Vereinigte Arabische Emirate	14262

Warenstruktur der Einfuhren
(Anteil in %)

Sonstige 21 · Elektrische Ausrüstungen 17 · Mineralien und Metalle 7 · 14 Rohöl · Eisen und Stahl 7 · 10 · 11 · 13 · Chemische Produkte · Maschinen · Brenn- und Treibstoffe

Schuldenlast
(Auslandsverschuldung in % der Waren- und Dienstleistungsexporte)

Südkorea	82
Regionaler Durchschnitt	45
Durchschnitt Schwellenländer	73

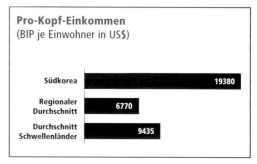

Pro-Kopf-Einkommen
(BIP je Einwohner in US$)

Südkorea	19380
Regionaler Durchschnitt	6770
Durchschnitt Schwellenländer	9435

zur Verbesserung der Transparenz in den Unternehmen fortsetzen.

VORAUSSETZUNGEN FÜR DEN MARKTZUGANG

Möglichkeiten des Marktzugangs

In Südkorea gelten verhältnismäßig offene Importregelungen, und die meisten Einfuhrbarrieren wurden in den letzten Jahren beseitigt. Doch vor allem in der Land-

wirtschaft bestehen immer noch zahlreiche Hindernisse tariflicher Art. So liegen die Zölle für den Primärsektor im Schnitt bei 45,5%, während sie für den industriellen Sektor lediglich 7,5% betragen.

Trotz der Fortschritte, die Südkorea bei der Öffnung seines Marktes erzielt hat, gibt es weiterhin auch Handelshemmnisse nichttarifärer Art. Im Wesentlichen umfassen diese Handelshemmnisse, mit denen ausländische Unternehmen konfrontiert sind, abweichende technische Normen (Automobil, Elektrogeräte), kleinliche Hygienevorschriften und -kontrollen (die aus der

Unkenntnis bezüglich neuer Produkte herrührt, was vor allen Dingen an den Besonderheiten koreanischer Nahrungsmittel liegt) oder besonders schwerfällige Zulassungsverfahren (Kosmetik, medizinische Geräte).

Der unzureichende Schutz geistigen Eigentums bietet in Südkorea nach wie vor Anlass zur Sorge. Zuwiderhandlungen treten weiterhin häufig auf. Allerdings sind die öffentlichen Stellen entschlossen, den Schutz zu verstärken. Handelsmarken sind heute bereits besser geschützt, sofern die notwendigen Maßnahmen für den Rechtsschutz durchgeführt werden. Nach wie vor stellen die unzureichenden und selten umgesetzten Sanktionen in finanzieller und strafrechtlicher Hinsicht das größte Problem dar und wirken dementsprechend nicht abschreckend.

Geschäftsbeziehungen mit koreanischen Partnern sind nicht so schwierig, wie man es ihnen oft zuschreibt. Gleichwohl ist es im normalen Handelsverkehr üblich, dass der Exporteur – zumindest zu Beginn einer Geschäftsbeziehung vor dem Versand die Zahlung einer Teilsumme bzw. des Gesamtbetrags verlangt. In jedem Falle wird bei „kleinen" Käufern das unwiderrufliche Akkreditiv empfohlen.

Haltung gegenüber ausländischen Investoren

Südkorea verfolgt seit seinem OECD-Beitritt 1996 eine besonders aktive Strategie zur Förderung ausländischer Direktinvestitionen und hat fast alle Sektoren für ausländische Investitionen liberalisiert. Die verbleibenden Restriktionen finden sich oft in der Gesetzgebung der anderen OECD-Mitglieder wieder (öffentliche Dienste, Verteidigung, Landwirtschaft).

Zwischen 1995 und 2000 verachtfachten sich die ausländischen Direktinvestitionen und erreichten 15 Mrd US$. In den folgenden Jahren hat sich der Zustrom jedoch deutlich verringert, da die mit der Öffnung verbundenen Potentiale zum Teil ausgeschöpft waren. Seit 2004 haben sich die ausländischen Direktinvestitionen bei etwa 11 Mrd US$ jährlich eingependelt.

Südkorea bietet für ausländische Investoren einen wirksamen Rechtsschutz. Das Land hat 69 Abkommen über die Förderung und den Schutz von Investitionen und 60 bilaterale Doppelbesteuerungsabkommen geschlossen. Diese Abkommen sorgen für den Schutz von Investitionen, den freien Transfer von Kapital und das gleiche Recht für In- und Ausländer. Mit Deutschland besteht seit 2000 ein Doppelbesteuerungsabkommen. Das Freihandelsabkommen zwischen Korea und den USA, das zwar noch nicht ratifiziert ist, sowie das Freihandelsabkommen, über das die EU und Südkorea seit 2007 verhandeln, dürften einen weiteren Beitrag zur Öffnung der mittlerweile dreizehntgrößten Wirtschaftsmacht weltweit leisten. Auf diese Weise wird ein dem Handel förderliches Umfeld und Rechtssystem gestärkt.

Devisenverkehr

Der Wechselkurs des Won (KRW) wird vom Devisenmarkt bestimmt. Der Won ist seit dem 1. Januar 2001 frei handelbar und nahezu vollständig konvertierbar. Notwendig bleiben lediglich die Genehmigung bestimmter Transaktionen und die für koreanische Inländer geltende Deklarationspflicht, wenn Kapital von mehr als 10.000 US$ das Land verlässt. Der Devisenverkehr wird bis 2011 schrittweise und vollständig liberalisiert. Seit dem 1. Januar 2008 hat der Won im Verhältnis zum US-Dollar und zum Euro stark an Wert verloren. Das bedeutet für die Unternehmen eine erhebliche Belastung. •

Taiwan

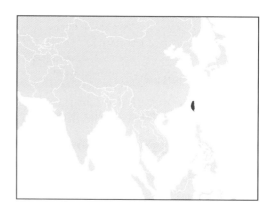

Bevölkerung (Mio Einwohner):	**22,8**
BIP (Mio US$):	**383.307**
Anteil am regionalen BIP (%):	**5**

Coface-Bewertungen
Kurzfristiges Risiko:	**A2**
Geschäftsumfeld:	**A2**
Mittelfristiges Risiko:	**gering**

STÄRKEN

- ▲ Die Finanzlage gegenüber dem Ausland ist robust.
- ▲ Die Regierung setzt ihre Unterstützung von Forschung und Entwicklung durch öffentliche Mittel fort.
- ▲ Über die demokratischen Errungenschaften herrscht allgemeiner Konsens.
- ▲ Taiwan ist weltweit der viertgrößte Elektronikhersteller.
- ▲ Die Insel ist bei zahlreichen Produkten führend: Anteil von 98,6% des Weltmarktes bei Motherboards, von 82,5% bei Notebooks und von 70% bei LCD-Bildschirmen.
- ▲ Seit der Regierungsübernahme durch die Kuomintang verbessern sich die Beziehungen zum chinesischen Festland. Hinweise dafür sind die unterzeichneten Abkommen, mit denen einerseits die Flug- und Seeverbindungen zwischen Taiwan und Kontinentalchina wiederhergestellt werden und andererseits das System für den Postverkehr verbessert wird.

SCHWÄCHEN

- ▼ Der Außenhandel konzentriert sich allzu stark auf Kontinentalchina (inklusive Hongkongs 42% der gesamten Ausfuhren) und die USA (15% der Ausfuhren).
- ▼ Durch massive Betriebsauslagerungen in der Industriebranche sind Arbeitsplätze verlorengegangen; im Dienstleistungsbereich mangelt es an Wettbewerbsfähigkeit. Im Verhältnis zu anderen fortschrittlichen Wirtschaften in Asien ist die Infrastruktur rückständig.

RISIKOEINSCHÄTZUNG

Signifikant nachlassende Ausfuhren

Nach einer hohen Wachstumsrate im Jahr 2007 (5,7%) und im ersten Quartal 2008 (6,3%) hat sich die Wirtschaftslage in Taiwan im weiteren Jahresverlauf deutlich verschlechtert. Das liegt hauptsächlich an der zurückgehenden Nachfrage aus dem Ausland, insbesondere aus China, Hongkong und Amerika. Die USA sind in der Tat der wichtigste Handelspartner Taiwans, da etwa 70% der taiwanischen Ausfuhren nach Kontinentalchina anschließend von dort in die USA exportiert werden. Besonders erschüttert wurden die Ausfuhren von Elektronikgütern und die Tourismusbranche. Zudem hat die Binnennachfrage nachgelassen. Der Konsum des Landes hat unter den wachsenden inflationären Spannungen (100% seiner Energierohstoffe und Nahrungsmittel werden importiert), unter dem mit den fallenden Börsenkursen verbundenen negativen Vermögenseffekt sowie unter der gestiegenen Arbeitslosigkeit gelitten. Darüber hinaus haben die Unternehmen angesichts verschärfter Kreditkonditionen und schlechterer Absatzaussichten ihre Investitionen verschoben.

Obwohl nun eine expansionistischere Geld- und Haushaltspolitik (Zinssenkungen und Konjunkturpaket) betrieben wird, dürfte sich der konjunkturelle Abschwung 2009 noch verfestigen. Verantwortlich dafür sind die niedrigeren Wirtschaftsergebnisse von Industrieländern und asiatischen Schwellenländern. 2009 wird die taiwanische Wirtschaft daher ein negatives Wachstum verzeichnen. Vor diesem Hintergrund hat sich das Zahlungsverhalten der Unternehmen weiter verschlechtert. Die schrumpfenden Margen von taiwanischen Unternehmen sind im Auge zu behalten.

Asien-Pazifik

Wichtige Kennzahlen

	2004	2005	2006	2007	2008 (S)	2009 (P)
Reales Wirtschaftswachstum (%)	6,2	4,1	4,9	5,7	1,8	−2,8
Inflation (%)	1,6	2,3	0,6	1,8	4,2	2,5
Staatshaushalt (Saldo in % des BIP)	−2,4	−1,7	0,3	0,1	−1,7	−2,9
Ausfuhren (Mrd US$)	182,4	198,5	223,8	246,5	273,4	245,2
Einfuhren (Mrd US$)	165,9	179,0	199,6	216,1	254,9	220,9
Handelsbilanz (Saldo in Mrd US$)	16,5	19,5	24,2	30,4	18,5	24,3
Leistungsbilanz (Saldo in Mrd US$)	18,9	17,6	26,2	32,9	23,8	29,0
Leistungsbilanz (Saldo in % des BIP)	5,7	4,9	7,2	8,6	5,8	7,1
Auslandsverschuldung (in % des BIP)	24,5	25,5	24,6	25,7	24,0	21,3
Schuldendienst (in % der Ausfuhren)	2,8	3,7	3,3	3,0	2,9	3,1
Währungsreserven (in Monatsimporten)	14,2	13,7	12,8	11,9	10,5	13,1

(S): Schätzung. (P): Prognose.   Quelle: Coface.

Eine solide Finanzlage

Das im Jahr 2008 entstandene Haushaltsdefizit könnte 2009 durch die steuerlichen Anreize und Ausgaben, die von der Regierung beschlossen wurden, um das Wachstum anzukurbeln, weiter in die Höhe getrieben werden. Die Maßnahmen bestehen unter anderem aus Steuersenkungen, Investitionen in die Infrastruktur, Unterstützungen für die einkommensschwächsten Haushalte und Darlehen für Personen, die Eigentum erwerben wollen. Die Staatsverschuldung ist aber nach wie vor gering.

2008 bleibt der Überschuss in der Leistungsbilanz beachtlich, auch wenn sich der absolute Wert verringert, da die Ausfuhren zurückgegangen sind und die Einfuhren im Zuge der gestiegenen Rohstoffpreise stark zugenommen haben. 2009 könnte der Überschuss wegen der sinkenden Rohstoffpreise wieder steigen, und dies trotz geringerer Elektronikausfuhren und sinkender Tourismuseinnahmen. Außerdem waren die Schwankungen bei Portfolioinvestitionen 2008 stärker, wodurch der Neue Taiwan-Dollar geschwächt wurde. Diese Volatilität dürfte auch 2009 fortbestehen. Nichtsdestotrotz ist Taiwan dank seiner sehr hohen Devisenreserven recht unempfindlich gegen plötzliche Kapitalabzüge.

Besseres Verhältnis zu Kontinentalchina

In politischer Hinsicht waren die Parlamentswahlen im Januar 2008 und die Präsidentschaftswahlen im März 2008 durch die Regierungsübernahme der Kuomintang geprägt. Unter Präsident Ma Ying-Jeou wird sich das Verhältnis zu Peking tendenziell entspannen, und die Wirtschaftsbeziehungen werden sich intensivieren.

VORAUSSETZUNGEN FÜR DEN MARKTZUGANG

Marktsituation

Der taiwanische Markt stellt der Einfuhr von Gütern oder Dienstleistungen keine größeren Hindernisse in den Weg. Seit etwa zehn Jahren ergreifen die Behörden Maßnahmen, um ihren Markt zu öffnen und ihre Vorschriften an internationale Normen anzugleichen. Das ermöglichte Taiwan im Jahr 2002 den Beitritt zur WTO. Die Zolltarife, die bereits vorher niedrig waren, wurden nochmals gesenkt. So ist der nominale Zolltarif im Schnitt von 8,25% vor dem Beitritt auf 7,2% und dann

Index der Zahlungsausfälle
(Gleitender Zwölfmonatsdurchschnitt; Basis: Welt 1995 = 100)

Quelle: Coface.

Exporte: 74% des BIP
▷▷

Importe: 66% des BIP
◀◀

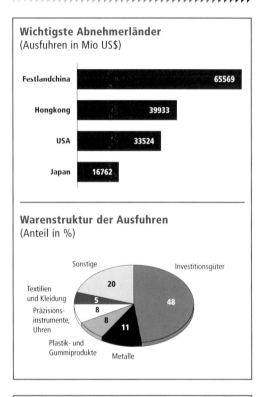

Wichtigste Abnehmerländer
(Ausfuhren in Mio US$)

Warenstruktur der Ausfuhren
(Anteil in %)

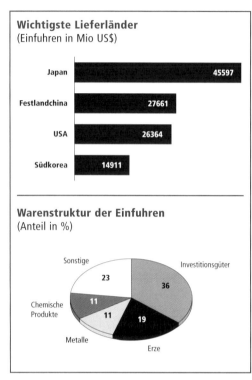

Wichtigste Lieferländer
(Einfuhren in Mio US$)

Warenstruktur der Einfuhren
(Anteil in %)

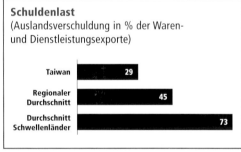

Schuldenlast
(Auslandsverschuldung in % der Waren-
und Dienstleistungsexporte)

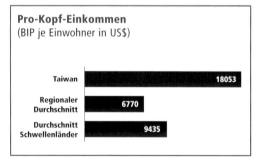

Pro-Kopf-Einkommen
(BIP je Einwohner in US$)

Asien-Pazifik

im Januar 2008 auf 5,56% zurückgegangen. Am stärksten gesenkt wurden die Zölle auf landwirtschaftliche Erzeugnisse, die sich von durchschnittlich 20,02% auf 13,16% im Januar 2008 verringert haben. Bei mehreren Produktgruppen, wie Arzneimitteln und medizinischen Geräten, Spielwaren, Möbeln, Geräten für die Land- und Bauwirtschaft, Papier und Stahl, wurden die Tarife abgeschafft. Zollkontingente gelten nur noch für die Einfuhr bestimmter Fahrzeuge sowie für einige Produkte aus der Land- und Fischereiwirtschaft. Die einzigen geographischen Einschränkungen gelten für mehr als 2.000 Importwaren aus Kontinentalchina.

Nach Erfahrungen europäischer Unternehmen bestehen noch folgende Defizite:

■ Zum einen bestehen Einschränkungen nichttarifärer Art, d.h. durch rigide technische Normen, Umwelt- oder Sicherheitsvorschriften in der Automobilbranche, durch zu strenge Hygienevorschriften und bei Medikamenten durch extrem zeitaufwendige Genehmigungsverfahren für die Markteinführung und für die Eintragung in die Liste der medizinischen Einrichtungen. Mit diesen Mitteln sollen die von

öffentlichen Stellen als sensibel eingestuften Branchen geschützt werden.

- Zum anderen hat sich seit 2002 der Schutz geistigen Eigentums zur Angleichung an die TRIPS-Abkommen zwar verbessert, vor allen Dingen, indem im Juli 2008 ein hierfür zuständiges Gericht eingeführt wurde, doch Waren- und Markenzeichen werden weiterhin unrechtmäßig genutzt, und die Zivilgerichte verhängen Strafen nach wie vor willkürlich.

Bei den Zahlungsbedingungen ist das Akkreditiv das am häufigsten verwendete Zahlungsmittel. In geringerem Umfang können Zahlungen zwischen Unternehmen auch über ein Konto und SWIFT-Überweisungen erfolgen. Andere Zahlungsmittel als das Akkreditiv sind jedoch mit Vorsicht einzusetzen, da Schwierigkeiten bei der Vollstreckung von Gerichtsentscheidungen im Bereich des Forderungseinzugs bestehen. Taiwan wendet von daher das Prinzip der bilateralen wechselseitigen Anerkennung an, insbesondere bei Vollstreckungsbeschlüssen. Was den Schutz von Investitionen betrifft, wird Taiwan deswegen von den Organisationen schlecht bewertet. Der Beitritt zur WTO hat allerdings zur Anerkennung internationaler Normen im Handelsverkehr beigetragen. Im Finanzbereich hat die „Financial Supervisory Commission" (für die Regulierung der Finanzmärkte zuständige Behörde) darüber hinaus angekündigt, dass die Grundsätze von Basel II innerhalb von fünf Jahren im taiwanischen Recht umgesetzt werden.

Haltung gegenüber ausländischen Investoren

Ausländische Unternehmen treffen in Taiwan auf wenige administrative Hindernisse, wenn sie sich dort niederlassen möchten, auch wenn das Verfahren etwas mühsam ist. Aufgrund seines relativ günstigen Geschäftsumfelds ist das Land bei internationalen Länderbeurteilungen (Weltbank, Weltwirtschaftsforum, IMD World Competitiveness Yearbook) gut platziert. Beeinträchtigt wurde seine Position in den letzten Jah-

ren allerdings insbesondere dadurch, dass sein Finanzwesen nicht modern genug gestaltet ist, dass Reformen zugunsten der Unternehmen fehlen und es Restriktionen hinsichtlich der Beschäftigung von ausländischen Arbeitskräften gibt.

Der Großteil der auf der Insel vertretenen ausländischen Unternehmen übt im Wesentlichen eine Handelstätigkeit aus und begnügt sich damit, Repräsentanzbüros oder Außenstellen zu eröffnen. Größere Betriebseinrichtungen mit Produktionstätigkeit erfordern jedoch die Gründung einer Kapitalgesellschaft mit einer eigenen juristischen Persönlichkeit und einer Geschäftspräsenz. In den meisten Fällen ist dazu ein Joint Venture mit einem einheimischen Unternehmen vorgesehen. Das Gesellschaftsrecht enthält diskriminierende Regelungen für die Filialen ausländischer Firmen, die jedoch unter der Bedingung aufgehoben werden können, dass ein „Foreign Investment Approval" (FIA) vorgelegt wird. Dieses wird von der „Foreign Investment Commission" (FIC) erteilt, die dem Wirtschaftsministerium (MOEA) unterstellt ist. Der Erhalt dieser Genehmigung ist für bestimmte geschützte Bereiche, wie Nahrungsmittel, Chemie, Pharmazie, Stahl und die meisten Dienstleistungen (Medien, Post, Immobilien, Verkehr, Freizeit, Komfort etc.), jedoch nach wie vor schwierig oder sogar unmöglich.

Devisenverkehr

Der Neue Taiwan-Dollar (TWD bzw. NT$) ist nur für gängige Geschäfte frei konvertierbar. Er unterliegt einem flexiblen Wechselkurs, der kontrolliert wird. Die Zentralbank (Central Bank of China) interveniert jedoch auf dem Devisenmarkt durch die Festlegung ihres Leitzinses. Auf diese Weise soll die Verteuerung der Währung gegenüber dem US-Dollar und dem japanischen Yen eingedämmt werden. Obwohl die Regelungen für die Genehmigung ausländischer Investitionen gelockert wurden, gilt für Taiwan eine recht strenge Reglementierung der Devisen.   •

Thailand

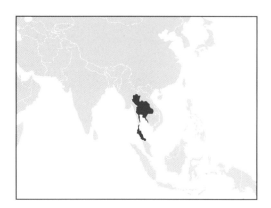

Bevölkerung (Mio Einwohner):	**65,7**
BIP (Mio US$):	**245.818**
Anteil am regionalen BIP (%):	**3**

Coface-Bewertungen
Kurzfristiges Risiko:	**A3**
Geschäftsumfeld:	**A3**
Mittelfristiges Risiko:	**ziemlich gering**

Asien-Pazifik

STÄRKEN

- ▲ Thailand zeichnet sich sowohl in der Landwirtschaft (insbesondere Reisanbau und Kautschukgewinnung) als auch in der Industrie (Nahrungsmittel, Automobil und Elektronik) durch seine diversifizierte und leistungsstarke Produktion aus.
- ▲ Die thailändische Industrie orientiert sich hin zu höherwertigen Erzeugnissen, wobei die Hightechbranche nunmehr 60% der Ausfuhren verzeichnet.
- ▲ Das Land ist ein offener regionaler Knotenpunkt für seine dynamischen Nachbarn.
- ▲ Die Anfälligkeit des Bankwesens nimmt ab: Das verdankt der Sektor dem Rückgang zweifelhafter Forderungen, der Verbesserung der Überwachung und der Einführung internationaler Standards zu Risikomanagement und Transparenz.

SCHWÄCHEN

- ▼ Thailands Außenhandel leidet unter der Konkurrenz aus China, das mitunter die gleichen Produkte anbietet.
- ▼ Die Investitionen fallen weiterhin schwach aus (27,7% des BIP gegenüber durchschnittlich 36,3% in Asien).
- ▼ Da Strukturreformen (Privatisierungen, Investitionen in die Infrastruktur und Bildung) immer wieder aufgeschoben werden, bestehen Engpässe.
- ▼ Das Geschäftsklima ist noch immer von Verflechtungen zwischen Privatwirtschaft und Politik gekennzeichnet.
- ▼ Die seit 2006 herrschende politische Instabilität hemmt ausländische Investitionen. Außerdem wird der Reformprozess hierdurch verlangsamt.

RISIKOEINSCHÄTZUNG

Anhaltende politische Instabilität

Seit dem Staatsstreich gegen Thaksin Shinawatra im September 2006 ist die politische Lage in Thailand instabil. Der Partei der Volksmacht (PPP), die überwiegend in der ländlichen Bevölkerung (zwei Drittel der gesamten Bevölkerung) Rückhalt hat, steht die Demokratische Partei gegenüber, die von den Menschen in den Städten und der Armee unterstützt wird. Seit September 2008 hat sich die Situation verschlechtert: Mehrere Regierungen wurden gestürzt, es ist zu Protestdemonstrationen gegen die Regierung gekommen, und der Flughafen in Bangkok wurde vorübergehend geschlossen. Die politischen Spannungen dürften aufgrund der bestehenden tiefen Kluft auch 2009 anhalten und könnten sich mit dem näher rückenden Thronwechsel sogar noch verstärken.

Rezession nach einer Phase der Solidität

Trotz der politischen Instabilität ist das Wachstum 2007 bis 2008 recht stabil geblieben. Das lag an guten grundlegenden Verhältnissen in Thailand wie der diversifizierten Wirtschaft, der Ausrichtung der Industrien auf höherwertige Technologien und der soliden Binnennachfrage. Darüber hinaus hatten der Anstieg der Inflation im 1. Halbjahr 2008 und die restriktive Geldpolitik nur begrenzte Auswirkungen.

Das Jahr 2009 dürfte jedoch von einer Abschwächung der Konjunktur geprägt sein, da die politischen und sozialen Spannungen sowie die weltweite Wirtschafts- und Finanzkrise ihre Spuren hinterlassen werden. Die Ausfuhren dürften zeitweise zurückgehen, weil in den

Wichtige Kennzahlen

	2004	2005	2006	2007	2008 (S)	2009 (P)
Reales Wirtschaftswachstum (%)	6,3	4,5	5,1	4,8	3,5	–3,0
Inflation (%)	2,8	4,5	4,7	2,2	5,7	0,2
Staatshaushalt (Saldo in % des BIP)	0,1	0,1	0,0	–1,2	–1,8	–3,5
Ausfuhren (Mrd US$)	94,9	109,2	127,9	150,0	175,3	150,0
Einfuhren (Mrd US$)	84,1	106,0	114,3	124,6	153,8	127,0
Handelsbilanz (Saldo in Mrd US$)	10,8	3,2	13,7	25,4	21,5	23,0
Leistungsbilanz (Saldo in Mrd US$)	2,8	–7,9	2,2	15,8	5,5	4,5
Leistungsbilanz (Saldo in % des BIP)	1,7	–4,5	1,1	6,4	1,9	1,4
Auslandsverschuldung (in % des BIP)	32,4	30,4	28,8	25,2	22,3	21,0
Schuldendienst (in % der Ausfuhren)	7,6	5,7	5,3	4,6	3,6	3,2
Währungsreserven (in Monatsimporten)	5,0	4,2	4,9	5,8	5,3	5,0

(S): Schätzung. (P): Prognose.

Quelle: Coface.

Industrieländern und in Asien geringere Wachstumsaussichten bestehen. Darüber hinaus wird der Konsum trotz der erwarteten rückläufigen Inflation infolge der steigenden Arbeitslosigkeit und des mangelnden Vertrauens verhalten bleiben. Aufgrund der Einschränkungen beim Zugang zu Krediten und der zunehmenden Risikoaversion als Konsequenz aus den politischen Unsicherheiten dürfte es schließlich der Investitionstätigkeit auch in Zukunft an Dynamik fehlen. Aus diesen Gründen könnte die Wirtschaft 2009 3% des BIP einbüßen.

Nicht unerhebliche Auswirkungen auf die Finanzen

Das Haushaltsdefizit dürfte sich 2009 weiter vergrößern, da zur Ankurbelung des Wachstums mit einer expansiven Haushaltspolitik zu rechnen ist. Außerdem dürfte sich der Abbau des Leistungsbilanzüberschusses 2009 fortsetzen. Die Gründe hierfür liegen nicht nur in der Verschlechterung der Handels- und Dienstleistungsbilanz, sondern vor allem auch im Rückgang des Tourismus, der durch die politischen Störungen in Mitleidenschaft gezogen wird. Auch die ausländischen Direktinvestitionen könnten 2009 weiter zurückgehen. Darüber hinaus waren 2008 bei Portfolioinvestitionen starke Schwankungen zu beobachten, was am Einbruch des Börsenindexes abzulesen ist. Dieser Trend rückläufiger Kapitalimporte dürfte auch 2009 fortbestehen. Der Baht ist durch den Kapitalabfluss geschwächt worden, wodurch sich das Währungsrisiko erhöht. Vor diesem Hintergrund dürften die Devisenreserven 2009 zwar abermals abnehmen, sich aber dennoch weiterhin auf einem vernünftigen Niveau bewegen, so dass das Land vor einer Liquiditätskrise bei Fremdwährungen geschützt ist.

VORAUSSETZUNGEN FÜR DEN MARKTZUGANG

Marktsituation

Als Mitglied der WTO seit 1995 und Gründungsmitglied der ASEAN tritt Thailand aktiv für die Umsetzung der Freihandelszone AFTA ein, die in den ASEAN-Staaten den völligen Abbau der Zölle bis 2010 vorsieht. Die thailändische Handelspolitik zielt darauf ab, den Warenverkehr durch regionale und vor allem bilaterale Verhandlungen zu liberalisieren. Dazu wurden mehrere Handelsabkommen geschlossen. Die Verhandlungen

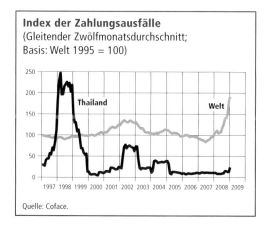

Index der Zahlungsausfälle
(Gleitender Zwölfmonatsdurchschnitt;
Basis: Welt 1995 = 100)

Quelle: Coface.

Exporte: 74% des BIP
▷▷▷▶▶▶

Importe: 70% des BIP
◀◀◁◁◁◁

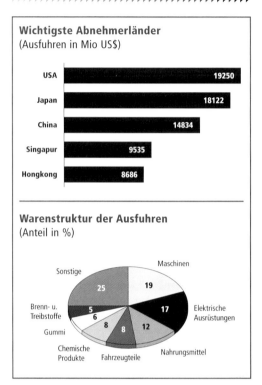

Wichtigste Abnehmerländer
(Ausfuhren in Mio US$)

USA	19250
Japan	18122
China	14834
Singapur	9535
Hongkong	8686

Warenstruktur der Ausfuhren
(Anteil in %)

Sonstige 25 · Maschinen 19 · Elektrische Ausrüstungen 17 · Nahrungsmittel 12 · Fahrzeugteile 8 · Chemische Produkte 8 · Gummi 6 · Brenn- u. Treibstoffe 5

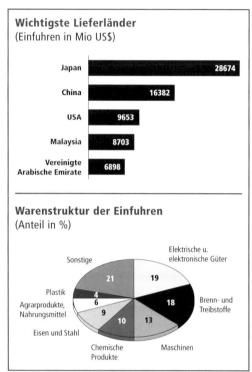

Wichtigste Lieferländer
(Einfuhren in Mio US$)

Japan	28674
China	16382
USA	9653
Malaysia	8703
Vereinigte Arabische Emirate	6898

Warenstruktur der Einfuhren
(Anteil in %)

Sonstige 21 · Elektrische u. elektronische Güter 19 · Brenn- und Treibstoffe 18 · Maschinen 13 · Chemische Produkte 10 · Eisen und Stahl 9 · Agrarprodukte, Nahrungsmittel 6 · Plastik 4

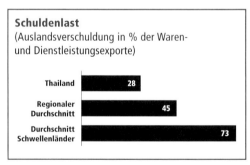

Schuldenlast
(Auslandsverschuldung in % der Waren- und Dienstleistungsexporte)

Thailand	28
Regionaler Durchschnitt	45
Durchschnitt Schwellenländer	73

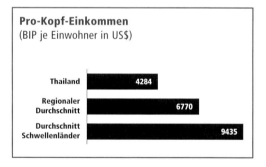

Pro-Kopf-Einkommen
(BIP je Einwohner in US$)

Thailand	4284
Regionaler Durchschnitt	6770
Durchschnitt Schwellenländer	9435

Asien-Pazifik

über ein Freihandelsabkommen zwischen der ASEAN und der Europäischen Union sind im Gange. Die 2004 mit den USA aufgenommenen Gespräche sind immer noch ausgesetzt.

Möglichkeiten des Marktzugangs

Thailand hat seine Importquoten schrittweise abgeschafft und durch Tarifkontingente sowie Zölle ersetzt, die häufig jedoch immer noch hoch sind. Bei mehr als einem Drittel der im Zolltarif aufgeführten Erzeugnisse wurden die Zölle 2006 auf 11% gesenkt. Dies ent-

spricht einfach dem gesamten Durchschnitt der im Rahmen der Meistbegünstigtenklausel angewandten Zölle. Im Schnitt liegen die Zölle heute bei 8,8% für Industrieprodukte und 25% für Nahrungsmittel. Bei bestimmten Konsumgütern, bei denen hohe Verbrauchsabgaben oder nichttarifäre Barrieren noch hinzukommen, können jedoch Spitzenwerte erreicht werden. Deswegen ist der Zugang zum Markt in Thailand bei einer ganzen Reihe von Branchen nach wie vor schwierig.

Haltung gegenüber ausländischen Investoren

Seit etwa 15 Jahren stützt sich die Entwicklung der thailändischen Wirtschaft auf Exporte und die Öffnung für ausländische Direktinvestitionen. Lange Zeit wurde auf die niedrigen Kosten thailändischer Arbeitskräfte als Hauptwettbewerbsvorteil gesetzt, der heute im Verhältnis zu verschiedenen Nachbarländern (China, Vietnam etc.) abnimmt. Die Behörden wollen nun Aktivitäten mit hoher Wertschöpfung und Unternehmen, die Technologie oder Know-how transferieren können, gewinnen. Auf diese Weise soll die Wirtschaft in Richtung höherwertige Erzeugnisse ausgerichtet werden.

Das „Board of Investment" (BOI) hat mit steuerlichen Anreizen und beschleunigten Verfahren Ende 2005 eine entschlossene Politik in die Wege geleitet. Dies soll ausländische Investoren in den Bereichen Nahrungsmittel, Automobilbau, Elektro- und Elektronikindustrie, alternative Energien, Dienstleistungen mit hoher Wertschöpfung und Biotechnologie anlocken.

In den Vorschriften für ausländische Investitionen bestehen allerdings immer noch zahlreiche Einschränkungen, durch die nationale Interessen geschützt werden sollen. Dies geschieht durch Obergrenzen für ausländische Beteiligungen (25%, 40% oder 49% des Kapitals) in strategischen Bereichen. Abhängig von ihrer Öffnung für ausländisches Kapital werden drei Kategorien unterschieden: Tätigkeiten, die Ausländern streng verboten sind (z.B. Reisanbau und Fischfang);

Tätigkeiten, die Ausländern aus Gründen der nationalen Sicherheit oder kulturellen Identität untersagt sind (Handel mit Waffen oder thailändischer Kunst); und Tätigkeiten, die Ausländern verschlossen sind, weil sich Thailand nicht für bereit hält, um im ausländischen Wettbewerb zu bestehen (umfangreiche Liste von Dienstleistungen). Ausländer können allerdings Sondergenehmigungen für Betätigungen in den Kategorien 2 und 3 erhalten.

Auch wenn Thailand zum Teil schon lange bestehende, bilaterale Abkommen zum Schutz von Investitionen mit einigen Haupthandelspartnern abgeschlossen hat, muss ein ausländischer Investor, der den Schutz im Rahmen eines bilateralen Abkommens in Anspruch nehmen möchte, nach den geltenden Vorschriften einen entsprechenden Antrag bei einem Ad-hoc-Ausschuss stellen, der Genehmigungen von Fall zu Fall und nicht systematisch erteilt. Zwischen Deutschland und Thailand bestehen ein Investitionsschutzabkommen und ein Doppelbesteuerungsabkommen.

Devisenverkehr

Seit dem 2. Juli 1997 gibt es ein Floating zwischen Baht (THB) und US-Dollar. Die Zentralbank, die auf Währungsstabilität bedacht ist, interveniert dennoch punktuell auf dem Devisenmarkt, um allzu starke Fluktuationen abzufedern, und bemüht sich, Offshoretransaktionen mit dem Baht zu begrenzen. •

Vietnam

Bevölkerung (Mio Einwohner):	**85,1**
BIP (Mio US$):	**71.216**
Anteil am regionalen BIP (%):	**0,9**

Coface-Bewertungen

Kurzfristiges Risiko:	**B**
Geschäftsumfeld:	**C**
Mittelfristiges Risiko:	**moderat erhöht**

STÄRKEN

▲ Die Wirtschaft zeichnet sich durch qualifizierte und kostengünstige Arbeitskräfte aus. Das zieht ausländische Investoren an.

▲ Die Zugehörigkeit zur ASEAN und der Beitritt zur WTO im Januar 2007 zeugen von den guten diplomatischen und wirtschaftlichen Beziehungen des Landes zu seinen wichtigsten Partnern.

▲ Die Armutsquote ist von 58% im Jahr 1990 auf weniger als 25% im Jahr 2006 zurückgegangen.

▲ Die Finanzbranche entwickelt sich dank der Öffnung des Marktes für ausländische Banken, der Privatisierung öffentlicher Banken und der angestrebten stärkeren Unabhängigkeit der Zentralbank.

▲ Die Wirtschaft ist auf eine Diversifizierung bedacht und will insbesondere den tertiären Sektor (Tourismus und Finanzdienstleistungen) ausbauen.

SCHWÄCHEN

▼ Die Wirtschaft des Landes bleibt auf einen Wettbewerb über den Preis und Produkte mit geringer Wertschöpfung fokussiert.

▼ Das Geschäftsumfeld ist nach wie vor eine Schwachstelle des Landes. Im Vergleich mit den großen Volkswirtschaften Asiens sind in Vietnam die Verwaltung und die Justiz rückständig: mangelnde Unabhängigkeit der Gerichte, Beschränkung der Anzahl von Rechtsanwälten, rudimentäre Verfahren und Häufung von eingestellten Verfahren.

▼ Die Infrastruktur (Strom, Straßen, Schienen und Häfen) ist veraltet und unterentwickelt. Dadurch wird das Wachstum gehemmt.

▼ Die Reform im öffentlichen Sektor ist immer noch nicht abgeschlossen: Die Dynamik dieses Bereichs, auf den nach wie vor 31% des BIP entfallen, bleibt daher hinter der des privaten Sektors zurück.

▼ Soziale und geographische Ungleichheiten nehmen zu, insbesondere zwischen städtischen und ländlichen Regionen.

RISIKOEINSCHÄTZUNG

Deutliche Abschwächung der Konjunktur 2009

Infolge der starken inflationären Spannungen wurde 2008 eine restriktive Geld- und Haushaltspolitik betrieben. Vor diesem Hintergrund hat sich das Wachstum deutlich verlangsamt. Seit der Insolvenz von Lehman Brothers und dem Beginn der weltweiten Wirtschafts- und Finanzkrise schlägt Vietnam jedoch einen expansionistischeren Weg in der Wirtschaftspolitik ein. Doch trotz dieses Kurswechsels und der rückläufigen Inflation könnte sich das Wachstum 2009 noch weiter abschwächen. Der Konsum wird durch die steigende Arbeitslosigkeit und das schwindende Vertrauen weiter belastet.

Außerdem dürften vor allem ausländische Investitionen als Folge der restriktiveren Kreditbedingungen und der zunehmenden Risikoaversion deutlich geringer ausfallen. Die Ausfuhren könnten schließlich sinken, weil sich die Konjunktur in den Industrieländern (in denen Vietnam 60% seiner Waren absetzt) und in den asiatischen Schwellenländern eintrübt. Vor diesem Hintergrund könnte sich das von der Coface erfasste Zahlungsverhalten verschlechtern.

Asien-Pazifik

Wichtige Kennzahlen

	2004	2005	2006	2007	2008 (S)	2009 (P)
Reales Wirtschaftswachstum (%)	7,8	8,4	8,2	8,5	6,2	3,0
Inflation (%)	7,7	8,3	7,5	8,3	24,0	15,0
Staatshaushalt (Saldo in % des BIP)	−3,3	−4,1	−2,9	−5,4	−4,7	−6,8
Ausfuhren (Mrd US$)	26,5	32,4	39,8	48,6	62,0	49,3
Einfuhren (Mrd US$)	28,8	34,9	42,6	58,9	76,6	60,0
Handelsbilanz (Saldo in Mrd US$)	−2,3	−2,4	−2,8	−10,3	−14,6	−10,7
Leistungsbilanz (Saldo in Mrd US$)	−0,9	−0,5	−0,2	−7,0	−11,5	−7,6
Leistungsbilanz (Saldo in % des BIP)	−2,0	−1,0	−0,3	−9,8	−13,6	−8,1
Auslandsverschuldung (in % des BIP)	39,6	36,3	33,2	30,7	27,4	23,6
Schuldendienst (in % der Ausfuhren)	5,3	5,2	4,8	4,7	4,7	6,0
Währungsreserven (in Monatsimporten)	2,2	2,5	3,2	4,0	2,9	4,4

(S): Schätzung. (P): Prognose.   Quelle: Coface.

Erhebliche Verschlechterung der Finanzlage

Das Haushaltsdefizit, das auch 2008 einen erheblichen Umfang erreicht hat, dürfte sich 2009 weiter vergrößern. Das liegt zum einen an den gewährten steuerlichen Anreizen und zum anderen an den sinkenden Einnahmen aus der zurückgehenden Erdölförderung im Feld „Weißer Tiger". Die Staatsschulden dürften 2009 ebenfalls steigen. Sie bestehen zudem zur Hälfte aus ausländischen Devisen, so dass Vietnam anfällig für eine Währungskrise wird. Außerdem hat das Defizit in der Leistungsbilanz 2008 aufgrund der schwächeren Ausfuhrzunahme, stärker wachsender Einfuhren, insbesondere von Ausrüstungsgütern, und deutlich gestiegener Rohstoffpreise zugelegt. Dieses Defizit könnte sich 2009 verringern, da die Rohstoffpreise gefallen sind und die Einfuhren von Ausrüstungs- sowie Konsumgütern unter dem Einfluss der zurückgehenden Binnennachfrage sinken. Vietnam weist jedoch weiterhin einen erheblichen Finanzierungsbedarf auf, der zu 30% durch ausländische Direktinvestitionen gedeckt wird. Infolge seiner Abhängigkeit von den Märkten haben die starken Schwankungen bei Portfolioinvestitionen dem Land 2008 zu schaffen gemacht. Das ist am Einbruch des Börsenindexes um mehr als 60% abzulesen. Diese Volatilität dürfte auch 2009 anhalten. Zudem hat Vietnam einem drastischen Abzug von Kapital angesichts seiner niedrigen Reserven nur wenig entgegenzusetzen.

Deswegen muss das Währungsrisiko im Auge behalten werden. Der Dong (VND), der 2008 an Wert verloren hat, steht immer noch unter Abwärtsdruck. Auf dem Schwarzmarkt wird er in einem Verhältnis gehandelt, das deutlich unter seiner offiziellen Parität liegt. Die de facto bestehende Festschreibung des Wechselkurses wird sich daher wohl kaum halten lassen. Aufgrund seiner starken Anbindung an den US-Dollar ist das Bankensystem schließlich sehr anfällig für das Währungsrisiko. Trotz jüngster Fortschritte stehen vietnamesische Banken wegen der hohen zweifelhaften Forderungen sowie der mangelnden Transparenz und Überwachung nach wie vor auf schwachen Füßen.

Anhaltende Defizite im Geschäftsumfeld

Die Kommunistische Partei kontrolliert nach wie vor alle politischen, wirtschaftlichen und sozialen Institutionen des Landes. Mängel in der Governance (Korruption, Missachtung von Gesetzen usw.) sind immer noch die Achillesferse Vietnams.

VORAUSSETZUNGEN FÜR DEN MARKTZUGANG

Möglichkeiten des Marktzugangs

Seit einigen Jahren bemüht sich Vietnam um die Liberalisierung seines Handels, die mit dem Beitritt zur AFTA 1995 eingesetzt hat. Seit dem 1. Januar 2008 kommen bei 97,6% der Produkte aus ASEAN-Ländern Zölle zwischen 0% und 5% zur Anwendung.

Der offizielle Beitritt Vietnams zur WTO am 11. Januar 2007 hat für den Marktzugang ebenfalls erhebliche Fortschritte mit sich gebracht. Innerhalb von maximal

Exporte: 32% des BIP
▷▷▷▷▷▷▷▷▷▷▷▷▷▷▷▷▷▷▷▷▷▷▷▷▷▷▷▷▷▷▷▷▷▷▷▷▶▶▶▶▶▶

Importe: 43% des BIP
◀◀◀

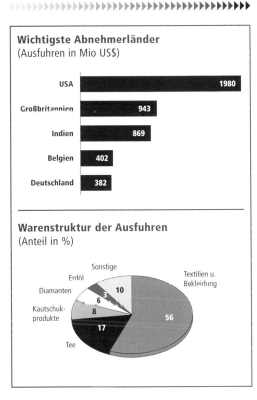

Wichtigste Abnehmerländer
(Ausfuhren in Mio US$)

Land	Wert
USA	1980
Großbritannien	943
Indien	869
Belgien	402
Deutschland	382

Warenstruktur der Ausfuhren
(Anteil in %)

Sonstige, Erdöl, Diamanten, Kautschukprodukte, Tee, Textilien u. Bekleidung
10, 3, 6, 8, 17, 56

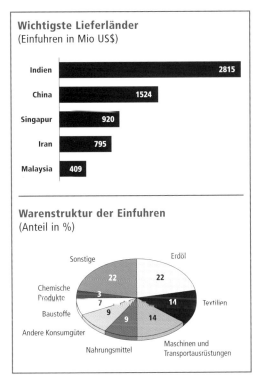

Wichtigste Lieferländer
(Einfuhren in Mio US$)

Land	Wert
Indien	2815
China	1524
Singapur	920
Iran	795
Malaysia	409

Warenstruktur der Einfuhren
(Anteil in %)

Sonstige, Erdöl, Chemische Produkte, Baustoffe, Andere Konsumgüter, Nahrungsmittel, Textilien, Maschinen und Transportausrüstungen
22, 22, 3, 7, 9, 9, 14, 14

Schuldenlast
(Auslandsverschuldung in % der Waren- und Dienstleistungsexporte)

	Wert
Sri Lanka	93
Regionaler Durchschnitt	45
Durchschnitt Schwellenländer	73

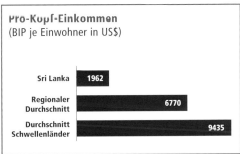

Pro-Kopf-Einkommen
(BIP je Einwohner in US$)

	Wert
Sri Lanka	1962
Regionaler Durchschnitt	6770
Durchschnitt Schwellenländer	9435

Haltung gegenüber ausländischen Investoren

Sri Lanka ist offen für ausländische Investitionen. Es gilt das Prinzip der Nichtdiskriminierung zwischen Aus- und Inländern (allerdings wird beim Kauf von Immobilien durch Ausländer eine Abgabe von 100% erhoben). Verpflichtungen für lokale Partnerschaften bestehen im Allgemeinen nicht, einige wenige Bereiche sind inländischen Investoren vorbehalten. Als Gründungsmitglied der Multilateralen Investitionsgarantieagentur (MIGA) bietet Sri Lanka Schutz vor Enteignung und vor Risiken nicht geschäftlicher und politischer Art. Auch entspre-

chende bilaterale Abkommen wurden mit zahlreichen Ländern geschlossen. Das BOI (Board of Investment) ist mit der Förderung und Beaufsichtigung der Investitionen beauftragt. Es bietet Hilfe bei allen verwaltungstechnischen Fragen zur Niederlassung und zahlreiche Steueranreize an. Das bestehende System diskriminiert jedoch kleine und mittlere (Industrie-)Unternehmen sowie Privatpersonen, da in den meisten Fällen allzu hohe Mindestinvestitionen verlangt werden. Dies gilt umso mehr, als die Behörden nun eher Großinvestitionen als Projekte von begrenztem Umfang fördern wollen. ●

Südkorea

Bevölkerung (Mio Einwohner):	**48,5**
BIP (Mio US$):	**969.795**
Anteil am regionalen BIP (%):	**11**

Coface-Bewertungen

Kurzfristiges Risiko:	**A2**
Geschäftsumfeld:	**A2**
Mittelfristiges Risiko:	**gering**

Asien-Pazifik

STÄRKEN

▲ Die industrielle Basis ist diversifiziert und in neuen Technologien sowie im Automobilbau wettbewerbsfähig.

▲ Die koreanische Elektronikindustrie ist in Sachen Qualität führend.

▲ Südkorea gehört international zu den mit Hightechprodukten am besten ausgerüsteten Binnenmärkten. Bei der Zahl der Highspeedzugänge zum Internet liegt das Land weltweit auf dem vierten Platz.

▲ Das Bildungswesen ist leistungsfähig und sorgt für eine hohe Qualifikation der erwerbstätigen Bevölkerung.

▲ Bei der Zahl der Patentanmeldungen liegt Südkorea weltweit an dritter Stelle (WIPO). Zurückzuführen ist dies insbesondere auf die hohen öffentlichen Ausgaben für Forschung und Entwicklung.

▲ Der geographische Radius koreanischer Investitionen hat sich erweitert; bevorzugt werden inzwischen China, Vietnam und Indien.

SCHWÄCHEN

▼ In die Dienstleistungsbranche, die Schwachstelle der koreanischen Wirtschaft, fließen netto immer noch ausländische Direktinvestitionen.

▼ Die Eisen- und Stahlindustrie sowie die Textilbranche leiden unter der Konkurrenz aus China.

▼ Südkorea ist der viertgrößte Importeur von Erdöl und sehr von Rohstoffen abhängig.

▼ Private Haushalte und Kleinunternehmen sind nach wie vor allzu hoch verschuldet.

▼ Die Überalterung der Bevölkerung birgt Risiken für die Staatsfinanzen.

▼ Die Unternehmensführung der Chaebols, den von Familienclans kontrollierten Konglomeraten, bei denen das Prinzip der Erbfolge gilt, stellt nach wie vor eine große Herausforderung dar.

▼ Die Unberechenbarkeit des Regimes in Nordkorea belastet das geopolitische Umfeld des Landes.

RISIKOEINSCHÄTZUNG

Abschwächung des Wachstums

Trotz einer expansionistischen Geld- und Haushaltspolitik hat sich das Wachstum 2008 abgeschwächt. Diese Entwicklung ist vor allem durch die rückläufige Binnennachfrage zu erklären. Dem Konsum zu schaffen machten die steigende Inflation, die Verschlechterung am Arbeitsmarkt, die sinkenden Börsenkurse und Immobilienpreise sowie die geringer werdenden Kredite. Investitionen von KMUs wurden durch die Rationierung von Krediten in Mitleidenschaft gezogen. Demgegenüber präsentieren sich die Chaebols nach wie vor in solider Verfassung, denn sie verfügen über ausreichende Mittel für Investitionen. Des Weiteren haben die Ausfuhren in die Industrieländer und nach Asien abgenommen, auf die 35% bzw. 47% der Exporte entfallen.

Der konjunkturelle Abschwung könnte sich 2009 noch verstärken. Die Binnennachfrage dürfte weiterhin von Zurückhaltung geprägt sein. Negative Vermögenseffekte infolge des Verfalls am Immobilienmarkt und der Talfahrt an der Börse sowie Einschränkungen bei Krediten könnten zu einem weiteren Rückgang des Konsums führen, zumal die Haushalte ohnehin schon zu 140% des verfügbaren Einkommens verschuldet sind. Darüber hinaus werden die Unternehmen, die ebenfalls hoch in

Wichtige Kennzahlen

	2004	2005	2006	2007	2008 (S)	2009 (P)
Reales Wirtschaftswachstum (%)	4,7	4,2	5,1	5,0	2,5	−4,0
Inflation (%)	3,6	2,8	2,2	2,5	5,0	3,9
Staatshaushalt (Saldo in % des BIP)	2,2	1,9	1,8	3,8	1,6	1,8
Ausfuhren (Mrd US$)	257,7	289,0	331,8	379,0	458,4	417,7
Einfuhren (Mrd US$)	220,1	256,3	303,9	349,6	459,9	407,1
Handelsbilanz (Saldo in Mrd US$)	37,6	32,7	27,9	29,4	−1,5	10,6
Leistungsbilanz (Saldo in Mrd US$)	28,3	14,9	5,3	5,9	−19,9	−2,6
Leistungsbilanz (Saldo in % des BIP)	4,1	1,9	0,6	0,6	−2,1	−0,3
Auslandsverschuldung (in % des BIP)	25,3	23,7	29,3	39,4	47,9	49,4
Schuldendienst (in % der Ausfuhren)	10,7	7,9	7,4	7,5	8,4	9,6
Währungsreserven (in Monatsimporten)	8,5	7,7	7,3	6,9	5,2	5,4

(S): Schätzung. (P): Prognose.

Quelle: Coface.

Devisen verschuldet sind, unter den restriktiveren Kreditbedingungen zu leiden haben. Am stärksten betroffen sind dabei die Bauwirtschaft, die Automobilindustrie und die Reedereien. Die Abschwächung bei den Exporten schließlich dürfte sich insbesondere in der Elektronikindustrie fortsetzen. Von daher könnte Coface 2009 eine weitere Verschlechterung des Zahlungsverhaltens registrieren.

Deutliche Verschlechterung der Finanzlage

Das 2008 aufgetretene Defizit in der Leistungsbilanz dürfte sich 2009 dank sinkender Rohstoffpreise vermindern. Dennoch bleibt ein hoher Finanzierungsbedarf bestehen, der nur zu einem begrenzten Teil durch ausländische Direktinvestitionen gedeckt wird. Der Börsenindex ist 2008 um 40% eingebrochen. Der Zustrom von Portfolioinvestitionen könnte 2009 weiterhin stark

schwanken, was den Won weiter schwächen wird. Unter den Währungen der asiatischen Schwellenländer hat sich die südkoreanische am schlechtesten entwickelt. Aus diesem Grunde erhöht sich das Währungsrisiko. In diesem Zusammenhang haben die Devisenreserven 2008 zwar abgenommen, doch sie dürften sich 2009 immer noch auf einem vernünftigen Niveau bewegen. Damit ist das Land gegen einen drastischen Abzug von Kapital gut gewappnet.

Da die Banken in hohem Umfang Kredite in Fremdwährungen aufgenommen haben, ist das Bankensystem anfällig. Das Risiko, dass die Banken ihren Auslandsverpflichtungen nicht nachkommen, relativiert sich allerdings dadurch, dass sich kurzfristige Verbindlichkeiten im Verhältnis zu den Devisenreserven nach wie vor in Grenzen halten. Außerdem stützen die Behörden das Finanzsystem durch Zinssenkungen, einen Stabilisierungsplan, der eine staatliche Bürgschaft bis zu 100 Mrd US$ über einen Zeitraum von drei Jahren für Auslandsschulden von südkoreanischen Banken vorsieht, und eine Kapitalspritze von 30 Mrd US$ für das Bankensystem.

Reformbedarf für ein besseres Geschäftsumfeld

Die Haltung gegenüber Pjöngjang ist seit dem Amtsantritt von Präsident Lee Myung-Bak von der konservativen Großen Nationalpartei im Dezember 2007 von Entschlossenheit geprägt. Im Inland dürfte die Regierung, die nach den Parlamentswahlen im April 2008 gebildet wurde, Reformen zur Bekämpfung der Korruption sowie

Index der Zahlungsausfälle
(Gleitender Zwölfmonatsdurchschnitt;
Basis: Welt 1995 = 100)

Quelle: Coface.

Exporte: 43% des BIP
▷▷

Importe: 42% des BIP
◁◁

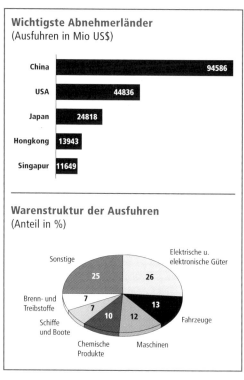

Wichtigste Abnehmerländer
(Ausfuhren in Mio US$)

China	94586
USA	44836
Japan	24818
Hongkong	13943
Singapur	11649

Warenstruktur der Ausfuhren
(Anteil in %)

Sonstige 25 · Elektrische u. elektronische Güter 26 · Brenn- und Treibstoffe 7 · Schiffe und Boote 7 · 10 · Chemische Produkte 12 · Maschinen · Fahrzeuge 13

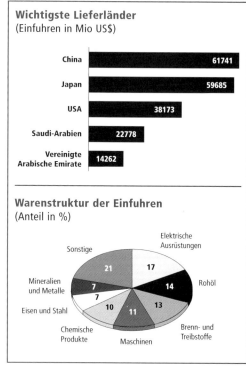

Wichtigste Lieferländer
(Einfuhren in Mio US$)

China	61741
Japan	59685
USA	38173
Saudi-Arabien	22778
Vereinigte Arabische Emirate	14262

Warenstruktur der Einfuhren
(Anteil in %)

Sonstige 21 · Elektrische Ausrüstungen 17 · Mineralien und Metalle 7 · Rohöl 14 · Eisen und Stahl 7 · 10 · 11 · Chemische Produkte · Maschinen · Brenn- und Treibstoffe 13

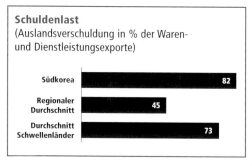

Schuldenlast
(Auslandsverschuldung in % der Waren- und Dienstleistungsexporte)

Südkorea	82
Regionaler Durchschnitt	45
Durchschnitt Schwellenländer	73

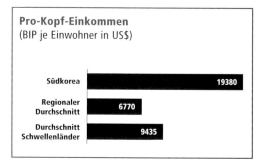

Pro-Kopf-Einkommen
(BIP je Einwohner in US$)

Südkorea	19380
Regionaler Durchschnitt	6770
Durchschnitt Schwellenländer	9435

Asien-Pazifik

zur Verbesserung der Transparenz in den Unternehmen fortsetzen.

VORAUSSETZUNGEN FÜR DEN MARKTZUGANG

Möglichkeiten des Marktzugangs

In Südkorea gelten verhältnismäßig offene Importregelungen, und die meisten Einfuhrbarrieren wurden in den letzten Jahren beseitigt. Doch vor allem in der Landwirtschaft bestehen immer noch zahlreiche Hindernisse tariflicher Art. So liegen die Zölle für den Primärsektor im Schnitt bei 45,5%, während sie für den industriellen Sektor lediglich 7,5% betragen.

Trotz der Fortschritte, die Südkorea bei der Öffnung seines Marktes erzielt hat, gibt es weiterhin auch Handelshemmnisse nichttarifärer Art. Im Wesentlichen umfassen diese Handelshemmnisse, mit denen ausländische Unternehmen konfrontiert sind, abweichende technische Normen (Automobil, Elektrogeräte), kleinliche Hygienevorschriften und -kontrollen (die aus der

Taiwan

Bevölkerung (Mio Einwohner):	**22,8**
BIP (Mio US$):	**383.307**
Anteil am regionalen BIP (%):	**5**

Coface-Bewertungen

Kurzfristiges Risiko:	**A2**
Geschäftsumfeld:	**A2**
Mittelfristiges Risiko:	**gering**

STÄRKEN

- ▲ Die Finanzlage gegenüber dem Ausland ist robust.
- ▲ Die Regierung setzt ihre Unterstützung von Forschung und Entwicklung durch öffentliche Mittel fort.
- ▲ Über die demokratischen Errungenschaften herrscht allgemeiner Konsens.
- ▲ Taiwan ist weltweit der viertgrößte Elektronikhersteller.
- ▲ Die Insel ist bei zahlreichen Produkten führend: Anteil von 98,6% des Weltmarktes bei Motherboards, von 82,5% bei Notebooks und von 70% bei LCD-Bildschirmen.
- ▲ Seit der Regierungsübernahme durch die Kuomintang verbessern sich die Beziehungen zum chinesischen Festland. Hinweise dafür sind die unterzeichneten Abkommen, mit denen einerseits die Flug- und Seeverbindungen zwischen Taiwan und Kontinentalchina wiederhergestellt werden und andererseits das System für den Postverkehr verbessert wird.

SCHWÄCHEN

- ▼ Der Außenhandel konzentriert sich allzu stark auf Kontinentalchina (inklusive Hongkongs 42% der gesamten Ausfuhren) und die USA (15% der Ausfuhren).
- ▼ Durch massive Betriebsauslagerungen in der Industriebranche sind Arbeitsplätze verlorengegangen; im Dienstleistungsbereich mangelt es an Wettbewerbsfähigkeit. Im Verhältnis zu anderen fortschrittlichen Wirtschaften in Asien ist die Infrastruktur rückständig.

RISIKOEINSCHÄTZUNG

Signifikant nachlassende Ausfuhren

Nach einer hohen Wachstumsrate im Jahr 2007 (5,7%) und im ersten Quartal 2008 (6,3%) hat sich die Wirtschaftslage in Taiwan im weiteren Jahresverlauf deutlich verschlechtert. Das liegt hauptsächlich an der zurückgehenden Nachfrage aus dem Ausland, insbesondere aus China, Hongkong und Amerika. Die USA sind in der Tat der wichtigste Handelspartner Taiwans, da etwa 70% der taiwanischen Ausfuhren nach Kontinentalchina anschließend von dort in die USA exportiert werden. Besonders erschüttert wurden die Ausfuhren von Elektronikgütern und die Tourismusbranche. Zudem hat die Binnennachfrage nachgelassen. Der Konsum des Landes hat unter den wachsenden inflationären Spannungen (100% seiner Energierohstoffe und Nahrungsmittel werden importiert), unter dem mit den fallenden Börsenkursen verbundenen negativen Vermögenseffekt sowie unter der gestiegenen Arbeitslosigkeit gelitten. Darüber hinaus haben die Unternehmen angesichts verschärfter Kreditkonditionen und schlechterer Absatzaussichten ihre Investitionen verschoben.

Obwohl nun eine expansionistischere Geld- und Haushaltspolitik (Zinssenkungen und Konjunkturpaket) betrieben wird, dürfte sich der konjunkturelle Abschwung 2009 noch verfestigen. Verantwortlich dafür sind die niedrigeren Wirtschaftsergebnisse von Industrieländern und asiatischen Schwellenländern. 2009 wird die taiwanische Wirtschaft daher ein negatives Wachstum verzeichnen. Vor diesem Hintergrund hat sich das Zahlungsverhalten der Unternehmen weiter verschlechtert. Die schrumpfenden Margen von taiwanischen Unternehmen sind im Auge zu behalten.

Asien-Pazifik

Wichtige Kennzahlen

	2004	2005	2006	2007	2008 (S)	2009 (P)
Reales Wirtschaftswachstum (%)	6,2	4,1	4,9	5,7	1,8	−2,8
Inflation (%)	1,6	2,3	0,6	1,8	4,2	2,5
Staatshaushalt (Saldo in % des BIP)	−2,4	−1,7	0,3	0,1	−1,7	−2,9
Ausfuhren (Mrd US$)	182,4	198,5	223,8	246,5	273,4	245,2
Einfuhren (Mrd US$)	165,9	179,0	199,6	216,1	254,9	220,9
Handelsbilanz (Saldo in Mrd US$)	16,5	19,5	24,2	30,4	18,5	24,3
Leistungsbilanz (Saldo in Mrd US$)	18,9	17,6	26,2	32,9	23,8	29,0
Leistungsbilanz (Saldo in % des BIP)	5,7	4,9	7,2	8,6	5,8	7,1
Auslandsverschuldung (in % des BIP)	24,5	25,5	24,6	25,7	24,0	21,3
Schuldendienst (in % der Ausfuhren)	2,8	3,7	3,3	3,0	2,9	3,1
Währungsreserven (in Monatsimporten)	14,2	13,7	12,8	11,9	10,5	13,1

(S): Schätzung. (P): Prognose.　　　　　　　　　　　　　　　　　　　Quelle: Coface.

Eine solide Finanzlage

Das im Jahr 2008 entstandene Haushaltsdefizit könnte 2009 durch die steuerlichen Anreize und Ausgaben, die von der Regierung beschlossen wurden, um das Wachstum anzukurbeln, weiter in die Höhe getrieben werden. Die Maßnahmen bestehen unter anderem aus Steuersenkungen, Investitionen in die Infrastruktur, Unterstützungen für die einkommensschwächsten Haushalte und Darlehen für Personen, die Eigentum erwerben wollen. Die Staatsverschuldung ist aber nach wie vor gering.

2008 bleibt der Überschuss in der Leistungsbilanz beachtlich, auch wenn sich der absolute Wert verringert, da die Ausfuhren zurückgegangen sind und die Einfuhren im Zuge der gestiegenen Rohstoffpreise stark zugenommen haben. 2009 könnte der Überschuss wegen der sinkenden Rohstoffpreise wieder steigen, und dies trotz geringerer Elektronikausfuhren und sinkender Tourismuseinnahmen. Außerdem waren die Schwankungen bei Portfolioinvestitionen 2008 stärker, wodurch der Neue Taiwan-Dollar geschwächt wurde. Diese Volatilität dürfte auch 2009 fortbestehen. Nichtsdestotrotz ist Taiwan dank seiner sehr hohen Devisenreserven recht unempfindlich gegen plötzliche Kapitalabzüge.

Besseres Verhältnis zu Kontinentalchina

In politischer Hinsicht waren die Parlamentswahlen im Januar 2008 und die Präsidentschaftswahlen im März 2008 durch die Regierungsübernahme der Kuomintang geprägt. Unter Präsident Ma Ying-Jeou wird sich das Verhältnis zu Peking tendenziell entspannen, und die Wirtschaftsbeziehungen werden sich intensivieren.

VORAUSSETZUNGEN FÜR DEN MARKTZUGANG

Marktsituation

Der taiwanische Markt stellt der Einfuhr von Gütern oder Dienstleistungen keine größeren Hindernisse in den Weg. Seit etwa zehn Jahren ergreifen die Behörden Maßnahmen, um ihren Markt zu öffnen und ihre Vorschriften an internationale Normen anzugleichen. Das ermöglichte Taiwan im Jahr 2002 den Beitritt zur WTO. Die Zolltarife, die bereits vorher niedrig waren, wurden nochmals gesenkt. So ist der nominale Zolltarif im Schnitt von 8,25% vor dem Beitritt auf 7,2% und dann

Index der Zahlungsausfälle
(Gleitender Zwölfmonatsdurchschnitt; Basis: Welt 1995 = 100)

Welt

Taiwan

1997 1998 1999 2000 2001 2002 2003 2004 2005 2006 2007 2008 2009

Quelle: Coface.

Exporte: 74% des BIP
▶▶

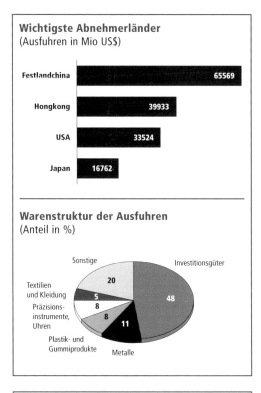

Wichtigste Abnehmerländer
(Ausfuhren in Mio US$)

Land	Mio US$
Festlandchina	65569
Hongkong	39933
USA	33524
Japan	16762

Warenstruktur der Ausfuhren
(Anteil in %)

- Sonstige 20
- Textilien und Kleidung 5
- Präzisionsinstrumente, Uhren 8
- Plastik- und Gummiprodukte 8
- Metalle 11
- Investitionsgüter 48

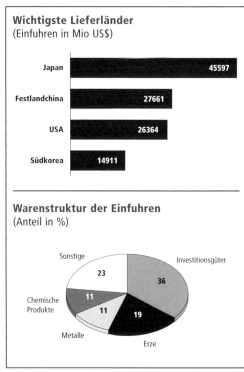

Wichtigste Lieferländer
(Einfuhren in Mio US$)

Land	Mio US$
Japan	45597
Festlandchina	27661
USA	26364
Südkorea	14911

Warenstruktur der Einfuhren
(Anteil in %)

- Sonstige 23
- Chemische Produkte 11
- Metalle 11
- Erze 19
- Investitionsgüter 36

Schuldenlast
(Auslandsverschuldung in % der Waren- und Dienstleistungsexporte)

Taiwan	29
Regionaler Durchschnitt	45
Durchschnitt Schwellenländer	73

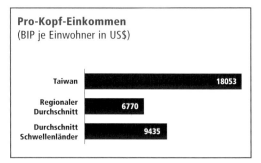

Pro-Kopf-Einkommen
(BIP je Einwohner in US$)

Taiwan	18053
Regionaler Durchschnitt	6770
Durchschnitt Schwellenländer	9435

Asien-Pazifik

im Januar 2008 auf 5,56% zurückgegangen. Am stärksten gesenkt wurden die Zölle auf landwirtschaftliche Erzeugnisse, die sich von durchschnittlich 20,02% auf 13,16% im Januar 2008 verringert haben. Bei mehreren Produktgruppen, wie Arzneimitteln und medizinischen Geräten, Spielwaren, Möbeln, Geräten für die Land- und Bauwirtschaft, Papier und Stahl, wurden die Tarife abgeschafft. Zollkontingente gelten nur noch für die Einfuhr bestimmter Fahrzeuge sowie für einige Produkte aus der Land- und Fischereiwirtschaft. Die einzigen geographischen Einschränkungen gelten für mehr als 2.000 Importwaren aus Kontinentalchina.

Nach Erfahrungen europäischer Unternehmen bestehen noch folgende Defizite:

- Zum einen bestehen Einschränkungen nichttarifärer Art, d.h. durch rigide technische Normen, Umwelt- oder Sicherheitsvorschriften in der Automobilbranche, durch zu strenge Hygienevorschriften und bei Medikamenten durch extrem zeitaufwendige Genehmigungsverfahren für die Markteinführung und für die Eintragung in die Liste der medizinischen Einrichtungen. Mit diesen Mitteln sollen die von

Thailand

Bevölkerung (Mio Einwohner):	**65,7**
BIP (Mio US$):	**245.818**
Anteil am regionalen BIP (%):	**3**

Coface-Bewertungen
Kurzfristiges Risiko:	**A3**
Geschäftsumfeld:	**A3**
Mittelfristiges Risiko:	**ziemlich gering**

STÄRKEN

- ▲ Thailand zeichnet sich sowohl in der Landwirtschaft (insbesondere Reisanbau und Kautschukgewinnung) als auch in der Industrie (Nahrungsmittel, Automobil und Elektronik) durch seine diversifizierte und leistungsstarke Produktion aus.
- ▲ Die thailändische Industrie orientiert sich hin zu höherwertigen Erzeugnissen, wobei die Hightechbranche nunmehr 60% der Ausfuhren verzeichnet.
- ▲ Das Land ist ein offener regionaler Knotenpunkt für seine dynamischen Nachbarn.
- ▲ Die Anfälligkeit des Bankwesens nimmt ab: Das verdankt der Sektor dem Rückgang zweifelhafter Forderungen, der Verbesserung der Überwachung und der Einführung internationaler Standards zu Risikomanagement und Transparenz.

SCHWÄCHEN

- ▼ Thailands Außenhandel leidet unter der Konkurrenz aus China, das mitunter die gleichen Produkte anbietet.
- ▼ Die Investitionen fallen weiterhin schwach aus (27,7% des BIP gegenüber durchschnittlich 36,3% in Asien).
- ▼ Da Strukturreformen (Privatisierungen, Investitionen in die Infrastruktur und Bildung) immer wieder aufgeschoben werden, bestehen Engpässe.
- ▼ Das Geschäftsklima ist noch immer von Verflechtungen zwischen Privatwirtschaft und Politik gekennzeichnet.
- ▼ Die seit 2006 herrschende politische Instabilität hemmt ausländische Investitionen. Außerdem wird der Reformprozess hierdurch verlangsamt.

RISIKOEINSCHÄTZUNG

Anhaltende politische Instabilität

Seit dem Staatsstreich gegen Thaksin Shinawatra im September 2006 ist die politische Lage in Thailand instabil. Der Partei der Volksmacht (PPP), die überwiegend in der ländlichen Bevölkerung (zwei Drittel der gesamten Bevölkerung) Rückhalt hat, steht die Demokratische Partei gegenüber, die von den Menschen in den Städten und der Armee unterstützt wird. Seit September 2008 hat sich die Situation verschlechtert: Mehrere Regierungen wurden gestürzt, es ist zu Protestdemonstrationen gegen die Regierung gekommen, und der Flughafen in Bangkok wurde vorübergehend geschlossen. Die politischen Spannungen dürften aufgrund der bestehenden tiefen Kluft auch 2009 anhalten und könnten sich mit dem näher rückenden Thronwechsel sogar noch verstärken.

Rezession nach einer Phase der Solidität

Trotz der politischen Instabilität ist das Wachstum 2007 bis 2008 recht stabil geblieben. Das lag an guten grundlegenden Verhältnissen in Thailand wie der diversifizierten Wirtschaft, der Ausrichtung der Industrien auf höherwertige Technologien und der soliden Binnennachfrage. Darüber hinaus hatten der Anstieg der Inflation im 1. Halbjahr 2008 und die restriktive Geldpolitik nur begrenzte Auswirkungen.

Das Jahr 2009 dürfte jedoch von einer Abschwächung der Konjunktur geprägt sein, da die politischen und sozialen Spannungen sowie die weltweite Wirtschafts- und Finanzkrise ihre Spuren hinterlassen werden. Die Ausfuhren dürften zeitweise zurückgehen, weil in den

Wichtige Kennzahlen

	2004	2005	2006	2007	2008 (S)	2009 (P)
Reales Wirtschaftswachstum (%)	6,3	4,5	5,1	4,8	3,5	–3,0
Inflation (%)	2,8	4,5	4,7	2,2	5,7	0,2
Staatshaushalt (Saldo in % des BIP)	0,1	0,1	0,0	–1,2	–1,8	–3,5
Ausfuhren (Mrd US$)	94,9	109,2	127,9	150,0	175,3	150,0
Einfuhren (Mrd US$)	84,1	106,0	114,3	124,6	153,8	127,0
Handelsbilanz (Saldo in Mrd US$)	10,8	3,2	13,7	25,4	21,5	23,0
Leistungsbilanz (Saldo in Mrd US$)	2,8	–7,9	2,2	15,8	5,5	4,5
Leistungsbilanz (Saldo in % des BIP)	1,7	–4,5	1,1	6,4	1,9	1,4
Auslandsverschuldung (in % des BIP)	32,4	30,4	28,8	25,2	22,3	21,0
Schuldendienst (in % der Ausfuhren)	7,6	5,7	5,3	4,6	3,6	3,2
Währungsreserven (in Monatsimporten)	5,0	4,2	4,9	5,8	5,3	5,0

(S): Schätzung. (P): Prognose.   Quelle: Coface.

Industrieländern und in Asien geringere Wachstumsaussichten bestehen. Darüber hinaus wird der Konsum trotz der erwarteten rückläufigen Inflation infolge der steigenden Arbeitslosigkeit und des mangelnden Vertrauens verhalten bleiben. Aufgrund der Einschränkungen beim Zugang zu Krediten und der zunehmenden Risikoaversion als Konsequenz aus den politischen Unsicherheiten dürfte es schließlich der Investitionstätigkeit auch in Zukunft an Dynamik fehlen. Aus diesen Gründen könnte die Wirtschaft 2009 3% des BIP einbüßen.

Nicht unerhebliche Auswirkungen auf die Finanzen

Das Haushaltsdefizit dürfte sich 2009 weiter vergrößern, da zur Ankurbelung des Wachstums mit einer expansiven Haushaltspolitik zu rechnen ist. Außerdem dürfte sich der Abbau des Leistungsbilanzüberschusses 2009 fortsetzen. Die Gründe hierfür liegen nicht nur in der Verschlechterung der Handels- und Dienstleistungsbilanz, sondern vor allem auch im Rückgang des Tourismus, der durch die politischen Störungen in Mitleidenschaft gezogen wird. Auch die ausländischen Direktinvestitionen könnten 2009 weiter zurückgehen. Darüber hinaus waren 2008 bei Portfolioinvestitionen starke Schwankungen zu beobachten, was am Einbruch des Börsenindexes abzulesen ist. Dieser Trend rückläufiger Kapitalimporte dürfte auch 2009 fortbestehen. Der Baht ist durch den Kapitalabfluss geschwächt worden, wodurch sich das Währungsrisiko erhöht. Vor diesem Hintergrund dürften die Devisenreserven 2009 zwar abermals abnehmen, sich aber dennoch weiterhin auf einem vernünftigen Niveau bewegen, so dass das Land vor einer Liquiditätskrise bei Fremdwährungen geschützt ist.

VORAUSSETZUNGEN FÜR DEN MARKTZUGANG

Marktsituation

Als Mitglied der WTO seit 1995 und Grundungsmitglied der ASEAN tritt Thailand aktiv für die Umsetzung der Freihandelszone AFTA ein, die in den ASEAN-Staaten den völligen Abbau der Zölle bis 2010 vorsieht. Die thailändische Handelspolitik zielt darauf ab, den Warenverkehr durch regionale und vor allem bilaterale Verhandlungen zu liberalisieren. Dazu wurden mehrere Handelsabkommen geschlossen. Die Verhandlungen

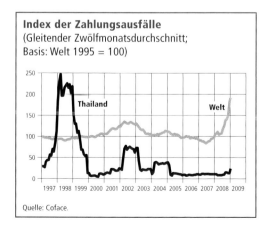

Index der Zahlungsausfälle
(Gleitender Zwölfmonatsdurchschnitt;
Basis: Welt 1995 = 100)

Quelle: Coface.

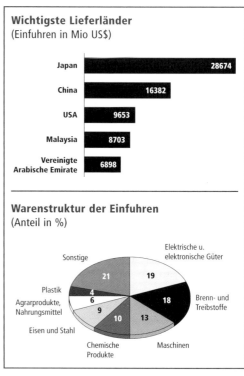

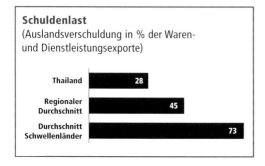

Vietnam

Bevölkerung (Mio Einwohner):	**85,1**
BIP (Mio US$):	**71.216**
Anteil am regionalen BIP (%):	**0,9**

Coface-Bewertungen

Kurzfristiges Risiko:	**B**
Geschäftsumfeld:	**C**
Mittelfristiges Risiko:	**moderat erhöht**

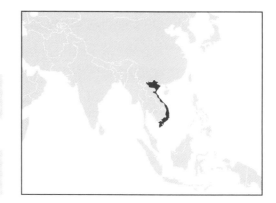

STÄRKEN

▲ Die Wirtschaft zeichnet sich durch qualifizierte und kostengünstige Arbeitskräfte aus. Das zieht ausländische Investoren an.

▲ Die Zugehörigkeit zur ASEAN und der Beitritt zur WTO im Januar 2007 zeugen von den guten diplomatischen und wirtschaftlichen Beziehungen des Landes zu seinen wichtigsten Partnern.

▲ Die Armutsquote ist von 58% im Jahr 1990 auf weniger als 25% im Jahr 2006 zurückgegangen.

▲ Die Finanzbranche entwickelt sich dank der Öffnung des Marktes für ausländische Banken, der Privatisierung öffentlicher Banken und der angestrebten stärkeren Unabhängigkeit der Zentralbank.

▲ Die Wirtschaft ist auf eine Diversifizierung bedacht und will insbesondere den tertiären Sektor (Tourismus und Finanzdienstleistungen) ausbauen.

SCHWÄCHEN

▼ Die Wirtschaft des Landes bleibt auf einen Wettbewerb über den Preis und Produkte mit geringer Wertschöpfung fokussiert.

▼ Das Geschäftsumfeld ist nach wie vor eine Schwachstelle des Landes. Im Vergleich mit den großen Volkswirtschaften Asiens sind in Vietnam die Verwaltung und die Justiz rückständig: mangelnde Unabhängigkeit der Gerichte, Beschränkung der Anzahl von Rechtsanwälten, rudimentäre Verfahren und Häufung von eingestellten Verfahren.

▼ Die Infrastruktur (Strom, Straßen, Schienen und Häfen) ist veraltet und unterentwickelt. Dadurch wird das Wachstum gehemmt.

▼ Die Reform im öffentlichen Sektor ist immer noch nicht abgeschlossen: Die Dynamik dieses Bereichs, auf den nach wie vor 31% des BIP entfallen, bleibt daher hinter der des privaten Sektors zurück.

▼ Soziale und geographische Ungleichheiten nehmen zu, insbesondere zwischen städtischen und ländlichen Regionen.

RISIKOEINSCHÄTZUNG

Deutliche Abschwächung der Konjunktur 2009

Infolge der starken inflationären Spannungen wurde 2008 eine restriktive Geld- und Haushaltspolitik betrieben. Vor diesem Hintergrund hat sich das Wachstum deutlich verlangsamt. Seit der Insolvenz von Lehman Brothers und dem Beginn der weltweiten Wirtschafts- und Finanzkrise schlägt Vietnam jedoch einen expansionistischeren Weg in der Wirtschaftspolitik ein. Doch trotz dieses Kurswechsels und der rückläufigen Inflation könnte sich das Wachstum 2009 noch weiter abschwächen. Der Konsum wird durch die steigende Arbeitslosigkeit und das schwindende Vertrauen weiter belastet.

Außerdem dürften vor allem ausländische Investitionen als Folge der restriktiveren Kreditbedingungen und der zunehmenden Risikoaversion deutlich geringer ausfallen. Die Ausfuhren könnten schließlich sinken, weil sich die Konjunktur in den Industrieländern (in denen Vietnam 60% seiner Waren absetzt) und in den asiatischen Schwellenländern eintrübt. Vor diesem Hintergrund könnte sich das von der Coface erfasste Zahlungsverhalten verschlechtern.

Asien-Pazifik

Exporte: 73% des BIP
▷▷▷

Importe: 77% des BIP
◁◁◁

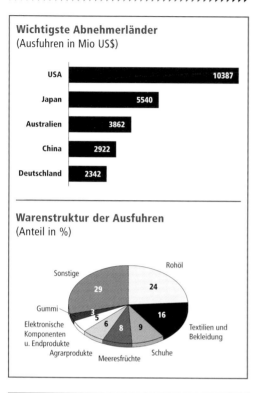

Wichtigste Abnehmerländer
(Ausfuhren in Mio US$)

USA	10387
Japan	5540
Australien	3862
China	2922
Deutschland	2342

Warenstruktur der Ausfuhren
(Anteil in %)

Sonstige 29 · Rohöl 24 · Textilien und Bekleidung 16 · Schuhe 9 · Meeresfrüchte 8 · Agrarprodukte 6 · Elektronische Komponenten u. Endprodukte 5 · Gummi 3

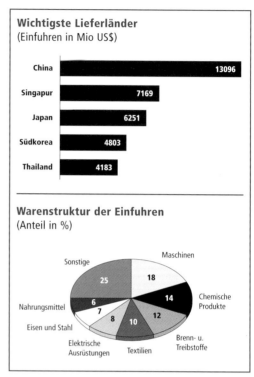

Wichtigste Lieferländer
(Einfuhren in Mio US$)

China	13096
Singapur	7169
Japan	6251
Südkorea	4803
Thailand	4183

Warenstruktur der Einfuhren
(Anteil in %)

Sonstige 25 · Maschinen 18 · Chemische Produkte 14 · Brenn- u. Treibstoffe 12 · Textilien 10 · Elektrische Ausrüstungen 8 · Eisen und Stahl 7 · Nahrungsmittel 6

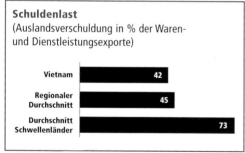

Schuldenlast
(Auslandsverschuldung in % der Waren- und Dienstleistungsexporte)

Vietnam	42
Regionaler Durchschnitt	45
Durchschnitt Schwellenländer	73

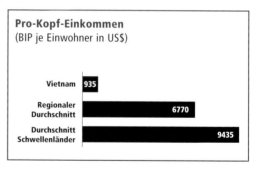

Pro-Kopf-Einkommen
(BIP je Einwohner in US$)

Vietnam	935
Regionaler Durchschnitt	6770
Durchschnitt Schwellenländer	9435

sieben Jahren werden die Zölle für alle Güter im Durchschnitt bei 13,4% liegen. So hat sich Vietnam verpflichtet, seine Zölle bei Industriegütern von 16,8% auf 12,6% und bei landwirtschaftlichen Erzeugnissen von 23% auf 20,9% zu senken.

Bei Dienstleistungen hat sich Vietnam deutlich geöffnet. Konkret hat die Regierung seit Dezember 2005 die notwendigen Maßnahmen zur Liberalisierung von normalen Geschäftsverkehrs- und Kapitalmarkttransaktionen unter Einhaltung von IWF-Kriterien eingeführt. Allerdings ist die Beteiligung von ausländischen Inves-

toren an einer Bank insgesamt auf 30% begrenzt. Strategische Partner können sich mit jeweils maximal 15% (mit Sondergenehmigung bis zu 20%) und Finanzinvestorn mit jeweils maximal 5% beteiligen. Im Rahmen der Verpflichtungen, die Vietnam bei seinem Beitritt zur WTO eingegangen ist, sind ausländische Banken seit dem 1. April 2007 berechtigt, in Vietnam eine Niederlassung mit 100%iger Kapitalbeteiligung zu eröffnen. Seit dem 1. Januar 2008 dürfen Unternehmen mit 100%iger ausländischer Kapitalbeteiligung außerdem bestimmte Produkte und insbesondere alkoholische Getränke nach Vietnam einführen. Sie sind allerdings

verpflichtet, ihre Erzeugnisse an einen oder mehrere Händler zu verkaufen, und dürfen ihre Waren nicht direkt an Verbraucher abgeben. Der Aufbau eines eigenen Vertriebsnetzes wird ihnen für Alkoholika ab 2010 und für Autos ab 2009 gestattet. Seit dem 1. Januar 2009 steht außerdem der Großhandel ausländischen Investoren völlig offen.

Haltung gegenüber ausländischen Investoren

Ausländische Investitionen haben 2007 die Rekordsumme von 20,3 Mrd US$ erreicht. Das ist eine Steigerung von 70% gegenüber 2006 und spiegelt das wachsende Vertrauen ausländischer Investoren in die vietnamesische Wirtschaft wider. Diese Investitionen werden überwiegend von Asiaten getätigt (65%).

Vietnam hat mittlerweile Gesetze erlassen, die für ausländische Investitionen sehr günstige Regelungen enthalten. Dazu gehört insbesondere das einheitliche Investitionsgesetz, das die grundsätzliche Nichtdiskriminierung zwischen vietnamesischen und ausländischen privaten und öffentlichen Investoren verankert. Dieses Gesetz war Voraussetzung für den Beitritt des Landes zur WTO. Investitionen mit einem Volumen von weniger als 13,7 Mio US$ müssen danach nur noch angemeldet werden. Bei höheren Summen werden die Investitionen dagegen einer Bewertung unterzogen.

Anmeldepflichtige Projekte:

- Bei ausländischen Investitionsvorhaben bis maximal 300 Mrd VND (umgerechnet 13,7 Mio EUR), die nicht auf der Liste der an besondere Auflagen gebundenen Projekte stehen, besteht lediglich eine Anmeldepflicht.
- Bei Investitionsvorhaben in sogenannten freien Tätigkeitsbereichen prüft die zuständige Verwaltungsbehörde die Unterlagen lediglich der Form nach. Sobald die Antragsunterlagen vollständig sind, hat die Behörde eine Frist von 15 Tagen, um die Investitionsbescheinigung auszustellen.

Bewertungs- und/oder genehmigungspflichtige Projekte:

- Vorhaben, bei denen mehr als 300 Mrd VND (13,7 Mio EUR) investiert werden und die in Bereichen erfolgen, die besonderen gesetzlichen Auflagen unterworfen sind, werden nach Anhörung aller hiervon betroffenen zentralen und lokalen Behörden vom Volksausschuss der jeweiligen Provinz bewertet.

- Vorhaben, bei denen weniger als 300 Mrd VND (13,7 Mio EUR) investiert werden und die in Bereichen erfolgen, die besonderen gesetzlichen Auflagen unterworfen sind, sind genehmigungspflichtig.

Tätigkeitsbereiche, in denen Investitionen an besondere gesetzliche Auflagen gebunden sind: Neben den im Vorfeld zu beantragenden Genehmigungen nutzen vietnamesische Behörden „Branchenlisten" als Regulativ für die Wirtschaft. Hierin spiegelt sich ihre Entschlossenheit wider, als besonders sensibel geltende Tätigkeitsbereiche zu schützen. In Artikel 29 des einschlägigen Gesetzes sind bestimmte derartige Sektoren aufgeführt, die für alle Investoren gelten:

- Landesverteidigung, nationale Sicherheit und soziale Ordnung;
- Finanz- und Bankwesen;
- öffentliche Gesundheit;
- Kultur, Information, Presse und Verlagswesen;
- Unterhaltung;
- Immobilien;
- Exploration, Prospektion und Abbau von natürlichen Ressourcen;
- Aus- und Weiterbildung.

Des Weiteren wurde die Zuständigkeit, Investitionslizenzen zu erteilen, vom Ministerium für Planung und Investition an die entsprechenden lokalen Behörden übertragen, die mitunter mit den neuen Verfahren wenig vertraut sind. Dadurch kommt es zu extremen Verzögerungen bei der Bearbeitung von Anträgen auf Neuregistrierung von ausländischen Investitionen.

In Bezug auf die Regelung von Streitigkeiten über Zuständigkeits- und Verfahrensfragen hinaus ist in Vietnam keinerlei Durchsetzung von Schiedssprüchen garantiert. Tatsache ist, dass die nationale Schiedsgerichtsbarkeit äußerst eingeschränkt bleibt und die Inanspruchnahme von internationalen Schiedsverfahren stagniert.

Devisenverkehr

Mit der Devisenverkehrsverordnung 28/2005 vom 13. Dezember 2005, die am 1. Juni 2006 in Kraft getreten ist, sind Transaktionen zwischen In- und Ausländern grundsätzlich frei. Seit diesem Zeitpunkt hält Vietnam die Kriterien von Artikel 8 des IWF ein (Liberalisierung von laufenden Geschäftsverkehrs- und Kapitalmarkttransaktionen). Dennoch bestehen weiterhin bestimmte Einschränkungen. •

Nordafrika Naher und Mittlerer Osten

Prognose 2009: Nordafrika, Naher und Mittlerer Osten
werden von der Finanzkrise eingeholt   372

Ägypten	380
Algerien	384
Bahrain	388
Irak	392
Iran	394
Israel	397
Jemen	401
Jordanien	404
Kuwait	408
Libanon	412
Libyen	416
Marokko	420
Oman	424
Palästinensische Autonomiegebiete	427
Qatar	428
Saudi-Arabien	432
Syrien	436
Tunesien	440
Vereinigte Arabische Emirate	444

Prognose 2009:
Nordafrika, Naher und Mittlerer Osten werden von der Finanzkrise eingeholt

Catherine Monteil und Marie-France Raynaud
Abteilung für Länderrisiken und Wirtschaftsstudien, Coface, Paris

Finanzkrise erreicht Länder der Region

In den letzten Jahren wurde das Wachstum in der Region durch den Ölboom in den erdölproduzierenden Ländern beflügelt. Seit dem zweiten Halbjahr 2008 beginnen sich allerdings auch dort die Folgen der von den USA ausgehenden Finanzkrise abzuzeichnen, die sich über mehrere Wege ausgebreitet hat.

Handel: Nach einem Rekordhoch von 140 US\$ für ein Barrel Brent Mitte Juli 2008 wurde der Ölpreis durch die sinkende Nachfrage nach unten gedrückt. Als Mitte September die Investmentbank Lehman Brothers Insolvenz anmeldete und man sich des Ausmaßes der Finanzkrise sowie der verschlechterten Wirtschaftsprognosen bewusst wurde, gingen die Preise weiter auf Talfahrt. Dadurch wurde der Abzug von spekulativem Kapital beschleunigt, das teilweise zur Explosion der Ölpreise geführt hatte. Mit den verfallenden Preisen, die 2009 unter dem Schnitt der letzten zwei Jahre liegen dürften, und dem gleichzeitig drohenden weltweiten Nachfragerückgang werden sich die Einnahmen der erdölproduzierenden Länder drastisch verringern, machen doch diese Einnahmen über 70% des BIP der

Region aus. Vor diesem Hintergrund wird sich das Wachstum in der Region 2009 verlangsamen und schließt sich damit dem weltweiten Trend an. Neben dem Ölsektor haben die umfangreichen Infrastrukturvorhaben und Projekte in der Immobilienbranche das Wachstum seit mehreren Jahren angekurbelt. Diese werden nun nach unten korrigiert. Auch andere Volkswirtschaften aus der Region (**Ägypten, Jordanien, Libanon, Syrien, Marokko** und **Tunesien**), die bislang vom Ölboom profitierten, könnten diesem Beispiel folgen. Zudem wird die sinkende Nachfrage aus dem Ausland sowohl die Ausfuhr von verarbeiteten Erzeugnissen bremsen als auch die Dienstleistungsbranche (Verkehr und Tourismus) erschüttern. Das gilt für die gesamte Region, und besonders für **Israel, Ägypten, Marokko, Tunesien, Jordanien** und **Syrien**. Die Rezession in der Erdölbranche wird vor allen Dingen **Saudi-Arabien** treffen, den größten Erdölproduzenten in der Region und das wichtigste Exportland der OPEC.

Finanzierung: Schon bevor die Finanzkrise aus den **USA** herüberschwappte, gab es Spannungen auf dem Kreditmarkt. Angesichts umfangreicher Entwicklungsprojekte, insbesondere in **Dubai,** und eines negativen Realzinses nahmen die Kredite stärker zu als die Einlagen. Die Geschäftsbanken sahen sich somit gezwungen, Finanzmittel im Ausland zu beschaffen. Mit der Aussicht auf eine Aufwertung der Landeswährungen in den Mitgliedsstaaten des Golfkooperationsrates (**Saudi-Arabien, VAE, Qatar, Bahrain, Kuwait** und **Oman**), die zum Großteil an den US-Dollar gekoppelt sind, konnte spekulatives Kapital angelockt werden. Als klar wurde, dass vor allem **Saudi-Arabien** und die **VAE** an der Anbindung festhalten würden und der US-Dollar aufgewertet wurde, führte der Abzug dieses Kapitals zu einer angespannten Liquidität der Märkte. Abgesehen von ein paar Instituten, beeinflusste die Subprime-Krise das Bankwesen in der Region nicht. Mit der Kreditkrise und

Wirtschaftswachstum bleibt robust
(Reales BIP gegenüber Vorjahr in %)

Mittlerer Osten (ohne Türkei)

Aufstrebende Länder

2001 2002 2003 2004 2005 2006 2007 2008(S) 2009(P)

(S): Schätzung. (P): Prognose. Quelle: Coface.

der wachsenden Risikoscheu sind dagegen die Finanzierungsquellen der Länder versiegt, die am meisten auf ausländisches Kapital angewiesen sind. In der Region betrifft dies konkret **Dubai**. Um die Liquidität der Märkte zu erhöhen, das Kreditwesen zu unterstützen und Zahlungsausfälle zu vermeiden, haben die Behörden Maßnahmen ergriffen. Während die Ölländer im Verlauf der letzten Jahre ein beachtliches Kapital ansammeln konnten, was nun die Unterstützung der Banken und des Kreditgeschäfts erleichtert, werden die anderen Länder in der Region anfälliger für die Verknappung der Kredite sein. Dies wirkt sich nachteilig auf die Finanzdienstleistungen, den Konsum der privaten Haushalte und die privaten Investitionen aus.

Aktienmarkt: Genauso wie in den anderen Schwellenländern sind die großen Börsen in der Region **(Saudi-Arabien, VAE** und **Ägypten)** dem Abwärtstrend in den Industrieländern gefolgt. Die Indizes verloren 55 bis 60%. Der Einbruch entstand in **Saudi-Arabien** infolge eines absehbaren konjunkturellen Abschwungs. Die Börse, die noch bis zum Sommer 2008 ausländischem Kapital verschlossen blieb, dominieren spekulativ vorgehende Kleinanleger. Der Abzug von ausländischem Kapital und der Bedarf an liquiden Mitteln waren die Ursache für den Börseneinbruch in den **VAE** und **Ägypten.** Diese Wertverringerung erschüttert das Vertrauen von Investoren und Verbrauchern.

Region zeigt Widerstandsfähigkeit gegen Konjunkturabschwung

Die finanzielle Solidität dürfte es den meisten erdölproduzierenden Ländern ermöglichen, die fallenden Einnahmen im Jahr 2009 zu überbrücken. Unter dem positiven Einfluss der boomenden Ölpreise konnten mit den im Verlauf der letzten Jahre erwirtschafteten Einnahmen umfassende Infrastrukturprojekte verwirklicht, Förderkapazitäten für Öl und Gas ausgebaut, Staatsschulden abgebaut und Kapital gebildet werden. Abgesehen von der in **Qatar** und **Dubai** in den **VAE** hält sich die Auslandsverschuldung im Rahmen. Infolge der sinkenden Nachfrage nach fossilen Brennstoffen ist die Nichtölbranche einziger Wachstumsmotor und wird von der Weiterführung großer öffentlicher Investitionsprojekte getragen, deren Finanzierung durch Finanzrücklagen aus den letzten Jahren gesichert sein dürfte. Dieses im Ausland deponierte Vermögen (die Höhe wird nicht bekanntgegeben) wird sicherlich unter dem Markteinbruch gelitten haben, dürfte aber noch immer beachtlich sein. Sowohl in **Algerien** als auch in **Libyen,** die

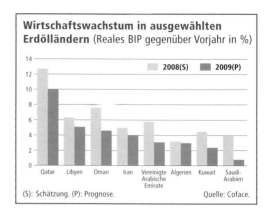

Wirtschaftswachstum in ausgewählten Erdölländern (Reales BIP gegenüber Vorjahr in %)

(S): Schätzung. (P): Prognose.   Quelle: Coface.

über Devisenrücklagen in Höhe von fast drei Jahresimporten verfügen, dürfte das Wachstum nach wie vor durch die öffentlichen Investitionen gestützt werden. Allerdings könnten die stark sinkenden Einnahmen der beiden Länder und der Monarchien rund um den Golf im Jahr 2009 eine strengere Auswahl und einen Aufschub bestimmter Projekte zur Folge haben.

Der Abzug von ausländischem Kapital, der Einbruch von Börsenindizes, die knapperen Kredite und der Nachfragerückgang haben in **Dubai** die Immobilienblase zum Platzen gebracht. Der Wirtschaftsabschwung wird dort ausgeprägter sein. Der Konsum der Privathaushalte und der Lebensstandard dürften sich dank der öffentlichen Ausgaben, der Subventionen und sozialen Unterstützung dennoch halten und damit das soziale Klima schützen. Außerdem dürften der Verkaufsstart der neu gebauten Wohnräume in **Saudi-Arabien, Qatar** und den **VAE** wie auch die nachlassenden Preise für Rohstoffe die Inflationstendenzen eindämmen und die Kaufkraft stärken. Im **Iran** werden die sinkenden Öleinnahmen dramatischere Auswirkungen haben, denn im Gegensatz zu den anderen Ländern hat der Iran weniger Reserven aufgebaut und kann dementsprechend kaum das Tempo der letzten Jahren bei öffentlichen Ausgaben halten. Außer im Falle eines totalen Ölpreissturzes dürften die Leistungsbilanzen und die Staatshaushalte der erdölproduzierenden Länder ausgeglichen bleiben. Im Iran wird die Lage angespannter aussehen.

Die anderen, für Störeinflüsse anfälligeren, Länder aus Nordafrika, dem Nahen und Mittleren Osten zeigen dennoch Widerstandsfähigkeit. Im Allgemeinen kam ihnen der Ölboom in der Region über Investitionen durch die Golfmonarchien und Rücküberweisungen von emigrierten Arbeitskräften zugute. **Ägypten, Jordanien** und **Syrien** haben es in den letzten Jahren ver-

Nordafrika
Naher und Mittlerer Osten

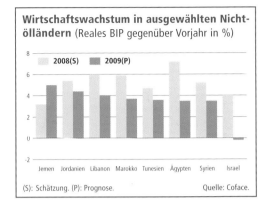

Wirtschaftswachstum in ausgewählten Nicht-ölländern (Reales BIP gegenüber Vorjahr in %)

2008(S)   2009(P)

(S): Schätzung. (P): Prognose.   Quelle: Coface.

standen, eine beträchtliche Menge an ausländischem Kapital anzuziehen. Laufende Investitionsprogramme (Industrie, Immobilien, Infrastruktur), die größtenteils durch ausländische Direktinvestitionen finanziert werden, dürften die Konjunktur 2009 weiter stützen. Die Auslandskreditrestriktionen und der Vertrauensverlust von Investoren könnten trotzdem ein Hemmschuh für weitere ausländische Direktinvestitionen sein. Dies gilt besonders für die Baubranche. Das Exportvolumen, die Tourismusindustrie und die Transferzahlungen von Arbeitsemigranten könnten ebenfalls abflauen.

Die ägyptische Regierung hat Maßnahmen ergriffen, um das Wachstum der Unternehmen und den Konsum der privaten Haushalte anzukurbeln. Die rückläufigen Rohstoffpreise dürften die Inflationstendenzen eindämmen und die Kaufkraft stärken. Insgesamt haben die Volkswirtschaften der Nichtölländer 2009 mit einer Abkühlung zu rechnen. Für **Israel,** das sehr abhängig von der Nachfrage aus den USA und Europa ist, könnte die Wirtschaftsflaute folgenschwerer sein. Der **Jemen** dürfte 2009 seine Gasproduktion aufnehmen und könnte eines der wenigen Länder der Welt mit höherem Wachstum sein.

In **Tunesien** dürfte das Wachstum dank seiner diversifizierten Wirtschaft an dem weltweit verschlechterten Umfeld keinen Schaden nehmen. Nichtsdestotrotz sind in den Firmen, die an den Tourismus gekoppelt sind, Schwierigkeiten zu erwarten. Die Konjunktur in **Marokko** dürfte sich leicht abschwächen. Beeinflusst wird die lahmende Konjunktur durch geringere Überweisungen von im Ausland arbeitenden Marokkanern und durch den ausbleibenden Touristenstrom. Dagegen dürften die niedrigen Preise für Brenn- und Treibstoffe dazu beitragen, den Konsum von privaten Haushalten anzukurbeln.

Haushaltsüberschüsse der Ölländer schrumpfen, Defizite der anderen Länder bleiben meist hoch

Im Jahr 2009 werden die sinkenden Ölgewinne die Haushaltseinnahmen erheblich schmälern. Immerhin dürften die infolge der niedrigen Rohstoffpreise geringeren Subventionsausgaben die Verschlechterung der Leistungsbilanzen abfedern. Solange der Ölpreis nicht einbricht, dürften die meisten Länder mit Erdölvorkommen wieder einen Überschuss erzielen. Der **Iran** dürfte allerdings nur einen knapp ausgeglichenen Haushalt vorlegen, da die Regierung die Einnahmen aus dem Erdölgeschäft großzügig verteilt. Doch angesichts der kleineren Gewinne könnten diese Zeiten bald vorbei sein. **Oman** und **Bahrain** verfügen zwar über eine diversifiziertere Wirtschaft, da aber die Einkünfte hauptsächlich aus dem Ölgeschäft gezogen werden, könnten die Länder wieder ein leichtes Defizit aufweisen.

Der **Libanon, Ägypten, Jordanien, Syrien** und der **Jemen** bleiben stark defizitär. In **Ägypten** dürften die erhöhten Ausgaben zur Konjunkturbelebung das Defizit verstärken, und das trotz sinkender Subventionsausgaben infolge der fallenden Rohstoffpreise. Die Pläne zur Sanierung der öffentlichen Finanzen wurden zunächst verschoben. In **Jordanien** dürfte der Abbau von Maßnahmen zur Abmilderung der anziehenden Preise es ermöglichen, das Defizit 2009 zu halten. Die vorzeitige Rückzahlung der Raten im Rahmen des Pariser Clubs hat die Staatsverschuldung in erheblichem Maß gesenkt, sie bleibt aber nach wie vor hoch. Die mit dem Schuldendienst verbundenen Ausgaben sind im **Libanon** für ein Defizit verantwortlich, das nur mühsam abgebaut werden kann. Dem **Jemen** und **Syrien** gelingt es nur schwer, neue Einnahmequellen aufzutun, um die zur Neige gehenden Erdölreserven zu kompen-

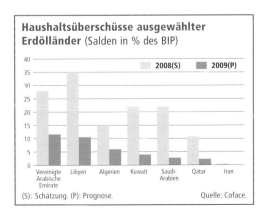

Haushaltsüberschüsse ausgewählter Erdölländer (Salden in % des BIP)

2008(S)   2009(P)

(S): Schätzung. (P): Prognose.   Quelle: Coface.

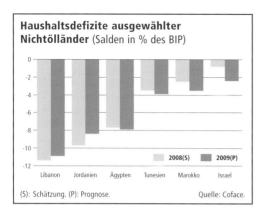

Haushaltsdefizite ausgewählter Nichtölländer (Salden in % des BIP)

2008(S)   2009(P)

(S): Schätzung. (P): Prognose.   Quelle: Coface.

Leistungsbilanzüberschüsse der Region stark rückläufig (Salden in % des BIP)

Mittlerer Osten (ohne Türkei)

Aufstrebende Länder

(S): Schätzung. (P): Prognose.   Quelle: Coface.

sieren. Das vor dem Hintergrund der regionalen Konflikte und der verbreiteten Armut angespannte gesellschaftliche Klima sowie die Gefahr eines zunehmenden Islamismus dürften die Sanierung der Staatsfinanzen auf jeden Fall erschweren. Die Sanierung der Staatsfinanzen in **Israel** ist auf dem richtigen Weg, aber die durch das abgeschwächte Wachstum sinkenden Einnahmen im Jahr 2009 könnten das Defizit leicht erhöhen.

Die Überschüsse in der Leistungsbilanz liegen über dem Durchschnitt der aufstrebenden Länder, aber die Lage der Öl- und der Nichtölländer unterscheidet sich stark voneinander. Da die Ausfuhren von Öl und Gas für die Ölländer die Haupteinnahmequelle für Devisen sind, werden diese Länder 2009 deutlich schlechtere Leistungsbilanzen verbuchen. Die Leistungsbilanzüberschüsse erreichten zuletzt in **Libyen** über 40%, in den **VAE** und **Qatar** über 20% des BIP. 2009 dürften die Überschüsse zwischen 0% im **Iran** und 15% des BIP in **Kuwait** liegen. Durch die sinkenden Einfuhren aufgrund der eingebrochenen Rohstoffpreise und durch das abgeschwächte Wachstum sowie durch die abflauenden Überweisungen von emigrierten Arbeitskräften dürfte der Rückgang der Leistungsbilanzüberschüsse aufgefangen werden. Sofern der Ölpreis nicht einbricht, dürften die Ölländer wieder einen Überschuss erzielen. Im **Iran** ist die Lage dagegen angespannter, denn dort verteuern die internationalen Sanktionen die Kosten für Einfuhren. Da aber die Preise für importiertes Benzin fallen und Schritte eingeleitet wurden, um Verschwendung und Schmuggel entgegenzuwirken, dürfte sich an den Einfuhren in das Land nichts ändern.

Die Lage der Nichtölländer variiert stark. 2008 wurden die Leistungsbilanzen der Länder ohne Erdölvorkommen in der Region durch die hohen Aufwendungen für Öl und Rohstoffe belastet. Im Jahr 2009 werden die

niedrigeren Kosten und der durch die lahmende Konjunktur bedingte Importrückgang die Auswirkungen der Exportrückgänge und, in einigen Ländern, der sinkenden Einnahmen aus der Tourismusbranche und von Transferzahlungen dämpfen. In **Ägypten** sollte der Finanzierungsbedarf durch ausländische Direktinvestitionen gedeckt sein, selbst wenn diese massiv zurückgefahren werden. Des Weiteren liegen die Devisenreserven des Staates auf einem komfortablen Niveau, die **Ägypten** vorerst vor Liquiditätsengpässen bewahren. In **Israel** könnte sich die Leistungsbilanz sogar positiv entwickeln. Die Finanzlage des Landes gegenüber dem Ausland ist dank relativ stabiler Finanzierungsquellen beherrschbar.

Auch **Marokko** und **Tunesien** dürften ihre Aufwendungen für Öl reduzieren. Eine verschlechterte Dienstleistungsbilanz (Transportleistungen und Tourismus) und die Rezession in Europa, dem wichtigsten Handelspartner, werden dennoch ein leichtes Defizit in der Leistungsbilanz zur Folge haben. **Libanons** Finanzlage gegenüber dem Ausland bleibt heikel. Die für Mai 2009 vorgesehenen Parlamentswahlen könnten die politi-

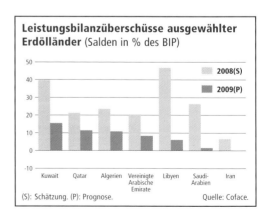

Leistungsbilanzüberschüsse ausgewählter Erdölländer (Salden in % des BIP)

2008(S)   2009(P)

Kuwait   Qatar   Algerien   Vereinigte Arabische Emirate   Libyen   Saudi-Arabien   Iran

(S): Schätzung. (P): Prognose.   Quelle: Coface.

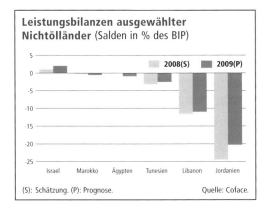

Leistungsbilanzen ausgewählter Nichtölländer (Salden in % des BIP)

(S): Schätzung. (P): Prognose.   Quelle: Coface.

führen. **Algerien** kann dagegen seit der vorzeitigen Tilgung seiner Staatsschulden im Jahr 2006 mit 2,4% die geringste Auslandsverschuldung vorweisen. Das Überschuldungsrisiko der Erdölländer wird jedoch durch beträchtliche Finanzrücklagen im Ausland gemindert, was diesen Ländern die Rolle als Nettokreditgeber zukommen lässt.

Die meisten anderen Länder sind sehr hoch im Ausland verschuldet, wobei der **Libanon** mit einer Schuldenlastquote (Verschuldung/Ausfuhren von Gütern und Dienstleistungen) von 220% im Jahr 2009 einen Negativrekord aufstellen wird. Zwar haben die internationalen Finanzhilfen ihm etwas Spielraum verschafft, die Schuldendienstquote bleibt mit 40% der Deviseneinnahmen dennoch hoch. **Israel** ist recht stark verschuldet (etwa 100% der Deviseneinnahmen), die Schuldendienstquote ist aber zu bewältigen.

Hohe politische Risiken schaden der Wirtschaft der Region bisher kaum

Im **Irak** hat sich die Sicherheitslage beruhigt und die Unterzeichnung eines Abkommens mit den USA über den Abzug der amerikanischen Truppen um das Jahr 2012 ermöglicht. In Anbetracht der Spannungen zwischen verschiedenen ethnischen und religiösen Gruppen bleibt die politische Lage dennoch unsicher. Die staatlichen Institutionen stehen auf wackeligen Füßen, und das Risiko eines Bürgerkriegs und einer Spaltung des Landes ist nach wie vor groß. Die Haltung des **Irans** zum Nukleardossier und seine Unterstützung terroristischer Bewegungen ziehen eine politische und finanzielle Isolierung des Landes nach sich. Mit dem politischen Kurswechsel in **Israel** und den Uneinigkeiten innerhalb der **Palästinensischen Gebiete** nach dem Bruch zwischen der Fatah im Westjordanland und der Hamas im Gazastreifen, stehen die Chancen auf eine erfolgreiche Einigung im Konflikt zwischen **Israel** und den **Palästinensischen Gebieten** schlecht. Hauptursachen für die regionalen Spannungen bleiben der israelisch-palästinensische Konflikt und die Lage im **Irak.** Sie schüren antiisraelische und antiamerikanische Einstellungen, die die Ausbreitung des radikalen Islamismus begünstigen, und stärken die Opposition gegen jene Regierungen, die im Allgemeinen freundschaftliche Beziehungen zu den USA unterhalten und mit ihnen gemeinsam den Terrorismus bekämpfen. Dies sind vor allen Dingen die der **Golfmonarchien, Ägyptens, Jordaniens,** des **Jemen, Algeriens** und **Marokkos.**

schen Spannungen von neuem entfachen und das Vertrauen von Anlegern und Geberländern erschüttern. Möglicherweise könnte dann der Bedarf an ausländischen Finanzmitteln nicht gedeckt werden. **Jordaniens** Defizit in der Leistungsbilanz dürfte wieder bei 20% des BIP liegen. Eine Verknappung von ausländischem Kapital zur Deckung des Defizits könnte die Liquidität des Landes gefährden.

Die Auslandsverschuldung der erdölexportierenden Ländern ist im Allgemeinen begrenzt. Hiervon ausgenommen sind die **VAE** und **Qatar.** Durch die sinkenden Deviseneinnahmen im Jahr 2009 werden die Schuldenlastquoten (Verschuldung/Ausfuhren von Gütern und Dienstleistungen) erhöht; in **Qatar** könnten sie bei über 70% liegen, in den **VAE** bei 50%. **Qatar** hatte die Entwicklung seiner Industrie mit Krediten aus dem Ausland finanziert. Die Verbindlichkeiten werden größtenteils durch langfristige Exportverträge besichert. Die Schuldendienstquote bleibt mit weniger als 10% der Deviseneinnahmen moderat. Die wachsende Auslandsverschuldung der **VAE** ist auf die Entwicklung von **Dubai,** insbesondere im Immobilienbereich, zurückzu-

Auslandsschulden steigen leicht an (Schulden in % der Exporterlöse)

Aufstrebende Länder

Mittlerer Osten (ohne Türkei)

(S): Schätzung. (P): Prognose.   Quelle: Coface.

Bis jetzt haben diese Spannungen die Wirtschaft in der Region nicht beeinträchtigt, die bisher vom Ölboom getragen wurde. Insgesamt gelingt es dank Subventionen, einer Verbesserung bei den sozialen Leistungen und der Infrastruktur, das gesellschaftliche Klima zu schützen. Die Regierungen tun alles dafür, das Klima zu bewahren, indem sie die öffentlichen Ausgaben trotz des konjunkturellen Abschwungs auf einem ausreichenden Niveau halten.

Marokko und **Tunesien** erfreuen sich einer politischen Stabilität, die die zügige Umsetzung von Strukturreformen begünstigt. Allerdings nimmt mit der Frustration unter jungen arbeitslosen Hochschulabsolventen das gesellschaftliche Risiko zu. Dies könnte sich noch verstärken durch die Schwierigkeiten in Branchen, die von der globalen Krise besonders betroffen sind und viele Arbeitsplätze stellen, wie die Tourismusindustrie.

Große Unterschiede im Geschäftsumfeld

Die Coface-Bewertungen des Geschäftsumfelds der Länder in der Region decken fast die gesamte Notenskala ab und reichen von A2 für **Israel** bis D für den **Irak, Libyen** und den **Jemen.** In der Bewertung A2 für **Israel** spiegelt sich das relativ günstige Geschäftsumfeld wider. Sie fällt besser aus als die des Länderratings, die durch ein hohes politisches Risiko getrübt wird. Auch **Jordanien** und der **Libanon** schneiden bei der Bewertung (A4 bzw. B) besser ab als im Länderrating, das durch finanzielle und politische Unsicherheiten beeinträchtigt wird.

In vielen Ländern der Region ist das Geschäftsumfeld durch einen schlecht ausgebildeten Gläubigerschutz gekennzeichnet. Häufig stellen zudem fehlende oder undurchsichtige Finanzdaten zu den Unternehmen ein zusätzliches Risiko dar. Aus diesem Grund fällt die Bewertung des Geschäftsumfelds in den reichen, erdölproduzierenden Ländern, die sich wirtschaftlich und finanziell in einer hervorragenden Lage befinden, schlechter aus als das entsprechende Länderrating. Die **Vereinigten Arabischen Emirate, Kuwait** und **Qatar** erhalten für ihr Geschäftsumfeld die Bewertung A3. Zwar ist an den institutionellen Rahmenbedingungen, insbesondere in der Infrastruktur und den Finanzierungsmöglichkeiten, nichts auszusetzen, doch die Finanzinformationen sind in diesen Staaten lückenhaft. Das Geschäftsumfeld in **Algerien** und **Saudi-Arabien** wird mit B bewertet, da in Algerien die institutionellen Rahmenbedingungen mangelhaft sind und in

Saudi-Arabien der Forderungseinzug erschwert ist. Die Bewertung des Geschäftsumfelds für **Libyen** mit D liegt an besonders problematischen Rahmenbedingungen, die von einer schwerfälligen Bürokratie – wobei die Zerschlagung der Verwaltung die Lage noch komplizierter machen wird – und einem unzeitgemäßen Rechtssystem sowie mangelnder Transparenz der Unternehmen geprägt ist.

Einige Länder erhalten für ihr Geschäftsumfeld die gleiche Bewertung wie im Länderrating. Dies gilt für **Ägypten** (B), **Syrien** (C), **Marokko** und **Tunesien** (A4). Vor allen Dingen **Marokko** und **Tunesien** haben umfangreiche Reformen zur Verbesserung des Geschäftsumfelds eingeleitet, auch wenn Schwächen beim Gläubigerschutz bleiben. Auch **Ägypten** bemüht sich um eine Verbesserung des Geschäftsumfelds (insbesondere durch eine leichtere Kreditvergabe), doch gibt es weiterhin Schwachpunkte in der Governance.

Zufriedenstellende Zahlungsfähigkeit der Unternehmen, Ausfallrisiko außer im Iran gering

Der Coface-Index für Zahlungsausfälle bei Unternehmen aus der betrachteten Region bleibt unter dem für 2008 errechneten weltweiten Durchschnitt. Die Zahlungsmoral in **Israel** und **Ägypten** ist gut, die Unternehmen könnten jedoch trotz allem die Folgen der rückläufigen Investitionen und Nachfrage aus den USA und Europa sowie der knapperen Kredite zu spüren bekommen, was dann auch eine Zunahme bei den Zahlungsverzögerungen zur Folge hätte. In den **Golfmonarchien** wirken sich die durch öffentliche Gelder finanzierten Investitionen insgesamt weiterhin günstig auf die Unternehmen aus. Dennoch kommen diese in **Saudi-Arabien** ihren Zahlungsverpflichtungen nicht immer zuverlässig nach. In **Dubai** könnte das Platzen der Immobilienblase die anfälligeren Unternehmen der Branche treffen. Auch Zahlungsverzögerungen oder -ausfälle könnten zunehmen. Im **Libanon** scheint die schwierige Lage das Zahlungsverhalten bisher relativ wenig zu beeinflussen. In **Algerien, Tunesien** und **Marokko** sind Zahlungsverzögerungen an der Tagesordnung, Zahlungsausfälle dagegen relativ selten. Im **Iran** dagegen sorgt der Boykott der Banken dafür, dass die Unternehmen ihren Zahlungsverpflichtungen praktisch nicht nachkommen.

Länderrating der wichtigsten Volkswirtschaften in Nordafrika sowie im Nahen und Mittleren Osten

	Januar 2004	Januar 2005	Januar 2006	Januar 2007	Januar 2008	März 2009
Erdölländer						
Kuwait	A2	A2	A2	A2	A2	A2
Qatar	A2	A2	A2	A2	A2	A2
Vereinigte Arabische Emirate	A2	A2	A2	A2	A2	A2↘
Bahrain	A3	A3	A3	A3	A3	A3
Oman	A2	A3	A3	A3	A3	A3
Saudi-Arabien	A4	A4	A4	A4	A4	A4
Libyen	C	C	C	C	C	C
Iran	C	B	B	B	D	D
Irak	D	D	D	D	D	D
Nichtölländer						
Israel	A4↘	A4	A4	A4	A4	A4
Ägypten	B↘	B	B	B	B	B
Jordanien	B	B	B	B↘	B↘	B↘
Libanon	C	C	C	C↘	C↘	C
Syrien	C	C	C	C	C	C
Jemen	C	C	C	C	C	C
Maghreb						
Algerien	B↗	B↗	A4	A4	A4	A4
Marokko	A4	A4	A4	A4↗	A4	A4
Tunesien	A4	A4	A4	A4↗	A4↗	A4

↗↘: Unter Beobachtung für eine Auf- bzw. Abwertung.   Quelle: Coface.

Entwicklung des Coface-Länderratings

Das Risikoniveau der Region liegt über dem Durchschnitt der Schwellenländer. Dabei wird die Risikobewertung durch die unsichere geopolitische Lage in der Region belastet. Dies gilt insbesondere für den **Iran, Saudi-Arabien, Israel, Ägypten, Jordanien, Syrien,** den **Libanon** und den **Jemen.**

Tunesien und **Marokko** werden wieder mit A4 bewertet. Die Krise wird ihre Wirtschaft nur begrenzt beeinflussen. 2008 hat sich das Zahlungsverhalten der Firmen jedoch in beiden Ländern tendenziell eher verschlechtert. Auch wenn sich der weltweite Abschwung in beiden Ländern nur wenig bemerkbar machen wird, ist eine Verbesserung des Kreditrisikos der Unternehmen für 2009 nicht zu erwarten. Deshalb wurde die Beobachtung für eine Aufwertung von **Tunesiens** Rating 2008 wieder aufgehoben (wie auch 2007 bei der Bewertung von **Marokko).**

Indessen wurde die Bewertung der **Vereinigten Arabischen Emirate** mit A2 im Januar 2009 unter Beobachtung für eine Abwertung gestellt, da ein Platzen der Immobilienblase die anfälligeren Unternehmen der Branche schädigen könnte. Schon seit geraumer Zeit wird **Jordaniens** Bewertung B wegen des fortlaufenden Defizits in der Leistungsbilanz und im Staatshaushalt sowie wegen der großen Anfälligkeit des Landes für einen Vertrauensverlust der Investoren negativ beobachtet. Die negative Beobachtung für die Länderbewertung C des **Libanon** konnte jedoch 2008 aufgehoben werden. Nach 18 Monaten Stillstand ermöglichte das Doha-Abkommen die Wahl eines Präsidenten und ebnete damit den Weg zu einem normalisierten Betrieb der Institutionen.   •

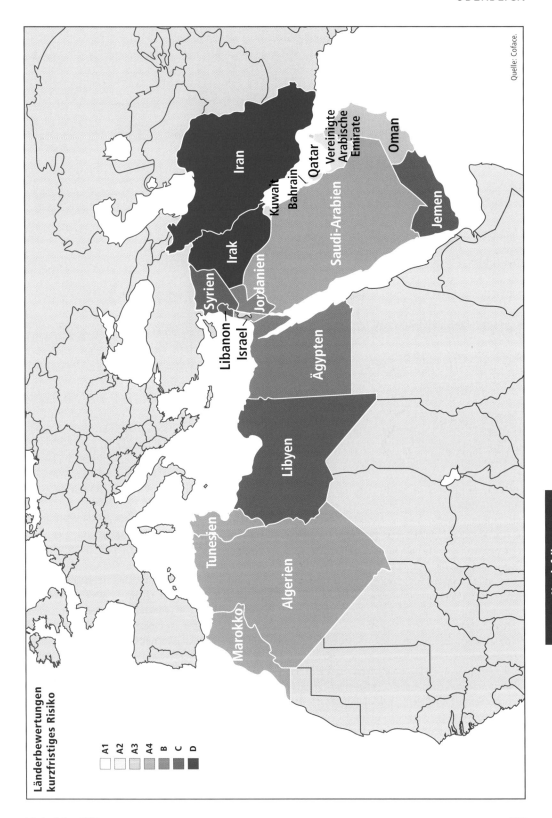

Länderbewertungen kurzfristiges Risiko

- A1
- A2
- A3
- A4
- B
- C
- D

Quelle: Coface.

**Nordafrika
Naher und Mittlerer Osten**

Ägypten

Bevölkerung (Mio Einwohner):	**75,5**
BIP (Mio US$):	**128.095**
Anteil am regionalen BIP (%):	**7**

Coface-Bewertungen

Kurzfristiges Risiko:	**B**
Geschäftsumfeld:	**B**
Mittelfristiges Risiko:	**moderat erhöht**

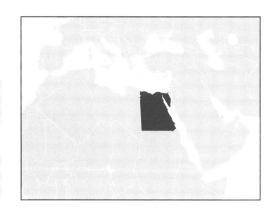

STÄRKEN

- ▲ Die Devisenquellen sind vielfältig (Einnahmen aus dem Suezkanal, Tourismus, private Überweisungen, Öl- und Gasexporte), aber anfällig für äußere Störeinflüsse.
- ▲ Die seit 2004 umgesetzten Reformen haben das Geschäftsumfeld verbessert.
- ▲ Die Auslandsverschuldung des Landes sinkt, und seine Währungsreserven bewegen sich auf einem komfortablen Niveau.
- ▲ Ägypten erhält von den westlichen Ländern politisch sowie finanziell Rückhalt. Der Vertrag über die Mittelmeerunion festigt die Beziehungen zu Europa.

SCHWÄCHEN

- ▼ Das Haushaltsungleichgewicht stellt die größte Schwäche der Wirtschaft dar. Einem Abbau des nach wie vor zu hohen Defizits stehen die unveränderbaren Sozialausgaben, die Subventionen sowie die Zinslast im Wege.
- ▼ Hinsichtlich der Infrastruktur besteht ein hoher Nachholbedarf.
- ▼ Das Kreditsystem für Unternehmen ist bisher kaum entwickelt.
- ▼ Die Armut und das damit verbundene gesellschaftliche Konfliktpotential beeinträchtigen den Erfolg der Behörden bei der Umsetzung von Strukturreformen zur Sanierung der öffentlichen Finanzen.
- ▼ Die mit der Nachfolge von Präsident Husni Mubarak zusammenhängenden Unsicherheiten trüben die Aussichten des Landes.

RISIKOEINSCHÄTZUNG

Abschwächung des Wachstums

Nach einer hohen Wachstumsrate von rund 7% in den letzten drei Jahren dürfte das Wachstum in Ägypten im Fiskaljahr 2009/2010, das im Juli beginnt, weniger robust ausfallen. Ab dem zweiten Quartal 2008 waren Anzeichen für eine Abschwächung der Konjunktur erkennbar. Die Konjunkturwende und die Verknappung von liquiden Mitteln weltweit könnten sich bis Ende 2009 nachteilig auf die ausländischen Direktinvestitionen in das Land, auf die Ausfuhren, auf die Überweisungen emigrierter Arbeitskräfte sowie auf die Tourismusbranche und auf den Handelsverkehr am Suezkanal auswirken.

Vor diesem Hintergrund hat die Regierung Maßnahmen ergriffen, um das Wachstum zu stützen. Das Budget für Investitionen in die Infrastruktur wurde aufgestockt, und die Steuern auf Ausfuhren sind entfallen. Außerdem wurde davon abgesehen, Subventionen für Elektrizität und Erdgas für energieintensive Industrieanlagen (Zementwerke oder Petrochemie) zu streichen. Ferner dürfte der Konsum der privaten Haushalte durch folgende Faktoren angekurbelt werden: erstens durch die im Mai 2008 beschlossene Erhöhung von öffentlichen Gehältern, zweitens durch fortbestehende Subventionen und drittens durch die rückläufigen Rohstoffpreise. Die Regierung hat sich für die Verbesserung des Geschäftsumfelds eingesetzt. Seit 2006 liegt der Coface-Index für Zahlungsausfälle von ägyptischen Unternehmen stets unter dem internationalen Durchschnitt. Mit der Konjunkturwende könnten jedoch die Zahlungsverzögerungen zunehmen.

Leistungsbilanz kritischer

Das Defizit der Handelsbilanz dürfte sich 2009 nicht verschlechtern, denn die wegen der schwachen Auslandsnachfrage und der nachlassenden Ölpreise sinkenden Ausfuhren dürften durch geringere Einfuhren infolge der rückläufigen Binnennachfrage und Rohstoffpreise wettgemacht werden. In Anbetracht sinkender Einnahmen aus dem Tourismus, dem Suezkanal und aus Transferzahlungen emigrierter Arbeitskräfte dürfte der Überschuss der Dienstleistungsbilanz dagegen schrumpfen und ein Defizit der Leistungsbilanz hervorrufen. Auch wenn die ausländischen Direktinvestitionen erheblich zurückgehen, dürften sie den Finanzbedarf decken. Die Währungsreserven Ägyptens liegen zudem auf einem komfortablen Niveau und schützen das Land – wenn auch nur für kurze Zeit – vor einer Liquiditätskrise.

Steigende Neuverschulduung

Die gestiegenen Ausgaben zur Konjunkturbelebung dürften das Haushaltsdefizit erhöhen. Daran ändern auch die mit dem Preisrückgang für Rohstoffe verbundenen niedrigeren Subventionen nichts. Die Regierung hat die Maßnahmen zur Sanierung der öffentlichen Finanzen, bei denen insbesondere weitere Privatisierungen und Subventionskürzungen im Blickpunkt standen, verschoben. Ziel dieser Maßnahmen war der schrittweise Abbau der nach wie vor enormen Staatsverschuldung. Der politische Druck und das gesellschaftliche Konfliktpotential erschweren die Umsetzung von Refor-

Index der Zahlungsausfälle
(Gleitender Zwölfmonatsdurchschnitt;
Basis: Welt 1995 = 100)

Quelle: Coface.

men. Regionale Konflikte und Armut leisten oppositionellen islamistischen Bewegungen Vorschub. Angesichts der 2011 anstehenden Präsidentschaftswahlen sind die Behörden bestrebt, das soziale Klima nicht zu gefährden. Politische Unruhen sind allerdings möglich.

VORAUSSETZUNGEN FÜR DEN MARKTZUGANG

Marktsituation

Insgesamt ist eine echte Öffnung des ägyptischen Marktes dank der Impulse der Regierung zu beobachten, die vor allem auf die Modernisierung der Wirtschaft und deren Öffnung für den internationalen Wettbewerb abzielt. Daher ist Ägypten nach dem Doing-Business-

Nordafrika
Naher und Mittlerer Osten

Wichtige Kennzahlen[1]

	2004/05	2005/06	2006/07	2007/08	2008/09 (S)	2009/10 (P)
Reales Wirtschaftswachstum (%)	4,1	4,5	6,8	7,1	7,2	3,5
Inflation (%)	8,1	8,8	4,2	10,9	13,9	13,6
Staatshaushalt (Saldo in % des BIP)[2]	−9,2	−8,9	−9,6	−8,2	−7,7	−7,9
Ausfuhren (Mrd US$)	10,5	13,8	18,5	22,0	29,4	28,5
Einfuhren (Mrd US$)	18,3	24,2	30,4	38,3	52,8	51,7
Handelsbilanz (Saldo in Mrd US$)	−7,8	−10,4	−12	−16,3	−23,4	−23,2
Leistungsbilanz (Saldo in Mrd US$)[3]	2,5	1,9	0,4	1,5	−0,1	−1,6
Leistungsbilanz (Saldo in % des BIP)	3,2	2,0	0,3	1,1	0,0	−0,9
Auslandsverschuldung (in % des BIP)	37,7	34,6	32,5	32,1	31,7	29,1
Schuldendienst (in % der Ausfuhren)	9,5	8,1	8,2	5,1	4,3	6,0
Währungsreserven (in Monatsimporten)	7,4	7,4	6,9	7,3	6,4	6,5

1) Fiskaljahr: 1. Juli bis 30. Juni. 2) Ohne Schenkungen.
3) Ohne staatliche Transferzahlungen. (S): Schätzung. (P): Prognose.

Quelle: Coface.

Exporte: 30% des BIP
▷▷▷

Importe: 32% des BIP
◁◁◁

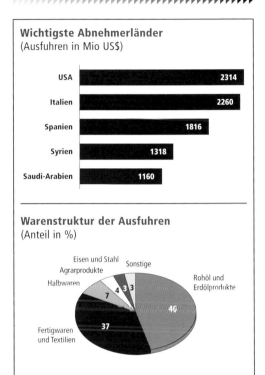

Wichtigste Abnehmerländer
(Ausfuhren in Mio US$)

USA	2314
Italien	2260
Spanien	1816
Syrien	1318
Saudi-Arabien	1160

Warenstruktur der Ausfuhren
(Anteil in %)

Eisen und Stahl, Sonstige, Agrarprodukte, Halbwaren, Rohöl und Erdölprodukte, Fertigwaren und Textilien

7 4 3 3 40 37

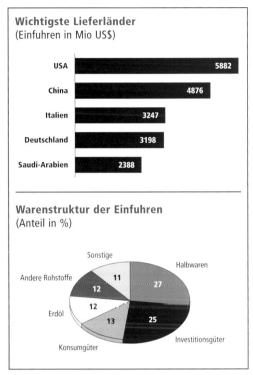

Wichtigste Lieferländer
(Einfuhren in Mio US$)

USA	5882
China	4876
Italien	3247
Deutschland	3198
Saudi-Arabien	2388

Warenstruktur der Einfuhren
(Anteil in %)

Sonstige, Halbwaren, Andere Rohstoffe, Erdöl, Konsumgüter, Investitionsgüter

11 12 27 12 13 25

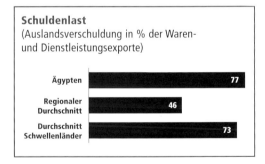

Schuldenlast
(Auslandsverschuldung in % der Waren- und Dienstleistungsexporte)

Ägypten	77
Regionaler Durchschnitt	46
Durchschnitt Schwellenländer	73

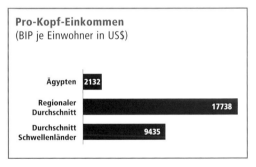

Pro-Kopf-Einkommen
(BIP je Einwohner in US$)

Ägypten	2132
Regionaler Durchschnitt	17738
Durchschnitt Schwellenländer	9435

Bericht der Weltbank 2009 zum dritten Mal in Folge im Bereich Reformen unter den ersten zehn Plätzen. Die Einfuhren haben sich im Zeitraum von drei Jahren verdoppelt. Das eröffnet ausländischen Unternehmen neue Möglichkeiten in verschiedenen Bereichen, von Ausrüstungs- und Konsumgütern bis hin zur Dienstleistungsbranche.

Möglichkeiten des Marktzugangs

Im Rahmen der tiefgreifenden Reform des Zolltarifs im Februar 2007 wurden die Zölle auf durchschnittlich 6,9% gesenkt und die Tarifnomenklatur vereinfacht. Sie besteht nun aus fünf Zollsätzen. Ägypten wendet uneingeschränkt das WTO-Übereinkommen zur Zollwertermittlung an. Allerdings neigen die Zollbehörden oft noch dazu, den Wert der zu verzollenden Ware höher anzusetzen, um gegen das Problem zu niedriger Rechnungsbeträge vorzugehen.

Die Hindernisse für den Marktzugang werden mehr und mehr aus dem Weg geräumt. In einigen wenigen Fällen gelten aus ordnungs-, wirtschafts-, umwelt-, gesundheits- und sicherheitspolitischen Gründen für alle Handelspartner Einfuhrverbote (beispielsweise bei der Vogelgrippe oder gefährlichen Abfällen). Zurzeit werden die ägyptischen Rechtsvorschriften an die europäischen Bestimmungen angeglichen. Für über 3.000 Rechtsvorschriften wurde dieser Prozess bereits abgeschlossen. In einigen sehr technischen Bereichen (Landwirtschaft, Gesundheit, Atomenergie, Telekommunikation etc.) sind nach wie vor verschiedene Ministerien, Abteilungen und Stellen dafür zuständig, die Einhaltung der gesetzlichen Bestimmungen zu überwachen. Alle anderen Bereiche unterliegen inzwischen aber der zentralen Überwachung durch die „General Organization for Import and Export Control" (GOIEC), die dem Handels- und Industrieministerium angegliedert ist. In Einzelfällen – vor allem bei Lebensmitteln – wird der Marktzugang durch Kennzeichnungs- und Verpackungsvorschriften behindert. Der Weiterverkauf von importierten Erzeugnissen in unverändertem Zustand bleibt natürlichen Personen mit ägyptischer Staatsangehörigkeit vorbehalten. Diese Regelung stellt das größte Hindernis für die Marktbearbeitung dar. Die ausländischen Unternehmen sind gezwungen, diese Art von Geschäften über ägyptische Zwischenhändler abzuwickeln.

Haltung gegenüber ausländischen Investoren

Der Gewinnung ausländischer Investitionen wird von den Behörden höchste Priorität eingeräumt. Die Überweisung von Dividenden und die Rückführung von Kapital sind problemlos möglich. Im Rahmen eines umfangreichen Privatisierungsprogramms konnten bereits erstklassige ägyptische Unternehmen an ausländische Investoren veräußert werden (Bankwesen, Zementindustrie, Einzelhandel etc.). Daher sind seit 2004 die ausländischen Direktinvestitionen explosionsartig gewachsen und erreichten 2007/08 13,4 Mrd US$, d.h. mehr als 10% des BIP.

Devisenverkehr

Das Ägyptische Pfund (EGP) ist frei konvertierbar. Das System des „Managed Floatings" garantiert eine stabile Parität gegenüber dem US-Dollar. Dringend zu empfehlen und geläufige Praxis in Ägypten ist die Zahlung durch unwiderrufliches und bestätigtes Dokumentenakkreditiv. •

**Nordafrika
Naher und Mittlerer Osten**

Algerien

Bevölkerung (Mio Einwohner): **33,9**
BIP (Mio US$): **135.285**
Anteil am regionalen BIP (%): **7**

Coface-Bewertungen
Kurzfristiges Risiko: **A4**
Geschäftsumfeld: **B**
Mittelfristiges Risiko: **ziemlich gering**

STÄRKEN

- ▲ Das Land verfügt über umfangreiche Öl- und Gas-vorkommen; Europa bietet Algerien ein enormes Absatzpotential für Öl und Gas.
- ▲ Die Fortsetzung des Programms für öffentliche Investitionen, das die Wachstumsförderung zum Ziel hat, wird dank des Abbaus von Staatsschulden und der Rücklagen aus dem Fonds zur Regulierung der Öleinnahmen erleichtert.
- ▲ Aufgrund von niedrigen Verschuldungskennzahlen und komfortablen Währungsreserven ist Algeriens Finanzlage gegenüber dem Ausland solide.

SCHWÄCHEN

- ▼ Die Wirtschaft hängt stark von den Öleinnahmen ab.
- ▼ Restriktive Maßnahmen in Bezug auf ausländische Direktinvestitionen verschlechtern die Aussichten auf eine Diversifizierung der Wirtschaft.
- ▼ Die hohe, wenn auch rückläufige Arbeitslosigkeit unter jungen Menschen verursacht soziale Spannungen und behindert die Fortführung bestimmter Reformen.
- ▼ Trotz in Angriff genommener Reformen leidet die Geschäftswelt unter den Defiziten bei der Infrastruktur und im Bankwesen.

RISIKOEINSCHÄTZUNG

Expansive Haushaltspolitik unterstützt das Wachstum des Nichtölsektors

Die Konjunktur des Nichtölsektors wurde von der Weiterführung staatlicher Investitionsprojekte zum Wohnungsbau und zur Infrastruktur getragen. Der Konsum der privaten Haushalte wurde mit Hilfe von öffentlichen Geldern in Form von Subventionen und Lohnerhöhungen angekurbelt. Diese öffentlichen Ausgaben haben über die höheren Preise für Grundnahrungsmittel und Energie hinweggeholfen. Gute Ergebnisse konnten wieder im Bereich des öffentlichen und privaten Bauwesens und in der Nahrungsmittelbranche erzielt werden. Allerdings leidet die Ölproduktion unter der schwächeren Nachfrage aus dem Ausland.

Im Juli 2008 erreichten die Ölpreise ihren bisherigen Höchststand. Mit dem zwischenzeitlichen Preiseinbruch ist nun ein moderateres Vorgehen bei staatlichen Investitionen unabdingbar. Dank der Rücklagen aus dem Fonds zur Regulierung der Öleinnahmen dürften die Staatsausgaben dennoch die Konjunktur des Nichtölsektors beleben. Außerdem ist Algerien kaum auf ausländische Investitionen oder Kredite angewiesen, die in Anbetracht der weltweiten Krise als Quelle versiegen könnten. In der Ölproduktion werden die Auswirkungen eines sehr schwachen Wachstums allerdings unmittelbar spürbar sein und könnten sogar einen Nachfragerückgang nach Rohstoffen aus dem Ausland zur Folge haben.

Haushalts- und Leistungsbilanzüberschuss werden sinken

Die Wende am Ölmarkt wird sich in den Staats- und Exporteinnahmen niederschlagen, im Staatshaushalt und in der Leistungsbilanz sind jedoch wieder Überschüsse zu erwarten. Die Verteuerung des US-Dollar fängt die Konsequenzen der sinkenden Ölpreise für die Staatseinnahmen auf. Hinzu kommen geringere Investitions- und Subventionsausgaben, so dass ein Haushaltsüberschuss erwirtschaftet werden dürfte. Durch abnehmende öffentliche Investitionen, sinkende Preise für Nahrungsmittel sowie durch die Abwertung des Euro wird das Einfuhrvolumen mäßig zunehmen. Aus diesen Gründen wird der Überschuss in der Leistungsbilanz nur begrenzt schrumpfen. Eine geringe Auslandsverschuldung und ein komfortables Niveau an Devisenreserven (von knapp drei Jahresimporten) verhelfen Algerien zu einer soliden Finanzlage gegenüber dem Ausland. Dies verschafft dem Land einen Ausgleich für den Ölpreisrückgang.

Kontinuität in der Politik dürfte 2009 bewahrt werden

Präsident Bouteflika wurde im April 2009 mit großer Mehrheit (90%) für eine dritte Amtszeit gewählt. Die politische Stabilität dürfte daher gewährleistet sein. Seit April 2007 hat sich die Sicherheitslage verschärft. Auch wenn ein erneuter Gewaltausbruch wie in den „schwarzen Jahren" unwahrscheinlich erscheint, sind doch vereinzelte Anschläge nicht auszuschließen, und sie könnten sich, wenn auch nur in begrenztem Umfang, nachteilig auf die Konjunktur und auf die Investitionen auswirken. Die ausländischen Direktinvestitionen leiden zusätzlich unter den im Juli/August 2008 in Kraft getretenen restriktiven Maßnahmen. Das Geschäftsumfeld ist zum Teil schlecht entwickelt (geringe Transparenz in Unternehmen und Bürokratie). Dies kann zu verspäteten Zahlungen und erschwertem Forderungseinzug führen.

VORAUSSETZUNGEN FÜR DEN MARKTZUGANG

Marktsituation

Am 1. September 2005 ist das Assoziationsabkommen zwischen Algerien und der Europäischen Union in Kraft getreten. Damit ist für die in drei Listen zusammengefassten industriellen Erzeugnisse ein sofortiger bzw. schrittweise erfolgender Abbau von Zöllen verbunden. Am 1. September 2007 wurden zeitgleich der zweite und dritte Schritt vollzogen. Sie sehen den allmählichen Zollabbau (über fünf Jahre) für bestimmte fertige Erzeugnisse vor. Auch die Zölle für andere fertige Produkte werden schrittweise reduziert – vor allem für die, auf die bisher ein Satz von 30% erhoben wurde.

Zahlreiche neugegründete algerische Unternehmen besitzen nur eine geringe Kapitalausstattung. Die Arbeit der bislang noch wenigen Wirtschaftsprüfungsgesellschaften gestaltet sich wegen der mangelnden Transparenz der Bilanzen schwierig. Bisher werden die Dienste namhafter Wirtschaftsprüfungsgesellschaften

Nordafrika Naher und Mittlerer Osten

Wichtige Kennzahlen

	2004	2005	2006	2007	2008 (S)	2009 (P)
Reales Wirtschaftswachstum (%)	5,2	5,1	2,0	4,6	3,2	3,0
Inflation (%)	3,6	1,6	2,5	3,6	4,3	4,0
Staatshaushalt (Saldo in % des BIP)	6,9	11,9	13,6	11,7	15,0	6,0
Ausfuhren (Mrd US$)	32,2	46,3	54,7	60,5	78,0	61,8
Einfuhren (Mrd US$)	18,0	19,9	20,7	26,3	37,0	41,0
Handelsbilanz (Saldo in Mrd US$)	14,0	26,0	34,0	34,0	41,0	21,0
Leistungsbilanz (Saldo in Mrd US$)	11,1	21,2	29,0	32,1	39,1	18,7
Leistungsbilanz (Saldo in % des BIP)	13,1	20,6	24,8	23,9	23,7	10,9
Auslandsverschuldung (in % des BIP)	25,9	16,8	4,8	3,8	2,7	2,4
Schuldendienst (in % der Ausfuhren)	15,0	10,5	22,2	2,0	1,7	1,7
Währungsreserven (in Monatsimporten)	19,7	21,7	28,9	34,7	34,7	35,0

(S): Schätzung. (P): Prognose.

Quelle: Coface.

Exporte: 52% des BIP

Importe: 30% des BIP

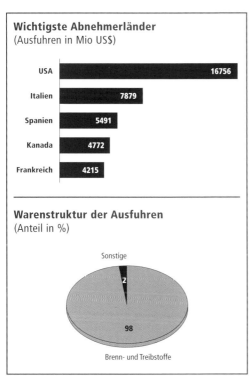

Wichtigste Abnehmerländer
(Ausfuhren in Mio US$)

USA	16756
Italien	7879
Spanien	5491
Kanada	4772
Frankreich	4215

Warenstruktur der Ausfuhren
(Anteil in %)

Sonstige 2

98

Brenn- und Treibstoffe

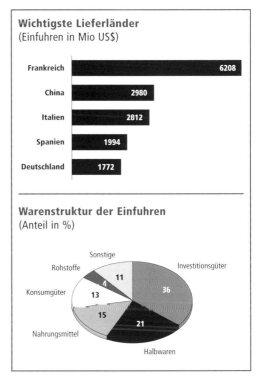

Wichtigste Lieferländer
(Einfuhren in Mio US$)

Frankreich	6208
China	2980
Italien	2812
Spanien	1994
Deutschland	1772

Warenstruktur der Einfuhren
(Anteil in %)

Sonstige
Rohstoffe 4
Investitionsgüter 36
Konsumgüter 13
11
15
21
Nahrungsmittel
Halbwaren

Schuldenlast
(Auslandsverschuldung in % der Waren-
und Dienstleistungsexporte)

Algerien	5
Regionaler Durchschnitt	46
Durchschnitt Schwellenländer	73

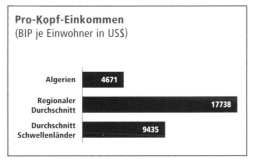

Pro-Kopf-Einkommen
(BIP je Einwohner in US$)

Algerien	4671
Regionaler Durchschnitt	17738
Durchschnitt Schwellenländer	9435

nur selten in Anspruch genommen, doch dürfte sich dies in den kommenden Jahren ändern, wenn immer mehr ausländische Unternehmen in Algerien Fuß fassen. Als Zahlungsmittel weiterhin empfehlenswert ist das Dokumentenakkreditiv beziehungsweise bei etablierten Geschäftsbeziehungen das Dokumenteninkasso.

Haltung gegenüber ausländischen Investoren

Algerische Rechtsvorschriften führen nicht zu Diskriminierungen zwischen in- und ausländischen Investitionen in Produktions- und Dienstleistungsbereichen.

Tochtergesellschaften, die zu 100% von Ausländern gehalten werden, sind in allen für private Investitionen offenstehenden Branchen zulässig, auch im Bereich der Finanzdienstleistungen. Allerdings kann eine Mehrheitsbeteiligung durch einen staatlichen Träger verlangt werden. Diese Beschränkung gilt beispielsweise für den Öl- und Gassektor. 2008 wurden neue Maßnahmen zur stärkeren Kontrolle der Gewinnrückführung eingeleitet, wobei die Erträge von Tochtergesellschaften mit rund 15% besteuert werden. Die vom Staat als Investitionsanreiz gewährten Steuerersparnisse dürften Unternehmen in Zukunft reinvestieren.

Die Rückführung von investiertem Kapital und aller Erträge, die mit diesem erzielt werden, ist gesetzlich garantiert. Außerdem wurden verschiedene Branchen für private Investitionen geöffnet (z.B. Telekommunikation, Schiffs- und Luftverkehr, Strom- und Gasverteilung, Bergbau). Allerdings erfolgte im Öl- und Gassektor 2006 ein Rückschritt, indem die erst 2005 eingeführten gesetzlichen Bestimmungen, die ausländischen Unternehmen in diesem Bereich einen größeren Handlungsspielraum gewährten, wieder abgeschafft wurden. Überdurchschnittliche Gewinne werden nun wieder besteuert, und das Staatsunternehmen Sonatrach muss als Mehrheitspartner an der Exploration, Produktion und dem Transport von Erdöl und Erdgas beteiligt werden.

Generell willkommen sind „Produktionszwecken dienende" Investitionen. Demgegenüber werden Handels- und Vertriebsaktivitäten nicht als Investitionen angesehen, mit denen die Entwicklung des Landes vorangetrieben werden kann. Schwierigkeiten bestehen noch bei immateriellen Vermögensgegenständen (Lizenzgebühren etc.). Das erklärt den – im Vergleich zu den Nachbarländern Tunesien und Marokko – schwachen Franchisemarkt.

Devisenverkehr

Die allgemeine Konvertierbarkeit des Algerischen Dinar (DZD) zur Begleichung von Wareneinfuhren und Dienstleistungen ist gewährleistet. Flankiert wird dies von einer strikten Devisenkontrollpolitik der lokalen Banken, die jede Transaktion gegenüber der algerischen Zentralbank begründen müssen.

Die Zentralbank vereinfachte 2007 die Bedingungen für die Einfuhr von Dienstleistungen durch ausländische Unternehmen, die Aufträge aus Algerien erhalten (Verordnung Nr. 07-01 vom 3. Februar 2007). Eingeführte Dienstleistungen unterliegen jedoch, ähnlich wie Importwaren, einer nachgelagerten Kontrolle durch die algerische Zentralbank.

Seit 2005 können ausländische Investoren ihre anteiligen Dividenden, Gewinne und Veräußerungserlöse aus algerischen Unternehmen ins Ausland bringen (Verordnung Nr. 05-03 vom 6. Juni 2005), wobei die algerische Bank des Investors für das Verfahren zuständig ist. ●

**Nordafrika
Naher und Mittlerer Osten**

Bahrain

Bevölkerung (Mio Einwohner):	**0,8**
BIP (Mio US$):	**17.585**
Anteil am regionalen BIP (%):	**0,9**
Coface-Bewertungen	
Kurzfristiges Risiko:	**A3**
Geschäftsumfeld:	**A3**
Mittelfristiges Risiko:	**gering**

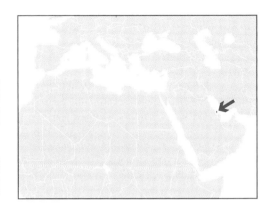

STÄRKEN

▲ Bahrain ist der größte Finanzplatz der Region. Die regionale Konkurrenz wächst jedoch.

▲ Die Wirtschaft ist offen und diversifiziert (Öl, Gas, Raffinerieprodukte, Finanzdienstleistungen, Aluminium und Tourismus).

▲ Die Behörden betreiben eine dynamische Politik, um das Geschäftsumfeld zu verbessern sowie Investitionsanreize zu schaffen.

▲ Das Königreich wird von Washington unterstützt. Es dient der US-Marine als Hauptquartier für ihre Fünfte Flotte und hat mit den USA ein Freihandelsabkommen geschlossen. Dadurch ist Bahrain in der Region der wichtigste Handelsplatz für Ausfuhren in die USA.

SCHWÄCHEN

▼ Die Ölproduktion nimmt ab, doch die Wirtschaft ist immer noch stark von den Öleinnahmen abhängig und anfällig für die Senkung des Ölpreises.

▼ Spannungen entstehen durch die Diskrepanz beim Lebensstandard der regierenden sunnitischen Minderheit und der schiitischen Bevölkerungsmehrheit sowie durch die unausgewogene Vertretung der beiden Volksgruppen in den Institutionen.

▼ Der Staat bietet den Bahrainern nur begrenzte Beschäftigungsmöglichkeiten, und die Anstellung von Inländern in der Privatwirtschaft setzt sich nur schleppend durch, da sie die Wettbewerbsfähigkeit der Unternehmen belastet.

RISIKOEINSCHÄTZUNG

Wirtschaftsmotor Finanzdienstleistungen

In den letzten Jahren verzeichnete Bahrain ein lebhaftes Wachstum. Als Hauptmotor haben sich die Finanzdienstleistungen erwiesen, die durch den Ölboom und die umfangreichen öffentlichen und privaten Investitionsprogramme sowohl auf dem heimischen als auch auf dem regionalen Markt angekurbelt wurden. Die Banken für Privatkunden, die Finanzierungs- und Offshorebanken und auch die islamischen Banken beobachteten eine rasche Zunahme von Krediten. Ebenfalls gewachsen ist die Versicherungsbranche. Das Bauwesen, die Industrie, vor allen Dingen die Aluminiumproduktion, und der Tourismus konnten gleichfalls robustes Wachstum vorweisen. Die Ölproduktion blieb dagegen seit 2007 unverändert.

Schwächeres Wachstum 2009

Bahrain konnte sich den Folgen der von den USA ausgehenden Finanz- und Wirtschaftskrise nicht entziehen. Die Verknappung der Kredite und die Flaute an den Börsenplätzen hat sich rasch in der Region ausgebreitet, und die weltweit gebremste Nachfrage schickte den Ölpreis ab August 2008 auf Talfahrt. Vor diesem Hintergrund nahm die Investitionstätigkeit, insbesondere im Immobiliensektor, in der gesamten Region wieder ab. Die Nachfrage nach Finanzdienstleistungen ging infolgedessen zurück. Auch die Produktion von Aluminium und Raffinerieprodukten dürfte von dem Nachfrageeinbruch aus dem Ausland nicht verschont bleiben. Die seit dem zweiten Halbjahr 2008 deutlich spürbare Abschwächung der Wirtschaft dürfte sich 2009 fortsetzen. Laufende Projekte im öffentlichen und privaten

Bereich sowie der Konsum der privaten Haushalte dürften die Konjunktur jedoch weiterhin beleben. Außerdem dürfte sich die Kaufkraft der Privatleute dank der sinkenden Rohstoffpreise, Lohnerhöhungen im öffentlichen Dienst, Sozialleistungen und Subventionen nicht reduzieren. Die knapper werdenden Kredite könnten allerdings ihre Ausgaben einschränken.

Das Bankwesen ist gesund und gut reguliert. In den letzten Jahren konnte es solide Gewinne einfahren. Die Konjunkturwende, die Verknappung der Kredite und das Platzen der Immobilienblase in Dubai könnten sich hingegen negativ auf das Vermögen und die Rentabilität der Banken auswirken. Das aktive Vorgehen der Politik zugunsten einer Diversifizierung der Wirtschaft sorgt trotz der politischen Unsicherheiten in der Region und der anfälligen sozialen Verhältnisse für ein günstiges Geschäftsumfeld.

Sinkende Öleinnahmen

Größte Einnahmequelle und wichtigstes Exportgut ist das Öl. 2009 werden die Einnahmen aus dem Ölgeschäft deutlich niedriger ausfallen als 2008. Die Staatskasse dürfte demnach trotz einer umsichtigen Haushaltpolitik ein Minus verbuchen. Die Leistungsbilanz könnte dagegen ein leichtes Plus erwirtschaften, das aber deutlich niedriger als 2008 ausfallen wird. Die Ausfuhren werden einerseits wegen der niedrigeren Öl- und Aluminiumpreise und andererseits wegen des Nachfragerückgangs nachlassen. Für einen teilweisen Ausgleich könnten die im Zuge der nachgebenden Rohstoffpreise sowie der lahmenden Konjunktur sinkenden

Einfuhren sorgen. Das Defizit der Dienstleistungsbilanz dürfte sich erhöhen. Gründe hierfür sind geringere Einnahmen aus der Dienstleistungsbranche und aus Kapitalanlagen im Ausland. Kurzfristig dürfte es Bahrain gelingen, einen Konjunkturabschwung abzuwenden, doch ein Einbruch des Ölpreises könnte die Finanzlage des Landes gefährden. Bei Liquiditätsproblemen dürfte Bahrain auf die Unterstützung von Saudi-Arabien zählen können.

VORAUSSETZUNGEN FÜR DEN MARKTZUGANG

Marktsituation

Das Königreich Bahrain verfolgt eine liberale Handelspolitik und bietet größtmögliche Anreize für ausländische Direktinvestitionen. Es versucht auf diesem Weg die Wirtschaft zu diversifizieren, um die Abhängigkeit vom Mineralöl zu verringern. Bahrain, Gründungsmitglied des Golfkooperationsrats (GKR), hat eine lange Handelstradition. Es wird als das offenste Land der Golfstaaten betrachtet und stellte seit 2001 mehrfach unter Beweis, dass es diesen Ruf zu Recht genießt. So hat das Land bereits vor seinen Nachbarn aus dem GKR Liberalisierungsmaßnahmen ergriffen: Ausländische Firmen dürfen 100% eines inländischen Unternehmens erwerben; ein Gesetz zur Bekämpfung von Geldwäsche wurde erlassen, und die Zölle wurden 2003 an den Gemeinsamen Außenzolltarif des GKR angeglichen. Die Zentralbank Bahrains gilt als beispielhaft in Sachen Kontrolle und Regulierung. Dies trägt dazu bei, Bahrain

Wichtige Kennzahlen

	2004	2005	2006	2007	2008 (S)	2009 (P)
Reales Wirtschaftswachstum (%)	5,6	7,9	6,5	8,1	6,1	3,5
Inflation (%)	2,3	2,6	2,0	3,4	7,0	4,5
Staatshaushalt (Saldo in % des BIP)	4,6	7,5	4,3	3,4	6,4	−2,4
Ausfuhren (Mrd US$)	7,7	10,3	12,3	13,8	19,2	14,5
Einfuhren (Mrd US$)	6,9	8,9	10,0	10,9	15,6	12,6
Handelsbilanz (Saldo in Mrd US$)	0,7	1,5	2,4	2,9	3,5	1,8
Leistungsbilanz (Saldo in Mrd US$)	0,5	1,5	2,2	2,9	2,3	0,2
Leistungsbilanz (Saldo in % des BIP)	4,2	11,1	13,8	16,2	10,3	1,0
Auslandsverschuldung (in % des BIP)	48,1	43,2	53,0	46,5	38,0	39,8
Schuldendienst (in % der Ausfuhren)	5,4	3,6	3,0	4,0	3,3	8,2
Währungsreserven (in Monatsimporten)	1,6	1,4	1,6	2,0	2,0	1,9

(S): Schätzung. (P): Prognose.

Quelle: Coface.

Nordafrika
Naher und Mittlerer Osten

Exporte: 102% des BIP

Importe: 79% des BIP

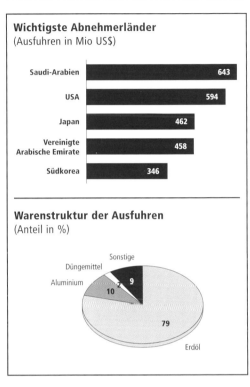

Wichtigste Abnehmerländer
(Ausfuhren in Mio US$)

Saudi-Arabien	643
USA	594
Japan	462
Vereinigte Arabische Emirate	458
Südkorea	346

Warenstruktur der Ausfuhren
(Anteil in %)

Sonstige
Düngemittel
Aluminium 7 9
10
79
Erdöl

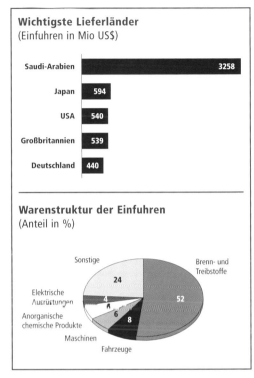

Wichtigste Lieferländer
(Einfuhren in Mio US$)

Saudi-Arabien	3258
Japan	594
USA	540
Großbritannien	539
Deutschland	440

Warenstruktur der Einfuhren
(Anteil in %)

Sonstige
Brenn- und Treibstoffe
Elektrische Ausrüstungen 24
4
52
Anorganische chemische Produkte 6
8
Maschinen
Fahrzeuge

Schuldenlast
(Auslandsverschuldung in % der Waren- und Dienstleistungsexporte)

Bahrain	23
Regionaler Durchschnitt	46
Durchschnitt Schwellenländer	73

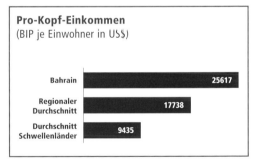

Pro-Kopf-Einkommen
(BIP je Einwohner in US$)

Bahrain	25617
Regionaler Durchschnitt	17738
Durchschnitt Schwellenländer	9435

als das Finanzzentrum der Region am Golf zu etablieren.

Der für die Einfuhren von Gütern außerhalb des GKR erhobene Zoll beträgt 5%. Ausgenommen sind 53 zollfreie Produkte sowie Alkohol und Tabak, die mit 125% bzw. 100% belastet werden. Außerdem sind im Rahmen der GKR-Freihandelszone alle Produkte mit einem Wertschöpfungsanteil des GKR von 40% in den Mitgliedsländern vom Zoll befreit. Ausländische Unternehmen sind seit dem Dekret vom 13. März 1998 nicht mehr an

einen einzigen Handelsvertreter gebunden und können ihren Partner je nach Projekt auswählen.

Bahrain ist nach wie vor das Finanzzentrum der Region. Die Ansiedlung von Banken, Finanz- und Versicherungsunternehmen wird durch flexible Vorschriften und ein günstiges Steuersystem unter Aufsicht der Zentralbank vereinfacht. Bahrain ist das erste Land des GKR, das ein Freihandelsabkommen mit den Vereinigten Staaten unterzeichnet und 2006 ratifiziert hat.

Haltung gegenüber ausländischen Investoren

Bahrain bietet ausländischen Firmen sehr günstige rechtliche und steuerliche Rahmenbedingungen. Dazu gehören: keine Erhebung von Körperschaft-, Einkommen- und Mehrwertsteuer, die freie Rückführung von Fonds, die Möglichkeit, in bestimmten Branchen bis zu 100% eines bahrainischen Unternehmens zu besitzen (z.B. in der Informations- und Kommunikationstechnologie, im Gesundheitswesen, im Tourismus, im Bildungswesen, im Dienstleistungssektor und in der Industrie) sowie der mögliche Grundstückserwerb in bestimmten Gebieten. Bahrain konnte im Gegensatz zu einigen Nachbarländern eine starke Inflation verhindern. Inzwischen sind die Ansiedlung und der Betrieb von Unternehmen so günstig wie nur in wenigen anderen Golfstaaten.

Erleichterungen bei der Einreise (Visum am Flughafen) und die Zollbefreiung bei der Wiederausfuhr von Materialien und Ausrüstungsgütern, die für die Fertigung bestimmt sind, kommen dem Handelsverkehr zugute. 2001 wurde ein „Economic Development Board" (EDB) geschaffen, um alle Behördengänge zu vereinfachen und zu beschleunigen. In Zusammenarbeit mit dem Handels- und Industrieministerium hat das EDB ein beschleunigtes Registrierungsverfahren für Unternehmen eingeführt („Fast Track Registration"). Zudem hat die Regierung den Arbeitsmarkt reformiert. Mit der Reform sollen die Arbeitslosigkeit bekämpft, der Markt liberalisiert und die für einige Branchen bestehenden Quoten für bahrainische Arbeitnehmer langfristig abgeschafft werden. Aus der Sicht von ausländischen Investoren verfügt Bahrain insgesamt über gut qualifizierte und hochmotivierte Arbeitskräfte. •

**Nordafrika
Naher und Mittlerer Osten**

Irak

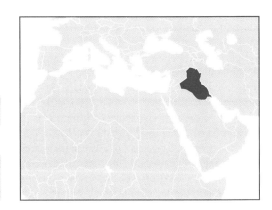

Bevölkerung (Mio Einwohner):	**28,2**
BIP (Mio US$):	**62.400**

Coface-Bewertungen
Kurzfristiges Risiko:	**D**
Geschäftsumfeld:	**D**
Mittelfristiges Risiko:	**sehr hoch**

RISIKOEINSCHÄTZUNG

Wirtschaft vom Erdöl abhängig

Dank der verbesserten Sicherheitslage zog die Konjunktur 2008 an, insbesondere die Ölproduktion wuchs um 13%. 2008 verzeichnete die Konjunktur auch im Nichtölsektor einen kräftigeren Aufschwung, der auf 5% geschätzt wird, nachdem die Wirtschaftsleistung 2007 dort noch um 2% schrumpfte. 2009 dürfte sich das Wachstum verlangsamen. Durch den Nachfragerückgang aus dem Ausland, der durch die weltweite Wirtschaftskrise hervorgerufen wurde, wird der Zuwachs bei der Ölproduktion moderat ausfallen. Da die Wirtschaft

in erheblichem Maße von den Öleinnahmen (80% der Haushaltseinnahmen, 99% der Ausfuhren) abhängig ist, wird sie der niedrige Ölpreis schwächen. Die öffentlichen Ausgaben für Investitionen werden gekürzt.

Nachdem im Land vier Jahre lang Chaos herrschte, beruhigt sich die Sicherheitslage nun im Großen und Ganzen, und angesichts der Umsetzung des Wiederaufbauprogramms könnte dies den ausländischen Investitionen Vorschub leisten. Darüber hinaus dürfte das verabschiedete Ölgesetz ausländischen Ölgesellschaften Rückenwind geben und die Entwicklungsarbeit in der Ölbranche vorantreiben. Bis dato wurde der Erlass durch die kurdischen Nationalisten verzögert.

Wichtige Kennzahlen

	2004	2005	2006	2007	2008 (S)	2009 (P)
Reales Wirtschaftswachstum (%)	46,5	−0,7	6,2	1,5	9,8	6,0
Inflation (%)	31,4	31,6	64,8	4,7	12,0	10,0
Staatshaushalt (Saldo in % des BIP)[1]	−50,3	−21,4	−1,5	9,8	6,1	−17,5
Staatshaushalt (Saldo in % des BIP)[2]	NV	NV	10,9	13,5	7,8	−17,3
Ausfuhren (Mrd US$)	17,8	23,1	29,9	37,8	62,0	46,4
Einfuhren (Mrd US$)	20,0	18,1	19,6	20,6	40,8	44,8
Handelsbilanz (Saldo in Mrd US$)	−2,2	5,0	10,4	17,2	21,2	1,6
Leistungsbilanz (Saldo in Mrd US$)[1]	−12,0	−6,1	5,2	8,5	12,6	−1,4
Leistungsbilanz (Saldo in % des BIP)[1]	−46,7	−19,3	10,5	13,6	13,4	−1,6
Leistungsbilanz (Saldo in % des BIP)[2]	NV	NV	13,6	17,3	15,1	0,0
Auslandsverschuldung (in % des BIP)	475,9	355	200,8	163,8	33,9	39,8
Schuldendienst (in % der Ausfuhren)	1,1	0,9	4,0	2,1	1,4	0,8
Währungsreserven (in Monatsimporten)	3,1	4,9	9,6	12,6	10,8	15,5

1) Ohne Schenkungen. 2) Einschließlich Schenkungen. NV: Nicht verfügbar. (S): Schätzung. (P): Prognose.   Quelle: Coface.

Hohes politisches Risiko

Das Geschäftsumfeld ist nach wie vor ungünstig und könnte dem Staat bei der Durchsetzung echter Fortschritte im Weg stehen. Es gibt weiterhin zahlreiche Krisenherde. Dazu gehören insbesondere die Gouvernements Ninive, Kirkuk, Diyala und Bagdad. Die im Dezember 2009 anstehenden Wahlen könnten die Spannungen erneut anheizen und die Investitionen beeinträchtigen. Außerdem können sich institutionelle Schwächen und eine bisher noch instabile und für politische, konfessionelle und regionale Machtkämpfe anfällige Verwaltung nachteilig auf das Zahlungsverhalten und auf den Forderungseinzug auswirken.

Die hohen Ölpreise der letzten Jahre und die Schuldenerleichterungen haben die finanzielle Position des Landes gegenüber dem Ausland verbessert. Der Irak konnte solide Überschüsse in der Leistungsbilanz erwirtschaften. Die Auslandsschulden dürften auf weniger als 40% des BIP reduziert und ab 2011 schrittweise zurückge-

zahlt werden. Der Irak hat Devisenreserven in einer geschätzten Höhe von elf Importmonaten aufgebaut. Die Leistungsbilanz ist allerdings anfällig für sinkende Ölpreise und könnte 2009 wieder ein Defizit verbuchen. Dies könnte moderat ausfallen, denn die sinkenden Ausfuhren werden zum Teil durch die nachgebenden Preise für Rohstoffe und eingeführte Basisprodukte wettgemacht.

Besorgniserregende öffentliche Finanzen

Aufgrund der sinkenden Ölpreise sind rückläufige Staatseinnahmen zu erwarten, und trotz zurückgefahrener Ausgaben könnte das Defizit ohne Schenkungen 2009 17,5% des BIP betragen. Die Schenkungen nehmen seit 2006 deutlich ab und werden deshalb nur marginal zum Abbau des Defizits auf 17,3% des BIP beitragen. Zur Finanzierung des Defizits ist die Inanspruchnahme von finanziellen Rücklagen im Ausland und von Inlandsanleihen unerlässlich. •

Nordafrika
Naher und Mittlerer Osten

Iran

Bevölkerung (Mio Einwohner):	**71,0**
BIP (Mio US$):	**270.937**
Anteil am regionalen BIP (%):	**16**

Coface-Bewertungen
Kurzfristiges Risiko:	**D**
Geschäftsumfeld:	**C**
Mittelfristiges Risiko:	**sehr hoch**

STÄRKEN

▲ Der Iran ist der zweitgrößte Ölproduzent in der OPEC und verfügt nach Russland über die größten Erdgasreserven weltweit.

▲ Die Auslandsverschuldung liegt auf niedrigem Niveau.

SCHWÄCHEN

▼ Das Festhalten des Iran am Atomprogramm führt zu UNO-Sanktionen sowie zu einer wirtschaftlichen und finanziellen Isolierung des Landes. Das schadet dem Geschäftsumfeld und trübt die Aussichten auf eine Weiterentwicklung der Wirtschaft.

▼ Durch den kurzsichtigen Umgang mit Öleinnahmen ist die Wirtschaft anfällig für rückläufige Ölpreise.

▼ Der öffentliche Sektor dominiert, Reformen kommen nicht voran.

▼ Die Kennzahlen der Weltbank zum Geschäftsumfeld ordnen den Iran einer hohen Risikokategorie zu.

RISIKOEINSCHÄTZUNG

Öffentliche Ausgaben stützen Wirtschaft

Mit der Umverteilung der Öleinnahmen verfolgte Präsident Ahmadinedschad einen politischen Kurs, der die Konjunktur belebt hat. Die Wirtschaft erreichte in den letzten Jahren Wachstumsraten zwischen 5% und 6%. Die expansive Politik schwächte aber auch das Land. Sie verursachte eine Hyperinflation und verstärkte die Abhängigkeit der Wirtschaft vom Ölpreis. Aufgrund der Verwendung der Öleinnahmen über die budgetierten

Ausgaben hinaus konnten weniger Währungsreserven aufgebaut werden. Hinzu kommt, dass die politische und finanzielle Isolierung des Landes, die aus dem Zwist mit der internationalen Gemeinschaft über das Nuklearprogramm hervorgeht, Investoren abschreckt und den Ausbau des Ölsektors erschwert.

Derzeit wird die Konjunktur noch durch die öffentlichen Ausgaben gestützt, die angesichts der im Juni 2009 anstehenden Präsidentschaftswahlen wohl kaum in Frage gestellt werden. Da die Ölpreise seit dem dritten Quartal 2008 drastisch gesunken sind, ist eine Mäßigung der Ausgaben jedoch unerlässlich. Das könnte die Konjunktur dämpfen. Eine hohe Inflationsrate von über 25% wird den privaten Konsum weiterhin bremsen, wohingegen die gesamte Wirtschaft auch künftig durch die Sanktionen geschwächt wird, die die Produktionskosten in die Höhe treiben und die Finanztransaktionen für Importe erschweren. Die Ölfördermenge dürfte stagnieren oder sogar zurückgeschraubt werden, sollte die Regierung den Vorgaben der OPEC zur Wahrung der Ölpreisstabilität folgen.

Gesunkene Ölpreise belasten öffentliche und externe Finanzierung

Durch eine Anpassung der öffentlichen Ausgaben dürfte der Haushalt ausgewogen bleiben. Ein Zugriff auf die Währungsreserven, um zusätzliche, nicht budgetierte Sonderausgaben zu finanzieren, kann jedoch nicht ausgeschlossen werden. Während die Einfuhren trotz Sanktionen kaum abnehmen, werden die Ausfuhren erheblich unter einem markanten und dauerhaften Rückgang des Ölpreises leiden. Hierdurch wird die Leistungsbilanz voraussichtlich 2009 erstmals wieder nach mehreren Jahren hoher Überschüsse ein Defizit aufwei-

sen. In Anbetracht der finanziellen Isolierung und der weltweiten Kreditkrise könnte der Iran Schwierigkeiten bekommen, das Defizit zu finanzieren. Das Risiko einer Liquiditätskrise hält sich allerdings kurzfristig noch in Grenzen, da das Land über relativ hohe Währungsreserven verfügt.

Trotz der offenen Kritik an der Wirtschaftspolitik von Präsident Ahmadinedschad und trotz zunehmender sozialer Spannungen und Demonstrationen der Oppositionsbewegung ist seine Wiederwahl im Juni 2009 nicht ausgeschlossen. Sie wird von der Unterstützung durch Ayatollah Chamenei und der Auswahl der für die Wahl zugelassenen Kandidaten abhängen.

VORAUSSETZUNGEN FÜR DEN MARKTZUGANG

Möglichkeiten des Marktzugangs

Gründe für die empfohlene Zurückhaltung der Exporteure gibt es viele: Die Nuklearkrise, die populistische Politik von Präsident Ahmadineschad, die zu einer deutlichen Verschlechterung der öffentlichen Finanzen geführt hat, und der Preissturz beim Öl, das mehr als die Hälfte aller Haushaltseinnahmen und 84% der iranischen Ausfuhren ausmacht.

Durch die Resolutionen 1737, 1747 und 1803, die der UN-Sicherheitsrat am 23. Dezember 2006, 24. März 2007 bzw. 3. März 2008 verabschiedete, wurde der Iran sanktioniert. Am 27. September 2008 wurde eine neue Resolution (1835) beschlossen, in der erneut auf die bestehenden Resolutionen und auf die Sorge der internationalen Gemeinschaft bezüglich des iranischen Atom- und Raketenprogramms verwiesen wurde.

Die Europäische Union hat Maßnahmen zur Umsetzung der Resolutionen 1737, 1747 und 1803 ergriffen. Dies geschah mit Hilfe der Gemeinsamen Standpunkte 2007/140/GASP vom 27. Februar 2007, 2007/246/GASP vom 23. April 2007, 2008/479/GASP vom 23. Juni 2008, 2008/652/GASP vom 7. August 2008 und der Verordnung (EG) 423/2007 vom 19. April 2007. Detaillierte Informationen zu den EG-Verordnungen und deren Umsetzung im deutschen Außenwirtschaftsrecht können beim Bundesamt für Wirtschaft und Ausfuhrkontrolle (www.bafa.de/ausfuhrkontrolle/de) abgerufen werden.

Diese Sanktionen beschränken sich vor allem auf die Bereiche Atomenergie und Raketentechnik sowie auf die Ausfuhr von Rüstungsgütern. Trotz dieser Beschränkung ist davon auszugehen, dass die Sanktionen auch andere Wirtschaftsprojekte beeinträchtigen werden. Dies gilt für Güter, die sowohl zivil als auch militärisch für die Atomenergie oder in der Raketentechnik einsetzbar sind. Bestimmte Ausrüstungsgüter und Materialien mit näher definierten Eigenschaften fallen daher unter das Exportverbot. Ebenfalls betroffen sind Kooperationsvereinbarungen, unabhängig welcher Art, mit Organen, die sanktioniert sind oder eine Verbindung zu diesen Bereichen haben.

Wichtige Kennzahlen[1]

	2004/05	2005/06	2006/07	2007/08	2008/09 (S)	2009/10 (P)
Reales Wirtschaftswachstum (%)	5,1	4,7	5,8	6,4	5,0	4,0
Inflation (%)	14,8	13,4	11,7	17,2	28,0	25,0
Staatshaushalt (Saldo in % des BIP)[2]	1,7	1,7	0,0	3,8	0,5	0,0
Ausfuhren (Mrd US$)	43,9	64,4	75,5	97,4	99,6	77,3
Einfuhren (Mrd US$)	38,2	43,1	49,3	56,6	67,2	66,8
Handelsbilanz (Saldo in Mrd US$)	5,7	21,3	26,2	40,8	32,4	10,5
Leistungsbilanz (Saldo in Mrd US$)	1,4	16,6	20,5	34,6	21,3	−0,4
Leistungsbilanz (Saldo in % des BIP)	0,9	8,9	9,2	12,1	6,8	−0,1
Auslandsverschuldung (in % des BIP)	16,1	14,8	11,8	10,2	8,3	6,9
Schuldendienst (in % der Ausfuhren)	7,5	7,5	4,7	5,0	5,5	5,9
Währungsreserven (in Monatsimporten)	8,2	10,2	12,1	13,6	14,1	12,7

1) Fiskaljahr endet am 20. März. 2) Einschließlich der Einnahmen des Oil Stabilization Fund (OSF). (S): Schätzung. (P): Prognose.　　Quelle: Coface.

Nordafrika Naher und Mittlerer Osten

Exporte: 42% des BIP

Importe: 34% des BIP

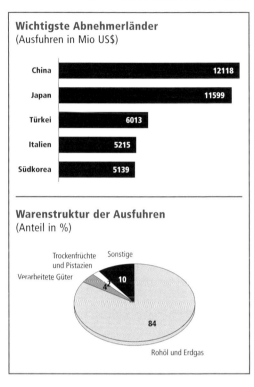

Wichtigste Abnehmerländer
(Ausfuhren in Mio US$)

China	12118
Japan	11599
Türkei	6013
Italien	5215
Südkorea	5139

Warenstruktur der Ausfuhren
(Anteil in %)

Trockenfrüchte und Pistazien · Sonstige
Verarbeitete Güter · 10
84 · Rohöl und Erdgas

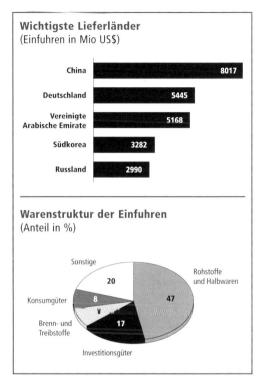

Wichtigste Lieferländer
(Einfuhren in Mio US$)

China	8017
Deutschland	5445
Vereinigte Arabische Emirate	5168
Südkorea	3282
Russland	2990

Warenstruktur der Einfuhren
(Anteil in %)

Sonstige · 20 · Rohstoffe und Halbwaren · 47
Konsumgüter · 8
Brenn- und Treibstoffe · 17
Investitionsgüter

Schuldenlast
(Auslandsverschuldung in % der Waren- und Dienstleistungsexporte)

Iran	23
Regionaler Durchschnitt	46
Durchschnitt Schwellenländer	73

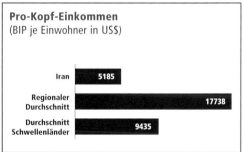

Pro-Kopf-Einkommen
(BIP je Einwohner in US$)

Iran	5185
Regionaler Durchschnitt	17738
Durchschnitt Schwellenländer	9435

Ferner sehen die Bestimmungen der EU-Sanktionen vor, das Guthaben einiger iranischer Banken einzufrieren (Sepah, Melli), und fordern alle Staaten dazu auf, „keine neuen Verpflichtungen in Bezug auf Zuschüsse, finanzielle Hilfe und Kredite zu Vorzugsbedingungen für die Regierung der Islamischen Republik Iran einzugehen".

In zwei Presseerklärungen vom 11. Oktober 2007 bzw. 17. Oktober 2008 äußerte sich die Financial Action Task Force (FATF) besorgt über das Fehlen „eines umfassen-

den Systems zur Bekämpfung der Geldwäsche im Iran sowie über die Finanzierung des Terrorismus" und forderte die Finanzinstitutionen auf, Finanztransaktionen ihrer Kunden, bei denen der Iran Ursprungs- oder Zielland der Transaktion ist, besonders genau zu prüfen.

Angesichts all dieser Empfehlungen und sämtlicher geltender Sanktionen sind die meisten Banken der internationalen Finanzwelt, insbesondere die der EU, äußerst zurückhaltend bei Transaktionen mit dem Iran. ●

Israel

Bevölkerung (Mio Einwohner):	**7,1**
BIP (Mio US$):	**161.822**
Anteil am regionalen BIP (%):	**9**

Coface-Bewertungen
Kurzfristiges Risiko:	**A4**
Geschäftsumfeld:	**A2**
Mittelfristiges Risiko:	**ziemlich gering**

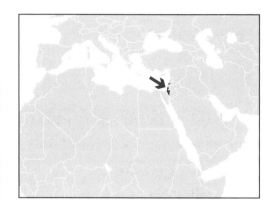

STÄRKEN

▲ Israel verfügt über eine diversifizierte und offene Wirtschaft. Die Verhandlungen über seinen Beitritt zur OECD erhöhen die Attraktivität für ausländische Direktinvestitionen.

▲ Auf dem Gebiet der Hightech- und Zwischenprodukte mit hoher Wertschöpfung ist Israel führend.

▲ Das Land verfügt über hochqualifizierte Arbeitskräfte.

▲ Das Land profitiert von der politischen und finanziellen Unterstützung der USA und der israelischen Emigranten.

SCHWÄCHEN

▼ Die öffentliche Verschuldung ist zwar rückläufig, bleibt aber auf einem hohen Niveau.

▼ Das zersplitterte Mehrparteiensystem führt zu instabilen Regierungskoalitionen, die das Aufstellen eines Etats erschweren.

▼ Das Ausfuhrvolumen ist von der amerikanischen und europäischen Konjunktur abhängig.

▼ Der ungelöste Konflikt zwischen Israel und den Palästinensern führt zu einer sehr prekären Sicherheitslage, so dass das wirtschaftliche Potential nicht ausgeschöpft werden kann.

RISIKOEINSCHÄTZUNG

Nachdem die Wachstumsrate vier Jahre in Folge über 5% lag, zeigten sich ab dem zweiten Quartal 2008 erste Anzeichen für eine Abschwächung. Die Investitionen und der Konsum der privaten Haushalte wurden durch die Ausweitung der Finanzkrise in den USA sowie den Einbruch der Börsenkurse in Mitleidenschaft gezogen und stagnierten. Dies äußerte sich insbesondere in der sinkenden Einfuhr von dauerhaften Gebrauchsgütern. Die Aufwertung des Schekel und die schwächere Nachfrage aus den USA führten zu verminderten Ausfuhren. Vor diesem Hintergrund verschlechterte sich die Lage im Handel, in der Dienstleistungsbranche und der verarbeitenden Industrie. Ausgenommen von diesem Abwärtstrend waren die Sektoren Petrochemie und Hightecherzeugnisse, die noch von der Auslandsnachfrage gestützt wurden. Der Tourismus, der sich seit Ende 2006 sehr gut behaupten konnte, hat wieder zufriedenstellende Ergebnisse erzielt. Das Bauwesen hat dagegen keinen Aufwind erhalten.

Abschwächung der Wirtschaft 2009 deutlicher spürbar

Israel wird sich 2009 den Folgen der Weltwirtschaftskrise nicht entziehen können und dürfte in eine leichte Rezession geraten. Sämtliche Konjunkturindikatoren sind auf dem Weg nach unten: der private Konsum, die Investitionen und die Ausfuhren. Israels Geschäftsumfeld ist aber günstig, und der Coface-Index für Zahlungsausfälle hält sich unter dem internationalen Durchschnitt.

Nordafrika
Naher und Mittlerer Osten

Wichtige Kennzahlen

	2004	2005	2006	2007	2008 (S)	2009 (P)
Reales Wirtschaftswachstum (%)	5,2	5,3	5,2	5,3	4,1	−0,2
Inflation (%)	−0,4	1,3	2,1	0,5	4,7	3,2
Staatshaushalt (Saldo in % des BIP)	−4,9	−3,1	−1,8	−0,8	−0,8	−2,4
Ausfuhren (Mrd US$)	36,7	40,1	43,7	49,8	54,2	50,0
Einfuhren (Mrd US$)	39,4	43,9	47,0	55,8	62,5	56,0
Handelsbilanz (Saldo in Mrd US$)	−2,8	−3,8	−3,2	−6,0	−8,3	−6,0
Leistungsbilanz (Saldo in Mrd US$)	3,1	4,3	8,0	4,7	2,0	4,1
Leistungsbilanz (Saldo in % des BIP)	2,5	3,3	5,6	2,9	1,0	2,0
Auslandsverschuldung (in % des BIP)	62,1	57,2	59,4	54,2	45,6	46,3
Schuldendienst (in % der Ausfuhren)	10,8	10,8	11,2	11,0	8,9	10,2
Währungsreserven (in Monatsimporten)	5,5	5,2	5,0	4,0	4,3	4,4

(S): Schätzung. (P): Prognose.

Quelle: Coface.

Der Preisanstieg für Rohstoffe und für Grundnahrungsmittel hat 2008 inflationäre Spannungen hervorgerufen. Durch die Aufwertung des Schekel gegenüber dem US-Dollar im ersten Halbjahr sind sie allerdings moderat ausgefallen. Zum Ende des dritten Quartals gingen die Preise für diese Produkte deutlich zurück, und die Binnennachfrage schwächte sich ab. Deshalb dürfte die Inflationsrate, die 2008 4,7% betrug, 2009 auf 3,2% sinken.

Leichte Verbesserung der Leistungsbilanz

Der Überschuss in der Leistungsbilanz hielt sich durch die bis zum dritten Quartal 2008 hohen Rohstoffpreise in Grenzen. Er wird 2008 auf 1% des BIP geschätzt, ein deutlicher Rückgang im Vergleich zum Vorjahr (2,9% des BIP). Als Ausgleich für geringere Ausfuhren könnten 2009 eine deutliche Senkung der Rohstoffpreise und

niedrigere Einfuhren, die mit dem Konjunkturabschwung verbunden sind, dienen. Die externe Finanzierung dürfte zu beherrschen sein, da die ausländischen Finanzquellen relativ sicher sind.

Staatsverschuldung dürfte jedoch zulegen

Die Sanierung der Staatsfinanzen befindet sich auf dem richtigen Weg. Sinkende Einnahmen infolge des abgeschwächten Wachstums könnten aber 2009 ein höheres Defizit als im Jahr 2008 (schätzungsweise 2,4% des BIP) mit sich bringen. Ein Regierungswechsel dürfte die Wirtschaftspolitik nicht in Frage stellen. Angesichts der vorgezogenen Wahlen 2009 könnte es jedoch zu zusätzlichen, nicht geplanten Ausgaben kommen.

VORAUSSETZUNGEN FÜR DEN MARKTZUGANG

Marktsituation

Israel besitzt eine moderne Wirtschaft, die mit der eines westeuropäischen Landes vergleichbar ist. Das Justizwesen ist gut organisiert und ehrlich, der Einzelhandel übersichtlich, die öffentliche Auftragsvergabe offen und transparent, die Produktionsanlagen sind leistungsfähig und die Arbeitskräfte gut qualifiziert. Die Kaufkraft (PPP) pro Einwohner beläuft sich auf rund 25.800 US$ (umgerechnet ca. 18.000 EUR) und ist damit etwa so hoch wie in Südeuropa. Die schon sehr weit liberalisierte israelische Wirtschaft führt ihre 2005 begonnene Politik der Öffnung der Märkte in zahlreichen Bereichen

Index der Zahlungsausfälle
(Gleitender Zwölfmonatsdurchschnitt;
Basis: Welt 1995–2000 = 100)

Quelle: Coface.

Länderrisiken 2009

Exporte: 45% des BIP
▶▶▶

Importe: 44% des BIP
◀◀◀

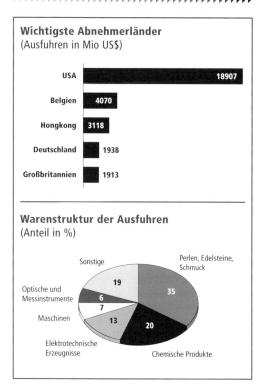

Wichtigste Abnehmerländer
(Ausfuhren in Mio US$)

USA — 18907
Belgien — 4070
Hongkong — 3118
Deutschland — 1938
Großbritannien — 1913

Warenstruktur der Ausfuhren
(Anteil in %)

Sonstige 19
Perlen, Edelsteine, Schmuck 35
Optische und Messinstrumente 6
Maschinen 7
Elektrotechnische Erzeugnisse 13
Chemische Produkte 20

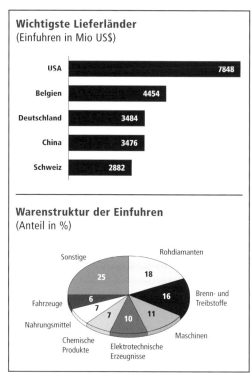

Wichtigste Lieferländer
(Einfuhren in Mio US$)

USA — 7848
Belgien — 4454
Deutschland — 3484
China — 3476
Schweiz — 2882

Warenstruktur der Einfuhren
(Anteil in %)

Sonstige 25
Rohdiamanten 18
Brenn- und Treibstoffe 16
Fahrzeuge 6
Nahrungsmittel 7
Chemische Produkte 7
Elektrotechnische Erzeugnisse 10
Maschinen 11

Schuldenlast
(Auslandsverschuldung in % der Waren- und Dienstleistungsexporte)

Israel — 97
Regionaler Durchschnitt — 46
Durchschnitt Schwellenländer — 73

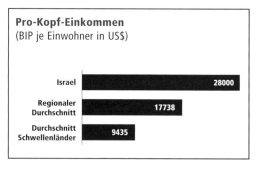

Pro-Kopf-Einkommen
(BIP je Einwohner in US$)

Israel — 28000
Regionaler Durchschnitt — 17738
Durchschnitt Schwellenländer — 9435

Nordafrika Naher und Mittlerer Osten

weiter: Hierzu gehört beispielsweise die Privatisierung der Banken Leumi und Discount, der Postdienste, der Raffinerien und der Stromversorgung. Hinzu kommen eine erhöhte Transparenz der Kapitalmärkte, die Senkung der Körperschaftsteuer und die Steuerreform, mit der Hindernisse für israelische Investitionen im Ausland beseitigt wurden. Durch ein jährliches Wachstum von 5% in den vergangenen Jahren konnten das Haushaltsdefizit in Zaum gehalten und die Arbeitslosigkeit kontinuierlich abgebaut werden.

Möglichkeiten des Marktzugangs

Israel ist eines der wenigen Länder weltweit, das sowohl mit der EU als auch mit den USA ein Freihandelsabkommen unterzeichnet hat. Ähnliche Abkommen wurden mit Kanada, Mexiko, den Ländern der EFTA und vor kurzem mit dem südamerikanischen Mercosur geschlossen. Außerdem wurde Israel 2007 in die OECD aufgenommen. Mit Ausnahme einiger landwirtschaftlicher Erzeugnisse können alle Produkte, die unter die wichtigsten Freihandelsabkommen fallen, zollfrei eingeführt werden. Bestimmte Konsumgüter müssen aller-

dings weiterhin versteuert werden, und das Gesetz über öffentliche Ausschreibungen verpflichtet ausländische Bieter häufig zu einer Ausgleichsregelung, die sich auf mindestens 28% des gesamten Ausschreibungswerts beläuft. Des Weiteren sind die Vorschriften im Verwaltungssystem für ausländische Erwerbstätige restriktiver geworden.

Haltung gegenüber ausländischen Investoren

Israel betreibt eine Politik der Anreize für Investitionen von Ausländern, die aus dem In- oder Ausland erfolgen können, da ein ehrgeiziges Programm zur Modernisierung der Infrastruktur ansteht, das die Kapazitäten des israelischen Finanzmarktes übersteigt. Ausländische Investitionen sind nur in geringem Umfang reglemen-

tiert. Davon ausgenommen sind lediglich einige wenige noch geschützte Bereiche wie die Verteidigung, Telegraphendienste, gewisse Postverteilerdienste und Bahn- und Schiffsverkehr. Beschränkungen gibt es darüber hinaus beim Festnetztelefon, bei mobilen Telekommunikationsdiensten und beim Tourismus. Die Handelsverordnungen zwischen Israel und dem Ausland sind völlig frei. Das Gleiche gilt für den Transfer und die Rückführung von Gewinnen, Dividenden und finanziellen Forderungen, nachdem die israelischen Steuern entrichtet wurden. Zwischen Israel und Deutschland besteht ein Doppelbesteuerungsabkommen. Zudem bieten die Instrumente der Weltbank-Gruppe und die OECD-Erklärung zu internationalen Investitionen und multinationalen Unternehmen, die Israel anerkennt, einen ausreichenden Schutz für Investitionen in Israel. •

Jemen

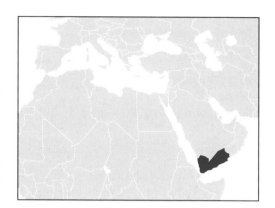

Bevölkerung (Mio Einwohner):	**22,4**
BIP (Mio US$):	**22.523**
Anteil am regionalen BIP (%):	**1,1**

Coface-Bewertungen	
Kurzfristiges Risiko:	**C**
Geschäftsumfeld:	**D**
Mittelfristiges Risiko:	**sehr hoch**

STÄRKEN

▲ Das Land wird politisch und finanziell von der internationalen Gemeinschaft unterstützt. Im November 2006 wurden Hilfsgelder in Höhe von 5 Mrd US$ bewilligt, mit denen Entwicklungsprojekte finanziert und die Armut gesenkt werden sollen.

▲ Die für 2009 geplante Inbetriebnahme einer Erdgasverflüssigungsanlage wird die Wirtschaft ankurbeln.

▲ Die Auslandsverschuldung stellt nur eine geringe Belastung dar, zumal im Rahmen des Pariser Clubs Schulden erlassen wurden.

▲ Die Überweisungen emigrierter Arbeitskräfte stärken die Dienstleistungsbilanz.

SCHWÄCHEN

▼ Die Wirtschaft ist nach wie vor von Öleinnahmen abhängig, die aufgrund der schwindenden Reserven sinken.

▼ Die politische Instabilität und die Armut stehen den notwendigen strukturellen Anpassungen zur Umorientierung der Wirtschaft weg vom Öl im Wege.

▼ Das Geschäftsumfeld wird von unsicheren Verhältnissen, Bürokratie, Korruption und mangelnder Qualifikation der Arbeitskräfte belastet.

▼ Das Finanzsystem ist bisher kaum entwickelt.

▼ Das Land muss Nahrungsmittel importieren, da die Landwirtschaft auf die Kat-Produktion ausgerichtet ist.

RISIKOEINSCHÄTZUNG

Inbetriebnahme der Erdgasverflüssigungsanlage belebt Konjunktur

Die Erdölförderung ist weiter zurückgegangen und hat das Wachstum 2008 geschwächt. Obwohl die Subventionen erhöht wurden, litt die Kaufkraft der privaten Haushalte unter der Preissteigerung bei Rohstoffen. Die Konjunktur wurde von den öffentlichen Investitionen, insbesondere in die Erdgasverflüssigungsanlage, getragen. Im zweiten Quartal 2009 wird die erste Gasverflüssigungsanlage des Landes in Betrieb genommen. Dadurch dürfte das Wachstum zwar angekurbelt werden, aber dennoch moderat ausfallen, da die Behörden wegen der sinkenden Ölpreise und geringerer Haushaltseinnahmen ihre Investitionsausgaben zügeln müssen. Einige geplante Projekte zur Armutsbekämpfung, die auch von internationaler Seite gefördert werden, könnten verschoben werden. Aufgrund einer niedrigeren Inflationsrate dürfte die Kaufkraft der privaten Haushalte wieder gestärkt werden. Allerdings könnten die geringeren Überweisungen von Arbeitskräften, die in den durch den nachlassenden Ölpreis geschwächten Volkswirtschaften der Golfstaaten tätig sind, den privaten Konsum beeinträchtigen.

Haushalts- und Leistungsbilanzdefizit wachsen

Die Erdölreserven sind die Haupteinnahmequelle des Staates und Erdöl das wichtigste Exportgut. Ungeachtet der Inbetriebnahme einer ersten Erdgasverflüssigungsanlage im zweiten Quartal 2009 werden die niedrigen Preise für Öl und Gas die Einnahmen senken und das Leistungsbilanz- und das Haushaltsdefizit 2009 erhö-

Nordafrika Naher und Mittlerer Osten

Wichtige Kennzahlen

	2004	2005	2006	2007	2008 (S)	2009 (P)
Reales Wirtschaftswachstum (%)	4,0	5,6	3,2	3,5	3,0	5,0
Inflation (%)	12,5	11,8	18,2	12,5	18,0	7,7
Staatshaushalt (Saldo in % des BIP)	−2,9	−2,3	0,8	−6,0	−7,0	−13,7
Ausfuhren (Mrd US$)	4,7	6,4	6,9	7,1	8,8	6,3
Einfuhren (Mrd US$)	3,9	4,7	5,9	7,7	9,3	8,8
Handelsbilanz (Saldo in Mrd US$)	0,8	1,7	1,0	−0,6	−0,5	−2,5
Leistungsbilanz (Saldo in Mrd US$)	0,2	0,6	0,3	−1,3	−1,7	−4,5
Leistungsbilanz (Saldo in % des BIP)	1,6	3,8	1,3	−6,1	−6,0	−14,1
Auslandsverschuldung (in % des BIP)	39,6	31,8	28,6	26,7	22,8	23,4
Schuldendienst (in % der Ausfuhren)	3,7	3,9	3,6	4,2	3,4	4,5
Währungsreserven (in Monatsimporten)	11,5	10,2	11,3	9,4	8,4	8,3

(S): Schätzung. (P): Prognose.

Quelle: Coface.

hen. Die sinkenden Preise für Öl, Gas und Grundnahrungsmittel werden dafür sorgen, dass die Subventionen gekürzt und das Haushaltsdefizit begrenzt werden können. Da jedoch soziale Spannungen und Armut in der Bevölkerung vorherrschen, hat die Regierung kaum Möglichkeiten, die Subventionen komplett zu streichen.

Die Leistungsbilanz wird weniger Deviseneinnahmen aufweisen: zum einen wegen des Rückgangs des Ölpreises und zum anderen wegen schrumpfender Transferzahlungen von emigrierten Arbeitskräften. Die nachlassenden Einfuhren, die sich durch den niedrigen Preis für Rohstoffe und Grundnahrungsmittel ergeben, werden den Anstieg des Leistungsbilanzdefizits kaum bremsen. Unter diesen Voraussetzungen wird der Finanzierungsbedarf steigen. In Anbetracht der weltweiten Krise und der Risikoscheu von Investoren und Banken dürfte der Jemen auf mehr Unterstützung durch verbündete Staaten zählen können.

VORAUSSETZUNGEN FÜR DEN MARKTZUGANG

Marktsituation

Die Abgaben für eingeführte Waren sind vielfältig: Die Steuern und Abgaben betreffen alle Produkte, deren Einfuhr genehmigt ist. Auf den cif-Wert wird ein einheitlicher Zollsatz von 5% erhoben, zuzüglich einer Abgabe von 3% sowie der sich nach Volumen und Lagerzeit richtenden Frachttaxe und einer seit Juli 2005 geltenden allgemeinen Umsatzsteuer von 5%, von der

lediglich Mehl, Weizen, Reis, Medikamente, Kindernährmilch und unverarbeitetes Gold ausgenommen sind.

Es wird empfohlen, nur Geschäfte mit unwiderruflichem, durch eine erstklassige (möglichst ausländische) Bank bestätigtem Akkreditiv oder gegen Vorauszahlung in Betracht zu ziehen. Einige jemenitische Händler verfügen über finanzielle Rücklagen im Ausland und können diese für die Abwicklung von Importen in den Jemen verwenden. Falls das Akkreditiv bei der Bank Calyon (einzige westliche Bank, die im Jemen über Schalter verfügt) eröffnet wurde, ist die Bestätigung nicht erforderlich. Dies gilt insbesondere, wenn der Verkäufer sich bereit erklärt, für ungetätigte Überweisungen zu bürgen. Einige ausländische Aufsichtsunternehmen sind im Jemen vertreten.

Haltung gegenüber ausländischen Investoren

Die Investitionen werden durch das Gesetz Nr. 22 aus dem Jahr 1991 geregelt. Es wurde mehrfach geändert, besonders im Jahr 2002. Sonderkonditionen werden bei der Erschließung und Förderung von Ölvorkommen und bei großen Bauunternehmungen genehmigt und in kurzfristigen Gesetzen festgehalten. Im Allgemeinen bietet das Land den Investoren steuerliche und zolltarifliche Vorteile. Das investierte Kapital und die Gewinne sind frei rückführbar (zum Marktzinssatz). Jemeniten und Ausländer haben nach dem Gesetz dieselben Rechte. Ausländische Mehrheitsunternehmen sind zugelassen (sogar Alleininhaber, es ist jedoch ratsam, sich mit einem lokalen Partner zusammenzuschließen). Das in arabischer Sprache verfasste Arbeitsrecht

Exporte: 39% des BIP
▷▷

Importe: 42% des BIP
◁◁

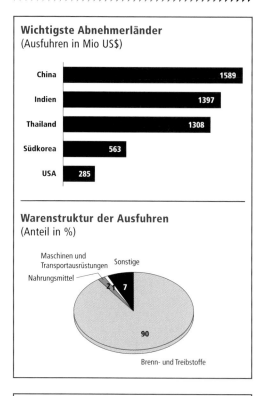

Wichtigste Abnehmerländer
(Ausfuhren in Mio US$)

China	1589
Indien	1397
Thailand	1308
Südkorea	563
USA	285

Warenstruktur der Ausfuhren
(Anteil in %)

Maschinen und Transportausrüstungen – Sonstige
Nahrungsmittel – 2 – 1 – 7
90
Brenn- und Treibstoffe

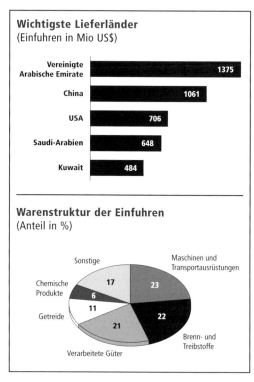

Wichtigste Lieferländer
(Einfuhren in Mio US$)

Vereinigte Arabische Emirate	1375
China	1061
USA	706
Saudi-Arabien	648
Kuwait	484

Warenstruktur der Einfuhren
(Anteil in %)

Sonstige – Maschinen und Transportausrüstungen
Chemische Produkte – 17 – 23
Getreide – 6
11
22
21
Verarbeitete Güter – Brenn- und Treibstoffe

Schuldenlast
(Auslandsverschuldung in % der Waren- und Dienstleistungsexporte)

Jemen	67
Regionaler Durchschnitt	46
Durchschnitt Schwellenländer	73

Pro-Kopf-Einkommen
(BIP je Einwohner in US$)

Jemen	2091
Regionaler Durchschnitt	17738
Durchschnitt Schwellenländer	9435

deckt die grundsätzlichen Fragen ab, seine Auslegung kann jedoch zu Missverständnissen führen. Da die soziale Absicherung nur mäßig ist, schließen einige Unternehmen für ihre Angestellten private Versicherungen ab.

Devisenverkehr

Bisher ist der Kurs des Yemen Rial (YER) gegenüber dem US-Dollar nahezu stabil (im Oktober 2006 entsprach 1 US$ 198 YER, im Oktober 2008 waren es 199 YER). •

Jordanien

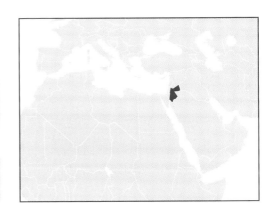

Bevölkerung (Mio Einwohner):	**5,7**
BIP (Mio US$):	**15.832**
Anteil am regionalen BIP (%):	**0,8**

Coface-Bewertungen

Kurzfristiges Risiko:	**B**
Geschäftsumfeld:	**A4**
Mittelfristiges Risiko:	**moderat erhöht**

STÄRKEN

- ▲ Die Freizonen, die Freihandelsabkommen mit den USA und den Ländern der Arabischen Liga sowie das Assoziationsabkommen mit der Europäischen Union beleben die Ausfuhren und ziehen ausländische Investoren an.
- ▲ Den Unternehmen kommen die von der Regierung eingeleiteten Reformen zur Verbesserung des Geschäftumfelds zugute.
- ▲ Jordaniens Bewertung im Governance-Rating der Weltbank ist die beste in der gesamten Region.
- ▲ Seine Deviseneinnahmen bezieht Jordanien zum großen Teil aus dem Tourismus und aus Überweisungen emigrierter Arbeitskräfte.
- ▲ Das Land wird politisch und finanziell von der internationalen Gemeinschaft unterstützt, die ihre Hilfe allerdings zurückgefahren hat.

SCHWÄCHEN

- ▼ Ungeachtet der durchgeführten Reformen zur Sanierung der öffentlichen Finanzen stellen das Haushaltsdefizit und die Staatsverschuldung Hauptschwachpunkte der Wirtschaft dar, die immer noch auf internationale Hilfe angewiesen ist.
- ▼ Jordaniens starke Abhängigkeit von Einfuhren ist die Ursache für die sehr unausgeglichene Leistungsbilanz. Dadurch ist die Wirtschaft dem Risiko eines Vertrauensverlusts der Investoren ausgesetzt.
- ▼ Der Anteil der kurzfristigen Verbindlichkeiten an der Auslandsverschuldung ist hoch. Das macht das Land finanziell verwundbar.
- ▼ Das politische und wirtschaftliche Umfeld in Jordanien leidet unter der Unsicherheit in der Region.

RISIKOEINSCHÄTZUNG

Allmähliche Abschwächung des Wachstums

2008 kam es zu heftigen inflationären Spannungen. Dies lag an gestrichenen Subventionen für Erdölprodukte und den weltweit hohen Preisen für Rohstoffe und Grundnahrungsmittel, zumal diese wegen der importierten Inflation durch die Anbindung der Währung an den US-Dollar noch höher ausfielen. Die Preissteigerungen haben den privaten Konsum gedämpft. Das konnten auch umfangreiche Überweisungen von emigrierten Jordaniern nicht verhindern. Die Konjunktur im Finanzdienstleistungs- und Versicherungsgewerbe sowie in der Immobilienbranche hat sich abgekühlt. In der verarbeitenden Industrie hat der Nachfragerückgang aus Amerika die Bekleidungsbranche getroffen. Der Tourismus erzielte dagegen wieder gute Ergebnisse. Die relativ stabilen Investitionen haben die Konjunktur weiter belebt.

Die seit dem vierten Quartal stark rückläufigen Preise für Rohstoffe und Grundnahrungsmittel dürften die Kaufkraft von Privathaushalten wieder stärken und den privaten Konsum 2009 in Gang bringen. Er könnte allerdings schwach ausfallen, denn die Transferzahlungen von im Ausland arbeitenden Jordaniern gehen wegen des Wirtschaftsabschwungs in den Golfländern zurück. Die Weiterführung von laufenden Investitionsprogrammen, Projekten in der Industrie, dem Immobilienwesen und der Infrastruktur dürfte die Konjunktur stützen. Sie werden überwiegend durch ausländische Direktinvestitionen finanziert. Doch die Verknappung ausländischer Kredite und der Vertrauensverlust der Investoren könnten den Zustrom von neuen ausländischen Direktinvestitionen, besonders im Immobilienwesen, bremsen. Die

Weltwirtschaftskrise könnte ebenfalls den Tourismus und das Einfuhrvolumen weiter beeinträchtigen. Die Einfuhren und Reexporte aus Jordanien dagegen könnten sich dank der abnehmenden Spannungen im Irak erhöhen. Insgesamt dürfte das Wirtschaftswachstum 2009 zwar moderater, aber respektabel ausfallen. Da die Banken eher national ausgerichtet sind, trifft sie die Finanzkrise nicht unmittelbar. Nichtsdestotrotz könnten sie die Auswirkungen eines Konjunkturabschwungs, der Schwankungen an den nationalen und regionalen Börsenmärkten und einer möglichen Kehrtwende am Immobilienmarkt zu spüren bekommen.

Starke Abhängigkeit von knappem Auslandskapital

Angesichts der hohen Erdölpreise hat sich die sehr unausgeglichene Haushalts- und Leistungsbilanz 2008 weiter verschlechtert. Mit einer Abschwächung der Inflation dürfte es 2009 gelingen, die Sozialausgaben zu senken und das Minus in der Staatskasse auf einer Höhe von 8,4% ohne Schenkungen zu halten. Durch die vorzeitige Tilgung von Schulden im Rahmen des Pariser Clubs konnte die Last der Staatsverschuldung zwar in beachtlichem Maße gesenkt werden, sie ist aber nach wie vor hoch. Die Leistungsbilanz dürfte außerdem ähnliche Beträge wie 2008 aufweisen. Die rückläufigen Einnahmen aus dem Export, dem Tourismus und aus privaten Überweisungen dürften durch den Einfuhrrückgang, den die niedrigeren Preise für Rohstoffe und Grundnahrungsmittel verursachen, ausgeglichen werden. Zur Finanzierung seines Defizits ist Jordanien auf ausländisches Kapital angewiesen. Da dieses knapper wird,

könnte die Liquidität des Landes gefährdet sein. Das Haschemitische Königreich Jordanien ist zwar der Unsicherheit in der Region ausgesetzt, kann aber auf politische und finanzielle Unterstützung seiner Verbündeten zählen. Die politische Stabilität dürfte nicht gefährdet sein.

VORAUSSETZUNGEN FÜR DEN MARKTZUGANG

Möglichkeiten des Marktzugangs

Das Bankennetz ist insgesamt solide. Seit der Einführung eines neuen Bankengesetzes im Jahr 2000 (mit Ergänzungen im Juni 2006) hat die Zentralbank die Vorsorgemaßnahmen verschärft: So müssen die Rückstellungen für zweifelhafte Forderungen erhöht (60 anstelle von 90 Tagen) und die Kapitalausstattung der Banken aufgestockt werden. Jordanische Banken müssen in Zukunft die Basel-II-Kriterien erfüllen, und das erforderliche Mindestkapital wird auf 100 Mio Jordanische Dinar (JOD) – umgerechnet 141 Mio US$ – erhöht.

Bei Geschäften mit jordanischen Privatkunden ist Vorsicht geboten. Zwar sind Zahlungsausfälle nicht allzu häufig, die Zahlungstermine werden jedoch vielfach überzogen. Informationen über die Finanzlage jordanischer Unternehmen sind noch unzureichend. So gibt es beispielsweise immer noch kein System, mit dem eine Bank alle Bankverpflichtungen von kleinen Kunden in Echtzeit abfragen kann, da es keine Meldepflicht unterhalb einer Schwelle von 30.000 JOD (umgerechnet

Wichtige Kennzahlen

	2004	2005	2006	2007	2008 (S)	2009 (P)
Reales Wirtschaftswachstum (%)	8,6	7,1	6,3	6,0	5,4	4,4
Inflation (%)	3,5	3,5	6,3	5,3	15,8	7,6
Staatshaushalt (Saldo in % des BIP)	−12,8	−10,9	−7,5	−8,5	−9,7	−8,4
Ausfuhren (Mrd US$)	3,9	4,3	5,2	5,7	6,6	6,1
Einfuhren (Mrd US$)	7,3	9,3	10,3	12,0	15,7	15,0
Handelsbilanz (Saldo in Mrd US$)	−3,4	−5,0	−5,1	−6,3	−9,1	−8,9
Leistungsbilanz (Saldo in Mrd US$)[1]	−1,2	−2,9	−2,4	−3,2	−4,7	−4,3
Leistungsbilanz (Saldo in % des BIP)[1]	−10,8	−23,4	−17,1	−19,9	−24,5	−20,3
Auslandsverschuldung (in % des BIP)	114,2	102,3	99,3	94,5	73,1	72,7
Schuldendienst (in % der Ausfuhren)	10,9	9,0	7,7	6,9	4,1	3,7
Währungsreserven (in Monatsimporten)	6,5	5,1	5,9	5,6	4,3	4,1

1) Ohne Schenkungen. (S): Schätzung. (P): Prognose.

Quelle: Coface.

Exporte: 55% des BIP

▷▷▶▶▶▶▶▶▶

Importe: 92% des BIP

◀◀◀◁◁◁◁

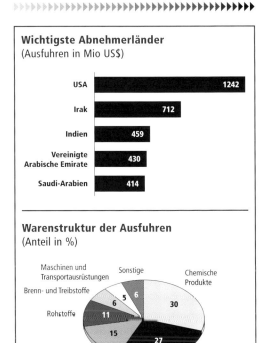

Wichtigste Abnehmerländer
(Ausfuhren in Mio US$)

- USA — 1242
- Irak — 712
- Indien — 459
- Vereinigte Arabische Emirate — 430
- Saudi-Arabien — 414

Warenstruktur der Ausfuhren
(Anteil in %)

- Maschinen und Transportausrüstungen — 5
- Sonstige — 6
- Chemische Produkte — 30
- Brenn- und Treibstoffe — 6
- Rohstoffe — 11
- Nahrungsmittel — 15
- Textilien — 27

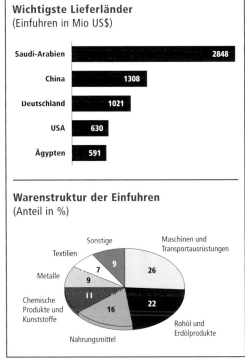

Wichtigste Lieferländer
(Einfuhren in Mio US$)

- Saudi-Arabien — 2848
- China — 1308
- Deutschland — 1021
- USA — 630
- Ägypten — 591

Warenstruktur der Einfuhren
(Anteil in %)

- Sonstige — 9
- Textilien — 7
- Maschinen und Transportausrüstungen — 26
- Metalle — 9
- Chemische Produkte und Kunststoffe — 11
- Nahrungsmittel — 16
- Rohöl und Erdölprodukte — 22

Schuldenlast
(Auslandsverschuldung in % der Waren- und Dienstleistungsexporte)

- Jordanien — 92
- Regionaler Durchschnitt — 46
- Durchschnitt Schwellenländer — 73

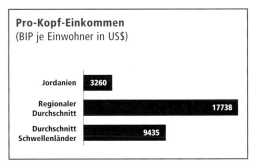

Pro-Kopf-Einkommen
(BIP je Einwohner in US$)

- Jordanien — 3260
- Regionaler Durchschnitt — 17738
- Durchschnitt Schwellenländer — 9435

42.300 US$) gibt. Außerdem haben sich die Banken mit der Zentralbank noch nicht auf die Einrichtung einer „Kreditauskunft" einigen können. Fortschritte im Hinblick auf die Transparenz sind aber zu beobachten, und die Risikoabteilung der Zentralbank fasst die ihr von den Kreditinstituten über deren Kunden zur Verfügung gestellten Angaben besser zusammen. Gleichwohl dauert es mindestens zwei Monate, bis man solche Informationen erhält. Da es sich in manchen Fällen um aus der Luft gegriffene Meldungen handelt, sollte man sich anhand von vor Ort verfügbaren verlässlichen Daten über das Geschäftsgebaren von Kunden informieren,

um die Risiken bei einem Engagement in Jordanien in vertretbaren Grenzen zu halten.

Haltung gegenüber ausländischen Investoren

Die jordanische Regierung verfolgt ihre Privatisierungspolitik weiter. Nach einer ersten Privatisierungswelle in den Jahren 1999 bis 2002 (Telekommunikation, Zement, Banken und andere Dienstleistungen) können nun in der fast abgeschlossenen zweiten Welle auch neue ausländische Unternehmen in den Bereichen Kali, Festnetz- und Mobiltelefon, Eisenbahnen, Flughäfen,

Post, Stromversorgung und Erdöl etc. in Jordanien Fuß fassen. Die Gesamtsumme ausländischer Investitionen fiel 2007 mit 1,9 Mrd US$ niedriger aus als 2006 (3,4 Mrd US$). Sie liegt aber immer noch auf einem hohen Niveau. Auf dem jordanischen Markt kommt ihnen eine Referenzfunktion zu, die stabilisierend wirkt. Eine Gleichbehandlung von aus- und inländischen Investoren ist die Regel.

Außerdem scheint sich Jordanien mit dem Beitritt zur WTO westlichen Standards anzunähern. Von dieser Tendenz zeugen auch das Inkrafttreten von Freihandelsabkommen mit den USA, den Ländern des Agadir-Abkommens, Israel und den GAFTA-Ländern (Arabische Liga), das Assoziierungsabkommen mit der Europäischen Union, das die Umsetzung der Vorschriften der Pan-Euro-Med-Kumulierung umfasst, und die eingeleiteten Strukturreformen zur Modernisierung der Wirtschaft (Börse in Amman, Einführung der Mehrwertsteuer, gewerblicher Rechtsschutz und Schutz von geistigem Eigentum, Normenkontrolle durch internationale private Einrichtungen, Hygienekontrollen durch die Nahrungs- und Arzneimittelbehörde etc.). Darüber hinaus führt die unsichere politische Lage in der Region dazu, dass die Jordanier einen doppelten Aufwand betreiben, um ausländische Investoren anzulocken, indem sie zum einen hohe Steuervorteile und zum anderen Privilegien beim Zugang zu den amerikanischen und europäischen Märkten gewähren. Zwischen Deutschland und Jordanien besteht allerdings kein Doppelbesteuerungsabkommen. •

**Nordafrika
Naher und Mittlerer Osten**

Kuwait

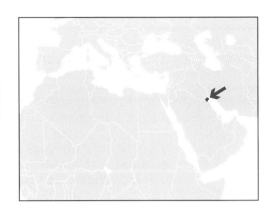

Bevölkerung (Mio Einwohner):	**2,7**
BIP (Mio US$):	**111.339**
Anteil am regionalen BIP (%):	**6**

Coface-Bewertungen

Kurzfristiges Risiko:	**A2**
Geschäftsumfeld:	**A3**
Mittelfristiges Risiko:	**gering**

STÄRKEN

- ▲ Kuwait verdankt seinen Reichtum erheblichen Öl- und Gasvorkommen.
- ▲ Etatüberschüsse werden an die Kuwait Investment Authority abgeführt. Sie verwaltet die Staatsfonds (Fonds für die zukünftigen Generationen und Allgemeiner Reservefonds), in denen die erzielten Einnahmen angelegt werden.
- ▲ Das Emirat profitiert von strategischen Allianzen mit den USA, Frankreich, Großbritannien und Russland.

SCHWÄCHEN

- ▼ Die Wirtschaft ist kaum diversifiziert. Unzureichende Reformen sind privaten Investitionen abträglich. Das Parlament lehnt die meisten Reformen ab, und wiederholte politische Krisen stehen Fortschritten in diesem Bereich massiv im Wege.
- ▼ Die Mängel im öffentlichen Dienst drosseln das Wachstum.
- ▼ Kuwait konnte nur wenige ausländische Direktinvestitionen anziehen.
- ▼ Die Statistiken zu den wirtschaftlichen Kennzahlen bleiben lückenhaft, dementsprechend schwierig ist die Risikoeinschätzung.

RISIKOEINSCHÄTZUNG

Expansion des Nichtölsektors

Die Konjunktur im Nichtölsektor war im Verlauf der letzten Jahre der Hauptmotor für ein schnelles Wachstum. Angekurbelt wurde es durch die Öleinnahmen, die eine expansiv angelegte Haushaltspolitik gestatteten (Investitionen in die Infrastruktur, Subventionen, Lohnerhöhungen) und das Vertrauen der Verbraucher wieder stärkten. Zusätzlich förderten Kredite und neue Arbeitsplätze im öffentlichen Dienst, die einen Großteil der jungen Kuwaiter in den Arbeitsmarkt eingliederten, den privaten Konsum. Diese günstige Entwicklung kam der gesamten Wirtschaft zugute. Besonders gut schnitten die sozialen Dienste, der Finanz- und Immobilienmarkt, der Verkehr und die Kommunikationsindustrie ab. Zudem gaben Reexporte aus Kuwait in den Irak der Dienstleistungsbranche Auftrieb.

2008 schwappten die Finanzkrise aus den USA und der weltweite Abschwung allmählich auf den Nichtölsektor über. Betroffen waren angesichts der Verknappung der Kredite und des Einbruchs der Börsenkurse vor allen Dingen die Finanz- und die Immobiliendienstleistungen. Das Wachstum im Nichtölsektor von geschätzt 6,5% blieb zwar noch lebhaft, fiel aber im Vergleich zum Vorjahr (9,5%) deutlich niedriger aus. Die Erdölbranche hat dagegen mit rund 1% nur ein leichtes Wachstum verzeichnet. Dies lag an der schwächeren Nachfrage aus dem Ausland im zweiten Halbjahr. Das gesamte Wirtschaftswachstum wird auf 4,5% geschätzt.

Schwaches Wachstum 2009

Mit der Wende am Ölmarkt, d.h., mit den verminderten Weltmarktpreisen und dem erheblichen Nachfragerückgang aus dem Ausland seit der Jahresmitte 2008, wird sich die Konjunktur 2009 verlangsamen. Die Behörden werden ihre öffentlichen Ausgaben an diese Situation anpassen müssen: Die Investitionen und der private Konsum werden nachlassen, dies dürfte sich auch durch die Verknappung von Krediten und Börsenverluste bemerkbar machen. Sämtliche Wirtschaftszweige könnten betroffen sein, insbesondere die Finanzdienstleistungen, die Immobilienbranche und das Verkehrswesen.

Einige Finanzinstitute, die im Verlauf der letzten Jahre eine rapide Zunahme von Privatkrediten verbuchten, sind stark auf die Immobilienbranche und den Börsenmarkt spezialisiert. Ihr Vermögen und ihre Rentabilität könnten schwinden. Sehr hoch in Fremdwährung verschuldete Institute könnten geschwächt werden, falls es ihnen nicht gelingt, ihre Kredite zu verlängern. Es ist jedoch anzunehmen, dass das Finanzwesen Unterstützung von den Behörden erhalten wird.

Die schwächere Auslandsnachfrage dürfte 2009 die Öl- und Gasproduktion leicht drosseln. Außerdem werden die Ölpreise deutlich niedriger als die durchschnittlichen Preise im Jahr 2008 liegen. Das alles dürfte sich in deutlich niedrigeren Erträgen aus dem Export und geringeren Haushaltseinnahmen, die hauptsächlich aus der Ölindustrie bezogen werden, niederschlagen. Der Haushalts- und der Leistungsbilanzsaldo werden deutlich schlechter als in den Vorjahren ausfallen, es dürften

aber nach wie vor erhebliche Überschüsse verbucht werden. Kuwait dürfte es gelingen, einen Konjunkturabschwung abzuwenden, da seine Finanzlage solide ist, auch wenn sein Vermögen im Ausland mit hoher Wahrscheinlichkeit unter dem Einbruch der Märkte gelitten hat. Ende März 2009 hat Kuwait ein Stützungspaket für die Finanzindustrie und Maßnahmen zur Konjunkturbelebung im Umfang von 2,5% des BIP verabschiedet.

VORAUSSETZUNGEN FÜR DEN MARKTZUGANG

Möglichkeiten des Marktzugangs

Kuwaits Markt ist frei und offen. Es hat eine der im Verhältnis zum privaten Konsum größten Importquoten weltweit (90%). Gemäß der Entscheidung der sechs Mitgliedsländer des Golfkooperationsrates, ihre Zölle zu vereinheitlichen, erhebt Kuwait einheitliche Zölle in Höhe von 5%. Für bestimmte Projekte können Ausnahmen gewährt werden. Das Einkommen pro Einwohner ist hoch, und die Nachfrage nach Ausrüstungs- sowie Konsumgütern ist – verglichen mit der Landesgröße – beträchtlich. Nachdem nun der Irak die Sicherheit Kuwaits nicht mehr bedroht, die Einnahmen aus dem Öl kräftig gestiegen sind und ein für Modernisierungen aufgeschlossener Emir den Thron bestiegen hat, werden wieder Großprojekte auf den Weg gebracht. Das hat für die gesamte Wirtschaft positive Effekte. Doch Kuwait ist ein begehrter Markt, der eine spezielle und beharrliche Herangehensweise erfordert. Grundlage hierfür ist der regelmäßige Kontakt zu den Machthabern. Um nach

Wichtige Kennzahlen[1]

	2004/05	2005/06	2006/07	2007/08	2008/09 (S)	2009/10 (P)
Reales Wirtschaftswachstum (%)	10,6	11,5	6,3	4,8	4,5	2,4
Inflation (%)	1,1	4,1	3,1	5,5	9,0	7,5
Staatshaushalt (Saldo in % des BIP)	21,2	34,1	30,7	39,1	22,0	4,0
Ausfuhren (Mrd US$)	30,1	46,9	58,6	63,7	90,9	52,5
Einfuhren (Mrd US$)	11,7	14,2	14,3	20,6	26,5	25,9
Handelsbilanz (Saldo in Mrd US$)	18,4	32,7	44,3	43,1	64,4	26,6
Leistungsbilanz (Saldo in Mrd US$)	18,2	34,1	51,6	47,4	60,7	20,0
Leistungsbilanz (Saldo in % des BIP)	30,6	42,2	50,8	42,3	39,6	15,5
Auslandsverschuldung (in % des BIP)	20,4	20,4	26,0	43,6	31,5	34,7
Schuldendienst (in % der Ausfuhren)	3,1	1,4	2,0	3,3	2,5	3,5
Währungsreserven (in Monatsimporten)	4,4	3,7	5,1	4,8	4,9	4,7

1) Fiskaljahr vom 1. April bis 31. März. (S): Schätzung. (P): Prognose.   Quelle: Coface.

Nordafrika
Naher und Mittlerer Osten

Exporte: 68% des BIP

Importe: 30% des BIP

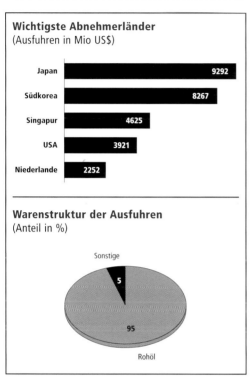

Wichtigste Abnehmerländer
(Ausfuhren in Mio US$)

Japan	9292
Südkorea	8267
Singapur	4625
USA	3921
Niederlande	2252

Warenstruktur der Ausfuhren
(Anteil in %)

Sonstige 5
Rohöl 95

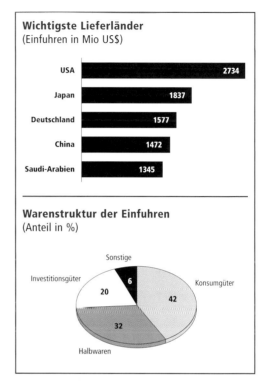

Wichtigste Lieferländer
(Einfuhren in Mio US$)

USA	2734
Japan	1837
Deutschland	1577
China	1472
Saudi-Arabien	1345

Warenstruktur der Einfuhren
(Anteil in %)

Sonstige 6
Investitionsgüter 20
Konsumgüter 42
Halbwaren 32

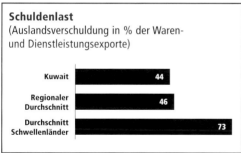

Schuldenlast
(Auslandsverschuldung in % der Waren-
und Dienstleistungsexporte)

Kuwait	44
Regionaler Durchschnitt	46
Durchschnitt Schwellenländer	73

Pro-Kopf-Einkommen
(BIP je Einwohner in US$)

Kuwait	36264
Regionaler Durchschnitt	17738
Durchschnitt Schwellenländer	9435

Kuwait zu exportieren, ist es nicht notwendig, ausschließlich einen lokalen Partner zu haben. Der direkte Verkauf an mehrere örtliche Importeure ist erlaubt. Es ist allerdings wichtig, dass dieser Partner von dem ausländischen Unternehmen ordnungsgemäß beauftragt wird. Während die öffentliche Hand ausgesprochen langsam und bürokratisch sein kann, bestehen bei der Anbahnung von Geschäftsbeziehungen mit privaten Partnern keine besonderen Schwierigkeiten. Die wichtigsten sind sowieso über die Grenzen des Emirats hinaus aktiv.

Haltung gegenüber ausländischen Investoren

Ausländer dürfen bis zu 100% des Kapitals einer Firma besitzen und können für bis zu zehn Jahre von Steuerbefreiungen profitieren, seit das Gesetz über ausländische Direktinvestitionen (Nr. 8 aus dem Jahr 2001) 2003 in Kraft getreten ist. Die Regierung hat auch offiziell eine Positivliste mit den Branchen verabschiedet, die für ausländische Direktinvestitionen offen sind. Davon ausgenommen bleiben die Erforschung und die Förderung von Mineralölvorkommen.

Zu den offenen Sektoren gehören die verarbeitende Leichtindustrie, der Tourismus, die Hotelbranche und der Freizeitsektor. Hier können Ausländer für ihre Projekte auch Immobilien erwerben. Darüber hinaus sind kulturelle Aktivitäten, die Werbung und die Vermarktung (Marketing), die Tierzucht und die Landwirtschaft für Investoren offen. Weitere Investitionsmöglichkeiten eröffnen das Gesundheitswesen, der Bankensektor (BNP Paribas ist die erste ausländische Bank, die befugt ist, in dem Land zu operieren), das Investment- und Devisengeschäft, das Versicherungswesen sowie die Informations- und Kommunikationstechnologiebranche.

Gleichzeitig ist das Steuergesetz Nr. 2 im Januar 2008 in Kraft getreten. Eine seiner wichtigsten Bestimmungen ist die Änderung des Körperschaftsteuersatzes für ausländische Unternehmen, der von 55% auf 15% gesenkt wurde. Ausländische Investitionen in Kuwait werden dadurch erleichtert. Im Zuge der kuwaitischen Öffnungspolitik streben die Behörden die Privatisierung einiger öffentlicher Einrichtungen an oder haben bereits damit begonnen: Dazu gehört in einem ersten Schritt der Downstream-Bereich der Ölindustrie (petrochemische Erzeugnisse, Tankstellen, Tankerflotte etc.), dem die nationale Fluggesellschaft, die Post, das Festnetztelefon und der ÖPNV rasch folgen werden. Als drittgrößte Wirtschaft der Golfregion stellt Kuwait wegen seines lebhaften Wachstums und seiner dynamischen Wirtschaft, aber auch aufgrund der Verlässlichkeit seiner Institutionen einen vielversprechenden und enorm zahlungskräftigen Markt dar. •

**Nordafrika
Naher und Mittlerer Osten**

Libanon

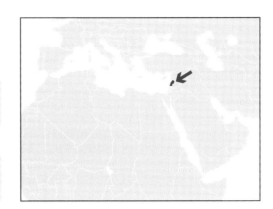

Bevölkerung (Mio Einwohner):   **4,1**
BIP (Mio US$):   **24.001**
Anteil am regionalen BIP (%):   **1**

Coface-Bewertungen
Kurzfristiges Risiko: **C**
Geschäftsumfeld: **B**
Mittelfristiges Risiko: **sehr hoch**

STÄRKEN

- ▲ Die finanzielle Unterstützung von internationalen Institutionen, von Geberländern sowie von im Ausland lebenden Libanesen helfen dem Land, seine wirtschaftlichen und finanziellen Schwierigkeiten zu bewältigen.
- ▲ Das größte Plus der Wirtschaft ist das Bankwesen, vor allen Dingen, weil es über hohe Rücklagen verfügt. Es ist dennoch dem Länderrisiko ausgesetzt und vom Vertrauen der Anleger abhängig.
- ▲ Die Wirtschaft ist für einen Aufschwung gut gerüstet. Mit dem hohen Nachholbedarf im Bereich Infrastruktur eröffnen sich gute Perspektiven.
- ▲ Allen Schwierigkeiten zum Trotz hat das Zahlungsverhalten der Unternehmen nie gelitten.

SCHWÄCHEN

- ▼ Während des Wiederaufbaus nach dem Bürgerkrieg in den 90er Jahren hat das Land Staatsschulden angehäuft, die kaum finanzierbar sind.
- ▼ Die geopolitischen Spannungen in der Region verstärken die Probleme auf lokaler Ebene. Dadurch werden Reformen, die ausländisches Kapital anziehen sollen, zum Scheitern gebracht.
- ▼ Industrielle Produktionsstrukturen sind kaum entwickelt, und das Land ist auf Einfuhren angewiesen. Außerdem ist die Wirtschaft anfällig für äußere Störeinflüsse, die sowohl die Transferzahlungen von Libanesen im Ausland als auch den Tourismus beeinträchtigen können.

RISIKOEINSCHÄTZUNG

Das Land hat von 2005 bis 2007 infolge der unsicheren Verhältnisse und der politischen Instabilität nur ein schwaches Wachstum vorweisen können. Die Ermordung von Rafiq Hariri im Jahr 2005 und der Krieg gegen Israel im Jahr 2006 haben die auf lokaler Ebene bestehenden Spannungen verschärft und die Institutionen gelähmt. Dadurch wurden Reformen verhindert und die zugesicherten internationalen Hilfsgelder (7,6 Mrd US$) zurückgehalten. Mit dem Abkommen von Doha im Mai 2008 wurde der Weg für einen normalisierten Betrieb der Institutionen geebnet, auch die Wirtschaftsaussichten haben sich damit verbessert. Es ermöglichte die Wahl eines Kompromisskandidaten, Michel Suleiman, zum Präsidenten und die Bildung einer Regierung der nationalen Einheit. Doch die politische Lage bleibt weiterhin labil.

Abschwung 2009 nach kurzem Zwischenhoch 2008

Die Konjunktur strauchelte zwar in den von erneuten Spannungen geprägten Monaten April und Mai 2008, ließ im weiteren Jahresverlauf jedoch Anzeichen für einen Aufschwung erkennen. Davon zeugen die Zunahme der Baugenehmigungen und des Seefrachtverkehrs sowie die wachsenden Passagierzahlen auf dem Beiruter Flughafen. Dennoch haben die teureren Rohstoffe und Grundnahrungsmittel wie auch die robuste Binnennachfrage zu inflationären Spannungen und einem größeren Defizit der Handelsbilanz geführt. Dank der guten Entwicklung der Dienstleistungsbranchen konnte ein weiterer Anstieg des Defizits der Leistungsbilanz in Grenzen gehalten werden. In den letzten drei Jahren waren Investoren und Anleger verhalten;

durch das Abkommen von Doha haben sie das Vertrauen zurückgewonnen und dazu beigetragen, den Finanzbedarf aus dem Ausland zu decken und beachtliche Währungsreserven anzuhäufen.

2009 werden Wachstum und Leistungsbilanz weiter auf die Probe gestellt. Der weltweite Abschwung der Wirtschaft, insbesondere in den Golfstaaten, könnte sich durch einen Rückgang von Überweisungen von im Ausland arbeitenden Libanesen, von Einnahmen aus dem Tourismus und von ausländischen Investitionen bemerkbar machen. Darüber hinaus könnten die für Mai 2009 angesetzten Parlamentswahlen nicht nur die politischen Spannungen wieder verstärken, sondern auch das Vertrauen der Anleger und Geberländer erschüttern und die Konjunktur schwächen. Dies hätte zur Folge, dass der Libanon Schwierigkeiten bekäme, seinen Auslandsfinanzierungsbedarf zu decken.

Staatsverschuldung zu hoch

Der Schuldendienst verschlingt mehr als die Hälfte aller Budgeteinnahmen und ist verantwortlich für ein allzu hohes Haushaltsdefizit. Die größte Stärke des Landes stellen die Banken dar. Sie sind gut mit Kapital ausgestattet, liquide, rentabel und unabhängig von strukturierten Finanzprodukten. Da der öffentliche Finanzbedarf zum Großteil von Banken gedeckt wird, sind diese jedoch dem Länderrisiko ausgesetzt. Zudem sind sie anfällig für einen Rückgang der Einlagen, der infolge des globalen Konjunkturabschwungs bzw. des Abschwungs in den Golfstaaten einsetzen könnte.

Trotz Schwierigkeiten gutes Zahlungsverhalten

Das Geschäftsumfeld wird von der unsicheren politischen Lage, den Mängeln in der Infrastruktur und der bei Entscheidungsprozessen langsamen Bürokratie belastet. Allen Schwierigkeiten zum Trotz hat das Zahlungsverhalten der Unternehmen nie gelitten.

VORAUSSETZUNGEN FÜR DEN MARKTZUGANG

Marktsituation

Am 1. April 2006 ist ein Assoziationsabkommen zwischen dem Libanon und der EU in Kraft getreten. Das Abkommen sieht vor, dass Zolltarife für Einfuhren aus EU-Ländern zwischen 2008 und 2014 schrittweise abgebaut werden sollen. Außerdem ist der Libanon WTO-Anwärter und Mitglied der GAFTA (Greater Arab Free Trade Area).

Möglichkeiten des Marktzugangs

Die an den US-Dollar angebundene Binnenwährung ist voll konvertierbar, und mit dem Wegfall jeglicher Beschränkungen im Kapitalverkehr setzt sich der Libanon von seinen Nachbarn ab. Im Jahr 2000 wurden die Einfuhrzölle deutlich gesenkt. In der Industrie belief sich der Zolltarif 2007 im Durchschnitt auf 5%. Der Zollsatz für landwirtschaftliche Erzeugnisse liegt bei 11,2%

Nordafrika Naher und Mittlerer Osten

Wichtige Kennzahlen

	2004	2005	2006	2007	2008 (S)	2009 (P)
Reales Wirtschaftswachstum (%)	7,4	1,0	0,0	4,0	6,0	4,0
Inflation (%)	1,7	−0,7	5,6	4,1	12,1	7,9
Staatshaushalt (Saldo in % des BIP)	−8,7	−8,5	−14,0	−12,4	−11,4	−10,9
Staatsschulden (Bestand in % des BIP)	167	178	177	171	162	136
Ausfuhren (Mrd US$)	2,1	2,3	3,2	4,1	5,3	6,0
Einfuhren (Mrd US$)	8,5	8,4	9,3	11,9	15,9	17,4
Handelsbilanz (Saldo in Mrd US$)	−6,5	−6,1	−6,1	−7,8	−10,6	−11,4
Leistungsbilanz (Saldo in Mrd US$)	−3,4	−3,1	−1,5	−2,0	−3,3	−3,6
Leistungsbilanz (Saldo in % des BIP)	−16,0	−14,2	−6,8	−8,0	−11,6	−11,0
Auslandsverschuldung (in % des BIP)	107,6	106,6	115,5	115,2	106,8	102,5
Schuldendienst (in % der Ausfuhren)	74,7	90,3	61,9	48,2	41,8	40,4
Währungsreserven (in Monatsimporten)	11,5	11,7	12,9	10,9	13,6	14,1

(S): Schätzung. (P): Prognose. Quelle: Coface.

Exporte: 24% des BIP
▷▷▷

Importe: 40% des BIP
◀◀◀◀◀◀◀◀◀◀◀◀◀◀◀◀◀◀◀◀◀◀◀◀◀◀◀◀◀◀◀◀◀◀◀◀◀◀◀

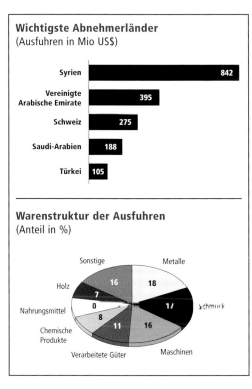

Wichtigste Abnehmerländer
(Ausfuhren in Mio US$)

Syrien 842
Vereinigte Arabische Emirate 395
Schweiz 275
Saudi-Arabien 188
Türkei 105

Warenstruktur der Ausfuhren
(Anteil in %)

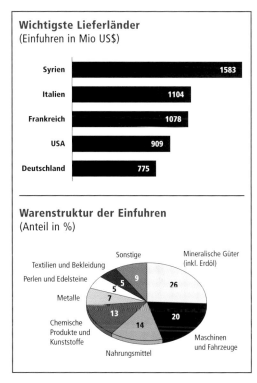

Wichtigste Lieferländer
(Einfuhren in Mio US$)

Syrien 1583
Italien 1104
Frankreich 1078
USA 909
Deutschland 775

Warenstruktur der Einfuhren
(Anteil in %)

Schuldenlast
(Auslandsverschuldung in % der Waren- und Dienstleistungsexporte)

Libanon 232
Regionaler Durchschnitt 46
Durchschnitt Schwellenländer 73

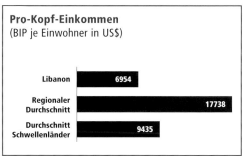

Pro-Kopf-Einkommen
(BIP je Einwohner in US$)

Libanon 6954
Regionaler Durchschnitt 17738
Durchschnitt Schwellenländer 9435

(gegenüber 28% im Jahr 2000). Handelshemmnisse nichttarifärer Art betreffen im Wesentlichen das Einfuhrverbot von etwa 229 Produkten oder Produktarten, Einfuhrlizenzen und -genehmigungen für 172 andere Produktkategorien sowie technische Kontrollen mit zum Teil schwankenden Vorgaben.

Im Zahlungsverkehr sind alle existierenden Zahlungsmittel möglich. Das bestätigte und unwiderrufliche Akkreditiv in Euro oder US-Dollar ist jedoch am weitesten verbreitet. Zahlungsverzögerungen, insbesondere bei kurzfristigen Aufträgen, sind relativ selten. Bei Zah-

lungsausfällen vermeiden die Unternehmen aufgrund der ungewissen Vorschriften und undurchsichtigen Verfahrensabläufe im Allgemeinen die Einschaltung von Gerichten. Probleme bei unbezahlten Rechnungen werden meistens gütlich geklärt. Streitigkeiten, die im Rahmen großer Staatsaufträge entstehen, lassen sich am besten über internationale Schiedsverfahren regeln, die seit August 2002 vom Libanon anerkannt werden.

Haltung gegenüber ausländischen Investoren

Der Libanon besitzt moderne rechtliche Rahmenvorschriften, die die Rechte und das Vermögen von ausländischen Investoren schützen und ihnen nur wenige Hindernisse in den Weg legen. Da einschlägige Bestimmungen fehlen, gelten für Unternehmen mit ausländischer Beteiligung die üblichen handels-, arbeits- und steuerrechtlichen Vorschriften.

Inländische und ausländische Investoren unterliegen demselben Handelsgesetzbuch, Ausnahmen bilden der Grundstückserwerb und Investitionen im Medienbereich. Ausländische Unternehmen können alle Bestimmungen des im August 2001 verabschiedeten Gesetzes über die Förderung von Investitionen im Libanon in Anspruch nehmen. Diesem Gesetz zufolge sorgt die Behörde „Investment Development Autority in Lebanon" (IDAL) als alleinige Anlaufstelle für eine Bearbeitung und Erleichterung aller Verwaltungsformalitäten. Der libanesische Markt ist relativ leicht zugänglich, und ausländische Investoren, die eine Gesellschaft, eine Agentur oder Tochtergesellschaft gründen möchten (mögliche Gesellschaftsformen: Aktiengesellschaft, Gesellschaft mit beschränkter Haftung, Holdinggesellschaft, Offshoregesellschaft, Personengesellschaft, Beteiligungsgesellschaft), müssen, wenn sie die Genehmigung des Wirtschafts- und Handelsministeriums erst einmal erhalten haben, nur wenige Auflagen beachten.

So bemüht sich der Libanon um die Schaffung von Rahmenbedingungen, die der Entwicklung des Geschäftsverkehrs förderlich sind. Dies geschieht zum einen über die IDAL, zum anderen aber auch über die Verabschiedung von neuen Maßnahmen zugunsten der Wirtschaft. Hierzu gehört beispielsweise das vereinfachte Verfahren zur Eintragung in das Handelsregister, das die für die Gründung eines Unternehmens erforderliche Zeit von 46 auf elf Tage verkürzt hat.

Mit einem Steuersatz von 15% auf die Gewinne von Gesellschaften gehört die Steuerbelastung von Unternehmen im Libanon zu den niedrigsten in der Welt. In- oder ausländische Unternehmer, die in als besonders benachteiligt ausgewiesene Regionen oder bestimmte Schlüsselbranchen investieren (Tourismus, Industrie, Nahrungsmittel, Landwirtschaft, Telekommunikation und Informationstechnologien), werden ganz oder teilweise von der Steuer befreit. Der Libanon hat etwa 40 bilaterale Abkommen über die gegenseitige Förderung und den Schutz von Investitionen und 29 Doppelbesteuerungsabkommen unterzeichnet. Die libanesische Regierung hat des Weiteren eine Nationale Investitions-Garantie-Agentur gegründet und ist der MIGA beigetreten. •

Nordafrika
Naher und Mittlerer Osten

Libyen

Bevölkerung (Mio Einwohner):	**6,2**
BIP (Mio US$):	**58.333**
Anteil am regionalen BIP (%):	**3**

Coface-Bewertungen
Kurzfristiges Risiko:	**C**
Geschäftsumfeld:	**D**
Mittelfristiges Risiko:	**hoch**

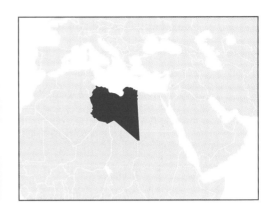

STÄRKEN

▲ Libyen verfügt über erhebliche Öl- und Gasvorräte.

▲ Die Aufhebung der Embargos 2004 hat die Entwicklungsaussichten des Landes verbessert. Die ausländischen Investitionen beschränken sich allerdings nach wie vor auf die Ölbranche.

▲ Das von der Libyan Investment Authority verwaltete Vermögen ist eine Einnahmequelle, die darauf abzielt, die Abhängigkeit der Wirtschaft vom Öl zu verringern.

▲ Das Land führt Reformen durch; insbesondere im Bankensektor kommen sie voran, auch wenn es massive Widerstände gegen den Wandel gibt.

SCHWÄCHEN

▼ Die kaum diversifizierte Wirtschaft ist stark von Öl und Gas abhängig und dementsprechend anfällig für einen längerfristigen Rückgang der Ölpreise.

▼ Die wirtschaftlichen Kennzahlen sind wenig glaubwürdig und fehlen oft vollständig.

▼ Mangelnde Transparenz der Unternehmen, eine schwerfällige Bürokratie und unausgereifte Vorschriften wirken sich nachteilig auf das Geschäftsumfeld aus.

▼ Das Vorhaben, einige Ministerien abzuschaffen, um die langwierigen administrativen Abläufe und die Geldverschwendung zu beheben, sorgt für Verwirrung und birgt Risiken.

RISIKOEINSCHÄTZUNG

Expansive Haushaltspolitik stützt Wachstum

Das Wachstum wird von der Binnennachfrage (Investitionen und privater Konsum) getragen. Durch die hohen Ölpreise konnte eine expansive Haushaltspolitik zur Ankurbelung der Konjunktur betrieben werden.

Die Wachstumsrate bewegte sich in den vergangenen Jahren zwischen 5% und 7%. Die Ausgaben für öffentliche Investitionen trugen zur Verbesserung der Infrastruktur bei (Straßen, Wohnungen, Wasser, Strom, Informationstechnologien, Gesundheitswesen, Öl- und Gasversorgung). Zudem wurden im Hinblick auf den 40. Jahrestag der Revolution am 1. September 2008 zahlreiche Projekte, die die Konjunktur des Nichtölsektors weiter beflügelten, abgeschlossen. Der Ölsektor selbst trug jedoch nur geringfügig zum Wachstum bei. Die Produktion, die sich im ersten Halbjahr gut entwickelte, schwächte sich im zweiten Halbjahr ab, da die von der Weltwirtschaftskrise getroffene Nachfrage aus dem Ausland deutlich zurückgegangen ist. Ingesamt dürfte das Wachstum 2008 6,3% betragen haben. Mit dem seit Ende des dritten Quartals 2008 heftigen Einbruch der Ölpreise und der sinkenden Auslandsnachfrage nach Öl und Gas wird der Staat 2009 weniger Einnahmen erwirtschaften. Dies erfordert zwar eine Anpassung der Investitionsausgaben, mit drastischen Einschnitten ist aber nicht zu rechnen. Das Wachstum dürfte sich daher weiterhin relativ gut behaupten können und wird auf etwa 5% geschätzt.

Die expansive Haushaltspolitik, die Gehaltserhöhungen, die Subventionskürzungen und die höheren Preise für importierte Waren (Rohstoffe und Nahrungsmittel)

haben die inflationären Spannungen 2007 und 2008 verstärkt. Die Preissteigerung betrug 2008 im Durchschnitt 10% und dürfte 2009 in Anbetracht der weltweit günstigeren Rohstoffe auf 7,6% zurückfallen. Die Inflation hält sich in Grenzen, da die staatlich festgelegten Preise erhalten bleiben und der Libysche Dinar (LYD) relativ stabil ist. Er ist an die SZR-Währung gekoppelt, dadurch wird die importierte Inflation abgeschwächt.

Solide Finanzlage

2009 werden die Ausfuhren massiv zurückgehen, die Einfuhren mit dem anhaltenden Wirtschaftswachstum aber weiter stark ansteigen. Dies führt zu einer drastischen Verringerung des Überschusses in der Leistungsbilanz. Der Staatshaushalt, der ebenfalls von den sinkenden Öleinnahmen in Mitleidenschaft gezogen wird, dürfte noch immer einen hohen Überschuss aufweisen. Libyens Finanzlage ist solide. Seine Auslandsverschuldung ist verhältnismäßig gering, und im Verlauf der letzten Jahre erwirtschaftete das Land hohe Überschüsse in der Leistungsbilanz und im Haushalt. Libyen hat Währungsreserven in Höhe von mehr als 40 Monatsimporten aufgebaut. Sie dürften dem Land für kurze Zeit helfen, die Verschlechterung der Lage auf dem Ölmarkt aufzufangen.

Doch das Geschäftsumfeld bleibt sehr ungünstig. Verantwortlich dafür sind unausgereifte Vorschriften und ein komplexer Verwaltungsapparat, wodurch sich die Entscheidungsprozesse extrem in die Länge ziehen können. Dies kann zu verspäteten Zahlungen und Schwierigkeiten beim Forderungseinzug führen.

VORAUSSETZUNGEN FÜR DEN MARKTZUGANG

Marktsituation

Auslandsinvestitionen werden durch das Gesetz Nr. 5 und die hierzu gehörenden Durchführungsverordnungen in folgenden Schwerpunktbereichen gefördert: Landwirtschaft, Dienstleistungen, Industrie, Gesundheitswesen und Tourismus. Nach dem Dekret Nr. 86 vom April 2006 liegt das investierte Mindestkapital bei 5 Mio LYD (etwa 3 Mio EUR). Beträgt bei einem Projekt der inländische Kapitalanteil 50% oder mehr, sinkt die Mindestvorgabe für das investierte Kapital auf 2 Mio LYD (etwa 1,2 Mio EUR).

Umfangreiche Investitionsprogramme wurden zur Verbesserung der Infrastruktur und Verkehrsmittel (Luft- und Landtransport), der Telekommunikation (Erweiterung des Festnetzes auf 2,5 Mio Anschlüsse und des GSM-Mobilfunknetzes auf 3 Mio Anschlüsse sowie Marktzugang für einen dritten Mobilfunkanbieter) und der Stromwirtschaft (Aufstockung der Stromerzeugungskapazität von derzeit 4.500 MW auf 10.000 MW im Jahr 2020) aufgelegt. Bedeutende Investitionen fließen auch in den Ausbau der Öl- und Gassuche sowie -förderung (um bis 2015 eine Förderkapazität von 3 Mio FpT zu erreichen), in das Great-Man-Made-River-Projekt (zur flächendeckenden Wasserversorgung), in die Meerwasserentsalzung (Programm für den Bau von elf Entsalzungsanlagen), in den Umweltschutz, in Funk und Fernsehen (Digitalisierung der Technik und Ausbildung) sowie in die Entwicklung der Nahrungsmittel-

Nordafrika Naher und Mittlerer Osten

Wichtige Kennzahlen

	2004	2005	2006	2007	2008 (S)	2009 (P)
Reales Wirtschaftswachstum (%)	5,4	5,6	5,9	6,8	6,3	5,1
Inflation (%)	0,7	2,9	1,8	6,3	10,3	7,6
Staatshaushalt (Saldo in % des BIP)	20,3	32,8	37,4	34,0	35,0	10,6
Ausfuhren (Mrd US$)	17,4	28,8	37,5	43,0	61,1	37,8
Einfuhren (Mrd US$)	8,8	11,2	13,2	17,6	25,1	32,2
Handelsbilanz (Saldo in Mrd US$)	8,7	17,7	24,3	25,4	36	5,6
Leistungsbilanz (Saldo in Mrd US$)	4,6	14,9	22,2	23,2	33,8	3,0
Leistungsbilanz (Saldo in % des BIP)	14,5	34,9	42,4	43,2	46,8	6,2
Auslandsverschuldung (in % des BIP)	17,3	13,2	11,2	11,5	9,3	13,9
Schuldendienst (in % der Ausfuhren)	4,3	3,1	2,6	2,4	1,9	3,1
Währungsreserven (in Monatsimporten)	20,8	28,4	36,3	38,4	40,7	33,4

(S): Schätzung. (P): Prognose.

Quelle: Coface.

Exporte: 79% des BIP
▶▶▶

Importe: 34% des BIP
◀◀◀

Wichtigste Abnehmerländer
(Ausfuhren in Mio US$)

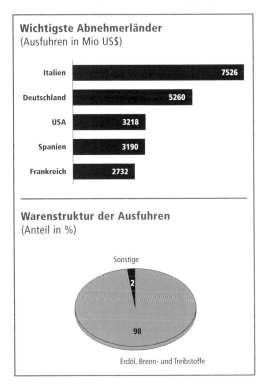

Land	Wert
Italien	7526
Deutschland	5260
USA	3218
Spanien	3190
Frankreich	2732

Wichtigste Lieferländer
(Einfuhren in Mio US$)

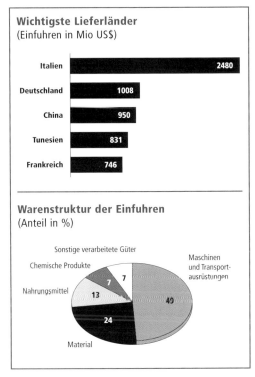

Land	Wert
Italien	2480
Deutschland	1008
China	950
Tunesien	831
Frankreich	746

Warenstruktur der Ausfuhren
(Anteil in %)

Sonstige 2
98
Erdöl, Brenn- und Treibstoffe

Warenstruktur der Einfuhren
(Anteil in %)

Sonstige verarbeitete Güter 7
Chemische Produkte 7
Nahrungsmittel 13
Material 24
Maschinen und Transportausrüstungen 40

Schuldenlast
(Auslandsverschuldung in % der Waren- und Dienstleistungsexporte)

	Wert
Libyen	10
Regionaler Durchschnitt	46
Durchschnitt Schwellenländer	73

Pro-Kopf-Einkommen
(BIP je Einwohner in US$)

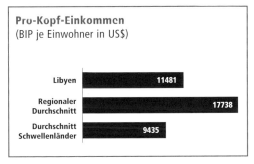

	Wert
Libyen	11481
Regionaler Durchschnitt	17738
Durchschnitt Schwellenländer	9435

industrie, den Wohnungsbau und die Gesundheit. Libyen bietet somit trotz einer häufig sehr etatistischen Verwaltung mit ihrer schwerfälligen, langsamen und inkonsistenten Arbeitsweise zahlreiche Möglichkeiten für neue Geschäfte. Im September 2009 feiert Libyen den 40. Jahrestag seiner Revolution. Man geht davon aus, dass seit 2007 im Rahmen der Vorbereitung rund 80 Mrd EUR in Infrastrukturprojekte geflossen sind.

Möglichkeiten des Marktzugangs

Seit Anfang 2003 ist für den Import von Waren nach Libyen keine Einfuhrlizenz mehr erforderlich. Allerdings muss jeder Sendung ein Ursprungszeugnis beiliegen. Für libysche Zölle gilt seit Januar 1998 eine vereinfachte harmonisierte Zollnomenklatur. Bei 17 sogenannten „Luxusgütern" oder Produkten aus heimischer Fertigung ist eine Einfuhr verboten. Einfuhrzölle auf Waren wurden am 1. August 2005 abgeschafft und durch eine Abgabe für „Hafendienste" in Höhe von 4% ersetzt, die libysche Importeure auf alle Waren mit Aus-

nahme von 85 Erzeugnissen zu entrichten haben. Bei Letzteren fallen außerdem eine Produktionsabgabe von 2% und je nach Produktwert eine Verbrauchsabgabe von 25% oder 50% an. Bei Kaufverträgen erfolgt eine Bezahlung ausschließlich über das unwiderrufliche Akkreditiv. Die Eröffnung eines Akkreditivs kann dabei bis zu sechs Monate dauern. Nach dem Gesetz über Aufträge mit öffentlichen Stellen in Libyen sind ausländische Lieferanten verpflichtet, eine Eintragungsgebühr von 2% des gesamten Auftragswertes beziehungsweise 1% bei einem Lohnfertigungsauftrag oder einem Dienstleistungsvertrag (z.B. Vermietung von Immobilien) zu zahlen. Bei derartigen Aufträgen kommen im Wesentlichen nur finanzkräftige Unternehmen zum Zuge, die an lange Verhandlungen gewöhnt sind.

Beim Verkauf bestimmter Produkte (von Fahrzeugen, Motorrädern, Büromaschinen, Haushaltsgeräten, elektronischen Anlagen, Geräten für den Straßenbau und für Steinbrüche, landwirtschaftlichen Maschinen) ist der Abschluss eines Vertrages mit einem libyschen Vertreter, der den Kundendienst übernimmt, verbindlich vorgeschrieben. Für KMUs kommen jedoch Güter des täglichen Bedarfs in Frage, bei denen keine Finanzierung erforderlich ist. Eine ausgezeichnete Gelegenheit für Unternehmen, sich bekanntzumachen, bietet die jedes Jahr im April in Tripolis stattfindende internationale Messe.

Devisenverkehr

Die inzwischen gelockerten Vorschriften werden von der Devisenkontrollstelle verwaltet, die an die Zentralbank angeschlossen ist. Am 16. Juni 2003 ist es den libyschen Behörden gelungen, auf dem Kapitalmarkt einen einheitlichen und freien Wechselkurs durchzusetzen. Dieser liegt bei etwa 1 LYD = 0,597 EUR (Februar 2009). •

**Nordafrika
Naher und Mittlerer Osten**

Marokko

Bevölkerung (Mio Einwohner):	**30,9**
BIP (Mio US$):	**73.275**
Anteil am regionalen BIP (%):	**4**

Coface-Bewertungen
Kurzfristiges Risiko:	**A4**
Geschäftsumfeld:	**A4**
Mittelfristiges Risiko:	**ziemlich gering**

STÄRKEN

▲ Marokko profitiert von der geographischen Nähe zum europäischen Markt, seinen natürlichen Ressourcen, dem hohen Potential im Tourismus und der politischen Stabilität.

▲ Geographische Lage und die Größe des Marktes (fast 31 Millionen Einwohner) machen das Land zu einem idealen Standort für Unternehmen, weil sie auch Zugang zum gesamten maghrebinischen Markt erhalten.

▲ Dank der Spezialisierung auf die Produktion hochwertiger Textilien kann Marokko mit der chinesischen Konkurrenz mithalten, die aufgrund des im Januar 2005 ausgelaufenen Multifaserabkommens gewachsen ist.

▲ Marokko ist auf Dienstleistungen in der Fernkommunikation mit hoher Wertschöpfung (Offshoring) spezialisiert.

▲ Das Bankwesen ist gesund, liquide und kaum von der Krise betroffen.

SCHWÄCHEN

▼ Aufgrund der Bedeutung des Agrarsektors (16% des BIP, 42% der Arbeitsplätze) hängt die Wirtschaftsentwicklung von Witterungseinflussen ab.

▼ Durch die hohe Abhängigkeit von Transferzahlungen emigrierter Marokkaner und Einnahmen aus dem Tourismus (12% bzw. 10% des BIP) ist das Land den Risiken der europäischen Konjunkturentwicklung und der Terrorbedrohung ausgesetzt.

▼ Marokkos Stromversorgung ist gänzlich auf die Einfuhr von Erdöl und Kohle angewiesen.

▼ Die Wachstumsrate reicht nach wie vor nicht aus, um den Erwartungen der Bevölkerung gerecht zu werden. Armut, soziale Ausgrenzung und Arbeitslosigkeit insbesondere unter jungen Leuten führen zu sozialen Spannungen.

▼ Durch das ungeklärte Problem der Westsahara, das die Beziehungen mit Algerien belastet, werden die Vorteile geschmälert, die Marokko aus der fort schreitenden regionalen Integration ziehen könnte.

RISIKOEINSCHÄTZUNG

Krise in Europa trifft Ausfuhren und Transferzahlungen von Emigranten

Das Wachstum dürfte 2009 aufgrund der Konjunkturschwäche in Europa nachlassen. Im Zuge des sich abschwächenden Konsums in Spanien und Frankreich wird die Ausfuhr von Bekleidungsartikeln sinken. Das Gleiche gilt für die Ausfuhr von Phosphaten, da die Chemieproduktion weltweit abnimmt. Auch die Einnahmen aus dem Tourismus dürften leicht zurückgehen. Die Transferzahlungen von im Ausland arbeitenden Marokkanern, von denen viele im Bauwesen in Europa tätig sind, dürften kräftig schrumpfen. Die Einfuhren von Erdöl, Kohle und Nahrungsmitteln, deren Preise massiv gefallen sind, wird jedoch deutlich stärker abnehmen als die Ausfuhren und privaten Überweisungen.

Die Finanzlage gegenüber dem Ausland dürfte zufriedenstellend bleiben. Dafür sorgen komfortable Währungsreserven, ein Handelsbilanzdefizit, das durch Überweisungen von Emigranten und Einnahmen aus dem Tourismus gedeckt wird, und eine relativ geringe – im wesentlichen staatliche – Auslandsverschuldung.

Ausländische Investoren zurückhaltend, öffentliche Investitionen steigen

Die ausländischen Unternehmen werden weniger in die Tourismus-, die Textil- und die Automobilbranche investieren. Auch der Erwerb von Zweitwohnungen durch französische oder belgische Privatleute wird abnehmen. Der Staat dürfte hingegen mehr Mittel in die Modernisierung der Landwirtschaft, in den Bau von Sozialwohnungen sowie in den Ausbau des Bildungs- und Gesundheitswesens stecken. Somit wird das Defizit steigen, denn die zusätzlichen Gelder, die dank der Privatisierung und der verbesserten Beitreibung von Steuern eingenommen werden, reichen nicht aus, um die wegen des Weltwirtschaftsabschwungs geringeren Einnahmen wettzumachen. Trotz allem hält sich das Ausfallrisiko des Staats in Anbetracht der mäßigen Staatsverschuldung in Höhe von 52% des BIP in Grenzen.

Privater Konsum schwächer

Der Konsum der marokkanischen Privathaushalte dürfte ebenfalls abflauen, denn die Privathaushalte werden mit zunehmender Arbeitslosigkeit sowie mit einer abgeschwächten Konjunktur in der Tourismusbranche und dem Wohnungsbau zu kämpfen haben. Auch ein Verfall der Immobilienpreise, die 2008 noch stark zulegten, ist nicht auszuschließen. Nach der starken Expansion der Kredite in den vergangenen Jahren dürften sich die Banken zunehmend zurückhaltend zeigen. Die Inflationsrate, die sich bereits auf einem niedrigen Niveau bewegt, wird voraussichtlich nur noch wenig sinken, da der positive Effekt der rückläufigen Weltmarktpreise für Energie und Nahrungsmittel durch die schrittweise

Index der Zahlungsausfälle
(Gleitender Zwölfmonatsdurchschnitt; Basis: Welt 1995–2000 = 100)

Quelle: Coface.

Streichung von Subventionen und die Verzögerung des Zollabbaus wieder wettgemacht wird.

Wachstumspotential bleibt erhalten

Obwohl Armut, soziale Ausgrenzung und hohe Arbeitslosigkeit zu einer gewissen sozialen Frustration führen, genießt die König Mohammed VI unterstellte Regierung in der Bevölkerung großen Rückhalt. Dazu leisten die umfangreichen Sozialausgaben ihren Beitrag, auch wenn die noch bestehenden Mängel in der Governance die Effizienz der Sozialmaßnahmen etwas einschränken. Die Arbeitskräfte sind relativ billig und gut ausgebildet. Doch es fehlt an hochqualifiziertem Personal, und der Produktivitätszuwachs ist noch unzureichend. Die Fortschritte in den Bereichen Telekommunikation (Internet) und Verkehr (Straßen und Häfen) sind offensichtlich, weitere Investitionen aber dringend notwendig.

Nordafrika Naher und Mittlerer Osten

Wichtige Kennzahlen

	2004	2005	2006	2007	2008 (S)	2009 (P)
Reales Wirtschaftswachstum (%)	5,2	2,4	8,0	3,0	6,0	3,9
Inflation (%)	1,5	1,0	3,3	2,0	4,0	2,8
Staatshaushalt (Saldo in % des BIP)	−4,1	−5,2	−1,9	−1,7	−2,7	−3,5
Ausfuhren (Mrd US$)	9,9	11,2	11,9	14,6	18,9	17,5
Einfuhren (Mrd US$)	16,4	19,1	21,7	29,1	38,4	36,4
Handelsbilanz (Saldo in Mrd US$)	−6,5	−7,9	−9,8	−14,5	−19,5	−18,9
Leistungsbilanz (Saldo in % des BIP)	1,6	1,7	1,9	−0,3	−1,0	1,3
Auslandsverschuldung (in % des BIP)	30	26	25	24	22	24
Schuldendienst (in % der Ausfuhren)	15	12	9	8	7	6
Währungsreserven (in Monatsimporten)	9,3	8,1	11,0	9,8	8,7	8,0

(S): Schätzung. (P): Prognose.

Quelle: Coface.

Exporte: 33% des BIP
▷▷▷▷▷▷▷▷▷▷▷▷▷▷▷▷▷▷▷▷▷▷▷▷▷▷▷▷▷▷▷▷▷▷▷▷▷▷▶▶▶

Importe: 38% des BIP
◀◀◀◀◀◀◀◀◀◀◀◀◀◀◀◀◀◀◀◀◀◀◀◀◀◀◀◀◀◀◀◀◀◀◀◀◀◁◁◁◁

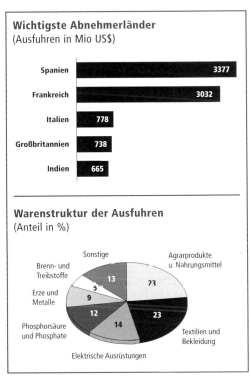

Wichtigste Abnehmerländer
(Ausfuhren in Mio US$)

Spanien	3377
Frankreich	3032
Italien	778
Großbritannien	738
Indien	665

Warenstruktur der Ausfuhren
(Anteil in %)

Sonstige; Agrarprodukte u. Nahrungsmittel 23; Brenn- und Treibstoffe 13; 5; Erze und Metalle 9; Phosphorsäure und Phosphate 12; 14; Textilien und Bekleidung 23; Elektrische Ausrüstungen

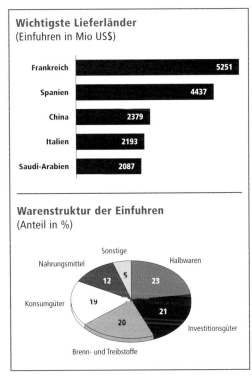

Wichtigste Lieferländer
(Einfuhren in Mio US$)

Frankreich	5251
Spanien	4437
China	2379
Italien	2193
Saudi-Arabien	2087

Warenstruktur der Einfuhren
(Anteil in %)

Sonstige; Halbwaren 23; Nahrungsmittel 12; 5; Konsumgüter 19; 21 Investitionsgüter; 20; Brenn- und Treibstoffe

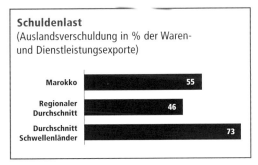

Schuldenlast
(Auslandsverschuldung in % der Waren- und Dienstleistungsexporte)

Marokko	55
Regionaler Durchschnitt	46
Durchschnitt Schwellenländer	73

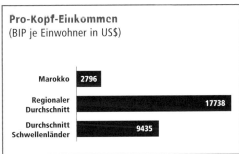

Pro-Kopf-Einkommen
(BIP je Einwohner in US$)

Marokko	2796
Regionaler Durchschnitt	17738
Durchschnitt Schwellenländer	9435

VORAUSSETZUNGEN FÜR DEN MARKTZUGANG

Möglichkeiten des Marktzugangs

Nahezu sämtliche Branchen stehen für Importe und ausländische Investitionen offen, eine Verpflichtung, sich mit einem lokalen Partner zusammenzuschließen, besteht nicht. In einigen Fällen sind allerdings noch Einfuhrlizenzen erforderlich.

Marokko hat beim Abbau seiner Zolltarife bereits erhebliche Fortschritte gemacht. Der in der WTO gebundene Zoll beträgt im Durchschnitt 41,3%, der im Schnitt angewendete 24,5% und der gewichtete Durchschnittssatz bei Einfuhren 18,9%. Spitzentarife gibt es allerdings noch bei einigen landwirtschaftlichen Erzeugnissen (bis zu 329%) und Industrieprodukten (bis zu 50%).

Europäische Produkte profitierten vom Abbau der Zölle im Rahmen des zwischen der Europäischen Union und Marokko bestehenden Assoziationsabkommens. Durch dieses Abkommen, das für 2012 die Schaffung einer

Freihandelszone vorsieht, wurden bereits bei der Hälfte der im Zolltarif aufgeführten Industrieprodukte die Einfuhrabgaben beseitigt. Bei Industrieprodukten, die als sensibel gelten, weil sie in Marokko selbst hergestellt werden, entfallen die Tarife schrittweise, was aber erst 2012 vollständig der Fall sein wird. Derzeit laufen zwischen der Europäischen Union und Marokko Verhandlungen über ein Abkommen, das die Bereiche Agrarprodukte und Dienstleistungen liberalisieren soll.

Umfangreiche Reformen haben in den letzten Jahren zu einer Verbesserung des Geschäftsumfelds beigetragen. Dabei wurden zahlreiche Gesetze verabschiedet, die den Anforderungen internationaler Standards genügen: Verabschiedung eines neuen Handelsgesetzbuchs 1996, Einführung von Handelsgerichten 1997, Modernisierung des Gesellschaftsrechts 1997 und 2001, neues Zollgesetzbuch 2000, Wettbewerbs- und Preisgesetz, Gesetz über den Schutz von geistigem und gewerblichem Eigentum 2004 bzw. 2006, Gesetz über das Eigentum an literarischen und künstlerischen Werken im Januar 2001, Arbeits- und Versicherungsgesetzbuch 2004. Im Hinblick auf die Beziehungen zwischen öffentlichem und privatem Sektor wurden seit 2006 ein Verwaltungsgesetz und seit 2007 die Neufassung des Gesetzes über das öffentliche Auftragswesen angekündigt. Zur Beilegung von Streitigkeiten ist Ende 2007 ein umfangreiches Schiedsgesetz in Kraft getreten.

Haltung gegenüber ausländischen Investoren

Die allgemeinen Rahmenbedingungen für ausländische Investitionen sind in der sogenannten Investitionscharta festgelegt. Darin sind u.a. Anreize zur Senkung von Investitionskosten enthalten. Außerdem wurden „Regionale Investitionszentren" unter der Verantwortung der „Walis" (Präfekten) geschaffen, bei denen die Formalitäten zur Unternehmensgründung an einer Anlaufstelle erledigt werden können. So konnte der für eine Firmengründung erforderliche Zeitaufwand auf weniger als zehn Tage verkürzt werden. Diese Zentren bieten außerdem eine Investitionsberatungsstelle an. Der Erwerb von Grund und Boden gestaltet sich wegen der Vielzahl von Regelungen schwierig.

Devisenverkehr

Devisen werden nach wie vor bewirtschaftet, und der Umrechnungskurs wird von der Zentralbank – der Bank Al Maghrib – anhand eines Währungskorbs festgelegt. Der Marokkanische Dirham (MAD) ist für gängige Geschäfte (Ein- und Ausfuhren) konvertierbar. Des Weiteren garantiert die 1992 eingeführte Konvertierbarkeitsregelung bei ausländischen Investitionen, die in Fremdwährungen in Marokko realisiert werden, die Rückführung des investierten Kapitals (den Mehrwert inbegriffen) und der daraus erwirtschafteten Erträge. •

**Nordafrika
Naher und Mittlerer Osten**

Oman

Bevölkerung (Mio Einwohner):	**2,6**
BIP (Mio US$):	**40.059**
Anteil am regionalen BIP (%):	**2**

Coface-Bewertungen	
Kurzfristiges Risiko:	**A3**
Geschäftsumfeld:	**A4**
Mittelfristiges Risiko:	**gering**

STÄRKEN

- ▲ Die Wirtschaft ist diversifiziert (Ausbau der Gas-branche und der Bereiche Petrochemie, Eisen und Stahl, Tourismus sowie der Häfen) und offen für aus-ländische Investitionen.
- ▲ Das Freihandelsabkommen mit den USA kurbelt die Ausfuhren dorthin an.
- ▲ Mit einem Fonds, in den Erdöleinnahmen fließen, können Rücklagen aufgebaut und rückläufige Erdöl-preise abgefedert werden.

SCHWÄCHEN

- ▼ Die Förderkapazitäten der Ölfelder sind ausge-schöpft; um die Produktion wieder zu steigern, sind kostspielige Investitionen unerlässlich.
- ▼ Die Wirtschaft ist von den Öleinnahmen abhängig, d.h., sie ist anfällig für eine Senkung des Ölpreises.
- ▼ Oman ist auf ausländische Arbeitskräfte angewie-sen. Die Anstellung von Inländern in der Privatwirt-schaft setzt sich nur schleppend durch, da sie die Wettbewerbsfähigkeit der Unternehmen belastet.

RISIKOEINSCHÄTZUNG

Fortschreitende Diversifizierung

Das nachhaltige Wachstum in den vergangenen Jahren wurde hauptsächlich durch die Entwicklung im Nichtöl-sektor angetrieben. Öffentliche und private Investitio-nen sowie ausländische Direktinvestitionen in umfang-reiche Projekte zum Ausbau der Infrastruktur, der Indus-trie, der Tourismusbranche und des Immobilienwesens

wurden durch die steigenden Öleinnahmen in Verbin-dung mit dem hohen Ölpreis begünstigt. Ferner beflü-gelten der Konsum der privaten Haushalte, das hohe Kreditvolumen sowie die Auslandsnachfrage, die durch den Boom in der Region gestützt wurde, die Konjunktur. Die meisten Branchen konnten gute Ergebnisse vorwei-sen, hierzu zählten insbesondere die Bauindustrie, das verarbeitende Gewerbe (Raffinerie, Petrochemie, Che-mie) sowie der Dienstleistungssektor, der in den Berei-chen Finanzdienstleistungen und Groß- und Kleinhan-del ein rapides Wachstum verzeichnete. Der Tourismus, Herzstück der Entwicklungsstrategie von Oman, ist 2008 (nach dem Wirbelsturm 2007) wieder in Gang gekommen. Die Ölindustrie registrierte in den vergan-genen Jahren nur ein moderates Wachstum. Die schritt-weise erfolgende Steigerung der Gasförderkapazitäten gleicht die nachlassende Rohölförderung zum Teil aus. Mit hohen Investitionen gelang es, dem Abschwung 2008 Einhalt zu gebieten und allmählich wieder neue Kapazitäten zu erschließen.

Abschwächung im Jahr 2009

Die Weltwirtschaftskrise und die eingebrochene Nach-frage nach Erdöl führen dazu, dass die Ölpreise im Jahr 2009 im Durchschnitt deutlich unter dem Vorjahrespreis liegen dürften. Die schwindenden Öleinnahmen zum einen und die Verknappung der Kredite zum anderen dürften öffentliche und private Investitionen sowie den Konsum der privaten Haushalte bremsen. Infolgedessen dürfte sich das Wachstum abschwächen. Für eine gewisse Konjunkturstützung sorgen die Fortführung laufender Projekte sowie der Rückgang der 2008 in die Höhe geschossenen Inflationsrate. Die aktive Politik zur Diversifizierung der Wirtschaft sorgt trotz geopoliti-scher Spannungen in der Region und Unsicherheiten,

die mit der Nachfolge des Sultans verbunden sind, für ein günstiges Geschäftsumfeld.

Staatshaushalt gerät in Defizitzone, hoher Leistungsbilanzüberschuss sinkt

Durch die Senkung des Ölpreises werden die Erträge aus dem Ölgeschäft in beträchtlichem Maße geschmälert. Der Staatshaushalt dürfte trotz umsichtiger Ausgabenpolitik 2009 ein Minus verbuchen. Privatisierungsprojekte könnten sich zudem durch die Finanzkrise verzögern. Die Ausfuhren dürften nachlassen, doch gleichzeitig sinkende Einfuhren werden den Rückgang des Handelsbilanz- sowie des Leistungsbilanzüberschusses bremsen. Angesichts der angehäuften Währungsreserven bzw. des im Allgemeinen Reservefonds verwalteten Vermögens dürfte es Oman kurzfristig gelingen, den Konjunkturabschwung abzufedern.

VORAUSSETZUNGEN FÜR DEN MARKTZUGANG

Marktsituation

Die Abhängigkeit der Wirtschaft Omans von der Öl- und Gasindustrie bleibt hoch (rund 58% des BIP 2007). Der hohe Rohölpreis (der Durchschnittspreis stieg von 65 US$/b 2007 auf 95 US$/b 2008) und die 2008 erfolgte Produktionssteigerung (um 5% auf 745.000 b/d) haben den Trend 2007 und 2008 verstärkt. Die Regierung ist sichtlich bemüht, die Privatwirtschaft durch eine vermehrte Privatisierung von Unternehmen und von

öffentlichen Diensten stärker zu beteiligen, ohne dabei das Ziel, Stellen öfter mit Omanern zu besetzen, aus den Augen zu verlieren. Die Diversifizierung der Wirtschaft und der Abbau der Arbeitslosigkeit (Arbeitslosenquote: ca. 15%) bleiben die zwei wichtigsten Herausforderungen der Politik.

Möglichkeiten des Marktzugangs

Bei privaten Aufträgen sind Exporteure von Konsumgütern, für die kein Kundendienst erforderlich ist, nicht zur Einschaltung eines Vertreters verpflichtet. Bei öffentlichen Aufträgen, die internationalen Unternehmen offenstehen, ist eine Niederlassung des ausländischen Lieferanten in Oman oder die Vertretung durch ein omanisches Unternehmen nicht verbindlich, aber dringend zu empfehlen. Bei den meisten Produkten werden 5% Zoll auf den cif-Wert erhoben. Für bestimmte Erzeugnisse ist aus hygienischen oder religiösen Gründen oder zum Schutz der heimischen Produktion eine vorherige Lizenz zu beantragen. Eine Devisenkontrolle gibt es nicht, und ausländische Währungen werden frei verkauft. Transfers, insbesondere von Unternehmensgewinnen, sind nicht reglementiert, und für den Kapitalverkehr bestehen keine Hindernisse.

Haltung gegenüber ausländischen Investoren

In der omanischen Gesetzgebung werden Auslandsinvestitionen tendenziell begünstigt, um Industrie- oder Infrastrukturprojekte anzuziehen. Dies gilt insbesondere bei Privatisierungen. Allerdings gibt es immer noch gewisse Maßnahmen, um Investitionen in bestimmte

Nordafrika Naher und Mittlerer Osten

Wichtige Kennzahlen

	2004	2005	2006	2007	2008 (S)	2009 (P)
Reales Wirtschaftswachstum (%)	5,3	6,0	6,8	6,4	7,2	4,6
Inflation (%)	0,5	1,9	3,4	5,9	13,0	9,0
Staatshaushalt (Saldo in % des BIP)	4,5	12,1	14,2	8,2	19,7	−2,5
Ausfuhren (Mrd US$)	13,4	18,7	21,6	24,7	31,0	24,0
Einfuhren (Mrd US$)	7,9	8,0	9,9	14,3	16,7	15,2
Handelsbilanz (Saldo in Mrd US$)	5,5	10,7	11,7	10,4	14,3	8,8
Leistungsbilanz (Saldo in Mrd US$)	0,6	4,7	5,1	1,9	4,5	0,3
Leistungsbilanz (Saldo in % des BIP)	2,3	15,2	14,2	4,7	8,3	0,6
Auslandsverschuldung (in % des BIP)	21,4	20,9	24,9	24,9	19,6	22,5
Schuldendienst (in % der Ausfuhren)	9,2	3,3	1,5	2,1	2,0	2,8
Währungsreserven (in Monatsimporten)	3,1	3,4	3,2	3,3	4,0	4,4

(S): Schätzung. (P): Prognose.

Quelle: Coface.

Exporte: 69% des BIP
▷▷▶▶▶▶

Importe: 42% des BIP
◀◀

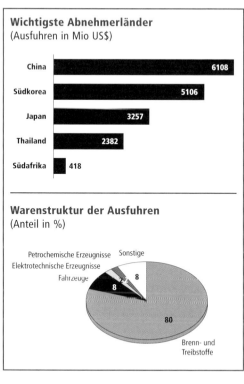

Wichtigste Abnehmerländer
(Ausfuhren in Mio US$)

China	6108
Südkorea	5106
Japan	3257
Thailand	2382
Südafrika	418

Warenstruktur der Ausfuhren
(Anteil in %)

Petrochemische Erzeugnisse — Sonstige
Elektrotechnische Erzeugnisse
Fahrzeuge — 8
8
80
Brenn- und Treibstoffe

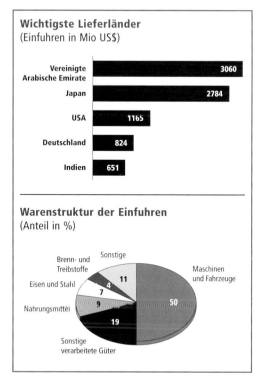

Wichtigste Lieferländer
(Einfuhren in Mio US$)

Vereinigte Arabische Emirate	3060
Japan	2784
USA	1165
Deutschland	824
Indien	651

Warenstruktur der Einfuhren
(Anteil in %)

Brenn- und Treibstoffe — Sonstige
Eisen und Stahl — 4 — 11 — Maschinen und Fahrzeuge
Nahrungsmittel — 7
9 — 50
19
Sonstige verarbeitete Güter

Schuldenlast
(Auslandsverschuldung in % der Waren- und Dienstleistungsexporte)

Oman	28
Regionaler Durchschnitt	46
Durchschnitt Schwellenländer	73

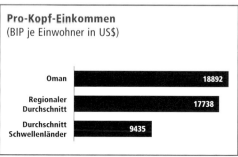

Pro-Kopf-Einkommen
(BIP je Einwohner in US$)

Oman	18892
Regionaler Durchschnitt	17738
Durchschnitt Schwellenländer	9435

Branchen zu kanalisieren. Eine ausländische Beteiligung ist nun in der Industrie, im Handel und im Dienstleistungsgewerbe möglich. Möchte ein ausländisches Unternehmen ein Vertretungsbüro im Sultanat eröffnen, muss es keinen inländischen Bürgen einschalten. Allerdings muss zuvor eine zehnjährige ununterbrochene Eintragung in den Handelsregistern des Landes nachgewiesen werden, in dem das Unternehmen seinen Sitz hat. Die Zusatzbedingung, der zufolge die Muttergesellschaft vorher drei Niederlassungen in drei anderen Ländern haben musste, ist 2005 entfallen. Außerdem wurden steuerliche Anreize geschaffen, um Diskriminierun-

gen von nichtomanischen Unternehmen abzubauen und inländische Firmen zu bewegen, sich für eine ausländische Beteiligung zu öffnen. In nächster Zeit werden die Durchführungsbestimmungen des Freihandelsabkommens zwischen den USA und Oman, das im Januar 2006 unterzeichnet wurde, umgesetzt. Dies dürfte zu einer Lockerung inländischer Vorschriften für die Personalwirtschaft und zu einer größeren Öffnung der Dienstleistungsbranche beitragen. Mit der Anwendung dieses Abkommens müssen sich nicht nur im Arbeits-, sondern auch im Gesellschaftsrecht günstigere Rahmenbedingungen für Investoren entwickeln. •

Palästinensische Autonomiegebiete

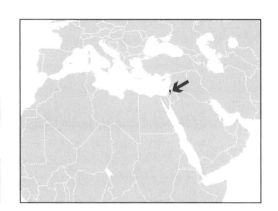

Bevölkerung (Mio Einwohner):	**4,0**
BIP (Mio US$):	**4.533**

Coface-Bewertungen

Kurzfristiges Risiko:	**nicht bewertet**
Geschäftsumfeld:	**nicht bewertet**
Mittelfristiges Risiko:	**nicht bewertet**

RISIKOEINSCHÄTZUNG

Die politische Situation und die Sicherheitslage in den Palästinensischen Autonomiegebieten lähmen die Wirtschaft, die weiter am Tropf der internationalen Hilfe hängt. Im Juni 2007 übernahm die Hamas die Kontrolle im Gazastreifen. Daraufhin löste Präsident Abbas die Einheitsregierung auf und bildete eine Notstandsregierung, deren Einfluss sich auf das Westjordanland beschränkt. Während der Gazastreifen abgeriegelt blieb, entspannte sich die Lage im Westjordanland dank der Aufhebung der Finanzblockade. Ende 2007 erfolgte internationale Unterstützung, und die Geberländer sicherten Gelder in Höhe von 7,4 Mrd US$ zu, die dem Land bei der Deckung der laufenden Aufwendungen und der Wiederherstellung der Infrastruktur helfen sollten. Doch der Wiederaufbau der Wirtschaft wurde durch das Wiederaufflammen des militärischen Konflikts zwischen der Hamas und Israel im Dezember 2008 in Mitleidenschaft gezogen.

Die von der israelischen Regierung verhängten Restriktionen für den Waren- und Personenverkehr dämpften 2008 die Konjunktur im Westjordanland, während der Gazastreifen weiter blockiert war. Die Ausfuhr von Gütern und Dienstleistungen nach Israel hat nachgelassen, was Zwangsschließungen von Unternehmen zur Folge hatte. 2009 dürften die inflationären Spannungen abnehmen, die Kaufkraft der privaten Haushalte stärken und die Produktionskosten der Unternehmen senken. Allerdings wird das Wachstum von der Sicherheitslage, von einer Normalisierung der Beziehungen zwischen der Hamas und der Palästinensischen Autonomiebehörde sowie von einer Lockerung der von Israel verhängten Restriktionen abhängen. Im Dezember 2008 hat die Hamas die sechsmonatige Waffenruhe auslaufen lassen. Infolgedessen nahmen die Feindseligkeiten wieder zu, somit bleiben auch die wirtschaftlichen und sozialen Schwierigkeiten in den gesamten Palästinensischen Autonomiegebieten bestehen. •

Wichtige Kennzahlen

	2004	2005	2006	2007	2008 (S)	2009 (P)
Reales Wirtschaftswachstum (%)	6,2	6,0	−4,8	−0,5	0,8	0,6
Inflation (%)	3,0	3,6	3,8	2,7	11,5	4,0
Arbeitslosenquote (%)	26,8	23,5	23,6	21,3	22,1	21,7
Staatshaushalt (Saldo in % des BIP)[1]	−14,1	−17,0	−31,1	−31,7	−23,0	−23,8
Staatshaushalt (Saldo in % des BIP)[2]	−5,4	−9,0	−14,7	−11,7	4,8	−5,9
Ausfuhren (Mrd US$)	43,6	45,9	46,1	46,7	43,1	39,9
Einfuhren (Mrd US$)	80,4	80,3	78,5	78,5	75,1	76,3
Leistungsbilanz (Saldo in % des BIP)[1]	−36,8	−34,4	−32,4	−31,8	−32,0	−36,4
Leistungsbilanz (Saldo in % des BIP)[2]	−21,3	−22,4	−9,9	−6,9	0,3	−11,5

1) Ohne Schenkungen. 2) Einschließlich Schenkungen. (S): Schätzung. (P): Prognose.

Quelle: Coface.

Nordafrika
Naher und Mittlerer Osten

Qatar

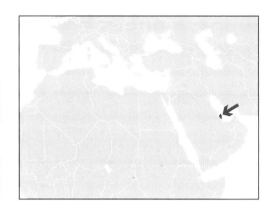

Bevölkerung (Einwohner):	**824.789**
BIP (Mio US$):	**67.763**
Anteil am regionalen BIP (%):	**4**

Coface-Bewertungen
Kurzfristiges Risiko:	**A2**
Geschäftsumfeld:	**A3**
Mittelfristiges Risiko:	**gering**

STÄRKEN

- ▲ Dank Nutzung der beachtlichen Gasreserven – den drittgrößten der Welt – wächst die Wirtschaft rasant. Qatar ist weltweit führender Exporteur von Flüssiggas.
- ▲ Das Pro-Kopf-Einkommen ist weltweit eines der höchsten.
- ▲ Die Auslandsverschuldung ist weitgehend durch langfristige Exportverträge abgesichert.
- ▲ Neben Öl und Gas sowie Petrochemie schreitet die wirtschaftliche Diversifizierung in zahlreichen Branchen (Finanzsektor, Bildung, Tourismus) weiter fort.

SCHWÄCHEN

- ▼ Die Einnahmen des Staates hängen am Öltropf und sind somit anfällig für einen längerfristigen Rückgang der Ölpreise.
- ▼ Die Wirtschaft ist auf ausländische Arbeitskräfte angewiesen.
- ▼ Qatar ist anfällig für eine Verschlechterung der geopolitischen Lage in der Region.
- ▼ Die Statistiken zur Wirtschaft sind lückenhaft; die Risikoeinschätzung ist schwierig.

RISIKOEINSCHÄTZUNG

Öffentliche Investitionen treiben industrielle Entwicklung voran

Die Wirtschaft profitierte im Verlauf der vergangenen Jahre von den hohen Öl- und Gaspreisen; die industrielle Entwicklung ist kräftig vorangetrieben worden. Dennoch hat der 2005 gesetzlich angeordnete Aufschub von neuen Projekten, mit denen die Förderkapazitäten des größten Gasfelds, North Field, gesteigert werden sollten, die Investitionen gebremst. Davon betroffen waren vor allem Investitionen in neue Projekte der Petrochemieindustrie, die sehr stark von der Gasversorgung abhängen. Angesichts der gestiegenen Gasproduktion, insbesondere des Exportguts Flüssiggas, stellte die Öl- und Gasbranche den wichtigsten Wachstumsmotor dar. Der Anstieg der Förderkapazitäten für Erdöl fiel geringer aus.

Neben der Öl- und Gasbranche wurde die Aktivität des verarbeitenden Gewerbes, das auf die Verarbeitung von der Ölindustrie nachgelagerten Produkten (Raffinerieprodukte, Petrochemie) ausgerichtet ist, von einer lebhaften Auslandsnachfrage gestützt. Getragen von den Investitionen und der Nachfrage der privaten Haushalte, konnten die Dienstleistungsbranche (Einzelhandel und Finanzdienstleistungen) und das Bauwesen gute Ergebnisse erzielen.

Wachstumsrate 2009 noch hoch

Infolge der weltweiten Wirtschafts- und Finanzkrise, der sinkenden Ölpreise und der knapperen Kredite dürften die Investitionen, der Konsum der privaten Haushalte und die Ausfuhren 2009 nachlassen. Nichtsdestotrotz

dürfte die Wirtschaft wieder ein robustes Wachstum verzeichnen und weiter durch die laufenden Projekte gestützt werden. Zu nennen sind z.B. drei neue Gasverflüssigungsanlagen, von denen eine Ende 2008 in Betrieb genommen wurde und die anderen beiden im vierten Quartal 2009 eröffnet werden. Auch eine neue Fabrik für petrochemische Erzeugnisse wird ihre Pforten öffnen. Dank der langfristigen Exportverträge, die im Allgemeinen mit Großkunden abgeschlossen wurden, dürfte Qatar die Abschwächung der Auslandsnachfrage weniger stark zu spüren bekommen.

Die rückläufigen Staatsausgaben und die Verluste, die Kleinanleger 2008 durch die einbrechenden Börsenkurse erlitten haben, werden den Konsum der privaten Haushalte beeinträchtigen. Allerdings dürften nach der Preisexplosion 2008 die inzwischen wieder gesunkenen Preise für Rohstoffe und für importierte Nahrungsmittel die Kaufkraft der Verbraucher stärken. Diese werden voraussichtlich auch von niedrigeren Mieten profitieren. Trotz der geopolitischen Unsicherheiten in der Region bleibt das Geschäftsumfeld wegen der dynamischen Wirtschaft und der innenpolitischen Stabilität weiter vorteilhaft.

Hohe Überschüsse in Haushalt und Leistungsbilanz schrumpfen

Öl und Gas sind für die Exportwirtschaft und den Staat die größten Einnahmequellen. Durch die Senkung der Öl- und Gaspreise werden die Haushaltseinnahmen des Emirats in beträchtlichem Maß geschmälert. Im Staatshaushalt und in der Leistungsbilanz sind jedoch wieder Überschüsse zu erwarten, da die öffentlichen Ausgaben angepasst werden und die Einfuhren aufgrund eines schwächeren Wachstums sowie der günstigeren Rohstoff- und Grundnahrungsmittelpreise weniger stark zunehmen. Kurzfristig dürfte es Qatar gelingen, einen Konjunkturabschwung abzuwenden. Die externe Finanzierung steht auf einer gesunden Basis. Die Last der Auslandsverschuldung ist zwar hoch, doch die Währungsreserven und das Vermögen, das im Allgemeinen Reservefonds verwaltet wird, dürften äußere Störeinflüsse abfedern.

VORAUSSETZUNGEN FÜR DEN MARKTZUGANG

Marktsituation

Abgesehen vom Einfuhrverbot für lebende Rinder und für aus Rindern hergestellte Erzeugnisse aus Europa ist der Markt in Qatar frei und für den Handelsverkehr offen. Seit der Einführung der Zollunion im Januar 2003 herrscht auch innerhalb der Länder des Golfkooperationsrates (GKR) der freie Warenverkehr für diese Erzeugnisse. Für die Einfuhr gelten jedoch je nach Ursprungsland unterschiedliche Vorschriften. Voraussetzung für den Vertrieb und die Vermarktung der Erzeugnisse ist ein vorheriger Vertragsabschluss mit einem inländischen Bürgen. Ausgenommen hiervon sind öffentliche Ausschreibungen. Zum Schutz von Handelsmarken und Rechten an geistigem Eigentum bestehen verhältnismäßig neue Vorschriften. Eine neue Durchführungsverordnung (Gesetz Nr. 18 von 2007) sieht Gefängnisstrafen

Nordafrika Naher und Mittlerer Osten

Wichtige Kennzahlen

	2004	2005	2006	2007	2008 (S)	2009 (P)
Reales Wirtschaftswachstum (%)	20,8	6,1	5,1	11,3	12,7	10,0
Inflation (%)	6,8	8,8	11,8	13,8	16,1	10,4
Staatshaushalt (Saldo in % des BIP)	16,4	9,2	9,7	8,0	10,9	2,3
Ausfuhren (Mrd US$)	19,0	25,8	34,1	42,0	59,0	55,0
Einfuhren (Mrd US$)	5,4	9,1	14,8	19,6	25,0	29,3
Handelsbilanz (Saldo in Mrd US$)	13,5	16,7	19,2	22,4	34,1	25,7
Leistungsbilanz (Saldo in Mrd US$)	7,8	7,5	9,5	11,4	20,0	11,3
Leistungsbilanz (Saldo in % des BIP)	24,7	17,6	17,9	16,0	21,3	11,5
Auslandsverschuldung (in % des BIP)	47,3	48,1	56,7	56,2	51,9	52,5
Schuldendienst (in % der Ausfuhren)	9,3	7,1	7,2	6,7	5,1	5,7
Währungsreserven (in Monatsimporten)	3,1	2,4	2,1	2,9	3,7	4,2

S): Schätzung. (P): Prognose.   Quelle: Coface.

Exporte: 54% des BIP
▷▷▷

Importe: 37% des BIP
◁◁◁

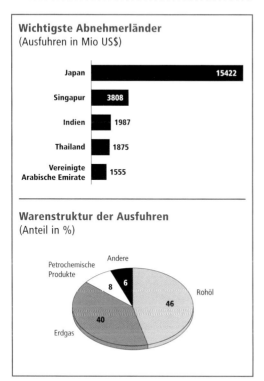

Wichtigste Abnehmerländer
(Ausfuhren in Mio US$)

Land	Mio US$
Japan	15422
Singapur	3808
Indien	1987
Thailand	1875
Vereinigte Arabische Emirate	1555

Warenstruktur der Ausfuhren
(Anteil in %)

- Andere: 6
- Petrochemische Produkte: 8
- Rohöl: 46
- Erdgas: 40

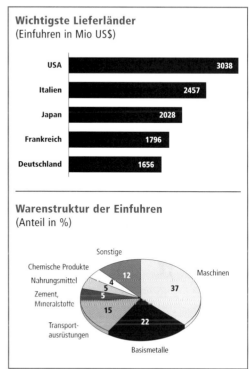

Wichtigste Lieferländer
(Einfuhren in Mio US$)

Land	Mio US$
USA	3038
Italien	2457
Japan	2028
Frankreich	1796
Deutschland	1656

Warenstruktur der Einfuhren
(Anteil in %)

- Sonstige: 12
- Chemische Produkte: 4
- Nahrungsmittel: 5
- Zement, Mineralstoffe: 5
- Maschinen: 37
- Transportausrüstungen: 15
- Basismetalle: 22

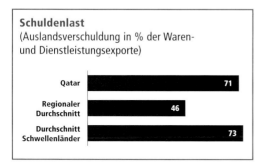

Schuldenlast
(Auslandsverschuldung in % der Waren- und Dienstleistungsexporte)

	%
Qatar	71
Regionaler Durchschnitt	46
Durchschnitt Schwellenländer	73

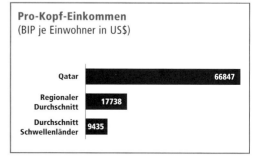

Pro-Kopf-Einkommen
(BIP je Einwohner in US$)

	US$
Qatar	66847
Regionaler Durchschnitt	17738
Durchschnitt Schwellenländer	9435

von drei bis fünf Jahren und Geldstrafen von 20.000 EUR bis 200.000 EUR vor. Qatar hat das Genfer Abkommen zum gewerblichen Rechtsschutz und das Berner Abkommen zum Schutz von geistigem Eigentum erst am 5. Juli 2000 unterzeichnet. Doch die Gesetzesvorschriften werden nicht systematisch angewendet und befolgt.

Möglichkeiten des Marktzugangs

Seit dem 1. Januar 2003 werden innerhalb der Zollunion des GKR bei der Einfuhr auf alle Waren 5% des

Werts erhoben. Ausnahmen bestehen für bestimmte Produkte, die entweder der heimischen Produktion Konkurrenz machen (Eisen- und Stahlerzeugnisse: 20%), bei denen Gründe der öffentlichen Gesundheit eine Rolle spielen (Tabak: 100%) oder die im Islam verboten sind (Weine und Spirituosen: 100%). Zur Förderung der Bauwirtschaft haben die Behörden im August 2007 die Zölle auf die Baustoffe Stahl, Zement und Kies für drei Jahre ausgesetzt.

Bei Geschäften mit inländischen Kunden ist das unwiderrufliche und bestätigte Akkreditiv als Zahlungsmittel

zu bevorzugen. Akkreditive sind in Qatar weitverbreitet. Öffentliche Aufträge werden durch Barzahlung beglichen.

Haltung gegenüber ausländischen Investoren

Die Vorschriften für ausländische Investitionen wurden durch ein am 16. Oktober 2000 erlassenes Gesetz gelockert. Unter bestimmten Bedingungen, die von den Behörden vor Ort von Fall zu Fall festgelegt werden, dürfen sich ausländische Investoren in der Landwirtschaft, in der Industrie, im Gesundheits- und Bildungswesen, im Tourismus und im Energiesektor zu 100% an Unternehmen beteiligen. Für Genehmigungen ist das Wirtschafts- und Handelsministerium bzw. bei Industrieprojekten das Energie- und Industrieministerium zuständig. Als einziger Vorbehalt gilt dabei, dass diese Investitionen zu den Entwicklungsplänen des Staates passen müssen. Vom Anwendungsbereich dieses Gesetzes ausgeschlossen bleiben Banken (abgesehen vom Qatar Financial Center), Versicherungen, Immobilien- und Handelsunternehmen, bei denen ein qatarischer Partner mindestens 51% des Kapitals halten muss.

Seit der Gründung des „Qatar Financial Center" in Doha am 1. Mai 2005 können sich ausländische Banken und Finanzdienstleistungsunternehmen nun jedoch ohne inländischen Partner in Qatar niederlassen. Entsprechendes gilt für Dienstleistungsunternehmen im Zusammenhang mit dem Transport von Flüssigerdgas (LPG).

Im September 2005 wurde in Doha ein Wissenschafts- und Technologiepark ins Leben gerufen, der ebenfalls eine Niederlassung von ausländischen Forschungs- und Entwicklungsanlagen möglich macht. Ausländische Investoren dürfen Grundstücke für maximal 50 Jahre pachten, wobei aber die Möglichkeit zur Verlängerung des Pachtvertrages besteht. Das Eigentum an Grund und Boden bleibt ausländischen Investoren jedoch mit Ausnahme des sich im Bau befindenden Immobilienkomplexes auf der künstlichen Insel „Pearl Island" in der West Bay Lagune und von einigen Neubaugebieten in der neuen Stadt Lusail noch versagt.

Streitigkeiten zwischen einem ausländischen Investor und einer einheimischen Partei werden in einem Schiedsverfahren nach lokalem oder internationalem Schiedsrecht entschieden. Ausländer, die eine mit der Arbeitsgenehmigung verbundene Aufenthaltsgenehmigung haben möchten, brauchen einen qatarischen Bürgen. Ausländische Investoren haben unter anderem über Investmentfonds Zugang zur Börse in Doha. Diesbezüglich haben die betreffenden Behörden im Mai 2004 angekündigt, dass sich diese Investoren mit bis zu 25% am Kapital von börsennotierten Gesellschaften beteiligen dürfen. Das Wirtschafts- und Handelsministerium kann bei Projekten, die zu 100% von ausländischen Investoren getragen werden, für zehn Jahre eine Befreiung von Steuern und eine Befreiung von Zöllen für im Inland nicht verfügbare importierte Ausrüstungsgüter, Rohstoffe und Halbfertigware gewähren. •

Saudi-Arabien

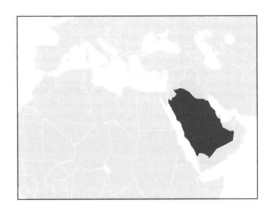

Bevölkerung (Mio Einwohner):	**24,2**
BIP (Mio US$):	**381.683**
Anteil am regionalen BIP (%):	**19**

Coface-Bewertungen
Kurzfristiges Risiko:	**A4**
Geschäftsumfeld:	**B**
Mittelfristiges Risiko:	**ziemlich gering**

STÄRKEN

- ▲ Saudi-Arabien ist größter Erdölförderer der OPEC und besitzt daher auf den Märkten eine strategische Position.
- ▲ Durch diese Position und seine wirtschaftliche und politische Bedeutung in der Region ist das Königreich bevorzugter Partner der USA.
- ▲ Das Land öffnet sich ausländischen Investitionen.
- ▲ Seine Finanzlage ist solide genug, um äußeren Störeinflüssen die Stirn zu bieten.

SCHWÄCHEN

- ▼ Die Wachstumsraten der Ölproduktion schwanken stark (abhängig von der weltweiten Nachfrage und der Politik der OPEC).
- ▼ Die politische und ökonomische Liberalisierung wird durch den Konservatismus gebremst.
- ▼ Das starke Bevölkerungswachstum und das unangemessene Bildungssystem führen zu hoher Arbeitslosigkeit, unter der das soziale Klima leidet.
- ▼ Die geopolitische Instabilität in der Region beeinträchtigt die Rahmenbedingungen für Investitionen.

RISIKOEINSCHÄTZUNG

Solide Finanzlage

Die in der vergangenen Ölpreishausse stark gestiegenen Exporteinnahmen Saudi-Arabiens wurden in umfangreiche Infrastrukturprojekte und in die Erhöhung der Ölförderkapazitäten investiert sowie dazu genutzt, Staatsschulden ab- und Staatsvermögen aufzubauen. Sowohl die wirtschaftliche als auch die finanzielle Lage des Königreichs ist sehr günstig, daher dürfte Saudi-Arabien gelingen, die Auswirkungen der Weltwirtschaftskrise zu bewältigen.

Erste Krisensignale waren 2008 mit dem Einbruch des Aktienhandels und der Kurse zu spüren. Zudem ging ab August 2008 der Erdölpreis stark zurück, die Liquidität wurde knapper, und die Auslandsnachfrage begann zu sinken. Vor diesem Hintergrund zeigte die Konjunktur, die im ersten Halbjahr aufgrund der deutlichen Ölproduktionssteigerung noch robust war, erste Anzeichen für eine Abschwächung, insbesondere in der Erdöl- und Petrochemiebranche. Die Konjunkturwende und die Verknappung der Kredite haben den Konsum der privaten Haushalte gebremst und private Investoren dazu bewogen, bestimmte Projekte aufzugeben oder zu verschieben. Während die inflationären Spannungen zum Ende des Jahres nachließen, ergriff die Regierung Maßnahmen, um Liquidität zur Verfügung zu stellen und die Konjunktur zu stützen. Darüber hinaus sind die Bankeinlagen vom Staat gesichert.

Öleinnahmen sinken 2009

Saudi-Arabien ist größter Erdölförderer der OPEC und wird wahrscheinlich weiter alles Notwendige unterneh-

men, um sich an die weltweit sinkende Nachfrage anzupassen. Demnach wird die Ölproduktion voraussichtlich 2009 im Vergleich zu 2008 geringer ausfallen. Folglich werden die Nichtölsektoren einziger Motor für das Wachstum sein. Sie werden durch die Fortführung großer öffentlicher Investitionsprojekte getragen, deren Finanzierung durch die in den letzten Jahren geschaffenen Rücklagen gesichert sein dürfte. Dennoch könnten bei einigen dieser Projekte Verzögerungen auftreten. Die Subventionen sowie die öffentlichen und sozialen Ausgaben dürften dem Konsum der privaten Haushalte und ihrem Lebensstandard Vorschub leisten, so wird auch das soziale Klima nicht bedroht sein.

Mit dem Beitritt Saudi-Arabiens zur WTO Ende 2005 verbesserte sich das Geschäftsumfeld. Allerdings gibt es nach wie vor Schwierigkeiten mit der Governance. Der Abschwung könnte sich bei den Ergebnissen der Unternehmen bemerkbar machen. Mit einer Verschlechterung des Zahlungsverhaltens der Unternehmen ist zu rechnen, da diese grundsätzlich anfällig für einen Umschwung der Ölpreise sind.

Ein Rückgang in der Öl- und Gasproduktion und deutlich niedrigere Preise als im Jahresdurchschnitt 2008 dürften die Exporterlöse und die Haushaltseinnahmen, die hauptsächlich aus der Ölindustrie bezogen werden, spürbar verringern. Der Staatshaushalt und die Leistungsbilanz werden daher sehr viel schlechter als in den Vorjahren abschneiden, könnten aber nach wie vor Überschüsse verbuchen. Auch wenn das saudi-arabische Vermögen im Ausland mit hoher Wahrscheinlichkeit unter dem Einbruch der Märkte gelitten hat, dürfte

Index der Zahlungsausfälle
(Gleitender Zwölfmonatsdurchschnitt; Basis: Welt 1995–2000 = 100)

Quelle: Coface.

es Saudi-Arabien gelingen, den Konjunkturabschwung aufgrund der soliden Finanzlage abzufedern.

VORAUSSETZUNGEN FÜR DEN MARKTZUGANG

Marktsituation

Mit einem BIP, das 55% des Gesamtaufkommens der im Golfkooperationsrat (GKR) vertretenen Länder (Saudi-Arabien, Bahrain, Vereinigte Arabische Emirate, Kuwait, Oman und Qatar) ausmacht, und seinem Reichtum aus den Öleinnahmen plant das Land für die kommenden Jahre Infrastrukturprojekte von mehr als 550 Mrd US$. Die Kaufkraft der saudi-arabischen Bevölkerung ist groß, sie gibt ihr Einkommen mittlerweile hauptsächlich für die Anschaffung kurzlebiger Güter aus. Mit rund 24

Nordafrika Naher und Mittlerer Osten

Wichtige Kennzahlen						
	2004	**2005**	**2006**	**2007**	**2008 (S)**	**2009 (P)**
Reales Wirtschaftswachstum (%)	5,3	5,6	3,0	3,4	4,0	0,8
Inflation (%)	0,3	0,7	2,3	4,1	10,0	4,3
Staatshaushalt (Saldo in % des BIP)	11,4	18,4	21,0	12,3	22,0	2,8
Ausfuhren (Mrd US$)	126,0	180,8	211,3	226,5	320,0	195,0
Einfuhren (Mrd US$)	41,1	54,5	63,9	82,6	107,4	111,7
Handelsbilanz (Saldo in Mrd US$)	85,0	126,3	147,4	143,9	212,6	83,3
Leistungsbilanz (Saldo in Mrd US$)	52,3	91,0	99,9	86,0	131,3	6,5
Leistungsbilanz (Saldo in % des BIP)	20,9	28,8	28,0	22,5	26,5	1,6
Auslandsverschuldung (in % des BIP)	11,1	12,9	13,5	20,1	17,0	18,4
Schuldendienst (in % der Ausfuhren)	3,1	2,1	2,3	2,4	2,0	3,7
Währungsreserven (in Monatsimporten)	12,5	18,1	20,9	22,4	24,5	22,9

(S): Schätzung. (P): Prognose.

Quelle: Coface.

Exporte: 62% des BIP
▷▷▷▷▷▷▷▷▷▷▷▷▷▷▷▷▷▷▷▷▷▷▷▷▷▷▷▷▷▷▷▷▷▷▶▶▶▶▶

Importe: 31% des BIP
◀◀◀◀◀◀◀◀◀◀◀◀◀◀◀◀◀◀◀◀◀◀◀◀◀◀◀◀◀◀◀◀◀◀◀◀◀

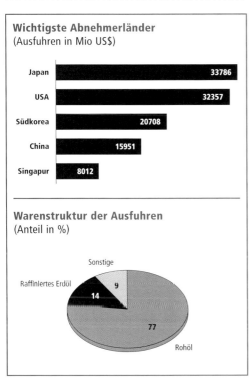

Wichtigste Abnehmerländer
(Ausfuhren in Mio US$)

Land	Wert
Japan	33786
USA	32357
Südkorea	20708
China	15951
Singapur	8012

Warenstruktur der Ausfuhren
(Anteil in %)

- Sonstige: 9
- Raffiniertes Erdöl: 14
- Rohöl: 77

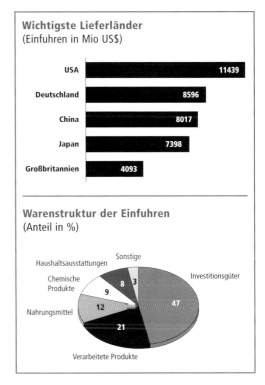

Wichtigste Lieferländer
(Einfuhren in Mio US$)

Land	Wert
USA	11439
Deutschland	8596
China	8017
Japan	7398
Großbritannien	4093

Warenstruktur der Einfuhren
(Anteil in %)

- Sonstige: 3
- Haushaltsausstattungen: 8
- Chemische Produkte: 9
- Nahrungsmittel: 12
- Verarbeitete Produkte: 21
- Investitionsgüter: 47

Schuldenlast
(Auslandsverschuldung in % der Waren- und Dienstleistungsexporte)

Land	Wert
Saudi-Arabien	25
Regionaler Durchschnitt	46
Durchschnitt Schwellenländer	73

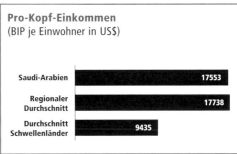

Pro-Kopf-Einkommen
(BIP je Einwohner in US$)

Land	Wert
Saudi-Arabien	17553
Regionaler Durchschnitt	17738
Durchschnitt Schwellenländer	9435

Millionen Einwohnern und einem BIP pro Kopf von mehr als 15.000 US$ (Ende 2007) ist Saudi-Arabien einer der wichtigsten Märkte im Nahen und Mittleren Osten. Nach wie vor schwierig ist die Besetzung von Stellen mit Saudi-Arabern (das offizielle Ziel hierfür lautet: +5% pro Jahr). Es besteht in der Tat ein Missverhältnis zwischen der Ausbildung junger Leute und den Anforderungen auf dem Arbeitsmarkt. Dennoch lag die Arbeitslosenquote 2007 bei 11,05% der Erwerbstätigen und ging damit erstmals seit 1999 zurück. In der Altersgruppe der 19- bis 24-Jährigen ist sie allerdings immer noch ungefähr doppelt so hoch.

Möglichkeiten des Marktzugangs

Die Mitgliedsstaaten des GKR haben am 1. Januar 2003 eine Zollunion gebildet. Doch auf mehrere Produkte erhebt Saudi-Arabien immer noch Differentialzolle. An Zöllen fallen effektiv 0% (Grundnahrungsmittel), 5% (auf 80% aller Einfuhren), 12% bzw. 20% auf bestimmte, auch in Saudi-Arabien gefertigte Erzeugnisse, 25% auf bestimmte Obst- und Gemüsesorten und 100% auf Milch, Weizen, Tabak und Datteln an. Einfuhrverbote haben im Wesentlichen religiöse Gründe.

Durch den Beitritt Saudi-Arabiens zur WTO im Dezember 2005 wurden die Differentialzölle nach und nach gesenkt und verschiedene nichttarifäre Handelsbarrieren, wie das Prinzip, bei öffentlichen Aufträgen Inländer zu bevorzugen, in Frage gestellt. Trotz der für Visa angekündigten Lockerungen bestehen für die Einreise und den Aufenthalt von Ausländern strenge Vorschriften (ein saudi-arabischer Bürge ist hierbei zwingend erforderlich, Touristenvisa existieren nicht). Die rechtlichen Rahmenbedingungen sind nach wie vor nicht gefestigt, aber beim Urheberschutz werden Fortschritte gemacht, da nun die Behörde „Saudi Arabian Standard Organization" (SASO) damit betraut ist. Allgemein dauern Zahlungen in den öffentlichen Verwaltungen zwar lange (7 bis 30 Monate), doch Zahlungsausfälle sind selten.

Haltung gegenüber ausländischen Investoren

Das neueste Investitionsgesetzbuch wurde im Jahr 2000 eingeführt. Durch eine Vereinfachung der Verfahren sollen Investitionen gefördert werden: Erteilung von Lizenzen innerhalb von 30 Tagen, Schaffung einer einzigen Anlaufstelle für die Bearbeitung von Lizenzen, Erwerb des Eigentums an Anlagen und Wohnungen für Mitarbeiter, Genehmigung für ausländische Unterneh-

men, für sich selbst zu bürgen, und Zugang zu den Finanzierungen für saudi-arabische Konzessionen. Trotz der Öffnungsversprechen des Landes ist ausländischen Staatsangehörigen der Besitz von Aktien untersagt. Ausländische Unternehmen können folglich Tochtergesellschaften saudi-arabischen Rechts nur in Form einer Gesellschaft mit beschränkter Haftung oder einer Filiale gründen. Im Februar 2001 wurde eine Negativliste mit Branchen verabschiedet, in denen ausländische Investitionen nicht zulässig sind. Diese Liste wurde jedoch 2003, 2005 und 2007 teilweise wieder zurückgenommen, wobei insbesondere die Beschränkungen für Investitionen im Handel wieder aufgehoben wurden. Mittlerweile gilt sie nur noch für 16 strategische Branchen. Der Grenzsteuersatz für die Gewinne von ausländischen Unternehmen wurde auf 20% gesenkt, und ein Verlustvortrag auf eine begrenzte Anzahl von Geschäftsjahren ist nun gestattet.

Im Juni 2001 wurde ein Abkommen zum gegenseitigen Schutz und zur Förderung von Investitionen mit Deutschland geschlossen, das im Juli 2003 in Kraft getreten ist. Darüber hinaus laufen Verhandlungen über ein Doppelbesteuerungsabkommen.   •

Syrien

Bevölkerung (Mio Einwohner):	**19,9**
BIP (Mio US$):	**38.081**
Anteil am regionalen BIP (%):	**2**

Coface-Bewertungen
Kurzfristiges Risiko:	**C**
Geschäftsumfeld:	**C**
Mittelfristiges Risiko:	**sehr hoch**

STÄRKEN

▲ Maßnahmen zur Förderung privater Investitionen wurden in die Wege geleitet. Durch die Projekte eröffnen sich den Investoren in zahlreichen Branchen Perspektiven.

▲ Das im Jahr 2005 unterzeichnete Freihandelsabkommen mit den Mitgliedsstaaten des Golfkooperationsrates (GKR) begünstigt den Handelsverkehr und Investitionen in die Region.

▲ Der Tourismus verfügt über ein reales Wachstumspotential.

▲ Die Bedienung der Auslandsverschuldung ist gut zu bewältigen, seit Syrien seine rückständigen Zahlungen beglichen und Russland einen Schuldenerlass gewährt hat.

SCHWÄCHEN

▼ Der deutliche Einbruch der Ölproduktion bedroht die wirtschaftliche sowie finanzielle Lage Syriens und erfordert schnelle Reformen.

▼ Die Staatsverschuldung ist hoch.

▼ Das Bankwesen wird zwar reformiert, ist aber anfällig; ineffiziente öffentliche Banken dominieren weiterhin. Mit der seit 2004 vorangetriebenen Liberalisierung wurden die Bestimmungen der Bankenaufsicht nicht verschärft.

▼ Die wirtschaftlichen Statistiken sind lückenhaft, was die Risikobewertung erschwert.

RISIKOEINSCHÄTZUNG

Mit der Wiederherstellung der Produktionskapazitäten konnte 2008 die rasante Abwärtsentwicklung der Ölindustrie, die Syriens Wachstum belastete, aufgehalten werden. Die Nichtölsektoren haben in den vergangenen Jahren gute Ergebnisse erzielt, gestützt durch ausländische Investitionen mit Herkunft insbesondere aus Erdöl ländern der Region. Dem privaten Konsum kamen die Überweisungen von emigrierten Syrern und der Zustrom irakischer Flüchtlinge zugute. Dennoch litt die Kaufkraft der privaten Haushalte 2008 unter dem starken Preisauftrieb für Rohstoffe sowie unter rückläufigen Subventionen. Die Immobilienbranche, das Bau- und Verkehrswesen, der Tourismus und der Handel profitierten von der positiven Tendenz in der Wirtschaft.

Abschwächung im Jahr 2009

Die Wirtschaft wird sich 2009 den Auswirkungen der weltweiten Krise nicht entziehen können. Die nachlassende Auslandsnachfrage wirkt sich in der Region unmittelbar auf den Ölmarkt aus. Die Konjunkturwende und die Verknappung der Kredite an den ausländischen Märkten dürften nicht nur den Investitionsfluss aus den Golfstaaten, sondern auch die öffentlichen Investitionen Syriens abschwächen, da die Haushaltsausgaben notwendigerweise an die neue Lage angepasst werden müssen. Die Immobilienvorhaben und die Modernisierung der Infrastruktur könnten sich verzögern. Der Konsum der privaten Haushalte wird immer noch von der nach wie vor hohen Inflationsrate beeinträchtigt, denn die günstigeren Preise für Kraftstoffe und Grundnahrungsmittel werden durch die Kürzung von Subventionen aufgehoben. Da die Einnahmen wegen der Wirtschaftskrise und der fallenden Börsenkurse fast überall

sinken, könnten die Transferzahlungen emigrierter Syrer schrumpfen. Auch der Tourismus wird voraussichtlich mit niedrigeren Einnahmen zu kämpfen haben. Die Landwirtschaft, die 2008 durch die Dürreperiode in Mitleidenschaft gezogen wurde, könnte sich dagegen 2009 wieder erholen. Die Regierung hat Reformen zur Verbesserung des Geschäftsumfelds eingeleitet. Dieses wird relativ schlecht bewertet (geringe Transparenz der Unternehmen und verbreitete Bürokratie). Deshalb können Zahlungsverzögerungen auftreten, und der Forderungseinzug kann sich als schwierig erweisen.

Haushalts- und Leistungsbilanzdefizit wachsen

Da Syrien nicht über breitgefächerte Ressourcen verfügt, führen seine schwindenden Erdölreserven zu Defiziten im öffentlichen Haushalt und in der Leistungsbilanz. Dank der gestiegenen Ölpreise in den vergangenen Jahren konnten die Fehlbeträge in Grenzen gehalten werden. Angesichts eines Ölpreises, der 2009 im Jahresdurchschnitt deutlich unter dem Vergleichswert 2008 liegen dürfte, werden die Haushaltseinnahmen, die noch zu mehr als 20% aus der Ölbranche stammen, niedriger ausfallen. Die Einführung eines Mehrwertsteuersystems wurde erneut verschoben. Das wachsende Haushaltsdefizit dürfte sich wegen der rückläufigen Subventionen (Anstieg der Inlandspreise und nachlassende Preise für bezuschusste Erzeugnisse) und geringere Investitionen begrenzen lassen.

Durch die niedrigen Ölpreise wächst auch das Defizit der Leistungsbilanz, allerdings nur geringfügig, da sich der Im- und Export von Öl und Gas die Waage halten.

Außerdem hat sich die Verringerung der Subventionen für Kraftstoffe bereits positiv auf den Konsum im Inland ausgewirkt, zumal der Verschwendung und dem Schmuggel von Erdöl Einhalt geboten wurde. Die Einfuhren dürften somit niedriger ausfallen. Die Auslandsverschuldung liegt auf einem moderaten Niveau, so dass die Finanzierung gewährleistet sein dürfte. Nichtsdestotrotz könnte ein massiver Rückgang von ausländischen Investitionen die Liquidität gefährden und den Wechselkurs destabilisieren.

VORAUSSETZUNGEN FÜR DEN MARKTZUGANG

Möglichkeiten des Marktzugangs

Die Voraussetzungen für den Marktzugang wurden dank der verschiedenen, seit 2003 umgesetzten Reformen vereinfacht. Das seit 2004 auf Eis gelegte Assoziationsabkommen mit der Europäischen Union wurde im Dezember 2008 paraphiert. Seit dem offiziellen Beitritt zur GAFTA am 1. Januar 2005 hat sich der Handelsverkehr zwischen Syrien und den anderen arabischen Ländern liberalisiert. Vorausgesetzt, dass die arabische Wertschöpfung nicht unterhalb von 40% liegt, zirkulieren die Waren, die aus einem der Mitgliedsländer stammen, frei. Dies macht Syrien in Anbetracht seiner geographischen Lage zu einem interessanten Umschlagplatz.

2004 unterzeichneten Syrien und die Türkei ein (asymmetrisches) Freihandelsabkommen, das ebenfalls in

Nordafrika Naher und Mittlerer Osten

Wichtige Kennzahlen

	2004	2005	2006	2007	2008 (S)	2009 (P)
Reales Wirtschaftswachstum (%)	6,7	4,5	5,1	4,2	5,2	3,5
Inflation (%)	4,4	7,2	10,4	4,7	14,7	8,6
Staatshaushalt (Saldo in % des BIP)	−4,2	−4,5	−1,2	−3,4	−3,1	−4,0
Ausfuhren (Mrd US$)	7,3	9,0	10,0	11,3	12,5	11,0
Einfuhren (Mrd US$)	8,1	9,4	11,3	12,6	14,3	13,4
Handelsbilanz (Saldo in Mrd US$)	−0,9	−0,4	−1,2	−1,3	−1,8	−2,4
Leistungsbilanz (Saldo in Mrd US$)	−0,4	−0,7	−1,0	−1,3	−1,8	−2,0
Leistungsbilanz (Saldo in % des BIP)	−1,6	−2,4	−3,1	−3,2	−4,0	−4,5
Auslandsverschuldung (in % des BIP)	75,4	24,6	21,6	16,9	17,1	18,1
Schuldendienst (in % der Ausfuhren)	17,1	6,9	5,2	4,9	4,6	5,7
Währungsreserven (in Monatsimporten)	5,7	5,9	5,5	4,6	3,9	3,4

(S): Schätzung. (P): Prognose.

Quelle: Coface.

Exporte: 39% des BIP

Importe: 36% des BIP

Wichtigste Abnehmerländer
(Ausfuhren in Mio US$)

Wichtigste Lieferländer
(Einfuhren in Mio US$)

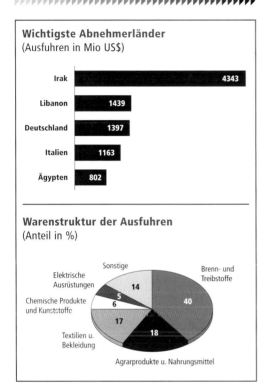

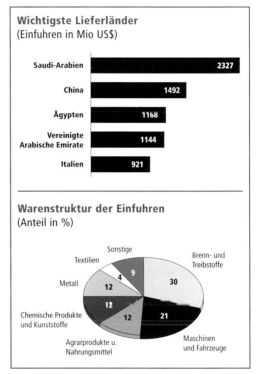

Warenstruktur der Ausfuhren
(Anteil in %)

Warenstruktur der Einfuhren
(Anteil in %)

Schuldenlast
(Auslandsverschuldung in % der Waren-
und Dienstleistungsexporte)

Pro-Kopf-Einkommen
(BIP je Einwohner in US$)

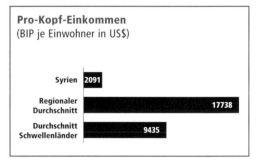

Kraft getreten ist. Die verbleibenden Einfuhrverbote könnten ab 2009 aufgehoben werden. Mit Ausnahme von Erzeugnissen aus der GAFTA ist für sämtliche importierte Waren im Vorhinein eine Einfuhrgenehmigung einzuholen.

Letztendlich stellen die amerikanischen Sanktionen im Rahmen des Patriot Act gemäß Paragraph 311 gegen die Syrische Handelsbank und im Rahmen des SALSRA (Syria Accountability and Lebanese Sovereignity Restoration Act) immer noch ein Handicap dar. Allgemein lassen sich, abgesehen vom Onlinebanking, Banktransak-

tionen normal abwickeln, vor allen Dingen, wenn sie auf Euro lauten. Die Einfuhr von Hightecherzeugnissen (Luftfahrzeugen, IT etc.) bleibt aber problematisch oder sogar unmöglich.

Haltung gegenüber ausländischen Investoren

Die Steuerermäßigungen richten sich nach verschiedenen Kriterien, wie etwa nach der Anzahl der geschaffenen Arbeitsplätze, dem geographischen Standort, dem Tätigkeitsfeld oder der eingetragenen Gesellschaftsform. Der maximale Steuersatz von 28% (2003 betrug

er 60%) kann bis auf 22% oder sogar 14% gedrückt werden, wenn die Aktiengesellschaft 50% ihrer Aktien öffentlich zum Kauf anbietet. Eine totale Befreiung von Zöllen wird auf all jene eingeführten Materialien gewährt, die für die Umsetzung von Investitionsprojekten notwendig sind.

Die wesentlichen Wirtschaftszweige sind mittlerweile vollständig oder im Rahmen einer Öffentlich-Privaten-Partnerschaft (ÖPP) für Anteilseigner offen. Außerdem sind seit dem neuen, 2008 eingeführten Gesetz sämtliche Rechtsformen einer Gesellschaft – von der offenen Handelsgesellschaft bis hin zur Holdinggesellschaft – erlaubt. Projekte in der Tourismusbranche unterliegen noch einem alten Dekret (186), das Steuerbefreiungen umfasst, wie z.B. das Gesetz Nr. 10. Die beiden Gesetzestexte autorisieren die Überweisungen von Dividenden ins Ausland und die Rückführung von Gewinnen aus der Tätigkeit. Ausländischen Arbeitnehmern ist es gestattet, 50% ihres Nettoeinkommens und 100% ihrer Abfindung ins Ausland zu überweisen.

Das Dekret Nr. 9 von 2007 sieht vor, dass das syrische Investitionsbüro durch die Syrische Investitionsbehörde abgelöst wird. Es dürfte verschiedene Investitionspolitiken auf nationaler Ebene ermöglichen, die Investitionsprogramme koordinieren und die Attraktivität des Landes steigern. Dies dürfte vor allen Dingen durch die Einrichtung von Investitionsagenturen im Ausland gelingen. Ferner existieren in Syrien in Zukunft vier Industriezonen, sieben Freizonen und eine syrisch-jordanische Freizone, die einem binationalen Statut unterliegt. Unternehmen, die sich in diesen Freizonen ansiedeln, kommen in den Genuss sehr attraktiver Erleichterungen und Steuerbefreiungen. Unternehmen, die mit Israel zusammenarbeiten, werden immer noch mit einem Boykott belegt, die Überprüfung erfolgt aber von Fall zu Fall.

Devisenverkehr

2004 wurde der Aufbau der Liquiditätsreserven zugunsten des Euro neu festgelegt. Der Euro wird in Zukunft zum einen, um die Sanktionen zu umgehen, als Zahlungsmittel bei sämtlichen Geschäften der öffentlichen und gemischten Sektoren fungieren und zum anderen als Bezugswährung für das Aufstellen eines Etats dienen.

Am 15. August 2007 hat die Zentralbank beschlossen, das Syrische Pfund (SYP) nicht mehr an den US-Dollar, sondern an die Sonderziehungsrechte (SZR) zu koppeln. Gleichzeitig wurde der Devisenverkehr vollständig vereinheitlicht. Das Gesetz Nr. 24 von 2006 regelt und gestattet dem Nichtbankensektor den Verkauf und Ankauf von Devisen. Der von der syrischen Zentralbank festgelegte Kurs liegt bei 1 US$ = 50 SYP mit einer Schwankungsbreite von +/–5%. Das Gesetz Nr. 29 lockert die Devisengeschäfte: Die Handelsbank hat ihr Monopol über den Verkauf von Devisen verloren, auch private Banken dürfen diesen Dienst nun anbieten.

Nichtsdestotrotz gelten beim Transfer von Devisen ins Ausland noch immer strenge Vorschriften, es sei denn, mit dem Transfer soll die Einfuhr von Waren oder Rohstoffen finanziert werden. Dagegen ist die Einfuhr von ausländischer Währung nach Syrien unbeschränkt möglich. Das Syrische Pfund ist nach wie vor nicht konvertierbar. •

Tunesien

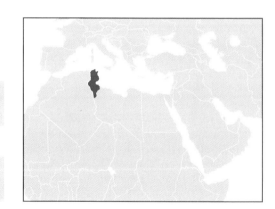

Bevölkerung (Mio Einwohner):	**10,2**
BIP (Mio US$):	**35.020**
Anteil am regionalen BIP (%):	**2**

Coface-Bewertungen
Kurzfristiges Risiko:	**A4**
Geschäftsumfeld:	**A4**
Mittelfristiges Risiko:	**ziemlich gering**

STÄRKEN

▲ Mit seiner geographischen Nähe zum europäischen Markt, seinem großen Potential im Tourismus und seiner politischen Stabilität hat Tunesien entscheidende Trümpfe in der Hand. Zudem verfügt es über nicht unerhebliche Öl- und Gasvorräte.

▲ Die Diversifizierungs- und Liberalisierungspolitik hat dem Land die politische und finanzielle Unterstützung der internationalen Gemeinschaft beschert und erleichtert ihm den Zugang zu den internationalen Kapitalmärkten.

▲ Das Partnerschaftsabkommen mit der Europäischen Union gibt einer Verbesserung in den Bereichen Industrie, Infrastruktur und Finanzen Auftrieb.

▲ Durch die Bildungsmöglichkeiten sowie das entwickelte Sozialsystem werden Ungleichheiten abgebaut und die Entwicklung einer dynamischen Mittelschicht gefördert.

SCHWÄCHEN

▼ Der Offshoresektor, der einer Freizone gleichkommt und auf den 60% der tunesischen Ausfuhren entfallen, strahlt kaum auf die übrige Wirtschaft aus.

▼ Der Tourismus leidet nach wie vor unter der Terrorbedrohung und hat, besonders beim Luxustourismus, mit der wachsenden Konkurrenz der anderen Länder rund ums Mittelmeer zu kämpfen.

▼ Die zunehmende Öffnung Tunesiens und das seit 2005 ausgelaufene Multifaserabkommen erfordern erneute Anstrengungen, die Wirtschaft zu diversifizieren und die Wettbewerbsfähigkeit der Industrieprodukte zu verbessern.

▼ Das Bankwesen, das noch unter den hohen zweifelhaften Forderungen leidet (Ende 2007 19%), stellt weiter die Achillesferse der tunesischen Wirtschaft dar.

▼ Die Arbeitslosenquote ist hoch (14% der Erwerbsfähigen). Insbesondere die jüngere Bevölkerung ist davon betroffen (in der Altersgruppe der 15- bis 25-Jährigen sind es 30%).

RISIKOEINSCHÄTZUNG

Die Konjunktur schwächte sich 2008 ab. Trotz hoher Subventionen in einer Größenordnung von 5% des BIP ließ der Konsum der privaten Haushalte im ersten Halbjahr als Reaktion auf den Höhenflug der Preise für Rohstoffe nach. Die Ausfuhr von Waren und Dienstleistungen litt unter dem Nachfragerückgang aus Europa, da Frankreich, Italien, Deutschland und Spanien zusammen fast 65% des tunesischen Absatzmarktes ausmachen. Dank einer gezielten Subventionspolitik im Hinblick auf Grundnahrungsmittel und auf die schrittweise Anhebung der Benzinpreise konnte das Haushaltsdefizit jedoch in Schach gehalten werden. Ferner konnten die höheren Zolleinnahmen und Ölabgaben den Anstieg der Ausgaben zum Teil wettmachen. 2008 erreichte die Inflation einen Höchststand, wurde aber durch die Maßnahmen zur Stärkung der Kaufkraft privater Haushalte begrenzt.

Wirtschaft abhängig von Konjunktur in Europa

2009 wird sich das Wachstum weiter verlangsamen. Vor allem die Abschwächung des Konsums der privaten Haushalte (62% des BIP) und der Investitionen (25%

des BIP) macht sich bemerkbar. Die Ausfuhren werden deutlich zurückgehen, obwohl für Exportunternehmen Steuervorteile gelten. Angesichts der sinkenden Auslandsnachfrage sehen sich die exportierenden Unternehmen einer zunehmenden Konkurrenz aus China und den aufstrebenden Märkten in Europa ausgesetzt, denn Ausfuhren aus diesen Ländern in die EU wurden vollständig liberalisiert. Insbesondere das traditionelle verarbeitende Gewerbe (Textilien, Ledererzeugnisse) wird in Mitleidenschaft gezogen. Die Talfahrt wird auch durch die vorangetriebene Diversifizierung anderer Branchen (Maschinenbau-, Elektro- und Hightechindustrie) nicht aufgehalten werden können. Dennoch dürften die laufenden Großprojekte im Bereich Wohnungsbau, die durch ausländische Direktinvestitionen finanziert werden, die einheimischen Unternehmen stützen. Zudem wird die Aufstockung der öffentlichen Ausgaben (+12,5%), die im Budget 2009 vorgesehen ist, die Binnennachfrage in Gang halten.

Die Leistungsbilanz wird dagegen von dem voraussichtlichen Rückgang der Einnahmen aus dem Tourismus und der privaten Überweisungen, die die zwei wichtigsten Einnahmequellen für Fremdwährungen darstellen, belastet werden. Tunesien weist im Vergleich zu anderen Schwellenländern, deren Risiko ähnlich eingeschätzt wird, eine relativ hohe Auslandsverschuldung auf. Der Zugang zu externen Finanzmitteln zur Finanzierung des Leistungsbilanzdefizits könnte etwas schwieriger werden. Auch der Fluss ausländischer Direktinvestitionen aus den Golfstaaten könnte versiegen. Währungsreserven auf einem komfortablen Niveau halten allerdings das Risiko einer Liquiditätskrise in Grenzen.

Index der Zahlungsausfälle
(Gleitender Zwölfmonatsdurchschnitt; Basis: Welt 1995–2000 = 100)

Quelle: Coface.

Hohe Arbeitslosigkeit unter jungen Leuten

Das Land zeichnet sich durch eine hohe politische und soziale Stabilität aus. Doch in Anbetracht der schwindenden Kaufkraft macht sich durch die massive Arbeitslosigkeit unter jungen Hochschulabsolventen enorme Frustration breit. Trotz aller Bemühungen der Regierung, die Konjunktur anzukurbeln, dürfte die Unterbeschäftigung der qualifizierten jungen Bevölkerung ein erhebliches Problem bleiben.

VORAUSSETZUNGEN FÜR DEN MARKTZUGANG

Möglichkeiten des Marktzugangs

Gemäß dem 1995 unterzeichneten Assoziationsabkommen zwischen Tunesien und der Europäischen Union

Nordafrika Naher und Mittlerer Osten

Wichtige Kennzahlen

	2004	2005	2006	2007	2008 (S)	2009 (P)
Reales Wirtschaftswachstum (%)	6,0	4,2	5,4	6,3	4,7	3,6
Inflation (%)	3,6	2,1	4,5	3,1	5,0	3,6
Staatshaushalt (Saldo in % des BIP)	−2,3	−2,6	−2,8	−2,9	−3,5	−3,9
Ausfuhren (Mrd US$)	9,7	10,5	11,5	15,1	18,9	16,0
Einfuhren (Mrd US$)	12,1	12,5	14,2	18,0	22,5	18,9
Handelsbilanz (Saldo in Mrd US$)	−2,4	−2,0	−2,5	−2,9	−3,5	−2,9
Leistungsbilanz (Saldo in % des BIP)	−1,9	−1,1	−2,1	−2,6	−3,3	−2,4
Auslandsverschuldung (in % des BIP)	71,0	61,6	59,7	55,0	49,6	53,0
Schuldendienst (in % der Ausfuhren)	14,5	13,8	17,1	11,1	9,3	9,7
Währungsreserven (in Monatsimporten)	3,0	3,2	4,4	4,1	3,9	4,5

(S): Schätzung. (P): Prognose.

Quelle: Coface.

Exporte: 54% des BIP

Importe: 54% des BIP

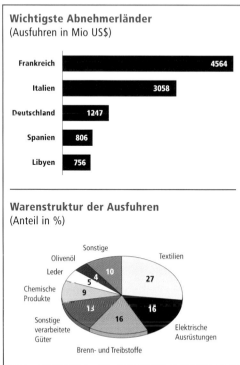

Wichtigste Abnehmerländer
(Ausfuhren in Mio US$)

Frankreich	4564
Italien	3058
Deutschland	1247
Spanien	806
Libyen	756

Warenstruktur der Ausfuhren
(Anteil in %)

Sonstige 10 · Olivenöl 4 · Leder 5 · Textilien 27 · Chemische Produkte 9 · Sonstige verarbeitete Güter 13 · 16 · Brenn- und Treibstoffe 16 · Elektrische Ausrüstungen

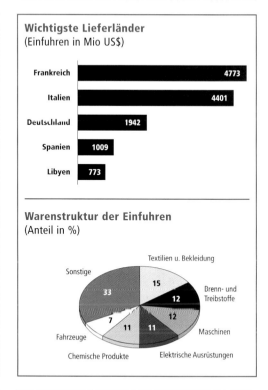

Wichtigste Lieferländer
(Einfuhren in Mio US$)

Frankreich	4773
Italien	4401
Deutschland	1942
Spanien	1009
Libyen	773

Warenstruktur der Einfuhren
(Anteil in %)

Textilien u. Bekleidung 15 · Sonstige 33 · Brenn- und Treibstoffe 12 · Maschinen 12 · Elektrische Ausrüstungen 11 · Chemische Produkte 11 · Fahrzeuge 7

Schuldenlast
(Auslandsverschuldung in % der Waren- und Dienstleistungsexporte)

Tunesien	93
Regionaler Durchschnitt	46
Durchschnitt Schwellenländer	73

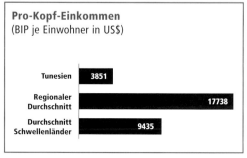

Pro-Kopf-Einkommen
(BIP je Einwohner in US$)

Tunesien	3851
Regionaler Durchschnitt	17738
Durchschnitt Schwellenländer	9435

werden seit dem 1. Januar 2008 bei der Einfuhr von verarbeiteten Erzeugnissen aus EU-Mitgliedsstaaten keine Zölle mehr erhoben. Davon ausgenommen sind lediglich Nahrungsmittel, bei denen der Abbau der Zölle nur teilweise erfolgt. Nach wie vor besteht aber noch eine Reihe von Barrieren nicht zolltariflicher Art bei sensiblen Produkten in Form von Monopolen und Importkontingenten oder inländischen Abgaben auf Importwaren (Autos). Seit 1996 gewähren Tunesien und die EU einander schließlich Vorzugszollkontingente bei verschiedenen landwirtschaftlichen Erzeugnissen und

Fischereiprodukten, bis eine weiterreichende Liberalisierung des Handels erfolgt.

Der freizügige Warenverkehr ist seit 1994 in den gesetzlichen Vorschriften verankert, und für die Einfuhr nahezu aller Produkte ist nur noch eine einfache Handelsrechnung erforderlich. Trotz gewisser Verbesserungen, insbesondere bei der Umstellung der Verfahren auf EDV, dauert die Abfertigung nach internationalen Maßstäben immer noch zu lange, und die logistische Infrastruktur ist unzulänglich. Durch die Anwesenheit eines Zollbeamten bei der Entgegennahme der impor-

tierten Waren am Hafen haben sich die Wartezeiten um einen Tag verlängert. Bei Nahrungsmitteln und Produkten des täglichen Bedarfs schützt auch eine Übereinstimmung mit europäischen Normen und Standards nicht vor technischen, Hygiene- und Pflanzenschutzkontrollen, die häufig systematisch vorgenommen werden und unberechenbar lange dauern.

Gelder zur Bezahlung von laufenden Geschäften können frei durch zugelassene Finanzvermittler (Banken) transferiert werden, ohne dass es hierzu einer vorherigen Genehmigung durch die Tunesische Zentralbank bedarf. Dem Exporteur steht ein breites Spektrum von Zahlungsmitteln zur Verfügung (Dokumentenakkreditiv, SWIFT-Überweisung usw.). Welches Mittel hierbei ausgewählt wird, richtet sich nach dem Vertrauen in den betreffenden Partner und dem Kundenrisiko.

Zwischen Deutschland und Tunesien besteht seit 1976 ein Doppelbesteuerungsabkommen. Informationen dazu können beim Bundesfinanzministerium abgerufen werden. Um Rechtsunsicherheit zu vermeiden, kann der Exporteur bei den Vertragsbeziehungen einen deutschen Gerichtsstand vereinbaren. Das Urteil dürfte in Tunesien leicht vollstreckbar sein, zumal es die entsprechenden bilateralen Abkommen zwischen Deutschland und Tunesien gibt.

Haltung gegenüber ausländischen Investoren

Nach dem Gesetzbuch zur Förderung von Investitionen (CCI) können In- und Ausländer seit 1993 frei in den meisten Wirtschaftszweigen investieren. Ausnahmen bestehen lediglich im Groß- und Einzelhandel, bei öffentlichen Monopolen (Wasser, Strom, Gas, Post usw.), im Bergbau, in der Gas- und Ölwirtschaft sowie im Finanzsektor, in denen besondere Vorschriften gelten. In den von diesem Gesetzbuch geregelten Branchen profitieren Investoren vor allem bei der Unternehmensgründung von verwaltungstechnischen Erleichterungen (eine Anlaufstelle für alle Angelegenheiten).

In bestimmten Sektoren ist für Investitionen eine vorherige behördliche Genehmigung erforderlich. Dies gilt in nicht exportorientierten Dienstleistungsbereichen, in denen die Auslandsbeteiligung faktisch auf 49% begrenzt ist. Schwierig ist auch die Übernahme von tunesischen Unternehmen durch Ausländer. Die neueste Lockerungsmaßnahme betrifft die Bewilligungserteilung zum Geschäftsbetrieb im Versicherungswesen. Seit Februar 2008 ist diese nicht mehr an den Erhalt eines Gewerbeausweises gebunden.

Bei Offshoretätigkeiten (mehr als 70% der Produktion werden exportiert) kommen Investitionen in den Genuss erheblicher Zollvergünstigungen (zollfreies Lager), steuerlicher (Steuer- und Zollbefreiungen) und sozialer Vorteile (Abgabenbefreiung). In der Landwirtschaft können ausländische Investoren nicht Eigentümer von Flächen werden. Es besteht aber die Möglichkeit zum Abschluss langfristiger Pachtverträge. Auch wenn das Land ausländischen Investitionen gegenüber offen eingestellt ist, müssen Unternehmen nach wie vor auf Rechtssicherheit und klare Verwaltungsvorschriften achten und bei der Wahl eines eventuellen tunesischen Partners vorsichtig sein. •

**Nordafrika
Naher und Mittlerer Osten**

Vereinigte Arabische Emirate

Bevölkerung (Mio Einwohner):	**4,6**
BIP (Mio US$):	**190.744**
Anteil am regionalen BIP (%):	**10**

Coface-Bewertungen
Kurzfristiges Risiko:	**A2**
Geschäftsumfeld:	**A3**
Mittelfristiges Risiko:	**gering**

STÄRKEN

▲ Die Föderation wird vom Emirat Abu Dhabi beherrscht. Dieses verfügt über umfangreiche Öl- und Gasvorkommen und diversifiziert wie das Emirat Dubai seine Produktionsstruktur.

▲ Der Markt der VAE ist offen und wettbewerbsfähig.

▲ Dank ihrer geographischen Lage sind die VAE eine Drehscheibe für Handel, Schiffs- und Luftverkehr.

▲ Die Regierungen der Emirate haben daran gearbeitet, ein günstigeres Geschäftsumfeld herzustellen und Anreize für ausländische Direktinvestitionen, besonders in den Freizonen, zu schaffen.

SCHWÄCHEN

▼ Trotz Diversifizierung ist die Wirtschaft weiterhin von den Erdöleinnahmen Abu Dhabis abhängig.

▼ Als internationaler Finanzplatz ist Dubais Wirtschaft äußeren Störeinflüssen ausgesetzt.

▼ Undurchschaubare Statistiken zu Staatsfinanzen und Unternehmen erschweren die Risikoanalyse.

RISIKOEINSCHÄTZUNG

Erfolgreiche Diversifizierung

Die Konjunktur im Nichtölsektor stellte im Verlauf der vergangenen Jahre den Motor für ein schnelles Wachstum dar, wobei das Emirat Dubai der Hauptakteur war. Das Wachstum wurde von umfangreichen Immobilienprojekten sowie von der Expansion in den Bereichen Tourismus, Finanzdienstleistungen, Verkehr und Handel getragen. Auch die Entwicklung der Industrie (Petrochemie und Eisen) und der Infrastruktur leistete ihren Beitrag. Der Konjunktur kam auch der durch die hohen Ölpreise hervorgerufene Boom in der gesamten Region zugute. Die Emirate entwickelten sich zur finanziellen Drehscheibe zwischen Asien und dem Westen. Das starke Wachstum wurde allerdings von einem deutlichen Anstieg der Inflation begleitet. Mit markanten Preissteigerungen im Immobiliensektor kam es zur Bildung einer Immobilienblase in Dubai. Im Gegensatz zu Abu Dhabi, das die Großprojekte mit Öleinnahmen finanziert, musste Dubai Bankkredite aus dem Ausland in Anspruch nehmen. 2008 schwappten die Finanzkrise aus den USA und der weltweite Abschwung allmählich auf Dubais Wirtschaft über und trafen insbesondere den Bau- und den Finanzsektor. Angesichts der Verknappung der Kredite und der einbrechenden Börsenkurse (in den ersten elf Monaten 2008 um 67,5%) wurden bestimmte Projekte eingeschränkt oder unterbrochen.

Dubai spürt die Auswirkungen der weltweiten Krise

Aufgrund der Kreditkrise und des Nachfragerückgangs dürfte sich 2009 die Dynamik im Bau- und im Finanzsektor weiter abschwächen. Auch andere Branchen (Handel, Verkehr und Tourismus) könnten durch die Konjunkturwende beeinträchtigt werden. Die Verluste der Kleinanleger, der Rückgang ausländischer Arbeitskräfte im Bausektor und der in die VAE entsandten Mitarbeiter ausländischer Unternehmen werden den Konsum der privaten Haushalte voraussichtlich bremsen. Das Platzen der Börsenblase wird den schwächsten Unternehmen der Baubranche schaden, und es könnten häufiger Zahlungsverzögerungen oder -ausfälle auftreten. Außerdem sind einige Banken (besonders in Dubai), die in den vergangenen Jahren eine rapide

Zunahme von Privatkrediten verbuchten, besonders stark in direkter oder indirekter Weise im Immobiliensektor engagiert. Ihr Vermögen und ihre Rentabilität könnten schwinden. Sehr hoch in Fremdwährung verschuldete Institute könnten leiden, falls es ihnen misslingen sollte, ihre Kredite zu verlängern. Es ist jedoch anzunehmen, dass das Finanzwesen staatliche Unterstützung erhalten wird. Bereits jetzt sind auf föderaler Ebene Konsolidierungsmaßnahmen vorgesehen.

Mit der schwächeren Auslandsnachfrage dürfte 2009 die Öl- und Gasproduktion gedrosselt werden. Trotzdem werden die durchschnittlichen Ölpreise deutlich unter dem entsprechenden Niveau von 2008 liegen. Die Folge sind geringere Exporterlöse und sinkende Haushaltseinnahmen, da Letztere hauptsächlich aus der Ölindustrie bezogen werden. Der Staatshaushalt und die Leistungsbilanz werden deutlich schlechter als in den Vorjahren abschneiden, dürften aber immer noch satte Überschüsse verbuchen. Den VAE dürfte es gelingen, einen Konjunkturabschwung abzuwenden, da sie in den vergangen Jahren dank der Öleinnahmen aus Abu Dhabi insgesamt ihre Finanzlage auf eine sehr solide Basis stellen konnten.

VORAUSSETZUNGEN FÜR DEN MARKTZUGANG

Marktsituation

Trotz bestimmter restriktiver Vorschriften (Verpflichtung zu einem inländischen Partner, der die Mehrheitsbetei-

ligung besitzt, Unzugänglichkeit bestimmter Branchen für Ausländer, Verpflichtung zu einem inländischen Vertreter, Notwendigkeit eines inländischen Bürgen für die Erteilung einer Aufenthaltsgenehmigung) ist der Markt in den VAE dem Ausland gegenüber offen und äußerst wettbewerborientiert. Die VAE sind Mitglieder der WTO und beteiligen sich im Rahmen des Golfkooperationsrates (GKR) an den Verhandlungen über das Freihandelsabkommen mit der EU.

In den VAE stehen alle modernen Zahlungsmittel zur Verfügung. Abzuraten ist von einer Zahlung per Scheck, Dokumenteninkasso, Eigen- oder Auslandswechsel.

Haltung gegenüber ausländischen Investoren

Die VAE, insbesondere Abu Dhabi, nutzen in großem Umfang ausländische Direktinvestitionen, um den Öl- und Gassektor weiterzuentwickeln. Seit kurzem werden auf diese Art auch Teile der öffentlichen Dienstleistungen optimiert. Dies betrifft vor allen Dingen die Stromerzeugung, die Wasser- und Stromversorgung sowie die Abwasserklärung. Da seine Ölreserven allmählich zur Neige gehen, bemüht sich Dubai um ausländische Direktinvestitionen, um die Diversifizierung seiner Wirtschaft voranzutreiben. Dies gilt insbesondere für den Immobilienbereich und den Tourismus beziehungsweise das Dienstleistungsgewerbe ganz allgemein und seit kurzem auch für die Hightechbranche (Cluster). Abu Dhabi diversifiziert verstärkt die Schwerindustrie (Eisen, Aluminium, Petrochemie) und neuerdings auch bestimmte zukunftsorientierte Branchen (besonders die Luftfahrt).

Nordafrika Naher und Mittlerer Osten

Wichtige Kennzahlen

	2004	2005	2006	2007	2008 (S)	2009 (P)
Reales Wirtschaftswachstum (%)	9,7	8,2	9,4	6,1	5,8	3,1
Inflation (%)	5,0	6,2	9,3	11,1	14,8	7,5
Staatshaushalt (Saldo in % des BIP)	10,2	20,0	28,6	26,7	28,1	11,7
Ausfuhren (Mrd US$)	91,0	117,2	145,7	180,9	222,0	180,0
Einfuhren (Mrd US$)	63,4	74,5	88,1	116,6	141,1	135,5
Handelsbilanz (Saldo in Mrd US$)	27,6	42,7	57,6	64,3	80,9	44,5
Leistungsbilanz (Saldo in Mrd US$)	12,5	27,6	36,0	36,4	53,0	18,3
Leistungsbilanz (Saldo in % des BIP)	11,8	20,9	21,2	18,3	20,5	8,5
Auslandsverschuldung (in % des BIP)	23,6	31,0	48,4	67,1	49,9	62,2
Schuldendienst (in % der Ausfuhren)	3,4	3,9	5,6	9,8	8,8	11,6
Währungsreserven (in Monatsimporten)	2,6	2,4	2,6	5,5	3,3	3,6

(S): Schätzung. (P): Prognose.

Quelle: Coface.

Exporte: 94% des BIP
▷▷▷

Importe: 76% des BIP
◁◁

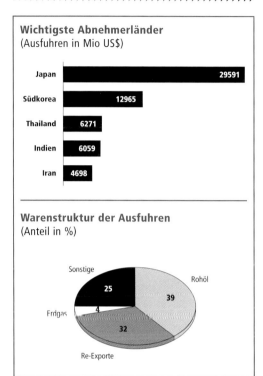

Wichtigste Abnehmerländer
(Ausfuhren in Mio US$)

Land	Mio US$
Japan	29591
Südkorea	12965
Thailand	6271
Indien	6059
Iran	4698

Warenstruktur der Ausfuhren
(Anteil in %)

Sonstige 25
Rohöl 39
Erdgas 4
Re-Exporte 32

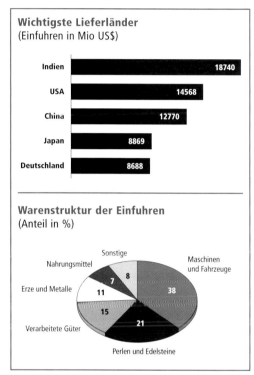

Wichtigste Lieferländer
(Einfuhren in Mio US$)

Land	Mio US$
Indien	18740
USA	14568
China	12770
Japan	8869
Deutschland	8688

Warenstruktur der Einfuhren
(Anteil in %)

Sonstige 8
Maschinen und Fahrzeuge 38
Nahrungsmittel 7
Erze und Metalle 11
Verarbeitete Güter 15
Perlen und Edelsteine 21

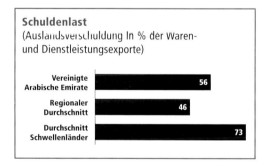

Schuldenlast
(Auslandsverschuldung In % der Waren- und Dienstleistungsexporte)

	%
Vereinigte Arabische Emirate	56
Regionaler Durchschnitt	46
Durchschnitt Schwellenländer	73

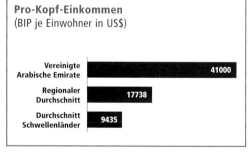

Pro-Kopf-Einkommen
(BIP je Einwohner in US$)

	US$
Vereinigte Arabische Emirate	41000
Regionaler Durchschnitt	17738
Durchschnitt Schwellenländer	9435

Mit Ausnahme von Banken, Ölgesellschaften und Telekommunikationsbetreibern werden weder bei natürlichen noch bei juristischen Personen direkte Steuern erhoben. Kapital kann frei zurückgeführt werden, neue Gesetze ermöglichen Ausländern den Zugang zu Grundeigentum. Dennoch bestehen einige Hindernisse für ausländische Investoren: So besteht, außer in Freizonen, die Pflicht, einen inländischen Partner zu gewinnen, der die Mehrheit am Kapital des Gemeinschaftsunternehmens besitzt; und Ausländer, die eine Aufenthaltsgenehmigung für die VAE haben möchten, brau-

chen einen Bürgen. Auf eine Reform des Gesetzes über Handelsgesellschaften, die ausländischen Investoren Mehrheitsbeteiligungen am Kapital von Unternehmen gestatten soll, wird seit mehreren Jahren gewartet.

Devisenverkehr

Eine Devisenkontrolle gibt es in den VAE nicht. Die Währung ist der VAE-Dirham (AED) mit einer Parität zum US-Dollar (1 US$ = 3,6725 AED). Für den Transfer von Devisen gelten keine Beschränkungen. •

Afrika südlich der Sahara

Prognose 2009: Afrika wird von der internationalen Finanzkrise indirekt betroffen   448

Angola	455	Mali	503
Äthiopien	458	Mauretanien	504
Benin	459	Mauritius	507
Botswana	460	Mosambik	511
Burkina Faso	463	Namibia	515
Burundi	465	Niger	516
Demokratische Republik Kongo	466	Nigeria	518
Dschibuti	468	Ruanda	522
Elfenbeinküste	470	Sambia	524
Eritrea	474	São Tomé und Príncipe	527
Gabun	476	Senegal	528
Ghana	480	Sierra Leone	532
Guinea	484	Simbabwe	533
Kamerun	486	Südafrika	535
Kapverdische Inseln	490	Sudan	539
Kenia	492	Tansania	541
Kongo	496	Togo	545
Liberia	497	Tschad	546
Madagaskar	499	Uganda	548
Malawi	501	Zentralafrikanische Republik	552

Prognose 2009:
Afrika wird von der internationalen Finanzkrise indirekt betroffen

Marie-France Raynaud
Abteilung für Länderrisiken und Wirtschaftsstudien, Coface, Paris

Da Afrika immer noch über ein nur wenig entwickeltes Finanzsystem verfügt, schien sich der Kontinent den Turbulenzen der internationalen Finanzmärkte entziehen zu können. So lag das Wachstum 2008 bei 5,4% nach 6,7% im Vorjahr. Allerdings bekommt der afrikanische Kontinent die Krise indirekt – durch die sinkenden Rohstoffpreise und den Rückgang der Kapitalzuflüsse – zu spüren. Insgesamt dürfte das Wachstum in Afrika südlich der Sahara dadurch um gut 3 Prozentpunkte niedriger ausfallen. Allerdings ist die Situation von Land zu Land differenziert zu betrachten, denn die Verlangsamung der Weltkonjunktur wird sich in den einzelnen Staaten voraussichtlich unterschiedlich bemerkbar machen.

Die Krise erfasst nicht das Finanzwesen

Das Bankensystem blieb von der Finanzkrise bislang verschont. Die afrikanischen Banken sind nur in geringem Umfang auf Finanzmittel aus dem Ausland angewiesen. Vielmehr verfügen die meisten Kreditinstitute über Überliquidität und weisen durchschnittlich ein Kredit-Einlagen-Verhältnis von weit weniger als 100% auf.

Das Bankensystem Südafrikas – das höchstentwickelte in Afrika südlich der Sahara – ist nur minimal von der Subprime-Krise betroffen, da die südafrikanischen Kreditinstitute umfassenden Einschränkungen im Devisenverkehr unterliegen. Deshalb belaufen sich die offenen Devisenpositionen der südafrikanischen Banken nur auf 1% ihres Eigenkapitals. Lediglich die Investmentbank Investec musste nach der Übernahme einer englischen Bank, die über Subprime-Papiere verfügte, außerordentliche Abschreibungen vornehmen. Diese waren jedoch nicht sehr umfangreich, so dass weder eine Kapitalaufstockung durchgeführt noch Kreditfazilitäten der südafrikanischen Notenbank in Anspruch genommen werden mussten. Auch der südafrikanische Interbankenmarkt funktioniert trotz der Krise normal weiter. Dank der Verschärfung der Kreditaufnahmebestimmungen (National Credit Act) sowie einer effektiven Bankenaufsicht haben die südafrikanischen Banken nur sehr wenige zweifelhafte Forderungen in ihren Büchern.

Die Ursachen für die hohe Volatilität der Aktienkurse liegen im jeweils eigenen Land. Die afrikanischen Börsen verfügen über eine schmale Basis und ein geringes Handelsvolumen. Die im Herbst 2008 an den meisten

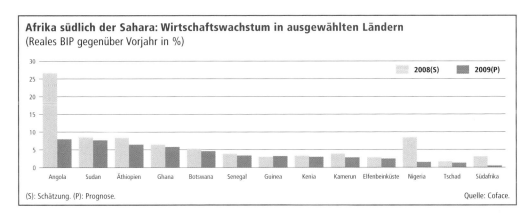

Afrika südlich der Sahara: Wirtschaftswachstum in ausgewählten Ländern
(Reales BIP gegenüber Vorjahr in %)

2008(S)   2009(P)

Angola Sudan Äthiopien Ghana Botswana Senegal Guinea Kenia Kamerun Elfenbeinküste Nigeria Tschad Südafrika

(S): Schätzung. (P): Prognose.   Quelle: Coface.

Geringer Finanzierungsbedarf im Ausland
(Kredit-Einlagen-Verhältnis in %)

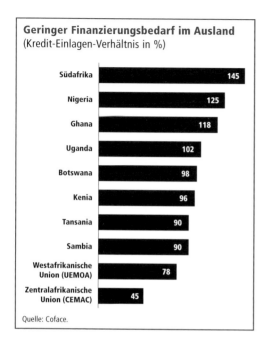

Südafrika	145
Nigeria	125
Ghana	118
Uganda	102
Botswana	98
Kenia	96
Tansania	90
Sambia	90
Westafrikanische Union (UEMOA)	78
Zentralafrikanische Union (CEMAC)	45

Quelle: Coface.

Der Rückgang der Rohstoffpreise wirkt sich von Land zu Land unterschiedlich aus

Von 2002 bis August 2008 trugen die kontinuierlich steigenden Rohstoffpreise zum Wachstum der afrikanischen Volkswirtschaften bei. Der jetzt zu beobachtende, zum Teil dramatische Einbruch der Rohstoffpreise dürfte die verschiedenen Länder der Region unterschiedlich hart treffen. Die Erdöl-/Erdgas- und Erzproduzenten bekommen die rückläufige Preisentwicklung am stärksten zu spüren. Afrika südlich der Sahara gehört zu den weltweit bedeutenden Produzenten von Erdöl, Erdgas und Erzen. So stammen mehr als 20% der weltweiten Goldproduktion, 14% der Aluminiumproduktion und 8% des weltweit geförderten Rohöls aus den Ländern dieser Region. **Nigeria** verfügt über qualitativ besonders hochwertige Erdölvorkommen. Bis zu 15% der weltweiten Produktion der Rohölsorte Bonny Light stammen von dort.

Der seit Herbst 2008 zu beobachtende Absturz der Rohstoffpreise betrifft auch die wichtigsten Metalle. So sank der Preis für Kupfer **(Sambia, Demokratische Republik Kongo, Botswana)** seit Anfang 2008 um knapp 50% und der für Aluminium **(Guinea, Mosambik)** um fast 60%. Im selben Zeitraum ging der Preis für Palladium **(Südafrika, Simbabwe)** um über 60%, der für Platin **(Südafrika, Simbabwe)** sogar um über 70% zurück. Auch der Zinkpreis **(Burkina Faso)** ist eingebrochen und liegt jetzt bei etwa einem Drittel des Anfang 2008 zu zahlenden Preises. Wegen der Rezession in den Industrieländern und des Abschwungs in den Schwellenländern, wovon insbesondere die äußerst rohstoffintensiven Branchen Bau und Automobil betroffen sind, dürften die Rohstoffpreise im laufenden Jahr unter Druck bleiben. Der synthetische Index der Rohstoffpreise, der sich zwischen 2002 und 2008 verfünf-

Börsen – z.B. in **Kenia** oder **Nigeria** – verzeichneten Kursschwankungen haben nur wenig mit den internationalen Turbulenzen zu tun. So ist der Absturz der Börse von Nairobi Mitte September eine direkte Folge der Maßnahmen der Zentralbank, durch die der allgemein üblichen Vergabe von Krediten an Aktionäre unvermittelt ein Ende gesetzt wurde. Der **ghanaische** Börsenindex wiederum stieg Ende Oktober um 60%, was zeigt, dass die Entwicklung der Aktienkurse in erster Linie von lokalen Ereignissen abhängig ist.

Die Kursschwankungen an der **südafrikanischen** Börse hatten sowohl innere als auch äußere Ursachen: So drückten die Schwierigkeiten bei der Stromversorgung auf die Werte der Bergbauunternehmen (Gold, Platin, Kohle), auf die über 30% der Börsenkapitalisierung entfallen. Und schließlich belastete der erwartete Rückgang der Rohstoffpreise Ende 2008 die Rentabilität der Investitionsvorhaben und die Aktienkurse. Die Volatilität des südafrikanischen Börsenindexes JSE dürfte 2009 wegen der weltweit knapper werdenden Liquidität und des schlechteren Risikoprofils des Landes (hohes Leistungsbilanzdefizit, politische Unsicherheit) zunehmen. Vor diesem Hintergrund ist davon auszugehen, dass die Anleger trotz der großen Zinsdifferenzen infolge der Leitzinssenkungen der Fed verstärkt Carry-Trade-Geschäfte auflösen werden. Dadurch wird die Volatilität des Rand, der seit Jahresbeginn 40% seines Werts eingebüßt hat, wahrscheinlich zunehmen.

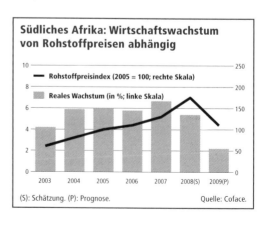

Südliches Afrika: Wirtschaftswachstum von Rohstoffpreisen abhängig

— Rohstoffpreisindex (2005 = 100; rechte Skala)

▨ Reales Wachstum (in %; linke Skala)

2003 2004 2005 2006 2007 2008(S) 2009(P)

(S): Schätzung. (P): Prognose.   Quelle: Coface.

Afrika südlich der Sahara

Handelsbilanzen der Nichtölländer[1) durch hohe Rohstoffpreise belastet

Handelsbilanzdefizit (in % des BIP; linke Skala)

Rohstoffpreisindex (2005 = 100; rechte Skala)

1) Südliches Afrika ohne Erdölexporteure und Südafrika.
(S): Schätzung.   Quelle: Coface.

facht hatte, könnte 2009 wieder auf das Niveau von 2002 zurückfallen. Da es den afrikanischen Erdölproduzenten nicht gelingen wird, den gesunkenen Rohölpreis durch eine Anhebung der Fördermengen auszugleichen, leiden sie stark unter der weltweiten Wirtschaftskrise.

Der Preisrückgang könnte zudem durch die rückläufige Nachfrage aus den Industrie- und Schwellenländern beschleunigt werden. Nach wie vor gehen 58% aller afrikanischen Exporte in die Industrieländer. Auf diesem Weg bekommen die afrikanischen Länder den Abschwung in den **USA, Europa** und **Japan** zu spüren. Doch auch die Ausfuhren in die Schwellenländer, deren Anteil am gesamten Ausfuhrvolumen von 36% (2002) auf 42% (2008) gestiegen ist, entwickeln sich unter dem Eindruck des Konjunkturabschwungs in **China** (13% der Exporte), **Brasilien** oder den **Ländern des Nahen Ostens** rückläufig. Durch die starke Zunahme der Exporte in die Schwellenländer erzielte Afrika 2008 erstmals wieder ein Plus bei den Ausfuhren, während der Handel mit den Industrieländern stagnierte. Im Jahr 2009 dürfte die Nachfrage aus den Schwellenländern jedoch nicht mehr ausreichen, um

den Nachfrageeinbruch aus den Industrieländern zu kompensieren.

Manche Länder könnten von den sinkenden Preisen für Produkte des Grundbedarfs durchaus profitieren. Die meisten Länder der Region sind Nettoimporteure von Rohstoffen – insbesondere von Erdöl und Agrarprodukten. Der in den vergangenen Jahren zu beobachtende Anstieg der Preise für Produkte des Grundbedarfs führte daher zu einer Verschlechterung der Leistungsbilanz der betreffenden Länder und zu einer rasant steigenden Inflation. Wegen des Rückgangs der Preise für Grundnahrungsmittel könnte es den Nettoimporteuren dieser Produkte 2009 gelingen, ihr Handelsbilanzdefizit zurückzuführen. Wie umfangreich diese Verringerung ausfällt, hängt davon ab, wie sich die Preise für die Exportprodukte der betreffenden Länder entwickeln.

Bei den Ländern, die Rohstoffe sowohl importieren als auch exportieren, ist eine Prognose im Hinblick auf die Entwicklung der Terms of Trade schwierig. Die Leistungsbilanzen der betreffenden Länder dürften sich auch dadurch verbessern, dass wegen der sinkenden Rohstoffpreise ein geringerer Teil der im Land erwirtschafteten Bergbaugewinne ins Ausland abgeführt wird. So wird die **südafrikanische** Leistungsbilanz zwar nach wie vor durch die Einfuhr von Ausrüstungsgütern belastet, doch die sinkenden Gewinne und Dividenden aus dem Bergbaugeschäft verbessern die Erwerbs- und Vermögenseinkommensbilanz.

Der für 2009 erwartete Rückgang der Inflation ist ebenfalls positiv zu bewerten. Der Rückgang der Inflation wird die öffentlichen Finanzen entlasten. Zahlreiche Regierungen waren zuvor gezwungen, die Subventionen für Produkte des Grundbedarfs zu erhöhen (auf bis zu 10% des BIP) und die Importzölle zu senken, um die dramatischen Kaufkraftverluste der Bevölkerung wenigstens teilweise auszugleichen. In Afrika machen die Ausgaben für Lebensmittel bis zu 80% des Warenkorbs der Haushalte aus. Der rasante Preisanstieg führte außerdem zu Hungerunruhen, die heftig genug waren, um die Regierungen von **Burkina Faso, Äthiopien, Kamerun, der Elfenbeinküste** und des **Senegals** zu destabilisieren.

Sinkende Finanzmittelzuflüsse

Wegen der gesunkenen Rentabilität der Investitionen und der strengeren Finanzierungskonditionen dürften sich die ausländischen Direktinvestitionen 2009 rück-

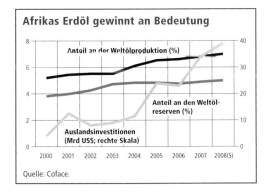

Afrikas Erdöl gewinnt an Bedeutung

Anteil an der Weltölproduktion (%)

Anteil an den Weltölreserven (%)

Auslandsinvestitionen (Mrd US$; rechte Skala)

Quelle: Coface.

läufig entwickeln. Der Preisrückgang belastet die Rentabilität von Investitionsvorhaben. Der rasante Anstieg der Erzpreise hatte dafür gesorgt, dass das Volumen der ausländischen Direktinvestitionen in Afrika zwischen 2004 und 2007 von 18 Mrd US$ auf über 50 Mrd US$ gewachsen war. Zum größten Teil flossen diese Investitionen in den Ausbau der Kapazitäten zur Rohstoffförderung, vor allem in der Erdölwirtschaft. Dadurch konnte Afrika seinen Anteil an der weltweiten Mineralölproduktion zwischen 1996 und 2008 durch erhebliche Investitionsanstrengungen von 5,5% auf über 7% steigern. Der Anteil Afrikas südlich der Sahara an den weltweiten Ölreserven stieg noch deutlicher, nämlich von 3% (1997) auf 5% (2008). Dadurch hat der afrikanische Kontinent im Laufe der vergangenen zehn Jahre zu einer Steigerung der weltweiten Erdölreserven von 25% beigetragen. Die Zahl der Förderlizenzen hat sich verdoppelt, und die Förderstätten erstrecken sich über eine Gesamtfläche, die zehnmal so groß ist wie Frankreich.

Diese günstige Tendenz könnte sich 2009 jedoch umkehren. So wurden in **Gabun** bereits verschiedene Investitionen in bestehende Mineralölvorkommen sowie Explorationsprojekte in der Tiefsee vorläufig auf Eis gelegt. Auch die Erschließung der Erdölvorkommen in **Uganda** könnte scheitern, denn angesichts der für die Erschließung notwendigen Investitionen (Bau einer Pipeline ins 1.200 km entfernte Mombasa in **Kenia)** rechnet sich das Projekt nur bei einem Ölpreis von über 80 US$ pro Barrel. In **Nigeria** gefährdet die internationale Kreditklemme die staatliche Beteiligung am Ausbau der Erdölwirtschaft. So war vorgesehen, dass sich die nigerianische Regierung zwischen 2008 und 2012 mit 60 Mrd US$ an verschiedenen Gemeinschaftsprojekten mit internationalen Mineralölkonzernen beteiligt. Allgemein besteht die Gefahr, dass wegen der sinkenden Rohstoffpreise Investitionen in die Förderung und Erschließung von Lagerstätten zurückgestellt werden. In der **Demokratischen Republik Kongo** wiederum wurden drei Viertel aller Kobaltminen geschlossen, wodurch mehrere Zehntausend Menschen ihren Arbeitsplatz verloren.

Außerdem stehen durch die weltweit schwierigeren Finanzierungsbedingungen bereits jetzt bedeutende Investitionsvorhaben im Bereich der Verkehrsinfrastruktur und der Energieversorgung auf der Kippe. So hat **Südafrika** ein Programm zum Ausbau der Kernenergie verschoben. Der enorme Anstieg des Risikoaufschlags für **Südafrika** (+120% zwischen Juni und Dezember 2008) und die Verschlechterung der von Moody's vergebenen Ratingnote für die südafrikanische Elektrizitätsgesellschaft ESKOM haben ebenso wie die weltweit knapper werdenden Finanzmittel zu einer Verteuerung des Projektes beigetragen.

Die Weltbank kündigte Ende Dezember 2008 die Auflegung eines Programms zur Vergabe langfristiger, zinsloser Notdarlehen für einkommensschwache Länder an. Sie geht davon aus, dass in den kommenden drei Jahren Darlehensbeträge i.H.v. 42 Mrd US$ ausgezahlt werden (gegenüber 11,2 Mrd US$ 2007/2008), und zieht sogar in Betracht, das bereitgestellte Volumen auf 100 Mrd US$ zu erhöhen. Angesichts der angespannten Haushaltslage in den **Industrieländern** besteht die Gefahr, dass diese ihre festen Zusagen, die sie im Dezember 2008 auf der Konferenz von Doha in Bezug auf die staatliche Entwicklungshilfe für Afrika gegeben haben, nicht oder nicht vollständig einhalten. Bereits 2008 lag die Entwicklungshilfe der G7-Staaten unter den zugesagten 30 Mrd US$. Einige Länder wie **Malawi** oder **Burkina Faso** sind jedoch zur Finanzierung ihres Staatswesens zu 80% auf internationale Hilfe angewiesen. Außerdem war und ist die staatliche Entwicklungshilfe für die ärmsten Länder von größter Bedeutung, um im Rahmen des HIPC-Programms und der Multilateralen Entschuldungsinitiative zu einem umfassenden Schuldenerlass zu kommen. Insgesamt ist die staatliche Entwicklungshilfe nach wie vor eine wichtige Säule zur Finanzierung der Jahrtausendziele, die eine Halbierung der Armut bis 2015 vorsehen. Obwohl die hierfür vorgesehene Zeit bereits zur Hälfte verstrichen ist, leben immer noch 29% der afrikanischen Bevölkerung in extremer Armut, wodurch die Entwicklung des Kontinents gebremst wird.

Private Transferleistungen und Tourismuseinnahmen werden sich wahrscheinlich rückläufig entwickeln. Das Volumen der privaten Transfers, die in die Region fließen, hat sich in den letzten zehn Jahren mehr als vervierfacht und belief sich 2008 auf 20 Mrd US$. Diese Transferleistungen sind eine bedeutende Devisenquelle für die afrikanischen Länder südlich der Sahara. In **Lesotho** machen sie 35%, in **Kap Verde** und selbst in **Nigeria** immerhin noch knapp 10% der Deviseneinnahmen aus. Im **Senegal,** wo die Transfers die wichtigste Devisenquelle darstellen (30% der Deviseneinnahmen), könnte der Rückgang zu einem deutlichen Abschwung im Wohnungsbau führen. Über ein Drittel der von Auslandssenegalesen in ihre Heimat überwiesenen Gelder (2008: 1,6 Mrd US$) werden für den Bau von Immobilien verwendet. Auch der Tourismus wird für

Afrika südlich der Sahara

immer mehr afrikanische Länder eine wichtige Quelle für Deviseneinnahmen, z.B. für **Kap Verde, Mauritius** oder **Kenia.** Angesichts der Rezession in den Industrieländern besteht allerdings die Gefahr, dass die Einnahmen aus dem Tourismus sinken. Selbst der hochpreisige Tourismus könnte unter der Rezession leiden, wie der Ende 2008 in **Tansania** registrierte Rückgang der Buchungen um 20% belegt.

Wachstum trotz steigender Risiken

In den vergangenen fünf Jahren beruhte das Wirtschaftswachstum in Afrika auf den steigenden Rohstoffpreisen. Inzwischen sind die Volkswirtschaften jedoch weiter diversifiziert. Ein Beleg dafür ist das starke Wirtschaftswachstum, das die Erdölproduzenten auch außerhalb der Ölwirtschaft verzeichnen. Es betrug 2008 in **Angola** 19,4%, in **Nigeria** 8,9% und in **Äquatorialguinea** 17,6%. Dabei profitiert die Konjunktur in diesen Ländern von den Investitionen in die Verkehrs- und Energieinfrastruktur, die im Zusammenhang mit der Erdölförderung stehen. Die ausländischen Direktinvestitionen fließen auch in die Telekommunikationsbranche, insbesondere die Mobiltelefonie. Die Telekommunikationsbranche verfügt in Afrika über erhebliches Wachstumspotential, denn die Marktdurchdringung ist in den meisten afrikanischen Ländern noch sehr gering (6,3% im **Niger,** 15,4% in **Mosambik,** 20% in **Mali** und **Benin).** Außerdem investieren viele Regierungen massiv, um eine unabhängige Lebensmittelversorgung der Bevölkerung sicherzustellen. Der rasante Anstieg der Lebensmittelpreise hat verdeutlicht, wie dringend eine Verbesserung der Landwirtschaft in Afrika ist. So sollen im **Senegal** im Rahmen des GOANA-Programms 344 Mrd CFA investiert werden, um die Reisproduktion bis 2011 um das Zweieinhalbfache zu steigern. Auch **Angola** arbeitet an der Urbarmachung seiner riesigen Brachflächen. Und schließlich hat der Konsum der Haushalte – gestützt auf steigende Agrareinkommen – sehr stark zu einer dynamischen Konjunktur beigetragen. Trotz der rückläufigen Einnahmen aus dem Exportgeschäft dürften die Binnennachfrage und insbesondere die staatlichen Investitionen auch 2009 für Wachstum sorgen, das für den gesamten Kontinent voraussichtlich 2,2% erreicht.

Schwächen in der Governance und zunehmende Gefahr bewaffneter Konflikte

Trotz einiger Fortschritte, die in den letzten Jahren von World Doing Business z.B. in **Ghana** oder **Benin** regis-

triert wurden, weist das Geschäftsumfeld in Afrika insgesamt immer noch große Schwächen auf. Mit Ausnahme von **Botswana, Mauritius, Namibia** und **Südafrika** erhalten die afrikanischen Länder südlich der Sahara im Rating Geschäftsumfeld von Coface die Bewertung B, C oder D, denn die rechtlichen und institutionellen Rahmenbedingungen für die Beilegung von Handelsstreitigkeiten sind nach wie vor ungünstig, und die Transparenz in Bezug auf die Unternehmen ist ausgesprochen gering.

Größere Sorge bereitet jedoch die wieder zunehmende Gefahr von bewaffneten Konflikten. Das Ende der Bürgerkriege in **Angola, Mosambik, Sierra Leone** und **Liberia** schien auf eine politische Stabilisierung Afrikas hinzudeuten. Doch der wiederaufflackernde Konflikt zwischen **Äthiopien** und **Eritrea** und die Auseinandersetzungen in der **Demokratischen Republik Kongo** sind ein beredtes Zeichen dafür, dass einige Regionen Afrikas immer noch von Instabilität gekennzeichnet sind.

Die Unruhen in **Kenia,** die Proteste gegen die Verteuerung von Lebensmitteln in der ersten Hälfte des vergangenen Jahres und nicht zuletzt die Rassenunruhen in **Südafrika** sind ein Beleg für die wachsenden sozialen Spannungen, die ihre Ursache in den zunehmenden Ungleichheiten haben. Trotz der Maßnahmen zur positiven Diskriminierung oder Förderung der historisch benachteiligten Bevölkerungsteile (Black Economic Empowerment) gelingt es **Südafrika** nicht, die Arbeitslosigkeit von knapp 40% nachhaltig zu senken. Damit ist **Südafrika** weltweit eines der Länder mit den schärfsten sozialen Gegensätzen.

Entwicklung der Zahlungsmoral

Der Konjunkturabschwung beeinträchtigt die Zahlungsfähigkeit der **südafrikanischen** Unternehmen. Coface rechnet damit, dass sich der Index der Zahlungsausfälle für das Land verschlechtert. Im **Senegal** haben die enormen Zahlungsrückstände des Staates gegenüber seinen Lieferanten und Dienstleistern zu einer Verschlechterung der Zahlungsmoral der Unternehmen geführt. In den übrigen Ländern leidet das Zahlungsverhalten der Unternehmen in bestimmten Branchen unter Schwierigkeiten. Beispiele dafür sind die Textilindustrie, die sich gegen die Konkurrenz aus Asien behaupten muss, und die Landwirtschaft, die unsicheren Witterungsbedingungen ausgesetzt ist und Probleme bei der Umstrukturierung des Baumwoll- und Erdnussanbaus

zu bewältigen hat. Außerdem belastet der hohe Ölpreis die Unternehmensbilanzen. In manchen Ländern haben die Schwierigkeiten der öffentlichen und privaten Energielieferanten (Strom, Kraftstoffe), die mit der Verteuerung der Erdölimporte konfrontiert waren und diesen Preisanstieg nicht an ihre Abnehmer weitergeben konnten, verschiedentlich zu Zahlungsausfällen geführt. Zudem erhöht das schwierige Geschäftsumfeld in bestimmten Ländern, darunter **Angola** und **Nigeria,** die Gefahr von Zahlungsausfällen.

Entwicklung der Coface-Länderbewertung

Trotz der sinkenden Rohstoffpreise scheint sich Afrika den Folgen der weltweiten Konjunkturverlangsamung weitgehend entziehen zu können. Deshalb änderten sich nur wenige Länderbewertungen. Insgesamt weist die Region aufgrund ihrer strukturellen Schwächen (Mängel in der Verkehrsinfrastruktur und der Energieversorgung, ungenügende Diversifizierung der Wirtschaft) immer noch ein hohes Risiko auf. Die anhaltenden Governance-Probleme belasten das Risikoprofil der afrikanischen Länder stark.

Einige Länder wie **Mali, Burkina Faso** und **Kamerun** mussten wegen der inflationsbedingt steigenden Gefahren für ihre Haushaltspolitik und den sozialen Frieden eine Verschlechterung ihrer Ratingnoten von B auf C hinnehmen.

Die besten Bewertungen erhalten die Länder des südlichen Afrikas, insbesondere **Botswana** (A3) und **Mauritius** (A3), die mit politischer Stabilität und einer soliden Finanzlage aufwarten können. Allerdings wurde die Bewertung **Botswanas** im März 2009 herabgestuft. Die Bewertung A3 für **Südafrika** befindet sich seit Juni 2008 unter Beobachtung für eine Abwertung, da die chronischen Engpässe in der Energieversorgung die Rentabilität der Investitionen belasten und das Leistungsbilanzdefizit aufgrund der zunehmenden Schwierigkeiten bei der Finanzierung voraussichtlich auch in Zukunft auf hohem Niveau bleibt.

Lediglich die **Elfenbeinküste** kann sich wegen der positiven Dynamik, die auf das im März 2007 geschlossene Abkommen von Ouagadougou zurückgeht, über gute Aussichten freuen. Voraussetzung für eine Normalisierung der politischen Lage bleibt jedoch die Abhaltung der auf 2009 verschobenen Wahlen. Trotz der Verbesserung ihrer Finanzlage hat sich die Beurteilung der Erdölländer **Angola** (C) und **Nigeria** (D) nicht verändert. Grund dafür ist das nach wie vor äußerst schwierige Geschäftsumfeld. Obwohl **Nigeria** beachtliche Anstrengungen zur wirtschaftlichen Diversifizierung unternommen hat, bleibt die Gefahr einer Zunahme der innenpolitischen Spannungen sehr hoch. •

Länderrating Afrika südlich der Sahara im Vergleich

	Januar 2003	Januar 2004	Januar 2005	Januar 2006	Januar 2007	Januar 2008	März 2009
Botswana	A2	A2	A2	A2	A2	A2	A3
Mauritius	A3	A3	A3	A3	A3	A3	A3
Namibia	A3	A3	A3	A3	A3	A3	A3
Südafrika	A4	A4	A3	A3	A3	A3	A3↘
Gabun	C	C	C	B	B	B	B
Mosambik	C	C	C	B	B	B	B
Senegal	B	B	B	B	B	B	B
Tansania	C	C	B	B	B	B	B
Angola	C	C	C	C	C	C	C
Kamerun	B	B	B↗	B	B	B	C
Kenia	C	C	C↗	C↗	C	C	C
Sambia	D	D	D	C	C	C	C
Elfenbeinküste	D	D	D	D	D	D	D↗
Nigeria	D	D	D	D	D	D	D
Simbabwe	D	D	D	D	D	D	D

↗↘: Unter Beobachtung für eine Auf- bzw. Abwertung.   Quelle: Coface.

Afrika südlich der Sahara

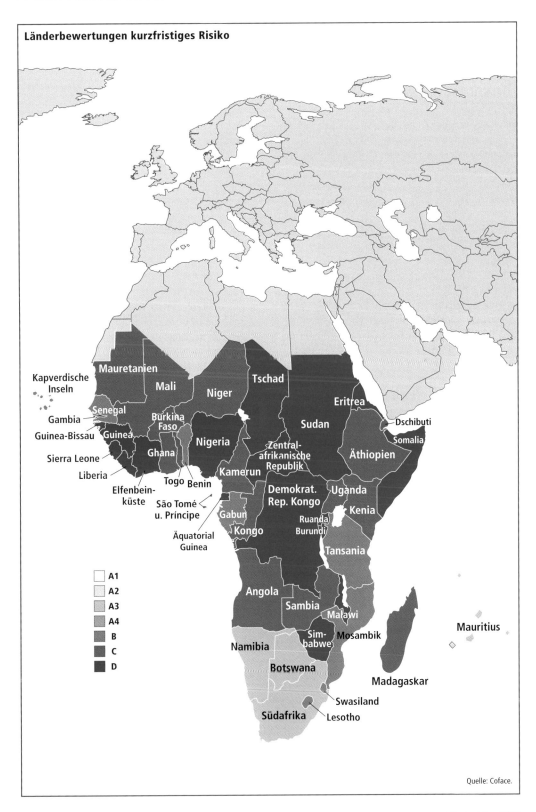

Länderbewertungen kurzfristiges Risiko

Kapverdische Inseln
Mauretanien
Mali
Niger
Tschad
Eritrea
Senegal
Gambia
Burkina Faso
Sudan
Dschibuti
Guinea-Bissau
Guinea
Nigeria
Somalia
Sierra Leone
Ghana
Zentral-afrikanische Republik
Äthiopien
Liberia
Kamerun
Elfenbein-küste
Togo Benin
São Tomé u. Príncipe
Demokrat. Rep. Kongo
Uganda
Kenia
Gabun
Kongo
Ruanda Burundi
Äquatorial Guinea
Tansania
Angola
Sambia
Malawi
Mauritius
Namibia
Sim-babwe
Mosambik
Botswana
Madagaskar
Swasiland
Südafrika
Lesotho

A1
A2
A3
A4
B
C
D

Quelle: Coface.

Angola

Bevölkerung (Mio Einwohner):	**17,0**
BIP (Mio US$):	**58.547**
Anteil am regionalen BIP (%):	**9**
Coface-Bewertungen	
Kurzfristiges Risiko:	**C**
Geschäftsumfeld:	**D**
Mittelfristiges Risiko:	**hoch**

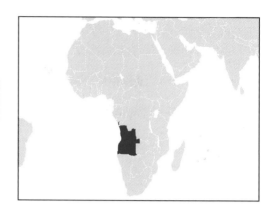

STÄRKEN

▲ Nach fünf Jahren starken Wachstums konnte sich Angola 2008 als drittstärkste Wirtschaftsmacht des südlichen Afrikas etablieren.

▲ Angola macht Nigeria die Position als größter Erdöl-produzent Afrikas streitig und dürfte 2011 eine För-dermenge von 2,5 Mio Barrel pro Tag erreichen. Angola ist der zweitgrößte Erdöllieferant Chinas und der sechstgrößte der USA. Im Januar 2007 ist das Land in die OPEC eingetreten.

▲ Angola verzeichnete vor Russland und Aserbai-dschan das größte Wachstum bei der Erdölförde-rung. Die Aussichten auf Förderung neuer Erdölvor-kommen (Offshorefelder) bringen weiterhin auslän-dische Direktinvestitionen ins Land.

▲ Das Land besitzt ein breites wirtschaftliches Poten-tial (Diamanten, Erze, Landwirtschaft, Fischfang, Wasserkraft). Die neue Mittelschicht ermöglicht die Erschließung neuer Märkte für den privaten Kon-sum.

SCHWÄCHEN

▼ Die Wirtschaft wird von der Erdölindustrie beherrscht (65% des BIP, 95% der Exporteinnah-men) und ist anfällig für Preisschwankungen.

▼ Regionale Disparitäten, eine zerrüttete Infrastruktur und die Spätfolgen von 27 Jahren Bürgerkrieg behindern die Entwicklung.

▼ Trotz des rasant wachsenden BIP steht Angola im Index der menschlichen Entwicklung (HDI) auf Platz 162 von 177 erfassten Ländern. Nach wie vor leben über 60% der Bevölkerung unterhalb der Armuts-grenze.

▼ Das Geschäftsumfeld ist schwierig und bremst die wirtschaftliche Entwicklung.

▼ Angola verpfändet seine Erdölvorkommen für Kre-dite aus China und kann so die Bedingungen für die Kreditvergabe des IWF umgehen, der weitaus stär-kere Reformbemühungen fordert.

RISIKOEINSCHÄTZUNG

Neue Wachstumskräfte

Angetrieben durch die zunehmende Offshoreölförde-rung und den weltweit steigenden Ölpreis konnte Angola auch 2008 eine der höchsten Wachstumsraten der Welt verzeichnen. Für 2009 ist eine noch positive wirtschaftliche Entwicklung zu erwarten. Selbst der Rückgang des Ölpreises wird die großen Ölkonzerne sicher nicht dazu veranlassen, ihre strategischen Inves-titionen in die Tiefseeförderung zu drosseln. Die rück-läufigen Exporteinnahmen dürften von der anhaltend dynamischen Entwicklung der Wirtschaftsbereiche außerhalb der Ölindustrie aufgefangen werden. Im Vor-feld der von Angola ausgerichteten Fußballafrikameis-terschaft 2010 investiert der Staat massiv in die Infra-struktur. Hiervon profitieren die Bereiche außerhalb der Ölindustrie ebenso wie die Telekommunikations- und Finanzdienstleistungsbranche. Bei der Bekämpfung der Armut scheint die Regierung ihre Politik langfristig auf die Entwicklung der personalintensiven Landwirtschaft zu stützen, in der 45% der Bevölkerung beschäftigt sind. Da Angola kaum Lebensmittel importiert, dürfte es möglich sein, den Inflationsdruck einzudämmen. So gelingt es der Zentralbank dank ihrer umsichtigen Geld-politik bereits seit 2007, die Inflationsrate relativ nied-rig zu halten.

Afrika südlich der Sahara

Wichtige Kennzahlen

	2004	2005	2006	2007	2008 (S)	2009 (P)
Reales Wirtschaftswachstum (%)	11,2	20,6	18,6	23,4	26,6	8,0
Inflation (%)	43,5	23,0	13,3	12,2	11,4	8,8
Staatshaushalt (Saldo in % des BIP)	−1,6	7,3	14,8	10,1	10,8	2,0
Ausfuhren (Mio US$)	13.475	24.109	31.862	38.997	55.916	44.000
Einfuhren (Mio US$)	5.832	8.353	9.586	15.048	19.801	22.000
Handelsbilanz (Saldo in Mio US$)	7.643	15.756	22.276	23.949	36.115	22.000
Leistungsbilanz (Saldo in % des BIP)	3,5	16,8	23,3	10,9	11,9	8,0
Auslandsverschuldung (in % des BIP)	55	40	20	16	14	14
Schuldendienst (in % der Ausfuhren)	16,3	10,9	8,7	4,5	3,6	4,2
Währungsreserven (in Monatsimporten)	1,9	2,6	4,5	3,5	4,0	4,0

(S): Schätzung. (P): Prognose.　　　　　　　　　　　　　　　　　　　　　　　　Quelle: Coface.

Wahrscheinlichkeit von Zahlungsausfällen mittelfristig auf moderatem Niveau

Angola hat es der Ölpreissteigerung der letzten fünf Jahre zu verdanken, dass das Land seinen Staatshaushalt sanieren und einen deutlichen Handelsbilanzüberschuss erzielen konnte. Das rasant wachsende BIP und die Normalisierung der Beziehungen zum Pariser Club haben es dem Land ermöglicht, seine Auslandsverschuldung im vergangenen Jahr auf unter 15% des BIP zu senken. Allerdings hat Angola aufgrund eines massiven Kapitalabzugs einen chronischen Finanzierungsbedarf, der vermutlich immer stärker von kommerziellen Krediten von außerhalb des Pariser Clubs gedeckt wird. Insbesondere China und Brasilien gewähren Angola Kreditlinien, die sich auf 11 bzw. 3 Mrd US$ belaufen.

Mangelhaftes Geschäftsumfeld

Im September 2008 wurden zum ersten Mal seit Ende des Bürgerkriegs 2002 Parlamentswahlen abgehalten. Die Partei MPLA (Volksbewegung zur Befreiung Angolas), die als Sieger aus dem jahrelangen Konflikt hervorgegangen war, wurde dabei in ihrer Macht bestätigt. Die Wahlen haben deutlich gemacht, dass sich der Normalisierungsprozess fortsetzt, denn die MPLA konnte auch in Regionen, in denen die Oppositionspartei UNITA (Nationale Union für die völlige Unabhängigkeit Angolas) traditionell große Unterstützung genießt, eine deutliche Mehrheit erringen. Der friedliche Ablauf der Wahlen dürfte auch dafür gesorgt haben, dass die Legitimität der angolanischen Staatsführung im Ausland stärker anerkannt wird. Verbesserungen bei der Governance stehen jedoch nicht in Aussicht, denn das Erdöl-geschäft fördert ein äußerst ungleiches Wachstum und massive Korruption. Das Geschäftsumfeld hat deutlich unter diesen Einflüssen zu leiden.

VORAUSSETZUNGEN FÜR DEN MARKTZUGANG

Möglichkeiten des Marktzugangs

Das Land steht Importen aufgeschlossen gegenüber und hängt bei Konsum und Investitionen zu 90% von Einfuhren ab. Zollschranken bestehen nicht, die Steuersätze liegen zwischen 2% und 30%. Zurzeit ist die Regierung dabei, die Einfuhrverfahren zu vereinfachen. Mit der Einführung des einheitlichen Zollbegleitscheins hat Angola die Durchführung der Pre-Shipment Inspection für den Wettbewerb geöffnet. Ein neuer Zolltarif ist in Kraft getreten, der die Entwicklung der Industrie (geringerer Zollsatz auf Ausrüstungsgüter und Rohstoffe), die Förderung natürlicher Ressourcen (Ausnahmeregelungen) und Investitionen in den Provinzen begünstigen soll. Allerdings gehört Angola nach wie vor zu den bürokratischsten Ländern der Welt. Die Kapazitätsengpässe in den Häfen und die Trägheit der Verwaltungseinrichtungen, insbesondere von Hafen- und Zollbehörden, hemmen die Entwicklung von Handel und Wirtschaft. Da Angola kein Vollmitglied der Südafrikanischen Entwicklungsgemeinschaft (SADC) ist, gewährt das Land deren Mitgliedern keine Vorzugstarife. Es wird empfohlen, die Finanzierung und die Liquidität der Partner zu prüfen und die Zahlung bei Auftragserteilung oder per unwiderrufliches Dokumentenakkreditiv mit Bestätigung durch eine erstklassige Bank zu fordern.

Exporte: 74% des BIP
▷▷▷

Importe: 38% des BIP
◁◁◁

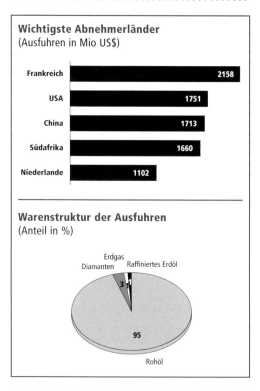

Wichtigste Abnehmerländer
(Ausfuhren in Mio US$)

Frankreich	2158
USA	1751
China	1713
Südafrika	1660
Niederlande	1102

Warenstruktur der Ausfuhren
(Anteil in %)

Diamanten / Erdgas / Raffiniertes Erdöl 3 / 1 / 1
Rohöl 95

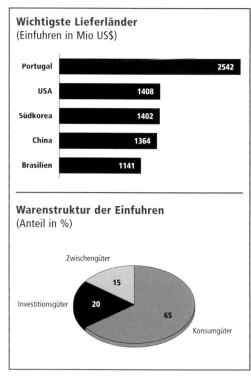

Wichtigste Lieferländer
(Einfuhren in Mio US$)

Portugal	2542
USA	1408
Südkorea	1402
China	1364
Brasilien	1141

Warenstruktur der Einfuhren
(Anteil in %)

Zwischengüter 15
Investitionsgüter 20
Konsumgüter 65

Schuldenlast
(Auslandsverschuldung in % der Waren-
und Dienstleistungsexporte)

Angola	20
Regionaler Durchschnitt	70
Durchschnitt Schwellenländer	73

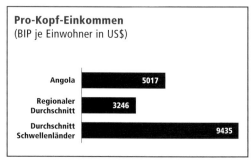

Pro-Kopf-Einkommen
(BIP je Einwohner in US$)

Angola	5017
Regionaler Durchschnitt	3246
Durchschnitt Schwellenländer	9435

Haltung gegenüber ausländischen Investoren

Die Investitionsbehörde ANIP ist zentraler Ansprech-
partner für die wichtigsten Verwaltungsdienste, arbeitet
jedoch nach wie vor schleppend. Die Erledigung von
Formalitäten beansprucht viel Zeit und muss von einem
Partner vor Ort oder einem Rechtsanwalt verfolgt werden. Rechtmäßig errichtete ausländische Unternehmen
unterliegen häufigen Prüfungen verschiedener Behörden. Das Rechtssystem weist enorme Schwächen auf.
Dank der Erdölvorkommen ist Angola allerdings ein
bevorzugtes Ziel ausländischer Direktinvestitionen.

Devisenverkehr

Die nicht transferierbare Landeswährung, der Kwanza,
hat 2006 und 2007 gegenüber dem US-Dollar an Wert
gewonnen. Sein Kurs von 75 AON für 1 US$ blieb 2008
stabil. Das Bankensystem arbeitet zunehmend profes-
sioneller. So haben die Banken Vorsichtsregeln eingeführt, die den Vorgaben von Basel entsprechen. Der
Aufbau der 2004 gegründeten Wertpapierbörse dürfte
im laufenden Jahr fortgesetzt werden.   •

Afrika südlich der Sahara

Äthiopien

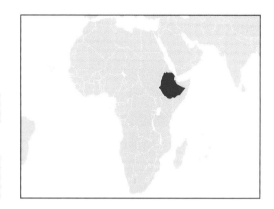

Bevölkerung (Mio Einwohner):	**79,1**
BIP (Mio US$):	**19.395**

Coface-Bewertungen

Kurzfristiges Risiko:	**C**
Geschäftsumfeld:	**D**
Mittelfristiges Risiko:	**sehr hoch**

RISIKOEINSCHÄTZUNG

Die Konjunktur Äthiopiens hat sich 2008 abgeschwächt. Ursache hierfür war die extreme Trockenheit, die sowohl die Landwirtschaft als auch die Energieversorgung beeinträchtigte. Gestützt wurde das Wachstum allerdings durch die Diversifizierung der Landwirtschaft und höhere Investitionen in die Goldförderung. Die Abkühlung der Weltwirtschaftslage könnte 2009 dazu führen, dass die privaten Transferzahlungen und internationalen Hilfen zurückgehen und der Zustrom ausländischer Direktinvestitionen abnimmt. Die Inflation, die 2008 aufgrund der schlechten Ernteerträge und der enorm gestiegenen Weltmarktpreise einen Spitzenwert von über 30% erreichte, dürfte 2009 angesichts fallender Preise wieder unter 15% sinken. Das geringe Steueraufkommen belastet den Staatshaushalt. Die stark defizitäre Außenhandelsbilanz wird 2009 voraussichtlich von sinkenden Erdölpreisen und steigenden Gold- und Kaffeeexporten profitieren können. Obwohl in Zukunft wohl weniger internationale Finanzhilfen und ausländische Direktinvestitionen ins Land fließen werden, dürften diese weiterhin ausreichen, um den externen Finanzbedarf zu decken. Vor diesem Hintergrund bleibt die dank des HIPC-Programms und der Multilateralen Entschuldungsinitiative drastisch gesenkte Auslandsverschuldung auf einem vertretbaren Niveau.

Unter dem Einfluss der im Jahr 2010 anstehenden allgemeinen Wahlen verstärken sich die Spannungen zwischen der Regierung und den Oppositionsparteien, die die Parlamentswahlen im April 2008 boykottiert hatten. Hinzu kommt, dass die Regierung sich zahlreichen Aufständen bewaffneter Gruppen mit ethnischer und religiöser Motivation gegenübersieht. Der im Juli 2008 begonnene Rückzug der UNO-Mission könnte zu einem Wiederaufflackern der Feindseligkeiten in der Region führen.   •

Wichtige Kennzahlen

	2004	2005	2006	2007	2008 (S)	2009 (P)
Reales Wirtschaftswachstum (%)	9,8	12,6	11,6	11,4	8,4	6,5
Inflation (%)	8,6	6,8	12,3	15,1	30,8	14,2
Staatshaushalt (Saldo in % des BIP)	−7,4	−8,7	−7,4	−8,1	−8,4	−6,9
Ausfuhren (Mio US$)	600	847	1.001	1.187	1.461	1.656
Einfuhren (Mio US$)	2.587	3.633	4.593	5.126	6.183	7.660
Handelsbilanz (Saldo in Mio US$)	−1.987	−2.786	−3.592	−3.939	−4.722	−6.004
Leistungsbilanz (Saldo in % des BIP)	−9,6	−12,4	−14,8	−10,6	−10,3	−9,7
Auslandsverschuldung (in % des BIP)	64,2	48,9	40,7	12,4	12,4	17,3
Schuldendienst (in % der Ausfuhren)	11,4	2,6	3,1	2,2	1,8	1,8
Währungsreserven (in Monatsimporten)	5,7	3,1	1,8	1,8	1,2	1,6

(S): Schätzung. (P): Prognose.   Quelle: Coface.

Benin

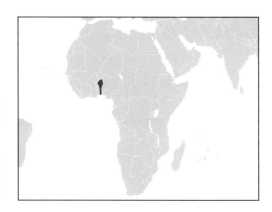

Bevölkerung (Mio Einwohner):	**9,0**
BIP (Mio US$):	**5.428**

Coface-Bewertungen	
Kurzfristiges Risiko:	**B**
Geschäftsumfeld:	**C**
Mittelfristiges Risiko:	**hoch**

RISIKOEINSCHÄTZUNG

Reexporte im Aufwind

Die Wirtschaft Benins konnte 2008 von der dynamischen Entwicklung des Hafens von Cotonou, der guten Konjunktur in der Landwirtschaft (22% des BIP) und steigenden Investitionen in die Verkehrsinfrastruktur profitieren. Im laufenden Jahr ist mit einem fortgesetzten Wirtschaftswachstum zu rechnen, denn die Aufhebung der Beschränkungen der Einfuhr nach Nigeria und zunehmende Reexporte dürften die Auswirkungen der rückläufigen Baumwollproduktion auffangen. Im vergangenen Jahr heizte der starke Anstieg der Lebensmittelpreise, die einen Anteil von 80% am Preisindex des Landes einnehmen, die Inflation an. Dank der gegenwärtig fallenden Rohstoffpreise dürfte die Inflationsrate 2009 nicht mehr so stark ansteigen.

Fortsetzung der internationalen Hilfe unverzichtbar

Die steigenden Öl- und Lebensmittelpreise haben 2008 den Staatshaushalt und die Leistungsbilanz belastet. Die Regierung war gezwungen, die Subventionen auf Produkte des Grundbedarfs deutlich zu erhöhen und die Einfuhrzölle zu senken. Die rückläufigen Preise dürften sich günstig auf die Handelsbilanz 2009 auswirken, allerdings ist gleichzeitig ein Abwärtstrend bei den Baumwollausfuhren zu erwarten, der dem Konjunkturrückgang in der chinesischen Textilindustrie geschuldet ist. Im Zuge der weltweiten Konjunkturabkühlung dürften auch die privaten Transferzahlungen, die die Haupteinnahmequelle für Devisen bilden, zurückgehen. Somit bleibt die fortgesetzte Unterstützung der internationalen Geberländer (8% des BIP) entscheidend für die Deckung des Finanzierungsbedarfs. •

Wichtige Kennzahlen

	2004	2005	2006	2007	2008 (S)	2009 (P)
Reales Wirtschaftswachstum (%)	3,1	2,9	3,8	4,6	5,1	5,7
Inflation (%)	0,9	5,4	3,8	1,3	8,8	6,5
Staatshaushalt (Saldo in % des BIP)	−3,7	−4,6	−2,7	−1,4	−4,1	−4,2
Ausfuhren (Mio US$)	349	325	268	346	427	457
Einfuhren (Mio US$)	804	754	760	944	1.177	1.205
Handelsbilanz (Saldo in Mio US$)	−454	−423	−494	−596	−791	−849
Leistungsbilanz (Saldo in % des BIP)	−10,4	−7,5	−8,7	−9,5	−12,5	−10,8
Auslandsverschuldung (in % des BIP)	34,9	42,1	17,4	18,6	15,8	15,9
Schuldendienst (in % der Ausfuhren)	6,9	4,5	3,7	3,3	5,1	5,5
Währungsreserven (in Monatsimporten)	7,1	8,0	10,2	9,7	6,4	5,9

(S): Schätzung. (P): Prognose.

Quelle: Coface.

Afrika südlich der Sahara

Botswana

Bevölkerung (Mio Einwohner):	**1,9**
BIP (Mio US$):	**11.781**
Anteil am regionalen BIP (%):	**9**

Coface-Bewertungen
Kurzfristiges Risiko:	**A3**
Geschäftsumfeld:	**A3**
Mittelfristiges Risiko:	**gering**

STÄRKEN

▲ Seit der Unabhängigkeit 1966 herrscht in dem Land eine bemerkenswerte politische Stabilität. Botswana ist die älteste Demokratie mit einem Mehrparteiensystem auf dem gesamten afrikanischen Kontinent.

▲ Laut Transparency International ist Botswana das Land mit der geringsten Korruption in Afrika.

▲ Das Land verfügt über reiche Vorkommen an Diamanten (zweitgrößter Produzent weltweit), Kupfer, Nickel und Gold.

▲ Eine strikte Wirtschaftspolitik verbessert die Verwaltung der Einnahmen aus der Diamantenförderung und bewahrt das Land vor dem „Holland-Syndrom".

▲ Eine gut ausgebaute Infrastruktur fördert den Aufschwung von Tourismus und Dienstleistungen (Finanzwesen, Telekommunikation).

SCHWÄCHEN

▼ Die Binnenwirtschaft ist nach wie vor zu stark vom Diamantenabbau abhängig, der ein Drittel des BIP und 63% der Ausfuhren ausmacht. Dabei ist zu erwarten, dass die Diamantenförderung stagnieren und ab 2020 beträchtlich zurückgehen wird.

▼ In den Bergbau wird viel Kapital investiert, er trägt jedoch kaum zur Schaffung von Arbeitsplätzen bei. Die Arbeitslosigkeit liegt bei 17% und betrifft auch Hochschulabsolventen.

▼ Der Gini-Koeffizient (zwischen 0 für völlig gleich und 1 für extrem ungleich) für Botswana liegt bei 0,6 und weist auf eine im internationalen Vergleich besonders ungleiche Verteilung von Einkommen und Vermögen hin. So leben 23% der Bevölkerung von weniger als 1 US$ pro Tag.

▼ Der Anteil der HIV-Infizierten unter der erwachsenen Bevölkerung erreicht in Botswana mit 35% eine der höchsten Raten der Welt. Die Aidspandemie beeinträchtigt die langfristigen wirtschaftlichen und finanziellen Aussichten des Landes.

RISIKOEINSCHÄTZUNG

Rückgang der Diamantenförderung, lebhafte Entwicklung im Hoch- und Tiefbau

Die rückläufige Diamantenförderung und der Einbruch der Erzpreise auf dem Weltmarkt führten dazu, dass das Wirtschaftswachstum des Landes 2008 leicht zurückging. Es ist zu erwarten, dass die Konjunktur angesichts des fortgesetzten Produktivitätsrückgangs im Diamantenabbau auch 2009 keine größeren Zuwächse verzeichnen wird. Im Zuge der weltweiten Wirtschaftskrise dürften darüber hinaus die Rohstoffpreise weiter sinken und die ausländischen Direktinvestitionen in den Bergbau zurückgehen. Ein Aufwärtstrend ist hingegen bei den öffentlichen wie privaten Investitionen in die touristische Infrastruktur sowie bei der landwirtschaftlichen Produktion zu erwarten, sofern die Witterungsverhältnisse günstig bleiben. Angetrieben von den steigenden Öl- und Nahrungsmittelpreisen, erreichte die Inflationsrate 2008 Spitzenwerte. Die Abwertung des Pula verstärkte diese Entwicklung noch, ebenso wie die Anhebung der Strompreise um 50% durch das südafrikanische Energieunternehmen ESKOM, das Botswana mit Strom versorgt. Es ist zu erwarten, dass der Preisauftrieb 2009 nachlässt, denn die Öl- und Lebensmittelpreise gehen weltweit zurück, und auch die Inflation in Südafrika – dem wichtigsten Lieferanten Botswanas – lässt nach.

Solide Außenhandelsposition

Der Staatshaushalt, der in den letzten Jahren große Überschüsse zu verzeichnen hatte, dürfte im laufenden Jahr trotz einer Einnahmensteigerung nahezu ausgeglichen sein, da der Mittelabfluss der budgetierten Staatsausgaben verbessert werden konnte. Auch der Leistungsbilanzüberschuss fällt voraussichtlich nicht mehr so deutlich aus, denn sowohl bei den Ausfuhren nach Südafrika als auch bei den Rohstoffpreisen ist eine rückläufige Entwicklung zu erwarten. Vor diesem Hintergrund kann Botswana mit einer nach wie vor mäßigen Auslandsverschuldung rechnen. Der Schuldendienst liegt bei unter 3% der Exporteinnahmen, und die weiterhin steigenden Währungsreserven entsprechen bereits dem Wert der Importe von über zwei Jahren.

Politische Stabilität, gepaart mit sozialer Ungleichheit

Der Botswana Democratic Party (BDP), die seit der Unabhängigkeit des Landes an der Macht ist, dürfte es nicht schwerfallen, die für Oktober 2009 angesetzten Parlamentswahlen zu gewinnen. Die frühzeitige Ablösung von Präsident Festus Mogae durch den Vizepräsidenten Ian Khama im April 2008 – und damit über ein Jahr vor den Parlamentswahlen – hat der BDP einen reibungslosen Führungswechsel ermöglicht, während die Opposition nach wie vor zersplittert ist. Präsident Khama machte deutlich, dass er die umsichtige makroökonomische Politik seines Landes fortsetzen und sich für den 9. Nationalen Entwicklungsplan einsetzen werde, der die Diversifizierung der Industrielandschaft,

die Schaffung von Arbeitsplätzen und die Verringerung der Armut vorsieht. Wie dringend erforderlich gesellschaftliche Veränderungen sind, wird insbesondere in den Städten deutlich, die mit einem massiven Zustrom von Immigranten aus dem Nachbarland Simbabwe fertig werden müssen, wo chaotische Verhältnisse herrschen. In dieser Hinsicht steht zu befürchten, dass die neue Wohnungspolitik, die den Erwerb von Grundbesitz erleichtern soll, nicht zur Bekämpfung der sozialen Ungleichheiten ausreicht, die in Botswana im weltweiten Vergleich besonders ausgeprägt sind.

VORAUSSETZUNGEN FÜR DEN MARKTZUGANG

Marktsituation

Botswana ist Mitglied der Südafrikanischen Zollunion SACU, der außerdem Lesotho, Swasiland, Namibia und Südafrika angehören. Obwohl Botswana zu den wohlhabendsten Ländern Afrikas zählt, ist der Binnenmarkt mit weniger als 2 Millionen Einwohnern begrenzt und vor allem auf die Städte im Osten des Landes ausgerichtet.

Möglichkeiten des Marktzugangs

Öffentliche Ausschreibungen und Aufträge für Großprojekte entsprechen den anerkannten internationalen Usancen. Einfuhren werden generell in Rand, in US-Dollar oder Britischen Pfund fakturiert. Der Euro setzt sich zwar als Zahlungswährung langsam durch, aber sein Anteil ist noch immer unbedeutend. Botswana bietet

Wichtige Kennzahlen

	2004	2005	2006	2007	2008 (S)	2009 (P)
Reales Wirtschaftswachstum[1] (%)	6,6	4,7	3,4	5,7	5,3	4,6
Inflation (%)	7,0	8,6	11,6	7,1	12,6	11,9
Staatshaushalt (Saldo in % des BIP)	0,3	6,4	10,1	6 ,4	3,4	2,4
Ausfuhren (Mio US$)	3.734	4.559	4.707	5.185	5.160	5.375
Einfuhren (Mio US$)	2.893	2.791	3.515	3.082	4.058	4.218
Handelsbilanz (Saldo in Mio US$)	841	1.768	1.192	2.103	1.103	1.157
Leistungsbilanz (Saldo in % des BIP)	3,0	15,4	17,6	16,8	8,6	8,3
Auslandsverschuldung (in % des BIP)	11,6	12,3	12,1	11,6	11,9	12,9
Schuldendienst (in % der Ausfuhren)	3,5	2,0	2,2	2,0	2,1	2,4
Währungsreserven (in Monatsimporten)	18,3	21,1	27,7	26,6	23,3	25,3

1) Steuerjahr, Beginn 1. April. (S): Schätzung. (P): Prognose.   Quelle: Coface.

Afrika südlich der Sahara

Exporte: 55% des BIP
▷▷▷▷▷▷▷▷▷▷▷▷▷▷▷▷▷▷▷▷▷▷▷▷▷▷▷▷▷▷▷▷▷▷▷▷▷▶▶▶▶▶

Importe: 29% des BIP
◀◀◀

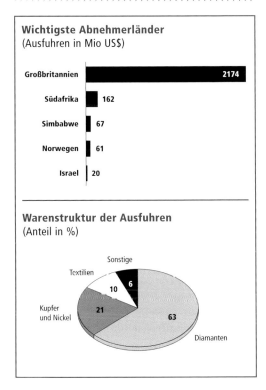

Wichtigste Abnehmerländer
(Ausfuhren in Mio US$)

Großbritannien — 2174
Südafrika — 162
Simbabwe — 67
Norwegen — 61
Israel — 20

Warenstruktur der Ausfuhren
(Anteil in %)

Sonstige 6
Textilien 10
Kupfer und Nickel 21
Diamanten 63

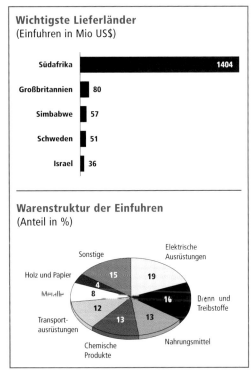

Wichtigste Lieferländer
(Einfuhren in Mio US$)

Südafrika — 1404
Großbritannien — 80
Simbabwe — 57
Schweden — 51
Israel — 36

Warenstruktur der Einfuhren
(Anteil in %)

Sonstige 15
Holz und Papier 4
Elektrische Ausrüstungen 19
Metalle 8
Brenn und Treibstoffe 16
Transportausrüstungen 12
Chemische Produkte 13
Nahrungsmittel 13

Schuldenlast
(Auslandsverschuldung in % der Waren- und Dienstleistungsexporte)

Botswana — 26
Regionaler Durchschnitt — 70
Durchschnitt Schwellenländer — 73

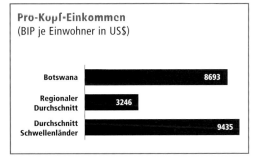

Pro-Kopf-Einkommen
(BIP je Einwohner in US$)

Botswana — 8693
Regionaler Durchschnitt — 3246
Durchschnitt Schwellenländer — 9435

ähnliche Zahlungsinstrumente wie Europa oder die USA.

Haltung gegenüber ausländischen Investoren

Das botswanische Recht gründet auf den Prinzipien des Common Law. Die Praktiken sind sehr liberal und orientieren sich an den geltenden Normen in den entwickelten Ländern. Im Bereich der Investitionssicherheit hat Botswana das MIGA-Abkommen (Multilaterale Investitionsgarantieagentur) der Weltbank und das OPIC-Abkommen der USA unterzeichnet.

Devisenverkehr

Die Landeswährung Pula (BWP) ist uneingeschränkt konvertibel. Der Pula bleibt jedoch an die Entwicklung des Rand gekoppelt, wobei der Wechselkurs schrittweise und unter Bindung an einen gleichbleibenden Korb von Referenzwährungen (Rand und Sonderziehungsrechte) angepasst wird. Für Nichtansässige bestehen keine Beschränkungen bezüglich der Kapitalrückführung. Ausländische Anleger können Dividenden und Kapital nach Abzug der Quellensteuer in Höhe von 15% problemlos zurückführen. ●

Burkina Faso

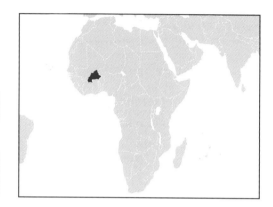

Bevölkerung (Mio Einwohner):	**14,8**
BIP (Mio US$):	**6.757**

Coface-Bewertungen

Kurzfristiges Risiko:	**C**
Geschäftsumfeld:	**C**
Mittelfristiges Risiko:	**hoch**

RISIKOEINSCHÄTZUNG

Gold als Rettungsanker der Konjunktur

Das Wirtschaftswachstum 2008 stützte sich vor allem auf die Investitionstätigkeit in der Bergbaubranche. Zudem konnten die gestiegenen Weltmarktpreise für Baumwolle den drastischen Einbruch der Ernteerträge (–50%) auffangen, der teilweise durch die Aufgabe von Baumwollkulturen zugunsten der Subsistenzwirtschaft verursacht wurde. Da sich die Goldpreise stabil entwickeln, werden sich die Investitionen in den Goldabbau voraussichtlich auf dem derzeitigen Niveau halten. Bei den Baumwollausfuhren sind hingegen weiterhin enttäuschende Zahlen zu erwarten, da es zu wenig Anreize für eine Wiederaufnahme des Anbaus gibt. Insgesamt gesehen, wird das Wirtschaftswachstum des Landes im Hinblick auf die Jahrtausendziele der UN wohl unzureichend bleiben – im Index der menschlichen Entwick-lung (Human Development Index) wird Burkina Faso mit Platz 176 weiterhin an vorletzter Stelle geführt. Der Rückgang der Benzin- und der Lebensmittelpreise dürfte den hohen Inflationsdruck im laufenden Jahr senken, der u.a. auch durch die mangelhafte Verkehrs-infrastruktur und die unzureichenden Distributions-netze genährt wird.

Internationale Hilfen weiterhin in gleicher Höhe notwendig

Der Staatshaushalt ist stark defizitär und wird durch zu geringe Steuereinnahmen und die weitverbreitete Schattenwirtschaft belastet. Die Leistungsbilanz ist von ungünstigen Terms of Trade gekennzeichnet. Allerdings könnte der Preisrückgang bei Grundnahrungsmitteln 2009 eine leichte Absenkung des Defizits ermöglichen. Durch den Schuldenerlass im Zuge des HIPC-Programms und der Multilateralen Entschuldungsinitiative

Wichtige Kennzahlen

	2004	2005	2006	2007	2008 (S)	2009 (P)
Reales Wirtschaftswachstum (%)	4,6	7,1	5,5	3,6	4,5	5,6
Inflation (%)	–0,4	6,4	2,4	–0,2	9,5	5,0
Staatshaushalt (Saldo in % des BIP)	–8,8	–9,7	–11,3	–12,2	–11,5	–10,9
Ausfuhren (Mio US$)	525	464	589	618	711	873
Einfuhren (Mio US$)	951	990	1.075	1.214	1.724	1.830
Handelsbilanz (Saldo in Mio US$)	–426	–525	–486	–597	–1.013	–957
Leistungsbilanz (Saldo in % des BIP)	–13,6	–15,0	–12,6	–12,6	–16,2	–14,9
Auslandsverschuldung (in % des BIP)	39	39	25	24	24	26
Schuldendienst (in % der Ausfuhren)	7,8	9,3	5,1	5,2	4,4	5,8
Währungsreserven (in Monatsimporten)	6,4	4,4	4,5	7,0	6,2	5,4

(S): Schätzung. (P): Prognose.

Quelle: Coface.

Afrika südlich der Sahara

konnte die Außenhandelsposition des Landes gestärkt werden. Da jedoch der Zustrom ausländischer Direktinvestitionen vor dem Hintergrund der weltweit steigenden Risikoaversion nachlassen dürfte, ist die Deckung des Finanzbedarfs 2009 gefährdet. Somit ist die Beibehaltung der internationalen Hilfen nach wie vor unerlässlich.

Beruhigung der sozialen Lage und Stabilisierung im Nachbarland Elfenbeinküste

Die Autorität von Präsident Blaise Campaoré dürfte unbestritten bleiben, obwohl sich die Unstimmigkeiten innerhalb der Regierungspartei CDP mehren und obwohl der Preisauftrieb bei Grundnahrungsmitteln zu sozialen Spannungen geführt hat. Blaise Campaoré, der die Regierung um einige Mitglieder aus den Reihen der Oppositionsparteien erweitert hat, dürfte sogar gute Chancen auf eine vierte Amtszeit ab 2010 haben. Dies würde ihn in die Lage versetzen, die vom IWF geforderten Reformen, die unter anderem die Privatisierung der wichtigsten Wirtschaftsbranchen zum Ziel haben, weiterzuverfolgen. Der Präsident genießt im Übrigen wegen seiner Rolle als Vermittler in der Krise im Nachbarland Elfenbeinküste ein hohes Ansehen in der Region. Die Stabilisierung der Lage in der Elfenbeinküste bleibt auch weiterhin eine der Grundvoraussetzungen für die Entwicklung Burkina Fasos.   •

Burundi

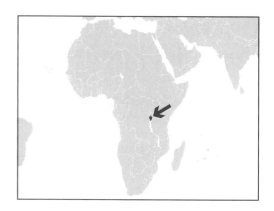

Bevölkerung (Mio Einwohner):	**8,5**
BIP (Mio US$):	**974**

Coface-Bewertungen
Kurzfristiges Risiko:	**D**
Geschäftsumfeld:	**D**
Mittelfristiges Risiko:	**sehr hoch**

RISIKOEINSCHÄTZUNG

Kaffeeproduktion auf gutem Weg

Die Konjunktur konnte 2008 von den günstigen Witterungsverhältnissen profitieren. Durch die guten Ernteerträge ist die Kaffee- und Teeproduktion, die zwei Drittel der Exporte und nahezu ein Viertel des BIP ausmacht, in die Höhe geschnellt. 2009 dürfte die Wachstumskurve nur leicht einknicken. Zum einen kann der Rückgang bei den Kaffee- und Teepreisen zumindest teilweise durch die erhöhten Produktionsmengen kompensiert werden. Zum anderen werden das Baugewerbe und der Einzelhandel voraussichtlich eine dynamische Entwicklung zeigen, sofern der Friedensprozess nicht ins Stocken gerät. Die Inflation, die 2008 aufgrund der Verteuerung von Erdöl und Erdgas sowie durch die gestiegenen Preise für Grundnahrungsmittel einen Spitzenwert erreichte, dürfte 2009 wieder zurückgehen.

Unter dem Druck der Geberländer

Das Land weist nach wie vor einen stark defizitären Haushalt auf, und der Finanzbedarf wird durch internationale Hilfen gedeckt. Der IWF hat Burundi einen Kredit in Höhe von 18 Mio US$ gewährt, um das Land bei der Bewältigung der Lebensmittelkrise zu unterstützen. Nach Erreichen des sogenannten „Entscheidungszeitpunkts" im Rahmen der HIPC-Initiative konnte das Land von einer Umschuldung sowie einem Teilerlass der Schulden durch den Pariser Club profitieren. Ein vollständiger Erlass der Auslandsschulden bleibt jedoch an eine Beschleunigung der Strukturreformen gekoppelt. Der Staat ist daher zur Privatisierung der Hotel- und Gaststättenbranche, der Banken sowie der Teebehörde übergegangen. Darüber hinaus ist Burundi mittlerweile der Wirtschaftsgemeinschaft der Länder der Großen Seen (CEPGL) beigetreten. Dennoch ist das Geschäftsumfeld nach wie vor äußerst mangelhaft. •

Wichtige Kennzahlen

	2004	2005	2006	2007	2008 (S)	2009 (P)
Reales Wirtschaftswachstum (%)	4,8	0,9	5,1	3,6	5,2	4,5
Inflation (%)	8,0	13,3	2,8	8,3	19,1	9,4
Staatshaushalt (Saldo in % des BIP)	−19,7	−16,8	−14,5	−19,9	−23,5	−23,3
Ausfuhren (Mio US$)	48,0	57,0	58,6	50,2	70,5	73,0
Einfuhren (Mio US$)	149	190	245	295	362	373
Handelsbilanz (Saldo in Mio US$)	−101	−133	−186	−245	−292	−300
Leistungsbilanz (Saldo in % des BIP)	−8,1	−29,1	−36,3	−37,7	−35,9	−32,9
Auslandsverschuldung (in % des BIP)	220	183	165	142	112	28
Schuldendienst (in % der Ausfuhren)	95,7	26,2	11,1	7,0	4,3	6,0
Währungsreserven (in Monatsimporten)	3,3	4,4	3,3	3,9	3,2	3,2

(S): Schätzung. (P): Prognose.

Quelle: Coface.

Afrika südlich der Sahara

Demokratische Republik Kongo

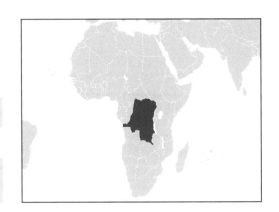

Bevölkerung (Mio Einwohner):	**62,4**
BIP (Mio US$):	**8.955**

Coface-Bewertungen	
Kurzfristiges Risiko:	**D**
Geschäftsumfeld:	**D**
Mittelfristiges Risiko:	**sehr hoch**

RISIKOEINSCHÄTZUNG

Sanierung der Infrastrukturnetze und Aufschwung im Bergbau

Das Wirtschaftswachstum 2008 beruhte auf den Anstrengungen zum Wiederaufbau des Landes, der Entwicklung der Telekommunikationsbranche und den Investitionen in den Bergbau (Kupfer und Kobalt), der insbesondere im Süden der Demokratischen Republik Kongo und damit weit entfernt von den Konfliktzonen betrieben wird. Auch die guten Ergebnisse der Landwirtschaft mit einem Anteil von 40% am BIP wirkten sich günstig auf das Wachstum aus. Für 2009 ist allerdings eine Konjunkturabschwächung zu erwarten. Da die fallenden Rohstoffpreise und die wieder zunehmenden Spannungen im Land die Rentabilität der Investitionsvorhaben belasten, muss mit einem Rückgang der vorwiegend aus China stammenden ausländischen

Direktinvestitionen gerechnet werden. Die Inflationsrate hielt sich 2008 trotz der guten Ernteerträge auf einem gleich bleibend hohen Niveau, da die größtenteils zerstörte Infrastruktur die Transportkosten in die Höhe treibt. Auch 2009 dürften die sinkenden Rohstoffpreise bestenfalls für einen geringfügigen Rückgang der Teuerungsrate sorgen.

Unterstützung der Geberländer fraglich

Der Staatshaushalt 2009 wird zum einen steigende Militärausgaben und zum anderen sinkende Förderabgaben infolge der rückläufigen Investitionstätigkeit verkraften müssen. Die Leistungsbilanz wird durch den nachlassenden Export von Diamanten, deren Vorkommen zur Neige gehen, sowie sinkende Kobalt- und Kupferpreise in Mitleidenschaft gezogen. Angesichts des wiederaufflackernden Konflikts dürften die internationalen Finanzhilfen (mit einem Anteil von 8% am BIP)

Wichtige Kennzahlen						
	2004	2005	2006	2007	2008 (S)	2009 (P)
Reales Wirtschaftswachstum (%)	6,6	6,5	6,4	7,0	8,0	6,0
Inflation (%)	4,0	21,3	13,1	16,9	16,4	15,0
Staatshaushalt (Saldo in % des BIP)	−6,1	−9,6	−10,7	−9,0	−5,5	−6,4
Ausfuhren (Mio US$)	1.813	2.071	2.320	2.520	2.900	3.050
Einfuhren (Mio US$)	1.753	2.473	2.740	2.879	3.300	3.500
Handelsbilanz (Saldo in Mio US$)	60	−402	−420	−359	−400	−450
Leistungsbilanz (Saldo in % des BIP)	−6,0	−22,4	−4,9	−8,9	−10,5	−12,0
Auslandsverschuldung (in % des BIP)	175,8	153,1	149,3	129,9	87,1	87,0
Schuldendienst (in % der Ausfuhren)	21,9	25,6	19,6	17,5	12,5	12,0
Währungsreserven (in Monatsimporten)	1,2	0,5	0,5	0,5	0,7	0,7

(S): Schätzung. (P): Prognose.　　　　　　　　　　　　　　　　　　　　　　　　　　Quelle: Coface.

zurückgehen und der Zustrom ausländischer Direktinvestitionen nachlassen, so dass die Deckung des Finanzbedarfs nicht gesichert ist. Darüber hinaus wurde der im Zuge des HIPC-Programms sowie der Multilateralen Entschuldungsinitiative geplante vollständige Schuldenerlass auf unbestimmte Zeit verschoben, da China dem Land Kreditlinien in Höhe von 9 Mrd US$ zugesagt hat. Somit ist weiterhin von einer Auslandsverschuldung in unhaltbarer Höhe auszugehen.

Konflikt im Ostkongo vorerst entschärft

Ungeachtet des im Januar 2008 unterzeichneten Friedensvertrages waren die Kämpfe in Nord-Kivu zwischen den Rebellentruppen von General Laurent Nkunda (CNDP), der von Ruanda unterstützt wurde, und den regulären Truppen der Demokratischen Republik Kongo (FARDC), die auf die Unterstützung Angolas setzen können, im Herbst 2008 wiederaufgenommen worden.

Die Befriedung der CNDP und die Verhaftung Nkundas durch die Behörden in Ruanda stellte im Januar 2009 einen Wendepunkt dar, der ein Ende des Konflikts erwarten lässt, zumal ruandische Truppen die kongolesische Armee anschließend bei der Entwaffnung der Hutu-Miliz FDLR unterstützten. Trotzdem ist die Situation nach wie vor unsicher und die humanitäre Situation ernst. •

Afrika südlich der Sahara

Dschibuti

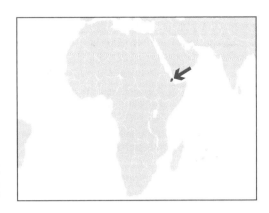

Bevölkerung (Mio Einwohner):	**0,8**
BIP (Mio US$):	**830**

Coface-Bewertungen

Kurzfristiges Risiko:	**C**
Geschäftsumfeld:	**D**
Mittelfristiges Risiko:	**sehr hoch**

RISIKOEINSCHÄTZUNG

Dynamische Wirtschaftsentwicklung trotz Lebensmittelkrise

Der Ausbau Dschibutis zu einer Drehscheibe für den regionalen Handel und die damit einhergehenden Investitionen in die Baubranche und die Hafeninfrastruktur haben 2008 für einen lebhaften Konjunkturverlauf gesorgt. Die Inbetriebnahme des neuen Hafenterminals in Doraleh und die Eröffnung der integrierten Handels- und Industriefreizone, mit der Dschibuti in direkte Konkurrenz zum Handelsplatz Dubai treten will, dürften der Wirtschaftsentwicklung im laufenden Jahr zusätzlichen Schwung verleihen. Dennoch reicht das Wachstum für die Umsetzung der Jahrtausendziele nicht aus. So bleibt die Nahrungsmittelhilfe aus dem Ausland nach wie vor unerlässlich, um die Auswirkungen der andauernden Dürre zumindest abzumildern.

Der Preisauftrieb bei den Produkten des Grundbedarfs in Verbindung mit den von Äthiopien verhängten Exportbeschränkungen haben die Inflation im vergangenen Jahr angeheizt. 2008 waren aufgrund der prekären Nahrungsmittelsituation humanitäre Soforthilfen in Höhe von 32 Mrd US$ erforderlich, und auch in diesem Jahr wird das Land auf humanitäre Hilfe angewiesen sein.

Diversifizierung der Wirtschaft reicht nicht aus

Die öffentlichen Kassen wurden 2008 durch steigende Investitionsausgaben sowie Stützungsmaßnahmen in Form von Subventionen und Zollsenkungen belastet, die dem Preisstieg bei den Produkten des Grundbedarfs entgegenwirken sollten. Angesichts der für die Freizone geltenden Steuerbefreiungen wird es kaum gelingen, das Haushaltsdefizit 2009 deutlich zurückzu-

Wichtige Kennzahlen

	2004	2005	2006	2007	2008 (S)	2009 (P)
Reales Wirtschaftswachstum (%)	3,0	3,2	4,8	5,3	6,0	7,0
Inflation (%)	3,1	3,1	3,5	5,0	8,5	8,0
Staatshaushalt (Saldo in % des BIP)	−1,6	0,7	−1,9	−2,9	−4,9	−2,8
Ausfuhren (Mio US$)	38	40	50	146	237	317
Einfuhren (Mio US$)	261	277	346	514	649	796
Handelsbilanz (Saldo in Mio US$)	−223	−237	−296	−368	−412	−479
Leistungsbilanz (Saldo in % des BIP)	−1,3	1,3	−8,9	−25,3	−31,9	−29,8
Auslandsverschuldung (in % des BIP)	68	61	56	58	64	72
Schuldendienst (in % der Ausfuhren)	7,3	7,3	6,4	5,1	4,3	3,6
Währungsreserven (in Monatsimporten)	3,3	2,9	3,1	2,4	2,4	2,3

(S): Schätzung. (P): Prognose.

Quelle: Coface.

führen. Die Leistungsbilanz weist aufgrund der ungünstigen Terms of Trade ein enormes Minus auf. Der Zufluss ausländischer Direktinvestitionen, die im vergangenen Jahr 81% des Finanzierungsbedarfs deckten, dürfte 2009 anhalten, da verschiedene Bauprojekte fertiggestellt werden sollen. Auch bei der staatlichen Entwicklungshilfe wird aller Voraussicht nach keine Änderung eintreten, da Dschibuti im Kampf gegen den Terrorismus von großer geostrategischer Bedeutung ist. Nach etlichen Vertagungen aufgrund der mangelhaften Governance hat der IWF einer Erneuerung der Armutsbekämpfungs- und Wachstumsfazilität (PRGF) für den Zeitraum 2008–2011 zugestimmt.

Anhaltende Spannungen im Verhältnis zu Eritrea

Bei den Parlamentswahlen im Februar 2008 eroberten Präsident Ismaël Omar Guelleh und seine Regierungskoalition, die Union für die Mehrheit des Präsidenten, sämtliche Parlamentssitze und sahen sich dadurch in ihrer Führungsrolle bestätigt. Die chronische Nahrungsmittelknappheit stellt allerdings eine Gefahr für die Regierung dar, die kaum in der Lage ist, die internationalen Hilfslieferungen zu koordinieren. Die anhaltenden Spannungen mit dem Nachbarland Eritrea könnten dazu führen, dass der bewaffnete Konflikt wiederaufflammt, wodurch die gesamte Region am Horn von Afrika destabilisiert werden könnte. •

Afrika südlich der Sahara

Elfenbeinküste

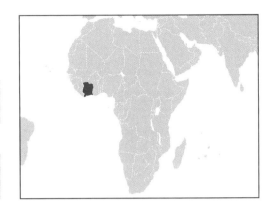

Bevölkerung (Mio Einwohner):	**19,2**
BIP (Mio US$):	**19.570**
Anteil am regionalen BIP (%):	**2,3**

Coface-Bewertungen	
Kurzfristiges Risiko:	**D**
Geschäftsumfeld:	**C**
Mittelfristiges Risiko:	**sehr hoch**

STÄRKEN

▲ Die Elfenbeinküste verfügt über das größte Wirtschaftspotential in Landwirtschaft (besonders Kakao) und Bergbau (Gold, Platin, Kobalt) im gesamten Westafrika.

▲ Es werden 50.000 Barrel Erdöl pro Tag gefördert, und die gesicherten Erdölreserven umfassen insgesamt ca. 400 Mio Barrel.

▲ Das Land verfügt über eine bedeutende verarbeitende Industrie und eines der am weitesten ausgebauten Infrastrukturnetze (Verkehrswege, Telekommunikation) Afrikas.

▲ Ungeachtet der festgefahrenen politischen Situation trägt die Mitgliedschaft in der Westafrikanischen Wirtschafts- und Währungsunion (UEMOA) zur Währungsstabilität bei.

SCHWÄCHEN

▼ Der Bürgerkrieg, der im September 2002 ausbrach, und die seitdem währende politische Unsicherheit haben zu einer Verschlechterung der Lebensbedingungen, zum Zerfall der Infrastruktur und zum Aufblühen der Schattenwirtschaft geführt.

▼ Dieses Umfeld verursacht erhebliche Mehrkosten für die Unternehmen und belastet den Konjunkturaufschwung.

▼ Die wirtschaftliche Bedeutung des Landes in der Region als Finanz- und Handelsplatz sowie als Transitland ist durch die andauernde politische Krise gefährdet.

▼ Das Geschäftsumfeld ist von zahlreichen Problemen wie Sicherheits- und Transportkosten, Schmuggel und Schutzgelderpressung gekennzeichnet.

RISIKOEINSCHÄTZUNG

Leichte Konjunkturbelebung

Die Verbesserung der Sicherheitslage hat 2008 zum Wiederaufleben des Konsums und der privaten Investitionstätigkeit beigetragen. Das Wirtschaftswachstum blieb dennoch unter dem Durchschnitt der afrikanischen Länder südlich der Sahara, obwohl auch die Landwirtschaft, der Hoch- und Tiefbau und die Telekommunikationsbranche wieder an Dynamik gewinnen konnten. Die Prognose für 2009 fällt ermutigend aus. Die Sanierung der Verkehrswege und die steigenden Investitionen in der Erdölbranche dürften auch dieses Jahr die Konjunktur stützen. Voraussetzung für diese günstige Entwicklung ist allerdings eine Stabilisierung der politischen Lage. Aufgrund der Verteuerung von Benzin und Lebensmitteln erreichte die Inflationsrate 2008 Spitzenwerte. 2009 dürfte sie auf hohem Niveau bleiben, da von höheren Staatsausgaben und einer steigenden Inlandsnachfrage der Privathaushalte auszugehen ist.

HIPC-Programm und Multilaterale Entschuldungsinitiative im Blick

Der Staatshaushalt wurde 2008 durch die Subventionierung von Produkten des Grundbedarfs belastet, für die bis zu 21% der Staatsausgaben aufgewendet wurden. Dies war insbesondere notwendig, um die hungerbedingten Unruhen im ersten Quartal 2008 einzudämmen. Für das bereits bestehende Haushaltsdefizit verheißt der bevorstehende Wahlkampf nichts Gutes. Die Leistungsbilanz wird 2009 den drastischen Rückgang der Öl- und Kakaopreise (40% der Ausfuhren) zu verkraften haben, zudem lasten die für weitere Investitio-

nen unerlässlichen Importe von Ausrüstungsgütern nach wie vor auf der Handelsbilanz. Der Zustrom ausländischer Direktinvestitionen nimmt zwar zu, das Investitionsvolumen aus dem Ausland liegt aber aufgrund der politischen Unsicherheiten weiterhin unter dem Mittelwert für die afrikanischen Länder südlich der Sahara. Auch die schwache Nachfrage nach den im Jahr 2007 ausgegebenen öffentlichen Anleihen, mit denen die Schulden bei der Weltbank getilgt werden sollen, zeugen vom mangelnden Vertrauen der Investoren.

Vor diesem Hintergrund bleibt die Elfenbeinküste von staatlicher Entwicklungshilfe zur Deckung ihres Finanzbedarfs abhängig. Die Anfang 2008 erfolgte Rückzahlung von Schulden an die Weltbank ermöglicht dem Land nunmehr die Aufnahme in das HIPC-Programm und die Multilaterale Entschuldungsinitiative. Wenn es der Elfenbeinküste gelingt, die Governance zu verbessern und die den Staatshaushalt übersteigenden Ausgaben zu reduzieren, könnte das Land ab 2009 von der Armutsbekämpfungs- und Wachstumsfazilität (PRGF) profitieren, die vom IWF initiiert wird. Diese ist wiederum Voraussetzung für einen Schuldenerlass durch den Pariser Club und die multilateralen Institutionen.

Fortschritt auf wackeligen Beinen

Das im März 2007 zwischen Präsident Laurent Gbagbo und dem Rebellenführer Guillaume Soro geschlossene und im Beisein des burkinischen Präsidenten Blaise Campaoré unterzeichnete Abkommen von Ouagadougou hat maßgebliche Erfolge gezeigt. So wurde eine von Guillaume Soro geführte Übergangsregierung

gebildet. Die Pufferzone (die sogenannte „Grüne Linie"), die das Land in zwei Hälften teilte, konnte aufgelöst werden. Ein weiteres Zeichen für eine Stabilisierung der Lage ist die Tatsache, dass die UNO ihre in der Elfenbeinküste stationierten Truppen (UNOCI) reduziert hat. Der Friedensprozess steht aber nach wie vor auf wackeligen Beinen. Die seit Oktober 2005 geplanten Wahlen wurden erneut verschoben. Die Demobilisierung der Rebellenbewegung FN kommt nicht voran und die Integrierung der ehemaligen Rebellen in die reguläre Armee zieht sich zunehmend in die Länge. Der vollständige Rückzug der UNOCI, der von der Abhaltung der Wahlen und der vollständigen Entwaffnung der Rebellentruppen abhängt, wird aller Voraussicht nach auch 2009 nicht stattfinden können.

VORAUSSETZUNGEN FÜR DEN MARKTZUGANG

Möglichkeiten des Marktzugangs

Seit am 1. Januar 2000 der Gemeinsame Außenzoll (TEC) in Kraft trat, gilt für alle Länder der Westafrikanischen Wirtschafts- und Währungsunion (UEMOA) ein einheitliches Zollsystem. Während für Importe aus den Mitgliedsländern dieses Wirtschaftsraums eine 100%ige Zollbefreiung gilt, sind Einfuhren aus Drittländern einer vierfachen Zollstaffelung (0%, 5%, 10% bzw. 20%) unterworfen. Hinzu kommen die Statistische Gebühr (1% des cif-Werts), der Gemeinschaftliche Solidaritätsaufschlag (1%), der Aufschlag der Westafrikanischen Wirtschaftsgemeinschaft CEDEAO (0,5% des cif-Werts) und die Mehrwertsteuer (einheitlich 18%).

Wichtige Kennzahlen						
	2004	**2005**	**2006**	**2007**	**2008 (S)**	**2009 (P)**
Reales Wirtschaftswachstum (%)	1,6	1,9	0,7	1,6	2,9	2,5
Inflation (%)	1,5	3,9	2,5	1,9	5,6	5,0
Staatshaushalt (Saldo in % des BIP)	−2,6	−2,8	−2,4	−1,0	−2,2	−2,7
Ausfuhren (Mio US$)	6.705	7.476	8.155	8.433	11.443	9.472
Einfuhren (Mio US$)	4.129	5.085	5.048	5.504	7.697	7.002
Handelsbilanz (Saldo in Mio US$)	2.576	2.391	3.107	2.929	3.746	2.470
Leistungsbilanz (Saldo in % des BIP)	1,7	0,4	3,0	−1,6	−0,9	−2,0
Auslandsverschuldung (in % des BIP)	86	108	107	105	87	83
Schuldendienst (in % der Ausfuhren)	25,6	26,9	21,5	20,6	18,0	17,1
Währungsreserven (in Monatsimporten)	2,7	1,9	2,5	3,3	2,5	3,2

(S): Schätzung. (P): Prognose.

Quelle: Coface.

Afrika südlich der Sahara

Exporte: 51% des BIP
▷▷

Importe: 41% des BIP
◀◀

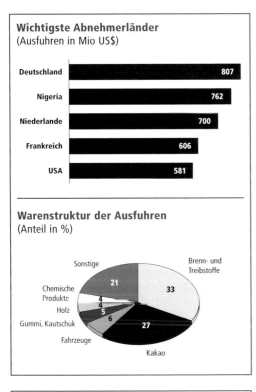

Wichtigste Abnehmerländer
(Ausfuhren in Mio US$)

Deutschland	807
Nigeria	762
Niederlande	700
Frankreich	606
USA	581

Warenstruktur der Ausfuhren
(Anteil in %)

Sonstige 21
Chemische Produkte 4
Holz 5
Gummi, Kautschuk 6
Fahrzeuge
Kakao 27
Brenn- und Treibstoffe 33

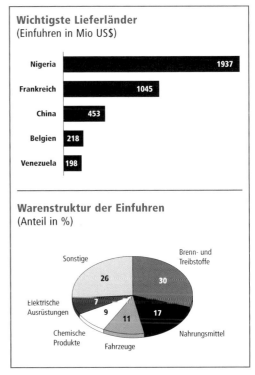

Wichtigste Lieferländer
(Einfuhren in Mio US$)

Nigeria	1937
Frankreich	1045
China	453
Belgien	218
Venezuela	198

Warenstruktur der Einfuhren
(Anteil in %)

Sonstige 26
Elektrische Ausrüstungen 7
Chemische Produkte 9
Fahrzeuge 11
Nahrungsmittel 17
Brenn- und Treibstoffe 30

Schuldenlast
(Auslandsverschuldung in % der Waren- und Dienstleistungsexporte)

Elfenbeinküste	143
Regionaler Durchschnitt	70
Durchschnitt Schwellenländer	73

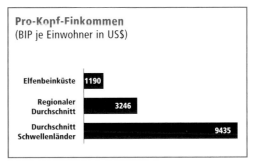

Pro-Kopf-Einkommen
(BIP je Einwohner in US$)

Elfenbeinküste	1190
Regionaler Durchschnitt	3246
Durchschnitt Schwellenländer	9435

Für bestimmte Produkte werden Sondersteuern erhoben. Dazu zählen Fisch, Reis, alkoholische Getränke, Tabak und Zigaretten sowie Erdölerzeugnisse. Für eine begrenzte Anzahl von Erzeugnissen gelten zeitlich begrenzte ermäßigte Steuern in Höhe von 2,5% (niedrige Stufe) bis 5% (hohe Stufe). Im Zuge protektionistischer Bestrebungen wird für den Import von Baumwolle bzw. Erzeugnissen aus 100% Baumwolle und Erdölprodukten eine Einfuhrgenehmigung gefordert. Ferner ist die Einfuhr von Zucker seit August 2004 auf Erlass des Präsidenten untersagt.

Die Qualitätskontrolle der Produkte stellt die staatliche Einrichtung CODINORM („Côte d'Ivoire Normalisation") sicher. Die Gewichtsüberprüfung der Erzeugnisse erfolgt vor dem Verladen durch die Gesellschaft BIVAC. In Anwendung der amtlichen Verordnung vom 2. April 2002 fordert die Elfenbeinküste seit dem 2. Juni 2003 für ca. 80 Produkte eine Konformitätserklärung bei deren Vermarktung.

Haltung gegenüber ausländischen Investoren

Das seit 1995 geltende Investitionsgesetz sieht in Abhängigkeit von der Höhe und der Art der Investitionen eine Steuerbefreiung von fünf bzw. acht Jahren vor. Bei gewerblichen Investitionen (ab 762.000 EUR) profitiert der Investor ferner von einem einmaligen Einfuhrzoll in Höhe von 5% für die Betriebsanlagen, Ausrüstungen und die erste Charge Ersatzteile. Das Gesetz macht bei der Herkunft der Investitionen keine Unterschiede und erstreckt sich gleichermaßen auf in- und ausländische Investoren.

Die Umsetzung des Investitionsgesetzes obliegt dem Amt für Investitionsförderung in der Elfenbeinküste (CEPICI), das direkt dem Premierminister unterstellt ist. Das Gesetz schreibt u.a. Folgendes fest:

■ Die freie Rückführung sämtlicher durch Investitionen in der Elfenbeinküste erwirtschafteten Gewinne ins Ausland ist gewährleistet.

■ Gegen behördliche Entscheidungen kann direkter Widerspruch bei der Nationalen Kommission zur Investitionsförderung (Com Invest) eingelegt werden, deren Aufgabe es ist, die Einhaltung des Investitionsgesetzes und insbesondere der Fristen bei der Gewährung von Vorteilen zu überwachen.

■ Der Investor kann Streitsachen nach freiem Ermessen entweder einem Schiedsgericht oder einem Verwaltungsgericht vorlegen.

Die Elfenbeinküste ist Mitunterzeichner der Konvention des Internationalen Zentrums zur Beilegung von Investitionsstreitigkeiten (ICSID). Seit dem 3. Juli 1979 besteht darüber hinaus ein Doppelbesteuerungsabkommen zwischen der Elfenbeinküste und Deutschland. Der Arbeitsmarkt unterliegt keinen besonderen Bestimmungen bezüglich der Einstellung ausländischer Arbeitskräfte. Bevor ein Ausländer eingestellt wird, muss die betreffende Stelle allerdings einen Monat lang öffentlich ausgeschrieben werden. Ferner bedarf die Einstellung der vorherigen Genehmigung des Ministeriums für öffentlichen Dienst und Arbeit.

Zusammenfassend bleibt zu bemerken, dass Ausländer durch die geltenden Bestimmungen für das Wirtschaftsleben zwar nicht diskriminiert werden, ausländische Unternehmen aber stark verunsichert sind, denn die seit 2002 im Land vorherrschende gesellschaftspolitische Krise führt zu mangelnder Rechtssicherheit. Die Unternehmen agieren in einem schwachen und relativ undurchsichtigen Geschäftsumfeld, das von wachsenden Ungleichheiten, einer Verschlechterung der Infrastruktur, einer zunehmenden Willkür im Geschäftsgebaren sowie von der nachlassenden Durchsetzungsfähigkeit der Behörden gekennzeichnet ist. ●

Afrika südlich der Sahara

Eritrea

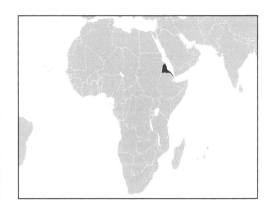

Bevölkerung (Mio Einwohner):	**4,8**
BIP (Mio US$):	**1.201**

Coface-Bewertungen	
Kurzfristiges Risiko:	**D**
Geschäftsumfeld:	**D**
Mittelfristiges Risiko:	**sehr hoch**

RISIKOEINSCHÄTZUNG

Extreme Abhängigkeit von den Witterungsbedingungen

Die Landwirtschaft, in der 75% der Bevölkerung beschäftigt sind, dürfte wie im vergangenen Jahr unter zu geringen Niederschlagsmengen leiden. Die eritreische Wirtschaft weist eine extreme Abhängigkeit von den Witterungsverhältnissen auf. Eine weitere Belastung stellt die starke militärische Mobilisierung dar, die 11% der Erwerbsbevölkerung und damit mehr Menschen als in jedem anderen afrikanischen Land bindet. Die Autarkiebestrebungen des Landes sowie die regionalen Spannungen bremsen die wirtschaftliche Entwicklung zusätzlich. Mittelfristig gesehen, dürften die chinesischen Investitionen in die Hafeninfrastruktur von Assab und der Goldabbau in Bisha die Konjunktur allerdings stützen. Die Inflation, die von einem strukturellen Haushaltsdefizit und der unzureichenden landwirtschaftlichen Produktion angeheizt wird, dürfte auch 2009 wieder ein hohes Niveau erreichen.

Starke Abhängigkeit von privaten Transferzahlungen

Da zwei Drittel der Bevölkerung unterhalb der Armutsgrenze leben, sind die Haushaltsmittel äußerst begrenzt. Auch die Leistungsbilanz weist ein enormes Defizit auf. Die geringen Erträge der Landwirtschaft und die unzureichend entwickelte Industrie können die Exportwirtschaft nicht in Schwung bringen. Die hohen Transferzahlungen von Emigranten, die 90% der Deviseneinnahmen ausmachen, dürften 2009 angesichts der weltweiten Konjunkturabkühlung zurückgehen. Die internationale Unterstützung ist auf humanitäre Hilfe begrenzt, an deren Tropf ein Großteil der Bevölkerung hängt. Die Regierung lehnt die Unterstützung durch internationale Geldgeber weiterhin ab, so dass Eritrea weder im HIPC-Programm noch in der Multilateralen Entschuldungsinitiative berücksichtigt werden kann. Die Auslandsverschuldung bleibt daher auf einem unerträglich hohen Stand.

Steigende Gefahr eines neuen Konflikts mit Äthiopien

Der im Laufe des vergangenen Jahres vollzogene Rückzug der UNO-Truppen, die den von Eritrea und Äthiopien beanspruchten Grenzstreifen sichern sollten, erhöht die Gefahr, dass die Feindseligkeiten wieder aufflammen. Beide Länder haben bereits bedeutende Truppenkontingente auf beiden Seiten der Grenze zusammengezogen. Hinzu kommt, dass sich die beiden Länder auch im Somalia-Konflikt feindlich gegenüberstehen, denn Äthiopien wirft Eritrea vor, die islamistischen Aufständischen in diesem Land zu unterstützen. Auch mit Dschibuti bestehen zahlreiche Gebietsstreitigkeiten. •

Wichtige Kennzahlen

	2004	2005	2006	2007	2008 (S)	2009 (P)
Reales Wirtschaftswachstum (%)	1,5	2,6	−1,0	1,0	2,0	2,5
Inflation (%)	25,1	12,5	15,1	17,0	18,0	15,5
Staatshaushalt (Saldo in % des BIP)	−31,7	−30,6	−16,1	−25,7	−25,1	−27,4
Ausfuhren (Mio US$)	11	12	12	12	13	13
Einfuhren (Mio US$)	460	475	468	580	624	699
Handelsbilanz (Saldo in Mio US$)	−449	−463	−456	−568	−612	−686
Leistungsbilanz (Saldo in % des BIP)	−28,9	−30,5	−28,2	−15,7	−16,6	−16,8
Auslandsverschuldung (in % des BIP)	109	74	69	67	63	62
Schuldendienst (in % der Ausfuhren)	36,7	32,1	38,8	41,5	47,6	47,6
Währungsreserven (in Monatsimporten)	0,5	0,6	0,6	0,5	0,5	0,4

(S): Schätzung. (P): Prognose.   Quelle: Coface.

Afrika südlich der Sahara

Gabun

Bevölkerung (Mio Einwohner):	**1,3**
BIP (Mio US$):	**10.654**
Anteil am regionalen BIP (%):	**1,4**

Coface-Bewertungen

Kurzfristiges Risiko:	**B**
Geschäftsumfeld:	**C**
Mittelfristiges Risiko:	**hoch**

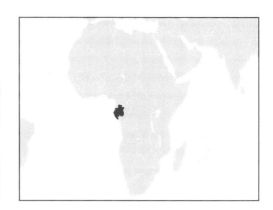

STÄRKEN

▲ Gabun ist der viertgrößte Erdölproduzent des subsaharischen Afrikas und plant, bis 2010 zum größten Manganlieferanten der Welt aufzusteigen. Außerdem ist das Land Afrikas zweitgrößter Exporteur von Tropenholz und verfügt über große, bisher unbewirtschaftete Regenwaldflächen.

▲ Auch der Bergbau (Eisen, Niob), die Energiegewinnung aus Wasserkraft und der Tourismus bieten ein beträchtliches Wachstumspotential.

▲ Gabun konnte seine Schulden beim Pariser Club vorzeitig begleichen.

▲ Die politische Stabilität macht das Land für Investoren attraktiv.

▲ Gabun ist nach Südafrika und Ghana das dritte afrikanische Land, das Euro-Anleihen emittiert hat.

SCHWÄCHEN

▼ Die Wirtschaft ist nach wie vor stark von der Erdölindustrie abhängig (50% des BIP, 80% der Ausfuhren, 63% der Steuereinnahmen).

▼ Da die gesicherten Erdölreserven auf 2,5 Mrd Barrel begrenzt sind, dürfte die Erdölförderung bis 2012 stagnieren und danach zurückgehen, bis die Vorkommen voraussichtlich im Jahr 2025 erschöpft sein werden.

▼ Die Kosten für Produktionsmittel sind wegen der schwach entwickelten Verkehrs- und Energieinfrastruktur hoch, wodurch die Wettbewerbsfähigkeit der Wirtschaft belastet wird.

▼ Ein unverändert schwieriges Geschäftsumfeld und die mangelnde Kompetenz der Institutionen erschweren die Entwicklung des Landes.

▼ Trotz des hohen Pro-Kopf-Einkommens steht Gabun vor immensen Herausforderungen bei der Verbesserung der sozialen Indikatoren (Armut, Bildung, Gesundheit).

RISIKOEINSCHÄTZUNG

Zwar ist die Wirtschaft des Landes 2007 und 2008 deutlich schneller gewachsen als zuvor, erreichte aber noch immer nicht das durchschnittliche Wachstum der erdölproduzierenden Länder Afrikas. Wachstumsfördernd wirkten sich dabei vor allem die Investitionen in die Erdöl- und die Bergbaubranche aus, die durch die steigenden Rohstoffpreise an Attraktivität gewonnen hatten. Auch die dynamische Entwicklung des privaten Konsums trug zum dynamischen Konjunkturverlauf bei. Dank der Investitionen der vergangenen Jahre konnten die Eisenerzproduktion (z.B. in Belinga) sowie die Mangan- und Erdölförderung gesteigert werden. Deshalb sollte es in diesem Jahr möglich sein, die rückläufigen Weltmarktpreise durch höhere Fördermengen zu kompensieren. Die Steigerung der Sozialausgaben dürfte zudem den privaten Konsum beleben.

Trotz der im Frühjahr 2008 ergriffenen Maßnahmen zur Senkung der Inflation (Abschaffung der Einfuhrsteuern und der Mehrwertsteuer auf Grundnahrungsmittel, Begrenzung der Verkaufsgewinne auf Reis und Mehl, Erhöhung der Subventionen für Diesel für die Fischereibranche), wird es dem Land aller Voraussicht nach nicht gelingen, die Teuerungsrate im laufenden Jahr zu senken.

Gestärkte Außenhandelsposition

Mit der vorzeitigen Rückzahlung von Schulden beim Pariser Club konnte Gabun, das sowohl in der Leistungsbilanz als auch im Staatshaushalt Überschüsse vorweisen kann, nun auch seine Auslandsverschuldung deutlich verringern. Aus der Schuldentragfähigkeitsanalyse des IWF geht zudem hervor, dass mittel- und langfristig ein allenfalls geringes Zahlungsausfallrisiko besteht. Diese Einschätzung wird offensichtlich von vielen Investoren geteilt, wie das rege Interesse an den 2007 emittierten Euro-Anleihen des Landes mit einem Volumen von 1 Mrd US$ belegt. Wenn die Regierung jedoch ihre Haushaltsdisziplin aufgeben oder der Ölpreis anhaltend niedrig bleiben sollte (wobei Letzteres sich nicht so stark auswirken würde), könnte die Schuldensituation des Landes erneut kritisch werden.

Politische Stabilität bei mangelhafter Governance

Das Land genießt eine gewisse politische Stabilität. An der Machtposition von Präsident Omar Bongo, der seit 1967 die Geschicke des Landes führt, dürfte sich auch in absehbarer Zeit nichts ändern. Der Präsident ist nach wie vor darauf bedacht, führende Oppositionsmitglieder an der Macht zu beteiligen und ein gewisses ethnisches Gleichgewicht innerhalb der Regierung zu halten. Die Governance bereitet jedoch weiterhin Anlass zur Sorge und bremst die Entwicklung der Privatwirtschaft.

Index der Zahlungsausfälle
(Gleitender Zwölfmonatsdurchschnitt; Basis: Welt 1995 = 100)

Quelle: Coface.

VORAUSSETZUNGEN FÜR DEN MARKTZUGANG

Marktsituation

Der Markt steht weit offen für Importe. Die Beteiligung des Landes an der Zentralafrikanischen Wirtschafts- und Währungsunion CEMAC beinhaltet in der Theorie den freien Marktzugang für Erzeugnisse aus den übrigen Staaten des Wirtschaftsraums. In der Praxis funktioniert die Zollunion jedoch schlecht, und es bestehen nach wie vor zahlreiche Hindernisse tarifärer und anderer Art. Die Zolltarife sind nach Produktgruppen gestaffelt und reichen von 0% für bestimmte Produkte wie Medizingeräte oder Bücher über 5+1% für Produkte des Grundbedarfs und 10+1% für Rohstoffe und Investitionsgüter bis hin zu 20+1% für Zwischenprodukte und 30+1% für Konsumgüter.

Wichtige Kennzahlen

	2004	2005	2006	2007	2008 (S)	2009 (P)
Reales Wirtschaftswachstum (%)	1,0	3,0	1,2	5,6	4,2	5,5
Inflation (%)	0,4	1,2	−1,4	5,0	5,1	5,7
Staatshaushalt (Saldo in % des BIP)	7,4	7,8	8,6	9,7	11,0	11,2
Ausfuhren (Mio US$)	4.661	5.658	6.038	6.810	8.602	8.305
Einfuhren (Mio US$)	1.500	1.420	1.703	2.204	2.557	2.564
Handelsbilanz (Saldo in Mio US$)	3.161	4.238	4.335	4.606	6.045	5.742
Leistungsbilanz (Saldo in % des BIP)	11,1	19,7	17,9	12,8	15,2	14,3
Auslandsverschuldung (in % des BIP)	64,9	44,6	38,8	28,9	19,9	16,3
Schuldendienst (in % der Ausfuhren)	14,7	9,7	11,2	10,6	8,6	8,4
Währungsreserven (in Monatsimporten)	1,3	3,4	4,2	5,2	8,1	10,4

(S): Schätzung. (P): Prognose.

Quelle: Coface.

Afrika südlich der Sahara

Exporte: 65% des BIP
▷▷▷

Importe: 24% des BIP
◀◀◀

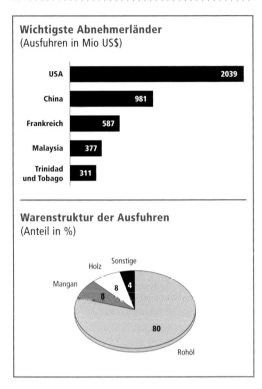

Wichtigste Abnehmerländer
(Ausfuhren in Mio US$)

USA	2039
China	981
Frankreich	587
Malaysia	377
Trinidad und Tobago	311

Warenstruktur der Ausfuhren
(Anteil in %)

Holz — Sonstige
Mangan
8 — 8 — 4
80
Rohöl

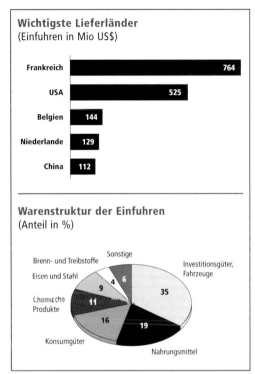

Wichtigste Lieferländer
(Einfuhren in Mio US$)

Frankreich	764
USA	525
Belgien	144
Niederlande	129
China	112

Warenstruktur der Einfuhren
(Anteil in %)

Brenn- und Treibstoffe — Sonstige
Eisen und Stahl — Investitionsgüter, Fahrzeuge
Chemische Produkte — 9 — 4 — 6
11 — 35
16 — 19
Konsumgüter
Nahrungsmittel

Schuldenlast
(Auslandsverschuldung in % der Waren- und Dienstleistungsexporte)

Gabun	31
Regionaler Durchschnitt	70
Durchschnitt Schwellenländer	73

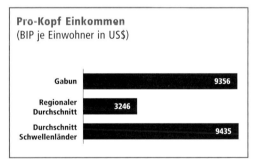

Pro-Kopf Einkommen
(BIP je Einwohner in US$)

Gabun	9356
Regionaler Durchschnitt	3246
Durchschnitt Schwellenländer	9435

Das bei weitem empfehlenswerteste Zahlungsmittel ist das unwiderrufliche und bestätigte Dokumentenakkreditiv. Sofern man seinen Geschäftspartner gut kennt, kann auch auf ein Dokumenteninkasso mit einem vollständigen Satz Konnossementen oder einen Wechsel zurückgegriffen werden. Banküberweisungen und Schecks sind für den Kunden unverbindlich und daher zu vermeiden.

Bei Aufträgen der öffentlichen Hand ist Vorsicht geboten: Hier sollte unbedingt auf Vorlage einer Ausfertigung der Auftragsbestätigung gedrängt werden, die von den für öffentliche Ausgaben zuständigen Stellen des Finanzministeriums ausgestellt sein muss. Aufträge und Bestellungen im Namen des Staates an einen ausländischen Lieferanten bedürfen der Unterschrift des Leiters des öffentlichen Rechnungswesens. Es wird empfohlen, die Steuerbestimmungen der beteiligten Stellen eingehend zu prüfen.

Haltung gegenüber ausländischen Investoren

Die rechtlichen und gesetzlichen Rahmenbedingungen sind liberal, und die Einstellung der Verantwortlichen in

den Behörden ist im Allgemeinen positiv. Investoren kommen in den Genuss des freien Warenverkehrs innerhalb der CEMAC, eines modernen Kaufrechts und einer hohen Investitionssicherheit. Ungeachtet dessen sind die gerichtlichen Verfahren langwierig und die Urteile häufig willkürlich.

Die Investitionscharta bekräftigt die unternehmerische Freiheit, das Recht auf Eigentum – geistiges Eigentum eingeschlossen –, den Devisenzugang und den freien Kapitalumlauf. Sie wird schrittweise durch diverse Einzelgesetze (Forstgesetz, Investitions-, Bergbau- und Erdölgesetz, Arbeits- und Wettbewerbsgesetz) ergänzt.

Gabun bietet Erdölgesellschaften zweifelsohne die besten Investitionsbedingungen im subsaharischen Afrika. Die neuen Produktionsteilungsabkommen sind für die Erdölgesellschaften überaus lukrativ, denn sie geben den Unternehmen die Möglichkeit zur schnellen Amortisierung ihrer Erschließungskosten, sehen eine geringere Besteuerung vor und versprechen im Vergleich zu den konkurrierenden Nachbarländern deutlich höhere Gewinne aus dem Erdölverkauf.

Positiv zu bewerten ist darüber hinaus die Gründung eines „Nationalen Ausschusses zur Bekämpfung der unerlaubten Bereicherung" im Jahr 2005 sowie der Beitritt Gabuns zur „Initiative für Transparenz in der Rohstoffindustrie" (EITI) im Jahr 2004. Darüber hinaus fungiert die seit 2002 bestehende Agentur zur Förderung privater Investitionen (APIP) als Anlaufstelle für Investoren und bemüht sich um die Bereitstellung nützlicher Informationen. Allerdings sind die Dienstleistungen der Anlaufstelle weitgehend ineffizient und unterliegen häufiger Kritik.

Der Gabunische Arbeitgeberverband CPG dagegen bietet Unternehmern gute Unterstützung. So geht beispielsweise die Gründung von Clubs der Staatsgläubiger *(Clubs de Libreville)* im Jahr 2004 auf eine Initiative des Arbeitgeberverbands zurück. Die Clubs de Libreville I, II und III führten zur Anerkennung der Forderungen verschiedener Privatgesellschaften sowie zur Vereinbarung eines Zahlungsziels von 120 Tagen. Allerdings sind seit Ende 2008 erneut beachtliche Verzögerungen bei der Abwicklung öffentlicher Aufträge zu beobachten, die sich insbesondere im Hoch- und Tiefbau bemerkbar machen.

Bei großen Investitionen ist die Höhe von Zöllen und Mehrwertsteuer Verhandlungssache. Die Holzverarbeitung bietet nach Verabschiedung des Forstgesetzes interessante Investitionsmöglichkeiten. Libreville kann darüber hinaus mit handfesten Vorteilen für Dienstleistungen von regionaler Bedeutung aufwarten, und zwar insbesondere für die Errichtung von Regionalniederlassungen internationaler Unternehmen. Die inzwischen mehr als 40 Jahre währende Stabilität ist ein weiterer Faktor, der für das Land spricht. •

Afrika südlich der Sahara

Ghana

Bevölkerung (Mio Einwohner):	**23,5**
BIP (Mio US$):	**15.246**
Anteil am regionalen BIP (%):	**1,8**

Coface-Bewertungen
Kurzfristiges Risiko:	**C**
Geschäftsumfeld:	**C**
Mittelfristiges Risiko:	**sehr hoch**

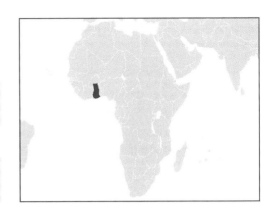

STÄRKEN

▲ Die politische Stabilität und die Verbesserung des Geschäftsumfelds machen das Land für ausländische Investoren attraktiv.

▲ Als erstes westafrikanisches Land platzierte Ghana im Jahr 2007 Euro Bonds. Die Überzeichnung der Anleihen kann als Zeichen für das Vertrauen der Investoren in das Land gewertet werden.

▲ Die Projekte zur Entwicklung des Landes profitieren von der Verringerung des Schuldendienstes im Zuge des HIPC-Programms und der Multilateralen Entschuldungsinitiative.

▲ Ghana wird bis 2010 voraussichtlich zum siebtgrößten Erdölproduzenten Afrikas aufsteigen und könnte sich ab 2015 in die Riege der Länder mit mittelhohem Einkommen einreihen.

▲ Ghana spielt eine wichtige Rolle als Wachstumsmotor und Vermittler in der Region und engagiert sich besonders in der Neuen Partnerschaft für Afrikas Entwicklung (NEPAD).

SCHWÄCHEN

▼ Die Wirtschaft ist nicht hinreichend diversifiziert (die Exporterlöse stammen zu zwei Dritteln aus der Gold- und Kakaoproduktion), was sie für negative Einflüsse von außen anfällig macht (Witterungsbedingungen, Weltmarktpreise).

▼ Die Mängel der Verkehrsinfrastruktur behindern die Entwicklung einer diversifizierten Branchenstruktur.

▼ Die Energiegewinnung erfolgt zu 70% mit Hilfe der Wasserkraft und ist damit sehr stark von den Witterungsbedingungen abhängig.

▼ Obwohl bereits beträchtliche Fortschritte erzielt wurden, schaden die beschränkten Möglichkeiten der Kreditbeschaffung dem Wachstum der Privatwirtschaft.

▼ Die ethnischen Spaltungen bieten Zündstoff für Konflikte.

RISIKOEINSCHÄTZUNG

Sinkende Kakao- und Goldpreise werden durch steigende Investitionen in die Erdölbranche kompensiert

2008 sorgten anhaltend hohe Gold- und Kakaopreise sowie die Investitionen in die Exploration weiterer Erdölvorkommen für ein anhaltend hohes Wirtschaftswachstum. Trotz der rückläufigen Weltmarktpreise ist auch für dieses Jahr eine positive Entwicklung zu erwarten, da die kakaoverarbeitende Industrie und die Dienstleistungsbranche (Telekommunikation, Tourismus) gute Ergebnisse erzielen und die weiteren Investitionen in die Erdölbranche die Konjunktur stützen dürften. Angesichts der mangelhaften Verkehrs- und Energieinfrastruktur wird das Wirtschaftswachstum des Landes die in den Jahrtausendzielen vorgegebenen Werte jedoch nicht erreichen.

Die enorm gestiegenen Öl- und Lebensmittelpreise haben die Inflation im vergangenen Jahr auf die Spitze getrieben; auch 2009 wird die Inflationsrate angesichts des Wertverlusts des Neuen Ghanaischen Cedi voraussichtlich oberhalb von 13% verharren.

Instabile Finanzlage könnte sich durch Einnahmen aus dem Ölgeschäft verbessern

Das aufgrund unzureichender Steuereinnahmen enorm hohe Haushaltsdefizit ist 2008 weiter gestiegen. Ursache hierfür waren höhere Subventionen für Lebensmittel und Benzin sowie eine Steigerung der Staatsausgaben im Vorfeld der Wahlen. Wegen der sinkenden Rohstoffpreise dürfte 2009 allenfalls eine geringfügige Senkung des Haushaltsdefizits gelingen. Vor diesem Hintergrund muss die Inlandsverschuldung im Auge behalten werden. Auch die Leistungsbilanz weist aufgrund der ungünstigen Terms of Trade ein Defizit aus. Die Inbetriebnahme neu erschlossener Erdöllagerstätten könnte allerdings ab 2010 eine Rückführung des Leistungsbilanzdefizits bewirken. In diesem Fall würde der externe Finanzierungsbedarf sinken, der bislang durch die wachsenden ausländischen Direktinvestitionen gedeckt wurde. Dank des Schuldenerlasses im Zuge des HIPC-Programms und der Multilateralen Entschuldungsinitiative konnte Ghana seine Verbindlichkeiten deutlich senken. Ob die Verschuldung des Landes vertretbar bleibt, hängt jedoch von der weiteren wirtschaftlichen Entwicklung und der Inanspruchnahme kommerzieller Darlehen ab.

Günstiges Geschäftsumfeld und stabile Institutionen

In Bezug auf die Governance und das Geschäftsumfeld gilt Ghana als der Musterschüler des afrikanischen Kontinents. In der 180 Länder umfassenden Liste von Transparency International rangiert das Land auf Platz 67 und liegt damit noch vor Rumänien oder Marokko. Die Weltbank führt Ghana als Beispiel für die Durchführung gelungener Strukturreformen an. Der reibungslose Ablauf der allgemeinen Wahlen im Dezember 2008 zeugt von der Stärke der Mehrparteien-Demokratie. Der Wahlkampf, der von ethnischen Konflikten überschattet wurde, hat jedoch auch die Schwächen des politischen und gesellschaftlichen Konsenses offenbart.

VORAUSSETZUNGEN FÜR DEN MARKTZUGANG

Möglichkeiten des Marktzugangs

Der Privatisierungsprozess schreitet langsam voran. So wurde die Wasserbewirtschaftung im Juni 2006 für einen Zeitraum von zunächst fünf Jahren einem ausländischen Konsortium übertragen. Der Vertrieb von Erdölerzeugnissen wurde liberalisiert, so dass die Preise an den Zapfsäulen nun die Entwicklung der Weltmarktpreise für Erdöl widerspiegeln. Eine Liberalisierung der Stromwirtschaft wird gegenwärtig noch geprüft. Die Veräußerung der Mehrheitsanteile von Ghana Telecom ist noch nicht abgeschlossen, da weiterhin nach einem strategischen Investor gesucht wird.

Einfuhrgenehmigungen sind nicht erforderlich. Es gibt keine Devisenkontrolle. Die Gesetzgebung zum Schutz geistigen Eigentums scheint umfassend. Allerdings gibt es Mängel in der Anwendung. Das gewerbliche Eigentum ist besser geschützt. Handelsmarken und Warenzeichen von Unternehmen genießen einen angemessenen und wirksamen Schutz, sofern sie angemeldet werden.

Wichtige Kennzahlen

	2004	2005	2006	2007	2008 (S)	2009 (P)
Reales Wirtschaftswachstum (%)	5,6	5,9	6,4	6,3	6,5	5,8
Inflation (%)	12,6	15,1	10,2	10,7	16,8	13,3
Staatshaushalt (Saldo in % des BIP)	−10,9	−6,9	−12,5	−14,5	−15,1	−14,0
Ausfuhren (Mio US$)	2.785	2.802	3.737	4.172	5.609	5.924
Einfuhren (Mio US$)	4.297	5.347	6.754	8.066	10.339	11.153
Handelsbilanz (Saldo in Mio US$)	−1.512	−2.545	−3.017	−3.894	−4.730	−5.229
Leistungsbilanz (Saldo in % des BIP)	−8,9	−12,4	−12,8	−15,1	−16,5	−16,9
Auslandsverschuldung (in % des BIP)	77,1	65,2	26,9	33,2	31,5	33,4
Schuldendienst (in % der Ausfuhren)	4,1	1,7	3,3	4,0	2,5	2,2
Währungsreserven (in Monatsimporten)	3,9	3,4	3,3	3,3	2,4	2,1

(S): Schätzung. (P): Prognose.   Quelle: Coface.

Afrika südlich der Sahara

Exporte: 39% des BIP

Importe: 64% des BIP

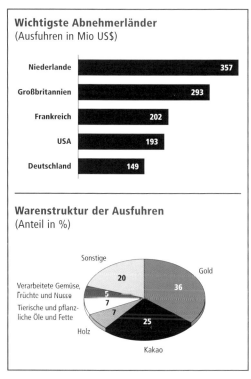

Wichtigste Abnehmerländer
(Ausfuhren in Mio US$)

Niederlande	357
Großbritannien	293
Frankreich	202
USA	193
Deutschland	149

Warenstruktur der Ausfuhren
(Anteil in %)

Sonstige 20
Gold 36
Kakao 25
Holz 7
Tierische und pflanzliche Öle und Fette 7
Verarbeitete Gemüse, Früchte und Nüsse 5

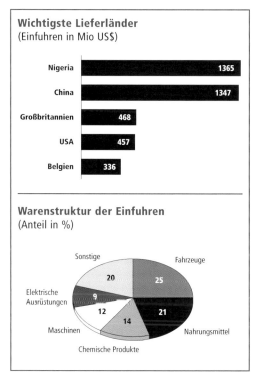

Wichtigste Lieferländer
(Einfuhren in Mio US$)

Nigeria	1365
China	1347
Großbritannien	468
USA	457
Belgien	336

Warenstruktur der Einfuhren
(Anteil in %)

Sonstige 20
Fahrzeuge 25
Nahrungsmittel 21
Chemische Produkte 14
Maschinen 12
Elektrische Ausrüstungen 9

Schuldenlast
(Auslandsverschuldung in % der Waren- und Dienstleistungsexporte)

Ghana	57
Regionaler Durchschnitt	70
Durchschnitt Schwellenländer	73

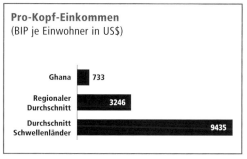

Pro-Kopf-Einkommen
(BIP je Einwohner in US$)

Ghana	733
Regionaler Durchschnitt	3246
Durchschnitt Schwellenländer	9435

Die Zölle liegen zwischen 0% und 25%. Bestimmte Erzeugnisse aus dem Raum der Westafrikanischen Wirtschaftsgemeinschaft CEDEAO sind zollfrei. Ghana erhebt eine Steuer in Höhe von 0,5% auf Erzeugnisse, die nicht aus der CEDEAO stammen (ECOWAS Levy). Eine Steuer in Höhe von ebenfalls 0,5% dient der Finanzierung des Investmentfonds zur Exportentwicklung EDIF. Seit dem 1. April 2000 werden die Waren bei der Einfuhr von GSBV (einem Joint Venture von Bureau Veritas und Ghana Standards Board) und Gateway Services Limited GSL (einem Joint Venture von Cotecna und der ghanaischen Zollbehörde) kontrolliert. GSBV inspiziert

die Waren bei Ankunft am Flughafen und an den Grenzübergängen, während GSL für die Kontrolle in den Häfen Tema und Takoradi zuständig ist. Auf den Zollwert der Ware wird außer dem Zoll bzw. der Verbrauchsteuer eine einheitliche Mehrwertsteuer in Höhe von 12,5% erhoben. Seit dem 1. August 2004 unterliegen alle eingeführten Waren und Leistungen neben der Mehrwertsteuer einer nationalen Gesundheitssteuer von 2,5%.

Ausländische Unternehmen müssen einige Hürden meistern, denn die Verwaltung ist allgegenwärtig und

schwerfällig. Rechtsordnung und Gerichtswesen arbeiten zwar insgesamt zufriedenstellend, bedürfen aber der Verbesserung (die Gerichte sind Willkür und äußeren Einmischungen ausgesetzt, wenngleich das System für die Abwicklung von Geschäften als hinreichend betrachtet werden kann). Außerdem gibt es Schwierigkeiten bei der Finanzierung, denn das Bankwesen steckt bei Investitionen in Industrie und Handel noch in den Kinderschuhen. Zur Verringerung der Kosten der Münzproduktion sowie der Risiken im Zusammenhang mit dem Transport von Geldscheinen haben die ghanaischen Behörden den Neuen Ghanaischen Cedi (GHS) eingeführt, der sich seit dem 1. Juli 2007 im Umlauf befindet und den Ghanaischen Cedi (GHC) ersetzt. Die Änderung der Währungsbezeichnung hat weder zu einer Ab- noch zu einer Aufwertung der Landeswährung geführt.

Haltung gegenüber ausländischen Investoren

Für die Errichtung eines Gemeinschaftsunternehmens mit einem einheimischen Partner ist ein Gründungskapital von mindestens 10.000 US$ erforderlich. Bei Unternehmen, die sich zu 100% in ausländischer Hand befinden, muss das Fünffache dieses Betrages veranschlagt werden. Für die Gründung eines Unternehmens zum Kauf und Verkauf von Waren sind ein Startkapital in Höhe von 300.000 US$ und die Einstellung von zehn ghanaischen Arbeitskräften Voraussetzung. Die Bedingungen gelten nicht für Portfolioinvestitionen und Unternehmen, die auf den Export von Erzeugnissen aus Ghana spezialisiert sind. •

Guinea

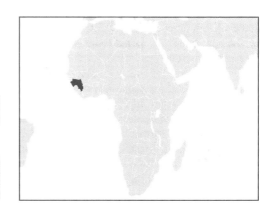

Bevölkerung (Mio Einwohner):	**9,4**
BIP (Mio US$):	**4.564**

Coface-Bewertungen

Kurzfristiges Risiko:	**D**
Geschäftsumfeld:	**D**
Mittelfristiges Risiko:	**sehr hoch**

RISIKOEINSCHÄTZUNG

Lahme Konjunktur

Guinea verzeichnet nach wie vor ein schwaches Wirt-schaftswachstum, und die Inflation ist nicht zuletzt auf-grund der Abwertung des Guinea Franc unverändert hoch. Der Reichtum des Landes an Bodenschätzen (ein Drittel der weltweiten Bauxitvorkommen sowie Gold und Eisen) und das wirtschaftliche Potential in Wasser-kraft und Landwirtschaft können nicht hinreichend genutzt werden, denn die Verkehrs- und Energieinfra-struktur ist marode, und das Geschäftsumfeld bietet wenige Anreize für Investitionen. Auch vom Bergbau, in dem weniger als 1% der Bevölkerung beschäftigt ist, gehen nur schwache Impulse für den Rest der Volks-wirtschaft aus.

Schuldenerlass verschoben

Der Staatshaushalt und die Leistungsbilanz bleiben stark defizitär. Angesichts des unzureichenden Zustroms ausländischer Direktinvestitionen ist die Deckung des Finanzierungsbedarfs somit weiterhin von staatlicher Entwicklungshilfe abhängig. Guinea ist eines der wenigen einkommensschwachen Länder, die noch nicht von einem vollständigen Erlass der Aus-landsschulden im Rahmen des HIPC-Programms und der Multilateralen Entschuldungsinitiative profitieren konnten. Zwar haben die seit 2007 unter Aufsicht des IWF eingeleiteten Reformen Guinea geholfen, im Feb-ruar 2008 den Entscheidungszeitpunkt im Rahmen der HIPC-Initiative zu erreichen, so dass dem Land eine Umschuldung und ein Teilerlass seiner Auslandsver-pflichtungen zugesichert wurde. Die politischen Unsi-cherheiten könnten jedoch dazu führen, dass die voll-ständige Tilgung der Schulden, die ursprünglich für

Wichtige Kennzahlen

	2004	2005	2006	2007	2008 (S)	2009 (P)
Reales Wirtschaftswachstum (%)	2,7	3,0	2,4	1,8	3,0	3,2
Inflation (%)	17,5	31,4	34,7	22,9	25,0	22,0
Staatshaushalt (Saldo in % des BIP)	−4,9	−2,3	−4,8	−0,5	−2,9	−2,1
Ausfuhren (Mio US$)	725	869	1.074	1.145	1.443	1.596
Einfuhren (Mio US$)	688	753	940	1.030	1.389	1.549
Handelsbilanz (Saldo in Mio US$)	37	116	134	115	54	47
Leistungsbilanz (Saldo in % des BIP)	−4,4	−0,6	0,5	−2,0	−5,6	−7,1
Auslandsverschuldung (in % des BIP)	89	109	113	78	72	32
Schuldendienst (in % der Ausfuhren)	23,2	15,1	12,8	12,5	9,2	8,4
Währungsreserven (in Monatsimporten)	0,1	0,5	0,4	0,3	0,8	1,2

(S): Schätzung. (P): Prognose.   Quelle: Coface.

2009 vorgesehen war und Guinea immerhin zu einer erträglichen Außenhandelsposition verhelfen sollte, weiter aufgeschoben wird.

Gefahr eines Bürgerkriegs

Im Dezember 2008 verstarb Lansana Conté, der das Land 24 Jahre lang als alleiniger Machthaber geführt hatte. Sein Tod bewirkte eine plötzliche Umverteilung der politischen Macht. Nur wenige Stunden, nachdem der Tod des Präsidenten bekannt wurde, kam es zu einem Staatsstreich der Militärjunta, der breite Unterstützung in der von starken Gewerkschaften dominierten Opposition fand. Die internationale Staatengemeinschaft verurteilt den Staatsstreich nicht, sondern fordert lediglich die Abhaltung von Wahlen in der ersten Jahreshälfte 2009. Die Militärjunta hat jedoch nicht die Absicht, vor dem offiziellen Ende der Amtszeit von

Lansana Conté im Dezember 2010 Wahlen durchzuführen. Es wurde eine zivile Übergangsregierung unter der Leitung des Technokraten Kabiné Komara eingesetzt, der zahlreiche Anhänger in den Gewerkschaften und in der Zivilgesellschaft hat.

Obwohl die neue Regierung kurzfristig scheinbar besser auf die Forderungen der zu beträchtlichen sozialen Unruhen neigenden Bevölkerung eingehen kann, bleibt mittelfristig große Unsicherheit bestehen. Der Staatsapparat und die reguläre Armee sind auf die unregelmäßigen Einnahmen aus dem Bergbau angewiesen und werden möglicherweise nicht in der Lage sein, eine Verschärfung der ethnisch begründeten gesellschaftlichen Spannungen aufzufangen. Somit droht das Land, das ohnehin nicht gegen die aus den Nachbarländern übergreifenden Guerillakämpfe angehen kann, in einen Bürgerkrieg zu stürzen. •

Afrika südlich der Sahara

Kamerun

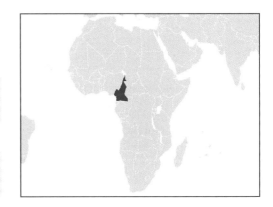

Bevölkerung (Mio Einwohner):	**18,5**
BIP (Mio US$):	**20.644**
Anteil am regionalen BIP (%):	**2,0**

Coface-Bewertungen

Kurzfristiges Risiko:	**C**
Geschäftsumfeld:	**C**
Mittelfristiges Risiko:	**hoch**

STÄRKEN

▲ Kamerun besitzt eine der am stärksten diversifizierten Volkswirtschaften Zentralafrikas. Das Land verfügt über enorme Ressourcen in Land- und Forstwirtschaft, Bergbau und Energie (Erdöl, Erdgas,
Wasserkraft).

▲ Es besteht ein beträchtliches Potential für die Entwicklung des Tourismus.

▲ Für die Durchführung tiefgreifender Strukturreformen wurden Kamerun 2006 im Rahmen des HIPC-
Programms und der Multilateralen Entschuldungsinitiative 50% seiner Auslandsschulden erlassen.

▲ Die Strukturreformen machen das Land für Investoren attraktiv und beschleunigen die Diversifizierung
des verarbeitenden Gewerbes.

SCHWÄCHEN

▼ Der Staatshaushalt ist noch immer von der Erdölindustrie abhängig (25% der Steuer- und 35% der
Exporteinnahmen). Angesichts des absehbaren
Rückgangs der Erdölvorkommen müssen dringend
alternative Einnahmequellen erschlossen werden.

▼ Das nach wie vor schwierige Geschäftsumfeld
behindert die Entfaltung der legalen Privatwirtschaft, die sich einem starken Konkurrenzdruck
durch die Schattenwirtschaft ausgesetzt sieht.

▼ Das Wirtschaftswachstum reicht nicht aus, um die
Jahrtausendziele zu erreichen, insbesondere wird es
nicht möglich sein, die Armut bis 2015 um die Hälfte
zu reduzieren.

▼ Mittelfristig steht noch nicht fest, wer Präsident
Biya an der Spitze des Staates nachfolgen wird. Dies
birgt die Gefahr einer erneuten Destabilisierung.

RISIKOEINSCHÄTZUNG

Einfluss der Rohstoffpreise

Der sinkende Preis und die rückläufige Nachfrage nach
Erdöl dürften das Wirtschaftswachstum 2009 bremsen
und sich insbesondere auf Ausfuhren und Investitionen
negativ auswirken. Auf die Exporte, die sich zu 35% aus
Erdöl und zu 5% aus Kakao zusammensetzen, entfällt
ein Viertel des BIP. Hier ist ein deutlicher Rückgang zu
erwarten, denn auf dem Weltmarkt sind sowohl rückläufige Preise als auch eine sinkende Nachfrage nach
Produkten des Grundbedarfs zu verzeichnen. Zudem ist
insbesondere in den Hauptabnehmerländern der kamerunischen Exporte (Spanien, Italien, Frankreich) mit
einem Konjunkturabschwung zu rechnen. Unter diesen
Umständen dürfte die Leistungsbilanz erneut ins Minus
rutschen.

Die dringend benötigten Investitionen in die Landwirtschaft, die Infrastruktur und die Energieerzeugung werden unter der zunehmenden Zurückhaltung ausländischer Investoren und unter der Verringerung der Staatseinnahmen, die zu einem Viertel aus dem Erdölgeschäft
stammen, zu leiden haben. Trotz höherer Steuererträge,
die durch eine bessere Bekämpfung der Schattenwirtschaft erreicht werden konnten, wird die Haushaltspolitik an die geringeren Einnahmen angepasst werden
müssen. Neben einer Senkung der Investitionsausgaben
wird möglicherweise gefordert, die Abschaffung der
Zolltarife und die Subventionierung von Lebensmitteln
des Grundbedarfs und Heizöl zu überdenken. Da gleichzeitig von deutlich sinkenden Nettopreisen auszugehen
ist, dürften sich derartige politische Maßnahmen allerdings nicht allzu negativ auf die Einkommen der Haushalte auswirken. Darüber hinaus ist ein Anstieg der Ein-

kommen aus der Landwirtschaft zu erwarten, nachdem die staatliche Entwicklungshilfe umfangreiche Investitionen in diese Branche ermöglicht hat, so dass die Produktions- und die Ertragsleistung verbessert werden konnten.

Obwohl damit gerechnet werden muss, dass sich die Haushaltslage und die Leistungsbilanz verschlechtern, besteht nur ein begrenztes Länderrisiko. Die Auslandsverschuldung entspricht lediglich 50% der Ausfuhren und 14% des BIP, und die Schuldendienstquote liegt bei 5%. Das durchaus akzeptable Niveau der Devisenreserven in Höhe von nahezu fünf Monatsimporten dürfte 2009 gehalten werden können.

Mängel in der Governance

Auf politischer Ebene bestehen erhebliche Risiken. Die Frage der Nachfolge des seit 1986 regierenden Präsidenten Paul Biya ist nach wie vor ungeklärt, und die für 2011 angesetzten allgemeinen Wahlen lassen vielerorts politische Ambitionen erwachen.

Obwohl Anstrengungen zur Bekämpfung der Korruption in der Verwaltung (unter dem Stichwort „Opération Epervier") unternommen wurden und dabei unbestreitbar Fortschritte erzielt werden konnten, wird das Geschäftsklima weiterhin von den behäbigen Verwaltungsverfahren, der insbesondere in der Rohstoffindustrie verbreiteten Korruption und einem wenig effizienten Rechtssystem belastet. Einheimische Unternehmen, denen keine ausländischen Kapitalquellen zur Verfügung stehen, haben am stärksten unter den Unzulänglichkeiten des kamerunischen Bankensystems zu leiden.

VORAUSSETZUNGEN FÜR DEN MARKTZUGANG

Marktsituation

Kameruns Markt ist für Importe weitgehend offen, lediglich einige einheimische Produkte werden durch im Vorfeld zu beantragende Importgenehmigungen geschützt (Zement, Geflügelfleisch, Zucker). Darüber hinaus dürfen bestimmte Produkte aus Ländern mit BSE- und Vogelgrippeinfektionen nicht eingeführt werden. Die Zolltarifs, die im Rahmen des Gemeinsamen Außenzolltarifs der Zentralafrikanischen Wirtschafts- und Währungsunion (CEMAC) festgelegt werden, reichen von 5% für Güter des Grundbedarfs bis 30% für bestimmte Massenbedarfsartikel (Rohstoffe und Investitionsgüter liegen bei 10%, Zwischenprodukte und andere Güter bei 20%). Dazu kommen die Mehrwertsteuer in Höhe von 19,25% – ausgenommen davon sind Waren des Grundbedarfs – und eine Verbrauchsabgabe in Höhe von 25% für Luxusgüter sowie für Tabak und Alkohol. Seit März 2008 sind die Importzölle und -steuern auf verschiedene Produkte des Grundbedarfs, darunter Reis, Tiefkühlfisch, Weizen, Mehl und bestimmte Zementarten, aufgehoben. Im Rahmen der Verhandlungen zwischen der EU und den AKP-Staaten über wirtschaftliche Partnerschaftsabkommen hat Kamerun im Dezember 2007 ein Interimsabkommen unterzeichnet, das die allmähliche Absenkung von 80% seiner Tariflinien zwischen 2010 und 2023 vorsieht. Ausgenommen von diesem Abkommen (20% der Tariflinien) sind größtenteils Produkte, die auch im Inland gefertigt werden (beispielsweise Mehl und Teigwaren, Fruchtsäfte, alkoholische Getränke wie Bier, Wein,

Wichtige Kennzahlen

	2004	2005	2006	2007	2008(S)	2009(P)
Reales Wirtschaftswachstum (%)	3,7	2,3	3,2	3,4	3,9	2,8
Inflation (%)	0,3	2,0	5,1	1,0	4,3	2,8
Staatshaushalt (Saldo in % des BIP)	−0,8	3,0	3,6	4,9	4,0	2,0
Ausfuhren (Mio US$)	2.580	2.862	3.491	4.345	5.020	4.030
Einfuhren (Mio US$)	2.637	2.830	3.127	4.050	4.300	3.970
Handelsbilanz (Saldo in Mio US$)	−57	−624	13	−120	200	−100
Leistungsbilanz (Saldo in % des BIP)	−3,8	−3,8	0,0	−0,8	0,9	−2,0
Auslandsverschuldung (in % des BIP)	60,3	43,0	17,0	16,0	14,0	15,0
Schuldendienst (in % der Ausfuhren)	7,1	22,0	10,0	8,0	5,0	5,0
Währungsreserven (in Monatsimporten)	2,4	2,3	4,0	6,0	5,0	4,6

(S): Schätzung. (P): Prognose.　　　　　　　　　　　　　　　　　　　　　Quelle: Coface.

Afrika südlich der Sahara

Exporte: 26% des BIP
▷▷

Importe: 27% des BIP
◀◀◀

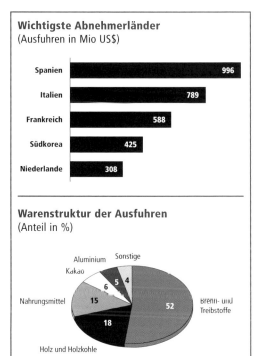

Wichtigste Abnehmerländer
(Ausfuhren in Mio US$)

Spanien	996
Italien	789
Frankreich	588
Südkorea	425
Niederlande	308

Warenstruktur der Ausfuhren
(Anteil in %)

Aluminium 6, Kakao 5, Sonstige 4, Nahrungsmittel 15, Brenn- und Treibstoffe 52, Holz und Holzkohle 18

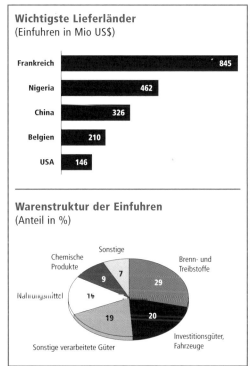

Wichtigste Lieferländer
(Einfuhren in Mio US$)

Frankreich	845
Nigeria	462
China	326
Belgien	210
USA	146

Warenstruktur der Einfuhren
(Anteil in %)

Chemische Produkte 9, Sonstige 7, Brenn- und Treibstoffe 29, Nahrungsmittel 16, Investitionsgüter, Fahrzeuge 20, Sonstige verarbeitete Güter 19

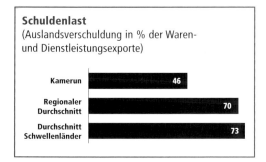

Schuldenlast
(Auslandsverschuldung in % der Waren- und Dienstleistungsexporte)

Kamerun	46
Regionaler Durchschnitt	70
Durchschnitt Schwellenländer	73

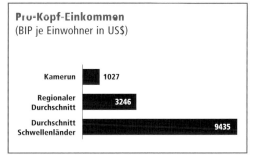

Pro-Kopf-Einkommen
(BIP je Einwohner in US$)

Kamerun	1027
Regionaler Durchschnitt	3246
Durchschnitt Schwellenländer	9435

Whisky, Farben und Lacke sowie Stoffe und Kleidung). Die Zollabfertigung eines Containers dauert durchschnittlich zwei bis drei Wochen. Es wird nachdrücklich empfohlen, bei der Bezahlung von Ausfuhren auf Barzahlung bei Auftragserteilung oder per unwiderrufliches Dokumentenakkreditiv mit Bestätigung durch eine erstklassige Bank zu bestehen.

Haltung gegenüber ausländischen Investoren

Kamerun steht ausländischen Direktinvestitionen aufgeschlossen gegenüber. Das Investitionsgesetz Nr.

2002/004 vom 19. April 2002, das die Investitionscharta enthält, bildet zusammen mit dem Gesetz Nr. 2004/020 vom 22. Juli 2004 einen allgemeinen Leitfaden, wodurch theoretisch die älteren Gesetzestexte (Investitionsgesetz und Freizonenregelung von 1990) ersetzt werden. Um spätestens am 22. April 2009 in Kraft treten zu können, müssen diese Gesetze allerdings durch konkrete Branchenbestimmungen ergänzt werden. Es wurden etwa 40 Branchen festgelegt, für die spezielle Einzelgesetze zu formulieren sind, bislang wurden jedoch lediglich das Gas-, das Bergbau- und das Erdölgesetz verabschiedet. In der Zwischenzeit bleibt für alle

anderen Branchen de facto das Investitionsgesetz von 1990 (sowie die Freizonenregelung) in Kraft. Deren Bestimmungen wurden jedoch seither durch verschiedene Finanzgesetze ergänzt und verändert, so dass gegenwärtig kein einheitliches Dokument existiert, in dem die steuerlichen Rahmenbedingungen für ausländische Investitionen in Kamerun festgelegt sind. So wurde das Steuerrecht in den letzten zwei Jahren um vier Ausnahmegesetze mit Steueranreizen erweitert (Vorschriften für Reinvestitionen von Gewinnen, für die Börse, für Partnerschaftsverträge und für Strukturprojekte). Das steuerliche Umfeld ist somit für ausländische Investoren schwer durchschaubar.

Die geltenden Gesetze werden durch weitere Instrumente ergänzt, die ausländisches Kapital anziehen sollen. Dazu gehört die Mitarbeit des Landes in der Afrika-nischen Organisation zur Harmonisierung des Wirtschaftsrechts (OHADA), deren Ziel darin besteht, sichere rechtliche Rahmenbedingungen für Unternehmen zu schaffen.

In der Praxis bestehen nach wie vor zahlreiche Risiken, die neue Investoren häufig abschrecken. In diesem Zusammenhang sind die weitverbreitete Korruption, die Schikanen der Behörden, die Mängel in der Verkehrsinfrastruktur, die unzuverlässige Stromversorgung und das ineffiziente Rechtssystem zu nennen. Deshalb belegt Kamerun in der von der Weltbank durchgeführten Studie „Doing Business 2009", in der die Qualität der Rahmenbedingungen für Unternehmen in 181 Ländern untersucht wird, nur Rang 164, und es konnten in den letzten Jahren nicht die geringsten Verbesserungen festgestellt werden. •

Kapverdische Inseln

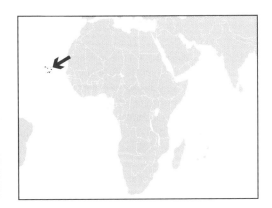

Bevölkerung (Mio Einwohner):	**0,5**
BIP (Mio US$):	**1.434**

Coface-Bewertungen
Kurzfristiges Risiko:	**B**
Geschäftsumfeld:	**B**
Mittelfristiges Risiko:	**moderat erhöht**

RISIKOEINSCHÄTZUNG

Tourismus als Motor der wirtschaftlichen Entwicklung

Das Wirtschaftswachstum wurde 2008 von den Investitionen in die touristische Infrastruktur (Verkehrswege, Energieversorgung, Gebäude) angetrieben. Obwohl die Touristenzahlen 2009 möglicherweise zurückgehen werden, ist weiterhin mit hohen Wachstumsquoten zu rechnen, die insbesondere auf die staatlichen Investitionen in die Energieinfrastruktur zurückzuführen sind. 2008 ist es dem Land gelungen, mit verschiedenen Maßnahmen den Preissteigerungen bei Benzin und Lebensmitteln entgegenzuwirken (Senkung der Mehrwertsteuer und der Importzölle) und so die Inflation zu begrenzen. Auch die Zentralbank konnte mit ihrer umsichtigen Geldpolitik und einer Anhebung der Mindestreservesätze dazu beitragen. Die absehbare Abwertung des Kap-Verde-Escudo im Verhältnis zum US-Dollar könnte jedoch im laufenden Jahr die positiven Auswirkungen der allgemein sinkenden Weltmarktpreise zum Teil zunichte machen.

Auslandsverschuldung im Blick behalten

Die Erhöhung der Subventionen für Benzin und Lebens mittel sowie die Senkung der Zolltarife haben den Staatshaushalt 2008 noch stärker in Schieflage gebracht. Es werden nach wie vor unzureichende Anstrengungen zur Erhöhung des Steueraufkommens unternommen, zudem dürfte sich der Eintritt in die WTO im Juli 2008 langfristig ungünstig auf die Steuereinnahmen auswirken. Dank der dynamischen Entwicklung im Tourismus und der nach wie vor hohen privaten Transferzahlungen wurde die stark defizitäre Leistungsbilanz von den steigenden Öl- und Lebensmittelpreisen nicht allzu sehr in Mitleidenschaft gezogen.

Wichtige Kennzahlen

	2004	2005	2006	2007	2008 (S)	2009 (P)
Reales Wirtschaftswachstum (%)	4,3	6,5	10,8	6,9	6,5	6,0
Inflation (%)	−1,9	0,4	4,8	4,4	6,5	4,2
Staatshaushalt (Saldo in % des BIP)	−12,8	−12,7	−10,4	−5,5	−8,3	−9,3
Ausfuhren (Mio US$)	58	98	76	56	67	69
Einfuhren (Mio US$)	389	481	445	541	586	685
Handelsbilanz (Saldo in Mio US$)	−331	−383	−369	−485	−519	−616
Leistungsbilanz (Saldo in % des BIP)	−20,2	−8,0	−9,1	−13,5	−16,1	−16,6
Auslandsverschuldung (in % des BIP)	73,6	60,9	52,4	74,9	55,7	52,1
Schuldendienst (in % der Ausfuhren)	11,4	9,9	8,9	7,3	8,0	7,1
Währungsreserven (in Monatsimporten)	2,6	4,1	3,4	3,7	3,6	3,4

(S): Schätzung. (P): Prognose.

Quelle: Coface.

Im Zuge der weltweiten Konjunkturabkühlung dürften 2009 allerdings sowohl die Einnahmen aus dem Tourismus als auch die privaten Transferzahlungen zurückgehen, und es ist nicht zu erwarten, dass die Verringerung der Importkosten für Produkte des Grundbedarfs ausreicht, um diese Entwicklung aufzufangen. Da auch die ausländischen Direktinvestitionen weniger reichlich fließen könnten, wird das Land voraussichtlich auf staatliche Entwicklungshilfe in unverminderter Höhe (14% des BIP) angewiesen sein, um seine wirtschaftliche Entwicklung zu finanzieren. Ob die Auslandsverschuldung vor diesem Hintergrund auf einem erträglichen Niveau gehalten werden kann, ist davon abhängig, ob das Land kommerzielle Kredite aufnimmt. Die Kapverdischen Inseln werden voraussichtlich weiterhin über beträchtliche Devisenreserven verfügen, doch das Bankensystem, dessen Kapital zu 40% aus Einlagen von Ausländern besteht, könnte durch die Abwertung des Escudo geschwächt werden.

Günstiges Geschäftsumfeld und gesellschaftliche Probleme

Die Kapverdischen Inseln zeichnen sich durch eine besondere politische Stabilität aus, die auf einem soliden Mehrparteiensystem beruht und Möglichkeiten zur Verbesserung des Geschäftsumfelds bietet. Der Wirtschaftsaufschwung hat es den Kapverdischen Inseln ermöglicht, die Gruppe der schwach entwickelten Länder zu verlassen und sich 2008 in die Gruppe der Länder mittleren Entwicklungsstandes einzureihen. Das Land hat gute Aussichten, bis 2015 die Jahrtausendziele zu erreichen. Allerdings hat das kräftige Wachstum der letzten Jahre auch zu einer Zunahme der Ungleichheit beigetragen. So beläuft sich die Arbeitslosenquote auf 18%, da ein großer Teil der Arbeitskräfte für die geforderten Tätigkeiten nicht ausreichend qualifiziert ist. •

Afrika südlich der Sahara

Kenia

Bevölkerung (Mio Einwohner):	**37,5**
BIP (Mio US$):	**29.509**
Anteil am regionalen BIP (%):	**3,0**

Coface-Bewertungen
Kurzfristiges Risiko:	**C**
Geschäftsumfeld:	**C**
Mittelfristiges Risiko:	**hoch**

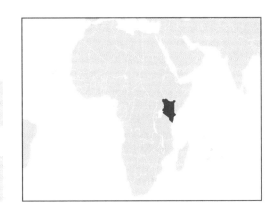

STÄRKEN

▲ Die Wirtschaft Kenias kann sich auf eine diversifizierte Landwirtschaft (Tee, Kaffee, Gartenbauerzeugnisse) und Branchen mit hoher Wertschöpfung (Finanzdienstleistungen, Telekommunikation) stützen.

▲ Die Entstehung einer Mittelschicht beflügelt die Binnennachfrage und bildet eine gute Grundlage für die zunehmende Diversifizierung des produzierenden Gewerbes.

▲ Die kenianischen Banken können eine solide Finanz- und Ertragslage vorweisen; von den hochriskanten Subprime-Papieren sind sie kaum betroffen. Damit bieten sie der Volkswirtschaft des Landes gute Finanzierungsmöglichkeiten.

▲ Kenia kommt eine Schlüsselrolle in der Ostafrikanischen Gemeinschaft zu, die sich um regionale Integration bemüht, und ist dadurch für Investoren besonders interessant.

SCHWÄCHEN

▼ Da die Landwirtschaft nach wie vor das Fundament der kenianischen Wirtschaft bildet (25% des BIP und 85% der Beschäftigung), ist die Gesamtkonjunktur von den Witterungsbedingungen abhängig.

▼ Die marode Infrastruktur hemmt das Wachstum. Das Straßennetz und die Hafenanlagen sind unzureichend ausgebaut, die Stromversorgung ist nach wie vor unsicher.

▼ Das kräftige Wachstum der Jahre 2002–2007 hat zu einer Verstärkung der Ungleichheiten beigetragen. Immer noch leben 46% der Bevölkerung in Armut, und die Arbeitslosenquote liegt bei 40%. Zudem

sind 8% der Bevölkerung von der sich ausbreitenden Aidspandemie betroffen.

▼ Korruption und Gewalt begrenzen die Entwicklungsmöglichkeiten im Tourismus und wirken sich ebenso ungünstig auf internationale Hilfe und ausländische Direktinvestitionen aus.

RISIKOEINSCHÄTZUNG

Binnennachfrage nach wie vor auf hohem Niveau

Die ethnischen Auseinandersetzungen im vergangenen Jahr, die durch die umstrittenen Wahlen im Dezember 2007 ausgelöst wurden, haben sich ungünstig auf das Wachstum der kenianischen Wirtschaft ausgewirkt und insbesondere den Tourismus und die landwirtschaftliche Produktion im Rift Valley beeinträchtigt. In der zweiten Jahreshälfte übernahmen das Baugewerbe, die Telekommunikationsbranche und die Finanzdienstleistungen die Rolle des Wachstumsmotors der kenianischen Wirtschaft. Der Tourismus, der bereits unter den Gewaltausbrüchen des vergangenen Jahres zu leiden hatte, dürfte 2009 die Konjunkturabkühlung in den entwickelten Ländern zu spüren bekommen. Auch für den Zustrom privater Transferzahlungen (7,5% des BIP) und die Exporteinnahmen ist ein Abwärtstrend zu erwarten. Dennoch werden die staatlichen Infrastrukturinvestitionen und die weiter anziehenden Konsumausgaben der Privathaushalte, deren Kaufkraft durch die rückläufigen Benzin- und Lebensmittelpreise zunimmt, voraussichtlich für ein kräftiges Wachstum sorgen.

Die Inflationsrate erreichte 2008 Spitzenwerte, nachdem der Güterverkehr und die Energieversorgung

infolge der Gewaltausbrüche zusammengebrochen waren. Auch die steigenden Ölpreise sowie die Abwertung der kenianischen Währung heizten die Inflation an. 2009 dürfte der Preisauftrieb jedoch dank der gefallenen Rohstoffpreise deutlich nachlassen.

Zunehmender Finanzierungsbedarf

Die kenianische Regierung musste ihre Subventionen und Sozialausgaben (Gesundheit, Bildung) 2008 kräftig anheben, um die Unruhen in der Bevölkerung zu besänftigen. Da gleichzeitig die Einnahmen aus der Wirtschaft schrumpften, rutschte der Staatshaushalt weiter ins Minus. Wenn die wichtigsten Sozialausgaben 2009 in gleicher Höhe beibehalten werden, ist erneut mit einem deutlichen Haushaltsdefizit zu rechnen.

Die Handelsbilanz litt 2008 unter dem Rückgang der Tee- und Kaffeeproduktion, den sinkenden Einnahmen aus dem Tourismus und den steigenden Energiekosten. Trotz des rückläufigen Ölpreises dürfte die Handelsbilanz 2009 ein anhaltend hohes Defizit ausweisen, da mit einer Schwächung des Exportgeschäfts und einem Abwärtstrend bei den Einnahmen aus dem Tourismus und den privaten Transferzahlungen (34% der Ausfuhren von Gütern und Dienstleistungen) zu rechnen ist. Vor diesem Hintergrund müssen die internationalen Hilfen, die 30% der Importe im Jahr 2007 ausmachten, in vollem Umfang weitergezahlt werden, um den Finanzierungsbedarf des Landes zu decken. Dies ist umso wichtiger, als der Zustrom ausländischer Direktinvestitionen weiter zurückgehen dürfte und sich die Emission des geplanten Euro-Bonds mit einem Volumen von 500 Mio US$ zu verzögern scheint. Obwohl die Auslandsver-

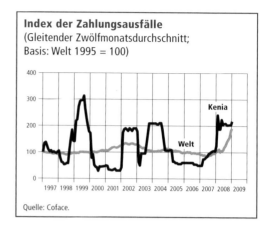

Index der Zahlungsausfälle
(Gleitender Zwölfmonatsdurchschnitt; Basis: Welt 1995 = 100)

Quelle: Coface.

schuldung auf vertretbarem Niveau liegt, besteht in Anbetracht der geringen Devisenreserven ein hohes Liquiditätsrisiko.

Schwache politische Koalition

Nachdem bei den Gewaltausbrüchen anlässlich der umstrittenen Wahlen ca. 2.000 Menschen getötet und über 350.000 vertrieben wurden, konnte im April 2008 eine Koalitionsregierung ihre Arbeit aufnehmen, die jedoch nach wie vor auf wackeligen Beinen steht. Es bestehen spürbare Spannungen zwischen der Party of National Unity (PNU) von Präsident Mwai Kibaki und dem Orange Democratic Movement (OMD) von Premierminister Raila Odinga, wodurch sich die zügige Umsetzung der Reformen, die einen dauerhaften Frieden im Land schaffen sollen, verzögern könnte. So ist eine Agrarreform geplant, um die Aufteilung der Gebiete zwischen den Volksgruppen der Kalenjin und

Wichtige Kennzahlen

	2004	2005	2006	2007	2008 (S)	2009 (P)
Reales Wirtschaftswachstum (%)	4,9	5,9	6,4	7,0	3,3	3,0
Inflation (%)	11,7	10,3	14,5	9,8	25,0	6,5
Staatshaushalt (Saldo in % des BIP)	−0,4	−3,0	−3,6	−4,6	−6,2	−5,7
Ausfuhren (Mio US$)	2.721	3.462	3.516	4.123	4.732	5.177
Einfuhren (Mio US$)	4.351	5.602	6.770	8.381	9.485	9.884
Handelsbilanz (Saldo in Mio US$)	−1.630	−2.140	−3.254	−4.258	−4.753	−4.707
Leistungsbilanz (Saldo in % des BIP)	−2,2	−1,3	−2,1	−4,0	−5,5	−6,0
Auslandsverschuldung (in % des BIP)	42,1	33,6	28,0	24,3	19,5	19,6
Schuldendienst (in % der Ausfuhren)	6,0	7,2	6,3	7,2	6,7	6,4
Währungsreserven (in Monatsimporten)	3,3	3,2	3,5	2,9	2,6	2,5

(S): Schätzung. (P): Prognose.

Quelle: Coface.

Afrika südlich der Sahara

der Kikuyu zu regeln, eine Verfassungsreform soll die Machtverteilung zwischen dem Staat und den Regionen festlegen, und auch dem Wahlsystem steht eine Neuordnung bevor. Allerdings ist aufgrund der Korruption auch ein Wiederaufflammen der ethnischen Auseinandersetzungen nicht ausgeschlossen.

VORAUSSETZUNGEN FÜR DEN MARKTZUGANG

Marktsituation

Das Land ist nicht nur Sitz von UN-Vertretungen für Afrika, sondern auch von Regionalniederlassungen zahlreicher Unternehmen, die in Ostafrika tätig sind. Der Hafen Mombasa und der Nordkorridor bilden die Pforte nach Ostafrika und in das Gebiet der Großen Seen. Der Flughafen Nairobi, dessen Kapazität derzeit ausgebaut wird, ist eine Drehscheibe für den Passagier- und Frachtverkehr.

Kenia ist Mitglied der Ostafrikanischen Gemeinschaft (EAC) und gehört dem Gemeinsamen Markt für Ost- und Südafrika an (COMESA, 19 Mitgliedsländer). Diese regionale Integration wurde durch die Liberalisierung der Wirtschaft und eine Öffnung des Landes gegenüber Investoren möglich. In bestimmten Bereichen werden ausländische Investoren jedoch durch protektionistische Maßnahmen behindert, z.B. beim Grundbesitzerwerb oder bei Finanz- und Rückversicherungsanlagen. Der Mehrwertsteuersatz liegt bei 16%. Der Import von Rohöl und raffinierten Erdölprodukten unterliegt einer speziellen Besteuerung. Die EU hat am 1. Januar 2008 die Zölle und Kontingentierungen auf sämtliche Tariflinien für Produkte aus der EAC aufgehoben; ausgenommen davon sind Reis und Zucker. Im Gegenzug sollen die Länder der EAC ihre Zölle auf 82% ihrer Tariflinien aufheben.

Möglichkeiten des Marktzugangs

Für die Warenausfuhr nach Kenia (insbesondere Fertigerzeugnisse und Halbzeuge, bei Rohstoffen sind Ausnahmegenehmigungen möglich) ist seit September 2005 in den meisten Fällen eine Konformitätsprüfung vor dem Versand erforderlich. Bis September 2008 waren die Unternehmen Interteck und SGS damit beauftragt und hatten die Länder der Welt unter sich aufgeteilt, wobei Interteck für Europa zuständig war. Inzwischen hat eine neue Ausschreibung stattgefunden,

es ist jedoch noch nicht bekannt, wer den Zuschlag erhalten wird.

Die Referenzwährung für den internationalen Handel bleibt der US-Dollar (über 50% der Geschäfte), gefolgt von Euro und Britischem Pfund. Zahlungsverzögerungen treten nicht grundsätzlich auf, sofern die bewährten Vorsichtsmaßnahmen getroffen werden, und sind im Allgemeinen auf die langwierigen Verwaltungsverfahren oder vereinzelte Fehler zurückzuführen. Abschlagszahlungen sind bei kenianischen Gesellschaften nicht üblich, sie können lediglich im Ausnahmefall zwischen Importeur und Exporteur ausgehandelt werden. Sofern keine anderslautende Bestimmung besteht, sind im Falle von Streitigkeiten die Handelsgerichte von Kenia zuständig.

Transferzahlungen im Ausland lebender Kenianer bilden die größte Devisenquelle des Landes und stellen ein großes Geschäftspotential für Finanzunternehmen dar. Zahlreiche Anbieter stehen mit den Banken im Wettbewerb, indem sie schnelle internationale Überweisungen (die kenianische Post, Western Union und Money Gram) und schnelle Überweisungen im Inland (die Mobilfunkanbieter Safaricom und Zain) anbieten. Es ist in jedem Fall angebracht, im Zahlungsverkehr bestimmte Vorsichtsmaßnahmen zu treffen und in diesem Zusammenhang auf bewährte Instrumente wie die Aushändigung von Dokumenten gegen Bezahlung, garantierte Bankschecks, internationale Überweisungen oder bestätigte Akkreditive zurückzugreifen. Zum 1. Februar 2009 traten die Credit Reference Regulations in Kraft, die die Gründung von Credit Reference Bureaus als Informationsstellen für Kreditauskünfte vorsieht. Unter Aufsicht der Zentralbank sollen die CRBs Listen aller säumigen Zahler führen.

Haltung gegenüber ausländischen Investoren

Auch wenn sich die kenianische Regierung in gewisser Weise um ausländische Investoren bemüht, zeigt sich in der Praxis häufig ein differenziertes Bild. Die Schwierigkeiten bei der Verabschiedung des Investitionsgesetzes ("Investment Bill") und der Gründung der Investmentbehörde ("Kenya Investment Authority" – KIA), die als zentrale Anlaufstelle ausländischen Investoren den Marktzugang erleichtern sollte, haben eher ein Gefühl des Misstrauens erzeugt. Das Lizenzvergabesystem, für das die Behörde mit dem Doing-Business-Preis 2008 ausgezeichnet wurde, wurde weitgehend vereinfacht

Exporte: 26% des BIP

Importe: 36% des BIP

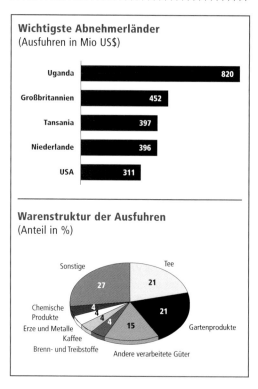

Wichtigste Abnehmerländer
(Ausfuhren in Mio US$)

Uganda	820
Großbritannien	452
Tansania	397
Niederlande	396
USA	311

Warenstruktur der Ausfuhren
(Anteil in %)

Sonstige 27, Tee 21, Gartenprodukte 21, Andere verarbeitete Güter 15, Brenn- und Treibstoffe 4, Kaffee 4, Erze und Metalle 4, Chemische Produkte 4

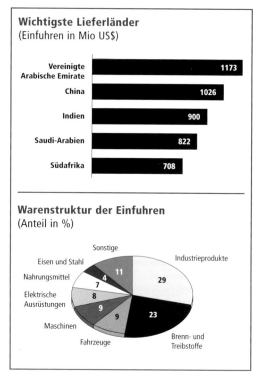

Wichtigste Lieferländer
(Einfuhren in Mio US$)

Vereinigte Arabische Emirate	1173
China	1026
Indien	900
Saudi-Arabien	822
Südafrika	708

Warenstruktur der Einfuhren
(Anteil in %)

Sonstige 11, Industrieprodukte 29, Eisen und Stahl 4, Nahrungsmittel 7, Elektrische Ausrüstungen 8, Maschinen 9, Fahrzeuge 9, Brenn- und Treibstoffe 23

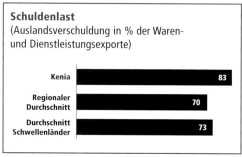

Schuldenlast
(Auslandsverschuldung in % der Waren- und Dienstleistungsexporte)

Kenia	83
Regionaler Durchschnitt	70
Durchschnitt Schwellenländer	73

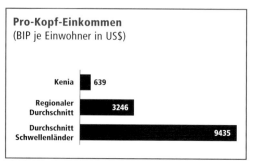

Pro-Kopf-Einkommen
(BIP je Einwohner in US$)

Kenia	639
Regionaler Durchschnitt	3246
Durchschnitt Schwellenländer	9435

und wird kontinuierlich verbessert. Es ist schwierig, eine Arbeitserlaubnis zu erhalten.

Die Vorlage eines Investitionszertifikats ist inzwischen nicht mehr verpflichtend, und die Mindestinvestitionssummen wurden herabgesetzt: 100.000 US$ statt bisher 500.000 US$ für ausländische Direktinvestitionen und 10.000 US$ statt bisher 50.000 US$ für inländische Investoren. Die zentrale Anlaufstelle für Investoren, KIA, hat sich dazu verpflichtet, das Investitionszertifikat innerhalb von 21 Werktagen und anschließend alle erforderlichen Genehmigungen (Handel, Zoll, Steuern, Umweltschutz, Arbeitsgenehmigungen usw.) innerhalb von zwölf Monaten ab Beantragung auszustellen. Darüber hinaus hat die KIA neue Steueranreize und Zollvergünstigungen eingeführt, um Investitionen gezielt in ländliche Gegenden zu lenken. Eine gewisse Investitionssicherheit bietet der „Foreign Investment Protection Act", der ausländische Direktinvestitionen regelt.   •

Afrika südlich der Sahara

Kongo

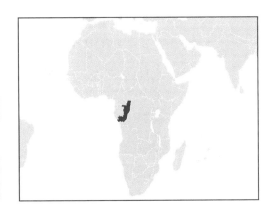

| Bevölkerung (Mio Einwohner): | **3,8** |
| BIP (Mio US$): | **7.646** |

Coface-Bewertungen

Kurzfristiges Risiko:	**C**
Geschäftsumfeld:	**D**
Mittelfristiges Risiko:	**sehr hoch**

RISIKOEINSCHÄTZUNG

Große Abhängigkeit vom Öl

Die kongolesische Volkswirtschaft konnte 2008 einen starken Aufschwung verzeichnen, der auf den Wiederanstieg der Erdölproduktion zurückzuführen ist. Auch die Telekommunikationsbranche, das Baugewerbe und das Verkehrswesen erwiesen sich als Wachstumsmotoren. Für 2009 ist zu erwarten, dass die weiter steigende Erdölproduktion den Rückgang des Ölpreises auffängt. Gleichzeitig dürften Landwirtschaft und Finanzdienstleistungen von der Stabilisierung der Sicherheitslage profitieren. Durch Preissubventionen ist es gelungen, die schnell steigende Inflation zu begrenzen, die von den steigenden Lebensmittel- und Kraftstoffpreisen in die Höhe getrieben worden war. 2009 dürfte der Inflationsdruck erhalten bleiben, wenn im Vorfeld der Präsidentschaftswahlen die Staatsausgaben zunehmen.

Verschuldung in nicht zu vertretender Höhe

Der Anstieg der Ölproduktion dürfte dem Staatshaushalt 2009 wie schon im Vorjahr zu einem komfortablen Überschuss verhelfen. Die Leistungsbilanz ist weiterhin äußerst anfällig für einen Einbruch des Ölpreises oder der -fördermenge. Sie wird darüber hinaus von den zunehmenden Importen von Investitionsgütern belastet, die zur Umsetzung der Infrastrukturprojekte benötigt werden. Eine Umschuldung der staatlichen und privatwirtschaftlichen Auslandsverbindlichkeiten beim Pariser Club bzw. Londoner Club haben dem Land eine Verbesserung seiner Außenhandelsposition ermöglicht. Die Höhe der bestehenden Auslandsverschuldung ist jedoch nach wie vor nicht zu vertreten. Allerdings könnte der Kongo auf lange Sicht einen vollständigen Schuldenerlass erreichen, nachdem das Land im Dezember 2008 eine Armutsbekämpfungs- und Wachstumsfazilität mit dem IWF abgeschlossen hat. •

Wichtige Kennzahlen						
	2004	**2005**	**2006**	**2007**	**2008(S)**	**2009(P)**
Reales Wirtschaftswachstum (%)	3,4	7,7	6,2	−1,6	7,6	7,0
Inflation (%)	3,7	2,4	4,7	2,6	4,5	4,2
Staatshaushalt (Saldo in % des BIP)	3,6	15,7	19,7	9,9	15,3	16,7
Ausfuhren (Mio US$)	3.459	4.875	6.072	5.600	6.711	6.358
Einfuhren (Mio US$)	1.100	1.274	2.004	2.534	2.157	1.909
Handelsbilanz (Saldo in Mio US$)	2.359	3.600	4.068	3.066	4.554	4.449
Leistungsbilanz (Saldo in % des BIP)	12,7	11,4	1,6	−19,5	0,9	−2,7
Auslandsverschuldung (in % des BIP)	198,7	103,2	81,5	72,9	51,9	54,7
Schuldendienst (in % der Ausfuhren)	22,0	25,6	19,6	17,5	12,5	11,7
Währungsreserven (in Monatsimporten)	0,4	2,2	10,6	9,3	19,4	23,4

(S): Schätzung. (P): Prognose.   Quelle: Coface.

Liberia

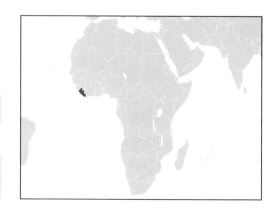

| Bevölkerung (Mio Einwohner): | **3,8** |
| BIP (Mio US$): | **725** |

Coface-Bewertungen
Kurzfristiges Risiko:	**D**
Geschäftsumfeld:	**D**
Mittelfristiges Risiko:	**sehr hoch**

RISIKOEINSCHÄTZUNG

Wirtschaft im Wiederaufbau

Das Wachstum der liberianischen Wirtschaft wurde 2008 von den öffentlichen Investitionen in die Landwirtschaft (Kautschuk, Holz) und den Bergbau (Diamanten, Eisen, Gold) angetrieben. Für 2009 ist ein ähnliches Bild zu erwarten: Die Entwicklung der Landwirtschaft sowie der Wiederaufbau der Verkehrswege und der Energie- und Wasserversorgungsnetze, die nach dem 14 Jahre währenden Bürgerkrieg in Trümmern liegen, sorgen für ein kräftiges Wirtschaftswachstum. Vor dem Hintergrund der maroden Infrastruktur und der extremen Armut ist nicht zu erwarten, dass die Jahrtausendziele 2015 erreicht werden.

Trotz massiver Energiesubventionen haben die rasant steigenden Rohstoffpreise im vergangenen Jahr die Inflation angeheizt. Angesichts der sinkenden Weltmarktpreise ist für 2009 aber wieder eine Abschwächung der Teuerungsrate zu erwarten.

Unterstützung durch Geberländer

Die Staatsfinanzen stehen seit 2006 unter der Kontrolle des IWF, der Haushalt ist ausgeglichen. Während einerseits die Staatsausgaben angehoben wurden, haben andererseits eine effizientere Eintreibung der Steuern und zusätzliche Mittel aus Konzessionen für Eisenminen mehr Geld in die Kassen gespült. Die Leistungsbilanz hingegen ist defizitär. Obwohl für die Kautschukausfuhren, die 97% der Exporte ausmachen, hohe Preise erzielt werden konnten, reicht dies nicht aus, um die hohen Energiekosten und die massiven Importe von Gütern für den Wiederaufbau des Landes auszugleichen. Allerdings wurde dem Land ein Teil seiner Auslandsschulden erlassen, nachdem Liberia im März 2008

Wichtige Kennzahlen

	2004	2005	2006	2007	2008 (S)	2009 (P)
Reales Wirtschaftswachstum (%)	2,6	5,3	7,8	9,5	7,1	9,0
Inflation (%)	3,6	6,9	7,2	11,4	17,9	9,5
Staatshaushalt (Saldo in % des BIP)	0,2	−0,3	0,0	5,2	4,6	0,0
Ausfuhren (Mio US$)	104	110	158	208	260	351
Einfuhren (Mio US$)	236	294	401	499	760	962
Handelsbilanz (Saldo in Mio US$)	−132	−184	−243	−291	−500	−611
Leistungsbilanz (Saldo in % des BIP)[1]	−170,0	−185,2	−216,2	−186,2	−160,7	−147,6
Auslandsverschuldung (in % des BIP)	825	702	831	572	493	475
Schuldendienst (in % der Ausfuhren)	53,5	88,4	67,9	55,4	32,0	27,4
Währungsreserven (in Monatsimporten)	0,2	0,2	0,8	1,3	1,0	0,9

1) Ohne Schenkungen. (S): Schätzung. (P): Prognose.

Quelle: Coface.

Afrika südlich der Sahara

Exporte: 38% des BIP
▷▷▷

Importe: 52% des BIP
◀◀◀

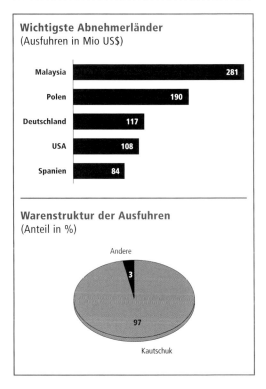

Wichtigste Abnehmerländer
(Ausfuhren in Mio US$)

Malaysia	281
Polen	190
Deutschland	117
USA	108
Spanien	84

Warenstruktur der Ausfuhren
(Anteil in %)

Andere 3
Kautschuk 97

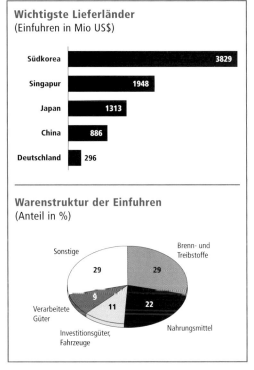

Wichtigste Lieferländer
(Einfuhren in Mio US$)

Südkorea	3829
Singapur	1948
Japan	1313
China	886
Deutschland	296

Warenstruktur der Einfuhren
(Anteil in %)

Sonstige 29
Brenn- und Treibstoffe 29
Verarbeitete Güter 9
Investitionsgüter, Fahrzeuge 11
Nahrungsmittel 22

den sogenannten Entscheidungszeitpunkt im Rahmen des HIPC-Programms und der Multilateralen Entschuldungsinitiative erreicht hatte. Die aktuelle Entwicklung könnte langfristig zur Tilgung sämtlicher Auslandsverpflichtungen Liberias führen.

Leichte Stabilisierung der Lage

Präsidentin Ellen Johnson-Sirleaf, ehemalige Volkswirtin der Weltbank, kämpft mit allen Mitteln für den Wiederaufbau und gegen die Korruption in ihrem Land. Es ist zu erwarten, dass sie an der Macht bleibt und die begonnenen Reformen mit Unterstützung des Parlaments fortsetzt. Das Kontingent der Blauhelmsoldaten, die weiterhin die Sicherheit des Landes gewährleisten, dürfte bis 2010 schrittweise abgebaut werden – ein Zeichen für eine Stabilisierung der Lage in Liberia, die jedoch noch mit Unsicherheiten behaftet ist. Ohne die Anwesenheit der UNO dürfte es nach wie vor unmöglich sein, die Stabilität des Landes sicherzustellen. Zudem weist das Geschäftsumfeld zahlreiche Unzulänglichkeiten auf. •

Madagaskar

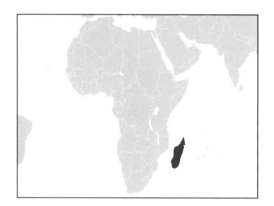

Bevölkerung (Mio Einwohner):	**19,7**
BIP (Mio US$):	**7.326**

Coface-Bewertungen

Kurzfristiges Risiko:	**C**
Geschäftsumfeld:	**C**
Mittelfristiges Risiko:	**hoch**

RISIKOEINSCHÄTZUNG

Zunehmende Diversifizierung der Wirtschaft

Die wirtschaftliche Entwicklung profitierte im vergangenen Jahr erneut von den Investitionen in zwei Großprojekte, nämlich die Bergwerke in Ambatovy mit ihren reichen Vorkommen an Ilmenit, Kobalt und Nickel und den Hafen Taolagnaro. 2009 dürfte jedoch die Konjunktur im Allgemeinen und die Tourismusbranche im Besonderen unter den sich verschärfenden politischen und gesellschaftlichen Spannungen zu leiden haben. Die Inbetriebnahme der Bergwerke in Ambatovy und die durch den bevorstehenden Gipfel der Afrikanischen Union ausgelöste Dynamik in der Hoch- und Tiefbaubranche sollten den Abschwung allerdings begrenzen. Die Inflationsrate konnte 2008 unter die 10%-Marke gedrückt werden. Dies ist den erfolgreichen Anstrengungen zur Entwicklung der Landwirtschaft zu verdan-

ken, durch die Madagaskar zum zweitgrößten Reisproduzenten Afrikas aufgestiegen ist. Inzwischen ist das Land in der Lage, den Eigenbedarf an Reis nahezu vollständig aus der eigenen Produktion zu decken. Angesichts sinkender Rohstoffpreise und einer Stabilisierung der madagassischen Währung dürfte die Inflationsrate sogar noch weiter fallen.

Finanzlage instabil, aber auf dem Weg der Konsolidierung

Der Staatshaushalt weist aufgrund der unzureichenden Steuereinnahmen ein strukturelles Defizit auf. Die für weitere Investitionen erforderlichen Einfuhren von Ausrüstungsgütern und die sinkende Wettbewerbsfähigkeit der madagassischen Textilbranche belasten die Handelsbilanz. Allerdings dürften die steigenden Erzausfuhren und die durch den Abschluss von Projekten sinkenden Investitionen in diesem Jahr für eine leichte Verbes-

Wichtige Kennzahlen

	2004	2005	2006	2007	2008 (S)	2009 (P)
Reales Wirtschaftswachstum (%)	5,3	4,4	5	6,2	7,0	5,0
Inflation (%)	14	18,4	10,8	10,3	8,9	6,6
Staatshaushalt (Saldo in % des BIP)	−13,9	−10,1	−10,5	−7,1	−9,2	−7,6
Ausfuhren (Mio US$)	1.017	857	984	1.223	1.364	1.528
Einfuhren (Mio US$)	1.472	1.450	1.801	2.598	3.723	3.809
Handelsbilanz (Saldo in Mio US$)	−455	−594	−818	−1.376	−2.359	−2.281
Leistungsbilanz (Saldo in % des BIP)	−9,2	−11,1	−8,7	−14,1	−22,8	−20,1
Auslandsverschuldung (in % des BIP)	80	70	29	26	25	26
Schuldendienst (in % der Ausfuhren)	5,4	8,3	3,5	1,6	1,7	1,7
Währungsreserven (in Monatsimporten)	2,7	2,8	3,0	2,7	2,7	2,9

(S): Schätzung. (P): Prognose.

Quelle: Coface.

Afrika südlich der Sahara

serung der Handelsbilanz sorgen. Vor diesem Hintergrund sind internationale Hilfen nach wie vor unerlässlich, wenn auch nicht mehr ganz so bedeutend wie früher, da Madagaskar mittlerweile 70% seines Finanzierungsbedarfs durch ausländische Direktinvestitionen decken kann. Die Finanzlage des Landes hat sich durch den Schuldenerlass im Zuge des HIPC-Programms und der Multilateralen Entschuldungsinitiative deutlich verbessert. Die Verschuldung ist mit einem Anteil von 25% am BIP auf ein vertretbares Maß gesunken, bleibt aber anfällig für eine Verschlechterung der Terms of Trade. Das Zahlungsausfallrisiko ist somit als relativ gering einzustufen.

Politische und soziale Krise, mangelhafte Governance

Die Anfang 2009 ausgebrochene politische Krise, die den Tod mehrerer Hundert Menschen verursachte, zeigt das Ausmaß der gesellschaftlichen Spannungen, die das starke Wirtschaftswachstum der letzten fünf Jahre erzeugt hat. Der Aufschwung beruhte hauptsächlich auf den Investitionen in die großen Bergbauprojekte.

Dadurch trug er zum einen nur wenig zur Schaffung neuer Arbeitsplätze bei und führte zum anderen zu einer drastischen Verschlechterung der Lebensbedingungen in den Städten.

Mitte März 2009 übernahm der Bürgermeister von Antananarivo, Andry Rajoelina, mit Hilfe des Militärs die Macht und löste als Übergangspräsident das Parlament auf. Der vorangegangene Konflikt entzündete sich insbesondere an der mangelhaften Governance der Regierung und den autoritären Entgleisungen von Präsident Marc Ravalomana, der 2002 durch einen Putsch an die Macht kam, 2006 aber mit großer Mehrheit wiedergewählt wurde. AU und EU kritisierten den undemokratischen Machtwechsel als Staatsstreich, die AU suspendierte die Mitgliedschaft Madagaskars. Die Weltbank und der IWF, die die Kungelei zwischen Staat und Privatwirtschaft in der Agrarbranche und im Medienbereich anprangern, hatten bereits Ende 2008 ein Darlehen in Höhe von 35 Mio US$ ausgesetzt. Dennoch ist die internationale Gemeinschaft bereit, alles zu tun, um Madagaskar die Rückkehr zur Normalität zu ermöglichen. •

Malawi

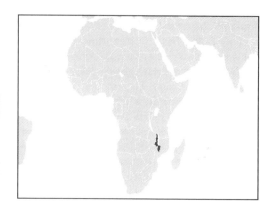

Bevölkerung (Mio Einwohner):	**13,9**
BIP (Mio US$):	**3.552**

Coface-Bewertungen
Kurzfristiges Risiko:	**D**
Geschäftsumfeld:	**D**
Mittelfristiges Risiko:	**sehr hoch**

RISIKOEINSCHÄTZUNG

Konjunktur weiterhin witterungsabhängig

Die Landwirtschaft und die verarbeitende Industrie, die zusammen 55% des BIP erwirtschaften und 90% der Bevölkerung Beschäftigung bieten, verzeichneten 2008 dank günstiger Witterungsbedingungen eine lebhafte Entwicklung. Die exportorientierten Zweige der Landwirtschaft (Tabak, Rohrzucker, Tee) profitierten zudem von den gestiegenen Weltmarktpreisen. 2009 wird die Konjunktur allerdings den Rückgang der Rohstoffpreise zu verkraften haben. Die Inflation wird sich hingegen aller Voraussicht nach rückläufig entwickeln. Außerdem kommen die Inbetriebnahme des Uranbergwerks Kayelekera und die positive Entwicklung der Mobiltelefonie (mit einer Marktdurchdringung von 10% weist Malawi einen der niedrigsten Werte Afrikas auf) dem Wachstum zugute. Allerdings steht Malawi im Index der menschli-

chen Entwicklung (Human Development Index) nach wie vor auf Platz 166 von 177 erfassten Ländern und gilt somit immer noch als eines der ärmsten Länder der Welt. Zwar konnte der Inflationsdruck durch die guten Ernteerträge der letzten Jahre gemildert werden, doch bleibt die Teuerungsrate wegen der ungünstige Binnenlage des Landes auf hohem Niveau.

Rückgang der privaten Transferzahlungen wahrscheinlich

Die Erhöhung der Subventionen für Produkte des Grundbedarfs und die nachlassende Haushaltsdisziplin im Vorfeld der im Mai 2009 anstehenden Wahlen belasten den Staatshaushalt. Die Handelsbilanz leidet unter den ungünstigen Terms of Trade und der Binnenlage des Landes, durch die sich die Preise für Einfuhren verdoppeln. Mittelfristig setzt Malawi zwar auf die Entwicklung des Tourismus (Malawi-See), doch noch sind die

Wichtige Kennzahlen

	2004	2005	2006	2007	2008 (S)	2009 (P)
Reales Wirtschaftswachstum (%)	5,0	2,3	7,9	8,0	7,6	6,9
Inflation (%)	11,4	15,5	14,0	7,7	8,4	7,0
Staatshaushalt (Saldo in % des BIP)	−12,2	−1,1	−1,8	−2,2	−3,7	−4,6
Ausfuhren (Mio US$)	499	505	539	613	679	796
Einfuhren (Mio US$)	810	1.070	855	920	1.023	1.095
Handelsbilanz (Saldo in Mio US$)	−311	−565	−316	−307	−344	−299
Leistungsbilanz (Saldo in % des BIP)	−8,5	−12,3	−17,2	−17,2	−17,5	−17,1
Auslandsverschuldung (in % des BIP)	148	137	20	24	25	24
Schuldendienst (in % der Ausfuhren)	10,0	7,6	5,1	0,5	0,6	1,0
Währungsreserven (in Monatsimporten)	1,3	1,1	1,4	1,3	1,5	2,0

(S): Schätzung. (P): Prognose.

Quelle: Coface.

Afrika südlich der Sahara

privaten Transferzahlungen nach dem Tabakexport die zweitwichtigste externe Finanzierungsquelle des Landes. Angesichts der weltweiten Wirtschaftskrise muss 2009 jedoch damit gerechnet werden, dass sich die privaten Transferzahlungen genauso wie die staatliche Entwicklungshilfe und die ausländischen Direktinvestitionen rückläufig entwickeln. Dabei besteht die Gefahr, dass die Verschuldung des Landes, die im Rahmen des HIPC-Programms und der Multilateralen Entschuldungsinitiative auf ein erträgliches Niveau verringert werden konnte, durch die Inanspruchnahme kommerzieller Kredite erneut steigt.

Mangelhafte Governance

Die mit Unterstützung der internationalen Gemeinschaft eingeleiteten Reformen stoßen im Parlament auf erbitterten Widerstand. Der von Präsident Bingu Wa Mutharika zum wichtigsten Ziel erhobene Kampf gegen die Korruption wird von der Mehrheit der Abgeordneten abgelehnt und führte sogar zur Spaltung der Regierungspartei. Die in diesem Zusammenhang gegen den ehemaligen Präsidenten Bakili Muluzi vorgebrachten Anschuldigungen haben die Opposition, die im Parlament über die Mehrheit verfügt, dazu veranlasst, die Verabschiedung des Haushalts zu verweigern. Die im Mai 2009 anstehenden Wahlen verschärfen die Spannungen zusätzlich. Unter diesen Umständen ist damit zu rechnen, dass die Verbesserung des Geschäftsumfelds zunächst einmal zur Nebensache gerät. •

Mali

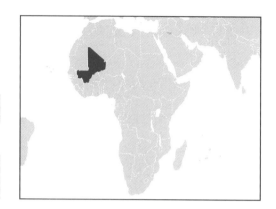

Bevölkerung (Mio Einwohner):	**12,3**
BIP (Mio US$):	**6.863**

Coface-Bewertungen	
Kurzfristiges Risiko:	**C**
Geschäftsumfeld:	**C**
Mittelfristiges Risiko:	**hoch**

RISIKOEINSCHÄTZUNG

Die hohen Weltmarktpreise für Gold und Baumwolle haben 2008 für ein kräftiges Wirtschaftswachstum gesorgt. 2009 dürfte die Konjunktur von der Ausweitung des Telekommunikationsnetzes und der Inbetriebnahme neuer Goldminen profitieren. Trotz der Anhebung der Erzeugerpreise könnten die produzierten Baumwollmengen angesichts der höheren Kosten für Düngemittel und der Vorteile, die der Anbau von Getreide bietet, geringer ausfallen als erwartet. In Mali leben nach wie vor 70% der Bevölkerung unterhalb der Armutsgrenze, und das Wirtschaftswachstum wird durch die mangelnde Energie- und Verkehrsinfrastruktur nach wie vor gehemmt. Politische Maßnahmen zur Steigerung des Reisanbaus haben 2008 zumindest dazu beigetragen, den Preisauftrieb einzudämmen. Sofern die Ernte gut ausfällt, dürfte die Inflationsrate 2009 Jahr auf 3% zurückgehen.

Der Staatshaushalt dürfte 2009 von den rückläufigen Rohstoffpreisen und den Privatisierungen in der Baumwoll- und Telekommunikationsbranche profitieren. Die Leistungsbilanz wird durch hohe Transportkosten und die Rückführung von Gewinnen belastet, dürfte aber im laufenden Jahr von den sinkenden Benzinpreisen und der Abwertung des CFA profitieren, die die Baumwollausfuhren steigen lassen sollte. Die staatliche Entwicklungshilfe wird weiterhin einen Großteil des Finanzierungsbedarfs decken. Abgesehen davon dürften die steigenden ausländischen Direktinvestitionen in die Goldbranche dafür sorgen, dass das Land weiterhin ansehnliche Devisenreserven aufbauen kann. Dadurch wird auch die Außenhandelsposition gestärkt, die sich durch den Schuldenerlass im Rahmen des HIPC-Programms und der Multilateralen Entschuldungsinitiative bereits merklich verbessert hat. Trotz des im Juli 2008 unterzeichneten Friedensabkommens bleibt die Sicherheitslage im Norden Malis besorgniserregend. ●

Wichtige Kennzahlen

	2004	2005	2006	2007	2008 (S)	2009 (P)
Reales Wirtschaftswachstum (%)	2,4	6,1	5,3	3,1	4,8	4,2
Inflation (%)	−3,1	6,4	1,9	1,4	6,0	3,0
Staatshaushalt (Saldo in % des BIP)	−6,6	−7,3	−7,7	−9,2	−7,9	−7,4
Ausfuhren (Mio US$)	1.071	1.112	1.546	1.491	1.739	1.780
Einfuhren (Mio US$)	1.200	1.259	1.471	1.656	1.735	1.758
Handelsbilanz (Saldo in Mio US$)	−129	−148	74	−164	4	22
Leistungsbilanz (Saldo in % des BIP)	−10,4	−10,5	−6,5	−9,1	−8,5	−8,2
Auslandsverschuldung (in % des BIP)	63	65	23	25	26	27
Schuldendienst (in % der Ausfuhren)	6,5	6,3	4,0	3,9	3,8	4,3
Währungsreserven (in Monatsimporten)	6,0	6,3	6,8	6,2	6,0	5,8

(S): Schätzung. (P): Prognose.

Quelle: Coface.

Afrika südlich der Sahara

Mauretanien

Bevölkerung (Mio Einwohner):	**3,1**
BIP (Mio US$):	**2.644**
Anteil am regionalen BIP (%):	**0,4**

Coface-Bewertungen
Kurzfristiges Risiko:	**C**
Geschäftsumfeld:	**C**
Mittelfristiges Risiko:	**hoch**

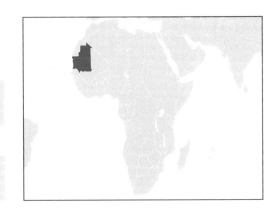

STÄRKEN

- ▲ Das Land verfügt über bedeutende und äußerst vielfältige Rohstoffvorkommen (Eisen, Kupfer, Gold, Diamanten, Uran, Bauxit und Kobalt).
- ▲ Die 1998 begonnene Erschließung von Erdöllagerstätten mündete 2006 in eine Offshoreproduktion von 15.000 Barrel pro Tag. Die Prospektion neuer Lagerstätten vor der Küste und im Inland setzt sich fort.
- ▲ Mauretanien verfügt über ein großes ungenutztes landwirtschaftliches Potential (von 135.000 ha Ackerboden werden nur 20.000 ha kultiviert).
- ▲ Die Verbesserung der Infrastruktur begünstigt die Diversifizierung des produzierenden Gewerbes über die beiden traditionellen Haupteinkommensquellen (Eisenerzförderung und Fischfang) hinaus.
- ▲ Im Rahmen des HIPC-Programms und der Multilateralen Entschuldungsinitiative konnte das Land seine Auslandsschulden deutlich senken.

SCHWÄCHEN

- ▼ Wegen der geringen Einwohnerzahl (3 Millionen) und der weitverbreiteten Armut (45% der Bevölkerung) ist der Markt begrenzt.
- ▼ Im Index der menschlichen Entwicklung (HDI) des UNDP belegt das Land Rang 137 von 177.
- ▼ Die Wettbewerbsfähigkeit des verarbeitenden Gewerbes ist durch das „Holland-Syndrom" gefährdet.
- ▼ Die zunehmende Versteppung macht die Viehhaltung immer schwieriger und führt zu einer starken Abhängigkeit von Lebensmittelimporten.
- ▼ Die nach wie vor instabile politische Lage schreckt Investoren und internationale Geldgeber ab.

RISIKOEINSCHÄTZUNG

Dynamik im Bergbau, aber unberechenbare Entwicklung der Erdölbranche

Dank hoher Rohstoffpreise und der Steigerung des Eisen-, Kupfer- und Goldabbaus konnte Mauretanien trotz der technischen Probleme am Offshoreölfeld Chinguetti im vergangenen Jahr eine positive Wirtschaftsentwicklung vorweisen. 2009 könnte die Ölfördermenge auf 18.000 Barrel pro Tag steigen, und die Konjunktur in der Bergbaubranche, die von den seit fünf Jahren kontinuierlich fließenden Investitionen profitiert, dürfte weiter anziehen. Allerdings wird das Wachstum durch die wieder sinkenden Rohstoffpreise gebremst. Mit dem Rückgang der internationalen Entwicklungshilfe werden zudem die Investitionen in die Infrastruktur schrumpfen. Die hohen Preise der zum größten Teil importierten Lebensmittel haben die Inflation 2008 massiv angeheizt. Verschärfend wirkten sich zudem die Ausfuhrbeschränkungen für Produkte des Grundbedarfs aus, die von den jeweiligen Exportländern verhängt wurden. Die Entspannung durch die mittlerweile wieder fallenden Weltmarktpreise wird jedoch wahrscheinlich durch die Abwertung der mauretanischen Währung im laufenden Jahr wieder zunichtegemacht.

Internationale Sanktionen und rückläufige ausländische Direktinvestitionen

Das Nothilfepaket in Höhe von 100 Mio US$, das aufgelegt wurde, um der Nahrungsmittelkrise und den daraus resultierenden „Hungerunruhen" entgegenzuwirken, stellte eine zusätzliche Belastung für das an sich schon enorm hohe Haushaltsdefizit dar. Die Leistungsbilanz profitierte 2008 von den hohen Preisen für Erze und

Erdöl. Die steigenden Importe von Ausrüstungsgütern, die für die Erschließung der Erdölfelder benötigt werden, konnten damit allerdings nicht kompensiert werden. Für das laufende Jahr ist zwar bei der Einfuhr von Ausrüstungsgütern ein Rückgang zu erwarten, die Rückführung der Gewinne belastet die Leistungsbilanz aber nach wie vor. Vor diesem Hintergrund stellen der Rückgang der Hilfszahlungen – eine direkte Folge des Staatsstreichs – sowie die rückläufigen ausländischen Direktinvestitionen eine Gefahr für die Deckung des Finanzierungsbedarfs dar. Zudem könnte die Auslandsverschuldung des Landes, die mit Hilfe des HIPC-Programms und der Multilateralen Entschuldungsinitiative verringert werden konnte, durch die Aufnahme kommerzieller Kredite wieder ein nicht vertretbares Niveau erreichen.

Ausweg aus der Krise ungewiss

Nachdem seit März 2007 erstmals in der Geschichte Mauretaniens eine frei gewählte Regierung die Geschicke des Landes lenkte, setzte der Militärputsch vom August 2008 diesem kurzen Ausflug in die Demokratie ein abruptes Ende. Obwohl der Staatsstreich unblutig vonstatten ging, wurde er von der internationalen Gemeinschaft scharf verurteilt. Der internationale Druck wird aller Voraussicht nach wie bereits 2005 zur Abhaltung von Wahlen führen, die eine gewisse Normalisierung der Lage nach sich ziehen könnten. Bis dahin wird die humanitäre Hilfe in einem vertretbaren Maß weitergeführt. Dabei wird das Land im Hinblick auf seine Kooperationsbereitschaft bei der Bekämpfung des Terrorismus und der illegalen Einwanderung unter verschärfter Beobachtung stehen.

VORAUSSETZUNGEN FÜR DEN MARKTZUGANG

Möglichkeiten des Marktzugangs

Mauretanien liegt geographisch günstig und verfügt über bedeutende Rohstoffvorkommen (Eisen, Kupfer, Gold, Fisch und – in geringerem Maße – Öl). Das Geschäftsumfeld verbessert sich, wie aus dem „Doing Business"-Ranking für 2009 zu ersehen ist, in dem Mauretanien unter 181 erfassten Ländern von Platz 166 auf Rang 160 vorgerückt ist.

Haltung gegenüber ausländischen Investoren

Die Einschätzungen des von der Weltbank herausgegebenen ICA-Berichts (Investment Climate Assessment) sind nach wie vor zutreffend: Finanzierungsschwierigkeiten, eine restriktive Kreditvergabe und hohe Fremdkapitalkosten stellen die größten Hemmnisse für das Wachstum der Unternehmen dar. Unter anderem sind die von den Banken geforderten Sicherheiten zu hoch, so dass nur 10% der Unternehmen mit Fremdkapitalbedarf tatsächlich Kredite gewährt werden.

Das Rechtssystem ist lückenhaft, wobei insbesondere das Arbeitsrecht zu wünschen übrig lässt. Die Korruption ist zwar vergleichsweise hoch (2006 verwendeten die produzierenden Unternehmen durchschnittlich 6,4% ihres Jahresumsatzes für inoffizielle Zahlungen), es lässt sich aber mittlerweile ein Rückgang des Phänomens beobachten: Transparency International stufte das Land 2008 acht Plätze besser ein, so dass Mauretanien nunmehr Rang 115 belegt.

Wichtige Kennzahlen

	2004	2005	2006	2007	2008 (S)	2009 (P)
Reales Wirtschaftswachstum (%)	5,2	5,4	11,4	1,0	3,5	3,5
Inflation (%)	10,4	12,1	6,2	7,3	12,5	9,5
Staatshaushalt (Saldo in % des BIP)	–8,0	–9,2	–9,4	–7,3	–9,8	–8,2
Ausfuhren (Mio US$)	440	625	1.367	1.454	2.007	2.167
Einfuhren (Mio US$)	625	781	1.167	1.432	1.799	1.838
Handelsbilanz (Saldo in Mio US$)	–185	–156	200	22	208	329
Leistungsbilanz (Saldo in % des BIP)	–34,6	–47,2	–1,3	–11,4	–6,3	–3,0
Auslandsverschuldung (in % des BIP)	138	173	95	100	55	50
Schuldendienst (in % der Ausfuhren)	6,4	5,0	5,5	6,1	3,2	2,9
Währungsreserven (in Monatsimporten)	0,5	0,7	1,3	1,2	1,5	1,0

(S): Schätzung. (P): Prognose.   Quelle: Coface.

Afrika südlich der Sahara

Exporte: 55% des BIP
▷▷▷▷▷▷▷▷▷▷▷▷▷▷▷▷▷▷▷▷▷▷▷▷▷▷▷▷▷▷▷▷▷▶▶▶▶▶▶▶

Importe: 59% des BIP
◀◀◀◀◀◀◀◀◀◀◀◀◀◀◀◀◀◀◀◀◀◀◀◀◀◀◀◀◀◀◁◁◁◁◁◁◁◁◁

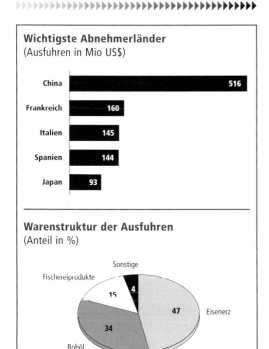

Wichtigste Abnehmerländer
(Ausfuhren in Mio US$)

China 516
Frankreich 160
Italien 145
Spanien 144
Japan 93

Warenstruktur der Ausfuhren
(Anteil in %)

Sonstige 4
Fischereiprodukte 15
Eisenerz 47
Rohöl 34

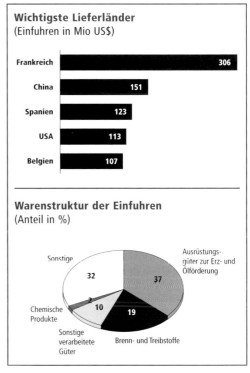

Wichtigste Lieferländer
(Einfuhren in Mio US$)

Frankreich 306
China 151
Spanien 123
USA 113
Belgien 107

Warenstruktur der Einfuhren
(Anteil in %)

Ausrüstungsgüter zur Erz- und Ölförderung 37
Sonstige 32
Chemische Produkte 10
2
Brenn- und Treibstoffe 19
Sonstige verarbeitete Güter

Schuldenlast
(Auslandsverschuldung in % der Waren-
und Dienstleistungsexporte)

Mauretanien 75
Regionaler Durchschnitt 70
Durchschnitt Schwellenländer 73

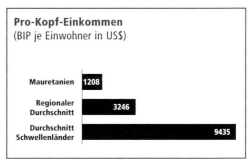

Pro-Kopf-Einkommen
(BIP je Einwohner in US$)

Mauretanien 1208
Regionaler Durchschnitt 3246
Durchschnitt Schwellenländer 9435

Die Infrastruktur weist nach wie vor erhebliche Mängel auf. So verursachen die häufigen Stromausfälle im verarbeitenden Gewerbe durchschnittlich Verluste in Höhe von 3,3% des Umsatzes. Allerdings sind durch den Zukauf von Strom, die Sanierung und den Neubau von Straßen sowie den Ausbau der Häfen Nouakchott und Nouadhibou Verbesserungen im Gange. Die übermäßig hohe Steuerbelastung dürfte zurückgehen, wenn das neue Investitionsgesetz verabschiedet wird. In Verwaltung und Justiz bestehen nach wie vor Mängel, denn die Entscheidungen der Behörden sind häufig unvorhersehbar, und das Rechtssystem arbeitet ineffizient.

Devisenverkehr

Das Bankengesetz vom März 2007 zielt auf eine Stärkung der Finanzbranche ab. Allerdings untersagt es den Banken, Sicherheiten und Bürgschaften ihrer Muttergesellschaft einzusetzen, wodurch die Tochtergesellschaften ausländischer Kreditinstitute benachteiligt werden. Die einheimischen Kreditinstitute sollen jedoch ihr Kapital schrittweise an das ihrer ausländischen Konkurrenten heranführen und bis 2010 auf 6 Mrd MRO (Ouguiya) erhöhen. Der im Januar 2007 eingerichtete Devisenmarkt funktioniert zufriedenstellend. •

Mauritius

Bevölkerung (Mio Einwohner):	**1,3**
BIP (Mio US$):	**6.363**
Anteil am regionalen BIP (%):	**0,8**

Coface-Bewertungen

Kurzfristiges Risiko:	**A3**
Geschäftsumfeld:	**A3**
Mittelfristiges Risiko:	**ziemlich gering**

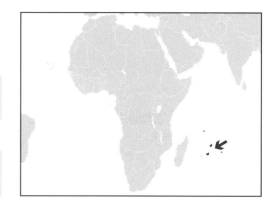

STÄRKEN

▲ Dank günstiger politischer und institutioneller Rahmenbedingungen ist Mauritius eines der stabilsten und am besten entwickelten Länder Afrikas.

▲ Mauritius unterhält gute Beziehungen zum Westen und zu den Ländern rund um den Indischen Ozean.

▲ Die Wirtschaft ist weitgehend liberalisiert und zieht ausländische Investoren an.

▲ Das Land baut eine diversifizierte Wirtschaft auf und entwickelt neben der Fischerei auch Branchen mit hoher Wertschöpfung wie Finanzen und neue Informations- und Kommunikationstechnologien.

▲ Die Banken verfügen über eine gute Kapitalausstattung und arbeiten gewinnbringend. So werden das Wachstum unterstützt und die Auslandsverschuldung begrenzt.

SCHWÄCHEN

▼ Für Produkte des Grundbedarfs bestehen nach wie vor Import- und Vertriebsmonopole sowie staatliche Preisvorgaben.

▼ Die Infrastruktur in den Bereichen Kommunikation und Bildung ist unzureichend.

▼ In der Zucker- und der Textilbranche (Letztere beschäftigt knapp 20% der Erwerbsbevölkerung und erwirtschaftet 50% der Ausfuhren) macht sich das Auslaufen der bislang geltenden Vorzugsabkommen negativ bemerkbar.

▼ Praktisch der gesamte Energie- und Lebensmittelbedarf wird durch Importe gedeckt.

▼ Das Wirtschaftsleben ist stark von Familienbetrieben geprägt, wodurch anderen Investoren der Markteintritt erschwert wird.

RISIKOEINSCHÄTZUNG

Schwache Exporte bremsen Wachstum

Zwar dürfte das Wirtschaftswachstum 2009 hoch bleiben, doch verliert die Konjunktur auch in Mauritius an Dynamik. Dabei drückt die schwache Nachfrage – insbesondere aus Europa und den USA, den beiden wichtigsten Märkten des Inselstaates – auf die Exporte. Auch die Reexporteure leiden unter dem Einbruch des Welthandels. Im Baugewerbe wiederum macht sich die rückläufige Entwicklung bei den ausländischen Direktinvestitionen bemerkbar. Dagegen dürfte der Konsum der privaten Haushalte dank der Anhebung der Beamtenbezüge um 37% erneut ein hohes Niveau erreichen.

Die Touristik- und die Textilindustrie, auf die ein sehr großer Teil der Exporte des Landes entfällt, leiden besonders stark unter der weltweiten Wirtschaftskrise. Dagegen sollten die Einnahmen aus dem Verkauf von Zucker und Fischereiprodukten steigen, nachdem das Land seine Zuckerindustrie umstrukturiert hat und erhebliche Investitionen in den Ausbau der Produktionskapazitäten der fischverarbeitenden Industrie geflossen sind.

Leicht finanzierbares Leistungsbilanzdefizit

Wegen des allgemeinen Abschwungs und der sinkenden Preise für Produkte des Grundbedarfs steigen die Importe nicht stärker als die Exporte. Die Einfuhren decken dabei vor allem den Bedarf des Baugewerbes und der Touristikbranche. Sie bestehen insbesondere aus Lebensmitteln (die zum größten Teil importiert werden müssen) und Energieträgern. Die Leistungsbilanz weist nach wie vor ein hohes Defizit aus, weil die

Index der Zahlungsausfälle
(Gleitender Zwölfmonatsdurchschnitt;
Basis: Welt 1995 = 100)

Quelle: Coface.

umfangreichen ausländischen Direktinvestitionen den Bedarf an eingeführten Produkten steigen lassen. Dieses Defizit wird allerdings durch Kapitalzuflüsse und die Hilfen der Europäischen Union mehr als ausgeglichen. Die Devisenreserven erreichen ein komfortables Niveau, und die Auslandsverschuldung ist relativ gering.

Lockerung der Wirtschaftspolitik

Um die Folgen der weltweiten Wirtschaftskrise abzumildern, und möglicherweise auch mit Blick auf die Parlamentswahlen 2010, hat die Regierung eine großzügigere Haushaltspolitik eingeleitet und insbesondere die Zölle auf Baustoffe und Lebensmittel abgeschafft. Außerdem wurden die staatlich festgelegten Preise für Benzin und Heizöl um 15% bis 20% gesenkt. Gleichzeitig wurden die Bezüge im öffentlichen Dienst angehoben. Vor diesem Hintergrund besteht die Gefahr, dass

die Rückführung von Haushaltsdefizit und Staatsverschuldung, die beide ein hohes Niveau erreicht haben, 2009 nicht weiterverfolgt werden kann. Das Länderrisiko bleibt jedoch vertretbar, denn die meisten Verbindlichkeiten des Landes weisen mittel- oder langfristige Laufzeiten auf. Da für 2009 wegen der stark gesunkenen Lebensmittel- und Energiepreise mit einer deutlich geringeren Inflation gerechnet wird, hat die Zentralbank ihre Zinspolitik – nicht zuletzt auf Druck der Regierung – gelockert und den Leitzins gesenkt.

Das Land treibt die Diversifizierung der Wirtschaft voran und wirbt um Investoren

Trotz der Krise unternimmt die Regierung weiterhin Anstrengungen, um die Wirtschaft – insbesondere den Dienstleistungssektor – zu diversifizieren und die Insel für ausländische Investoren noch attraktiver zu machen. Die Steuerreform, die Senkung der Zölle und die Steigerung der Ausgaben für Bildung, Informations- und Kommunikationstechnologien und den Ausbau der Infrastruktur (Häfen, Straßen) stellen in diesem Zusammenhang wichtige Fortschritte dar.

Im internationalen Vergleich schneidet Mauritius bei Geschäftsumfeld, Governance und Korruption gut ab. Allerdings ist auf dem Arbeitsmarkt, der durch fehlende Flexibilität und einen Mangel an hochqualifizierten Arbeitskräften gekennzeichnet ist, noch viel zu tun. Außerdem besteht Reformbedarf in Bezug auf die Einfuhr- und Vertriebsmonopole für Produkte des Grundbedarfs, die Preisregulierung und die Leistungsfähigkeit der Sozialprogramme.

Wichtige Kennzahlen

	2004	2005	2006	2007	2008 (S)	2009 (P)
Reales Wirtschaftswachstum (%)	4,7	3,0	3,6	4,9	5,5	4,5
Inflation (%)	4,7	4,9	7,6	10,0	10,0	7,0
Staatshaushalt (Saldo in % des BIP)	−5,4	−5,0	−5,4	−4,2	−4,0	−4,1
Ausfuhren (Mio US$)	1.935	2.006	2.233	2.304	2.520	2.615
Einfuhren (Mio US$)	2.309	2.705	3.066	3.509	4.105	4.726
Handelsbilanz (Saldo in Mio US$)	−375	−699	−833	−1.205	−1.585	−2.111
Leistungsbilanz (Saldo in % des BIP)	1,3	−1,3	−1,2	−5,7	−7,7	−6,2
Auslandsverschuldung (in % des BIP)	50,4	40,6	42,8	44,6	14,6	9,3
Schuldendienst (in % der Ausfuhren)	11,5	10,1	7,5	6,8	6,1	4,4
Währungsreserven (in Monatsimporten)	8,0	5,9	5,1	5,1	6,4	6,3

(S): Schätzung. (P): Prognose.

Quelle: Coface.

Exporte: 60% des BIP
▷▷▷

Importe: 67% des BIP
◁◁

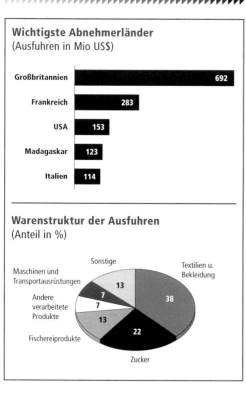

Wichtigste Abnehmerländer
(Ausfuhren in Mio US$)

Warenstruktur der Ausfuhren
(Anteil in %)

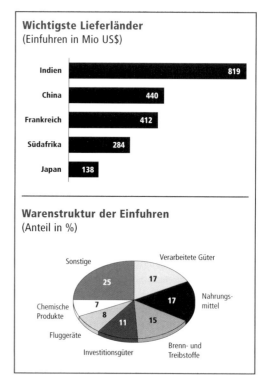

Wichtigste Lieferländer
(Einfuhren in Mio US$)

Warenstruktur der Einfuhren
(Anteil in %)

Schuldenlast
(Auslandsverschuldung in % der Waren-
und Dienstleistungsexporte)

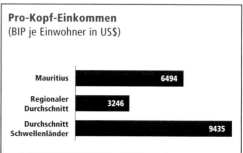

Pro-Kopf-Einkommen
(BIP je Einwohner in US$)

VORAUSSETZUNGEN FÜR DEN MARKTZUGANG

Marktsituation

Mauritius ist seit 1994 Vollmitglied der WTO. Im Juni 1996 unterzeichnete Mauritius die Konvention von New York über die internationale Schiedsgerichtsbarkeit, die im Oktober 2002 ratifiziert wurde. Im Rahmen der regionalen Organisationen SADC (Südafrikanische Entwicklungsgemeinschaft), COMESA (Gemeinsamer Markt für Ost- und Südafrika) und COI (Kooperations-

gemeinschaft Indischer Ozean) hat Mauritius mit dem Abbau von Zollschranken begonnen und parallel dazu 1998 eine einheitliche Mehrwertsteuer in Höhe von derzeit 15% eingeführt.

Einfuhrbestimmungen: Eine Einfuhrgenehmigung ist nur noch für wenige Produkte erforderlich. Importprodukte werden in drei Kategorien unterteilt: Die Einfuhr einiger Produkte ist verboten (Gefahrgüter: Waffen, Sprengstoff und einzelne Fahrzeugteile), andere Produkte erfordern eine staatliche Einfuhrgenehmigung (Lebensmittel, energetische und pharmazeutische

Afrika südlich der Sahara

Erzeugnisse), und wiederum andere Produkte können ohne Formalitäten frei eingeführt werden. So ist beispielsweise für Hühnerfleisch und Eier eine Einfuhrgenehmigung erforderlich, die allerdings nur bei drohenden Versorgungsengpässen gewährt wird. Das Ziel dieser Regelung besteht darin, die heimische Produktion zu schützen, die den Bedarf des Inselstaates deckt.

Tarifäre Handelshemmnisse: Die Zollbestimmungen sehen unterschiedliche Tarife vor, je nachdem, ob das Exportland einen Vorzugstarif (Südafrika, COMESA, SADC) genießt oder nicht (ca. 25 Länder mit allgemeinem Zolltarif). Im April 2005 beschloss die Regierung, Mauritius innerhalb von vier Jahren zu einer zollfreien Insel zu machen. Dieser Beschluss führte zu der sofortigen Abschaffung zahlreicher Zölle sowie zur Senkung der Zolltarife für mehrere andere Produkte. Seit 2005 hat die Regierung den Abbau tarifärer Handelshemmnisse vorangetrieben. So wurde die Anzahl der Tarifbänder von sieben auf drei zurückgeführt (10%, 15% und 30%). Die Verbrauchsteuern werden im Wesentlichen auf vier Produktgruppen erhoben, die eingeführt und/oder vor Ort hergestellt werden, nämlich alkoholische Getränke, Tabak, Benzin und Kraftfahrzeuge. Bestimmte Produkte wie Nahrungsmittel und pharmazeutische Erzeugnisse sowie Dienstleistungen (Bildung, öffentlicher Personenverkehr, Elektrizität und Wasser) sind von der Mehrwertsteuer befreit.

Nichttarifäre Handelshemmnisse: Bestimmte Produkte des Grundbedarfs unterliegen einer Einfuhrgenehmigung sowie einer Preiskontrolle. Bei etwa 30 Produkten werden die Preise festgelegt oder die Gewinnmargen kontrolliert. Bestimmte, als „strategisch" bezeichnete Produkte dürfen nur von einigen Staatsbetrieben eingeführt werden. Zu diesen Betrieben gehören in erster Linie die State Trading Corporation (STC), die praktisch den gesamten in Mauritius benötigten Reis, einen Teil des Weizenmehls, Erdölerzeugnisse und 25% des benötigten Zements einführt, sowie das Agri-cultural Marketing Board (AMB), das das Monopol auf die Einfuhr von Zwiebeln, Knoblauch, Saatkartoffeln, Safran und Kardamom hält. Seit Anfang 1998 gestattet das AMB privaten, staatlich anerkannten Vermittlern, unter bestimmten Bedingungen Kartoffeln zu freien Preisen einzuführen.

Haltung gegenüber ausländischen Investoren

Mauritius bemüht sich sehr aktiv um ausländische Investoren. Das Board of Investment (BOI) dient als zentrale Anlaufstelle für Investoren. KMUs können ihre Geschäftstätigkeit innerhalb von drei Tagen aufnehmen. Die Einhaltung der Regeln und Verfahren wird hinterher von den Behörden kontrolliert. Für Unternehmungen, die mit Hilfe von ausländischem Kapital errichtet wurden, sowie für den Erwerb von Grundbesitz durch Ausländer gelten vereinfachte Regelungen. Auch die Einstellung ausländischer Fachleute durch mauritische Unternehmen ist inzwischen vereinfacht worden. Im Gegenzug wurden alle Sonderregelungen zur Investitionsförderung bis auf zwei Ausnahmen, nämlich den „Freihafen" und das Programm für integrierten Tourismus („Integrated Resort Scheme"), abgeschafft. Der Status der Freizone verschwindet ebenso. Zum Ausgleich wurde die Körperschaftsteuer für alle Unternehmen auf einheitlich 15% begrenzt. Auch die Mehrwertsteuer sowie die Ertrag- und Einkommensteuer liegen bei 15%.

Devisenverkehr

Der Wechselkurs der Mauritischen Rupie (MUR) unterliegt der Preisbildung auf den Devisenmärkten. Devisenkontrollen gibt es nicht mehr. Die Mauritische Rupie ist in die wichtigsten Fremdwährungen konvertibel und kann uneingeschränkt außer Landes gebracht werden, sofern der Überweisungsaussteller die Herkunft des Geldes belegen kann.   •

Mosambik

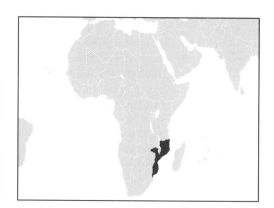

Bevölkerung (Mio Einwohner):	**21,4**
BIP (Mio US$):	**7.752**
Anteil am regionalen BIP (%):	**0,9**

Coface-Bewertungen
Kurzfristiges Risiko:	**B**
Geschäftsumfeld:	**D**
Mittelfristiges Risiko:	**hoch**

STÄRKEN

▲ Die Rohstoffvorkommen (Bauxit, Kohle, Beryllium, Marmor) sind noch nicht annähernd erschlossen.

▲ Mosambik verfügt über ein großes landwirtschaftliches Potential.

▲ Die guten Beziehungen zu den afrikanischen Ländern ohne Zugang zum Meer und die Nähe zu Südafrika begünstigen eine Entwicklung der Küstenregionen und der Häfen.

▲ Das Land ist ein gutes Beispiel für den gelungenen Wiederaufbau nach einem Krieg. Die politische Stabilität sowie die eingeleiteten Strukturreformen machen Mosambik für Investoren interessant.

▲ Nach dem Schuldenerlass im Rahmen des HIPC-Programms und der Multilateralen Entschuldungsinitiative hat der IWF Mosambik in die Kategorie der Länder mit vertretbarer Verschuldung eingestuft.

SCHWÄCHEN

▼ Das Wachstum ist stark von wenigen Großprojekten abhängig, die kaum auf den Rest der Volkswirtschaft ausstrahlen und einen geringen Beitrag zur Bekämpfung von Arbeitslosigkeit und Armut leisten, von der 54% der Bevölkerung betroffen sind.

▼ Da noch immer 80% der Menschen in der Landwirtschaft arbeiten, hängt das Einkommen großer Bevölkerungsteile von den Witterungsbedingungen ab.

▼ Die enormen regionalen Unterschiede werden durch die Mängel in der Infrastruktur und eine starke Zentralisierung der Macht noch verschärft: So sind der Norden und das Binnenland im Vergleich zu den Küstenregionen und zum Süden des Landes benachteiligt.

▼ Das Geschäftsumfeld weist Mängel auf, und der Zugang zu Kapital ist schwierig.

RISIKOEINSCHÄTZUNG

Großprojekte werden vorangetrieben

Mosambik wird auch 2009 von multilateralen Geldgebern unterstützt werden und profitiert außerdem von ausländischen Direktinvestitionen, die in verschiedene, bereits weit fortgeschrittene Großprojekte fließen (Kohlebergwerk in Moatize, Pipeline nach Südafrika). Bei anderen, weniger weit gediehenen Projekten ist jedoch wegen der Kreditknappheit auf den internationalen Finanzmärkten mit Verzögerungen zu rechnen. Die staatlichen Investitionen in die Landwirtschaft (Dünger, Bewässerung) dürften die Konjunktur stützen. Diese öffentlichen Investitionen, die im Rahmen der „grünen Revolution" getätigt werden, sollen das Land in die Lage versetzen, seinen Bedarf an Reis künftig selbst zu decken und die Produktion von Exportkulturen (Baumwolle, Tabak, Zucker) zu steigern. Dank der vorsichtigen Politik der Zentralbank ist es gelungen, die Inflation zu begrenzen. Seit Herbst 2008 haben auch die sinkenden Preise für Erdöl und Lebensmittel dazu beigetragen, dass der Inflationsdruck nachlässt. 2009 dürfte sich der Preisauftrieb vor dem Hintergrund der gesunkenen Rohstoffpreise weiter verlangsamen.

Geldgeber halten an ihrem Engagement fest

Mosambik ist nach wie vor in hohem Maße auf internationale Hilfe angewiesen. Ohne Berücksichtigung von Hilfsgeldern sind Staatshaushalt und Außenhandelsbilanz stark defizitär. Die Regierung hat Mühe, das Steu-

Afrika südlich der Sahara

eraufkommen zu steigern, wohingegen die Ausgaben für Bildung und Gesundheit stetig zunehmen. Der Finanzierungsbedarf des Landes wurde bisher durch Unterstützungszahlungen (58% des Staatshaushalts) und ausländische Direktinvestitionen (33% des Leistungsbilanzdefizits) gedeckt. Dies dürfte auch 2009 der Fall sein, da die Geldgeber ihre Bereitschaft zur Fortsetzung ihres Engagements mehrfach bekräftigt haben und die Investoren daran interessiert sind, ihre strategischen Projekte zur Marktreife zu führen. Nachdem Mosambik seine Auslandsverschuldung im Zuge des HIPC-Programms und der Multilateralen Entschuldungsinitiative zurückgeführt und seine Außenhandelsposition dadurch gestärkt hat, dürfte das Land auch in Zukunft ansehnliche Devisenreserven vorzuweisen haben.

Seit dem Ende des Bürgerkriegs 1992 erfreut sich Mosambik einer relativ großen politischen Stabilität. Die Vorrangstellung der Regierungspartei Frelimo, die seit 16 Jahren an der Macht ist, wurde durch die Ergebnisse der Kommunalwahlen im November 2008 weiter gestärkt. Auch bei den Parlamentswahlen 2009 ist nicht mit einem Machtwechsel zu rechnen. Die anstehenden Präsidentschaftswahlen könnten jedoch zur Zunahme der Spannungen zwischen der Frelimo und der stärksten Oppositionskraft, der Renamo, führen. Vor diesem Hintergrund besteht die Gefahr, dass die weiteren, von den Geldgebern geforderten Reformanstrengungen, die auf eine Verbesserung des Geschäftsumfelds und eine Modernisierung des Finanz- und Justizsystems abzielen, auf die lange Bank geschoben werden.

VORAUSSETZUNGEN FÜR DEN MARKTZUGANG

Marktsituation

Die Zolltarife liegen derzeit bei 2,5% auf Rohstoffe, 5% auf Investitionsgüter, 7,5% auf Zwischenprodukte und 20% auf Luxusgüter und diesen gleichgestellte Produkte. Pharmazeutische Erzeugnisse sind zollfrei. Auf Erzeugnisse derselben Produktgruppe können unterschiedliche Zolltarife angewendet werden. So liegen die Zölle auf Autos zwischen 5% und 20%. Etwa 85% der innerhalb der Freihandelszone der Südafrikanischen Entwicklungsgemeinschaft (SADC) gehandelten Waren (im Wesentlichen aus Südafrika mit Ursprungszeugnis) sind von jeglichen Zöllen befreit. Nach Angaben von ausländischen Unternehmen mit Niederlassungen in Mosambik besteht eine weitverbreitete Schattenwirtschaft, deren Akteure weder Einfuhrzölle noch die Mehrwertsteuer von derzeit 17% zahlen. Dies behindert den freien Wettbewerb und benachteiligt ausländische Unternehmen beim Export ihrer Produkte.

Die schwerfälligen und komplizierten Verfahren machen die Beauftragung eines spezialisierten Vermittlers *(despachante)* zusätzlich zum Transitspediteur praktisch zwingend erforderlich. Als Zahlungsmittel empfiehlt sich ein unwiderrufliches Dokumentenakkreditiv mit Bestätigung. Eine Kapitalrückführung ist jedoch nur möglich, wenn das Investitionsvorhaben zuvor vom Zentrum für Investitionsförderung (CPI) genehmigt wurde und die Zustimmung der Zentralbank und des Finanzministeriums vorliegt. Die Vorversandkontrolle *(Pre-Shipment Inspection)* der Waren wird durch Inter-

Wichtige Kennzahlen

	2004	2005	2006	2007	2008 (S)	2009 (P)
Reales Wirtschaftswachstum (%)	7,8	8,3	7,9	7,0	6,9	5,2
Inflation (%)	12,6	6,4	13,2	7,9	10,2	8,3
Staatshaushalt (Saldo in % des BIP)	−12,1	−8,6	−12,5	−13,5	−18,3	−17,0
Ausfuhren (Mio US$)	1.504	1.745	2.381	2.412	2.488	2.515
Einfuhren (Mio US$)	2.035	2.467	2.914	3.093	3.540	3.664
Handelsbilanz (Saldo in Mio US$)	−531	−722	−533	−681	−1.052	−1.149
Leistungsbilanz (Saldo in % des BIP)	−6,3	−11,4	−15,8	−16,4	−20,8	−20,2
Auslandsverschuldung (in % des BIP)	96	91	41	44	44	44
Schuldendienst (in % der Ausfuhren)	23,9	19,1	13,9	14,8	16,5	16,4
Währungsreserven (in Monatsimporten)	5,1	4,0	3,7	4,3	3,8	3,8

(S): Schätzung. (P): Prognose.   Quelle: Coface.

Exporte: 41% des BIP
▷▷▶▶▶

Importe: 47% des BIP
◀◀

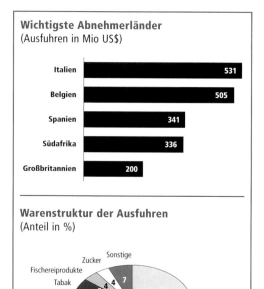

Wichtigste Abnehmerländer
(Ausfuhren in Mio US$)

Italien	531
Belgien	505
Spanien	341
Südafrika	336
Großbritannien	200

Warenstruktur der Ausfuhren
(Anteil in %)

Sonstige · Zucker 4 · Fischereiprodukte · Tabak 7 · Elektrizität 5 · 8 · Brenn- und Treibstoffe 15 · Aluminium 59

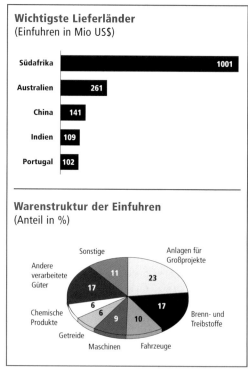

Wichtigste Lieferländer
(Einfuhren in Mio US$)

Südafrika	1001
Australien	261
China	141
Indien	109
Portugal	102

Warenstruktur der Einfuhren
(Anteil in %)

Sonstige 11 · Anlagen für Großprojekte 23 · Andere verarbeitete Güter 17 · Brenn- und Treibstoffe 17 · Chemische Produkte 6 · 6 · 9 · 10 · Getreide · Maschinen · Fahrzeuge

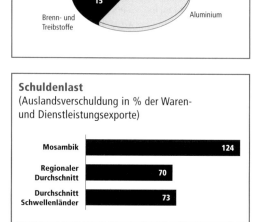

Schuldenlast
(Auslandsverschuldung in % der Waren- und Dienstleistungsexporte)

Mosambik	124
Regionaler Durchschnitt	70
Durchschnitt Schwellenländer	73

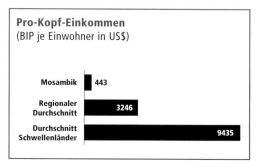

Pro-Kopf-Einkommen
(BIP je Einwohner in US$)

Mosambik	443
Regionaler Durchschnitt	3246
Durchschnitt Schwellenländer	9435

teck Testing Services (ITS, GB) durchgeführt. Seit Mai 2006 gibt es in Maputo einen kostspieligen Scanner zur Kontrolle von in Containern transportierten Waren. Ähnliche Geräte könnten im nächsten Jahr auch in anderen Häfen und an internationalen Flughäfen eingeführt werden.

Haltung gegenüber ausländischen Investoren

Das Zentrum für Investitionsförderung (CPI) dient dazu, Entscheidungen über Direktinvestitionen positiv zu beeinflussen und koordinierend zu begleiten. Die Ein-

schaltung des CPI ist zwar nicht vorgeschrieben, wird aber dringend empfohlen (Kosten: 1.000stel der Investitionssumme). Der Staat garantiert Sicherheit und Rechtsschutz für Eigentum und erworbene Ansprüche und hat mehrere bilaterale Abkommen über den gegenseitigen Schutz von Investitionen geschlossen. Das Gesetz über Steuervergünstigungen (mehrere spezielle Besteuerungssysteme) und die für Industriefreizonen geltenden Vorschriften enthalten Bestimmungen, die Direktinvestitionen anziehen sollen. Die Behörden fördern die Gründung von Unternehmen, an denen auch Inländer beteiligt sind. Die Errichtung von Unterneh-

Afrika südlich der Sahara

men, die sich vollkommen in ausländischer Hand befinden, ist ebenfalls gestattet. Allerdings stellt der Mangel an ausreichend ausgebildeten Arbeitskräften nach wie vor ein Problem für Investoren dar. Das Justizsystem hat sich hingegen verbessert, und die Möglichkeit von Schiedsverfahren (ICSID, Internationale Handelskammer) stellt einen deutlichen Fortschritt für die Beilegung von Streitigkeiten dar. Die Lebensbedingungen in der Hauptstadt und in den größten Städten sind für ausländische Mitarbeiter zufriedenstellend, doch geben die gesundheitlichen Verhältnisse in manchen Regionen immer noch Anlass zur Sorge.

Devisenverkehr

Mosambik hat einen Interbankendevisenmarkt eingerichtet, der den Kauf und Verkauf ausländischer Währungen regelt. Dieser Markt ist der Zentralbank Mosambiks und den zugelassenen Finanzinstitutionen vorbehalten. Der Kurs des Metical (MZN) ändert sich täglich in Abhängigkeit von Angebot und Nachfrage. Es wird dringend empfohlen, alle Wechselgeschäfte nur über eine staatlich zugelassene Bank oder Wechselstube vorzunehmen. Die Banken sind im Rahmen ihrer Möglichkeiten berechtigt, Fremdwährungstransaktionen durchzuführen. Für Kapitalgeschäfte gelten keine Beschränkungen.   ●

Namibia

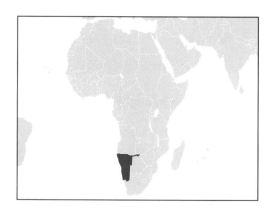

Bevölkerung (Mio Einwohner):	**2,1**
BIP (Mio US$):	**6.740**

Coface-Bewertungen

Kurzfristiges Risiko:	**A3**
Geschäftsumfeld:	**A4**
Mittelfristiges Risiko:	**ziemlich gering**

RISIKOEINSCHÄTZUNG

2008 konnte Namibia von den steigenden Rohstoffpreisen nicht im vollen Umfang profitieren, da die Erzförderung durch Engpässe in der Energieversorgung beeinträchtigt wurde. Trotz der steigenden Kupfer- und Uranproduktion dürfte die Wirtschaft 2009 wegen der niedrigeren Rohstoffpreise und des Abschwungs in der Diamantenförderung (10% des BIP) langsamer wachsen. Allerdings sollten von den staatlichen Investitionen in die Energie- und Verkehrsinfrastruktur Impulse für die Konjunktur ausgehen. Die sinkenden Preise für Erdöl und Lebensmittel werden im laufenden Jahr voraussichtlich für einen Rückgang der Teuerungsrate sorgen.

Die Leistungsbilanz könnte 2009 ins Minus rutschen, da sich die Importe aufgrund der Abwertung der Landeswährung voraussichtlich verteuern werden. Außerdem ist damit zu rechnen, dass sich die privaten Transferzahlungen sowie die Einnahmen aus dem Tourismus wegen der weltweiten Konjunkturabkühlung rückläufig entwickeln. Der Staatshaushalt wiederum muss nach Inkrafttreten der Partnerschaftsabkommen mit der EU mit geringeren Einnahmen aus der Südafrikanischen Zollunion SACU auskommen. Außerdem dürften die Einnahmen aus dem Bergbau wegen der weltweit sinkenden Rohstoffpreise ebenfalls zurückgehen. Der Bedarf an Finanzmitteln aus dem In- und Ausland sollte jedoch begrenzt bleiben und weitgehend durch ausländische Direktinvestitionen zu decken sein.

Vor diesem Hintergrund wird die Verschuldung Namibias auf einem vertretbaren Niveau stabil bleiben. Das Land dürfte in der Lage sein, weitere Devisenreserven aufzubauen. Bei bemerkenswerter politischer Stabilität leidet Namibia unter der hohen HIV-Prävalenzrate, dem Mangel an qualifizierten Arbeitskräften und der Führungskrise in der Regierungspartei SWAPO. •

Wichtige Kennzahlen						
	2004	**2005**	**2006**	**2007**	**2008 (S)**	**2009 (P)**
Reales Wirtschaftswachstum (%)	6,6	4,7	3,9	3,6	3,9	3,7
Inflation (%)	4,1	2,3	5,1	6,7	8,7	7,3
Staatshaushalt (Saldo in % des BIP)	−4,5	−1,3	2,4	2,4	0,3	−1,5
Ausfuhren (Mio US$)	1.823	2.067	2.652	2.919	2.980	3.000
Einfuhren (Mio US$)	2.107	2.332	2.558	3.091	3.560	3.452
Handelsbilanz (Saldo in Mio US$)	−284	−265	95	−172	−580	−452
Leistungsbilanz (Saldo in % des BIP)	−3,2	−4,9	2,6	3,3	0,3	−0,2
Auslandsverschuldung (in % des BIP)	36,4	29,6	30,3	30,0	30,8	30,5
Schuldendienst (in % der Ausfuhren)	3,7	9,0	6,5	6,3	6,3	6,8
Währungsreserven (in Monatsimporten)	1,6	1,4	1,8	2,8	2,6	2,7

(S): Schätzung. (P): Prognose.

Quelle: Coface.

Afrika südlich der Sahara

Niger

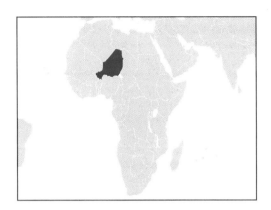

Bevölkerung (Mio Einwohner):	**14,2**
BIP (Mio US$):	**4.170**

Coface-Bewertungen	
Kurzfristiges Risiko:	**C**
Geschäftsumfeld:	**D**
Mittelfristiges Risiko:	**sehr hoch**

RISIKOEINSCHÄTZUNG

Dynamische Entwicklung des Primärsektors

Die zunehmende Produktion von Uran, Phosphat und Kohle sowie die verstärkte Erkundung von Ölvorkommen haben 2008 für ein beträchtliches Wirtschaftswachstum gesorgt. Auch die dynamische Entwicklung der Landwirtschaft (30% des BIP), die von den günstigen Witterungsverhältnissen profitieren konnte, wirkte sich positiv auf die Konjunktur aus. Für 2009 ist ebenfalls ein kräftiges Wachstum zu erwarten, nachdem das Land mit dem Nuklearkonzern AREVA einen höheren Uranpreis ausgehandelt hat. Außerdem dürften weitere Investitionen (wenngleich nicht mehr in Vorjahreshöhe) in den Bergbau sowie die Verkehrs- und Energieinfrastruktur fließen. Der Anstieg der Verbraucherpreise konnte 2008 dank der guten Ernten begrenzt werden. 2009 dürften die besonders hohen Ernteerträge vom Dezember 2008 sowie der sinkende Ölpreis zu einer Abschwächung der Inflation führen.

Ausländische Direktinvestitionen im Aufwind

Es ist zu erwarten, dass die nachlassende Haushaltsdisziplin im Vorfeld der für Ende des Jahres angesetzten Wahlen und der Anstieg der Militärausgaben den Staatshaushalt 2009, der ohnehin ein strukturelles Defizit aufweist, noch stärker belasten. Die zunehmende Einfuhr von Investitionsgütern für die Infrastrukturprojekte wird die Leistungsbilanz voraussichtlich weiter in Schieflage bringen, insbesondere da die rückläufigen Weltmarktpreise gleichzeitig die Exporteinnahmen schrumpfen lassen. Vor diesem Hintergrund dürfte der Finanzierungsbedarf nach wie vor weitgehend durch internationale Entwicklungshilfe sowie durch die zunehmenden ausländischen Direktinvestitionen gedeckt werden. Dank eines Schuldenerlasses im Rah-

Wichtige Kennzahlen

	2004	2005	2006	2007	2008 (S)	2009 (P)
Reales Wirtschaftswachstum (%)	−0,8	7,4	5,1	3,3	5,9	4,7
Inflation (%)	0,4	7,8	0,1	0,1	5,1	2,0
Staatshaushalt (Saldo in % des BIP)	−9,4	−9,6	−6,9	−6,9	−5,7	−10,9
Ausfuhren (Mio US$)	445	461	516	619	834	800
Einfuhren (Mio US$)	599	750	749	986	1.052	1.200
Handelsbilanz (Saldo in Mio US$)	−153	−289	−234	−367	−218	−400
Leistungsbilanz (Saldo in % des BIP)	−7,8	−9,2	−8,6	−7,7	−9,7	−14,0
Auslandsverschuldung (in % des BIP)	68	59	23	25	27	30
Schuldendienst (in % der Ausfuhren)	16,3	12,1	4,4	3,7	2,9	3,1
Währungsreserven (in Monatsimporten)	3,9	3,1	4,5	4,0	3,5	3,1

(S): Schätzung. (P): Prognose.   Quelle: Coface.

men des HIPC-Programms und der Multilateralen Entschuldungsinitiative konnte der Niger seine Außenhandelsposition stärken. Die Auslandsverschuldung könnte jedoch wieder zulegen, wenn das Land kommerzielle Darlehen in Anspruch nimmt.

Zunehmend instabile Lage im Norden

Die fehlende Stabilität im Norden des Landes stellt einen beträchtlichen Risikofaktor dar. Seit Mai 2007 werden die Anstrengungen zur Erschließung der Uran- und Ölvorkommen durch die wieder entflammten Tuareg-Aufstände behindert. Bei Zusammenstößen mit der regulären Armee wurden Zehntausende Hunger leidende Menschen vertrieben. Die Entstehung separatistischer Bewegungen unter den Aufständischen, die eine frontale Auseinandersetzung provozieren wollen, gefährdet gegenwärtig eine mögliche Beilegung des Konflikts. Angesichts der für Dezember 2009 geplanten Wahlen ist die Position der Regierung geschwächt, denn gegenwärtig verschärfen sich die gegensätzlichen politischen Begehrlichkeiten, und es ist noch völlig unklar, wer die Nachfolge von Präsident Tandja antreten wird. •

Afrika südlich der Sahara

Nigeria

Bevölkerung (Mio Einwohner):	**148,0**
BIP (Mio US$):	**165.690**
Anteil am regionalen BIP (%):	**23**

Coface-Bewertungen
Kurzfristiges Risiko:	**D**
Geschäftsumfeld:	**D**
Mittelfristiges Risiko:	**hoch**

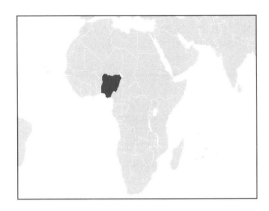

STÄRKEN

▲ Nigeria ist der größte Erdölproduzent Afrikas und besitzt 31% der Ölvorkommen des Kontinents. Außerdem verfügt das Land über die siebtgrößten Erdgasvorkommen der Welt sowie über ein großes Agrarpotential, das nicht annähernd ausgeschöpft wird.

▲ Dank der Erdöl- und Erdgasvorkommen gehört Nigeria zu den wichtigsten Zielländern für ausländische Direktinvestitionen in Afrika.

▲ Das nigerianische Bankensystem gehört zu den am besten entwickelten Finanzsystemen des Kontinents und trägt zur Finanzierung der Wirtschaft bei.

▲ Das Land spielt in der Region und in ganz Afrika eine entscheidende politische Rolle, da die Hälfte der Bevölkerung Westafrikas in Nigeria lebt.

SCHWÄCHEN

▼ Die Einnahmen aus dem Erdölgeschäft kommen nur einem geringen Teil der Bevölkerung zugute, wodurch die sozialen, ethnischen und religiösen Spannungen zunehmen. Außerdem begünstigen die Öleinnahmen die Korruption.

▼ Wegen der starken Abhängigkeit der Wirtschaft vom Erdölgeschäft (knapp 90% der Exporte, ca. 25% des BIP) wirken sich Preiseinbrüche oder sinkende Produktionsmengen sofort negativ auf die Gesamtwirtschaft aus.

▼ Die Diversifizierung im produzierenden Gewerbe wird durch die schlecht entwickelte Verkehrsinfrastruktur und die Mängel in der Energieversorgung (nur 40% der Nigerianer haben Zugang zu Elektrizität) gebremst.

▼ Die Erdöl- und Erdgaswirtschaft strahlt kaum auf die übrigen Branchen ab, so dass nach wie vor 70% der Bevölkerung in Armut leben.

RISIKOEINSCHÄTZUNG

Wirtschaft boomt trotz stockender Erdölproduktion

Die anhaltenden Spannungen im Nigerdelta haben die Erdölproduktion auch 2008 beeinträchtigt, so dass diese trotz der Erschließung von Offshorelagerstätten inzwischen nur noch ein Drittel der möglichen Fördermenge erreicht. Dennoch konnte die Wirtschaft wegen des hohen Ölpreises und der dynamischen Entwicklung in den übrigen Branchen (insbesondere Landwirtschaft, Hoch- und Tiefbau sowie Telekommunikation) kräftig wachsen. Da die Weltmarktpreise und die ausländischen Direktinvestitionen vor dem Hintergrund der internationalen Finanzkrise sinken, dürfte das Wachstum 2009 voraussichtlich von den öffentlichen Investitionen in Landwirtschaft und Verkehrsinfrastruktur getragen werden, ohne dabei jedoch das Vorjahresniveau zu erreichen.

Die Inflationsrate lag 2008 wegen des rasanten Anstiegs der Lebensmittelpreise (welche über 70% des zur Inflationsmessung verwendeten Warenkorbs ausmachen) bei über 8%. Sie dürfte auf diesem hohen Niveau bleiben, da die Devisenzuflüsse nicht hinreichend sterilisiert werden und daher die Geldmenge erhöhen.

Das Land hat seine Schulden im Griff und verfügt über reichlich Liquidität

Durch den Schuldenerlass, den die Gläubiger des Pariser Clubs und des Londoner Clubs 2006 und 2007 gewährt haben, hat sich die Finanzlage Nigerias spürbar verbessert. Aus der letzten Schuldentragfähigkeitsanalyse des IWF geht zudem hervor, dass mittelfristig ein allenfalls geringes Zahlungsausfallrisiko besteht. Ohne Berücksichtigung der Einnahmen aus dem Erdölgeschäft weisen Staatshaushalt und Leistungsbilanz jedoch besorgniserregende Defizite auf (45% bzw. 36% des BIP). Dies belegt, dass die Wirtschaft des Landes nicht ausreichend diversifiziert ist. Vor diesem Hintergrund hängt die Verschuldung des Landes in hohem Maße von der Haushaltsdisziplin ab. Zwar konnte die Auslandsverschuldung auf weniger als 2% des BIP zurückgeführt werden, doch besteht die Gefahr, dass sie durch die Aufnahme kommerzieller Darlehen erneut steigt. Außerdem bleibt abzuwarten, wie sich der Stabilisierungsfonds entwickelt, in den ein Teil der Öleinnahmen fließt, um länger anhaltende Preisrückgänge kompensieren zu können. Bislang verzeichnete dieser Fonds regelmäßig Überschüsse (2008: 23 Mrd US$). Da die Devisenreserven des Landes dem Wert von über zwölf Importmonaten entsprechen, ist das kurzfristige Liquiditätsrisiko vernachlässigbar.

Geschäftsumfeld als kritischer Risikofaktor

Die politischen und institutionellen Schwächen Nigerias sind allerdings ein kritischer Risikofaktor. Nachdem die umstrittenen Wahlen vom Februar 2007 Umaru Yar'Adua an die Regierung gebracht hatten, ist es ihm nicht gelungen, seine Autorität zu festigen, was sich insbesondere im Management der Krise im Nigerdelta gezeigt hat. Der Einsatz der Bundestruppen im Delta besiegelte im Herbst 2008 das Scheitern der Verhandlungen und führte zum Zusammenschluss der verschiedenen Rebellengruppen. Die Schwächung der Zentralgewalt und insbesondere des gesundheitlich angeschlagenen Präsidenten lassen es unwahrscheinlich erscheinen, dass sich die Sicherheitslage bessert. Auch der Kampf gegen die Korruption, der als eines der wichtigsten Ziele der Regierung gilt, hat sich bisher nicht positiv auf das Geschäftsumfeld ausgewirkt, so dass Nigeria bei der Governance nach wie vor das Schlusslicht bildet.

VORAUSSETZUNGEN FÜR DEN MARKTZUGANG

Marktsituation

Das Land gehört der WTO an, hält sich aber nicht genau an deren Regeln. Obwohl die Anwendung des Gemeinsamen Zolltarifs der Westafrikanischen Wirtschaftsgemeinschaft (CEDEAO), der ungefähr dem der Westafrikanischen Wirtschafts- und Währungsunion (UEMOA) entspricht, mit Festsetzung eines Höchstsatzes von theoretisch 20% in jüngster Zeit zu einer Senkung der durchschnittlichen Zolltarife geführt hat, gibt es immer noch eine ganze Reihe von Erzeugnissen, die einem zusätzlichen Schutzzoll unterliegen. Zwar werden diese Beschränkungen im Rahmen der neuen, von 2008 bis 2012 geltenden Zollordnung zum Teil abgebaut, doch Nigeria sieht immer noch fünf Tarifbänder von 0%, 5%,

Wichtige Kennzahlen

	2004	2005	2006	2007	2008 (S)	2009 (P)
Reales Wirtschaftswachstum (%)	10,6	5,4	6,2	6,4	6,2	2,0
Inflation (%)	15,0	17,8	8,3	5,5	8,6	6,0
Staatshaushalt (Saldo in % des BIP)	6,3	8,1	7,7	0,9	4,4	−2,0
Ausfuhren (Mrd US$)	36,9	50,2	59,1	61,3	78,9	60,3
Einfuhren (Mrd US$)	19,4	25,6	31,1	38,8	44,3	49,9
Handelsbilanz (Saldo in Mrd US$)	17,5	24,6	28,0	22,5	34,6	10,4
Leistungsbilanz (Saldo in % des BIP)	4,9	7,1	9,4	1,8	6,4	−1,2
Auslandsverschuldung (in % des BIP)	41,3	19,8	2,4	2,0	1,6	1,8
Schuldendienst (in % der Ausfuhren)	6,2	8,2	17,3	1,9	0,7	0,6
Währungsreserven (in Monatsimporten)	5,8	8,3	10,1	11,2	14,1	13,0

(S): Schätzung. (P): Prognose.

Quelle: Coface.

Afrika südlich der Sahara

Exporte: 56% des BIP
▶▶▶▶▶▶▶▶▶▶▶▶▶▶▶▶▶▶▶▶▶▶▶▶▶▶▶▶▶▶▶▶▶▶▶▶▶▶

Importe: 35% des BIP
◀◀◀◀◀◀◀◀◀◀◀◀◀◀◀◀◀◀◀◀◀◀◀◀◀◀◀◀◀◀◀◀◀◀◀◀◀

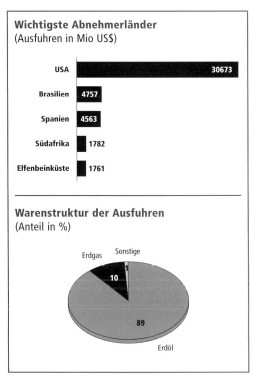

Wichtigste Abnehmerländer
(Ausfuhren in Mio US$)

- USA 30673
- Brasilien 4757
- Spanien 4563
- Südafrika 1782
- Elfenbeinküste 1761

Warenstruktur der Ausfuhren
(Anteil in %)

Erdgas, Sonstige 10, Erdöl 89

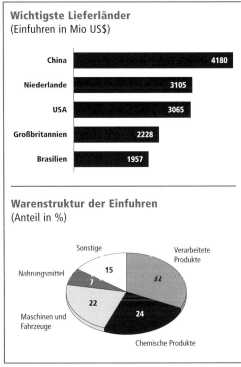

Wichtigste Lieferländer
(Einfuhren in Mio US$)

- China 4180
- Niederlande 3105
- USA 3065
- Großbritannien 2228
- Brasilien 1957

Warenstruktur der Einfuhren
(Anteil in %)

Sonstige 15, Verarbeitete Produkte, Nahrungsmittel 7, Maschinen und Fahrzeuge 22, Chemische Produkte 24

Schuldenlast
(Auslandsverschuldung in % der Waren- und Dienstleistungsexporte)

- Nigeria 12
- Regionaler Durchschnitt 70
- Durchschnitt Schwellenländer 73

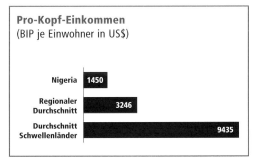

Pro-Kopf-Einkommen
(BIP je Einwohner in US$)

- Nigeria 1450
- Regionaler Durchschnitt 3246
- Durchschnitt Schwellenländer 9435

10%, 20% und 35% vor, um die heimische Industrie zu schützen. Der Gemeinsame Zolltarif sieht hingegen nur vier Tarifbänder vor, nämlich 0%, 5%, 10% und 20%. Durch die Änderung der nigerianischen Zollpolitik wurde die Zahl der Erzeugnisse, die einem Einfuhrverbot unterliegen, von 41 auf 26 gesenkt. Außerdem wurden die Zölle auf Rohstoffe, Zwischenprodukte und Industriegüter herabgesetzt. Zur Begünstigung der einheimischen Produktion bestehen weiterhin protektionistische Maßnahmen in Bezug auf Fertigerzeugnisse.

Das im Zusammenhang mit den Änderungen im Zollsystem veröffentlichte Dokument gestattet insbesondere die Einfuhr verschiedener, zuvor verbotener Waren, auf die jetzt Zölle erhoben werden. Bestimmte Produkte sind von der schwarzen Liste gestrichen worden; dafür wird auf diese Erzeugnisse jetzt ein Einfuhrzoll von 20% erhoben. Die nigerianische Regierung hat sich bereit erklärt, die Einfuhr verbotener Erzeugnisse zu gestatten, wenn diese in einer der Freizonen des Landes hergestellt wurden, der im Inland geschaffene Mehrwert 35% erreicht und bestimmte Gebühren entrichtet wurden.

Die Privatisierung der Hafendienste hätte die Zollabfertigung eigentlich beschleunigen müssen, aber die Verwaltungsverfahren sind nach wie vor so langwierig, dass Zollabfertigungsfristen von 20 bis 30 Tagen keine Seltenheit sind. Die Probleme im Zusammenhang mit der Distribution von Erzeugnissen sollten nicht unterschätzt werden: Angesichts der Größe des Landes und der aktuellen Mängel in seiner Infrastruktur kann es sein, dass ein Investor bei der Gründung eines Unternehmens auf bereits eingefahrene Distributionsnetze zurückgreifen muss.

Haltung gegenüber ausländischen Investoren

Die „Nigerian Investment Promotion Commission" (NIPC) veröffentlicht regelmäßig eine Liste der Branchen, in die durch materielle und steuerliche Anreize der Regierung vorrangig Investitionen gelenkt werden sollen. Sie sorgt dafür, dass Investoren auf ein umfangreiches Leistungsspektrum zurückgreifen können, und hat eine einheitliche Anlaufstelle zur Beschleunigung aller Verfahren eingerichtet, die zur Errichtung einer Gesellschaft nach nigerianischem Recht erforderlich sind (OSIC: One Stop Investment Center). Ein ausländischer Investor kann zu 100% am Kapital eines inländischen Unternehmens beteiligt sein. Die Rückführung von Kapital, Dividenden und Gewinnen ist uneingeschränkt möglich, dauert jedoch sehr lange. Die Lohn-kosten sind relativ niedrig. Ein qualifizierter Arbeiter verdient etwa 150 EUR pro Monat, eine einheimische Sekretärin mit guten Englischkenntnissen rund 250 EUR. In der Regel erhalten Angestellte ein 13. Monatsgehalt.

Devisenverkehr

Die nigerianische Zentralbank (CBN) versorgt den Binnenmarkt über die sogenannte „Wholesale Dutch Auction" mit Devisen. Dabei gibt die Zentralbank zweimal pro Woche bekannt, welches Devisenvolumen (in US-Dollar) sie für Nigerianische Naira (NGN) veräußern möchte und holt von den Banken entsprechende Kaufangebote ein. Die Banken, die die besten Konditionen bieten, werden beim Verkauf der verfügbaren Mittel bevorzugt. Seit Frühjahr 2006 haben die Wechselstuben ebenfalls direkten Zugang zur Zentralbank, wodurch die herkömmliche Kursdifferenz zwischen dem amtlichen und dem nichtamtlichen Devisenmarkt quasi aufgehoben ist. Außerdem hat sich der Wechselkurs gegenüber dem US-Dollar und dem Euro stabilisiert. Derzeit wird die Möglichkeit einer Währungsumstellung und der freien Konvertierbarkeit der Landeswährung geprüft. Es wird offiziell empfohlen, sich jede Bestellung vor der Lieferung durch ein unwiderrufliches, bestätigtes Dokumentenakkreditiv oder bar in ausländischer Währung bezahlen zu lassen. ●

Ruanda

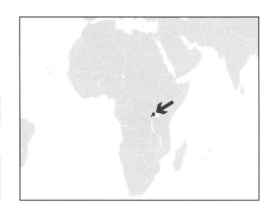

Bevölkerung (Mio Einwohner):	**9,7**
BIP (Mio US$):	**3.320**

Coface-Bewertungen

Kurzfristiges Risiko:	**D**
Geschäftsumfeld:	**D**
Mittelfristiges Risiko:	**sehr hoch**

RISIKOEINSCHÄTZUNG

Steigende Ernteerträge

Das Wirtschaftswachstum Ruandas konnte 2008 von einer beträchtlichen Steigerung der landwirtschaftlichen Produktion (40% des BIP) profitieren. Auch die dynamische Entwicklung der Telekommunikationsbranche und die fortgesetzten Anstrengungen zum Wiederaufbau des Landes trugen zum positiven Konjunkturverlauf bei. Für 2009 ist ebenfalls ein kräftiges Wachstum zu erwarten, da die öffentliche Hand massiv in den Ausbau der Verkehrsinfrastruktur und den Primärsektor (Bewässerung und Düngemittel) investiert. Aufgrund der Verteuerung von Lebensmitteln und Benzin erreichte die Inflationsrate 2008 Spitzenwerte. 2009 dürfte der Preisauftrieb nachlassen, jedoch weiterhin hoch bleiben, da die Immobilienbranche mit beträchtlichen Engpässen zu kämpfen hat.

Internationale Finanzhilfe unverzichtbar

Obwohl die Regierung Anstrengungen zur Verbesserung des Steuereinzugs unternimmt, reichen die Steuereinnahmen nicht aus, um die steigenden Ausgaben für Infrastrukturinvestitionen zu decken. In Anbetracht der ungünstigen Terms of Trade bleibt auch die Leistungsbilanz stark defizitär, die im vergangenen Jahr durch den Anstieg des Ölpreises belastet wurde. 2009 dürften die Einfuhren von Investitionsgütern das Defizit noch ansteigen lassen. Vor diesem Hintergrund ist internationale Finanzhilfe in unverminderter Höhe (20% des BIP) unerlässlich, damit das Land seinen Finanzierungsbedarf decken und seine Devisenreserven auf einem komfortablen Niveau halten kann. Obwohl die Auslandsverschuldung durch Maßnahmen im Rahmen des HIPC-Programms und der Multilateralen Entschuldungsinitiative auf ein erträgliches Niveau gesenkt werden konnte, ist Ruanda weiterhin anfällig für einen Exporteinbruch.

Wichtige Kennzahlen

	2004	2005	2006e	2007	2008 (S)	2009 (P)
Reales Wirtschaftswachstum (%)	5,3	7,1	5,5	6,0	8,5	6,0
Inflation (%)	11,9	8,9	13,1	9,1	16,0	9,0
Staatshaushalt (Saldo in % des BIP)	−12,1	−13,4	−11,3	−13,8	−14,9	−16,4
Ausfuhren (Mio US$)	98	125	147	177	214	235
Einfuhren (Mio US$)	276	374	446	581	764	809
Handelsbilanz (Saldo in Mio US$)	−178	−249	−299	−404	−550	−573
Leistungsbilanz (Saldo in % des BIP)[1]	−19,2	−15,7	−15,9	−15,9	−20,6	−19,2
Auslandsverschuldung (in % des BIP)	85	63	17	17	16	20
Schuldendienst (in % der Ausfuhren)	9,6	5,8	2,7	1,2	1,1	1,2
Währungsreserven (in Monatsimporten)	6,3	6,2	5,5	5,1	4,8	4,8

1) Ohne Schenkungen. (S): Schätzung. (P): Prognose.   Quelle: Coface.

Unklare Rolle im Regionalkonflikt

Die Parlamentswahlen vom September 2008 sicherten Präsident Paul Kagamé erneut eine große Mehrheit in der Nationalversammlung. Die schwache und uneinheitliche Opposition wird nicht in der Lage sein, die eingeschlagene Richtung der Regierungspolitik zu ändern, die sich die wirtschaftliche Modernisierung des Landes zum Ziel gesetzt hat. Mit der Auflösung der sogenannten Gacaca-Gerichte Anfang 2009, die mit der Aufarbeitung des Völkermordes von 1994 befasst waren, wird eine Rückkehr zur Normalität spürbar. Die Zuspitzung der Spannungen in der Region der Großen Seen und insbesondere im Osten der Demokratischen Republik Kongo, die Ende 2008 zu beobachten war, konnte durch die Festnahme von General Nkunda in Ruanda entschärft werden. Damit vollzog Ruanda eine Kehrtwende, nachdem die Nachbarländer dem Land zuvor die Unterstützung der Rebellen in der Demokratischen Republik Kongo vorgeworfen hatten. •

Afrika südlich der Sahara

Sambia

Bevölkerung (Mio Einwohner):	**11,9**
BIP (Mio US$):	**11.363**
Anteil am regionalen BIP (%):	**1,3**

Coface-Bewertungen

Kurzfristiges Risiko:	**C**
Geschäftsumfeld:	**C**
Mittelfristiges Risiko:	**hoch**

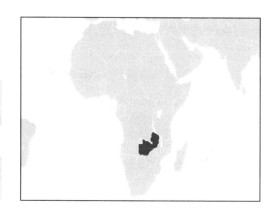

STÄRKEN

- ▲ Sambia ist der größte Kobaltproduzent der Welt und der größte Kupferproduzent Afrikas.
- ▲ Eine diversifizierte Landwirtschaft und die Entwicklung des Tourismus machen die Wirtschaft weniger anfällig für negative Einflüsse von außen.
- ▲ Das Land erfreut sich der Unterstützung der internationalen Finanzinstitutionen, die ihren Ausdruck in einem weitreichenden Erlass der Auslandsschulden gefunden hat.
- ▲ Das stabile Mehrparteiensystem und die guten Beziehungen zu den Nachbarländern machen das Land für ausländische Investoren attraktiv.

SCHWÄCHEN

- ▼ Die Volkswirtschaft Sambias ist sehr stark vom Bergbau abhängig und besonders anfällig für einen Umschwung des Kupferpreises.
- ▼ Die Dynamik im Bergbau strahlt kaum auf die übrigen Branchen ab. Die ungleiche Vermögensverteilung führt zu wachsenden sozialen Spannungen.
- ▼ Die Binnenlage des Landes und die ungenügend ausgebaute Verkehrsinfrastruktur verursachen hohe Kosten.
- ▼ Das Geschäftsumfeld weist zahlreiche Unzulänglichkeiten auf.

RISIKOEINSCHÄTZUNG

Einbruch des Kupferpreises

2008 verzeichnete Sambia zunächst eine lebhafte Konjunktur, die von der Kupferverarbeitung, den Investitionen in die Energieversorgung (Wasserkraft) und dem Tourismus getragen wurde. Allerdings musste die Wirtschaft durch einen Rückgang der Agrarproduktion und den Einbruch der Kupferpreise in der zweiten Jahreshälfte einen Dämpfer hinnehmen. Der Preisrückgang dürfte sich 2009 fortsetzen und dazu führen, dass sowohl die Exporteinnahmen als auch die ausländischen Direktinvestitionen in die Kupfer- und Kobaltminen sinken. Aufgrund der Verteuerung von Benzin und Lebensmitteln erreichte die Inflationsrate 2008 Spitzenwerte. 2009 ist wegen des geringeren Volumens von Portfolioinvestitionen und ausländischen Direktinvestitionen mit einem Kursrückgang des Kwacha zu rechnen, wodurch der Rückgang der Inflationsrate begrenzt werden dürfte.

Internationale Entwicklungshilfe weiterhin notwendig

Das geringe Steueraufkommen aus dem Bergbau belastet den Staatshaushalt. Die Leistungsbilanz weist trotz des Handelsbilanzüberschusses ein Defizit aus. Die ausländischen Investitionen, die 49% des BIP ausmachen, schlagen sich in massiven Gewinnrückführungen nieder. 2009 dürfte die Leistungsbilanz weiter ins Minus rutschen, da der Handelsbilanzüberschuss wegen des gesunkenen Kupferpreises nahezu stagniert. Vor diesem Hintergrund ist das Land nach wie vor auf internationale Hilfe (20% des BIP) angewiesen, um den Rückgang der ausländischen Direktinvestitionen zu kompensie-

ren. Diese betrugen 2008 noch 9% des BIP und könnten 2009 auf weniger als 2% des BIP sinken. Sambias Auslandsverschuldung ist jedoch relativ gering, denn das Land konnte 2006 vom HIPC-Programm und der Multilateralen Entschuldungsinitiative profitieren. Deshalb weist Sambia inzwischen einen vertretbaren Schuldenstand auf und ist von dieser Seite wenig anfällig für äußere Einflüsse.

Anhaltende Ungleichheiten

Die vorgezogenen Wahlen, die nach dem Tod von Präsident Levy Mwanawasa im Oktober 2008 abgehalten wurden, bestätigten die Regierung im Amt. Allerdings erkennt die Opposition, die über großen Rückhalt in den Städten verfügt, das Wahlergebnis nicht an, obwohl es bei den Wahlen im Oktober im Vergleich zu früheren Urnengängen nur vereinzelt zu kleineren Unregelmäßigkeiten kam. Die geringe Wahlbeteiligung zeigt jedoch die Enttäuschung, die in weiten Teilen der Bevölkerung darüber herrscht, dass sich ihre Lebenssituation trotz des von ausländischen Direktinvestitionen angetriebenen Wirtschaftswachstums in den letzten Jahren nicht verbessert hat. So liegt die Arbeitslosigkeit immer noch bei 50% und die HIV-Prävalenzrate bei 17%.

VORAUSSETZUNGEN FÜR DEN MARKTZUGANG

Marktsituation

Warengeschäfte sind ohne Einschränkungen möglich, und bestimmte Güter aus Landwirtschaft und Bergbau können steuerfrei importiert werden. Carnets ATA (Zollpassierscheinhefte für die vorübergehende Einfuhr von Waren) werden akzeptiert. Die Zollabfertigung erfolgt in der Regel innerhalb von 72 Stunden ab Anmeldung der Waren, wobei Sammelladungen zulässig sind. Wird bei der Einfuhr die Anwendung der Meistbegünstigungsklausel beantragt, so sind die Ursprungszeugnisse des COMESA, des Gemeinsamen Marktes für Ost- und Südafrika, oder der SADC, der Südafrikanischen Entwicklungsgemeinschaft, vorzulegen. Die Verbrauchsabgaben betragen 5% bis 125% des Warenwerts, die Zölle 0% bis 25% und die Mehrwertsteuer 17,5%.

Es existiert ein Zollrückvergütungsverfahren, das sogenannte „Duty Drawback System". Bei diesem Verfahren erhalten inländische Unternehmen die auf importierte Rohstoffe gezahlten Zölle und Abgaben zurück, wenn die daraus hergestellten Erzeugnisse exportiert werden. Zwar sind alle Zahlungsmittel möglich, doch empfiehlt sich die Verwendung des Dokumentenakkreditivs.

Haltung gegenüber ausländischen Investoren

Das 1993 erlassene Investitionsgesetz garantiert Investitionsfreiheit in Sambia. In bestimmten Branchen ist eine zusätzliche Betriebserlaubnis erforderlich, nämlich im Tourismus, im Bergbau, im Luft- und Straßenverkehr sowie im Finanzsektor. Ausländische Anleger genießen uneingeschränkte Rechte und sind an der Börse von Lusaka gern gesehen. Die Körperschaftsteuer liegt je nach Art der Geschäftätigkeit des Unternehmens zwischen 15% und 45%. Gewinne können unbeschränkt ins Ausland abgeführt werden. In den Freizonen (EPZ)

Wichtige Kennzahlen

	2004	2005	2006	2007	2008 (S)	2009 (P)
Reales Wirtschaftswachstum (%)	5,4	5,1	6,2	5,7	5,5	3,7
Inflation (%)	18,0	18,3	9,0	10,7	12,4	11,5
Staatshaushalt (Saldo in % des BIP)	−7,2	−8,2	−7,4	−4,9	−6,5	−4,5
Ausfuhren (Mio US$)	1.779	2.278	3.929	4.594	5.084	4.996
Einfuhren (Mio US$)	1.727	2.211	2.636	3.611	4.055	3.882
Handelsbilanz (Saldo in Mio US$)	52	67	1.293	983	1.029	1.114
Leistungsbilanz (Saldo in % des BIP)	−11,7	−9,0	0,7	−2,0	−5,4	−9,6
Auslandsverschuldung (in % des BIP)	130	86	12	12	14	14
Schuldendienst (in % der Ausfuhren)	18,5	24,7	4,0	5,0	6,0	6,0
Währungsreserven (in Monatsimporten)	1,0	1,3	2,2	2,0	3,2	3,0

(S): Schätzung. (P): Prognose.

Quelle: Coface.

Afrika südlich der Sahara

Exporte: 38% des BIP
▷▷▷

Importe: 30% des BIP
◁◁◁

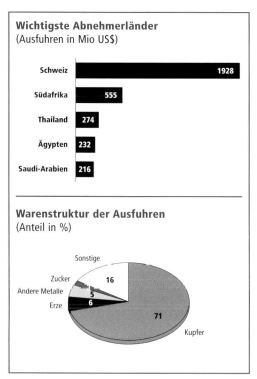

Wichtigste Abnehmerländer
(Ausfuhren in Mio US$)

Schweiz	1928
Südafrika	555
Thailand	274
Ägypten	232
Saudi-Arabien	216

Warenstruktur der Ausfuhren
(Anteil in %)

Sonstige 16
Zucker 5
Andere Metalle
Erze 6
Kupfer 71

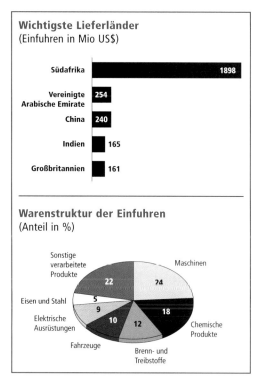

Wichtigste Lieferländer
(Einfuhren in Mio US$)

Südafrika	1898
Vereinigte Arabische Emirate	254
China	240
Indien	165
Großbritannien	161

Warenstruktur der Einfuhren
(Anteil in %)

Sonstige verarbeitete Produkte 22
Maschinen 24
Eisen und Stahl 5
Elektrische Ausrüstungen 9
Fahrzeuge 10
Brenn- und Treibstoffe 12
Chemische Produkte 18

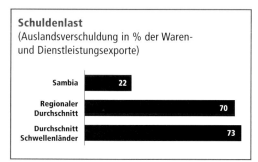

Schuldenlast
(Auslandsverschuldung in % der Waren- und Dienstleistungsexporte)

Sambia	22
Regionaler Durchschnitt	70
Durchschnitt Schwellenländer	73

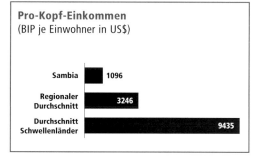

Pro-Kopf-Einkommen
(BIP je Einwohner in US$)

Sambia	1096
Regionaler Durchschnitt	3246
Durchschnitt Schwellenländer	9435

genießen ausländische Investoren Steuervorteile und sind von der Körperschaftsteuer sowie von Verbrauchsteuern befreit. Sambia hat mit zahlreichen Ländern, darunter auch Deutschland, Abkommen über den gegenseitigen Schutz von Investitionen und den Verzicht auf Doppelbesteuerung unterzeichnet. Streitigkeiten zwischen einem ausländischen Investor und einer einheimischen Partei werden in einem Schiedsverfahren nach lokalem oder internationalem Schiedsrecht (ICSID, UNCITRAL) entschieden. Das sambische Recht macht die Beschäftigung von Ausländern schwierig. So müs-

sen 50% der Führungskräfte sambische Staatsangehörige sein.

Devisenverkehr

In Sambia gibt es keine Devisenkontrollen. Einwohner mit ausländischer Staatsangehörigkeit können Fremdwährungskonten bei inländischen Banken eröffnen. Es existieren keine Instrumente zur Absicherung von Wechselkursrisiken. Die Kosten für Finanztransaktionen sind nach wie vor hoch. •

São Tomé und Príncipe

Bevölkerung (Einwohner):	**160.100**
BIP (Mio US$):	**123**

Coface-Bewertungen

Kurzfristiges Risiko:	**C**
Geschäftsumfeld:	**D**
Mittelfristiges Risiko:	**sehr hoch**

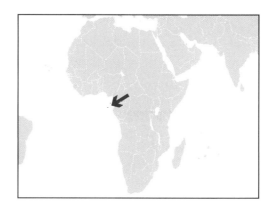

RISIKOEINSCHÄTZUNG

Investitionen in Tourismus und Erdölförderung

Wie bereits 2008 profitiert die Konjunktur auch in diesem Jahr von den Investitionen in die touristische Infrastruktur (Hoch- und Tiefbau) sowie der guten Konjunktur in den Dienstleistungsbranchen, die im Zusammenhang mit der Erkundung neuer Erdölfelder von Bedeutung sind. Unter dem Druck der gestiegenen Lebensmittel- und Benzinpreise ist die Inflation 2008 gestiegen, dürfte aber angesichts der rückläufigen Preisentwicklung und der Maßnahmen der Zentralbank zur Begrenzung der umlaufenden Geldmenge im laufenden Jahr wieder sinken. Der Staatshaushalt weist eine enorme Schieflage auf, da die Steuereinnahmen nach wie vor zu gering ausfallen. Steigende Importe von Ausrüstungsgütern, die für die Erschließung der Erdölvorkommen erforderlich sind, sowie verschlech-terte Terms of Trade (durch die teureren Kapitalgüterimporte) belasten wiederum die Leistungsbilanz. Die Deckung des Finanzierungsbedarfs wird auch in diesem Jahr weitgehend durch ausländische Direktinvestitionen gewährleistet, die sich vor allem auf die Erdölbranche konzentrieren. Die Außenhandelsposition des Landes hat sich durch den Schuldenerlass im Zuge des HIPC-Programms und der Multilateralen Entschuldungsinitiative verbessert. Allerdings besteht bei einem Einbruch der Exporte und einem Rückgang der staatlichen Entwicklungshilfe die Gefahr, dass die Schulden erneut ein nicht vertretbares Niveau erreichen.

Anhaltende Regierungskrise

Die politische Instabilität verhindert nach wie vor die Umsetzung der von den internationalen Geldgebern geforderten Reformen und damit die Verbesserung des Geschäftsumfelds. •

Wichtige Kennzahlen

	2004	2005	2006	2007	2008 (S)	2009 (P)
Reales Wirtschaftswachstum (%)	6,6	5,6	6,7	6,0	5,8	6,0
Inflation (%)	13,2	17,2	23,1	18,5	25,9	19,7
Staatshaushalt (Saldo in % des BIP)[1]	−58,8	−43,9	−72,9	−57,5	−59,1	−53,6
Ausfuhren (Mio US$)	4	7	7	7	7	7
Einfuhren (Mio US$)	36	42	69	65	74	79
Handelsbilanz (Saldo in Mio US$)	−32	−35	−62	−58	−67	−72
Leistungsbilanz (Saldo in % des BIP)[1]	−17,3	−13,6	−45,6	−35,5	−36,1	−32,9
Auslandsverschuldung (in % des BIP)	468	310	258	52	54	43
Schuldendienst (in % der Ausfuhren)	45,3	75,6	65,8	59,7	48,9	48,5
Währungsreserven (in Monatsimporten)	3,6	4,0	4,2	5,1	4,0	4,0

1) Ohne Schenkungen. (S): Schätzung. (P): Prognose.

Quelle: Coface.

Afrika südlich der Sahara

Senegal

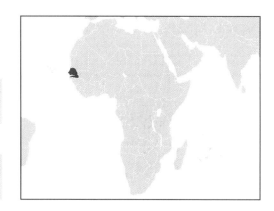

Bevölkerung (Mio Einwohner):	**12,4**
BIP (Mio US$):	**11.151**
Anteil am regionalen BIP (%):	**1**

Coface-Bewertungen
Kurzfristiges Risiko:	**B**
Geschäftsumfeld:	**B**
Mittelfristiges Risiko:	**hoch**

STÄRKEN

▲ Das Land zeichnet sich durch eine verhältnismäßig große politische Stabilität aus.

▲ Die internationale Gemeinschaft unterstützt das Land bei seinen Strukturreformen durch Schuldenerlasse im Rahmen des HIPC-Programms und der Multilateralen Entschuldungsinitiative.

▲ Die Strukturreformen (Infrastruktur, Steuern, Gesundheits- und Bildungswesen) verbessern das Geschäftsumfeld.

▲ Die Mitgliedschaft in der Westafrikanischen Wirtschafts- und Währungsunion (UEMOA) trägt zur Währungsstabilität bei.

SCHWÄCHEN

▼ Die Wirtschaftsentwicklung ist aufgrund der Bedeutung des Agrarsektors (60% der Erwerbsbevölkerung, 15% des BIP) stark von den Witterungsverhältnissen abhängig. Die Diversifizierung im produzierenden Gewerbe wird durch die unterentwickelte Verkehrs- und Energieinfrastruktur gebremst.

▼ Die Armut (57% der Bevölkerung) und starke regionale Unterschiede hemmen die wirtschaftliche Entwicklung des Landes.

▼ Die staatlichen und halbstaatlichen Unternehmen stehen vor enormen Umstrukturierungsaufgaben, von denen die industrielle Entwicklung des Senegal abhängt.

▼ Auch der Außenhandel weist ein strukturelles Defizit auf. Das Land ist zur Deckung seines Finanzierungsbedarfs immer noch auf Hilfe von außen sowie auf Geldtransfers von Auslandssenegalesen angewiesen.

RISIKOEINSCHÄTZUNG

Chronische Energiekrise

2008 hatte die Wirtschaft unter häufigen Stromausfällen zu leiden. Dennoch war in der Landwirtschaft wegen der Subventionen für Düngemittel und der günstigen Witterung eine dynamische Entwicklung zu verzeichnen. Die Telekommunikationsbranche und der Hoch- und Tiefbau wiederum profitierten von den Investitionen in die Infrastruktur und trugen so ebenfalls zum günstigen Konjunkturverlauf bei. 2009 dürfte das Wachstum vor allem durch die Investitionen der Emirate in verschiedene große Infrastrukturprojekte (z.B. die Wirtschaftssonderzone) angetrieben werden. Auch die Ausstattung der chemischen Industrie mit frischem Kapital dürfte Früchte tragen. Die Inflation, die 2008 wegen der rasant steigenden Weltmarktpreise einen Höchststand erreichte, hat zu gesellschaftlichen Spannungen geführt, die sich in Hungerunruhen entluden. 2009 wird der Rückgang der Rohstoffpreise voraussichtlich dazu führen, dass der Inflationsdruck nachlässt.

Nachlassende Haushaltsdisziplin und Anstieg der Forderungsausfälle

2008 wurden die öffentlichen Kassen durch höhere Subventionen für Produkte des Grundbedarfs und die Senkung der Importzölle belastet. Beide Maßnahmen waren notwendig, um dem Kaufkraftverlust der Haushalte entgegenzuwirken. Beunruhigender ist jedoch, dass die nicht im Haushalt vorgesehenen Ausgaben stark gestiegen sind und dazu geführt haben, dass der Staat Schulden in Höhe von 2% des BIP bei der Privatwirtschaft aufgebaut hat und mit den entsprechenden

Zahlungen in Verzug geraten ist. Die nachlassende Haushaltsdisziplin spiegelt sich in der Verschlechterung des Coface-Indexes für Zahlungsausfälle wider. Die Regierung vertraut darauf, dass sie mit den Erlösen aus der Veräußerung eines Teils der Telekommunikationsgesellschaft Sonatel sowie den staatlichen Entwicklungshilfezahlungen ihren Zahlungsverpflichtungen im Inland nachkommen kann.

Auch die Leistungsbilanz weist ein hohes Defizit aus, das durch die Verteuerung der Reisimporte (der Senegal ist der zweitgrößte Reisimporteur Afrikas) gestiegen ist. Auch konnten die Phosphatausfuhren nicht so stark zulegen wie erwartet. Trotz der gesunkenen Preise für Produkte des Grundbedarfs dürfte die lahmende Nachfrage aus Europa die Leistungsbilanz im laufenden Jahr weiter im Minus lassen. So ist mit einem Rückgang der Einnahmen aus dem Tourismus und vor allem der privaten Transferzahlungen zu rechnen. Diese Einnahmen sind höher als die staatlichen Entwicklungshilfezahlungen und betrugen 2007 das Dreifache der ausländischen Direktinvestitionen. Vor diesem Hintergrund ist der Senegal auf staatliche Entwicklungshilfe angewiesen, damit die Staatsverschuldung, die durch den Schuldenerlass im Rahmen des HIPC-Programms und der Multilateralen Entschuldungsinitiative auf ein erträgliches Niveau gebracht wurde, nicht wieder steigt.

Verschlechterung des politischen und gesellschaftlichen Klimas

Die Zunahme der gesellschaftlichen Spannungen ging 2008 mit einer Verschlechterung des politischen Klimas einher. Die für 2012 vorgesehenen Parlamentswahlen

Index der Zahlungsausfälle
(Gleitender Zwölfmonatsdurchschnitt; Basis: Welt 1995 = 100)

Quelle: Coface.

haben bereits jetzt politische Begehrlichkeiten geweckt. So haben sich die Spannungen zwischen der regierenden Parti Démocratique Sénégalais (PDS) und dem aus 14 Parteien bestehenden Oppositionsbündnis Front Siggil Sénégal so weit verschärft, dass die Kommunalwahlen auf März 2009 verschoben werden mussten.

Aus den Kommunalwahlen am 22. März ging die Opposition mit einem deutlichen Stimmenzuwachs hervor und bescherte dem Sohn des Präsidenten in der Hauptstadt eine Niederlage. Die Absicht von Karim Wade, die Nachfolge seines Vaters an der Spitze des Staates anzutreten, hatte in der Regierungspartei bereits zu Meinungsverschiedenheiten geführt. Die aus dieser Situation resultierenden politischen und gesellschaftlichen Risiken und die nachlassende Haushaltsdisziplin machen die Erreichung der Jahrtausendziele nicht einfacher.

Wichtige Kennzahlen

	2004	2005	2006	2007	2008 (S)	2009 (P)
Reales Wirtschaftswachstum (%)	5,9	5,6	2,3	4,8	3,9	3,4
Inflation (%)	0,5	1,7	2,1	5,9	6,1	3,3
Staatshaushalt (Saldo in % des BIP)	−5,0	−4,6	−7,3	−3,3	−5,5	−5,1
Ausfuhren (Mio US$)	1.511	1.579	1.593	1.672	2.249	2.088
Einfuhren (Mio US$)	2.498	2.892	3.176	3.923	5.158	4.584
Handelsbilanz (Saldo in Mio US$)	−987	−1.313	−1.583	−2.251	−2.909	−2.496
Leistungsbilanz (Saldo in % des BIP)	−7,9	−9,3	−10,4	−12,5	−13,7	−12,0
Auslandsverschuldung (in % des BIP)	50,4	59,8	42,3	16,0	13,3	12,9
Schuldendienst (in % der Ausfuhren)	6,2	10,1	9,0	9,0	9,6	12,7
Währungsreserven (in Monatsimporten)	4,4	3,8	3,5	3,6	3,0	3,3

(S): Schätzung. (P): Prognose.   Quelle: Coface.

Afrika südlich der Sahara

VORAUSSETZUNGEN FÜR DEN MARKTZUGANG

Möglichkeiten des Marktzugangs

Das von den Mitgliedsstaaten der Westafrikanischen Wirtschafts- und Währungsunion (UEMOA) gemeinsam errichtete Zollsystem ist im Allgemeinen unkompliziert und stellt kein großes Handelshemmnis dar. Für bestimmte Waren gelten spezielle Einfuhrformalitäten, aber einem Verbot unterliegen nur Waren, die gegebenenfalls „die öffentliche Ordnung gefährden" oder „den guten Sitten widersprechen". Ungeachtet dessen hat das Land seit Oktober 2005 ein Embargo gegen die Einfuhr von Geflügelfleisch und Eiern, die für den Verzehr bestimmt sind, verhängt. Auch die Einfuhr von Gebrauchtmaterial für die Geflügelzucht ist untersagt. Außerdem wurde eine Marktregulierungsbehörde („Agence de régulation des marchés" – ARM) gegründet, die die Einfuhr bestimmter landwirtschaftlicher Erzeugnisse zeitweilig aussetzen kann, wenn im Laufe des Jahres die entsprechenden Erzeugnisse aus einheimischem Anbau auf den Markt kommen.

Haltung gegenüber ausländischen Investoren

Im Bericht der Weltbank „Doing Business 2009" belegt der Senegal Platz 5 auf der Liste der reformfreudigsten Länder der Welt und nimmt in dieser Kategorie den 1. Platz der afrikanischen Länder ein. Auch in der Kategorie „Trading across borders" zeigte sich der Senegal im Betrachtungszeitraum als Land mit den umfassendsten Reformen. Die drei wichtigsten Reformen, die bei dieser Einstufung berücksichtigt wurden, sind:

- die Gründung eines Unternehmens innerhalb von 48 Stunden mit Hilfe des BCE (Büro zur Unterstützung von Unternehmensgründungen);
- die deutliche Verkürzung der Fristen für den Eigentumsübergang;
- die Förderung des grenzüberschreitenden oder internationalen Handels durch die Vereinfachung von Formalitäten und erhebliche Fristverkürzungen.

Die für Investoren relevanten gesetzlichen Bestimmungen des Senegals sind sehr liberal. Ausländer genießen uneingeschränkte Niederlassungsfreiheit und können Unternehmen gründen, die zu 100% mit ausländischem Kapital finanziert sind. Lediglich die Seefischerei, das Transportwesen und die Backwarenherstellung sind senegalesischen Staatsbürgern vorbehalten. In der Praxis ist der Erwerb von Grundeigentum oder der Abschluss von Erbpachtverträgen jedoch mit einem langwierigen und komplizierten Verfahren verbunden.

Es wurden verschiedene Institutionen zur Unterstützung von Investoren gegründet. Zu diesen gehören unter anderem die Agentur zur Förderung von Investitionen und Großprojekten APIX und die Agentur für die Entwicklung und Förderung von kleinen und mittelständischen Unternehmen ADPME. Die APIX, die eine wichtige Rolle bei der Unterstützung von Investitionsvorhaben spielt, hat am 19. Juli 2007 offiziell ein Büro zur Unterstützung von Unternehmensgründungen (BCE) eröffnet. Beim BCE können alle Formalitäten im Zusammenhang mit der Gründung eines Unternehmens innerhalb von 48 Stunden erledigt werden. Diese Maßnahmen unterstützen das Investitionsgesetz, das Gesetz über Gewerbezulassungen und die einheitlichen Rahmenvorschriften der verschiedenen Organisationen (OHADA, UEMOA, SYSCOA).

Die Industrie-, Handels- und Landwirtschaftskammer in Dakar hat mit dem CFE eine Stelle gegründet, die Investoren bei der Erledigung der Formalitäten unterstützt, die für die Errichtung einer Niederlassung im Senegal notwendig sind. Außerdem können hier alle Verfahren eingeleitet werden, die erforderlich sind, um z.B. ein Unternehmen zu gründen, eine Import- und Exportgenehmigung oder einen Gewerbeschein zu beantragen, eine Satzung für eine Arbeitsgemeinschaft zu errichten oder eine solche Satzung zu ändern oder um internationale Genehmigungen und Ursprungszeugnisse zu beantragen.

2007 wurde ein neues Gesetz über die Vergabe öffentlicher Aufträge (CMP) erlassen, das seit Juli 2007 in Kraft ist. Ferner wurde ein Rahmengesetz zur Förderung und Entwicklung von kleinen und mittleren Unternehmen verabschiedet, das jedoch erst in Kraft tritt, wenn es im Amtsblatt veröffentlicht wurde. Und schließlich wurden 2007 die Unternehmensteuern durch das Gesetz Nr. 2006-17 auf 25% gesenkt und die Ausgleichsteuer abgeschafft.

Devisenverkehr

Der Kapitalverkehr funktioniert im Senegal wie in den übrigen Mitgliedsländern der UEMOA nach dem Freizügigkeitsprinzip über die für Auslandsgeschäfte zugelassenen Banken oder, sofern der Einfuhrwert nicht über 1 Mio XOF (CFA-Franc) liegt, über die Postverwaltung.

Exporte: 27% des BIP
▷▷▶▶▶▶

Importe: 42% des BIP
◀◀◀◀◀◀◀◀◀◀◀◀◀◀◀◀◀◀◀◀◀◀◀◀◀◀◀◀◀◀◀◀◀◀◀◀◀◁◁◁◁

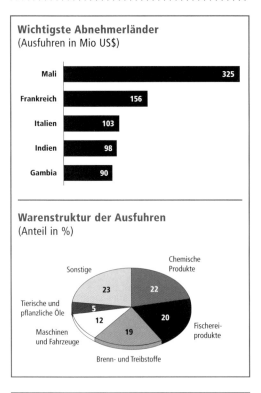

Wichtigste Abnehmerländer
(Ausfuhren in Mio US$)

Mali	325
Frankreich	156
Italien	103
Indien	98
Gambia	90

Warenstruktur der Ausfuhren
(Anteil in %)

Sonstige 23 · Chemische Produkte 22 · Fischereiprodukte 20 · Brenn- und Treibstoffe 19 · Maschinen und Fahrzeuge 12 · Tierische und pflanzliche Öle 5

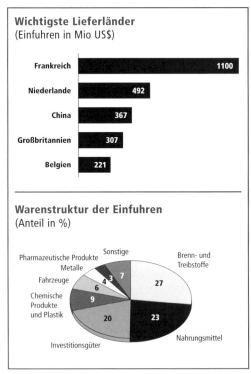

Wichtigste Lieferländer
(Einfuhren in Mio US$)

Frankreich	1100
Niederlande	492
China	367
Großbritannien	307
Belgien	221

Warenstruktur der Einfuhren
(Anteil in %)

Brenn- und Treibstoffe 27 · Nahrungsmittel 23 · Investitionsgüter 20 · Chemische Produkte und Plastik 9 · Fahrzeuge 6 · Pharmazeutische Produkte 4 · Metalle 3 · Sonstige 7

Schuldenlast
(Auslandsverschuldung in % der Waren-
und Dienstleistungsexporte)

Senegal	35
Regionaler Durchschnitt	70
Durchschnitt Schwellenländer	73

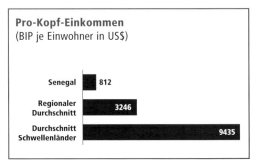

Pro-Kopf-Einkommen
(BIP je Einwohner in US$)

Senegal	812
Regionaler Durchschnitt	3246
Durchschnitt Schwellenländer	9435

Voraussetzung ist die Vorlage entsprechender Belege bei einem der Vermittler, die ihrerseits eine „Devisenvollmacht" ausstellen und kraft ihrer Befugnis mit ihrer Unterschrift die Bezahlung anordnen. Unter anderem sind Zahlungen ins Ausland zulässig, die mit der Bezahlung von Warenlieferungen im Zusammenhang stehen. Die Verwaltungsformalitäten können sich jedoch hinziehen. •

Afrika südlich der Sahara

Sierra Leone

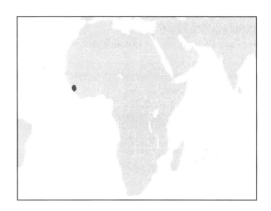

Bevölkerung (Mio Einwohner):	**5,8**
BIP (Mio US$):	**1.672**

Coface-Bewertungen
Kurzfristiges Risiko:	**D**
Geschäftsumfeld:	**D**
Mittelfristiges Risiko:	**sehr hoch**

RISIKOEINSCHÄTZUNG

Wiederaufbau nach elf Jahren Bürgerkrieg

2008 profitierte die wirtschaftliche Entwicklung von der gestiegenen Diamanten-, Rutil- und Bauxitproduktion. Auch 2009 dürften von den Investitionen in den Bergbau – insbesondere die Goldförderung – und der guten Entwicklung der Landwirtschaft Impulse für ein weiteres kräftiges Wachstum ausgehen. Der Wiederaufbau kommt sieben Jahre nach Ende des elf Jahre währenden Bürgerkriegs gut voran, auch wenn die mangelhafte medizinische Versorgung der Bevölkerung sowie die Schwächen in der Verkehrs- und Energieinfrastruktur die Entwicklung bremsen. Ein mit dem IWF geschlossenes Abkommen sieht den Wiederaufbau der Infrastruktur vor, der jedoch nur langsam voranschreitet, weil es an Arbeitskräften fehlt und die öffentliche Verwaltung erst neu organisiert werden muss.

Das Steueraufkommen reicht bei weitem nicht aus, um die hohen Investitionskosten für den Wiederaufbau zu decken. Die Leistungsbilanz wiederum wird durch die steigenden Einfuhren von Investitions- und Konsumgütern sowie die hohen Transportkosten belastet. Vor diesem Hintergrund benötigt Sierra Leone internationale Hilfen, um seinen Finanzbedarf zu decken. Obwohl sich die Finanzlage des Landes durch den Schuldenerlass im Rahmen des HIPC-Programms und der Multilateralen Entschuldungsinitiative spürbar verbessert hat, bleibt sie anfällig für externe Störungen. Sierra Leone weist diesbezüglich ein mittleres Risiko auf.

Der positive Verlauf der Parlamentswahlen vom September 2007 sowie der Kommunalwahlen vom Juli 2008 belegt, dass sich die Lage allmählich normalisiert. Ernest Koroma vom All People's Congress führt eine mit Technokraten besetzte Regierung, deren Hauptziel die Bekämpfung von Korruption und Arbeitslosigkeit ist. •

Wichtige Kennzahlen						
	2004	2005	2006	2007	2008 (S)	2009 (P)
Reales Wirtschaftswachstum (%)	7,4	7,3	7,4	6,8	5,5	5,9
Inflation (%)	14,3	12,1	9,5	11,7	15,3	13,9
Staatshaushalt (Saldo in % des BIP)	−12,4	−12,8	−11,0	−6,8	−8,9	−9,0
Ausfuhren (Mio US$)	171	214	275	285	319	397
Einfuhren (Mio US$)	274	362	369	386	455	525
Handelsbilanz (Saldo in Mio US$)	−103	−148	−94	−100	−137	−128
Leistungsbilanz (Saldo in % des BIP)	−13,1	−14,2	−8,8	−7,3	−10,1	−7,0
Auslandsverschuldung (in % des BIP)	164	138	100	37	32	21
Schuldendienst (in % der Ausfuhren)	19,8	13,0	3,7	1,2	2,2	2,1
Währungsreserven (in Monatsimporten)	3,6	3,9	4,2	4,9	3,7	3,9
(S): Schätzung. (P): Prognose.						Quelle: Coface.

Simbabwe

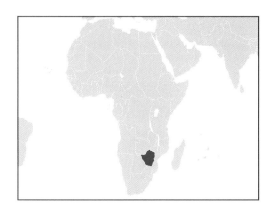

Bevölkerung (Mio Einwohner):	**13,4**
BIP (Mio US$):	**6.410**
Anteil am regionalen BIP (%):	**0,6**

Coface-Bewertungen

Kurzfristiges Risiko:	**D**
Geschäftsumfeld:	**D**
Mittelfristiges Risiko:	**sehr hoch**

STÄRKEN

▲ Simbabwe verfügt über umfangreiche Metallvorkommen (Palladium, Gold, Nickel) und ist der zweitgrößte Platinproduzent der Welt.

▲ Als frühere Kornkammer des südlichen Afrikas besitzt das Land ein großes landwirtschaftliches Potential.

▲ Aufgrund seiner vielfältigen Landschaftsformen, von denen einige zum UNESCO-Weltnaturerbe zählen (z.B. der Victoria-See) gibt es gute Möglichkeiten zum Ausbau des Tourismus.

▲ Das ausgedehnte Straßennetz dürfte mittelfristig einen Wirtschaftsaufschwung begünstigen.

▲ Die im Ausland lebenden Staatsbürger sind vielfach qualifiziert und könnten zum wirtschaftlichen Wiederaufbau beitragen.

SCHWÄCHEN

▼ Die wirtschaftliche und die finanzielle Lage des Landes sind katastrophal. Deshalb dürfte es lange dauern, die Auswirkungen der Krise zu überwinden.

▼ Die Verkehrs- und Energieinfrastruktur verfällt zusehends, weil zu wenig in ihre Erhaltung investiert wird.

▼ Die galoppierende Inflation verschärft die chaotische Lage in Handel und produzierendem Gewerbe.

▼ Der Zusammenbruch der Wirtschaft führt zu einer ständigen Verschlechterung der Lebensmittel- und Gesundheitsversorgung. Daher ist eine Mehrheit der Bevölkerung auf internationale Hilfe angewiesen, um zu überleben.

▼ Das Land weist eine der höchsten HIV-Infektionsraten Afrikas und der Welt auf (Prävalenzrate 15,6%).

Wichtige Kennzahlen

	2004	2005	2006	2007	2008 (S)	2009 (P)
Reales Wirtschaftswachstum (%)	−3,6	−4,0	−5,4	−6,1	−6,2	−4,5
Inflation (%)	350	238	1.017	10.453	NV	NV
Staatshaushalt (Saldo in % des BIP)	−7,6	−5,9	−7,2	−29,7	−38,1	−56,3
Ausfuhren (Mio US$)	1.680	1.694	1.727	1.700	1.800	1.600
Einfuhren (Mio US$)	1.989	2.053	2.000	2.200	2.300	2.300
Handelsbilanz (Saldo in Mio US$)	−309	−359	−273	−500	−500	−700
Leistungsbilanz (Saldo in % des BIP)	−8,8	−11,6	−7,2	−1,9	−52,1	−64,2
Auslandsverschuldung (in % des BIP)	67,4	70,4	79,2	88,7	95,8	106,4
Schuldendienst (in % der Ausfuhren)	14,9	15,8	16,4	17,0	20,6	21,8
Währungsreserven (in Monatsimporten)	0,1	0,6	0,7	0,9	0,0	0,5

NV: Nicht verfügbar. (S): Schätzung. (P): Prognose.

Quelle: Coface.

Afrika südlich der Sahara

Schuldenlast
(Auslandsverschuldung in % der Waren-
und Dienstleistungsexporte)

Simbabwe	245
Regionaler Durchschnitt	70
Durchschnitt Schwellenländer	73

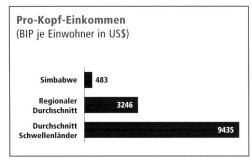

Pro-Kopf-Einkommen
(BIP je Einwohner in US$)

Simbabwe	483
Regionaler Durchschnitt	3246
Durchschnitt Schwellenländer	9435

RISIKOEINSCHÄTZUNG

Eine ausgeblutete Wirtschaft mit galoppierender Inflation

Der Zusammenbruch von Industrie und Energieversorgung hat die Schrumpfung der Wirtschaft 2008 beschleunigt. Der Abbau von Gold, Nickel und Eisen ist um 30% bis 90% eingebrochen, lediglich die Platinförderung konnte sich behaupten. Es ist zu erwarten, dass sich der Schrumpfungsprozess 2009 fortsetzt. Der Mangel an Arbeitskräften dürfte mittelfristig den wirtschaftlichen Wiederaufbau des Landes bremsen. Ein geregelter Arbeitsmarkt besteht nicht mehr, die Arbeitslosigkeit beträgt 80%. Auch das Gesundheitssystem ist zusammengebrochen, so dass es zum Ausbruch einer Choleraepidemie kommen konnte. Erschwerend kommt hinzu, dass die HIV-Prävalenzrate bei 15,6% liegt.

Die galoppierende Inflation erreichte 2008 mehrere Millionen Prozent und ließ die wirtschaftliche Ordnung des Landes zusammenbrechen. 2009 wurde die Gültigkeit der Landeswährung, der Simbabwe-Dollar, angesichts eines völligen Vertrauensverlustes und einer Inflationsrate von 230 Millionen Prozent außer Kraft gesetzt. Als Zahlungsmittel sind Euro, US-Dollar und Rand in Gebrauch und offiziell anerkannt.

Untragbare Verschuldung des Landes

Die Auflösung der Steuerverwaltung hat zu einem enormen Haushaltsdefizit geführt. Die Leistungsbilanz ist durch die massive Einfuhr von Agrarprodukten (insbesondere Mais, der in Simbabwe nicht mehr angebaut wird) und den starken Rückgang der Erzausfuhren in Schieflage geraten. Da der hohe Finanzmittelbedarf nicht mehr durch staatliche Entwicklungshilfe oder ausländische Direktinvestitionen gedeckt werden kann, sind inzwischen hohe Zahlungsrückstände aufgelaufen. Die Auslandsverschuldung des Landes ist höher als das Bruttoinlandsprodukt und damit untragbar. Bis zur Normalisierung der politischen Lage werden keine weiteren privaten Transferleistungen, staatlichen Entwicklungshilfezahlungen oder ausländischen Direktinvestitionen fließen.

Unsichere Aussichten im Hinblick auf ein Ende der Krise

Im September 2008 unterzeichneten der Oppositionsführer Morgan Tsvangirai und Präsident Mugabe einen Vertrag über die Bildung einer Regierung der nationalen Einheit, um den gewalttätigen Auseinandersetzungen nach den Parlamentswahlen vom April 2008, aus denen die Opposition als Siegerin hervorging, ein Ende zu bereiten. Allerdings ist dieser Vertrag, der unter Vermittlung des ehemaligen Präsidenten Südafrikas Thabo Mbeki zustande kam, äußerst brüchig. Bisher hat Robert Mugabe – nunmehr seit 28 Jahren an der Macht – der Opposition keine einzige Schlüsselposition überlassen. Das Abtreten Mugabes scheint zurzeit eine Grundvoraussetzung für eine Normalisierung der politischen Lage zu sein. Der zunehmende Druck aus Botswana und dem voraussichtlich bald von Jacob Zuma geführten Südafrika könnte sich in dieser Hinsicht als wirkungsvoller erweisen als der Druck aus dem Westen, der als neokolonialistischer Einmischungsversuch angesehen wird. •

Südafrika

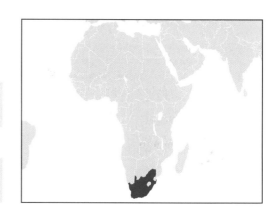

Bevölkerung (Mio Einwohner):	**47,6**
BIP (Mio US$):	**277.581**
Anteil am regionalen BIP (%):	**30**

Coface-Bewertungen
Kurzfristiges Risiko:	**A3**
Geschäftsumfeld:	**A3**
Mittelfristiges Risiko:	**ziemlich gering**

STÄRKEN

▲ Das Land trägt rund ein Drittel zur Wirtschaftsleistung Afrikas bei und ist damit sowohl wirtschaftlich als auch politisch ein Schwergewicht.

▲ Südafrika verfügt über einen großen Reichtum an Bodenschätzen, darunter 90% der weltweiten Platinvorkommen. Außerdem stammen 80% des weltweit geförderten Mangans, 73% des Chroms und 41% des Goldes aus Südafrika. Das Land ist der zweitgrößte Goldproduzent und der viertgrößte Diamantenproduzent der Welt.

▲ Südafrika verfügt über eine diversifizierte Industrielandschaft und einen sehr leistungsfähigen Dienstleistungssektor (Banken, Telekommunikation).

▲ Die öffentliche Hand hat ihre Finanzen im Griff, so dass der Finanzierungsbedarf gering und die Auslandsverschuldung niedrig ist.

▲ Die strikte Wirtschaftspolitik und das gute Geschäftsumfeld sind große Wettbewerbsvorteile.

SCHWÄCHEN

▼ Die unzureichenden Investitionen in die Energieinfrastruktur haben zu einer chronischen Energiekrise geführt, die voraussichtlich noch weitere fünf Jahre anhalten wird.

▼ Die Umsetzung großer Investitionsvorhaben in der Energieversorgung und im Verkehrswesen wird durch den Mangel an qualifizierten Arbeitskräften erschwert.

▼ Obwohl Südafrika einer der größten Empfänger ausländischer Direktinvestitionen im südlichen Afrika ist, reicht die Investitionstätigkeit nicht zur Deckung des steigenden Finanzierungsbedarfs aus.

▼ Der aus der Apartheid hervorgegangene Dualismus in Gesellschaft und Wirtschaft schlägt sich in einer weit geöffneten Einkommensschere nieder. Die Maßnahmen der Black-Economic-Empowerment-Politik haben bislang nur wenig dazu beigetragen, die Ungleichheiten abzubauen, die eine ständige Quelle gesellschaftlicher und politischer Spannungen sind.

RISIKOEINSCHÄTZUNG

Verhaltene Entwicklung bei Konsum und Export

Nachdem die Wirtschaft Südafrikas in den vorangegangenen vier Jahren ein dynamisches Wachstum von durchschnittlich 5% verzeichnen konnte, fiel die Wachstumsrate 2008 auf 3,1% zurück. Die Förderung der Bodenschätze hatte unter häufigen Unterbrechungen der Energieversorgung zu leiden; dementsprechend ließ die Investitionstätigkeit im Bergbau nach. Gleichzeitig verharrten die Konsumausgaben der Privathaushalte, die mit über 80% ihres verfügbaren Einkommens verschuldet sind, auf dem Vorjahresniveau. Für 2009 ist eine weitere Konjunkturabkühlung zu erwarten, da die Erzpreise deutlich sinken und die Konsumausgaben nicht stärker ansteigen dürften. Die Verschlechterung der Wirtschaftslage könnte den Coface-Index für Zahlungsausfälle ansteigen lassen.

Die im Wesentlichen importierte Inflation wurde durch den starken Anstieg der Lebensmittel- und Ölpreise angeheizt und erreichte im August 2008 einen Spitzenwert von 13,6%. Seither hat sich der Preisauftrieb jedoch wieder auf zuletzt 8,6% im Februar 2009 abge-

Afrika südlich der Sahara

schwächt – eine Entwicklung, die sich im weiteren Jahresverlauf fortsetzen dürfte. Daher hat die Zentralbank den Leitzins wieder gesenkt, nachdem sie ihn zwischen Juni 2006 und Juni 2008 um 500 Basispunkte angehoben hatte. Eine erste Leitzinssenkung fand bereits im Dezember 2008 statt, gefolgt von zwei weiteren im Februar und März 2009 um insgesamt 250 Basispunkte. Bei der Lockerung ihrer Geldpolitik muss die Zentralbank einen Balanceakt vollführen, um einerseits den Konsum zu stützen und andererseits den Rand nicht zu stark abzuwerten.

Die Finanzierung des Leistungsbilanzdefizits wird schwieriger

Die umsichtige Haushaltspolitik der letzten Jahre lässt der Regierung Südafrikas einen breiten Handlungsspielraum, um dem Konjunkturzyklus entgegenzuwirken. So hat der Finanzminister für 2009/10 einen defizitären Haushalt vorgelegt, der große Investitionen in die Verkehrs- und Energieinfrastruktur vorsieht. Für die Umsetzung dieser Investitionsvorhaben müssen jedoch zahlreiche Investitionsgüter eingeführt werden, wodurch die Leistungsbilanz noch weiter ins Minus rutschen und die Außenhandelsposition des Landes geschwächt werden dürfte.

Die für die Finanzierung der Auslandsverschuldung besonders wichtigen Portfolioinvestitionen sind wegen der zunehmenden Risikoaversion noch stärkeren Schwankungen ausgesetzt. Es ist zu erwarten, dass die ausländischen Direktinvestitionen zurückgehen und internationale Kredite schwieriger zu erhalten sind. Somit könnten die multilateralen Entwicklungsbanken

Index der Zahlungsausfälle
(Gleitender Zwölfmonatsdurchschnitt; Basis: Welt 1995 = 100)

Quelle: Coface.

2009 zu einer der wichtigsten Finanzierungsquellen für den Fehlbetrag werden, der bis zu 25 Mrd US$ betragen kann. Durch die zunehmenden Schwierigkeiten bei der Finanzierung des Leistungsbilanzdefizits nimmt die Volatilität des Rand weiter zu, so dass für 2009 in jedem Fall ein höheres Währungsrisiko besteht. Das von der Subprime-Krise nur wenig betroffene Bankensystem ist durch das Währungsrisiko allerdings kaum gefährdet, da die offenen Positionen in Devisen begrenzt sind.

Unsichere politische Lage und gesellschaftliche Spannungen

Es gilt als wahrscheinlich, dass Jacob Zuma mit Unterstützung der Kommunistischen Partei und der Gewerkschaften 2009 zum Präsidenten der Republik gewählt wird. Dies führt jedoch zu großer Unsicherheit in Bezug auf den künftigen politischen und wirtschaftspolitischen Kurs des Landes. Es ist fraglich, ob der neue ANC-

Wichtige Kennzahlen

	2004	2005	2006	2007	2008 (S)	2009 (P)
Reales Wirtschaftswachstum (%)	4,9	5,0	5,3	5,1	3,1	0,5
Inflation (%)	1,4	3,4	4,6	7,2	11,5	5,9
Staatshaushalt (Saldo in % des BIP)	−1,5	−0,3	0,3	1,3	0,1	−1,6
Ausfuhren (Mrd US$)	48,1	55,4	64,2	76,0	93,2	87,5
Einfuhren (Mrd US$)	48,3	56,4	70,4	81,7	98,6	95,9
Handelsbilanz (Saldo in Mrd US$)	−0,2	−1,0	−6,2	−5,7	−5,3	−8,4
Leistungsbilanz (Saldo in % des BIP)	−3,2	−4,0	−6,5	−7,3	−7,8	−8,5
Auslandsverschuldung (in % des BIP)	20,8	20,1	23,1	26,6	24,7	30,5
Schuldendienst (in % der Ausfuhren)	9,9	7,7	7,8	8,4	7,6	7,4
Währungsreserven (in Monatsimporten)	2,3	2,8	3,2	3,5	3,3	3,1

(S): Schätzung. (P): Prognose.

Quelle: Coface.

Exporte: 30% des BIP
▷▷▷▶▶▶

Importe: 33% des BIP
◀◀◀◀◀◀◀◀◀◀◀◀◀◀◀◀◀◀◀◀◀◀◀◀◁◁◁◁◁◁◁◁◁◁◁◁◁◁◁◁◁◁◁

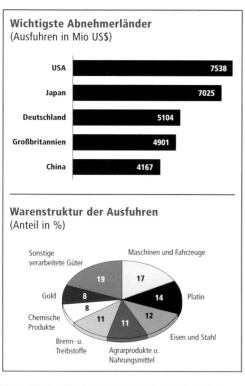

Wichtigste Abnehmerländer
(Ausfuhren in Mio US$)

USA	7538
Japan	7025
Deutschland	5104
Großbritannien	4901
China	4167

Warenstruktur der Ausfuhren
(Anteil in %)

Sonstige verarbeitete Güter 19
Maschinen und Fahrzeuge 17
Gold 8
Platin 14
8
Chemische Produkte 11
Eisen und Stahl 12
11
Brenn- u. Treibstoffe
Agrarprodukte u. Nahrungsmittel

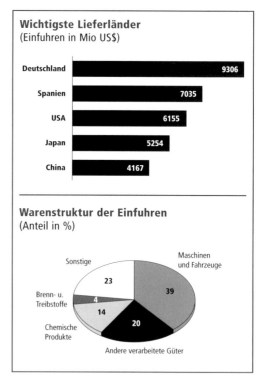

Wichtigste Lieferländer
(Einfuhren in Mio US$)

Deutschland	9306
Spanien	7035
USA	6155
Japan	5254
China	4167

Warenstruktur der Einfuhren
(Anteil in %)

Sonstige 23
Maschinen und Fahrzeuge 39
Brenn- u. Treibstoffe 4
14
Chemische Produkte 20
Andere verarbeitete Güter

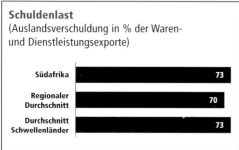

Schuldenlast
(Auslandsverschuldung in % der Waren- und Dienstleistungsexporte)

Südafrika	73
Regionaler Durchschnitt	70
Durchschnitt Schwellenländer	73

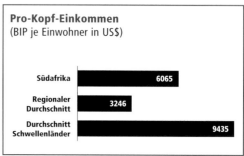

Pro-Kopf-Einkommen
(BIP je Einwohner in US$)

Südafrika	6065
Regionaler Durchschnitt	3246
Durchschnitt Schwellenländer	9435

Vorsitzende in der Lage sein wird, die Wirtschaftspolitik gleichzeitig zur Beruhigung der Märkte und für eine gesellschaftliche Umverteilung zugunsten der historisch benachteiligten Bevölkerungsgruppen (Agrarreform, positive Diskriminierung) zu nutzen. Gegenwärtig ist die gesellschaftliche Lage in Südafrika angespannt, wie sich zuletzt in den fremdenfeindlichen Gewaltausbrüchen im Juni 2008 in den Townships von Johannesburg und Kapstadt gezeigt hat, bei denen einige Hundert Menschen getötet und Zehntausende vertrieben wurden.

VORAUSSETZUNGEN FÜR DEN MARKTZUGANG

Marktsituation

Die wirtschaftliche Liberalisierung Südafrikas mündete 1994 in den Beitritt des Landes zur WTO. Die Zölle wurden seitdem deutlich reduziert. Die Senkung der Zollbarrieren wird auch durch das 1999 unterzeichnete Abkommen über Handel, Entwicklung und Zusammenarbeit zwischen der Europäischen Union und Südafrika

Afrika südlich der Sahara

vorangetrieben, das seine volle Wirkung bis 2012 entfalten wird.

Möglichkeiten des Marktzugangs

Gemäß dem mit der Europäischen Union im Oktober 1999 geschlossenen und im Januar 2000 in Kraft getretenen Freihandelsabkommen sind fast 86% der aus der EU eingeführten Waren bis 2012 von allen Zollabgaben befreit.

Südafrika ist dem WTO-Übereinkommen über das öffentliche Beschaffungswesen nicht beigetreten. Durch das im Februar 2000 in Kraft getretene Gesetz über die bevorzugte Vergabe öffentlicher Aufträge an Benachteiligte („Preferential Procurement Policy Framework Act") wurde ein Punktesystem eingeführt, das Unternehmen begünstigt, unter deren Gesellschaftern oder Führungskräften sich Frauen, Behinderte oder Angehörige „historisch benachteiligter Bevölkerungsgruppen" (Schwarze, Mestizen und Inder) befinden. Die öffentlichen Aufträge dienen als Motor für das „Black Economic Empowerment" (BEE), das Kontakte südafrikanischer und ausländischer Unternehmen zu schwarzen Geschäftspartnern fördert. Bei öffentlichen Aufträgen mit einem Volumen von über 10 Mio US$ sind die einheimischen oder ausländischen Unternehmen außerdem verpflichtet, sich im Rahmen des „National Industrial Participation Programme" mit einem Volumen von 30% des Werts der importierten Produkte im Land zu engagieren (Offset).

Im Bereich Normen und technische Regeln arbeitet das „South African Bureau of Standards" (SABS) mit zahlreichen internationalen Normungsorganisationen zusammen. Die internationalen IEC- und ISO-Normen sowie viele der europäischen Normen werden anerkannt, müssen aber trotzdem vom SABS zugelassen werden.

Einfuhren werden im Allgemeinen in US-Dollar fakturiert. Daneben sind auch Euro, Britisches Pfund und Rand üblich. Südafrika verfügt über einen außerordentlich gut entwickelten Finanzdienstleistungssektor und bietet sehr ähnliche Zahlungsmöglichkeiten wie Europa oder die USA.

Haltung gegenüber ausländischen Investoren

Für die Ansiedlung ausländischer Unternehmen in Südafrika ist keine vorherige behördliche Genehmigung erforderlich, lediglich die Devisenkontrolle durch die Zentralbank kann verlangt werden. Im Allgemeinen werden ausländische Unternehmen genauso behandelt wie einheimische Unternehmen. Dies beinhaltet auch, dass sie zahlreichen gesetzlichen Verpflichtungen im Hinblick auf BEE und positive Diskriminierung unterliegen.

Obwohl das Handelsumfeld im Allgemeinen mit dem der europäischen Länder vergleichbar ist, sind die Entscheidungen der Behörden bisweilen wenig transparent und nicht vorhersehbar (öffentliche Ausschreibungen, Verwaltungsverfahren).

Devisenverkehr

Für Nichtansässige wurden die Bedingungen für Transfers im Zusammenhang mit laufenden Geschäften gelockert. Die Marktteilnehmer sind der Auffassung, dass de facto keine Devisenkontrolle mehr ausgeübt wird. Bei Kapitaltransaktionen bestehen allerdings noch einige Beschränkungen, z.B. bei Darlehen einer Muttergesellschaft an eine Niederlassung in Südafrika. Darüber hinaus gelten für Inländer strengere Vorschriften, und zwar sowohl bei laufenden als auch bei Kapitaltransaktionen, wobei die Bedingungen für Transfers gegenwärtig gelockert werden. ●

Sudan

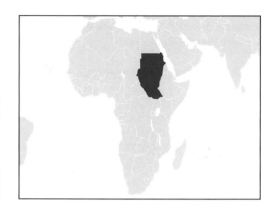

Bevölkerung (Mio Einwohner):	**38,6**
BIP (Mio US$):	**47.632**

Coface-Bewertungen

Kurzfristiges Risiko:	**D**
Geschäftsumfeld:	**D**
Mittelfristiges Risiko:	**sehr hoch**

RISIKOEINSCHÄTZUNG

Drohender Bürgerkrieg und Gefahr einer Destabilisierung der gesamten Region

Die für 2009 vereinbarten Wahlen verschärfen die ohnehin schon instabile Sicherheitslage. Die unzureichende Verteilung der Erträge aus dem Ölgeschäft schwächt die Regierung der Nationalen Einheit und begünstigt den erneuten Zusammenschluss afrikanischer Stämme aus dem Ost- und Westteil des Landes unter der Führung der halbautonomen Regierung im Süden. Die festgefahrene Situation in Darfur birgt trotz des durch die internationale Gemeinschaft ausgeübten Drucks und der afrikanischen Verhandlungsbemühungen die Gefahr, dass die Feindseligkeiten zwischen dem Norden und dem Süden des Landes wieder ausbrechen und damit eventuell sogar die gesamte Region destabilisieren.

Verringerte Erdölförderung als Wachstumshemmnis

Der Sudan konnte im vergangenen Jahr von den gestiegenen Ölpreisen nicht in vollem Umfang profitieren, da die Fördermengen aufgrund der veralteten Produktionsanlagen an den größten Ölfeldern verringert werden mussten. 2009 dürfte die Konjunktur zwar unter den rückläufigen Weltmarktpreisen leiden, könnte sich aber – gestützt auf die Erdöl- und die Bergbaubranche sowie die öffentlichen Investitionen in die Landwirtschaft (90% des Ackerlands liegen brach) – dennoch positiv entwickeln. Das Wachstum dürfte allerdings angesichts der nach wie vor weitverbreiteten Armut, von der nahezu 60% der Bevölkerung betroffen sind, unzureichend bleiben. Die Inflationsrate dürfte nach dem starken Preisanstieg 2008 im laufenden Jahr wieder deutlich niedriger ausfallen.

Wichtige Kennzahlen

	2004	2005	2006	2007	2008 (S)	2009 (P)
Reales Wirtschaftswachstum (%)	5,1	6,3	11,3	10,2	8,5	7,7
Inflation (%)	8,4	8,5	7,2	8,0	16,0	9,0
Staatshaushalt (Saldo in % des BIP)	1,5	−1,8	−4,8	−3,7	−3,6	−3,4
Ausfuhren (Mio US$)	3.778	4.878	5.813	8.902	12.718	9.500
Einfuhren (Mio US$)	3.586	5.946	7.105	7.722	9.413	6.800
Handelsbilanz (Saldo in Mio US$)	192	−1.068	−1.292	1.180	3.305	2.700
Leistungsbilanz (Saldo in % des BIP)	−6,5	−11,1	−15,2	−12,6	−6,3	−6,7
Auslandsverschuldung (in % des BIP)	107	97	75	64	58	52
Schuldendienst (in % der Ausfuhren)	26,1	16,1	14,5	10,1	8,6	8,6
Währungsreserven (in Monatsimporten)	1,9	2,4	1,6	1,4	1,0	1,4

(S): Schätzung. (P): Prognose.

Quelle: Coface.

Afrika südlich der Sahara

**Sanktionen der USA verschlechtern
Finanzierungsbedingungen**

Dank der hohen Ölpreise in den Jahren 2002 bis 2008
konnte das Land seine Außenhandelsposition deutlich
verbessern. Der sinkende Finanzierungsbedarf konnte
durch ausländische Direktinvestitionen gedeckt werden
,und das BIP-Wachstum brachte automatisch auch eine
Rückführung der Staatsverschuldung mit sich. Ohne
Schuldenerlass im Zuge der HIPC-Maßnahmen und der

Multilateralen Entschuldungsinitiative, für die der
Sudan nach wie vor nicht in Frage kommt, bleibt die
Verschuldung aber auf einem unerträglich hohen
Niveau. Das verschärfte Embargo der USA, das mit dem
Verbot für US-amerikanische Firmen einhergeht, in
sudanesische Unternehmen zu investieren, könnte in
der zurzeit ungünstigen Weltwirtschaftslage die Finanzierung der weiteren Entwicklung spürbar beeinträchtigen. •

Tansania

Bevölkerung (Mio Einwohner):	**40,4**
BIP (Mio US$):	**16.181**
Anteil am regionalen BIP (%):	**1,7**

Coface-Bewertungen
Kurzfristiges Risiko:	**B**
Geschäftsumfeld:	**D**
Mittelfristiges Risiko:	**hoch**

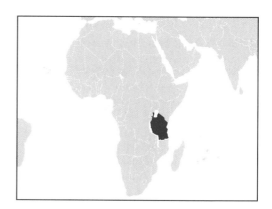

STÄRKEN

▲ Das Land verfügt über reiche Vorkommen an Gold und Diamanten und ist der drittgrößte Goldproduzent Afrikas. Außerdem besitzt Tansania umfangreiche Erdgasvorkommen und ein großes Agrarpotential.

▲ Das Land ist ein beliebtes Touristenziel (Tanganjikasee, Victoria-See).

▲ Tansania treibt im Rahmen der Ostafrikanischen Gemeinschaft (EAC) die wirtschaftliche Integration der Region voran.

▲ Tansanias Stimme hat in der Region der Großen Seen Gewicht, und das Land spielt eine erfolgreiche Vermittlerrolle im Konflikt zwischen seinen Nachbarstaaten Burundi und Ruanda.

▲ Aufgrund der Reformbemühungen und der Bekämpfung der Korruption findet Tansania breite Unterstützung bei der internationalen Gemeinschaft. Die Bemühungen des Tanzanian Investment Centre zur Förderung ausländischer Direktinvestitionen tragen Früchte.

SCHWÄCHEN

▼ Tansania gehört nach wie vor zu den ärmsten afrikanischen Ländern südlich der Sahara. Die durchschnittliche Lebenserwartung beträgt nur 47 Jahre.

▼ Das Land ist in starkem Maße auf internationale Hilfe angewiesen.

▼ Die Energie- und die Verkehrsinfrastruktur sind unzureichend entwickelt. Dies gilt insbesondere für die Energieversorgung, die von den Niederschlagsmengen abhängig ist und weite Teile der Bevölkerung nicht erreicht.

▼ Das schleppende Reformtempo (Entwicklung von Kreditwesen und Vertriebswegen) hemmt die Entwicklung der Landwirtschaft.

▼ Die Beziehungen zur autonomen Insel Sansibar mit ihrer äußerst schlechten wirtschaftlichen Lage sind nach wie vor gespannt.

RISIKOEINSCHÄTZUNG

Gold, Tourismus und öffentliche Investitionen

2008 sorgten die dynamische Entwicklung in der Landwirtschaft (45% des BIP) sowie die Investitionen in den Straßenbau und die touristische Infrastruktur für eine lebhafte Konjunktur. 2009 dürfte die Wirtschaft, angetrieben durch die Branchen Bergbau (Gold, Diamanten), Finanzdienstleistungen und Telekommunikation, ebenfalls kräftig wachsen. Außerdem sollten von den anhaltend hohen Investitionen in die Energieversorgung und die Verkehrsinfrastruktur positive Impulse ausgehen. Die Teuerungsrate, die zu 50% auf die Lebensmittelpreise zurückgeht, ist in den ersten drei Quartalen des vergangenen Jahres unter dem Einfluss der rasant steigenden Rohstoffpreise in die Höhe geschnellt. Im laufenden Jahr dürfte der allgemeine Preisrückgang jedoch zu einem Nachlassen des Inflationsdrucks führen, zumal die Geldpolitik des Landes auf die Stabilität des Tansania-Schilling ausgerichtet ist.

Tansania bleibt auf internationale Hilfe angewiesen

Im Staatshaushalt klafft ein enormes Defizit, da das Steueraufkommen nicht ausreicht, um die steigenden Investitionskosten für Infrastruktur, Gesundheits- und

Bildungssystem zu decken. Auch die Leistungsbilanz ist weit im Minus und dürfte 2009 wegen der umfangreichen Einfuhren an Investitionsgütern und des stagnierenden Goldpreises unter Druck bleiben. Außerdem ist aufgrund des Abschwungs in den entwickelten Ländern mit einem Rückgang der Einnahmen aus dem Tourismus – der wichtigsten Devisenquelle des Landes – zu rechnen. Der sinkende Ölpreis wird diese negativ auf die Leistungsbilanz wirkenden Effekte allerdings teilweise kompensieren können. Insgesamt ist Tansania jedoch nach wie vor auf internationale Hilfe angewiesen, um seinen Finanzierungsbedarf zu decken – nicht zuletzt, weil voraussichtlich weniger Direktinvestitionen in das Land fließen werden. Die Verschuldung liegt nach dem Schuldenerlass, der Tansania 2006 im Rahmen des HIPC-Programms und der Multilateralen Entschuldungsinitiative gewährt wurde, nach wie vor auf einem erträglichen Niveau.

Investitionsfreundliche Politik

Präsident Jakaya Kikwete, der seit 2005 an der Macht ist, hat weiter an Popularität eingebüßt. Die durch die hohe Inflation bedingte Verschlechterung des Lebensstandards und die Tatsache, dass der Wirtschaftsboom der letzten Jahre an der Masse der Menschen vorbeiging, hat zu wachsender Enttäuschung in der Bevölkerung geführt. Allerdings scheint die in sich gespaltene Opposition nicht in der Lage zu sein, die allgemeine Unzufriedenheit für ihre Zwecke zu nutzen, so dass der Präsident bei den nächsten Wahlen 2010 wohl im Amt bestätigt wird. Vor diesem Hintergrund wird die Regierung voraussichtlich ihre Reformpolitik fortsetzen und sich weiterhin um ausländische Investoren bemühen.

VORAUSSETZUNGEN FÜR DEN MARKTZUGANG

Marktsituation

Die Einfuhrzölle zwischen den Ländern der Ostafrikanischen Gemeinschaft (EAC) wurden vereinheitlicht und betragen je nach Verarbeitungsgrad des Produktes 0%, 10% oder 25%. Bestimmte Erzeugnisse wie unverpackte Medikamente, Gold, Edelsteine oder leicht verderbliche Güter dürfen zollfrei eingeführt werden. Andere Waren wie Nahrungsmittel, Lebendvieh, Fische, Reptilien, Waffen und Munition bedürfen einer Einfuhrgenehmigung.

Tansania hat Freizonen ("Export Processing Zones", EPZ) eingerichtet, für die die "Export Processing Zones Authority" (Industrieministerium) zuständig ist, die unabhängig vom "Tanzanian Investment Centre" agiert. Investitionsgüter sind von Einfuhrzöllen, nicht jedoch von der Mehrwertsteuer befreit. Touristikunternehmen können Steuererleichterungen in Anspruch nehmen. Hierfür ist ein "Certificate of Incentive" notwendig, das für 750 US$ beim "Tanzanian Investment Centre" (TIC) erhältlich ist.

Ähnlich wie Kenia beabsichtigt Tansania, Vorversandkontrollen (Pre-Verification of Conformity – PvoC) für Container einzuführen, die für Daressalam bestimmt sind. Eine entsprechende Ausschreibung läuft seit Anfang Oktober 2008. Die Vorversandkontrollen sollen die zurzeit durchgeführten Warenwertermittlungen vor dem Versand ergänzen. Die Mehrwertsteuer von 20% wird auf den cif-Wert der Waren zuzüglich Zoll, Ver-

Wichtige Kennzahlen

	2004	2005	2006	2007	2008 (S)	2009 (P)
Reales Wirtschaftswachstum (%)	7,8	7,3	6,7	7,1	7,7	8,0
Inflation (%)	4,1	4,3	7,2	6,4	9,0	7,7
Staatshaushalt (Saldo in % des BIP)	−11,1	−10,9	−10,0	−11,3	−10,3	−9,8
Ausfuhren (Mio US$)	1.594	1.741	2.042	2.437	2.887	3.161
Einfuhren (Mio US$)	2.728	3.436	4.336	5.250	6.068	6.783
Handelsbilanz (Saldo in Mio US$)	−1.134	−1.695	−2.294	−2.813	−3.181	−3.622
Leistungsbilanz (Saldo in % des BIP)	−10,1	−11,2	−13,2	−14,2	−13,0	−13,0
Auslandsverschuldung (in % des BIP)	60,7	57,7	29,7	29,8	29,7	31,5
Schuldendienst (in % der Ausfuhren)	5,2	5,6	5,2	4,3	3,6	2,6
Währungsreserven (in Monatsimporten)	7,2	6,2	5,8	5,3	4,7	4,8

(S): Schätzung. (P): Prognose.   Quelle: Coface.

Exporte: 24% des BIP

Importe: 31% des BIP

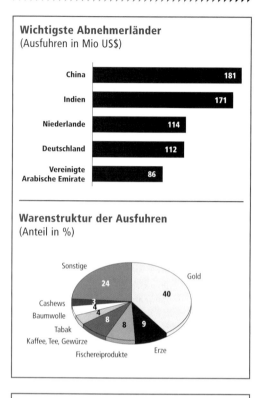

Wichtigste Abnehmerländer
(Ausfuhren in Mio US$)

Land	Wert
China	181
Indien	171
Niederlande	114
Deutschland	112
Vereinigte Arabische Emirate	86

Warenstruktur der Ausfuhren
(Anteil in %)

Sonstige 24, Gold 40, Cashews 3, Baumwolle 4, Tabak 8, Kaffee, Tee, Gewürze 8, Fischereiprodukte 9, Erze

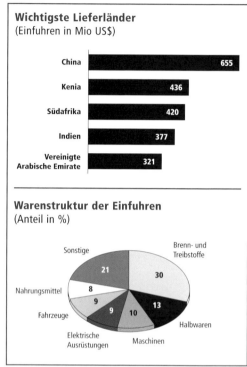

Wichtigste Lieferländer
(Einfuhren in Mio US$)

Land	Wert
China	655
Kenia	436
Südafrika	420
Indien	377
Vereinigte Arabische Emirate	321

Warenstruktur der Einfuhren
(Anteil in %)

Sonstige 21, Brenn- und Treibstoffe 30, Nahrungsmittel 8, Fahrzeuge 9, Elektrische Ausrüstungen 9, Maschinen 10, Halbwaren 13

Schuldenlast
(Auslandsverschuldung in % der Waren- und Dienstleistungsexporte)

	Wert
Tansania	144
Regionaler Durchschnitt	70
Durchschnitt Schwellenländer	73

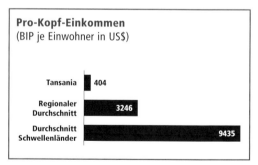

Pro-Kopf-Einkommen
(BIP je Einwohner in US$)

	Wert
Tansania	404
Regionaler Durchschnitt	3246
Durchschnitt Schwellenländer	9435

brauch- und aller sonstigen anwendbaren Einfuhrsteuern erhoben. Für Einfuhren auf Rechnung internationaler Geber werden keine Zölle erhoben.

Im Dezember 2007 unterzeichnete die EAC ein Interim-Wirtschaftspartnerschaftsabkommen (IWPA) mit der Europäischen Union. Das Abkommen hat Interimscharakter, weil darin im Unterschied zu einem vollständigen WPA nur der Warenverkehr, nicht jedoch die Bereiche Entwicklungszusammenarbeit, Dienstleistungen, Handel (Ursprungsregeln, Handelsvereinfachungen usw.) und Landwirtschaft geregelt werden. Die EU hat

am 1. Januar 2008 die Zölle und Kontingentierungen auf sämtliche Tariflinien für Produkte aus der EAC aufgehoben; ausgenommen davon sind Reis und Zucker, die jedoch von den EAC-Mitgliedstaaten nicht exportiert werden. Im Gegenzug sollen die Länder der EAC ihre Zölle auf lediglich 82% ihrer Tariflinien aufheben, so dass sie mit den verbleibenden Zöllen weiterhin ihre im Aufbau befindlichen Industrien schützen können. Zusammengenommen werden durch das Abkommen durchschnittlich 90% der zwischen der EU und der EAC bestehenden Zölle abgeschafft. Vorgesehen ist, dass die EAC-Mitgliedstaaten ihre Zölle nur sehr langsam

Afrika südlich der Sahara

abbauen, nämlich 62% in zwei Jahren (im Wesentlichen Zölle auf Rohstoffe, die insgesamt schon bei 0% liegen), 80% in 15 Jahren und die zur Erreichung der vollen 82% notwendigen 2% erst nach 25 Jahren.

Möglichkeiten des Marktzugangs

Im Rahmen des „Tanzania Investment Act" wurde mit dem „Tanzanian Investment Centre" (TIC) eine zentrale Anlaufstelle für Investoren geschaffen. Kapitaleinlagen aus dem Ausland müssen mindestens 300.000 US$ betragen und werden durch ein „Certificate of Incentive" zugelassen. Für die 2002 geschaffenen Freizonen gelten vorteilhafte gesetzliche Bestimmungen, allerdings ist die Ausfuhrquote der dort gefertigten Güter auf 70% festgesetzt. Der Grundbesitzerwerb und der Erhalt einer Genehmigung für Nahrungsmittel bleiben die größten Hindernisse für den Zugang zum tansanischen Markt. Arbeitsgenehmigungen für Ausländer unterliegen Beschränkungen.

In Abhängigkeit vom Produkt wird dem jeweiligen Importeur gewöhnlich ein Zahlungsziel zwischen zwölf Wochen und zwölf Monaten eingeräumt, wobei bei Wechseln Zahlungsziele zwischen 30 und 90 Tagen üblich sind. Aus den angelsächsischen Ländern wurde die Praxis übernommen, Fazilitäten anzubieten, wenn die Parteien eine entsprechende Vereinbarung treffen. Der Lieferant kann bei der Bestellung eine Anzahlung verlangen, auch wenn dies nicht sehr verbreitet ist, denn die tansanischen Unternehmen bevorzugen Bankgarantien. Wenn die tansanische Seite sich weigert, eine Anzahlung zu leisten, empfiehlt sich eine Vereinbarung über die Zahlung Zug um Zug nach Lieferfortschritt (Start, Projektphasen usw.). Bei Beachtung der üblichen Vorsichtsmaßnahmen und Verwendung von Akkreditiven mit einem Zahlungsziel von 30, 60 oder 90 Tagen kommt es nur selten zu Zahlungsverzögerungen. Dieses Zahlungsmittel hat sich bei Geschäften mit südafrikanischen Unternehmen – den Hauptkunden der tansanischen Firmen – bewährt.

Haltung gegenüber ausländischen Investoren

Die tansanische Regierung bemüht sich aktiv um die Förderung ausländischer Direktinvestitionen, insbesondere, wenn sie der Entwicklung des Exports oder dem Technologietransfer dienen und Arbeitsplätze im Land schaffen. Bis 2007 war Tansania innerhalb der EAC das bevorzugte Zielland für ausländische Direktinvestitionen, die 2006 ein Volumen von 377 Mio US$ erreichten. Seitdem sich die France Télécom und die Equity Bank in Kenia engagieren, hat Kenia Tansania als größten Empfänger ausländischer Direktinvestitionen abgelöst. Die vielversprechendsten Branchen sind der Bergbau, die Telekommunikation, der Energiesektor und die Landwirtschaft. Ungeachtet dessen gehört Tansania nach wie vor zur Gruppe der Least Developed Countries (LDC) und ist somit weiterhin auf die Unterstützung internationaler Geldgeber angewiesen, die mehr als ein Drittel des Staatshaushalts ausmacht.

Devisenverkehr

Der Wechselkurs des Tansania-Schilling (TZS) ist seit der Abschaffung der Devisenkontrollen 1995 flexibel. Die Referenzwährungen für den internationalen Handel sind der US-Dollar (80% der Zahlungen), gefolgt von Euro und (relativ selten) dem Britischen Pfund. Der Südafrikanische Rand und der Kenia-Schilling spielen nur eine untergeordnete Rolle. Beispielsweise lauten 50% der Einlagen der Bank of Africa (BOA) auf US-Dollar. Die Wahl der Zahlungsmittel liegt im Ermessen der Vertragsparteien.　　　　　　　　　　　　　　●

Togo

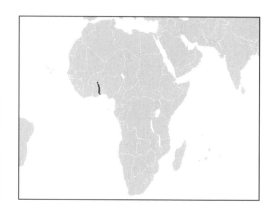

Bevölkerung (Mio Einwohner):	**6,6**
BIP (Mio US$):	**2.493**

Coface-Bewertungen

Kurzfristiges Risiko:	**C**
Geschäftsumfeld:	**D**
Mittelfristiges Risiko:	**sehr hoch**

RISIKOEINSCHÄTZUNG

Konjunkturbelebung in Aussicht

Überschwemmungen haben im vergangenen Jahr die Baumwoll- und Getreideernten beeinträchtigt sowie zu Problemen bei der Energieversorgung geführt. Außerdem wurden wichtige Verkehrswege zerstört. 2009 dürfte die Konjunktur von der Sanierung der Verkehrsinfrastruktur, der auflebenden landwirtschaftlichen Produktion und der für Ende des Jahres geplanten Wiederinbetriebnahme des Kraftwerks Lomé profitieren. Die Inflation nahm 2008 dramatisch zu, da Togo sämtliche Produkte des Grundbedarfs importieren und damit die enorm gestiegenen Weltmarktpreise in Kauf nehmen musste. Im laufenden Jahr dürfte die Inflation aber wieder sinken, da sich das Land bei besseren Witterungsbedingungen wieder selbst mit Nahrungsmitteln versorgen kann.

Die Verschlechterung des Staatshaushalts zeigt sich an den steigenden Rückständen gegenüber der Privatwirtschaft. Die defizitäre Handelsbilanz wurde im vergangenen Jahr durch teurere Energieimporte (40% des Einfuhrvolumens) belastet. Für 2009 ist allerdings eine Verbesserung der Lage zu erwarten, da zum einen die Ölpreise sinken und zum anderen die Exportmengen bei Phosphat, Baumwolle und Zement zulegen dürften. Mit dem Abschluss eines IWF-Programms für den Zeitraum 2008–2011 erhält Togo im laufenden Jahr aller Voraussicht nach weitere staatliche Entwicklungshilfe. Zudem hat das Land im November 2008 den „Entscheidungspunkt" im Rahmen der HIPC-Initiative erreicht und profitiert damit von einem anteiligen Erlass seiner Auslandsschulden. Allerdings bleibt die Auslandsverschuldung ohne einen vollständigen Schuldenerlass, der mittelfristig im Rahmen des HIPC-Programms und der Multilateralen Entschuldungsinitiative vorgesehen ist, nach wie vor auf einem unerträglich hohen Niveau. •

Wichtige Kennzahlen

	2004	2005	2006	2007	2008 (S)	2009 (P)
Reales Wirtschaftswachstum (%)	2,4	1,3	4,1	2,1	0,8	3,0
Inflation (%)	0,4	6,8	2,2	1,0	9,1	1,9
Staatshaushalt (Saldo in % des BIP)	0,2	−4,6	−5,2	−3,6	−5,0	−6,0
Ausfuhren (Mio US$)	613	596	650	703	801	833
Einfuhren (Mio US$)	870	943	1.118	1.270	1.591	1.594
Handelsbilanz (Saldo in Mio US$)	−257	−347	−467	−566	−790	−761
Leistungsbilanz (Saldo in % des BIP)	−3,7	−6,5	−7,4	−8,1	−12,4	−9,2
Auslandsverschuldung (in % des BIP)	95	88	91	87	56	51
Schuldendienst (in % der Ausfuhren)	9,8	8,5	7,0	6,8	4,5	4,4
Währungsreserven (in Monatsimporten)	3,8	1,9	3,2	3,3	2,7	2,6

(S): Schätzung. (P): Prognose.

Quelle: Coface.

Afrika südlich der Sahara

Tschad

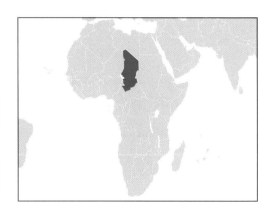

| Bevölkerung (Mio Einwohner): | **10,8** |
| BIP (Mio US$): | **7.085** |

Coface-Bewertungen
Kurzfristiges Risiko:	**D**
Geschäftsumfeld:	**D**
Mittelfristiges Risiko:	**sehr hoch**

RISIKOEINSCHÄTZUNG

Erdölförderung bleibt unberechenbar

Die schwankenden Erdölfördermengen und die von neuerlichen Kämpfen zwischen der Regierung und den Rebellen in Mitleidenschaft gezogene landwirtschaftliche Produktion haben dazu geführt, dass der Tschad auch 2008 nur ein schwaches Wirtschaftswachstum verzeichnete. 2009 dürfte sich die Konjunktur noch weiter abkühlen, da die Weltmarktpreise für Erdöl gesunken sind und die Landwirtschaft durch die instabile Sicherheitslage nach wie vor beeinträchtigt wird. Die andauernden gewalttätigen Auseinandersetzungen und die Unzulänglichkeiten der Verwaltung führten 2008 zum Rückzug der Weltbank aus dem Erdölkonsortium. Sie hemmen zudem die weitere Umsetzung von Entwicklungsprojekten, die den Ausbau der Energie- und Verkehrsinfrastruktur sowie des Bewässerungssystems

zum Ziel haben. Die Inflation – immerhin niedriger als in den angrenzenden Ländern – wurde angeheizt, weil die Getreideproduktion infolge der Spannungen vom Februar 2008 zurückging. Angesichts der guten Ernteerträge vom Herbst vergangenen Jahres dürfte der Inflationsdruck im laufenden Jahr aber wieder nachlassen.

Ineffiziente Verwendung der Einnahmen aus dem Erdölgeschäft

Die zu hoch gesteckten Erwartungen im Hinblick auf den Ölpreis haben eine Schieflage des Staatshaushalts zur Folge. Insgesamt gesehen, stellen die zu geringen Steuereinnahmen aus dem Erdölgeschäft und die hohen Militärausgaben, die den Staatshaushalt weitgehend übersteigen, ein enormes Risiko für die Tragfähigkeit der Staatsverschuldung dar. Die rückläufigen Erträge aus der Baumwoll- und der Erdölproduktion wurden im vergangenen Jahr allerdings durch die gestiegenen

Wichtige Kennzahlen

	2004	2005	2006	2007	2008 (S)	2009 (P)
Reales Wirtschaftswachstum (%)	33,6	7,9	0,2	1,3	1,7	1,3
Inflation (%)	−5,4	7,9	7,9	−8,8	7,5	3,0
Staatshaushalt (Saldo in % des BIP)	−6,0	−3,7	0,5	1,7	0,2	−2,2
Ausfuhren (Mio US$)	2.165	3.113	3.749	4.223	5.544	5.110
Einfuhren (Mio US$)	876	813	1.023	1.171	1.470	1.550
Handelsbilanz (Saldo in Mio US$)	1.288	2.300	2.726	3.052	4.074	3.560
Leistungsbilanz (Saldo in % des BIP)	−20,4	−0,8	−13,1	−2,8	6,2	2,1
Auslandsverschuldung (in % des BIP)	38	28	28	27	22	20
Schuldendienst (in % der Ausfuhren)	2,3	1,5	1,8	2,1	2,8	2,8
Währungsreserven (in Monatsimporten)	1,0	1,0	2,3	3,2	3,8	3,0

(S): Schätzung. (P): Prognose.

Quelle: Coface.

Rohstoffpreise kompensiert. Auch die Einfuhren von Ausrüstungsgütern, die der Aufrechterhaltung der Investitionstätigkeit in der Erdölbranche dienen, konnten dadurch ausgeglichen werden. Im laufenden Jahr wird die Handelsbilanz jedoch durch die sinkenden Preise für Erdöl und Baumwolle sowie die Rückführung der Gewinne aus dem Erdölgeschäft belastet. Obwohl das Land nach wie vor über ausreichende Mittel zur Finanzierung und komfortable Devisenreserven verfügt, könnte ein Einbruch bei der Erdölförderung bzw. beim Ölpreis die Auslandsverschuldung auf ein unhaltbares Niveau ansteigen lassen.

Anhaltende Unsicherheit

Die Sicherheitslage ist nach wie vor instabil. Die Frage nach der gerechten Aufteilung der Ölreserven schürt die Spannungen zwischen der Regierung und den Rebellentruppen. Die Unterstützung der Rebellen aus den Nachbarländern erhöht zudem die Gefahr kriegerischer Auseinandersetzungen mit der Zentralafrikanischen Republik und dem Sudan. Die europäischen Friedenstruppen EUFOR, die bis März 2009 die Sicherheit der humanitären Hilfsmaßnahmen gewährleisten sollen, können nur wenig zur Stabilisierung des Landes beitragen. Angesichts dieser ungünstigen Bedingungen tritt die Bekämpfung der Armut, von der nahezu 80% der Bevölkerung betroffen sind, in den Hintergrund. Die Governance des Landes ist zudem nach wie vor als mangelhaft einzustufen. •

Afrika südlich der Sahara

Uganda

Bevölkerung (Mio Einwohner):	**30,9**
BIP (Mio US$):	**11.214**
Anteil am regionalen BIP (%):	**1,3**

Coface-Bewertungen
Kurzfristiges Risiko:	**C**
Geschäftsumfeld:	**C**
Mittelfristiges Risiko:	**hoch**

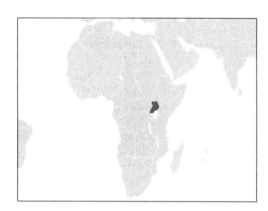

STÄRKEN

▲ Uganda schöpft sein wirtschaftliches Potential (Landwirtschaft, Fischfang, Tourismus, Bergbau) bei weitem nicht aus.

▲ Dank der vor kurzem entdeckten Erdölvorkommen könnte das Land ab 2011 unabhängig von Energieimporten sein.

▲ Die verstärkte Integration in die Ostafrikanische Gemeinschaft (EAC) stellt einen zusätzlichen Vorteil dar.

▲ Im Rahmen des HIPC-Programms und der Multilateralen Entschuldungsinitiative konnte das Land seine Auslandsschulden deutlich senken.

▲ Im Bildungswesen, bei der Bekämpfung der Armut und der Verbesserung der Gesundheitsbedingungen der Bevölkerung wurden Fortschritte erzielt.

SCHWÄCHEN

▼ Das Wirtschaftswachstum, das auf einer der höchsten Bevölkerungswachstumsraten der Welt beruht, wird durch Engpässe in Transport-, Energie- und Versorgungswirtschaft beschränkt.

▼ Die andauernde regionale Instabilität im Gebiet der Großen Seen und schwierige wirtschaftliche Rahmenbedingungen mindern die Attraktivität Ugandas für Investoren.

▼ Die ungünstige Verkehrsanbindung des Landes und die ungenügend ausgebaute Infrastruktur erhöhen die Produktionskosten.

▼ Die Landwirtschaft nimmt unverändert eine vorherrschende Stellung ein (33% des BIP, 70% der Erwerbsbevölkerung). Die Ausfuhren (Kaffee, Tee, Gartenbauerzeugnisse) sind von günstigen Witte-

rungsbedingungen und der Entwicklung der Weltmarktpreise abhängig.

RISIKOEINSCHÄTZUNG

Trotz hoher staatlicher Investitionen bleibt das Wachstum zu gering

Wie bereits 2008 dürfte die Konjunktur im laufenden Jahr von großen Investitionsprojekten zur Sicherung der Energieversorgung (Staudamm von Bujagali, Ölraffinerie von Hoima) sowie der lebhaften Entwicklung im Hoch- und Tiefbau und der Telekommunikation getragen werden. Es ist zu erwarten, dass die für 2009 geplante Inbetriebnahme der Raffinerie von Hoima für eine Produktivitätssteigerung im verarbeitenden Gewerbe sorgt, da die Unternehmen sich nun kostengünstig mit Energie versorgen können. Obwohl die Armut zwischen 1992 und 2008 von 56% auf 30% gesenkt werden konnte, reicht das Wachstum nicht aus, um die Jahrtausendziele zu erreichen. Da die Lebensmittelpreise im vergangenen Jahr deutlich zulegten und die Krise in Kenia zu höheren Transportkosten führte, stieg die Inflationsrate 2008 auf Spitzenwerte. 2009 sollte der Rückgang der Rohstoffpreise jedoch wieder für eine Abschwächung der Inflation sorgen.

Unterstützung durch internationale Geberländer

Obwohl die Regierung sich um einen verbesserten Steuereinzug und ein steigendes Steueraufkommen bemüht, reichen die Steuereinnahmen nicht aus, um die zunehmenden Ausgaben für Infrastrukturinvestitionen zu decken. Die defizitäre Leistungsbilanz wird in diesem

Jahr voraussichtlich von der Entwicklung des Ölpreises und dem erneuten Aufschwung der Reexporte profitieren. Gleichzeitig wird sie jedoch durch die hohen Investitionsgütereinfuhren belastet. Auch die sinkenden privaten Transferzahlungen (31% der Exporte) sowie die wegen der Wirtschaftskrise in den entwickelten Ländern rückläufigen Einnahmen aus dem Tourismus (16% der Exporte) dürften die Leistungsbilanz im Minus belassen. Die Auslandsverschuldung Ugandas ist dank des Schuldenerlasses im Rahmen des HIPC-Programms und der Multilateralen Entschuldungsinitiative zwar vertretbar, könnte aber durch die Aufnahme kommerzieller Kredite erneut ein kritisches Niveau erreichen. Vor diesem Hintergrund ist das Land nach wie vor auf internationale Hilfe (14% des BIP) und ausländische Direktinvestitionen angewiesen, um seinen Finanzierungsbedarf zu decken.

Ungewisse Aussicht auf Frieden

Der seit 1986 regierende Präsident Yoweri Museveni sieht sich mit zunehmender Kritik aus den Reihen der Regierungspartei „National Resistance Movement (NRM)" konfrontiert, denn die für 2011 vorgesehenen Parlamentswahlen wecken politische Begehrlichkeiten. Außerdem muss sich das Land gegen andauernde stabilitätsgefährdende Tendenzen behaupten. So wird die Autorität der Regierung durch die auf Abspaltung drängenden Aufständischen in der Region Buganda geschwächt. Es ist jedoch möglich, dass die Streitkräfte der Demokratischen Republik Kongo, der halbautonomen Regierung des Südsudans und Ugandas im gemeinsamen Einsatz den Führer der Lord's Resistance Army, Joseph Kony, zur Unterzeichnung eines Friedensvertrages bewegen, um dem zwei Jahrzehnte währenden Bürgerkrieg in Uganda ein Ende zu setzen.

VORAUSSETZUNGEN FÜR DEN MARKTZUGANG

Marktsituation

Die Gründung der Zollunion der Mitgliedsstaaten der Ostafrikanischen Gemeinschaft EAC im Januar 2005 hat die Schaffung eines Systems mit drei einheitlichen Zollsätzen ermöglicht. Je nach Verarbeitungsgrad des Erzeugnisses gelten Sätze von 0%, 10% oder 25%, wobei 0% nur auf Produktionsanlagen und Güter des Grundbedarfs angewendet werden. Etwa 426 aus Kenia eingeführte Artikel unterliegen vorübergehend einem Eingangssatz von 10%, der in den kommenden fünf Jahren um jeweils 2 Prozentpunkte abgesenkt wird. Für die COMESA-Mitgliedsländer gelten im Rahmen einer Vorzugsregelung die drei Zolltarife 0%, 4% und 6%.

Nach der Unterzeichnung eines Abkommens über eine Wirtschaftspartnerschaft Ende 2007 hat die EU am 1. Januar 2008 die Zölle und Kontingentierungen auf sämtliche Tariflinien für Produkte aus der EAC aufgehoben; ausgenommen davon sind Reis und Zucker, die jedoch von den EAC-Mitgliedsstaaten nicht exportiert werden. Im Gegenzug sollen die Länder der EAC ihre Zölle auf lediglich 82% ihrer Tariflinien aufheben, so dass sie mit den verbleibenden Zöllen ihre im Aufbau befindlichen Industrien schützen können. Zusammengenommen werden durch das Abkommen durchschnitt-

Wichtige Kennzahlen

	2004	2005	2006	2007	2008 (S)	2009 (P)
Reales Wirtschaftswachstum (%)	5,3	6,7	5,0	8,6	6,4	6,6
Inflation (%)	5,0	7,9	6,6	6,1	11,6	7,2
Staatshaushalt (Saldo in % des BIP)	−10,7	−8,5	−7,4	−8,4	−7,9	−7,1
Ausfuhren (Mio US$)	647	852	1.043	1.686	2.030	2.149
Einfuhren (Mio US$)	1.321	1.624	1.991	2.983	3.556	3.404
Handelsbilanz (Saldo in Mio US$)	−674	−838	−1.101	−1.296	−1.526	−1.255
Leistungsbilanz (Saldo in % des BIP)	−10,1	−8,0	−5,3	−6,1	−8,1	−6,1
Auslandsverschuldung (in % des BIP)	69	58	58	14	17	22
Schuldendienst (in % der Ausfuhren)	7,9	7,3	4,3	2,2	2,3	2,9
Währungsreserven (in Monatsimporten)	6,6	6,3	5,7	6,4	6,4	7,5

(S): Schätzung. (P): Prognose.

Quelle: Coface.

Afrika südlich der Sahara

lich 90% der zwischen der EU und der EAC bestehenden Zölle abgeschafft.

Die Ausfertigung einer Zollerklärung ist Pflicht. Ihr sind eine Rechnung, ein Ursprungs- und ein Importzeugnis beizufügen. Letztere müssen sechs Monate gültig und verlängerbar sein und werden innerhalb von 24 Stunden vom Ministerium für Handel und Industrie ausgestellt. Außerdem müssen ein Gesundheitszeugnis (bei der Einfuhr lebender Tiere), ein Gesundheitszeugnis und eine Einfuhrgenehmigung (zur Einfuhr von Frischobst, Pflanzen und Saatgut) oder ein Desinfektionsnachweis (bei der Einfuhr von Altkleidung, Bettwaren und ähnlichen Artikeln, die zum Verkauf bestimmt sind) vorgelegt werden. Die Zollabfertigung dauert durchschnittlich eine Woche.

Alle Zölle werden nach dem Wert erhoben, und zwar beim Straßengüterverkehr nach dem cif-Wert und beim Luftfrachtverkehr nach dem Wert Kosten plus Versicherung. Außer dem Zoll und einer Abgabe in Höhe von 4% auf den cif-Wert (Lagergebühr) unterliegen alle importierten Erzeugnisse einer Einfuhrgebühr in Höhe von 0,8% auf den fob-Wert (Inspektionsgebühr) und einer Einfuhrkommission („Import Licence Commission") in Höhe von 2% auf den cif-Wert und gegebenenfalls der Mehrwertsteuer in Höhe von 17% sowie der Verbrauchsteuer.

Im Zusammenhang mit Gesundheits- und Sicherheitsbestimmungen gelten für Einfuhren verschiedene Verbote und Beschränkungen. Uganda achtet bei allen Geschäften auf die Anwendung der Meistbegünstigungsklausel.

Möglichkeiten des Marktzugangs

Die Verwendung von Schecks ist riskant und sollte vermieden werden. Die SWIFT-Überweisung ist im Hinblick auf das Preis-Leistungs-Verhältnis das beste Zahlungsmittel. Es handelt sich um das in Uganda am häufigsten genutzte Zahlungsmittel, denn es ist schnell, sicher und beruht auf einem bewährten internationalen System. Das Dokumentenakkreditiv stellt für den Lieferanten die wichtigste Garantie gegenüber der Bank des Importeurs dar. Die meisten Banken stellen aus Gründen der Glaubwürdigkeit Dokumentenakkreditive nur in unwiderruflicher und bestätigter Form aus. Wie lange es dauert, ein Dokumentenakkreditiv zu beschaffen, ist unterschiedlich und hängt von der Höhe der Transaktion ab. Es ist nicht üblich, dem Importeur ein Zahlungsziel

vorzugeben, auch wenn dies durchaus möglich ist. Der Lieferant kann bei der Bestellung eine Anzahlung verlangen, muss allerdings damit rechnen, dass sein Kunde nicht innerhalb der vorgegebenen Frist zahlt, da Spätzahlungen relativ häufig sind.

Haltung gegenüber ausländischen Investoren

Ausländische Direktinvestitionen in Uganda unterliegen dem Investitionsgesetz aus dem Jahr 1991, dessen restriktiver Wortlaut in der Praxis liberal umgesetzt wird. Investitionsanträge werden von der „Uganda Investment Authority" (UIA) bearbeitet. Aufgabe der Behörde sind ferner die Unterstützung und die Beratung von Investoren. Aus pragmatischer Sicht wurden der UIA von Seiten des Staates weitgehende Handlungsmöglichkeiten eingeräumt, um gegen die unterschiedliche Behandlung von Ausländern und Einheimischen vorzugehen, bis eine weniger restriktive Neufassung des Gesetzes vorliegt. Bei Beantragung einer Genehmigung muss der ausländische Investor der UIA neben einem Businessplan ein ausführliches und mit Zahlen unterlegtes Profil seines Unternehmens vorlegen. Die Frist für die Erteilung einer Genehmigung beträgt zwei bis fünf Tage.

Die UIA ist verpflichtet, für jeden Antrag innerhalb einer Frist von 30 Tagen einen Bericht zu verfassen und innerhalb der darauffolgenden 14 Tage eine Entscheidung zu treffen. Das Investitionsgesetz garantiert allerdings keine Gleichstellung von ausländischen und einheimischen Investoren. Ausländer müssen folglich diverse Hürden meistern. Dazu zählen unter anderem eine Mindestinvestitionssumme von rund 100.000 US$, die Ausbildung der Mitarbeiter, die Auftragsvergabe an einheimische Hersteller, die Beachtung der Umweltschutzbestimmungen und der Technologietransfer.

Ausländischen Investoren stehen alle Wirtschaftszweige offen, wobei ihre Investitionen gegen Zwangsabtretung geschützt sind. Sollte gegen ein Unternehmen ein Enteignungsverfahren eingeleitet werden, ist innerhalb einer Frist von maximal zwölf Monaten eine Entschädigung auf der Basis seines Istwertes zu zahlen. Die Eigentumsrechte stellen Investoren auf der Standortsuche unweigerlich vor Probleme. Es empfiehlt sich daher, sich an spezielle Agenturen, Fachanwälte oder die UIA zu wenden. Sie können Garantien beschaffen und z.B. Grundbucheintragungen prüfen oder die Identität der Eigentümer feststellen.

Exporte: 15% des BIP

Importe: 29% des BIP

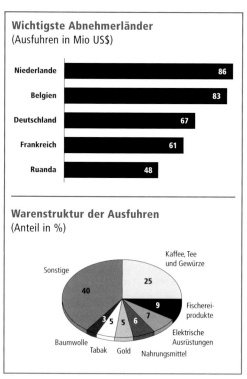

Wichtigste Abnehmerländer
(Ausfuhren in Mio US$)

Niederlande	86
Belgien	83
Deutschland	67
Frankreich	61
Ruanda	48

Warenstruktur der Ausfuhren
(Anteil in %)

Kaffee, Tee und Gewürze 25
Sonstige 40
Fischereiprodukte 9
Elektrische Ausrüstungen 7
Nahrungsmittel 6
Gold 5
Tabak 5
Baumwolle 3

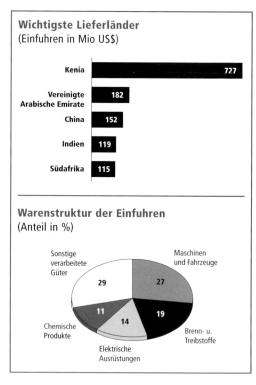

Wichtigste Lieferländer
(Einfuhren in Mio US$)

Kenia	727
Vereinigte Arabische Emirate	182
China	152
Indien	119
Südafrika	115

Warenstruktur der Einfuhren
(Anteil in %)

Maschinen und Fahrzeuge 27
Sonstige verarbeitete Güter 29
Brenn- u. Treibstoffe 19
Elektrische Ausrüstungen 14
Chemische Produkte 11

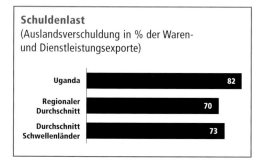

Schuldenlast
(Auslandsverschuldung in % der Waren- und Dienstleistungsexporte)

Uganda	82
Regionaler Durchschnitt	70
Durchschnitt Schwellenländer	73

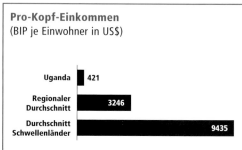

Pro-Kopf-Einkommen
(BIP je Einwohner in US$)

Uganda	421
Regionaler Durchschnitt	3246
Durchschnitt Schwellenländer	9435

Ein weiteres Investitionshindernis sind Mängel im Gerichtswesen. Fehlende Professionalität und Korruption führen mitunter dazu, dass Jahre vergehen, ehe ein Urteil gefällt oder ein Verfahren abgeschlossen wird. Allerdings wurden dank der Hilfe und auf Druck der Geldgeber bereits greifbare Ergebnisse wie die Gründung eines „Tax Appeal Tribunal" erzielt.

Uganda ist seit 1992 Mitglied der „Multilateral Investment Guarantee Agency" (MIGA). Diese Behörde sichert Investoren gegen nichtkommerzielle Risiken wie bei der Rückführung von Gewinnen in ausländischer Währung, Devisentransfers, Vertragsverstößen und sozialen Konflikten ab. •

Afrika südlich der Sahara

Zentralafrikanische Republik

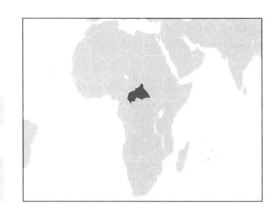

| Bevölkerung (Mio Einwohner): | **4,3** |
| BIP (Mio US$): | **1.712** |

Coface-Bewertungen
Kurzfristiges Risiko:	**D**
Geschäftsumfeld:	**D**
Mittelfristiges Risiko:	**sehr hoch**

RISIKOEINSCHÄTZUNG

Brüchiges Friedensabkommen

Die Umsetzung des im Mai 2008 zwischen Präsident François Bozizé und den drei einflussreichsten Rebellengruppen unterzeichneten Friedensabkommens ist ungewiss. Die Friedenstruppe MICOPAX, die die Regierung bei der Vorbereitung von Wahlen unterstützen soll, sieht sich tagtäglich mit neuen Gewalttaten konfrontiert. Ohne eine Verbesserung der Sicherheitslage wird die wirtschaftliche Entwicklung jedoch auf der Strecke bleiben. Eine Verbesserung im Index der menschlichen Entwicklung (HDI) des UNDP, in dem das Land zu den Schlusslichtern gehört (Rang 171 von 177 erfassten Ländern), ist momentan nicht in Sicht.

Das Wirtschaftswachstum hat sich im vergangenen Jahr abgeschwächt. Ursache hierfür waren Missernten bei Baumwolle und Kaffee sowie die labile Sicherheitslage, durch die sowohl die Erdölförderung als auch der Diamantenabbau und die Getreideproduktion im Nordwesten des Landes in Mitleidenschaft gezogen wurden. Sofern der Friedensprozess fortgesetzt wird, könnten die von den multilateralen Institutionen unterstützten Wiederaufbaubemühungen die Konjunktur 2009 in Schwung bringen, wovon insbesondere der Hoch- und Tiefbau sowie die Telekommunikationsbranche profitieren dürften. Angesichts rückläufiger Öl- und Lebensmittelpreise sowie einer höheren Getreideproduktion wird sich die Inflation in diesem Jahr voraussichtlich rückläufig entwickeln. Der enorm hohe Schuldendienst, der auf beträchtliche Zahlungsrückstände bei Löhnen und Gehältern zurückzuführen ist, belastet die öffentlichen Finanzen. Hinzu kommt ein strukturelles Leistungsbilanzdefizit. Die Schieflage der Handelsbilanz ist dabei auf die umfangreichen Ausrüstungsgüterimporte zurückzuführen. •

Wichtige Kennzahlen

	2004	2005	2006	2007	2008 (S)	2009 (P)
Reales Wirtschaftswachstum (%)	1,0	2,4	4,0	4,2	3,5	4,5
Inflation (%)	−2,2	2,9	6,7	0,9	8,5	6,7
Staatshaushalt (Saldo in % des BIP)	−5,6	−8,7	−4,4	−2,5	−5,2	−4,9
Ausfuhren (Mio US$)	126	128	158	194	195	211
Einfuhren (Mio US$)	148	171	203	236	257	265
Handelsbilanz (Saldo in Mio US$)	−22	−43	−46	−42	−62	−53
Leistungsbilanz (Saldo in % des BIP)	−5,8	−8,7	−8,0	−7,9	−9,2	−8,3
Auslandsverschuldung (in % des BIP)	94	75	74	61	48	43
Schuldendienst (in % der Ausfuhren)	27,1	16,4	18,3	20,2	16,0	14,6
Währungsreserven (in Monatsimporten)	6,2	5,2	4,7	2,3	1,1	1,2

(S): Schätzung. (P): Prognose.   Quelle: Coface.

Anhang

Abkürzungsverzeichnis	554
Währungsverzeichnis	557
Glossar	558

Abkürzungsverzeichnis

Die nachfolgenden Abkürzungen betreffen vor allem länderübergreifende Organisationen und Einheiten, jedoch keine technischen Begriffe, Firmennamen und länderspezifischen Organisationen.

A

ADB	African Development Bank (Afrikanische Entwicklungsbank)
AEC	Arancel Externo Comun (Gemeinsamer Außenzoll der Andengemeinschaft)
AFTA	ASEAN Free Trade Area (Freihandelsabkommen der ASEAN-Staaten)
AGOA	African Growth and Opportunity Act (Handelsabkommen zwischen den USA und afrikanischen Staaten)
ALADI	Asociación Latinoamericana de Integración (Vereinigung lateinamerikanischer Länder)
APEC	Asia-Pacific Economic Cooperation (Asiatisch-pazifische Wirtschafts-kooperation)
ASEAN	Association of Southeast Asian Nations (Vereinigung südostasiatischer Staaten)
ATPDEA	Andean Trade Promotion and Drug Eradication Act (Abkommen zur Handels-förderung und Drogenbekämpfung zwischen den USA und den Andenstaaten)
AU	African Union (Afrikanische Gemeinschaft)

B

BCEAO	Banque Centrale des États de l`Afrique de l'Ouest (Westafrikanische Zentralbank)
BIP	Bruttoinlandsprodukt

C

CAFTA	Central American Free Trade Agreement (Mittelamerikanisches Freihandels-abkommen)
CAN	Comunidad Andina (Andengemeinschaft)

CARICOM	Caribbean Community and Common Market
CCC	China Compulsory Certification
CEDEAO	Communauté Économique des États de l'Afrique de l'Ouest (Westafrikanische Wirtschaftsgemeinschaft)
CEFTA	Central European Free Trade Agreement (Mitteleuropäisches Freihandelsabkommen)
CEMAC	Communauté Économique et Monétaire de l'Afrique Centrale (Zentralafrikanische Wirtschafts- und Währungsgemeinschaft)
CEPGL	Communauté Économique des Pays des Grands Lacs (Wirtschaftsgemeinschaft der Länder der Großen Seen)
cif	cost, insurance, freight (Zollwert einschließlich Nebenkosten, Versicherung und Fracht)
COFACE	Compagnie Française d'Assurance pour le Commerce Extérieur (Französische Gesell-schaft zur Versicherung des Außenhandels)
COI	Commission de l'Océan Indien (Koopera-tionsgemeinschaft Indischer Ozean)
COMESA	Common Market for Eastern and Southern Afrika (Gemeinsamer Markt für Ost- und Südafrika)

D

DR-CAFTA	CAFTA einschließlich der Dominikanischen Republik

E

EAC	East African Community (Ostafrikanische Gemeinschaft)
ECCAS	Economic Community of Central African States (Wirtschaftsgemeinschaft zentral-afrikanischer Staaten)
ECOWAS	Economic Community of West African States (Wirtschaftsgemeinschaft west-afrikanischer Staaten)

EFTA	European Free Trade Association (Europäische Freihandelszone)
EITI	Extractive Industries Transparency Initiative (Initiative für Transparenz in der Rohstoffindustrie)
EMBI	Emerging Markets Bond Index (Index der Anleihen aufstrebender Märkte)
EU	Europäische Union
EWS	Europäisches Wechselkurssystem
EWU	Europäische Währungsunion (Euro-Raum)
EZB	Europäische Zentralbank

F

FIAS	Foreign Investment Advisory Service (Beratungsdienst der Weltbank für ausländische Investitionen)
fob	free on board (Zollwert ohne Nebenkosten, Versicherung und Fracht)
FpT	Fass pro Tag (Maßeinheit für Rohöl; 1 Fass bzw. Barrel entspricht 152 Litern)
FTA	Free Trade Agreement
FTAA	Free Trade Area of the Americas (Gesamtamerikanische Freihandelszone)
F&E	Forschung und Entwicklung

G

GAFTA	Greater Arab Free Trade Area (Arabische Freihandelszone)
GAP	Gemeinsame Agrarpolitik der EU
GAZ	Gemeinsamer Außenzolltarif der EU
GKR	Golfkooperationsrat
GUS	Gemeinschaft Unabhängiger Staaten (Organisation der Nachfolgestaaten der Sowjetunion)

H

HIPC	Heavily Indebted Poor Countries (Zielgruppe einer Initiative zum Schuldenerlass)

I

ICSID	International Centre for Settlement of Investment Disputes (Internationales Zentrum zur Beilegung von Investitionsstreitigkeiten)
IEA	Internationale Energieagentur
IWF	Internationaler Währungsfonds

K

KKP	Kaufkraftparität
KMU	Kleine und mittlere Unternehmen

L

lb	Pound (Gewichtseinheit; entspricht 454 g)

M

MCCA	Mercado Común Centroamericano
MDRI	Multilateral Debt Relief Initiative (Multilaterale Initiative für Schuldenerlass)
Mercosur	Mercado Común del Sur (Südamerikanische Freihandelszone)
MIGA	Multilateral Investment Guarantee Agency (Multilaterale Investitionsgarantieagentur der Weltbank)
Mio	Millionen
Mrd	Milliarden
MW	Megawatt

N

NAFTA	North American Free Trade Agreement (Nordamerikanische Freihandelszone)
NANDINA	Nomenclatura arancelaria para países Andinos (Gemeinsame Zollnomenklatur der Andengemeinschaft)
NATO	North Atlantic Treaty Organization (Nordatlantisches Bündnis)
NEPAD	New Partnership for Africa's Development (Neue Partnerschaft für Afrikas Entwicklung)

O

OAPEC   Organization of Arab Petroleum Exporting
         Countries (Organisation der arabischen
         erdölexportierenden Staaten)
OECD   Organization for Economic Co-operation
         and Development (Organisation für
         wirtschaftliche Zusammenarbeit und
         Entwicklung)
OHADA   Organisation pour l'Harmonisation en
         Afrique du Droit des Affaires
         (Afrikanische Organisation zur Harmoni-
         sierung des Wirtschaftsrechts)
OPEC   Organization of the Petroleum Exporting
         Countries
         (Organisation erdölexportierender Länder)
OPIC   Overseas Private Investment Corporation
         (US-Regierungsbehörde zur Förderung
         privater Investitionen im Ausland)

P

PMDR   País de Menor Desarrollo Relativo
         (Relativ unterentwickeltes Land innerhalb
         der ALADI)
PPP   Public Private Partnership

S

SAARC   South Asian Association for Regional
         Cooperation (Südasiatische Wirtschafts-
         gemeinschaft)
SADC   Southern African Development Community
         (Entwicklungsgemeinschaft des südlichen
         Afrikas)
SAFTA   South Asian Free Trade Area (Südasiatische
         Freihandelszone)
SACU   Southern African Customs Union
         (Zollunion des südlichen Afrikas)
SWIFT   Society for Worldwide Interbank Financial
         Telecommunication
         (Betreiber eines elektronischen Zahlungs-
         systems zwischen Banken)
SYSCOA   Système Comptable Ouest Africain
         (Westafrikanisches Buchführungssystem)
SZR   Sonderziehungsrecht des IWF

T

TRIPS   Agreement on Trade-Related Aspects
         of Intellectual Property Rights
         (Übereinkommen über handelsbezogene
         Aspekte der Rechte am geistigen Eigen-
         tum)

U

UDEAC   Union Douanière et Économique
         de l'Afrique Centrale
         (Zentralafrikanische Zollunion)
UEMOA   Union Économique et Monétaire Ouest
         Africaine (Westafrikanische Wirtschafts-
         und Währungsunion)
UN   United Nations (Vereinte Nationen)
UNCITRAL United Nations Commission on Internatio-
         nal Trade Law (Handelsrechtskommission
         der Vereinten Nationen)
UNCTAD   United Nations Conference on Trade and
         Development (UN-Konferenz für Handel
         und Entwicklung)
UNDP   United Nations Development Programme
         (Entwicklungsprogramm der Vereinten
         Nationen)
UNO   United Nations Organization
         (Organisation der Vereinten Nationen)
USA   United States of America
         (Vereinigte Staaten von Amerika)

V

VAE   Vereinigte Arabische Emirate

W

WBI   World Bank Institute
WHO   World Health Organization
         (Weltgesundheitsorganisation)
WIPO   World Intellectual Property Organization
         (Weltorganisation für geistiges Eigentum)
WKM II   Wechselkursmechanismus II vor Eintritt
         in die Euro-Zone
WTO   World Trade Organization
         (Welthandelsorganisation)

Währungsbezeichnungen

Die Währungsbezeichnungen entsprechen mit Ausnahme der gebräuchlicheren Abkürzung US$ (statt USD) für den US-Dollar dem ISO-Währungscode.

AED	Dirham (VAE)
AON	Kwanza (Angola)
AUD	Australischer Dollar
BGN	Lew (Bulgarien)
BRL	Real (Brasilien)
BWP	Pula (Botswana)
BYR	Weißrussischer Rubel
CAD	Kanadischer Dollar
CHF	Schweizer Franken
CLP	Chilenischer Peso
CNY	Renminbi Yuan (China)
COP	Kolumbianischer Peso
CSD	Serbischer Dinar
CUC	Konvertierbarer Kubanischer Peso
CUP	Kubanischer Peso
CYP	Zypern-Pfund
CZK	Tschechische Krone
DJF	Dschibuti-Franc
DKK	Dänische Krone
DZD	Algerischer Dinar
EEK	Estnische Krone
EGP	Ägyptisches Pfund
EUR	Euro
GBP	Britisches Pfund
GHS	Neuer Ghanaischer Cedi
GNF	Guinea-Franc
GTQ	Quetzal (Guatemala)
HKD	Hongkong-Dollar
HRK	Kuna (Kroatien)
HUF	Forint (Ungarn)
IDR	Rupiah (Indonesien)
IRR	Iranischer Rial
JOD	Jordanischer Dinar
JPY	Yen (Japan)
KES	Kenia-Schilling
KRW	Won (Südkorea)

LKR	Rupie (Sri Lanka)
LTL	Litas (Litauen)
LVL	Lats (Lettland)
LYD	Libyscher Dinar
MGA	Ariary (Madagaskar)
MMK	Kyat (Myanmar)
MRO	Ouguiya (Mauretanien)
MTL	Maltesische Lira
MUR	Mauritische Rupie
MXN	Mexikanischer Peso
MYR	Ringgit (Malaysia)
MZN	Neuer Metical (Mosambik)
NGN	Naira (Nigeria)
NOK	Norwegische Krone
NZD	Neuseeland-Dollar
PHP	Philippinischer Peso
PKR	Pakistanische Rupie
PLN	Zloty (Polen)
RON	Leu (Rumänien)
RSD	Serbischer Dinar
RUB	Rubel (Russische Föderation)
SEK	Schwedische Krone
SGD	Singapur-Dollar
SIT	Tolar (Slowenien)
SKK	Slowakische Krone
STD	Dobra (São Tomé und Príncipe)
SYP	Syrisches Pfund
THB	Baht (Thailand)
TRY	Neue Türkische Lira
TWD	Neuer Taiwan-Dollar
TZS	Tansanischer Schilling
UAH	Ukrainische Hrywna
US$	US-Dollar
UYU	Uruguay-Peso
VND	Dong (Vietnam)
XOF	CFA-Franc der Westafrikanischen Wirtschafts- und Währungsunion
YER	Jemen-Rial
ZAR	Rand (Südafrika)
ZWD	Simbabwe-Dollar

Glossar

aufstrebende Länder

Länder mit einem überdurchschnittlichen Wirtschaftswachstum und überdurchschnittlichen Marktchancen.

Brady-Anleihen

Anleihen zur Umwandlung von Bankkrediten hochver-
schuldeter Entwicklungsländer in staatliche Anleihen
mit längeren Laufzeiten und günstigeren Konditionen,
benannt nach dem früheren US-Finanzminister Brady.

BRIC-Länder

Bezeichnung für Brasilien, Russland, Indien und China,
die besonders dynamisch wachsen und von großer wirt-
schaftlicher Bedeutung sind.

Carry-Trade

Kreditaufnahme in Währungsräumen mit niedrigen Zinsen und Anlage in Währungsräumen mit hohen Zinsen.

Chapter 11

Abschnitt des US-Insolvenzrechts, das die Insolvenz
eines Unternehmens regelt. Seine Anwendung erlaubt
die Reorganisation des Unternehmens bei weiterlaufen-
dem Geschäftsbetrieb.

Crawling Peg

Währungssystem, bei dem der Wechselkurs gegenüber
einer Ankerwährung oder einem Währungskorb in
gleichbleibenden Schritten angepasst wird.

Currency-Board

Währungssystem, bei dem die inländische Währung
vollständig durch Devisen gedeckt ist und ein fester
Wechselkurs gegenüber einer Ankerwährung gilt.

Desertifikation

Landverödung in trockenen Gebieten infolge klimati-
scher Änderungen oder menschlicher Eingriffe.

Devisenswapabkommen

Abkommen zwischen Zentralbanken über den kurzfristigen Austausch von Devisen zur Überwindung von
Liquiditätsengpässen.

Doha-Runde

Verhandlungsrunde der Mitgliedsstaaten der Welthan-
delsorganisation (WTO) über die Liberalisierung des
Warenhandels (vor allem Agrarhandel) sowie über den
Schutz gewerblicher Rechte, benannt nach dem
Tagungsort der Ministerkonferenz 2001, Doha in Qatar.

Dollarisierung

Zunehmende Verbreitung des US-Dollar als Zahlungsmittel in einem Land außerhalb der USA mit eigener
Währung

etatistisch

Regierungsstil, der eine wirtschaftspolitische Lenkung
durch die Zuteilung von Staatsausgaben beabsichtigt.

Euro-Mediterrane Partnerschaft (Euro-Med)

Abkommen zwischen der EU und den Mittelmeeranrainerstaaten, das seit 1995 besteht und auf die Förderung der regionalen Zusammenarbeit zwischen den Staaten zielt.

Europäische Union (EU)

Europäische Union mit 27 Mitgliedern, davon bilden 13 Staaten die Wirtschafts- und Währungsunion mit der einheitlichen Währung Euro.

General Agreement on Trade in Services (GATS)

Allgemeines Abkommen der Welthandelsorganisation über den Handel mit Dienstleistungen, das den grenzüberschreitenden Handel mit Dienstleistungen regelt und deren Liberalisierung fördert.

G7-Staaten

Gruppe der sieben führenden Industrieländer Deutschland, Frankreich, Großbritannien, Italien, Japan, Kanada und USA. Einschließlich Russlands bilden diese Staaten die informelle Gruppe der Acht (G8).

G20-Staaten

Gruppe der sieben führenden Industrieländer erweitert um Argentinien, Australien, Brasilien, China, Indien, Indonesien, Mexiko, Russland, Saudi-Arabien, Südafrika, Südkorea, Türkei und die aktuelle EU-Ratspräsidentschaft.

Governance

Gesamtheit der politischen und wirtschaftlichen Führung eines Landes, umfasst interne und externe Kontrolle des Handelns in Unternehmen, Regierungen und Organisationen.

HIPC-Initiative

Multilaterale Initiative zur Entschuldung der hochverschuldeten ärmsten Länder (HIPC).

Holland-Syndrom (Holländische Krankheit)

Verdrängung von Industriekapazitäten durch die Konzentration der Investitionen auf einige wenige Bereiche mit hoher Wertschöpfung (Rohstoffförderung), oft ausgelöst durch hohe Weltmarktpreise für einzelne Produkte (Öl, Metalle).

Human Development Index (HDI)

Index der Vereinten Nationen zur Messung des Entwicklungsstandes der Bevölkerung eines Landes (auch: Index der menschlichen Entwicklung).

indigenistisch

Bezeichnung für Regierungen (Südamerikas), die sich besonders der Vertretung der Ureinwohner verpflichtet fühlen.

Jahrtausendziele/Millenniumsziele

Im Jahr 2000 von der UNO verabschiedete acht Ziele für eine zukunftsfähige und nachhaltige Weltentwicklung.

Lender of Last Resort

Funktion der Zentralbank als letzte Instanz der Kreditvergabe.

Leveraged Buy-out (LBO)

Fremdkapitalfinanzierte Übernahme eines Unternehmens durch außenstehende oder betriebszughörige Investoren.

Londoner Club

Internationales Gläubigergremium privater Banken zur Verhandlung vor allem mit staatlichen Schuldnern.

Managed Floating

Wechselkurssystem, in dem bewegliche Kurse durch Interventionen der Zentralbank gelenkt werden.

Multifaserabkommen

Weltweites Abkommen zur Quotierung der Textil- und Bekleidungsexporte. Gültig bis 31. Dezember 2005.

Non-performing Loans (NPL)

Notleidende Kredite, für die seit einer bestimmten Frist keine oder keine ausreichenden Zins- und Tilgungszah lungen geleistet wurden.

Pariser Club

Internationales Gläubigergremium staatlicher Kreditgeber zur Verhandlung mit staatlichen Schuldnern.

Schwellenländer

Länder mit einem fortgeschrittenen Entwicklungsstand an der Schwelle zum Industrieland.

Sterilisierung (von Kapitalzuflüssen)

Abschöpfung der durch Kapitalzuflüsse erhöhten Liquidität mittels Geldmarktoperationen der Zentralbank.

Strukturierte Kredite

Kredite, die in Tranchen mit unterschiedlichen Risiken aufgeteilt sind.

Subprime-Kredite

Kredite an Kreditnehmer mit geringer Bonität.

Visegrad-Staaten

Ungarn, Polen, Tschechien und die Slowakei, die 1991 in der ungarischen Stadt Visegrad ein Abkommen mit dem Ziel der Intensivierung der regionalen Kooperation geschlossen haben.

volatiles Kapital

Investitionen, die aufgrund ihrer hohen Liquidität schnell in andere Anlageformen und -länder umgeschichtet werden (können).